lonely planet

Irland

Fionn Davenport, Damian Harper, Catherine Le Nevez,
Ryan Ver Berkmoes, Neil Wilson

REISEPLANUNG

COUNTY KILKENNY S. 201

DESIGN PICS/THE IRISH IMAGE COLLECTION/GETTY IMAGES ©

CONNEMARA S. 407

GARETH MCCORMACK/GETTY IMAGES ©

REISEZIELE IN IRLAND

Inhalt

REISEZIELE IN IRLAND

Inhalt

Willkommen in Irland

Kleines Land ganz groß: Dank seiner atemberaubenden Landschaft und der charmanten, gastfreundlichen Einheimischen genießt Irland einen erstklassigen Ruf.

Postkartenmotive

Die wunderschönen Landschaften auf den Postkarten gibt's tatsächlich, etwa entlang der Halbinseln im Südwesten, im einsamen Connemara oder im urtümlichen County Donegal. Fündig wird man auch rund um die Seen der Counties Leitrim und Roscommon sowie im hügeligen, sonnigen Südosten (wobei „sonnig" ein dehnbarer Begriff ist). Wahrscheinlich ist genau das einer der großen Anziehungspunkte des Landes. Wenn man nach Skellig Michael übersetzt, tost der Atlantik mit altbekannter Urgewalt, und in den Höfen reetgedeckter Pubs saßen die Gäste schon vor Generationen gemütlich beieinander.

Reiche Geschichte

Die Geschichte folgt einem in Irland auf Schritt und Tritt. Zu den beeindruckendsten Sehenswürdigkeiten gehören die atemberaubenden Kultstätten von Brú na Bóinne aus prähistorischer Zeit, Slea Head in Kerry, Carrowmore in Sligo sowie die Klosterruinen in Glendalough und Clonmacnoise. Neueren Geschehnissen widmet man sich in Cobh's *Titanic*-Museum und im Dubliner Kilmainham-Gaol-Museum. Gegenwartsgeschichte zum Anfassen erlebt man an Bord eines schwarzen Taxis in West-Belfast oder beim Betrachten der bunten politischen Wandmalereien in Derry.

Kulturelles Potpourri

Irland erschlägt einen fast mit seinem gewaltigen kulturellen Angebot: Theaterstücke mit berühmten Darstellern in Dublin, traditionelle Pubmusik im Westen des Landes oder Rocksessions in Limerick – hier wird jeder Geschmack zufriedengestellt. Im Sommer gibt's darüber hinaus zahlreiche Festivals zu allen möglichen Themen.

Warmer Willkommensgruß

Unterwegs hört man wahrscheinlich *tá fáilte romhat* (To fohl-tsche ro-et) – „Du bist willkommen" oder, noch beliebter, *céad míle fáilte,* „hunderttausendmal willkommen". Irische Freundlichkeit ist ein ausgelutschtes Klischee, das die komplexe irische Seele auf einen viel zu einfachen Nenner bringt, wobei die meisten Einwohner zwar anfänglich reserviert, dann aber sehr warmherzig sind. Man wird überall leicht in ein Gespräch verwickelt, und wenn man fremd in der Stadt ist, bietet einem garantiert jemand Hilfe an. Trotzdem ist dieses Verhalten keine Art uneingeschränkter Altruismus. In erster Linie geht's den Iren darum, sich wohlzufühlen, was sie nur dann können, wenn ihr Umfeld ebenfalls glücklich ist. Die besagten Hunderttausendmal scheinen übertrieben, aber genau dafür steht Irland – jedenfalls solange die Übertreibung das richtige Maß hat.

Warum ich Irland liebe

Von Fionn Davenport, Autor

Irland ist wunderbar lässig, weil die Einwohner der Ansicht sind, das Leben sei ein unübersichtlicher und verwirrender Kampf, den wir alle so gut wie möglich kämpfen müssen, egal wer wir sind und welchen Gott wir anbeten. Dementsprechend können wir uns auch um ein höfliches Miteinander bemühen.

Mehr über unsere Autoren siehe S. 759

Connemara (S. 407), County Galway

Irland

0
100 km
HÖHE
700 m
500 m
300 m
200 m
100 m
0
Die Küste von Donegal
Höhlen, Klippen und atemberaubende Landschaft (S. 467)
Derry
Ummauerte Stadt mit Kunst und Musik (S. 589)
Carrowmore Megalithic Cemetery
Steinzeitmonumente (S. 449)
Connemara
Wunderschöne verträumte Landschaften (S. 407)
Causeway Coast
Die passende Kulisse für *Game of Thrones* (S. 652)
Titanic Belfast
Museum des berühmtesten Schiffs der Welt (S. 575)
Brú na Bóinne
Beeindruckende neolithische Ganggräber (S. 531)
ATLANTISCHER OZEAN
North Channel
55°N
54°N
10°W
9°W
8°W
7°W
6°W
Malin Head
Tory Island
Rosguill Peninsula
Ballyliffin
Culdaff
Inishowen Head
Dunluce Castle
Giant's Causeway
Rathlin Island
Ballycastle
Bushmills
Portrush
Portstewart
Coleraine
Downhill
Carndonagh
Moville
Fanad Peninsula
Lough Swilly
Inishowen Peninsula
Buncrana
Bloody Foreland
Dunfanaghy
Arranmore Island
Gortahork
Gweedore
Kincasslagh
Dunlewy
Glenveagh National Park
Lough Gartan
Dungloe
Letterkenny
Derry
Limavady
ANTRIM
Bann
Ballymena
Slemish (438 m)
Larne
Kells
Carrickfergus
DONEGAL
DERRY
Strabane
Sperrin Mountains
Ardara
Glenties
Blue Stack Mountains
Maghery
Loughrea Peninsula
Lough Eske
Glencolumbcille
Carrick
Killybegs
Kilcar
Donegal
Mountcharles
Bruckless
Donegal Bay
Rossnowlagh
TYRONE
Omagh
Antrim
Crawfordsburn
Bangor
Holywood
Belfast
Newtownards
Ards Peninsula
Lough Neagh
Lisburn
Strangford Lough
Craigavon
Lurgan
Portadown
Killyleagh
Downpatrick
Armagh
Banbridge
Lecale Peninsula
ARMAGH
DOWN
Bundoran
Inishmurray Island
Lower Lough Erne
Lough Melvin
FERMANAGH
Enniskillen
Rossmore Forest Park
Monaghan
Céide Fields
Sligo Bay
Lough Gill
Sligo
Lough Macnean Upper
Lough Macnean Lower
Pollatomish
Ballycastle
Killala
Carrowmore Megalithic Cemetery
SLIGO
Cuilcagh Mountain (667 m)
Upper Lough Erne
Clones
LOUTH
MONAGHAN
Bangor Erris
Mullet Peninsula
Ballina
Annagh
Inniskeen
Carlingford
Greencastle
Cooley Peninsula
Dundalk
Ballycroy National Park
MAYO
Ireland West Airport Knock
LEITRIM
Cavan
Carrickmacross
Boyle
Carrick-on-Shannon
CAVAN
Clew Bay
Newport
Castlebar
ROSCOMMON
LONGFORD
Clare Island
Westport
Croagh Patrick (765 m)
Knock
Strokestown
Stätte der Schlacht am Boyne
Drogheda
Laytown
Inishturk Island
Doolough Valley
Longford
Loughcrew Cairns
Kells
Slane
Brú na Bóinne
Navan
Newgrange
Inishbofin
Letterfrack
Leenane
Roscommon
Lough Ree
Inny
Clare
Trim
Tara
Cleggan
Claddaghduff
Connemara
Cong

Festivals in Galway
Der Inbegriff des irischen Hedonismus (S. 390)
Die Küste von Clare
Klippen und Surfstrände mit Kultstatus (S. 351)
Dingle (Stadt)
Schöner irischsprachiger Fischerort (S. 298)
Ring of Kerry
Berühmteste Panorama-Rundtour des Landes (S. 283)
Cork
Ausgezeichnete Restaurants in der zweitgrößten Stadt der Republik (S. 220)
Rock of Cashel
Spektakuläre alte Festungsanlage auf einem Felsen (S. 329)
Kilkenny
Majestätische mittelalterliche Stadt (S. 201)
Glendalough
Historische Klosteranlage in einer atemberaubenden Umgebung (S. 143)
Dublin
Pulsierende, freundliche Hauptstadt (S. 100)
GALWAY
WESTMEATH
KILDARE
OFFALY
LAOIS
CARLOW
WICKLOW
KILKENNY
CLARE
TIPPERARY
LIMERICK
WEXFORD
KERRY
CORK
WATERFORD
DUBLIN
Howth
Maynooth
Dalkey
Straffan
Athlone
Kilbeggan
Clonmacnoise
Durrow Abbey
Tullamore
Shannonbridge
Ballinasloe
Galway
Athenry
Clarinbridge
Kilcolgan
Loughrea
Banagher
Portarlington
Kildare
Newbridge
Donnelly's Hollow
Mountmellick
Birr
Kinnitty
Slieve Bloom Mountains
Rock of Dunamaise
Glendalough
Wicklow Mountains
Wicklow
Mizen Head
Avoca
Timahoe
Castledermot
Abbeyleix
Roscrea
Donaghmore
Durrow
Carlow
Ballon
Nenagh
Mountshannon
Portumna
Gort
Kinvara
Burren
Fanore
Ballyvaughan
Black Head
Aran Islands
Inishmór
Inishmaan
Inisheer
Doolin
Lisdoonvarna
Kilfenora
Cliffs of Moher
Hag's Head
Liscannor
Ennistymon
Corofin
Ennis
Miltown Malbay
Ballina
Killaloe
Bunratty
Shannon Airport
Limerick
Kilkee
Kilrush
Loop Head
Scattery Island
Mouth of the Shannon
Tarbert
Ballybunion
Listowel
Adare
Ballingarry
Tipperary
Glen of Aherlow
Cahir
Cashel
Ballingarry
Kilkenny
Borris
Leinster (796 m)
Dungarvan
Kells
St. Mullins
Barrow
Enniscorthy
Wexford Bay
Curracloe Beach
Fethard
Clonmel
Carrick-on-Suir
Suir
New Ross
Wexford
Galtee Mountains
Mitchelstown Caves
Newcastle
Curraghmore Estate
Waterford
Rosslare Strand
Rosslare Harbour
Hook Peninsula
Kilmore Quay
Tramore
Dunmore East
Saltee Islands
Blackwater
Lismore
Cappoquin
Dungarvan
Ring Peninsula
Ardmore
Youghal
Youghal Bay
Fota Wildlife Park
Cork
Cobh
Kinsale
Clonakilty
Mallow
Tralee
Connor Pass
Dingle Peninsula
Annascaul
Dingle
Inch
Castlemaine
Killorglin
Rossbeigh Strand
Kerry Bog Village Museum
Killarney
Killarney National Park
Kells
Cahersiveen
Ring of Kerry
Valentia Island
Portmagee
Sneem
Kenmare
Gougane Barra Forest Park
Skellig Islands
Skellig Ring
Waterville
Caherdaniel
Beara Peninsula
Glengarriff
Bantry
Dursey Island
Sheep's Head Peninsula
Schull
Skibbereen
Castletownshend
Baltimore
Mizen Head Peninsula
Clear Island
St. George's Channel
Omey Island
Cashel
Roundstone
Oughterard
Mace Head
53°N
52°N
9°W
8°W
7°W
6°W

Irlands
Top 21

1

Dublin

1 Irlands Hauptstadt wartet mit zahlreichen Attraktionen auf. Da trifft es sich gut, dass sowieso fast alle Touristen über Dublin (S. 60) ins Land reisen. Hier locken erstklassige Museen, ein tolles Unterhaltungsprogramm, großartige Restaurants und hervorragende Hotels, das Beste sind jedoch die Dubliner, die in Sachen Freundlichkeit, Gelassenheit und Herzlichkeit die Bewohner vieler anderer europäischer Metropolen hinter sich lassen. Außerdem ist in dieser Stadt das Guinness zu Hause. O'Connell Bridge (S. 89)

Connemara, County Galway

2 Herrliche winzige Buchten und tolle Strände trennen das Inland dieser Halbinsel (S. 407) vom wilden Atlantik. Malerische Straßen führen durch Dörfer mit traditionellen Pubs und Restaurants, die nach Familienrezepten zubereitete Fischsuppen servieren. Das Landesinnere mit einsamen Tälern, grünen Hügeln, gelben Wildblumen und reißenden Flüssen, in denen sich der blaue Himmel spiegelt, ist sogar noch faszinierender. Wanderungen versprechen Momente wunderbar einsamer Ursprünglichkeit. Lough Inagh (S. 411)

RICHARD I'ANSON/GETTY IMAGES ©

2

CHRIS HILL/GETTY IMAGES ©

Pubs

3 In jeder Stadt und in jedem Dorf gibt's mindestens eins und alle haben eine Sache gemeinsam: Im Pub schlägt Irlands Herz am lautesten, außerdem merkt man dort am schnellsten, wie die Einwohner ticken. Egal ob man eine ruhige, traditionelle Kneipe mit Buntglastüren und großem Kamin oder ein moderneres Pub mit blinkenden Lichtern und Musik besucht – man sollte sich einen Abend lang Zeit nehmen, um dieses Herz schlagen zu hören und sich ein paar anständige Biere zu genehmigen. Kehoe's (S. 116)

Traditionelle Musik

4 Irlands traditionelle Musik ist die wohl mitreißendste Westeuropas. Mit Riverdance erlangte sie Weltruhm, am authentischsten ist sie jedoch in Pubs der alten Schule. Die westlichen Grafschaften tun sich dabei besonders hervor: Von Donegal bis hinunter nach Kerry gibt's großartige Musikzentren, wobei Doolin (S. 369) im County Clare als inoffizielle Hauptstadt irischer Musik gilt. Zum Mitmachen wird man wohl nicht aufgefordert, aber Hände und Füße bewegen sich ganz von allein im Takt. Dungeon Bar, Kinnitty Castle Hotel (S. 520)

3

4

5

MICHAEL INTERISANO/GETTY IMAGES ©

6

DE AGOSTINI/W. BUSS/GETTY IMAGES ©

7

Galway (Stadt)

5 Galway (S. 382) ist wahrscheinlich Irlands lebendigste Stadt und verspricht unterhaltsame Abende. In den Pubs treten z. B. geigenspielende Altherrenbands oder angesagte junge Musikgruppen auf. Am besten macht man es den Einwohnern nach und zieht von Kneipe zu Kneipe – dabei wird man nämlich jede Menge Überraschungen erleben und viel Spaß haben. Für den hohen Unterhaltungsfaktor sind auch die berühmten Austern sowie die Abenteuer versprechende Connemara Peninsula und die Aran Islands in der Nähe verantwortlich.

Dingle, County Kerry

6 Dingle ist sowohl der Name der malerischen, mit alten Ruinen übersäten Halbinsel (S. 296), die in den Atlantik ragt, als auch von ihrem hübschen, quirligen Hauptort (S. 298). Fischerboote entladen hier ihren Fang, der kaum frischer sein könnte, Künstler verkaufen ihre Werke (darunter wunderschöner Schmuck mit irischen Motiven) in charmanten Boutiquen, und in den Pubs, von denen sich viele seit ihrer früheren Funktion als kleine Läden kaum verändert haben, wird rund um den Kamin traditionelle Musik gespielt.

Glendalough, County Wicklow

7 Der hl. Kevin hatte ein Händchen für magische Orte. Als er eine abgelegene Höhle an einem Gletschersee mitten in einem bewaldeten Tal als Standort für seine Einsiedelei wählte, gründete er unbeabsichtigt eine Siedlung (S. 143), die sich später zu einer der dynamischsten Universitäten Irlands entwickeln sollte und heute zu einer der schönsten Ruinenstätten des Landes gehört. Gepaart mit der atemberaubenden Landschaft sind die Überreste der Anlage, darunter ein intakter Rundturm, höchst eindrucksvoll.

St. Kevin's Kitchen (S. 145)

8

9

10

Rock of Cashel, County Tipperary

8 Die alte, über den grünen Wiesen Tipperarys thronende Festung (S. 328) bietet einen atemberaubenden Anblick. Als Sitz von Königen und Geistlichen, die mehr als 1000 Jahre über die Region herrschten, machte es Tara 400 Jahre lang Konkurrenz. Durch die Halle des Vicars Choral aus dem 15. Jh. gelangt man in die beeindruckende, von undurchdringlichen Mauern umgebene Anlage mit einem intakten Rundturm, einer gotischen Kathedrale aus dem 13. Jh. und der schönsten romanischen Kapelle des 12. Jhs. im ganzen Land.

Golf

9 Wenn Schottland die Heimat des Golfsports (S. 40) ist, dann verbringt dieser in Irland seinen Urlaub. Die schönsten Plätze befinden sich am Meer, wo sie in die hügelige, von Dünengräsern bedeckte Landschaft eingebettet sind. Neben weltberühmten Adressen beeindrucken auch weniger bekannte Plätze mit einer spektakulären Kulisse und bieten Golfern die Möglichkeit, ihre Fähigkeiten Mutter Natur gegenüber unter Beweis zu stellen.

Cork (Stadt)

10 In Sachen Größe muss sich diese Stadt (S. 226) zwar mit dem zweiten Platz zufriedengeben, doch ansonsten muss sie sich kaum um Konkurrenz Gedanken machen. In ihrem kompakten Zentrum gibt's großartige Kunstgalerien, Museen und vor allem leckeres Essen. Cork überzeugt sowohl mit günstigen Cafés als auch mit edlen Gourmetrestaurants, was bei dem exzellenten kulinarischen Ruf der Grafschaft nicht überrascht. Besonders bemerkenswert und eine Attraktion für sich ist dabei der überdachte English Market, auf dem Obst und Gemüse verkauft werden.

Spaziergänge & Wanderungen

11 Natürlich lässt sich das Land problemlos mit dem Auto erkunden, am besten lernt man es aber zu Fuß kennen (S. 37), sei es bei einem Nachmittagsspaziergang auf Treidelpfaden oder bei einer der 31 anspruchsvollen Fernwanderungen. Über die Küstenwege und Bergrouten gelangt man in Städte und Dörfer oder in einsames Heideland und karge Sümpfe, wo man sich eine Auszeit vom Alltag nehmen kann. Alles, was man braucht, sind ein paar gute Schuhe und eine Regenjacke. Diamond Hill, Connemara National Park (S. 417)

Brú na Bóinne, County Meath

12 Mit seinen riesigen runden weißen Steinmauern und der Graskuppel wirkt Newgrange zugleich uralt und merkwürdig futuristisch. Die Stätte gehört zur riesigen neolithischen Nekropole Brú na Bóinne (S. 531; Palast des Boyne) und beherbergt Irlands schönstes jungsteinzeitliches Ganggrab, das rund 600 Jahre älter ist als Ägyptens Pyramiden. Am eindrucksvollsten ist die genaue Ausrichtung des Grabs zur Sonne während der Wintersonnenwende. Newgrange (S. 534)

Ring of Kerry

13 Eine Fahrt über die 179 km lange Ringstraße (S. 283) um die Iveragh Peninsula ist ein unvergessliches Erlebnis, wobei auch abseits der Hauptroute Highlights warten. In der Nähe von Killorglin führt ein kurzer Abstecher zu der wunderschönen, wenig bekannten Cromane Peninsula, zwischen Portmagee und Waterville kann man den Skellig Ring erkunden, und das Innere der Halbinsel wartet mit einer atemberaubenden Bergkulisse auf. Das ist jedoch erst der Anfang! Seine Kamera (mit aufgeladenen Akkus) sollte man also besser nicht vergessen!

Causeway Coast

14 Die Causeway Coast im County Antrim ist eine besonders dramatische Kulisse für die Dreharbeiten zu *Game of Thrones*. Ein toller Wanderweg beginnt an der Seilbrücke Carrick-a-Rede und verläuft über 16,5 km an der rauen Küste entlang. Dabei passiert man Ballintoy Harbour (der Hafen von Herrenhort auf den Eiseninseln), die imposanten Basaltpfeiler des Giant's Causeway (S. 652) sowie Klippen und Inseln, Sandstrände und Burgruinen, bevor man sich zum Abschluss in der Old Bushmills Distillery einen Schluck gönnt.

Carrick-a-Rede Rope Bridge (S. 653)

PETER UNGER/GETTY IMAGES ©

15

16

Die Megalithanlagen von Carrowmore, County Sligo

15 Die Anhäufung von Megalithanlagen, Ganggräbern und Dolmen in Carrowmore (S. 449) kann einige Superlative vorweisen: das älteste Steinzeitmonument Irlands, einer der größten Friedhöfe dieser Art in Europa. Doch am interessantesten sind die immer neuen Entdeckungen, wenn Archäologen weitere Funde machen und neue Erkenntnisse zur Bedeutung der Stätte erlangen, wie etwa der mathematische Zusammenhang mit dem Sonnenauf- und Untergang an Halloween.

Kilkenny (Stadt)

16 Mit seiner majestätischen Burg und der mittelalterlichen Kathedrale strahlt Kilkenny (S. 201) eine solche kulturelle Erhabenheit aus, dass ein Zwischenstopp auf der Reise gen Süden oder Westen unverzichtbar ist. Die Werke der vielen Künstler und Handwerker aus dem gleichnamigen County werden in den Läden und Boutiquen der Stadt verkauft. Wegen der großartigen landwirtschaftlichen Erzeugnisse der Region geben Küchenchefs Kilkenny gegenüber Dublin den Vorzug und in den wunderbaren Pubs gibt's Bier aus der ortsansässigen Brauerei.

Titanic Belfast

17 Den Bau des bekanntesten Ozeandampfers der Welt feiert dieses großartige Museum (S. 575) in voller Hightech- und Multimediapracht. Hier kann man nicht nur praktisch jedes Detail des Bauplans erkunden – inklusive einer simulierten Tour durch das Schiff vom Kiel bis zur Brücke – sondern sich auch vorstellen, wie der Arbeitsalltag in den Werften an der Wende zum 20. Jh. gewesen sein muss. Bewegende Einblicke liefern Fotos, Audiomaterial und vor allem das einzige noch von der Titanic existierende Filmmaterial.

Die Küste von Donegal

18 Je nachdem, in welcher Richtung man auf dem Wild Atlantic Way (S. 49) unterwegs ist, bildet die zerklüftete Küste von Donegal entweder den dramatischen Abschluss der Reise, oder ihren atemberaubenden Anfang. Irlands Nordwesten ist eine wilde Ansammlung riesiger Klippen (die höchsten in Europa), einsamer, von Schafen bevölkerter Landspitzen, mit großen weißen Sanddünen dazwischen. Zu Letzteren zählt auch Rossnowlagh im Südwesten des Countys, einer der beliebtesten Surfspots Europas mit riesigen Wellen.

17

18

IIC/AXIOM/GETTY IMAGES ©

ROBERT RIDDELL/GETTY IMAGES ©

Gaelic Football oder Hurling

19 Der Besuch eines Hurling- oder Gaelic-Football-Spiels (S. 732) – je nachdem, in welchem County man sich befindet – ist nicht nur ein einzigartiges Erlebnis, sondern gibt außerdem Einblicke in große Emotionen und in eine der kulturellen Säulen Irlands. Ob nun bei einem Football-Match im County Galway oder beim Hurling zwischen alten Rivalen wie den Grafschaften Kilkenny und Tipperary, die große Leidenschaft der Mannschaften und Fans zieht einen schnell in ihren Bann. Frauen beim Hurlingspiel

Derry

20 In Derry (S. 634) ist die konfliktbeladene Vergangenheit des Landes überall spürbar – von der Stadtmauer aus dem 17. Jh., die Protestanten schützen sollte, bis zur Umbenennung in Londonderry auf Drängen der Unionisten. Doch die neue Brücke über den Foyle ist ein Symbol für die Überwindung der Kluft und den Blick nach vorn. Derry ist ein Ort voll kreativer Energie, mit eindrucksvolen Wandmalereien, einer dynamischen Musikszene, zahlreichen Kunstmuseen und – nicht zuletzt – einem tollen Nachtleben.
Hands Across the Divide von Maurice Harron

Die Küste von Clare

21 Die berühmten Cliffs of Moher (S. 366), die im Licht der späten Nachmittagssonne golden leuchten, sind nur eine von vielen Attraktionen im County Clare. Vom Boot aus sehen die gewaltigen Klippenwände besonders schön aus. Unten im Süden erheben sich die Felsklippen des Loop Head mit ihren verlassenen Steinbauten, deren Ursprünge bis heute ungeklärt sind. Überall an der Küste stößt man auf niedliche kleine Dörfer wie das von Klängen traditioneller Musik erfüllte Ennistymon und das Surfmekka Lahinch. Cliffs of Moher

Gut zu wissen

Weitere Informationen siehe S. 719

Währung

Republik Irland: Euro (€); Nordirland: Pfund Sterling (£)

Sprache

Englisch, Irisch

Visa

Deutsche, Österreicher und Schweizer benötigen lediglich einen gültigen Personalausweis oder einen Reisepass.

Geld

Obwohl nord irisches Geld in ganz Großbritannien gesetzliches Zahlungsmittel ist, wird es oftmals außerhalb Nordirlands nicht akzeptiert und muss bei einer Bank getauscht werden.

Handys

In Irland funktionieren viele ausländische Mobiltelefone, allerdings ist die Nutzung teuer. Lokale SIM-Karten gibt's ab 10 €. Ein einfaches Handy mit SIM-Karte kostet ca. 40 €.

Zeit

Westeuropäische Zeit (MEZ –1 Std., MESZ –1 Std).

Reisezeit

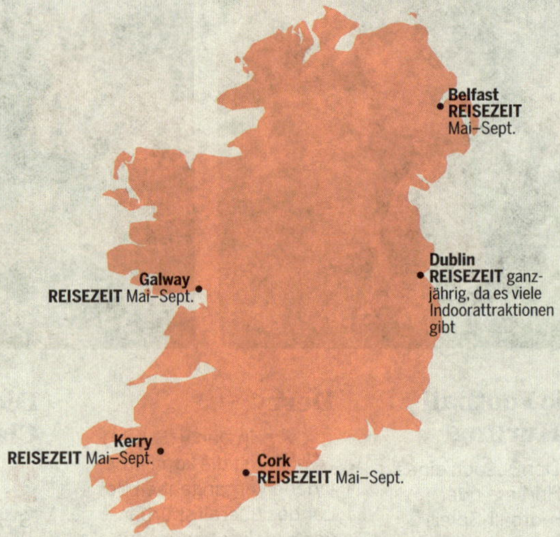

Hauptsaison (Juni–Mitte Sept.)

- Jetzt zeigt sich das Wetter von seiner besten Seite.
- Teure Übernachtungspreise (besonders im August).
- In Dublin, Kerry sowie an der Süd- und der Westküste des Landes tummeln sich zahlreiche Touristen.

Zwischensaison (Ostern–Ende Mai, Mitte Sept.–Ende Okt.)

- Oft gutes Wetter. Im Mai Sonne und Regen, im September Altweibersommer und warme Temperaturen.
- Weniger Touristen als im Sommer und günstigere Übernachtungspreise.

Nachsaison (Nov.–Feb.)

- Kürzere Öffnungszeiten von Oktober bis Ostern; einige Orte schließen komplett.
- Kaltes und nasses Wetter, manchmal Nebel.
- In den großen Städten geht alles seinen normalen Gang.

Nützliche Websites

Entertainment Ireland (www.entertainment.ie) Listet Clubs, Theater, Festivals, Kinos und Museen auf.

Failte Ireland (www.discoverireland.ie) Offizielles Tourismusportal mit praktischen Informationen und einer riesigen Datenbank für Unterkünfte.

Lonely Planet (www.lonelyplanet.de) Jede Menge Infos über Irland.

Northern Ireland Tourist Board (www.nitb.com) Offizielle Touristenseite.

Wichtige Telefonnummern

Die Vorwahl muss man nur dann wählen, wenn man sich außerhalb des Gebiets befindet oder vom Handy aus anruft. Aus dem Ausland die „0" vorwählen.

Landesvorwahl	☎353 Republik Irland; ☎44 Nordirland
Internationaler Zugangscode	☎00
Notruf (Polizei, Feuerwehr, Krankenwagen)	☎999

Wechselkurse

Eurozone	1 €	0,70 £
Schweiz	1 SFr	0,92 € 0,64 £

Aktuelle Wechselkurse siehe www.xe.com

Tagesbudget

Günstig: unter 60 €

- Bett im Schlafsaal: 12–20 €
- Günstige Mahlzeit im Café oder Pub: 6–12 €
- Intercitybus (200 km): 12–25 €
- Pint: 4,50–5 €

Mittelteuer: 60–120 €

- Doppelzimmer im Hotel oder B&B (in Dublin teurer): 80–180 €
- Hauptgericht in einem Mittelklasserestaurant: 12–25 €
- Mietwagen (pro Tag): 25–45 €
- Dreistündige Zugfahrt: 65 €

Teuer: mehr als 120 €

- Zimmer im Viersternehotel: ab 150 €
- Dreigängemenü in einem gehobenen Lokal: etwa 50 €
- Eine Runde Golf spielen (Mitte der Woche): ab 90 €

Öffnungszeiten

Banken Mo–Fr 10–16 Uhr (Do bis 17 Uhr)

Geschäfte Mo–Sa 9.30–18 Uhr (in Städten Do bis 20 Uhr), So 12–18 Uhr

Pubs Mo–Do 10.30–23.30 Uhr, Fr & Sa 10.30–0.30 Uhr, So 12–23 Uhr (plus 30 Minuten „zum Austrinken"); am 1. Weihnachtsfeiertag und an Karfreitag geschlossen

Restaurants 12–22.30 Uhr; viele Lokale schließen an einem bestimmten Wochentag

Ankunft in Irland

Dublin Airport Privatfahrzeuge starten alle 10 bis 15 Minuten zum Stadtzentrum (7 €). Taxis brauchen 30 bis 45 Minuten und kosten 20 bis 25 €.

Dun Laoghaire Ferry Port Der öffentliche Bus braucht etwa 45 Minuten bis zum Dubliner Stadtzentrum; DART (S-Bahn) schafft die Strecke in 25 Minuten.

Dublin Port Terminal Die Busse sind auf die Ankunfts- und Abfahrtszeiten der Fähren abgestimmt. Für die Fahrt ins Stadtzentrum zahlt man 2,50 €.

Belfast International Airport/ George Best Belfast City Airport Alle 15 bis 20 Minuten fährt von beiden Flughäfen ein Bus ins Stadtzentrum. Ein Taxi kostet vom International gut 30 £, oder 10 £ vom George Best.

Unterwegs vor Ort

Verkehrsmittel sind in Irland effizient und günstig. Die Anbindung an große Städte ist gut und auch kleinere Orte entlang der Routen werden häufig angesteuert. Ziele abseits der Hauptrouten werden weniger häufig bedient und sind oft unpraktisch zu erreichen.

Zug Über ein eingeschränktes Schienennetzwerk ist Dublin mit allen größeren Städten verbunden, u.a. mit Belfast in Nordirland. Die Züge sind aber nicht günstig.

Auto Autos kann man in jeder Stadt mieten. Achtung: In Irland fährt man auf der linken Seite!

Bus Das Liniennetz für öffentliche und private Busse ist recht gut ausgebaut und die günstigste Art zu reisen. Busse steuern die meisten bewohnten Gebiete an.

Fahrrad Dublin hat ein Fahrradverleihsystem mit über 100 Stationen in der ganzen Stadt.

Mehr zum Thema **Unterwegs vor Ort** siehe S. 727

Irland für Einsteiger

Weitere Informationen siehe S. 719

Checkliste

- Gültigkeit des Personalausweises oder Reisepasses prüfen
- Unterkünfte, Veranstaltungen und Verkehrsmittel reservieren
- Über die Gepäckbeschränkungen der Fluggesellschaft informieren
- Die Kreditkartenbank über die Reise informieren
- Reiseversicherung abschließen
- Prüfen, ob man sein Handy in Irland benutzen kann

Reisegepäck

- Gute Wanderschuhe: Irland lässt sich am besten zu Fuß erkunden
- Regenmantel – der wird garantiert gebraucht
- Stromadapter für Großbritannien/Irland
- Subtiler Sinn für Humor
- Viel Platz im Magen für das ganze Bier
- MP3- oder Spotify-Playlist mit irischer Musik

Top-Tipps für die Reise

- Qualität statt Quantität: Statt durch die Gegend zu hetzen, um möglichst schnell möglichst viel zu sehen, sollte man lieber ein paar Orte auswählen und sich dafür Zeit nehmen. Besucher erleben oftmals die unvergesslichsten Momente, wenn sie sich einfach treiben lassen.
- Beim Autofahren sollte man häufig die Hauptstraßen verlassen: Die atemberaubende Landschaft kann man am besten auf Nebenstraßen genießen, die immer wieder tolle Fotogelegenheiten bieten.
- Einheimische grüßen: Eines der schönsten Erlebnisse ist oft die Liebenswürdigkeit der Iren, da sie tatsächlich so hilfsbereit, freundlich und humorvoll sind wie ihr Ruf.

Kleidung

Im Prinzip kann man hier tragen, was man möchte. Sportlich-elegante Kleidung reicht aus für den Besuch von Restaurants, Theateraufführungen und Konzerten. Im Sommer ist es in Irland warm, aber selten heiß. Für kühlere Stunden, insbesondere am Abend, sollte man etwas zum Überziehen mitbringen. Letzten Endes bestimmt das unbeständige Wetter das Outfit. Am besten hat man immer eine Regenjacke griffbereit.

Schlafen

Die Bandbreite reicht von der einfachen Herberge bis hin zum Fünfsternehotel. Am besten reserviert man sein Zimmer im Voraus; in der Urlaubszeit ist das sogar ein absolutes Muss.

- **Hotels** Egal ob man Hotelketten mit gemütlichen Zimmern oder eher normannische Burgen mit Regenwaldduschen und WLAN (zu entsprechenden Preisen) bevorzugt – hier findet jeder die passende Bleibe.
- **B&Bs** Die irische Unterbringungsform schlechthin! Dabei sind die Möglichkeiten schier unbegrenzt. Man kann z. B. in einem Privathaus oder auch in einer luxuriösen georgianischen Stadtvilla unterkommen.
- **Hostels** Jede große Stadt hat auch einige Hostels, mit sauberen Schlafsälen und WLAN – einige haben auch Wäscheräume und Küchen.

Geld

Bankautomaten sind nicht schwer zu finden und Geld abzuheben sollte problemlos möglich sein. Trotzdem sollte man vor der Reise vorsichtshalber bei der heimischen Bank nachfragen.

Kreditkarten können nahezu überall genutzt werden, lediglich einige B&B-Betreiber auf dem Land verlangen Bargeld. In Bars und Restaurants vor der Bestellung fragen, ob die Karte akzeptiert wird. Am weitesten verbreitet sind Visa und MasterCard. American Express wird nur von großen Ketten akzeptiert, während Diners und JCB fast nie angenommen werden. Normalerweise wird die Karte eingelesen, dann muss man die PIN eingeben; nur selten genügt eine Unterschrift.

Alternativ tauscht man bei Banken, Postämtern und einigen größeren Hotels Bargeld und Reiseschecks. **Mehr Infos siehe S. 721.**

Feilschen

In Irland wird nur dann gefeilscht, wenn man ein Pferd kaufen will.

Trinkgeld

- **Hotels** 1 €/1 £ pro Gepäckstück. Das Trinkgeld für den Zimmerservice bestimmt jeder selbst.
- **Pubs** Nur bei Tischservice nötig: 1 €/1 £ pro Runde.
- **Restaurants** Bei gutem Service 10 %, in teureren Lokalen bis zu 15 %.
- **Taxis** 10 % vom Fahrpreis oder bis zum vollen Euro/Pfund aufrunden.
- **Toilettenservice** Höchstens 0,50 €/0,50 £.

RICHARD I'ANSON/GETTY IMAGES ©

Die Gravity Bar im Guinness Storehouse (S. 84)

Umgangsformen

Im täglichen Leben sind die Iren zwar recht zwanglos, einige Umgangsformen halten sie aber ein.

- **Begrüßung** Bei der ersten Begegnung und beim Abschied gibt man Männern, Frauen und Kindern die Hand. Dabei erwarten die Iren einen festen Händedruck mit Augenkontakt. Befreundete Frauen begrüßen sich mit einem angedeuteten Kuss.
- **Konversation** Die Iren sind freundlich, aber oft reserviert. Zudem vermeiden sie Gespräche, die peinlich werden könnten. Leuten, die ungefragt zu viel erzählen, misstrauen sie.
- **Pubrunden** Meistens schmeißen die Iren abwechselnd Runden für die ganze Gruppe; es ist üblich, dass sich alle beteiligen. Die nächsten Getränke müssen besorgt werden, ehe das letzte Glas geleert ist.

Essen

In Städten sollte man vorab reservieren. Meistens reicht eine Buchung am gleichen Tag. Spitzenrestaurants muss man dagegen bereits zwei Wochen vorher kontaktieren.

- **Restaurants** Vom günstigen Café bis zum Lokal mit Michelin-Stern werden alle nur denkbaren Küchen angeboten.
- **Cafés** Tagsüber (selten abends) geöffnet. Hier gibt's den ganzen Tag über Frühstück, belegte Brote und einfache Gerichte.
- **Pubs** Das Essen reicht von getoasteten Sandwiches bis zu liebevoll gestalteten Gerichten auf Restaurantniveau.
- **Hotels** In allen Hotelrestaurants sind auch Nichtgäste willkommen. Besonders beliebt in ländlichen Gegenden.

Was gibt's Neues?

Wild Atlantic Way
Diese 2500 km lange Küstenstraße ist eine der längsten der Welt und die tollste neue Touristenattraktion der letzten beiden Jahrzehnte. (S. 49)

Teeling Distillery, Dublin
Dublins erste neue Whiskey-Brennerei seit 125 Jahren öffnete 2015 ihre Pforten. Es wird jedoch ein paar Jahre dauern, bis man das, was hier produziert wird, auch wirklich als Whiskey bezeichnen kann. In der Zwischenzeit erfährt man im Besucherzentrum alles über die Herstellung des Branntweins. (S. 47)

Lusitania Museum, Kinsale
Ein 200 Jahre alter Signalturm auf dem Old Head von Kinsale dient mittlerweile als Museum zum Untergang der RMS *Lusitania*. Das Schiff wurde 1915 von einem deutschen U-Boot getroffen. (S. 239)

Cavan Burren Park, County Cavan
Diese Megalithenstätte auf dem Gelände des Cuilcagh Mountain Park wurde Ende 2014 offiziell eingeweiht und scheint nicht von dieser Welt zu sein. Zu ihren Highlights zählen ein Keilgrab (2500 v. Chr.) und die Festung (500 v. Chr.) auf dem Kap. (S. 561)

Tayto Park, Meath
2015 öffnete Europas größte Holzachterbahn mit Überschlag in diesem Freizeitpark, der von Irlands beliebtestem Kartoffelchips-Hersteller gesponsert wird. Neu sind auch das 5-D-Kino und ein paar Hightech-Fahrgeschäfte. (S. 542)

Tullamore Dew Visitor Centre, Tullamore
Ende 2014 kehrte die Whiskey-Brennerei in ihre Heimatstadt zurück. Ihr neues Domizil ist ein Lagerhaus (19. Jh.) am Kanal. Dort kann man den Whiskey natürlich auch verkosten. (S. 524)

Malin Head Viewing Area, Donegal
An Banba's Crown, ganz an der Spitze von Malin Head, befindet sich ein neuer Aussichtspunkt mit kostenlosen Ferngläsern. Der Blick auf die Küste von Donegal und das Land dahinter ist umwerfend. In klirrend-kalten, klaren Winternächten sieht man vielleicht sogar Nordlichter. (S. 495)

Mehr aktuelle Tipps und Empfehlungen gibt's unter www.lonelyplanet.com/ireland

Wie wär's mit …

Herrliche Aussichten

Irland wartet mit atemberaubenden Landschaften und überwältigenden Aussichten auf. Wer die Augen offenhält, wird neben den berühmten Attraktionen auch viele andere herrliche Flecken entdecken.

Binevenagh Lake Von den Klippen oben an der Bishop's Road eröffnen sich spektakuläre Ausblicke auf Lough Foyle, Donegal und die Sperrin Mountains. (S. 645)

Klippen von Kilkee Tolle Aussichten auf hoch aufragende Klippen – und nein, das sind *nicht* die Cliffs of Moher. (S. 360)

Poisoned Glen Die Aussicht in dieses Tal in Donegal ist einmalig und die Kirchenruine am Fuß der Schlucht das i-Tüpfelchen. (S. 488)

Priest's Leap Beeindruckende Klippe an der Nordseite der Beara-Halbinsel mit einem einmaligen Blick auf die Bantry Bay und die gleichnamige Stadt. (S. 262)

Sky Road Auf dieser dramatischen Küstenstraße vor Clifden in Connemara hat man einen fantastischen Meerblick. (S. 412)

Horn Head Einige der schönsten Landschaften des Wild Atlantic Way mit beeindruckenden Klippen, auf denen Moorheide wächst. (S. 480)

Traditionelle Musik

Musiker, die ihr Können in Pubs und an anderen Orten im ganzen Land zeigen, spielen den lebendigsten Folk in Westeuropa (und nehmen dabei gern einen kräftigen Schluck). Selbst die „Touristenkonzerte" sind hervorragend.

An Droichead Großartige Auftritte in einem Kunstzentrum in Belfast, das sich der irischen Kultur widmet. (S. 597)

Matt Molloy's In dieser Kneipe in Westport, die dem Flötisten der Chieftains gehört, beginnt allabendlich um 21 Uhr eine *céilidh* (Session für traditionelle Musik und Tanz). (S. 435)

Miltown Malbay Jedes Pub in dieser Stadt im County Clare wartet mit herausragenden traditionellen Sessions auf. (S. 363)

Tig Cóilí Die besten traditionellen Gigs in Galway finden in einer Kneipe statt, deren Name „Haus der Musik" bedeutet. (S. 393)

Marine Bar An Sommerabenden genießt man in dem 200 Jahre alten Pub auf der Ring Peninsula wunderbare Musik. (S. 191)

Cobblestone Die nächtlichen Auftritte in diesem Pub in Smithfield gehören zu den besten in der ganzen Hauptstadt. (S. 121)

Literarische Streifzüge

Vier Nobelpreisträger für Literatur sprechen für sich. Irland ist eines der bemerkenswertesten Schwergewichte in der englischsprachigen Welt, und diese Tradition lebt in zeitgenössischen Schriftstellern sowie Literaturfestivals fort.

Cape Clear Island International Storytelling Festival Hier wird der Brauch des Geschichtenerzählens gefeiert. (S. 253)

Cúirt International Festival of Literature Galways literarisches Vorzeigefestival im April zieht Schriftsteller aus der ganzen Welt an. (S. 391)

Dublin Literary Tours Keine andere Stadt dieser Größenordnung brachte so viele große Autoren hervor und taucht selbst so oft in Büchern auf. Bei einer der zahlreichen literarischen Touren erfährt man mehr. (S. 99)

Listowel Writers' Week Das irische Literaturfest findet im Juni in der Heimatstadt von John B. Keane statt. (S. 314)

Traditionelle Pubs

Es gibt in Irland so viele tolle Pubs, dass jeder Einwohner seinen eigenen Liebling hat. Die im Folgenden genannten erfreuen besonders die Fans traditioneller Kneipen.

Blake's of the Hollow Nordirlands bestes Guinness in einem viktorianischen Klassiker. (S. 671)

John Benny's Pub in Dingle mit Steinboden, Erinnerungsstücken an den Wänden und fast jeden Abend traditionellen Rocksessions. (S. 304)

McCarthy's Kneipe, Restaurant und Bestattungsinstitut in Fethard. (S. 340)

Séhán Ua Neáchtain Eines der bekanntesten traditionellen Pubs in Galway. (S. 392)

John Mulligan's Das berühmteste unter den traditionellen Pubs der Hauptstadt und bekannt aus Film und Fernsehen. (S. 115)

Vaughan's Pub Großartige Kneipe in Kilfenora mit einem herausragenden Ruf in puncto traditioneller Musik. (S. 373)

Golf

Wenn Schottland die Heimat des Golfs ist, dann ist Irland der liebste Urlaubsort dieses Sports. Mehr als 400 Plätze sind über die gesamte Insel verteilt, doch wer einmal typisch irisch Golf spielen möchte, sollte seinen Tee auf einem Links-Platz direkt am Meer ins Gras stecken.

Ballybunion Golf Club Ein alteingesessener Favorit von Berühmtheiten und Berufssportlern – die Spielbahn ist ebenso anspruchsvoll wie der Ausblick wunderschön. (S. 314)

County Sligo Golf Course Herrlicher Links-Platz auf einer Halbinsel bei Benbulben. (S. 449)

Lahinch Golf Club Einer der beliebtesten Links-Plätze Irlands wurde 1892 von schottischen Soldaten angelegt. (S. 363)

DEA/G. DAGLI ORTI/GETTY IMAGES ©

PATRYK KOSMIDER/SHUTTERSTOCK ©

Oben: Cross of the Scriptures (King Flann's Cross; S. 522), Clonmacnoise

Unten: Klippen von Kilkee (S. 360)

Royal County Down Legendärer Links-Platz, der von Old Tom Morris entworfen wurde und oft als bester Platz in ganz Irland genannt wird. (S. 615)

Royal Portrush Ein wunderschöner Platz, der 1951 Austragungsort des Open Championship (British Open) war und es 2019 wieder sein wird. (S. 648)

Waterville Golf Links Links-Platz von Weltklasse mit einem ebenso unvergleichlichen Ausblick. (S. 292)

Unterwegs mit der Familie

Im ganzen Land locken jede Menge familienfreundliche Aktivitäten von Heimatmuseen bis hin zu Ziplines.

Lough Key Forest Park 142 ha großer Outdoor-Spielbereich für die ganze Familie mit einem 300 m langen Rundweg durch die Baumwipfel und einem Abenteuerspielplatz im Freien. (S. 509)

Great Western Greenway Beliebter ebener Radweg von Westport nach Achill. Unterwegs passiert man zahlreiche Burgen und Stätten. (S. 434)

Fota Wildlife Park Riesiger Freiluftzoo außerhalb der Stadt Cork ohne Käfige und Zäune. Besonders großer Beliebtheit erfreut sich die Gepardenfütterung. (S. 233)

Tralee Bay Wetlands Centre Wer genug über die tierischen Bewohner des 300 ha großen Schutzgebietes erfahren hat, kann die wunderbare 15-minütige Safari-Bootsfahrt mitmachen. (S. 310)

Alte Ruinen

Dank der frühesten Bewohner sowie der Kelten und der frühen Christen sind antike Stätten und alte Klöster ein Teil der irischen Landschaft. Dank der Wikinger und Heinrichs VIII. sind viele dieser Gebäude Ruinen – aber äußerst imposante.

Athassel Priory Erhabene und gespenstische Kirchenruine. (S. 334)

Athenry Eine prächtige Burg, ein dominikanisches Priorat, ein Original-Marktkreuz und große Teile der alten Stadtmauer. (S. 420)

Brú na Bóinne Europas beeindruckendste jungsteinzeitliche Begräbnisstätte. (S. 531)

Carrowkeel Megalithischer Friedhof und ein grandioser Ausblick. (S. 454)

Clonmacnoise Irlands schönste Klosterstätte. (S. 521)

Devenish Island Auf der größten Insel des Lough Erne befinden sich die Ruine eines Augustinerklosters und ein fast vollkommener Rundturm. (S. 675)

Dún Aengus Beeindruckende Festung aus der Steinzeit, die gefährlich nah am Rand der Klippen von Inishmór steht. (S. 397)

Glendalough Überreste einer einst mächtigen Klostersiedlung in atemberaubender Umgebung. (S. 143)

Monat für Monat

TOP-EVENTS

St. Patrick's Day, März

Galway Arts Festival, Juli

Willie Clancy Summer School, Juli

Féile An Phobail, August

All-Ireland Finals, September

Februar

Das schlechte Wetter macht den Februar zum perfekten Monat für Innenaktivitäten. Etliche Museen eröffnen neue Ausstellungen, außerdem lohnt der Besuch von Großstädten.

☆ Six Nations Rugby

2015 gewann das irische Team die Meisterschaft. Die drei Heimspiele finden im Aviva-Stadion im Dubliner Vorort Ballsbridge statt. Saison ist von Februar bis April (www.rbs6nations.com).

Jameson Dublin International Film Festival

Fast alle Kinos in Dublin nehmen am größten Filmfestival (www.jdiff.com) des Landes teil. Zwei Wochen lang verwandeln sie sich in Schaubühnen für die neuen Werke irischer und internationaler Regisseure. Es stellt lokale, internationale und künstlerische Streifen vor und präsentiert Blockbuster vor dem offiziellen Start.

März

Wenn sich der Frühling ankündigt, bereitet sich das ganze Land auf die wohl berühmteste Parade der Welt vor. Der größte Umzug findet in Dublin statt.

St Patrick's Day

Am 17. März (www.stpatricksday.ie) steht ganz Irland Kopf. Dublin schmeißt eine viertägige Party rund um die Parade (an der 600 000 Personen teilnehmen). Nach den unzähligen Konzerten und Veranstaltungen muss man mit einem gewaltigen Kater rechnen.

April

Das Wetter wird besser, die Bäume beginnen zu blühen, und die Festivalsaison fängt wieder an. Ab Mitte April oder an Ostern locken viele saisonale Attraktionen.

☆ Circuit of Ireland International Rally

Nordirlands renommiertestes Rallyewagenrennen ist als „Circuit" (www.circuitofireland.net) bekannt. Es dauert zwei Tage und findet zu Ostern statt. Mit Vollgas fahren die über 130 Wettkämpfer rund 550 km durch Nordirland und andere Teile der Republik.

☆ Irish Grand National

Iren lieben Pferderennen, das gilt vor allem für dieses (www.fairyhouse.ie). Das Schaurennen der Jagdsaison kann man am Ostermontag in Fairyhouse, County Meath, verfolgen.

☆ World Irish Dancing Championships

Die irische Tanzkultur hat viel mehr zu bieten als Riverdance: Jeden April messen sich 4500 Tänzer aus aller Welt bei dieser Veranstaltung, die jedes Jahr an einem anderen Ort abgehalten wird; mehr darüber erfährt man auf www.irishdancing-org.com.

Mai

Am ersten Montag des Monats (May Bank Holiday) wird der Sommer eingeläutet. Jetzt strömen die Iren scharenweise auf die Straßen, um das schöne Wetter zu genießen.

Cork International Choral Festival

Eines der besten Chorfestivals in Europa (www.corkchoral.ie). Es findet an vier Tagen Anfang Mai statt. Die Gewinner nehmen an der Fleischmann International Trophy Competition teil.

Cathedral Quarter Arts Festival

Ebenfalls Anfang Mai ist das Kathedralenviertel von Belfast für zehn Tage Schauplatz eines multidisziplinären Kunstfestivals (www.cqaf.com), bei dem Schauspiel, Musik, Poesie und Straßentheater zum Programm gehören.

North West 200

Irlands berühmtestes Straßenrennen (www.northwest200.org) Mitte Mai ist das größte Outdoor-Sportevent des Landes. Mehr als 150 000 Zuschauer jubeln den Motorradfahrern entlang der Dreiecksroute zu.

Fleadh Nua

In Ennis (County Clare) versammelt sich eine Woche lang die Crème de la Crème der traditionellen Musikszene Irlands. Das Festival in der dritten Maiwoche (www.fleadhnua.com) gilt als eines der wichtigsten des Landes.

Listowel Writers' Week

Bekannte Autoren halten Lesungen, Seminare und Vorträge. Das bedeutendste Literaturfestival des Landes (www.writersweek.ie) findet Ende Mai fünf Tage in Listowel statt, einer Stadt im County Kerry. Auf dem Programm stehen auch Poesie, Musik und Schauspiel.

Juni

Der Feiertag zu Beginn des Monats stellt die Iren vor die Qual der Wahl, da sie sich zwischen zahlreichen Veranstaltungen entscheiden müssen. Zudem wird der Wochenendverkehr belebter und das Wetter besser.

The Cat Laughs Comedy Festival

Anfang Juni zieht das landesbeste Comedyfestival (www.thecatlaughs.com) in Kilkenny viele lokale sowie internationale Berühmtheiten und Newcomer an.

Irish Derby

Eine großartige Veranstaltung für Rennsportbegeisterte und Leute mit ausgefallenen Hüten: In der ersten Juniwoche findet das beste Flachrennen des Landes (www.curragh.ie) statt.

Bloomsday

Kleider wie zu Zeiten Edwards VII., außerdem gibt's zum Frühstück Eier mit Speck und Bier – das sind nur zwei Bestandteile der Feierlichkeiten in Dublin (S. 115) am 16. Juni, dem Tag, an dem James Joyces Ulysses spielt. Zu diesem Anlass werden die Spuren Leopold Blooms verfolgt.

Mourne International Walking Festival

Am letzten Wochenende des Monats findet ein Wanderfestival (www.mournewalking.co.uk) in den Mourne Mountains im County Down statt, die als Area of Outstanding Natural Beauty ausgezeichnet wurden.

Juli

Im Juli steigt jedes Wochenende ein tolles Fest. Besucher von Galway können einen ganzen Monat lang zahlreiche wunderbare Veranstaltungen erleben.

Willie Clancy Summer School

Das außergewöhnliche Festival (www.scoilsamhraidhwillieclancy.com) wurde zu Ehren eines berühmten lokalen Dudelsackpfeifers ins Leben gerufen. Neun Tage lang versammeln sich in Miltown Malbay (County Clare) die besten Musiker der Welt, um Konzerte, Pubsessions und Workshops abzuhalten.

Galway Film Fleadh

Bei diesem wichtigen Filmfest (www.galwayfilmfleadh.com) Anfang Juli werden irische und internationale Produktionen gezeigt.

Galway Arts Festival

Irlands wichtigstes Kunstfestival (www.galwayartsfestival.com) beschert den Einwohnern und Besuchern der Stadt in den letzten beiden Juliwochen jede Menge Konzerte, Theateraufführungen und Künstlerprojekte.

Longitude

Longitude (www.longitude.ie), eine Art Mini-Glastonbury lockt drei Tage lang jede Menge Besucher in Dublins Marlay Park, um elektronischer Tanzmusik, Nu-Folk, Rock und Pop zu lauschen. 2015 waren Hozier und die Chemical Brothers die Headliner.

Folkfest Killarney

Ende Juli 2015 hatte dieses ganz dem Folk gewidmete Festival (http://folkfest killarney.com) seinen ersten Auftritt. Neben britischen Künstlern traten auch Musiker aus den USA und Mali auf und auch die Besucher stammen aus aller Welt.

August

Die Schulen sind geschlossen, die Sonne scheint (oder auch nicht!) und das Land ist in Urlaubsstimmung. In den Küstenstädten und Touristenzentren herrscht nun reger Andrang und die Iren genießen ihre Ferien.

Galway Race Week

Beim größten Pferderennen (www.galwayraces.com) westlich des Shannons geht's nicht nur um Pferde, sondern auch um irische Kultur, Sportwetten und extravagante Hüte.

Mary From Dungloe

Irlands zweitwichtigster Schönheitswettbewerb (www.maryfromdungloe.com) findet zum Monatsanfang in Dungloe im County Donegal statt. Für einige nur Anlass für eine Riesenparty, aber die jungen Teilnehmerinnen wollen alle sehnlichst zur „Mary des Jahres" gekrönt werden.

Féile An Phobail

Der Name heißt übersetzt „Volksfest" – und genau das ist es auch: Europas größtes Festival dieser Art (www.feilebelfast.com) ist zwei Wochen lang auf der Falls Road in West-Belfast zu Gast.

AITORMMFOTO/SHUTTERSTOCK ©

HOLGER LEUE/GETTY IMAGES ©

Oben: Straßenkünstler, Grafton Street (S. 66), Dublin
Unten: Besucher der Galway Race Week (S. 39)

Fleadh Cheoil na hÉireann

Die Mutter aller irischen Musikfestivals (www.comhaltas.ie) lockt immer über 250 000 Musikfans und Nachtschwärmer an. Jedes Jahr richtet es eine andere Stadt aus, zumeist Ende August.

Puck Fair

Irlands ältestes, schrulligstes Festival (www.puckfair.ie) steigt Mitte August: In Killorglin, County Kerry, feiert man drei Tage die Krönung eines Ziegenkönigs.

Rose of Tralee

Zu diesem irischen Schönheitswettbewerb reisen aus aller Welt Frauen mit irischen Wurzeln an, um sich den Sieg zu sichern. Für alle anderen Besucher ist das Ganze eine riesige Party (www.roseoftralee.ie).

September

Obwohl der Sommer vorbei ist, kann das Wetter erstaunlich gut sein – die ideale Zeit, um in Ruhe die letzten Sonnenstrahlen zu genießen.

Galway International Oyster & Seafood Festival

Am letzten Septemberwochenende beginnt Galway seit 1953 die Austernsaison mit einer großen Feier (www.galwayoysterfest.com). Viel Musik und Bier!

Dublin Fringe Festival

Kurz vor dem großen Dublin Theatre Festival steigt das wesentlich innovativere Fringe Festival (www.fringefest.com), bei dem in der ganzen Stadt über 100 Konzerte locken.

All-Ireland Finals

Am zweiten und vierten Sonntag des Monats finden die Endrundenwettkämpfe um die Hurling- und Gaelic-Football-Meisterschaft statt. Mit 80 000 Besuchern, die in das Croke-Park-Stadion in Dublin strömen, ist es eines der größten Sportereignisse des Jahres.

Oktober

Aufgrund der kühleren Temperaturen ist es an der Zeit, wieder drinnen Spaß zu haben. Auf dem Programm stehen zahlreiche Aktivitäten und Zerstreuungen, vor allem am letzten Wochenende des Monats.

Dublin Theatre Festival

Beim renommiertesten Theaterfestival des Landes (www.dublintheatrefestival.com) werden aktuelle Stücke und neue Versionen alter Werke aufgeführt.

Belfast Festival at Queen's

Das nordirische Kunstfestival (www.belfastfestival.com) in der zweiten Oktoberhälfte zieht Künstler aus aller Welt an. Zum Angebot gehört alles Mögliche von Bildender Kunst bis zu Tanzvorführungen.

Wexford Opera Festival

Im Oktober treffen sich Musikfans im Wexford Opera House, dem einzigen Haus des Landes, das nur Opern aufführt, um Irlands größtes Opernfestival (www.wexfordopera.com) zu genießen. Statt auf große Hits konzentriert sich dieses eher auf unbekannte Werke.

Guinness Cork Jazz Festival

Das bekannteste Jazzfestival (www.guinnessjazzfestival.com) des Landes findet immer am letzten Oktoberwochenende in Cork statt. Mehr als 1000 Musiker und ihre unzähligen Fans haben die Stadt dann fest im Griff.

Dezember

Das Land bereitet sich auf Weihnachten vor, z. B. mit ausgiebigen Shoppingtouren. Nach der Arbeit treffen sich die Iren mit Freunden und Familienangehörigen, die aus dem Ausland angereist sind. Am ersten Weihnachtsfeiertag ist alles geschlossen.

Weihnachten

Auf dem Land gilt das Fest als stille Angelegenheit, wobei am 26. Dezember (St. Stephen's Day) wieder der Brauch der Wren Boys auflebt, besonders in Dingle, County Kerry. Nun ziehen verkleidete Kindergruppen durch die Gegend und singen Weihnachtslieder.

Christmas Dip (Weihnachtsschwimmen)

Beim traditionellen Christmas Dip am Forty Foot im Dubliner Vorort Sandycove schwimmen einige sehr Tapfere 20 m zu den Felsen und wieder zurück.

Reiserouten

1 WOCHE

Irlands Highlights

Die 300 km lange Touristenroute führt durch Irlands spektakulärste Landschaften und an den größten Sehenswürdigkeiten vorbei. Los geht's in **Dublin**. In der Heimat des Guinness locken das Trinity College, das Book of Kells und ein paar Bierchen. Am nächsten Tag fährt man nach **Galway** und unternimmt einen Abstecher zum beeindruckenden, melancholischen **Connemara National Park** (bietet sich für eine nette Rundtour an). Anschließend führt die Reise weiter nach Süden durch die mondähnliche Landschaft des **Burren**. Hier lohnt ein Ausflug zu den **Cliffs of Moher** und nach **Ennis**, wo man traditionelle Musik genießen kann. Dann geht's nach Süden über den **Connor Pass** ins County Kerry. Nach einem Besuch in **Dingle** besichtigt man die prähistorischen Monumente und genießt den Ausblicke von **Slea Head**. Mit der Fähre reist man weiter nach **Killarney**, dem perfekten Ausgangspunkt zur Erkundung des **Ring of Kerry**, einer verkehrsreichen, 179 km langen Rundtour um die Iveragh Peninsula.

2 WOCHEN

Das Beste im Westen

Auf dem Programm vieler Traveller steht der Westen ganz oben. Die Reise startet im County Sligo, wo sich am **Carrowmore Megalithic Cemetery** Prähistorie und Panorama vereinen. Dann folgt man den Kurven entlang der Küste, legt an einigen der besten Surferstrände wie **Strandhill** und **Enniscrone** Zwischenstopps ein und besucht das hübsche Dorf **Pollatomish** sowie das historische Städtchen **Westport** mit seinen vielen Pubs. Im Südwesten erhebt sich der herrliche **Croagh Patrick**. Der Aufstieg lohnt schon allein, um den Blick über die mit Inseln gesprenkelte Clew Bay zu genießen. Westlich davon unternimmt man in **Louisburgh** einen Ausflug auf die felsige Insel **Clare**, Heimat der Piratenkönigin Grace O'Malley. Danach geht's durch das reizende Doolough Valley nach **Leenane**: Das nördliche Tor zu **Connemara** erstreckt sich an Irlands einzigem Fjord. Man kann die Gegend von der schönen Küstenstraße aus bewundern, die an der **Kylemore Abbey** vorbeiführt. Toll sind auch die abenteuerliche Panoramastraße Sky Road, die bei Clifden beginnt, und das malerische **Roundstone**. Alternativ nimmt man die atemberaubende Route durch das Landesinnere über **Maam Cross** nach **Galway**. Wegen der bunten Straßen und wunderbaren Pubs bleibt man am besten mindestens einen Tag hier.

Die Fischerdörfer **Kinvara** und **Ballyvaughan** im Süden von Galway liegen am Rand der bizarren Karstlandschaft des Burren mit seiner vielfältigen Flora und Fauna und Attraktionen wie den **Aillwee Caves** und den **Cliffs of Moher**. Von dort geht's nach Süden, wo man traditionelle Musik hören und in einem Pub in **Miltown Malbay** eine Trad Session besuchen sollte. Für Strandliebhaber bietet sich eine Pause im Surferort **Kilkee** an.

Am einfachsten kommt man mit der Fähre ab Killimer ins County Kerry. Dort nimmt man sich einen Tag für die antiken Stätten und den herrlichen Ausblick auf der **Dingle Peninsula** und übernachtet in **Dingle**, einer der bezauberndsten Städte an der ganzen Westküste. Am nächsten Tag folgt man dem weltbekannten **Ring of Kerry**, der am Rand des Ortes **Killarney** am **Killarney National Park** endet. Anschließend geht's auf der landschaftlich schönen Straße über die **Beara Peninsula** zur mediterran anmutenden Insel **Garinish** mit ihrer exotischen Pflanzenwelt. Über die Küstenstraße erreicht man über **Castletownshend** und das Fischerdorf **Union Hall** die Stadt **Cork**, Endpunkt der Tour.

Oben: Giant's Causeway (S. 651), County Antrim

Unten: Steine, Beara Peninsula (S. 260)

3 WOCHEN Küstentour

Von **Dublin** aus geht's gen Norden zur neolithischen Nekropole **Brú na Bóinne** und zur **Mellifont Abbey**, bevor man Nordirland und **Belfast** ansteuert. Entlang der Küste fährt man anschließend Richtung Nordwesten zum **Giant's Causeway**. Den **Glenveagh National Park** und das südlich davon in **Sligo** gelegene steinzeitliche Ganggrab **Carrowkeel** sollte man sich ebenfalls nicht entgehen lassen. Als Nächstes geht's via dem **Connemara National Park** nach Südwesten. Danach kommt man durch den **Burren** und genießt traditionelle Musik in **Doolin**. Nun stehen das County Kerry und die **Dingle Peninsula** auf dem Plan. Während man dem **Ring of Kerry** folgt, lohnt ein Zwischenstopp in **Killarney**. Hinterher wird in **Kenmare** gezeltet. Von dort aus besucht man **Beara Peninsula** und **Cork**. Von **Ardmore** aus kann man das County Waterford erkunden, z. B. **Dungarvan** mit seiner Burg und den Museen in **Waterford**. Später reist man durch Thomastown gen Norden ins malerische **Kilkenny**. Im County Kildare lockt das **Castletown House**, weiter östlich das im **Wicklow Mountains National Park** gelegene **Glendalough**. Danach geht's schließlich zurück nach Dublin.

2 WOCHEN Von Nord nach Süd

Die Tour beginnt in **Derry** mit einem Rundgang um die Stadtmauern und durch den Bogside-Bezirk. Am zweiten Tag geht's ins County Donegal zur **Inishowen Peninsula**; die Nacht verbringt man in **Dunfanaghy**. Auf dem Weg entlang der Küste lohnt ein Besuch der Klosterruinen von **Glencolumbcille** und der Klippen von **Slieve League**. Anschließend führt die Reise ins County Sligo und zum **Carrowmore Megalithic Cemetery**; übernachtet wird in der Stadt **Sligo**. Am nächsten Tag gibt's eine Runde Golf in **Rosses Point** oder ein Algenbad in **Enniscrone**. Richtung Süden geht's vorbei am Ostrand vom **Connemara National Park** nach **Galway**. **Clonmacnoise** sollte man nicht verpassen. Danach stehen eine Tour ins Herz der Midlands und ein Besuch des Klosters auf dem **Rock of Cashel** an. Nur eine Stunde entfernt befindet sich das mittelalterliche **Kilkenny**. Nach der Besichtigung der Stadtfestung locken das nahe gelegene **Thomastown** und die Jerpoint Abbey. Von **Wexford** aus geht's zum **Curracloe Beach** sowie nach **Enniscorthy**, um das National 1798 Rebellion Centre zu besuchen. Natürlich kann man auch einfach relaxen und die Fischer in **Kilmore Quay** beobachten.

1 WOCHE Der Norden

In **Belfast** sollte man die Titanic Experience besuchen und auch eine *black-taxi*-Tour unternehmen, bevor die Küste von Antrim und **Carrick-a-Rede** auf dem Programm stehen. Richtung Westen liegen die einzigartige UNESCO-Welterbestätte **Giant's Causeway**, die sich kein Irland-Besucher entgehen lassen sollte. Auf dem Weg dorthin können sich Fans der Serie *Game of Thrones* **Ballintoy Harbour** ansehen, das als Kulisse für den Hafen von Herrenhort dient. Der Trip entlang der Causeway Coast endet mit dem faszinierenden Dorf **Bushmills** mit seiner berühmten Brennerei. Es folgt ein Tag in **Derry**, wo man die Stadtmauern umrunden oder in Bogside der jüngeren Vergangenheit nachspüren kann. Bei einem Abstecher zur **Inishowen Peninsula** im County Donegal überquert man die unsichtbare Grenze zur Republik. Wieder im Norden beendet man den Ausflug in **Lough Erne**, wo man sich White Island und die Grabsteine von Devenish Island ansehen sollte.

1 WOCHE Antike Stätten

Die neolithischen Gräber von **Newgrange** und **Knowth**, County Meath, liegen mitten im Herzen von **Brú na Bóinne**. Nicht weit davon entfernt befindet sich der **Hill of Tara**, ein bedeutender Ort für die Einheimischen: Hier hatten die irischen Könige bis zum 11. Jh. ihren Sitz. Auf der anderen Seite der Ebene sieht man den **Hill of Slane**, auf dem der hl. Patrick 433 ein Feuer entzündete, um im ganzen Land das Christentum zu verkünden. Westwärts lockt das antike **Loughcrew**, eine ruhigere Alternative zu Brú na Bóinne. Im County Roscommon stößt man kurz vor Tulsk auf Europas berühmteste Keltenstätte **Cruachan Aí**. Im County Offaly bietet sich ein Besuch von **Clonmacnoise**, einem Kloster aus dem 6. Jh., an. Weiter südlich erhebt sich in Tipperary der beeindruckende **Rock of Cashel**. Hier hält man sich Richtung Osten und durchquert das County Kilkenny. Unterwegs steht die Besichtigung des Zisterzienserklosters **Jerpoint Abbey** bei Thomastown an. Von dort geht's nordöstlich nach Wicklow und ins wunderschöne Tal **Glendalough** mit zwei herrlichen Seen und Überresten einer Klostersiedlung.

Reiseplanung

Outdoor-aktivitäten

Am besten erlebt man die unbändige Schönheit dieses Landes bei der Erkundung seiner abwechslungsreichen Landschaften – oft eine spektakuläre Erfahrung. Von majestätischen zerklüfteten Bergen bis zu grünen Wäldern an Seeufern, von breiten Sandstränden bis zu wilden, bis zum Horizont reichenden Mooren – Irlands großartige Natur enttäuscht nie.

Wandern

Sanfte Hügel, felsige Höhenrücken, spektakuläre Meeresklippen, entlegene Inseln, warmherzige Gastfreundschaft und das herrlich unvorhersehbare Wetter – Irland zu Fuß bietet für jeden etwas, vom Verdauungsspaziergang bis zu anspruchsvollen 1000 m hohen Gipfeln.

Was gehört ins Gepäck?

Für kurze Wanderungen auf markierten Wegen reichen bequeme Schuhe, eine Regenjacke und etwas zu essen und zu trinken.

Wanderer, die tiefer in die Hügel und Moore Irlands eindringen, sollten richtig ausgerüstet sein und wissen, dass das Wetter zu jeder Jahreszeit umschlagen kann.

➡ Torfboden kann nach Regen morastig werden, darum ist robustes Schuhwerk wichtig; außerdem benötigt man gute Regenkleidung und zusätzliches Essen und Trinken.

➡ Man sollte immer eine Karte und einen Kompass mitnehmen (und wissen, wie man damit umgeht). Auf Handys kann man sich nicht verlassen (sollte aber trotzdem eins dabeihaben).

➡ Die Unterkunft oder auch Freunde und Verwandte über die geplante Wanderroute und die erwartete Zeit der Rückkehr informieren. Und Bescheid geben, wenn man sicher zurück ist.

Top-Tipps

Die beste Outdoorzeit

Die besten Monate zum Wandern und Radfahren sind Mai, Juni und September – dann ist es meist trocken und es gibt weniger *midges* (Mücken).

Die besten Outdooraktivitäten

Den Wicklow Way (Wicklow) wandern, den Carrauntoohil (Kerry) besteigen, Radfahren auf dem Great Western Greenway (Mayo), Mountainbiking im Davagh Forest (Tyrone), Golf im Royal Portrush (Antrim), auf dem Lough Hyne (Cork) Seekajak und auf dem Lough Erne Canoe Trail (Fermanagh) Kanu fahren.

Die richtige Ausrüstung für Bergwanderungen

Gute wasserdichte (zusätzliche warme) Kleidung, Karte und Kompass, Handy (aber nicht darauf verlassen!), Erste-Hilfe-Set, Stirnlampe, Trillerpfeife (für Notfälle), genügend Essen und Trinken.

Checkliste Sicherheit

Vor der Wanderung sollte man den Wetterbericht checken und anderen seine Pläne mitteilen, unterwegs Tempo und Ziel nach dem langsamsten Mitglied der Gruppe ausrichten und sich nicht scheuen umzukehren, wenn es zu schwierig wird.

Wanderführer & Karten

Es gibt mehrere gute Wanderführer für Irland, insbesondere die Wanderführerreihe von Collins Press (www.collinspress.ie).

Die *Discovery/Discoverer*-Serie im Maßstab 1:50 000 (8,99 €/6,50 £ pro Kartenblatt) der **Ordnance Survey of Ireland** (www.ose.ie) und der **Ordnance Survey of Northern Ireland** (www.nidirect.gov.uk/ordnance-survey-of-northern-ireland) decken ganz Irland ab. Es gibt auch detailliertere *Adventure/Activity*-Karten im Maßstab 1:25 000 (12,99 €/7,80 £) für besonders beliebte Wandergebiete wie MacGillicuddy's Reeks & Killarney National Park, die Wicklow Mountains, die Mournes und die Causeway Coast.

Zwei spezielle Wanderkarten:

Harveys Superwalker (www.harveymaps.co.uk) Wasserfeste Bergwanderkarten im Maßstab 1:30 000 von Connemara, den Mournes, den Wicklow Mountains und den MacGillicuddy's Reeks.

DIE FÜNF BESTEN IRISCHEN BERGWANDERUNGEN

Irlands Gebirge sind zwar nicht so majestätisch wie die Alpen, bieten aber wunderbare Bergwanderungen.

Carrauntoohil (1040 m; MacGillycuddy's Reeks, Kerry, S. 282) Irlands höchster Berg verlangt viel Ausdauer und gute Navigationsfähigkeit; weniger erfahrene Wanderer sollten einen Guide engagieren.

Slieve Donard (853 m: Mourne Mountains, Down; S. 616) Nordirlands höchster Berg ist unkompliziert zu besteigen; interessanter ist der benachbarte Slieve Binnian.

Errigal Mountain (752 m; Donegal; S. 488) Der pyramidenförmige Quarzgipfel zählt zu den formschönsten Bergen Irlands.

Twelve Bens (729 m; Connemara, Galway) Die zerklüfteten Hügel hier sind zwar nicht sehr groß, doch sie gehören zu den anspruchsvollsten Wandergebieten Irlands. Der Glencoaghan Horseshoe wird oft die schönste Bergwanderung des Landes genannt.

Mt. Brandon (951m; Kerry; S. 307) Auf dem höchsten Berg der Dingle Peninsula gibt es schroffe Wege und eine atemberaubende Aussicht.

EastWest Mapping (www.eastwestmapping.ie) Karten von den Wicklow Mountains, vom Wicklow Way und von Blackstairs Mountains & Barrow Valley.

Wegerecht und Privatland

Im Gegensatz zu Schottland, England und Wales (und den meisten anderen europäischen Ländern), gibt's in Irland kein öffentliches Wegerecht und/oder öffentliches Betretungsrecht. Wanderer und Radfahrer haben also kein Recht auf Zugang zu privatem Land, nicht einmal, wenn es sich um wilde Moore und Berge handelt (es sei denn, sie gehören zu einem Nationalpark).

Als in den letzten Jahren Wandern, Bergsteigen und Offroad-Mountainbiken immer beliebter wurden, gab es dadurch immer wieder Streitigkeiten im ganzen Land. Einige traditionelle Wanderrouten wurden sogar geschlossen oder umgeleitet.

Für alle in diesem Führer aufgeführten National Trails und markierten Wanderwege wurde das öffentliche Zugangsrecht mit den Landbesitzern ausgehandelt. (Die Streitigkeiten über den Zugang sind der Grund dafür, dass diese Wege oft über lange Strecken öffentlichen Straßen folgen.) Dennoch trifft man gelegentlich auf verschlossene Tore, Stacheldrahtzäune oder Schilder mit der Aufschrift „no walkers allowed".

Weitere Infos zum Wegerecht und zu verantwortungsbewusstem Wandern:

Keep Ireland Open (www.keepirelandopen.org) Freiwilligenorganisation, die für das Zugangsrecht auf dem Land kämpft.

Leave No Trace (www.leavenotraceireland.org) Gemeinnützige Organisation, die sich für verantwortungsbewussten Umgang mit der Natur einsetzt.

Mountaineering Ireland (www.mountaineering.ie) Unter „Access Policy" gibt's Infos und Ratschläge.

Wanderrouten

Für seine Größe bietet Irland eine beeindruckende Auswahl an Routen, die von Küstenspaziergängen bis zu mehrtägigen Bergwanderungen reicht. In den örtlichen Touristeninformationen gibt's Karten und Faltblätter für Wanderungen in der Umgebung. Infos im Internet:

Discover Ireland (www.discoverireland.ie/walking) Karten im PDF-Format zum Herunterladen und mehr als 600 Wanderungen in der Republik Irland.

Irish Trails (www.irishtrails.ie) Einzelheiten zu über 40 markierten Wanderwegen (überwiegend Fernwanderwege) in der Republik Irland.

Walk Northern Ireland (www.walkni.com) Beschreibungen und PDF-Downloads von mehr als 400 Wanderungen in Nordirland, von 400 m langen Spaziergängen bis zum 1000 km langen Ulster Way.

Pilgrim Paths (www.pilgrimpath.ie) Markierte Wanderwege, die alten christlichen Pilgerwegen folgen.

Coillte Outdoors (www.coillteoutdoors.ie) Auf dem von Irlands staatlichem Forestry Service verwalteten Land befinden sich Hunderte Wanderwege.

Tageswanderungen

Entspannte Tageswanderungen kann man in fast jeder Gegend Irlands unternehmen. Hier einige Vorschläge:

➡ **Barrow Towpath** Am Barrow in den Counties Carlow und Kilkenny entlang geht's über alte Treidelpfade von Borris nach Graiguenamanagh und weiter nach St. Mullins. (S. 160)

➡ **Glendalough** Auf den Waldwegen rund um die alte Klostersiedlung im County Wicklow kann man Dublin für ein paar Stunden entfliehen. (S. 148)

➡ **Lough Key Forest Park** Durch die Wälder rund um den See im County Roscommon führt ein großartiger Baumwipfelpfad. (S. 509)

➡ **Sky Road** Im County Galway, mit tollem Blick auf Connemaras Küste; die Strecke ist zum Wandern und Radfahren geeignet. (S. 412)

➡ **South Leinster Way** Als malerischster Abschnitt der beschilderten Route gelten die 13 km zwischen Graiguenamanagh und Inistioge im County Kilkenny. (S. 213)

➡ **Brandon Way** Führt durch Wälder und Moore am Barrow entlang zum Gipfel des Brandon Hill (516 m; nicht mit dem Mt. Brandon im County Kerry verwechseln) im County Kilkenny. (S. 213)

➡ **Killarney National Park** Kurze Wanderungen im County Kerry am Ufer des Lough Leane sowie der etwas längere Muckross Lake Loop. (S. 275)

➡ **Killary Harbour** Am Ufer dieser langen, fjordartigen Meeresbucht im County Galway gibt's herrliche Wanderwege. (S. 418)

➡ **Glen of Aherlow** Im County Tipperary warten üppige Wälder und niedrige Hügel, mit herrlichem Blick auf die hohen Galtee Mountains. (S. 328)

➡ **Fair Head** Einfache Wege führen im County Antrim hinauf auf riesige Basaltmeeresklippen. Die Aussicht reicht bis zur Rathlin Island und der schottischen Küste. (S. 659)

Küstenwege

Irlands Küsten sind für lange Wanderungen – mit Schuhen oder barfuß – wie geschaffen. Hier fünf Vorschläge für den Anfang:

➡ **Arranmore Way** (County Donegal) 14 km langer Rundweg über eine felsige, von Meeresklippen gesäumte Insel vor Donegal. (S. 476)

➡ **Causeway Coast Way** (County Antrim) Markierter Weg entlang Antrims Nordküste. Besonders spektakulär sind die letzten 16,5 km von Carrick-a-Rede zum Giant's Causeway. (S. 652)

➡ **Wexford Coastal Walk** (County Wexford) 221 km entlang endloser Sandstrände, vogelreicher Nebengewässer und Überresten alter Schiffswracks.

➡ **Sheep's Head Lighthouse** (County Cork) Die großartige, kurze Wanderung führt vom Ende der Straße zu einem der am spektakulärsten gelegenen Leuchttürme Irlands. (S. 257)

➡ **Tory Way** (County Donegal) 12 km langer Rundweg an Tory Islands felsiger Küste. (S. 479)

Markierte Wanderwege

Die Eröffnung des 1000 km langen Ulster Way in den 1970er-Jahren, gefolgt vom Wicklow Way 1982, führte zur Errichtung eines Netzes aus mehr als 40 Fernwanderwegen, die insgesamt über 5000 km lang sind. Die kompletten Wege ziehen sich oft über mehrere Tage oder sogar Wochen, aber je nach Belieben kann man auch kürzere Abschnitte jedes Weges wandern.

MIDGES

Midges sind winzige, 2 mm lange blutsaugende Mücken, die in riesigen Schwärmen auftauchen und einen Urlaub komplett ruinieren können, wenn man nicht darauf vorbereitet ist.

Von Ende Mai bis Mitte September und ganz besonders von Mitte Juni bis Mitte August gibt's besonders viele – dummerweise genau in der Haupttouristensaison. Am schlimmsten ist es im Westen und Nordwesten Irlands, vor allem in Gegenden mit vielen Mooren wie Connemara und Donegal.

Am schlimmsten sind die *midges* während der Dämmerung und an windstillen, bedeckten Tagen – starker Wind und heller Sonnenschein vertreiben sie meistens. Ansonsten hilft nur, die Haut zu bedecken, besonders am Abend. Am besten trägt man langärmlige, helle Kleidung (*midges* werden von dunklen Farben angelockt) und benutzt ein verlässliches Insektenschutzmittel.

Hier unsere Top Ten:

- **Barrow Way** Eine 114 km lange Wanderung durch einige der schönsten Flusslandschaften Irlands zwischen Lowtown im County Kildare und St. Mullins im County Carlow. (S. 200)
- **Beara Way** Moderate 196 km lange Rundtour auf einer Halbinsel im Westen Corks. (S. 264)
- **Burren Way** Der 123 km lange Weg führt durch die einzigartige Felsenlandschaft im County Clare, entlang der Cliffs of Moher und durch die Musikerstadt Doolin. (S. 368)
- **Cavan Way** Diese kurze Route (26 km) wartet mit einer beeindruckenden topografischen Vielfalt auf: Moore, steinzeitliche Monumente und die Quelle des Shannon. (S. 561)
- **Dingle Way** Der beliebte 168 km lange Rundweg im County Kerry führt über eine der schönsten Halbinseln Irlands. (S. 297)
- **East Munster Way** Beginnt im County Tipperary, endet im County Waterford und zieht sich 70 km durch Wälder und Moore sowie ein Stück über den Treidelpfad am Fluss Suir. (S. 341)
- **Kerry Way** 214 km durch den Killarney Nationalpark, die spektakulären Macgillycuddy's Reeks und zur Küste am Ring of Kerry. (S. 271)
- **Sheep's Head Way** Auf dem 88 km langen entlegenen Rundweg über eine Halbinsel hat man weite Aussicht aufs Meer. (S. 257)
- **Ulster Way** Der 1000 km lange Wanderweg verläuft im Kreis um die sechs nordirischen Grafschaften und Donegal und lässt sich in kürzere Abschnitte aufteilen. (S. 674)
- **Wicklow Way** Irlands beliebteste, 132 km lange Wanderroute beginnt im Süden von Dublin und endet in Clonegal, County Carlow.(S. 149)

Golf

Golf ist eins der liebsten Hobbys der Iren, wie über 400 Golfplätze belegen. Viele liegen in Parklandschaften, doch ein besonders eindrucksvolles Erlebnis ist ein Spiel direkt am Meer – ganze 30 % der weltweiten Links-Plätze liegen an der irischen Küste!

Die meisten Golfanlagen sind zwar in Privatbesitz, heißen aber auch Nichtmitglieder und unangemeldete Gäste willkommen. Bekanntere Plätze sollte man aber im Voraus buchen. Die besten verlangen 80 bis 100 € oder mehr pro Runde, bei unbekannteren ist man zu weniger gefragten Zeiten schon ab 25 € dabei. Einige Betreiber verlangen, dass man ein registriertes Handicap aus dem Heimatland vorweist. Viele leihen auch Golfschläger aus, in der Regel allerdings keine besonders guten.

An den Flughäfen von Dublin oder Cork kann man über www.clubstohire.com einen individuell zusammengestellten Satz Golfschläger ausleihen, den man beim Abflug wieder am Flughafen abgibt.

Unsere Lieblingsplätze:

Ballybunion Golf Club, County Kerry (S. 314)

Royal Portrush Golf Club, County Londonderry (S. 648)

County Sligo Golf Course, County Sligo (S. 449)

Waterville Golf Links, County Kerry (S. 292)

Mount Juliet, County Kilkenny (S. 213)

Weitere Infos und einen Buchungsservice findet man auf **Golf Ireland** (www.golf.discoverireland.ie) und bei der **Golfing Union of Ireland** (www.golfnet.ie).

Sonderangebote und Rabatte bei den Golfplatzgebühren gibt's immer mal. Eine gute Internetseite ist www.teetimes.ie, wo man Dutzende Plätze im ganzen Land zu stark ermäßigten Preisen buchen kann.

Radfahren

Irland hat Fahrradtouristen viel zu bieten, nicht zuletzt das riesige Netz aus Nebenstraßen, das selbst die wildesten Gegenden der Insel überzieht. Wer über eine gute Karte und Abenteuerlust (und natürlich anständige Regenkleidung) verfügt, kann sofort zu herrlichen Entdeckungstouren über Hunderte Kilometer aufbrechen.

Bei verschiedenen Anbietern gibt's geführte und individuelle Radtouren, darunter:

Iron Donkey (www.irondonkey.com)

Ireland by Bike (www.irelandbybike.com)

Gute Gegenden

- **Great Western Greenway** 42 km langer Radweg, meist abseits der Straße, der von Westport zur Achill Island im County Mayo führt. (S. 434)
- **Killarney National Park** Boots- und Fahrradabenteuer über die Seen von Killarney und hinauf auf den beeindruckenden Gap of Dunloe. (S. 275)
- **Kingfisher Trail** Ein markierter, 370 km langer Fernradweg, der über Nebenstraßen der Counties Fermanagh, Leitrim, Cavan und Monaghan verläuft. (S. 670)

GARETH MCCORMACK/GETTY IMAGES ©

Oben: Seekajakfahren, Connemara (S. 407)

Unten: Golf, County Cork (S. 217)

DAVE G KELLY/GETTY IMAGES ©

➡ **Clifden Cycle Hub** Die „Hauptstadt" von Connemara im County Galway ist Ausgangspunkt für vier Fahrradrundwege von 16 bis 40 km Länge, darunter die malerische Sky Road. (S. 412)

Mountainbiken

Durch das fehlende Wege- und Zugangsrecht für privates Land hinkt das Offroad-Biken in Irland dem Rest Großbritanniens hinterher. Doch auch hier finden sich einige tolle, extra angelegte Bikeparks, meistens in staatlichen Forest Parks auf beiden Seiten der Grenze.

In vielen Gegenden arbeiten örtliche MTB-Fahrer in aller Stille an ihrem eigenen Netz selbstgebauter Trails; die besten Infos dazu gibt's in den dortigen Fahrradläden.

Mehr Infos dazu auf folgenden Seiten:

Mountain Bike NI (www.mountainbikeni.com) Alles über die MTB-Zentren in Nordirland.

TrailBadger (www.trailbadger.com) Nützliche Datenbank für Mountainbike-Trails in Irland.

Top MTB-Parks

Davagh Forest Wald-Trails für Anfänger, Felsplatten und Drops für Fortgeschrittene; im Herzen des County Tyrone. (S. 682)

Rostrevor Mit einem roten 27-km-Trail, der die Oberschenkel zum Brennen bringt, und einem nervenzerfetzenden, 19 km langen schwarzen Trail gilt Rostrevor im County Down bei manchen als das beste Mountainbike-Revier Irlands. (S. 622)

Ballyhoura (www.trailriders.ie) Irlands größtes Trail-Netz wartet im County Limerick. Die Schwierigkeitsgrade reichen von Grün bis Schwarz und der längste Trail ist über 50 km lang.

Ballinastoe (www.coillteoutdoors.ie) Am Rand der Wicklow Mountains südlich von Dublin mit einem fantastischen 14 km langen blauen Flowtrail und vielen weiteren Trails in den umliegenden Hügeln.

Bike Park Ireland (http://bikeparkireland.ie) ist ein extra angelegter Bikepark im County Tipperary mit Transportservice zum Gipfel und Downhill-Trails für alle Niveaus.

Wassersport

Irlands mehr als 3000 km lange Küste sowie die zahllosen Flüsse und Seen sorgen dafür, dass man es nie weit zum Surfen, Tauchen oder Kanufahren hat.

Surfen & Windsurfen

An der Küste, insbesondere im Westen von Irland, ist Surfen das Nonplusultra. Beliebte Spots:

➡ **County Donegal** In Bundoran (S. 466), der inoffiziellen Surfhauptstadt Irlands, finden im April die irischen Meisterschaften statt. Entlang der Küste gibt's mindestens sechs erstklassige Spots für Anfänger und Fortgeschrittene. Portna-Blagh (S. 480) lockt Wind- und Kitesurfer an.

➡ **County Sligo** Easkey (S. 455) und Strandhill (S. 450) sind berühmt für ihre ganzjährig gute Brandung. Hier kann man problemlos Zimmer und Boards mieten.

➡ **County Clare** Tolle Wellen bei Kilkee (S. 358), Lahinch (S. 363) und Fanore (S. 376).

➡ **County Waterford** Am Tramore Beach (S. 187) befindet sich Irlands größte Surfschule.

➡ **County Kerry** Surfer zieht es an den großen Inch Strand (S. 297) mit seinen großen, regelmäßigen Wellen. Tolle Surfspots sind auch Brandon Bay und Ballybunion (S. 314).

➡ **County Antrim** Die Strände bei Portrush (S. 648) sind hervorragende Surf- und Bodysurfreviere. Im September und Oktober ist der Wellengang am höchsten und das Wasser am wärmsten.

Kanu- & Seekajakfahren

Irlands lange, buchtenreiche Küste bietet einige der weltweit besten Möglichkeiten zum Seekajakfahren. Die geschützten Buchten sind ideal für Anfänger und die langen, aufregenden Küsten- sowie Inseltouren und krassen Gezeitenpassagen dagegen sind selbst für sehr erfahrene Paddler eine Herausforderung. Dabei ist man ständig umgeben von spektakulärer Flora und Fauna – Begegnungen mit Robben, Delfinen und sogar Walen sind keine Seltenheit. Die **Irish Sea Kayaking Association** (www.iska.ie) führt auf ihrer Website Kajaktouren und Kurse auf.

Die Binnenseen sowie Flüsse und Kanäle Irlands bieten tolle Gelegenheiten für Kanadier-Fahrten. Nordirland hat ein Netz offizieller **Kanurouten** (www.canoeni.com) mit Einstiegspunkten, Informationstafeln, Toiletten und Zeltplätzen geschaffen. Südlich der Grenze kann man auf Flüssen und Kanälen wie dem Shannon, Barrow und dem Grand Canal (siehe www.waterways ireland.org) auch Langstreckentouren mit dem Kanu unternehmen.

Tauchen

Irlands Küstengewässer bieten einige der besten Tauchspots Europas. Die ideale Zeit für einen Besuch ist zwischen März und Oktober. Die Sicht reicht weiter als 12 m, an guten Tagen sogar bis zu 30 m.

Zu den besten Tauchgebieten gehören Kilkee (Mayo), Baltimore (Cork), Castlegregory (Kerry) sowie die Arranmore Island und Rosguill (Donegal).

Mehr über diese Sportart erfährt man bei Comhairle Fó-Thuinn (CFT), auch bekannt als **Irish Underwater Council** (www.diving.ie). Der CFT gibt das Tauchmagazin *SubSea* (ebenfalls online erhältlich) heraus.

Coasteering

Wem eine Wanderung auf den Klippen zu langweilig ist, dem könnte Coasteering gefallen. Es ist wie Bergsteigen, nur dass man nicht auf einen Berg hinaufklettert, sondern sich seitwärts bewegt – an steilen, felsigen Küstenwänden, während sich an den Füßen die Wellen brechen. Und wenn es zu steil wird, springt man einfach ins Wasser und schwimmt. Coasteering-Center stellen Neoprenanzüge, Helme und Auftriebshilfen; ein altes Paar Sportschuhe und Abenteuerlust bringt man selbst mit.

Zu den Anbietern gehören:

Coasteering Ireland (www.coasteering-ireland.com) Ist überwiegend auf der Beara Peninsula (Cork) und am Ring of Kerry tätig.

Coasteering NI (www.coasteeringni.co.uk) Im County Antrim in der Nähe des Giant's Causeway sowie in Glencolumbcille in Donegal.

Angeln

Angeln – ob im Meer oder in Seen und Flüssen – ist eine der beliebtesten Freizeitbeschäftigungen in Irland. Ganz zu Recht ist das Land für sein Lachs-, Bachforellen- und Meerforellenangeln sowie für sein großartiges Meeresangeln berühmt.

Hier einige der besten Angelerlebnisse:

- Fliegenfischen auf Bachforellen in den großen Kalksteinseen Lough Corrib und Lough Mask (County Galway); zum jährlichen Schlüpfen der Eintagsfliegen *(mayfly hatch)* kommen Tausende Angler aus der ganzen Welt her.
- Meerforellenangeln im Lough Currane im County Kerry, einem der besten Fischgründe für Meerforellen in ganz Großbritannien und Irland.
- Lachsangeln im Blackwater (Cork), Laune (Kerry) oder Roe (Londonderry), drei der besten irischen Lachsflüsse.
- Wolfsbarschangeln vom Ufer aus im Südwesten oder Blauhaiangeln vom Boot aus vor Kinsale – Irland hat einige der besten Möglichkeiten zum Meeresangeln in ganz Europa.

Die Bücher *Rivers of Ireland* und *Loughs of Ireland* von Peter O'Reilly bieten umfassende Infos zum Forellen- und Lachsangeln in Nordirland und der Republik Irland.

Genehmigungen & Lizenzen

Für Meeresangeln benötigt man weder eine Genehmigung noch eine Lizenz.

Genehmigungen Das Angeln von Bachforellen *(brown trout)* ist in vielen der berühmten Seen Irlands kostenlos, darunter der Lough Corrib, der Lough Mask und die Seen von Killarney. Für die meisten Seen und Flüsse ist aber eine Genehmigung notwendig; am besten erkundigt man sich im örtlichen Hotel oder Angelladen. Die Tagesgebühren liegen zwischen 3 und 20 €.

Angellizenzen In Nordirland benötigt man neben der Genehmigung zusätzlich eine Angellizenz zum Süßwasserangeln (drei/14 Tage 3,50/9 £). In der Republik Irland ist eine Angellizenz nur zum Lachs- und Bachforellenangeln (ein Tag/drei Wochen 20/40 €) erforderlich. Die Lizenzen kann man in örtlichen Angelgeschäften und bei einigen Touristeninformationen kaufen.

Weitere Information siehe www.fishinginireland.info.

Klettern

Irlands Berge sind nicht hoch (der höchste Gipfel des Landes ist mit nur 1040 m der Mt. Carrauntoohil in den MacGillycuddy's Reeks in Kerry), bieten aber ein paar großartige Möglichkeiten zum Klettern – besonders in den Mournes, den Reeks und rund um Glendalough in den Wicklow Mountains.

Das Sahnehäubchen unter den Klettermöglichkeiten des Landes sind aber die fantastischen Meeresklippen – von Malin Beg in Donegal und den Klippen der Achill Island bis zu den steilen, hohen Basaltsäulen von Fair Head und den perfekten Kalksteinklippen des Burren. *Rock Climbing in Ireland* (25 €) von David Flanagan beschreibt 400 der besten Kletterrouten des Landes.

Reiseplanung

Die irische Küche

In den vergangenen zehn Jahren hat Irland seine heimische Küche „wiederentdeckt" und eine Reihe von Köchen und Produzenten bringen wieder die Sorte von Gerichten auf den Tisch, die auf gut geführten irischen Bauernhöfen schon lange serviert werden. Gleichzeitig ist der irische Geschmack vielfältiger geworden – die verschiedensten Aromen aus aller Welt sind heute in Irland bekannt und beliebt. Beide Entwicklungen machen es zunehmend einfach, sich relativ günstig zu ernähren. Und es ist ein Glücksfall für die Touristenindustrie, die nicht mehr ständig erklären muss, warum das irische Essen so einzigartig ist – allerdings im negativen Sinne.

Die besten irischen Speisen & Getränke

www.bestofbridgestone.com Eine umfangreiche Liste der Lebensmittelhersteller und der besten Restaurants, die ihre Produkte anbieten.

www.bordbia.ie Auf der Website des irischen Nahrungsmittelverbands findet man Listen mit lokalen Produzenten und allen Bauernmärkten.

www.irishcheese.ie Die Vereinigung der irischen Käsebauern listet jede noch so kleine Käserei auf.

www.slowfoodireland.com Unterstützt kleine Hersteller und organisiert in ganz Irland tolle Events.

Saisonale Gaumenfreuden

Januar–März

Die kälteste Zeit des Jahres ist ideal für ein warmes irisches Frühstück.

April–Juni

Im Frühling stehen frisches Obst und Gemüse wie Spargel und Rhabarber auf dem Speiseplan. Kulinarische Feste:

- **West Waterford Festival of Food** (S. 189) An drei Tagen werden in Dungarvan lokale Erzeugnisse und hochwertige Küche gefeiert. Dazu gehören auch ein Grillfest am Meer und ein Biergarten mit hausgebrauten Gerstensäften.
- **Só Sligo Festival** (www.sosligo.ie; ⏲Mitte Juni) Küchenchefs aus der ganzen Welt messen sich beim World Irish Stew Championship miteinander (für alle anderen gibt's einen Amateurwettbewerb).
- **Taste of Dublin** (S. 100) Die Spitzenrestaurants in Irlands Hauptstadt servieren Probierteller ihrer besten Gerichte, außerdem gibt's ein Musik- und Unterhaltungsprogramm.

Juli–September

Im Juli locken die ersten neuen Kartoffeln, Marmeladen und Beerenkuchen aus Stachelbeeren, Brombeeren oder Loganbeeren. Darüber hinaus werden im ganzen Land kulinarische Feste gefeiert:

➡ **Carlingford Oyster Festival** (S. 556) In Carlingford, County Louth, beginnt die Austernsaison früh und wird mit einem kleinen Fest gefeiert.

➡ **Clarenbridge Oyster Festival** (S. 419) Die traditionsreiche Veranstaltung wird in Clarenbridge, County Galway, ausgerichtet.

➡ **Hillsborough Oyster Festival** (S. 624) Rund 12 000 Menschen aus der ganzen Welt versammeln sich am ersten Septemberwochenende, um die leckersten Austern der Region zu probieren und an der Weltmeisterschaft im Austernessen teilzunehmen.

➡ **Taste of West Cork Food Festival** (S. 250) In Skibbereen kommen für dieses Fest eine Woche lang die besten Erzeuger der Region zusammen.

➡ **Waterford Harvest Food Festival** (www.waterfordharvestfestival.ie; ⌚ Mitte Sept.) Ein zehntägiges Festival mit Essensmärkten, „Taste Workshops", berühmten Köchen und Picknicks.

➡ **Galway International Oyster & Seafood Festival** (S. 391) Am letzten Septemberwochenende spülen Einwohner und Besucher in Galway Austern mit jeder Menge Guinness runter.

Oktober–Dezember

Im Oktober werden Äpfel und ein Großteil der Kartoffeln geerntet. Die Saison für Gourmetfeste geht zu Ende, aber das mit einem echten Highlight:

➡ **Kinsale Gourmet Festival** (www.kinsalerestaurants.com; ⌚Anfang Okt.) Irlands inoffizielle Feinschmeckerhauptstadt präsentiert drei Tage lang kulinarische Leckereien.

Kulinarische Highlights

Unvergessliche Restaurants

➡ **Restaurant Patrick Guilbaud** (S. 112), Dublin

➡ **Finn's Table** (S. 243), Kinsale, Country Cork

➡ **Castle Murray** (S. 468), Dunkineely, County Donegal

➡ **Jacks Coastguard Restaurant** (S. 286), Cromane Peninsula, County Kerry

➡ **Restaurant 1826 Adare** (S. 327), County Limerick

Für Experimentierfreudige

Der irische Gaumen ist mutiger geworden, doch die wahren kulinarischen Herausforderungen finden sich ausgerechnet in der traditionellen Küche. Hier eine Auswahl:

➡ **Black pudding** Die Wurst aus Schweineblut, Rindernierenfett und anderen Zutaten ist typischer Bestandteil eines warmen irischen Frühstücks.

➡ **Boxty** Nordirischer Pfannkuchen, der zu gleichen Teilen aus Kartoffelbrei und geriebenen rohen Kartoffeln zubereitet wird.

➡ **Carrageen** Die in Irland typischen Meeresalgen, die in verschiedensten Gerichten wie Salat oder Eis verarbeitet werden.

➡ **Corned beef tongue** Gepökelte Rinderzunge, die oft mit Kohl serviert wird und auf traditionellen irischen Speisekarten zu finden ist.

➡ **Lough Neagh eel** Eine nordirische Spezialität. Das Aalgericht wird zu Halloween gegessen und mit weißer Zwiebelsoße gereicht.

➡ **Poitín** Nur selten bekommt man einen Schluck des auf Basis von Gerste oder Kartoffeln hergestellten *cratur* (illegal gebrannter Schnaps) angeboten. In Donegal, Connemara und West-Cork verstecken sich ein paar der Brennereien.

Spezialitäten

Essen

➡ **Kartoffeln** Fester Bestandteil der meisten traditionellen Gerichte und vielseitig verwendet.

IRISCHER KÄSE

➡ **Ardrahan** Würzige Sorte mit reichem Nussgeschmack.

➡ **Corleggy** Feiner, pasteurisierter Ziegenkäse.

➡ **Durrus** Feinschmecker werden diesen cremig-fruchtigen Käse lieben.

➡ **Cashel Blue** Cremiger Blauschimmelkäse aus Tipperary.

➡ **Cooleeney** Preisgekrönter Camembert.

Oben: Essen im Crown Liquor Saloon (S. 591), Belfast

Unten: Austern und ein Stout-Bier

Die Kartoffelgerichte *colcannon* und *champ* (eines mit Kohl, eines mit Lauchzwiebeln) zählen sogar zu den leckersten Speisen im ganzen Land.

➡ **Fleisch & Fisch** Rind-, Lamm- oder Schweinefleisch sind beliebt und Fisch wird auch häufig – und vor allem im Westen hervorragend – zubereitet. Austern, Forelle und Lachs schmecken besonders gut, wenn sie im Meer gefangen und nicht auf Fischfarmen gezüchtet wurden.

➡ **Soda bread** Irlands berühmtes Brot wird mit Backsoda hergestellt, weil das irische Mehl sehr weich ist und sich nicht mit Hefe verträgt. Buttermilch ist ein weiterer Bestandteil. In B&Bs wird das Brot oft zum Frühstück gereicht.

➡ **The fry** Wer kann schon einer Platte mit gebratenem Speck, Würstchen, Blutwurst, Eiern und Tomaten widerstehen? Zum berühmten im Norden üblichen *Ulster fry* wird außerdem noch *fadge* (Kartoffelbrot) gereicht.

Trinken

➡ **Stout** Guinness ist das weltweit bekannteste Stout (Dunkelbier). Daneben buhlen noch zwei weitere Großbrauereien um die Gunst der Kunden: Murphy's und Beamish & Crawford, beide mit Sitz in der Stadt Cork.

➡ **Tee** Pro Kopf trinken die Iren mehr Tee als jede andere Nation auf der Welt. Man braucht nur ein Haus zu betreten, schon wird einem eine Tasse angeboten. Beliebt sind starke Mischungen mit Milch (bei Bedarf auch mit Zucker, selten mit Zitrone).

➡ **Whiskey** Fast 100 verschiedene Sorten von irischen Whiskeys stammen aus den drei Brennereien Jameson's, Bushmills und Cooley's. Wer Irland einen Besuch abstattet, sollte ein paar dieser exzellenten Marken probieren, denn was die Iren *uisce beatha* („Wasser des Lebens") nennen, versetzt selbst Kenner in Erstaunen.

Handwerkliche Brennereien

In den letzten Jahren wurde eine Handvoll unabhängig geführter Brennereien eröffnet, die Whiskey (und manchmal auch andere Branntweine) produzieren und der irischen Industrie ein wenig mehr Vielfalt verleihen.

➡ **Blackwater Distillery** (www.blackwater distillery.ie; Unit 3, Cappoquin Enterprise Park) Eine Brauerei in Cappoquin, County Waterford, die im Jahr rund 50 Fässer Whisky (der Munster Tradition entsprechend ohne „e") produziert.

➡ **Dingle Whiskey Distillery** (www.dingle distillery.ie; Milltown Rd) Whiskey, ein fünffach destillierter Wodka sowie ein London Dry Gin werden am Stadtrand hergestellt.

➡ **West Cork Distillers** (www.westcork distillers.com; Market Street) Blended-, Pot-Still- und Single-Malt-Whiskeys sowie Likör und Wodka.

➡ **Teeling Distillery** (Karte S. 70; www.teeling whiskey.com; 17 Newmarket; ⌚Mo–Fr 9–18 Uhr) Dublins erste neue Distillerie seit 125 Jahren wurde 2015 von derselben Familie eröffnet, der auch die Cooley Distillery im County Louth gehört.

Esskultur

Essenszeit

Die Essgewohnheiten der Iren haben sich in den letzten Jahrzehnten verändert, wobei es Unterschiede zwischen Stadt- und Landbewohnern gibt.

➡ **Frühstück** Wird in der Regel vor 9 Uhr eingenommen. Hotels und B&Bs servieren montags bis freitags bis 11 Uhr Frühstück und an Wochenenden sogar bis 12 Uhr (jedenfalls in urbanen Gegenden). Samstags und sonntags sind in größeren Städten auch Brunchs angesagt.

➡ **Mittagessen** Wer in der Stadt arbeitet, isst meist zwischen 12.30 und 14 Uhr nur eine Kleinigkeit (viele Restaurants servieren frühestens ab 12 Uhr Mittagessen). Am Wochenende, insbesondere sonntags, werden die Snacks durch eine reichhaltige Mahlzeit ersetzt, die meist zwischen 14 und 16 Uhr eingenommen und als Dinner bezeichnet wird.

➡ **Tea** Meint nicht das Getränk, sondern eine abendliche Mahlzeit, die man auch *dinner* nennt. Sie wird gegen 18.30 Uhr eingenommen und ist

VEGETARIER & VEGANER

Die Zeiten, als Vegetarier in Irland merkwürdige Sonderlinge waren, sind lange vorbei. Heute rümpft man selbst in den ländlichen Gegenden nicht mehr die Nase über sie. Allerdings heißt das nicht, dass Vegetarier außerhalb der größeren Städte – oder auch in den zahlreichen modernen Restaurants, die in den letzten Jahren eröffnet wurden – auf ein reiches Angebot hoffen können. Doch immerhin ist das selbst angebaute Gemüse von erstklassiger Qualität und in vielen Lokalen steht zumindest ein fleischloses Gericht auf der Karte. Mehr Infos zum Essen gehen in Dublin gibt's auf S. 107.

IRLANDS CRAFT-BEERS

Obwohl bekannte Namen wie Heineken, Carlsberg und Coors Lite in den meisten Brauereien immer noch am häufigsten gezapft werden, hat die Craft-Beer-Revolution Dutzende Mikrobrauereien auf der ganzen Insel hervorgebracht, deren Kreationen in mehr als 600 irischen Pubs und Bars ausgeschenkt werden. Hier eine kleine Auswahl:

➡ **Devil's Backbone** (4,9% Alkoholgehalt) Vollmundiges Amber Ale von der Brauerei Kinnegar in Donegal.

➡ **The Full Irish** (6% Alkoholgehalt) Pale Ale von der Eight Degrees Brewery, bei Mitchelstown im County Cork. Wurde 2015 zum irischen Bier des Jahres gekürt.

➡ **O'Hara's Leann Folláin** (6% Alkoholgehalt) Trockenes Stout mit einer leichten Schokoladen-Note, das von Carlow Brewing Company hergestellt wird.

➡ **Metalman Pale Ale** (4,3% Alkoholgehalt) Nach amerikanischer Art gebrautes Pale Ale, das von der hochangesehenen Metalman Brewing Company in Waterford stammt. Wird jetzt auch in Dosen verkauft.

➡ **Puck Pilsner** (4,5% Alkoholgehalt) Ein leichtes Lager, das von Jack Cody's Brewery in Drogheda gebraut wird.

➡ **Twisted Hop** (4,7% Alkoholgehalt) Blond Ale, hergestellt von Hilden (liegt außerhalb von Lisburn), der ältesten unabhängigen Brauerei Irlands.

für Städter die wichtigste Mahlzeit des Tages. Auf dem Land isst man zur selben Zeit (meistens Brot, Aufschnitt und Tee). Restaurants richten sich nach internationalen Standards und servieren ab etwa 19.30 Uhr Abendessen.

➡ **Supper** Der aus Tee und Toast oder Sandwiches bestehende Snack vorm Schlafengehen ist weit verbreitet, auch wenn Städter aus gesundheitlichen Gründen zunehmend darauf verzichten. In Restaurants nicht üblich.

Wohin zum Essen?

➡ **Restaurants** Irland hat etwas für jeden Gaumen und Geldbeutel zu bieten, von günstig und gesellig bis zur Sterneküche.

➡ **Cafés** Es gibt unzählige Cafés jeder Couleur, zu deren Angebot oftmals leckere schnelle Snacks gehören.

➡ **Hotels** In vielen Hotelrestaurants sind auch Nichtgäste willkommen. In Top-Hotels kommt gehobene Küche zu entsprechenden Preisen auf den Tisch.

➡ **Pubs** Kneipenkost ist allgegenwärtig, meist in der Form von Sandwichtoasts. Vielerorts wird jedoch auch eine umfangreiche Auswahl an Speisen geboten, die es teilweise sogar mit Spitzenrestaurants aufnehmen können.

Etikette

Freundliche Ungezwungenheit wird in Irland spießiger Überkorrektheit vorgezogen. Trotzdem sollte man ein paar Dinge beachten:

➡ **Kinder** Bis 19 Uhr sind Kinder in allen Restaurants willkommen, in Pubs und einige gehobene Lokale darf man sie abends nicht mitnehmen. In Familienrestaurants gibt's Kindermenüs, andere servieren kleinere Portionen regulärer Gerichte.

➡ **Ein Gericht zurückgehen lassen** Wer mit dem Essen nicht zufrieden ist, sollte das dem Kellner höflich und möglichst schnell mitteilen. Jedes respektable Restaurant wird rasch für Ersatz sorgen.

➡ **Die Rechnung bezahlen** Wer die Rechnung für andere übernehmen möchte, sollte sich darauf einstellen, dass dies ein-, zwei- oder sogar dreimal abgelehnt wird. Davon sollte man sich nicht täuschen lassen, denn die Iren zieren sich gern, bevor sie etwas annehmen. Einfach sanft insistieren und man bekommt seinen Willen!

Reiseplanung

Der Wild Atlantic Way

Der Westen Irlands besticht durch eine der traumhaftesten Küstenlinien der Welt: eine 2500 km lange Perlenkette zwischen West-Cork und dem Nordosten von Donegal, deren Glieder aus zerklüfteten Klippen, sichelförmigen Sandstränden und Feldern im Schachbrettmuster bestehen. Es gibt den Wild Atlantic Way schon seit Menschengedenken, offiziell eröffnete ihn das irische Fremdenverkehrsamt aber erst 2013. Er ist eine der längsten ausgewiesenen Küstenstraßen der Welt und wartet mit vielen wunderschönen Aussichtspunkten auf.

Cork & Kerry

Entlang des 463 km langen Küstenabschnitts in Irlands Südwesten reiht sich an den wohl bekanntesten (und am besten erschlossenen) Halbinseln des Landes ein malerisches Highlight an das nächste.

Highlights

➡ **Mizen Head** (Cork; S. 253) Auf den rauen Klippen (die Mizen-Fußgängerbrücke überqueren, um bis ganz an den Rand zu gelangen) eröffnet sich ein spektakulärer Blick, u. a. auf das Fastnet Lighthouse. Der Leuchtturm steht auf einem Felsen, der Ireland's Teardrop („Irlands Träne") genannt wird, denn dies war das letzte Stück Land, das Auswanderer zur Zeit der Großen Hungersnot an Bord der Schiffe nach Amerika von ihrer Heimat sahen.

➡ **Slea Head Drive** (Kerry; S. 305) Diese Schleife um die Spitze der Halbinsel ist nur 50 km lang, aber dennoch eine der schönsten Routen des Landes. Das Einzige, was von der traumhaften Landschaft ablenken könnte, sind die vielen prähistorischen Stätten zwischen den Hügeln.

Gut zu wissen

Die Route

Der Wild Atlantic Way ist in fünf miteinander verbundene Abschnitte unterteilt und führt durch neun Counties: Cork, Kerry, Clare, Limerick, Galway, Mayo, Sligo, Leitrim und Donegal.

Entlang der Route sind fast 4000 Schilder mit einer aquamarinfarbenen Welle aufgestellt. Um mehr über die Sehenswürdigkeiten und weniger bekannten Highlights der Regionen zu erfahren, kann man an 157 „Discovery Points" anhalten.

Fahrtrichtung

Auto Die Strecke kann in beide Richtungen abgefahren werden, wer aber möglichst nah am Wasser sein und einen unverstellteren Ausblick genießen möchte, beginnt besser im Süden.

Fahrrad Wegen der vorherrschenden Winde ist es einfacher, die Route von Nord nach Süd zu bestreiten (das bedeutet natürlich nicht, dass der Wind immer kooperativ ist!).

Praktische Informationen

Aktuelle Infos bietet www.wildatlanticway.com. Sehr zu empfehlen ist auch die App für Smartphones mit Android-Betriebssystem und iPhones.

Der Wild Atlantic Way

COUNTY DONEGAL

Irlands wilder, rauer Nordwesten strotzt nur so vor ursprünglicher Natur. Egal wo man an der langen Küste stoppt, überall offenbart sich ein Fest für die Sinne. (S. 459)

MAYO & SLIGO

Einsame Halbinseln, Surfstrände und der außergewöhnlichste Gipfel Irlands sind eine Inspiration für Künstler und Dichter. (S. 423)

COUNTY GALWAY

Rund um das schöne Galway verteilen sich Buchten und Fischerdörfer. Die vorgelagerten Inseln scheinen nicht von dieser Welt zu sein. (S. 380)

COUNTY CLARE

Irlands berühmteste Klippen, eine Mondlandschaft aus Kalkstein, traumhafte Surfstrände und das Herz der traditionellen irischen Musik. (S. 342)

CORK & KERRY

Die leuchtendsten Sterne am irischen Tourismushimmel bieten uralte Stätten, herrliche Landschaften, quirlige Ortschaften und eine hervorragende Restaurantszene. (S. 217, S. 267)

TOLLE AUSFLÜGE

Am Wild Atlantic Way locken ein paar besondere Erlebnisse, die eine Tour noch schöner machen:

➡ **Cork & Kerry** Skellig Michael (S. 276) besuchen und die Bienenkorbhütten von Mönchen aus dem 8. Jh. bestaunen. George Bernard Shaw beschrieb die Felseninsel als „Teil unserer Traumwelt".

➡ **Clare** Eine Führung (S. 368) durch den Burren unternehmen. Die Guides vermitteln erstaunliche Einblicke in „Europas größten Felsengarten", ein Gebiet mit üppiger Pflanzenwelt und Standort vieler neolithischer Denkmäler, die noch älter sind als die Pyramiden.

➡ **Clare/Galway** Inisheer, die kleinste Aran-Insel, in einer Ponykutsche erkunden. Falls es passt, mit der Fähre (S. 397) nach Doolin im County Clare übersetzen. Bei richtigem Timing kommt man pünktlich zum Sonnenuntergang an den Cliffs of Moher vorbei.

➡ **Sligo** In von Hand geerntetem Atlantik-Seetang und salzigem Wasser baden, die traditionelle, natürliche Kur gegen Stress und allerlei Wehwehchen. Die Geheimwaffe ist der hohe Jodgehalt in den Algen. Einen guten Ruf haben die Voya Seaweed Baths (S. 450) in Strandhill.

➡ **Donegal** Mit der Fähre zur abgeschiedenen Insel Tory schippern. So ziemlich jeder dort ist Maler und bedient sich des Kunststils, der hier in den 1950er-Jahren entwickelt wurde. Wahrscheinlich kommt der „König" der Insel, Patsy Dan, persönlich zum Anleger, um einen willkommen zu heißen. Er ist natürlich ebenfalls Maler.

Entdeckenswert

Dursey Island (Cork; S. 264) Vor der Spitze der abgeschiedenen Beara Peninsula erstreckt sich diese friedliche, herrlich idyllische Insel, auf der es keine Geschäfte, Pubs und Restaurants gibt. Dafür kann man einen Leuchtturm, Burgruinen und Menhire besichtigen. Die Anfahrt erfolgt mit einer Seilbahn (10 Min.), allerdings werden die Inselbewohner vorrangig befördert.

County Clare

Die Küste des Countys Clare ist in ganz Europa für ihre spektakuläre Klippenlandschaft berühmt. Geformt wurde sie von den Wellen des unnachgiebigen Atlantiks.

Highlights

➡ **Loop Head** (S. 360) Auf der schmalen, vom Meer umfangenen Landzunge verläuft ein langer Wanderweg zwischen der Spitze und Kilkee. Das Panorama mit der Dingle Peninsula im Süden und Galway und den Aran Islands im Norden ist atemberaubend.

➡ **Cliffs of Moher** (S. 366) Irlands berühmteste Klippen sind 203 m hoch und ragen senkrecht aus dem Wasser. Wer ihr majestätisches Antlitz einmal gesehen hat, wundert sich nicht mehr über die Busladungen von Touristen, die tagtäglich herangekarrt werden, um sie mit offenen Mündern zu bestaunen. Die schönste Aussicht hat man 5 km südlich von hier (dem Pfad zum Hag's Head gen Süden folgen).

Entdeckenswert

Lahinch (S. 363) Der Strand von Lahinch (ausgezeichnet mit einer Blauen Flagge) ist ein Paradies für Surfer. Ganz in der Nähe befindet sich zudem einer der besten Golfplätze des Landes und ein Stück landeinwärts lockt Ennistymon mit traditioneller Musik.

County Galway

Galway ist ein wilder Ort – das bezieht sich nicht nur auf die verrückten Nächte in der gleichnamigen Stadt des Countys. Connemara besticht durch eine faszinierende Szenerie aus Moor, Bergen und Gletscherseen und die bezaubernde Schönheit der Aran Islands rührt im Kern von ihrer Ödnis und Einsamkeit her.

Highlights

➡ **Sky Road** (S. 412) Die 12 km lange Spritztour ab Clifden, der Hauptstadt von Connemara, sollte man nicht verpassen, denn die Landschaft ist ein Traum, insbesondere nordwärts in Richtung Inishbofin und der Inseln von Clew Bay in Mayo. Bei Radfahrern erfreut sich die Strecke ebenfalls großer Beliebtheit. Leihräder sind in Clifden erhältlich.

➡ **Aran Islands** (S. 395) Vierzig Minuten mit der Fähre oder zehn mit dem Flugzeug und schon findet man sich in einem anderen Jahrhundert wieder. Besucher können zwischen drei Inseln wählen. Inishmór verzeichnet die meisten Besucher, Inisheer ist am kleinsten, Inishmaan am einsamsten. Alle drei vermitteln das Gefühl, dass das Ende der Welt gleich um die Ecke ist.

Entdeckenswert

Dog's Bay/Gurteen Bay (S. 413) 3 km von Roundstone entfernt liegen die „Zwillingsstrände" Dog's Bay und Gurteen Rücken an Rücken. Die beiden Halbmonde aus strahlend weißem Sand bestehen aus fein gemahlenen Muschelschalen und nicht aus dem sonst typischen Kalkstein.

Von Mayo nach Sligo

Mayo und Sligo sind weniger touristisch als die südlicheren Counties und steuern zum Wild Atlantic Way ein paar faszinierende einsame Landschaften, hübsche Inseln und eine Handvoll Topstrände (auch für Surfer) bei.

Highlights

➡ **Achill Island** (Mayo; S. 436) Irlands größte vorgelagerte Insel ist vom Festland aus problemlos über eine Brücke zu erreichen. Einmal auf der anderen Seite angekommen, erwarten einen hoch aufragende Klippen und Sandstrände, Deckenmoore und sogar ein paar Berge.

➡ **Benbulben** (Sligo; S. 456) Bei guter Sicht kann man den auffälligen Gipfel von Sligos berühmtestem Berg nicht übersehen. Er erinnert ein wenig an einen Tisch mit plissierter Decke. Sein Anblick diente W. B. Yeats als Inspiration.

Entdeckenswert

Mullet Peninsula (Mayo; S. 440) Nur wenige Orte in Irland sind ähnlich ursprünglich und spärlich bewohnt wie diese wunderschöne Halbinsel, die 30 km in den Atlantik hineinragt. Die Ostküste ist von unberührten Stränden gesäumt und die wenigen Bewohner sprechen Irisch.

County Donegal

Donegal ist wild, abgeschieden und wunderschön und somit der ideale End- (oder eben Startpunkt) des Wild Atlantic Way. Die zerklüftete Küste mit steil aufragenden Felsen, versteckten Buchten und langen goldenen Sandstränden ist der Stoff, aus dem Legenden und Postkarten gemacht werden. Donegal nimmt es locker mit vielen andere Counties auf, die mit traumhaften Landschaften locken.

Highlights

➡ **Slieve League** (S. 469) Die Felsen im Südwesten Donegals kennen weit weniger Menschen als ihr Gegenstück im Süden, dabei sind sie mit 600 m höher und mindestens genauso spektakulär.

➡ **Malin Head** (S. 495) Irlands nördlichster Punkt ist ein zerklüftetes, von Wind und Wetter gepeitschtes Kap, auf dem ein Martello-Turm aus dem frühen 19. Jh. namens Banba's Crown steht.

Entdeckenswert

Tramore Beach (S. 474) Vom hübschen Dorf Dunfanaghy wandert man 2 km durch ein paar beeindruckende Dünen bis zu diesem Bilderbuchstrand, den man gewöhnlich für sich hat. An seinem Ende führt ein Pfad zur Pollaguill Bay.

Irland im Überblick

Die sechs Counties Antrim, Armagh, Down, Fermanagh, Londonderry und Tyrone bilden Nordirland, das zu Großbritannien gehört und (trotz fehlender Grenzkontrollen) nicht Teil des Bundesstaats Irland ist.

Dublin

Museen
Unterhaltung
Geschichte

Kulturelle Ausstellungen

Dublin ist Irlands erste Adresse für archäologische Artefakte sowie künstlerische und andere kulturelle Schätze. Die drei Ableger des National Museum sind ein guter Ausgangspunkt, und die zahlreichen Galerien zeigen Kunst von der Renaissance bis in die Gegenwart.

Pubs & Nachtleben

Hunderte Pubs stellen Besucher vor die Qual der Wahl, wo man denn nun ein Pint des berühmten Dubliner Biers trinken soll. Neben Guinness und Kneipengesprächen wartet die Stadt mit einem alten und einem neuen Theater, vielen Konzerten und jeder Menge sportlicher Aktivitäten auf.

Steinerne Geschichte

Fast an jeder Straße zeugen historische Gebäude von einer bewegten Vergangenheit, egal ob man das Gelände des Trinity College oder die blutbefleckten Wände des Kilmainham Gaol betrachtet. Die schönsten Bauten und Straßen stammen aus dem goldenen georgianischen Zeitalter, als Dublin die zweite Stadt des Britischen Empires war. Selbst das bescheidenste Haus hat eine spannende Geschichte zu erzählen.

S. 60

Counties Wicklow & Kildare

Landschaft
Klosterruinen
Aktivitäten

Bergblick

Einen herrlichen Ausblick bieten die Wicklow Mountains fast überall, besonders vom Gipfel der Pässe. An klaren Tagen sieht man von einigen Stellen ganze fünf Grafschaften. Der fruchtbare Bog of Allen in Kildare ist eine weitere klassisch irische Landschaft.

Uralte Klöster

Die Ruinen von Glendalough faszinieren ungemein, außerdem ist ihre Lage am Ende eines Gletschertals mit zwei Seen absolut bezaubernd. Allein deshalb lohnt es sich schon, hierherzukommen.

Wanderrouten

Irlands beliebtester Wanderweg, der Wicklow Way, führt von Norden nach Süden durch die Grafschaft. Kildare ist das Land der Pferdezüchter. Die Wanderwege sind hier etwas sanfter, aber nicht weniger attraktiv.

S. 137

Counties Wexford, Waterford, Carlow & Kilkenny

Landschaft
Geschichte
Essen

Meerblick

Ikonenhafte smaragdgrüne Felder über zerklüfteten tiefschwarzen Klippen, die im himmelblauen Meer enden: Daran sieht man sich nie satt. Wer eine Pause braucht, kann sich in sandigen Buchten oder an einem der schier endlosen Strände in Wexford entspannen. Im ländlichen Hinterland stößt man auf wilde Flüsse und pittoreske Bauernhöfe.

Wikingerpfade

In den Straßen von Waterford und Wexford ist man von Spuren des Mittelalters umgeben: Man betrachte nur die hoch aufragende Kathedrale oder die großartige Burg.

Lokale Erzeugnisse

In Dungarvan kommt man in den Genuss hervorragend zubereiteter irischer Gerichte. Außerdem locken in sämtlichen Ortschaften und Städten fantastische regionale Erzeugnisse.

S. 163

County Cork

Essen
Landschaft
Geschichte

Gaumenfreuden

Feinschmecker fühlen sich im County Cork besonders wohl. Die gleichnamige Hauptstadt der Grafschaft wartet mit hervorragenden Restaurants auf, während man in West Cork die vielfältigen lokalen Produkte direkt an der Quelle kaufen und wie ein Lord speisen kann.

Wunderschöne Halbinseln

Mizen Head, Sheep's Head und Beara, die drei westlichen Halbinseln des Landes, haben alles, was das Herz begehrt: Bergpässe, einsame windgepeitschte Berge, schöne Strände und unvergessliche Aussichten.

Rebellion

Die rebellische Grafschaft blickt stolz auf ihre Geschichte zurück, selbst auf die leidvollen Zeiten: mit Gedenkstätten, die an Hungersnöte erinnern, Schlachtszenen aus dem 17. Jh. oder Beiträgen über die in jüngerer Zeit gefallenen Helden.

S. 217

County Kerry

Landschaft
Meeresfrüchte
Traditionelle Musik

Irische Postkartenidylle

Dieses County ist der Inbegriff des landschaftlich schönen Irland: Connor Pass, Dingle Peninsula und besonders der Ring of Kerry geben die Maßstäbe vor, an denen sich andere Gegenden messen lassen müssen. Davon kann man sich auch auf Postkarten überzeugen.

Frisch aus dem Meer

Kerry hat eine sehr enge Beziehung zum Meer: Auf der gesamten Dingle Peninsula kommt man in den Genuss von frischem Fisch, der gerade erst das in den Hafen eingelaufene Boot verlassen hat.

Traditionelle Klänge

In jeder Stadt und jedem Dorf der Grafschaft befindet sich mindestens ein Pub, in dem traditionelle Musik gespielt wird. Dabei gibt's im Stil regionale Unterschiede, was dem Besuch in Kerry zusätzliches Flair verleiht.

S. 267

Counties Limerick & Tipperary

Wandern
Geschichte
Landschaft

Wanderwege

Tipperary zieht Wanderfans mit dem abwechslungsreichen Glen of Aherlow und dem anspruchsvolleren Tipperary Heritage Trail, einer 56 km langen Route durch schöne Flusstäler voller alter Ruinen, an.

Burgen & Klöster

Zu den zahlreichen historischen Schätzen der Region gehören die mächtige Klosterstadt Cashel im County Tipperary und das imposante King John's Castle in der Stadt Limerick.

Atmosphärische Ruinen

An seiner breitesten Stelle wartet der gewaltige Shannon mit schönen Ausblicken auf. Die sanften Hügel und Felder von Tipperary mit den vielen alten Ruinen haben Irland berühmt gemacht.

S. 315

County Clare

Landschaft
Musik
Pubs

Dramatische Klippen

Ein fesselnder Anblick, den man sich nicht entgehen lassen sollte, bieten die dramatisch aus dem stürmischen Atlantik emporsteigenden Cliffs of Moher. Auch andere Ecken der Küste sind ähnlich beeindruckend, vor allem der spektakuläre Blick auf den Atlanktik am Loop Head sowie von den dorthin- (und zurück-) führenden Küstenstraßen.

Traditionelle Sessions

Irlands traditionellste Musik mit einigen modernen Einflüssen stammt aus Clare. Bei Festivals, in Pubs und an nahezu jeder Straßenecke kann man hervorragende Auftritte von Musikern dieses Countys erleben.

Altmodische Pubs

Es gibt in der ganzen Grafschaft nicht einen einzigen Ort, der nicht mindestens ein herrliches altes Pub hat, in dem Guinness bereitsteht, das Torffeuer brennt und die Geselligkeit scheinbar nie endet.

S. 342

County Galway

Landschaft
Essen
Kultur

Inseln & Berge
Hunderten Jahren mühevoller Arbeit verdanken die ansonsten kargen Berge der Aran Islands ihre bezaubernden grünen Tupfer. Eine Wanderung über die windgepeitschten und faszinierenden Inseln zählt zu den Highlights des Landes. Im Frühjahr, wenn der Ginster leuchtend gelb blüht, verblüfft die Connemara Peninsula mit ihrer Schönheit.

Frische Austern
In den Tidengewässern der Galway Bay wachsen Millionen saftiger Austern zu ihrer Idealgröße heran. Aus ihnen kreieren die lokalen Küchenchefs köstliche Speisen.

Gigs an jeder Ecke
An jedem Abend punkten die Pubs und Clubs von Galway mit traditionellen Sessions, hervorragender Rockmusik oder der nächsten angesagten Big Band. Ein echtes Fest für die Ohren!

S. 380

Counties Mayo & Sligo

Inseln
Megalithische Stätten
Yeats

Landschaft
In der Clew Bay soll es 365 Inseln geben, darunter auch eine, die John Lennon gehörte. Außerdem wäre da noch Craggy Island, die Heimat der berühmten Piratenkönigin Grace O'Malley (oder Granuaile).

Prähistorische Ruinen
Zu einer Reise in prähistorische Zeiten lädt die Umgebung von Ballycastle u. a. mit dem weltgrößten steinzeitlichen Monument, den Céide Fields, sowie den megalithischen Friedhöfen in Carrowmore und Carrowkeel ein.

Poetische Inspiration
Sligo ist die Heimat von Yeats, der in der Kirche von Drumcliff im Schatten des Benbulben bestattet wurde. Im gesamten County erinnern Museen und Heritage Centres an den Dichter, während die Landschaft seine Poesie widerspiegelt.

S. 423

County Donegal

Wilde Landschaft
Naturstrände
Surfen

Berge & Klippen
Das ungezähmte Donegal ist von wellen- und windgepeitschten Klippen, Stränden und einem gebirgigen Landesinneren von tiefsinniger Schönheit geprägt.

Unberührte Küstenabschnitte
In diesem County erstrecken sich die zweitlängsten und schönsten Strände des Landes, darunter der für Surfer ideale Rossnowlagh, der unberührte Tramore und der rotstichige Sandstrand von Malinbeg. Darüber hinaus locken hier viele abgeschiedene sandige Buchten.

Wellenreiten
Dank seiner großartigen Mischung aus Stränden und zahlreichen Surfschulen zählt Donegal zu Irlands besten Surfspots. Aus diesem Grund kann man hier wunderbar einen Surfkurs machen und auf einer der anspruchsvollsten Wellen der Welt reiten.

S. 459

Die Midlands

Traditionelle Pubs
Shannon-Kreuzfahrt
Sakrale Überreste

Authentische Atmosphäre

Einige der atmosphärischsten und authentischsten Pubs des Landes, darunter Morrissey's of Abbeyleix, die vielleicht beste Kneipe in ganz Irland.

Mächtiger Fluss

Was könnte besser sein, um den Bauch des Landes in seiner Länge und Breite zu erkunden, als eine Bootsfahrt auf Irlands längstem Fluss, dem Shannon? Unterwegs kann man Sehenswürdigkeiten ansteuern und in Restaurants am Flussufer essen.

Heilige & Gelehrte

Clonmacnoise, Irlands sehenswertestes Kloster, thront im County Offaly am Ufer des Shannon. Innerhalb der Klostermauern sind frühe Kirchen, Keltenkreuze, Rundtürme und Gräber erstaunlich gut erhalten.

S. 499

Counties Meath, Louth, Cavan & Monaghan

Geschichte
Angeln
Landschaft

Stammesfürsten & Konflikte

Am Hill of Tara, in den neolithischen Monumenten von Brú na Bóinne und Loughcrew, den prunkvollen Abteien Mellifont und Monasterboice und Städten wie Drogheda wurde irische Geschichte gelebt und geschrieben.

Anglerparadiese

Die zahlreichen Seen Cavans sind bekannte Anglerparadiese. Monaghan steht dem in kaum etwas nach. Wer gern im Meer fischt, ist in Städten wie Clogherhead und Carlingford in Louth richtig.

Seen & Hügel

Die vier Grafschaften bieten eine große landschaftliche Vielfalt, die von den Seengebieten Cavans und Monaghans bis zu den fruchtbaren Hügeln von Meath reicht. Schön ist auch das Küstenpanorama: Der Blick schweift von Louths Küste bis zum hübschen Carlingford.

S. 530

Belfast

Geschichte
Pubs
Musik

Titanic Belfast

Ein Überrest der Schiffsbauindustrie von Belfast ist heute das meistbesuchte Museum Nordirlands – ein fantastisches Multimedia-Erlebnis rund um das wohl berühmteste Schiffswrack der Welt. Dessen Bau wird hier im kleinsten Detail virtuell nachgestellt.

Viktorianische Juwelen

Zu den viktorianischen Klassikern im Stadtzentrum gehört das berühmte Pub The Crown, wobei John Hewitt und The Garrick genauso schön sind und ältere Tavernen wie White's und Kelly's sogar noch mehr Atmosphäre haben.

Mitreißende Musik

Die hervorragende Belfaster Musikszene reicht von DJs des Eglantine bis zu ausverkauften Konzerten im Odyssey. Eines der Highlights ist das Belfast Empire, in dem jede Nacht neue und etablierte Bands auftreten.

S. 566

Counties Down & Armagh

Aktivitäten
Tiere
Essen

Wanderfeste

Zu den zahlreichen Möglichkeiten zählen Vogelbeobachtungsausflüge, Wanderfeste und Aktivitäten wie Klettern und Kanufahren. Das Angebot ist so groß, dass man an jedem Tag des Jahres etwas unternehmen könnte.

Vögel & Robben

Das Wildfowl and Wetlands Centre in dem von Vögeln bewohnten Schlickwatt des Castle Espie im County Down spricht selbst Leute an, die sich für Vögel nur mäßig begeistern. Besucher der Strangford Lough im County Armagh werden von großen Kegelrobbenkolonien begrüßt.

Tolle Gastrozentren

Erstklassig zubereitete Gerichte bieten die Restaurants und Pubs von Hillsborough, Bangor und Warrenpoint, alle im County Down. Tolle Lokale entdeckt man aber auch an eher merkwürdigen Stellen, darunter das Bistro hinter Irlands ältestem Pub in Donaghadee, Ards Peninsula.

S. 603

Counties Londonderry & Antrim

Geschichte
Landschaft
Popkultur

Ummauerte Stadt

Die Stadt Derry blickt auf eine reiche Vergangenheit zurück. Davon zeugen die Mauer rund um den Ort, die von 1688 bis 1689 einer Belagerung standhielt, wunderbare Museen und die politischen Wandmalereien des Bogside-Bezirks.

Riesige Fußabdrücke

Pittoreskes Gold prägt einen Großteil der Küste von Antrim, doch das Highlight ist der südliche Abschnitt um Carnlough Bay und die spektakulärste touristische Sehenswürdigkeit des Nordens: die surrealen geologischen Formationen des Giant's Causeway.

Game of Thrones

Fans der Serie werden die Dark Hedges in Antrim als den Königsweg erkennen, Mussenden Temple an der Causeway Coast als Drachenstein; Cushenden Caves als den Ort, wo Melisandre in Staffel 2 einen Schatten gebärt, und Ballintoy Harbour als den Hafen von Herrehort auf den Eiseninseln.

S. 631

Counties Fermanagh & Tyrone

Aktivitäten
Landschaft
Geschichte

Wandern & Angeln

Wie wär's mit einem Angelausflug auf den Gewässern Fermanaghs, dem Besuch des Appalachian oder des Bluegrass Music Festival im Ulster American Folk Park oder der Besteigung des Mullaghcarn?

Natur & Umwelt

Ob man mit dem Boot auf dem Lough Erne umherschippert, auf Devenish Island aus dem Fenster eines der Rundtürme schaut oder in den Sperrin Mountains wandert – die Landschaft ist einfach überall bezaubernd, besonders wenn das Wetter halbwegs mitspielt.

Konflikt & Verbindung

In den Städten Omagh und Enniskillen sind grausame Gewalttaten geschehen, aber Nordirlands Vergangenheit ist nicht nur von Konflikten geprägt: Der Ulster American Folk Park dokumentiert die Geschichte der engen Verbindung dieser Provinz zu den USA.

S. 666

Reiseziele in Irland

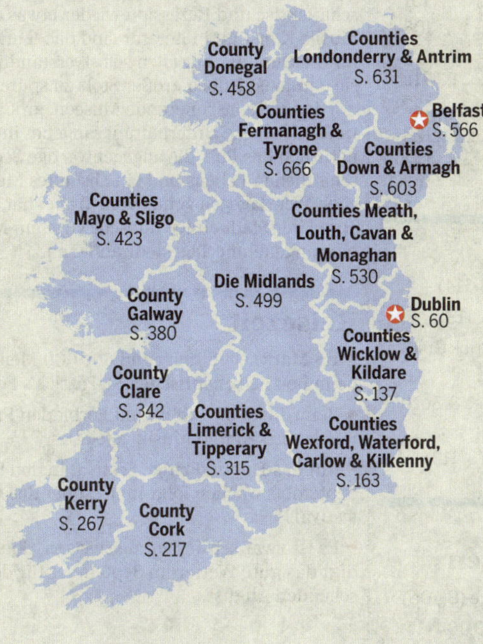

Dublin

1,27 MIO. EW. / 921 KM²

Inhalt ➜

Gut essen

- Chapter One (S. 114)
- Da Mimmo's (S. 113)
- Restaurant Patrick Guilbaud (S. 112)
- Musashi Noodles & Sushi Bar (S. 113)
- Fumbally Café (S. 113)

Schön übernachten

- Aberdeen Lodge (S. 105)
- Isaacs Hostel (S. 104)
- Merrion (S. 103)
- Number 31 (S. 102)
- Radisson Blu Royal Hotel (S. 101)

Auf nach Dublin

So viel Persönlichkeit hat nur ein Ort, der auch schon harte Zeiten überstanden hat. In den letzten Jahren erlebte Dublin Höhen und Tiefen, verlor dabei jedoch nie seinen Optimismus und ist nach der Überwindung der Wirtschaftskrise und Rezession wieder etwas entspannter. Musik, Kunst und Literatur sind dabei unverzichtbar und für die Dubliner nur allzu selbstverständlich; erinnert man sie daran, ist jedoch großer Stolz zu spüren.

Hier gibt's faszinierende Museen, großartige Restaurants, das beste Unterhaltungsangebot in ganz Irland und natürlich das Pub, die allgegenwärtige Seele des gesellschaftlichen Lebens und ein absolutes Muss für jeden Besucher. Wer dagegen genug vom Trubel hat, findet vor den Toren der Stadt einige hübsche Orte am Meer, die sich für eine angenehme Tagestour anbieten.

Reisezeit

- Im März sehen sich rund 600 000 Menschen die Parade beim herrlich chaotischen St. Patrick's Festival an.
- Beim Taste of Dublin und Forbidden Fruit im Juni werden Essen und Musik gefeiert.
- Auf das Dublin Fringe Festival in den letzten zwei Septemberwochen folgt im Oktober das größte Theaterfestival.
- Es ist zwar schwer vorauszusagen, doch meist entschädigt das gute Wetter im September für den oft enttäuschenden August.

Geschichte

Dublin ließ erstmals um 500 v. Chr. von sich hören, als ein Trupp furchtloser Kelten seine Zelte an einer Furt im Fluss Liffey aufschlug. Von ihnen stammt der schwer auszusprechende gälische Name der Stadt, Baile Átha Cliath (*bal*-ja *o*-ha *klie*-ja; Ort an der befestigten Furt). Etwa 1000 Jahre lebten die Kelten friedlich vor sich hin. Erst mit den Wikingern nahm Dublin urbane Züge an. Im 9. Jh. gehörten die Raubzüge aus dem Norden zum irischen Alltag. Manche der Nordmänner entschlossen sich sogar zu bleiben, statt nur zu plündern und sich wieder davonzumachen. Sie heirateten irische Frauen und errichteten einen florierenden Handelshafen an der Stelle, wo der Fluss Poddle am *dubh linn* (schwarzen Teich) in die Liffey strömt. Heute ist vom Poddle nicht mehr viel übrig. Er wurde unterirdisch verlegt, fließt unter der St. Patrick's Cathedral hindurch und tröpfelt schließlich an der Capel Street (Grattan) Bridge in die Liffey.

Nach Ankunft der Normannen im 12. Jh. war Dublin nicht ganz unbeteiligt an dem langsamen Prozess, Irland unter anglonormannische (und später britische) Herrschaft zu bringen. Anfang des 18. Jhs. lebten in der verdreckten Stadt vor allem arme Katholiken, was den imperialen Ansprüchen der anglophilen Bürger so gar nicht entsprach. Die protestantische Ascendancy verlangte maßgebliche Verbesserungen und fing an, eine im Wesentlichen noch mittelalterlich geprägte Stadt in eine moderne angloirische Metropole umzukrempeln. Straßen wurden erweitert, Plätze angelegt und neue Häuser errichtet, alles in einer Art Proto-Palladianismus, der schon bald als georgianische Architektur (benannt nach den Königen, die damals nacheinander in England regierten) bekannt wurde. Eine Zeit lang war Dublin die zweitgrößte

100 JAHRE OSTERAUFSTAND

Unter den vielen 100-Jahre-Gedenkfeiern anlässlich des Ersten Weltkriegs nimmt der Osteraufstand von 1916 zweifellos eine Sonderrolle ein. Er ist am meisten mit gesellschaftlichen und politischen Kontroversen beladen.

In der Osterwoche 1916 besetzten Rebellen bedeutende Gebäude in der Innenstadt und riefen eine unabhängige irische Republik aus. Britische Truppen überwältigten sie jedoch und die Anführer des Aufstands wurden hingerichtet. Die Ereignisse waren ein Schlüsselmoment in Irlands Kampf für Freiheit und ihre Bedeutsamkeit und Wirkung werden bis heute kontrovers diskutiert.

Bei der Planung des einjährigen Veranstaltungsprogramms anlässlich des 100. Jahrestags gab es viele Diskussionen darüber, wie und vor allem wem man im Zusammenhang mit dem Osteraufstands gedenken sollte. Es gab den umstrittenen Vorschlag, Mitglieder der britischen Königsfamilie einzuladen, um die Rolle Großbritanniens bei den Ereignissen anzuerkennen und vor allem um Irlands gute heutige Beziehungen mit seinem direkten Nachbarn hervorzuheben. Trotz eines sehr populären und erfolgreichen Besuchs von Prinz Charles im Jahr 2015 entschied sich die Regierung gegen eine offizielle Einladung zu den Feierlichkeiten.

Weniger kontrovers diskutiert wurde der Vorschlag für ein allumfassendes Gedenken. So sollen nicht nur die Aufständischen von 1916 geehrt werden, sondern auch die irischen Männer und Frauen, die während dieser Zeit beim Kampf gegen die britische Herrschaft oder auf den Schlachtfeldern von Frankreich und Flandern für Großbritannien starben. Mehr als 350 000 irische Staatsbürger hatten sich im Ersten Weltkrieg für das britische Militär gemeldet, über 30 000 von ihnen kamen ums Leben. Irlands Kriegstote waren seit der Unabhängigkeit wenig beachtet worden: Die unangenehme Tatsache, dass so viele Iren ihr Leben für Großbritannien ließen, während gleichzeitig andere beim Kampf um die Unabhängigkeit starben, wurde lange Zeit gerne ignoriert. Die meisten irischen Schulkinder lernten etwas über Pádraig Pearse, James Connolly und andere Anführer des Aufstands, die ihr Leben opferten, während der Fakt, dass Irland im selben Zeitraum auf den Schlachtfeldern des Ersten Weltkriegs dreimal so viele Opfer zu beklagen hatte, nicht auf den Lehrplänen stand.

Sowohl die Regierung als auch die politische Partei Sinn Féin planen für das gesamte Jahr 2016 zahlreiche Veranstaltungen. Weitere Infos liefern die Websites www.ireland.ie und www.sinnfein.ie.

Highlights

1 Den kopfsteingepflasterten Campus des **Trinity College** (S. 66) erkunden.

2 Alte Bücher und Schätze in der **Chester Beatty Library** (S. 73) bewundern.

3 Ein Stück in einem Dubliner Theater wie dem **Abbey** (S. 127) oder dem **Gate** (S. 127) erleben.

4 Bei einem Besuch im **National Museum of Ireland – Archaeology** (S. 77) Irlands herrliche historische Schätze entdecken.

5 Im „Toten Zoo", dem **Museum of Natural History** (S. 79), zum viktorianischen

Botaniker werden und sich über die begeisterten Kinder freuen.

6 Rund um den begrünten **Merrion Square** (S. 78) und um **St. Stephen's Green** (S. 75) die prächtigen georgianischen Gebäude bestaunen.

7 Sich im **Kilmainham Gaol** (S. 87) auf die Suche nach den Spuren der Vergangenheit begeben.

8 In einem der vielen Dubliner Pubs – unser Favorit ist das **John Mulligan's** (S. 115) – ein leckeres Pint trinken.

Stadt des Britischen Königreiches. Die Dinge standen also allgemein zum Besten – es sei denn, man gehörte der armen und überwiegend katholischen Masse an, die in den zunehmend ausufernden Slums hauste.

Der georgianische Boom nahm ein jähes und dramatisches Ende, als Irland 1801 durch den Act of Union mit England vereint und sein Parlament aufgelöst wurde. Plötzlich war Dublin nicht mehr die schöne Prinzessin beim königlichen Ball, sondern nur noch die nervige Cousine, die den Wink einfach nicht verstehen wollte. Bald schon folgten wirtschaftliche und soziale Unruhen.

County Dublin

Während der Großen Hungersnot (1845–1851) wurde die Stadt von Flüchtlingen aus dem Westen überschwemmt, die sich zu der unterdrückten Arbeiterklasse dazugesellten. Anfang des 20. Jhs. drohte sie schließlich an Armut, Krankheit und zahlreichen sozialen Problemen zu ersticken. Verständlicherweise hatten das viele Einwohner satt und drängten deshalb immer stärker auf Veränderung.

Die erste Gelegenheit bot der Osteraufstand von 1916, bei dem der Stadtkern erhebliche Schäden erlitt. Anfangs waren die Dubliner von den Rebellen nicht gerade begeistert, da sie jede Menge Chaos und Unordnung anrichteten. Doch als die Anführer hingerichtet wurden, änderten sie ihre Meinung – die Einwohner schlagen sich eben stets auf die Seite der Unterlegenen.

Während das ganze Land immer weiter auf einen Krieg mit England zusteuerte, stand die irische Hauptstadt überraschenderweise nicht im Mittelpunkt. Obwohl überall Soldaten zu sehen waren und es zu einigen Schießereien und Sprengungen bekannter Gebäude (etwa des Custom House 1921) kam, ging das Leben über lange Strecken des Unabhängigkeitskrieges seinen gewohnten Gang.

Ein Jahr später war das Land bis auf den nördlichen Teil frei. Doch schon bald schlidderte es in einen Bürgerkrieg, bei dem weitere bedeutende Bauwerke in Flammen aufgingen, darunter das Gerichtsgebäude Four Courts (1922). Ironischerweise verliefen die Auseinandersetzungen untereinander deutlich brutaler als der vorherige gemeinsame Kampf um Unabhängigkeit, vor allem in der O'Connell Street. Die Gewalt von damals hinterließ tiefe Narben, die fast das gesamte Jahrhundert brauchten, um zu verheilen.

Als der neu gegründete Staat endlich seine Arbeit aufnehmen konnte, war Dublin müde und ausgelaugt. Steigende Arbeitslosigkeit, hohe Auswanderungsraten und allgemeine Stagnation waren die Plagen dieser Ära. Dennoch versuchte die Bevölkerung, das Beste aus ihrer Situation zu machen.

Die Stadt erlebt seit Jahrzehnten Phasen der Rezession, doch die dramatische Wirtschaftskrise, die auf die Boomzeit des Celtic

DUBLIN IN...

...zwei Tagen

Wenn man nur zwei Tage in der Stadt ist (hoffentlich aus gutem Grund), beginnt man mit dem **Trinity College** (S. 66) und dem **Book of Kells**. Dann geht's in Dublins georgianisches Herz zum **St. Stephen's Green** (S. 75) und zum **Merrion Square** (S. 78) sowie ins **National Museum of Ireland – Archaeology** (S. 77) und in die **National Gallery** (S. 79). Den Abend verbringt man in einem authentischen Pub, dem **Kehoe's** (S. 116) unweit der Grafton Street. Am nächsten Tag stehen die **Chester Beatty Library** (S. 73) und das **Guinness Storehouse** (S. 83) auf dem Plan. Wer jetzt noch Lust hat, besucht das **Irish Museum of Modern Art** (S. 87) und das **Kilmainham Gaol** (S. 87). Anschließend lockt das **Cobblestone** (S. 121) mit irischer Musik.

...vier Tagen

An vier Tagen bleibt genügend Zeit, das oben beschriebene Programm auszudehnen und in den besseren Pubs der Stadt Pausen einzulegen. Außerdem kann man den **Glasnevin Cemetery** (S. 97) und die **Dublin City Gallery – The Hugh Lane** (S. 88) besichtigen. In der **Old Jameson Distillery** (S. 93) erfahren Besucher alles zum Thema Whiskey und werden bei einem **Dublin Literary Pub Crawl** (S. 99) zu Fachleuten für Literatur (oder Bier). Im Norden der Stadt lockt eine aufblühende Restaurantszene, darunter die **Musashi Noodles & Sushi Bar** (S. 113) mit großartigem japanischem Essen und die hervorragende italienische Küche bei **Da Mimmo's** (S. 113). Ein Pflichtstopp ist außerdem **Temple Bar** mit seinem vielfältigen Unterhaltungsprogramm.

...einer Woche

Nach Absolvieren der Viertagestour folgt ein Tagesausflug in das Küstendorf **Howth** (S. 134; am Pier locken leckere **Fischrestaurants**), ein Abstecher in den **Phoenix Park** (S. 95) und die Erkundung der **Docklands** (S. 94). Eventuell bietet auch das **Bord Gáis Energy Theatre** (S. 126) eine interessante Vorstellung. Alternativ sieht man sich ein Stück im **Abbey** (S. 127) oder im **Gate** (S. 127) an.

Trinity College

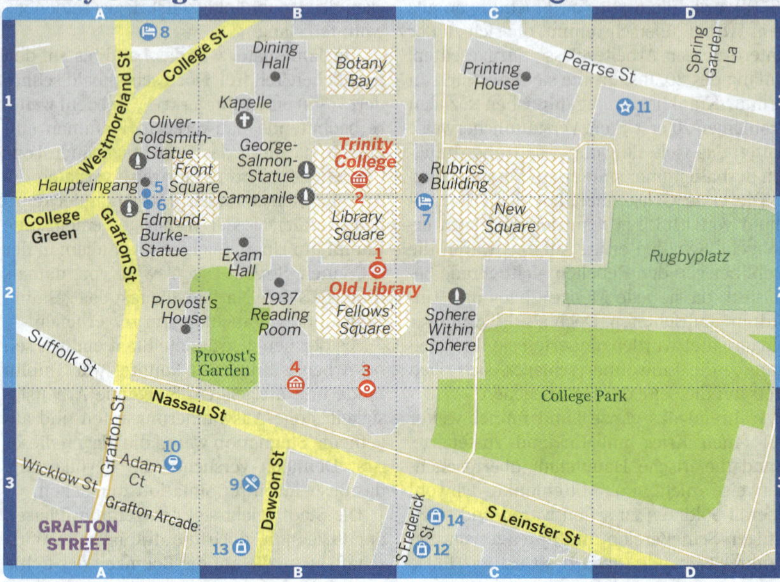

Trinity College

Highlights
1 Old Library B2
2 Trinity College B1

Sehenswertes
3 Arts & Social Science Building B3
4 Douglas Hyde Gallery of Modern Art B2
Long Room .... (siehe 1)

Aktivitäten, Kurse & Touren
5 Historical Walking Tour A1
6 Trinity-College-Führung A2

Schlafen
7 Trinity College C2
8 Westin Dublin A1

Essen
9 Lemon B3

Ausgehen & Nachtleben
10 Lillie's Bordello A3

Unterhaltung
11 Players' Theatre D1

Shoppen
12 DESIGNYARD C3
13 Hodges Figgis B3
14 Kilkenny Shop C3

Tiger folgte, traf sie besonders hart. Dublin erholte sich besser davon als das restliche Land, aber der Prozess geht trotzdem langsam voran.

Sehenswertes

Grafton Street & Umgebung

In der verkehrsberuhigten Grafton Street und dem umliegenden Straßengewirr schlägt das Herz von Dublins Innenstadt und das gesellschaftliche Leben konzentriert sich auf dieses Viertel. Es ist gut zu Fuß zu erkunden, bietet die größte Auswahl an Pubs und Restaurants und ist das beliebteste Einkaufsrevier der Dubliner. Außerdem findet man hier viele der bedeutendsten Sehenswürdigkeiten und Museen der Stadt sowie Dublins beliebtesten Park, den St. Stephen's Green.

★ **Trinity College** HISTORISCHES GEBÄUDE
(Karte S. 66; ☎01-896 1000; www.tcd.ie; College Green; ⊙8–22 Uhr; 🚌alle Linien im Zentrum) GRATIS Diese ruhige, idyllische Anlage abseits der Großstadthektik ist Irlands renommierteste Universität. Sie nimmt Besucher mit auf eine Reise in die Vergangenheit, als eine akademische Ausbildung einer sehr kleinen Elite vorbehalten war, die leidenschaftlich für Philosophie und das Empire einstand.

Die Studentenschaft hat sich mittlerweile verändert, der ländliche Charme des Trinity blieb jedoch erhalten und an einem Sommerabend gehört der Campus zu den schönsten Orten der Stadt.

Die Universität wurde 1592 von Elisabeth I. auf dem Gelände eines enteigneten Augustinerklosters gegründet. Damit wollte die Königin junge protestantische Dubliner davon abhalten, auf dem Kontinent zu studieren und dort „vom Papismus angesteckt“ zu werden. Trinity entwickelte sich zu einer der besten Hochschulen Europas und hat viele bekannte Absolventen vorzuweisen, u. a. Jonathan Swift, Oscar Wilde und Samuel Beckett.

Bis 1793 waren ausschließlich Protestanten zugelassen, dann öffnete sich die Universität für katholische Studenten. Die Kirche stellte sich jedoch noch immer dagegen und bis 1970 drohte jedem eingeschriebenen Katholiken die Exkommunikation.

Der Campus ist ein Meisterwerk georgianischer Architektur und Landschaftsgärtnerei. Ein Großteil der Gebäude und Statuen, die elegant auf gepflasterten oder grasbedeckten Fundamenten angelegt wurden, stammt aus dem 18. und 19. Jh. Zu den neueren Bauten gehört das **Arts & Social Science Building** (Karte S. 66; alle Linien im Zentrum) von 1978, dessen Rückseite an die Nassau Street grenzt. Hier befindet sich der zweite Eingang zum Trinity College. Wie die Berkeley Library wurde das Gebäude von Paul Koralek entworfen und beherbergt die **Douglas Hyde Gallery of Modern Art** (Karte S. 66; www.douglashydegallery.com; Mo–Mi & Fr 11–18, Do bis 19, Sa bis 16.45 Uhr; alle Linien im Zentrum) GRATIS.

Am besten lässt sich die ganze Anlage im Rahmen einer **Führung** (Authenticity Tours; Karte S. 66; www.tcd.ie/Library/bookofkells/trinity-tours; 5 € pro Pers., inkl. Book of Kells 12 €; Mai–Sept. Mo–Sa 10.15–15.40, So bis 15.15 Uhr, Okt.–April werktags weniger Führungen) erkunden. Ausgangspunkt ist der **Eingang des Regent House** beim College Green.

★ Old Library

(Karte S. 66; Library Sq; ganzjährig Mo–Sa 9.30–17 Uhr, Okt.–April So 12–16.30 Uhr, Mai–Sept. So 9.30–16.30 Uhr) Südlich des Library Square liegt die alte Bibliothek, von Thomas Burgh zwischen 1712 und 1732 in strengem Stil errichtet. Als eine von fünf Copyright Libraries

BOOK OF KELLS

Über 500 000 Besucher strömen jedes Jahr in den **Long Room**, um die Topattraktion des Trinity College, das weltberühmte **Book of Kells**, zu bestaunen. Die wunderbar illuminierte Handschrift stammt vermutlich aus dem Jahr 800 n. Chr. und gehört somit zu den ältesten Büchern der Welt. Angeblich wurde sie von Mönchen des St. Colmcille's Monastery auf der entlegenen Insel Iona vor der Westküste Schottlands verfasst. Wegen wiederholter Überfälle plündernder Wikinger flohen die Äbte 806 nach Kells im County Meath und nahmen ihr Meisterwerk mit. 850 Jahre später wurde das Buch zur sicheren Aufbewahrung ins Trinity College gebracht, wo man das Prachtstück auch heute noch bestaunen kann.

Das *Book of Kells* enthält die vier Evangelien des Neuen Testaments und wurde auf Vellum (präparierter Kalbshaut) in Latein verfasst. Ginge es allein um den Text, wäre das *Book of Kells* lediglich ein sehr altes Buch. Erst die zahlreichen vielschichtigen und kunstvollen Illustrationen, darunter fantastisch ausgeschmückte Initialen und kleine Malereien zwischen den Zeilen, machen das Werk zu etwas ganz Besonderem.

Doch genau darin liegt das Problem. Obwohl täglich umgeblättert wird, können sich die meisten Besucher von den 680 Seiten gerade mal zwei ansehen – es sei denn, sie kommen häufiger. Natürlich kann man die vielen Bewunderer kaum eigenhändig ein derart wertvolles Dokument durchstöbern lassen. Darüber hinaus wird eine Besichtigung aufgrund der immensen Beliebtheit des Werks zu einem eher zweifelhaften Vergnügen, weil einen die Aufseher im Schnelldurchlauf durch den Raum scheuchen. Man darf also leider nur einen kurzen Blick auf das Buch werfen.

Wer sich den Wälzer in Ruhe zu Gemüte führen möchte, kann sich selbstverständlich auch ein Faksimile für schlappe 22 000 € kaufen. Für weniger Betuchte ist der Buchladen der Bibliothek eine gute Anlaufstelle. Zu den zahlreichen Souvenirs gehört beispielsweise Otto Simms hervorragendes Hintergrundwerk *Exploring the Book of Kells* (12,95 €) mit schönen Farbtafeln. Das Buch gehört mittlerweile zur Digital Collection (digitalcollections.tcd.ie) des Trinitiy College, zudem gibt es eine elegante App für Tablets.

Trinity College, Dublin

EIN SCHRITT IN DIE VERGANGENHEIT

Irlands renommierteste Universität wurde 1592 von Queen Elisabeth I. gegründet. Sie ist ein architektonisches Meisterstück und eine freundliche Oase inmitten des hektischen, modernen Stadtlebens. Der Schritt durch den Haupteingang ist auch ein Schritt in die Vergangenheit, denn die gepflasterten Straßen führen in eine Zeit, als die Elite philosophische Ideen diskutierte und leidenschaftlich für das British Empire eintrat.

Wenn man den Front Square betritt, erblickt man vor sich den 30 m hohen **Campanile** 1 und links davon die **Dining Hall** 2 Auf der anderen Seite liegt die Old Library mit dem prächtigen **Long Room** 3. Letzterer lieferte die Inspiration für die Computeranimation des Jedi-Archivs in Star Wars Episode II: Angriff der Klonkrieger. Hier wird der größte Schatz der Universität aufbewahrt, das **Book of Kells** 4. Wer es sehen will, muss einige Wartezeit einplanen, doch das Anstehen lohnt sich selbst für einen kurzen Besuch.

Gleich hinter der Old Library befindet sich die **Berkeley Library** 5, die trotz ihres hochmodernen Äußeren perfekt in die Ästhetik des Campus passt. Vor ihrem Eingang steht die elegante **Sphere Within a Sphere** 6.

NICHT VERSÄUMEN

- Die Douglas Hyde Gallery, ein modernes Kunstmuseum auf dem Campus
- Ein Kricketspiel, der stilvollste Zeitvertreib überhaupt
- Ein Pint in der Pavilion Bar, am besten während eines Kricketspiels
- Die Science Gallery mit ihrer wunderbaren, gut verständlichen Ausstellung

FIONN DAVENPORT ©

Campanile
Das visuelle Aushängeschild des Trinity College wurde Mitte des 19. Jhs. nach Plänen von Sir Charles Lanyon errichtet. Thomas Kirk entwarf die dazugehörigen Skulpturen.

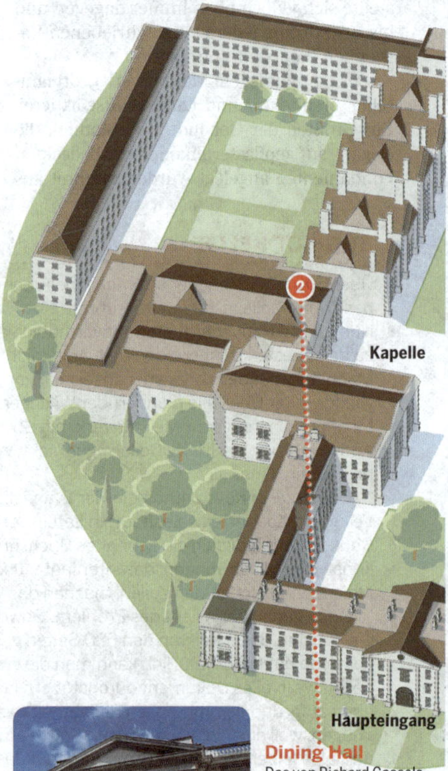

FIONN DAVENPORT ©

Dining Hall
Das von Richard Cassels entworfene Gebäude sollte das Gegenstück zur direkt gegenüberliegenden Examination Hall am Front Square bilden, allerdings stürzte es zweimal ein und wurde 1761 komplett neu errichtet.

FIONN DAVENPORT ©

Sphere Within a Sphere

Arnaldo Pomodoros unverwechselbare Skulptur besteht aus einer inneren und einer äußeren Kugel. Erstere stellt die Erde dar, Letztere das Christentum.

FIONN DAVENPORT © SFERA CON SFERA, 1982-83, © ARNALDO POMODORO

Berkeley Library

Auf den ersten Blick scheint Paul Koraleks Bibliothek nicht zum Geist der Universität zu passen, doch bei längerer Betrachtung erschließt sich das moderne Bauwerk immer mehr.

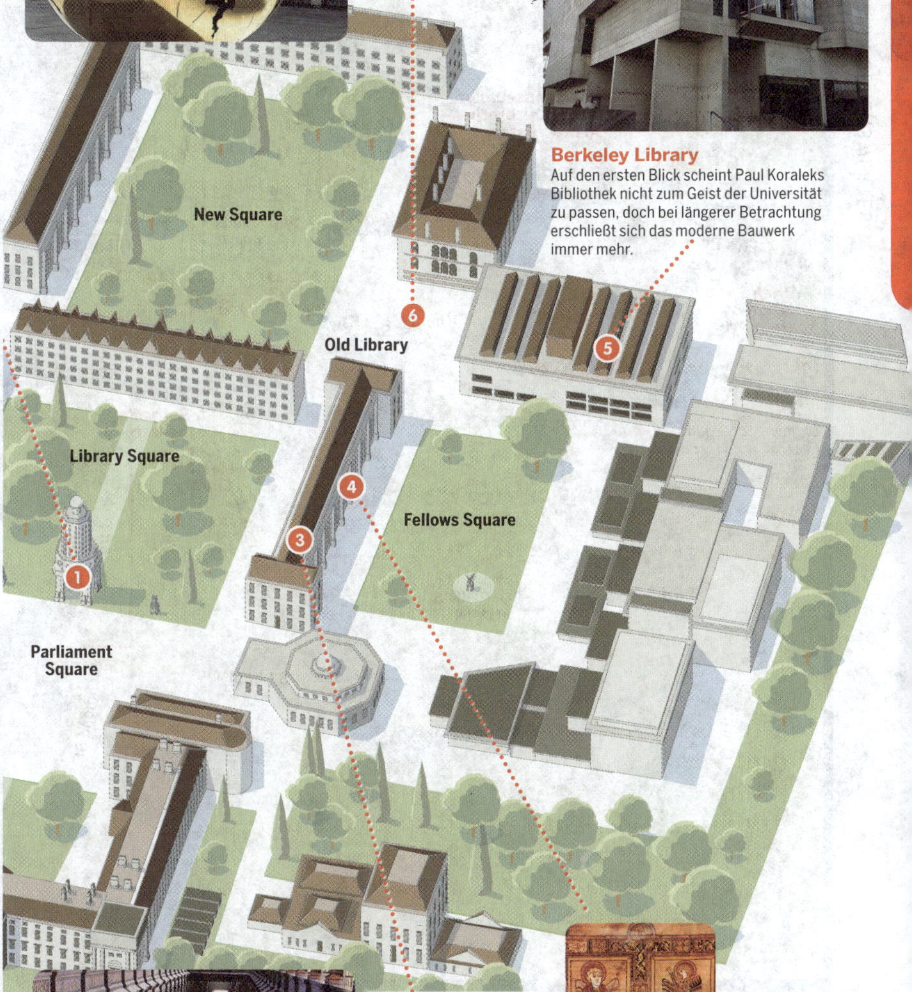

LONELY PLANET / GETTY IMAGES ©

Long Room

Thomas Burghs 65 m langes, von einem Tonnengewölbe gekröntes Meisterstück ist voller endloser Regale, die unter dem Gewicht von 250 000 alten Büchern und Manuskripten ächzen.

CORINNE HUMPHREY / GETTY IMAGES ©

Book of Kells

Das berühmteste illuminierte Buch der Welt wurde um 800 n. Chr. von Mönchen auf der Insel Iona angefertigt und später nach Kells im County Meath gebracht.

Dublin

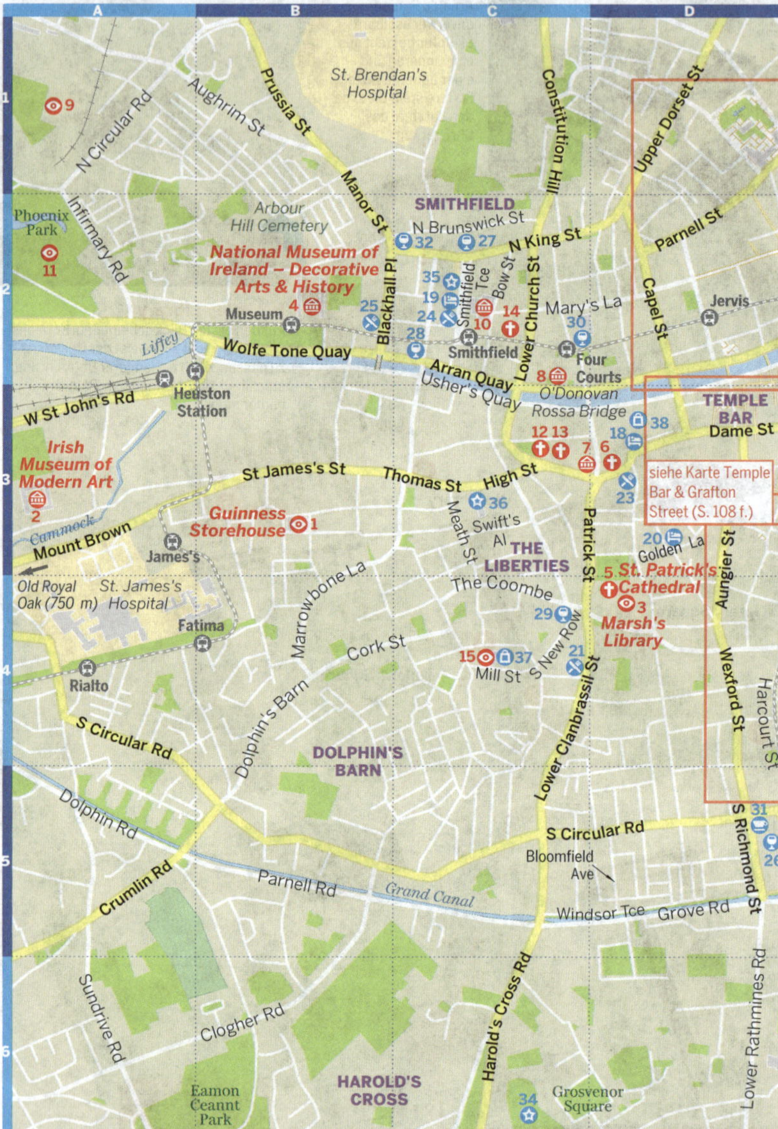

in Irland und dem Vereinigten Königreich erhält sie ein Exemplar von jedem Buch, das dort veröffentlicht wird. Insgesamt sind das rund fünf Mio., wobei nur ein Bruchteil vor Ort gelagert wird. Die Bibliothek ist bei der Führung des Long Room mit dem berühmten *Book of Kells* inbegriffen.

Der Rest der ständig wachsenden Sammlung – jedes Jahr kommt etwa 1 km Regale hinzu – ist in Lagerräumen in der ganzen Stadt untergebracht. Studenten, die einen bestimmten Titel suchen, müssen ein Formular ausfüllen; das entsprechende Buch wird dann innerhalb eines Tages zum College gebracht.

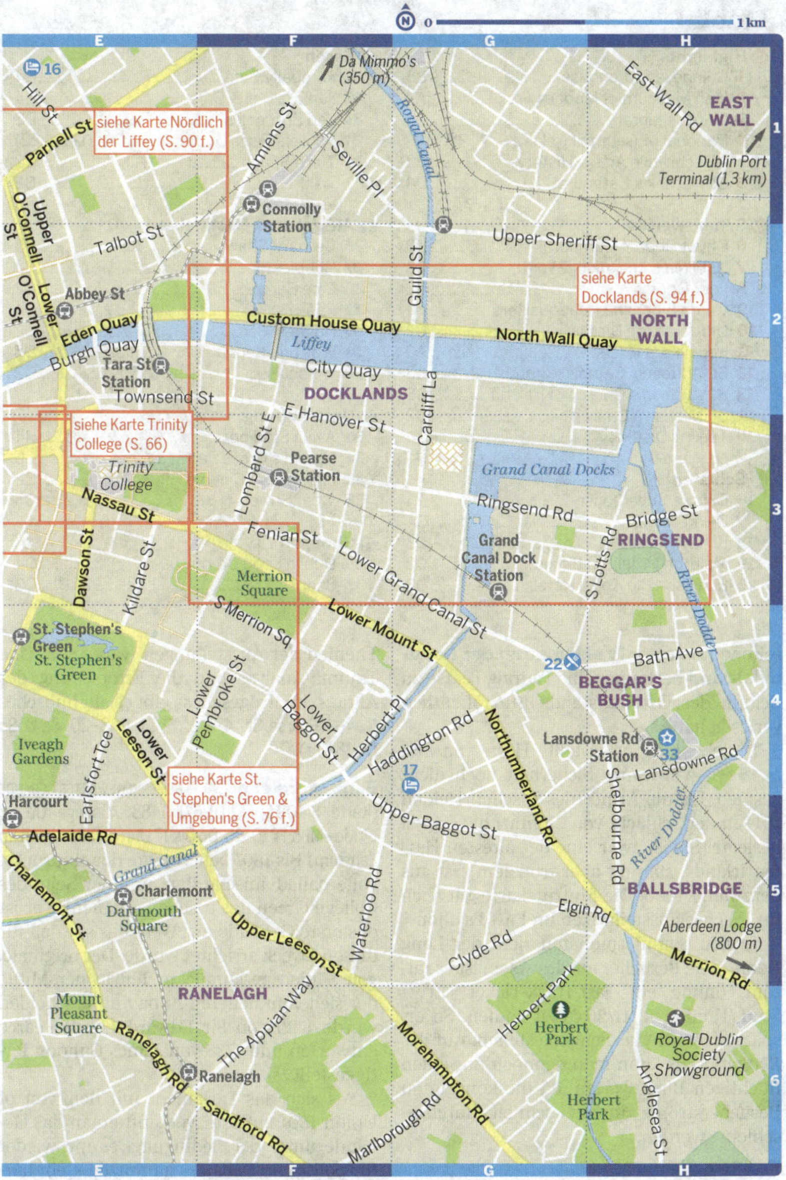

➡ **Long Room**

(Karte S. 66; www.tcd.ie/visitors/book-of-kells; East Pavilion, Library Colonnades; Erw./Stud./Kind 10/9 €/frei; ⊙ ganzjährig Mo–Sa 9.30–17 Uhr, Okt.–April So 12–16.30 Uhr, Mai–Sept. So 9.30–16.30 Uhr) Die größten Schätze des Trinity College befinden sich im 65 m langen Long Room in der Old Library. Hier sind rund 200 000 der ältesten Bände ausgestellt, darunter das **Book of Kells**. Das atemberaubende illuminierte Manuskript mit den vier Evangelien des Neuen Testaments wurde 800 n. Chr. von Mönchen auf der schottischen Insel Iona verfasst. Besucher können zudem eine

Dublin

Highlights
1 Guinness Storehouse B3
2 Irish Museum of Modern Art A3
3 Marsh's Library D4
4 National Museum of Ireland – Decorative Arts & History B2
5 St. Patrick's Cathedral D4

Sehenswertes
6 Christ Church Cathedral D3
7 Dublinia & the Viking World C3
8 Four Courts C2
9 Garda Síochána Headquarters A1
10 Old Jameson Distillery C2
11 People's Garden A2
12 St. Audoen's Catholic Church C3
13 St. Audoen's Church of Ireland C3
14 St. Michan's Church C2
15 Teeling Distillery C4

Schlafen
16 Clifden Guesthouse E1
17 Dylan G4
18 Kinlay House D3
19 Maldron Hotel Smithfield C2
20 Radisson Blu Royal Hotel D3

Essen
21 Fumbally Café C4
22 Juniors Deli & Café G4
23 Leo Burdock's D3
Paulie's Pizza .... (siehe 22)
24 Third Space C2
25 Wuff B2

Ausgehen & Nachtleben
26 Bernard Shaw D5
27 Cobblestone C2
28 Dice Bar C2
29 Fallon's C4
30 Hughes' Bar C2
31 Wall and Keogh D5
32 Walshe's C2

Unterhaltung
33 Aviva Stadium H4
34 Harold's Cross Park C6
35 Lighthouse Cinema C2
36 Vicar Street C3

Shoppen
37 Dublin Food Co-op C4
38 Scout D3

seltene Kopie der **Proklamation der Republik Irland** bestaunen, die Pádraig Pearse zu Beginn des Osteraufstands 1916 öffentlich verlesen hatte.

Die ebenfalls ausgestellte Harfe von **Brian Ború** wurde mit Sicherheit noch nicht gespielt, als die Armee des irischen Helden 1014 in der Schlacht von Clontarf die Dänen besiegte. Sie ist zwar eine der ältesten Harfen Irlands, stammt aber trotzdem erst aus dem Jahre 1400. Die Eintrittskarte gilt auch für Wechselausstellungen im East Pavilion.

In den Sommermonaten zieht der Long Room viele Besucher an, deswegen ist es ratsam, online ein Fast-Track-Ticket (Erw./Stud./Familie 13/11/26 €) zu kaufen. So erspart man sich das Schlangestehen. Auf das *Book of Kells* kann man dennoch nur einen flüchtigen Blick werfen, da die konstanten Besucherströme immer schnell durchgeschleust werden.

➡ **Science Gallery**
(Karte S. 94 f.; www.sciencegallery.ie; Naughton Gallery, Pearse St; Ausstellungen normalerweise Di–Fr 12–20, Sa & So bis 18 Uhr) GRATIS Die äußerst beliebte Galerie möchte zeigen, dass Wissenschaft Spaß macht, fasziniert und einen größeren Einfluss auf unseren Alltag hat als gedacht. Zu sehen ist eine ständig wechselnde Auswahl bemerkenswerter Exponate. Themen der Ausstellungen waren u. a. eine Trauma-Analyse und die Erforschung des Alltags. Im Erdgeschoss gibt es ein hübsches **Café** (Pearse St; 4–8 €; Di–Fr 8–20, Sa & So 12–18 Uhr).

Bank of Ireland BEMERKENSWERTES GEBÄUDE
(Karte S. 108 f.; 01-671 1488; College Green; Mo–Mi & Fr 10–16, Do bis 17 Uhr; alle Linien im Zentrum) Bis 1801 beherbergte der eindrucksvolle palladianische Bau an einer Seite des College Green das irische Parlament – er ist das erste Gebäude der Welt, das speziell für diesen Zweck errichtet wurde. Der originale, von Säulen geschmückte Teil in der Mitte, der sich vom neueren Anbau unterscheidet, wurde 1729 von Sir Edward Lovett Pearce entworfen und 1733 von James Gandon fertiggestellt.

Als sich das Parlament mit dem Act of Union 1801 auflöste, verkaufte man das Gebäude unter der Bedingung, es nie wieder für politische Debatten zu nutzen – ein harter Schlag für die parlamentarischen Bestrebungen Irlands. Während das zentrale Unterhaus neu gestaltet wurde und kaum mehr an seine frühere Funktion erinnert, blieb das kleinere sehr viel interessantere **Oberhaus** (Eintritt frei) erhalten. Geschmückt wird es von Holzarbeiten aus irischer Eiche, einer Mahagoni-Standuhr und einem Dubliner

Glaskronleuchter aus dem späten 18. Jh. Sein Design stand Pate für das ursprüngliche Repräsentantenhaus in Washington, D. C., das heute die National Statuary Hall beherbergt. Besucher können sich das Oberhaus während der allgemeinen Öffnungszeiten ansehen.

City Hall MUSEUM

(Karte S. 108 f.; www.dublincity.ie; Castle St; Erw./Stud./Kind 4/2/1,50 €; Mo–Sa 10–17.15 Uhr; alle Linien im Zentrum) Eine der großen architektonischen Errungenschaften des Dubliner Booms war im Jahr 2000 die kunstvolle Restaurierung der City Hall, die zwischen 1769 und 1779 von Thomas Cooley als Sitz der Royal Exchange (Börse) errichtet wurde. Mitte des 19. Jhs., als der Stadtrat hier einzog, führte man wenig ansprechende architektonische Veränderungen durch. Glücklicherweise lassen die Restaurierungsarbeiten das Gebäude nun wieder in altem georgianischem Glanz erstrahlen.

Der eindrucksvolle runde Innenraum wird von einem Säulengang gesäumt und von natürlichem Licht aus den riesigen Ostfenstern durchflutet. Eine große Marmorstatue des früheren Bürgermeisters, der für die Rechte der Katholiken kämpfte, erinnert an die Verbindungen des Bauwerks mit dem irischen Nationalismus (hier fanden die Beerdigungen von Charles Stewart Parnell und Michael Collins statt). Dublins Stadtrat kommt noch immer am ersten Montag jedes Monats in dem Gebäude zusammen und diskutiert die Geschicke der Stadt in der Council Chamber, die ursprünglich als Kaffeestube diente.

Auf dem Gelände der City Hall befanden sich einst zwei zwielichtige Etablissements, das Lucas Coffee House und die angrenzende Eagle Tavern, in der Richard Parsons, der Earl of Rosse, 1735 den berüchtigten Hellfire Club gründete. Der Herrenclub war nur einer von vielen in der Stadt, sorgte jedoch wegen angeblicher Sexorgien und satanischer Messen für besonders viel Gesprächsstoff.

Im wunderschön gewölbten Untergeschoss ist die Multimediaausstellung **Story of the Capital** untergebracht. Sie erzählt die Geschichte der Stadt von ihren Anfängen bis zu Zukunftsplänen. Sex oder Satan finden keine Erwähnung, obwohl eine kleine Auflockerung angesichts der vielen Informationen und der langen Texte ganz gut tun würde. Dennoch lohnt sich das recht schicke Museum mit seinen audiovisuellen Exponaten.

★ Chester Beatty Library MUSEUM

(Karte S. 108 f.; 01-407 0750; www.cbl.ie; Dublin Castle; ganzjährig Mo–Fr 10–17, Sa 11–17, So 13–17 Uhr, Nov.–Feb. Mo geschl., kostenlose Führungen Mi 13, So 15 & 16 Uhr; 50, 51B, 77, 78A or 123) GRATIS Die weltberühmte Bibliothek auf dem Gelände des Dublin Castle beherbergt die atemberaubende Sammlung von Sir Alfred Chester Beatty (1875–1968). Nach dem Tod des Bergbauingenieurs ging sie komplett an den irischen Staat über, der für dieses Geschenk wohl ewig dankbar sein wird. Auf zwei Stockwerken verteilen sich 20 000 Manuskripte, seltene Buchausgaben, Miniaturgemälde, Tontafeln, Kostüme und andere Objekte von künstlerischer, historischer sowie ästhetischer Bedeutung.

Im ersten Stock präsentiert die **Artistic Traditions Gallery** Erinnerungsstücke aus Beattys Leben sowie wertvolle Kunst aus Persien, Japan und China, aus dem Osmanischen und dem Mogulreich. Zu den Höhepunkten zählen prachtvolle Pillendöschen und die vielleicht schönste Sammlung chinesischer Jadebücher weltweit. Auch die illuminierten Handschriften aus Europa sollte man sich nicht entgehen lassen.

Die **Sacred Traditions Gallery** im zweiten Obergeschoss vermittelt einen faszinierenden Einblick in die Rituale und Übergangsriten der fünf Weltreligionen: Christentum, Judentum, Islam, Buddhismus und Hinduismus. In audiovisuellen Präsentationen erfahren Besucher mehr über das Leben Christi und Buddhas sowie über die muslimische Wallfahrt nach Mekka.

Besonders interessant ist die Koransammlung aus dem 9. bis 19. Jh. Sie enthält einige der bestilluminierten Handschriften des Islam. Außerdem kann man alte ägyptische Papyri (mit ägyptischen Liebesgedichten aus der Zeit um 1100 v. Chr.), Schriftrollen und edelste Kunstwerke aus Birma, Indonesien und Tibet sowie das zweitälteste Bibelfragment, das je gefunden wurde (das älteste sind die Schriftrollen vom Toten Meer), bestaunen.

Eine exzellente und umfassende Archivquelle für Künstler und Studenten ist die **Reference Library**. Sie hat eine wunderschön lackierte Decke, die sich Beatty in seinem Londoner Haus anfertigen ließ.

Die Bibliothek veranstaltet regelmäßig Fachworkshops, Ausstellungen und Diskussionsrunden zu allen möglichen Themen, darunter beispielsweise Origami und Kalligrafie. Auf der Dachterrasse sorgt der friedliche japanische Garten für Entspannung, und im Erdgeschoss tischt das **Silk Road Café** (Karte S. 108 f.; Chester Beatty Library, Dublin Castle; Hauptgerichte 11 €; ⌚ Mo–Fr 11–16 Uhr, Nov.–Feb. Mo geschl.; 🚌 50, 51B, 77, 78A oder 123) Besuchern arabische Leckereien auf.

Dublin Castle HISTORISCHES GEBÄUDE

(Karte S. 108 f.; ☎ 01-677 7129; www.dublincastle.ie; Dame St; Erw./Kind 8,50/6,50 €; ⌚ Mo–Sa 9.45–16.45, So 12–16.45 Uhr; 🚌 alle Linien im Zentrum) Wer eine mittelalterliche Burg wie aus dem Bilderbuch erwartet, dürfte enttäuscht sein: Dieses Bauwerk, das für 700 Jahre ein Bollwerk der britischen Macht in Irland war, stammt inzwischen größtenteils aus dem 18. Jh. und sieht eher wie ein palastartiges Sammelsurium aus. Von der ursprünglichen anglonormannischen Festung, die König John 1204 errichten ließ, ist nur der 1258 fertig gewordene Record Tower übrig geblieben.

Heute wird das Gebäude von der irischen Regierung für Sitzungen und Empfänge genutzt. Besucher dürfen im Rahmen einer Führung die State Apartments und die Reste des früheren Pulverturms besichtigen.

1922 wurde die Burg im Namen des irischen Freistaats offiziell an Michael Collins übergeben. Es heißt, dass der britische Vizekönig Collins damals zurechtwies, weil dieser sich sieben Minuten verspätete, woraufhin Collins erwiderte: „Wir haben 700 Jahre gewartet, da können Sie sieben Minuten warten."

Beim Betreten der Anlagen vom Haupteingang in der Dame Street gewinnt man einen guten Eindruck von der Entwicklung der irischen Architektur. Links befindet sich die viktorianische **Chapel Royal** (manchmal Teil von Führungen). Sie ist mit mehr als 90 Köpfen irischer Persönlichkeiten und Heiliger geschmückt, die aus dem Sandstein von Tullamore gehauen wurden. Daneben steht der normannische **Record Tower** mit 5 m dicken Wänden, der im Moment wegen seit Langem geplanter Renovierungsarbeiten für Besucher geschlossen ist. Rechts sieht man das georgianische **Treasury Building**, Dublins ältestes Bürogebäude, und wenn man sich umdreht, erblickt man das hässliche Revenue Commissioners Building von 1960.

Vom Haupteingang geht's hinauf zum Upper Yard. Rechts wendet die Figur der Justitia (Gerechtigkeit) der Stadt ihren Rücken zu– ein passendes Symbol für die britische Justiz, wie die Dubliner fanden. Daneben erhebt sich der im 18. Jh. errichtete **Bedford Tower**, aus dem 1907 Kronjuwelen gestohlen wurden, die bis heute verschwunden bleiben.

Am Eingang gegenüber beginnen die etwa 45-minütigen **Führungen** (je nach Andrang alle 20 bis 30 Min.). Sie sind ziemlich dröge, doch wer eine davon mitmacht, wird durch die **State Apartments** gelotst. Nicht wenige davon zeugen von einem eher zweifelhaften Geschmack. Nächste Station ist die **St. Patrick's Hall**, in der irische Präsidenten ins Amt eingeführt und ausländische Würdenträger empfangen werden. Außerdem kann man den Raum erkunden, in dem James Connolly 1916 nach dem Osteraufstand an einen Stuhl gefesselt wurde und sich von seinen schweren Verletzungen erholte – nur um gleich darauf von einem Erschießungskommando hingerichtet zu werden.

Höhepunkt der Führung ist das **mittelalterliche unterirdische Gewölbe** der alten Burg, das 1986 durch einen Zufall entdeckt wurde. Dazu gehören ein Fundament aus der Wikingerzeit (deren widerstandsfähiger Mörtel aus Ochsenblut, Eierschalen und Pferdehaar bestand), handpolierte Außenwände, die potenzielle Angreifer davon abhalten sollten, an ihnen hochzuklettern, und Stufen, die in die Wassergräben hinunterführen (sie wurden einst vom in die Liffey mündenden Strom Poddle gespeist).

Lediglich die State Apartments können in Eigenregie besichtigt werden.

National Library HISTORISCHES GEBÄUDE

(Karte S. 76 f.; www.nli.ie; Kildare St; ⌚ Mo–Mi 9.30–19.45, Do & Fr bis 16.45, Sa 10–12.45 Uhr; 🚌 alle Linien im Zentrum) GRATIS Die angemessen geruhsam-elegante National Library wurde zwischen 1884 und 1890 von Sir Thomas Newenham Deane zur selben Zeit und in ähnlichem Stil wie das National Museum of Ireland – Archaeology errichtet. Ihre riesige Büchersammlung umfasst zahlreiche wertvolle alte Handschriften, Erstausgaben und Karten.

Teile der Bibliothek sind der Öffentlichkeit zugänglich, darunter der kuppelförmige Lesesaal, in dem Stephen Dedalus in James Joyce' Roman *Ulysses* seine Interpretationen von Shakespeare kundtut.

Im zweiten Stock stellt der **Genealogy Advisory Service** kostenlos Nachforschungen über mögliche irische Vorfahren an.

Wem Bilder mehr sagen als tausend Worte, der geht ins National Photographic Archive (S. 83) unten in Temple Bar, eine Zweigstelle der Bibliothek.

★ St. Stephen's Green PARK
(Karte S. 76 f.; Sonnenauf- bis Sonnenuntergang; alle Linien im Zentrum, St. Stephen's Green) GRATIS Beobachtet man die Parkbesucher beim geselligen Beisammensein oder Händchenhalten, kann man sich kaum vorstellen, dass die 9 ha große elegante Grünanlage des St. Stephen's Green, Dublins beliebtester Park, einst Schauplatz von öffentlichen Auspeitschungen, Verbrennungen und Hinrichtungen war. Heutzutage sind Parkwächter, die Fußball- oder Frisbeespieler der Grünflächen verweisen, die größte Gefahr.

Die Gebäude rund um den Platz stammen hauptsächlich aus der Mitte des 18. Jhs., als die Grünanlage angelegt wurde und sich zum Zentrum des georgianischen Dublins entwickelte. Der Nordteil, Beaux Walk genannt, zählt bis heute zu den angesehensten Gegenden der Stadt und beherbergt auch Dublins erstes Hotel der Society, das Shelbourne (S. 103). Ganz in der Nähe stößt man auf den winzigen **Hugenottenfriedhof**, der 1693 von französischen Protestanten gegründet wurde.

1814 erhob man eine jährliche Parknutzungsgebühr von einem Pfund und errichtete Zäune sowie abschließbare Tore. Auf Bestreben von Sir Arthur Edward Guinness erließ das Parlament schließlich 1877 ein Gesetz, das den Park wieder öffentlich zugänglich machte. Er finanzierte außerdem die Gärten und Teiche in dessen Zentrum, die 1880 angelegt wurden.

Der Haupteingang zum Park ist heute der **Fusiliers' Arch** am oberen Ende der Grafton Street. Er wurde als kleinere Version des Titusbogens in Rom konzipiert und erinnert an die 212 Soldaten der Royal Dublin Fusiliers, die im Zweiten Burenkrieg (1899–1902) für die Briten kämpften und fielen.

Auf die Grünflächen und Wege des Parks verteilen sich einige bemerkenswerte Kunstwerke. Am eindrucksvollsten ist das **Denkmal für Wolfe Tone**, den Anführer der irischen Rebellion von 1798. Als Kulisse dienen senkrecht angeordnete Steinplatten in der nordöstlichen Ecke der Anlage, „Tonehenge" genannt. Am dortigen Eingang erinnert eine **Gedenkstätte** an die Opfer der Großen Hungersnot (1845–1851).

An der Ostseite des Parks befindet sich ein **Spielplatz**. Der hübsche alte **Pavillon** südlich davon wurde anlässlich des Thronjubiläums von Königin Viktoria 1887 errichtet. Im Sommer finden hier oft Konzerte statt. Nahebei stößt man auf eine **Büste von James Joyce**.

Little Museum of Dublin MUSEUM
(Karte S. 76 f.; 01-661 1000; www.littlemuseum.ie; 15 St. Stephen's Green N; Erw./Stud. 7/4,50 €, Führungen 12 €; Mo–Fr 9.30–17, Do bis 20 Uhr; alle Linien im Zentrum, St. Stephen's Green) Die Idee ist einfach, aber genial: Verteilt auf zwei Räume in einem eleganten georgianischen Gebäude, widmet sich dieses Museum der Geschichte Dublins im 20. Jh. und zeigt dazu ausschließlich gespendete Erinnerungsstücke. Die Besichtigung ist mit einer Führung verknüpft, darüber hinaus bekommt jeder Besucher eine hübsche Broschüre zur Geschichte der Stadt.

Seit der Eröffnung 2011 kann man sich hier an nostalgischen Postern, vom Zahn der Zeit gezeichnetem Krimskrams sowie großartigen Fotos von Menschen und Stadtlandschaften aus der Vergangenheit erfreuen. Doch dazwischen befinden sich auch einige außergewöhnliche Stücke wie ein Pult, an dem John F. Kennedy bei seinem Irlandbesuch 1963 eine Rede hielt, und ein Originalexemplar des verhängnisvollen Briefes, den die irischen Vertreter zu den Friedensverhandlungen von 1921 erhalten hatten und dessen widersprüchliche Instruktionen den Kern der Spaltungen bildeten, die zum Bürgerkrieg führten.

Unitarian Church KIRCHE
(Karte S. 76 f.; www.dublinunitarianchurch.org; 112 St. Stephen's Green W; Gebetszeit 7–17 Uhr; alle Linien im Zentrum, St. Stephen's Green) GRATIS Die Unitarian Church wurde 1863 für zwei unitarische Gemeinden errichtet und ist offiziell im Presbyterianismus verwurzelt. Allerdings ist sie bei Dublinern verschiedener Glaubensrichtungen beliebt, darunter Agnostiker und Atheisten, die bei ihrer Hochzeit nicht auf das zeremonielle Flair verzichten wollten.

Royal College of Surgeons UNIVERSITÄT
(Karte S. 76 f.; www.rcsi.ie; 123 St. Stephen's Green W; alle Linien im Zentrum) Das Gebäude aus dem frühen 19. Jh. schmückt eine der schönsten Fassaden von St. Stephen's Green. Während des Osteraufstands 1916 besetzten Rebellen unter der Führung der schillernden Gräfin Markievicz (1868–1927) – die irische Nationalistin war mit einem angeblichen Grafen aus Polen verheiratet – das Gebäude. An den Säulen sind noch immer Einschusslöcher zu sehen. Bis heute werden hier Doktortitel verliehen, wobei die Universität bei Studenten aus Übersee besonders beliebt ist.

St. Stephen's Green & Umgebung

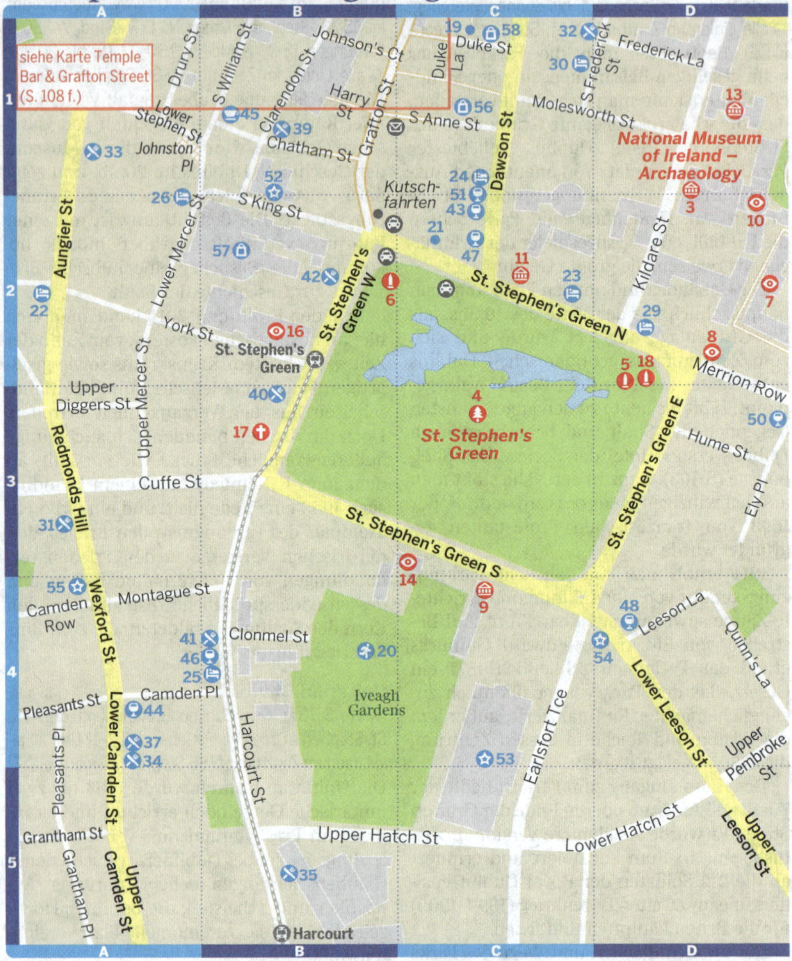

Newman House BEMERKENSWERTES GEBÄUDE
(Karte S. 76 f.; ☎ 01-477 9810; www.ucd.ie; 85–86 St. Stephen's Green S; Erw. 7 €; ⏲ Führungen Di 14 Uhr oder nach Vereinbarung; 🚌 10, 11, 13, 14 oder 15A, 🚊 St. Stephen's Green) Zu den schönsten Beispielen Dublins georgianischer Architektur, die für Besucher zugänglich ist, zählen diese beiden Stadthäuser. Sie entstanden 1865 unter dem Auftrag von Kardinal Newman als Catholic University of Ireland, ebenso wie der angrenzende viktorianische Saal. Die Universität wurde als Gegenpol zur protestantischen Hegemonie des Trinity College gegründet, das bis dato die einzige Einrichtung für höhere Bildung in Irland gewesen war. Die Alma Mater von James Joyce, Pádraig Pearse und Eamon de Valera ist im Rahmen einer Führung zu besichtigen.

Iveagh House HISTORISCHES GEBÄUDE
(Karte S. 76 f.; www.dfa.ie; 80 St. Stephen's Green S; 🚌 10, 11, 13, 14 oder 15A, 🚊 St. Stephen's Green) Der Hauptsitz des irischen Außenministeriums ist in zwei prachtvollen georgianischen Häusern untergebracht. Sie wurden von Benjamin Guinness zusammengeführt, nachdem er sie 1862 als Stadtresidenz gekauft hatte. Die Nr. 80 – das linke Haus, wenn man auf die Fassade blickt – wurde 1736 von Richard

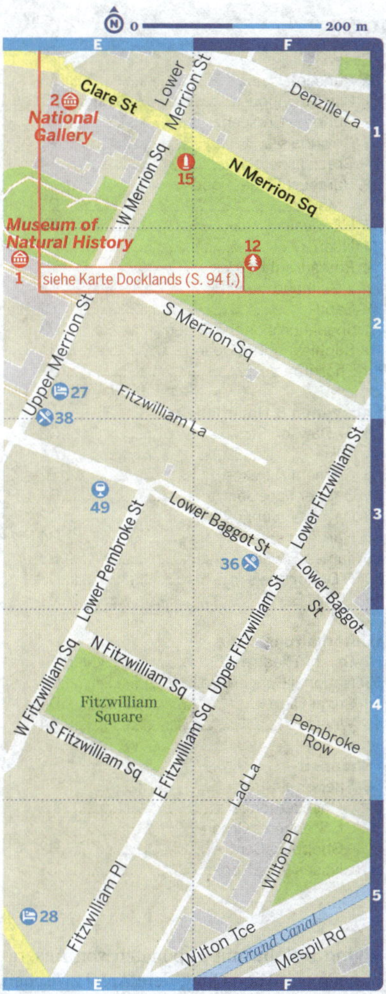

Cassels entworfen. 1939 übergab Benjamins Enkel Rupert das Gebäude dem irischen Staat. Es ist nicht für die Öffentlichkeit zugänglich.

Government Buildings BEMERKENSWERTES GEBÄUDE
(Karte S. 76 f.; www.taoiseach.gov.ie; Upper Merrion St; Führungen Sa 10.30–13.30 Uhr stündl.; 7 & 44 ab dem Zentrum) GRATIS Der glänzende edwardianische Gebäudekomplex war fast der letzte, den die Briten fertigstellen konnten, bevor sie des Landes verwiesen wurden. 1911 wurde er als Royal College of Science eröffnet. Als die Hochschule 1989 schloss, zogen Taoiseach (Premierminister der Republik Irland) Charles Haughey und seine Regierung ein und spendierten der Anlage teure Restaurierungsarbeiten.

Die kostenlosen 40-minütigen Führungen umfassen das Büro des Taoiseach, den Cabinet Room, den feierlichen Treppenaufgang mit einem eindrucksvollen Buntglasfenster, entworfen von Evie Hone (1894–1955) für die New Yorker Handelsmesse im Jahr 1939, sowie zahlreiche hübsche moderne Beispiele für Kunst und Kunsthandwerk aus Irland.

Merrion Square & Umgebung

Vornehm, kultiviert und elegant: Die exquisite georgianische Architektur rund um den hübschen Merrion Square ist ein fast perfekter Mix aus eindrucksvollen öffentlichen Gebäuden, Museen, Privatbüros und Wohnhäusern. Ein Großteil der wohlhabenden Dubliner arbeitet und agiert inmitten der neoklassizistischen Pracht, die während der Blütezeit Dublins im 18. Jh. entstand, darunter der Sitz des irischen Parlaments im Leinster House sowie in direkter Nachbarschaft die National Gallery, die Hauptstelle des National Museum of Ireland und das Natural History Museum.

★ **National Museum of Ireland – Archaeology** MUSEUM
(Karte S. 76 f.; www.museum.ie; Kildare St; Di–Sa 10–17, So 14–17 Uhr; alle Linien im Zentrum) GRATIS Irlands bedeutendste kulturelle Einrichtung entstand 1877 als zentrales Archiv für die archäologischen Schätze des Landes. Dazu zählen die bekanntesten Kunsthandwerksarbeiten des Landes, der **Kelch von Ardagh** aus dem 12. Jh. und die **Tara-Brosche** aus dem 8. Jh. Sie sind Teil des **Treasury**, das wiederum zu Europas schönster Sammlung an Goldartefakten aus der Bronze- und Eisenzeit sowie der weltweit umfassendsten Kollektion mittelalterlicher keltischer Metallarbeiten gehört.

Darüber hinaus umfasst die Treasury die Ausstellung **Ór-Ireland's Gold** mit eindrucksvollen Schmuckstücken und dekorativen Objekten von keltischen Kunsthandwerkern aus der Bonze- und Eisenzeit. Dazu gehört der **Broighter Hoard** mit einer massiven in Europa einzigartigen goldenen Halskette aus dem 1. Jh. v. Chr. und einem außerordentlich kunstvollen Bootmodell aus Gold. Außerdem ist die wunderbare bronzene Kriegstrompete Loughnashade,

St. Stephen's Green & Umgebung

Highlights
1 Museum of Natural History ... E2
2 National Gallery ... E1
3 National Museum of Ireland – Archaeology ... D1
4 St. Stephen's Green ... C3

Sehenswertes
5 Hungersnot-Gedenkstätte ... D2
6 Fusiliers' Arch ... B2
7 Government Buildings ... D2
8 Hugenottenfriedhof ... D2
9 Iveagh House ... C4
10 Leinster House ... D2
11 Little Museum of Dublin ... C2
12 Merrion Square ... F2
13 National Library ... D1
14 Newman House ... C3
15 Oscar-Wilde-Statue ... E1
16 Royal College of Surgeons ... B2
17 Unitarian Church ... B3
18 Wolfe Tone Monument ... D2

Aktivitäten, Kurse & Touren
19 Dublin Literary Pub Crawl ... C1
Guided Tour of Oireachtas ... (siehe 10)
20 Taste of Dublin ... B4
21 Viking Splash Tours ... C2

Schlafen
22 Avalon House ... A2
23 Cliff Townhouse ... C2
24 Dawson ... C1
25 Dean Hotel ... B4
26 Mercer Court Campus Accommodation ... A2
27 Merrion ... E2
28 Number 31 ... E5
29 Shelbourne ... D2
30 Trinity Lodge ... C1

Essen
31 Bunsen ... A3
Cliff Townhouse ... (siehe 23)
32 Dunne & Crescenzi ... C1
33 Govinda's ... A1
34 Green Nineteen ... A4
35 Harcourt Street Food Market ... B5
36 L'Ecrivain ... F3
37 Neon ... A4
38 Restaurant Patrick Guilbaud ... E2
39 Saba ... B1
40 Shanahan's on the Green ... B3
41 Sophie's @ The Dean ... B4
42 Thornton's ... B2

Ausgehen & Nachtleben
43 37 Dawson St. ... C2
44 Anseo ... A4
45 Clement & Pekoe ... B1
46 Copper Face Jacks ... B4
47 Dawson Lounge ... C2
48 Hartigan's ... D4
49 James Toner's ... E3
50 O'Donoghue's ... D3
51 Sam's Bar ... C1

Unterhaltung
52 Gaiety Theatre ... B1
53 National Concert Hall ... C4
54 Sugar Club ... D4
55 Whelan's ... A4

Shoppen
56 Sheridan's Cheesemongers ... C1
57 St. Stephen's Green Shopping Centre ... B2
58 Ulysses Rare Books ... C1

ebenfalls aus dem 1. Jh. v. Chr., zu bewundern.

Weiteres Highlight ist die eisenzeitliche Sammlung „Bog Bodies" (Moorleichen) der Ausstellung **Kingship and Sacrifice**. Die vier Körper sind in unterschiedlichem Zustand und wurden in einem Moor in den Midlands gefunden. Einige noch gute erhaltene Details – ein Haarknäuel, sehnige Beine und Finger mit intakten Nägeln – sind unheimlich und faszinierend, noch eindrucksvoller ist aber der historische Kontext: Experten glauben, dass es sich bei den Leichen um Opfer grausamer Folterrituale handelt – der Preis, den bedeutende Persönlichkeiten in der keltischen Welt zahlen mussten.

Im oberen Stock befinden sich die Ausstellungen **Medieval Ireland 1150–1550** und **Viking Ireland** mit Exponaten von Ausgrabungen bei Wood Quay, dem Areal zwischen der Christ Church Cathedral und dem Fluss sowie **Ancient Egypt** mit Artefakten, die zwischen 1890 und 1930 gefunden wurden.

Das Museum hat drei Außenstellen in Irland: Im Museum of Natural History werden ausgestopfte Tiere gezeigt, in den Collins Barracks (S. 93) ornamentale Kunst und in einem **Museum** (S. 444) in County Mayo an der irischen Westküste das ländliche Leben.

Merrion Square PARK

(Karte S. 76 f.; Sonnenauf- bis Sonnenuntergang; 7 & 44 ab dem Zentrum) GRATIS Der Merrion Square, Dublins wohl elegantester georgianischer Platz, ist zugleich der repräsentativste. Seine gepflegten Rasenflächen und wunderschön gestalteten Blumenbeete werden an drei Seiten von eindrucksvollen georgianischen Häusern gesäumt, die farbenfrohe Türen, Fächerfenster, kunstvoll verzierte Türklopfer und teils Schuhabstreifer schmücken. In den vergangenen zwei Jahrhunderten dienten sie einigen bekannten Persönlichkeiten als Zuhause.

Die vierte Seite des 1762 angelegten Platzes flankieren die National Gallery und das Leinster House. Manch einem schien das nicht genug zu sein: W. B. Yeats (1865–1939), ein früherer Anwohner, zeigte sich wenig beeindruckt und beschrieb die Architektur als „graues 18. Jh.“; man kann man es eben nie allen recht machen!

An der nordwestlichen Ecke des Platzes befindet sich eine extravagante **Statue von Oscar Wilde**, der auf der anderen Straßenseite im Haus Nr. 1 aufgewachsen war (heute von der American University Dublin genutzt); Wilde trägt seinen charakteristischen Hausrock und lehnt sich an einen Felsen. Auf einer der umgebenden Säulen, die witzige Sprüche und Zitate Wildes zieren, kniet eine grüne Statue von Oscars schwangerer Mutter.

★ National Gallery — MUSEUM

(Karte S. 76 f.; www.nationalgallery.ie; West Merrion Sq; ⌚ Mo–Mi, Fr & Sa 9.30–17.30, Do bis 20.30, So 12–17.30 Uhr; 🚌 7 & 44 ab dem Zentrum) GRATIS Ein Besuch der Nationalgalerie lohnt sich allein schon wegen des grandiosen Caravaggio und der atemberaubenden Werksammlung von Jack B. Yeats, William Butlers jüngerem Bruder. Der Schwerpunkt der herausragenden Kollektion liegt auf irischer Kunst, aber es sind auch viele große europäische Maler mit exzellenten Arbeiten vertreten. Die Galerie ist geöffnet, allerdings werden gerade umfassende Renovierungsarbeiten durchgeführt. Bis mindestens 2016 befindet sich der Eingang deswegen an der Clare Street.

Auf vier Flügel verteilen sich Werke von Rembrandt und seinen Zeitgenossen, eine spanische Sammlung mit Gemälden von El Greco, Goya und Picasso sowie eine fachkundig präsentierte Ausstellung italienischer Kunst von der frühen Renaissance bis ins 18. Jh. Zu den ausgestellten Malern gehören Fra Angelico, Tizian und Tintoretto. Als absolutes Highlight gilt Caravaggios *Gefangennahme Christi* von 1602, das über 60 Jahre in einem Jesuitenhaus in der Leeson Street lag und nur zufällig vom Chefkurator Sergio Benedetti entdeckt wurde.

Im Erdgeschoss werden eine tolle irische sowie eine kleinere britische Sammlung mit Werken von Reynolds, Hogarth, Gainsborough, Landseer und Turner präsentiert. Nicht verpassen sollte man die **Yeats Collection** im hinteren Museumsteil mit Werken von Jack B. Yeats (1871–1957), Irlands bedeutendstem Maler des 20. Jhs.

Der moderne, lichtdurchflutete und 2001 neu eröffnete **Millennium Wing** hat einen Extraeingang in der Clare Street. Er beherbergt eine kleine Sammlung irischer Kunst aus dem 20. Jh., Sonderausstellungen namhafter Künstler (kosten Eintritt), eine Kunstbibliothek, einen Hörsaal, einen Buchladen und das Fitzer's Café.

Kostenlose Führungen finden samstags um 12.30 Uhr sowie sonntags um 11.30, 12.30 und 13.30 Uhr statt. Besucher können sich zudem die Gratis-App „Masterpieces" (für Android und iPhone) herunterladen, die 80 % der Sammlung umfasst.

★ Museum of Natural History — MUSEUM

(National Museum of Ireland – Natural History; Karte S. 76 f.; www.museum.ie; Upper Merrion St; ⌚ Di–Sa 10–17, So 14–17 Uhr; 🚌 7 & 44 ab dem Zentrum) GRATIS 1857 wurde dieses staubige, son-

SCHAUPLÄTZE DER LITERATUR

Lange Zeit galt der Merrion Square als bevorzugte Adresse für Dublins wohlhabende Intellektuellenszene. Einen Großteil seiner Jugend verbrachte der Dramatiker Oscar Wilde (1854–1900) im Haus Merrion Square North Nr. 1. Der Dichter W. B. Yeats (1865–1939) wohnte im Haus Merrion Square East Nr. 52 und später, zwischen 1922 und 1928, im Merrion Square South Nr. 82. George („AE") Russell (1867–1935), seines Zeichens Poet, Mystiker, Maler und Herausgeber, arbeitete in der Nr. 84. Der Politiker Daniel O'Connell (1775–1847) genoss seinen Lebensabend in der Nr. 58. Zwischen 1940 und 1956 bewohnte der Österreicher Erwin Schrödinger (1887–1961), der 1933 den Nobelpreis für Physik erhielt, die Nr. 65. Auch Autoren von Gruselgeschichten fühlten sich von Dublin angezogen: Joseph Sheridan Le Fanu (1814–73), der den Vampirklassiker *Carmilla* schrieb, logierte in der Nr. 70.

WAYNE WALTON/GETTY IMAGES ©

1. Oscar-Wilde-Statue von Danny Osborne (S. 79) 2. Long Room (S. 71), Trinity College Library 3. Samuel Beckett Bridge 4. James-Joyce-Statue von Marjorie Fitzgibbon (S. 89)

SASAR/GETTY IMAGES ©

BRUNO BARBIER/GETTY IMAGES ©

NGOLF POMPE/LOOK-FOTO/GETTY IMAGES ©

Literarisches Dublin

Gibt's überhaupt noch eine Stadt dieser Größe, die ein ähnliches literarisches Schwergewicht ist wie Dublin? Und dabei sprechen wir nicht nur von den Nobelpreisträgern, sondern auch von all den anderen Autoren, die jedes erdenkliche Genre abdecken.

Marsh's Library

Dublins älteste noch geöffnete Bibliothek (S. 85) ist eine Schatzkiste voller uralter Bücher und seltener Manuskripte. Das Gebäude stammt aus dem frühen 18. Jh.

Samuel Beckett

Wie sein großer Mentor James Joyce ging auch Beckett nach Paris. Hier entstanden seine größten Werke, darunter der moderne Klassiker *Warten auf Godot*. 2009 weihte man zu Ehren des Schriftstellers eine Brücke in Dublin ein, die von Santiago Calatrava entworfen wurde.

James Joyce

Irlands berühmtester Schriftsteller widmete sich in seinen Büchern vor allem einem Thema: Dublin. Wer die Hauptstadt besucht, sollte unbedingt seine Kurzgeschichtensammlung *Dubliners* lesen.

Dublin Writers Museum

Die Sammlung des Dublin Writers Museum (S. 89) beleuchtet Dublins reiche literarische Vergangenheit. Zu den Exponaten zählen persönliche Gegenstände vieler Schriftsteller, z. B. von Brendan Behan und Samuel Beckett.

Bibliothek des Trinity College

Zu den absoluten Highlights des Trinity College (S. 66) gehören der Long Room (65 m), die schönste Bibliothek des Landes, und das kunstvoll illustrierte *Book of Kells*.

Oscar Wilde

Herausragender Dramatiker, Dichter, Kinderbuchautor und brillanter Geist: Oscar Wilde ist einer der am meisten geliebten Literaten Dublins.

derbare und unglaublich fesselnde Museum von dem schottischen Forscher Dr. David Livingstone eröffnet, kurz bevor sich dieser zu einem Treffen mit Henry Stanley im afrikanischen Dschungel aufmachte. Es ist ein wunderbar erhaltenes Beispiel viktorianischen Charmes und der Begeisterung für die Wissenschaft. Die riesige Sammlung zeugt von dem Facettenreichtum der Natur und der Kunst der Taxidermie.

Der **Irish Room** im Erdgeschoss ist mit Säugetieren, Meeresbewohnern, Vögeln und Schmetterlingen gefüllt, darunter die Skelette von drei 10 000 Jahre alten irischen Elchen gleich am Eingang. Die **World Animals Collection** erstreckt sich über drei Etagen und wartet mit dem Skelett eines 20 m langen Finnwals auf, der im County Sligo gestrandet war. Anhänger der Evolutionstheorie werden von den Skeletten der Orang-Utans, Schimpansen, Gorillas und Menschen im ersten Stock beeindruckt sein. Neu ist die **Discovery Zone**: Hier kann man selbst zum Forscher werden, sich mit Taxidermie beschäftigen und alle möglichen Schubladen öffnen. Zu den weiteren bemerkenswerten Exponaten gehören der ausgestorbene australische Tasmanische Tiger (ein Beuteltier, das irrtümlich auch als Tasmanischer Wolf bezeichnet wird), ein Riesenpanda aus China und mehrere afrikanische sowie asiatische Nashörner. Die herrliche **Blaschka Collection** umfasst wunderbar detaillierte Glasmodelle von Meereslebewesen, deren zoologische Akkuratesse einzigartig ist.

Leinster House BEMERKENSWERTES GEBÄUDE
(Oireachtas Éireann; Karte S. 76 f.; ☎ 01-618 3271; www.oireachtas.ie; Kildare St; ⏲ Zuschauerplattform Nov.–Mai Di 14.30–20.30, Mi 10.30–20.30, Do 10.30–17.30 Uhr, Führungen Mo–Fr 10.30, 11.30, 14.30 & 15.30 Uhr; 🚌 alle Linien im Zentrum) Alle wichtigen Entscheidungen des Landes werden im Oireachtas (Parlament) getroffen oder abgesegnet. Das prächtige palladianische Gebäude wurde zwischen 1745 und 1748 von Richard Cassels als Stadtresidenz für James Fitzgerald, den Duke of Leinster und Earl of Kildare, errichtet; so erklärt sich der bis heute gültige Name.

Kostenlose anmeldungspflichtige **Führungen** werden während der Öffnungszeiten des Parlaments außerhalb der Sitzungen angeboten. Eintrittskarten für die Besucherbereiche des Unter- und Oberhauses erhält man gegen Vorlage des Personalausweises am Eingang in der Kildare Street.

Seine Fassade an der Kildare Street ähnelt der eines Stadthauses (sie inspirierte den irischen Architekten James Hoban zum Bau des Weißen Hauses in den USA), jene am Merrion Square der einer ländlichen Villa. Der Obelisk vor dem Haus ist Arthur Griffith, Michael Collins und Kevin O'Higgins, den Schöpfern des freien Irlands, gewidmet.

1922 zog die erste Regierung des Irischen Freistaats in das Gebäude ein. Bis heute diskutieren Angehörige des Dáil (Unterhauses) und des Seanad (Senats oder Oberhauses) hier die Angelegenheiten des Landes und tauschen in der exklusiven Bar den neuesten Tratsch aus. Der 60 Mitglieder umfassende Seanad hält seine eher maßvollen Diskussionen in einem Saal im Nordflügel ab. Kontroverser geht's bei den Sitzungen des 166-köpfigen Dáil zu. Dieser trifft sich in einem weniger interessanten ehemaligen Vorlesungssaal, der dem Originalgebäude 1897 zugefügt wurde. Das Parlament tritt an 90 Tagen im Jahr zusammen.

Temple Bar

Fast jeder Dublin-Besucher findet irgendwann den Weg zu den kopfsteingepflasterten Straßen von Temple Bar, Dublins sogenanntem Kulturviertel. Das Labyrinth aus Straßen und Gassen zwischen der Dame Street und dem Fluss Liffey erstreckt sich vom Trinity College westlich bis zur Christ Church Cathedral.

Für die Sehenswürdigkeiten in Temple Bar benötigt man zwar nicht mal einen halben Tag, aber darum geht's auch nicht: Das Viertel lebt von seiner Atmosphäre, nicht von Touristenattraktionen. Tagsüber versprüht das Viertel ein gewisses Bohemienflair. Hier kann man gut nach Vintage-Klamotten stöbern, sich piercen lassen, gegrilltes mongolisches Fleisch verspeisen sowie biologische Lebensmittel, die neuesten CDs und Bücher zu jedem erdenklichen Thema erstehen. Daneben locken moderne Kunstinstallationen, Filmvorführungen unter freiem Himmel oder mitreißende Darbietungen von Trommelgruppen. Abends und am Wochenende ändert sich das Panorama komplett, denn dann füllen sich die Bars mit jeder Menge party- und trinkfreudiger Gäste, die für laute feucht-fröhliche Stimmung und Unterhaltung sorgen. Temple Bar ist zudem Dublins offizielles „Kulturviertel", sodass auch das intellektuelle Angebot nicht zu verachten ist, darunter das progressive Project Arts Centre (S. 128) und das Irish Film Institute (S. 126).

In der Nähe der Christ Church Cathedral am westlichen Ende von Temple Bar erstreckt sich Dublins älteste Straße, die **Fishamble Street**. Sie geht auf die Zeit der Wikinger zurück, wovon heutzutage allerdings nichts mehr zu entdecken ist.

Wer einen Abstecher Richtung Osten in die interessante Eustace Street unternimmt, kommt am Presbyterian Meeting House (1715) vorbei, in dem inzwischen das hervorragende Kinderkulturzentrum Ark (S. 86) untergebracht ist. Die Dubliner Zentrale der Society of United Irishmen, die für Parlamentsreformen und gleiche Rechte für Katholiken kämpfte, tagte erstmals 1791 in der Eagle Tavern, dem heutigen **Friends' Meeting House** (Karte S. 108 f.; Eustace St; alle Linien im Zentrum) – übrigens nicht zu verwechseln mit der Eagle Tavern in der Cork Street.

Als echtes Highlight in Temple Bar gilt der **Meeting House Square**. Er wird von zwei Museen gesäumt und samstags findet hier ein beliebter Essensmarkt (S. 130) statt.

Der Merchant's Arch führt zur **Ha'penny Bridge**, der Lieblingsbrücke der Dubliner. Sie wird so genannt, weil die Überquerung der Brücke früher einen halben Penny kostete.

Gallery of Photography GALERIE

(Karte S. 108 f.; www.galleryofphotography.ie; Meeting House Sq; Mo–Sa 11–18 Uhr; alle Linien im Zentrum) GRATIS Kleine, der Fotografie gewidmete Galerie, die in luftigen dreistöckigen Räumlichkeiten mit Blick auf den Meeting House Square untergebracht ist. Zu sehen sind ständig wechselnde Werke lokaler und internationaler Künstler. Für eine richtig gute Galerie ist sie zwar zu klein, dafür ist im Laden im Erdgeschoss eine gute Auswahl an Fotobänden und Fachbüchern erhältlich.

National Photographic Archive MUSEUM

(Karte S. 108 f.; Meeting House Sq; Mo–Sa 10–16.45, So 12–16.45 Uhr; alle Linien im Zentrum) GRATIS Eigentlich sollte dieses Archiv mit Fotografien ab dem 19. Jh eine wunderbare Quelle für alle Facetten irischer Geschichte sein, entpuppt sich aber leider als sehr enttäuschende Sammlung. Der besucherfreundliche Katalog ist über den Computer zugänglich und das freundliche Personal hilft gerne bei Nachfragen, doch das verfügbare Material ist nicht annähernd so umfangreich wie erhofft.

Sunlight Chambers BEMERKENSWERTES GEBÄUDE

(Karte S. 108 f.; Parliament St; alle Linien im Zentrum) Die Sunlight Chambers am Südufer der Liffey des Liverpooler Architekten Edward Ould, der das Dorf Port Sunlight in England entwarf, sticht mit seinem romantischen italienisch anmutenden Stil und einem wunderschönen Jugendstilfries des deutschen Bildhauers Conrad Dressler aus der georgianischen und modernen Architektur hervor. Sunlight war eine Seifenmarke von Lever Brothers. Der Fries zeigt Männer, die mit dreckigen Klamotten nach Hause kommen, und ihre Frauen, die diese Kleidung waschen.

> **DUBLIN PASS**
>
> Wer jede Menge Sehenswürdigkeiten besuchen möchte, für den lohnt sich der **Dublin Pass** (www.dublinpass.com; Erw./Kind 1 Tag 39/21 €, 3 Tage 71/42 €). Inhaber erhalten Eintritt für 33 Attraktionen (darunter das Guinness Storehouse) sowie Rabatte für 20 weitere und ersparen sich bei den beliebtesten Sehenswürdigkeiten das Schlangestehen. Um den kostenlosen Aircoach-Transfer ab/zum Flughafen voll zu nutzen, kauft man sich die Karte am besten online. Ansonsten ist sie in jedem Dublin Discover Ireland Centre erhältlich.

The Liberties & Kilmainham

In den ersten 500 Jahren nach der offiziellen Stadtgründung dehnte sich Dublin gerade mal bis hinter einen Hügel westlich des Dublin Castle aus. Hier thront innerhalb der alten Stadtmauern der eindrucksvollste Bau der mittelalterlichen Stadt: die Christ Church Cathedral. Außerhalb der Begrenzungsmauern im Süden entstand das andere bedeutende Gotteshaus, St. Patrick's, von dem heute allerdings nur noch ein paar Gebäude und ein eleganter Garten geblieben sind. Westlich davon erstreckt sich The Liberties, Dublins ältestes erhaltenes Stadtviertel. An dessen westlichem Rand steht die eindrucksvolle Guinness-Brauerei, die größte Touristenattraktion der Stadt. Jenseits davon liegt Kilmainham mit dem alten sehr sehenswerten Gefängnis, das im Kampf um die irische Unabhängigkeit eine zentrale Rolle spielte. Im Militärkrankenhaus ist heute das wichtigste Museum für moderne Kunst untergebracht.

★ **Guinness Storehouse** BRAUEREI

(Karte S. 70 f.; www.guinness-storehouse.com; St. James's Gate, South Market St; Erw./Stud./Kind 16,20/14,50/6,50 €, Connoisseur Experience

ABENDANDACHT IN DER KATHEDRALE

Bei einem seltenen Zusammentreffen nahmen die Chöre der St. Patrick's Cathedral und der Christ Church Cathedral 1742 an der Uraufführung von Händels *Messias* in der nahe gelegenen Fishamble Street teil. Auch heute noch setzen die Kathedralen ihre stolze Chortradition fort. Um in den Genuss der stimmungsvollen musikalischen Darbietungen zu kommen, bieten sich Besuche der Abendandachten an. Der Chor der St. Patrick's Cathedral singt montags bis freitags um 17.45 Uhr (außer mittwochs im Juli und August), während der Chor der Christ Church Cathedral sonntags um 17.30 Uhr, mittwochs und donnerstags um 18 Uhr und samstags um 17 Uhr zu hören ist. Besonders reizvoll sind die Weihnachtsliederkonzerte in der St. Patrick's Cathedral. Die begehrten Tickets gibt's unter ☎ 01-453 9472.

46,20 €; ⏰ Sept.–Juni 9.30–17 Uhr, Juli & Aug. bis 19 Uhr; 📶; 🚌 21A, 51B, 78, 78A oder 123 ab Fleet St, 🚊 St. James's) Das beliebteste Besucherziel der Stadt ist diese multimediagestützte Hommage an Guiness, eines der beständigsten Wahrzeichen Irlands. Von der 26 ha großen Brauerei ist lediglich ein umgebautes Getreidelager für Besucher zugänglich, das jedoch ein würdiger Pilgerort für Anhänger des schwarzen Goldes ist. Auf sieben Etagen erfährt man alles über Guinness, bevor man sich in der **Gravity Bar** im obersten Stock mit Panoramablick selbst eines genehmigen kann. Wer Tickets vorab online kauft, spart Geld.

Arthur Guinness (1725–1803) hatte die St. James's Gate Brewery 1759 gegründet. Seither wurde sie bis zur Liffey und entlang beider Straßenseiten ausgeweitet. Eine Zeit lang gab es sogar eine eigene Werksbahn, außerdem erstreckte sich ein gigantisches Tor über die St. James's Street – daher auch der eigentliche Name der Brauerei, St. James's Gate Brewery. In den 1930er-Jahren war sie mit mehr als 5000 Beschäftigten Hauptarbeitgeber der Stadt. Mit zunehmender Automatisierung der Abläufe schrumpfte die Belegschaft auf 600 Mitarbeiter. Trotzdem werden weiterhin *täglich* 1,25 Mio. Liter Stout produziert.

Am Ende bekommt natürlich jeder Teilnehmer der Führung ein Pint, vorher sollte man allerdings fit sein für den elend langen Touristenmarathon durch die Guinness-Floorshow, ein 1,6 ha großes Gelände mit einer Unmenge audiovisueller und interaktiver Vorführungen, die keine Fragen zur Geschichte der Brauerei und zum Brauvorgang offen lassen. Zwar ist die Show aufwendig und professionell gemacht, dennoch vergisst man zu keinem Zeitpunkt, wer hinter den Kulissen an den Strängen zieht. Das ganze Geschwafel über die ach so erfolgreiche Werbegeschichte des Unternehmens macht doch immer wieder deutlich, dass dabei statt der viel zitierten Magie und Mystik in Wahrheit vor allem Marketing und Manipulation eine Rolle spielen.

Doch das alles ist einem herzlich egal, wenn man endlich mit einem leckeren Guinness in der Hand den Blick aus den schwindelerregenden Höhen der Gravity Bar genießt. Kenner der Materie behaupten ja, hier bekäme man das beste Guinness-Pint der Welt. Für echte Bierliebhaber gibt's außerdem die Connoisseur Experience, bei der ein Barkeeper die Geschichte der vier Guinness-Sorten – Draught, Original, Foreign Extra Stout und Black Lager – erläutert und leckere Proben serviert.

Arthur Guinness wohnte übrigens gleich um die Ecke in der **Thomas Street No. 1**. Eine Gedenktafel markiert sein Haus. Gegenüber steht der um 1757 errichtete **St. Patrick's Tower**, Europas höchste Windmühle.

★ St. Patrick's Cathedral — KATHEDRALE

(Karte S. 70 f.; www.stpatrickscathedral.ie; St. Patrick's Close; Erw./Stud./Kind 6/5 €/frei; ⏰ Mo–Fr 9.30–17, Sa 9–18, So 9–10.30 & 12.30–14.30 Uhr; 🚌 50, 50A oder 56A ab Aston Quay, 54 oder 54A ab Burgh Quay) Irlands größte Kirche, die St. Patrick's Cathedral, wurde zwischen 1191 und 1270 erbaut. An selber Stelle stand vorher eine Kirche aus dem 5. Jh. Hier soll der heilige Patrick höchstpersönlich keltische Stammesführer aus der Gegend getauft haben, was dem Ort heiliges Flair verleiht. Der entsprechende Brunnen befindet sich im angrenzenden **St. Patrick's Park**, einem einstigen Slum, der heute erholsame Stunden verspricht.

Wie die Christ Church Cathedral blickt auch St. Patrick's auf eine dramatische Geschichte voller Stürme und Brandschäden zurück. Die Kathedrale erlebte mehrere Umgestaltungen, die fragwürdigste im Jahr

1864, als mit der allgemeinen Begeisterung für den neogotischen Stil Strebebogen angebracht wurden. Oliver Cromwell nutzte das Gebäude 1649 nach seiner Landung in Irland als Stall für seine Armeepferde; eine Schmach, der sich zahlreiche weitere irische Gotteshäuser unterziehen mussten. Jonathan Swift, Autor von *Gullivers Reisen*, war von 1713 bis 1745 Dekan der Kirche. Nach seiner Amtszeit wurde die Kathedrale stark vernachlässigt, bis in den 1860er-Jahren eine Restaurierung durchgeführt wurde. Auch St. Patrick's gehört wie die Christ Church zur Church of Ireland, im katholisch geprägten Dublin gibt's also tatsächlich zwei anglikanische Kirchen!

Betritt man die Kathedrale durch das Südwestportal, gelangt man rechts zu den **Gräbern von Swift und seiner langjährigen Lebensgefährtin Esther Johnson** alias Stella. An der Wand hängen von ihm selbst verfasste (selbstlobende) Grabinschriften auf Lateinisch sowie eine Büste von Swift.

Das riesig wirkende und ziemlich staubige **Boyle Monument** ließ Richard Boyle, der Earl of Cork, 1632 aufstellen und mit zahlreichen Abbildungen seiner Familie verzieren. Die Figur unten in der Mitte zeigt den fünfjährigen Sohn des Earls, Robert Boyle (1627–1691), aus dem ein berühmter Wissenschaftler wurde. Zu seinen Verdiensten gehört u. a. die Entdeckung des Boyleschen Gesetzes, das das Verhältnis von Druck und Volumen bei Gas angibt.

★ Marsh's Library — BIBLIOTHEK

(Karte S. 70 f.; www.marshlibrary.ie; St. Patrick's Close; Erw./Kind 3 €/frei; ⏲ Mo & Mi–Fr 9.30–17, Sa 10–17 Uhr; 🚌 50, 50A oder 56A ab Aston Quay, 54 oder 54A ab Burgh Quay) In den letzten drei Jahrhunderten blieb diese wunderbar erhaltene Gelehrtenbibliothek fast unberührt. Sie zählt zu Dublins schönsten öffentlich zugänglichen Schätzen und ist das Highlight eines jeden Besuchs der Stadt. Alte Treppen führen zu wunderschönen Regalen aus dunklem Eichenholz mit kunstvoll geschnitzten vergoldeten Giebeln, die sich unter Büchern, Manuskripten und Karten biegen.

Die Bibliothek wurde 1701 von Erzbischof Narcissus Marsh (1638–1713) gegründet und 1707 fertiggestellt. Den Entwurf lieferte Sir William Robinson, der auch für das Royal Hospital Kilmainham (das heutige Irish Museum of Modern Art, S. 87) verantwortlich zeichnete. Sie ist die älteste öffentliche Bibliothek des Landes und beherbergt 25 000 Bücher vom 16. bis zum frühen 18. Jh. sowie Karten, Manuskripte (darunter eines auf Lateinisch von 1400) und eine Sammlung Inkunabeln (Bücher, die vor 1500 gedruckt wurden).

Christ Church Cathedral — KATHEDRALE

(Church of the Holy Trinity; Karte S. 70 f.; www.christchurchcathedral.ie; Christ Church Pl; Erw./Stud./Kind 6/4,50/2 €; ⏲ ganzjährig Mo–Sa 9–17 & So 12.30–14.30 Uhr, Juni–Aug. längere Öffnungszeiten; 🚌 50, 50A oder 56A ab Aston Quay, 54 oder 54A ab Burgh Quay) Dank ihrer Lage auf einem Hügel und der auffälligen Strebepfeiler ist dies Dublins fotogenste Kathedrale. Sie wurde 1030 gegründet und ab 1172 erneuert, wobei Richard de Clare, der Earl of Pembroke ihr größter Förderer war. Der anglonormannische Adlige ging als Strongbow in die Geschichte ein, als er 1170 Irland eroberte. Im Inneren des Gebäudes befindet sich ein Denkmal zu seinen Ehren.

Die **Führungen** (Erw./Familie 4/10 €; ⏲ Sa 11.30 & 13.15, So 13.15 Uhr) beinhalten den Glockenturm, wo ein Glöckner die Kunst des Läutens erklärt. Wer möchte, kann es selbst ausprobieren.

Nachdem die ursprüngliche Holzkirche durch das heutige Gebäude ersetzt worden war, wetteiferte die Kathedrale mit der nahe gelegenen St. Patrick's Cathedral um die Gunst der Gemeinde. Beide durchlebten im 18. und 19. Jh. schwere Zeiten: Das Hauptschiff der Christ Church Cathedral wurde als Markthalle genutzt, während man sich in der Krypta zum Biertrinken traf. Als endlich mit der Restaurierung begonnen wurde, stand die Kirche bereits kurz vor dem Verfall. Heute fristen beide Häuser der Church of Ireland angesichts der überwiegend katholischen Gemeinden in Dublin nur noch ein Schattendasein.

Geht man vom südöstlichen Eingang zum Friedhof, kommt man an den Ruinen des 1230 errichteten **Kapitelsaals** vorbei. Der Eingang zur Kathedrale befindet sich an der südwestlichen Ecke, folglich blickt man beim Hineingehen zuerst auf die Nordwand. Diese hat den Zusammensturz der gegenüberliegenden Seite gut überstanden, obwohl sich auch bei ihr die Fundamente senken.

Im südlichen Seitenschiff steht ein Denkmal von Strongbow. Bei der Rittergestalt auf dem Grab handelt es sich jedoch vermutlich nicht um den normannischen Eroberer, sondern um den Earl of Drogheda. Immerhin sollen Strongbows Organe hier bestattet sein. Einer Legende nach stellt die halbe Figur neben dem Grab Strongbows Sohn dar,

DUBLIN MIT KINDERN

Kinderfreundlich? Aber hallo! Die Dubliner lieben und verehren die süßen Kleinen. Allerdings mangelt es vielerorts noch an kindgerechten Einrichtungen wie zugänglichen Wickelstationen. Dennoch weiß die Stadt die Kids zu unterhalten.

Für Kinder zwischen drei und 14 Jahren lohnt sich ein Nachmittag im **Ark Children's Cultural Centre** (Karte S. 108 f.; www.ark.ie; 11a Eustace St; 🚌 alle Linien im Zentrum). Hier sollen verschiedene Aktivitäten deren Interesse für Wissenschaft, Umwelt und Kunst wecken; weit im Voraus buchen!

Dublins Wikingervergangenheit lässt sich auf viele Weisen erkunden. **Dublinia**, das Wikinger- und Mittelaltermuseum der Stadt, bietet interaktive speziell auf Kinder zugeschnittene Exponate. Kids jedes Alters wird die **Viking Splash Tour** (S. 99) begeistern, eine Stadttour in einem Amphibienfahrzeug, bei der Teilnehmer mit Wikingerhelmen aus Plastik auf dem Kopf barbarische Laute ausstoßen dürfen. Endstation ist der Grand Canal.

Ein beliebter Klassiker ist der **Dublin Zoo** (S. 96), während das **National Leprechaun Museum** (S. 92) wiederum mit optischen Täuschungen und überdimensionalen Möbeln die Fantasie der Kleinen anregt. Im zweiten Stock des Powerscourt Townhouse Shopping Centre verkauft der **Dolls Store** (Karte S. 108 f.; www.dollstore.ie; ⏲ Mo–Sa 10–18 Uhr; 🚌 alle Linien im Zentrum) alle möglichen Puppen und Puppenhäuser. Falls das Lieblingsspielzeug des Nachwuchses „krank" sein sollte, findet man hier außerdem Irlands einziges Krankenhaus für Puppen und Teddybären.

Fast alle Hotels stellen Kinderbetten zur Verfügung, zudem bieten die meisten Luxusunterkünfte einen Babysitterservice (8–15 € pro Std.). Bis 18 Uhr werden Familien in den meisten Restaurants herzlich willkommen geheißen, danach kann es allerdings schwierig werden, vor allem mit Kleinkindern. Am besten fragt man deshalb schon bei der Reservierung nach.

der von seinem Vater in zwei Stücke geschlagen wurde, weil dieser seine Tapferkeit im Kampf anzweifelte.

Im südlichen Querschiff entdeckt man das barocke **Grab** des 19. Earl of Kildare (verstorben 1734). Sein Enkel, Lord Edward Fitzgerald, gehörte zu den United Irishmen und fiel bei dem gescheiterten Aufstand von 1798.

Vom südlichen Querschiff aus gelangt man durch den Eingang hinunter in die ungewöhnlich große **Gewölbekrypta**, die auf die originale Wikingerkirche zurückgeht. Zu ihren eher sonderbaren Highlights gehört ein Schaukasten mit einem mumifizierten Katz-und-Maus-Spiel (Tom und Jerry genannt): Während einer wilden Verfolgungsjagd in den 1860er-Jahren waren beide Tiere in einer Orgelpfeife stecken geblieben und dort verendet. Vom Haupteingang führt eine Brücke, die während der Restaurierungsarbeiten zwischen 1871 und 1878 entstand, zur Dublinia.

Dublinia & Viking World MUSEUM

(Karte S. 70 f.; ☎ 01-679 4611; www.dublinia.ie; Christ Church Pl; Erw./Stud./Kind 8,50/7,50/5,50 €; ⏲ März–Sept. 10–17.30 Uhr, Okt.–Feb. bis 16.30 Uhr; 🚌 50, 50A oder 56A ab Aston Quay, 54 oder 54A ab Burgh Quay) Viele Kinder begeistern sich für die alte Synod Hall, die während der Restaurierung der Christ Church Cathedral Ende des 19. Jhs. an diese angebaut wurde. Hier erweckt die Dauerausstellung Dublinia, das mittelalterliche Treiben der Stadt auf anschauliche, wenn auch leicht kitschige Weise zum Leben. Es gibt Nachbildungen, begehbare Straßenzüge und etwas überholte interaktive Schaukästen zu sehen. Das Ticket gilt auch für die Christ Church Cathedral, die man über eine Verbindungsbrücke erreicht.

Die Modelle eines mittelalterlichen Kais und einer Schusterwerkstatt sind ebenso gelungen wie das maßstabsgetreue Modell des damaligen Stadtbilds. Eine Etage darüber wartet die **Viking World** mit einer großen Sammlung von Objekten von Wood Quay, der weltweit größten wikingischen Ausgrabungsstätte, auf. Interaktive Exponate erzählen von den skandinavischen Stämmen, die im 9. und 10. Jh. in Dublin einfielen, eigentliches Highlight ist jedoch das nachgebaute Langboot, an dessen Bord das damalige Leben nachempfunden ist.

Anschließend kann man die Treppen des benachbarten **St. Michael's Tower** (Karte S. 108 f.; Christ Church Pl; 🚌 50, 50A oder 56A ab

Aston Quay, 54 oder 54A ab Burgh Quay) hochsteigen und bei einem Blick durch die schmutzigen Fenster die Aussicht über die Stadt bis zu den Dublin Hills genießen. Zum Museum gehören außerdem ein hübsches Café und der unvermeidbare Souvenirladen.

★ **Kilmainham Gaol** MUSEUM

(www.heritageireland.com; Inchicore Rd; Erw./Kind 7/3 €; ⏲ April–Sept. 9.30–18 Uhr, Okt.–März Mo–Sa 9.30–17.30, So 10–18 Uhr; 🚌 23, 25, 25A, 26, 68 oder 69 ab dem Zentrum) Wer die irische Geschichte wirklich verstehen will – vor allem den dramatischen Widerstand gegen Großbritannien –, sollte dieses ehemalige Gefängnis besuchen. Das graue, bedrohlich wirkende Gebäude wurde zwischen 1792 und 1795 errichtet und spielte bei so ziemlich jeder Etappe auf Irlands steinigem Weg in die Unabhängigkeit eine Rolle. Obwohl es bereits seit 1924 geschlossen ist, hat es noch immer eine sehr einschüchternde Ausstrahlung.

Die Revolten von 1798, 1803, 1848, 1867 und 1916 endeten alle in diesem Haus mit der Inhaftierung der jeweiligen Anführer. Unter anderem saßen hier Robert Emmet, Thomas Francis Meagher, Charles Stewart Parnell sowie die Köpfe des Osteraufstands von 1916 ihre Zeit ab. Doch es waren die 14 zwischen dem 3. und 12. Mai 1916 vollstreckten Hinrichtungen, die dem Gefängnis seinen berüchtigten Ruf einbrachten. Auch die 1922 gemachten Gefangenen des Bürgerkrieges wurden hier eingesperrt.

Auf einen hervorragenden Einführungsfilm folgt eine nachdenklich stimmende Führung durch das unheimliche Gebäude, das größte leer stehende Bauwerk seiner Art in ganz Europa. Unpassenderweise liegt draußen im Hof die *Asgard*, jenes Schiff, das 1914 die britische Blockade durchbrach, um die nationalistischen Truppen mit Waffen zu versorgen. Die Führung endet schließlich auf dem düsteren Hof, wo 1916 die Exekutionen stattfanden.

★ **Irish Museum of Modern Art** MUSEUM

(IMMA; Karte S. 70 f.; www.imma.ie; Military Rd; ⏲ Di–Fr 11.30–17.30, Sa 10–17.30, So 12–17.30 Uhr, Führungen Mi 13.15 & Sa & So 14.30 Uhr; 🚌 Heuston) GRATIS Irlands bedeutendste Sammlung moderner irischer und internationaler Kunst ist in den eleganten und großzügigen Räumlichkeiten des Royal Hospital Kilmainham untergebracht. Sir William Robinson entwarf das Gebäude zwischen 1684 und 1687 als Heim für Kriegsveteranen. Als solches wurde es bis 1928 genutzt und stand danach fast 50 Jahre leer, bis man es in den 1980er-Jahren komplett renovierte und schließlich in ein wunderbares Kunstmuseum verwandelte.

Das Gebäude, inspiriert von Les Invalides in Paris, ist ein großartiges Beispiel für den englisch-niederländischen Stil, der dem georgianischen Zeitalter vorausging. Bei seiner Errichtung wurden deshalb immer wieder Stimmen laut, es wäre eigentlich viel zu schade für seine Bewohner.

Nach der irischen Unabhängigkeit war das Gebäude kurz als Sitz für das neue irische Parlament im Gespräch, schließlich wurde es jedoch als Lager des National Museum of Ireland genutzt. Anlässlich seines 300. Geburtstags 1984 starteten Restaurierungsarbeiten, die Wiedereröffnung erfolgte 1991. Umfassende Umbauten zwischen 2012 und 2013 verliehen dem Bau zusätzlichen Glanz.

Die alten und neuen Werke ergänzen sich großartig. Zu den zeitgenössischen irischen Malern, die hier vertreten sind, gehören Louis Le Brocquy, Sean Scully, Barry Flanagan, Kathy Prendergast und Dorothy Cross. Darüber hinaus ist eine Filminstallation von Neil Jordan zu sehen. In der Dauerausstellung werden Werke der Schwergewichte Pablo Picasso und Joan Miró gezeigt, zudem gibt's regelmäßig Wechselausstellungen. Im Erdgeschoss befinden sich ein gutes Café und ein Buchladen.

Kostenlose **Museumsführungen** werden das ganze Jahr über angeboten, darunter die empfehlenswerten historischen Rundgänge (50 Min., Juli–Sept.).

St. Audoen's Church of Ireland KIRCHE

(Karte S. 70 f.; www.heritageireland.ie; Corn Market, High St; ⏲ Mai–Okt. 9.30–16.45 Uhr; 🚌 50, 50A oder 56A ab Aston Quay, 54 oder 54A ab Burgh Quay) GRATIS Zwei nebeneinanderstehende Kirchen tragen beide den Namen des hl. Audoen, im 7. Jh. Bischof von Rouen (alias Ouen) und Schutzheiliger der Normannen. Die ältere der beiden, die Church of Ireland, wurde zwischen 1181 und 1212 errichtet. Heute ist sie die einzige mittelalterliche Kirche in ganz Dublin, die noch genutzt wird. Zwischen 9.30 und 16.45 Uhr finden alle 30 Minuten kostenlose halbstündige Führungen statt. Die angrenzende neuere und größere **St. Audoen's Catholic Church** stammt aus dem 19. Jh.

Hinter der massiven romanischen Tür der normannischen Kirche können Besucher einen „Glücksstein" aus dem 9. Jh. berühren. Er verspricht geschäftlichen Erfolg, wobei eine Grabplatte aus dem 9. Jh. in der Vorhalle darauf schließen lässt, dass an selber Stelle einst eine ältere Kirche stand. Bei der Führung sieht man die Ruinen und die Kirche mit von Cromwells Puristen geschändeten Grabfiguren. Turm und Tür gehen auf das 12., das Seitenschiff auf das 15. Jh. zurück. Das heutige Gebäude ist hauptsächlich das Ergebnis von Restaurierungsarbeiten im 19. Jh.

In der **St. Anne's Chapel**, die das Besucherzentrum beherbergt, liegen Grabmale einiger hochrangiger Mitglieder der Dubliner Gesellschaft aus dem 16. bis 18. Jh. Ganz oben im Turm der Kapelle befinden sich die drei ältesten Glocken Irlands von 1423. Obwohl die Ausstellungsstücke wenig spektakulär sind, ist das Gebäude selbst schön und verkörpert ein echtes Stück mittelalterliches Dublin.

In die Kirche gelangt man von der Südseite abseits der High Street durch den **St. Audoen's Arch** von 1240. Von den alten Stadttoren blieb nur er erhalten. Der angrenzende Park ist hübsch, lockt jedoch viele zwielichtige Gestalten an, vor allem abends.

War Memorial Gardens PARK

(www.heritageireland.ie; South Circular Rd, Islandbridge; ⏲ Mo–Fr 8 Uhr–Sonnenuntergang, Sa & So 10 Uhr–Sonnenuntergang; 🚌 25, 25A, 26, 68 or 69 ab dem Zentrum) GRATIS Fast kein Besucher wagt sich so weit in den Westen vor, weshalb den meisten dieser wunderschön angelegte Park entgeht. Die War Memorial Gardens stehen anderen Grünanlagen im Herzen des georgianischen Zentrums in nichts nach und sind den 49 400 im Ersten Weltkrieg gefallenen irischen Soldaten gewidmet, deren Namen auf zwei riesigen, von Sir Edwin Lutyens entworfenen „Bücherräumen" aus Granit stehen.

Nördlich der Liffey

Die Gegend direkt nördlich der Liffey ist etwas düsterer als die vornehmeren Viertel im Süden und bietet einen faszinierenden Mix aus prächtigen Bauten des 18. Jhs., traditionellem Stadtleben und dem multikulturellen Schmelztiegel, der das moderne Dublin ausmacht. Jenseits des weiten Boulevards gibt's Kunst- und Whiskeymuseen sowie einige der angesagtesten Cafés und Restaurants der Stadt.

Dublin City Gallery – The Hugh Lane MUSEUM

(Karte S. 90 f.; ☎ 01-222 5550; www.hughlane.ie; 22 North Parnell Sq; ⏲ Di–Do 10–18, Fr & Sa bis 17, So 11–17 Uhr; 🚌 3, 7, 10, 11, 13, 16, 19, 46A, 123) GRATIS Zu Dublins Ruf als Stadt mit zahlreichen Kunstwerken von Weltrang trägt die großartige Sammlung dieses hervorragenden Museums maßgeblich bei, die im ebenso eindrucksvollen, 1763 von William Chambers entworfenen Charlemont House untergebracht ist. Zu sehen sind Highlights zeitgenössischer irischer Kunst, eine Handvoll impressionistischer Klassiker und ein kompletter Nachbau von Francis Bacons Atelier.

Das Museum geht auf Sir Hugh Lane (1875–1915) zurück, der aus dem County Cork stammte und als Kunsthändler in London arbeitete, bevor er 1908 in Dublin seine eigene Galerie eröffnete. Er verfügte über großen Sachverstand und hatte eine gute Nase für die Entwicklungen auf dem Markt. Das erklärt die hohe Qualität der Sammlung, deren Schwerpunkt auf impressionistischen Werken liegt.

Leider und zum Nachteil Irlands wurden sein Talent und seine Kollektion in seiner Heimat kaum gewürdigt. Deswegen änderte Lane sein Testament und wollte einige seiner schönsten Stücke der National Gallery in London hinterlassen. Später setzte er in einer Zusatzklausel dann doch die Stadt Dublin als Erben ein. Wegen fehlender Zeugen entbrannte nach seinem Tod ein langer Rechtsstreit zwischen beiden Galerien um die wahre Eigentümerschaft.

Die Sammlung mit acht Gemälden, **Hugh Lane Bequest 1917** genannt, wurde 1959 in zwei gleiche Teile aufgeteilt, die jeweils alle sechs Jahre die Galerie wechseln. Ab 2015 zeigt das Museum *Les Parapluies* von Auguste Renoir, das *Porträt Eva Gonzalès* von Edouard Manet, *Jour d'Ete* von Berthe Morisot und *Aussicht von Louveciennes aus* von Camille Pissarro.

Neben den impressionistischen Meisterwerken ist die bekannteste Attraktion der Galerie das **Francis Bacon Studio**. Das chaotische Londoner Atelier des in Dublin geborenen Malers (1909–1992) wurde in mühevoller Kleinarbeit von der 7 Reece Mews in South Kensington, wo er 31 Jahre gelebt hatte, hierher verlegt. Zu sehen sind rund 80 000 willkürlich angeordnete Objekte, darunter aufgeschlitzte Leinwände und das letzte Bild, an dem Bacon arbeitete.

Die Galerie beherbergt darüber hinaus eine Dauersammlung mit sieben abstrakten

Gemälden von Sean Scully. Der in Irland geborene Künstler lebt in New York und ist der wohl bekannteste lebende Maler des Landes.

Von September bis Juni finden sonntagnachmittags in der Kunstgalerie bis zu 30 Konzerte zeitgenössischer klassischer Musik statt.

Dublin Writers Museum MUSEUM

(Karte S. 90 f.; www.writersmuseum.com; 18 North Parnell Sq; Erw./Kind 8/5 €; ⌚ Mo–Sa 10–17, So 11–17 Uhr; 🚌 3, 7, 10, 11, 13, 16, 19, 46A, 123) Jede Menge Erinnerungsstücke und literarische Objekte zieren die Wände und Schaukästen dieses eleganten Museums, das sich der reichen literarischen Geschichte der Stadt bis 1970 widmet. Der Gebäudekomplex besteht aus zwei Häusern aus dem 18. Jh. und ist für sich genommen ein Highlight. Der Dubliner Stuckateur Michael Stapleton verzierte die Galerie im oberen Stock.

Leider werden lebende und zeitgenössische Schriftsteller, die beim heutigen Besucher wohl noch mehr Interesse wecken würden, außen vor gelassen.

Die Büsten und Porträts der großen Literaten in der Galerie im Obergeschoss lohnen zweifellos einen Blick, die eigentliche Attraktion sind jedoch die Exponate im Erdgeschoss, zu denen Samuel Becketts Telefon (natürlich mit einer Taste zum Abweisen eingehender Anrufe), ein Brief des Kneipenliterats Brendan Behan an seinen Bruder und eine Erstausgabe von Bram Stokers *Dracula* gehören.

Auch die **Gorham Library** nebenan ist interessant, zudem gibt's einen idyllischen Zengarten. Das hübsche Museumscafé lädt zum Verweilen ein, während das Restaurant im Untergeschoss, Chapter One (S. 114), zu den besten der Stadt gehört.

Während sich das Museum den lieben Verstorbenen widmet, dient das **Irish Writers Centre** (Karte S. 90 f.; ☎ 01-872 1302; irishwriterscentre.ie; 19 North Parnell Sq; ⌚ 10–22 Uhr; 🚌 3, 7, 10, 11, 13, 16, 19, 46A, 123) nebenan als Treffpunkt und Arbeitsbereich ihrer lebenden Nachfolger.

James Joyce Cultural Centre KULTURZENTRUM

(Karte S. 90 f.; www.jamesjoyce.ie; 35 North Great George's St; Erw./Stud./Kind 5/4 €/frei; ⌚ Di–Sa 10–17 Uhr; 🚌 3, 10, 11, 11A, 13, 16, 16A, 19, 19A, 22 ab dem Zentrum) Denis Maginni, der quirlige extravagante Tanzlehrer und „eingefleischte Junggeselle", den James Joyce in *Ulysses* unsterblich machte, erteilte in diesem wunderschön restaurierten georgianischen Gebäude Tanzunterricht. Heute ist hier ein Zentrum

HELDENDENKMÄLER IN DER O'CONNELL STREET

Die O'Connell Street ist gesäumt von Denkmälern großer Männer aus der irischen Geschichte. Über allen thront die Bronzestatue des Superhelden und „Befreiers" **Daniel O'Connell** (Karte S. 90 f.; Lower O'Connell St; 🚌 alle Linien im Zentrum, 🚊 Abbey) am Ende der Brücke. Die vier geflügelten Figuren zu seinen Füßen sollen seine Tugenden darstellen: Mut, Treue, Eloquenz, Patriotismus.

Südlich des Eingangs zur Hauptpost stößt man auf das Denkmal des Gewerkschaftsführers **Jim Larkin** (1876–1947; Karte S. 90 f.; Lower O'Connell St; 🚌 alle Linien im Zentrum, 🚊 Abbey) mit weit ausgebreiteten Armen. Fast meint man zu hören, wie er lauthals eine seiner Reden schwingt.

Schmunzelnd blickt die kleine Statue von **James Joyce** (Karte S. 90 f.; North Earl St; 🚌 alle Linien im Zentrum, 🚊 Abbey) an der Ecke der Fußgängerzone North Earl Street auf seine Bewunderer. Scherzkekse nennen sie gerne „Prick with the Stick" („Schwanz mit Stock"). Joyce hätte dieses derbe Wortspiel sicher gefallen.

Weiter nördlich befindet sich die Statue von **Father Theobald Mathew** (1790–1856; Karte S. 90 f.; Upper O'Connell St; 🚌 alle Linien im Zentrum, 🚊 Abbey), dem „Abstinenzapostel". Wie man sich denken kann, hatte sich Mathew mit seinem Kampf gegen den Alkohol einiges aufgebürdet. Immerhin führte diese schier unlösbare Aufgabe dazu, dass heute eine Brücke über der Liffey seinen Namen trägt. Am Nordende der Straße entdeckt man schließlich noch die imposante Statue von **Charles Stewart Parnell** (1846–91; Karte S. 90 f.; Upper O'Connell St; 🚌 alle Linien im Zentrum, 🚊 Abbey), Verfechter der Home-Rule-Gesetze und Opfer der irischen Moral.

Das am meisten hervorstechende Bauwerk an der Straße ist der **Spire** (Karte S. 90 f.; O'Connell St; 🚌 alle Linien im Zentrum, 🚊 Abbey). Die 120 m hohe „Nadel" aus Stahl stammt von Ian Ritchie, einem in London wohnenden Architekten, und ist die wohl höchste Skulptur der Welt, seit ihrer Errichtung 2001 in jedem Fall jedoch das auffälligste Symbol der Stadt.

Nördlich der Liffey

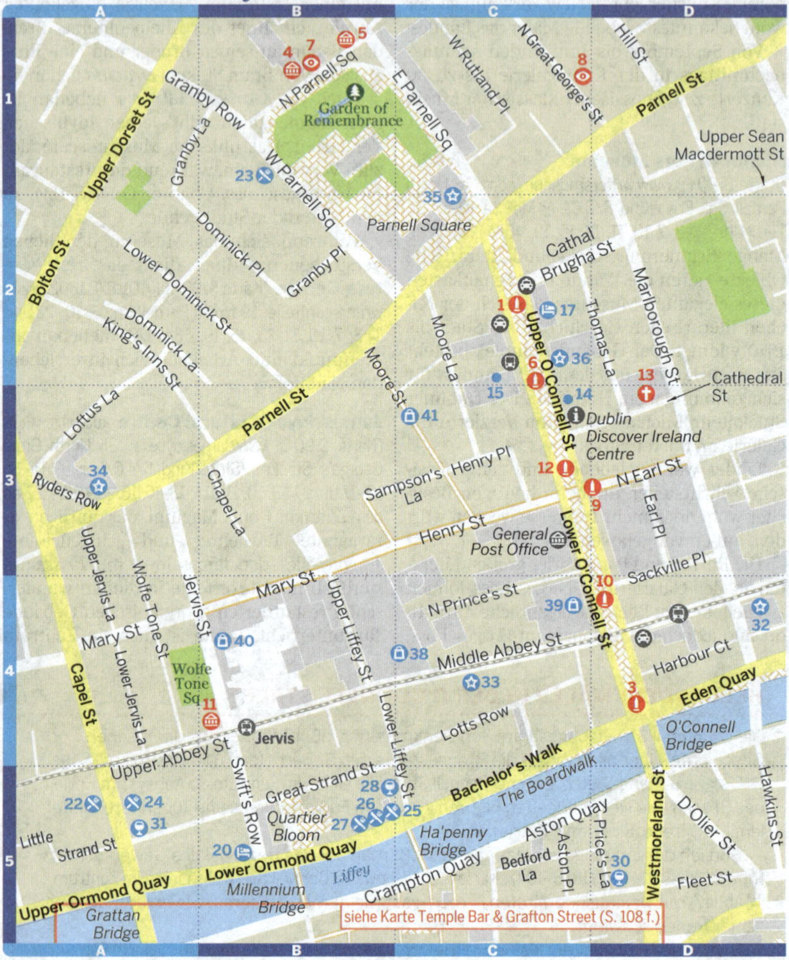

untergebracht, das sich der Förderung und Bewahrung von Joyces Erbe verschrieben hat.

Gezeigt werden verschiedene Exponate, die für Joyce-Liebhaber interessant sind. Dazu gehören ein paar Möbelstücke aus dem Pariser Apartment des Schriftstellers, der Nachbau eines typischen edwardianischen Schlafzimmers in Originalgröße (nicht das von Joyce, aber ein Modell, das auch James und Nora zugesagt hätte) und die Originaltür des Wohnhauses von Leopold und Molly Bloom in der 7 Eccles Street aus *Ulysses*, das im wahren Leben einem Privatkrankenhaus weichen musste.

Zwar gibt's nicht viele Ausstellungsstücke aus der damaligen Zeit, doch das machen die hervorragenden interaktiven Darstellungen mehr als wett, darunter drei Dokumentarfilme über verschiedene Aspekte von Joyces Leben und Arbeit. Das Highlight des Zentrums sind Computer, mit denen man abschnittweise den Inhalt von *Ulysses* sowie Joyces Leben erforschen kann. Hier wird der Mythos entzaubert, die Werke des Schriftstellers seien ein undurchdringliches Mysterium. Außerdem sieht man so den echten Joyce: einen enorm talentierten zeitgenössischen Autor, der seine Leser mit intelligen-

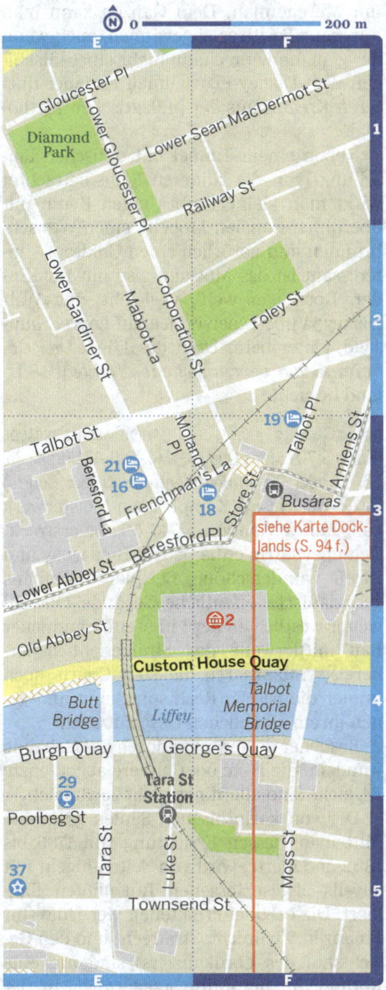

Nördlich der Liffey

Sehenswertes

1 Charles-Stewart-Parnell-Statue C2
2 Custom House F4
Custom House Visitor Centre .... (siehe 2)
3 Daniel-O'Connell-Statue D4
4 Dublin City Gallery – The Hugh Lane B1
5 Dublin Writers Museum B1
6 Father-Theobald-Mathew-Statue C2
7 Irish Writers Centre B1
8 James Joyce Cultural Centre C1
9 James-Joyce-Statue D3
10 Jim-Larkin-Statue D4
11 National Leprechaun Museum B4
12 Spire C3
13 St. Mary's Pro-Cathedral D3

Aktivitäten, Kurse & Touren

14 City Sightseeing C3
15 Dublin Bus Tours C2
James Joyce Walking Tour .... (siehe 8)

Schlafen

16 Anchor House E3
17 Gresham Hotel C2
18 Isaacs Hostel F3
19 Jacob's Inn F3
20 Morrison Hotel B5
21 Townhouse Hotel E3

Essen

22 Brother Hubbard A5
Chapter One .... (siehe 5)
23 Hot Stove B1
Morrison Grill .... (siehe 20)
24 Musashi Noodles & Sushi Bar A5
25 Winding Stair B5
26 Woollen Mills B5
27 Yamamori Sushi B5

Ausgehen & Nachtleben

28 Grand Social B5
29 John Mulligan's E5
30 Palace Bar D5
31 Pantibar A5

Unterhaltung

32 Abbey Theatre D4
33 Academy C4
34 Cineworld Multiplex A3
35 Gate Theatre C2
36 Savoy C2
37 Screen E5

Shoppen

38 Arnott's C4
39 Eason's C4
40 Jervis Street Centre B4
41 Moore Street Market C3

tem Witz und Sprachgebrauch herausfordert und unterhält.

Einige der wunderbaren Stuckdecken sind restaurierte Originale, andere sorgfältige Nachbildungen des Dubliner Stuckateurs Michael Stapleton. Nach Restaurierungen wartet die Straße vor dem Kulturzentrum zudem mit einigen der schönsten Eingänge und Oberlichter der Stadt auf.

General Post Office HISTORISCHES GEBÄUDE

(Karte S. 90 f.; ☎01-705 7000; www.anpost.ie; Lower O'Connell St; ⏲Mo–Sa 8–20 Uhr; 🚌alle Linien im Zentrum, 🚊Abbey) Das auffällige General Post Office ist das Hauptpostamt des Landes, bekannt wurde es jedoch vor allem wegen seiner Rolle in Irlands Unabhängigkeitskampf: Während des Osteraufstands 1916 diente es als Kommandozentrale der Rebellen. Deswegen gilt es bis heute als beliebter Ort für Protestmärsche, Paraden und Gedenkveranstaltungen.

Bei der anschließenden Belagerung brannte das Gebäude – ein neoklassizistisches Meisterwerk von Francis Johnston (1818) – komplett aus. Das war aber nicht alles: Im Bürgerkrieg von 1922 wurde drinnen wie draußen erbittert gekämpft. Noch heute sieht man Einschusslöcher in den dorischen Säulen. Seit der Wiedereröffnung 1929 hat das General Post Office sehr viel ruhigere Zeiten erlebt. An seine bedeutende Rolle in der Geschichte Irlands erinnert eine Reihe von Gemälden, die Geschehnisse des Osteraufstands nach kommunistischer Machart in Szene setzen.

St. Mary's Pro-Cathedral — KATHEDRALE

(Karte S. 90 f.; Marlborough St; ⏲ 8–18.30 Uhr; 🚌 alle Linien im Zentrum, 🚊 Abbey) GRATIS Dublins bedeutendste katholische Kirche ist nicht gerade ein Vorzeigeobjekt, was vor allem an ihrem Standort liegt. Für das große neoklassizistische Gebäude, das zwischen 1816 und 1825 errichtet wurde, war ursprünglich die Stelle vorgesehen, an der heute das General Post Office steht. Nach Protesten von protestantischer Seite wurde die Kathedrale dann an einer schmalen Straße mitten im damaligen Rotlichtbezirk Monto erbaut.

Tatsächlich gibt's kaum genug Platz, um die sechs dorischen Säulen der Kirche zu bewundern, die dem Theseustempel in Athen nachempfunden sind. Das Innere ist recht funktional; zu den wenigen Highlights gehören ein geschnitzter Altar von Peter Turnerelli und ein Relief von John Smyth, das die Himmelfahrt Christi zeigt. Am besten kommt man sonntags um 11 Uhr, wenn die lateinische Messe vom Palestrina-Chor gesungen wird. In dessen Reihen startete Irlands berühmtester Tenor, John McCormack, 1904 seine Karriere.

National Leprechaun Museum — MUSEUM

(Karte S. 90 f.; www.leprechaunmuseum.ie; Twilfit House, Jervis St; Erw./Kind 12/8 €; ⏲ Mo–Sa 9.30–18.30, So 10.30–18.30 Uhr; 🚌 alle Linien im Zentrum, 🚊 Jervis) Das National Leprechaun Museum inszeniert sich als kinderfreundliches Folkloremuseum, erinnert jedoch eher an eine etwas altmodische Kinderspielwiese mit Märchenflair. Dem Ganzen kann man durchaus Positives abgewinnen, auch wenn der gemalte Leprechaun mehr einer kitschigen Walt-Disney-Figur ähnelt als einer finsteren Kreatur aus der präkeltischen Mythologie.

Neben einem Tunnel mit optischer Täuschung (von der anderen Seite betrachtet wirkt man kleiner) gibt's einen Raum mit überdimensionalen Möbeln, einen Wunschbrunnen und natürlich einen Goldtopf – interessant ist das Museum also nur für Kinder. Doch wer weiß, vielleicht ging Walt Disney ja höchstpersönlich auf Leprechaun-Jagd, als er beim Dreh des Films *Das Geheimnis der verwunschenen Höhle* 1948 Irland besuchte …

Four Courts — HISTORISCHES GEBÄUDE

(Karte S. 70 f.; Inns Quay; ⏲ Mo–Fr 9–17 Uhr; 🚌 25, 66, 67 oder 90 ab dem Zentrum, 🚊 Four Courts) GRATIS Der riesige Komplex, ein Meisterwerk von James Gandon (1743–1823), erstreckt sich über 130 m entlang dem Inns Quay und ist ein wunderschönes Beispiel für Dublins georgianische öffentliche Gebäude. Obwohl weiter westlich an der Liffey ein brandneuer Bau mittlerweile das Strafgericht beherbergt, symbolisieren die Four Courts noch immer die irische Rechtsprechung und gehen ihrem alltäglichen Geschäft nach.

Besucher dürfen zwar durch das Gebäude wandeln, die Höfe oder andere abgegrenzte Bereiche sind allerdings nicht zugänglich.

Der von korinthischen Säulen gesäumte Mittelbau, dessen Errichtung von 1786 bis 1802 andauerte, wird von Seitenflügeln mit jeweils abgeschlossenen Innenhöfen flankiert. Die original erhaltenen vier Höfe (für Finanzen, Zivilrecht, Strafrecht und den Gerichtshof des Lordkanzlers) sind um eine Rotunde in der Mitte angeordnet. In der Halle der Rotunde kann man Anwälte mit Perücken beim Diskutieren beobachten sowie Polizisten und Angeklagte sehen, die mit Handschellen aneinandergekettet sind.

St. Michan's Church — KIRCHE

(Karte S. 70 f.; www.stmichans.com; Lower Church St; Erw./Kind/Stud. 5/3,50/4 €; ⏲ Mo–Fr 10–12.45 & 14–16.45, Sa 10–12.45 Uhr; 🚊 Smithfield) Makabre Details sind die Highlights dieser Kirche, die 1095 von den Dänen errichtet und nach einem ihrer Heiligen benannt wurde. Zu den „Attraktionen“ zählt ein 800 Jahre alter normannischer Kreuzfahrer, dem aufgrund seiner Größe die Füße abgetrennt wurden, damit er in den Sarg passte. Ein

Besuch ist nur im Rahmen einer Führung möglich.

Das älteste architektonische Merkmal ist der Befestigungsturm aus dem 15. Jh. Die restliche Kirche wurde Ende des 17. Jhs. umgebaut und Anfang des 19. Jhs. sowie nach dem Bürgerkrieg umfassend restauriert. Ihr Innenraum ähnelt einem Gerichtssaal und lohnt einen Blick, um das Warten auf den Guide zu überbrücken. Zu sehen ist eine Orgel von 1724, auf der Händel vielleicht die Uraufführung seines *Messias* gespielt hat. Die Vorderseite des Orgelgehäuses schmücken 17 kunstvoll aus Eiche geschnitzte verflochtene Musikinstrumente. Der Totenschädel neben dem Altar soll Oliver Cromwells Schädel sein. Auf der anderen Seite befindet sich ein Büßerstuhl für Gemeindemitglieder mit unmoralischem Lebenswandel.

Als Highlight gelten allerdings die Führungen durch das **Kellergewölbe**. Die dort aufbewahrten Leichname sind 400 bis 800 Jahre alt und wurden durch das Methangas aus der verfaulenden Vegetation unter der Kirche, den magnesiumhaltigen Kalkstein des Mauerwerks, das Feuchtigkeit aus der Luft aufnimmt, und die immer konstante Temperatur konserviert. Früher waren ihre Särge übereinandergestapelt, bis einige so verrottet waren, dass sie umkippten und die Toten freigaben. Obwohl man den Guides eine gewisse Routine anmerkt, sind die Führungen dennoch faszinierend; zudem ist man froh, hier unten Gesellschaft zu haben!

Old Jameson Distillery — MUSEUM

(Karte S. 70 f.; www.jamesonwhiskey.com; Bow St; Erw./Stud./Kind 15/12/8 €; ⌚ Mo–Sa 9–18, So 10–18 Uhr; 🚌 25, 66, 67 oder 90 ab dem Zentrum, 🚊 Smithfield) Smithfields größte Attraktion widmet sich ganz dem *uisce beatha* (*isch*-ke ba-ha, „Wasser des Lebens"), also dem Whiskey. Echte Liebhaber finden diesen Namen mehr als angemessen, die schicke Aufmachung des Museums könnte aber etwas abschreckend wirken. Untergebracht ist es in einem Teil der alten Destillerie, die 1971 die Produktion einstellte. Besichtigen kann man es nur im Rahmen einer Führung durch die nachgebaute Fabrik (die anschließende Verköstigung ist äußerst unterhaltsam!) und durch den unvermeidlichen Souvenirshop.

Wer Whiskey kauft, sollte Marken wie den hervorragenden Red Breast oder den superedlen Midleton Very Rare wählen, die es in anderen Ländern meist nicht an jeder Ecke gibt.

★ National Museum of Ireland – Decorative Arts & History — MUSEUM

(Karte S. 70 f.; www.museum.ie; Benburb St; ⌚ Di–Sa 10–17, So 14–17 Uhr; 🚌 25, 66, 67 oder 90 ab dem Zentrum, 🚊 Smithfield) GRATIS Einst beherbergte das prächtige graue Steingebäude im frühen neoklassizistischen Stil am Nordufer der Liffey die größte Militärkaserne der Welt. Der Bau wurde 1704 fertiggestellt. Federführend war dabei Thomas Burgh, der auch die Old Library im Trinity College und die St. Michan's Church entwarf. Heute ist hier die Abteilung Decorative Arts & History des National Museum of Ireland untergebracht.

Der beeindruckende Platz in der Mitte konnte ganze sechs Regimenter aufnehmen und wird von Kolonnaden und durch Brücken verbundene Kasernenblocks gesäumt. Nach der Machtübernahme durch die neue irische Regierung 1922 wurde die Kaserne zu Ehren von Michael Collins umbenannt. Der heldenhafte Unabhängigkeitskämpfer war im selben Jahr im Bürgerkrieg getötet worden. Bis heute nennen die meisten Dubliner das Museum **Collins Barracks**. Tatsächlich gehört der Armeemantel, den Collins am Tag seines Todes trug (der Ärmel ist noch immer mit Schlamm beschmutzt), zu der Ausstellung **Soldiers and Chiefs**, die der irischen Militärgeschichte im In- und Ausland von 1550 bis ins 21. Jh. gewidmet ist.

Die Exponate des Museums reichen von einem wahren Schatz an Artefakten von Silber, Keramik und Glaswaren über Waffen, Möbel und Alltagsgegenstände bis zu einer exquisiten Ausstellung, die der bekannten irischen Designerin **Eileen Gray** (1878–1976) gewidmet ist. Die faszinierende Schau **Way We Wore** umfasst irische Kleider und Schmuckstücke aus den vergangenen 250 Jahren. Sie ist eine Art fesselnde soziokulturelle Studie, die die symbolische Bedeutung von Mode und Schmuck für Trauer, Liebe und Identität zeigt. Im Erdgeschoss wird die Geschichte des irischen **Osteraufstands von 1916** erzählt. Emotionale Erinnerungsstücke wie Zeugenberichte der Gewalttaten der Black & Tans und der Hungerstreiks nach dem Aufstand sowie handgeschriebene Sterbeurkunden der republikanischen Häftlinge und deren Postkarten aus dem Holloway-Gefängnis machen das einschneidende Ereignis in Irlands Geschichte lebendig. 25 von verschiedenen Kuratoren ausgewählte Glanzstücke werden in einer Sonderausstellung mit dem Titel **Curator's Choice** gezeigt. Die Auswahl wird jeweils kurz begründet.

Docklands

Docklands

Die goldene Regel eines jeden Städteplaners lautet: Liegt eine Stadt am Meer, ist eine Modernisierung nur dann vollständig, wenn sie das Hafenviertel mit einschließt. So geschehen auch in Dublin. Die östlichen Ufer an der Nord- und Südseite der Liffey – Canary Dwarf genannt – wurden umfangreich umgestaltet und warten jetzt mit einer eindrucksvollen Ansammlung moderner Bürogebäude, nobler Apartments sowie großartiger öffentlicher Bauten auf, darunter Kevin Roches schräges röhrenförmiges **National Convention Centre** (Karte S. 94 f.; Spencer Dock, North Wall Quay; Spencer Dock) und Daniel Libeskinds prächtiges Bord Gáis Energy Theatre (S. 126).

Custom House MUSEUM

(Karte S. 90 f.; Custom House Quay; Mo–Fr 10–17, Sa & So 14–17 Uhr; alle Linien im Zentrum) Das georgianische Genie James Gandon (1743–1823) feierte seinen architektonischen Einstand in Dublin mit diesem prächtigen Gebäude (1781–1791), das hinter dem Eden Quay an einem breiten Abschnitt der Liffey errichtet wurde. Der riesige neoklassizistische Bau erstreckt sich über 114 m und wird von einer kupfernen Kuppel gekrönt, unter der ein kleines Museum im **Visitor Centre** (Karte S. 90 f.; Custom House Quay; Eintritt 1,50 €; Mitte März–Okt. Mo–Fr 10–12.30, Sa & So 14–17 Uhr, Nov.–Mitte März Mo, Di & Sa geschl.; alle Linien im Zentrum) die Geschichte Gandons und des Gebäudes erzählt.

Den besten Blick hat man vom Südufer der Liffey, wobei die feinen Details eine genauere Betrachtung lohnen. Unter dem Fries symbolisieren Köpfe die Götter von Irlands 13 wichtigsten Flüssen, der einzige weibliche Kopf über dem Haupttor wiederum steht für die Liffey. Kuhköpfe erinnern an Dublins Rindfleischhandel, während die Statuen dahinter Afrika, Amerika, Asien und

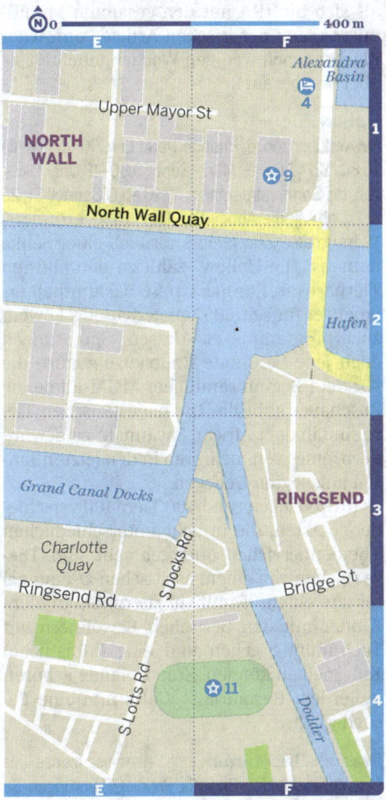

Docklands

Sehenswertes
1 Jeanie Johnston B1
2 National Convention Centre D1
3 Science Gallery A3

Schlafen
4 Gibson Hotel F1
5 Marker C2

Essen
6 Ely Bar & Brasserie B1
7 Herbstreet D2
8 Quay 16 .... C1

Unterhaltung
9 3 Arena F1
10 Bord Gáis Energy Theatre C3
11 Shelbourne Park Greyhound Stadium F4

Europa repräsentieren. Die Kuppel zieren vier Uhren, ihre Spitze krönt eine 5 m hohe Statue der Hoffnung.

Jeanie Johnston MUSEUM, SCHIFF

(Karte S. 94 f.; www.jeaniejohnston.ie; Custom House Quay; Erw./Kind 9/5 €; Führungen 10–12 & 14–16 Uhr stündlich; alle Linien im Zentrum) Eine der originellsten Sehenswürdigkeiten der Stadt: ein detailgetreuer Nachbau eines *coffin ship* (schwimmender Sarg) aus dem 19. Jh. So wurden die Segelboote genannt, die während der Hungersnot irische Emigranten nach Übersee brachten. An Bord erzählt ein kleines Museum von den elenden Bedingungen auf den Reisen, die in der Regel rund 47 Tage dauerten.

Dieser Dreimaster, 1847 in Quebec gebaut, überquerte den Atlantik jedoch 16-mal und transportierte über 2500 Menschen, ohne dass ein Passagier starb. Von Mai bis September wird das Schiff zudem zu Übungszwecken genutzt. In diesen Monaten informiert die Website darüber, wann es im Hafen liegt.

Phoenix Park

Phoenix Park PARK

(Karte S. 62 f.; www.phoenixpark.ie; 24 Std.; 10 ab O'Connell St, 25 & 26 ab Middle Abbey St) GRATIS Mit stolzen 709 ha zählt Phoenix Park zu den weltweit größten Stadtparks. Neben Joggern, Omas mit Kinderwagen und gassigehenden Pudelbesitzerinnen gibt es hier Gärten, Seen, eine Sportanlage und 300 Damhirsche. Zudem bietet das Gelände Cricket- und Polofelder, eine Autorennstrecke und einige hübsche Residenzen aus dem 18. Jh., u. a. vom irischen Präsidenten und US-Botschafter.

Lord Ormond siedelte 1662, als die Ländereien des Hospitaliterordens königliches Jagdrevier wurden, auf dem Gelände Damhirsche an. 1745 gab Vizekönig Lord Chesterfield den Park für die Öffentlichkeit frei. Der Name „Phoenix" ist übrigens keine Anspielung auf den mythologischen Vogel, sondern eine Verfälschung des irischen Ausdrucks *fionn uisce* (klares Wasser).

1882 war der Park Schauplatz eines berühmten Verbrechens. Vor dem Haus, in dem heute der irische Präsident wohnt, wurden der britische Minister für irische Angelegenheiten, Lord Cavendish, und sein Assistent von einer Gruppe Nationalisten namens „The Invincibles" (Die Unbesiegbaren) ermordet. Lord Cavendishs Heim, inzwischen „Deerfield" genannt, ist nun die offizielle Residenz des US-Botschafters.

➡ **Wellington Monument**

Am Eingang in der Parkgate Street steht das 63 m hohe Wellington Monument. 1817 be-

ABSTECHER

SPAZIERGANG ENTLANG DER SOUTH WALL

Einer der schönsten Spazierwege der Stadt führt an der South Wall entlang bis zum Poolbeg Lighthouse, dem roten Turm in der Dublin Bay. Um ihn zu erreichen, muss man über Ringsend (erreichbar mit den Buslinien 1, 2 oder 3 ab dem Stadtzentrum) am Kraftwerk vorbei bis zum Beginn der Mauer gehen (1 km). Der Pfad selbst ist nur an die 800 m lang, bietet aber einen fantastischen Blick auf die Bucht und die Stadt im Rücken. Am besten kommt man bei Sonnenuntergang hierher.

gann man mit seinem Bau, der sich bis 1861 hinzog, weil der Duke of Wellington bei der Bevölkerung in Ungnade fiel. Gleich daneben befinden sich der **People's Garden** (Karte S. 70 f.) von 1864 und ein **Konzertpavillon** im Hollow.

➡ Hauptwache der Garda Síochána

(Karte S. 70 f.) Das große viktorianische Gebäude hinter dem Dublin Zoo und am Rande des Parks ist die Hauptwache der Garda Síochána (irischen Nationalpolizei) aus dem 19. Jh. Sie wurde nach den Plänen von Benjamin Woodward errichtet, der auch die Old Library des Trinity College entworfen hat.

➡ Papal Cross

Im Zentrum des Phoenix Park markiert das Papal Cross die Stelle, an der Johannes Paul II. im Jahr 1979 vor 1,25 Mio. Menschen predigte.

➡ Phoenix Monument

Das Phoenix Monument wurde 1747 von Lord Chesterfield in Auftrag gegeben. Der Vogel auf der korinthischen Säule hat allerdings wenig mit einem Phönix gemein, deswegen wird das Denkmal oft als Eagle Monument bezeichnet. Anfang des 20. Jhs. wurde es entfernt, um Autorennen im Park zu ermöglichen, in den 1990er-Jahren kehrte es jedoch an seinen ursprünglichen Ort zurück.

➡ Magazine Fort

Nahe dem Parkeingang Parkgate thront das Magazine Fort auf dem Thomas' Hill. Es wurde zwischen 1734 und 1801 im Schneckentempo gebaut und diente gelegentlich als Waffendepot für die britische und später die irische Armee. Unter Beschuss geriet es 1916 während des Osteraufstands und 1940, als sich die IRA mit den gesamten Munitionsvorräten der irischen Armee vom Acker machte (nach wenigen Wochen tauchten sie aber wieder auf).

Dublin Zoo — ZOO

(www.dublinzoo.ie; Phoenix Park; Erw./Kind/Familie 16,80/12/47 €; ⌚ März–Sept. 9.30–18 Uhr, Okt.–Feb. bis Sonnenuntergang; 🚌 10 ab O'Connell St, 25 & 26 ab Middle Abbey St) Der 1830 eröffnete, 12 ha große Zoo gleich nördlich einer Senke namens „the Hollow" zählt zu den ältesten Tierparks in Europa. Große Bekanntheit erlangte er für sein 1857 eingerichtetes Löwenzuchtprogramm, zu dessen Sprösslingen auch jene berühmte Raubkatze gehört, die vor dem Beginn sämtlicher MGM-Filme die Zuschauer anbrüllt. Die majestätischen Tiere sind in der „African Savannah" zu bewundern, eines von mehreren in den letzten Jahren angelegten Gehegen.

Im Zoo leben rund 400 Tiere 100 verschiedener Arten, die in acht unterschiedlichen Themenbereichen untergebracht sind. Diese reichen von einem asiatischen Dschungel bis zu einem Familienbauernhof, in dem Kinder mit den tierischen Bewohnern auf Tuchfühlung gehen und eine (künstliche) Kuh melken können. Zum Gelände gehören außerdem Restaurants, Cafés und eine Besucherbahn.

Áras an Uachtaráin — HISTORISCHES GEBÄUDE

(www.president.ie; Phoenix Park; ⌚ Führungen Sa stündlich 10–16 Uhr; 🚌 10 ab O'Connell St, 25 & 26 ab Middle Abbey St) GRATIS Der Wohnsitz des irischen Präsidenten ist ein palladianisches Bauwerk, das 1751 entstand und seitdem mehrmals erweitert wurde, zuletzt 1816. Tickets für die kostenlosen einstündigen Führungen bekommt man im **Phoenix Park Visitor Centre** (Phoenix Park; Eintritt frei; ⌚ 9.30–17 Uhr; 🚌 10 ab O'Connell St, 25 & 26 ab Middle Abbey St) GRATIS in den umgebauten früheren Ställen der päpstlichen Nuntiatur (Botschaft). Zur Einführung wird den Teilnehmern ein etwa zehnminütiges Video gezeigt, dann geht's per Shuttle zum Áras selbst, wo man die fünf Staatsgemächer und das Arbeitszimmer des Präsidenten zu sehen bekommt.

Von 1782 bis 1922 beherbergte die Residenz die britischen Vizekönige und danach die Lord Lieutenants, also die Vertreter der britischen Krone. Nach der Unabhängigkeit löste Irland die Verbindungen zur britischen Krone und richtete 1937 sein eigenes Präsidentschaftsamt ein. Königin Viktoria logierte hier bei ihrem Besuch im Jahr 1849 und schien dabei die Not der Bevölkerung nicht einmal wahrzunehmen. Die im Fenster brennende Kerze ist eine alte Tradition, damit die in aller Welt verstreuten Iren den Weg nach Hause finden.

Das benachbarte vierstöckige **Ashtown Castle** (Phoenix Park; 🚌 10 ab O'Connell St, 25 & 26 ab Middle Abbey St) aus dem 17. Jh. wurde zufällig im Inneren der Nuntius-Villa (18. Jh.) entdeckt, als diese 1986 wegen Hausschwamms abgerissen werden musste. Interessierte können die restaurierte Burg im Rahmen einer offiziellen Führung besichtigen.

Jenseits des Royal Canal

Jenseits des Royal Canal beginnen die Vororte und ein authentisches Stückchen Nordstadtleben. Hier befinden sich mehrere herrliche Gärten, das größte Stadion des Landes, ein historischer Friedhof und eines der interessantesten Gebäude Dublins.

Croke Park Experience MUSEUM
(www.crokepark.ie; Clonliffe Rd, New Stand, Croke Park; Erw./Kind/Stud. Museum 6/4/5 €, Museum & Führung 12,50/8,50/9,50 €; ⌚ Juni–Aug. Mo–Sa 9.30–18, So bis 17 Uhr, Sept.–Mai Mo–Sa 9.30–17, So 10.30–17 Uhr; 🚌 3, 11, 11A, 16, 16A oder 123 ab O'Connell St) Die Gaelic Athletic Association (GAA) sieht sich nicht nur als Hauptorganisator einiger irischer Sportarten, sondern auch als Verfechter einer kulturellen Identität, die im Selbstbild der Iren fest verwurzelt ist. Wer wissen will, welchen Einfluss das Unternehmen wirklich hat, sollte dieses Museum besuchen, das besonders für Sportliebhaber interessant ist.

Zweimal täglich (außer an Spieltagen) finden exzellente Führungen durch das eindrucksvolle Croke-Park-Stadion statt – die Mehrausgabe lohnt sich. Im Preis inbegriffen ist der Eintritt zum Museum.

Die neueste Attraktion des Stadions ist **Skyline** (www.skylinecrokepark.ie; Croke Park; Erw./Stud./Kinder 20/18/12 €; ⌚ Mai–Sept. Mo–Fr 11.30 & 14.30 Uhr, Sa 10.30–14.30 & So 11.30–14.30 Uhr stündlich; 🚌 3, 11, 11A, 16, 16A oder 123 ab O'Connell St), eine Führung auf dem Dach mit Stopps an fünf verschiedenen Aussichtsplattformen, die alle einen tollen Panoramablick auf die Stadt bieten. Am eindrucksvollsten ist die Plattform, die direkt über dem Spielfeld thront.

Glasnevin Cemetery FRIEDHOF
(Prospect Cemetery; www.glasnevintrust.ie; Finglas Rd; 🚌 40, 40A oder 40B ab Parnell St) GRATIS Die Grabsteine des größten und historisch bedeutendsten Friedhofs lesen sich wie ein „Who's who" der irischen Geschichte, denn hier liegen die wichtigsten Personen der vergangenen 150 Jahre begraben, darunter Daniel O'Connell und Charles Stewart Parnell. Er wurde 1832 von O'Connell als letzte Ruhestätte für Menschen aller Glaubensrichtungen angelegt. Damit sollte er ein Zeichen setzen gegen die Weigerung protestantischer Friedhöfe, Katholiken zu begraben.

Ein moderner Rundturmnachbau dient als praktischer Wegweiser zum Grab von O'Connell, der 1847 starb und 1869 mit Fertigstellung des Turms hier begraben wurde. Charles Stewart Parnells Grab schmückt ein großer Granitstein, auf dem nur sein Name eingraviert ist – ein erstaunlich einfaches Denkmal für eine historisch so bedeutsame Person. Auch andere berühmte Persönlichkeiten fanden auf dem Friedhof ihre letzte Ruhe, darunter Sir Roger Casement, der 1916 wegen Verrats von den Briten hingerichtet wurde, der republikanische Anführer Michael Collins, der im Bürgerkrieg starb, Hafenarbeiter, Gewerkschafter und Mitinitiator des Generalstreiks 1913 Jim Larkin sowie Dichter Gerard Manley Hopkins.

Das preisgekrönte **Museum** (www.glasnevintrust.ie; Finglas Rd; Museum 6 €, Museum & Führung 8 €; ⌚ Mo–Fr 10–17, Sa & So 11–18 Uhr; 🚌 40, 40A oder 40B ab Parnell St) erzählt anhand der Schicksale von hier begrabenen Menschen, sowohl bekannten als auch unbekannten, Irlands soziale und politische Geschichte. Die City of the Dead widmet sich den Beerdigungsriten und Glaubensrichtungen der rund 1½ Mio. Menschen, die auf dem Friedhof ihre letzte Ruhe fanden, während die Milestone Gallery mittels einer 10 m langen digitalen interaktiven Zeitlinie vom Leben prominenter Toter erzählt.

Am besten erkundet man den Friedhof bei einer der täglichen **Führungen** (ganzjährig 11.30 & 14.30 Uhr sowie Juni–Aug. 13 Uhr). Dabei erfahren Teilnehmer interessante Geschichten derjenigen, die im „Croak Park" (*croak* bedeutet krepieren), so der augenzwinkernde Spitzname der Dubliner für den Friedhof, begraben liegen.

National Botanic Gardens BOTANISCHER GARTEN
(Botanic Rd; ⌚ April–Okt. Mo–Sa 9–18, So 11–18 Uhr, Nov.–März Mo–Sa 10–16.30, So 11–16.30 Uhr; 🚌 13, 13A oder 19 ab O'Connell St, oder Bus 34 oder 34A ab Middle Abbey St) GRATIS In dem 1795 gegründeten und 19,5 ha großen botanischen Garten stehen mehrere geschwungene Gewächshäuser aus den Jahren 1843 bis 1869.

STADTFÜHRER-PODCASTS

Wer auf eigene Faust eine Stadttour unternehmen möchte, kann einen von Pat Liddys hervorragenden **iWalks** (www.visitdublin.com/iwalks) herunterladen und mit einem MP3-Player oder Smartphone anhören. Einige der zwölf Ausflüge führen durch verschiedene Viertel, bei anderen stehen Dublins Geschichte, Architektur oder Aktivitäten im Vordergrund.

Sie wurden von Richard Turner errichtet, der auch das Gewächshaus im botanischen Garten von Belfast und das Palmenhaus in Londons Kew Gardens entworfen hat. Im Inneren der viktorianischen Prachtbauten verbergen sich neueste Techniken, z. B. computergesteuerte Biotope mit unterschiedlichen Weltklimazonen.

Casino in Marino MUSEUM

(www.heritageireland.ie; Malahide Rd; Erw./Kind/Senior 4/2/3 €; Mai–Sept. 10–17 Uhr; 20A, 20B, 27, 27B, 42, 42C oder 123 ab dem Zentrum) Hier sucht man vergeblich nach Roulette- und Blackjack-Tischen, denn dies ist ein original italienisches Kasino, also ein Sommerhaus (wörtlich „kleines Haus"). Dieses Exemplar gehört außerdem zu den charmantesten Bauten Irlands. Eine Besichtigung ist nur im Rahmen einer Führung möglich; die letzte beginnt 45 Minuten vor Schließung.

Der Bau wurde Mitte des 18. Jhs. vom Earl of Charlemont in Auftrag gegeben, der bei seiner Rückkehr von einer großen Europarundreise mit mehr Kunstwerken zurückkam, als sein damaliges Heim – das Marino House, das auf demselben Gelände stand, jedoch in den 1920ern abgerissen wurde – verkraften konnte. Auf der Reise hatte sich der Graf außerdem in den palladianischen Stil verliebt, wie an der Architektur dieses wunderbar nutzlosen Prachtbaus unschwer zu erkennen ist.

Durch die riesige Eingangstür und die zwölf toskanischen Säulen, die eine tempelähnliche Fassade bilden, vermittelt das Gebäude von außen den Eindruck, als gäbe es nur einen zentralen Innenraum. Doch weit gefehlt: Stattdessen erwartet den Besucher ein extravagant geschnittenes Labyrinth mit ausgefallenen Elementen wie Zentralheizungskaminen in Form von Dachurnen, in Säulen versteckten Fallrohren, geschnitzten Vorhängen, schmuckvollen Feuerstellen, wunderschönem Parkettboden aus seltenem Holz und einem großen Weinkeller. Verschiedene Statuen zieren den Außenbereich, amüsanter sind aber die Täuschungen. Dazu gehört auch die imposante Vordertür – eine sehr viel kleinere Holzplatte gibt den Weg zum geheimen Inneren frei. Die mit Paneelen verdunkelten Fenster sollen den Fakt verdecken, dass sich drinnen mehrere Zimmer und nicht ein einzelner Raum verbergen.

Geführte Touren

Dublin bietet eine große Auswahl an Stadtführungen, Radausflügen und – für die Trinkfesten – Kneipentouren zu verschiedenen Themen wie Architektur, Geschichte, Musik und Literatur. Manche Veranstalter kombinieren Stadtbesichtigungen mit Ausflügen in die Umgebung. Wer im Internet bucht, zahlt in der Regel ein paar Euro weniger.

★ Historical Walking Tour SPAZIERGANG

(Karte S. 66; 01-878 0227; www.historicalinsights.ie; Trinity College Gate; Erw./Kind 12 €/frei; Mai–Sept. 11 & 15 Uhr, April & Okt. 11 Uhr, Nov.–März Fr–So 11 Uhr; alle Linien im Zentrum) Geschichtsabsolventen des Trinity College leiten dieses „Straßenseminar" über die Große Hungersnot, den Osteraufstand, den Bürgerkrieg und die Teilung Irlands. Zu den Stationen gehören das Trinity, die City Hall, das Dublin Castle und die Four Courts. Im Sommer zählen außerdem Thementouren zu Architektur, Frauen in der irischen Geschichte und zur Gründung des irischen Staates zum Programm. Die Führungen starten am Eingang des College Green.

City Sightseeing BUSTOUR

(Karte S. 90 f.; www.citysightseeingdublin.ie; 14 Upper O'Connell St; Erw./Stud. 19/17 €; alle Linien im Zentrum, Abbey) Eine typische Hop-on-Hop-off-Tour dauert rund anderthalb Stunden und führt die O'Connell Street entlang, vorbei am Trinity College und am St. Stephen's Green, zum Guinness Storehouse und via Haupteingang des Phoenix Park um die nördlichen Kais zurück. Die Touren finden von 9 bis 18 Uhr alle acht bis 15 Minuten statt.

Dublin Bus Tours BUSTOUR

(Karte S. 90 f.; www.dublinsightseeing.ie; 59 Upper O'Connell St; Touren 22–27 €; Touren tgl.; alle Linien im Zentrum, Abbey) Zu den verschiedenen Touren zählen die Hop-on-Hop-off-Tour Dublin City, die Ghost Bus Tour, die Coast & Castles Tour und die South Coast & Gardens Tour.

See Dublin by Bike RADTOUR
(Karte S. 108 f.; ☎ 01-280 1899; www.seedublinbybike.ie; Fade St; Touren 25–30 €; 🚌 alle Linien im Zentrum) Die dreistündigen Themenausflüge beginnen vor dem Cafe Rothar an der Fade Street und beinhalten die Hauptattraktionen und die unbekannteren Sehenswürdigkeiten der Stadt. „Taste of Dublin" ist die Haupttour, daneben gibt es jedoch noch „U2's Dublin" und eine literarische Stadtführung. Räder, Helme und Signalwesten sind im Preis inbegriffen.

1916 Rebellion Walking Tour SPAZIERGANG
(Karte S. 108 f.; ☎ 086 858 3847; www.1916rising.com; 23 Wicklow St; 12 € pro Pers.; ⏲ März–Okt. Mo–Sa 11.30, So 13 Uhr; 🚌 7 & 44 ab dem Zentrum) In der International Bar (S. 119) in der Wicklow Street beginnt diese großartige zweistündige Tour. Zum Programm gehören jede Menge Infos und respektloser Humor. Die Guides, allesamt Trinity-Absolventen, sind durchweg exzellent und lassen sich am Ende der Führung gerne zu einem Bier im International überreden.

Dublin Literary Pub Crawl SPAZIERGANG
(Karte S. 76 f.; ☎ 01-670 5602; www.dublinpubcrawl.com; 9 Duke St; Erw./Stud. 12/10 €; ⏲ April–Okt. tgl. 19.30 Uhr, Nov.–März Do–So 19.30 Uhr; 🚌 alle Linien im Zentrum) Eine Pubtour mit Schwerpunkt auf bekannten Dubliner Schriftstellern ist ein sicheres Erfolgsrezept, und dieser zweieinhalbstündige Spaziergang mit humoristischen Showeinlagen unter Leitung zweier Schauspieler verspricht sehr viel Spaß. Noch beliebter werden die Führungen dank einer ordentlichen Dosis Alkohol. Los geht's am Duke in der Duke Street; Plätze für die Abendtour können bis 19 Uhr vor Ort reserviert werden.

Dublin Musical Pub Crawl SPAZIERGANG
(Karte S. 108 f.; ☎ 01-478 0193; www.discoverdublin.ie; 58–59 Fleet St; Erw./Stud. 12/10 €; ⏲ April–Okt. tgl. 19.30 Uhr, Nov.–März Do–Sa 19.30 Uhr; 🚌 alle Linien im Zentrum) In verschiedenen Pubs in Temple Bar wird einem in zweieinhalb Stunden die Geschichte traditioneller irischer Musik und ihr Einfluss auf zeitgenössische Genres nahegebracht. Die Gruppe trifft sich oben bei Oliver St. John Gogarty's (S. 116). Sehr zu empfehlen!

James Joyce Walking Tour SPAZIERGANG
(Karte S. 90 f.; ☎ 01-878 8547; www.jamesjoyce.ie; 35 North Great George's St; Erw./Stud. 10/8 €; ⏲ Di, Do & Sa 14 Uhr; 🚌 3, 10, 11, 11A, 13, 16, 16A, 19, 19A, 22 ab dem Zentrum) James Joyce lebte, lernte und entwickelte sich in der Northside. Im selbst gewählten Exil auf dem europäischen Festland brachte er seine Erfahrungen mit kartografischer Präzision zu Papier. Die Tour des James Joyce Cultural Centre (S. 89) führt in 1¼ Stunden zu allen wichtigen Stationen der Northside, die im Leben des gefeierten Schriftstellers eine Rolle spielten.

Pat Liddy Walking Tours SPAZIERGANG
(Karte S. 108 f.; ☎ 01-831 1109; www.walkingtours.ie; Discover Dublin Tourism Centre, St. Andrew's Church, 2 Suffolk St; 8–12 €; 🚌 alle Linien im Zentrum) Dublins bekanntester Tourguide ist der lokale Historiker Pat Liddy, der verschiedene Stadtführungen anbietet, u. a. „Dublin Highlights" und „The Best of Dublin – The Complete Heritage Walking Tour". Man kann ihn auch für private Führungen buchen. Termine liefert die Website, zudem stehen **Podcast-Touren** (www.visitdublin.com/iwalks) zum Download bereit.

Sandeman's New Dublin Tour SPAZIERGANG
(Karte S. 108 f.; ☎ 01-878 8547; www.newdublintours.com; City Hall, Castle St; ⏲ 11 & 14 Uhr; 🚌 alle Linien im Zentrum) GRATIS Tolle dreistündige Stadtspaziergänge zu den größten Attraktionen Dublins. Wem die kostenlose Tour gefallen hat (dafür sorgen die Guides schon), der sollte ein Trinkgeld geben.

Dublin Discovered Boat Tours BOOTSTOUR
(☎ 01-473 4082; www.dublindiscovered.ie; Bachelor's Walk; Erw./Stud./Kind 14/12/8 €; ⏲ März–Okt. 9–17.30 Uhr; 🚌 alle Linien im Zentrum, 🚋 Abbey) Hier gibt's Sehenswürdigkeiten ohne Verkehrsstaus: Teilnehmern wird die Geschichte Dublins an Bord eines (unverzichtbar!) wetterfesten Bootes nahegebracht.

Viking Splash Tours BUS-/BOOTSTOUR
(Karte S. 76 f.; ☎ 01-707 6000; www.vikingsplash.ie; St. Stephen's Green N; Erw./Kind 22/12 €; ⏲ 10–15 Uhr alle 30–90 Min.); 🚌 alle Linien im Zentrum, 🚋 St. Stephen's Green) Alle Hemmungen abgelegt? Nachdem sich die Teilnehmer einen

DISCOVER DUBLIN APP

Die städtische Touristeninformation hat die App Dublin Discovery Trails zusammengestellt. Sie umfasst vier rund zweistündige Themenspaziergänge zur Stadtgeschichte der vergangenen 200 Jahre. Die App gibt's für iPhone und Android.

Wikingerhelm aus Plastik aufgesetzt und auf Bestreben des Guides ein gemeinsames „Jeih!" von sich gegeben haben, startet die 1¼-stündige Tour zu Land und zu Wasser, die am Grand Canal Dock endet. Nur für eingefleischte Touristen!

Feste & Events

Temple Bar Trad Festival MUSIK
(www.templebartrad.com) Das Festival für traditionelle Musik in den Bars und Kneipen von Temple Bar findet am letzten Wochenende im Januar statt.

St. Patrick's Festival PARADE
(www.stpatricksfestival.ie) Die Mutter aller Festivals zieht rund um den 17. März etwa 600 000 Besucher an.

Jameson Dublin International Film Festival FILM
(www.jdiff.com) Auf dem zweiwöchigen Filmfest, das immer Mitte März stattfindet, werden Filme aus Irland sowie internationale Arthouse-Streifen und Blockbuster-Previews gezeigt.

International Literature Festival Dublin LITERATUR
(ilfdublin.com) In der dritten Maiwoche wartet das viertägige Literaturfest mit irischen und internationalen Schriftstellern, Lesungen und Gesprächen auf.

Forbidden Fruit MUSIK
(www.forbiddenfruit.ie) Zweitägiges Festival für alternative Musik am ersten Juniwochenende auf dem Gelände des Irish Museum of Modern Art.

Taste of Dublin ESSEN
(Karte S. 76 f.; www.tasteofdublin.ie; Iveagh Gardens) Über drei Tage im Juni servieren die besten Restaurants der Hauptstadt Kostproben ihrer leckersten Gerichte zu Musik und anderem Unterhaltungsprogramm.

Longitude MUSIK
(www.longitude.ie; Marlay Park) Dreitägiges Festival für alternative Musik mit alten und neuen Bands, Kunstinstallationen und Essensständen. Mitte Juli.

Street Performance World Championships STRASSENFEST
(www.cityspectacular.com) An zwei Juliwochenenden messen sich die weltbesten Straßenkünstler, von Jongleuren bis zu Schwertschluckern, am Merrion Square.

Dublin Fringe Festival THEATER
(www.fringefest.com) Ursprünglich für Theaterstücke gedacht, die fürs bedeutende Dublin Theatre Festival zu experimentell oder unwichtig waren, hat sich das Dublin Fringe Festival inzwischen zu einem dreiwöchigen Spektakel entwickelt, das über 100 Events sowie mehr als 700 Vorstellungen umfasst.

BLOOMSDAY

Die jährliche Hommage an *Ulysses* von James Joyce findet am 16. Juni statt. Dann werfen sich leidenschaftliche Bloomsday-Anhänger in edwardianische Anzüge und folgen der Route, die der fiktionale Charakter Leopold Bloom am 16. Juni 1904 durch die Stadt nahm. Das Datum war von großer Bedeutung für Joyce, denn an diesem Tag ging er zum ersten Mal mit Nora Barnacle aus, der Frau, die er sechs Tage zuvor kennengelernt hatte und mit der er den Rest seines Lebens verbringen würde.

Zu Lebzeiten behandelte die irische Gesellschaft Joyce wie einen literarischen Pornografen, Dublin feiert ihn heute hingegen wie einen Lieblingssohn der Stadt. Bloomsday ist allerdings nur etwas für Joyce-Fanatiker und Touristen.

Normalerweise geht man an diesem Tag Blooms Weg durch die Stadt nach. In den vergangenen Jahren weiteten sich die Festivitäten allerdings auf vier Tage rund um den 16. Juni aus. Was wann und wo geboten wird, erfährt man in den Wochen zuvor im **James Joyce Cultural Centre** (S. 89).

Am eigentlichen Bloomsday frühstückt man am besten im James Joyce Cultural Centre, wo „die inneren Organe von Vieh und Geflügel" von feierlichen Lesungen begleitet werden.

Die Führungen zu Joyce-Schauplätzen beinhalten in der Regel einen Mittagsstopp im **Davy Byrne's** (Karte S. 108 f.; ☎ 01-677 5217; www.davybyrnes.com; 21 Duke St; 🚌 alle Linien im Zentrum). In Joyces „moralischem Pub" gönnte sich Bloom bei einem Glas Burgunder und einer Scheibe Gorgonzola ein Päuschen. Nachmittags kann man an Führungen teilnehmen, sich von Straßenkünstlern unterhalten lassen und animierte Lesungen aus *Ulysses* und anderen Büchern von Joyce anhören.

Dublin Theatre Festival THEATER
(www.dublintheatrefestival.com) An dem zweiwöchigen Festival im Oktober nehmen die meisten Theaterhäuser der Stadt teil. Es findet bereits seit 1957 statt und ist heute ein glamouröses Ereignis mit hochwertigen Produktionen und Shows.

Schlafen

Die Unterkunftspreise in Dublin sind die höchsten des Landes. Da die Hauptstadt quasi das ganze Jahr über Besucher anzieht, ist es unabhängig von der Reisezeit äußerst ratsam, weit im Voraus zu buchen. Das gilt vor allem für Hotels im Zentrum.

Was man für sein Geld bekommt, bestimmt in erster Linie die Lage. Für rund 70 € findet man geräumige B&B-Zimmer im Norden der Stadt, während ein winziges Quartier in einer kleinen mittelmäßigen Pension in Gehweite zum St. Stephen's Green rund 120 € kosten kann. Eine gute Pension oder Mittelklasseunterkunft schlägt mit 80 bis 150 € zu Buche, Spitzenklasseunterkünfte sind ab etwa 150 € zu haben. Auch in der gehobenen Klasse lohnt es sich in jedem Fall, nach Angeboten zu suchen oder das Hotel direkt anzurufen und höflich nach Rabatten zu fragen.

Erste Wahl für Budgetreisende bleiben Hostels. Die in Dublin bieten in der Regel einen guten Standard, wobei die Übernachtung zwischen 18 und 34 € kostet. Frühstück ist meist nicht inbegriffen.

Grafton Street & Umgebung

Zentraler geht's nicht. Auf dem relativ schmalen Streifen südlich der Liffey wimmelt es von Unterkünften jeglicher Couleur. Eines darf man dabei aber nicht vergessen: Je besser die Lage, desto teurer das Hotel.

Dublin Citi Hotel HOTEL €
(Karte S. 108 f.; ☎ 01-679 4455; www.dublincitihotel.com; 46–49 Dame St; DZ ab 59 €; @; alle Linien im Zentrum) Ein Gebäude aus dem 19. Jh. mit auffälligen Türmchen direkt neben der Central Bank beherbergt dieses Mittelklassehotel. Die einfach eingerichteten Zimmer sind nicht groß, verfügen aber über schöne weiße Steppdecken. Das Herz von Temple Bar liegt nur einen Steinwurf entfernt – na dann, Prost!

Avalon House HOSTEL €
(Karte S. 76 f.; ☎ 01-475 0001; www.avalon-house.ie; 55 Aungier St; B/EZ/DZ ab 10/34/54 €; @ WLAN; alle Linien im Zentrum, St. Stephen's Green) Das einladende Avalon House zählt zu den beliebtesten Hostels der Stadt und verfügt über Kiefernböden, hohe Wände und große offene Kamine, die für gemütlich-gesellige Atmosphäre sorgen. Ein Teil der clever gestalteten Zimmer weist Zwischengeschosse auf und eignet sich besonders gut für Familien. Weit im Voraus buchen!

Barnacles HOSTEL €
(Karte S. 108 f.; ☎ 01-671 6277; www.barnacles.ie; 19 Lower Temple Lane; B/2BZ ab 17,50/55 €; WLAN; alle Linien im Zentrum) Für einen kurzen geselligen Partyaufenthalt ist das betriebsame Hostel in Temple Bar genau richtig. Das hilfsbereite sachkundige Personal informiert gerne über das Nachtleben. Ruhiger sind die Zimmer auf der Rückseite.

Kinlay House HOSTEL €
(Karte S. 70 f.; ☎ 01-679 6644; www.kinlaydublin.ie; 2–12 Lord Edward St; B/DZ ab 15/50 €; WLAN; alle Linien im Zentrum) Das frühere Knabeninternat beherbergt große gemischte Schlafräume für bis zu 20 Personen sowie kleinere Quartiere, darunter auch Doppelzimmer. Aufgrund der Lage in Temple Bar geht es hier gelegentlich recht laut zu. Das Personal ist freundlich, es gibt Kochmöglichkeiten und ein Café, zudem ist das Frühstück inbegriffen.

★ **Trinity Lodge** PENSION €€
(Karte S. 76 f.; ☎ 01-617 0900; www.trinitylodge.com; 12 South Frederick St; Zi. ab 150 €; WLAN; alle Linien im Zentrum, St. Stephen's Green) Beim Betreten dieser gemütlichen preisgekrönten Pension begrüßt die Gäste ein grinsender Martin Sheen, der die Trinity Lodge zu seiner Lieblingsunterkunft in Irland erklärte. Da ist er nicht der Einzige: Aufgrund ihrer großen Popularität wurde die Unterkunft um das Stadthaus auf der anderen Straßenseite erweitert, das einen ebenso hohen Standard bietet. Von Zimmer 2 im Originalgebäude genießt man eine hübsche Sicht auf die Bucht.

Radisson Blu Royal Hotel HOTEL €€
(Karte S. 70 f.; ☎ 01-898 2900; www.radissonblu.ie/royalhotel-dublin; Golden Lane; Zi. ab 160 €; @ WLAN; alle Linien im Zentrum, St. Stephen's Green) Das Businesshotel garantiert mit seiner exemplarischen Kombination aus schicken Linien, gedämpften Farben und Luxus eine denkwürdige Übernachtung. Von den riesigen eindrucksvollen Aufenthaltsbereichen bis zu den eleganten Gästezimmern mit vielen tollen Details wie in die Wand eingelassenen digitalen Flachbildfernsehern – das Radisson Blu Royal überzeugt auf ganzer Linie!

UNIVERSITÄTSUNTERKÜNFTE

Von Mitte Juni bis Ende September bieten auch die städtischen Universitäten Übernachtungsmöglichkeiten an, die man unbedingt frühzeitig buchen muss.

Trinity College (Karte S. 66; ☎ 01-896 1177; www.tcd.ie; Accommodations Office, Trinity College; EZ/DZ ab 62/82 €; @ 📶; 🚌 alle städtischen Linien) Wer einmal wie ein Student leben möchte, mietet sich in der vorlesungsfreien Zeit ein Quartier in dieser wunderschönen Universität. Die Zimmer und Apartments mit zwei Betten im neueren Block verfügen über Privatbäder. Die im älteren Block haben Gemeinschaftsbäder, jedoch eigene Waschbecken. Frühstück ist im Preis inbegriffen.

Mercer Court Campus Accommodation (Karte S. 76 f.; ☎ 01-478 2179; www.rcsi.ie; Lower Mercer St; EZ/DZ 85/130 €; @ 📶; 🚌 alle Linien im Zentrum) Inhaber des Mercer Court ist das Royal College of Surgeons. Es ist die luxuriöseste Studentenunterkunft der Stadt und befindet sich in der Nähe von Grafton Street und St. Stephen's Green. Die Zimmer sind modern und entsprechen Hotelstandards.

Cliff Townhouse PENSION €€
(Karte S. 76 f.; ☎ 01-638 3939; www.theclifftownhouse.com; 22 St. Stephen's Green N; Zi. ab 150 €; @ 📶; 🚌 alle Linien im Zentrum, 🚊 St. Stephen's Green) Wer eine erstklassige Bleibe sucht, ist hier richtig: Das wunderbare georgianische Haus verfügt über zehn toll ausgestattete Zimmer, von denen einige einen Ausblick auf St. Stephens Green bieten. Unten befindet sich Sean Smiths großartiges Restaurant (S. 113).

Grafton House B&B €€
(Karte S. 108 f.; ☎ 01-648 0010; www.graftonguesthouse.com; 26–27 South Great George's St; EZ/DZ ab 90/140 €; @ 📶; 🚌 alle Linien im Zentrum, 🚊 St. Stephen's Green) Ein etwas abgelegenes Gästehaus im gotischen Stil, das mit Lage, Preis und Einrichtung punktet. Gleich neben der George's Street Arcade bietet die traditionelle freundliche Bleibe B&B-Standards (ein hervorragendes Frühstück inklusive) und ein abgefahrenes Design (man achte auf die psychedelische Tapete). Der Preis ist nahezu unschlagbar.

Central Hotel HOTEL €€
(Karte S. 108 f.; ☎ 01-679 7302; www.centralhoteldublin.com; 1–5 Exchequer St; EZ/DZ ab 90/140 €; 📶; 🚌 alle Linien im Zentrum, 🚊 St. Stephen's Green) Die Zimmer sind eine moderne, wenn auch kleine Version von edwardianischem Luxus. Ihre schweren Samtvorhänge und maßgezimmerten irischen Möbel, u. a. Betten mit stoffbezogenen Kopfteilen, wirken ein wenig massiv für den überschaubaren Raum, versprühen jedoch eine gewisse Klasse. Jene zur Straße hin bekommen etwas Lärm ab. Angesichts der Lage ist der Name äußerst zutreffend.

Paramount Hotel HOTEL €€
(Karte S. 108 f.; ☎ 01-417 9900; www.paramounthotel.ie; cnr Parliament St & Essex Gate; EZ/DZ 85/150 €; @ 📶; 🚌 alle Linien im Zentrum) Mit ihren dunklen Holzdielen, tiefroten Chesterfield-Ledersofas und den schweren Samtvorhängen ist die Eingangshalle hinter der viktorianischen Fassade dem Hotelstil der 1930er-Jahre nachempfunden und erinnert an den Film *Die Spur des Falken* mit Humphrey Bogart. Film-Noir-Feeling kommt in den 70 Zimmern zwar nicht auf, aber dafür sind sie hübsch eingerichtet und sehr komfortabel. Unten befindet sich das **Turk's Head** (Karte S. 108 f.; ☎ 01-679 9701; 27–30 Parliament St), eine der beliebtesten Bars der Gegend.

Dawson HOTEL €€
(Karte S. 76 f.; ☎ 01-612 7900; www.thedawson.ie; 35 Dawson St; Zi. ab 125 €; @ 📶; 🚌 alle Linien im Zentrum, 🚊 St. Stephen's Green) Das Boutique-Hotel bietet elegante Zimmer in verschiedenen Stilrichtungen, von klassisch französisch bis exotisch marokkanisch. Neben gestärkten weißen Bettlaken locken Pflegeprodukte von Gilchrist & Soames in den Bädern. Darüber hinaus gibt es ein schickes Spa und die trendige Sam's Bar (S. 118) im unteren Stock.

★ **Number 31** PENSION €€€
(Karte S. 76 f.; ☎ 01-676 5011; www.number31.ie; 31 Leeson Close; EZ/DZ/3BZ inkl. Frühstück 200/240/340 €; 📶; 🚌 alle Linien im Zentrum) Dublins markantestes Anwesen ist das ehemalige Wohnhaus des modernistischen Architekten Sam Stephenson, der erfolgreich 1960er-Jahre-Stil mit der Pracht des 18. Jhs. verband. Auf eine altmodisch-schicke Remise und ein eleganteres georgianisches Gebäude verteilen sich 21 individuell eingerichtete Zimmer mit geschmackvollen französischen Antiquitäten und großen gemütlichen Betten.

Im Wintergarten wird ein Gourmetfrühstück mit Räucherhering, hausgemachtem Brot und Müsli serviert.

Irish Landmark Trust SELBSTVERSORGER €€€
(Karte S. 108 f.; ☎ 01-670 4733; www.irishlandmark.com; 25 Eustace St; 2 Nächte für 7 Pers. 635 €; 🚌 alle Linien im Zentrum) Dieses denkmalgeschützte Gebäude aus dem 18. Jh. wurde nach höchsten Standards vom Irish Landmark Trust wunderschön restauriert. Es ist mit geschmackvollen Antiquitäten sowie authentischen Möbeln und Details ausgestattet (dazu gehört ein prächtiges Klavier im Salon) und bietet in seinen drei Gästezimmern Platz für bis zu sieben Personen. Hier gilt ein Mindestaufenthalt von zwei Nächten.

Merrion HOTEL €€€
(Karte S. 76 f.; ☎ 01-603 0600; www.merrionhotel.com; Upper Merrion St; Zi./Suite ab 295/715 €; @ 📶 🏊; 🚌 alle Linien im Zentrum) Das prachtvolle Fünfsternehotel in einer Reihe wunderschön restaurierter georgianischer Stadthäuser öffnete 1988 seine Pforten, wirkt jedoch um einiges älter. Die Zimmer im alten Haus mit der größten privaten Kunstsammlung der Stadt und elegantem Komfort sind besser als jene im neuen Flügel.

Aufgrund der Lage bei den Regierungsgebäuden trifft man auf den Marmorfluren oft Politiker, Würdenträger und Prominente. Selbst wer nicht hier übernachtet, sollte zumindest zum Nachmittagstee vorbeischauen (38 €), der in Silbertassen neben einem lodernden Kaminfeuer gereicht und beliebig oft nachgeschenkt wird.

Westbury Hotel HOTEL €€€
(Karte S. 108 f.; ☎ 01-679 1122; www.doylecollection.com; Grafton St; Zi./Suite ab 240/360 €; @ 📶; 🚌 alle Linien im Zentrum) An der Grafton Street versteckt sich eines der elegantesten Hotels der Stadt, wobei man erst in den teureren Suiten in den Genuss von wahrem Luxus kommt. Die Standardzimmer sind komfortabel, können jedoch nicht mit den exklusiven öffentlichen Bereichen mithalten. Im oberen Stock lädt die Lobby zu einem Tee oder Drink am Nachmittag ein.

Westin Dublin HOTEL €€€
(Karte S. 66; ☎ 01-645 1000; www.thewestindublin.com; Westmoreland St; Zi. ab 185 €; @ 📶; 🚌 alle Linien im Zentrum) Einst eine schicke Bankfiliale, heute ein noch schickeres Hotel. Die Zimmer warten mit elegantem Mahagoniholz und weichen Farben nach edelster US-Art auf. Darüber hinaus genießt man von vielen Räumen einen Blick auf das Atrium. Der frühere Banktresor beherbergt eine Kellerbar.

Shelbourne HOTEL €€€
(Karte S. 76 f.; ☎ 01-676 6471; www.theshelbourne.ie; 27 St. Stephen's Green N; Zi. ab 440 €; @ 📶; 🚌 alle Linien im Zentrum, 🚊 St. Stephen's Green) Dublins bekanntestes Hotel öffnete 1824 seine Pforten und ist seitdem die erste Wahl der Reichen und Mächtigen. Nach einigen Besitzerwechseln und Renovierungen gehört es heute zur Marriott-Renaissance-Kette, und auch wenn es in Dublin mittlerweile bessere Häuser gibt, punktet es noch immer mit jeder Menge Luxus.

Gäste erwartet ein geschichtsträchtiger Ort: Hier wurde 1921 die irische Verfassung ausgearbeitet, zudem spielt Elizabeth Bowens gleichnamiger Roman in dem Hotel. Der Nachmittagstee in der restaurierten Lord Mayor's Lounge ist ein echtes Highlight.

Dean Hotel HOTEL €€€
(Karte S. 76 f.; ☎ 01-607 8110; www.deanhoteldublin.ie; 33 Harcourt St; Zi./Suite ab 170/400 €; 🚌 10, 11, 13, 14 oder 15A, 🚊 St. Stephen's Green) Dublins neuestes Hotel ist fast schon übertrieben hip: Anstelle von Zimmern gibt's Mod Pods (Einzelzimmer mit Bettsofa) und Punk Bunks (mit Stockbetten) sowie Deluxe-Doppelzimmer (Hi-Fis) und Suiten. Netflix und Plattenspieler finden sich nur in den teureren Quartiere, Ohrstöpsel und Berocca-Vitamintabletten (beides nützlich) warten hingegen auf jedem Zimmer.

Das Dean bezeichnet sich selbst als gehobenes Partyhotel. Da es mitten zwischen zwei der beliebtesten Nachtclubs der Stadt liegt, kann es in den Zimmern sehr laut werden. Im Obergeschoss ist die Brasserie Sophie's (S. 112) untergebracht, die sich jeden Abend um 23 Uhr in eine gut besuchte Bar verwandelt.

Clarence Hotel HOTEL €€€
(Karte S. 108 f.; ☎ 01-407 0800; www.theclarence.ie; 6–8 Wellington Quay; Zi./Suite ab 170/390 €; @ 📶; 🚌 alle Linien im Zentrum) Das diskrete kleine Hotel von Bono und The Edge ist nicht mehr die angesagteste Unterkunft der Stadt – ein Vorteil, da die Wirklichkeit dem Hype nie gerecht werden konnte. Gäste erwartet ein hübsches Boutique-Hotel im Stil eines Herrenclubs der 1930er-Jahre mit exzellenter Bar und gutem Restaurant.

Nördlich der Liffey

Zwischen der O'Connell Street und Smithfield gibt's verschiedene gute Mittelklasseoptionen. Die Gardiner Street östlich der O'Connell Street ist die traditionelle B&B-Meile der Stadt. Besser und sicherer sind die Unterkünfte am südlichen Abschnitt der Straße.

★ Isaacs Hostel HOSTEL €
(Karte S. 90 f.; ☎ 01-855 6215; www.isaacs.ie; 2–5 Frenchman's Lane; B/2BZ ab 10/54 €; @ ; alle Linien im Zentrum, Connolly) Das beste Hostel der Northside – in puncto Atmosphäre sogar das beste der Stadt – ist in einem 200 Jahre alten Weinkeller beim Hauptbusbahnhof direkt um die Ecke untergebracht. Grillabende im Sommer, Livemusik in der Lounge, Internetzugang und farbenfrohe Schlafsäle sorgen für konsequent gute Kritiken von Backpackern und anderen Gästen.

Jacob's Inn HOSTEL €
(Karte S. 90 f.; ☎ 01-855 5660; www.jacobsinn.com; 21–28 Talbot Pl; B/DZ ab 12/70 €; ; Connolly) Gleich nebenan verfügt das saubere moderne Schwesterhostel des Isaacs über geräumige Quartiere mit Privatbädern und großartige Einrichtungen wie rollstuhlgerechte Zimmer, einen Fahrradparkplatz und eine Küche für Selbstversorger.

Anchor House B&B €€
(Karte S. 90 f.; ☎ 01-878 6913; www.anchorhousedublin.com; 49 Lower Gardiner St; EZ/DZ ab 100/115 €; ; alle Linien im Zentrum, Connolly) Neben dem üblichen Angebot der meisten B&Bs in der Gegend wie Fernsehern, einigermaßen akzeptablen Duschen, sauberer Bettwäsche und Kaffeemaschine wartet das Anchor mit einer Eleganz auf, welche die Konkurrenz blass aussehen lässt.

Clifden Guesthouse PENSION €€
(☎ 01-874 6364; www.clifdenhouse.com; 32 Gardiner Pl; Zi. ab 109 €; 36 oder 36A) Ein wirklich hübsch restauriertes georgianisches Haus beherbergt die 14 geschmackvoll eingerichteten Zimmer des Clifden. Sie haben Bäder, sind sehr sauber und extrem komfortabel. Ein tolles Extra ist der kostenlose Parkplatz, den Gäste auch nach dem Checkout nutzen können.

Townhouse Hotel GASTHAUS €€
(Karte S. 90 f.; ☎ 01-878 8808; www.townhouseofdublin.com; 47–48 Lower Gardiner St; Zi. ab 120 €; 36 oder 36A, Connolly) Einst wohnte hier der irisch-japanische Schriftsteller Lafcadio Hearn, und vielleicht waren es ja seine Geistergeschichten, die den gotischen Einrichtungsstil beeinflusst haben. Durch das Foyer mit dunklen, goldumrandeten Wänden und einem klingelnden Kronleuchter gelangt man zu 82 individuell gestalteten, gemütlichen, wenn auch etwas kleinen Zimmern.

Maldron Hotel Smithfield HOTEL €€
(Karte S. 70 f.; ☎ 01-485 0900; www.maldronhotels.com; Smithfield Village; Zi. ab 90 €; ; 25, 25a, 25b, 66, 66a, 66b, 67, 90, 151 nach Upper Ormond Quay, Smithfield) Große Zimmer und sanfte Erdtöne, die einen Kontrast zu den modernen Linien bilden, machen das funktionelle Hotel zur besten Option in diesem Teil der Stadt. Besonders schön sind die Panoramafenster mit Blick auf den Platz.

Morrison Hotel HOTEL €€€
(Karte S. 90 f.; ☎ 01-887 2400; www.morrisonhotel.ie; Lower Ormond Quay; Zi. ab 250 €; @ ; alle Linien im Zentrum, Jervis) Flippig-futuristisches Design prägt dieses hippe Hotel, das kürzlich von der Hilton-Doubletree-Gruppe übernommen wurde. Breite Doppelbetten mit Serta-Matratzen, 40-Zoll-LCD-Fernseher, kostenloses WLAN, Toilettenartikel von Crabtree & Evelyn und vieles mehr sorgen für jede Menge Komfort. Die mit Abstand luxuriöseste Adresse der Northside.

Gresham Hotel HOTEL €€€
(Karte S. 90 f.; ☎ 01-874 6881; www.gresham-hotels.com; Upper O'Connell St; Zi. ab 185 €; @ ; alle städtischen Linien) Der Klassiker im hellen, modernen Design mit wunderschönem offenem Foyer ist ganz nach dem Geschmack der treuen Stammklientel (betuchten Amerikanern und Seniorengruppen auf Shoppingtour). Die sauberen Zimmer bieten viel Platz.

Docklands

Für Besorgungen in der Stadt benötigt man öffentliche Verkehrsmittel oder ein Taxi.

Marker HOTEL €€€
(Karte S. 94 f.; ☎ 01-687 5100; www.themarkerhoteldublin.com; Grand Canal Sq; Zi. ab 280 €; @ ; 56a & 77A, Grand Canal Dock) Hinter der auffälligen Schachbrettmusterfassade von Manuel Aires Mateus verbergen sich 187 noble Zimmer und Suiten in kühlen Farben (verwaschene Zitrus- und Kobalttöne) mit äußerst eleganten Möbeln, die für coole Raffinesse sorgen. Die öffentlichen Bereiche sind etwas verspielter und die Dachbar ist im Sommer äußerst angesagt.

Gibson Hotel HOTEL €€€

(Karte S. 94 f.; ☎01-618 5000; www.thegibsonhotel.ie; Point Village; Zi. ab 180 €; @ 🛜; 🚌151 ab dem Zentrum, 🚊Grand Canal Dock) Das Gibson richtet sich an Geschäftsreisende und Gäste, die sich eine Vorstellung in der 3 Arena (S. 123) nebenan ansehen, und beeindruckt mit rund 250 sehr modernen Zimmern. Sie verfügen über Respa-Betten, Flachbildfernseher und Arbeitstische mit Internet. Beim Frühstück im schicken Restaurantbereich trifft man eventuell auf einen der Stars, am vorigen Abend aufgetreten ist.

Jenseits des Grand Canal

Mehr für sein Geld bekommt man in den stilvollen Unterkünften 3 km südlich vom Zentrum im südlichen Stadtteil Ballsbridge. Auch der Jetset und Botschaftsangehörige steigen gerne in der Gegend ab.

Aberdeen Lodge PENSION €€

(☎01-283 8155; www.aberdeen-lodge.com; 53–55 Park Ave; EZ/DZ/3BZ 99/149/179 €; @ 🛜; 🚌2, 3, 🚊DART Sydney Parade) Die Aberdeen Lodge zählt nicht nur zu Dublins besten Pensionen, sondern ist auch eines der bestgehüteten Geheimnisse, das nur diejenigen kennen, die eine kurze Bahnfahrt ab dem Zentrum nicht scheuen. Belohnt werden sie mit einem luxuriösen Haus, dessen persönlicher Service dem eines Spitzenklassehotels in nichts nachsteht.

Ein Großteil der eindrucksvollen Zimmer verfügt über Himmel- oder schmiedeeiserne Betten, die die authentischen edwardianischen Möbel und die geschmackvolle Kunst an den Wänden komplettieren. Die Suiten warten zudem mit Adams-Kaminen auf. Der Service ist exzellent – eine Servicekraft kümmert sich jeweils um zwei Zimmer –, engagiert und sehr höflich.

Dylan HOTEL €€€

(Karte S. 70 f.; ☎01-660 3001; www.dylan.ie; Eastmoreland Pl; Zi. ab 200 €; ❄ @ 🛜; 🚌5, 7, 7A, 8, 18, 27X oder 44 ab dem Zentrum) Im Dylan verbindet sich Barock mit schickem skandinavischem Design. Bei der Eröffnung war es ein Riesenerfolg – es passte perfekt in eine Zeit, in der es wirklich nie zu viel des Guten sein konnte. Hier kann man sich wunderbar vorstellen, wie die bessere Gesellschaft bei einem Cocktail Verträge unterzeichnete, bevor sie sich in die frischen Leinenbetttücher der hübschen Zimmer im Obergeschoss kuschelte.

RESERVIERUNGEN

Das Büro von Dublin Tourism bietet ein nützliches Computerbuchungssystem. Alternativen sind folgende Websites:

Lonely Planet (www.lonelyplanet.com/hotels)

All Dublin Hotels (www.irelandhotels.com/hotels/dublin)

Dublin City Centre Hotels (http://dublin-city-centre-hotels.com)

Dublin Hotels (www.dublinhotels.com)

Go Ireland (www.goireland.com)

Hostel Dublin (www.hosteldublin.com)

Essen

In den letzten 20 Jahren hat die Feinschmecker-Kultur einen Siegeszug in Dublin angetreten, wie es nur in einer Stadt möglich ist, die lange keine kulinarischen Highlights mehr hervorgebracht hat. Heute gibt es eine riesige Auswahl aus den verschiedensten Ländern und in jeder Preisklasse, von geschmortem Wildschwein mit Bio-Bier bis hin zu exquisiten Sternekreationen.

Rund um die Grafton Street gibt's Adressen jeder Couleur, von unkonventionellen Cafés bis zu den schicksten Restaurants, die man vor allem beim Merrion Square und Fitzwilliam Square findet. Zwischen vielen überteuerten enttäuschenden Lokalen in Temple Bar verstecken sich ein paar exzellente Optionen, die jedem Geschmack und Geldbeutel gerecht werden.

Die Northside profitiert am meisten von der kulinarischen Revolution, dort gibt's jede Menge hippe Restaurants und Cafés sowie Ethno-Lokale, vor allem an der Capel Street, die parallel zur O'Connell Street verläuft.

An Freitag- und Samstagabenden ist vor allem in den zentral gelegenen Gaststätten viel los, deshalb sollte man unbedingt vorher reservieren.

Grafton Street & Umgebung

Im südlichen Stadtzentrum reihen sich Dublins beste Restaurants aneinander. Hier kann man jeden Tag woanders und immer gut essen gehen.

Honest to Goodness PIZZA €

(Karte S. 108 f.; www.honesttogoodness.ie; 12 Dame Court; Hauptgerichte 6–15 €; 🚌alle Linien im Zentrum) Tagsüber serviert das Café im Erdgeschoss bekömmliche Sandwiches, leckere Suppen und einen fast schon legendären Sloppy Joe. Abends kommt dann im Restaurant oben die wohl beste Pizza der Stadt auf den Tisch, die sogar neapolitanischen Qualitätsstandards standhält. Großartiges Personal, wunderbare Atmosphäre.

Pepperpot CAFÉ €

(Karte S. 108 f.; www.thepepperpot.ie; Powerscourt Townhouse Shopping Centre; Hauptgerichte 5–9 €; ⌚ Mo–Mi & Fr 10–18, Do bis 20, Sa 9–18 & So 12–18 Uhr; 🚌 alle Linien im Zentrum) In dem charmanten Café im ersten Stock des Powerscourt Townhouse Shopping Centre wird jeden Tag alles frisch gebacken und zubereitet. Die Salate mit hausgemachtem Schwarzbrot sind lecker, am besten ist jedoch die Tagessuppe (4,50 €), das ideale Mittagessen.

Bunsen AMERICAN €

(Karte S. 108 f.; www.bunsen.ie; 22 Essex St E; Burger 7–10 €; ⌚ Mo–Mi 12–21.30, Do–Sa 12–22.30, So 13–21.30 Uhr; 🚌 alle Linien im Zentrum) Burger, wie sie Dublin noch nie zuvor gesehen hat: saftiges, perfekt zubereitetes erstklassiges Rindfleisch in einem hausgemachten Brötchen. Die Pommes dazu gibt's in dick, dünn und aus Süßkartoffeln. Wer möchte, kann die doppelte Portion bestellen (allerdings auf eigene Gefahr!). In der Wexford Street gibt es eine weitere **Filiale** (Karte S. 76 f.; www.bunsen.ie; 36 Wexford St; Burger 7–10 €; ⌚ Mo–Mi 12–21.30, Do–Sa 12–22.30, So 13–21.30 Uhr; 🚌 alle Linien im Zentrum).

Fallon & Byrne FEINKOST €

(Karte S. 108 f.; www.fallonandbyrne.com; Exchequer St; Hauptgerichte 5–10 €; ⌚ Mo–Mi 8–21, Do & Fr 8–22, Sa 9–21, So 11–19 Uhr; 🚌 alle Linien im Zentrum) Die Feinkostabteilung mit Weinkeller ist Dublins Antwort auf die US-Gourmetkette Dean & DeLuca. Hier kaufen Feinschmecker ihren Lieblingskäse und importierte Delikatessen ein, zudem gibt's an der Theke Mittagessen zum Mitnehmen für den gehobenen Anspruch.

Oben kredenzt eine elegante **Brasserie** (Karte S. 108 f.; ☎ 01-472 1000; Hauptgerichte 5–10 €; ⌚ 12–15 & 18–21 Uhr; 🚌 alle Linien im Zentrum) irisch geprägte mediterrane Küche.

Green Nineteen IRISCH €

(Karte S. 76 f.; ☎ 01-478 9626; www.green19.ie; 19 Lower Camden St; Hauptgerichte 10–19 €; ⌚ 8.30–23 Uhr; 📶; 🚌 alle Linien im Zentrum) 🍃 Eine beliebte Adresse in der hippen Camden Street ist dieses schicke Restaurant, das sich auf Biogerichte spezialisiert hat; alle Zutaten stammen aus der Gegend und die Preise sind überraschend fair. Es gibt Lammkoteletts, Corned Beef, Hähnchenschmorbraten und die allgegenwärtigen Burger, aber auch Salate und vegetarische Speisen.

Neon ASIATISCH €

(Karte S. 76 f.; ☎ 01-405 2222; www.neon17.ie; 17 Lower Camden St; Hauptgerichte 10–12 €; ⌚ 12–23 Uhr; 🚌 alle Linien im Zentrum) Das brillante Lokal ist auf authentisches einfaches asiatisches Essen aus Thailand und Vietnam spezialisiert. Serviert wird dieses in Boxen zum Mitnehmen, die zu Hause oder im kantinenähnlichen Essraum verzehrt werden können. Unempfindliche Gaumen wagen sich vielleicht an die sehr scharfen *pad ki mow*-Nudeln. Wer empfindlicher ist, lässt sich ein leckeres Massaman-Curry schmecken. Lieferservice ab 17 Uhr.

Bottega Toffoli ITALIENISCH €

(Karte S. 108 f.; 34 Castle St; Sandwiches & Salate 9–14 €; ⌚ Di–Mi 8–16, Do & Fr 8–21, Sa 11–20, So 13–20 Uhr; 🚌 alle Linien im Zentrum) In einer Seitenstraße, die am Dublin Castle entlangführt, versteckt sich dieses großartige italienische Café, das mit viel Liebe von seinen irisch-italienischen Besitzern betrieben wird. Zur Auswahl stehen grandiose Sandwiches – fein geschnittener Prosciutto, Cocktailtomaten und Rucolasalat mit einem Schuss importiertem Olivenöl auf hausgemachter *piadina* (eine Art rustikales Brot) – und Pizzas, die eine neapolitanische *mamma* nicht besser machen könnte.

Lemon CRÊPERIE €

(Karte S. 108 f.; 66 South William St; Crêpes ab 5 €; ⌚ Mo–Sa 9–19, So 10–18 Uhr; 🚌 alle Linien im Zentrum) Dublins bestes Crêpelokal hat Filialen an beiden Seiten der Grafton Street, eine in der South William und eine in der **Dawson Street** (Karte S. 66; 61 Dawson St; Crêpes ab 5 €; ⌚ Mo–Sa 9–19, So 10–18 Uhr). Diese servieren eine große Auswahl an süßen und herzhaften knusprig-dünnen Varianten mit leckerer Füllung sowie tollen Kaffee in geselliger Atmosphäre.

Simon's Place CAFÉ €

(Karte S. 108 f.; George's St Arcade, South Great George's St; Sandwiches 5 €; ⌚ Mo–Sa 8.30–17 Uhr; 🌿; 🚌 alle Linien im Zentrum) Simon's Suppen-und-Sandwich-Laden ist ein echter Fels in der Brandung und hält der wankelmütigen Gastroszene leckere und erschwingliche dick belegte Brote und gesunde Suppen entgegen. Tolles verlässliches Café.

Queen of Tarts CAFÉ €
(Karte S. 108 f.; www.queenoftarts.ie; 4 Cork Hill; Hauptgerichte 5–10 €; ⏲ Mo–Fr 8–19 Uhr, Sa & So 9–19 Uhr; 🚌 alle Linien im Zentrum) Das niedliche kleine Café verkauft eine leckere Auswahl an Tarts, Baisers, Streuselkuchen, Kekse und Brownies, ganz zu schweigen vom Frühstück: Die Räucherspeck-Lauch-Kartoffel-Küchlein mit Eiern und Cherrytomaten sind exzellent. Um die Ecke in der **Cow's Lane** (Karte S. 108 f.; www.queenoftarts.ie; 3–4 Cow's Lane; Hauptgerichte 5–10 €; ⏲ Mo–Fr 8–19, Sa & So 9–19 Uhr; 🚌 alle städtischen Linien) gibt's eine weitere größere Filiale.

Fade Street Social MODERN IRISCH €€
(Karte S. 108 f.; ☎ 01-604 0066; www.fadestreetsocial.com; Fade St; Hauptgerichte 19–32 €, Tapas 5–12 €; ⏲ Mo–Fr 12.30–14.30, tgl. 17–22.30 Uhr; 📶; 🚌 alle Linien im Zentrum) 🍃 Zwei Restaurants in einem Haus unter der Leitung des renommierten Kochs Dylan McGrath: Vorne serviert die betriebsame Tapas-Bar Gourmet-Snacks, zubereitet in einer schönen offenen Küche. Hinten im ruhigen Restaurant gibt's irisches Fleisch (von Kalb bis Kaninchen) an selbst angebautem Biogemüse. Oben befindet sich eine Bar. Reservierung empfohlen.

Söder + Ko ASIATISCH, FUSIONSKÜCHE €€
(Karte S. 108 f.; www.soderandko.ie; 64 South Great George's St; Gerichte 6–10 €; 🚌 alle Linien im Zentrum, 🚋 St. Stephen's Green) Das neue Restaurant eröffnete 2015 als Fusion aus skandinavischem Stil und asiatischer Küche. Ersterer ist eher unauffällig, das Essen des ehemaligen Cliff-Townhouse-Küchenchefs Kwanghi Chan hingegen eindeutig asiatisch. Auf der Speisekarte stehen Platten für mehrere Personen und Gerichte nach Tapas-Art, aufgeteilt in die Kategorien Raw (roh), Dim Sum und Hot (heiß). Die Gerichte sind exzellent und großzügig portioniert.

Bison Bar & BBQ GRILLRESTAURANT €€
(Karte S. 108 f.; ☎ 086 056 3144; www.bisonbar.ie; 11 Wellington Quay; Hauptgerichte 14 €; 🚌 alle Linien im Zentrum) Bier, Whiskey Sour und leckere Grillgerichte nach Texas-Art, die auf Wegwerftellern mit guten Beilagen wie Krautsalat oder Makkaroni mit Käse serviert werden, stehen in diesem betriebsamen Restaurant zur Auswahl. Das Cowboy-Thema wird hier ernst genommen, davon zeugen Stühle mit echten Sätteln. Hier kann man wunderbar essen, trinken und Spaß haben.

Drury Buildings ITALIENISCH €€
(Karte S. 108 f.; ☎ 01-960 2095; drurybuildings.com; 52–55 Drury St; Hauptgerichte 17,50–32 €; ⏲ tgl. 17–22.30 & Sa & So 12–15 Uhr; 🚌 alle Linien im Zentrum) Ein elegantes Restaurant im ersten Stock eines Kleiderlagers – klingt nach SoHo in New York und genau das dient hier als Vorbild. Die Küche – italienische Gerichte aus lokalen Zutaten mit internationalem

VEGETARISCHE KÜCHE

Für Vegetarier wird es in Dublin immer einfacher, denn die Hauptstadt ist inzwischen von der Meinung abgekommen, dass zu einem Essen unbedingt ein ordentliches Stück Fleisch gehört, und hat verstanden, dass bekömmliche Küche der Gesundheit zuträglich ist. Die meisten modernen Restaurants, darunter das **Yamamori** (S. 110) und das **Chameleon** (Karte S. 108 f.; ☎ 01-671 0362; www.chameleonrestaurant.com; 1 Lower Fownes St; Hauptgerichte 16,50–19,50 €; ⏲ Mo–Sa 17–23, So bis 22 Uhr; 🖉; 🚌 alle Linien im Zentrum) bieten Verfechtern der fleischlosen Kost mehr als nur die üblichen Gemüsevarianten und Hülsenfrüchte.

Blazing Salads (Karte S. 108 f.; 42 Drury St; Salate 4–9 €; ⏲ Mo–Sa 10–18, Do bis 20 Uhr; 🖉; 🚌 alle Linien im Zentrum) Das tolle Feinkostgeschäft verkauft Bio-Brot (auch Spezialsorten), Salate nach kalifornischer Art an einer Salatbar zur Selbstbedienung, Smoothies und Pizzastücke zum Mitnehmen.

Cornucopia (Karte S. 108 f.; www.cornucopia.ie; 19 Wicklow St; Hauptgerichte 10–13 €; ⏲ Mo & Di 8.30–21, Mi–Sa 8.30–22.15, So 12–21 Uhr; 🖉) Dublins bekanntestes vegetarisches Restaurant. Das großartige Lokal serviert gesunde Salate, Sandwiches und eine ständig wechselnde Auswahl warmer Hauptgerichte. Dank seiner großen Beliebtheit wurde es kürzlich um die zweite Etage erweitert.

Govinda's (Karte S. 76 f.; www.govindas.ie; 4 Aungier St; Hauptgerichte 7–10 €; ⏲ Mo–Sa 12–21 Uhr; 🖉) Authentisches Bohnen-Hülsenfrüchte-Lokal unter Leitung des Hare Krishna mit drei Filialen im Stadtzentrum. Auf den Tisch kommt ein günstiger gesunder Mix aus sättigenden und leckeren Salaten und warmen Tagesgerichten mit indischem Touch.

Temple Bar & Grafton Street

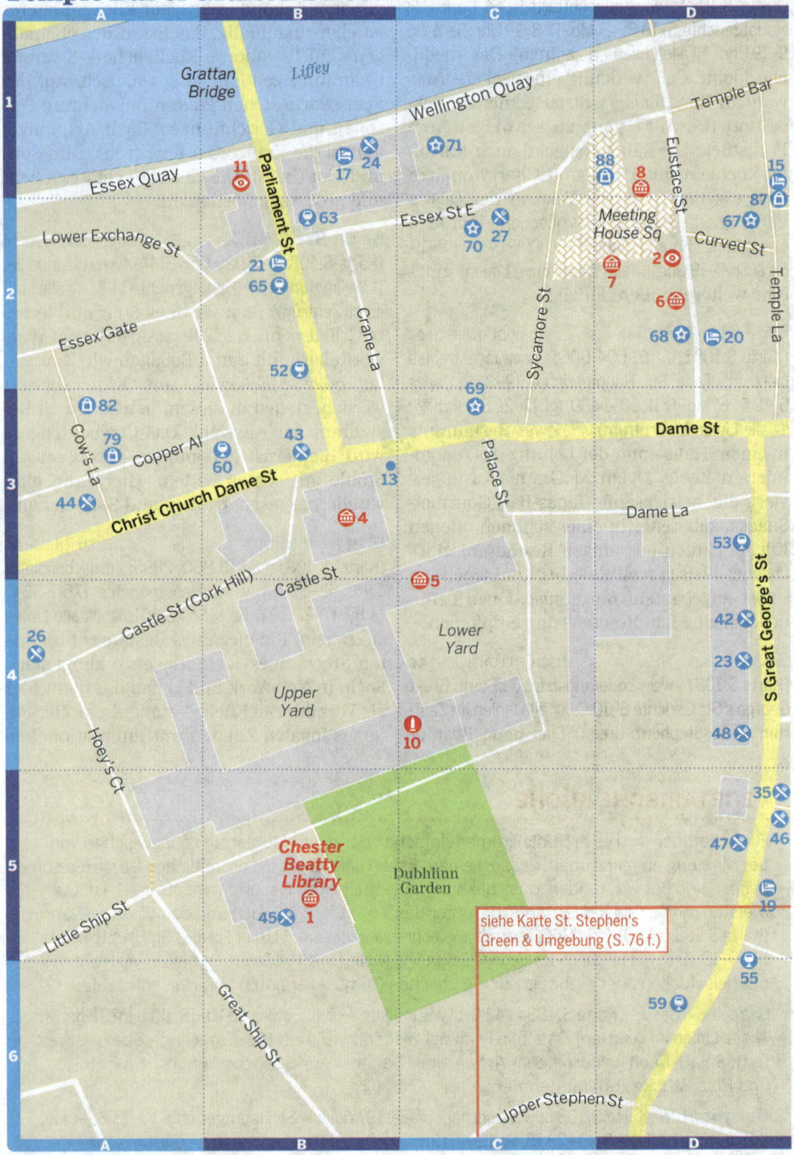

Touch – ist exzellent. Die **Cocktailbar** (Karte S. 108 f.; www.drurybuildings.com; 52–55 Drury St; Hauptgerichte 10 €; ⏲12–15 Uhr) im Erdgeschoss bietet eine italienische Mittagskarte mit Sandwiches, Salaten und anderen Leckereien.

Pitt Bros BBQ GRILLRESTAURANT **€€**
(Karte S. 108 f.; www.pittbrosbbq.com; Unit 1, Wicklow House, South Great George's St; Hauptgerichte 14 €; ⏲Mo–Fr 12–24, Sa & So 12.30 Uhr–open end; 🚌 alle Linien im Zentrum) Leckeres Barbecue nach Südstaatenart (Pulled Pork, Beef Brisket, Ripp-

chen, Wurst und halbe Hähnchen), gepaart mit lauter Musik und hipper Atmosphäre, die eher an Brooklyn, New York, als an Birmingham, Alabama, erinnert. Wer Lust auf ein Dessert hat, kann sich an der Eismaschine selbst bedienen. Einheimische stören sich daran, dass das Lokal eine Kopie der Bison Bar ist – die gut gelaunte Klientel jedoch nicht.

Coppinger Row MEDITERRAN €€

(Karte S. 108 f.; www.coppingerrow.com; Coppinger Row; Hauptgerichte 17–26 €; ⏲ Mo–Sa 12–17.30 &

Temple Bar & Grafton Street

18–23, So 12.30–16 & 18–21 Uhr; alle Linien im Zentrum) Die ständig wechselnde fantasievolle Speiseauswahl legt den Schwerpunkt auf mediterrane Fischgerichte. Zur Auswahl stehen z. B. Zackenbarsch aus der Pfanne mit gebratenem Fenchel, Tomaten und Oliven oder Lamm mit würziger Aubergine und getrockneten Aprikosen. Nettes Detail ist das gefilterte Wasser mit und ohne Kohlensäure (1 €), bei dem 50 % des Preises an die Krebsforschung gehen.

777 — MEXIKANISCH €€

(Karte S. 108 f.; www.777.ie; 7 Castle House, South Great George's St; Hauptgerichte 19–36 €; Mo–Mi 17.30–22, Do 17.30–23, Fr & Sa 17–24, So 14–22 Uhr; alle Linien im Zentrum) Besser und authentischer kann mexikanische Küche kaum sein. Die *tostadas* (knusprige Maistortillas mit verschiedenen Beilagen) und *taquitos* (gefüllte weiche Maistortillas) sind perfekt gegen den kleinen Hunger oder als Begleitung für den einen oder anderen Tequila (es gibt 22 Sorten). Sonntags kosten alle Gerichte 7,77 €.

Yamamori — JAPANISCH €€

(Karte S. 108 f.; 01-475 5001; www.yamamorinoodles.ie; 71 South Great George's St; Hauptgerichte 16–25 €, Mittags-bentos 9,95 €; 12.30–23 Uhr; ; alle Linien im Zentrum) Das hippe günstige Yamamori überzeugt mit dynamischem Service und leckerer Küche, die Sushi, Sashimi, schmackhafte Nudelgerichte und vieles mehr umfasst. Das *bentō* zählt zu den besten Mittagsangeboten der Stadt. Nördlich des Flusses gibt's eine zweite Filiale (S. 113).

Good World — CHINESISCH €€

(Karte S. 108 f.; 18 South Great George's St; Dim Sum 4–6 €, Hauptgerichte 12–20 €; 12.30–2.30 Uhr; alle Linien im Zentrum) Wohl das beste Chinarestaurant der Stadt. Am besten ignoriert man die grüne Speisekarte mit westlichen Gerichten und wählt aus der schwarzen Variante voller Speisen und Delikatessen, die sich seit 20 Jahren bei Dublins chinesischer Gemeinde großer Beliebtheit erfreuen.

L'Gueuleton — FRANZÖSISCH €€

(Karte S. 108 f.; www.lgueuleton.com; 1 Fade St; Hauptgerichte 22–26 €; Mo–Sa 12.30–15.30 & 17.30–22, So 12–15.30 & 17.30–21 Uhr; alle Linien im Zentrum) Trotz des schwer auszusprechenden Namens ist L'Gueuleton (französisch für „das große Fressen") mit seiner robusten (fleischlastigen und sättigenden) Variante rustikaler französischer Küche ein beliebter Klassiker. Einheimische wissen u. a. die großartige Zwiebelsuppe und die populären Steak frites zu schätzen. Reservierungen sind nicht möglich, stattdessen hinterlassen Gäste ihren Namen an der Tür und warten bei einem Drink darauf, aufgerufen zu werden.

Dunne & Crescenzi ITALIENISCH €€

(Karte S. 76 f.; www.dunneandcrescenzi.com; 14–16 South Frederick St; 3-Gänge-Abendmenü 35 €; Mo–Sa 8–23, So 9.30–23 Uhr; alle Linien im Zentrum) Der hervorragende Italiener erfreut seine Stammgäste mit schlichten, rustikalen Genüssen wie dem Tagesmenü aus Panini, Pasta und köstlichen Antipasti. Es ist immer voll (die Tische stehen etwas zu dicht beieinander), der Kaffee einfach perfekt und die Desserts sündhaft gut.

Green Hen FRANZÖSISCH €€

(Karte S. 108 f.; 01-670 7238; www.greenhen.ie; 33 Exchequer St; Hauptgerichte 18–26 €; tgl. 12–15, Mo–Do & So 17–23, Fr & Sa 17–1 Uhr; alle Linien im Zentrum) In diesem stilvollen Restaurant trifft New Yorks Soho auf Pariser Brasserie-Flair. Eleganz und gute Preise führen eine friedliche Koexistenz, wer also kein Geld für teure Köstlichkeiten wie Austern oder ein göttliches Hereford-Rindersteak hat, kann stattdessen das Tagesgericht (*plat du jour*) oder ein anderes Angebot bestellen. Auch die Cocktails sind spitze. Abends sollte man reservieren.

Saba ASIATISCHE FUSIONSKÜCHE €€

(Karte S. 76 f.; 01-679 2000; www.sabadublin.com; 26–28 Clarendon St; Hauptgerichte 13–19 €; 12–23 Uhr; alle Linien im Zentrum) In dem sehr beliebten thailändisch-vietnamesischen Restaurant ist der Name („fröhlicher Treffpunkt") Programm. Hier lassen sich Dubliner eine große Auswahl an südostasiatischen Gerichten und Cocktails schmecken. Die Atmosphäre ist schick und modern, und trotz des nicht ganz authentischen Essens ist ein schöner Abend garantiert.

Pichet FRANZÖSISCH €€

(Karte S. 108 f.; 01-677 1060; www.pichetrestaurant.ie; 14–15 Trinity St; Hauptgerichte 17–26 €; Mo–Sa 12–15 & 17–22, So 11–16 & 17–21 Uhr; alle Linien im Zentrum) Chefkoch Stephen Gibson, der früher im L'Ecrivain tätig war, brachte seine Version moderner französischer Küche in diesen lang gezogenen Speiseraum mit blauen Ledersesseln und vielen Fenstern. Und das Ergebnis kann sich sehen lassen: Das Essen ist vorzüglich und der Service tadellos. Im hinteren Bereich befinden sich die besten Plätze.

Sophie's @ The Dean ITALIENISCH €€
(Karte S. 76 f.; www.sophies.ie; 33 Harcourt St; Hauptgerichte 15–28 €; ⏲11–3 Uhr; 🚌10, 11, 13, 14 oder 15A, 🚊St. Stephen's Green) 2015 galt die Brasserie im Dachgeschoss als die In-Adresse schlechthin, auch wenn das freundliche Personal wenig verlässlich und das Essen – italienische Küche nach New Yorker Art mit modernem Touch – nicht so gut ist, wie es die schicke Lage und die hohen Preise vermuten lassen. Die Besitzer sind aber mit viel Leidenschaft dabei, was auf Besserung hoffen lässt.

★ Restaurant Patrick Guilbaud FRANZÖSISCH €€€
(Karte S. 76 f.; ☎01-676 4192; www.restaurantpatrickguilbaud.ie; 21 Upper Merrion St; 2-/3-Gänge-Mittagsmenü 45/55 €, Abendmenüs 90–185 €; ⏲Di–Sa 12.30–14.30 & 19.30–22.30 Uhr; 🚌7 & 44 ab dem Zentrum) Irlands einziges Zwei-Sterne-Restaurant gilt bei seinen Anhängern, die Guillaume Lebruns französische Haute Cuisine für den Ausdruck kulinarischer Kunst schlechthin halten, als das beste des Landes. Wer gerne in gehobener Atmosphäre diniert, ist hier genau richtig: Für diese Preisklasse ist das Mittagsmenü ein echtes Schnäppchen und das innovative, jedoch nicht zu verspielte Essen wird wunderbar zubereitet und großartig angerichtet.

Im Speiseraum herrscht moderne Eleganz, und der Service ist fachkundig, zurückhaltend und doch überraschend freundlich. Die Mitarbeiter durchlaufen eine gute Ausbildung, kümmern sich um jede Frage und individuelle Wünsche und stellen sicher, dass die Tische makellos sauber bleiben. Besitzer Patrick Guilbaud begrüßt seine Gäste abends oft persönlich und bewegt sie charmant zu einem erneuten Besuch. Reservierung erforderlich.

L'Ecrivain FRANZÖSISCH €€€
(Karte S. 76 f.; ☎01-661 1919; www.lecrivain.com; 109a Lower Baggot St; 3-Gänge-Mittagsmenü 40 €, 8-Gänge-Probiermenü 75 €, Hauptgerichte 40–47 €; ⏲Do & Fr 12.30–14, Mo–Sa 18.30–22 Uhr; 🚌38 & 39 ab dem Zentrum) Chefkoch Derry Clarke wird für die erlesene Schlichtheit seiner Kreationen verehrt, für die er mit französischer Raffinesse feinste lokale Zutaten zu wahrhaft göttlichen Gaumenfreuden verarbeitet. Das Essen erhält stets eine französische Note und verwandelt sich in etwas wirklich Paradiesisches. Das sah auch Michelin so und verlieh dem Restaurant einen Stern.

BAUERN- & BIOMÄRKTE

Dublin Food Co-op (Karte S. 70 f.; www.dublinfoodcoop.com; 12 Newmarket; ⏲Do–Fr 12–20, Sa 9.30–16.30 & So 11–17 Uhr; 🚌49, 54a & 77x ab dem Zentrum) Vom Hundefutter bis zum Reinigungsmittel ist in dieser Markthalle wirklich alles biologisch und/oder umweltfreundlich. Donnerstags steht nur eine begrenzte Auswahl an lokalen und importierten Waren aus fairem Handel zum Verkauf, samstags hingegen lockt eine umfangreiche Auswahl Leute aus der ganzen Stadt zum wöchentlichen Einkauf mit gutem Gewissen an. Vor Ort gibt es auch einen Bäcker und Wickelmöglichkeiten.

Coppinger Row Market (Karte S. 108 f.; Coppinger Row; ⏲Do 9–19 Uhr; 🚌alle Linien im Zentrum) Die wenigen Stände dieses wunderbaren Markts sind mit biologischen Lebensmitteln gefüllt, und der Duft von frisch gebackenem Brot, leckerem Hummus sowie anderen Köstlichkeiten lockt jede Menge Kunden an.

Harcourt Street Food Market (Karte S. 76 f.; www.irishfarmersmarkets.ie; Park Pl, Station Bldgs, Upper Hatch St; ⏲Do 10–16 Uhr; 🚌alle Linien im Zentrum) Hier gibt's Gerichte aus aller Welt mit Biogemüse, -käse, -oliven und -fleisch.

Temple Bar Farmers Market (Karte S. 108 f.; Meeting House Sq; ⏲Sa 9–16.30 Uhr; 🚌alle Linien im Zentrum) Dieser kleine Markt lädt zu einem herrlichen Samstagvormittag ein. Er punktet mit Gourmethäppchen aus biologischem Anbau, die ausschließlich von regionalen Herstellern stammen. Von Sülze bis hin zu Wildblumen könnte man eine komplette Speisekammer mit den dargebotenen Köstlichkeiten füllen.

Mehr Infos zu Bauern- und Biomärkten findet man unter www.irishfarmersmarkets.ie, www.irishvillagemarkets.com und auf den Websites von Kreisverwaltungen wie www.dlrcoco.ie/markets.

Thornton's FRANZÖSISCH €€€
(Karte S. 76 f.; ☎ 01-478 7000; www.thorntonsrestaurant.com; 128 St. Stephen's Green W; 2-/3-Gänge-Mittagsmenü 35/45 €, Abend-Probiermenüs 75–85 €; ⏰ Di–Sa 12.30–14 & 19–22 Uhr; 🚌 alle Linien im Zentrum) Kevin Thornton, der geniale Küchenchef, gibt modernen französischen Speisen einen kreativ-irischen Touch. Das Ergebnis ist wunderbare Sterneküche, die saftige Meeresfrüchte und Fleischgerichte wie Lende vom Wicklow-Milchlamm umfasst. Gelegentlich begrüßt Kevin seine Gäste persönlich und erklärt seine Kreationen. Reservierung erforderlich.

Shanahan's on the Green STEAKHAUS €€€
(Karte S. 76 f.; ☎ 01-407 0939; www.shanahans.ie; 119 St. Stephen's Green W; Hauptgerichte 35–49 €; ⏰ Mo–Do, Sa & So ab 18, Fr ab 12 Uhr; 🚌 alle Linien im Zentrum) Natürlich kann man hier Fisch oder Gemüse bestellen, dann würde man sich jedoch die Spezialität dieses wunderbar eleganten Steakhauses entgehen lassen: die besten Stücke des saftig-zarten irischen Angusrinds, die man sich vorstellen kann. Das Ambiente ist gehoben amerikanisch; Herzstück der Bar im Erdgeschoss namens Oval Office ist ein Schaukelstuhl, der einst John F. Kennedy gehörte.

Cliff Townhouse IRISCH €€€
(Karte S. 76 f.; ☎ 01-638 3939; www.theclifftownhouse.com; 22 St. Stephen's Green N; Hauptgerichte 19–35 €; ⏰ Mo–Sa 12–14.30 & 18–23, So 12–16 & 18–22 Uhr; 🚌 alle Linien im Zentrum) Auf Sean Smiths Karte stehen irische Köstlichkeiten wie Pastete mit Fisch aus Warrenpoint, Schweinefilet aus Biozucht, Wildlende und Fish 'n' Chips. Der Speiseraum ist äußerst elegant, dank jeder Menge weißem Leinen, wunderschöner Kunst an den Wänden und tiefblauen Ledersitzecken.

The Liberties & Kilmainham

Zwischen Fast-Food-Lokalen und fettigen Imbissen locken ein tolles Café und Dublins bekannteste Fish 'n' Chips.

★ **Fumbally Café** CAFÉ €
(Karte S. 70 f.; Fumbally Lane; Hauptgerichte 5–8 €; ⏰ Mo–Sa 8–17 Uhr; 🚌 49, 54a & 77x ab dem Zentrum) Dublins inoffizieller Hipster-Treffpunkt. Dieses lichtdurchflutete Lagerhaus-Café mit bodenhohen Fenstern, in dem Pärchen in Röhrenjeans und Knöchelturnschuhen auf ihren Laptops die genaueren Details ihres Start-Up-Pitchs ausarbeiten, serviert exzellenten Kaffee und leckere Sandwiches.

Leo Burdock's FISH & CHIPS €
(Karte S. 70 f.; 2 Werburgh St; Fish 'n' Chips 10 €; ⏰ Mo–Sa 12–24, So 16–24 Uhr; 🚌 alle Linien im Zentrum) Der bekannteste Fish-'n'-Chips-Laden der Stadt lebt vor allem von seinem Ruf und nicht von der Qualität des Fisches, denn die ist nicht besser als in jedem anderen anständigen Fish-'n'-Chips-Lokal in Dublin. Die Schlangen zeugen jedoch davon, dass der Laden gut von seinem Ruf leben kann.

Nördlich der Liffey

Dublins kulinarische Revolution sorgte für einschneidende Veränderungen in der Gastronomieszene der Northside, die mittlerweile mit einer Reihe charmanter Cafés, Mittelklasserestaurants und jeder Menge ethnischer Lokale aufwartet.

Third Space CAFÉ €
(Karte S. 70 f.; www.thirdspace.ie; Unit 14, Block C, Smithfield Market; Sandwiches 6 €; ⏰ Mo, Di & Fr 8–19, Mi & Do 8–21.30, Sa 9.30–17 Uhr; 🚊 Smithfield) Dieses entzückende Café in Smithfield zählt zu den einladendsten der Stadt und serviert tolle Sandwiches, Wraps & Baps, eine Tarte des Tages sowie Wein im Glas. An einem der Fensterplätze kann man sich wunderbar mit einem guten Buch entspannen. Das Personal ist großartig.

Brother Hubbard CAFÉ €
(Karte S. 90 f.; 153 Capel St; Gerichte 7–10 €; ⏰ Mo–Fr 8–17.30, Sa 10–17 Uhr; 🚌 alle Linien im Zentrum, 🚊 Jervis) Neben exzellenten Baristas (die Bohnen stammen vom Kaffeeexperten 3FE) hat dieses Café mit kleinem Garten im Hinterhof auch eine leckere Auswahl an Sandwiches, Fladenbrot (2015 sehr angesagt) und Salaten. Ein hübscher Ort zum Verweilen.

Da Mimmo's ITALIENISCH €
(www.damimmo.ie; 148 North Strand Rd; 2-Gänge-Mittagsmenü 8,50 €, Hauptgerichte abends 9–13 €; ⏰ 10.30–23 Uhr; 🚌 53 ab Talbot St) Früher mal ein traditioneller Fish & Chips-Imbiss, bis es vom Sohn der ursprünglichen Besitzer in ein Restaurant verwandelt wurde. Heute gibt es hier die wohl beste italienische Küche der Stadt. Von Bresaola und Parmesan als Vorspeise bis hin zu Lasagne ist hier alles so authentisch wie in Tinos Heimatstadt Casalattico (zwischen Neapel und Rom).

★ **Musashi Noodles & Sushi Bar** JAPANISCH €€
(Karte S. 90 f.; ☎ 01-532 8057; www.musashidublin.com; 15 Capel St; Hauptgerichte 13–17 €; ⏰ 12–

22 Uhr; alle Linien im Zentrum, Jervis) Von solch einer authentischen japanischen Küche, wie sie in diesem hübschen Lokal mit gedämpfter Beleuchtung auf den Tisch kommt, konnte man in Dublin früher nur träumen. Die *bentō*-Angebote zur Mittagszeit sind echte Schnäppchen und neben rohem Fisch gibt's eine große Auswahl an japanischen Spezialitäten. Alkoholische Getränke muss man mitbringen und darf sie gegen eine Entkorkungsgebühr trinken. Abends sollte man reservieren.

Woollen Mills MODERN IRISCH €€
(Karte S. 90 f.; www.thewoollenmills.com; 42 Lower Ormond Quay; Sandwiches 10–11 €, Hauptgerichte 15–26 €; Mo–Fr 9–23, Sa 9–16 & 17–23, So 12–16 & 17–22.30 Uhr; alle Linien im Zentrum) Recht neues Restaurant, das sich als moderne irische Brasserie gibt. Auf zwei Etagen kommt hier eine veredelte Version irischer Hausmannskost auf den Tisch, von leckeren Sandwiches bis zu geräuchertem Schweinebauch. Über 100 Jahre lang beherbergte das Gebäude einen beliebten Strickladen (James Joyce arbeitete einst hier), man speist also in geschichtsträchtigen Hallen.

Wuff INTERNATIONAL €€
(Karte S. 70 f.; 23 Benburb St; Hauptgerichte 18–22 €; Mo–Mi 7.30–16, Do & Fr 7.30–22, Sa 10–22, So 10–16 Uhr; 25, 25A, 66, 67 ab dem Zentrum, Museum) Hier gibt's exzellentes Frühstück und Brunch – die pochierten Eier mit Trüffel an Toast mit Gruyère sind köstlich – sowie leckere Hauptgerichte am Abend mit Fisch, Ente, Rind und Gemüse.

Yamamori Sushi JAPANISCH €€
(Karte S. 90 f.; www.yamamorinoodles.ie; 38–39 Lower Ormond Quay; Sushi 4–4,50 €, Hauptgerichte 17–35 €; 12–22.30 Uhr; alle Linien im Zentrum) Das Schwesterlokal des alteingesessenen Yamamori in der South Great George's Street (S. 110) verteilt sich auf zwei umgebaute georgianische Häuser mit Bambusgarten und kredenzt auf souveräne Weise jede Menge beliebte japanische Klassiker, von dampfenden Schüsseln mit *rāmen*-Nudeln bis hin zu leckerem *nami moriawase* (Sushi-Teller).

Hot Stove MODERN IRISCH €€
(Karte S. 90 f.; www.thehotstoverestaurant.com; 38–39 Parnell Sq W; Hauptgerichte 22–30 €; Di–Fr 12–14.30 & 17–21.30, Sa 17.30–22 Uhr; 3, 10, 11, 13, 16, 19 oder 22 ab dem Zentrum) In dem eleganten Restaurant werden wunderbar zubereitete irische Gerichte aus lokalen Zutaten wie Schweinebauch, eine wechselnde Auswahl an Fischspeisen und das typische Steak serviert. Die Weinkarte ist exzellent und der Service erstklassig.

★ **Chapter One** MODERN IRISCH €€€
(Karte S. 90 f.; 01-873 2266; www.chapteronerestaurant.com; 18 North Parnell Sq; 2-Gänge-Mittagsmenü 50 €, 4-Gänge-Abendmenü 85 €; Di–Fr 12.30–14, Di–Sa 19.30–22.30 Uhr; 3, 10, 11, 13, 16, 19 oder 22 ab dem Zentrum) Tadellose Haute Cuisine und die entspannte, einladende Atmosphäre machen das Sternerestaurant im Untergeschoss des Dublin Writers Museum zu unserer Lieblingsadresse für gehobene Küche in der Stadt. Serviert wird französisch inspirierte moderne irische Küche, die Auswahl wechselt ständig und der Service ist exzellent. Das Drei-Gänge-Theatermenü (37,50 €) ist eine tolle Option, wenn man einen Besuch des Gate (S. 127) um die Ecke plant.

Winding Stair MODERN IRISCH €€€
(Karte S. 90 f.; 01-873 7320; www.winding-stair.com; 40 Lower Ormond Quay; 2-Gänge-Mittagsmenü 20 €, Hauptgerichte 21–28 €; 12–17 & 17.30–22.30 Uhr; alle Linien im Zentrum) Früher war in diesem schönen georgianischen Haus die beliebteste Buchhandlung der Stadt untergebracht. Heute nimmt sie immer noch das Erdgeschoss ein, aber die obere Etage beherbergt nun ein Restaurant, das mit einer tollen Kombination aus irischen Spezialitäten (sahnige Fischpasteten, Schinken und Biokohl, gedünstete Muscheln und irischer Bauernkäse) und hervorragenden Weinen Gäste anlockt.

Morrison Grill INTERNATIONAL €€€
(Karte S. 90 f.; 01-878 2999; www.morrisonhotel.ie; Morrison Hotel, Lower Ormond Quay; Hauptgerichte 18–31 €; 12–22 Uhr; alle Linien im Zentrum) Das Hauptrestaurant des frisch umgebauten Morrison Hotel ist auf Speisen spezialisiert, die in Irlands einzigem Josper-Indoor-Grillofen zubereitet werden. Wer Steaks, Burger und gegrillten Fisch nicht mag, findet eine Auswahl an verschiedenen Hauptgerichten, am köstlichsten sind jedoch die bei über 260 Grad gegarten Leckereien.

Docklands

Die Wirtschaftskrise hat der Eröffnung einiger Restaurants in den Docklands einen Strich durch die Rechnung gemacht, trotzdem gibt's ein paar ausgezeichnete Lokale.

Ely Bar & Brasserie FUSIONSKÜCHE €€
(Karte S. 94 f.; www.elywinebar.ie; Custom House Quay; Hauptgerichte 14–29 €; Mo–Fr 12–15 & 18–22, Sa 13–16 & 18–22 Uhr; Grand Canal Dock) Umwerfend leckere hausgemachte Burger, *bangers and mash* (Bratwurst und Kartoffelbrei) und Salat mit geräuchertem Wildlachs sind nur ein paar der Leckereien in dem umgebauten Tabaklagerhaus im International Financial Services Centre (IFSC). Das Essen besteht ausschließlich aus Bioprodukten vom familieneigenen Bauernbetrieb im County Clare und ist von erstklassiger Qualität.

Herbstreet FUSIONSKÜCHE €€
(Karte S. 94 f.; www.herbstreet.ie; Hanover Quay; Hauptgerichte 13–19 €; Mo–Fr 8.30–22, Sa & So 10–16 Uhr; Grand Canal Dock) Energiesparende Handtrockner, 1-Watt-LED-Birnen, gebrauchte Möbel und ausschließlich europäische Weine: In diesem Restaurant nimmt man die Verantwortung gegenüber der Umwelt sehr ernst. Ein Großteil der Lebensmittel stammt aus der Region, das Highlight ist jedoch die großartige durchweg leckere Brunch-Auswahl (Pfannkuchen, irisches Frühstück, Rührei nach mexikanischer Art etc.).

Quay 16 FUSIONSKÜCHE €€€
(Karte S. 94 f.; 01-817 8760; www.mvcillairne.com; MV Cill Airne, North Wall Quay; Bargerichte 4–12 €, Hauptgerichte 19–32 €; Mo–Fr 12–15, Mo–Sa 18–22 Uhr; Grand Canal Dock) 1961 wurde die MV *Cill Airne* als Passagierlinienschiff in Betrieb genommen, mittlerweile liegt sie aber dauerhaft an den Nordkais und dient dort als Bar, Bistro sowie edles Restaurant. Die Gerichte wie in Himalaya-Salz gepökeltes Filet und gebratener Zackenbarsch sind sachkundig zubereitet, auch die Weine können sich sehen lassen.

Jenseits des Grand Canal

In den schicken Vororten südlich und südöstlich der Innenstadt gibt es einige exzellente Restaurants.

Paulie's Pizza ITALIENISCH €€
(Karte S. 70 f.; www.juniors.ie; 58 Upper Grand Canal St; Pizzas 12–17 €; 18–22 Uhr; ; 3 ab dem Zentrum, Grand Canal Dock) Herzstück dieses hübschen, teils lauten Restaurants ist der neapolitanische Pizzaofen, in dem mit die besten Pizzas der Stadt entstehen. Margheritas, *biancas* (ohne Tomatensoße), Calzoni und die neapolitanischen Spezialitäten sind ein wahrer Genuss, es gibt aber auch ein paar lokale Kreationen.

Juniors Deli & Cafe ITALIENISCH €€
(Karte S. 70 f.; 01-664 3648; www.juniors.ie; 2 Bath Ave; Hauptgerichte 17–26 €; Mo–Fr 8.30–14.30 & 17.30–22, Sa 11–15 & 17.30–22.30, So 11–15.30 Uhr; 3 ab dem Zentrum, Grand Canal Dock) Oft wird das beengte Juniors vorschnell als altes Café abgetan, dabei ist dieser Laden alles andere als gewöhnlich. Sein Design imitiert bewusst ein New Yorker Deli; das italienisch beeinflusste Essen mit ausschließlich lokal hergestellten Zutaten schmeckt einfach köstlich, die Atmosphäre ist stets lebhaft und das Ethos schlichtweg vorbildlich. Wegen der großen Beliebtheit bekommt man hier allerdings nur schwer einen Tisch.

Ausgehen & Nachtleben

Dreh- und Angelpunkt des gesellschaftlichen Lebens in Dublin ist das Pub, wobei sich seit der Zeit traditioneller Kneipen, in denen sich Gäste mit Schiebermützen ein Pint Guinness genehmigten, einiges geändert hat (auch wenn es diese noch immer gibt!). Die Stadt bietet etwas für jeden Geschmack und bei vielen Besuchern steht eine Tour durch die legendären Kneipen und Bars ganz oben auf der To-do-Liste.

Die berühmten *last orders* werden montags bis donnerstags um 23.30 Uhr, freitags und samstags um 0.30 Uhr und sonntags um 23 Uhr entgegengenommen – nun bleiben Besuchern noch genau 30 Minuten zum Austrinken. Viele Pubs im Zentrum haben jedoch eine Sonderlizenz, die es ihnen erlaubt, bis 1.30 bzw. 2.30 Uhr auszuschenken.

Seit so viele Bars erst später schließen – und dafür keinen Eintritt verlangen – ist die Ära der Nachtclubs in Dublin fast vorüber. Eine Handvoll recht beliebter Läden gibt's aber immer noch, auch wenn die meisten DJs bloß ihr Routineprogramm abspulen.

Die beliebtesten Clubnächte sind Donnerstag bis Samstag. Die meisten von ihnen verlangen vor 23 Uhr keinen Eintritt, danach werden 6 bis 10 € fällig.

Grafton Street & Umgebung

★ **John Mulligan's** PUB
(Karte S. 90 f.; 8 Poolbeg St; Mo–Do 10.30–23.30, Fr & Sa bis 0.30, So 12–23 Uhr; alle Linien im Zentrum) Die großartige alte Kneipe hat sich seit ihrer Eröffnung 1782 kaum verändert. Ihr Guinness gehört zu den besten in Dublin und lockt eine bunt gemischte Stammkundschaft an. Das Pub liegt abseits der Fleet Street vor der östlichen Grenze von Temple Bar.

CAFÉKULTUR & DIE BESTEN KAFFEESORTEN

In ganz Dublin trifft man Kaffeejunkies auf der Suche nach dem nächsten Koffeinkick. Eine Option sind die verschiedenen Ketten wie die berühmte aus Seattle, als bessere Wahl gelten allerdings eigenständige örtliche Cafés.

Clement & Pekoe (Karte S. 76 f.; www.clementandpekoe.com; 50 South William St; Mo–Fr 8–19, Sa 10–18, So 12–18 Uhr; alle Linien im Zentrum)

Brother Hubbard (S. 113)

Wall and Keogh (Karte S. 70 f.; www.wallandkeogh.ie; 45 South Richmond St; Mo–Fr 8.30–20.30, Sa & So 11–19 Uhr; alle Linien im Zentrum)

Kaph (Karte S. 108 f.; 31 Drury St; Mo–Sa 9–18, So 12–18 Uhr; alle Linien im Zentrum)

★ Stag's Head PUB

(Karte S. 108 f.; www.louisfitzgerald.com/stagshead; 1 Dame Ct; Mo–Sa 10.30–1, So bis 24 Uhr; alle Linien im Zentrum) 1770 errichtet, 1895 umgebaut und seitdem zum Glück nicht ein bisschen verändert: Das prächtige Stag's Head ist so malerisch, dass es oft als Filmkulisse genutzt wird und es sogar bis zum Briefmarkenmotiv geschafft hat. Zweifellos ein klasse Pub!

★ Mother CLUB

(Karte S. 108 f.; twitter.com/motherdublin; Copper Alley, Exchange St; Eintritt 10 €; Sa 23–3.30 Uhr; alle Linien im Zentrum) Der beste Nachtclub der Stadt ist ein Schwulentreff, heißt aber Partygänger jeder sexuellen Orientierung willkommen. Sensationelle DJs legen eine Mischung aus Discomusik, modernem Synthie-Pop und anderen tanzbaren Rhythmen auf.

Kehoe's PUB

(Karte S. 108 f.; 9 South Anne St; Mo–Do 10.30–23.30, Fr & Sa bis 0.30, So 12–23 Uhr; alle Linien im Zentrum) In diesem zentral gelegenen Pub herrscht meistens eine grandios gute Stimmung, deshalb ist es bei einem breiten Publikum beliebt. Es gibt eine bezaubernde viktorianische Bar, ein wunderschönes Nebenzimmer sowie zahlreiche andere kleine Ecken und Winkel. Die Getränke werden oben im ehemaligen Wohnzimmer des Gastwirts serviert, das immer noch so aussieht, als würde es als solches genutzt.

Long Hall PUB

(Karte S. 108 f.; 51 South Great George's St; Mo–Do 10.30–23.30, Fr & Sa bis 0.30, So 12–23 Uhr; alle Linien im Zentrum) Dank ihrer absolut verführerischen viktorianischen Pracht zählt die Long Hall zu den schönsten und beliebtesten Kneipen der Stadt. Die verzierten Schnitzereien hinter der Bar und die eleganten Kronleuchter sind besonders beeindruckend. Außerdem verstehen die Barkeeper ihr Handwerk, was in Dublin inzwischen leider keine Selbstverständlichkeit mehr ist.

37 Dawson St. BAR

(Karte S. 76 f.; 01-902 2908; www.37dawsonstreet.ie; 37 Dawson St; Mo–Do 10.30–23.30, Fr & Sa bis 0.30, So 12–23 Uhr; alle Linien im Zentrum) Antiquitäten, auffällige Kunst und dekorativer Krimskrams schmücken diese neue Bar, die sich schnell zu einer Lieblingsadresse Trendbewusster entwickelt hat. Im hinteren Teil befindet sich mittlerweile eine Whiskeybar im Stil der 1950er-Jahre, die zu einem gepflegten Scotch-Abend einlädt. Oben serviert ein elegantes Restaurant einen großartigen Brunch.

Anseo BAR

(Karte S. 76 f.; 18 Lower Camden St; Mo–Do 10.30–23.30, Fr & Sa bis 0.30, So 11–23 Uhr; alle Linien im Zentrum) Unprätentiös, ungekünstelt und überaus beliebt – so präsentiert sich diese alternative Bar („an-*schuh*" gesprochen). Sie zieht vor allem Leute an, die nach dem Motto „Sich zu sehr zu bemühen ist viel schlimmer als überhaupt nicht" leben. Die Musikauswahl ist bunt gemischt und reicht von Peggy Lee bis Lee Perry.

No Name Bar BAR

(Karte S. 108 f.; 3 Fade St; Di–Sa bis 1.30 Uhr; alle Linien im Zentrum) Ein unauffälliger Eingang direkt neben dem trendigen französischen Restaurant L'Gueuleton führt nach oben zu einer der hübschesten Bars der Stadt. Sie besteht aus drei riesigen Räumen in einem restaurierten viktorianischen Stadthaus und einem recht großen beheizten Patio für Raucher. Es gibt weder einen Namen noch ein Schild, deswegen sprechen Gäste einfach von der No Name Bar bzw. von der Number 3 (für echte Insider!).

Oliver St. John Gogarty PUB

(Karte S. 108 f.; 58–59 Fleet St; Mo–Do 10.30–23.30, Fr & Sa bis 0.30, So 12–23 Uhr; alle Linien im Zentrum) In dieser Bar trifft man kaum auf Einheimische. Die sorgfältig in Szene gesetzte „authentisch"-traditionelle irische Kultur

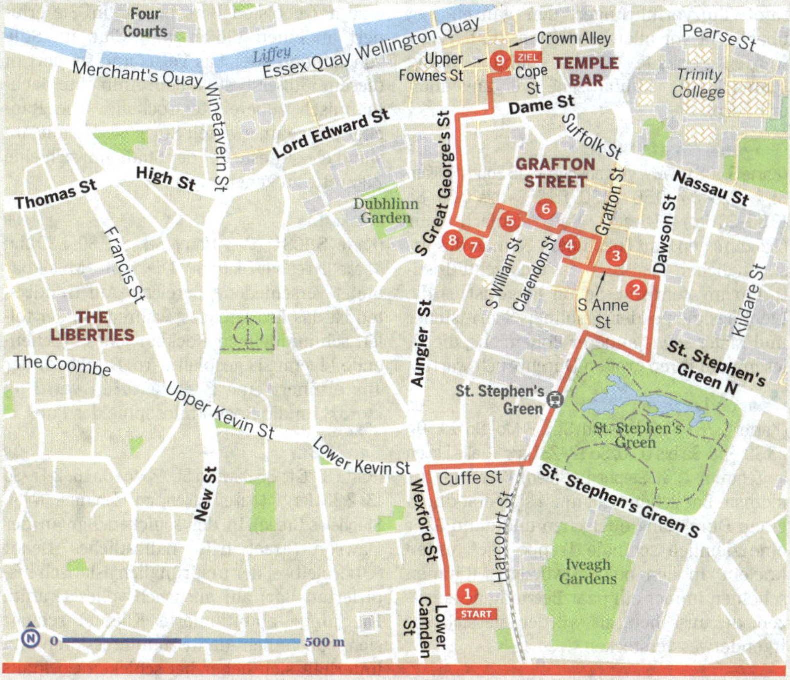

Spaziergang
Kneipentour durch Dublin

START LOWER CAMDEN STREET
ZIEL CROWN ALLEY
LÄNGE/DAUER 2 KM; 1 STD.–2 TAGE

Wenn es darum geht, sich vorm Spazierengehen zu drücken, um stattdessen ins nächste Pub zu ziehen, lassen sich die Einheimischen bisweilen originelle Ausreden einfallen. Bei dieser Tour durch Dublins beste Kneipen ist das gar nicht nötig – und man kann sich nebenher noch ein bisschen gesellschaftlich und kulturell bilden.

Den Anfang macht das fantastische 1 **Anseo** (S. 116), wo sich die trendbewusste Partymeute mit dem gemeinen Volk mischt und jeder zum Rhythmus der DJ-Klänge wippt. Im Herzen der Innenstadt kann man sich dann mit den stilbewussten Gästen der 2 **Sam's Bar** (S. 118) vergnügen. Das nächste Pint wird im wunderbar altmodischen 3 **Kehoe's** (S. 116) in der South Anne Street geleert, in dem eine grandiose Stimmung herrscht. Danach steuert man das 4 **Bruxelles** (S. 118) an, zu erkennen an der Phil-Lynott-Bronzestatue. Ein toller Treff für Rockfans, selbst wenn die Musik nur aus der Anlage kommt. In der traditionellen 5 **Grogan's Castle Lounge** (S. 118), die sich bewusst jeglicher Modernisierung entgegensetzt, diskutieren frustrierte Schriftsteller und Künstler über ihr verkanntes Talent. Auf der anderen Straßenseite im Untergeschoss des Powerscourt Townhouse Shopping Centre wiederum dreht sich im 6 **Pygmalion** (S. 118) alles ums Hier und Jetzt. Ein paar Straßen entfernt stößt man in der Fade Street auf zwei weitere angesagte Bars: Die elegante und diskrete 7 **No Name Bar** (S. 116) im Obergeschoss und das 8 **Hogan's** (S. 118) an der Ecke zur South Great George's Street, seit gefühlten Ewigkeiten eines der Lieblingspubs der Stadt.

Zum Abschluss wandert man nach Temple Bar und klingelt beim 9 **Vintage Cocktail Club** (S. 118); hinter einer Stahltür an der Crown Alley lässt sich eine attraktive Klientel Cocktails und leckere Snacks schmecken. Wer alle Stationen abgehakt hat, wird nun vermutlich etwas wackelig auf den Beinen sein ...

samt Tanzvorführungen den ganzen Tag über lockt vor allem Touristen an. Serviert werden Gerichte, die an Dublins wenig schmackhafte kulinarische Vergangenheit erinnern.

Grogan's Castle Lounge PUB
(Karte S. 108 f.; www.groganspub.ie; 15 South William St; ⏲ Mo–Do 10.30–23.30, Fr & Sa bis 0.30, So 12.30–23 Uhr) Dieses Pub, einfach nur Grogan's genannt (nach dem Namen des ursprünglichen Besitzers), ist eine echte Institution im Zentrum. Schon lange ist es die Lieblingskneipe der Dubliner Schriftsteller und Maler sowie anderer Bohemiens, die allesamt auf ihren großen Durchbruch warten.

Dawson Lounge PUB
(Karte S. 76 f.; 25 Dawson St; ⏲ Mo–Do 10.30–23.30, Fr & Sa bis 0.30, So 12–23 Uhr; 🚌 alle Linien im Zentrum, 🚋 St. Stephen's Green) Wer Dublins kleinste Bar sehen will, muss sich erst durch einen Durchgang quetschen und dann über eine ziemlich schmale Treppe nach unten kraxeln. In den beiden winzigen Räumen scheinen immer ein paar Betrunkene zu sitzen, die aussehen, als würden sie sich vor irgendetwas verstecken.

Pygmalion BAR
(Karte S. 108 f.; ☎ 01-674 6712; www.bodytonicmusic.com; Powerscourt Townhouse Shopping Centre, 59 South William St; ⏲ Di–Sa bis 1.30 Uhr; 🚌 alle Linien im Zentrum) Das „Pyg" zählt aktuell zu den bestbesuchten Bars der Stadt und lockt mit seinen Bierkrügen für 10 €, durchdringender Musik sowie labyrinthartigen Ecken und Nischen – perfekt für frisch Verliebte – vor allem Studenten an. Der Besitzer hat die Wände mit Teppich verkleidet – vielleicht als Vorsichtsmaßnahme, falls es auf der Tanzfläche zu wild wird?

Hogan's BAR
(Karte S. 108 f.; 35 South Great George's St; ⏲ Mo–Mi 13–23.30, Do bis 1, Fr & Sa bis 2.30, So 16–23 Uhr; 🚌 alle Linien im Zentrum, 🚋 St. Stephen's Green) Unter der Woche entspannen sich in dieser großen modernen Bar junge Berufstätige sowie Restaurant- und Barpersonal nach Feierabend. Am Wochenende sorgen hingegen exzellente DJs mit durchdringender Musik für jede Menge Stimmung.

Vintage Cocktail Club BAR
(Karte S. 108 f.; Crown Alley; ⏲ Mo–Fr 17–1.30, Sa & So ab 12.30 Uhr; 🚌 alle Linien im Zentrum) Hinter dem unscheinbaren unbeleuchteten Eingang mit der Aufschrift „VCC" verbirgt sich eine der coolsten Bars in Dublin. Sie erinnert an einen 1960er-Jahre-Club im Stile von London oder Las Vegas und serviert in diesem äußerst stilvollen Ambiente fachmännisch zubereitete Cocktails. Die Raucherlounge im zweiten Stock ist der mit Abstand eleganteste Ort der Stadt, um sich eine Zigarette zu genehmigen.

Bruxelles PUB
(Karte S. 108 f.; 7–8 Harry St; ⏲ 9.30–1.30 Uhr; 🚌 alle Linien im Zentrum) Die laute Musikbar bietet verschiedene Bereiche. Am trendigsten ist das Erdgeschoss, während in der tollen schmuddeligen Rockbar jedes Wochenende Livemusik gespielt wird. Direkt vor der Tür erinnert eine **Bronzestatue von Phil Lynott** an die Rock-Philosophie des Pubs.

Sam's Bar BAR
(Karte S. 76 f.; 36 Dawson St; ⏲ Mo–Do 16–2, Fr–So 13–2.30 Uhr; 🚌 alle Linien im Zentrum, 🚋 St. Stephen's Green) In der schicken Bar an der Dawson Street trifft nahöstliches Dekor (Überbleibsel der ursprünglich asiatisch inspirierten Bar) auf anspruchsvolles Graffiti. Die junge ambitionierte Klientel scheint sich jedoch nicht dafür zu interessieren und unterhält sich lieber bei schicken Cocktails über ihr erfolgreiches Leben.

James Toner's PUB
(Karte S. 76 f.; 139 Lower Baggot St; ⏲ Mo–Do 10.30–23.30, Fr & Sa bis 0.30, So 12–23 Uhr; 🚌 7 & 44 ab dem Zentrum) Das Toner's mit seinen Steinböden und gemütlicher Einrichtung hat sich über die Jahre kaum verändert und kommt im Zentrum einem ländlichen Pub wohl am nächsten. Regale und Schubladen erinnern daran, dass in dem Raum einstmals ein Lebensmittelgeschäft untergebracht war.

Hartigan's PUB
(Karte S. 76 f.; 100 Lower Leeson St; ⏲ Mo–Do 10.30–23.30, Fr & Sa bis 0.30, So 12–23 Uhr; 🚌 alle Linien im Zentrum) Tagsüber zieht das wohl spartanischste Pub der Stadt zahlreiche Stammkunden an, die das ruhige schnörkellose Ambiente schätzen und sich langsam volllaufen lassen. Abends trifft man in dem Laden vor allem Medizinstudenten des University College Dublin (UCD).

O'Donoghue's PUB
(Karte S. 76 f.; 15 Merrion Row; ⏲ Mo–Do 10.30–23.30, Fr & Sa bis 0.30, So 12–23 Uhr; 🚌 alle Linien im Zentrum) In Dublins einst berühmtester traditioneller Musikbar begann in den 1960er-Jahren die Karriere der weltbekann-

EIN PERFEKTES PINT ZAPFEN

Wie eine japanische Teezeremonie ist das Zapfen eines perfekten Guinness teils Ritual, teils Show und teils Logik. Jeder anständige Dubliner Barkeeper durchläuft dabei fünf Stufen.

Das Glas

Man nehme ein trockenes sauberes 20 Unzen (568 ml) fassendes Pintglas. Aufgrund der Tulpenform kann die Kohlensäure seitlich absinken, zudem sorgt die Ausbuchtung auf halbem Weg dafür, dass die wieder nach oben steigenden Bläschen in die Mitte des Pints gedrückt werden.

Der Winkel

Das Glas wird in einem Winkel von 45 Grad unter den Zapfhahn gehalten, wobei dieser das Glas nicht berühren sollte.

Das Zapfen

Wenn das Glas zu etwa drei Vierteln gefüllt ist, wird es auf der Theke abgestellt, damit sich das Bier setzen kann.

Die Schaumkrone

Während das Bier in das Glas fließt, durchläuft es mit großer Geschwindigkeit einen Durchflussbegrenzer, der Kohlensäurebläschen produziert. Im Glas sinken diese seitlich ab, steigen dann dank der Ausbuchtung mittig auf und bilden eine schöne cremige Schaumkrone. Dieser Prozess dauert in der Regel ein paar Minuten.

Das Finish

Hat sich das Bier gesetzt, wird das Guinness vom Barkeeper noch mit einer gewölbten Schaumkrone versehen, die etwas über den Rand hinausragt. Fertig ist das perfekte Pint!

Pubs mit dem perfekten Pint

Nun steht der Suche nach dem perfekten Pint nichts mehr im Wege. Jenes in der Gravity Bar (S. 84) ist gut, allerdings fehlt eine wichtige Zutat: Atmosphäre, wie sie nur ein traditionelles Pub bietet.

Kehoe's (S. 116) Bei Einheimischen und Touristen beliebter Klassiker.

John Mulligan's (S. 115) Die perfekte Kulisse für ein perfektes Pint.

Grogan's Castle Lounge (S. 118) Hohe Qualität aufgrund anspruchsvoller einheimischer Klientel.

Fallon's (S. 121) Jahrhundertelange Erfahrung.

ten Folkband The Dubliners. An Sommerabenden bevölkert ein junges, internationales Publikum den Hof neben der Kneipe, zudem dient sie als Lieblingstreffpunkt irischer und ausländischer Rugby-Fans.

International Bar PUB
(Karte S. 108 f.; 23 Wicklow St; ⌚Mo–Do 10.30–23.30, Fr & Sa bis 0.30, So 12–23 Uhr; 🚌7 & 44 ab dem Zentrum) Das winzige Pub mit großer Persönlichkeit eignet sich bestens für ein Bier am Nachmittag. Es hat eine lange Bar, Buntglasfenster, rote Veloursledersitze und eine gesellige Atmosphäre. Einige der bekanntesten Comedians Irlands stotterten sich im **Comedy Cellar**, der natürlich im Obergeschoss liegt, durch ihre ersten Programme.

Porterhouse BAR
(Karte S. 108 f.; 16–18 Parliament St; ⌚Di–Sa bis 1.30 Uhr; 🚌alle Linien im Zentrum) Dublins zweitgrößte Brauerei wirkt wie eine Mischung aus einer Bar im Wilden Westen und einem Gemälde von Hieronymus Bosch. Das Pub ist mit seinen vielen leckeren eigenen Brauerzeugnissen wie dem Plain Porter (für manche das beste Stout der Stadt) und importierten Sorten die ideale Adresse für eingefleischte Bierliebhaber.

DUBLIN FÜR SCHWULE UND LESBEN

Irland stimmte bei einem Referendum 2015 mit einer überwältigenden Mehrheit für die gleichgeschlechtliche Ehe und seine Hauptstadt ist heute eine der offensten Städte Europas. Obwohl auch hier gelegentliche Diskriminierung von Angehörigen der LGBT-Gemeinde leider nicht auszuschließen ist, können sie fast in der ganzen Stadt ihre Neigung offen und frei ausleben.

Feste & Events

International Dublin Gay Theatre Festival (www.gaytheatre.ie) Bei diesem einzigartigen Festival im Mai werden zwei Wochen lang mehr als 30 Produktionen gezeigt.

Gaze International LGBT Film Festival (www.gaze.ie) Im August zieht dieses internationale Festival im Irish Film Institute (S. 126) jede Menge Leute an.

Ausgehen

George (Karte S. 108 f.; www.thegeorge.ie; 89 South Great George's St; ⌚Mo 14–23.30, Di–Fr 14–2.30, Sa 12.30–2.30, So 12.30–1.30 Uhr; 🚌alle Linien im Zentrum) Lange Zeit war die Mutter aller Dubliner Schwulenbars der einzige Laden weit und breit für Homosexuelle. Shirleys legendäre Bingo-Nacht am Sonntag erfreut sich nach wie vor größter Beliebtheit, während beim Space N Veda am Mittwoch Gäste eine großartige Nacht mit Kabarett und Drag Queens erwartet.

Front Lounge (Karte S. 108 f.; 33 Parliament St; ⌚Mo–Do 10.30–23.30, Fr & Sa bis 0.30, So 12–23 Uhr; 🚌alle Linien im Zentrum) Die inoffizielle Schwulenbar „Flounge" präsentiert sich als schick und freundlich. Sie ist ruhiger und gesitteter als die einschlägige Konkurrenz und zieht ein gemischteres Publikum an. Hier geht's in erster Linie um einen guten Drink und einen Schwatz mit Freunden, nicht um die sexuelle Orientierung. Die „Back Lounge" im hinteren Teil wird hingegen vorwiegend von Homosexuellen frequentiert.

Pantibar (Karte S. 90 f.; www.pantibar.com; 7–8 Capel St; ⌚Mo, Mi & So 17–23.30, Di bis 2, Do–Sa bis 2.30 Uhr; 🚌alle Linien im Zentrum) 2014 machte der Besitzer der Pantibar, Rory O'Neill (besser bekannt als Drag Queen Panti) Schlagzeilen, als seine Rede Noble Call, die er mit wortgewandter Grazie auf der Bühne des Abbey Theatre hielt, zu einem Hit auf YouTube wurde. Daraufhin entwickelte sich die Pantibar von einer feucht-fröhlichen Schwulenbar zu einem regelrechten Pilgerort der internationalen LGBT-Gemeinde.

Praktische Informationen

Gay & Lesbian Garda Liaison Officer (☎01-666 9000) Wer auf der Straße belästigt wird oder in Schwierigkeiten gerät, kann sich hier melden (Opfer sexueller Gewalt wenden sich an die Sexual Assault Unit).

Gay Community News (www.gcn.ie) Ein brauchbares landesweites Magazin mit Nachrichten und Sonderthemen, das monatlich erscheint. Die beiden Hochglanzbeilagen *Q-Life* und *Free!* enthalten Veranstaltungstipps und liegen rund um Temple Bar sowie im Irish Film Institute aus.

Gay Switchboard Dublin (☎01-872 1055; www.gayswitchboard.ie) Freundlicher nützlicher Service auf ehrenamtlicher Basis. Hier bekommt man Infos aller Art von Unterkünften bis zu Rechtsfragen.

Outhouse (☎01-873 4932; www.outhouse.ie; 105 Capel St; 🚌alle Linien im Zentrum) Sehr gute Infoquelle für Schwule, Lesben und Bisexuelle. Bei einem Besuch kann man sich über aktuelle Veranstaltungen informieren, Pinnwände checken und andere Leute treffen. Outhouse gibt *Pink Pages*, ein kostenloses Verzeichnis für schwulenfreundliche Dienstleister, heraus; dieses ist auch auf der Website nachzulesen.

Sexual Assault Unit (☎01-666 6000) Die Garda-(Polizei-)Station an der Pearse St ist telefonisch und direkt vor Ort erreichbar.

Bernard Shaw BAR

(Karte S. 70 f.; www.bodytonicmusic.com; 11–12 South Richmond St; ⌚ Di–Sa bis 1.30 Uhr; 🚌 7 & 44 ab dem Zentrum) Diese bewusst schäbige Kneipe ist die wohl coolste Bar der Stadt, dafür sorgen ein großartiger Musikmix – dank den Besitzern, der Produktionsfirma Bodytonic – und ein vielfältiges Programm, das private Flohmärkte am Nachmittag, Erzählabende und Spaßwettbewerbe, z. B. zwischen Graffiti-Künstlern, umfasst.

Palace Bar PUB

(Karte S. 90 f.; 21 Fleet St; ⌚ Mo–Do 10.30–23.30, Fr & Sa bis 0.30, So 12–23 Uhr; 🚌 alle Linien im Zentrum) Mit seinen Spiegeln und holzgetäfelten Sitzecken gehört das 1823 eröffnete Palace zu Dublins eindrucksvollen viktorianischen Pubs und widersteht störrisch allen Modernisierungstendenzen des letzten halben Jahrhunderts. Zu den Stammgästen zählten einst die Schriftsteller Patrick Kavanagh und Flann O'Brien. Lange Zeit galt die Kneipe als inoffizieller Hauptsitz der *Irish Times*.

Lost Society CLUB

(Bassment; Karte S. 108 f.; ☎ 01-677 0014; www.lostsociety.ie; Powerscourt Townhouse Shopping Centre, South William St; Eintritt 6–10 €; ⌚ 10–3 Uhr; 🚌 alle Linien im Zentrum) Im eindrucksvollen Powerscourt-Komplex aus dem 18. Jh. bietet das Lost Society (Twitter: @lostsocdublin) zwei Locations zum Preis von einer. Oben gibt's drei Ebenen, mehrere Räume, gemischte Musik und selbstbewusste Clubber. Unten im „Bassment" sorgen durchdringende Rhythmen für schwitzig-heißes Ambiente.

Copper Face Jacks CLUB

(Karte S. 76 f.; www.copperfacejacks.ie; 29–30 Harcourt St, Jackson Court Hotel; Eintritt frei–10 €; ⌚ 22.30–3 Uhr; 🚌 10, 11, 13, 14 oder 15A, 🚊 St. Stephen's Green) Im ländlichen Irland geht man nicht in Clubs, sondern in die Disco, um etwas zu trinken, zu tanzen und vielleicht sogar in Begleitung nach Hause zu gehen. Das Coppers (Twitter: @CopperFaceJacks) mitten in der Hauptstadt steht für die gute alte Dorfdisco und genau das macht seinen Erfolg aus.

Lillie's Bordello CLUB

(Karte S. 66; ☎ 01-679 9204; www.lilliesbordello.ie; Adam Ct; Eintritt 10–20 €; ⌚ 23–3 Uhr) Dublins nobelster Club (Twitter: @lilliesdublin) zieht prominente Dublinbesucher an. Diese vergnügen sich in sicherer Entfernung zu den normalen Gästen in der exklusiven VIP-Bar Jersey Lil's, die Privatmitgliedern vorbehalten ist. Das gemeine Volk muss sich mit langweiliger Musik und seit Neuestem mit dem Lillie's Lab, wo man seinen eigenen Gin destillieren kann, begnügen.

The Liberties & Kilmainham

Fallon's PUB

(Karte S. 70 f.; ☎ 01-454 2801; 129 The Coombe; ⌚ Mo–Do 10.30–23.30, Fr & Sa bis 0.30, So 12–23 Uhr; 🚌 123, 206 oder 51B ab dem Zentrum) Unmittelbar westlich des Zentrums serviert diese wunderbar altmodische Bar im Herzen des mittelalterlichen Dublin seit Ende des 17. Jhs. tolles Guinness. Der Profiboxer Dan Donnelly, der als einziger Boxer zum Ritter geschlagen wurde, arbeitete hier 1818 als Chef-Barkeeper. Authentisches irisches Pub voller Dubliner.

Old Royal Oak PUB

(11 Kilmainham Lane; ⌚ Mo–Do 10.30–23.30, Fr & Sa bis 0.30, So 12–23 Uhr; 🚌 68, 69 & 79 ab dem Zentrum) Einheimische lassen auf diese 1845 eröffnete, wunderschöne traditionelle Kneipe nichts kommen. Damals wurde sie vor allem von Patienten und Mitarbeitern des Royal Hospital, dem heutigen Irish Museum of Modern Art, besucht. Die Klientel hat sich verändert, ansonsten ist alles gleich geblieben, deswegen gehört das Pub auch zu den schönsten der Stadt.

Nördlich der Liffey

Cobblestone PUB

(Karte S. 70 f.; North King St; ⌚ Mo–Do 10.30–23.30, Fr & Sa bis 0.30, So 12–23 Uhr; 🚊 Smithfield) Die gemütliche Bar im Obergeschoss dieses Pubs im Herzen von Smithfield bietet eine tolle Atmosphäre, dafür sorgen wunderbare Musikabende (vor allem donnerstags) mit traditionellen Künstlern und aufstrebenden Folkbands.

Walshe's PUB

(Karte S. 70 f.; 6 Stoneybatter; ⌚ Mo–Do 10.30–23.30, Fr & Sa bis 0.30, So 12–23 Uhr; 🚌 25, 25A, 66, 67 ab dem Zentrum, 🚊 Museum) Im kleinen Nebenraum erwartet Gäste typisch traditionelles Pub-Flair. Gibt's dort keinen Platz, gesellt man sich an der altmodischen Bar zum freundlichen Personal und der sympathischen Klientel, einem Mix aus Einheimischen und hippen Ausländern. Authentische Dubliner Kneipe.

Grand Social BAR

(Karte S. 90 f.; ☎ 01-874 0076; www.thegrandsocial.ie; 35 Lower Liffey St; ⌚ Di–Sa bis 1.30 Uhr; 🚌 alle

DUBLIN IM SONG

Dublin ist eine der musikalischsten Städte Europas – da überrascht es nicht, dass einige hörenswerte Lieder ihre guten und schlechten Seiten besingen. Aus diesem Grund haben wir eine Playlist mit den besten Songs zusammengestellt:

Running to Stand Still (U2) Ein bewegendes Porträt der Heroinepidemie. Die „seven towers" in dem Song beziehen sich auf einen berüchtigten, inzwischen abgerissenen Wohnungskomplex im nördlichen Vorort Ballymun.

Old Town (Philip Lynott) Wer wissen will, wie Dublin gegen Ende der 1980er-Jahre aussah, sollte sich auf YouTube das Video zu diesem tollen Titel ansehen.

Summer in Dublin (Bagatelle) Der nostalgische, zum Mitsingen einladende Popsong war der größte Hit der Band und ist das Lieblingslied der Stadt über sich selbst.

City of Screams (Paranoid Visions) Ein Song voller Wut. Die führende Dubliner Punkband der 1980er-Jahre besingt das Dublin zu dieser Zeit.

Phil Lynott (Jape) Fängt das Wesen der heutigen Stadt ein, ohne auch nur einen Ort direkt zu benennen.

Die berühmteste Folkband der Stadt, The Dubliners, hat etliche Lieder über die Hauptstadt gesungen. Hier unsere Favoriten:

Auld Triangle In dem bewegenden Song, dessen Titel aus Brendan Behans Stück *The Quare Fellow* stammt, geht's um das Mountjoy Prison.

Raglan Road Luke Kelly verlieh Patrick Kavanaghs Gedicht Töne, Leben und eine tiefe Bedeutung.

Rocky Road to Dublin Traditioneller Song aus dem 19. Jh. über eine schwierige Reise nach Dublin.

Take Her up to Monto Das charmante traditionelle Liedchen handelt von einem Mädchen, das in das einst berüchtigte Rotlichtviertel mitgenommen wird.

Linien im Zentrum, Jervis) In dieser Mehrzweck-Location kann man Clubnächte, Comedians, Livemusik sowie einen Drink an der anständigen Bar erleben. Sie erstreckt sich über drei unterschiedlich gestaltete Etagen: Das Parlour unten ist eine gemütliche altmodische Bar, der Ballroom im mittleren Stock bietet eine Tanzfläche und im Loft im Obergeschoss finden verschiedene Veranstaltungen statt.

Dice Bar BAR

(Karte S. 70 f.; 01-674 6710; www.thatsitdublin.com; 79 Queen St; Mo–Do 15–24, Fr & Sa bis 1, So bis 23.30 Uhr; 25, 25A, 66, 67 ab dem Zentrum, Museum) Mit Huey von den Fun Lovin' Criminals hat die Bar einen prominenten Mitbesitzer. Sie sieht aus, als wäre sie direkt von New Yorks Lower East Side hierherversetzt worden, und verfügt über eine gewagte Mischung aus schwarz-rot gestrichener Einrichtung, tröpfelnden Kerzen, dicht gedrängten Sitzen und mitreißender DJ-Musik an den meisten Abenden, die Dublins Hipster anlockt. Gegen den Durst helfen Guinness und Biere lokaler Mikrobrauereien.

Hughes' Bar PUB

(Karte S. 70 f.; 19 Chancery St; Mo–Do 10.30–23.30, Fr & Sa bis 0.30, So 12–23 Uhr; 25, 66, 67 oder 90 ab dem Zentrum, Four Courts) Traditionelle Puristen lieben die abendliche Livemusik in diesem Pub. Tagsüber treffen sich hier Anwälte der nahe gelegenen Four Courts mit ihren Klienten, die wohl das eine oder andere Pint gut gebrauchen können. Die Musiker sind sehr gut, allerdings fehlt es ein bisschen an Atmosphäre und den Konzerten manchmal an Stimmung.

★ Unterhaltung

Auch außerhalb der Pubs bzw. in deren Umkreis ist für Unterhaltung gesorgt. Das Angebot umfasst Comedyclubs, klassische Konzerte, Vorträge, Lesungen, Marionetten und jede Menge Musik, sowohl live als auch aus der Dose. Das Theater spielt in der Unterhaltungsbranche eine wichtige Rolle und in der Regel gehören sowohl leicht verdauliche als auch anspruchsvollere Stücke zum Programm.

Karten für Theater- und Comedy-Vorstellungen sowie Klassikkonzerte gibt's in der

Regel direkt vor Ort. Tickets für Auftritte internationaler Bands und bekannter lokaler Künstler sind ebenfalls bei den jeweiligen Locations sowie bei Buchungsagenturen wie **Ticketmaster** (www.ticketmaster.ie) erhältlich. Diese vertreiben Karten für große und mittelgroße Shows jedes Genres, wobei pro Ticket 9 bis 12,5 % Servicegebühr fällig werden.

Ticket ist eine Beilage in der Freitagsausgabe der *Irish Times* mit umfassendem Veranstaltungskalender und Adressen. Die Version des *Irish Independent* heißt *Day & Night* und erscheint ebenfalls freitags. Online gibt's folgende Infoquellen:

Entertainment.ie (www.entertainment.ie) Alle Arten von Events.

MCD (www.mcd.ie) Größter Veranstalter Irlands.

Nialler9 (www.nialler9.com) Exzellenter Indie-Blog mit Adressen.

Sweebe (www.sweebe.com) Mehr als 200 Locations.

Totally Dublin (totallydublin.ie) Umfassender Veranstaltungskalender und Bewertungen.

What's On In (www.whatsonin.ie) Von Märkten über Gigs bis hin zu Clubnächten.

Rock & Pop

Dublin ist mittlerweile ein beliebter Tourstopp von Musikern aller Couleur, die anscheinend auf die hemmungslose Art stehen, mit der irische Fans ihre Lieblingskünstler feiern.

Workman's Club LIVEMUSIK

(Karte S. 108 f.; ☎ 01-670 6692; www.theworkmansclub.com; 10 Wellington Quay; 🚌 alle Linien im Zentrum) Heute dient der frühere Workingmen's Club (Twitter: @WorkmansClubs) von Dublin als Konzertsaal für 300 Personen sowie als Bar. Der neue Laden legt großen Wert darauf, sich vom Mainstream abzusetzen, und lockt deshalb mit einer beeindruckenden Vielfalt an Veranstaltungen, die von Singer-Songwriter-Auftritten bis zu elektronischem Varieté reicht. Nach den Livebands übernehmen DJs das Ruder; ihre Bandbreite reicht von Rockabilly über Hip Hop bis hin zu Indie und House.

Academy LIVEMUSIK

(Karte S. 90 f.; ☎ 01-877 9999; www.theacademydublin.com; 57 Middle Abbey St; 🚌 alle Linien im Zentrum, 🚊 Abbey) In dem fantastischen mittelgroßen Club sind schon viele bekannte Künstler aufgetreten, von Nick Cave & the Bad Seeds bis zu Nik Kershaw, dem Superstar der 1980er-Jahre. Zudem spielen hier unbekannte Musiker, denen man eine große Zukunft zutraut.

Button Factory LIVEMUSIK

(Karte S. 108 f.; ☎ 01-670 0533; www.buttonfactory.ie; Curved St; 🚌 alle Linien im Zentrum) An einem Abend sorgen in dem Veranstaltungsort mit bunt gemischtem Programm durchdringende Rhythmen erstklassiger DJs für Stimmung, am anderen streicht eine finnische Esoterikband mit Geigenbogen über ihre E-Gitarren.

Vicar Street LIVEMUSIK

(Karte S. 70 f.; ☎ 01-454 5533; www.vicarstreet.com; 58–59 Thomas St; 🚌 13, 49, 54a, 56a ab dem Zentrum) Unweit der Christ Church Cathedral befindet sich eine Location für kleinere Auftritte. Zwischen den Sitzgruppen mit Tischservice und einem ans Theater erinnernden Balkon haben etwa 1000 Besucher Platz. Das Programm wird hauptsächlich von Soul-, Folk-, Jazz- und ausländischen Künstlern bestritten.

3 Arena LIVEMUSIK

(Karte S. 94 f.; ☎ 01-819 8888; www.3arena.ie; East Link Bridge, North Wall Quay; 🚊 Point Village) In Dublins führende Veranstaltungshalle passen 23 000 Leute – wer in dieser Arena auf der Bühne steht, gehört zur ersten Liga. 2015 traten hier Fleetwood Mac, The Who, Neil Diamond und Taylor Swift auf.

Whelan's LIVEMUSIK

(Karte S. 76 f.; ☎ 01-478 0766; www.whelanslive.com; 25 Wexford St; 🚌 16, 122 ab dem Zentrum) Der mittelgroße an eine traditionelle Bar angeschlossene Raum ist die wohl beliebteste Livemusik-Location der Stadt und eine Art spirituelle Heimat von Singer-Songwritern: Nachdem sie auf der Bühne ihr Innerstes nach außen gekehrt haben, genehmigen sie sich an der Bar einen Drink mit ihren Fans.

Sugar Club LIVEMUSIK

(Karte S. 76 f.; ☎ 01-678 7188; www.thesugarclub.com; 8 Lower Leeson St; 🚊 St. Stephen's Green) An Wochenenden kann man in diesem gemütlichen, theaterähnlichen Club an der Ecke von St. Stephen's Green Livejazz, Kabarett und Soul erleben.

Klassik

In der Innenstadt finden zahlreiche klassische Konzerte und Opernaufführungen statt. Zu den vielen unterschiedlichen Veranstaltungsorten gehören auch Kirchen; Einzelheiten stehen in der Tagespresse.

CARLOS SANCHEZ PEREYRA/GETTY IMAGES ©

DAVID SOANES PHOTOGRAPHY/GETTY IMAGES ©

DAVID SOANES PHOTOGRAPHY/GETTY IMAGES ©

1. Livemusik (S. 122)
Von Straßenmusikern bis hin zu Darbietungen traditioneller irischer Musik ist in Dublin so ziemlich alles vertreten.

2. Docklands (S. 94)
In den aufgemöbelten Docklands kann man einige beeindruckende Beispiele zeitgenössischer Architektur bewundern, darunter auch den Grand Canal Square, der von Martha Schwartz Partners entworfen wurde.

3. Howth (S. 134)
Die wunderschöne Küste von Howth lässt sich sehr gut von Dublin aus erreichen.

4. St Patrick's Park (S. 84)
Direkt neben der St. Patrick's Cathedral bietet dieser Park die perfekte Möglichkeit, sich zu setzen und den Anblick in Ruhe zu genießen.

3

MARKUS GANN/SHUTTERSTOCK ©

Bord Gáis Energy Theatre THEATER
(Karte S. 94 f.; ☎ 01-677 7999; www.grandcanaltheatre.ie; Grand Canal Sq; Grand Canal Dock) Den wenig inspirierenden Sponsorennamen sollte man einfach vergessen: Daniel Libeskinds Meisterstück fasst 2000 Personen auf drei Ebenen. Dieses wunderbare Auditorium wurde für klassische Konzerte entworfen, doch das Programm reicht vom Bolschoi-Ballett über Staatsopern auf Tournee bis zu Disney on Ice und Barbara Streisand.

National Concert Hall LIVEMUSIK
(Karte S. 76 f.; ☎ 01-417 0000; www.nch.ie; Earlsfort Tce; alle Linien im Zentrum) In Irlands bedeutendster Konzerthalle finden das ganze Jahr über tolle Events statt, darunter erstklassige Mittagskonzerte (Juni–Aug. Di 13.05–14 Uhr).

Kinos

Die Dubliner sind echte Cineasten, deswegen reserviert man bei beliebten Filmen am besten online oder stellt sich auf lange Schlangen ein. Viele Kinos befinden sich nördlich der Liffey. Frühnachmittagsvorstellungen kosten in der Regel 6 €, zu allen anderen Tageszeiten zahlt man 10 €.

Lighthouse Cinema KINO
(Karte S. 70 f.; ☎ 01-879 7601; www.lighthousecinema.ie; Smithfield Plaza; alle Linien im Zentrum, Smithfield) Das schicke Kino mit vier Vorführungsräumen in einem stilvollen Gebäude abseits der Smithfield Plaza ist das eindrucksvollste der Stadt. Gezeigt werden durchweg Arthouse-Produktionen. Die Café-Bar im Erdgeschoss eignet sich bestens für intellektuelle Gespräche.

Irish Film Institute KINO
(IFI; Karte S. 108 f.; ☎ 01-679 5744; www.ifi.ie; 6 Eustace St; alle Linien im Zentrum) In verschiedenen Sälen zeigt das Irish Film Institute (IFI) Klassiker und neues Programmkino, wobei die unkonventionelle Auswahl teils etwas fragwürdig ist. Vor Ort gibt's eine Bar, ein Café und einen Buchladen.

Savoy KINO
(Karte S. 90 f.; ☎ 01-874 6000; Upper O'Connell St; ab 14 Uhr; alle Linien im Zentrum) Spätvorstellungen am Wochenende und Premieren laufen in diesem Kino mit fünf Sälen. Das Savoy Cinema 1 ist der größte Vorführsaal des Landes und eignet sich mit seiner riesigen Leinwand perfekt für spektakuläre Blockbuster.

Screen KINO
(Karte S. 90 f.; ☎ 01-671 4988; 2 Townsend St; ab 14 Uhr; alle Linien im Zentrum) Auf dem Programm dieses Kinos mit drei Sälen zwischen dem Trinity College und der O'Connell Bridge stehen neue Independentfilme und kleinere kommerzielle Streifen.

Cineworld Multiplex KINO
(Karte S. 90 f.; ☎ 0818 304 204; www.cineworld.ie; Parnell Centre, Parnell St; alle Linien im Zentrum) In den 17 Sälen laufen ausschließlich kommerzielle Streifen. Die Sitze sind gemütlich, der Imbissstand ist riesig und die Auswahl an Süßigkeiten ebenfalls. Hat zwar nicht den Charme älterer Kinos, ist aber zu empfehlen.

Sport

Aviva Stadium STADION
(Karte S. 70 f.; ☎ 01-238 2300; www.avivastadium.ie; 11–12 Lansdowne Rd; Lansdowne Rd) Das glänzende Stadion im noblen Stadtteil Donnybrook wartet mit tollen kurvigen Tribünen auf und bietet 50 000 Besuchern Platz. Hier finden irische Rugbyspiele und internationale Fußballbegegnungen statt.

Croke Park STADION
(☎ 01-836 3222; www.crokepark.ie; Clonliffe Rd; 3, 11, 11A, 16, 16A oder 123 ab O'Connell St) Von Februar bis November wird in Europas viertgrößtem Stadion (mit Platz für 82 000 Menschen) nördlich des Royal Canal in Drumcondra Hurling und Gaelic Football gespielt. Genaue Termine erfährt man unter www.gaa.ie.

HÄNDEL IN DUBLIN

1742 lud der fast völlig verarmte Georg Friedrich Händel zur Uraufführung seines monumentalen Werks *Messias* in die inzwischen abgerissene Neal's Music Hall ein. Das Gebäude lag in der Fishamble Street, der ältesten Straße Dublins. Jonathan Swift, Autor von *Gullivers Reisen* und Dekan der St. Patrick's Cathedral, hatte zunächst vorgeschlagen, dass der St.-Patrick's-Chor gemeinsam mit dem Chor der Christ Church Cathedral vorsingen sollte. Als er jedoch erfuhr, dass der Auftritt in einem gewöhnlichen Saal und nicht in einer Kirche stattfinden sollte, zog er das Angebot wieder zurück und drohte Vikaren, die ihren Chören die Teilnahme gestatten sollten. Trotzdem wurde das Konzert abgehalten. Mittlerweile kann man das gefeierte Werk jährlich am Ort der Uraufführung erleben. Heute steht dort ein Hotel, das nach dem Komponisten benannt wurde.

DUBLINS ZEITGENÖSSISCHE THEATERSZENE

Das heutige irische Theater prägen vor allem sechs Namen:

Marina Carr International bekannte Dramatikerin; ihr neuestes Stück *Hecuba* wurde 2015 von der Royal Shakespeare Company aufgeführt.

Marie Jones In Belfast geborene Bühnenautorin; *Fly Me to the Moon* (2012) ist ihr aktuellstes Stück.

Conor McPherson Das bekannteste Stück des renommierten Talents ist *Der Seefahrer* (2006), das neueste *The Night Alive* (2013).

Tom Murphy Einer der führenden Dramatiker Irlands; sein neuestes Stück nennt sich *Brigit* (2014).

Mark O'Rowe Der Autor von *Howie the Rookie* (1999) und *Made in China* (2001) ist heute vor allem in der Filmbranche tätig, kehrt jedoch ab und zu ans Theater zurück – zuletzt 2014 mit *Our Few and Evil Days*.

Enda Walsh Der Autor von *Disco Pigs* (1996; wurde verfilmt) landete 2014 mit *Ballyturk* unter Mitwirkung seines Lieblingsschauspielers Cillian Murphy einen großen Erfolg.

Harold's Cross Park WINDHUNDRENNEN
(Karte S. 70 f.; ☎ 01-497 1081; www.igb.ie; 151 Harold's Cross Rd; Erw./Kind 10/6 €; ⌚ Di & Fr 18.30–22.30 Uhr; 🚌 16 or 16A ab dem Zentrum) Nicht weit vom Stadtzentrum. Rennen finden Dienstag und Freitag statt.

Leopardstown Race Course PFERDERENNEN
(☎ 01-289 3607; www.leopardstown.com; 🚌 Sonderbusse ab Eden Quay) Irlands Begeisterung für Pferderennen lässt sich 10 km südlich vom Zentrum in Foxrock beobachten. An Renntagen fahren Sonderbusse; mehr Infos erhält man unter der angegebenen Telefonnummer.

Shelbourne Park Greyhound Stadium WINDHUNDRENNEN
(Karte S. 94 f.; ☎ 01-668 3502, an Rennabenden 01-202 6601; www.igb.ie; Bridge Town Rd, Ringsend; Erw./Kind 10/6 €; ⌚ Mi–Sa 19–22.30 Uhr; 🚌 3, 7, 7A, 8, 45 oder 84 ab dem Zentrum) Von dem verglasten Restaurant genießt man einen tollen Blick über die Hunderennbahn: Essen, wetten und die Rennen verfolgen, ohne aufstehen zu müssen: einfach herrlich!

Theater

Dublins Theaterszene ist klein, aber aktiv. Karten kann man in der Regel telefonisch oder per Kreditkarte bestellen und kurz vor Vorstellungsbeginn abholen. Sie kosten 12 bis 25 €, teils auch bis zu 30 €. Die meisten Aufführungen beginnen zwischen 20 und 20.30 Uhr. Das aktuelle Programm ist unter www.irishtheatreonline.com nachzulesen.

Gate Theatre THEATER
(Karte S. 90 f.; ☎ 01-874 4045; www.gatetheatre.ie; 1 Cavendish Row; 🚌 alle Linien im Zentrum) Das eleganteste Theater der Stadt ist in einem Gebäude aus dem späten 18. Jh. untergebracht und bietet ein verlässliches Programm mit klassischen amerikanischen und europäischen Stücken. Orson Welles und James Mason hatten hier frühe Auftritte. Bis heute ist es das einzige Theater der Stadt, in dem etablierte internationale Filmstars gelegentlich ihre Bühnenqualitäten unter Beweis stellen.

Abbey Theatre THEATER
(Karte S. 90 f.; ☎ 01-878 7222; www.abbeytheatre.ie; Lower Abbey St; 🚌 alle Linien im Zentrum, 🚊 Abbey) Irlands Nationaltheater wurde 1904 von W. B. Yeats gegründet und spielte eine zentrale Rolle bei der Entwicklung einer bewusst irischen Theaterszene. In den vergangenen Jahrzehnten hat es dramatisch an Bedeutung verloren, dennoch umfasst das Programm noch immer irische Klassiker (Synge, O'Casey etc.), etablierte internationale Namen (Shepard, Mamet) und neue Talente (O'Rowe, Carr etc.).

Gaiety Theatre THEATER
(Karte S. 76 f.; ☎ 01-677 1717; www.gaietytheatre.com; South King St; 🚌 alle Linien im Zentrum) Das Programm des Gaiety bietet Spaß für die ganze Familie. Neben West-End-Hits, Musicals und Weihnachtsstücken für Kinder gibt's auch anspruchsvollere irische Klassiker. Wer Unterhaltung sucht, ist hier richtig.

Olympia Theatre THEATER
(Karte S. 108 f.; ☎ 01-677 7744; www.olympia.ie; 72 Dame St; 🚌 alle Linien im Zentrum) Der Schwerpunkt liegt auf leichter Kost und Pantomime (zur Weihnachtszeit).

IRISCHE QUALITÄTSWARE

Avoca Handweavers Unser Lieblingskaufhaus in Dublin mit zahllosen handgemachten Geschenkideen.

Ulysses Rare Books Wertvolle Erstausgaben und Joyces *Dubliners* im hübschen Lederumschlag.

Louis Copeland (Karte S. 108 f.; ☎ 01-872 1600; www.louiscopeland.com; 18–19 Wicklow St; ⏲ Mo–Mi, Fr & Sa 9–17.30, Do bis 19.30 Uhr; 🚌 alle Linien im Zentrum) Dublins stadteigener erstklassiger Schneider, mit maßgeschneiderten Anzügen.

Barry Doyle Design Jewellers (Karte S. 108 f.; ☎ 01-671 2838; 30 George's St Arcade; ⏲ Mo–Mi, Fr & Sa 10–18, Do bis 19 Uhr; 🚌 alle Linien im Zentrum) Exquisiter handgemachter Schmuck in einzigartigem modernem Design.

Players' Theatre THEATER
(Karte S. 66; ☎ 01-677 2941, Durchwahl 1239; Regent House, Pearse St; 🚌 alle Linien im Zentrum) Während des Semesters werden am Unitheater des Trinity College Stücke von Studenten aufgeführt. Im Oktober laufen hier die besten Werke des Dublin Theatre Festival (S. 101).

Project Arts Centre THEATER
(Karte S. 108 f.; ☎ 1850 260 027; www.projectartscentre.ie; 39 Essex St E; 🚌 alle Linien im Zentrum) Wer es gerne innovativ und unkonventionell mag, findet hier das interessanteste Programm der Stadt, das von Theater und Tanz über Performance-Kunst bis hin zu Filmvorführungen reicht. Drei separate Bereiche garantieren maximale Flexibilität. Man weiß nie, was einen erwartet, aber genau das macht den Reiz des Kulturzentrums aus: Wir haben hier schon echten Schrott, jedoch auch die besten Shows der Stadt gesehen.

Shoppen

Ob nun Made in Ireland oder Made in China – in Dublin findet man so gut wie alles. Die Grafton Street wird von klassischen größtenteils britischen Ketten gesäumt, die besten örtlichen Läden liegen jedoch in den umliegenden Straßen und verkaufen von Käse über irische Designermode bis hin zu Alltagskleidern alles Erdenkliche. Im Norden flankieren die verkehrsberuhigte Henry Street internationale Ketten sowie Dublins bestes Kaufhaus, das Arnott's.

Traditionelle irische Produkte wie Kristall- und Strickwaren sind weiterhin beliebte Mitbringsel, inzwischen stößt man jedoch auch auf originellere Versionen der Klassiker. Von billiger Massenware lässt man am besten die Finger; der Scherzfaktor steht in keinem Verhältnis zu dem Stress, den der Heimtransport im Flieger beinhaltet. Und eines ist sicher: In der gesamten Stadt wird man keinen echten *shillelagh* (irischen Kampfstock) finden!

Nicht-EU-Bürger können die Umsatzsteuer für gekaufte Artikel zurückverlangen, die mit einem Cash-Back-Aufkleber versehen sind. Näheres erfragt man am besten vor Ort.

Die meisten Geschäfte sind montags bis samstags von 9.30 bis 18 Uhr bzw. donnerstags bis 20 Uhr geöffnet. Viele öffnen auch sonntags, in der Regel von 12 bis 18 Uhr.

Grafton Street & Umgebung

Avoca Handweavers KUNSTHANDWERK
(Karte S. 108 f.; ☎ 01-677 4215; www.avoca.ie; 11–13 Suffolk St; ⏲ Mo–Mi & Sa 9.30–18, Do & Fr bis 19, So 11–18 Uhr; 🚌 alle Linien im Zentrum) Mit einer Kombination aus Kleidung, Haushaltswaren, einer Lebensmittelabteilung im Untergeschoss und einem exzellenten **Café** (Hauptgerichte 11–14 €; ⏲ Mo–Mi & Sa 9.30–18, Do & Fr bis 19, So 11–18 Uhr) im Obergeschoss steht das Avoca für moderne gemütliche irische Lebensart mit Stil und ist eine der besten Adressen für ein originelles Geschenk. Viele Kleidungsstücke wurden in der hauseigenen Fabrik in Wicklow gewebt, gestrickt oder mit natürlichen Mitteln gefärbt. Die Kinderabteilung ist großartig.

Kilkenny Shop KUNSTHANDWERK
(Karte S. 66; ☎ 01-677 7066; www.kilkennyshop.com; 6 Nassau St; ⏲ Mo–Mi & Fr 8.30–19, Do bis 20, Sa bis 18, So 10–18 Uhr; 🚌 alle Linien im Zentrum) Großer alteingesessener Laden für modernes innovatives irisches Kunsthandwerk wie farbenfrohe Strickware, Designermode, Orla-Kiely-Taschen und hübschen Silberschmuck. Zudem gibt's schöne Glas- und Töpferware aus dem ganzen Land. Toll für Geschenke.

Siopaella Design Exchange SECONDHAND
(Karte S. 108 f.; www.siopaella.com; 25 Temple Lane South; 🚌 alle Linien im Zentrum) Dieser Secondhand-Laden sucht in Dublin seinesgleichen. Hier kann man sowohl eine gebrauchte Chanel-Tasche für 3000 € als auch ein wunderschönes Hemd für 5 € erstehen. Kleider gibt's nicht nur gegen Geld, sondern auch im Tausch mit anderen Klamotten. Eines der besten Shoppingerlebnisse der Stadt.

DESIGNYARD KUNSTHANDWERK
(Karte S. 66; ☎ 01-474 1011; www.designyard.ie; 25 South Frederick St; ⊙ Mo–Mi & Fr 10–17.30, Do bis 20, Sa bis 18 Uhr; 🚌 alle Linien im Zentrum) Kunsthandwerksladen der Luxusklasse, der individuelle hausgemachte Stücke aus Irland verkauft, darunter welche aus Glas und im Batikstil sowie Skulpturen und Gemälde. Außerdem bekommt man hier modernen Schmuck junger internationaler Designer. Tolle Adresse für den perfekten Verlobungsring oder ein sehr besonderes Geschenk.

Ulysses Rare Books BÜCHER
(Karte S. 76 f.; ☎ 01-671 8676; www.rarebooks.ie; 10 Duke St; ⊙ Mo–Sa 9.30–17.45 Uhr; 🚌 alle Linien im Zentrum) Unser Lieblingsbuchladen der Stadt führt ein umfangreiches bemerkenswertes Sortiment an Büchern zu Irland mit besonderem Schwerpunkt auf der Literatur des 20. Jhs. und eine großen Auswahl an Erstausgaben, darunter seltene Exemplare von den Schriftstellergrößen Joyce, Yeats, Beckett und Wilde.

Gutter Bookshop BÜCHER
(Karte S. 108 f.; ☎ 01-679 9206; www.gutterbookshop.com; Cow's Lane; ⊙ Mo–Mi, Fr & Sa 10–18.30, Do 10–19, So 11–18 Uhr; 🚌 alle Linien im Zentrum) Dieser fabelhafte Buchladen ist nach dem berühmten Zitat *We are all in the gutter, but some of us are looking at the stars* („Wir liegen alle in der Gosse, aber einige von uns betrachten die Sterne") aus Oscar Wildes Stück *Lady Windermeres Fächer* benannt und hält die Fahne für sämtliche notleidenden unabhängigen Buchgeschäfte hoch. Erhältlich sind aktuelle Romane, Kinderbücher, Reiseliteratur und andere ausgewählte Titel.

Industry HAUSHALTSWAREN
(Karte S. 108 f.; www.industrydesign.ie; 41 Drury St; ⊙ Mo–Sa 10–18, So 12–18 Uhr; 🚌 alle Linien im Zentrum) Am besten lässt sich das Motto dieses coolen eigenständigen Designladens mit „gepflegtes Vintage" beschreiben. Das Sortiment reicht von Kinderstiefeln bis zu einem Birkenfurniertisch.

EINKAUFSZENTREN

Es gibt in Dublin mehrere große Einkaufszentren.

Powerscourt Townhouse Shopping Centre (Karte S. 108 f.; ☎ 01-679 4144; 59 South William St; ⊙ Mo–Mi & Fr 10–18, Do bis 20, Sa 9–18, So 12–18 Uhr; 🚌 alle Linien im Zentrum) Dieses umwerfende und stylishe Einkaufszentrum ist in einem sorgsam restaurierten georgianischen Stadthaus untergebracht, das zwischen 1741 und 1744 erbaut wurde. Inzwischen ist es vor allem für seine Cafés und Restaurants bekannt, doch man bekommt hier auch erstklassige Haute Couture, Kunstgegenstände, exquisite Handarbeiten und andere Schickimicki-Ware.

George's Street Arcade (Karte S. 108 f.; www.georgesstreetarcade.ie; zw. South Great George's St & Drury St; ⊙ Mo–Mi, Fr & Sa 9–18.30, Do 9–20, So 12–18 Uhr; 🚌 alle Linien im Zentrum) Dublins bester Non-Food-Markt befindet sich in einer überdachten viktorianisch-gotischen Arkade. Außer zahlreichen Läden und Ständen, die neue und gebrauchte Kleidung, Secondhandbücher, Mützen, Poster, Schmuck und Platten verkaufen, locken ein Wahrsager, Gourmethäppchen und eine Fish-'n'-Chips-Bude, die reißenden Umsatz macht.

Jervis Street Centre (Karte S. 90 f.; ☎ 01-878 1323; Jervis St; ⊙ Mo–Mi, Fr & Sa 9–18.30, Do bis 19, So 11–18.30 Uhr; 🚌 alle Linien im Zentrum) Die moderne gewölbte Mall hat sich britischen Modeketten wie Boots, Topshop, Debenhams, Argos, Dixons, M&S und Miss Selfridge verschrieben.

St. Stephen's Green Shopping Centre (Karte S. 76 f.; ☎ 01-478 0888; St. Stephen's Green W; ⊙ Mo–Mi, Fr & Sa 9–19, Do 9–21, So 11–18 Uhr; 🚌 alle Linien im Zentrum) Mit ihren dramatischen Balkonen an der Fassade und dem zentralen Hof wirkt diese Mall der 1980er im Gewand des 19. Jhs. etwas zu prächtig für die unscheinbaren Modeketten im Inneren. Neben Boots, Benetton und einem großen Dunnes Store mit Supermarkt gibt's eine Filiale von TK Maxx mit Designermode der letzten Saison.

Dundrum Town Centre (☎ 01-299 1700; www.dundrum.ie; Sandyford Rd; ⊙ Mo–Fr 9–21, Sa 8.30–19, So 10–19 Uhr; 🚌 17, 44C, 48A oder 75 ab dem Zentrum, 🚊 Ballaly) Der riesige Einkaufs- und Unterhaltungskomplex im südlichen Vorort Dundrum ist der größte moderne Shoppingtempel Irlands. In dem Gebäude sind über 100 Modemarken vertreten.

MÄRKTE IN DUBLIN

In den letzten Jahren haben die Dubliner eine echte Leidenschaft für Märkte entwickelt. Das entbehrt nicht einer gewissen Ironie, schließlich schenkten diejenigen, die auf den neuen Feinkostmärkten nicht genug von hausgemachtem Hummus bekommen können, den traditionellen Märkten der Stadt, z. B. in der Moore Street, keinerlei Beachtung. War ihnen wohl zu kontinental ...

Book Fair (Karte S. 108 f.; Temple Bar Sq; Sa 10–17 Uhr; alle Linien im Zentrum) Große Auswahl an gebrauchten Büchern.

Cow's Lane Designer Mart (Karte S. 108 f.; Cow's Lane; Juni–Sept. Sa 10–17 Uhr; alle Linien im Zentrum) Über 60 Stände mit den besten Kleidern, Accessoires und Kunsthandwerksstücken: ein echter Hipster-Markt.

Temple Bar Food Market (Karte S. 108 f.; www.templebar.ie; Meeting House Sq; Sa 10–16.30 Uhr; alle städtischen Linien) Der beste Lebensmittelmarkt der Stadt unter freiem Himmel.

Moore Street Market (Karte S. 90 f.; Moore St; Mo–Sa 8–16 Uhr; alle Linien im Zentrum) Unerschütterlicher klassischer Dubliner Markt mit Obst, Fisch und Blumen.

Castle & Drury KLEIDUNG
(Karte S. 108 f.; www.castledrury.ie; 6 Castle Market; Mo–Sa 10–18, So 12–18 Uhr; alle Linien im Zentrum) Moderne Mode für den Mann, u. a. von YMC, Soulland und Wood Wood. Daneben sind auch ein paar skandinavische Designer (Han Kjobenhavn und Mads Norgaard) vertreten.

Sheridan's Cheesemongers FEINKOST
(Karte S. 76 f.; 01-679 3143; www.sheridanscheesemongers.com; 11 South Anne St; Mo–Fr 10–18, Sa 9.30–18 Uhr; alle Linien im Zentrum) In diesem Käseparadies biegen sich die Holzregale unter Bauernkäselaiben aus ganz Irland. Zusammengetragen wurden sie von Kevin und Seamus Sheridan, die quasi im Alleingang die Kunst der Käseherstellung im Land wiederbelebt haben.

Scout KLEIDUNG
(Karte S. 70 f.; www.scoutdublin.com; 5 Smock Alley Ct, Essex St W; Mo–Mi, Fr & Sa 10.30–18, Do bis 19, So 12–17 Uhr; alle Linien im Zentrum) Besitzerin Wendy wählt jedes Teil der Vintage-Mode sorgsam aus. Vertreten sind irische und internationale Marken, darunter Armor Lux und Manley, daneben gibt's Accessoires von Baggu und Schuhe von Grenson.

Brown Thomas KAUFHAUS
(Karte S. 108 f.; 01-605 6666; www.brownthomas.com; 92 Grafton St; Mo, Mi & Fr 9.30–20, Di 10–20, Do 9.30–21, Sa 9–20, So 11–19 Uhr; alle Linien im Zentrum) Der wahrscheinlich exklusivste Laden der Stadt setzt seine Waren in Jo-Malone-schwangerer Luft wahrhaft kunstvoll in Szene. Neben fantastischen Kosmetikartikeln, traumhaften Schuhen und exotischen Haushaltswaren gibt's irische und internationale Modelabels wie Balenciaga, Stella McCartney, Lainey Keogh und Philip Treacy. Im Bottom Drawer im dritten Stock bekommt man die feinsten irischen Laken im ganzen Land.

Costume KLEIDER
(Karte S. 108 f.; 01-679 5200; www.costumedublin.ie; 10 Castle Market; Mo–Mi, Fr & Sa 10–18, Do bis 19 Uhr; alle Linien im Zentrum) Bei Dublins Fashionistas gilt das Costume als echter Trendsetter, denn es hat exklusive Verträge mit innovativen Designern wie Isabel Marant und Anna Sui. Außerdem bietet es die größte Auswahl von Temperley und American Retro in der Stadt.

Hodges Figgis BÜCHER
(Karte S. 66; 01-677 4754; 56–58 Dawson St; Mo–Mi & Fr 9–19, Do bis 20, Sa bis 18, So 12–18 Uhr; alle Linien im Zentrum) Auf drei weitläufigen Stockwerken verkauft die Mutter aller Dubliner Buchläden Literatur zu jedem erdenklichen Thema für jede Art von Leser. Im Erdgeschoss befindet sich die irische Abteilung.

Jenny Vander KLEIDER
(Karte S. 108 f.; 01-677 0406; 50 Drury St; Mo–Sa 10–18, So 12–18 Uhr; alle Linien im Zentrum) Der Secondhandladen versprüht Eleganz und Raffinesse. Anspruchsvolle Modeliebhaber und Film-Stylisten kaufen hier exquisite perlenbesetzte Handtaschen, Pelzmäntel, aufwendig verzierte Kleider und Modeschmuck zu gesalzenen Preisen.

Claddagh Records MUSIK
(Karte S. 108 f.; ☎ 01-677 0262; 2 Cecilia St; ⊙ Mo–Sa 10–18, So 12–18 Uhr; 🚌 alle Linien im Zentrum) In zentraler Lage bietet dieser Plattenladen eine exzellente Auswahl an guter traditioneller und Folk-Musik. Das sachkundige Personal spürt selbst die seltensten Scheiben auf.

Dubray Books BÜCHER
(Karte S. 108 f.; ☎ 01-677 5568; 36 Grafton St; ⊙ Mo–Mi & Sa 9–19, Do & Fr 9–21, So 11–18 Uhr; 🚌 alle Linien im Zentrum) Einer der besseren Buchläden der Stadt mit drei geräumigen Etagen, in denen Bestseller, Neuerscheinungen, Luxusbildbände und jede Menge Reiseführer zu finden sind. Er kann nicht mit seinen größeren Konkurrenten unter britischer Leitung mithalten, überzeugt jedoch mit hilfsbereiten Mitarbeitern und einer charmanten Atmosphäre, die zum Bleiben einlädt.

Nördlich der Liffey

Arnott's KAUFHAUS
(Karte S. 90 f.; ☎ 01-805 0400; 12 Henry St; ⊙ Mo–Mi, Fr & Sa 10–18, Do bis 19, So 12–18 Uhr; 🚌 alle Linien im Zentrum) Unser Lieblingskaufhaus in Dublin nimmt einen riesigen Block mit Eingängen in den Straßen Henry, Liffey und Abbey Street ein. Hier gibt's einfach alles von Gartenmöbeln bis zu Designerklamotten, außerdem ist das Ganze sogar einigermaßen bezahlbar.

Eason's BÜCHER
(Karte S. 90 f.; ☎ 01-873 3811; www.easons.ie; 40 Lower O'Connell St; ⊙ Mo–Mi, Fr & Sa 10–18, Do bis 19, So 12–18 Uhr; 🚌 alle Linien im Zentrum) Im Erdgeschoss dieses riesigen Buchladens nahe dem GPO gibt's die größte Auswahl an Magazinen und ausländischen Zeitungen im ganzen Land. Hier blättern sich Dutzende Kunden durch das Angebot, ohne auch nur ans Kaufen zu denken.

Praktische Informationen

GEFAHREN & ÄRGERNISSE

Dublin ist eine sichere Stadt, in der man sich im Grunde wie im Heimatland verhalten kann. Manche Gegenden werden allerdings gerne von Drogenabhängigen und anderen zwielichtigen Gestalten frequentiert, dazu gehören der Norden/Nordosten der Gardiner Street sowie Abschnitte der Dorset Street im Norden und der westliche Teil der Thomas Street im Süden.

GELD

Rund um das College Green gegenüber dem Trinity College gibt's einige Banken.

INFOS IM INTERNET

Dublin City Council (www.dublincity.ie)
Dublin Tourism (www.visitdublin.com)
Entertainment.ie (www.entertainment.ie)
Lovin Dublin (www.lovindublin.com)
Totally Dublin (www.totallydublin.ie)

INTERNETZUGANG

WLAN und Smartphones machen Internetcafés zunehmend überflüssig (außer vielleicht für Zocker); die wenigen, die es noch gibt, verlangen rund 5 € pro Stunde. In den meisten Unterkünften ist WLAN verfügbar, entweder kostenlos oder gegen eine tägliche Gebühr (bis zu 10 €). Am zentralsten gelegen ist das **Central Internet Café** (☎ 01-677 8298; 6 Grafton St; 20 Min. 1,50 €; ⊙ Mo–Sa 9–22, So 10–20 Uhr; 🚌 alle Linien im Zentrum) im ersten Stock.

MEDIZINISCHE VERSORGUNG

In akuten Fällen kann man sich jederzeit an die Notaufnahme (A&E; Accident and Emergency) der nächstgelegenen Klinik wenden. Die Notrufnummer für einen Krankenwagen ist die ☎ 999. In Dublin gibt's keine Notdienstapotheken; die letzten Geschäfte machen um 22 Uhr zu.

Baggot Street Hospital (☎ 01-668 1577; 18 Upper Baggot St; ⊙ Mo–Fr 7.30–16.30 Uhr; 🚌 5, 7, 7A, 8, 18, 27X oder 44 ab dem Zentrum) Stadtzentrum, Southside.

Caredoc (☎ 1850 334 999; www.caredoc.ie; ⊙ 24 Std.) Ärztlicher Bereitschaftsdienst, nur außerhalb der regulären Sprechstundenzeiten.

City Pharmacy (☎ 01-670 4523; 14 Dame St; ⊙ 9–22 Uhr; 🚌 alle Linien im Zentrum)

Dental Hospital (☎ 01-612 7200; 20 Lincoln Pl; ⊙ Mo–Fr 9–17 Uhr; 🚌 7 & 44 ab dem Zentrum) Wer keinen Termin hat, sollte nach 12 Uhr kommen.

Grafton Medical Centre (☎ 01-671 2122; www.graftonmedical.ie; 34 Grafton St; ⊙ Mo–Fr 8.30–18, Sa 11–14 Uhr; 🚌 alle Linien im Zentrum) Ärztehaus mit Medizinern und Physiotherapeuten.

Health Service Executive (☎ 01-679 0700, 1800 520 520; www.hse.ie; Dr. Steevens' Hospital, Steeven's Lane; ⊙ Mo–Fr 9.30–17.30 Uhr) Zentrale Gesundheitsbehörde, die passende Allgemeinärzte empfiehlt. Infoservice für körperlich und geistig Behinderte.

Mater Misericordiae Hospital (☎ 01-830 1122; Eccles St) Stadtzentrum, Northside, abseits der Lower Dorset Street.

O'Connell's Pharmacy Filialen der Apotheke gibt's in der Grafton Street (☎ 01-679 0467; 21 Grafton St; ⊙ 9–22 Uhr) und der Upper O'Connell Street (☎ 01-873 0427; 55–56 Upper O'Connell St; ⊙ 9–22 Uhr).

St. James's Hospital (☎ 01-410 3000; www.stjames.ie; James's St; 🚊 St. James) Dublins zentrale Unfall- und Notaufnahme ist rund um die Uhr geöffnet.

NOTFALL

Drugs Advisory & Treatment Centre (☎ 01-677 1122; www.addictionireland.ie; Trinity Ct, 30–31 Pearse St; ⏲ 24 Std.; 🚌 alle Linien im Zentrum)

Polizei, Feuerwehr & Ambulanz (☎ 999)

Rape Crisis Centre (☎ 1800 778 888, 01-661 4911; www.drcc.ie; 70 Lower Leeson St; ⏲ 24 Std.; 🚌 alle Linien im Zentrum)

POST

Die besten Postämter im Zentrum sind das General Post Office (S. 91) in der Northside sowie das **An Post** (Karte S. 108 f.; ☎ 01-705 8206; www.anpost.ie; St. Andrew's St; ⏲ Mo–Fr 8.30–17 Uhr; 🚌 alle Linien im Zentrum) in der Southside.

TOURISTENINFORMATION

Im **Dublin Discover Ireland Centre** (Karte S. 108 f.; www.visitdublin.com; 25 Suffolk St; ⏲ Mo–Sa 9–17.30, So 10.30–15 Uhr; 🚌 alle Linien im Zentrum) gibt's alle Informationen, die man nach der Ankunft in der Hauptstadt benötigt. Neben allgemeinen Besucherinfos zu Dublin und Irland bietet es einen kostenlosen Buchungsservice von Unterkünften, eine Konzertagentur sowie Wissenswertes zu Bussen vor Ort und im Land, zu Bahnverbindungen, zu Touren und zu Reservierungen. Weitere Vertretungen findet man am Flughafen von Dublin und in der **O'Connell Street** (Karte S. 90 f.; 14 Upper O'Connell St; ⏲ Mo–Sa 9–17 Uhr; 🚌 alle Linien im Zentrum).

ℹ An- & Weiterreise

AUTO & MOTORRAD

Die größten Mietwagenfirmen sind am Flughafen vertreten.

Avis Rent-a-Car (☎ 01-605 7500; www.avis.ie; 35 Old Kilmainham Rd; 🚌 23, 25, 25A, 26, 68 oder 69 ab dem Zentrum)

Budget Rent-a-Car (☎ 01-837 9611; www.budget.ie; 151 Lower Drumcondra Rd; 🚌 41 ab O'Connell St)

Europcar (☎ 01-648 5900; www.europcar.com; 1 Mark St; 🚌 alle Linien im Zentrum)

Hertz Rent-a-Car (☎ 01-709 3060; www.hertz.com; 151 South Circular Rd; 🚌 9, 16, 77 & 79 ab dem Zentrum)

Thrifty (☎ 01-844 1944; www.thrifty.ie; 26 Lombard St E; 🚌 alle Linien im Zentrum)

BUS

Der Busbahnhof **Busáras** (Karte S. 90 f.; ☎ 01-836 6111; www.buseireann.ie; Store St; 🚆 Connolly) befindet sich nördlich des Flusses hinter dem Custom House und ist die Haupthaltestelle von **Bus Éireann** (www.buseireann.ie) mit einem landesweiten Netz.

FLUGZEUG

Der **Dublin Airport** (☎ 01-814 1111; www.dublinairport.com), Irlands größter Flughafen, liegt 13 km nördlich vom Zentrum. Es gibt zwei Terminals: Am neueren Terminal 2 werden die meisten internationalen Flüge abgewickelt, am Terminal 1 Flüge von Ryanair und anderen ausgewählten Linien. Beide bieten die übliche Auswahl an Kneipen, Restaurants, Geschäften, Geldautomaten und Autovermietungen.

SCHIFF/FÄHRE

Dublin hat zwei Fährhäfen. Der **Dun Laoghaire Ferry Terminal** (☎ 01-280 1905; Dun Laoghaire; 🚌 7, 7A oder 8 ab Burgh Quay, 46A ab Trinity College, 🚆 Dun Laoghaire) 13 km östlich des Zentrums bedient Holyhead in Wales. Am 3 km nordöstlich gelegenen **Dublin Port Terminal** (☎ 01-855 2222; Alexandra Rd) legen Fähren nach Holyhead und Liverpool ab.

Busse vom Busbahnhof sind auf die Ankunft- und Abfahrtzeiten der Fähren am Dublin Port Terminal abgestimmt: Für die Verbindung um 9.45 Uhr vom Dublin Port muss man um 8.30 Uhr am Busáras starten, für die 1-Uhr-Nachtfähre nach Liverpool geht's um 23.45 Uhr los. Ein Ticket kostet 3/1, 50 € pro Erwachsenen/Kind.

ZUG

In Dublin gibt's zwei Hauptbahnhöfe. Die **Heuston Station** (☎ 01-836 5421; 🚆 Heuston Station) im Westen der Stadt nahe der Liffey bedient den Süden des Landes, die **Connolly Station** (☎ 01-836 3333; 🚆 Connolly Station, 🚆 Connolly Station), einen kurzen Fußmarsch nordöstlich von Busáras hinter dem Custom House, den Westen und Norden.

ℹ Unterwegs vor Ort

AUTO & MOTORRAD

Der Verkehr in Dublin ist ein wahrer Albtraum und Parken ein teures Ärgernis. Während der Bürozeiten (Mo–Sa 7–19 Uhr) kann man sein Auto nirgendwo umsonst abstellen, aber es gibt jede Menge Plätze mit Parkuhren (3–6 € pro Std.) und mehr als ein Dutzend bewachte Parkhäuser (5 € pro Std.).

Fürs Falschparken fängt man sich schnell eine Kralle ein, die erst gegen eine Zahlung von stolzen 80 € wieder abgenommen wird. Von Montag bis Samstag ist das Parken nach 19 Uhr an Parkuhren und einfachen gelben Streifen kostenlos; sonntags gilt diese Regelung den ganzen Tag über.

Autodiebstahl und -einbrüche sind an der Tagesordnung. Die Polizei rät Besuchern deshalb, ihre Wagen nach Möglichkeit im überwachten Parkhaus abzustellen. Vor allem auf Autos mit ausländischem Kennzeichen haben es die Langfinger abgesehen, daher sollte man niemals Wertgegenstände im Fahrzeug lassen! Am besten erkundigt man sich gleich bei der Hotelbuchung nach Parkmöglichkeiten.

Die **Automobile Association of Ireland** (AA; ☎ 01-617 9999, Pannendienst 1800 667 788; www.aaireland.ie; 56 Drury St; 🚌 alle Linien im Zentrum) befindet sich im Zentrum.

FAHRRAD

Trotz der rot gekennzeichneten Radwege, die durch Teile des Zentrums führen, haben es Radfahrer nicht ganz einfach, da sie sich die Straßen mit Bussen und abgestumpften Autofahrern teilen müssen. Fahrraddiebstahl ist ein großes Problem, deswegen sollten Fahrräder an betriebsameren Straßen (am besten an einer der zahllosen U-förmigen Parkstangen) abgestellt und gut abgeschlossen werden. Wer sein Rad über Nacht draußen lässt, muss damit rechnen, dass es am nächsten Morgen verschwunden ist. **Dublin City Cycling** (www.cycledublin.ie) bietet exzellente Online-Infos.

Fahrräder sind nur in vorstädtischen Zügen (jedoch nicht auf der DART-Linie) zugelassen und müssen im Gepäckwagen oder in einem speziellen Abteil am Ende des Zuges verstaut werden. Die Mitnahme eines Fahrrads auf einer Strecke bis 56 km kostet pauschal 4 €. Fahrradhelme sind keine Pflicht.

VOM/ZUM FLUGHAFEN

Weil es keine Zugverbindungen vom bzw. zum Flughafen gibt, muss man einen Bus nehmen oder mit dem Taxi fahren.

Bus

Aircoach (www.aircoach.ie) Das private Busunternehmen bedient zwei Strecken und steuert 18 Stationen in der Stadt an, darunter auch die Hauptstraßen im Zentrum. Zwischen 6 und 24 Uhr verkehren die Busse alle 10 bis 15 Minuten, von Mitternacht bis 6 Uhr einmal pro Stunde.

Airlink Express Coach (☎ 01-873 4222; www.dublinbus.ie; einfach/hin & zurück 6/3 €) Bus 747 pendelt von 5.45 bis 23.30 Uhr alle zehn bis 20 Minuten zwischen Flughafen, Busbahnhof (Busáras) und dem Dublin Bus Office in der Upper O'Connell Street. Bus 748 fährt zwischen 6.50 und 22.05 Uhr alle 15 bis 30 Minuten vom Flughafen zur Heuston Station sowie Connolly Station und zurück.

Dublin Bus Einige Busse starten von verschiedenen Punkten in Dublin zum Flughafen, darunter die 16A (Rathfarnham), 746 (Dun Laoghaire) und 230 (Portmarnock), und steuern auch das Stadtzentrum an.

Taxi

Gleich vor der Ankunftshalle befindet sich ein Taxistand. Eine Fahrt vom Flughafen ins Zentrum kostet etwa 25 € einschließlich der Grundgebühr von 2,50 € (fällt bei der Fahrt *zum* Flughafen weg). Man sollte unbedingt darauf achten, dass stets das Taxameter läuft.

> **ⓘ DUBLIN MIT DEM RAD**
>
> Eines der beliebtesten Transportmittel der Stadt sind die blauen Fahrräder von **Dublinbikes** (www.dublinbikes.ie). Der Leihservice ist mit dem Pariser Vélib-System zu vergleichen. Radfahrer erwerben für 10 € eine Smartcard (und zahlen mit der Kreditkarte eine Kaution von 150 €), und zwar entweder online oder an einer der 40 Stationen in der Innenstadt. Mit der besagten Karte kann man die Räder dann „freischalten". Die ersten 30 Minuten sind kostenlos, danach kostet jede halbe Stunde 0,50 €.

ÖFFENTLICHE VERKEHRSMITTEL

Bus

Im Büro von **Dublin Bus** (Karte S. 90 f.; ☎ 01-873 4222; www.dublinbus.ie; 59 Upper O'Connell St; ⏲ Mo–Fr 9–17.30, Sa bis 14 Uhr; 🚌 alle Linien im Zentrum) erhält man kostenlose Fahrpläne für alle Linien.

Busse verkehren zwischen 6 (manche ab 5.30 Uhr) und 23.30 Uhr. Der Ticketpreis ist nach der Zahl der Haltestellen gestaffelt:

- 1–3 Stationen: 1,95 €
- 4–7 Stationen: 2,55 €
- 8–13 Stationen: 2,80 €
- über 13 Stationen: 3,30 €

Innerhalb des Stadtzentrums (etwa zwischen Parnell Square im Norden und St. Stephen's Green im Süden) gilt ein Pauschalpreis von 0,75 €. Beim Einsteigen sollte man unbedingt passendes Kleingeld dabeihaben, denn statt Wechselgeld gibt's einen Rückerstattungsbeleg, den man nur im Hauptbüro des Unternehmens einlösen kann. Eine bessere Alternative ist die **Leap Card** (www.leapcard.ie), eine Chipkarte, die bei den meisten Zeitungsständen erhältlich ist. Nachdem man sich online registriert hat, kann man die Karte mit einem beliebigen Guthaben aufladen. Wenn man nun in einen Bus, Luas oder vorstädtischen Zug einsteigt, zieht man die Karte einfach durch und der Fahrpreis (meist 20 % weniger als der übliche Tarif) wird automatisch abgezogen.

Luas

Dublins **Stadtbahn** (www.luas.ie) bedient zwei Strecken. Die Green Line (alle 5–15 Min.) verbindet St. Stephen's Green mit dem südlichen Sandyford und fährt über Ranelagh und Dundrum, während die Red Line (alle 2 Min.) von der Lower Abbey Street über die nördlichen Kais und Heuston Station bis Tallaght verkehrt. Tickets bekommt man an den Automaten bei den Haltestellen oder den Kiosken in der Stadtmitte. Ein Kurzstreckenticket gilt für etwa vier Haltestellen und

ERMÄSSIGTE TICKETS

Es stehen verschiedene Spartickets zur Auswahl.

10 Journey Travel 90 (Erw. 29,50 €) Zehn 90-minütige Fahrten auf allen Verbindungen von Dublin Bus und Airlink; Nitelink ausgenommen.

Freedom Ticket (Erw./Kind 30/14 €) Drei Tage lang unbegrenzte Fahrten auf allen Busverbindungen, u. a. mit dem Airlink und den Hop-on-Hop-off-Touren von Dublin Bus.

Rambler Pass (5/30 Tage 29,50/132 €) Unbegrenzte Nutzung aller Verbindungen von Dublin Bus und Airlink; Nitelink ausgenommen.

kostet 2,30 €. Die Bahnen fahren montags bis freitags von 5.30 bis 0.30 Uhr, samstags von 6.30 bis 0.30 Uhr sowie sonntags von 7 bis 23.30 Uhr. Passagiere können die Leap Card nutzen.

Nitelink

Die Nitelink-Nachtbusse verkehren ab dem Dreieck College, Westmoreland Street und D'Olier Street. Freitags und samstags fahren sie von 0.30 bis 4.30 Uhr alle 20 Minuten auf den wichtigsten Strecken bzw. bis 3.30 Uhr auf weniger frequentierten Routen. Sonntags bis donnerstags gibt's keine Verbindungen. Ein Ticket kostet 6,50 €. Infos zu den Strecken erhält man unter www.dublinbus.ie.

Zug

Mit dem **Dublin Area Rapid Transport** (DART; ☎ 01-836 6222; www.irishrail.ie) gelangt man schnell und bequem an die Küste. Richtung Norden fahren die Züge bis Howth (30 Min.), Richtung Süden bis Greystones im County Wicklow. Die Pearse Station ist praktischer für den Dubliner Nahbereich südlich der Liffey, die Connolly Station für den Teil nördlich davon. Normalerweise starten die Züge montags bis samstags von 6.30 bis 24 Uhr alle zehn bis 20 Minuten, manchmal auch häufiger. Sonntags ist der Fahrplan eingeschränkt. Von Dublin aus ist man in 15 bis 20 Minuten in Dun Laoghaire. Ein einfaches Ticket nach Dun Laoghaire oder Howth kostet 3,15 €, nach Bray zahlt man 3,70 €.

Weitere Vorortzüge verkehren gen Norden bis Dundalk, ins Landesinnere bis Mullingar und gen Süden über Bray bis Arklow.

Taxi

Der Basistarif für Taxis beträgt 3,60 € bzw. 4 € zwischen 20 und 8 Uhr, danach wird pro Kilometer 1,10 € bzw. 1,40 € zwischen 20 und 8 Uhr berechnet. Dazu kommen Extragebühren: 1 € pro Fahrgast und 2 € für telefonische Bestellungen; Gepäck kostet nichts.

Man kann die Taxis entweder direkt an der Straße anhalten oder steuert einen der Taxistände an, z. B. an der Ecke **Abbey Street/O'Connell Street** (Karte S. 90 f.), beim **College Green** (Karte S. 108 f.) vor dem Trinity College oder bei St. Stephen's Green am Ende der Grafton Street. Es gibt verschiedene Unternehmen, die ihre Wagen per Funk benachrichtigen, darunter folgende Anbieter:

City Cabs (☎ 01-872 2688)
National Radio Cabs (☎ 01-677 2222; www.radiocabs.ie)

Wer sich beschweren will oder etwas im Taxi liegen gelassen hat, sollte das **Garda Carriage Office** (☎ 01-475 5888) kontaktieren.

Uber & Hailo

Uber ist zwar in Dublin vertreten, ist jedoch lange nicht so effektiv wie **Hailo** (www.hailoapp.com). Der Anbieter funktioniert ähnlich, arbeitet jedoch größtenteils mit der Taxibranche zusammen (viele Mitglieder sind selbst für den Dienst tätig).

RUND UM DUBLIN

An ihrer Stadt schätzen viele Dubliner besonders, dass man so einfach wieder aus ihr hinauskommt – und das ist keineswegs ironisch gemeint. Sobald sich die Gelegenheit ergibt, kehren sie ihrem Wohnort den Rücken, kommen allerdings nicht wirklich weit, da sie meistens in eines der nahe gelegenen Küstendörfer fahren. Zu ihrem Leidwesen gehören die malerischen Orte Howth und Malahide im Norden inzwischen aber schon fast zum Dubliner Einzugsgebiet. Dalkey im Süden musste diesen Kampf längst aufgeben, konnte sich jedoch trotzdem seinen dörflichen Charakter bewahren.

Howth

Am Fuß einer bauchigen Halbinsel erstreckt sich das hübsche Dorf Howth (ausgesprochen wie das englische *both*, nur mit einem „h" am Anfang). Es hat einen Fischer- und einen Jachthafen und gilt als eine der besten Adressen Dublins. Die nobelsten Anwesen liegen diskret auf dem höchsten mit Ginster bewachsenen Hügel, der eine tolle Aussicht auf die Dublin Bay bietet. Dubliner, die sich hier kein Eigenheim leisten können, kommen gerne am Wochenende her. Rund um Howth Head kann man nämlich wunderbar wandern, außerdem findet am Ufer ein beliebter Bauernmarkt statt.

Sehenswertes

Howth Castle BURG

Der Ort grenzt größtenteils an das weitläufige Gelände des 1564 errichteten Howth-Castle. Seither hat sich jedoch viel an dem Bau geändert; zuletzt verpasste ihm Sir Edwin Lutyens 1910 einen modernen Anstrich. Heute ist die Burg in vier exklusive Wohneinheiten aufgeteilt, die Außenanlagen sind jedoch für Besucher zugänglich. Einen Besuch lohnen auch die **Castle Gardens** (24 Std.) GRATIS, die besonders für ihre im Mai und Juni blühenden Rhododendren, Azaleen sowie eine lange, 10 m hohe und 1710 gepflanzte Buchenhecke bekannt sind.

Ursprünglich wurde das Anwesen 1177 von dem normannischen Adeligen Sir Almeric Tristram erworben, der seinen Nachnamen in St. Lawrence umänderte, nachdem er auf Geheiß seines Lieblingsheiligen (zumindest glaubte er das) eine Schlacht gewonnen hatte. Die Familie ist nach wie vor im Besitz des Landes, obwohl die bis dahin ungebrochene Linie männlicher Nachfahren bereits 1909 endete.

Auf dem Gelände befinden sich zudem die Ruinen des Corr Castle aus dem 16. Jh. und ein uralter Dolmen (neolithisches Grabmal aus aufrecht stehenden Steinen mit einem Deckstein darüber), der auch Aideen's Grave genannt wird. Der Legende nach starb Aideen an gebrochenem Herzen, nachdem ihr Mann bei der Schlacht von Gavra bei Tara 184 n. Chr. gefallen war. Weil der Dolmen nach Einschätzung von Fachleuten mindestens 300 Jahre mehr auf dem Buckel hat, kann am Wahrheitsgehalt der Legende allerdings nicht viel dran sein.

Darüber hinaus kann man die Ruine der **St. Mary's Abbey** (Abbey St) GRATIS besichtigen. Das Kloster wurde 1042 vom Wikingerkönig Sitric gegründet, der auch die Vorgängerkirche der Christ Church Cathedral errichten ließ. 1235 wurde es mit dem Kloster auf Ireland's Eye zusammengelegt. Einige Teile des Gebäudes stammen noch aus dieser Zeit, ein Großteil datiert aber ins 15. und 16. Jh. Das Grab von Christopher St. Lawrence (Lord Howth) in der südöstlichen Ecke wurde um 1470 angelegt. Die Öffnungszeiten stehen am Tor angeschrieben oder können beim Verwalter erfragt werden.

Howth Summit AUSSICHTSPUNKT

Howth Summit (171 m) bietet eine tolle Sicht über die Dublin Bay bis zum County Wicklow. Von der Spitze aus kann man nach Ben of Howth wandern, einer Landzunge, unter der sich ein 2000 Jahre altes keltisches **Königsgrab** befindet. Das **Baily Lighthouse** von 1814 am südöstlichen Ende steht an der Stelle, an der sich früher eine alte Steinfestung befand. Dorthin gelangt man über einen dramatischen **Klippenpfad**.

ABSTECHER

SANDYCOVE & JAMES JOYCE MUSEUM

Rund 1 km nördlich von Dalkey erstreckt sich Sandycove mit einem netten kleinen Strand und dem Martello-Turm. Dieses Bauwerk errichteten die Engländer, um von dort aus nach Napoleons Truppen Ausschau zu halten. Heute ist darin das James Joyce Museum untergebracht. Hierher gelangt man per DART Richtung Sandycove.

James Joyce Tower & Museum (01-280 9265; www.joycetower.ie; Joyce Tower, Sandycove; April–Sept. 10–18 Uhr, Okt.–März bis 16 Uhr) In diesem Turm nimmt die Handlung von Joyces epischem Roman *Ulysses* ihren Anfang. Eröffnet wurde das Museum 1962 von Sylvia Beach; die in Paris lebende Verlegerin wagte es als Erste, Joyces komplizierten Roman zu veröffentlichen. Zu den sehenswerten Exponaten gehören Fotos, Briefe, Dokumente, verschiedene Versionen von Joyces Werk und zwei Totenmasken des Schriftstellers.

Forty Foot Pool (Sandycove) Unterhalb des Martello-Turmes liegt der Forty Foot Pool, ein Meerbecken, dessen Name auf das bis 1904 am Gebäude stationierte Fortieth Foot Regiment zurückgeht. Am Ende des ersten Kapitels von *Ulysses* fährt Buck Mulligan dorthin, um zu schwimmen. Noch immer hat das morgendliche Bad Tradition, sowohl im Sommer als auch im Winter: Der Christmas Day Dip gehört zu Dublins Traditionen schlechthin.

Auf Druck der weiblichen Badegäste wurde der Abschnitt, den früher nur männliche Nacktbader betreten durften, für beide Geschlechter geöffnet – trotz großen Protests von Seiten der „Forty Foot Gentlemen". Schließlich einigte man sich darauf, dass der Textilzwang erst nach 9 Uhr gilt. Vor dieser Uhrzeit kommen hauptsächlich (nackte) Männer.

ABSTECHER

IRELAND'S EYE

Nicht weit vor der Küste von Howth erstreckt sich **Ireland's Eye** (☎01-831 4200), ein felsiges Vogelschutzgebiet mit den Ruinen eines Klosters aus dem 6. Jh. Am nordwestlichen Ende der Insel ragt ein Martello-Turm auf, wo die von Howth kommenden Boote anlegen, und am östlichen Ende stürzt eine spektakuläre nackte Felswand steil ins Meer hinab. Während der Brutzeit sieht man hier nicht nur zahlreiche Meeresvögel in der Luft kreisen, sondern auch jede Menge Jungvögel am Boden. Außerdem werden in der Umgebung immer wieder Robben gesichtet.

Doyle & Sons (☎01-831 4200; www.howth-boats.com; hin & zurück 14 €) fährt im Sommer mit Booten vom Ostpier des Howth Harbour zur Insel, meist an Samstag- und Sonntagnachmittagen. Da die ganze Klosterruine dicht mit Brennnesseln bewachsen ist, sollte man bei einem Besuch lange Hosen anziehen und darüber hinaus bitte nicht vergessen, den Müll wieder mitzunehmen – viele Inselbesucher tun das nämlich leider nicht.

Nördlich von Ireland's Eye liegt **Lambay Island**, ein wichtiges Meeresvogelschutzgebiet, das nicht öffentlich zugänglich ist.

Essen

Howth Market MARKT €

(☎01-839 4141; www.howthmarket.ie; 3 Harbour Rd, Howth Harbour; ⌚Sa 9–18 Uhr, So & Feiertage) Auf diesem wunderbaren Markt gibt's neben frischem Fisch auch Biofleisch, Gemüse und allerlei Hausgemachtes wie Marmelade, Kuchen und Brot. Eine tolle Option fürs sonntägliche Mittagessen.

House IRISCH €€

(☎01-839 6388; www.thehouse-howth.ie; 4 Main St; Hauptgerichte 17–23 €; ⌚Mo 8.45–16, Di–Fr bis 21.30, Sa & So 10–22 Uhr) Ein erstklassiges Restaurant an der Hauptstraße, die vom Hafen wegführt. Hier kann man Köstlichkeiten wie knusprige Polenta mit Bellingham-Blaukäse, Wildhirschragout und leckere Fischgerichte genießen.

Oar House FISCH & MEERESFRÜCHTE €€

(☎01-839 4562; www.oarhouse.ie; 8 West Pier; Hauptgerichte 16–24 €; ⌚12.30–22 Uhr) Hier steht vor allem köstlicher Fisch auf der Karte, wobei die lokalen Spezialitäten am besten schmecken. Natürlich sollte das in einem Fischerdorf auch so sein, trotzdem sticht das Oar House in zweierlei Beziehungen heraus: Erstens ist der Fisch einmalig zubereitet und zweitens bekommt man jedes Gericht auf der Speisekarte entweder als Hauptgang oder als kleinere tapasähnliche Portion.

An- & Weiterreise

Nach Howth gelangt man am einfachsten und schnellsten mit der DART-Bahn (20 Min., 2,50 €). Zum gleichen Preis fahren die Busse 32 und 32A ab Lower Abbey Street im Zentrum Dublins bis zum Howth Summit 5 km südöstlich von Howth.

Counties Wicklow & Kildare

Inhalt ➡

Gut essen

- Ballyknocken House (S. 153)
- Strawberry Tree (S. 154)
- Tinakilly Country House & Restaurant (S. 151)
- Grangecon Café (S. 152)
- Byrne & Woods (S. 143)

Schön übernachten

- Brook Lodge & Wells Spa (S. 154)
- Hunter's Hotel (S. 153)
- Powerscourt Hotel & Spa (S. 141)
- Martinstown House (S. 161)

Auf nach Wicklow & Kildare

Diese zwei Grafschaften mögen zwar Nachbarn sein und beide an Dublin grenzen, doch damit enden ihre Gemeinsamkeiten auch schon.

Direkt südlich der Hauptstadt liegt das wilde, malerische Wicklow. Seine dramatischste, beeindruckendste Landschaft ist ein von Farnen und Ginster bewachsener Bergrücken mit tiefen Eiszeittälern, isolierten Bergpässen und verschiedenen bedeutsamen historischen Schätzen, darunter eine der wichtigsten frühchristlichen Stätten Irlands und mehrere palladianische Gutshäuser.

Im Westen erstreckt sich das flache, fruchtbare Kildare, in dem es ebenfalls mehrere elegante palladianische Bauten gibt. In erster Linie ist es aber als Land der (Vollblut-)Pferde bekannt. Hier findet man einige der lukrativsten Pferdegestüte der Welt, von denen viele Verbindungen zu den Zuchtzentren in Kentucky, USA, haben. Darüber hinaus wartet Kildare mit einigen der besten Golfplätze der Welt sowie dem größten Outletcenter des Landes auf.

Reisezeit

- Die Sommermonate von Juni bis September sind die beste Reisezeit für Wicklow, vor allem wenn man eine Wanderung auf dem Wicklow Way unternehmen möchte.
- Von Ostern bis Ende August wird das Wicklow Gardens Festival veranstaltet.
- Das Irish Derby, Irlands renommiertestes Flachlandrennen, findet im Juni im Curragh, County Kildare, statt. Danach gibt's bis Oktober immer wieder Rennen.

Highlights

1. Die beeindruckenden Ruinen sowie die malerischen Hügel und Wälder von **Glendalough** (S. 143) entdecken.
2. Kildares fruchtbares **Bog of Allen** (S. 159) erkunden.
3. Eine Wanderung auf dem beliebtesten Trekkingweg des Landes, dem **Wicklow Way** (S. 149), unternehmen.
4. Im **Russborough House** (S. 151) die fantastischen Kunstwerke und die tolle Atmosphäre auf sich wirken lassen.
5. Die herrlichen italienischen Gärten und den imposanten Wasserfall des **Powerscourt Estate** (S. 141) in der Nähe von Enniskerry bewundern.
6. Unweit von Celbridge an einer Führung durch das **Castletown House** (S. 157), Irlands prächtigste palladianische Villa, teilnehmen.
7. Bei der Übernachtung in einer der **Glendalough Hermitages** (S. 150) die Seele baumeln lassen.

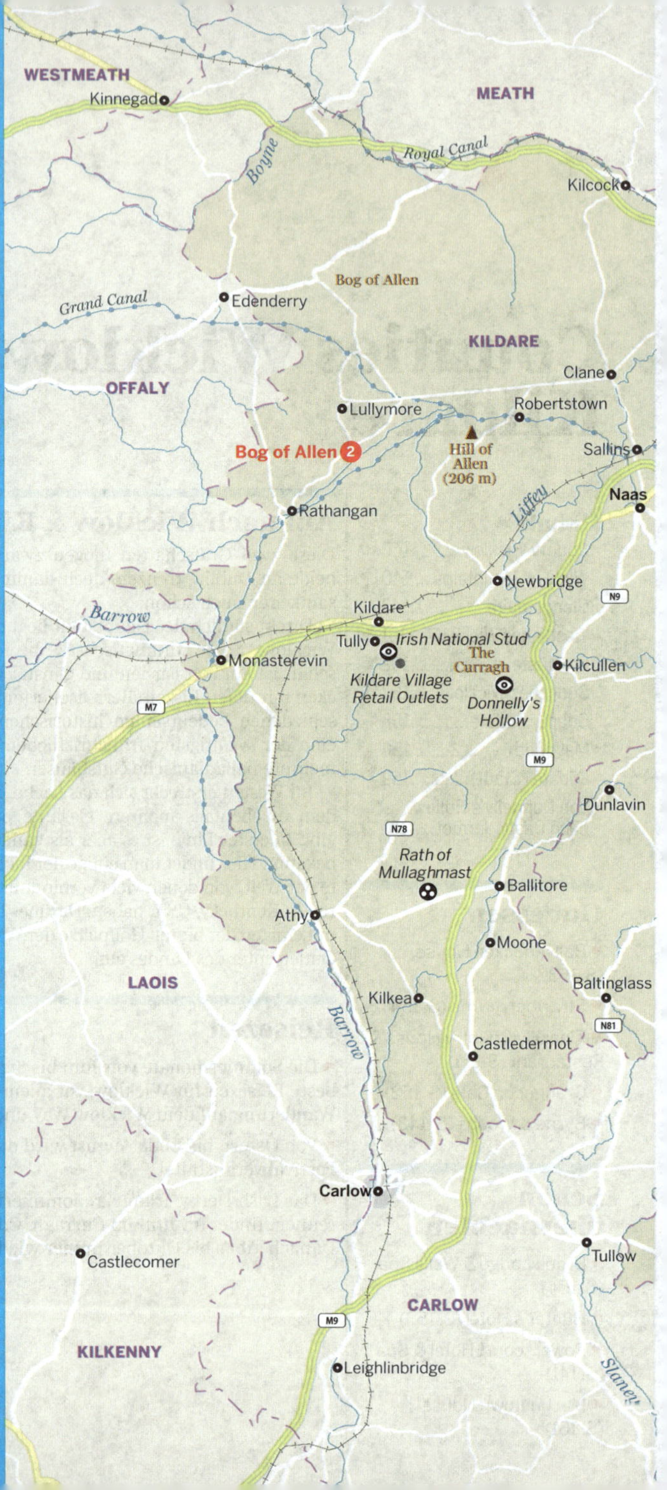

Swords
Howth
North Bull Island
Howth Peninsula
Irische See
Maynooth
M4
Leixlip
Liffey
DUBLIN
Dublin Bay
6 Castletown House
Celbridge
Straffan
Dun Laoghaire
Sandycove
Dalkey
Dalkey Island
Killiney
Rathcoole
Grand Canal
M7
Kill
Loughlinstown
Glencree
R117
Kippure Mountain (752 m)
Enniskerry
Bray
Bray Head
N81
Kilbride
5 Powerscourt Estate
R759
Kilmacanogue
Blessington
Powerscourt Waterfall
Great Sugarloaf Mountain (503 m)
Greystones
Ballymore Eustace
4 Russborough House
Liffey
Sally Gap
M11
Poulaphouca Reservoir
Mullaghcleevaun (848 m)
Military Rd
Lough Tay
Kilpedder
Kilcoole
Valleymount
Sraghmore
Wicklow Mountains
Hollywood
Glenmacnass
Lough Dan
Roundwood
Vartry Reservoir
Tonelagee (816 m)
Table Mountain (700 m)
Wicklow Gap
Devil's Glen
N11
Camaderry Mountain (700 m)
Annamoe
7
1 Glendalough
Donard
Lugduff (652 m)
Laraghe
Ashford
Turlough Hill
Spink Mountain (550m)
Rathnew
Ballinclea
WICKLOW
Wicklow
Knockanarrigan
Glenmalure
Avonmore
Wicklow Head
Lugnaquilla Mountain (924 m)
Mullacor (657 m)
Gleneally
Glen of Imaal
Drumgoff
Derrynamuck
Avonbeg
Vale of Clara
Rathdrum
Silver Strand
Slieve Maan (550 m)
Greenane
Ardmore Point
Rathdangan
Avondale House
Aghavannagh
Carrickashane Mountain (508 m)
R754
Meeting of the Waters
Redcross
Brittas Bay
3 Wicklow Way
Vale of Avoca
Mizen Head
Avoca
Maheramore
Aughrim
Woodenbridge
Clogga Beach
Avoca
ATLANTISCHER OZEAN
Arklow
Tinahely
Bann
N11
Kilmichael Point
Shillelagh
WEXFORD
Carnew
M11
N
0
10 km

COUNTY WICKLOW

136 000 EW. / 2027 KM²

Unmittelbar südlich von Dublin liegt Wicklow (Cill Mhantáin), das Lieblingsrefugium der Hauptstädter und ein wilder Lustgarten mit Küsten- und Waldgebiet sowie einer einschüchternden Bergkette mit der populärsten Wanderstrecke Irlands.

Der **Wicklow Way** erstreckt sich über 132 km von den südlichen Vororten Dublins bis zu den sanft hügeligen Feldern von Carlow sowie über einstige militärische Versorgungsstrecken und Naturpfade. Auf dem Weg kann man Klosterruinen erforschen und schöne Gärten und prächtige Villen aus dem 18. Jh. besuchen.

Nationalparks

Der Wicklow Mountains National Park umfasst mehr als 200 km² Hochmoor- und Waldgebiete. Innerhalb der Schutzzone befinden sich zwei Naturreservate, die im Besitz des Heritage Service sind und von diesem auch verwaltet werden. Das größere Gebiet westlich vom Glendalough Visitor Centre dient der Erhaltung der weitläufigen Heide- und Moorlandschaft des Glendalough Valley sowie des Upper Lake und der Hänge zu beiden Seeseiten. Das Glendalough Wood Nature Reserve schützt Eichenwälder, die sich vom Upper Lake bis zur Rathdrum-Straße im Osten erstrecken.

Fast alle in Irland beheimateten Säugetiere sind im Park vertreten. Mittlerweile durchstreifen auch wieder Rotwildherden die offenen Hügellandschaften. Während der ersten Hälfte des 18. Jhs. waren die Tiere bereits ausgestorben und wurden erst im 20. Jh. wieder neu angesiedelt. In den höheren Lagen leben Füchse, Dachse und Wildhasen. Eichhörnchen tummeln sich in den Kiefernwäldern rund um den Upper Lake.

Außerdem gibt's jede Menge Vögel, darunter viele Greifvögel wie Wander- und Turmfalken, Merline, Habichte und Sperber. Kornweihen sieht man weniger häufig. Zu den hier vertretenen Moorvögeln zählen Wiesenpieper und Feldlerchen. Seltenere Arten wie Braunkehlchen, Ringdrosseln und Wasseramseln entdeckt man ebenso wie schottische Moorhühner, deren Bestand in anderen Gegenden Irlands inzwischen rapide abnimmt.

ℹ Praktische Informationen

Informationen über den Wicklow Mountains National Park erhält man beim **National Park Information Office** (☎0404-45425; www.wicklowmountainsnationalpark.ie; Miners' Rd, Bolger's Cottage, Upper Lake, Glendalough; ⏲Mai–Sept. 10–17.30 Uhr, Okt.–April Sa & So 10 Uhr–Sonnenuntergang), etwa 2 km vom Glendalough-Besucherzentrum entfernt an der Green Road nahe dem Upper Lake. Meist trifft man dort jemanden, der einem weiterhilft. Wenn der Infoschalter geschlossen ist, sind vermutlich alle Mitarbeiter auf Führungen unterwegs. Mithilfe der Broschüre Exploring the Glendalough Valley (Heritage Service; 2 €) lässt sich das Gelände auch auf eigene Faust erkunden.

ℹ An- & Weiterreise

In Wicklow ist das Umherreisen unkompliziert.

AUTO

Zu den Hauptstraßen des Countys gehören die N11 (M11), die in Nord-Süd-Richtung von Dublin bis Wexford durch die Grafschaft führt, und die N81, die von den Wicklow Mountains durch Blessington bis nach Carlow verläuft.

BUS

St. Kevin's Bus verkehrt zweimal täglich von Dublin und Bray nach Roundwood und Glendalough. Der Westen einschließlich Blessington ist von Dublin aus mit der Buslinie 65 zu erreichen.

ZUG

Der Dublin Area Rapid Transport (DART) fährt von Dublin aus in Richtung Süden bis nach Bray, außerdem bestehen zwischen der Hauptstadt und Wicklow bzw. Arklow regelmäßige Bahn- und Busverbindungen.

Wicklow Mountains

Sobald man Dublin hinter sich lässt und Wicklow erreicht, ändert sich die Landschaft. Von Killakee aus führt die Military Road 30 km Richtung Süden über weite, mit Ginster, Farn und Heidekraut bedeckte Hügel sowie durch Moorgebiete und idyllische Berg- bzw. Seenlandschaften.

Mit seinen 924 m ist der höchste Berg des Countys, der Lugnaquilla, eher ein großer Hügel. Er besteht aus Granit und ist vor 400 Mio. Jahren aus heißem Magma entstanden. Während der Eiszeit hat er sich zu dem heutigen zerklüfteten Gebirge aufgefaltet. Zwischen seinen Gipfeln liegen einige tiefe Gletschertäler wie Glenmacnass, Glenmalure und Glendalough. Kraterseen wie der obere und untere Lough Bray, durch Eis einst in den Fels gegraben, ergänzen das wilde Landschaftsbild.

Die schmale Military Road windet sich durch abgeschiedene Höhenlagen mit herrlichen Ausblicken auf die Umgebung. Am besten startet man in Glencree (von Enniskerry aus). Von dort verläuft die Straße weiter südwärts über den Sally Gap und die Täler Glenmacnass und Laragh sowie nach Glenmalure und Aghavannagh.

Wer die Seen Lough Tay und Lough Dan besuchen möchte, sollte einen Abstecher zum Sally Gap unternehmen. Weiter südlich führt die Strecke am großen Wasserfall von Glenmacnass vorbei nach Laragh, in dessen Nähe die herrlichen Ruinen des Klosters von Glendalough liegen. Danach geht's durch das Tal von Glenmalure. Wanderer mit guter Kondition können hier den Lugnaquilla erklimmen.

Enniskerry & Powerscourt Estate

2672 EW.

An der Spitze der „21 Bends“ (21 Kehren), wie die kurvenreiche R117 von Dublin auch genannt wird, erstreckt sich das schöne Örtchen Enniskerry mit seinen Kunstmuseen und Biocafés. Wer hier gesteht, dass er Eier aus Käfighaltung isst, wird wie ein Krimineller behandelt. Die stolze Selbstsicherheit der Einwohner ist weit entfernt von den Ursprüngen des Dorfes, das auf Richard Wingfield zurückgeht. 1760 ließ der Earl des nahe gelegenen Powerscourt Estate für seine Arbeiter mehrere Cottages mit Terrassen bauen. Heute muss man schon eine Weile erfolgreich gearbeitet haben, um sich ein solches Häuschen leisten zu können.

Sehenswertes

Powerscourt Estate HERRENHAUS, GÄRTEN
(www.powerscourt.ie; bei Enniskerry; Eintritt ins Haus frei, Gärten Erw./Kind 8,50/5 €; ⌚ März–Okt. 9.30–17.30 Uhr, Nov.–Feb. bis Sonnenuntergang) Wicklows meistbesuchte Attraktion ist dieses 64 km² große Anwesen, dessen Haupteingang 500 m südlich des Örtchens Enniskerry liegt. In seinem Zentrum befindet sich ein palladianisches Herrenhaus mit 68 Zimmern, doch der eigentliche Besuchermagnet sind die grandiosen formellen Gärten. Die oberen Etagen des Hauses sind geschlossen, aber im Erdgeschoss gibt's ein schönes Café und ein Kunsthandwerksgeschäft.

1300 ließ die Familie LePoer (später ins Englische als „Power“ übertragen) vor Ort eine Burg errichten. Das Bauwerk wechselte einige Male die Besitzer und wurde 1603 von dem frisch gekürten Marshall of Ireland Richard Wingfield übernommen, dessen Nachfahren hier in den nächsten 350 Jahren wohnten. 1730 erhielt das georgianische Wunderkind Richard Cassels (bzw. Castle) den Auftrag, die Festung zu einem imposanten Herrenhaus umzugestalten. Eigentlich waren die Arbeiten 1741 beendet, trotzdem kam 1787 ein Stockwerk hinzu. Im 19. Jh. wurden weitere Umbauten vorgenommen.

Nach dem Weggang der Wingfields in den 1950er-Jahren sanierte man das Haus von Grund auf. Am Vorabend der Wiedereröffnung 1974 fiel das Gebäude allerdings einem Brand zum Opfer. Schließlich wurde es von den Slazengers, einem renommierten Familienunternehmen der Sportindustrie, aufgekauft, und ein zweites Mal restauriert. Nun erweiterte man es um alle Annehmlichkeiten, die das Anwesen heute zu bieten hat, darunter zwei Golfplätze und das fabelhafte Hotel, das inzwischen zu Marriotts Luxushotelkette Autograph Collection gehört.

Absolutes Highlight ist jedoch der 20 ha große **Garten**, der ursprünglich in den 1740er-Jahren angelegt wurde und später von Daniel Robinson umgestaltet wurde. Mit der Leidenschaft des führenden Gartenbaukünstlers seiner Zeit für Pflanzen konnte nur noch seine Liebe zum Alkohol mithalten: Es heißt, dass Robinson ab einer bestimmten Tageszeit zu betrunken war, um zu laufen, und deshalb darauf bestand, in einer Schubkarre herumgefahren zu werden.

Vielleicht trug aber gerade diese Tatsache zu dem zwanglosen Stil bei, der sich in einer herrlichen Symbiose aus Landschaftsgärten, großzügigen Terrassen, Skulpturen, Zierseen, verborgenen Grotten, hübschen Spazierwegen und Einfriedungen niederschlug. Über 200 Baum- und Straucharten gedeihen hier vor der großartigen Naturkulisse des Great Sugarloaf Mountain im Südosten. Mit den Eintrittstickets erhält man eine Karte, auf der 40-minütige und einstündige Rundgänge durch den Garten eingezeichnet sind. Besucher sollten zudem keinesfalls den herrlichen Japanischen Garten und den Pepperpot Tower nach dem Modell einer Pfeffermühle von Lady Wingfield verpassen. Unser absoluter Favorit ist jedoch der Tier-

NICHT VERSÄUMEN

TOP-GÄRTEN IN WICKLOW

- Powerscourt Estate (S. 140)
- Mt. Usher Gardens (S. 153)
- Kilruddery House & Gardens (S. 152)
- National Botanic Gardens (S. 154)

ABSEITS DER ÜBLICHEN PFADE

GLENMACNASS

Obwohl sich Besucher des entlegenen Glenmacnass-Tals sehr einsam fühlen werden, zählt das Moorgebiet zwischen Sally Gap und Laragh zu den schönsten Gegenden des Countys.

Der Mt. Mullaghcleevaun (848 m) ist der höchste Berg im Westen. Hier ergießt sich der Richtung Süden verlaufende Fluss Glenmacnass über die Kante des Hochplateaus und wird so zum Glenmacnass Waterfall. Ganz in der Nähe gibt's einen Parkplatz. Beim Klettern auf den Felsen rund um den Wasserfall ist Vorsicht angebracht, denn dort sind schon einige Wagemutige in den Tod gestürzt! Schöne Wanderpfade führen auf den Mullaghcleevaun und in die Hügellandschaft östlich des Parkplatzes.

friedhof, auf dem Haustiere und sogar einige Milchkühe der Familie ihre letzte Ruhestätte fanden. Erstaunlich, wie persönlich manche der Grabinschriften sind.

Auch das Haus selbst ist in jeder Hinsicht grandios, doch wegen der andauernden Renovierungsarbeiten gibt's außer dem geschäftigen Avoca-Café und dem Kunsthandwerksgeschäft im Erdgeschoss nicht viel zu sehen. Die einzige Ausnahme bildet das **Museum of Childhood** (Tara's Palace; www.taraspalace.ie; Erw./Kind/Familie 5/3/12 €; ⏲ Mo–Sa 10–17, So 12–17 Uhr) mit historischen Minitaturpuppen und -puppenhäusern, darunter Tara's Palace mit 22 Zimmern, das inspiriert von den palladianischen Bauten Castletown House, Leinster House und Carton House maßstabgerecht im Maßstab 1:12 gestaltet wurde. Jedes Zimmer ist mit aufwendigen, handgearbeiteten Miniaturen eingerichtet.

Zum beeindruckenden **Powerscourt Waterfall** (Erw./Kind 5,50/3,50 €; ⏲ Mai–Aug. 9.30–19, März–April & Sept.–Okt. 10.30–17.30, Nov.–Jan. bis 16.30 Uhr), mit 130 m der höchste Wasserfall der Britischen Inseln, führt eine 7 km lange Wanderstrecke. Man erreicht ihn aber auch über die Straße (dem Wegweiser in Richtung Park folgen). Nach starken Regenfällen ist er besonders imposant. Rund um den Naturpfad am Wasserfall stehen Mammutbäume, Eichen, Buchen, Birken und Ebereschen, in denen man zahlreiche Vogelarten wie Buchfinken, Kuckucke, Zilpzalpe, Raben und Fitislaubsänger entdecken kann.

Geführte Touren

Alle Ausflüge zum Powerscourt Estate starten in Dublin.

Bus Éireann BUS
(☎ 01-836 6111; www.buseireann.ie; Busáras; Erw./Kind/Student 27,50/19/25,50 €; ⏲ Mitte März–Okt. 10 Uhr) Tagestour zum Powerscourt Estate und nach Glendalough (inklusive aller Eintrittskosten) vom Dubliner Busbahnhof Busáras. Bei Kauf im Internet gibt's Ermäßigungen.

Dublin Bus Tours BUS
(Karte S. 108 f.; ☎ 01-872 0000; www.dublinsightseeing.ie; Erw./Kind 27/12 €; ⏲ 11 Uhr) Die vierstündige South-&-Coast-&-Gardens-Tour umfasst einen Besuch des Powerscourt Estate sowie einen Ausflug an den Küstenabschnitt zwischen Dun Laoghaire und Killiney und Abstecher ins Landesinnere nach Wicklow bzw. Enniskerry. Der Eintritt für den Park ist im Preis inbegriffen.

Aktivitäten

Powerscourt Golf Club GOLF
(www.powerscourtgolfclub.com; Powerscourt Estate, Enniskerry; Golfplatzgebühr April–Okt. 75 €, Nov.–März 55 €) Zwei grandiose Goldplätze stehen zur Auswahl: Der West Course wurde von David McLay Kidd (der auch für den Bandon Dunes in Oregon verantwortlich zeichnet) entworfen und ist einen Tick schattiger als der landschaftlich reizvollere East Course.

Schlafen & Essen

Summerhill House Hotel HOTEL €€
(☎ 01-286 7928; www.summerhillhousehotel.com; Zi. ab 75 €; 📶 👪) Ein spektakuläres Herrenhaus 700 m südlich der Stadt direkt an der N11. Besser kann man sich weit und breit nicht betten, denn man nächtigt inmitten von Antiquitäten und Gemälden auf weichen Kissen. In dieser Unterkunft ist einfach alles unvergesslich, z. B. das erstklassige Frühstück.

Coolakay House B&B €€
(☎ 01-286 2423; www.coolakayhouse.ie; Waterfall Rd, Coolakay; Zi. 70–80 €; 📶) Der moderne Gutshof 3 km südlich von Enniskerry (an der Straße ausgeschildert) eignet sich ideal für Wanderer auf dem Wicklow Way. Alle vier Zimmer bieten einen herrlichen Ausblick, sind gut ausgestattet und komfortabel. Das Frühstück ist sensationell.

★ **Powerscourt Hotel & Spa** HOTEL €€€
(☎ 01-274 8888; www.powerscourthotel.com; Powerscourt Estate, Enniskerry; Zi. ab 170 €) Das um-

werfende Haus auf dem Gelände des Powerscourt Estate ist das luxuriöseste Hotel des Countys. Es wird von Marriott betrieben und wartet mit purem, nicht zu überbietenden Luxus auf. Die Dekoration ist eine durch und durch authentische Version des georgianischen Stils des Anwesens und die Zimmer sind riesig. Unten befinden sich ein gutes Restaurant und ein großartiges Spa.

Kennedy's CAFÉ €
(Church Hill; Hauptgerichte 3–7 €; ⌚8.30–17 Uhr) In diesem hübschen Kunsthandwerksladen mit Café gibt's hervorragende hausgemachte Suppen und Sandwiches. Überdies wird hier das ausgezeichnete Brot der Dubliner Bretzel Bakery verkauft.

Johnnie Fox FISCH & MEERESFRÜCHTE €€
(☎01-295 5647; www.jfp.ie; Glencullen; Hauptgerichte 12–20 €; ⌚12–22 Uhr) Während der Sommermonate fallen abends ganze Touristenscharen ein, die mit dem Bus anreisen. Sie wollen vor allem die Hooley Show mit pseudo-irischer Musik und beinschwingendem Tanz erleben. Über die Speisen kann man jedoch nicht meckern: Sie sind so lecker, dass man gern für einen weiteren Refrain von *Danny Boy* sitzen bleibt und am Ende sogar mitsingt. Das Johnnie Fox befindet sich 3 km nordwestlich von Enniskerry in Glencullen.

An- & Weiterreise

Enniskerry liegt 18 km südlich von Dublin und 3 km westlich der M11 an der R117. Von dort kommt man problemlos zu Fuß zum Powerscourt House (500 m außerhalb der Ortschaft), der Weg zum Wasserfall ist allerdings länger.

Die Linie 44 (3,30 €, stündlich) von **Dublin Bus** (☎01-872 0000, 01-873 4222; www.dublinbus.ie) fährt in 1¼ Stunden von der Hawkins Street in Dublin nach Enniskerry.

Roundwood

589 EW.

Roundwood ist das höchstgelegene Dorf Irlands – mit nur 238 m haut diese Tatsache aber wohl niemanden vom Hocker. Es liegt auf dem Wicklow Way, der 3 km westlich verläuft, praktisch für Wanderer, um eine Pause zu machen und etwas zu essen.

Schlafen & Essen

Roundwood Caravan & Camping Park CAMPINGPLATZ €
(☎01-281 8163; www.dublinwicklowcamping.com; Stellplatz Erw./Kind 8/4 €; ⌚April–Sept.; 📶👪) Dieser wunderbare Campingplatz etwa 500 m südlich des Dorfes verfügt über eine Gemeinschaftsküche, einen Speisebereich und eine TV-Lounge und ist eine der besten Anlagen überhaupt in ganz Wicklow. St. Kevin's Bus verkehrt täglich zwischen Dublin und Glendalough und legt hier einen Zwischenhalt ein.

Byrne & Woods MODERN IRISCH €€
(☎01-281 7078; www.byrneandwoods.com; Main St; Hauptgerichte 16–24 €; ⌚Mo–Sa 12–21.30, So bis 20 Uhr) Das hervorragende Restaurant in einem alten Cottage trumpft mit allem auf, was die moderne irische Küche so bewundernswert macht: regionale Produkte, einfallsreiche Neuinterpretationen traditioneller Gerichte und eine schöne Präsentation. Der tolle Service und die guten Weine tragen ebenfalls zu einem rundum gelungenen Abend bei.

Coach House INTERNATIONAL €€
(Main St; Hauptgerichte ca. 13 €) Die schwarzweiße Holzremise ist ein großartiges Plätzchen, um eine Pause einzulegen und Energie nachzutanken. Es gibt im Coach House hauptsächlich Standardgerichte wie Burger, Salate, Fish 'n' Chips und ein gutes Steak-Sandwich, doch alles ist perfekt zubereitet und schmeckt sehr lecker.

An- & Weiterreise

St. Kevin's Bus (☎01-281 8119; www.glendaloughbus.com) steuert Roundwood zweimal täglich auf der Fahrt zwischen Dublin und Glendalough an (einfach 8 €, 1¼ Std.; hin & zurück 14 €).

Glendalough

280 EW.

Viele Traveller kommen nur nach Wicklow, um Glendalough (Gleann dá Loch – „Tal der zwei Seen") zu besuchen, einen der schönsten Plätze in ganz Irland sowie Inbegriff von Romantik und wilder Natur.

Natürlich sind die Ruinen der ehemals so bedeutenden Klostersiedlung beeindruckend, doch die Umgebung hat einen noch größeren Reiz. Das gilt besonders für die beiden dunklen, geheimnisvollen Seen in dem tiefen, bewaldeten Tal. Trotz seiner großen Beliebtheit ist Glendalough nach wie vor ein Ort der Stille und Einkehr, deshalb kann man leicht nachvollziehen, warum vor langer Zeit so viele Mönche auf der Suche nach Einsamkeit ausgerechnet hierherkamen.

Geschichte

498 n.Chr. zog sich ein junger Mönch namens Kevin in das Tal zurück, um in der Stille zu meditieren und eins mit der Natur zu werden. Am Südufer des Upper Lake schlug er auf Überresten eines bronzezeitlichen Grabs sein Lager auf. In den nächsten sieben Jahren schlief er auf Steinen, kleidete sich in Tierfelle, litt ständig Hunger und freundete sich der Legende zufolge mit Vögeln und Tieren an. Bald zog seine naturnahe Lebensweise jede Menge Anhänger an. Ironischerweise schienen diese gar nicht zu merken, dass sie sich um einen Eremiten scharten, der so weit weg von anderen Menschen wie möglich leben wollte. In den nächsten Jahrhunderten entwickelte sich aus dem Lager eine richtige Siedlung und bereits im 9. Jh. konkurrierte Glendalough mit Clonmacnoise um den Rang der führenden Klosterstadt Irlands. Bald bevölkerten Tausende von Klosterschülern das ganze Tal.

Zwischen 775 und 1071 fiel die Enklave mindestens viermal den Raubzügen von Wikingern zum Opfer. 1398 marschierten englische Truppen von Dublin aus ein und zerstörten die Anlage fast vollständig. Einige Menschen lebten trotzdem weiterhin hier und versuchten das Kloster wiederaufzubauen, das im 17. Jh. schließlich endgültig aufgelöst wurde.

Sehenswertes

UPPER LAKE

Teampall na Skellig RELIGIÖSE STÄTTE

Teampall na Skellig, die ehemalige Siedlung des hl. Kevin, befindet sich am Fuß der Steilklippen, die über dem Südufer des Upper Lake aufragen. Heute ist die Stelle nur noch mit dem Boot zu erreichen, doch leider gibt's bislang keinen Fährdienst. So bleibt Besuchern lediglich der Blick vom Ufer. Auf einem Felsplateau sieht man die Überreste einer Kirche und eines frühzeitlichen Friedhofs. Früher standen auf der nahe gelegenen Anhöhe einfache Hütten. Ringsum verteilen sich zudem einige Grabplatten und Steinkreuze.

St. Kevin's Bed DENKMAL

Östlich von hier, 10 m oberhalb des Wassers, erstreckt sich eine künstliche 2 m tiefe Höhle namens St. Kevin's Bed. Dort soll der Heilige gelebt haben. Die Höhle wurde jedoch bereits lange vor Kevins Ankunft genutzt, denn das Tal war schon Jahrtausende bewohnt, bevor sich die Mönche hier niederließen.

Stone Fort FESTUNG

Auf einer Grünfläche direkt südlich vom Upper Lake erhebt sich eine große, runde Mauer, angeblich die Reste einer *caher* (frühchristliche Steinfestung).

Reefert Church RELIGIÖSE STÄTTE

Der Uferweg entlang des Upper Lake führt zu den bemerkenswerten Ruinen der Reefert Church oberhalb des winzigen Poulanass, eher ein Bach als ein Fluss. Die kleine romanische Kirche verfügt über ein Hauptschiff und einen Altarraum aus dem 11. Jh. sowie einige wiederzusammengesetzte Bogen und Mauern. Ursprünglich war Reefert *(righ fearta,* wörtlich „Royal Burial Place" – „Königliche Gruft") der Platz, wo alle Oberhäupter der Familie O'Toole bestattet wurden. Auf dem zugehörigen Friedhof befindet sich eine Reihe von groben Steinkreuzen und Platten, meist aus glänzendem Schieferstein.

St. Kevin's Cell RELIGIÖSE STÄTTE

Steigt man die Stufen hinter dem Kirchhof der Reefert Church hinauf und folgt dann dem Pfad Richtung Westen, stößt man auf einer Anhöhe mit Blick über den See und auf die Überreste der St. Kevin's Cell, eine sogenannte Bienenkorbhütte.

LOWER LAKE

Während der Upper Lake in eine besonders reizvolle Landschaft eingebettet ist, wartet der untere Teil des Tals östlich des Lower Lake mit einigen faszinierenden Bauwerken inmitten der alten Klosteranlage auf.

Die Straße Richtung Osten führt zur **St. Saviour's Church** mit feinen Schnitzereien aus romanischer Zeit. Im Westen geht's auf einem Waldweg am Lower Lake vorbei bis zum Upper Lake.

Monastery Gatehouse TOR

Hinter der Kurve beim Glendalough Hotel erhebt sich der steinerne Torbogen des Monastery Gatehouse, das einzige erhaltene Klostertorhaus in Irland. Im Eingangsbereich befindet sich eine große Steinplatte mit eingraviertem Kreuz. Der Rundturm aus dem 10. Jh. ist 33 m hoch und hat unten einen Umfang von 16 m. Die oberen Stockwerke und das kegelförmige Dach wurden 1876 wieder aufgebaut.

Cathedral of St. Peter & St. Paul RELIGIÖSE STÄTTE

Das Kirchenschiff der Cathedral of St. Peter & St. Paul, gleich südöstlich vom Round Tower, stammt aus dem 10. Jh., die Sakristei aus dem 12. Jh.

Glendalough

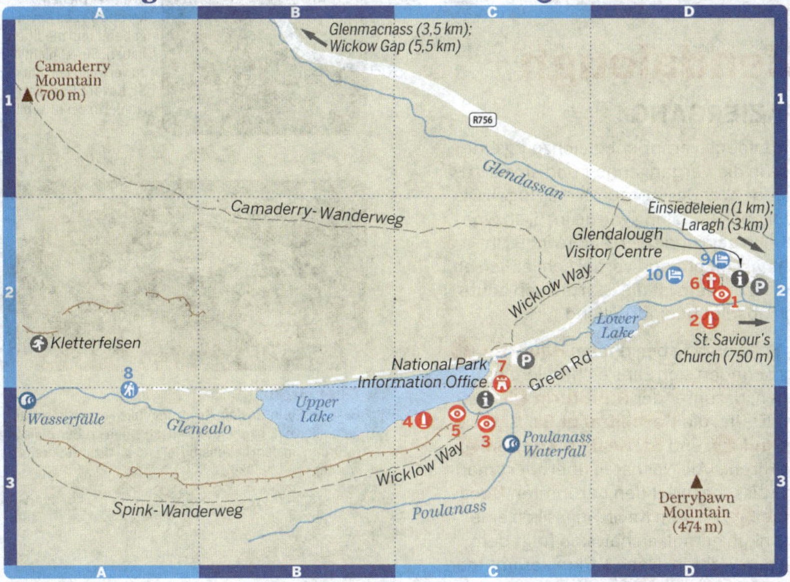

Priest's House

ARCHITEKTUR

In der Mitte des Friedhofs von Glendalough, südlich vom Rundturm, steht das Priest's House. Das Gebäude wurde 1170 errichtet und später stark verändert. Möglicherweise hat man darin Schreine aus dem St.-Kevin-Kloster aufbewahrt. Während der Zeit der Penal Laws im 18. Jh. wurden dort Priester aus der Gegend bestattet – daher auch der Name.

St. Mary's Church

RELIGIÖSE STÄTTE

Die Überreste der St. Mary's Church 140 m südwestlich des Rundturms datieren ins 10. Jh. Einst lag das Gebäude mit dem reizvollen Westportal wohl außerhalb der Klostermauern und gehörte Nonnen aus der Gegend.

St. Kieran's Church

RELIGIÖSE STÄTTE

Von der St. Kieran's Church, der kleinsten Kirche Glendaloughs, sind nur Ruinen erhalten. Sie befinden sich östlich der St. Mary's Church.

St. Kevin's Kitchen

KIRCHE

St. Kevin's Kitchen am Südrand der Einfriedung gilt als Glendaloughs Wahrzeichen. Die Kirche mit einem kleinen runden Glockenturm, einer vorspringenden Sakristei und einem steilen Steindach ist ein echtes Meisterwerk. Warum sie „Küche" genannt wird, bleibt ein Geheimnis – vielleicht, weil der runde Turm an einen Küchenschornstein erinnert. Ihre ältesten Gebäudeteile stammen aus dem 11. Jh. und trotz einiger Umgestaltungen ist sie noch immer ein gutes Beispiel für ein frühes klassisch irisches Gotteshaus.

Glendalough

Sehenswertes

1 Cathedral of St. Peter & St. Paul D2
2 Deer Stone D2
Priest's House ....(siehe 1)
3 Reefert Church C3
Round Tower ....(siehe 1)
4 St. Kevin's Bed C3
5 St. Kevin's Cell C3
6 St. Kevin's Kitchen D2
St. Kieran's Church ....(siehe 1)
St. Mary's Church ....(siehe 1)
7 Stone Fort C2
Teampall na Skellig ....(siehe 4)

Aktivitäten & Kurse, Touren

8 Wanderweg zu den Bergwerken A3

Schlafen

9 Glendalough Hotel D2
10 Glendalough International Hostel D2

Deer Stone

DENKMAL

Überquert man den Fluss südlich dieser beiden Kirchen, entdeckt man an der Kreuzung

Glendalough

SPAZIERGANG

Glendalough verspricht gleichzeitig eine Reise in die Vergangenheit und eine erfrischende Wanderung durch die Hügel. Die alte Mönchssiedlung wurde im 5. Jh. vom hl. Kevin gegründet, erreichte im 9. Jh. recht viel Macht und verfiel schließlich ab 1398. Trotzdem ist die Stätte auch heute noch absolut beeindruckend.

Der Spaziergang beginnt am **Haupttor** 1. Hier befinden sich zahlreiche wichtige Ruinen, darunter der **Rundturm** 2, aus dem 10. Jh., die **Cathedral of St. Peter & St. Paul** 3, und **St. Kevin's Kitchen** 4, eine Kirche. Als Nächstes überquert man den Fluss, passiert den berühmten **Deer Stone** 5, an dem Kevin angeblich eine Hirschkuh gemolken hat, und folgt dem Weg gen Westen. Nach 1,5 km kommt man zum **Upper Lake** 6. An der Südseite des Sees liegen weitere Stätten dicht nebeneinander. In der **Reefert Church** 7, einer schlichten romanischen Kirche aus dem 11. Jh., beerdigte z. B. die mächtige O'Toole-Familie ihre Verwandtschaft, und in **St. Kevin's Cell** 8, einer Bienenkorbhütte, soll Kevin gelebt haben.

DER HL. KEVIN

498 n. Chr. kam der hl. Kevin als junger Mönch auf der Suche nach Abgelegenheit und Ruhe in das Tal. Angeblich führte ihn ein Engel zu einem Grab aus der Bronzezeit, heute bekannt als St. Kevin's Bed. Sieben Jahre lang schlief Kevin auf Steinen, kleidete sich in Tierfelle, ernährte sich von Nesseln und Kräutern und freundete sich der Legende nach mit Vögeln und anderen Tieren an. Als er Milch für zwei Waisenkinder brauchte, erschien ihm der Legende nach am Deer Stone eine Hirschkuh und ließ sich von ihm melken.

Er scharte schnell eine Gruppe von Anhängern um sich und so wuchs die Siedlung, bis Glendalough im 9. Jh. sogar Clomacnoise Konkurrenz machte. Angeblich wurde Kevin 120 Jahre alt. 1903 sprach man ihn heilig.

FIONN DAVENPORT ©

St. Kevin's Cell
In dieser Bienenkorbhütte soll Kevin gebetet und meditiert haben. Sie ist nicht zu verwechseln mit St. Kevin's Bed, der Höhle, in der er schlief.

FIONN DAVENPORT ©

Deer Stone
Bei dem Stein, an dem Kevin angeblich eine Hirschkuh gemolken hat, handelt es sich um einen großen *bullaun* (Mörser), in dem Lebensmittel und Medizin zubereitet wurden.

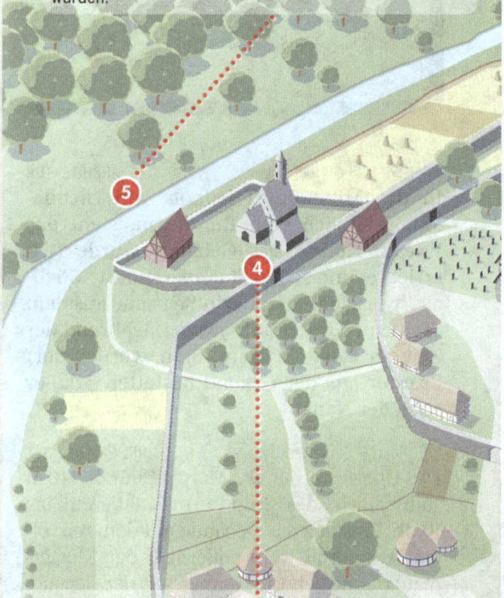

St. Kevin's Kitchen
Aus dem Dach der kleinen Kirche (Priests' House genannt) ragt ein runder Glockenturm heraus, der wie ein Kamin aussieht und dem Gebäude wahrscheinlich seinen Spitznamen einbrachte.

FIONN DAVENPORT ©

FIONN DAVENPORT ©

Reefert Church

Der Name dieser Kirche stammt vom irischen *righ fearta* (königliche Gruft) ab. Sieben Oberhäupter der mächtigen O'Toole-Familie sind in dem einfachen Gotteshaus bestattet.

FIONN DAVENPORT ©

Upper Lake

Ursprünglich lag Kevins Siedlung am Ufer des Upper Lake, einem der beiden Seen, durch die Glendalough seinen Beinamen „Valley of the Lakes" erhielt.

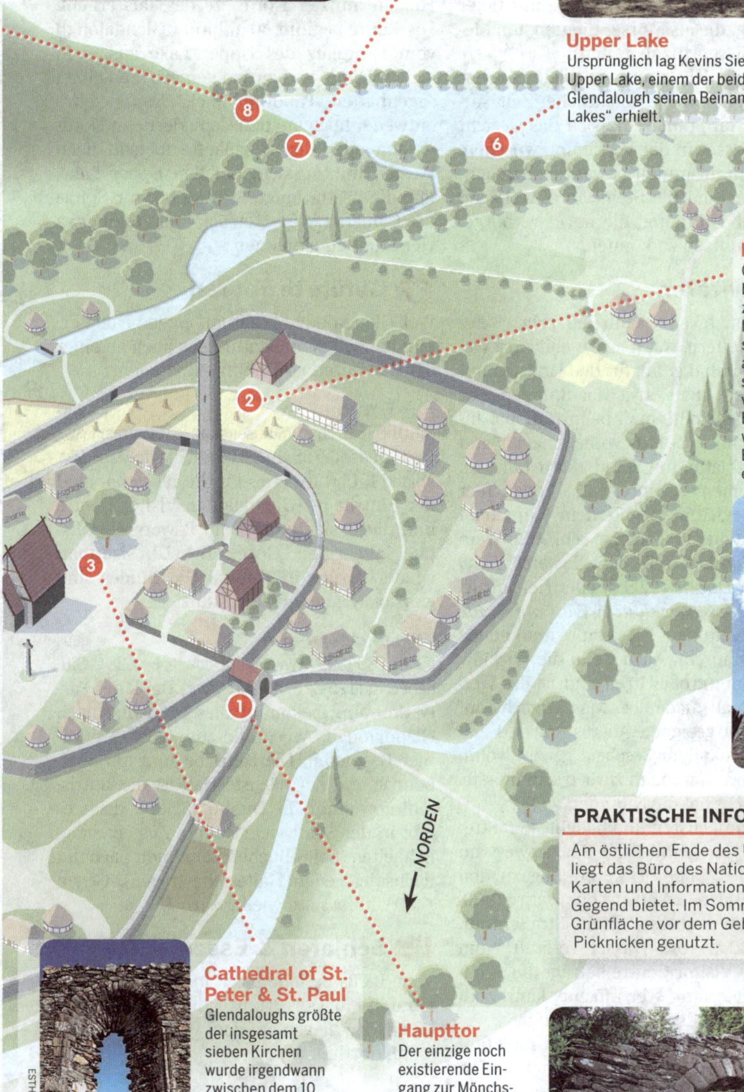

Rundturm

Glendaloughs berühmtestes Wahrzeichen, der 33 m hohe Rundturm, sieht noch genauso aus wie am Tag seiner Errichtung vor tausend Jahren. Einzig das Dach wurde nach einem Blitzeinschlag 1876 ersetzt.

FIONN DAVENPORT ©

PRAKTISCHE INFORMATIONEN

Am östlichen Ende des Upper Lake liegt das Büro des Nationalparks, das Karten und Informationen zur gesamten Gegend bietet. Im Sommer wird die Grünfläche vor dem Gebäude gern zum Picknicken genutzt.

ESTHER MOLINE/GETTY IMAGES ©

Cathedral of St. Peter & St. Paul

Glendaloughs größte der insgesamt sieben Kirchen wurde irgendwann zwischen dem 10. und dem 13. Jh. gebaut. Im ältesten Teil, dem Schiff, kann man noch heute Anten (leicht herausragende Säulen am Ende der Mauer) bewundern.

Haupttor

Der einzige noch existierende Eingang zur Mönchssiedlung ist ein doppelter Bogen. Auffällig ist, dass der innere höher emporragt als der äußere, um das Gefälle des Durchgangs auszugleichen.

FIONN DAVENPORT ©

mit der Green Road die Felsgruppe Deer Stone. Als der hl. Kevin Milch für zwei Waisenkinder brauchte, erschien ihm der Legende nach eine Hirschkuh und ließ sich von ihm melken. Bei den Steinen, denen man übernatürliche Kräfte zuschrieb, handelte es sich um *bullaun* (Steine mit tiefer Aushöhlung, die als Mörser dienten, um Medizin oder Essen zuzubereiten).

Wahrscheinlich stammen viele solcher Steine noch aus vorgeschichtlicher Zeit. Angeblich sollten Frauen, die sich das Gesicht mit dem Wasser in der Vertiefung wuschen, ihr Aussehen für immer bewahren. Kirchenmänner brachten die Steine in die Klöster, wohl in der Hoffnung, die darin verborgenen Kräfte nutzen zu können.

Aktivitäten

Im Glendalough Valley kann man prima **wandern** und klettern. Neun ausgeschilderte Wege führen durch das Tal; für den längsten mit 10 km braucht man etwa vier Stunden. Vor dem Aufbruch sollte man beim National Information Office (S. 140) vorbeischauen und eins der Faltblätter mit Wanderkarte (alles ca. 1 €) mitnehmen. Alleinreisende finden hier eventuell Begleitung. Außerdem kann man im Information Office einige sehr gute Wanderführer kaufen, z. B. Joss Lynams *Easy Walks Near Dublin* (9,99 €) oder Helen Fairbairns *Dublin & Wicklow: A Walking Guide* (14,99 €). Achtung: Die sanft anmutende Landschaft täuscht. Auch wenn die Wicklow Mountains nur große Hügel sind, ist das Wetter manchmal gnadenlos. Man braucht auf jeden Fall eine geeignete Ausrüstung und sollte immer jemandem Bescheid geben, wohin man will und wann man zurück sein müsste. Die Bergwacht hat die Nummer ☎999.

Zu den einfachsten und beliebtesten Strecken zählt der gemütliche Spazierweg am Nordufer des Upper Lake entlang zu den **Blei-Zink-Bergwerken** aus dem Jahre 1800. Die Uferroute ist besser als die Straßentour, die etwa 30 m vom Wasser verläuft. Vom Glendalogh Visitor Centre beträgt die einfache Strecke 2,5 km. Wer möchte, kann zum höchsten Punkt des Tals weiterlaufen.

Ein anderer Weg führt auf den **Spink** (auf Irisch „Spitzer Hügel"; 380 m), einen steilen Bergkamm mit senkrechten Klippen an den südlichen Uferhängen des Upper Lake. Entweder legt man einen Teil der Strecke zurück und kehrt dann um oder umrundet auf dem Pfad hoch oben zwischen den Felsen den Upper Lake. In dem Fall kommt man unten bei den Minen heraus und wandert am Nordufer entlang zurück. Für die 6 km lange Rundtour benötigt man etwa drei Stunden.

Die dritte Möglichkeit besteht in einer Gipfelwanderung auf den **Camaderry Mountain** (700 m), der sich zwischen den Hügeln auf der Nordseite des Tals erhebt. Die Route beginnt 50 m hinter Glendalough vom Parkplatz des Upper Lake aus. Vom steilen Hügel im Norden genießt man einen sagenhaften Panoramablick. Dann geht's entweder hoch auf den Camaderry im Nordwesten oder der Hügelkette folgend nach Westen mit Aussicht auf den Upper Lake. Für die 7,5 km lange Strecke bis zur Spitze des Camaderry und zurück muss man etwa vier Stunden einplanen.

Geführte Touren

Wer Glendalough nicht auf eigene Faust erkunden will, kann stattdessen auch an einer der Bustouren ab Dublin teilnehmen.

Bus Éireann BUS

(☎01-836 6111; www.buseireann.ie; Busáras; Erw./Kind/Student 27,55/19/25,65 €; ⏲ Mitte März–Okt. Abfahrt 10 Uhr) Im Preis für die Tagestour sind der Eintritt ins Glendalough Visitor Centre und die Besichtigung vom Powerscourt Estate inbegriffen. Gegen 17.45 Uhr ist man wieder zurück in Dublin. Die Guides sind ganz okay, aber etwas distanziert.

Wild Wicklow Tour BUS

(☎01-280 1899; www.wildwicklow.ie; Erw. 28 €, Student & Kind 25 €; ⏲ Abfahrt 9 Uhr) Dank der Partystimmung bekommt dieser Ausflug nach Glendalough, Avoca und zum Sally Gap immer Bestnoten. Die Fahrt beginnt am Shelbourne und der nächste Halt ist die Touristeninformation in Dublin (S. 132), doch es gibt in der Stadt viele weitere Zusteigemöglichkeiten (beim Buchen kann man nach der nächstgelegenen Haltestelle fragen). Gegen 17.30 Uhr ist man wieder zurück.

Schlafen & Essen

Viele B&Bs befinden sich in sowie rund um Laragh, ein Dorf 3 km östlich von Glendalough, bzw. liegen auf dem Weg von Glendalough dorthin.

Glendalough International Hostel HOSTEL €

(☎0404-45342; www.anoige.ie; The Lodge; B/DZ 16/50 €; @📶) Die moderne Jugendherberge liegt günstig gleich hinter dem alten Rundturm von Glendalough mitten im tiefen be-

AUF DEM WICKLOW WAY VON GLENDALOUGH NACH AUGHRIM

Der malerische Wicklow Way (www.wicklowway.com) gehört zu den beliebtesten Wanderrouten in Irland. Weil er von verschiedenen Stellen aus erreichbar ist und die Start- bzw. Endpunkte somit variabel sind, kann man die Länge der Tour selbst bestimmen.

Der 40 km lange Abschnitt durch Wicklow führt durch die entlegenen Winkel der Wicklow Mountains bis hinunter ins südöstliche Vorgebirge. Dabei geht's größtenteils durch Föhrenschonungen, man ist also nur selten auf der Straße unterwegs. Für die Tour sollte man siebeneinhalb bis acht Stunden einplanen (Steigung: 1035 m).

Beim **National Park Information Office** (S. 140) am südlichen Ufer des Upper Lake biegt man links ab, wandert bachaufwärts am Lugduff Brook und am **Poulanass Waterfall** vorbei und biegt beim Waldpfad erneut links ab. An einer Kreuzung hält man sich wieder links und überquert zwei Brücken. Nun geht's 600 m Richtung Nordosten und nach einem scharfen Rechtsknick Richtung Süden (über verschiedene gut markierte Kreuzungen) durch Kiefernplantagen und über den Lugduff Brook an einem Nebenfluss vorbei, bis der Weg auf dem Bergsattel zwischen **Mullacor** (657 m) und **Lugduff** (652 m; 1¾ Std. ab Glendalough) auf offenes Terrain führt. An einem guten Tag genießt man vom Bergmassiv des Lugnaquilla einen tollen Blick nach Südwesten. In entgegengesetzter Richtung geht's zum langen Camaderry-Kamm hoch über Glendalough mit dem riesigen Tonelagee als Kulisse. Anschließend wandert man auf dem Bohlenweg bergab, um die Föhrenschonung herum und mitten ins Gestrüpp hinein. Hier führt ein steiler, schlammiger und felsiger Pfad hinab zur Waldstraße, an der man links abbiegt.

Wer lieber im **Glenmalure Hostel** (S. 150) übernachten möchte, anstatt den ganzen Weg bis zur Kreuzung in den Ort zu laufen, folgt der Route ab der linken Abzweigung 1 km südwärts. An einer abgeschrägten Kreuzung, wo der Weg nach Südosten abbiegt, hält man sich links Richtung Westen; dort windet sich ein steiler Pfad durch Glenmalure zu einer Straße, die zu der 2 km entfernten Unterkunft führt.

Wer sich gegen diese Möglichkeit entscheidet, folgt den Waldwegen 1,6 km gen Süden bzw. Südosten bis zu einem breiten Zickzackweg auf freiem Gelände. Als Nächstes umrundet man einen steilen Hang und wandert weiter nach Nordosten, wo der Pfad bergab an zwei Brücken vorbei in eine kleinere Straße mündet. Hier geht's weiter bergab bis zu einer Wegkreuzung und nach Glenmalure. Vom Bergsattel aus benötigt man für diese Strecke ca. 1¼ Stunden.

Der Wicklow Way verläuft nun 500 m Richtung Süden über die Kreuzung hinaus, quer über den Avonbeg River, an der stillgelegten Kaserne **Drumgoff Barracks** aus dem Jahre 1803 vorbei und einen Waldpfad entlang. Hinter einem zerfallenen Cottage hält man sich links, steigt auf zwei längeren Abschnitten immer höher hinauf, biegt dann zweimal links ab, wandert bergab und überquert einen Fluss. 800 m weiter biegt man rechts ab und klettert den **Slieve Maan** (550 m) hinauf. Dabei passiert man vier Wegkreuzungen (immer in südlicher bzw. südwestlicher Richtung). Zurück im Wald führt der Weg nahe am unbewaldeten Terrain links nach Westen. Über einige weitere Schleifen stößt man an einer Lichtung auf den Pfad zwischen der Föhrenschonung und der Straße (auf Karten wird sie als Military Road bezeichnet). Neben einem kleinen Nebenfluss des Aghavannagh vereint sich die Straße mit dem Wanderweg (etwa 2 Std. ab Glenmalure).

Sie führt 250 m bergab, danach geht's links auf einem Waldpfad weiter. Man hält sich kurz rechts, um wieder an Höhe zu gewinnen, und überquert auf einem breiten Weg den **Carrickashane Mountain** (508 m). Anschließend geht's steil hinab zu einer breiten Waldstraße und 1 km weiter bergab. Nun hält man sich rechts, um eine kleinere Straße zu erreichen, und nimmt den rechten Abzweig. Nach weiteren 500 m verlässt man die Strecke und kommt zu einer weiteren Straße. Die Iron Bridge befindet sich dort gleich rechter Hand (1 Std. ab der Military Road).

Als Nächstes geht man 150 m weiter bergauf zu einem Weg, biegt links ab und folgt der Strecke etwa 7,5 km bergab durch das Ow-Tal bis zu einer Kreuzung. Aughrim liegt von hier aus links, ungefähr 500 m entfernt. In dem Ort halten Busse auf ihrer Fahrt von Dublin nach Wexford.

waldeten Gletschertal von Glendalough. Alle Schlafsäle haben eigene Bäder, darüber hinaus gibt's eine ganz gute Cafeteria.

Glendalough Hermitages BUNGALOW €
(☎0404-45571; www.glendaloughhermitage.ie; St. Kevin's Parish Church; EZ/DZ 50/80 €; ⊙Glendalough) St. Kevin's Parish Church vermietet fünf Einsiedeleien (einfache Bungalows mit einem bzw. zwei Doppelbetten) an alle, die fern von der Hektik des Alltags eine meditative Erfahrung machen möchten. Die Hütten sind einfach ausgestattet, aber gemütlich. Sie haben ein Bad, eine kleine Küchenecke, einen offenen Kamin sowie einen Nachtspeicherofen. Die Pfarrkirche steht ca. 1 km östlich von Glendalough an der R756 nach Laragh.

Gäste können am Morgen- und Abendgebet teilnehmen. Katholisch muss man nicht unbedingt sein – hier sind alle Konfessionen und Glaubensrichtungen willkommen.

Glendalough Hotel HOTEL €€
(☎0404-45135; www.glendaloughhotel.com; EZ/DZ ab 65/120 €; @ 📶 👪) Glendaloughs bestes Hotel wartet mit einer günstigen Lage gleich neben dem Besucherzentrum auf. Den Gästen, die in den 44 luxuriösen Zimmern logieren, mangelt es an nichts.

Wicklow Heather INTERNATIONAL €€
(☎0404-45157; www.wicklowheather.ie; Glendalough Rd, Laragh; Hauptgerichte 15–28 €; ⊙12–20.30 Uhr) Auf der Karte des Lokals stehen Wicklow-Lamm, Wild, irisches Rind und frischer Fisch (wir empfehlen die Forelle). Fast alle Produkte stammen aus der näheren Umgebung. Nebenan befindet sich das von denselben Inhabern betriebene B&B **Heather House** (www.heatherhouse.ie; Glendalough Rd, Laragh; Zi. ab 70 €) mit fünf gut ausgestatteten Zimmern samt eigenem Bad.

ℹ Praktische Informationen

Das **Glendalough Visitor Centre** (www.heritageireland.ie; Erw./Kind 3/1 €; ⊙Mitte März–Mitte Okt. 9.30–18 Uhr, Mitte Okt.–Mitte März 9.30–17 Uhr) liegt am Eingang des Tals, vor dem Glendalough Hotel. Es zeigt eine ausgezeichnete audiovisuelle Präsentation (17 Min.) mit dem Titel *Ireland of the Monasteries*, die das einstige Klosterleben anschaulich darstellt.

ℹ An- & Weiterreise

St. Kevin's Bus (☎01-281 8119; www.glendaloughbus.com) fährt in Dublin montags bis samstags um 11.30 und 18 Uhr sowie sonntags um 11.30 und 19 Uhr vor dem Mansion House in der Dawson Street ab (einfach/hin & zurück 13/20 €, 1½ Std.). Die Busse des Unternehmens halten auch am Rathaus von Bray. Abfahrtszeiten ab Glendalough: Montag bis Samstag 7.15 und 16.30 Uhr.

Im Juli und August verkehrt der spätere Bus wochentags um 17.30 Uhr, außerdem gibt's eine zusätzliche Fahrt um 9.45 Uhr.

Glenmalure

Folgt man der Military Road bis fast an ihr südliches Ende und dringt tiefer in die bergige Gegend südwestlich von Glendalough ein, wird das Gebiet wilder und abgeschiedener. Auf der Westseite des Lugnaquilla, Wicklows höchstem Gipfel, erstreckt sich Glenmalure, ein dunkles Tal umrahmt von typischen Geröllhängen.

Sehenswertes & Aktivitäten

Hat man Glenmalure erreicht, biegt man hinter der Drumgoff-Brücke in Richtung Nordwesten ab. Von dort führt die Straße 6 km am Fluss Avonbeg entlang bis zu einem Parkplatz, von wo aus Wanderwege in verschiedene Richtungen abzweigen.

In der Nähe von Drumgoff stößt man auf Dwyer's oder **Cullen's Rock**, der sowohl an die Schlacht bei Glenmalure erinnert als auch an Michael Dwyer, ein Mitglied der Vereinten Iren, der am erfolglosen Aufstand von 1789 gegen die Engländer beteiligt war und sich hier versteckte. Während der Kämpfe wurden an dem Felsen Männer erhängt.

Wer nicht auf den Lugnaquilla klettern möchte, kann weiter zum Fraughan Rock Glen östlich des Parkplatzes spazieren oder durch das Glenmalure Valley an der kleinen Herberge An Óige Glenmalure vorbeiwandern. Danach teilt sich der Weg: Richtung Nordosten gelangt man über die Hügel nach Glendalough, Richtung Nordwesten geht's ins Tal Glen of Imaal.

Die Talspitze des Glenmalure und Teile des benachbarten Glen of Imaal sind unzugängliches Militärgebiet, das mit zahlreichen Warnschildern gekennzeichnet ist.

Schlafen

Glenmalure Hostel HOSTEL €
(☎01-830 4555; www.anoige.ie; Greenane; B 15 €; ⊙Juni–Aug., Sept.–Mai nur Sa) In der rustikalen zweistöckigen früheren Jagdhütte gibt's 19 Betten und fließend Wasser, aber statt Telefon und Strom nur Gaslampen. Dafür blickt das Gebäude auf ein reiches literarisches

Erbe zurück: Es diente als Kulisse für J. M. Synges Theaterstück *Shadow of a Gunman* und gehörte früher Maud Gonne, der verschmähten Geliebten von W. B. Yeats. Wer die Einsamkeit sucht, ist hier am Fuß des Lugnaquilla genau richtig.

Westliches Wicklow

Weiter westlich verändert sich die Region und ist nun nicht mehr so felsig, sondern ländlicher, insbesondere an den Grenzen zu Kildare und Carlow. Das wilde, ursprüngliche Terrain weicht saftigem Weideland. Östlich von Blessington prägen viele private Gestüte die Landschaft, in denen einige der weltweit teuersten Pferde unter strenger Geheimhaltung dressiert werden.

Hauptattraktion in diesem Teil Wicklows ist das Russborough House, ein palladianisches Bauwerk gleich hinter Blessington. Wer eine wildere Kulisse bevorzugt, wird rund um Kilbride, am Oberlauf der Liffey und weiter südlich im Glen of Imaal fündig.

Blessington

4018 EW.

Blessington besteht aus einer langen Reihe von Pubs, Läden sowie Häusern aus dem 17. und 18. Jh. und eignet sich als Ausgangspunkt für Touren in die Umgebung. Größte Attraktion der Ortschaft ist das Russborough House.

Sehenswertes

Russborough House HISTORISCHES GEBÄUDE

(045-865 239; www.russboroughhouse.ie; Blessington; Erw./Kind geführte Tour 12/9 €; 17. März–Dez. tägl. 10–18 Uhr) Das prächtige Russborough House ist eines der edelsten palladianischen Anwesen in Irland. Es wurde im Auftrag von Joseph Leeson (1705–1783), dem künftigen ersten Earl von Milltown und späteren Lord Russborough errichtet. Seit 1952 gehört es der Familie Beit, die den Diamantenkonzern DeBeers gründete und das Herrenhaus mit einer bemerkenswerten Kunstsammlung ausgestattet hat. Hier sind u. a. Meisterwerke von Velázquez, Vermeer, Goya und Rubens zu sehen.

Im Eintrittspreis ist eine 45-minütige Tour durch das Anwesen enthalten. Sie beginnt mit einer 3D-Ausstellung zum Leben von Sir Alfred Beit (1903–1994), der das Haus gekauft hat.

Die Errichtung des Gebäudes dauerte von 1741 bis 1751 und erfolgte nach einem Entwurf von Richard Castle. Leider lebte der Architekt nicht mehr lange genug, um das Projekt zu vollenden, fand aber in Francis Bindon einen würdigen Nachfolger. Bis 1931 blieb das Haus im Besitz der Familie Leeson. Das Drama begann erst, nachdem die Beits es gekauft hatten.

1974 stahlen Mitglieder der IRA 16 Bilder, die jedoch alle wiederbeschafft werden konnten. 1984 beauftragten paramilitärische Loyalisten den Dubliner Gangster Martin Cahill als Drahtzieher eines erneuten Kunstraubs. Zwar wurde die Beute ebenfalls sichergestellt, allerdings waren einige Werke irreparabel beschädigt. Die wertvollsten Werke schenkte Beit 1988 der Nationalgalerie, dennoch brachen 2001 und 2002 erneut Kunsträuber in das Haus ein. Eines der gestohlenen Bilder war ein Gemälde von Gainsborough, das zuvor bereits zweimal entwendet und wiederentdeckt wurde. Zum Glück konnten beide Male sämtliche Kunstwerke sichergestellt werden.

Was den Dieben nicht gelang, schafften schließlich die hohen Instandhaltungskosten: 2015 teilten die Besitzer mit, dass sie zehn der Gemälde auf einer Auktion versteigern würden, eine Entscheidung, die große Bestürzung hervorrief, denn die Familie hatte immer gesagt, dass die Sammlung treuhänderisch für das irische Volk verwahrt werden sollte.

Auf der Führung durch das im typisch georgianischen Stil gestaltete Haus kann man alle verbleibenden wichtigen Gemälde bewundern.

ABSTECHER

TINAKILLY COUNTRY HOUSE

Das **Tinakilly Country House & Restaurant** (0404-69274; www.tinakilly.ie; Rathnew; Zi. 130–200 €), ein herrliches viktorianisches Anwesen mit italienischem Flair gleich außerhalb von Rathnew, ist eines der elegantesten Landhäuser Wicklows. Gäste haben die Wahl zwischen historischen Zimmern im Westflügel (mit echten Antiquitäten sowie halb von einem Baldachin überdachten Himmelbetten) und prächtigen Suiten mit schöner Aussicht im Ostflügel. Das Restaurant hebt den Begriff „Landhausküche" auf ein ganz neues, mondänes Niveau (Hauptgerichte abends 20–24 €).

Schlafen & Essen

Rathsallagh House & Country Club HOTEL €€€
(☎ 045-403 112; www.rathsallagh.com; Dunlavin; Zi. ab 165 €) 20 km südlich von Blessington befindet sich mitten in der Natur das einstige Gestüt von Queen Anne aus dem Jahre 1798, das mittlerweile als Hotel genutzt wird. In dem traumhaft schönen Haus erwartet einen überall purer Luxus, der von prächtig ausgestatteten Räumen bis zu einem Speisesaal (Hauptgerichte 15–27 €) im exquisiten Landhausstil reicht. Zudem erstreckt sich rund um die Unterkunft ein erstklassiger Golfplatz.

Grangecon Café INTERNATIONAL €€
(☎ 045-857 892; Tullow Rd; Hauptgerichte 12–18 €; ⌚ Di–Sa 10–17 Uhr) Das kleine Café in einer umgebauten alten Schule kredenzt Salate, Backspezialitäten und jede Menge irische Käsesorten. Alles, was hier auf den Tisch kommt – von der Pasta bis zum köstlichen Apfelsaft – wird von den Betreibern selbst hergestellt, oft aus Biozutaten. Auf der kurzen Speisekarte steht das Beste aus der irischen Küche.

Praktische Informationen

Die **Touristeninformation** (☎ 045-865 850; Unit 5, Blessington Craft Centre, Main St; ⌚ ganzjährig Mo–Fr 9.30–16 Uhr, Juli & Aug. Sa & So 10–14 Uhr) befindet sich auf der anderen Straßenseite gegenüber dem Downshire House Hotel.

An- & Weiterreise

Blessington liegt 35 km südwestlich von Dublin an der N81. **Dublin Bus** (☎ 01-873 4222, 01-872 0000) bietet regelmäßige Verbindungen mit der Linie 65 ab Eden Quay an (3,30 €, 1½ Std., alle 1½ Std.). Expressbus 005 von **Bus Éireann** (www.buseireann.ie) verkehrt zwei- bis dreimal täglich zwischen Dublin und Waterford und hält unterwegs in Blessington. Auf der Strecke ab Dublin kann man nur zusteigen, auf der Strecke ab Waterford nur aussteigen.

Die Küste

Wicklows Küste ist nicht annähernd so reizvoll oder beeindruckend wie die spektakuläre Berglandschaft. Die bescheidenen Orte und kleinen Resorts am Meer verströmen einen subtilen Charme, der unter einem bedrohlichen Himmel schnell dahinschwinden kann. Ein echter Anziehungspunkt sind die feinen Sandstrände von Brittas Bay unmittelbar südlich der Stadt Wicklow.

Kilmacanogue & Great Sugarloaf

839 EW.

Mit 503 m ist der Great Sugarloaf zwar nicht Wicklows höchster Gipfel, doch dank seiner kegelförmigen Kuppe erkennt man ihn selbst aus großer Entfernung. Er thront über dem Dörfchen Kilmacanogue an der N11 etwa 4 km südlich von Bray. Dieser Ort würde kaum ein Zuwinken im Vorbeifahren verdienen, wäre es nicht die Wiege des irischen Kunsthandwerks mit einem Laden der ersten Stunde am Dorfeingang.

Shoppen

Avoca Handweavers KUNST & KUNSTHANDWERK
(☎ 01-286 7466; www.avoca.ie; Main St; ⌚ Mo–Fr 9–18, Sa & So 9.30–18 Uhr) Dies ist eine der ältesten Handwebereien mit landesweit sieben Filialen und einem internationalen Renommee für Stil und Eleganz des traditionellen Kunstgewerbes. Der Firmensitz befindet sich in einer Baumschule aus dem 19. Jh. und verfügt über einen Verkaufsraum, in dem sich jeder Besucher von dem unglaublichen Erfolg des Unternehmens überzeugen kann. Außerdem gibt's ein hervorragendes **Restaurant** (Hauptgerichte 12–18 €), von dem man sogar ein Stück mit nach Hause nehmen kann – in Form eines oder aller Kochbücher.

An- & Weiterreise

Bus Éireann (☎ 01-836 6111; www.buseireann.ie) bietet Verbindungen mit der Linie 133 von Dublin nach Arklow mit Halt in Kilmacanogue (einfach/hin & zurück 4,50/7,60 €, 45 Min., 10-mal tgl.).

Von Greystones nach Wicklow

Früher war Greystones 8 km südlich von Bray ein malerisches Fischerdorf und auch heute noch ist der Badeort mit dem kleinen Hafen sehr idyllisch. Im Sommer wimmelt es in der Bucht von Schlauchbooten und Windsurfern. Leider wird die Landschaft ringsum zusehends zum Bauland.

Sehenswertes

★ **Kilruddery House & Gardens** HERRENHAUS
(www.killruddery.com; Southern Cross, Bray; Erw./Kind 6,50/5,50 €; ⌚ Mai–Sept. 9.30–18 Uhr, April & Okt. nur am Wochenende) Dieses umwerfende Herrenhaus im elisabethanischen Stil diente ab 1618 als Wohnsitz der Familie Brabazon

(Earls von Meath) und verfügt über eine der ältesten Grünanlagen des Landes sowie eine herrliche **Orangerie** aus dem Jahre 1852 mit zahllosen Statuen und Pflanzen –für Liebhaber ausgefallener Gewächshäuser genau das Richtige. Das Anwesen befindet sich 8 km nördlich von Greystones nahe der Küstenstraße R761.

Der 14. Earl ließ das Gebäude, das 1820 von dem im 19. Jh. damals modernen Architekten Richard Morrisson und seinem Sohn entworfen wurde, 1953 verkleinern. Offensichtlich wollte er etwas Kleineres und Eleganteres. Im Sommer finden Führungen durch das Haus statt (Juli–Sept. stündlich 13–16 Uhr). Donnerstagabends wird ein Supper Club veranstaltet, dessen Teilnehmer im Garten beim Teezimmer zu Abend essen, und jeden Samstag gibt's einen tollen Bauernmarkt.

Mt. Usher Gardens GÄRTEN
(☎0404-40116; www.mountushergardens.ie; Erw./Kind/Student 7,50/3,50/6,50 €; ⏲März–Okt. 10–18 Uhr) Wicklow wird wegen seiner idyllischen Gärten oft als „Garten Irlands" bezeichnet. Die wunderbaren Mt. Usher Gardens liegen außerhalb der unscheinbaren Stadt Ashford 10 km südlich von Greystones an der N11. Sie warten mit Bäumen, Sträuchern und Stauden aus aller Welt auf und sind im natürlichen Stil des berühmten irischen Landschaftsarchitekten William Robinson (1838–1935) gestaltet.

Auf dem Gelände befinden sich auch ein Avoca-Café und ein Bereich mit mehreren Läden, in denen frische Backwaren, Pflanzen, Möbel und Kleidung sowie Eis und Fotografien angeboten werden.

Schlafen & Essen

★ **Hunter's Hotel** HOTEL €€
(☎0404-40106; www.hunters.ie; Newrath Bridge, Rathnew; Zi. ab 130 €;) Dieses noble Anwesen außerhalb von Rathnew an der R761 überzeugt mit 16 herrlichen, stilvoll eingerichteten Zimmern. Das Hunter's ist eine von Irlands ältesten Herbergen und liegt mitten in einem preisgekrönten Garten, der am Wicklow Gardens Festival teilnimmt. Toll ist auch das noble Hotelrestaurant (Zwei-Gänge-Abendmenü 29,50 €).

Three Q's INTERNATIONAL €€
(☎01-287 5477; Church Rd; Hauptgerichte 19 €; ⏲Di–Fr 9–22, Sa bis 15 Uhr) In dem eleganten, preisgekrönten Restaurant gibt's großartige Gerichte wie gegrilltes Wolfsbarschfilet und Risotto mit gebratener Paprika und Tomaten, violettem Basilikum und Pesto. Außerdem werden hier ungewöhnliche Hühner- und Steakgerichte angeboten.

Hungry Monk IRISCH €€€
(☎01-287 5759; Church Rd; Hauptgerichte 19–29 €; ⏲Mi–Sa 19–23, So 12.30–21 Uhr;) Ein ausgezeichnetes Lokal in der Hauptstraße von Greystones, das zu den besseren Adressen an der Küste gehört. Auf einer Schiefertafel stehen die täglichen Angebote, beispielsweise saftiges Schweinefleisch mit Pflaumen und Aprikosenfüllung, frische Meeresfrüchte, Wicklow-Lammrücken und Würstchen mit Kartoffelbrei.

An- & Weiterreise

Die Linie 133 von **Bus Éireann** (☎01-836 6111; www.buseireann.ie) fährt von Dublin zur Stadt Wicklow und nach Arklow und hält unterwegs vor dem Ashford House (einfach/hin & zurück 7,90/11,40 €, 1 Std., 10-mal tgl.).

Südliches Wicklow

Das südliche Wicklow wartet mit einer sanfteren Landschaft auf als die nördliche Hälfte an der Küste. Diese besteht aus geschwungenen Hügeln und Tälern, durchschnitten von rauschenden Flüssen und übersät mit zahlreichen hübschen Weilern. Hier erstreckt sich auch das viel besungene malerische Vale of Avoca, das täglich Scharen von Touristen anlockt.

ABSTECHER

BALLYKNOCKEN HOUSE

Das **Ballyknocken House & Cookery School** (☎0404-44627; www.ballyknocken.com; Glenealy, Ashford; EZ/DZ ab 90/160 €, 4-Gänge-Degustationsmenü 49 €) ist ein wunderschönes efeubewachsenes viktorianisches Gebäude 5 km südlich von Ashford an der R752 nach Glenealy. Alle sieben sorgfältig eingerichteten Zimmer sind mit Originalmöbeln und teilweise sogar mit Originalbadewannen mit Krähenfüßen ausgestattet. Das größtes Highlight neben dem Haus selbst sind Catherine Fulvios ganzjährig angebotenen Kochkurse (125 €); Genaueres darüber erfährt man auf der Website.

Rathdrum

2123 EW.

Der ruhige Ort am Fuße des Vale of Clara hat nicht viel mehr als einige alte Häuser und ein paar Läden zu bieten, dabei blühte hier Ende des 19. Jhs. noch die Flanellindustrie und es gab bereits ein Armenhaus. Für heutige Besucher ist die Umgebung interessanter als Rathdrum selbst.

Sehenswertes

Avondale House HERRENHAUS

(☎0404-46111; Erw./Student/Kind 7/6,50/4,50 €; ⌚Ostern–Okt. 11–18 Uhr) Das prächtige palladianische Gebäude auf einem 209 ha großen Anwesen war der Geburts- und Wohnort von Charles Stewart Parnell (1846–1891), dem „ungekrönten König von Irland", der zweifelsohne eine Schlüsselrolle innerhalb der irischen Unabhängigkeitsbewegung spielte. Es wurde 1779 von James Wyatt entworfen und wartet mit zahlreichen Highlights auf, darunter eine prächtige, zinnoberrote Bibliothek und der American Room. Letzterer ist Parnells amerikanischem Großvater gewidmet, der 1812 während des Britisch-Amerikanischen Krieges Admiral der Fregatte USS *Constitution* war. Besucher können das Haus ohne Führung besichtigen.

Von 1880 bis 1890 war Avondale der Inbegriff des Kampfes um Irlands Selbstverwaltung, den Parnell anführte, bis 1890 ein Mitglied seiner eigenen Partei, Captain William O'Shea, seine Frau Kitty des Ehebruchs beschuldigte und Parnell als ihren Geliebten entlarvte. Im katholischen Irland galt die Affäre als großer Skandal. So erklärte der erzkonservative Klerus, Parnell sei für eine Führungsrolle nicht mehr geeignet, obwohl er Kitty O'Shea direkt nach ihrer Scheidung heiratete. Daraufhin gab Parnell seine politischen Ämter auf und zog sich verbittert nach Avondale zurück, wo er im darauffolgenden Jahr starb.

Im herrlichen Gelände rund um das Haus, das vom Irish Forestry Service Coillte (www.coillteoutdoors.ie) verwaltet wird, gibt's einige markierte Wanderwege. Die Karten kann man von der Website herunterladen.

National Botanic Gardens GÄRTEN

(www.botanicgardens.ie; Kilmacurragh, Rathdrum; Eintritt frei; ⌚Mitte Feb.–Okt. 9–18 Uhr, Nov.–Mitte Feb. 9–16.30 Uhr) Rund um die Ruinen eines Queen-Anne-Hauses erstreckt sich ein 21 ha großer wilder Park. Er wurde 1712 angelegt und im 19. Jh. unter Anleitung des Direktors vom botanischen Garten in Dublin entsprechend des natürlicheren, weniger formellen Stils von Gartenbauer William Robinson (1838–1935) umgestaltet. Der Park befindet sich 3 km östlich von Rathdrum in Richtung N11.

Schlafen & Essen

Brook Lodge & Wells Spa HOTEL €€

(☎0402-36444; www.brooklodge.com; Macreddin; Zi./Suite ab 120/200 €; 📶) Dieses luxuriöse Landhaushotel hat 86 schön eingerichtete Zimmer, von Standardräumen bis zu Mezzanine-Suiten, die sich auch in einem New Yorker Penthaus gut machen würden. Es liegt 3 km westlich von Rathdrum im Dorf Macreddin.

Zu den weiteren Highlights zählen das prächtige Spa, eines der besten Irlands, und das großartige Restaurant Strawberry Tree (☎0402-36444; www.brooklodge.com; Abendmenü 65 €; ⌚Di–Sa 19–24 Uhr), das für seine regionale Küche mit vielen Bioprodukten berühmt ist.

Bates Inn KNEIPENKOST €€

(☎0404-29988; www.batesrestaurant.com; 3 Market Sq, Rathdrum; Hauptgerichte 17–25 €; ⌚Di–Sa 18–21.30, So 12.30–20 Uhr) Das hervorragende Lokal in einem Kutscherpub, das bereits 1785 eröffnet wurde, legt viel Wert auf erstklassig zubereitete Fleischgerichte (besonders gut sind die mit Rind vom Holzkohlegrill). Es gehört zu den gehobenen Lokalen im südlichen Wicklow. Am Wochenende abends vorab reservieren!

WICKLOW GARDENS FESTIVAL

Wer die etwa 40 berühmtesten öffentlichen und privaten Gärten der Grafschaft sehen möchte, sollte zwischen Ostern und Ende August herkommen, wenn das wunderbare Wicklow Gardens Festival (www.wicklowgardens.com) stattfindet.

Einige der größeren Grünanlagen öffnen während des Festivals durchgehend, kleinere manchmal nur zu bestimmten Zeiten. Man kann sich telefonisch oder auf der Website über die Parks, Zeiten, Sonderveranstaltungen und Gartenbaukurse informieren.

ABSTECHER

HISTORISCHES GEFÄNGNIS VON WICKLOW

Wegen der Brutalität seiner Wärter und der harten Haftbedingungen war das berühmte **Wicklow's Historic Gaol** (☎ 0404-61599; www.wicklowshistoricgaol.com; Kilmantin Hill; Erw./Kind/Student inkl. Führung 7,90/5/6,70 €, Führung nur für Erwachsene 15 €; ⏲ 10.30–16.30 Uhr) im ganzen Land berüchtigt. Natürlich sind der üble Geruch, Folterungen, der Höllenfraß und die virenverseuchte Luft seit Langem passé. Kinder und Erwachsene können hier bei der unterhaltsamen Führung dem Gefängnisalltag von einst nachspüren. Inzwischen ist der Kerker die Touristenattraktion schlechthin.

Das Gebäude wurde 1702 errichtet, um dort die Menschen unterzubringen, die zu Zeiten der repressiven Penal Laws verurteilt wurden. Ab 1877 hatte es nur noch den Status eines Untersuchungsgefängnisses (Besserungsanstalt), ehe es 1924 ganz geschlossen wurde. Es verfiel und wurde in den 1990er-Jahren wegen seiner historischen Bedeutung schließlich restauriert.

Schauspieler schlüpfen in die Rollen von Wärtern und Häftlingen, um die dramatische Stimmung noch weiter zu steigern. Zu den ausgestellten Exponaten gehört eine Tretmühle, die Gefangene zur Bestrafung stundenlang in Gang halten mussten, außerdem bekommt man das grauenhafte Verlies zu sehen.

Das Gefängnis hat auch eine **Ahnenforschungsbibliothek**, in der man irische Datenbanken nach Einzelheiten zu möglichen irischen Vorfahren durchforsten kann.

Führungen starten alle zehn Minuten, außer zwischen 13 und 14 Uhr. Am letzten Freitag im Monat finden Rundgänge nur für Erwachsene statt. Dazu gibt's Häppchen, ein Glas Wein und sogar ein bisschen Spuk.

ℹ Praktische Informationen

In der kleinen **Touristeninformation** (☎ 0404-46262; 29 Main St; ⏲ Mo–Fr 9–17.30 Uhr) von Rathdrum bekommt man einige interessante Broschüren und erfährt mehr über das Örtchen und nahe gelegene Attraktionen wie den Wicklow Way.

ℹ An- & Weiterreise

Iarnród-Éireann-Züge (www.irishrail.ie) halten in Rathdrum auf der Hauptstrecke zwischen Dublin und Rosslare Harbour (einfach/hin & zurück 16/20 €, 1½ Std., 5-mal tgl.).

Die Linie 133 von **Bus Éireann** (☎ 01-836 6111; www.buseireann.ie) fährt von Dublin über Rathdrum (einfach/hin & zurück 14/19 €, 2¼ Std., 10-mal tlg.) nach Arklow.

Vale of Avoca

Das dicht bewaldete Vale of Avoca zählt zu den malerischsten Orten in Irland. Es liegt am Zusammenfluss von Avonbeg und Avonmore, die sich zum Fluss Avoca vereinen. Diese Kreuzung zweier Gewässer mit dem Namen „Meeting of the Waters" wurde durch ein 1808 verfasstes gleichnamiges Gedicht von Thomas Moore berühmt. Busse von Dublin nach Avoca halten am Pub Meetings, man kann aber auch vom etwa 3 km entfernten Dorf zu Fuß herlaufen.

Ausgehen & Nachtleben

Meetings PUB
(☎ 0402-35226; www.themeetings.ie; ⏲ 12–21 Uhr) Am „Meeting of the Waters" befindet sich ein Pub, in dem man essen (Hauptgerichte 10 €) und ganzjährig am Wochenende Livemusik hören kann. Von April bis Oktober finden sonntags zwischen 16 und 18 Uhr *céilidhs* (traditionelle Tanz- und Musikvorführungen) statt. Zur Kneipe gehört auch ein Gasthof (als Robin's Nest bekannt) mit ordentlichen, sauberen Zimmern (EZ 50 €, DZ 80 €).

Avoca

570 EW.

Das hübsche Avoca (Abhóca) gilt als Wiege der führenden irischen Handweberei Avoca Handweavers.

Schlafen

★ **River Valley Park** CAMPINGPLATZ €
(☎ 0402-41647; www.rivervalleypark.com; Stellplätze 12–24 €, Microlodges 60–80 €; 👪) Mit sechs verschiedenen Unterbringungsmöglichkeiten ist dies der wahrscheinlich am besten ausgestattete Campingplatz des Countys. Neben Stellplätzen für Familien gibt's Chalets für Selbstverpfleger, Mobile Homes, luxuriöse Microlodges und einen für

Erwachsene vorbehaltenen Bereich. Der Platz befindet sich 1 km südlich des Dorfes Redcross und 7 km nordöstlich von Avoca an der Landstraße R754.

Shoppen

Avoca Handweavers KUNST & KUNSTHANDWERK
(☎ 0402-35105; www.avoca.ie; Main St, Old Mill; ⏲ Mai–Sept. 9–18 Uhr, Okt.–April 9.30–15.30 Uhr) In Irlands ältester Webmühle werden seit 1723 Leinenstoffe, Wolle und andere Gewebe hergestellt. Zahlreiche Produkte der viel gepriesenen Avoca-Kollektion kommen von hier. In den Webwerkstätten kann man ganz nach Lust und Laune umherschlendern.

Praktische Informationen

Nur für den Fall, dass sich jemand für etwas anderes als Webkunst interessiert: Die **Touristeninformation** (☎ 0402-35022; Old Courthouse; ⏲ Mo–Sa 10–17 Uhr) befindet sich in einem kleinen Bungalow, der Courthouse genannt wird.

An- & Weiterreise

Die Linie 133 von **Bus Éireann** (☎ 01-836 6111; www.buseireann.ie) hält auf dem Weg von Dublin nach Arklow in Avoca (einfach/hin und zurück 13,70/22 €, 2 Std., 10-mal tgl.).

COUNTY KILDARE

210 000 EW. / 1691 KM²

Herrlich fruchtbares Weideland hat dafür gesorgt, dass Kildare (Cill Dara) ein erstklassiges landwirtschaftliches Gebiet ist, besonders für die Pferdeindustrie: Überall im County gibt's Gestüte, wo Spitzenrennpferde aufgezogen und trainiert werden.

In den vergangenen Jahrzehnten schluckte Dublins sich immer weiter vergrößernder Pendlergürtel zahlreiche Dörfer und Kleinstädte. Obwohl die Region nicht gerade mit vielen Attraktionen aufwartet, bietet sie Abwechslung genug für einen Tagesausflug von der irischen Hauptstadt aus oder für einen Zwischenstopp auf dem Weg nach Westen.

Maynooth

10 715 EW.

Der Campus der National University of Ireland (NUIM) prägt die geschäftige Ortschaft Maynooth (Maigh Nuad). Zwei Drittel der Einwohner sind Studenten, die ein wenig Leben in die ansonsten recht nüchterne Kleinstadt voll Steinhäuser und Geschäfte bringen. Die Main Street und die Leinster Street verlaufen in Ost-West-Richtung. Zum Kanal und zum Bahnhof (den man über ein paar Fußgängerbrücken erreicht) im Süden gelangt man über die Parson Street. Die Straffan Road führt gen Süden zur M4.

Sehenswertes & Aktivitäten

St. Patrick's College UNIVERSITÄT
(☎ 01-628 5222; www.maynoothcollege.ie; Main St; geführte Touren Erw./Kind/Student 8/4/6 €) Seit 1795 werden im St. Patrick's College & Seminary katholische Priester ausgebildet. Nach dem Trinity College in Dublin ist dies Irlands zweitälteste Hochschule. Die Collegegebäude, die u. a. vom gotischen Architekten Augustus Pugin entworfen wurden, sind beeindruckend; es lohnt, sich hier eine Stunde umzuschauen. Auf dem Gelände verteilen sich vornehme georgianische und neogotische Gebäude, Gärten und Plätze. Am besten bucht man eine **Führung** (Juni–Sept. Fr–So 14.30 Uhr) durch die **College Chapel**, die größte Chorkapelle der Welt mit Stühlen für mehr als 450 Sänger.

Die Hochschule wurde gegründet, um angehende Pastoren vom Seminar in Frankreich sowie den gefährlichen Idealen der Revolution und des Republikanismus fernzuhalten. 1898 wurde St. Patrick's eine päpstliche Universität (die theologischen Kurse im Priesterseminar fielen damit unter die Kontrolle des Vatikans). 1910 trat sie der neu gegründeten National University of Ireland (NUI) bei. Die Studentenschaft bestand jedoch weiterhin ausschließlich aus Klerikern, bis 1966 schließlich auch weltliche Bürger aufgenommen wurden. Heute ist St. Patrick's zwar Teil einer größeren Universität, aber dennoch weitgehend eigenständig. Darüber hinaus unterscheiden sich die 80 eigenbrötlerischen männlichen Seminaristen deutlich von den übrigen 8500 Studenten anderer Fachrichtungen.

Maynooth Castle BURG
(☎ 01-628 6744; ⏲ Juni–Sept. Mo–Fr 10–18, Sa & So 13–18 Uhr, Okt. So 13–17 Uhr) GRATIS Nicht weit vom Eingang zum St. Patrick's College entfernt liegen die Überreste des Torhauses, des Bergfrieds und der Halle der im 13. Jh. erbauten Burg, dem ehemaligen Sitz der Familie Fitzgerald. Das Bauwerk wurde zur Zeit Cromwells niedergerissen, als die Fitzgeralds ins Kilkea Castle (heute geschlossen) umzogen. Besucher können die Ruinen nur im Rahmen einer 45-minütigen Führung besichtigen. Im Bergfried ist eine kleine Ausstellung zur Burggeschichte untergebracht.

Carton House GOLF

(www.cartonhousegolf.com; Carton House; Golfplatzgebühren Wochentage/Wochenende 50/65 €) Mit zwei herausragenden Goldplätzen ist Carton House eines der führenden irischen Ziele für Golfspieler. Der Golfplatz Mark O'Meara hat breite Fairways und strategisch platzierte Greens. Der Colin Montgomerie ist schwieriger, dort sind Bunker positioniert, die alle außer die am besten geschlagenen Bällen schlucken.

Schlafen

NUI Maynooth UNIVERSITÄT €€

(☎ 01-708 6200; www.maynoothcampus.com; EZ/DZ ab 32/82 €; 📶) Auf dem Campus können sage und schreibe tausend Gäste in sehr unterschiedlichen Räumlichkeiten übernachten, die vom traditionellen Collegezimmer bis zum Apartment-Doppelzimmer in den Zweckbauten des Universitätsdorfs reichen. Viele Quartiere liegen auf dem Nordcampus, der aus den 1970er-Jahren stammt. Der Südcampus (hier befindet sich auch das Unterkunftsbüro) bietet bessere Räumlichkeiten, da sich diese rund um die Höfe und Gärten des stimmungsvollen St. Patrick's College verteilen. In den Sommermonaten hat man die besten Chancen, ein Zimmer zu ergattern.

Carton House HOTEL €€€

(☎ 01-505 2000; www.cartonhouse.com; Zi. ab 140 €; @ 📶 🏊) Der 1739 errichtete ehemalige Landsitz der Fitzgeralds, der Earls of Kildare (in der Stadt residierten sie im Leinster House, wo heute das irische Parlament tagt), dient heute als exquisite Luxusbleibe. Es gibt prächtige Suiten im von Richard Castle

ABSTECHER

CASTLETOWN HOUSE

Das prächtige **Castletown House** (☎ 01-628 8252; www.castletown.ie; Celbridge; Erw./Kind 7/3 €; ⏲ Mitte März–Okt. 10–18 Uhr) ist Irlands größtes und beeindruckendstes georgianisches Anwesen und ein Zeugnis des großen Reichtums angloirischen Adels im 18. Jh. Auf den einstündigen Führungen bekommt man einen Einblick, wie 1 % der Bevölkerung im 18. Jh. so lebte, welche Möbel angesagt waren und wie ein schönes Ölgemälde geschätzt wurde.

Von Dublin aus fahren die Busse 120 und 123 nach Celbridge (3,50 €; 30 Min.; Mo–Fr alle 30 Min., Sa stdl., So 6-mal tgl.).

Das Haus wurde zwischen 1722 und 1732 für William Conolly (1662–1729), Sprecher des Irish House of Commons und zu jener Zeit der wohlhabendste Mann des Landes, erbaut. Aufgewachsen in relativ ärmlichen Verhältnissen in Ballyshannon im County Donegal, hatte Conolly in den unsicheren Zeiten nach der Schlacht am Boyne (1690) mit Grundstückshandel sein Glück gemacht.

Die Aufgabe, einen größeren Palast zu errichten, der eines Prinzen würdig wäre, wurde Sir Edward Lovett Pearce (1699–1733) anvertraut – daher die Kolonnaden und die Pavillons an ihren Enden. Lovetts Entwurf war eine Erweiterung eines bereits erstehenden Stils für Gebäude nach dem Vorbild italienischer Palazzi des 16. Jhs., den der italienische Architekt Alessandro Galilei (1691–1737) 1718 kreiert hatte. Doch Conolly wünschte sich etwas noch Grandioseres, darum erschien Lovett 1724 auf der Bildfläche. Ein Highlight der opulenten Inneneinrichtung ist die Long Gallery mit Familienporträts und exquisiten Stuckarbeiten der Gebrüder Francini.

Conolly erlebte die Fertigstellung des Palasts nicht mehr. Nach seinem Tod 1729 lebte seine Witwe Katherine weiterhin in dem Haus und veranlasste zahlreiche Umbauten. Ihr wichtigster architektonischer Beitrag ist der sonderbare 42,6 m hohe Obelisk, im Ort als Conolly Folly bekannt. Außerdem veranlasste Katherine den Bau der **Wonderful Barn** (☎ 01-624 5448; Leixlip; ⏲ nicht öffentlich zugänglich) im Stil von Heath Robinson (oder Rube Goldberg), um deren sechs Stockwerke sich eine äußere Wendeltreppe windet. Das windschiefe Gebäude erhebt sich auf einem Privatgrundstück in der Nähe von Leixlip.

Castletown House blieb bis 1965 im Besitz der Familie Conolly. Danach erwarb es Desmond Guinness und steckte viel Geld hinein, um dem Anwesen wieder zu altem Glanz zu verhelfen. Ab 1979 investierte auch die Castletown Foundation in das Gebäude. 1994 ging es in Staatsbesitz über und wird heute vom Heritage Service verwaltet.

entworfenen Originalgebäude (erbaut 1739) und gepflegte Zimmer im Stil eines Businesshotels im modern Anbau. Um zum Carton House zu gelangen, folgt man der R148 nach Osten entlang des Royal Canal in Richtung Leixlip.

Essen

Gatehouse INTERNATIONAL €€
(Main St; Hauptgerichte 10–23 €; ⌚Mo–Sa 8.30–22, So 10–21 Uhr) Auf der Karte findet sich für jeden etwas: Pizza, Pasta und interessantere Gerichte wie Wildbret und Enten-Confit. Entsprechend großer Beliebtheit erfreut sich das Restaurant. Darüber hinaus ist die Qualität der Zutaten hervorragend. Alles ist frisch und kommt vorwiegend aus der Region.

An- & Weiterreise

Dublin Bus (☎01-873 4222; www.dublinbus.ie) verkehrt mehrmals stündlich von der Pearse Street in Dublin nach Maynooth (3,30 €, 1 Std.).

Straffan

Das winzige Straffan hat ein paar kleine Attraktionen für junge Leute (und für Junggebliebene) und ist bei Golffans beliebt.

Sehenswertes & Aktivitäten

Steam Museum & Lodge Park Walled Garden MUSEUM
(☎01-627 3155; www.steam-museum.com; Erw./erm. 7,50/5 €; ⌚Juni–Aug. Fr–So 14–18 Uhr, Mai & Sept. nur Sa & So) Das in einer alten Kirche untergebrachte Steam Museum dokumentiert die Geschichte der Dampfkraft und ihrer Bedeutung für die industrielle Revolution. In der Maschinenhalle stehen sechs Dampfmotoren aus dem 19. Jh., die aus Brauereien, Brennereien, Fabriken und von Schiffen stammen und deren Funktionstüchtigkeit regelmäßig vorgeführt wird. Nebenan gedeihen in einem ummauerten Garten aus dem 18. Jh. traditionelle Obstbäume, Blumen und kunstvolle Anpflanzungen.

Straffan Butterfly Farm TIERE
(☎01-627 1109; www.straffanbutterflyfarm.com; Ovidstown; Erw./Kind/Student 8/5/6 €; ⌚11–17.30 Uhr) In der Straffan Butterfly Farm kann man ein tropisches Gewächshaus voller riesiger exotischer Schmetterlinge besuchen oder Larry, den Leopardengecko, und andere Kriechtiere beobachten.

K Club GOLF
(Kildare Hotel & Country Club; ☎01-601 7200; www.kclub.ie; Straffan; Golfplatzgebühren 150–240 €; 📶) Auf dem Anwesen des K Club befinden sich zwei Meisterschaftsgolfplätze. Das ursprüngliche Straffan House, im 19. Jh. von der Wein-Familie Barton erbaut, hat 92 gut ausgestattete Zimmer (ab 250 €) und ein paar opulente öffentliche Bereiche. Der bekanntere der beiden Golfplätze ist der Palmer, auf dem 2006 der Ryder Cup ausgetragen wurde.

An- & Weiterreise

Bus Éireann (☎01-836 6111; www.buseireann.ie) fährt von Dublin hierher (einfach/hin & zurück 4/5,90 €, 30 Min., alle 30 Min., So 6-mal tgl.).

Am Grand Canal entlang

Am Ufer des Grand Canal westlich von Straffan gibt's einige interessante Sehenswürdigkeiten. Der Kanal fließt gemächlich von Dublin ins winzige, stille **Robertstown** hinter Clane, das durchaus einen Abstecher lohnt. Das malerische Dorf ist weitgehend unberührt und wird von dem verfallenen 1801 errichteten Grand Canal Hotel dominiert. Hier kann man wunderbar am Wasser entlangspazieren.

Südwestlich von Robertstown, mitten im Flachland von Kildare, erhebt sich der **Hill of Allen** (206 m). Wegen des Panoramablickes diente der Hügel jahrhundertelang als strategischer Aussichtspunkt. Heute thronen auf seiner Spitze ein Zierbau aus dem 19. Jh. sowie die Ruinen einer eisenzeitlichen Festung, in der Fionn McCumhaill (oder Finn McCool, der mythische Jäger und Krieger) gelebt haben soll.

Sehenswertes & Aktivitäten

Bog of Allen Nature Centre NATURZENTRUM
(☎045-860 133; www.ipcc.ie; R414, Lullymore; Erw./Kind 5 €/frei; ⌚Mo–Fr 9–17 Uhr) Das wunderbare, informative Bog of Allen Nature Centre ist eine faszinierende Institution unter der Leitung des gemeinnützigen Irish Peatland Conservation Council. Besuchern wird hier die Geschichte der Moore und der Torfgewinnung erzählt, außerdem besitzt das Zentrum die größte Sammlung fleischfressender Pflanzen in Irland, darunter Sonnentau, Fettkraut und andere Moorpflanzen. In der Nähe beginnt ein Bohlenweg, der sich bis ins Bog of Allen erstreckt.

Lullymore Heritage & Discovery Park NATURSCHUTZGEBIET
(☎ 045-870 238; www.lullymoreheritagepark.com; Lullymore; Erw./Familie 9/28 €; ⏲ April–Sept. 10–18 Uhr) Im fröhlichen Lullymore Heritage & Discovery Park begrüßt ein leicht schäbiges Hasenmaskottchen die kleinen Gäste. Der Freizeitpark liegt 1 km nördlich des Bog of Allen Nature Centre. Auf einem Waldwanderweg kommt man an verschiedenen Behausungen wie jungsteinzeitlichen Hütten, einem einfachen Haus aus der Zeit der Großen Hungersnot und einem bezaubernden Märchendorf vorbei. Darüber hinaus gibt's einen Minigolfplatz und eine Bimmelbahn. Sollte es vollkommen unerwartet regnen, kann man den Funky Forest, einen überdachten Spielplatz, besuchen.

Newbridge & der Curragh

17 042 EW.

Das unscheinbare Newbridge (Droichead Nua) in der Nähe der Kreuzung der M7 und M9 ist bekannt für seine Silberwaren und dient als Tor zum Curragh, einem der größten fruchtbaren Landstriche Irlands und gleichzeitig das Zentrum der irischen Pferdezucht. Der Name leitet sich vom irischen Ausdruck für „Ort der rennenden Pferde" ab, und genau das tun besagte Tiere auf dieser Ebene bereits seit dem 18. Jh. Die Geschichte von Pferdewagenrennen gehen allerdings sogar bis ins 13. Jh. zurück. Früh am Morgen oder spätabends kann man die Vollblüter beim Training auf den weiten Flächen rund um die Rennbahn beobachten.

Aktivitäten

Curragh Racecourse PFERDERENNEN
(☎ 045-441 205; www.curragh.ie; Eintritt 15–40 €; ⏲ Mitte April–Okt.) Irlands älteste und berühmteste Pferderennbahn wird gerade aufwändig modernisiert. Auch wenn man kein ausgesprochener Pferdefan ist, lohnt ein Tag beim Pferderennen wegen der Leidenschaft und der besonderen Atmosphäre.

Shoppen

Newbridge Silverware Visitor Centre KUNSTHANDWERK
(☎ 045-431 301; www.newbridgesilverware.com; ⏲ Mo–Sa 9–18, So 11–18 Uhr) Der Ausstellungsraum von Newbridge Silverware ist eine rein kommerzielle Einrichtung. Hier kann man traditionelle Metallarbeiten aus der Gegend wie versilberte Löffel und Gabeln kaufen. Hinten präsentiert das absolut deplatzierte

> **BOG OF ALLEN**
>
> Wie eine braune, feuchte Wüste erstreckt sich das Bog of Allen über neun Counties, darunter Kildare, Laois und Offaly. Einst bedeckte Irlands bekanntestes Hochmoor sogar den Großteil der Midlands. Leider wird Torf inzwischen regelmäßig und schnell zu Kompost und Treibstoff verarbeitet. Früher waren 17 % der Insel von Moorland bedeckt, heute sind es weniger als 2 %. In den Sümpfen gibt's eine Vielzahl von Pflanzen und Tieren, darunter alle möglichen Arten von Fröschen und Schmetterlingen. Die Gegend kann auf verschiedene Arten erkundet werden. Nähere Informationen dazu bekommt man im Bog of Allen Nature Centre, das direkt am Grand Canal liegt.

Museum of Style Icons (Eintritt frei) wechselnde Kleidungsstücke, die einst Stars gehörten, darunter eine Jacke von Michael Jackson, ein Kleid von Prinzessin Diana und ein Kleid von Audrey Hepburn.

An- & Weiterreise

Von Dublin führt die M7 durch den Curragh (Ausfahrt 12) nach Newbridge. Bus Éireann verkehrt regelmäßig zwischen dem Busáras-Busbahnhof in der Hauptstadt und Newbridge (einfach/hin und zurück 10,60/17 €, 90 Min.). Von Newbridge geht's weiter zur Pferderennbahn (2,20 €, 10 Min.) und in die Stadt Kildare. An Renntagen werden zusätzliche Busse eingesetzt.

Der **Zug** (☎ 01-836 6222) zwischen Dublin und Kildare startet am Bahnhof Heuston und legt in Newbridge (14,80 €, 30 Min., stdl.) einen Zwischenstopp ein. Einige Züge halten auch an der Pferderennbahn.

Kildare (Stadt)

7538 EW.

Rund um einen dreieckigen Platz mit der beeindruckenden Kathedrale entstand Kildare, eine quirlige Stadt, die nur wenige Sehenswürdigkeiten zu bieten hat. Sie ist eng mit Brigid, der zweitwichtigsten Heiligen Irlands, verbunden.

Sehenswertes

St. Brigid's Cathedral KATHEDRALE
(☎ 045-521 229; Market Sq; Eintritt Kathedrale gegen Spende, Rundturm 6 €; ⏲ Mai–Sept. Mo–Sa 10–13 &

WANDERN AUF DEM TREIDELPFAD

Der Treidelpfad des Grand Canal bietet sich für eine gemütliche Wanderung an. Von den vielen Zugangspunkten ist Robertstown der beste, wenn man einen längeren Ausflug unternehmen will. Das Dorf liegt genau in der Mitte des Kildare Way und des Treidelpfads am Barrow-Fluss. Letzterer erstreckt sich bis ins 95 km südlich gelegene St. Mullin's im County Carlow. Dort besteht Zugang zum South Leinster Way bei Graiguenamanagh sowie zum südlichen Ende des Wicklow Way in Clonegal (nördlich des Mt. Leinster).

In vielen regionalen Touristeninformationen bekommt man Broschüren mit genauen Beschreibungen der Wanderwege. Auch **Waterways Ireland** (www.waterwaysireland.org) ist eine gute Infoquelle.

14–17, So 14–17 Uhr) Der Market Square wird von der St. Brigid's Cathedral aus dem 13. Jh. beherrscht. Ein schönes Buntglasfenster im Innern zeigt die drei Schutzpatrone Irlands: Patrick, Brigid und Colmcille. In der Kirche befindet sich auch das restaurierte Grabmal von Walter Wellesley, dem Bischof von Kildare, das kurz nach seinem Tod 1539 verschwand und erst 1971 wiederentdeckt wurde. Eine der Relieffiguren wird als Turnerin oder *sheela-na-gig* (gemeißelte Figur einer Frau mit übergroßen Genitalien) interpretiert.

Der aus dem 10. Jh. stammende **Rundturm** auf dem Kirchengelände ist mit 32,9 m der zweithöchste Turm Irlands und eines der wenigen Bauwerke dieser Art, die man betreten darf – vorausgesetzt, der Wächter ist in der Nähe. Das ursprünglich kegelförmige Dach wurde durch ungewöhnliche normannische Zinnen ersetzt. In der Nähe des Turms befindet sich ein **Wunschstein**: Wenn man einen Arm durch das Loch steckt und die eigene Schulter berührt, wird einem ein Wunsch erfüllt. An der Nordseite der Kathedrale kann man die restaurierten Grundmauern eines antiken **Feuertempels** besichtigen.

Irish National Stud & Gardens GÄRTEN
(☎045-521 617; www.irishnationalstud.ie; Tully; Erw./Student/Kind 12,50/9,50/7 €; ⏲Mitte Feb.–Dez. 9–18 Uhr, letzter Einlass 17 Uhr) Mit Highlights wie dem „Teasing Shed" ist das Irish National Stud 3 km südlich der Stadt die größte Attraktion in der Region. Auf ihrem historischen Besuch 2011 kam hier sogar die in Pferde vernarrte Queen Elizabeth II. vorbei. Das tadellos gepflegte Gestüt ist im Besitz der irischen Regierung. Stuten aus aller Welt werden hier von hochkarätigen Zuchthengsten gedeckt. Man kann durch die Ställe schlendern und den berühmten Zuchthengsten direkt in die Augen sehen oder an einer der in der Regel hervorragenden Führungen teilnehmen.

Das Gestüt wurde von Colonel Hall Walker, der mit dem Whiskey Johnnie Walker Berühmtheit erlangte, gegründet. Walker war ein äußerst erfolgreicher Pferdezüchter, doch bei seinen exzentrischen Zuchtmethoden verließ er sich größtenteils auf die Sterne: Das Leben eines Fohlens wurde nach seinem Horoskop entschieden, und wenn die Sterne günstig standen, öffnete man die Dächer der Pferdeboxen zum Himmel hin, um das Schicksal der Tiere zu beeinflussen.

Pünktlich zu jeder vollen Stunde finden Führungen durch das Gestüt statt, bei denen man auch die Intensivpflegestation für neugeborene Fohlen besucht. Wer zwischen Februar und Juni herkommt, erlebt vielleicht sogar die Geburt eines Fohlens mit.

Alternativ wird in der Fohlenstation ein zehnminütiges Video gezeigt. Da die meisten inzwischen kastriert sind, haben sie wahrscheinlich nur noch dunkle Erinnerungen an ihre Zeit im bereits erwähnten Teasing Shed, wo sie unter den Augen Dutzender Beobachter auf die Paarung vorbereitet werden. Kostenpunkt: zigtausende Euros für ein Spitzenpferd.

Nachdem man die wertvollen Zuchthengste von Nahem gesehen hat, ist das umgebaute **Irish Horse Museum** eine Enttäuschung. Hier werden Siegerpferde gefeiert, aber die dokumentierte Geschichte der Pferderennen weist kaum eine bessere Qualität als ein gutes Schulprojekt auf.

Wenig erquickend sind auch die **japanischen Gärten** (ein Teil der Anlage), die als die schönsten ihrer Art in Europa gelten – was nicht besonders für die anderen Anwärter spricht. Zwischen 1906 und 1910 angelegt, zeichnen sie den Lebensweg von der Geburt bis zum Tod durch 20 Sinnbilder nach, darunter der „Tunnel of Ignorance", der „Hill of Ambition" und der „Chair of Old Age". Die Blumen sind wunderschön, aber die Anlage selbst ist zu klein, um wirklich zu beeindrucken.

Schlafen & Essen

★ Martinstown House HOTEL €€€
(☎ 045-441 269; www.martinstownhouse.com; The Curragh; Zi. 175–210 €; ⏲ Mitte Jan.–Mitte Dez.) Dieses schöne Herrenhaus aus dem 18. Jh. im gotischen Strawberry-Hill-Stil erhebt sich umgeben von Bäumen auf einem 170 ha großen Grundstück. Die vier Zimmer des Anwesens wurden mit zahlreichen Antiquitäten gefüllt. Kinder sind nicht erwünscht. Wer im Voraus bucht, kommt in den Genuss eines unvergesslichen Abendessens (49,50 €). Fast alle Zutaten stammen aus dem eigenen Gemüsegarten.

Agape CAFÉ €
(☎ 045-533 711; Station Rd; Gerichte 6–12 €; ⏲ Mo–Sa 9–18 Uhr) In der Nähe des Market Square bietet dieses hippe kleine Café eine exzellente Auswahl an hausgemachten Speisen, darunter Salate, Suppen, Sandwiches und leckere Tagesgerichte. Außerdem gibt's alle möglichen Kaffeespezialitäten.

Shoppen

Kildare Village EINKAUFSZENTRUM
(www.kildarevillage.com; Nurney Road; ⏲ Mo–Mi, Sa & So 10–19, Do & Fr bis 20 Uhr) Aus dem ganzen Land strömen Kunden herbei, um in diesem Outlet-Einkaufszentrum günstige Markenkleidung zu kaufen. Kildare Village liegt 1 km südlich der Stadt (fast direkt an der Ausfahrt 13 der Autobahn M7). Mehr als 100 bekannte Marken sind vertreten und im Vergleich zum Originalpreis kann man beträchtliche Schnäppchen machen.

Praktische Informationen

Touristeninformation & Heritage Centre
(☎ 045-521 240; www.kildare.ie; Market Sq, Market House; ⏲ Mai–Sept. Mo–Sa 9.30–13 & 14–17.30 Uhr) Hier kann man eine kostenlose Ausstellung zur Geschichte Kildares sehen und Kunst aus der Region kaufen.

An- & Weiterreise

Bus Éireann bietet regelmäßige Verbindungen von Dublins Busbahnhof Busáras nach Kildare (einfach/hin & zurück 13/20 €, 1¾ Std.). Einige Linien in Richtung Hauptstadt halten auch am Gestüt.

Züge (☎ 01-836 6222) von Dublin nach Kildare (16,60 €, 35 Min., 1–4-mal stdl.) starten am Heuston-Bahnhof. Von Kildare aus verkehren sie in unterschiedliche Richtungen, z. B. nach Ballina, Galway, Limerick und Waterford.

Von Donnelly's Hollow nach Castledermot

Auf der 25 km langen Strecke nach Carlow locken ein paar interessante Abstecher zu winzigen Ortschaften, die alle an der wenig reizvollen N9 liegen.

Donnelly's Hollow

Dan Donnelly (1788–1820) wird als Irlands größter Boxer des 19. Jhs. verehrt. Er lieferte den Stoff, aus dem Legenden sind. Angeblich waren seine Arme so lang, dass er seine Schnürsenkel zubinden konnte, ohne sich zu bücken. An diesem Ort 4 km westlich von Kilcullen an der R413 kämpfte er besonders gern. Auf dem Obelisk sind die Eckdaten seiner Laufbahn festgehalten worden.

Ballitore

338 EW.

Das kleine Ballitore ist die einzige geplante und dauerhafte Quäkersiedlung Irlands. Sie wurde 1726 von Einwanderern aus Yorkshire gegründet. In einem winzigen restaurierten Gemeindehaus neben der Bibliothek dokumentiert das kleine **Quaker Museum** (☎ 059-862 3344; Main St, Mary Leadbeater House; Eintritt gegen Spende; ⏲ ganzjährig Di–Sa 12–17 Uhr, Juni–Sept. So 14–18 Uhr) das Leben der Gemeindemitglieder (inklusive der einstigen Besitzerin Mary Leadbeater, die als Kriegsgegnerin bekannt war). Neben einem Quäkerfriedhof gibt's einen modernen **Shaker Store** (☎ 059-862 3372; www.shakerstore.ie; Main St; ⏲ Mo–Fr 10–18, Sa & So ab 14 Uhr), in dem herrlich einfaches Holzspielzeug und Möbel verkauft werden und der darüber hinaus über ein nettes Teezimmer verfügt.

2 km westlich liegt die **Rath of Mullaghmast**, eine eisenzeitliche Bergfestung mit einem Hinkelstein, an dem Daniel O'Connell, Verfechter der Katholikenemanzipation, 1843 eine seiner „Massenkundgebungen" abhielt.

Moone

380 EW.

Südlich von Ballitore stößt man auf das unscheinbare Dorf Moone, in dem ein prächtiges Hochkreuz zu sehen ist. Das ungewöhnlich hohe und schlanke **Moone High Cross** stammt aus dem 8. oder 9. Jh. Seine Reliefs mit biblischen Szenen wirken so lebendig wie Comics. Das Kreuz befindet sich 1 km westlich von Moone und der N9 auf einem stimmungsvollen frühchristlichen Friedhof mit alten Steinruinen.

Schlafen & Essen

Moone High Cross Inn GASTHAUS €€

(☎ 059-862 4112; www.moonehighcrossinn.com; Bolton Hill; EZ/DZ ab 60/85 €) 2 km südlich von Moone ist in einem massiven Steingebäude aus dem 18. Jh. das Moone High Cross Inn untergebracht. Es verfügt über fünf Zimmer in einem hübschen ländlichen Stil. In der wunderbaren Bar im Untergeschoss wird mittags gute Kneipenkost serviert, außerdem gibt's ein **Restaurant** (Hauptgerichte 12–19 €; geöffnet von 18–20.30 Uhr), das Gerichte aus regionalen Bioprodukten serviert. Im Inn dreht sich alles ums Keltentum: Hier werden heidnische Feste gefeiert und den Hof füllen gesammelte Glücksbringer.

Castledermot

1160 EW.

In Castledermot erstreckte sich einst eine riesige Klostersiedlung. Vom **Kloster** des hl. Diarmuid aus dem 9. Jh. ist heute nur noch ein 20 m hoher Rundturm mit mittelalterlichen Zinnen erhalten. Ganz in der Nähe entdeckt man zwei mit Reliefs verzierte Granithochkreuze aus dem 10. Jh., ein romanisches Eingangstor aus dem 12. Jh. und einen mittelalterlichen sogenannten „Hogback"-Grabstein, der einzige seiner Art in ganz Irland. Zu den Ruinen gelangt man durch ein rostiges Tor an der stark befahrenen Main Street (N9), dann geht's eine Allee entlang bis zur St. James Church. Am südlichen Ortsende stößt man schließlich auf die Überreste des **Franziskanerklosters** aus dem frühen 14. Jh.

Counties Wexford, Waterford, Carlow & Kilkenny

Inhalt ➡

Historische Gebäude

- Hook Lighthouse (S. 175)
- Kilkenny Castle (S. 202)
- Ardmore Cathedral (S. 192)
- Jerpoint Abbey (S. 213)
- Kells Priory (S. 209)
- Tintern Abbey (S. 174)

Parks & Gärten

- Johnstown Castle Gardens (S. 166)
- Lismore Castle Gardens (S. 194)
- Altamont Gardens (S. 198)
- Woodstock Gardens (S. 214)
- Huntington Castle Gardens (S. 201)

Auf nach Wexford, Waterford, Carlow & Kilkenny

Die Grafschaften Wexford, Waterford, Carlow und Kilkenny bilden zusammen mit dem südlichen Teil von Tipperary den „sonnigen Südosten“, die wärmste und trockenste Region der Insel. Da wir uns in Irland befinden, ist der Begriff „warm“ natürlich relativ. Goldene Sandstrände säumen Wexford und Waterford wie eine Tiara, die mit ein paar bildschönen Edelsteinen – pittoresken Reetdachhäusern, eleganten Küstenstädten und windgepeitschten Halbinseln – aufwartet.

Wer alles liebt, was funkelt und glänzt, sollte sich das weltbekannte Waterford Crystal (Glaswaren aus Waterford) genauer ansehen. Landeinwärts trennt das grüne Tal des Flusses Barrow die Uferdörfer und Kunst- und Kunsthandwerkerwerkstätten des Counties Kilkenny von den Landhäusern und blühenden Anwesen des Counties Carlow. Die Vorzeigestadt ist Kilkenny mit einer imposanten Festung, einer Kathedrale, mittelalterlichen Gassen und atmosphärischen Pubs und Restaurants. Und dank des Klimas im „sonnigen Südosten“ kann man sich in den vier Counties in vielfältige Outdoorabenteuer stürzen.

Reisezeit

- Von Juni bis September ist es am Meer sowie in den Strandcafés und -restaurants am schönsten.
- April bis Oktober sind die besten Monate zum Wandern und Spazierengehen, allerdings nur mit wasserdichter, warmer Kleidung.
- Von Oktober bis Anfang November kommen Musikfans auf ihre Kosten. Dann steigt in Wexford das weltbekannte Opernfestival. Liebhaber von traditioneller Musik und Country reisen zum Celtic Festival nach Kilkenny.
- Im Frühling und im Herbst können sich Sparfüchse die Hände reiben, denn dann sind die Preise (und Touristenzahlen) niedriger als im Hochsommer.

Highlights

1 Die urbanen Freuden von **Kilkenny** (S. 201), einer der lebendigsten Städte des Landes, genießen.

2 Auf dem **Dunbrody Famine Ship** (S. 176) in New Ross mehr über Irlands bewegte Geschichte erfahren.

3 Schlemmen in der Feinschmeckerhochburg **Dungarvan** (S. 188), Sitz zahlreicher Starköche.

4 Waterfords wunderschöne Küstenlandschaft rund um **Ardmore** (S. 192) kennenlernen.

5 Die stimmungsvollen Ruinen der **Jerpoint Abbey**

(S. 213) im County Kilkenny besichtigen.

6 Den **Curracloe Beach** (S. 171) bei Wexford, einen weißen Traum aus pulvrigem Sand, erkunden.

7 Sich in **Waterfords** (S. 179) Museen in die Zeit der Wikinger und Normannen zurückversetzen.

8 In den **Lismore Castle Gardens** (S. 194) durch ein Meer aus Tulpen, Azaleen, Rosen und Geranien wandeln.

9 Den **Barrow Way** (S. 200), einen Treidelpfad im Grünen zwischen Graiguenamanagh und St. Mullins, entlangradeln.

COUNTY WEXFORD

145 300 EW. / 2367 KM²

Schon immer hat Wexford mit seinen leicht schiffbaren Flüssen und fruchtbaren Böden Invasoren und Freibeuter angezogen. Die Wikinger gründeten Irlands erste große Stadt am gemächlichen Slaney, der sich durch das County zieht. Heute ist Wexford ein Zentrum für Kunst und Opernkultur. Vor der Haustür erstrecken sich Strände entlang der Küste und im Hinterland liegen vereinzelte niedliche Dörfer und Häuser mit Reetdächern.

Wexford (Stadt) & Umgebung

20 100 EW.

Wexfords enges Gewirr aus mittelalterlichen Straßen wird von altmodischen Pubs, Edelboutiquen, mit Brettern zugenagelten Häusern und modernen Fassaden aus Stahl und Glas gesäumt und verkörpert so die Gegensätze, die der Wirtschaftsboom und die Krise der letzten Jahrzehnte hervorgebracht haben. Die bewegte, blutige Geschichte erzählt u. a. von Wikingern (den Gründern der Stadt) und dem Feldherren Oliver Cromwell, der Wexford beinahe auslöschte.

Kunst ist hier allgegenwärtig, vor allem in Form von unzähligen Kunsthandwerkerateliers und Galerien. Auch gute Restaurants sind zahlreich vertreten, die größte kulturelle Attraktion ist aber das weltberühmte Wexford Opera Festival, ein 12-tägiges Event, bei dem selten gezeigte Stücke vor den ausverkauften Rängen des modernen Opernhauses aufgeführt werden.

Geschichte

Die Wikinger nannten den Ort einst Waesfjord („Hafen der Schlammebenen"). Aufgrund seiner günstigen Lage nahe der Flussmündung des Slaney entstanden hier bereits 850 die ersten Ansiedlungen. 1169 wurde die Stadt von den Normannen erobert; Überreste ihrer Festung sind auf dem Gelände des Irish National Heritage Park zu besichtigen.

Auf seinem vernichtenden Irlandfeldzug stieß auch Cromwell bis nach Wexford vor (1649/1650). 1500 der 2000 Einwohner fielen ihm und seinen Mannen zum Opfer, darunter sämtliche Franziskanermönche. Der blutige Aufstand 1798 wurde von den Rebellen anfangs sehr entschlossen geführt, schließlich jedoch niedergeschlagen.

Sehenswertes

Die Museen sind nichts Besonderes, doch das heißt nicht, dass Wexford keine reiche Geschichte hätte. Davon kann man sich z. B. bei einem Spaziergang überzeugen.

Selskar Abbey RUINE

(Westgate, Spawell Rd; 3 € pro Pers.; Führungen März–Okt. Mo–Sa 15 Uhr) Nach dem Meuchelmord an seinem Verbündeten Thomas Becket leistete Heinrich II. Abbitte für seine blutige Tat in der Selskar Abbey, die 1190 von Alexander de la Roche errichtet wurde. Basilia, die Schwester von Robert Fitz Gilbert de Clare (alias Strongbow), soll hier einen der Offiziere von Heinrich geheiratet haben. Der heutige desolate Zustand des Hauses lässt sich auf einen „Besuch" Cromwells im Jahre 1649 zurückführen. Zutritt hat man nur im Rahmen einer geführten Tour; Treffpunkt ist am Westgate, abseits der Spawell Road.

St. Iberius' Church KIRCHE

(North Main St; Mai–Sept. 10–17, Okt.–April bis 15 Uhr) GRATIS Die Renaissancefassade der 1760 errichteten St. Iberius' Church lohnt zwar einen Blick, aber das Highlight ist der georgianische Innenbereich mit seinem fein geschnitzten Chorgeländer und den Skulpturen aus dem 18. Jh. Einige von Oscar Wildes Vorfahren arbeiteten hier als Pfarrer. Die Akustik des Bauwerks ist legendär, deshalb finden hier gelegentlich Konzerte statt.

Bull Ring HISTORISCHE STÄTTE

Der Bull Ring ist ein kleiner, offener Platz im Stadtzentrum, der im Mittelalter als Schauplatz fürs *bull baiting* (Hetzjagd auf Stiere) genutzt wurde. Die **Lone-Pikeman-Statue** erinnert an die Aufständischen von 1798, die den Platz als Waffenschmiede nutzten. Heute wird auf dem Bull Ring ein Wochenmarkt (S. 178) veranstaltet.

Westgate WAHRZEICHEN

Von den ehemals sechs Stadttoren ist nur das West Gate aus dem 14. Jh. erhalten. Früher wurde das Stadttor als Mautstelle genutzt; die Kassierstellen der Zolleintreiber erkennt man noch als Mauernischen, ebenso die Gefängniszellen der *runagates* (Zollpreller).

★ **Johnstown Castle Gardens** PARK

(www.irishagrimuseum.ie; Johnstown Castle Estate; Erw./Kind 3/1 €, inkl. Museum 8/6 €; April–Mai & Sept. 9–17.30, Juni–Aug. bis 19, Okt.–März bis 16.30 Uhr) Stolze Pfauen stolzieren über das Gelände des traumhaften Johnstown Castle aus dem 19. Jh., in dem einst die mächtigen

Fitzgeralds und Esmondes residierten. 1945 ging die Burg als Schenkung an den irischen Staat. Das heute leer stehende Gebäude ist nicht öffentlich zugänglich. Ringsum erstrecken sich 20 ha Wald mit einem See, einem abgesenkten italienischen Garten, Statuen und Wasserfällen. Das Anwesen liegt 7 km südwestlich von Wexford.

Die Nebengebäude beherbergen die faszinierende Sammlung des **Irish Agricultural**

Wexford (Stadt)

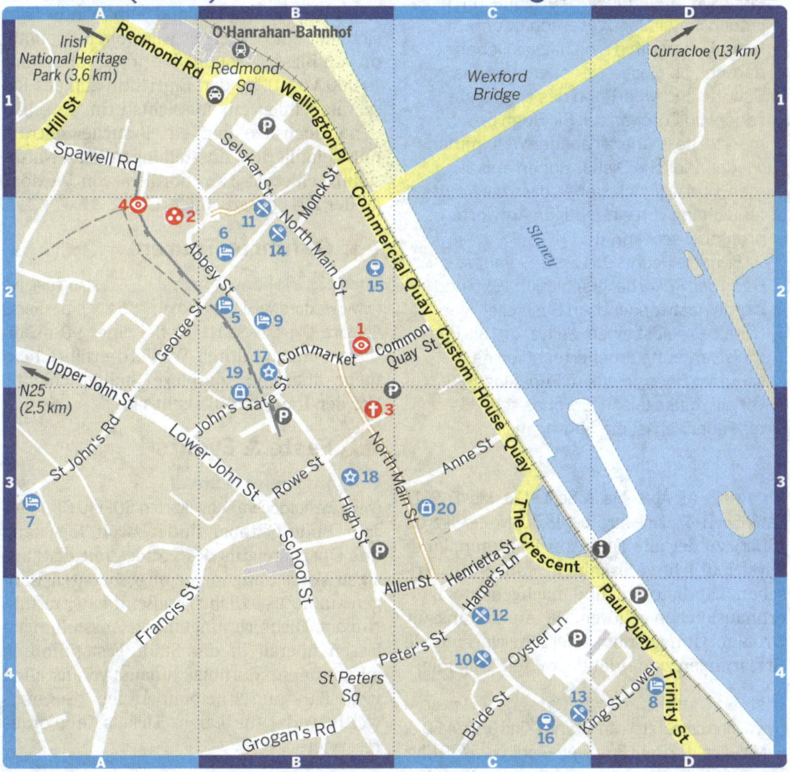

Wexford (Stadt)

Sehenswertes
1 Bull Ring B2
2 Selskar Abbey A2
3 St. Iberius' Church B3
4 Westgate A2

Schlafen
5 Abbey B&B B2
6 Blue Door B2
7 Cuasnog A3
8 Talbot Hotel D4
9 Whites of Wexford B2

Essen
10 Cistín Eile C4
11 Greenacres B2
12 Simon Lambert & Sons C4
13 Stable Diet Café C4
Stable Diet Café .... (siehe 18)
14 Yard B2

Ausgehen & Nachtleben
15 Centenary Stores B2
16 Sky & the Ground C4

Unterhaltung
17 Wexford Arts Centre B2
18 Wexford Opera House B3

Shoppen
19 Blue Egg Gallery B3
Bull Ring Market .... (siehe 1)
20 Wexford Book Centre C3

WISSENSDURST

Während eines Jagdausflugs in den Slobs nahe Wexford im Jahre 1951 schoss der Geschäftsführer der Guinness-Brauerei, Sir Hugh Beaver, auf einen Goldregenpfeifer, verfehlte ihn jedoch. In der Jagdgesellschaft entbrannte daraufhin eine hitzige Debatte darüber, ob dieses Tier oder aber das Schottische Moorhuhn das schnellste Federwild Europas sei. Sir Hugh bemerkte, dass überall auf der Welt immer wieder ähnliche Diskussionen aufkamen, und war sich sicher, dass die Veröffentlichung von eindeutigen Antworten profitabel sein könnte.

Er hatte Recht. Das erste *Guinness-Buch der Rekorde*, erschienen 1955 und wurde postwendend ein Bestseller. Heute hält es selbst einen Weltrekord als das meistverkaufte urheberrechtlich geschützte Buch. In einem Punkt lag Beaver allerdings falsch: Europas schnellstes Federvieh ist die Sporngans.

Museum (⏲April–Mai & Sept.–Okt. Mo–Fr 9–17, Sa & So 11–17, Juni–Aug. bis 18.30, Nov.–März bis 16 Uhr), zu der alte Ferguson-Traktoren, landwirtschaftliche Maschinen, Möbel im irischen Landhausstil und nachgebaute Bauernhausküchen gehören. Die Ausstellung zur Großen Hungersnot liefert hervorragende Erklärungen zu der landesweiten Tragödie.

Irish National Heritage Park MUSEUM
(www.inhp.com; Ferrycarrig; Erw./Kind 9,50/4,50 €; ⏲Mai–Aug. 9.30–18.30, Sept.–April bis 17.30 Uhr) Das Freilichtmuseum deckt mehr als 9000 Jahre irischer Geschichte ab. Nach einer audiovisuellen Präsentation entscheidet man sich für eine Führung oder einen Audioguide und bewundert auf dem Rundgang einen nachgebauten neolithischen Hof, einen Steinkreis, eine Ringfestung, ein Kloster, eine *crannóg* (künstliche Insel), eine Wikingerwerft und eine normannische Burg (auf den Überresten einer echten Normannenburg). Außerdem kann man sich im Bogenschießen üben und den Abenteuerspielplatz besuchen. Das Museum liegt abseits der N25 am Westrand der Stadt.

Wexford Wildfowl Reserve NATURSCHUTZGEBIET
(☎076-100 2660; www.wexfordwildfowlreserve.ie; North Slob; Führungen nach Vereinbarung; ⏲9–17 Uhr) GRATIS Im North Slob (der Begriff kommt vom irischen *slab*, was „Schlamm" oder „Morast" bedeutet) leben jede Menge Vögel. Das Paradies für (Hobby-)Ornithologen ist ein großes Areal aufgeschütteten Landes nördlich vom Wexforder Hafen, durchzogen von Gräben und von Deichen geschützt (ein bisschen wie Holland). Im Winter lässt sich hier ein Drittel der weltweiten Population von Blässgänsen nieder (insgesamt einige 10 000 Vögel). Zu den Einrichtungen des Reservats zählen ein Aussichtsturm, verschiedene Hochsitze und ein Besucherzentrum mit detaillierten Ausstellungen. Das Naturschutzgebiet ist 3 km nördlich von Wexford an der R741 ausgeschildert.

Geführte Touren

Wexford Walking Tours STADTFÜHRUNG
(www.wexfordwalkingtours.net; 5 € pro Pers.; ⏲März–Okt. Mo–Sa 11 Uhr) Bei einer 90-minütigen Führung durch Wexford erfährt man mehr über die komplexe Stadtgeschichte. Vor der Touristeninfo geht's los.

Feste & Events

Wexford Opera Festival OPER
(www.wexfordopera.com; Karten 60–140 €) Jedes Jahr Ende Oktober findet zwölf Tage lang *das* Opernereignis des Landes mit erstklassigen Vorstellungen vor ausgebuchten Rängen statt. Zusätzliche Straßentheateraufführungen, Dichterlesungen und Ausstellungen lassen überall in der Stadt Feststimmung aufkommen; darüber hinaus veranstalten viele Bar- und Kneipenbetreiber Gesangswettbewerbe für Laien. Tickets im Voraus reservieren.

Schlafen

Wexfords Nähe zu Dublin zieht zahlreiche Wochenendbesucher an, und auch während des Wexford Opera Festivals sind die freien Unterkünfte oft knapp. Davon abgesehen bietet die Stadt eine große Auswahl unterschiedlicher Bleiben.

★ **Cuasnog** B&B €€
(☎053-912 3637; www.cuasnog.com; St John's Rd; EZ/DZ 60/100 €; 📶👪) In einem ruhigen Wohnviertel ein paar Gehminuten vom Zentrum entfernt bereiten Caitriona und Theo Reisenden einen herzlichen Empfang, u. a. mit einer Portion Räucherlachs und *soda bread* plus einer Kanne Tee. Die kompakten Zimmer verfügen über Kamine, rustikale Möbel und ein gemütliches Flair. Zum Früh-

stück werden selbst gebackene Scones und Bioerzeugnisse aus der Region gereicht.

Blue Door B&B €€
(☎053-912 1047; www.bluedoor.ie; 18 Lower George St; EZ/DZ ab 50/70 €; 📶) Hinter der namensgebenden kobaltblauen Tür dieses 200 Jahre alten georgianischen Hauses warten anheimelnde Schlafzimmer mit altmodischer Note, in denen hohe Fenster für viel Licht sorgen. Zentral gelegen und trotzdem ruhig.

Abbey B&B B&B €€
(☎053-912 4408; www.abbeyhouse.ie; 34–36 Abbey St; EZ/DZ 45/80 €; 📶) Im Sommer sprießen rote Blüten in den Blumenkästen vor den Fenstern dieses niedlichen schwarz-weißen B&Bs. Die sieben Zimmer sind unterschiedlich groß und haben En-suite-Bäder mit bodengleichen Duschen. Das Frühstück wird in einem Speisesaal mit fröhlichem Blumendekor serviert.

Talbot Hotel HOTEL €€
(☎053-912 2566; www.talbotwexford.ie; Trinity St; EZ/DZ ab 70/110 €; @📶) Direkt am Wasser steht mit dem modernen Talbot ein echtes Wahrzeichen der Stadt. In vielen der renovierten Zimmer blickt man auf den Fluss und das Meer. Zu den Einrichtungen zählen ein Dampfbad, eine Sauna, ein Fitnessstudio und ein Hallenbad. In der stylischen Bar Ballast Bank gibt's traditionelle Kneipengerichte. Hier treten auch oft Livebands auf.

Whites of Wexford HOTEL €€
(☎053-912 2311; www.whitesofwexford.ie; Abbey St; EZ/DZ ab 95/145 €; @📶) Das Whites of Wexford ist nicht einfach bloß ein zeitgenössischer Koloss, sondern auch ganz schön cool: Der Hightech-Wellnessbereich hat nämlich eine besondere Spezialität: die Kryotherapie (Kältetherapie). Danach kann man sich in einer der einladenden Bars aufwärmen, eines der Restaurants besuchen oder auch einfach auf sein Zimmer zurückziehen. Für 20 € extra gibt's ein edel aufgemachtes Executive-Zimmer mit Blick auf die Flussmündung; dort bestimmen klare Linien, Metall, technische Spielereien und funkelndes Glas das Dekor.

Essen

Stable Diet Café CAFÉ €
(www.stablediet.com; 100 South Main St; Hauptgerichte 8–12 €; ⌚8.30–17 Uhr; 👪) Helles, gut besuchtes Café, das für seine selbst gebackenen Brote, Scones und Kuchen berühmt ist. Das Mittagsmenü besteht aus frisch gekochten Suppen und Sandwiches, zum Frühstück gibt's French Toast (Arme Ritter) mit Speck und Ahornsirup. Eine zweite **Filiale** (Wexford Opera House, High St; Hauptgerichte 9–13 €; ⌚Mo–Sa 10–16 Uhr; 📶) befindet sich im Obergeschoss des Opernhauses. Dort gibt es den Blick auf den Hafen zu Kaffee und (leckerem) Kuchen gratis dazu.

Simon Lambert & Sons KNEIPENKOST €
(Simon's Place; ☎053-918 0041; 37 South Main St; Hauptgerichte 6–10 €; ⌚9.30–12 & 12.30–16 Uhr; 📶) In dem stimmungsvollen Pub mit den niedrigen Decken gibt's den ganzen Tag über gutes Essen. Morgens hat man die Wahl zwischen Rührei und Toast sowie einem warmem irischen Frühstück aus der Bratpfanne. Dazu gibt's exzellenten Kaffee. Das Mittagsmenü umfasst leckere, fantasievolle Sandwiches, Luxus-Burger und Brötchen mit *pulled pork* (faserig-zartes Schweinefleisch). Das Ganze kann man dann mit einem der vielen Craft-Beers runterspülen.

★ **Cistín Eile** MODERN IRISCH €€
(☎053-912 1616; www.cistineilewexford.com; 80 South Main St; Hauptgerichte mittags 7–15 €, 3-Gänge-Menü abends 29 €; ⌚Mo–Fr 12–15, Sa 12.30–15, Mi–Sa 18–21 Uhr; 📶) Am besten bringt man ordentlich Appetit mit, passend zum Motto des stets gut besuchten Restaurants: *Is maith an t-anlann an t-ocras* (Hunger ist eine großartige Soße). Auf der Tageskarte stehen Gerichte aus lokalen Zutaten, etwa schonend gegartes Rindfleisch, Speck und Kohl, Püree und Salat. Der Geschmack ist intensiv, die Portionen sind großzügig.

★ **Greenacres** BISTRO, DELIKATESSEN €€
(☎053-912 2975; www.greenacres.ie; 7 Selskar St; Hauptgerichte 17–23 €, 3-Gänge-Menüs 30 €; ⌚Bistro Mo–Sa 9–22, So 12–20 Uhr; 📶) Der irische Käse und die lokalen Erzeugnisse in dem Feinkostladen sind eine Augenweide, das Weinsortiment ist das Beste südlich von Dublin und das Edelbistro erhält Topkritiken für Zutaten wie Wildtaube, Steinaustern und geräuchertes Kaninchen. In den oberen Geschossen ist eine tolle Kunstgalerie zu Hause.

Yard MODERN IRISCH €€
(☎053-914 4083; www.theyard.ie; 3 Lower George St; Hauptgerichte 10–30 €; ⌚12–15 & 18 Uhr–spät) Ein Restaurant mit schummriger Beleuchtung und intimer Atmosphäre, das auf einen eleganten Hof mit einem Baldachin aus Lichterketten hinausgeht. Die innovative

moderne Karte wechselt mit den Jahreszeiten, wobei der Schwerpunkt auf frischen, bodenständigen Zutaten liegt. Wie wär's z. B. mit einem Wildpilzrisotto oder Fischkuchen? Am Wochenende sollte man sich besser vorab um eine Reservierung kümmern.

Ausgehen & Nachtleben

Wexford ist die regionale Partyhochburg und wartet mit vielen Pubs auf, vor allem an der Monck Street und am Cornmarket.

Centenary Stores PUB, CLUB
(www.thestores.ie; Charlotte St; Pub 10–23, Club Do–So 21–2 Uhr) Das Centenary Stores ist eine der belebteren Adressen in Wexford. In der ehemaligen Lagerhalle trifft Altes auf Neues. Unten befindet sich ein Pub mit viel dunklem Holz, in dem einfache Küche serviert wird und das jede Menge Einheimische anzieht. Im Sommer werden hier mittags traditionelle Sessions geboten. An den Wochenenden öffnet der moderne Designer-Club Backroom seine Pforten, das Terrain einer jungen, feierwütigen Meute.

Sky & the Ground PUB
(112-113 South Main St; Mo–Do 14–23.30, Fr & Sa 13–0.30, So bis 23 Uhr) Eines der älteren Pubs in Wexford. Das Sky & the Ground verfügt über ein klassisches Dekor inklusive alter lackierter Schilder an den Wänden und einem lodernden Kamin. Unter der Woche treten abends oft Musiker auf. Im Sommer ist die Terrasse oben geöffnet.

Unterhaltung

Wexford Opera House OPER
(www.wexfordoperahouse.ie; High St; Karten 20–40 €;) Das 2008 eröffnete Opernhaus überrascht vor allem mit seiner Innenarchitektur. Zum Programm gehören auch Theateraufführungen und Konzerte. Im Herbst steigt hier das berühmte Opernfestival.

Wexford Arts Centre TANZ
(053-912 3764; www.wexfordartscentre.ie; Cornmarket; Karten 10–20 €;) Neben Ausstellungen veranstaltet das Kunst- und Kulturzentrum in der Markthalle aus dem 18. Jh. auch Theater (manchmal sogar auf Irisch), Tanz und Konzerte. Nettes Café.

Shoppen

Bull Ring Market KUNSTHANDWERK
(Bull Ring; Fr & Sa 9–14 Uhr) Der Markt auf dem Bull Ring ist stets gut besucht. Jede Woche stehen dort Kunsthandwerk, Vintagekleidung, Antiquitäten, Schmuck, Haushaltsartikel, Spielzeug und Accessoires zum Verkauf.

Blue Egg Gallery KUNST & KUNSTHANDWERK
(John's Gate St; Di–Sa 11–17.30 Uhr) In der Stadt gibt es mehrere kommerzielle Galerien und Handwerksläden (die Touristeninformation hat eine vollständige Liste). Das „blaue Ei" konzentriert sich auf zeitgenössisches irisches Handwerk aus diversen Materialien wie Keramik, Metall und Glas.

Wexford Book Centre BÜCHER
(5 South Main St; Mo–Sa 9–18, So 13–17 Uhr) Irische Titel, Reiseführer und Karten.

Praktische Informationen

Wexford Tourist Office (www.visitwexford.ie; Quay Front; April–Okt. Mo–Sa 9.15–17.15, Nov.–März kürzere Öffnungszeiten;) Die Touristeninformation hat Karten und Faltblätter vorrätig, in denen Spazierrouten und Radwege eingezeichnet sind.

Anreise & Unterwegs vor Ort

BUS

Busse fahren am Bahnhof ab.

Dublin 19,50 €, 2¾ Std., stdl.
Enniscorthy 7,80 €, 20 Min., stdl.
Rosslare Harbour 6 €, 30 Min., 6-mal tgl.
Waterford 11,50 €, 1 Std., 7-mal tgl.
Wexford Bus (www.wexfordbus.com) Busse nach/ab Dublin Airport (20 €, 2¾ Std., stdl.) via Enniscorthy, Ferns und Dublin-Stadtzentrum.

TAXI

Wexford Cabs (053-912 3123; 24 Std.) Taxis fahren nach Rosslare Harbour und zum Dublin Airport.

ZUG

Am Bahnhof **O'Hanrahan Station** (053-912 2522; Redmond Sq) machen sich Züge auf den Weg nach Dublin–Connolly Station (27 €, 2½ Std.) und nach Rosslare Harbour (5,85 €, 4-mal tgl., 25 Min.).

Rosslare Harbour

1550 EW.

Von seinem **Europort-Fährterminal** aus bietet das geschäftige Rosslare Harbour Verbindungen nach Wales und Frankreich. Hier befindet sich auch der **Rosslare-Europort-Bahnhof**. Die Straße vom Hafen bergauf ist die N25. Das Einzige, was eine Übernachtung in Rosslare Harbour rechtfertigt, ist eine frühe Überfahrt mit der Fähre.

ABSTECHER

CURRACLOE BEACH

Weicher, weißer Sand, eine sanfte Brandung und weit und breit kein Haus – das sind die Markenzeichen des 11 km langen **Curracloe Beach**, der mit einem Ökosymbol, der Blauen Flagge, ausgezeichnet wurde. An Sonnentagen trifft man hier viele Familien an, doch weil der Strand so lang ist, verteilen sich die Menschenmassen gut. Er liegt 13 km nordöstlich von Wexford und ist entlang der R741 und der R742 mehrmals ausgeschildert.

Hier wurden die Anfangsszenen des Films *Saving Private Ryan* (1998) gedreht, in denen die Landung am Omaha Beach am D-Day gezeigt wird. Eines der eingesetzten Landungsboote kann auf dem Gelände der Curracloe Holiday Villas in Ballinesker besichtigt werden.

In den Pinienwäldern und Sanddünen des Naturschutzgebiets **Raven Nature Reserve** am südlichen Strandende verlaufen nette Wanderwege und man kann von Wexford aus bis Curracloe radeln (der markierten Radroute 2 folgen; in der Touristeninformation gibt's eine Karte).

Schlafen

Die St. Martin's Road (beschildert mit Rosslare Harbour Village, bei Anfahrt aus Wexford rechter Hand) ist von B&Bs für mit der Fähre weiterreisende Gäste gesäumt. In den zahlreichen Pubs werden typische Kneipengerichte zubereitet.

★ **O'Leary's Farm B&B** B&B €€
(☎ 053-913 3134; www.olearysfarm.com; Killilane, Kilrane; EZ/DZ ab 40/76 €; 📶) Mit dem Auto sind es zehn Minuten Fahrt vom Fährterminal in Rosslare zu diesem Bio-Bauernhof, auf dem auch vier lauschige Gästezimmer vermietet werden, drei davon mit Meerblick. Der Aufenthaltsraum wartet mit einem Kamin, einem Klavier und jeder Menge Büchern auf. Zum Frühstück gibt's vegane, vegetarische und glutenfreie Kost, Erzeugnisse frisch vom Bauernhof und hausgemachtes Brot. Auf der N25 nach Kilrane fahren; die Straße am Kilrane Inn verlassen und dann den Schildern nach.

An- & Weiterreise

Busse und Züge starten am Rosslare-Europort-Bahnhof beim Fährterminal.

BUS

Bus Éireann (☎ 053-912 2522; www.buseireann.ie) bedient zahlreiche irische Städte und Ortschaften, z. B. Dublin (23 €, 3 Std., 7-mal tgl.) via Wexford (6 €, 30 Min.) sowie Cork (28,50 €, 4½ Std., 6-mal tgl.) via Waterford (20,20 €, 1½ Std.).

SCHIFF/FÄHRE

Die Rosslare-Fähren verbinden Irland mit Wales und Frankreich. Im Winter ist der Service z. T. eingeschränkt. Die angebotenen Routen:

Rosslare nach Pembroke (Wales) Irish Ferries (www.irishferries.com) bietet zwei Fahrten pro Tag (Fußgänger 35 €, Pkw plus Fahrer ab 89 €, 4 Std.).

Rosslare nach Fishguard (Wales) Stena Line (www.stenaline.ie) folgt einer schnelleren Route nach Wales (Fußgänger 40 €, Pkw plus Fahrer ab 99 €, 3¼ Std., 2-mal tgl.).

Rosslare nach Cherbourg (Frankreich) Stena Line und Irish Ferries bedienen diese Strecke und machen gemeinsam drei bis vier Überfahrten pro Woche (Fußgänger 85 €, Pkw plus Fahrer ab 200 €, 19 Std.).

Rosslare nach Roscoff (Frankreich) Irish Ferries unternimmt diese Fahrt von Mai bis September ein- oder zweimal in der Woche (Fußgänger 109 €, Pkw plus Fahrer ab 200 €, 17½ Std.).

ZUG

Täglich verkehren vier Züge der Irish Rail auf der Strecke Rosslare Europort–Wexford–Dublin (nach Wexford 5,85 €, 25 Min., bis zur Dublin Connolly Station 28,65 €, 2¾ Std.).

Südlich von Rosslare Harbour

Nebenstraßen winden sich durch die Ebene und um die Gezeitenlagunen, die zwischen Rosslare Harbour und Kilmore Quay liegen. Immer wieder tauchen die für Wexford typischen **Reetdachhäuser** mit Lehmwänden, Krüppelwalmdächern und kleinen, eckigen Veranden auf. In dieser Gegend ist man nie allzu weit von einem Sandstrand entfernt.

Sehenswertes

Lady's Island Lake SEE
Der Lady's Island Lake ist ein wichtiger Nistplatz der seltenen Rosenseeschwalbe. Sein brackiges Wasser ist durch einen Strand vom Meer getrennt. Die Insel im See, **Our**

Lady's Island (www.ourladysisland.ie), ist Stätte eines frühaugustinischen Priorats und Ziel einer jährlich im August/September stattfindenden Wallfahrt. Pilger drehen dann neun Runden um die Insel, vielfach barfuß; früher bewegten sie sich sogar kriechend fort. Außerhalb der Wallfahrtszeit bietet sich der Pilgerpfad zum Spazierengehen an (2 km). Sehr sehenswert ist auch der malerische Prioratsfriedhof, auf dem im Frühling der Bärlauch sprießt.

Tacumshane Windmill HISTORISCHES GEBÄUDE
(www.millhousebar.ie; Tacumshane) GRATIS Einst dominierten Windmühlen diese Landschaft, heute sind nur noch sehr wenige übrig. Eine davon ist die Tacumshane Windmill, die einzige vollständige Windmühle in der Republik Irland. Sie wurde im 19. Jh. aus Treibholz errichtet, das an den Stränden ringsum angeschwemmt wurde, und hat eine niedliche „Reetkappe". Die Mühle liegt an einer Nebenstraße ein paar Kilometer westlich von Our Lady's Island; den Schlüssel erhält man im benachbarten Pub Millhouse.

Essen

Meyler's Millhouse Bar & Restaurant KNEIPENKOST €€
(☎ 053-913 1700; www.millhousebar.ie; Tacumshane; Hauptgerichte 12–19 €; ⏲ Essen Fr & Sa 17–21, So 12.30–20 Uhr; 🚸) Das Pub 5 km südwestlich von Rosslare Harbour hat einen netten Biergarten, über dem die Tacumshane Windmill aufragt. Zu essen gibt's Fish 'n' Chips, hausgemachte Burger und typische Kneipenküche (Kinderkarte vorhanden). Das Millhouse ist nicht ganz leicht zu finden; man muss sich von den Schildern des Pubs leiten lassen.

Kilmore Quay

400 EW.

Kilmore Quay ist halb kommerzieller Fischereihafen, halb Bilderbuchdorf mit Reetdachhäusern. Möwengeschrei und der Duft des Meeres schaffen die passende Stimmung für den Verzehr von hiesigem Fisch und Meeresfrüchten. Vom Hafen gelangt man zum größten Vogelschutzgebiet Irlands, den Saltee Islands.

Sehenswertes & Aktivitäten

Der Strand und die Sanddünen des **Ballyteigue Burrow Nature Reserve** erstrecken sich nordwestlich von Kilmore Quay auf einer Länge von 9 km. Im Sommer lassen sich hier schnatternde Meerschwalben und singende Feldlerchen nieder. Die Salzmarschen und Schlammebenen hinter den Dünen sind ein wichtiges Habitat für Vögel wie Goldregenpfeifer, Uferschnepfen und hellbäuchige Ringelgänse.

Angler dürfen sich freuen: Vor der Küste tummeln sich Wolfsbarsch, Scholle und Flunder. Entweder stellt man sich an den Strand oder chartert eines der paar Boote im Hafen (Infos unter www.visitkilmorequay.com) für einen Angelausflug zu Schiffswracks oder Riffen.

Ballycross Apple Farm BAUERNHOF
(☎ 053-913 5160; www.ballycross.com; Bridgetown; Erw./Kind 3,50/2,50 €; ⏲ April–Okt. Sa & So 12–18 Uhr) Kinder lieben die Spieltraktoren, Gokarts und Tierfütterungen. Beschilderte Spazierwege verlaufen entlang der Flussufer, durch Wald und Obsthaine. Im Laden werden Äpfel, Apfelsaft, Chutneys und Marmeladen verkauft, das Café serviert köstliche selbstgemachte Waffeln und Pfannkuchen. Die Farm liegt 9 km nördlich von Kilmore Quay an einer Nebenstraße 2 km südwestlich von Bridgetown.

Saltee Islands INSELN
(www.salteeislands.info; ⏲ 11.30–16 Uhr) Einst Schlupfwinkel für Schmuggler und Piraten, fristen die Saltee Islands heute ein friedliches Dasein als eines der bedeutendsten Vogelschutzgebiete Europas. Hier sind mehr als 220 Arten gezählt worden, die meisten davon Zugvögel; die größten Brutpopulationen stellen Alpenkrähe, Basstölpel, Gryllteiste, Tordalk, Rissa, Papageitaucher und Atlantiksturmtaucher. Boote machen sich vom Hafen in Kilmore Quay auf den Weg zu den Inseln (4 km), ob man anlegen kann, hängt vom Wetter ab. Touren über **Declan Bates** (☎ 053-912 9684, 087 252 9736; Kilmore Quay Harbour; Tagesausflüge 25 €) buchen.

Die beiden Inseln Great Saltee (90 ha) und Little Saltee (40 ha; Zutritt verboten) waren bereits um 3500 bis 2000 v. Chr. bewohnt. Vom 13. Jh. bis zur Auflösung der Kloster 1538 gehörte das gesamte Terrain zum Eigentum der Tintern Abbey, danach wechselten die Eigentümer einige Male. Heute sind die Inseln in Privatbesitz.

Die Nistzeit im Frühling bzw. Anfang Sommer gilt als beste Saison für die Vogelbeobachtung. Sobald die Jungen flügge sind, verlassen die Vögel die Inseln; Anfang August herrscht dann eine geradezu gespenstische Stille. Auf den Inseln gibt es keinerlei Infrastruktur, auch keine Toiletten.

Feste & Events

Seafood Festival ESSEN
(www.kilmorequayseafoodfestival.com) Das viertägige Festivalprogramm im Juli ist gespickt mit Musik, Ausstellungen, geführten Naturwanderungen, Kajakrennen und natürlich lokalem Fisch und Meeresfrüchten.

Schlafen & Essen

Mill Road Farm B&B €
(☎053-912 9633; www.millroadfarm.com; R739; EZ/DZ 45/70 €; ⏲Ende Dez. geschl.; 📶) Etwa 2 km nordöstlich von Kilmore Quay wartet die Mill Road Farm mit vier goldigen Gästezimmern auf. Alle sind mit Blumenstoffen eingerichtet und drei bieten einen Blick aufs Meer. Der Besitzer züchtet Rennpferde. Im Aufenthaltsraum gibt's zahlreiche Spiele und Bücher für regnerische Tage. Morgens kommt man in den Genuss von hausgemachtem Brot und Eiern freilaufender Hühner.

Crazy Crab FISCH & MEERESFRÜCHTE €€
(www.crazycrab.ie; Harbour Rd; Hauptgerichte 10–20 €; ⏲April–Okt. Do 17–20, Fr–So 12–20 Uhr) Unprätentiöses Restaurant mit blau-weißer Fassade und Fenstern wie Bullaugen. Von den Tischen auf der Veranda blickt man direkt aufs Wasser und auf der Karte stehen alle Arten von Meeresfrüchten und Fisch aus der Gegend, vom Klassiker (Fish 'n' Chips) bis zu feinen gebratenen Jakobsmuscheln.

Silver Fox Seafood Restaurant FISCH & MEERESFRÜCHTE €€€
(☎053-912 9888; www.thesilverfox.ie; Kilmore Quay; Hauptgerichte 16–35 €; ⏲April–Okt. tgl. 12–22 Uhr, Nov.–März Fr 17–22, Sa & So 12–22 Uhr, Mitte Jan.–Mitte Feb. geschl.; 👪) 🍃 Im Silver Fox werden fangfrische Schollen, Hummer, Krabben und Muscheln sowie Tagesangebote mit den anderen Leckerbissen, die ins Netz gegangen sind, serviert. Der Speisesaal verströmt ein elegantes Flair mit all den weißen Tischdecken – Flipflops sind deshalb nicht gern gesehen. Am Wochenende besser reservieren.

An- & Weiterreise

Wexford Bus (www.wexfordbus.com) fährt täglich (ausgenommen sonntags) viermal nach/ab Wexford (8 €, 30 Min.).

Hook Peninsula

Die Straße an der langen Hook Peninsula ist als **Ring of Hook Coastal Drive** ausgeschildert. Hinter jeder Kurve tauchen idyllische Strände, verfallene Burgen, imposante Klöster oder Fischrestaurants auf, und an der Spitze der Halbinsel steht der älteste noch genutzte Leuchtturm der Welt.

Strongbow passierte die Halbinsel 1170 auf dem Weg zur Eroberung von Waterford. Angeblich soll er seine Männer angewiesen haben, „bei Hook oder bei Crooke" (die nahe gelegene Siedlung Crooke im County Waterford auf der gegenüberliegenden Seite der Bucht) zu landen. So prägte er ein bekanntes geflügeltes Wort (*by hook or by crook* heißt „auf Biegen und Brechen").

An- & Weiterreise

Bis Fethard kommt man mit öffentlichen Verkehrsmitteln (limitierter Service), Ziele dahinter sind nur per Pkw oder Rad zu erreichen.

Duncannon & Umgebung

330 EW.

Duncannon, ein etwas angestaubtes Urlaubsörtchen, liegt an einem Sandstrand, der sich während des **Duncannon Sand Sculpting Festival** im August in ein surrealistisches Atelier unter freiem Himmel verwandelt.

4 km nordwestlich von Duncannon befindet sich das schöne **Ballyhack**, wo eine Autofähre (S. 185) die kurze Strecke nach Passage East im County Waterford zurücklegt. **Ballyhack Castle** (www.heritageireland.ie; ⏲Mitte Mai–Ende Aug. 10.30–17 Uhr) GRATIS, ein Turmhaus der Hospitalritter des hl. Johannes aus dem 15. Jh., beherbergt eine kleine Ausstellung über die Kreuzzüge.

Sehenswertes

Duncannon Fort FESTUNG
(www.duncannonfort.com; Duncannon; Erw./Kind 5/3 €; ⏲Juni–Mitte Sept. tgl. 10–17.30, Mitte Sept.–Mai Mo–Fr bis 16.30 Uhr) Das sternförmige Duncannon Fort gleich westlich des Dorfes wurde 1588 zur Abwehr der Spanischen Armada errichtet. Im Ersten Weltkrieg nutzte es die irische Armee als Ausbildungslager (die meisten Gebäude stammen aus dieser Zeit). Zur Anlage gehören ein kleines Militär- und Meeresmuseum sowie ein Kunstmuseum, ein Café und ein Burggraben. Bei Redaktionsschluss war das Gelände wegen Renovierungsarbeiten nicht zugänglich.

NICHT VERSÄUMEN

TINTERN ABBEY

Die stimmungsvollen Überreste der **Tintern Abbey** (www.heritageireland.ie; Saltmills; Erw./Kind 4/2 €; ⌚ April–Okt. 10–17 Uhr) stehen in einem hübschen Waldstück von 40 ha Fläche. Sie ist nach ihrem walisischen Gegenstück benannt (dort kamen die ersten Mönche her) und diente lange Zeit als Privatwohnsitz. Nach der Auflösung der Klöster im frühen 16. Jh. ging die Abtei in den Besitz von Anthony Colclough über, einem Adeligen aus Staffordshire. Dessen Nachfahren lebten hier bis 1959. Tintern Abbey ist ca. 5 km nördlich von Fethard an der R734 ausgeschildert.

William Marshal, der Earl of Pembroke, gründete das Zisterzienserkloster im frühen 13. Jh., nachdem er auf See fast sein Leben verloren und daraufhin geschworen hatte, eine Kirche zu errichten, falls er das rettende Ufer erreichen würde. Die Wände des Kreuzgangs, das Hauptschiff, der Vierungsturm, der Altarraum und das südliche Querschiff sind nach wie vor deutlich zu erkennen, genauso wie die Veränderungen, die Generationen von Mitgliedern der Colclough-Familie vornehmen ließen, um einen repräsentativen Landsitz aus den Klosterruinen zu machen.

Wanderwege winden sich in die umliegenden Wälder, vorbei an Seen und Bächen und noch mehr Ruinen, darunter eine kleine Kirche mit nur einem Raum. Ein Highlight ist auch der 200 Jahre alte **Colclough Walled Garden** (www.colcloughwalledgarden.com; Saltmills; Erw./Kind 3/2 €; ⌚ Mai–Sept. 10–18, Okt.–April bis 16 Uhr). Der ummauerte Garten wurde neu bepflanzt und sieht jetzt wieder so prächtig aus wie in alten Zeiten.

Dunbrody Abbey HISTORISCHES GEBÄUDE
(www.dunbrodyabbey.com; Campile; Erw./Kind 3/1 €; ⌚ Mitte Mai–Mitte Sept. 11–18 Uhr) 9 km nördlich von Duncannon stößt man an der R733 auf die Ruinen der Dunbrody Abbey. Dieses bemerkenswert intakte Zisterzienserkloster wurde 1170 von Strongbow gegründet und 1220 fertiggestellt. Das Kombiticket (Erw./Kind 6/3 €) umfasst den Eintritt zu dem Museum mit einem großen Puppenhaus, einem Minigolfkurs und dem witzigen Labyrinth, das aus mehr als 1500 Eiben besteht. Außerdem gibt's Teesalons und einen Kunsthandwerksladen.

Schlafen & Essen

Rund um Duncannon warten ein paar tolle Landgüter und schlichte Strandpensionen auf Gäste.

★ **Glendine Country House** PENSION €€
(☎ 051-389 500; www.glendinehouse.com; Arthurstown; Zi. 110 €; 📶) In dem Haus aus dem 19. Jh. spürt man gleich, dass die Besitzer Geschmack haben. Von den Erkern aus blickt man auf die Koppeln mit Wild, Kühen und Schafen und an den Wänden hängen Bilder lokaler Künstler. Fast alle Zimmer sind mit Holzböden, Kronleuchtern und Antiquitäten ausgestattet. Besonders schön ist die Nummer 9 mit ihrem großzügigen Grundriss und dem Kingsizebett. Das Glendine steht 5 km nördlich von Duncannon.

Aldridge Lodge Restaurant & Guesthouse GASTHAUS €€
(☎ 051-389 116; www.aldridgelodge.com; Duncannon; EZ/DZ ab 50/90 €; 📶) Das Gasthaus liegt an einem windigen Fleckchen oberhalb von Duncannon und ist nicht ganz leicht zu finden. Wegen der eleganten modernen Zimmer und der frischen Meeresfrüchte, darunter Hook-Head-Krebsscheren und Kilmore-Dorsch (Abendessen 40 €; Mi–So 19 Uhr–spät), lohnt sich die Mühe jedoch. An der Sache gibt's allerdings zwei Haken: Man muss vorab reservieren und Kinder unter sieben Jahren haben keinen Zutritt.

Dunbrody Country House Hotel HOTEL €€€
(☎ 051-389 600; www.dunbrodyhouse.com; Arthurstown; EZ/DZ 145/255 €; 📶) Küchenchef Kevin Dundon tritt häufig im irischen Fernsehen auf, hat mehrere Kochbücher verfasst und sogar eine eigene Geschirrkollektion auf den Markt gebracht. Sein Wellnesshotel ist in einem stilvoll eingerichteten georgianischen Herrenhaus aus den 1830er-Jahren untergebracht und befindet sich auf einem 120 ha großen Grundstück. Mit dem **Gourmetrestaurant** (Abendessen 55–65 € pro Pers.) und der **Kochschule** gilt es als wahrgewordener Traum für Feinschmecker (eintägige Kurse ab 175 €).

Sqigl Restaurant & Roche's Bar MODERN IRISCH €€
(☎ 051-389 188; www.sqiglrestaurant.com; Quay Rd, Duncannon; Restaurant Hauptgerichte 20–25 €,

Bar Hauptgerichte 7–13 €; ⌚ Restaurant Mi–Sa 18–21, Bar tgl. 12–21 Uhr; 📶) Produkte aus der Region liefern die Basis für die Gerichte wie Frühlingslamm, Fisch und Meeresfrüchte, die im Sqigl auf den Tisch kommen. Wer hier essen möchte, muss vorab reservieren. Roche's Bar nebenan ist mit alten Plakaten dekoriert und bietet erstklassige Kneipenkost (die Meeresfrüchtesuppe ist ein Gedicht) nebst einer einladenden Atmosphäre. Freitags finden traditionelle Sessions statt.

Hook Head & Umgebung

Die Fahrt von Fethard raus zum Hook Head ist traumhaft; nur wenige Häuser unterbrechen das flache offene Land der immer schmaler werdenden Halbinsel. Der Blick schweift hinüber nach Waterford Harbour und reicht an klaren Tagen sogar bis zu den Comeragh und Galtee Mountains.

Von Wexford oder Waterford aus kann man einen wunderbaren Tagesausflug nach Hook Head unternehmen. Dörfer wie **Slade**, in denen sich außer herumflatternden Seemöwen über der Burgruine und dem Hafen nicht viel rührt, sind einfach bezaubernd. Zu den Stränden auf dem Weg nach Duncannon zählen die entlegene **Dollar Bay** und **Booley Bay** gleich hinter Templetown.

Sehenswertes

★ Hook Lighthouse LEUCHTTURM

(www.hookheritage.ie; Hook Head; Erw./Kind 6/3,50 €; ⌚ 9.30–17 Uhr; 📶) An der Südspitze von Hook Head steht der älteste noch genutzte Leuchtturm der Welt. Er stammt aus dem 13. Jh., inzwischen ist aber ein modernes Licht darin installiert. Bei den halbstündigen Führungen erklimmt man 115 Stufen und kann dann den genialen Blick genießen. Das Besucherzentrum beherbergt ein gutes Café. Die Grasflächen ringsum und die Küste laden zum Picknicken und Wandern ein.

Angeblich hielten Mönche hier bereits im 5. Jh. ein Leuchtfeuer in Gang und die einfallenden Wikinger ließen sie aus Dank dafür ungeschoren davonkommen. Anfang des 13. Jhs. ersetzte es William Marshal durch ein Bauwerk, das noch heute unter der hübschen schwarz-weißen Fassade steht.

Loftus Hall HISTORISCHES GEBÄUDE

(☎ 051-397 728; www.loftushall.ie; Hook Peninsula; Erw./Kind tagsüber 10/5 €, abends 15 €; ⌚ Juli & Aug. 12–17 & 19–22, April–Juni nur am Wochenende, Sept.–März Schulferien) 3,5 km nordöstlich von Hook Head thront ein verfallendes Herrenhaus mit Blick über die Mündung des Waterford Harbour nach Dunmore East. Loftus Hall stammt aus dem 17. Jh., wurde in den 1870ern wieder aufgebaut und gilt als eines der Top-Spukhäuser Irlands. Die Führungen tagsüber sind historisch-informativ, abends wird es dann „gruselig" – nur für Erwachsene! Bei der einstündigen interaktiven Besichtigung erläutert der Guide die Hintergründe des Gebäudes. Auf der Website sind besondere Events aufgeführt.

Aktivitäten

Auf beiden Seiten von Hook Head verlaufen fantastische **Wanderwege**. Wenn man sich die Felsenbecken anschaut, nimmt man vielleicht ungewollt eine Dusche, denn an der Westseite der Halbinsel schießt manchmal Wasser aus den *blowholes* (Löchern im Stein). Die schwarzen Kalksteinfelsen an der Küste sind reich an **Fossilien**. Wer aufmerksam sucht, entdeckt möglicherweise 350 Millionen Jahre alte Brachiopoden (Armfüßer), fein gefiederte Moostierchen und winzige, scheibenartige Stücke von Seelilien, Vorfahren des Seeigels. Als besonders gutes „Jagdrevier" gelten die Steinplatten unter der seewärtigen Seite des Hook Lighthouse. Bei Ebbe kann man auf einem Pfad zwischen den Stränden von Grange und Carnivan einen schönen Spaziergang unternehmen. Der Weg führt an Höhlen, Felsenpools und an **Baginbun Head** mit dem Martello-Turm (19. Jh.) vorbei. 1169 landeten dort erstmals Normannen, um Irland zu erobern. Das Kap dient als hervorragender Aussichtspunkt zur **Vogelbeobachtung**: Vor Ort wurden schon mehr als 200 Arten gesichtet. Im Mündungsgebiet treiben sich manchmal zudem Delfine und Wale herum.

New Ross

8150 EW.

Die große Attraktion in New Ross (Rhos Mhic Triúin), 34 km westlich von der Stadt Wexford, besteht in der Gelegenheit, einmal an Bord eines Auswandererschiffs aus dem 19. Jh. zu gehen. Doch die historischen Wurzeln des Ortes reichen viel weiter zurück, da sich New Ross bereits im 12. Jh. als normannischer Hafen am Barrow entwickelte. Während des Aufstands von 1798 versuchten einige Rebellen die Stadt einzunehmen, wurden jedoch von ihren Verteidigern zurückgeschlagen. Am Ende gab es 3000 Tote und viele Trümmer.

ABSTECHER

WEXFORD & DIE KENNEDYS

1848 entfloh Patrick Kennedy dem von Hungersnöten gebeutelten County Wexford an Bord eines Schiffs ähnlich jenem Dunbrody Famine Ship, das in New Ross besichtigt werden kann. Sein neues Leben in Amerika bescherte ihm mehr Erfolg, als er sich je zu träumen gewagt hätte! Zu seinen Nachfahren zählten ein US-Präsident, Senatoren und Rumschmuggler. Den irischen Wurzeln der Kennedys kann man an zwei Orten in der Nähe von New Ross auf den Grund gehen:

Kennedy Homestead (☎051-388 264; www.kennedyhomestead.ie; Dunganstown; Erw./Stud./Fam. 7,50/5/20 €; ⌚Juli & Aug. 10–17 Uhr, Feb.–Juni & Sept.–Nov. Mo–Fr 11.30–16.30 Uhr, Dez.–Jan. geschl.) Auf diesem Hof, der sich in den letzten 160 Jahren kaum verändert hat, erblickte Patrick Kennedy, Urgroßvater von John F. Kennedy, das Licht der Welt. Als JFK das Anwesen 1963 besuchte und die Großmutter des Besitzers umarmte, zeigte er nach den Worten seiner Schwester Jean zum ersten Mal Gefühle in der Öffentlichkeit. Ein kleines Museum beleuchtet die Familiengeschichte des irisch-amerikanischen Clans auf beiden Seiten des Atlantiks. Die Farm liegt 7 km südlich von New Ross an einer Nebenstraße und ist auf der R733 ausgeschildert.

John F. Kennedy Arboretum (www.heritageireland.ie; Ballysop; Erw./Kind 4/2 €; ⌚Mai–Aug. 10–20 Uhr, April & Sept. bis 18.30 Uhr, Okt.–März bis 17 Uhr) Dieser Park wurde zum Gedenken an John F. Kennedy angelegt. Er beherbergt ein kleines Besucherzentrum, eine Teestube (Mai–Sept. geöffnet) und einen Picknickbereich. Während des Sommers fährt eine kleine Touristenbahn durch die Gegend. Auf dem 250 ha großen Wald- und Gartengelände wachsen 4500 Baum- und Buscharten. Spazierwege führen auf den Slieve Coillte (270 m). Auf dem Hügel kann man bei guter Sicht sechs Counties überblicken. Das Arboretum liegt 12 km südlich von New Ross (ausgeschildert an der R733).

New Ross ist keine schöne Stadt, doch am Ostufer des Flusses befinden einige malerische enge, steile Gassen und die Ruinen eines mittelalterlichen Klosters. In der Touristeninformation ist eine Karte des **History Trail** („Geschichtspfad“; 1½ Std.) erhältlich.

Sehenswertes & Aktivitäten

★**Dunbrody Famine Ship** MUSEUM

(☎051-425 239; www.dunbrody.com; The Quay; Erw./Kind 8,50/5 €; ⌚April–Sept. 9–18, Okt.–März bis 17 Uhr) Wegen der vielen Todesfälle während der Überfahrt nannte man die undichten stinkenden Schiffe, die Generationen von Iren nach Amerika brachten, auch *coffin ships* (schwimmende Särge). Bei diesem Exemplar am Hafen handelt es sich um einen Nachbau. Die leidvollen, aber oft inspirierenden Geschichten der Emigranten werden von passend kostümierten Museumsführern während einer 45-minütigen Tour mit Leben gefüllt. Ein zehnminütiger Film liefert den historischen Hintergrund zu den Ereignissen in Irland Mitte des 19. Jhs.

Galley River Cruising Restaurant BOOTSFAHRT

(www.rivercruises.ie; North Quay; Mittagessen/Afternoon Tea/Abendessen 15/25/40 €; ⌚April–Okt.) Das schwimmende Restaurant schippert über die „Drei Schwestern“, die Flüsse Suir, Nore und Barrow, und flussaufwärts nach Inistioge oder St Mullins bzw. flussabwärts Richtung Waterford, je nachdem, ob Ebbe oder Flut ist. Die zweistündigen Lunch-Fahrten starten um 12.30 Uhr, die 1½-stündigen Nachmittagstouren um 15 Uhr und der Dinner Cruise (3 Std.) beginnt um 18 Uhr.

Schlafen & Essen

MacMurrough Farm Cottages COTTAGE €€

(☎051-421 383; www.macmurrough.com; MacMurrough; Cottage für 2 Pers. ab 60 €; ⌚Mitte März–Okt.; 📶) In Brians und Jennys entlegenem Bauernhof auf einem Hügel dient ein Hahn als Wecker. Die preiswerten Häuschen für Selbstversorger nehmen die früheren Stallungen ein und haben eine nette Ausstattung. Man erreicht die 3,5 km nordöstlich von New Ross gelegene Unterkunft, indem man den handgemalten Schildern folgt. Ganz in der Nähe stößt man auf ein gemütliches altes Pub und einen Markt.

Brandon House Hotel HOTEL €€

(☎051-421 703; www.brandonhousehotel.ie; Zi. ab 88 €; @📶🏊👪) Das viktorianische Herrenhaus aus roten Ziegeln macht seinem familienfreundlichen Ruf alle Ehre, denn Kinder können hier ganz unbekümmert herumtollen. Neben dem herrlichen Flussblick locken offene Holzfeuer, eine Bibliothek mit Bar, große Zimmer und Wellnessanwendungen. Die Unterkunft ist an der Ringstraße N25 am Südrand von New Ross ausgeschildert.

★ **Cafe Nutshell** CAFÉ €
(8 South St; Hauptgerichte 6-16 €; Mo-Sa 9-18 Uhr;) Hier werden Brot, Brötchen und Scones gebacken, das warme fantasievolle Mittagessen besteht vor allem aus örtlichen Produkten und es gibt eine große Palette an Smoothies, Säften und Bioweinen. Die Hauptgerichte werden mit frischem Salat serviert. Im angrenzenden Laden bekommt man (gesunde) Zutaten für ein Picknick.

Praktische Informationen

New Ross Tourist Office (051-425 239; www.experiencenewross.com; The Quay; April–Sept. 9–18 Uhr, Okt.–März bis 17 Uhr) Befindet sich in dem Gebäude, in dem auch die Eintrittskarten für das Dunbrody Famine Ship verkauft werden.

An- & Weiterreise

Busse machen sich von The Quay auf den Weg nach Waterford (9,40 €, 30 Min., 8- bis 12-mal tgl.), Wexford (9,50 €, 45 Min., 3- bis 4-mal tgl.) und Dublin (17,50 €, 3 Std., mind. 4-mal tgl.).

Enniscorthy

10 900 EW.

Enniscorthy (Inis Coirthaidh), die zweitgrößte Stadt im County Wexford, besteht aus einem Gewirr steiler Gassen, die von der Augustus-Pugin-Kathedrale hinunter zur Normannenburg und dem Slaney führen. Für Iren ist Enniscorthy untrennbar mit einigen der erbittertsten Kämpfe während des Aufstands im Jahr 1798 verbunden, als Rebellen den Ort einnahmen und bei Vinegar Hill ihr Lager aufschlugen.

Sehenswertes

National 1798 Rebellion Centre MUSEUM
(www.1798centre.ie; Parnell Rd; Erw./Kind 7/3 €, inkl. Enniscorthy Castle 10/5 €; April–Sept. Mo–Fr 9.30–17, Sa 12–17 Uhr, Okt.–März Mo–Fr 10–16, Sa 12–17 Uhr;) Der Ausstellung gelingt es sehr gut, die Hintergründe eines der Schlüsselereignisse in der irischen Geschichte zu vermitteln. Sie deckt die französische und amerikanische Revolution ab, deren Funke auf Wexford übersprang und einen Aufstand gegen die britische Besatzung auslöste. Außerdem wird die Schlacht von Vinegar Hill dokumentiert – eine der blutigsten der Rebellion von 1798 und ein Wendepunkt im Kampf gegen die Briten. Das Schlachtfeld befindet sich unmittelbar vor den Toren von Enniscorthy. Ein Besuch hier ist die ideale inhaltliche Vorbereitung auf die Erkundung des Vinegar Hill.

Vinegar Hill HISTORISCHE STÄTTE
(www.vinegarhill.ie) Auf diesem Hügel außerhalb von Enniscorthy fand eine der wichtigsten Schlachten des Irischen Aufstandes von 1798 statt, an die ein Denkmal und Infotafeln erinnern. Jedes Jahr am ersten Augustwochenende wird der Battle of Vinegar Hill von Statisten nachgestellt. Zugang zu der historischen Stätte hat man von dem Parkplatz an der Ostseite des Hügels; der Drumgoold Road folgen. Vinegar Hill liegt 2 km östlich von Enniscorthy Castle (entspricht 30 Gehminuten).

Enniscorthy Castle BURG
(www.enniscorthycastle.ie; Castle Hill; Erw./Kind 4/2 €, inkl. 1798 Centre 10/5 €; April–Sept. Mo–Fr 9.30–17 Uhr, Okt.–März Mo–Fr 10–16, Sa & So ganzjährig 12–17 Uhr) Normannen errichteten den Bergfried mit den vier Türmen; wie so viele andere Bauwerke fiel auch er 1649 in die Hände Oliver Cromwells. Während des Aufstands 1798 nutzten die Rebellen Enniscorthy Castle als Gefängnis. Von 1901 bis 1953 wohnte der einheimische Geschäftsmann und Großgrundbesitzer Henry J. Roche hier mit seiner Familie. Heute beherbergt die Burg ein Museum zur Stadtgeschichte und zum Bauwerk selbst. Auf der Dachterrasse eröffnet sich ein wunderbarer Ausblick.

St. Aidan's Cathedral KATHEDRALE
(www.staidanscathedral.ie; Church St; 8.30–18 Uhr) GRATIS Die beeindruckende katholische Kathedrale wurde 1846 von Augustus Pugin, federführender Architekt der Houses of Parliament in London, errichtet. Seit ihrer Restaurierung erstrahlt sie wieder in altem Glanz. Man beachte vor allem das mit Sternen verzierte Dach.

Feste & Events

Strawberry Festival ESSEN
(www.strawberryfest.ie) Bei diesem bunten Fest Ende Juni ist das Lieblingserzeugnis des „sonnigen Südostens" der Star: die Erdbeere. Auf dem Programm stehen eine Land-

wirtschaftsmesse, ein Bauernmarkt, Kochvorführungen, Livemusik, Kinderbespaßung und die Krönung der Strawberry Queen („Erdbeerkönigin"). Die Pubs strecken ihre Öffnungszeiten, Musikbands haben reihenweise Auftritte und überall werden Erdbeeren mit Schlagsahne verkauft.

Schlafen

Salville House B&B €€
(☎053-923 5252; www.salvillehouse.com; Salville; EZ/DZ 75/110 €;) Der Blick über die Rasenfläche bis zum Slaney ist Grund genug, um in dem georgianischen Landgut 2 km südlich der Stadt zu übernachten. Solide Möbel im zeitgenössischen Stil sind Standard. Im Haupthaus befinden sich drei Gästeräume mit En-suite-Bädern, die anderen beiden sind in einem voll ausgestatteten Apartment. Das abendliche Vier-Gänge-Menü (40 € pro Pers.) besteht aus saisonalen Biozutaten. Das Salville House ist über die N11 zu erreichen und ausgeschildert.

Clone House B&B €€
(☎053-936 6113; www.clonehouse.ie; Clone; EZ/DZ ab 50/90 €;) Dieses von Efeu umrankte georgianische Bauernhaus zu betreten kommt einer Reise in die Vergangenheit gleich: glänzende Mahagonimöbel verströmen den Duft von Bienenwachs und antike Spiegel mit Goldrahmen und handgeschliffenes, irisches Kristallglas reflektieren das Licht. In den Schlafzimmern findet man aber alle modernen Schikanen vor. Die Unterkunft liegt in einem prächtigen Garten neben dem River Bann an einer ruhigen Nebenstraße 9 km nördlich von Enniscorthy.

Riverside Park HOTEL €€
(☎053-923 7900; www.riversideparkhotel.com; The Promenade; Zi. ab 89 €;) Gäste des Riverside können vor Ort wunderbare Spaziergänge am grasbewachsenen Ufer unternehmen. Die spektakuläre Lobby in einem runden Turm stimmt einen auf die gemütlichen Zimmer (fast alle mit Balkonen und Flussblick) ein, deren Farbpalette aus neutralen Creme-, Braun- und Beigetönen besteht. Achtung: Bei Hochzeitsgesellschaften erfreut sich das Hotel großer Beliebtheit, samstags wird es also durchaus mal laut (bzw. sind die Zimmer ausgebucht).

Woodbrook House PENSION €€€
(☎053-925 5114; www.woodbrookhouse.ie; Killanne; EZ/DZ ab 100/160 €; ⏲Ostern–Juni & Aug.–Sept.;) Der bezaubernde georgianische Landsitz 13 km westlich von Enniscorthy hat eine Traumlage im Schatten der Blackstairs Mountains. Bei dem Aufstand 1798 trug er einige Blessuren davon und musste anschließend wiederaufgebaut werden. Die Wendeltreppe in der Lobby widersetzt sich schon seit 200 Jahren allen Regeln der Schwerkraft. In dieser Bleibe wird Umweltbewusstsein großgeschrieben. Wer möchte, kann hier Abendessen (50 €) bestellen, für das natürlich nur Biozutaten verwendet werden.

Essen & Ausgehen

Farmers Market MARKT €
(Abbey Sq; ⏲Sa 9–14 Uhr) Auf Enniscorthys Bauernmarkt werden jede Menge (Bio-)Produkte aus der Region verkauft, darunter auch fertige Gerichte. Unser Favorit ist der Carrigbyrne-Käse.

★ **Cotton Tree Cafe** CAFÉ €
(☎053-923 4641; Slaney Pl; Hauptgerichte 5–9 €; ⏲Mo–Sa 8–17.30, So 11–17.30 Uhr;) Ein herrlich entspanntes Café, dekoriert mit anheimelnder (und historischer) Kunst. Auf der Karte stehen Gourmetsuppen und -sandwiches, z. B. mit irischem Rindfleisch und Hummus, sowie verschiedene Salate und Tagesgerichte à la *fish pie* (Fischpastete), asiatischer Schweinefleischburger und indonesische Currys.

Toffee & Thyme CAFÉ €
(24 Rafter St; Hauptgerichte 6–12 €; ⏲Mo–Sa 8–17 Uhr;) Besucher dieses stylischen Cafés haben die Wahl zwischen leichten Mahlzeiten aus lokalen Zutaten: Sandwiches und Salate, herzhafte Suppen und andere warme Mahlzeiten. Selbst wenn man eigentlich nur einen Kaffee möchte, sollte man sich die hausgemachten Scones nicht entgehen lassen.

Galo Chargrill Restaurant PORTUGIESISCH €€
(19 Main St; Hauptgerichte 10–20 €; ⏲Di–So 12–15 & 19–22 Uhr) Kleines portugiesisches Restaurant mit einem fantastischen Ruf. An milden Tagen wird die Frontseite wie eine Dose Anchovis geöffnet. Die würzigen Grillgerichte, darunter doppeltes Hähnchenbrustfilet mit Chili, sorgen für ein echtes Aha-Erlebnis.

Bailey IRISCH €€
(www.thebailey.ie; Barrack St; Hauptgerichte 10–25 €; ⏲Küche 12.30–20.30 Uhr geöffnet;) Der umgebaute Kornspeicher am Fluss mit den Sitzbänken aus Kunstleder sieht ein bisschen angestaubt aus, dennoch ist das Bailey unverändert eine der beliebtesten Sommer-

bars, weil hier regelmäßig Livemusik von Rock'n' Roll bis Blues auf dem Programm steht. Die Terrasse vorne ist groß und die Kneipengerichte machen satt.

Antique Tavern PUB
(14 Slaney St; ⌚Mo–Fr 17–23.30, Sa & So 11–24 Uhr) Das 1790 errichtete Fachwerkhaus an einer steilen Straße, die sich vom Fluss den Hügel hinaufwindet, schwankt in ästhetischer Hinsicht zwischen niedlich und rustikal. Die Einheimischen lieben die Antique Tavern, auch wegen der verglasten Terrasse treppauf. Dort kann man bei warmem Wetter sitzen und den tollen Blick genießen.

Praktische Informationen

Touristeninformation (☎053-923 4699; www.enniscorthytourism.com; Castle Hill; ⌚April–Sept. Mo–Fr 10–17, Sa & So 12–17, Okt.–März Mo–Fr 9.30–16 Uhr) Im Enniscorthy Castle.

An- & Weiterreise

BUS

Busse von Bus Éireann bedienen die Strecken nach Dublin (17,50 €, 2½ Std., stdl.) und Wexford (7,80 €, 20 Min., stdl.).

ZUG

Der Bahnhof liegt am östlichen Flussufer. Züge fahren nach Dublin Connolly (26 €, 2¼ Std., 4-mal tgl.) und Wexford (8,05 €, 20 Min., 5-mal tgl.).

Ferns

1360 EW.

Es ist kaum zu glauben, doch dieses alltägliche Dorf war einst die Machtzentrale der Könige von Leinster, darunter Dermot MacMurrough (1110–1171), der die Normannen nach Irland führte. Letztere errichteten hier eine Kirche, ein Kloster und eine wehrhafte Burg, die später von Cromwell zertrümmert wurde.

Sehenswertes

Ferns Castle RUINE
(www.heritageireland.ie; ⌚Mitte Mai–Sept. 10–17 Uhr) GRATIS Die Burg wurde um 1220 erbaut. 1649 zerstörten die Republikaner das Gebäude und töteten einen Großteil der Dorfbewohner. Die Ruine soll an der Stelle stehen, wo sich früher die Festung von Dermot MacMurrough erhob. Einige Mauern und ein Teil des Wallgrabens stehen noch, mitten im Ort, außerdem kann man einen (vollständig erhaltenen) Turm hinaufklettern. Im Besucherzentrum finden regelmäßig Ausstellungen zur Lokalgeschichte statt.

St. Edan's Cathedral KATHEDRALE
(⌚variiert) GRATIS Ferns' neogotische „moderne" Kathedrale aus dem Jahre 1817 soll die kleinste Europas sein. Auf dem Friedhof weist ein Hochkreuz auf die letzte Ruhestätte von Dermot MacMurrough hin. Hinter der Kirche entdeckt man abgeschieden und von Rasenflächen mit grasendem Vieh umgeben zwei mittelalterliche Ruinen, die von Normannen erbaute **Ferns Cathedral** und die **St. Mary's Abbey**. MacMurrough gründete das Augustinerkloster 1158.

An- & Weiterreise

Ferns liegt 12 km nordöstlich von Enniscorthy und ist leicht über die N11 zu erreichen. Hier halten sämtliche Busse, die zwischen Dublin und Wexford verkehren.

COUNTY WATERFORD

113 800 EW. / 1855 KM²

In dem wunderbar abwechslungsreichen County Waterford warten nette Dörfer an einer Küste voller Sandstrände, historischer Kirchen, Kathedralen und Burgen. Ein Labyrinth aus Wanderwegen zieht sich durch das schöne Nire Valley, das sich zwischen den Comeragh und Monavullagh Mountains versteckt, und die lebendige gleichnamige Stadt zeichnet sich durch verschlungene mittelalterliche Gassen und eine gut erhaltene georgianische Architektur aus.

Waterford (Stadt)

51 500 EW.

Waterford (Port Láirge) ist Irlands älteste Stadt– 2014 feierte sie ihren 1100. Geburtstag. Ihre Geschichte reicht bis zu den Wikingern zurück und ihr Name leitet sich von dem altnordischen Wort *vedrarfjord* ab („Winterhafen" oder „windiger Hafen" sind nur zwei von diversen möglichen Übersetzungen). Bis heute ist Waterford eine geschäftige Hafenstadt an einem Abschnitt des River Suir, dessen Wasserstand von den Gezeiten beeinflusst wird. Berühmtestes Aushängeschild ist das Waterford Crystal – Kristallglas aus Waterford.

Obwohl die Stadt und vor allem der Hafen umfassend saniert wurden, sind die Spuren aus der Wikinger- und Normannenzeit in den schmalen Straßen und an den Stadt-

Waterford (Stadt)

Waterford (Stadt)

Highlights
1 House of Waterford Crystal D3
2 Medieval Museum D3

Sehenswertes
3 Bishop's Palace D3
4 Christ Church Cathedral D3
5 City Hall D3
6 Clock Tower B2
7 Half Moon Tower B3
8 Holy Trinity Cathedral C2
9 Reginald's Tower D2

Schlafen
10 Dooley's Hotel A1
11 Granville Hotel B2

Essen
12 Berfranks C2
13 Bodega! C4
14 Carter's Chocolate Café B2
15 Harlequin B3
16 La Bohème B2
17 Momo B3
18 Munster Bar D3
19 Samstagsmarkt C3

Ausgehen & Nachtleben
20 Geoff's B4
21 Gingerman Bar C2
22 Henry Downes Bar A2

Unterhaltung
23 Garter Lane Arts Centre B2
Theatre Royal .... (siehe 2)

Shoppen
24 Kite Design Studios C3
25 Waterford Book Centre B2

mauern des sogenannten Viking Triangle („Wikingerdreieck") unübersehbar. Dort befinden sich Irlands drei Top-Museen zur mittelalterlichen Geschichte des Landes.

Geschichte

Die Stadt wurde um 914 herum als Wikingerhafen gegründet. 1210 verstärkte King John die alten Stadtmauern und machte Waterford dadurch zu Irlands bestbefestigtem Ort. Im 15. Jh. widerstand die Stadt zweimal der Machtgier von Anwärtern auf die englische Krone, Lambert Simnel und Perkin Warbeck. Zwar hielt Waterford Cromwells Truppen 1649 stand, aber als diese 1650 zurückkehrten, kapitulierte es. Obwohl dem Ort das übliche Gemetzel erspart blieb, schrumpfte die Bevölkerung drastisch, denn die Katholiken mussten entweder ins Exil oder wurden als Sklaven in die Karibik verschleppt.

Sehenswertes

In der Altstadt nordwestlich der Mall – dem sogenannten **Viking Triangle** (www.waterfordvikingtriangle.com) – findet man drei sehr gute Museen, die als **Waterford Treasures** bezeichnet werden. Sie decken 1000 Jahre Lokalgeschichte ab. Wer nicht die Zeit hat, alle drei zu besuchen, sollte sich auf das Medieval Museum konzentrieren.

★ Medieval Museum — MUSEUM

(www.waterfordtreasures.com; Greyfriars St; Erw./Kind 7 €/frei, inkl. Bishop's Palace 10 €/frei; ⌚ Mo–Fr 9.15–17, Sa 10–17, So 11–17 Uhr, Juni–Aug. längere Öffnungszeiten; 📶) Das Mittelaltermuseum erstreckt sich über ein beeindruckendes modernes Gebäude, das mehrere mittelalterliche Bauten und einen Teil der Stadtmauer im Untergeschoss umfasst. Es dokumentiert die mittelalterliche Geschichte Waterfords bis ins kleinste Detail. Highlights sind die golddurchwirkten liturgischen Gewänder der Ausstellung **Cloth of Gold Vestments**, die aus florentinischer Seide bestehen und um 1460 in Brügge bestickt wurden. Die Kleidungsstücke lagen versteckt unter der Christ Church Cathedral und wurden erst nach 123 Jahren wiedergefunden. Heute sind sie ein seltenes und bedeutendes Zeugnis des mittelalterlichen Europa.

Ebenfalls beeindruckend ist das **Great Parchment Book of Waterford**, das in faszinierendem Detail das Leben im Mittelalter dokumentiert, wie etwa Fälle von Kleinkriminalität und die Auswirkungen der Pest. Bei dem **zeremoniellen Schwert** und den beiden Zeptern handelt es sich um Geschenke des englischen Königs Edward IV. (überreicht 1462).

Bishop's Palace — MUSEUM

(www.waterfordtreasures.com; The Mall; Erw./Kind 7 €/frei, inkl. Medieval Museum 10 €/frei; ⌚ Mo–Fr 9.15–17, Sa 10–17, So 11–17 Uhr, Juni–Aug. längere Öffnungszeiten) Der Bishop's Palace, ein georgianisches Herrenhaus aus dem Jahre 1741, beschäftigt sich mit Waterfords Geschichte von 1700 bis 1970. Die abwechslungsreiche Ausstellung umfasst Schätze aus der städtischen Sammlung: alte Möbel, Ölgemälde und Silber aus georgianischer Zeit, alte Fotos von den Hochzeiten der irischen Showbands aus den 1960er-Jahren und mehr. Besonders interessant ist das originale Speisesaalarrangement mit zeitgenössischem Geschirr, darunter das älteste erhaltene Stück Waterford-Kristall, eine Karaffe von 1789.

Reginald's Tower — MUSEUM

(www.waterfordtreasures.com; The Quay; Erw./Kind 4/2 €; ⌚ Ende März–Dez. 9.30–17.30, Jan.–Ende März bis 17 Uhr, 24. Dez.–6. Jan. geschl.) Der Reginald's Tower aus dem 13. Jh. ist das älteste noch vollständig erhaltene Gebäude im Land und das erste, bei dem Mörtel zum Einsatz kam. Mit seinen 3 bis 4 m dicken Mauern gilt er als Paradebeispiel für mittelalterliche Architektur und war einst die wichtigste Befestigung der Stadt. Er ersetzte einen Holzturm, den die Wikinger errichtet hatten. Im Laufe der Zeit diente das Gebäude als Zeughaus, Gefängnis und Münzpräge und heute als Museum zur Wikinger- und frühmittelalterlichen Geschichte der Stadt. Unter den sparsamen Exponaten befindet sich eine kleine, aber sehr feine Brosche, die **Waterford Kite Brooch**, gefertigt um 1100.

★ House of Waterford Crystal — KRISTALL

(www.waterfordvisitorcentre.com; The Mall; Erw./Stud. 13/5 €; ⌚ April–Okt. Mo–Sa 9–18, So 9.30–18 Uhr, Nov.–März kürzere Öffnungszeiten; 📶) Der große, moderne Komplex ist Laden, Café und Glasmanufaktur in einem; bei der Führung erfährt man, wie das weltberühmte Waterford Crystal hergestellt wird. Ein Highlight ist der Glasbläserraum. Dort können die Besucher beobachten, wie aus den rot glühenden, geschmolzenen „Glasknubbeln" feine Kunstwerke werden. Letzte Station des Rundgangs ist natürlich der Laden mit funkelnden Waren, vom Flaschenuntersetzer für 30 € bis zur Cinderella-Kutsche für bombastische 40 000 €.

1783 wurde die erste Waterforder Glasfabrik am Westende der Flusskais gegründet. Jahrhunderte später, nach dem Boom der 1980er- und 1990er-Jahre, geriet das Unternehmen in finanzielle Schieflage und wurde 2009 von einem amerikanischen Investor gekauft. Heute entstehen in Irland jährlich um die 60 000 Stücke, das sind ca. 55 % der Gesamtproduktion. Die restlichen 45 % werden gemäß Waterford-Standard in anderen europäischen Ländern produziert.

Christ Church Cathedral KATHEDRALE
(www.christchurchwaterford.com; Cathedral Sq; ⏲ Ostern–Okt. Mo–Sa 10–17 Uhr, Nov.–Ostern Mo–Sa 12–15 Uhr) GRATIS Waterfords Christ Church Cathedral ist Irlands einzige neoklassisch-georgianische Kathedrale. Vom lokalen Architekten John Roberts entworfen, wurde sie an der Stelle errichtet, wo einst eine Wikingerkirche aus dem 12. Jh. stand. Im gleichen Jahrhundert fand hier die Hochzeit zwischen Strongbow und Aiofe statt. Eine eher düstere Attraktion ist das **Grab von James Rice**, dem siebenmaligen Oberbürgermeister von Waterford: Seine Statue zeigt einen verfallenden Körper, über den Würmer und Frösche krabbeln.

Holy Trinity Cathedral KATHEDRALE
(www.waterford-cathedral.com; Barronstrand St; ⏲ variiert) GRATIS Zum prächtigen Interieur dieser katholischen Kathedrale gehören eine Barockkanzel aus geschnitztem Eichenholz, bemalte Säulen mit korinthischen Kapitellen und zehn Kronleuchter aus Waterford-Kristall. Das Gebäude wurde zwischen 1792 und 1796 von John Roberts errichtet, demselben Architekten, der auch die Christ Church Cathedral entwarf. Damit ist Waterford die einzige Stadt, in der die katholische und die protestantische Kirche von ein und demselben Architekten entworfen wurden.

Historische Gebäude

Die Mall, eine breite Straße aus dem 18. Jh., die auf einem aufgeschütteten Stück Land angelegt wurde, war einst ein Gezeitenarm. Zu ihren beeindruckendsten Gebäuden gehören die **City Hall** (1788) von John Roberts und das wunderschöne, frisch sanierte Theatre Royal (S. 184), Irlands vielleicht besterhaltenes Theater aus dem 18. Jh. Eines der Wahrzeichen von Waterford, der **Clock Tower** von 1860, steht direkt am Wasser und ist nicht zu übersehen.

Der **Beach Tower** am Ende der Jenkin's Lane und der **Half Moon Tower** (in der Nähe der Patrick Street) sind Überreste der alten Stadtmauer.

Geführte Touren

★ **Jack Burtchaell's Guided Walking Tour** STADTSPAZIERGANG
(☎ 051-873 711; www.jackswalkingtours.com; Führungen Erw./Kind 7 €/frei; ⏲ Mitte März–Mitte Okt. 11.45 & 13.45 Uhr; 👪) Jacks flottes Mundwerk erweckt jeden Winkel in Waterford zum Leben, wobei er die tausendjährige Stadtgeschichte locker in eine Stunde packt. Die Führungen beginnen nahe der Touristeninfo (dort kann man nach dem genauen Treffpunkt fragen); unterwegs werden an verschiedenen Hotels weitere Teilnehmer aufgesammelt.

Schlafen

★ **Granville Hotel** HOTEL €€
(☎ 051-305 555; www.granville-hotel.ie; Meagher Quay; EZ/DZ ab 79/109 €; 📶) Das nachts angestrahlte Gebäude am Fluss aus dem 18. Jh. ist eines der ältesten Hotels des Landes. Es verfügt über brokatgeschmückte Zimmer im vornehmen georgianischen Stil, genau wie die gemeinschaftlich genutzten Bereiche voller Buntglas, historischer Drucke und Antiquitäten. Morgens kommt man in den Genuss von Bioporridge mit Baileys und Eiern Benedikt wie aus dem Lehrbuch.

Portree Guesthouse B&B €€
(☎ 051-874 574; www.portreeguesthouse.ie; Mary St; EZ/DZ ab 49/79 €; 📶) Große georgianische Pension mit 24 Zimmern in einer ruhigen Straße nahe dem Stadtzentrum. Die Besitzer kommen aus London und sorgen dafür, dass die eher unspektakulären Zimmer immer wie aus dem Ei gepellt aussehen. In dem anheimelnden Aufenthaltsraum gibt's reichlich Infos und Broschüren. Außerdem bekommt man rund um die Uhr Kaffee und Tee. Beliebt bei Reisegruppen.

Dooley's Hotel HOTEL €€
(☎ 051-873 531; www.dooleys-hotel.ie; Merchants Quay; EZ/DZ ab 109/119 €; @📶) Ein familienbetriebenes, gut organisiertes Hotel. Die geräumigen Zimmer wurden à la Regency Hotel mit Brokatstoffen gestaltet und sind in dunklem Rot und Gold gehalten. Zum Frühstück, das eine Spur besser schmeckt als in anderen Unterkünften, werden Bioporridge, frisches Obstkompott und warme Speisen gereicht. Im Thai Therapy Centre vor Ort stehen verschiedene Behandlungen zur Auswahl.

Coach House at Butlerstown Castle B&B €€
(☎ 051-384 656; www.butlerstowncastle.com; Butlerstown; Zi. ab 99 €; ⏲ April–Okt.; 📶) Von außen

ist dieses B&B aus dem 19. Jh. ebenso einladend wie im Innern. Mit dem Auto erreicht man es von der Stadt aus innerhalb von zehn Minuten (6 km westlich von Waterford abseits der N25). Gäste werden mit tiefen nietenverzierten Ledersesseln, gemütlichen offenen Kaminen, prächtigen Betten und Eierkuchen zum Frühstück verwöhnt.

★ Waterford Castle HERITAGE HOTEL €€€
(☎ 051-878 203; www.waterfordcastle.com; The Island, Ballinakill; Zi. ab 129 €, Cottages ab 199 €; @) Eine mit Türmen verzierte Burg aus dem 19. Jh., die mehr als nur eine Pause vom Alltag bietet. Sie befindet sich auf einer eigenen Privatinsel. Mit einer kostenlosen Autofähre erreicht man das Hotel rund um die Uhr. Alle 19 Zimmer verfügen über elegante antike Badewannen und in einigen stehen sogar Himmelbetten. Außerdem gibt's 48 moderne Selbstversorgercottages.

Gäste wie Nichtgäste können im vornehmen, mit Eichenholz ausgestatteten Restaurant die Biogerichte des Küchenchefs Michael Quinn genießen (Abendmenüs mit 3 Gängen 49 €) oder auch eine Runde Golf auf dem hoteleigenen Platz spielen (Platzgebühr 30–40 €).

Essen

Es gibt in Waterford eine große Auswahl an Restaurants und einen beliebten **Lebensmittelmarkt** (John Roberts Sq; Sa 9–15 Uhr).

Carter's Chocolate Café CAFÉ €
(Georges Court Shopping Centre; Hauptgerichte 4–6 €; Mo–Sa 8–18.30, So 11–18 Uhr;) Die Farbgebung in Minzgrün und Schokobraun passt wie die Faust aufs Auge: In diesem Café plus Laden werden süße Sünden wie Obststreuselkuchen, französische *macarons* und saftiger Möhrenkuchen nebst der berühmten irischen Gourmetschokolade von Lily O'Brien verkauft (6 Pralinen à 2 €). Wer Lust auf etwas Herzhaftes hat, kann sich ein Gourmetsandwich bestellen.

Berfranks CAFÉ, DELIKATESSEN €
(86 The Quay; Mahlzeiten 8–11 €; Mo–Sa 8.30–17 Uhr) Ideal für eine Pause während der Entdeckungsreise durch das mittelalterliche Waterford. In den Regalen des Feinkostladens liegen jede Menge hochwertige irische Lebensmittel aus und auf der Karte des Cafés stehen allerlei Leckereien – schon beim Lesen wird einem das Wasser im Munde zusammenlaufen! Das gemütliche Hinterzimmer ist mit Bücherregalen und Sofas bestückt.

★ Momo BISTRO €€
(☎ 051-581 509; www.momorestaurant.ie; 47 Patrick St; Hauptgerichte 9–17 €; Di–Do 12–21, Fr & Sa bis 22, So 13–20 Uhr;) Dieses neue Bistro ist so heiß begehrt, dass es manchmal gar nicht so leicht ist, einen Tisch zu bekommen. Grund dafür ist das frisch zubereitete Essen aus hochwertigen regionalen Zutaten mit jeder Menge Geschmack; auf der Karte stehen z. B. geschmorte Lammkeulen, Grill-Rippchen nach asiatischer Art und knusprige Fischburger mit Salsa. Auch Vegetarier werden hier etwas Leckeres finden.

★ La Bohème FRANZÖSISCH €€
(☎ 051-875 645; www.labohemerestaurant.ie; 2 George's St; Hauptgerichte 20–25 €; Di–Sa 17.30–spät) Ab in den feinen Zwirn! La Bohème vereint französisches Flair und frische irische Zutaten. Das Resultat sind Hauptgerichte wie Lammkarree mit Senf und Honig oder algenverkrustete Jakobsmuscheln. Früher dienten die Speiseräume im Keller als Küche einer georgianischen Villa, heute sitzen die Gäste hier in lauschigem Ambiente unter den Tonnengewölbedecken und Steinbogen. Der Weinkeller ist gut bestückt. Das „Early Bird"-Menü (Di–Do den ganzen Abend über, Fr bis 19 Uhr) hat drei Gänge und kostet 29 €.

Harlequin ITALIENISCH €€
(☎ 051-877 552; 37 Stephen St; Hauptgerichte 9–15 €; Mo–Mi 8.30–20.30, Do–Sa bis 22.30 Uhr;) Von Italienern geführte authentische kleine Trattoria. Im Laufe des Tages verwandelt sich diese vom Café und Frühstückslokal in eine beliebte Adresse für die Mittagspause und später dann in eine von Kerzen erleuchtete Weinstube. Zu den Spezialitäten des Hauses zählen Antipastiteller mit verschiedenen Käsesorten, mariniertem Gemüse und hauchdünnem geräuchertem Fleisch. Kurios: es gibt Pasta, aber keine Pizza!

Bodega! MODERN IRISCH €€
(☎ 051-844 177; www.bodegawaterford.com; 54 John St; Hauptgerichte mittags 14–18 €, 3-Gänge-Menü abends 25 €; Mo–Sa 12–22 Uhr) Zwar muten die ockerfarbenen Wände und der Boden mit Kacheln à la Gaudi spanisch an, tatsächlich liegt der Schwerpunkt aber auf moderner irischer Küche aus lokalen Zutaten. Die Karte umfasst eine gesunde Mischung aus Fisch- und Fleischkreationen, leichtere Mahlzeiten wie Ziegenkäsetörtchen sowie innovative Salate und zahlreiche irische Biere.

Munster Bar KNEIPENKOST €€
(www.themunsterbar.com; Bailey's New St; Hauptgerichte 10–14 €; Küche 12–21 Uhr;) Das 1822 errichtete Gebäude beherbergt ein Pubrestaurant mit einem Nebenzimmer, in dem ein gemütliches Feuer im Kamin brennt, und eine große Kneipe in der alten Remise. Die hochwertige Kneipenkost (Rindfleisch-und-Guinness-Pasteten, Sandwiches mit geschmolzenem Brie und Chutney) eignet sich als krönender, entspannter Abschluss einer ausgedehnten Sightseeingtour.

Ausgehen & Nachtleben

In einigen tollen Pubs und Läden wird Livemusik geboten.

★ **Henry Downes Bar** PUB
(Thomas St; 17 Uhr–spät;) Bereits seit zwei Jahrhunderten stellt das Downes seinen eigenen irischen Whiskey No. 9 her – eine willkommene Abwechslung zum Stout. Man kann den edlen Tropfen entweder in einem der athmosphärischen Räume genießen oder auch eine Flasche zum Mitnehmen erstehen (45 €). Dieses Pub ist wirklich einmalig: Hinten gibt's sogar einen Squashplatz und einen großen Billardtisch.

Geoff's PUB
(9 John St; 11.30–0.30 Uhr) Das Geoff's hat wirklich Charakter mit all den holzvertäfelten Sitzecken und Nischen, den schweren Holzmöbeln, hohen Decken und der atmosphärischen „Kirchenbar" hinten. Gute Pubküche.

Gingerman Bar PUB
(6/7 Arundel Lane; Mo–Fr 10–23.30, Sa bis 0.30, So 12–23 Uhr) In einer schmalen Straße mitten im Zentrum lockt dieses Pub mit schön viel dunklem Holz, Flair, verschiedenen Ales vom Fass und warmer Küche. Trad Sessions immer sonntags ab 17 Uhr.

WATERFORDS KUNSTHANDWERKER

Waterford hat noch mehr zu bieten als das berühmte Kristall: Zahlreiche örtliche Künstler und Kunsthandwerker fertigen hier Textilien, Gemälde, Schmuck, Töpferwaren, Papiermaché, Kerzen sowie Möbel aus Recyclingmaterialien an. Unter www.waterforddesignermakers.com findet man eine aktuelle Liste mit Kontakten.

Unterhaltung

Theatre Royal THEATER
(www.theatreroyal.ie; The Mall) Auf dem Programm des prachtvoll renovierten georgianischen Hauses stehen Theaterstücke, Musicals und Tanzvorführungen. Es ist Waterfords Vorzeigetheater.

Garter Lane Arts Centre THEATER
(www.garterlane.ie; 22a O'Connell St) Das exzellente Theater ist in einem atmosphärischen Gebäude aus dem 18. Jh. untergebracht und zeigt Autorenfilme, Musik, Tanz sowie Bühnenstücke. Es steht an einem Hof an der O'Connell Street.

Shoppen

Die Barronstrand Street, Waterfords Einkaufsmeile, führt vom Suir nach Süden.

Kite Design Studios KUNST & KUNSTHANDWERK
(www.kitedesignstudios.ie; 11 Henrietta St; Mo–Sa 9.30–17 Uhr) Diese Mischung aus Atelier und Geschäft bietet den besten Künstlern und Kunsthandwerkern der Stadt Raum zum Entfalten, Arbeiten und Ausstellen. Man kann sie in Aktion erleben und lokal hergestellte Glaswaren, Textilien, Schmuck und mehr kaufen.

Waterford Book Centre BÜCHER
(www.thebookcentre.ie; 25 John Roberts Sq; Mo–Sa 9–18, So 13–17 Uhr) Im Waterford Book Centre erwarten einen drei Etagen voller Bücher, darunter eine herausragende Auswahl an irischen Klassikern, und ein Café.

Praktische Informationen

Die **Touristeninformation** (051-875 823; www.discoverwaterfordcity.ie; 120 Parade Quay; Mo–Sa 9.15–17.30 Uhr) ist die beste Infoquelle zu den Grafschaften Waterford und Wexford.

An- & Weiterreise

BUS

Häufig verkehren Bus-Éireann-Busse nach Tramore (3,70 €, 45 Min., 2-mal stdl.), Dublin (14,75 €, 2½ Std., alle 2 Std.) und Wexford (11,50 €, 1 Std., 6-mal tgl.).

Die **Suirway-Busse** (www.suirway.com) nach Dunmore East (4 €, 25 Min.; ganzjährig Mo–Sa mind. 7-mal tgl., Ende Juni–Aug. zusätzl. So 5-mal tgl.) fahren an der Bushaltestelle am Merchants Quay vor dem **Hauptbusterminal** (051 879 000; www.buseireann.ie; Merchants Quay) ab.

FLUGZEUG

Am **Waterford Airport** (☎ 051-846 600; www.flywaterford.com; Killowen) 9 km südlich des Stadtzentrums startet eine begrenzte Anzahl Flüge nach London Luton und Birmingham. Öffentliche Verkehrsmittel fahren nicht dorthin. Ein Taxi schlägt mit 20 € zu Buche.

ZUG

Der Bahnhof Plunkett ist vom Zentrum aus gesehen auf der anderen Flussseite. Es bestehen direkte Zugverbindungen nach

Carlow 17,35 €, 1¼ Std., 7-mal tgl.
Dublin Heuston 31 €, 2¼ Std., 7-mal tgl.
Kilkenny 13,85 €, 35 Min., 6-mal tgl.
Tipperary 17,35 €, 1½ Std., 2-mal tgl.

Curraghmore Estate

Das 1000 ha große **Curraghmore Estate** (www.curraghmorehouse.ie; Portlaw; Anwesen 10 €, Muschelhaus & Garten 5 €; ⏲ Mitte März–Mitte Okt. Di–Do 10–16 Uhr, plus 1. & 3. So im Monat) ist schon seit dem 12. Jh. im Besitz der Familie von Lord und Lady Waterford. In der eindrucksvollen Gartenanlage des Anwesens befindet sich ein skurriles **Muschelhaus**, das 1754 im Auftrag von Catherine, Countess of Tyrone, errichtet wurde. Die Gräfin ließ sich von hiesigen Kapitänen Muscheln aus aller Welt mitbringen. Um 11 und 14 Uhr starten 90-minütige Führungen durch das georgianische Hauptgebäude und das Muschelhaus. Curraghmore liegt 14 km nordwestlich von Waterford neben der R680. Das hübsche Dörfchen Portlaw ist ganz in der Nähe.

Im Südosten von County Waterford

Diese abgeschiedene Ecke der Grafschaft Waterford kann von der gleichnamigen Stadt aus im Rahmen eines Tagesausflugs erkundet werden. Die gewundenen Nebenstraßen sind wie gemacht für eine Radtour.

An der Flussmündung 14 km östlich von Waterford erstreckt sich das hübsche kleine Fischerdorf **Passage East**. Von dort setzen Autofähren nach Ballyhack, County Wexford, über. Rund um einen Platz nahe dem Hafen verteilen sich mehrere Cottages.

Eine kaum befahrene 11 km lange Nebenstraße windet sich zwischen Passage East und Dunmore East Richtung Süden. Streckenweise bietet sie gerade mal einem Wagen Platz und ist sehr steil, aber dafür genießt man an manchen Stellen einen tollen Blick über die sanft geschwungenen Felder zum Meer. Außerdem passiert man den **Woodstown Beach**, einen wunderbaren Sandstrand, der zu einem Picknick, zum Sandburgen bauen und Muscheln sammeln mit der Familie einlädt.

> ### ⓘ DIE FÄHRE ZWISCHEN WATERFORD UND WEXFORD
>
> Wer zwischen den Counties Waterford und Wexford mit dem Rad oder Wagen an der Küste entlangreist, spart sich einen langen Umweg über New Ross, wenn er die **Passage-East-Fähre** (www.passageferry.ie; einfache Fahrt Fahrrad/Pkw 2/8 €; ⏲ April–Sept. Mo–Sa 7–22, So 9.30–22 Uhr, Okt.–März Mo–Sa 7–20, So 9.30–20 Uhr) zwischen Passage East und Ballyhack nimmt. Diese benötigt nur fünf Minuten und fährt mehrmals stündlich.

Dunmore East

1560 EW.

Dunmore East (Dún Mór), 19 km südöstlich von Waterford, erstreckt sich oberhalb eines Küstenstreifens mit roten Sandsteinklippen voller versteckter Buchten und kreischender Möwen. Ein Park teilt den Ort in zwei Teile: das **Upper Village** „schwebt" in südlicher Richtung über dem Hafen, während das **Lower Village** Richtung Norden in einer Senke hinter Lawlors Strand liegt.

Im 19. Jh. diente der Ort als Anlaufstelle für Schiffe, die Postsendungen zwischen England und Südirland transportierten. Aus dieser Ära stammen die reetgedeckten Cottages entlang der Hauptstraße und ein ungewöhnlicher dorischer **Leuchtturm** (1825) mit Blick über den kommerziellen Fischereihafen.

Aktivitäten

In den Wintermonaten fällt die Stadt in einen Dornröschenschlaf, erwacht aber im Sommer wieder zu neuem Leben. Dann tummeln sich die Badegäste an den Stränden der Buchten unterhalb der Klippen. Vom **Lawlors Strand** (der größte Sandstreifen) und der benachbarte **Councillor's Strand** am nördlichen Ende der Stadt hat man den kürzesten Weg zu Pubs und Cafés. Die Namen des kleineren **Mens Cove** und **Ladies Cove** – zu beiden Seiten des zentralen Stadtparks gelegen – erinnern an vergangene Zeiten, in denen es noch prüder und streng getrennt nach Männlein und Weiblein zuging. In den Buchten kann man ohne Sorge schwimmen und entlang der Felsen dazwischen schnorcheln.

Im Westen führt eine 17 km lange **reizvolle Autoroute** nach Tramore an die Küste. Unterwegs erwartet einen Natur pur mit sanft geschwungenen, grünen Hügeln, tollem Panoramablick aufs Meer und Kuhherden, die die Straßenseite wechseln wollen. Damit kann das quirlige Tramore kaum mithalten!

Dunmore East Adventure Centre ABENTEUERSPORT
(www.dunmoreadventure.com; Stoney Cove; 2 Std. 40 € pro Pers.;) In der ersten Bucht nördlich des Fischereihafens bekommt man Leihausrüstung (Kajaks, Surfbretter, Schnorchel etc.). Außerdem werden Segel-, Kajak-, Kanu- und Windsurfkurse für Kinder und Erwachsene sowie Aktivitäten zu Lande (z. B. Bogenschießen und Klettern) angeboten.

Feste & Events

Bluegrass Festival MUSIK
(www.discoverdunmore.com) Zu diesem Anlass werden im August die Banjos hervorgeholt und in den Pubs gespielt. Dies ist eines der quirligsten Musikfestivals in ganz Irland.

Schlafen

Avon Lodge B&B B&B €
(051-385 775; www.avonlodgebandb.com; EZ/DZ 35/70 €;) Von außen sieht das große Haus im Vorstadtstil ziemlich gewöhnlich aus, doch es wird von dem traditionellen Musiker Richie Roberts geführt, der diese Gegend kennt wie seine Westentasche. Er vermietet saubere, gemütliche Zimmer in schönen Farben mit dazu passenden Textilien. Das B&B liegt an der Straße nach Waterford, fünf Gehminuten westlich des Lawlors Strand.

Haven Hotel HOTEL €€
(051-383 150; www.thehavenhotel.com; EZ/DZ ab 50/100 €; März–Okt.;) Das noble Refugium. In den 1860er-Jahren als Sommerresidenz der Malcolmson-Familie erbaut, deren Wappen immer noch über dem Kamin prangt, wird das Haven heute von der Familie Kelly geführt. Es wartet mit holzvertäfelten Bädern auf und zwei der Gästezimmer haben sogar ein Himmelbett. In der Küche des locker-lässigen Restaurants (März–Sept. Mo–Sa 17.30–22, So 10–15 Uhr) werden vor allem örtliche Produkte verwendet. Die in Rottönen gehaltene Bar ist dezent beleuchtet.

Essen & Ausgehen

Bay Cafe CAFÉ €
(Dock Rd, Upper Village; Hauptgerichte 7–11 €; 9–17 Uhr) Von dem künstlerisch angehauchten Café genießt man einen derart großartigen Ausblick auf den Hafen, dass ein Plakat mit Wissenswertem über Wale am Fenster befestigt wurde! Hier kommen einfache Gerichte mit dem gewissen Extra auf den Tisch. Hoch gelobt sind z. B. die Sandwiches mit Fisch oder Meeresfrüchten. Der Bagel mit Guacamole ist eine Neuheit in diesen Breiten.

★ **Lemon Tree Café** IRISCH €€
(www.lemontreecatering.ie; Coxtown; Hauptgerichte 8–17 €; ganzjährig Di–Sa 10–18, So 9.30–16 Uhr, Juni–Aug. tgl. geöffnet, längere Öffnungszeiten;) Biokaffee, Backwaren sowie eine Theke (und ein Kühlschrank), an der es Gerichte zum Mitnehmen gibt – vom Brot mit Nüssen und Linsen bis zur Meeresfrüchtepastete. Drinnen und draußen warten zahlreiche Sitzplätze sowie eine Spielecke für Kinder. Die Karte umfasst vor allem Gerichte mit Fisch und Meeresfrüchten. Am Südrand der Stadt.

Spinnaker Bar FISCH & MEERESFRÜCHTE €€
(www.thespinnakerbar.com; Glenville Tce, Lower Village; Hauptgerichte 16–29 €; Küche 12–21 Uhr) An den Tischen auf dem Bürgersteig kann man Strandgänger auf dem Weg zum Lawlors Strand beobachten, drinnen zwischen nautischem Schnickschnack speisen oder in dem geschützten Biergarten Platz nehmen. Das Essen ist hervorragend: Sämige Meeresfrüchtesuppen, Fish 'n' Chips, Salate und fangfrische Tagesgerichte werden gekonnt zubereitet. An Sommerwochenenden treten Livebands auf.

Power's Bar PUB
(Dock Rd, Upper Village; Mo–Do 12–23.30, Fr & Sa bis 0.30, So 11.30–23.30 Uhr) Dienstagabends finden in dem buttergelben Eckpub lebhafte traditionelle Musiksessions statt. Der Spitzname der Kneipe, „The Butcher's", spielt auf ihre Vergangenheit als Fleisch- und Lebensmittelladen an.

An- & Weiterreise

Suirway (www.suirway.com) bedient die Strecke zwischen Waterford und Dunmore East (4 €, 30 Min., ganzjährig Mo–Sa 7-mal tgl., Juli & Aug. So 5-mal tgl.).

Tramore

10 300 EW.

Im Sommer ist der Küstenstreifen unterhalb der steil ansteigenden Stadt Tramore (auf Irisch Trá Mhór, „Großer Strand“) eine Art trubeliger Jahrmarkt mit Karussells, Spielhallen, Zuckerwatteständen und allem, was zu einem altmodischen Badeort gehört. Im Winter geht's entschieden ruhiger zu.

Sehenswertes

Die Bucht von Tramore ist im Westen durch **Great Newtown Head** und im Osten durch **Brownstown Head** begrenzt. Deren 20 m hohe Betonpfeiler (drei am Great Newtown und zwei am Brownstown) wurden von Lloyd's of London 1816 nach der Schiffstragödie der *Seahorse* errichtet, die 363 Menschenleben forderte. Weil der Kapitän die Bucht für Waterfords Hafen hielt, lief er hier auf Grund.

Auf dem zentralen Pfeiler am Great Newtown Head ragt der 3,70 m hohe **Metal Man** in den Himmel, das 1819 errichtete kolossale Standbild eines Seemanns aus Eisen. In Uniform aus weißer Kniehose und blauer Jacke warnt er mit theatralischer Geste herannahende Schiffe. Der Legende nach soll ein Mädchen, das dreimal auf einem Bein um die Statue herumhüpft, innerhalb eines Jahres unter die Haube kommen (das funktioniert übrigens nicht, wenn man sich das Gegenteil, sprich: eine Scheidung, wünscht!).

Aktivitäten

Tramore's 5 km langer **Strand** wird am östlichen Ende von 30 m hohen Dünen gekrönt und ist einer der besten **Surfspots** des Landes, geeignet für alle Niveaus. In der Stadt gibt's mehrere ganzjährig geöffnete Surfschulen, die auch **Ökowanderungen** rund um Back Strand, eine der größten Gezeitenlagunen Europas, sowie verschiedene andere Aktivitäten anbieten.

Zweistündige Surfstunden in der Gruppe kosten 45 € pro Person, Privatunterricht 85 €. Für eine Ausrüstung inklusive Neoprenanzug und der im Winter dringend nötigen Stiefel, Handschuhe sowie einer Kappe zahlt man ca. 25 € (ganzer Tag).

An der Westseite der Bucht befindet sich eine sehr schöne, geschützte Bucht zum Schwimmen, die **Guillamene Cove**. Zugang hat man über die Newtown Glen Road (der Beschilderung Newtown & Guillamene Swimming Club folgen); es gibt einen Parkplatz, Toiletten und Picknicktische.

T-Bay Surf & Eco Centre SURFEN
(☎ 051-391 297; www.tbaysurf.com; The Prom; 👪) Irlands größte Surfschule organisiert zahlreiche Kurse für jedes Niveau, darunter auch Sommercamps für Kinder.

Oceanics SURFEN
(☎ 051-390 944; www.oceanics.ie; Red Cottage, Old Crobally Rd; 👪) Surfstunden und -kurse plus Partys sowie Sommerlager für Teenager und kleinere Kinder.

Freedom Surf School SURFEN
(☎ 086 391 4908; www.freedomsurfschool.com; The Gap, Old Crobally Rd; 👪) Surfkurse und Unterricht im Blokartfahren (von Segeln angetriebene Strandbuggys).

Lake Tour Stable REITEN
(☎ 051-381 958; www.laketourstables.ie; Carrigavantry; Reitwanderungen Erw./Kind ab 25/20 €; 👪) Tramores Reitzentrum bietet täglich einen Ausritt zum nahegelegenen See an und einmal die Woche (sonntags) geht's zum Tramore Beach. Die Reitschule befindet sich 1,5 km westlich von Tramore neben der R682.

Tramore Golf Club GOLF
(☎ 051-386 170; www.tramoregolfclub.com; Newtown Hill; Greenfee 30-40 €) Dies ist einer der ältesten Golfplätze Irlands (1894 eingerichtet) mit einem neuen Neunlochparcours zusätzlich zu dem vorherigen mit 18 Löchern. Hier werden verschiedene Wettbewerbe ausgetragen, darunter die Irish Close Championship (bereits vier Mal) – das letzte Mal im Jahr 2015.

Feste & Events

Waterford & Tramore Racecourse PFERDERENNEN
(www.tramore-racecourse.com; Graun Hill) Das erste Pferderennen des Jahres auf europäischem Boden findet am 1. Januar auf dem Tramore Racecourse statt, ist aber nur eines von vielen jährlichen Events.

Schlafen

★ **Beach Haven House** HOSTEL, B&B €
(☎ 051-390 208; www.beachhavenhouse.com; Waterford Rd; Hostel B 20 €, B&B EZ/DZ 70/80 €, 2-Pers.-Apt. ab 80 €; ⏲ B&B & Apts. ganzjährig, Hostel März–Nov.; 📶) Der Amerikaner Avery und seine irische Frau Niamh bieten Unterkünfte für jede Preisklasse in ihrem B&B, dem Hostel und den Apartments (Minimum: 3 Übernachtungen für Letztere). Die

B&Bs und Apartments sind geschmackvoll ausgestattet (helles Holz, warme Erdfarben), während das Hostel einfach ist, aber über einen gemütlichen Gemeinschaftsraum verfügt. Avery bleibt seinen kalifornischen Wurzeln treu: In den Sommermonaten wird regelmäßig der Grill angeschmissen.

O'Shea's Hotel HOTEL €€
(☎051-381 246; www.osheas-hotel.com; Strand St; EZ/DZ ab 50/80 €;) Obwohl die Zimmer im O'Shea's nicht ganz so fein sind, wie man angesichts der blumengeschmückten, schwarz-weißen Fassade erwarten würde, ist das familiengeführte Hotel sein Geld wert, zumal es ganz in der Nähe des Strands liegt. Ein paar Zimmer gewähren einen Blick aufs Meer.

Essen & Ausgehen

In Tramore dominieren frittierte Gerichte die Speisekarten. An den Wochenenden wimmelt es in den Pubs von lärmendem Volk, das gilt besonders für lange Sommernächte. Gute Anlaufstellen für Livemusik sind die Pubs **Martha's** (25 Queen's St) und **The Vic** (Victoria House; 12 Queen's St).

Vee Bistro INTERNATIONAL €€
(☎051-386 144; www.veebistro.com; 1 Lower Main St; Hauptgerichte 10–25 €; Mo 8.45–16, Di–Do bis 21, Fr & Sa bis 21.30, So 10–21 Uhr;) Die Wände des roten Hauses sind mit abstrakten Gemälden und Ethnokunst geschmückt, auf den Tellern landen einfache Bistrogerichte wie Hühnchenpfanne und Chorizo-Salat. Eine Tageskarte gibt's auch. Die Backwaren sind ein Gedicht.

Banyan THAI €€
(☎051-330 707; Upper Branch Rd; Hauptgerichte 12–15 €; Di–Do 17–22, Fr & Sa 16–22, So 13–21 Uhr;) Eine hervorragende thailändische Küche und das herrlich elegante Ambiente eines alten Stadthauses sind die Markenzeichen dieses Restaurants. Die Kellner des Banyan servieren Tom-Yam-Suppe, Massaman-Currys und Satay-Hühnchenspieße. Alle Gerichte sind gut gewürzt, ohne zu brennen. Für Iren und andere Gäste, die es etwas bodenständiger mögen, gibt's aber auch zahlreiche Beilagen wie Reis, Nudeln oder Pommes frites.

An- & Weiterreise

Auf der Strecke zwischen Waterford und Tramore sind Busse von Bus Éireann unterwegs (3,70 €, 45 Min., 2-mal stdl.).

Die Copper Coast

An sonnigen Tagen erstrahlt die **Copper Coast** in den unterschiedlichsten Farben: azurblaues Wasser, leuchtend grüne Hügel und Klippen in Graugrün, Rostrot und Gelb-Ocker wie aus dem Farbmalkasten schaffen wunderbare Aussichtspunkte entlang der R675 zwischen Tramore und Dungarvan.

Unterwegs kann man kleine Buchten und Strände entdecken, z..B. die schmucke **Stradbally Cove**. Auch **Clonea Strand** nahe Ballynacourty, kurz vor Dungarvan, ist ein hübscher, unberührter Sandstreifen.

Sehenswertes & Aktivitäten

Copper Coast European Geopark NATURSCHUTZGEBIET
(www.coppercoastgeopark.com) Der 20 km lange Abschnitt zerklüfteter Küste mit dem Dorf Bunmahon in der Mitte verdankt seinen Namen dem Kupferbergbau, der hier im 19. Jh. florierte. Am Ostrand von Bunmahon erstreckt sich ein geologischer Garten und den Hügel hinauf stößt man auf das **Copper Coast Geopark Centre** (Knockmahon Church, Bunmahon; Erw./Kind 5/3 €; Di–So 12–18 Uhr;) mit einer Ausstellung zur Geschichte und Geologie des Kupferabbaus. Außerdem erhalten Besucher Infos zum Copper Coast Trail und es gibt lokale Wanderkarten.

Die 460 Millionen Jahre alten Ton-, Sand- und Lavasteine hat eine Kontinentalplattenkollision verformt. Durch die Kollision konnten heiße, metallreiche Flüssigkeiten in das Gestein eindringen. Nach dem Abkühlen bildeten sich Quarzadern voller Kupferminerale. Das deutlich sichtbarste Relikt aus der Zeit des Kupferbergbaus in der Region ist die Fördermaschine im kornischen Stil in Tankardstown, 1 km östlich von Bunmahon.

Sea Paddling KAJAKFAHREN
(☎051-393 314; www.seapaddling.com; Touren halber/ganzer Tag 45/85 €;) Geführte Kajaktouren entlang der Copper Coast, bei denen entlegene Meeresklippen, Buchten, Höhlen und natürliche Steinbogen erkundet werden. Für Anfänger gibt's spezielle halbtägige Einführungen.

Dungarvan

9430 EW.

Knallig-bunt gestrichene Gebäude umringen den malerischen Hafen von Dungarvan, wo der Fluss Colligan ins Meer mündet. Die

Stadt ist bekannt für ihre tollen Restaurants, eine namhafte Kochschule und das jährlich stattfindende Waterford Festival of Food – kurz ein Paradies für Feinschmecker.
Der hl. Garvan gründete im 7. Jh. an dieser Stelle ein Kloster, aber fast alle Gebäude im Ortszentrum stammen aus dem frühen 19. Jh., als der Duke von Devonshire die Straßen rund um Grattan Square neu anlegte. Besonders sehenswert sind die dramatische Burgruine und ein Augustinerkloster mit Blick auf die Bucht.

Sehenswertes

Dungarvan Castle BURG
(www.heritageireland.ie; Castle St; Ende Mai–Ende Sept. 10–18 Uhr) GRATIS Fortlaufende Sanierungsarbeiten tragen dazu bei, die Burg in ihrer früheren normannischen Pracht erstrahlen zu lassen. Einst residierte hier King Johns Vertrauter Thomas Fitz Anthony. Der älteste Teil des Komplexes ist der originelle Bergfried aus dem 12. Jh., erbaut zur Verteidigung des Flussdeltas. In der britischen Kaserne aus dem 18. Jh. befindet sich ein Besucherzentrum mit verschiedenen Exponaten (Einlass nur im Rahmen einer (kostenlosen) Führung).

Waterford County Museum MUSEUM
(www.waterfordcountymuseum.org; St Augustine St; Juni–Sept. Mo–Fr 10–17, Sa 14–17 Uhr) GRATIS Das kleine, aber feine Museum in einem Kornspeicher aus dem 18. Jh. präsentiert Ausstellungsstücke zur Schifffahrtsgeschichte mit Gegenständen von havarierten Schiffen sowie Wissenswertes zur Großen Hungersnot und zu lokalen Berühmtheiten.

Old Market House Arts Centre KUNSTMUSEUM
(Lower Main St; Di–Fr 11–12.30 & 13.30–17, Sa 13–17 Uhr) GRATIS In einem schönen Gebäude aus dem 17. Jh. sind luftig-leichte Galerien untergebracht. Die Sammlung umfasst Werke moderner lokaler Künstler.

Kurse

★ **Tannery Cookery School** KOCHKURSE
(058-45420; www.tannery.ie; 6 Church St; Kurse ab 55 €;) Die Kochschule des Starkochs und Bestsellerautors Paul Flynn sieht wie eine futuristische Ausstellungsküche aus (durch die großen Fenster in der Seitenstraße kann man einen Blick hineinwerfen). Die angebotenen Kurse reichen vom vierstündigen „Kochen für Freunde“ (55 €) bis zur beliebten dreitägigen „Masterclass“ (550 €).

DAS „GOLFDREIECK“

In unmittelbarer Nähe von Dungarvan (5 Min. Autofahrt) befinden sich gleich drei Golfplätze, auf denen Meisterschaften ausgetragen werden: der **West Waterford Golf & Country Club** (www.westwaterfordgolf.com), der **Dungarvan Golf Club** (www.dungarvangolfclub.com) und der **Gold Coast Golf Club** (www.goldcoastgolfclub.com). Alle drei gehören der Initiative „Dungarvan Golf Triangle“ an, derzufolge erfahrene Spieler auf allen drei Plätzen golfen können, aber nur für zwei zahlen müssen (69 €). Mehr Infos (inkl. Wegbeschreibungen und Karten) unter www.golftriangle.com.

Weitere beliebte Themen sind Brotbacken, Fisch und Meeresfrüchte, italienische Küche und die Zubereitung auf einem AGA-Herd.

Feste & Events

★ **West Waterford Festival of Food** ESSEN
(www.waterfordfestivaloffood.com) Mit diesem beliebten Fest wird Mitte April der Reichtum der Gegend an frischen Erzeugnissen gefeiert. Zum Programm gehören Kochkurse und -vorführungen, Vorträge von Bauern aus der Gegend, Bauernmärkte und geführte Spaziergänge. Lust auf Craft-Beer? Dann nichts wie in den Biergarten.

Dungarvan TradFest MUSIK
(www.comeraghs.com/tradfest; langes Wochenende im Juni) Ein lebhaftes Festival mit traditioneller Musik und Tanz. Veranstaltungsorte sind Pubs und Hotels, es gibt aber auch eine öffentliche Bühne auf dem Grattan Square. Besonders bekannt: der jährliche Bucket-Singing-Wettbewerb (einfach googeln!).

Schlafen

Im Einklang mit Dungarvans Ruf als Gourmethochburg ist das Frühstück in den B&Bs häufig ein kleines kulinarisches Meisterwerk mit vielen frischen Zutaten aus dem Garten der Besitzer.

★ **Cairbre House** B&B €€
(058-42338; www.cairbrehouse.com; Strandside North; EZ/DZ 45/86 €; Mitte Dez.–Mitte Jan. geschl.;) Das Vierzimmer-B&B liegt inmitten von großen Gärten am Fluss, aus denen viele Frühstückszutaten wie duftende Kräuter stam

men. Im Sommer blühen hier viele Blumen. Außerdem verfügt die Unterkunft über eine kleine Terrasse mit Blick aufs Wasser. Das Cairbre House befindet sich 1 km nördlich des Stadtzentrums an der Ostseite des Flusses.

Tannery Townhouse PENSION €€
(058-45420; www.tannery.ie; 2 Church St; EZ/DZ ab 70/110 €;) Diese nette Boutique-Pension hat dasselbe Management wie das Tannery Restaurant (siehe unten). Sie nimmt zwei Gebäude im Stadtzentrum ein. Die Kühlschränke in den 14 modernen Zimmern sind gut bestückt mit Säften, Obst und Muffins und morgens werden frische Backwaren vor den Zimmertüren deponiert, sodass man sich nicht an bestimmte Frühstückszeiten halten muss.

Park Hotel HOTEL €€
(058-42899; www.flynnhotels.com; Shandon Rd; EZ/DZ ab 89/140 €;) Das smart aufgemachte, moderne Hotel erstreckt sich am Westufer des River Colligan unmittelbar nördlich des Zentrums. Die Zimmer sind hell und geräumig, der Service ist höflich und aufmerksam und die Gäste dürfen das angrenzende Freizeit-, Wellness- und Sportzentrum nutzen. Das Park Hotel ist ein wichtiger Veranstaltungsort des Dungarvan TradFest; um ein Zimmer während der Festivalzeit muss man sich möglichst früh kümmern.

Essen

Dungarvan Farmers Market MARKT €
(www.dungarvanfarmersmarket.com; Grattan Sq; Do 9.30–14 Uhr) Wie man es erwarten würde, ist der Bauernmarkt von Dungarvan hervorragend und fast so etwas wie ein kleines Lebensmittelfest: Es gibt auf traditionelle Weise hergestelltes Brot, Käse, Speck, Gemüse frisch vom Erzeuger und warme Gerichte.

★ **Meades** CAFÉ €
(087 411 6714; www.meadescafe.com; 22 Grattan Sq; Hauptgerichte 5–9 €; Mo–Sa 8–18, So 11–17 Uhr;) Das Meades verströmt eine fröhliche Atmosphäre und verfügt über eine erstklassige Lage am zentralen Platz. Es wartet mit einer Spielecke für Kinder, gemütlichen Sofas, Zeitungen und natürlich jeder Menge leckeren gebackenen Köstlichkeiten, süß wie herzhaft, hausgemachten Suppen, Salaten und Cottage Pie auf. Die Frühstücksspezialität ist *blaa* (lokaltypisches Brötchen) mit knusprigem Speck, Blutwurst und *country relish* (einer speziellen Würzsoße).

Nude Food MODERN IRISCH €€
(www.nudefood.ie; 86 O'Connell St; Hauptgerichte 10–17 €; Mo–Do 9.15–18, Fr & Sa bis 21.30 Uhr;) Das Einzige, was hier *nude* (nackt) zurückbleibt, sind die Teller nach dem Essen. Dieses Café ist einfach großartig: Neben liebevoll zubereitetem Kaffee können sich die Gäste über eine tolle Auswahl an Gourmet-Lebensmitteln sowie Mittag- und Abendessen mit erstklassigen Zutaten aus der Gegend (Sandwiches, Salate, Vorspeisen und warme Gerichte) freuen. Das Nude Food dient oft als Veranstaltungsort für alternative Events (Dichterlesungen etc.).

Merry's Gastro Pub KNEIPENKOST €€
(058-24488; merrysgastropub.com; Lower Main St; Hauptgerichte 10–17 €; Küche 12–21.30 Uhr;) Poliertes, dunkles Holz sowie in den antiken Spiegeln aufblitzendes Messing und Kupfer schaffen eine angenehm altmodische Atmosphäre in diesem traditionellen Pub mit hohem kulinarischen Anspruch. Auf der Speisekarte stehen Barbecue-Rippchen, Fish 'n' Chips sowie Schweinebauch mit Kumin und Fenchel, geschmort in lokalem Ale. Wo wir gerade davon sprechen: Die Auswahl an handwerklich gebrauten Bieren ist super.

★ **Tannery** MODERN IRISCH €€€
(058-45420; www.tannery.ie; 10 Quay St; Hauptgerichte 26–29 €; Fr 12.30–14.30, So bis 15.30, Di–Sa 17.30–21.30 Uhr) Eine ehemalige Ledergerberei beherbergt heute ein innovatives, hochgelobtes Restaurant, in dem Küchenchef Paul Flynn je nach Saison wechselnde Kreationen zaubert. Die Anzahl der Gerichte ist begrenzt, doch diese werden auf überraschende Weise zur Geltung gebracht und machen einfach glücklich. Unten herrscht eine intime Atmosphäre, während es in dem loftartigen Raum oben geschäftiger zugeht. Der Service ist hervorragend. Vorab reservieren.

Ausgehen & Nachtleben

In den Pubs sollte man sich unbedingt ein paar der hiesigen Craft-Beers der Dungarvan Brewing Company wie das hopfige Helvick Gold Blonde Ale bestellen.

Moorings PUB
(www.mooringsdungarvan.com; Davitt's Quay; 11–24 Uhr) Die wunderschöne Holzverkleidung und ein Nebenzimmer sind die Markenzeichen des alten Pubs am Wasser. Draußen erstreckt sich ein großer Biergarten im Schatten der Mauern von Dungarvan Castle. Besucher genießen hier Biere aus der

Gegend vom Fass sowie traditionelle Küche und an den Wochenenden legt ein DJ auf. Eine Übernachtung im Doppelzimmer (B&B-Stil) kostet 90 €.

Kiely's PUB
(O'Connell St; ⌚ Mo–Do 17–23.30, Fr & Sa bis 0.30, So bis 23 Uhr) Typischer Einheimischentreff im Zentrum. In dem Fachwerkhaus wird häufig traditionelle Musik geboten.

ℹ Praktische Informationen

Hilfreiche **Touristeninformation** (☎ 058-41741; www.dungarvantourism.com; Main/Parnell St; ⌚ ganzjährig Mo–Fr 9.30–17 Uhr, April–Sept. auch Sa 10–17 Uhr) mit Unmengen von Broschüren. Der unauffällige Eingang liegt gleich neben dem SuperValu-Supermarkt.

ℹ An- & Weiterreise

Busse halten auf dem Weg aus Waterford (13,90 €, 50 Min., stdl.) und Cork (20 €, 1½ Std., stdl.) am Davitt's Quay.

Ring Peninsula

500 EW.

Nur 15 Fahrminuten von Dungarvan entfernt erreicht man die Ring-Halbinsel (auf Irisch An Rinn, „Landzunge"), eine der berühmtesten Gaeltacht-(irischsprachigen) Regionen Irlands. Unterwegs eröffnen sich weite Ausblicke über die Bucht von Dungarvan zu den Monavullagh Mountains und den Klippen der Copper Coast. Man kann problemlos einen ganzen Tag damit zubringen, die ruhigen Landstraßen abzufahren, um versteckte Strände und traditionelle Pubs zu entdecken oder Wanderungen zu unternehmen, um den Panoramablick vom Helvick Head zu genießen.

Eamonn Terry, ein ehemaliger Mitarbeiter der Kristallfabrik in Waterford, kehrte auf die Halbinsel zurück und eröffnete sein eigenes Atelier namens **Criostal na Rinne** (☎ 058-46174; www.criostal.com; Baillinagoul, Ring; ⌚ Mo–Fr 9.30–17.30, Sa 10–17 Uhr), in dem er kunstvoll geschliffene Kristallprismen sowie hübsche Vasen, Schalen, Schmuck und sogar Kronleuchter aus Bleiglas anfertigt. Es ist über die Hauptstraße von Ring (An Rinn) zu erreichen und ausgeschildert.

Schlafen & Essen

Dún Ard B&B €€
(☎ 058-46782; www.ringbedandbreakfast.ie; Na Céithre Gaotha, Ring; Zi. 100 €; 📶) Die schlichte Fassade der Pension in einer noblen Wohnanlage hoch über der Bucht von Dungarvan am Westrand des Dorfes Ring täuscht. Im ersten Moment kommen einem die Preise hoch vor, doch die vier Zimmer sind tatsächlich jeden Cent wert, denn sie haben die Qualität, Größe und Ausstattung eines Spitzenklassehotels. Außerdem: hervorragendes Frühstück und Filme zum Ausleihen.

Seaview B&B €€
(☎ 058-41583; www.seaviewdungarvan.com; Pulla; EZ/DZ ab 35/70 €; 📶) Diese lichtdurchflutete rosafarbene Pension mit acht komfortablen Zimmern gewährt herrliche Ausblicke auf die Dungarvan Bay und die Monavullagh Mountains. Sie liegt an der N25, 8 km südwestlich von Dungarvan. Gleich vor der Haustür beginnen ein paar nette Wanderwege.

★ **Marine Bar** KNEIPENKOST €€
(www.marinebar.com; Pulla; Hauptgerichte 10–20 €; ⌚ Küche 12–21 Uhr) Zwar schmeckt das traditionelle Essen in diesem 200 Jahre alten Pub köstlich, doch eigentlich strömen die Gäste vor allem aufgrund der geselligen Atmosphäre herbei. Montag-, freitag- und samstagabends locken hier traditionelle Sessions und im Sommer gibt's fast jeden Abend Livemusik. Einzige Ausnahme ist der Mittwoch, dann treffen sich die Einwohner zum irischen Kartenspielturnier „45", bei dem jeder mitmachen kann. Die Marine Bar ist direkt neben der N25 zu finden, 8 km südwestlich von Dungarvan.

An Seanachai KNEIPENKOST €€
(☎ 058-46755; www.seanachai.ie; Pulla; Hauptgerichte 12–23 €; ⌚ Küche Mo–Sa 11–21, So 12.30–21 Uhr; 📶) Wahrscheinlich hätten die grob behauenen Wände des „Alten Geschichtenerzählers" selbst ein paar Storys auf Lager, denn Teile des reetgedeckten ehemaligen Bauernhauses stammen noch aus dem 18. Jh. Diese Tatsache sorgt für ein stimmungsvolles Flair, egal ob man nur ein Bier trinkt, etwas isst (besonders lecker: die Hausspezialität Fischpastete) oder wegen der Livemusik oder der zweiwöchentlich stattfindenden Geschichtenerzählerstunde (Sa 21 Uhr) herkommt. Das Pub liegt 8 km südwestlich von Dungarvan neben der N25.

ℹ Anreise & Unterwegs vor Ort

Besucher der Halbinsel benötigen einen fahrbaren Untersatz, da Pubs, Unterkünfte und Läden teilweise etwas weiter voneinander entfernt sind.

Ardmore

435 EW.

Dem hübschen Küstenort Ardmore sieht man heute nicht mehr an, dass er einst die wichtigste christliche Siedlung des Landes war. Der hl. Declan soll bereits im 5. Jh. den christlichen Glauben im Südosten Irlands verbreitet haben, noch bevor der hl. Patrick in Erscheinung trat. Declan gründete ein Kloster auf dem Hügel oberhalb des Hafens. Die Kathedrale aus dem 12. Jh. ist eine der schönsten romanischen Kirchen im Land.

Heute sind die lokalen Strände die größten Besuchermagneten. Neben dem Stadtstrand gibt es noch den entlegeneren Ballyquin Beach 4 km weiter nördlich. Weitere Highlights sind Wassersportmöglichkeiten, stramme Küstenwanderungen und eines der besten kleinen Luxushotels Irlands.

Sehenswertes & Aktivitäten

★ St. Declan's Monastery RUINE

(Tower Hill; 24 Std.) GRATIS Die Ruinen der ältesten christlichen Siedlung Irlands liegen oberhalb der Stadt auf einem spektakulären, von alten und neuen Grabsteinen übersäten Hügel. Ihr 30 m hoher **Rundturm**, einer der schönsten im Land, ist ein echter Blickfang. Noch erstaunlicher sind aber die Außenwände der **Ardmore Cathedral** (das Dach fehlt), insbesondere die romanischen Steinbogen im Westgiebel, die verwittertes, aber unverändert prachtvolles Maßwerk aus dem 12. Jh. mit Darstellungen biblischer Szenen zeigen, eine Seltenheit in Irland.

Das Kircheninnere birgt zwei **Ogham-Steine** mit den ältesten irischen Schriftzeichen, darunter eine der längsten Inschriften im ganzen Land, und mehrere mittelalterliche Grabplatten. Das älteste Gebäude ist das **Oratory of St. Declan** aus dem 8. Jh., das 1716 restauriert wurde. Die Grabstätte des hl. Declan soll sich in der südöstlichen Ecke des Geländes befinden.

Ardmore Cliff Walk WANDERUNG

Ein schöner, etwa 5 km langer Rundweg führt vom St. Declan's Monastery (den Schildern mit der Aufschrift „Cliff Walk" folgen) zum Aussichtsturm (19. Jh.) auf dem Ardmore Head. Von der Landzunge windet sich ein Pfad auf den Klippen zurück in den Ort. Unterwegs passiert man das Wrack der *Samson*, ein Schwimmkran, der 1987 an die Klippen gespült wurde, und die **St. Declan's Well**, eine heilige Quelle in einer Kapellenruine.

Ardmore Adventures ABENTEUERSPORT

(083 374 3889; www.ardmoreadventures.ie; Main St; Halbtagestouren 45 €;) Halbtägige Kajaktouren um den Ardmore Head sowie Surfen, Coasteering (die Küstenlinie wandernd, kletternd und schwimmend erkunden), Canyoning, Klettern und mehr.

Schlafen & Essen

Newtown Farm Guesthouse B&B €€

(024-94143; www.newtownfarm.com; Grange; EZ/DZ ab 45/72 €;) In diesem stilvollen, herrlich friedlichen B&B mit Blick auf Gärten, Felder und das Meer werden Gäste mit hausgemachten Scones, geräuchertem Lachs und lokalen Käsesorten zum Frühstück verwöhnt. Es gehört zu einem Milchviehbetrieb 9 km nordwestlich von Ardmore. Von Dungarvan auf der N25 kommend, fährt man am Abzweig Ardmore vorbei und biegt an der nächsten Kreuzung links ab (auf dem Schild steht An Rinn); von dort sind es noch 100 m auf der Seitenstraße.

★ Cliff House Hotel LUXUSHOTEL €€€

(024-87800; www.thecliffhousehotel.com; Cliff Rd; Zi. 190–320 €, Suite 290–500 €;) Die Gästezimmer in diesem neuen Gebäude in den Klippen blicken direkt auf die Ardmore Bay. Einige Suiten warten sogar mit von raumhohem Glas eingefassten Zweipersonenduschen auf, in denen man einen Blick aufs Meer genießen kann. Die Sicht aufs Wasser gibt's praktisch überall dazu – auch im Hallenbad, dem Jacuzzi unter freiem Himmel, dem Spa, der Bar und dem hochgelobten modernen irischen Restaurant (Menü ab 65 €), das mit einem Michelin-Stern ausgezeichnet wurde.

Ardmore Gallery & Tearoom CAFÉ €

(www.ardmoregalleryandtearoom.ie; Main St; Mahlzeiten 5–12 €; April–Sept. tgl. 9.30–18, Okt.–März nur Sa & So 13–17 Uhr) Ein beliebtes Konzept, das oft aufgeht: In der Galerie ist lokale Kunst ausgestellt und im Café werden leckere Kuchen, Suppen und andere herzhafte Schlemmereien gereicht. Zum Verkauf stehen außerdem Schmuck, von Hand bemalte Seidenschals und Strickwaren.

White Horses FISCH & MEERESFRÜCHTE €€€

(024-94040; Main St; Hauptgerichte mittags 9–15 €, abends 25–35 €; Di–So 12.30–15.30 & 18–22 Uhr) Die Spezialität in dem von drei energiegeladenen Schwestern geführten Bistro (einem früheren Lebensmittelladen) sind Fisch und Meeresfrüchte aus der Umgebung. Unbedingt probieren: die Garnelen aus der Dublin Bay, die auf selbst gemachten Tellern aus dem Dorf serviert werden. Alternativ lässt man sich mit einem Drink auf der Bank vorn nieder. Oder man isst etwas an einem Tisch in der Sonne auf dem Rasen hinterm Haus.

Shoppen

Ardmore Pottery & Gallery KERAMIK
(www.ardmorepottery.com; Cliff Rd; ⌚ März–Nov. Mo–Sa 10–18, So 14–18 Uhr) In dem kleinen, gemütlichen Haus oberhalb vom Hafen werden traumhafte Tonwaren, vielfach in Blau- und Cremetönen, sowie warme, handgestrickte Socken und ähnliche Waren aus lokaler Fertigung verkauft.

An- & Weiterreise

Ein- bis dreimal täglich fahren Bus-Éireann-Busse nach Youghal (5,20 €, 20 Min.) und Cork (17 €, 1½ Std.); es bestehen keine Verbindungen gen Osten nach Dungarvan (ausgenommen über Youghal).

Cappoquin & Umgebung

760 EW.

Cappoquin erstreckt sich über einen steilen Hang am Fuße der Knockmealdown Mountains, einer hügeligen Heidelandschaft. Im Westen liegt das malerische Tal des **Blackwater River**, einer der berühmtesten und wichtigsten Fanggründe der irischen Lachsfischerei.

Sehenswertes & Aktivitäten

Cappoquin House & Gardens HISTORISCHES GEBÄUDE
(www.cappoquinhouseandgardens.com; Garten 5 €, Haus & Garten 10 €; ⌚ Garten Mo–Sa 10–16 Uhr) Dieses prachtvolle georgianische Herrenhaus (erb. 1779) ist schon seit 200 Jahren der Wohnsitz der Familie Keane. Die formelle Gartenanlage mit Blick auf den Blackwater River verwandelt sich im Mai und Juni in ein Farbenmeer, wenn Rhododendron, Azaleen und Oleander blühen – die beste Zeit für einen Besuch. Hin und wieder kann das Haus auch besichtigt werden; auf der Website nachsehen. Der Eingang des Anwesens (große, schwarze Eisentore) liegt gleich nördlich von Cappoquin.

Dromana Gate HISTORISCHES GEBÄUDE
(Dromana Estate) Der Dromana Drive von Cappoquin ins 9 km südlich gelegene Villierstown folgt dem Blackwater Valley durch das Gelände des Dromana Estate. An einer Brücke über den River Finisk steht dieses bemerkenswerte, hinduistisch-gotische Tor, nach dem Vorbild des Brighton Pavilion in England gestaltet. 1826 wurde ein Übergangstor errichtet, um den Besitzer des Dromona Estate, Henry Villiers-Stuart, und seine Frau nach ihren Flitterwochen (die sie teilweise in Brighton verbrachten) zu begrüßen. Villiers-Stuart gefiel das Tor so gut, dass er es 1830 durch eine dauerhafte Version ersetzen ließ.

Blackwater River ANGELN
(www.cappoquinsalmonandtroutanglers.com; Tagestickets 12–40 €) Einer der besten Fanggründe für Lachs im ganzen Land. Ein 6 km langer Flussabschnitt rund um Cappoquin bietet reichlich Gelegenheit zum Angeln und gut zugänglich ist er auch. Tipps, Genehmigungen, Lizenzen und Angelgerät erhält man bei **Titelines** (☎ 058-54152; Main St; ⌚ Mo–Sa 9–13 & 14–17.30 Uhr).

Schlafen & Essen

Richmond House PENSION €€
(☎ 058-54278; www.richmondhouse.net; Carigeen; EZ/DZ ab 70/120 €; 📶) 1704 wurde das Richmond House in einem 6 ha großen Park errichtet. Die neun Zimmer mit Landhausüberdecken, Mahagonimöbeln und Kunstdrucken wirken eher gemütlich als imposant, außerdem ist der Service wirklich freundlich. Im **Restaurant** (55 € pro Pers.; 18–21 Uhr) sind auch Nichtgäste willkommen. Zu den Spezialitäten aus lokalen Produkten gehören Lammbraten aus dem Westen Waterfords und Helvicker Seeteufel.

Barron's Bakery BÄCKEREI €
(www.barronsbakery.ie; The Square; Hauptgerichte 4–9 €; ⌚ Mo–Sa 8.30–17.30 Uhr) Seit 1887 kommen in dieser berühmten Bäckerei dieselben schottischen Ziegelbacköfen zum Einsatz. Im Café gibt's Sandwiches, Snacks und ein Sortiment an verführerischen Kuchen und Brötchen. Das selbst gemachte Brot ist in der gesamten Gegend bekannt.

An- & Weiterreise

Die Linie 366 von Bus Éireann fährt auf dem Weg von Waterford nach Lismore durch Cappoquin (6 €, 1½ Std., nur So 1-mal tgl.).

Lismore

1370 EW.

Die ruhige, elegante Stadt am Blackwater River war einst Sitz einer bedeutenden Klosteruniversität. Gegründet im 7. Jh. zählten Staatsmänner und große Denker aus ganz Europa zu den Studenten. John Lackland, König von England, ließ 1182 an dieser Stelle eine Burg errichten. Im 17. Jh. gehörte das Anwesen eine Weile der Familie von Robert Boyle, dem Vater der modernen Chemie, bevor es durch Heirat in den Besitz der Herzöge von Devonshire überging.

Das heutige **Lismore Castle** – eigentlich eher eine weitläufige, bewehrte Villa, die sich über einen steilen Hang oberhalb des Flusses erstreckt – stammt größtenteils aus dem 19. Jh. und wird immer noch als Familienwohnsitz des 12. Herzogs von Devonshire genutzt. Adele Astaire, die Schwester der Tänzerlegende Fred, heiratete den Sohn des 9. Herzogs und lebte von 1932 bis 1944 in Lismore Castle. Das Gebäude ist nicht öffentlich zugänglich, dafür zählt der Garten zu den beliebtesten Attraktionen im County Waterford.

Sehenswertes & Aktivitäten

★ Lismore Castle Gardens GÄRTEN

(www.lismorecastlegardens.com; Erw./Kind 8/5 €; April–Sept. 10.30–17.30 Uhr) Die eigentliche Burg kann zwar nicht besichtigt werden, dafür aber die 3 ha großen, gepflegten Gärten. Wahrscheinlich handelt es sich hierbei um Irlands ältesten Park. Er ist in den ummauerten jakobinischen Upper Garden (Oberer Garten) und den weniger formellen Lower Garden (Unterer Garten) unterteilt. In Letzterem stehen mehrere **moderne Skulpturen**, darunter auch zwei Stücke aus der Berliner Mauer. Ein Highlight ist die **Eibenallee**, die Edmund Spenser zu *The Faerie Queen* inspiriert haben soll.
Neben dem Upper Garden befindet sich ein modernes **Kunstmuseum**. Die Ställe und Gärten dienen als Opernbühne während des jährlich stattfindenden **Lismore Music Festival** (www.lismoremusicfestival.com) im Juni.

St. Carthage's Cathedral KATHEDRALE

(North Mall; April–Sept. 9–18, Okt.–März bis 16 Uhr) GRATIS „Eines der schönsten Bauwerke, die ich je gesehen habe", so äußerte sich Thackeray 1842 über die eindrucksvolle Kathedrale aus dem 17. Jh. Und das, bevor nachträglich ein wunderschönes präraffaelitisches **Buntglasfenster** von Edward Burne-Jones eingefügt wurde. Vor einem sinnlichen Hintergrund aus dunkelblauem Samt mit Blumenornamenten zeigt es einen femininen Ritter und eine nachdenkliche Maid. Zu den Besonderheiten der Kirche gehören einige bemerkenswerte **Gräber** aus dem 16. Jh., darunter die kunstvoll verzierte Krypta der MacGrath-Familie von 1557. Darstellungen der zwölf Aposteln sind in die Seiten hineingearbeitet.

Lismore Heritage Centre MUSEUM

(www.discoverlismore.com; Main St; Erw./Kind 5/3,50 €; ganzjährig Mo–Fr 9.30–17.30, April–Nov. Sa 10–17 & So 12–17 Uhr) Eine 30-minütige audiovisuelle Präsentation entführt Besucher auf eine Zeitreise von der Ankunft des hl. Carthages 636 v. Chr. bis heute, einschließlich der Entdeckung des *Book of Lismore* hinter einer Wand der Burg im Jahre 1814 und John F. Kennedys Besuch 1947. Eine weitere Attraktion ist die „Family Fun Experience": halb Naturpfad, halb Schnitzeljagd quer durch die Stadt. Das Info-„Paket" kostet 10 € – Kinder werden es lieben.

Lismore Cycling Holidays FAHRRADFAHREN

(087 935 6610; www.cyclingholidays.ie; Leihgebühr 18 € pro Tag;) Dieser Fahrradverleiher bringt die Räder zur gewünschten Unterkunft und organisiert Radtouren rund um Lismore.

Schlafen & Essen

Lismore House Hotel HOTEL €€

(058-72966; www.lismorehousehotel.com; Main St; EZ/DZ ab 59/99 €;) 1797 ließ der Herzog von Devinshire den ältesten Hotelbau des Landes errichten. Von außen würde der Adlige das Hotel sofort wiedererkennen, aber die Zimmer sind inzwischen ganz zeitgenössisch mit dunklen Holzmöbeln sowie Textilien in Gold- und Cremetönen ausgestattet.

★ Lismore Farmers Market MARKT €

(Castle Ave; So 10–16 Uhr) In gediegenem Ambiente an der Zufahrt zur Burg kommt eine tolle Truppe von Anbietern zusammen, darunter Naked Lunch von Nude Food (S. 190) aus Dungarvan. Die leckeren Sandwiches und Snacks können im Park oder an den Tischen auf dem Kiesweg verspeist werden.

Foley's IRISCH €€

(www.foleysonthemall.ie; Main St; Hauptgerichte 12–28 €; Küche 12.30–20.30 Uhr) Ein einladendes viktorianisches Pub mit lederbezogenen Sitzbänken, gemusterten Tapeten und einem offenen Kamin. Im Foley's bekommt man gute Steaks, Fish 'n' Chips und Bangers and Mash (Würstchen mit Kartoffelbrei). Im Biergarten gibt's weitere Plätze.

Praktische Informationen

In der **Touristeninformation** (www.discoverlismore.com; Main St; ganzjährig Mo–Fr 9.30–17.30, April–Nov. Sa 10–17 & So 12–17 Uhr) im Lismore Heritage Centre wird der informative *Lismore Walking Tour Guide* (3 €) verkauft.

An- & Weiterreise

(Nur) Sonntags fährt die Linie 366 von Bus Éireann einmal von Lismore nach Cappoquin (3,20 €, 10 Min.) und Waterford (18,50 €, 1¾ Std.).

Im Norden von Waterford

Einige der landschaftlich schönsten Ecken des Countys findet man im Norden rund um Ballymacarbry. Der **Nire Valley Drive** (ab Ballymacarbry ausgeschildert) führt tief in die Comeragh und Monavullagh Mountains hinein. Die schmale, gewundene Straße endet an einem Parkplatz. Dort starten verschiedene markierte Wanderwege in die Hügel (siehe www.walkingwaterford.com).

Der **Sgilloge-Lakes-Wanderweg** ist einfach und nimmt hin und zurück zwei Stunden in Anspruch. An seinem Ende liegen zwei winzige Gletscherseen in einem der traumhaften Kare (oder *coums*), die den Comeraghs ihren Namen eingetragen haben. Der Ausblick gen Westen zu den Galtee Mountains ist atemberaubend, besonders bei Sonnenuntergang.

Aktivitäten

Clonanav Fly-Fishing Centre ANGELN
(052-36765; www.flyfishingireland.com; Clonanav, Ballymacarbry; Di–Sa 9–17, So 10–16 Uhr) Von März bis September kann man in den Flüssen Nire, Tar und Suir Forellen angeln. Genehmigungen (30 € pro Tag) erhält man in diesem Zentrum, zu dem auch eine Fliegenfischerschule und eine Pension gehören. Angeltouren sind ebenfalls Teil des Programms.

Feste & Events

Nire Valley Walking Festival WANDERN
(www.nirevalley.com; Mitte Okt.) Ein Highlight für Wanderfreunde ist das Nire Valley Walking Festival am zweiten Oktoberwochenende. Dann finden geführte Wanderungen ins Nire Valley für alle Niveaus statt und in den Pubs wird traditionelle Musik gespielt.

Schlafen

★ **Hanora's Cottage** PENSION €€
(052-36134; www.hanorascottage.com; Nire Valley Dr, Ballymacarbry; EZ/DZ ab 65/120 €;) Das bildschöne Cottage aus dem 19. Jh. hockt zwischen dem gurgelnden River Nire und einer pittoresken Kirche. Die noblen Zimmer sind luxuriös ausgestattet, u. a. mit Whirlpools, von der Terrasse blickt man auf den Fluss und im **Feinschmeckerrestaurant** (3-Gänge-Abendessen 39 €; Mo–Sa 18.30–20.30 Uhr) wird nur auf dem Gelände hergestelltes Essen serviert. Die Pension liegt 6,5 km östlich von Ballymacarbry und ist ausgeschildert.

Glasha Farmhouse B&B B&B €€
(052-36108; www.glashafarmhouse.com; Ballymacarbry; EZ/DZ ab 60/100 €;) Olive O'Gorman ist zu Recht stolz auf die makellosen Gästezimmer im Regency-Hotel-Stil, die sie in ihrem Luxusbauernhaus mit Blick auf die Comeragh und Knockmealdown Mountains eingerichtet hat. Ringsum erstrecken sich einige großartige Wanderwege (einer führt zum Dorfpub). Abends kann man im Wintergarten bei Kerzenlicht dinieren (35–45 €). Die Pension ist 2 km nordwestlich von Ballymacarbry ausgeschildert.

An- & Weiterreise

Diese Gegend muss man mit dem Pkw oder Fahrrad erkunden; hier fahren keine öffentlichen Verkehrsmittel.

COUNTY CARLOW

54 600 EW. / 899 KM²

Das Herzstück von Irlands zweitkleinster Grafschaft ist der zweitlängste Fluss des Landes, der River Barrow. Er fließt von Carlow (Stadt) Richtung Süden durch idyllische Dörfer zum Klosterweiler St. Mullins. Entlang des Treidelpfads verläuft der wunderbare Wanderweg **Barrow Way**. Die auffälligste Landmarke im Südosten sind die Blackstairs Mountains, deren abgerundeten Grate sich auf vielen Landschaftsfotos mit ins Bild drängen. Der Granit aus ihren Eingeweiden taucht zudem überall als Baumaterial auf – etwa als Deckstein des größten prähistorischen Dolmens Europas.

Die Grafschaft ist durchzogen von alten, aristokratischen Anwesen, prächtigen Landgütern (verfallenen wie restaurierten) und den schönsten Blumengärten Irlands. Für alle Besucher mit „grünem Daumen" empfiehlt sich die Karte **Carlow Garden Trail** (als Download unter www.carlowgardentrail.com).

Carlow (Stadt)

23 000 EW.

Das kompakte Stadtzentrum erstreckt sich von den Burgruinen am Ufer des River Barrow entlang der Hauptstraße, der Tullow Street, bis zur Kathedrale.

Sehenswertes

Carlow County Museum MUSEUM

(www.carlowcountymuseum.ie; Ecke College & Tullow St; ⏲ Juni–Aug. Mo–Sa 10–17, So 14–16.30 Uhr, Sept.–Mai Mo–Sa 10–16.30 Uhr) GRATIS Im Mittelpunkt der fesselnden Ausstellung steht der Alltag der Countybewohner im Wandel der Zeit. Viele Gegenstände sind echte Unikate, z. B. die Falltür des County-Galgens aus dem frühen 19. Jh. und eine 6 m hohe, herrliche gearbeitete Kanzel aus der Kathedrale von Carlow; der Bischof ließ sie (sehr zum Ärger vieler Einheimischer) durch eine modernere Version ersetzen. Das Museum nimmt ein ehemaliges Kloster ein, das über hübsche Buntglasfenster verfügt.

Visual Centre for Contemporary Art KUNSTMUSEUM

(www.visualcarlow.ie; Old Dublin Rd; ⏲ Di–Sa 11–17.30, So 14–17 Uhr; 📶) GRATIS Hinter dem von Industriebauwerken inspirierten Entwurf eines Kulturzentrums aus Beton, Stahl und Glas steht der britische Architekt Terry Pawson. Manch einer bemäkelt, dass es sich mit der historischen Kathedrale gegenüber „beißt". Die Main Gallery ist Irlands größter einzelner Ausstellungsraum. Die Wechselausstellungen konzentrieren sich auf lokale und internationale Künstler. In dem Gebäude ist auch das **George Bernard Shaw Theatre** untergebracht.

Carlow Castle RUINE

(Castle Hill) Im 13. Jh. ließ William Marshal die hoch aufragende Burg an der Stelle errichten, an der sich zuvor eine normannische Erdhügelburg befand. Die Anlage überlebte eine Attacke Cromwells, fiel dann jedoch den Plänen eines gewissen Dr. Middleton zum Opfer, der sie als Irrenanstalt nutzen wollte und 1814 beim Versuch, die Burg umzubauen, große Teile der Festung zerstörte. Übrig blieb nur ein Teil des Bergfrieds mit zwei Türmen.

Carlow Cathedral KATHEDRALE

(Cathedral of the Assumption; www.carlowcathedral.ie; College St; ⏲ variiert) GRATIS Diese elegante gotische Kathedrale im Regency-Stil aus dem Jahre 1833 geht auf Bischof James Doyle zurück, einen überzeugten Unterstützer der katholischen Emanzipation. Rechts steht eine Statue des Bischofs neben einer gekrönten, knienden Frau, die die Hoffnung Irlands darstellt. Darüber hinaus wartet die Kirche mit einer kunstvollen Kanzel und ein paar schönen farbigen Glasfenstern auf.

Feste & Events

Éigse Carlow Arts Festival KUNST

(www.eigsecarlow.ie) Zu diesem Anlass strömen im Mai/Juni Musiker, Schriftsteller, Schauspieler und Straßenkünstler in die Stadt.

Carlow Garden Festival GÄRTEN

(www.carlowgardentrail.com/FFT) Während des Gartenfestivals Ende August halten irische „Gartenstars" Vorträge und machen Führungen.

Schlafen

In der Stadt selbst ist das Unterkunftsangebot vergleichsweise begrenzt; das Umland bietet bessere Herbergen.

Red Setter Guest House B&B €€

(☎ 059-914 1848; www.redsetterguesthouse.ie; 14 Dublin St; EZ/DZ ab 40/70 €; 📶) Schöne kleine Extras wie die frischen Blumenbouquets machen das bescheidene B&B zu einer einladenden Schlafoption im Stadtzentrum. Die Zimmer sind behaglich und die Möbel schlicht.

Barrowville Townhouse B&B €€

(☎ 059-914 3324; www.barrowville.com; Kilkenny Rd; 40–49 € pro Pers.; 📶) Dieses Stadthaus aus dem 18. Jh. wurde liebevoll in ein solides B&B mit eleganten Zimmern verwandelt. Zum Frühstück im luftigen Wintergarten kommen Freilandeier aus der Gegend auf den Tisch und man kann seinen Blick über den Garten schweifen lassen.

Essen & Ausgehen

Abends wird die Stadt zum Treffpunkt für die Menschen aus der Umgebung. Am östlichen Ende der Tullow Street befinden sich ein paar große Pubs. Unbedingt probieren: die O'Hara-Biere aus der Gegend, z. B. das India Pale Ale.

BeaNice Café CAFÉ €
(17 Dublin St; Hauptgerichte 5–11 €; Mo–Sa 8–16 Uhr) In dem niedlichen Café gibt's köstliches Frühstück, hausgemachte Suppen, Gourmetsandwiches, Cupcakes und mehr.

Farmers Market MARKT €
(www.carlowfarmersmarket.com; Sa 9–14 Uhr) Findet auf dem alten Potato Market statt. Sehr zu empfehlen sind Elizabeth Bradleys Käse, das hausgemachte Pesto am Olivenstand, die feinen Pralinen, das Biogemüse und die vollständigen Mahlzeiten.

★ **Lennons** MODERN IRISCH €€
(059-917 9245; www.lennons.ie; Visual Centre for Contemporary Art, Old Dublin Rd; Hauptgerichte mittags 7–14 €, Abendessen 17–27 €; Mo–Sa 10.30–17, Do–Sa 18–21.30, So 12–16 Uhr;) Carlows bestes Restaurant ist im Visual Centre for Contemporary Art untergebracht. Die Veranda grenzt an das Gelände des St. Patrick's College. Zum Mittagsangebot gehören kreative Sandwiches, Salate und warme Tagesgerichte. Das Abendessen ist aufwendiger; die Karte ändert sich je nach Jahreszeit und die Zutaten stammen aus der Gegend. Am Wochenende besser einen Tisch reservieren.

Teach Dolmain PUB
(76 Tullow St; Mo–Do & So 9.30–23.30, Fr & Sa bis 1.30 Uhr) Das nette Teach Dolmain ist nur eines von mehreren benachbarten Pubs. Donnerstags um 22 Uhr wird Livemusik (Trad Sessions) gespielt, die Sonntage sind gemischter (alles von Jazz bis Blues, ab 19 Uhr). Für das leibliche Wohl ist ebenfalls gesorgt.

Praktische Informationen

Carlow Tourist Office (059-913 0411; www.carlowtourism.com; Ecke Tullow & College St; Mo–Sa 9.30–17.30 Uhr) Gute Infos rund um die Grafschaft.

An der Ecke Kennedy Avenue und Dublin Street befindet sich eine **Post**.

Anreise & Unterwegs vor Ort

Bus

Es gibt Busverbindungen nach Dublin (14 €, 1½ Std., alle 2 Std.), Kilkenny (10,10 €, 35 Min., 3-mal tgl.) und Waterford (14 €, 1½ Std., 7-mal tgl.).

TAXI

Carlow Cabs (059-914 0000; www.carlowcabs.com)

ZUG

Der Bahnhof ist an der Station Road nordöstlich des Zentrums zu finden. Züge fahren täglich sieben bis zehn Mal nach Dublin Heuston (17,35 €, 1 Std.), Waterford (17,35 €, 1¼ Std.) und Kilkenny (10,35 €, 30 Min.).

Rund um Carlow (Stadt)

Die nachfolgend beschriebenen Sehenswürdigkeiten befinden sich in relativer Nähe von Carlow.

Sehenswertes

Delta Sensory Gardens GÄRTEN
(www.deltasensorygardens.com; Cannery Rd, Strawhall Industrial Estate; Erw./Kind 5 €/frei; Sept.–Mai Mo–Fr 9–17, Juni–Aug. bis 18, März–Okt. & Dez. Sa & So 11–17.30 Uhr, Nov. & Jan.–Feb. am Wochenende geschl.) Etwa ein Dutzend miteinander verbundene Themengärten, die alle fünf Sinne ansprechen und vom Skulpturen- bis zum Rosen-, Wasser-, Wald-, Weiden- und Musikgarten mit mechanischen Fontänen reichen, erstrecken sich in einem Industriegebiet am nördlichen Stadtrand. Die Eintrittsgelder dienen der Unterstützung des angrenzenden Delta Centre für Erwachsene mit Lernbehinderungen.

Duckett's Grove GÄRTEN
(www.duckettsgrove.ie; Gärten Sonnenauf- bis Sonnenuntergang, Teesalon Mai–Aug. Sa & So 12–18 Uhr, Sept. & Okt. nur So) GRATIS Dohlen bewohnen heute die Ruine dieses traumhaft gotischen Landhauses und ehemaligen Wohnsitzes der Familie Duckett, der 1933 niederbrannte. 2005 hat es die Stadt Carlow übernommen und aus den ummauerten Gärten öffentliche Parks gemacht, in denen es im Frühsommer nach Lavendel und Obstblüten duftet. Die Nebengebäude beherbergen Kunsthandwerkerateliers und eine Teestube. Duckett's Grove liegt 13 km nordöstlich von Carlow-Stadt und ist an der R726 und R418 ausgeschildert.

Browne's Hill Dolmen HISTORISCHE STÄTTE
(24 Std.) Dieses 5000 Jahre alte Kammergrab ist eines der berühmtesten prähistorischen Denkmäler Irlands. Es besitzt die größte Deckplatte Europas; sie wiegt über 100 t. Der ausgeschilderte Dolmen liegt 3 km östlich von Carlow an der R726.

Killeshin Church RUINE

Einst zierte einer der höchsten Rundtürme des Landes das ehemalige Kloster, allerdings wurde er Anfang des 18. Jhs. von einem besorgten Bauern zerstört: Er befürchtete einen Einsturz, bei dem seine Kühe erschlagen werden könnten. Geblieben sind die Ruinen einer Kirche aus dem 12. Jh. mit einem hübsch verzierten romanischen Tor. Ein bärtiges Gesicht ziert den Schlussstein. Killeshin liegt 5 km westlich von Carlow an der R430.

★ **Altamont Gardens** GÄRTEN

(www.heritageireland.ie; Kilbride, nahe Ballon; ⏲ April–Sept. 9–18.30 Uhr, März & Okt. bis 17 Uhr Feb. & Nov. bis 16.30 Uhr, Dez. & Jan. bis 16 Uhr) GRATIS Einer der schönsten irischen Landschaftsgärten (16 ha groß) erstreckt sich am Ufer des River Slaney. Alle Pflanzenarrangements wurden mit Bedacht ausgewählt und möglichst natürlich um einen Seerosenteich angeordnet. Pfauen, Schwäne, Eichhörnchen und Hasen tragen zusätzlich zu der idyllischen Atmosphäre bei. Die Anlage liegt abseits der N80 in Kilbride Cross, 24 km südöstlich von Carlow (Stadt).

Zwischen Sträuchern, Blumenbeeten, alten Bäumen (manche mehr als 250 Jahre alt), Rhododendron und Azaleen verlaufen Spazierwege. Irgendwann geht es dann 100 Granitstufen hinab zu einem wunderschönen Wäldchen voller Glockenblumen am Fluss, der perfekte Ort für ein Picknick.

Die im 18. Jh. angelegten Gärten sind zum größten Teil das Werk des Pflanzensammlers Fielding Lecky Watson, der das Anwesen 1924 kaufte, und seiner Tochter Corona North, die es dem Staat 1999 nach ihrem Tode vermachte. Nach einer Restaurierung soll auch das noch ziemlich verwahrloste Altamount House der Öffentlichkeit zugänglich gemacht werden.

DER MT. LEINSTER HERITAGE DRIVE

Borris ist Ausgangspunkt des Mt. Leinster Heritage Drive, einer markierten, 75 km langen Spritztour durch den Süden von Carlow. Sie führt durch die Dörfer Bunclody (direkt hinter der Grenze nach Wexford), Clonegal, Kildavin, Myshall, Fenagh und Bagenalstown. In den Touristeninformationen sind kostenlose Faltblätter erhältlich.

Die Route überquert die Blackstairs Mountains; am **Aussichtspunkt Nine Stones** bietet sich ein atemberaubender Panoramablick auf acht Counties. Bei schönem Wetter erspäht man sogar die Küste von Wales im Osten. Nine Stones ist zudem beliebt bei Drachenfliegern und Paraglidern und dient als Startpunkt des leichtesten Wanderwegs auf den **Mt. Leinster** (796 m): Auf einer Straße geht's zu dem Funkmast auf dem Gipfel (hin & zurück 5 km, 1½ Std.).

Schlafen & Essen

★ **Sherwood Park House** PENSION €€

(✆ 059-915 9117; www.sherwoodparkhouse.ie; Kilbride Cross, nahe Ballon; EZ/DZ ab 60/100 €) Das 1730 errichtete georgianische Herrenhaus aus grauem Stein beherbergt fünf riesige Zimmer mit satin- und samtgeschmückten Himmelbetten. Abendessen gibt's nach vorheriger Anmeldung (40 € pro Pers.), das Frühstück ist inbegriffen. Die Pension liegt an einer Seitenstraße, die zu den nur 600 m entfernten Altamont Gardens führt.

Forge Restaurant IRISCH €

(www.theforgekilbride.ie; Kilbride Cross, nahe Ballon; Hauptgerichte 5–10 €; ⏲ Mo–Sa 9.30–17.30, So 10.30–18 Uhr; 📶 👪) In der ehemaligen Schmiede nahe den Altamont Gardens bereitet Mary Jordan köstliche, gesunde Suppen und warmes Mittagessen aus lokalen Produkten zu. Außerdem gibt's Backwaren zum Mitnehmen, Snacks und Kunsthandwerk.

Borris & Umgebung

650 EW.

Die hübsche Hauptstraße dieses georgianischen Dorfs verläuft vom Black River den Hügel hinauf und wird auf einer Seite von pastellfarbenen Cottages gesäumt, auf der anderen erstreckt sich das Grundstück von Borris House, dem einstigen Sitz der Hochkönige von Leinster.

Sehenswertes & Aktivitäten

Borris House HISTORISCHES GEBÄUDE

(www.borrishouse.com; Borris; Erw./Kind 12/2 €; ⏲ Führungen Mai–Sept. Mo–Fr 15 Uhr) Der beeindruckende gotische Tudor-Landsitz war das Zuhause der McMorrough Kavanaghs, der Hochkönige von Leinster. Das Gebäude entstand zwischen 1810 und 1820 auf den Grundmauern eines älteren Hauses aus dem 18. Jh. und einer Burg aus dem 15. Jh. Im Inneren sind fantastische Zierelemente aus Stuck von Michael Stapleton zu sehen. Der Künstler hat sich auch im Trinity College und Powerscourt House in Dublin „ausgetobt". Die Besichtigung ist nur im Rahmen einer Führung möglich, die vorab online reserviert werden muss.

Kilgraney House Herb Gardens GÄRTEN
(www.kilgraneyhouse.com; Bagenalstown; Eintritt 3 €; ⌚ Mai–Sept. Do–So 14–17 Uhr) In dieser bildschönen Grünanlage wachsen jede Menge Arznei- und Küchenkräuter, die auch in der Inn- und Restaurantküche verwertet werden. Zu den Hauptattraktionen gehört sicherlich der nach mittelalterlichem Vorbild angelegte Klostergarten. Der Eintritt deckt auch ein Tässchen Kräutertee im Café ab. Kilgraney House liegt abseits der R705 auf halber Strecke zwischen Borris und Bagenalstown und ist ausgeschildert.

Schlafen & Essen

Forge B&B €
(☎ 059-972 5740; www.ullardforgeaccommodation.eu; Ullard, Milltown; 35 € pro Pers.; ⌚ Mitte Feb.–Okt.; 📶) Modernes B&B mit tollem Preis-Leistungs-Verhältnis in ruhiger, ländlicher Lage nahe dem River Barrow. Es befindet sich kurz hinter der Grenze der Grafschaft Kilkenny, zehn Fahrminuten von Borris entfernt an einer einspurigen Straße, die von der R705 abgeht und Richtung Graiguenamanagh führt.

★ **Step House Hotel** HOTEL €€€
(☎ 059-977 3209; www.stephousehotel.ie; 66 Main St, Borris; EZ/DZ ab 85/150 €; 📶) Das ansprechende Step House Hotel hat elegante Zimmer in Pastellgrün und Gold. Die teureren verfügen über Balkone mit Blick auf den Mt. Leinster. Die Tische des Kellerrestaurants verstecken sich in romantischen Nischen unter Gewölbedecken und die rustikale Bar gilt als idealer Ort für ein entspanntes Pint nach einem langen Wander- oder Sightseeingtag.

Lorum Old Rectory B&B €€€
(☎ 059-977 5282; www.lorum.com; Kilgraney, Bagenalstown; EZ/DZ ab 95/150 €; ⌚ Feb.–Nov.; 📶) Auf halber Strecke zwischen Borris und Bagenalstown thront abseits der R705 auf einem Hügel östlich der Straße dieses historische Herrenhaus aus dem 19. Jh. Von den vier Zimmern (ein paar mit Himmelbetten) blickt man ins Grüne. Die überwiegend auf Bioprodukten basierende Küche erfreut sich großer Beliebtheit, deshalb sollte man das viergängige Abendessen schon bei der Zimmerbuchung reservieren (45 € pro Pers.).

M O'Shea KNEIPENKOST €
(Main St, Borris; Hauptgerichte 8–12 €; ⌚ 12 Uhr–spät) Mischung aus Gemischtwaren- und modernem Lebensmittelladen sowie einem altmodischen Pub mit einfacher Kneipenküche. Von der Decke baumeln Ersatz- und Maschinenteile. Gelegentlich Livemusik.

An- & Weiterreise

Borris liegt an der von Osten nach Westen verlaufenden R702. Diese Straße verbindet die M9 mit der N11 im County Wexford. Busse von **Kilbride Coaches** (www.kilbridecoaches.com) fahren montags bis samstags zweimal täglich von Kilkenny nach Borris (6 €, 40 Min.) und weiter bis Graiguenamanagh (3,50 €, 15 Min.).

Züge halten auf dem Weg von Carlow nach Kilkenny in Bagenalstown (5,85 €, 12 Min., 7–10-mal tgl.).

St. Mullins

100 EW.

Das friedliche St. Mullins besteht aus einer Handvoll Häuser sowie einem Pub rund um einen buckeligen Dorfanger – hier lässt nichts auf die bedeutsame Geschichte dieses Fleckchens schließen. Einst war das im 7. Jh. vom hl. Moling (St. Mullin) nahe der heiligen Quelle **St. Moling's Well** (am Dorfparkplatz ausgeschildert) gegründete Örtchen eine wichtige Klosterstätte.

Im 12. und 13. Jh. entstand hier eine anglonormannische Siedlung (die Buckel auf dem Anger sind Überbleibsel einer als Motte bezeichneten Erdhügelburg), doch aus unerfindlichen Gründen wuchs das Dorf nie zu einer Stadt heran. Heute ist St. Mullins ein wunderschöner, ruhiger Ort, ideal zum Angeln und Kanufahren sowie zum Wandern und Radfahren am Flussufer.

Am Sonntag vor dem 25. Juli (oder am 25. Juli, falls der auf einen Sonntag fällt) findet der **St. James Pattern Day** statt, eine jährliche Pilgerfahrt mit Messe.

Sehenswertes

St. Mullins Monastery RUINE
(⌚ 24 Std.) GRATIS Der hl. Moling gründete im 7. Jh. dieses Kloster, das als Begräbnisstätte der Könige von Leinster gilt. Unter den Ruinen befinden sich vier Kirchengebäude aus dem 10. bis 15. Jh., das Fundament eines Rundturms und ein Hochkreuz aus dem 9. Jh. In der Nähe sind auch das Grab von

DER BARROW WAY

Der Barrow, Irlands zweitlängster Fluss nach dem Shannon, fließt zwischen den Hügeln der Slieve Bloom Mountains in der Grafschaft Laois nach St. Mullins, wo Ebbe und Flut spürbar werden, und von dort aus weiter in den Hafen von Waterford, wo er ins Meer mündet. Dabei legt der Strom insgesamt 192 km zurück. Seit dem 18. Jh. ist er schiffbar und über den Barrow-Line-Kanal mit dem Grand Canal in Dublin verbunden. Entlang des Ufers verläuft der **Barrow Way** (www.irishtrails.ie), ein markierter Fernwanderweg, der 114 km lang ist und zwischen Lowtown (nahe Robertstown) in der Grafschaft Kildare und St. Mullins verläuft. Mehr als die Hälfte der Route befindet sich auf dem Gebiet des Countys Carlow. Sie führt durch ein bukolisches Idyll aus Dörfern am Flussufer, viktorianischen Schleusenwärter-Cottages, alten Steinbrücken und Anlegestegen voller Boote. Allenthalben wird man Tiere wie Otter, Fisch- und Seidenreiher oder Eisvögel sichten.

Die komplette Wanderung dauert vier Tage, man kann sich aber auch kürzere Abschnitte vornehmen und diese zu einer angenehmen Halbtagestour verbinden, zu Fuß oder mit dem Rad. Besonders schön ist der 7,5 km lange Abschnitt zwischen St. Mullins und Tinnahinch (von Graiguenamanagh aus auf der anderen Flussseite gelegen); wer läuft, braucht 1½ Stunden, Radfahrer benötigen 30 Minuten pro Strecke.

General Thomas Cloney, einem Helden des Aufstands von 1798, und ein Denkmal, aufgestellt durch in New York lebende Auswanderer aus St. Mullins: Es markiert die Grabstätte von Art, König von Leinster (1357–1416).

St. Mullins Heritage Centre MUSEUM
(www.stmullinsheritagecentre.com; Erw./Kind 3 €/frei; ⌚Mai–Sept. Mo–Mi 9.30–16.30, So 14.30–18.30 Uhr) In der früheren Church of Ireland inmitten der Klosterstätte von St. Mullins befindet sich eine Ausstellung zum Leben des hl. Moling sowie zur Geschichte des Klosters und des Dorfs.

Schlafen & Essen

Mulvarra House B&B €€
(☎051-424 936; www.mulvarra.com; St Mullins; EZ/DZ ab 40/70 €; 📶) Die meisten Schlafzimmer des modernen, komfortablen B&Bs haben Balkone mit toller Aussicht auf den River Barrow. Bei vorheriger Anmeldung wird Abendessen serviert (30 €). Außerdem können sich die Gäste mit Warmsteinmassagen u. Ä. verwöhnen. Mulvarra House ist östlich des Dorfs an der Straße nach New Ross gelegen.

Old Grainstore COTTAGE €€
(☎051-424 440; www.oldgrainstorecottages.ie; The Quay; 2-Bette-Cottages 450 € pro Woche; 👪) Martin und Emer O'Brien haben dem Angestelltendasein den Rücken gekehrt, um diesen ehemaligen Kornspeicher am Fluss in drei Cottages für zwei bis fünf Selbstversorger umzuwandeln. Die Innenräume sind gleichzeitig stilvoll und anheimelnd, in den Regalen drängen sich Bücher und die Öfen werden mit Holz befeuert. Manchmal sind auf Anfrage auch kürzere Aufenthalte möglich. Für die Gäste stehen Räder und Kajaks zur Verfügung (kostenlos).

Mullicháin Café CAFÉ €
(The Quay; Hauptgerichte 5–12 €; ⌚März–Okt. Di–So 11–18 Uhr; 👪) In dem tollen Café am Wasser werden selbst gebackenes Brot und Kuchen, Suppen, Feinschmeckerteller und Mittagsgerichte wie Garnelen- und Krabbensalat aufgetischt.

Clonegal

245 EW.

In dem malerischen Dorf Clonegal erstreckt sich eine winzige Grünfläche neben einer Steinbrücke (18. Jh.) über den River Derry. Das kristallklare Wasser läuft über Kalksteinfelsen in den Fluss, in dem sich dicke Bachforellen tummeln. Am Ufer wiegen sich die Ranunkeln.

Clonegal ist der Endpunkt von Irlands erstem Fernwanderweg, dem **Wicklow Way**, und Standort von Huntington Castle, das Stanley Kubrick 1975 als atmosphärischen Schauplatz für seinen Film *Barry Lyndon* wählte.

Sehenswertes

Huntington Castle BURG
(www.huntingtoncastle.com; Clonegal; Burgführungen Erw./Kind 9/4 €, nur Garten 5/2,50 €; ⌚Haus Juni–Aug. tgl. 14–18 Uhr, Mai & Sept. nur Sa & So, Garten Mai–Sept. tgl. 10–18 Uhr) Das unheimliche, eingestaubt wirkende Turmhaus, das Sir Laurence Esmonde 1625 bauen ließ, ist das

Herz von Huntington Castle und wird heute von georgianischen und extravaganten, zinnenbewehrten viktorianischen Anbauten umgeben. Es dient noch heute als Wohnsitz für die Familie Durdin-Robertson, die einst in die Familie Esmonde einheiratete. Sie arrangiert 45-minütige Führungen durch den jakobinischen Saal, die viktorianische Küche und die Wohnbereiche. Unterhaltsame Spukgeschichten dürfen natürlich nicht fehlen.

Der schrägste Teil der Tour ist der **Isistempel** im Keller, das Hauptquartier der Fellowship of Isis, einem Orden, der sich der Verehrung des „Göttlich-Femininen" verschrieben hat. Er wurde 1976 von Olivia Robertson, einem Mitglied der Familie, gegründet.

Im **Garten** finden sowohl strenge Formgebung als auch ländliche Fantasie ihren Ausdruck. Die 500 Jahre alte „Eibenlaube", eine Allee aus Lindenbäumen, die 1680 gepflanzt wurde, und der Fischteich aus dem 17. Jh. sind besondere Highlights. Zu den Einrichtungen vor Ort gehören ein Abenteuerspielplatz, ein Teesalon und ein Andenkenladen.

Essen & Ausgehen

Sha-Roe Bistro MODERN IRISCH €€

(☎053-937 5636; Main St, Clonegal; Hauptgerichte 18–25 €; ⏲Mi & Do 19–20.30, Fr & Sa 19–21.30, So 12.30–14.30, Jan. geschl.) Eines der besten Restaurants von Carlow. Es befindet sich in einem Gebäude aus dem 18. Jh. und wird von dem preisgekrönten Starkoch Henry Stone geführt. Der offene Kamin und ein hübscher Hof hinten schaffen ein rustikales Ambiente und auf den Tisch kommt herausragende moderne Küche, die aus lokalen Erzeugnissen frisch von den umliegenden Obst- und Bauernhöfen kredenzt wird. Mindestens zwei Wochen im Voraus reservieren.

Osborne's PUB

(Main St, Clonegal; ⏲Mo–Sa 12–23, So 12.30–22 Uhr) Traditionell ist dieses stimmungsvolle Pub mit niedrigen Decken die letzte Station von Wanderern auf dem Wicklow Way. Der obere Teil der Theke besteht angeblich aus Sargdeckeln.

An- & Weiterreise

Clonegal liegt 4,5 km östlich von Kildavin und ist von der N80 aus über mehrere beschilderte Straßen zu erreichen. Wanderer nehmen in Dublin Buslinie 132 bis Kildavin (17,50 €, 2¼ Std., 2-mal tgl.) und laufen die 4,5 km (1 Std.) bis Clonegal.

COUNTY KILKENNY

95 400 EW. / 2073 KM²

Kilkennys Herz ist die gleichnamige Stadt, ein „Geschenk" der Normannen. Sie bezaubert Besucher mit ihren mittelalterlichen Gassen, die an der Burg, der Kathedrale, an Kunsthandwerkerateliers, traditionellen Pubs und Flusspfaden vorbeiführen.

Doch auch das hügelige grüne Umland hat seinen Reiz: Schmale Straßen schlängeln sich durch Täler sowie an rauschenden Flüssen, moosbewachsenen Feldsteinmauern und Relikten der jahrhundertealten irischen Geschichte vorbei. Zu den schönsten Orten der Grafschaft gehören das charmante Inistioge, das bereits in vielen Filmen eine Hauptrolle spielen durfte, sowie Graiguenamanagh, Bennettsbridge und Thomastown. Kein Wunder, dass sich hier so viele Künstler und Kunsthandwerker niedergelassen haben.

Kilkenny (Stadt)

24 400 EW.

Kilkenny (Cill Chainnigh, die „Kirche des hl. Canice (Kenneth)") ist für viele Besucher das Irland ihrer Träume: Eine Stadt erbaut aus dunkelgrauem Kalkstein, an dem fossile Muschelschalen haften. Das Gestein erinnert an dunklen Marmor, deshalb wird Kilkenny auch als „Marmorstadt" bezeichnet. Die malerische „Mittelaltermeile" (Medieval Mile) mit schmalen Gassen und historischen Gebäuden zwischen der Burg und der Kathedrale am Ufer des River Nore gehört zu den Top-Touristenattraktionen im Südosten des Landes. Aber es lohnt sich, den Menschenmassen die Stirn zu bieten, um die Atmosphäre einer der Kreativhochburgen des Landes in sich aufsaugen zu können: Kilkenny ist ein Zentrum für Kunst und Kunsthandwerk und wartet überdies mit einer großen Anzahl an feinen Restaurants, Cafés, Pubs und Geschäften auf.

Geschichte

Im Mittelalter fungierte Kilkenny mit Unterbrechungen als inoffizielle Hauptstadt Irlands und hatte sein eigenes anglonormannisches Parlament, das 1366 die „Statuten von Kilkenny" verabschiedete. Das Gesetz sollte verhindern, dass die Anglonormannen die irische Kultur annahmen und sich die irische Sprache aneigneten. So war diesen die Ehe mit Einheimischen, die Teilnahme an irischen Sportveranstaltungen und die Eingliederung in den Alltag bis hin zur irischen Sprache, Kleidung und Musik verbo-

Kilkenny (Stadt)

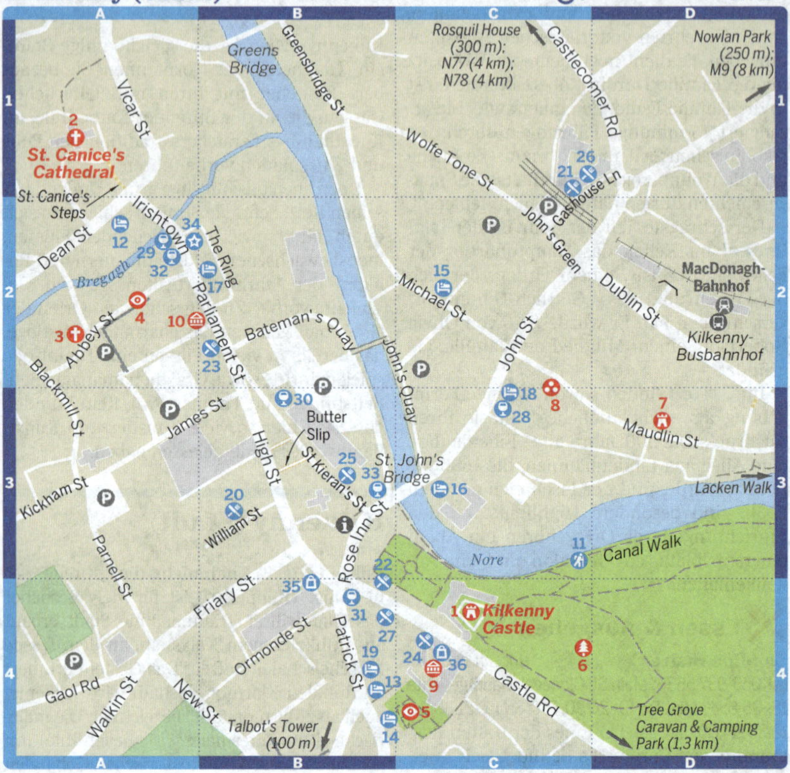

ten. Formal blieben die Gesetze mehr als 200 Jahre bestehen, konnten aber nie wirklich durchgesetzt werden. Die Vermischung von anglonormannischer und irischer Kultur ließ sich nicht aufhalten.

Im englischen Bürgerkrieg um 1640 verbündete sich die Stadt mit katholischen Königstreuen. Der Bund von Kilkenny 1641 war eine widerwillige irisch-anglonormannische Zweckallianz, mit deren Hilfe die Katholiken Land und Macht zurückgewinnen wollten. Nach der Hinrichtung Karls I. ließ Cromwell Kilkenny fünf Tage lang belagern. Bis sich die herrschende Ormonde-Familie endlich unterwarf, war die Südflanke der Burg größtenteils zerstört. Mit der Niederlage zeichnete sich bereits das Ende der politischen Macht Kilkennys über Irland ab.

Inzwischen ist der Tourismus der wichtigste Geschäftszweig der Stadt, doch gleichzeitig ist der Ort auch ein regionales Zentrum traditioneller Aktivitäten wie der Landwirtschaft.

Sehenswertes & Aktivitäten

Abschnitte der mittelalterlichen Stadtmauern von Kilkenny, die größtenteils aus dem 14. und 15. Jh. stammen, können immer noch besichtigt werden, etwa am **Talbot's Tower** (Ecke Ormonde Rd & New St), **Maudlin Tower** (Maudlin St) und am **Black Freren Gate** (Abbey St) – das einzige noch erhaltene Stadttor. **Maudlin Castle** (Maudlin St), ein um 1500 erbautes Turmhaus, diente früher zum Schutz des östlichen Zugangs zur Stadt.

★ Kilkenny Castle BURG

(www.kilkennycastle.ie; Castle Rd; Erw./Kind 7/3 €; ⏲ März–Sept. 9.30–17 Uhr, Okt.–Feb. bis 16.30 Uhr) Hoch oben über dem Nore thront das Kilkenny Castle, eine der meistbesuchten irischen Kulturstätten. Sie war die Festung der einflussreichen Familie Butler und ihre Geschichte reicht bis ins 12. Jh., weite Teile der heutigen Anlage wurden allerdings in viktorianischen Zeiten erbaut.

Kilkenny (Stadt)

Highlights
1 Kilkenny Castle C4
2 St. Canice's Cathedral A1

Sehenswertes
3 Black Abbey A2
4 Black Freren Gate A2
Butler Gallery .... (siehe 1)
5 Butler House Gardens C4
6 Kilkenny Castle Park C4
7 Maudlin Castle D3
8 Maudlin Tower C2
9 National Craft Gallery C4
10 Rothe House & Garden A2

Aktivitäten, Kurse & Touren
11 Nore Linear Park C3

Schlafen
12 Bregagh House A2
13 Butler Court B4
14 Butler House B4
15 Celtic House C2
16 Kilkenny River Court C3
17 Kilkenny Tourist Hostel B2
18 Langton House Hotel C3
19 Pembroke Hotel B4

Essen
20 Café Sol B3
21 Campagne C1
22 Farmers Market B4
23 Foodworks B2
24 Kilkenny Design Centre Restaurant C4
25 Lautrec's Tapas & Wine Bar B3
26 Mocha's Vintage Tearooms C1
27 Rinuccini B4

Ausgehen & Nachtleben
28 Bridie's General Store C3
29 John Cleere's A2
30 Kyteler's Inn B3
31 Left Bank B4
32 O'Hara's Brewery Corner A2
33 Tynan's Bridge House B3

Unterhaltung
34 Watergate Theatre A2

Shoppen
35 Kilkenny Book Centre B4
36 Kilkenny Design Centre C4

Während der Wintermonate (Nov.–Jan.) werden 40-minütige Touren angeboten, von Februar bis Oktober erkundet man das Gelände auf eigene Faust.

Einst befand sich ein Holzturm an diesem strategisch wichtigen Ort, errichtet 1172 von Richard Fitz Gilbert de Clare, dem anglonormannischen Eroberer Irlands und besser bekannt als Strongbow. 1192 ließ Strongbows Schwiegersohn William Marshal eine Steinburg mit vier Türmen erbauen, von denen drei noch heute erhalten sind. Die Festung wurde 1391 von der Familie Butler gekauft (den späteren Grafen und Herzogen von Ormonde), deren Nachkommen dort bis 1935 wohnten. Als der Erhalt des Bauwerks zu einer großen finanziellen Belastung wurde, versteigerten die Besitzer fast das ganze Mobiliar. 1967 ging die Burg schließlich für läppische 50 £ in das Eigentum der Stadt über.

Für den Großteil der Besucher ist die **Long Gallery** das Highlight. Porträts der Butler-Familie – die ältesten stammen aus dem 17. Jh. – schmücken eine eindrucksvolle Halle. Deren Balkendecke aus dem 19. Jh. zieren farbenfrohe Fresken mit keltischen, mittelalterlichen und präraffaelitischen Motiven von John Hungerford Pollen (1820–1902), der auch den traumhaften Kamin aus Carrara-Marmor mit fein gearbeiteten Szenen aus der Familiengeschichte der Butlers versehen hat.

Im Burgkeller befinden sich die **Butler Gallery** (www.butlergallery.com) GRATIS mit Wechselausstellungen zeitgenössischer Künstler und die Burgküche mit einem beliebten Teesalon (nur im Sommer), ein Traum aus weißem Marmor und glänzendem Kupfer. Die Butler Gallery und das Café sind ohne Eintritt zugänglich.

Von der Burg aus Richtung Südosten erstreckt sich ein 20 ha großer **öffentlicher Park** (Castle Rd; ⏲ Mai–Aug. 8.30–20.30, April & Sept. bis 19 Uhr, Okt.–März kürzere Öffnungszeiten), der eine schöne Kulisse für einen Ausblick auf den Mt. Leinster bildet. Nordwestlich von Kilkenny Castle liegt ein Rosengarten in Form eines keltischen Kreuzes. Durch ein Tor an der Nordseite des Parks gelangt man zum Flussufer hinab (steil!). An der St. John's Bridge kann man den Rückweg in die Stadt einschlagen.

★ **St. Canice's Cathedral** KATHEDRALE
(www.stcanicescathedral.ie; St. Canice's Pl; Kathedrale 4 €, Rundturm 3 €, Kombiticket 6 €; ⏲ Mo–Sa 9–18, So 13–18 Uhr, Sept.–Mai kürzere Öffnungszeiten) Irlands zweitgrößte mittelalterliche Kathedrale (nach St. Patrick's in Dublin) blickt auf eine faszinierende Vergangenheit zurück.

Der Legende nach soll der hl. Canice, Schutzpatron von Kilkenny, an diesem Standort schon im 6. Jh. ein Kloster errichtet haben. Das aktuelle Bauwerk stammt aus dem 13. bis 16 Jh. und wurde im 19. Jh. umfassend rekonstruiert. Die Innenräume bergen jahrhundertealte Grabplatten und die Gräber der auf Kilkenny Castle ansässigen Butler-Dynastie. Draußen ragt ein 30 m hoher Rundturm auf, einer von nur zwei Rundtürmen in Irland, die bestiegen werden können.

Aufzeichnungen zufolge brannte hier 1087 eine Holzkirche ab. Die St. Canice's Cathedral entstand zwischen 1202 und 1285 und durchlebte wechselhafte Zeiten. 1332 stürzte der Turm ein, was mit der Verurteilung von Alice Kyteler als Hexe in Zusammenhang gebracht wurde. Kytelers Zofe Petronella wurde ebenfalls der schwarzen Magie schuldig gesprochen und auch ihr Neffe William Outlawe soll in diese Machenschaften verwickelt gewesen sein. Das unglückliche Dienstmädchen endete auf dem Scheiterhaufen, ihrer Herrin gelang jedoch die Flucht nach London. William schließlich blieb verschont, weil er anbot, das Dach der Kathedrale mit (viel zu schweren) Bleiziegeln neu zu decken, was den Turm zum Einsturz brachte.

1650 schändeten und demolierten Cromwells Truppen die Kirche, indem sie das Gebäude als Pferdestall zweckentfremdeten. Die Reparaturarbeiten begannen 1661. 1863 stellte man das schöne Dach des Mittelschiffs fertig.

An den Wänden und auf dem Boden der Kathedrale befinden sich blank polierte **Grabplatten**, darunter eine an der Nordwand, die mit normannisch-französischer Inschrift an den 1280 verstorbenen Jose de Keteller erinnert. Trotz der unterschiedlichen Schreibweisen war dies vermutlich Alice Kytelers Vater. Ein **Steinstuhl des hl. Kieran,** eingebettet in die Mauer, stammt aus dem 13. Jh. Das kunstvolle Denkmal der Honorina Grace von 1596 auf der Westseite des südlichen Mittelgangs ist aus wundervollem schwarzem Kalkstein aus der Region gefertigt. Im südlichen Querhaus ist das prächtige **schwarze Grabmal von Piers Butler** (verstorben 1539) und seiner Frau Margaret Fitzgerald zu sehen. In dieser Ecke der Kirche kann man noch mehr Grab- und Denkmäler der bedeutenden Butler-Familie entdecken; sie sind auf einer Tafel im südlichen Mittelgang aufgelistet. Interessant ist auch das Modell, das Kilkenny im Jahre 1642 zeigt.

Abgesehen von der fehlenden Krone ist der **Rundturm** aus dem 9. Jh. noch gut erhalten. Allerdings gestaltet sich das Erklimmen der Plattform ziemlich mühsam, denn man braucht beide Hände, um die steilen 100 Treppenstufen hochzuklettern (kein Zutritt für Kinder unter 12 Jahren).

Der Fußweg zur Kathedrale führt von der Parliament Street aus über die Irishtown Bridge und die **St. Canice's Steps** von 1614 hinauf; die obere Mauer weist Fragmente mittelalterlicher Reliefs auf. An düsteren Tagen wird man durch die schiefen Grabsteine zumindest dazu verleitet, nach einer schwarzen Katze Ausschau zu halten ...

Rothe House & Garden MUSEUM
(www.rothehouse.com; Parliament St; Erw./Kind 5,50/4,50 €; ⏲ April–Okt. Mo–Sa 10.30–17, So 15–17 Uhr, Nov.–März Mo–Sa 10.30–16.30 Uhr) Das Rothe House (erb. 1594) ist eines der schönsten irischen Kaufmannshäuser aus der Tudor-Zeit. Es verfügt sogar über einen restaurierten mittelalterlichen Garten und wurde um mehrere Höfe herum angelegt. Heute beherbergt es ein Museum mit einer recht übersichtlichen Ausstellung regionaler Fundstücke, darunter ein verrostetes Wikingerschwert und ein grinsender Steinkopf, das Werk eines keltischen Künstlers. Das Highlight ist der hübsche umzäunte Garten, unterteilt in einen Früchte-, Gemüse- und Kräutergarten sowie einen traditionellen Obsthain, ganz so, wie es im 17. Jh. üblich war.

Um 1640 spielte die wohlhabende Familie Rothe eine tragende Rolle im Bündnis von Kilkenny. Peter Rothe, Sohn des Erbauers, musste die Enteignung seines gesamten Besitzes erleben. Seiner Schwester gelang es zwar, diesen zurückzufordern, doch kurz vor der Schlacht am Boyne (1690) verlor die Familie das Haus endgültig, da sie Jakob II. unterstützte. 1850 wurde im Gebäude ein Banner gefunden, das dieses Bündnis belegt. Mittlerweile kann man es im Nationalmuseum von Dublin bewundern.

National Craft Gallery KUNSTMUSEUM
(www.nationalcraftgallery.ie; Castle Yard; ⏲ Di–Sa 10–17.30, So 11–17.30 Uhr) GRATIS Zeitgenössisches irisches Kunsthandwerk zeigt das ideenreiche Museum in den früheren Ställen der Burg auf der anderen Straßenseite von Kilkenny Castle, gleich neben den Geschäften des Kilkenny Design Centre (S. 209). Obwohl der Schwerpunkt auf Keramik liegt, werden oft auch Möbel, Schmuck und Webarbeiten präsentiert, gefertigt von Mitgliedern der handwerklichen Berufsgenossenschaft

Irlands, dem Crafts Council of Ireland. Am zweiten Samstag im Monat ist Familientag mit kostenlosen Kursen für Kinder (10 und 12.30 Uhr). Weitere Seminare und Veranstaltungen werden auf der Website angekündigt.

Hinter dem Gebäude geht's durch ein Tor zur schönen **Butler-House-Gartenanlage** (Mo–Fr 10–17, Sa & So bis 12 Uhr) GRATIS, deren ungewöhnlichstes Stück ein Wasserspiel ist. Es wurde aus Resten der von den Briten errichteten Nelson-Säule erbaut, die einst auf der O'Connell Street in Dublin stand, bis die IRA sie 1966 in die Luft jagte.

Black Abbey KIRCHE
(www.blackabbey.ie; Abbey St) Das Dominikanerkloster wurde 1225 von William Marshall gegründet. Es verdankt seinen Namen dem schwarzen Habit der Mönche. Viele Gebäudeteile gehen auf das 18. und 19. Jh. zurück, es sind aber unverändert Reste älterer Bogengänge zu sehen und das Buntglas ist ein Traum. Wenn gerade keine Messe gelesen wird, kann man sich ein Faltblatt nehmen (gegen eine Spende) und auf Entdeckungstour gehen. Spannend: die Särge aus dem 13. Jh. in der Nähe des Eingangs.

Nore Linear Park WANDERUNGEN
Dieses Wegenetz erlaubt es Wanderern am Ufer des River Nore entlang nach Südosten bis zur Ringstraße zu spazieren (2,5 km) und dann auf der anderen Seite wieder zurückzulaufen. Der **Canal Walk** am südwestlichen Ufer führt unterhalb der Burg und an Mühlgräben, Dämmen und verfallenen Wollspinnereien aus dem 19. Jh. vorbei. Ein paar davon waren noch bis in die 1960er-Jahre in Betrieb. Der **Lacken Walk** auf der Nordostseite startet an der Maudlin Street. Die Touristeninformation hat eine Karte; alternativ trailkilkenny.ie aufrufen.

Geführte Touren

Kilkenny Cycling Tours FAHRRADFAHREN
(086 895 4961; www.kilkennycyclingtours.com; 20 € pro Pers.;) Man kann die Stadt und die Umgebung mit dem Fahrrad erkunden und zur 2½-stündigen Tour auch ein Mittagessen buchen. Die Räder werden zur jeweiligen Unterkunft gebracht.

Pat Tynan Walking Tours STADTFÜHRUNG
(087 265 1745; www.kilkennywalkingtours.ie; 6 € pro Pers.; Mitte März–Okt. tgl. 2–3 Führungen) Unterhaltsame 70-minütige Stadtführungen entlang der engen Gassen, Treppen und Passagen. Treffpunkt ist die Touristeninformation.

Feste & Events

In Kilkenny finden mehrere einzigartige Veranstaltungen statt, die Tausende in ihren Bann ziehen.

Kilkenny Rhythm & Roots MUSIK
(www.kilkennyroots.com) In mehr als 30 Pubs und Veranstaltungsorten kann man sich Ende April/Anfang Mai auf einem der größten Musikfestivals Irlands vor allem an Country und American Roots Music erfreuen.

The Cat Laughs Comedy Festival COMEDY
(www.thecatlaughs.com) Bei diesem Event treten an einem langen Wochenende Ende Mai/Anfang Juni Comedians von Weltrang in den Hotels und Pubs auf.

Kilkenny Arts Festival KUNST & KULTUR
(www.kilkennyarts.ie) Im August steht die Stadt zehn Tage lang im Zeichen von Kunst und Kultur mit Theater, Kino, Musik, Literatur, Bildenden Künsten, Straßenfesten und Kinderveranstaltungen.

Schlafen

Wer ohne Zimmerreservierung anreist – was in den Sommermonaten und während der Festivals unklug ist –, wendet sich am besten an die Touristinformation: Das dortige Buchungssystem ist äußerst effizient (4 €). Generell findet man in Kilkenny Unterkünfte für jedes Budget.

Kilkenny Tourist Hostel HOSTEL €
(056-776 3541; www.kilkennyhostel.ie; 35 Parliament St; B/2BZ ab 17/42 €; @) Ein mit Efeu bewachsenes georgianisches Stadthaus aus den 1770er-Jahren beherbergt das IHH-Hostel mit 60 Betten und 08/15-Standard. Es wartet mit einem Aufenthaltsraum inklusive offenem Kamin, einem Esszimmer voller Naturholz und einer Selbstversorgerküche auf. Top-Lage.

Tree Grove Caravan & Camping Park CAMPINGPLATZ €
(086 830 8845; www.treegrovecamping.com; New Ross Rd; Stellplätze 15–25 €; März–Mitte Nov.;) Hervorragender Campingplatz in einem kleinen Park, 1,5 km südlich von Kilkenny und zu erreichen über die R700. Vom Stadtzentrum aus läuft man eine halbe Stunde am Fluss entlang.

★ **Rosquil House** PENSION €€
(056-772 1419; www.rosquilhouse.com; Castlecomer Rd; Zi. ab 70, 2-Personen-Apt. ab 60 €;) In den mit dunklen Holzmöbeln eingerich-

teten Zimmern dieser top gepflegten Pension dominieren hübsche Paisley-Stoffe. Die Gästelounge mit Spiegeln in Messingrahmen kommt ähnlich geschmackvoll daher: Dort stehen kuschelige Sofas und Grünpflanzen. Das Frühstück ist überdurchschnittlich gut. Es gibt selbst gemachtes Müsli und luftig-lockere Omeletts. Das Selbstversorgerapartment hat eine nette Ausstattung und ist sehr gemütlich (Minimum: drei Übernachtungen).

Butler House BOUTIQUE-HOTEL €€
(☎056-772 2828; www.butler.ie; 16 Patrick St; EZ/DZ ab 90/145 €; @ 📶) Man kann zwar nicht direkt in der Burg übernachten, aber das historische Herrenhaus nebenan kommt diesem Erlebnis schon ziemlich nah. Früher diente es als Wohnsitz der Grafen von Ormonde, heute beherbergt das Gebäude ein Boutique-Hotel mit Freitreppen, Marmorkaminen, einer Kunstsammlung und sorgsam gepflegten Gärten. Die großzügigen Zimmer sind individuell gestaltet – und damit man auch ja nicht vergisst, dass man in einem historischen Bauwerk ist, knarzen die Böden.

Celtic House B&B €€
(☎056-776 2249; www.celtic-house-bandb.com; 18 Michael St; Zi. 80 €; @ 📶) Ihren Gästen bereitet die Künstlerin und Autorin Angela Byrne stets einen warmherzigen Empfang. Die blitzblanken Zimmer bieten teilweise einen Blick auf die Burg, andere haben Bäder mit Oberlichtern, und in vielen zieren Landschaftsbilder der Besitzerin die Wände. Unbedingt reservieren.

Butler Court GASTHAUS €€
(☎056-776 1178; www.butlercourt.com; Patrick St; Zi. 70–130 €; 📶) Ursprünglich war in diesem Gebäude (nicht mit dem prächtigen Butler House ein paar Häuser die Straße hoch zu verwechseln!) die Postkutschenstation für Kilkenny Castle untergebracht. Die modern eingerichteten Räume mit bildschönen Fotografien oder keltischer Kunst an den Wänden und Parkett aus kanadischem Kirschholz gruppieren sich rund um einen blumengeschmückten Hof. Im eigenen Zimmerkühlschrank gibt's alle Zutaten für ein kontinentales Frühstück samt frischen Früchten und Filterkaffee.

Bregagh House B&B €€
(☎056-772 2315; www.bregaghhouse.com; Dean St; EZ/DZ ab 60/100 €) Wer die anheimelnde Atmosphäre einer Familienunterkunft mag, wird sich in dem B&B mit den gemütlichen, schallisolierten Zimmern nahe der Kathedrale wohlfühlen. Der Wintergarten gewährt einen Blick auf den hübschen Garten mit der prächtigen Blutbuche. Morgens wird reichhaltiges warmes und alternativ auch ein kaltes Frühstück serviert. Für die Gäste stehen ausreichende Parkplätze zur Verfügung.

Langton House Hotel HOTEL €€
(☎056-776 5133; www.langtons.ie; 67 John St; EZ/DZ ab 60/120 €; 📶) Das Wahrzeichen der Stadt entwickelt sich stets weiter und wird schon seit den 1930er-Jahren von derselben Familie geführt. Die 34 Zimmer sind mit Parkettböden und dunklen Möbeln ausgestattet, während die Bäder Mosaikböden und fantastische Powerduschen haben. Außerdem gibt's ein klasse Restaurant und ein beliebtes Pub.

Pembroke Hotel HOTEL €€€
(☎056-778 3500; www.kilkennypembrokehotel.com; Patrick St; EZ/DZ ab 104/144 €; @ 📶) Von einigen der 74 Zimmer des modernen, zentral gelegenen Hotels fällt der Blick beim Aufwachen direkt auf die Burg. Die Deluxe-Räume verfügen über Balkone. Insgesamt ist das Dekor ansprechend, die Farbpalette schwankt zwischen Moosgrün und Blau. In der Bar stehen Ledersofas, außerdem kann man gleich um die Ecke kostenlos das Schwimmbad und andere Freizeitangebote nutzen.

Kilkenny River Court HOTEL €€€
(☎056-772 3388; www.rivercourthotel.com; John St; EZ/DZ ab 100/110 €; @ 📶 🏊) Wenn man nicht gerade in seinem großen modernen Zimmer alle viere von sich streckt, hat man die Möglichkeit, im hoteleigenen Restaurant zu dinieren, im preisgekrönten Health Club zu schwimmen oder auf der kopfsteingepflasterten Barterrasse einen Cocktail zu trinken und dabei die Aussicht auf den Fluss unterhalb der Burg zu genießen. Das Personal ist sehr entgegenkommend. Am Wochenende verdoppeln sich die Übernachtungspreise allerdings!

Essen

Die Restaurants in Kilkenny zählen zum Besten, was der Südosten zu bieten hat.

Farmers Market MARKT €
(Mayors Walk, The Parade; ⏲Do 9.30–14.30 Uhr) Kilkennys wöchentlich stattfindender Bauernmarkt ist eine Art Schaulaufen der lokalen Erzeuger.

Mocha's Vintage Tearooms CAFÉ €
(4 The Arches, Gashouse Lane; Hauptgerichte 6–13 €; ⌚Mo–Sa 8.30–17.30 Uhr) Ein niedlicher Teesalon im Retro-Look: An den Wänden hängen jede Menge Bilder und das Porzellan ist mit Rosen verziert. Außer Tee und Kuchen bekommt man hier auch Frühstück (bis 11.30 Uhr) mit verschiedenen Bagels und die subtantiellere warme irische Variante. Mittags gibt's Gerichte wie Fish 'n' Chips.

★ **Foodworks** BISTRO, CAFÉ €€
(☎056-777 7696; www.foodworks.ie; 7 Parliament St; Hauptgerichte mittags 7–14 €, 3-Gänge-Menü abends 28 €; ⌚Mi–Fr 12–21.30, Sa bis 22, So 12.30–16.30 Uhr; 📶 👪) 🌿 Die Besitzer dieses coolen, legeren Bistros halten Schweine und ziehen ihren eigenen Salat. Wer sich da die Brioche mit *pulled pork* (zartes Schweinefleisch) oder das Schweinefuß-Confit entgehen lässt, ist selbst schuld. Köstliches Essen, sehr guter Kaffee und nette Angestellte machen das Foodworks zu einer beliebten Adresse – aus gutem Grund. Besser reservieren!

Lautrec's Tapas & Wine Bar INTERNATIONAL €€
(www.lautrecs.com; 9 St Kieran's St; Tapas 4–8 €, Pizzas 11–15 €; ⌚Mo–Sa 12.30–22, So bis 21 Uhr) Turteltauben und romantische Seelen werden diese verführerische Tapasbar mit ihren Rosatönen, winzigen Tischchen und der umfangreichen Weinkarte lieben. Kulinarisch begibt man sich mit griechischen Lammhackbällchen, chinesischer Ente und anderen internationalen Leibspeisen im Tapasformat auf eine kontinentübergreifende Reise. Drei Tapas und ein Glas Wein kosten 20 €.

Café Sol MODERN IRISCH €€
(☎056-776 4987; www.restaurantskilkenny.com; William St; Hauptgerichte mittags 10–13 €, 2-/3-Gänge-Menü abends 25/29 €; ⌚Mo–Do 11–21.30, Fr & Sa bis 22, So 12–21 Uhr; 📶) 🌿 Das Café Sol präsentiert sich im modernen mediterranen Bistrolook. In dem herrlich unverkrampften Restaurant servieren die professionellen Servicekräfte bis 17 Uhr Mittagessen. Die saisonal wechselnden Gerichte bestehen stets aus frischen regionalen Bioprodukten. Oft sind die Kreationen extravagant und international.

Rinuccini ITALIENISCH €€
(☎056-776 1575; www.rinuccini.com; 1 The Parade; Hauptgerichte abends 17–29 €; ⌚12–15 & 17–22, So bis 21.30 Uhr) Eine kurze Treppe führt hinunter in einen mit Kerzen erleuchteten Keller, in dem man die exzellenten klassisch-italienischen Gerichte von Antonio Cavaliere genießen kann, z. B. *gamberoni Rinuccini* (frische Riesengarnelen aus Kilmore Quay mit einer Soße aus Sahne, Brandy und Dijon-Senf), die Spezialität des Hauses. Mittags und am frühen Abend kosten 2-/3-Gänge-Menüs 24/29 €.

Kilkenny Design Centre Restaurant CAFETERIA €€
(www.kilkennydesign.com; Castle Yard; Hauptgerichte 7–15 €; ⌚So–Mi 10–18, Do–Sa bis 21.30 Uhr; 📶 👪) Über den Kunsthandwerksläden befindet sich eine Cafeteria (Selbstbedienung), in der das Wort „Bio" ganz groß geschrieben wird. Hier bekommt man selbst gebackene Brote und Scones, leckere Meeresfrüchtesuppen, viele unterschiedliche Salate, Gourmetsandwiches, warme Gerichte und üppige Nachspeisen.

★ **Campagne** MODERN IRISCH €€€
(☎056-777 2858; www.campagne.ie; 5 Gashouse Lane; Hauptgerichte 29–32 €; ⌚Fr–So 12.30–14.30, Di–Sa 18–22 Uhr) Garrett Byrne machte sich zwar in Dublin einen Namen und erkochte sich dort mehrere Michelin-Sterne, ursprünglich stammt er aber aus Kilkenny. In diesem durchgestylten Restaurant hält er die Fäden in der Hand. Er ist ein leidenschaftlicher Unterstützer einheimischer Erzeuger und zaubert aus wechselnden Zutaten unvergessliche Gerichte mit französischer Note. Mittags und am frühen Abend zahlt man nur 27/32 € für ein 2-/3-Gänge-Menü.

🍷 Ausgehen & Nachtleben

In der John Street ist viel los, aber auch in der Parliament Street findet man eine größere Ansammlung von traditionellen Pubs.

★ **Kyteler's Inn** PUB
(www.kytelersinn.com; 27 St Kieran's St; ⌚So–Do 11–24, Fr & Sa bis 2 Uhr) Alice Kytelers Haus wurde bereits 1224 errichtet und hat schon so einiges miterlebt – 1323 wurde Alice z. B. der Hexerei bezichtigt. Heute ist das Originalgebäude mit den Tonnengewölbedecken und Steinbogen Teil der weitläufigen Bar. Es gibt einen Biergarten, einen Hof und einen großen Raum im Obergeschoss, in dem von März bis Oktober ab 18.30 Uhr Livemusik von Trad bis Blues gespielt wird.

Tynan's Bridge House PUB
(St John's Bridge; ⌚Mo–Do 10.30–23.30, Fr & Sa bis 0.30, So 11.30–23 Uhr) Das georgianische Pub aus dem Jahre 1703 ist die beste traditionelle Bar der Stadt. Sie hat kaum einen

rechten Winkel, die Regale hängen schief und die Wände haben noch die Originalholzverkleidung. An der offensichtlich viel genutzten, hufeisenförmigen Granittheke sitzen Stammgäste, als wären sie Teil des Inventars, und es gibt – juchuh! – keinen Fernseher. Mittwochs und an Wochenenden wird um 21 Uhr traditionelle Musik geboten.

Left Bank BAR
(www.leftbank.ie; The Parade; ⌚Mo–Do 12–23.30, Fr & Sa bis 0.30, So 12.30–23 Uhr) Die frühere Filiale der Bank of Ireland ist ohne Zweifel die auffälligste Bar der Stadt. Ihre umwerfende Innenausstattung (Säulen, geschnitztes Holz, nackte Steinwände, Kronleuchter) stammt aus den 1870er-Jahren. Wer Hunger hat, kann sich mit Kneipensnacks stärken.

Bridie's General Store PUB
(John St; ⌚So–Mi 11–22, Do–Sa 18–2 Uhr) Das Langton-Imperium legte bei der Gestaltung des Bridie's viel Wert auf das Design, und das Resultat, eine Mischung aus auf traditionell eingerichtetem Lebensmittelladen und Pub, kann sich durchaus sehen lassen. Vorn bestimmt eine bunte Mischung aus Souvenirs, Scherzartikeln, Spielzeug, Konserven und Delikatessen das Bild. Ddurch die Schwingtüren gelangt man in ein Pub mit bildschönen Bodenfliesen und hinten erstreckt sich ein uriger Biergarten.

John Cleere's PUB
(www.cleeres.com; 22 Parliament St; ⌚Mo–Do 11.30–23.30, Fr & Sa bis 0.30, So 13–23 Uhr) Einen schöneren Ort für Livemusik, Theater und Comedy wird man in Kilkenny kaum finden. In dieser Bar stehen Blues, Jazz und Rock auf dem Programm, außerdem gibt's montags und mittwochs Trad Sessions. Die Küche ist den ganzen Tag geöffnet. Auf der Karte stehen Suppen, Sandwiches, Pizza und Irish Stew.

O'Hara's Brewery Corner PUB
(www.carlowbrewing.com; 29 Parliament St; ⌚Mo–Do 13–23.30, Fr & Sa bis 0.30, So bis 23 Uhr) Kilkennys Nummer Eins in Sachen Craft-Beer ist dieser lange, schmale Saal im Besitz der Carlow Brewing Company. Der Service ist nicht immer erste Sahne – vor allem, wenn nicht so viel los ist –, doch die Ale-Auswahl ist erstaunlich. Es gibt z. B. ein hauseigenes IPA (Irish Pale Ale).

☆ Unterhaltung

Mehr über örtliche Veranstaltungen erfährt man in der Wochenzeitung *Kilkenny People* oder auf der Website der Touristeninformation unter Events.

Watergate Theatre THEATER
(www.watergatetheatre.com; Parliament St) Dieses tolle Theater bringt Dramen, Komödien und Musik auf die Bühne. Wer sich wundert, warum die Pausen 18 Minuten dauern: So können die Gäste mal schnell auf ein Pint ins John Cleere einkehren.

Nowlan Park SPORT
(www.kilkennygaa.ie; O'Loughlin Rd) Zu den Höhepunkten einer Irlandreise gehört der Besuch eines Hurlingspiels in Nowlan Park, dem Heimatstadion der Kilkenny Cats.

KUNST & KUNSTHANDWERK AUS KILKENNY

Im County Kilkenny findet man eine der höchsten Konzentrationen von Künstlern in ganz Irland: mehr als 130 Vollzeit-Kunsthandwerker sind hier tätig. Zu verdanken ist diese Tatsache vermutlich den hervorragenden Rohstoffen der Gegend und der inspirierenden Landschaft.

Wer sich regional gefertigtes Kunsthandwerk ansehen möchte, sollte folgende Orte besuchen:

Bennettsbridge (S. 212) In und rund um Bennettsbridge gibt's ein paar Kunsthandwerksateliers.

Graiguenamanagh (S. 215) Unweit des Zentrums stößt man auf einige Woll- und Kristallglaswerkstätten.

Kilkenny Design Centre (S. 209) Hier werden Arbeiten von mehr als einem Dutzend Künstlern aus der Umgebung verkauft.

Stoneyford In Stoneyford gibt es ein bekanntes Glasatelier (S. 213) und einen Laden (S. 214), in dem regionale Lebensmittel verkauft werden.

In dem Faltblatt „Made in Kilkenny Craft Trail" (siehe auch www.madeinkilkenny.ie) sind sämtliche Ateliers und Geschäfte aufgeführt.

Shoppen

★Kilkenny Design Centre KUNST & KUNSTHANDWERK
(☎056-772 2118; www.kilkennydesign.com; Castle Yard; ⏰10–19 Uhr) Hinter den hochwertigen Waren stehen Kunsthandwerker aus dem ganzen County. Uns haben vor allem die Wolldecken von John Hanly, Wollartikel von Cushendale, Foxford-Schals und Bunbury-Schneidebretter gefallen.

Kilkenny Book Centre BÜCHER
(10 High St; ⏰Mo–Sa 10–17 Uhr) Kilkennys größte Buchhandlung bietet eine umfangreiche Auswahl an Romanen und Sachbüchern über Irland, Zeitschriften sowie Landkarten. Oben ist ein Café untergebracht.

Praktische Informationen

Kilkenny Tourist Office (www.visitkilkenny.ie; Rose Inn St; ⏰Mo–Sa 9.15–17 Uhr) Reiseführer und Wanderkarten. Die Touristeninformation befindet sich im Shee Alms House, das der Wohltäter Sir Richard Shee 1582 zur Unterstützung der Armen errichten ließ.

An- & Weiterreise

BUS

Bus Éireann nutzt zwei Haltestellen – am Bahnhof und an der Ormonde Road (näher am Stadtzentrum). Die **JJ-Kavanagh-Busse** (www.jjkavanagh.ie) zum Dubliner Flughafen halten nur an der Ormonde Road.

Carlow 10,10 €, 35 Min., 3-mal tgl.
Cork 21,50 €, 3 Std., 2-mal tgl.
Dublin 14 €, 2¼ Std., 8-mal tgl.
Dublin Airport 20 €, 2–3 Std., 6-mal tgl.
Waterford 12,50 €, 1 Std., 2-mal tgl.

ZUG

Der Bahnhof MacDonagh liegt zehn Gehminuten nordöstlich vom Zentrum. Es bestehen Verbindungen nach Dublin Heuston (26 €, 1½ Std., 6-mal tgl.) und Waterford (13,85 €, 40 Min., 7-mal tgl.).

Im Zentrum des Countys Kilkenny

Das südliche – insbesondere das südöstliche – Umland der Stadt Kilkenny verzaubert mit Landstraßen und reizvollen kleinen Orten, die herrliche Ausblicke über die üppig grünen Flusstäler von Barrow und Nore bieten, und ist ein wunderbares Wander- und Angelgebiet. Außerdem leben hier einige bemerkenswerte Kunsthandwerker; ein Faltblatt namens „Made in Kilkenny Craft Trail" gibt Auskunft dazu (siehe www.madeinkilkenny.ie).

Viele Dörfer kann man im Rahmen eines Tagesausflugs besuchen, benötigt dafür aber ein eigenes Fahrzeug, da es nur wenige öffentliche Verkehrsmittel gibt.

Kells & Umgebung

Kells (nicht zu verwechseln mit Kells in der Grafschaft Meath), 13 km südlich von Kilkenny an der R697 gelegen, ist kaum mehr als ein winziges Dorf an einem Nebenfluss des Nore, den an dieser Stelle eine schöne Steinbrücke überspannt. Dennoch wartet das Örtchen mit einer der atmosphärischsten und romantischsten Klosterstätten im ganzen Land auf, der Kells Priory.

Sehenswertes

★Kells Priory RUINE
(⏰24 Std.) GRATIS Das befestigte Augustinerkloster 500 m östlich von Kells gehört zu jener Art Ruine, die man ganz ohne Führung, Schließzeiten oder Eintrittsgelder erkunden kann. In der Abenddämmerung eines wolkenlosen Tags ist die alte Abtei einfach traumhaft schön, außerdem stehen die Chancen gut, dass man die Stätte vollkommen für sich allein hat (von neugierigen Schafen mal abgesehen). Sie liegt an der Straße nach Stoneyford. Es gibt einen schönen, markierten Rundweg (3 km), der durch die Ruinen, zum Fluss und ins Dorf führt.

Während die ältesten Überbleibsel der Anlage aus dem späten 12. Jh. stammen, datiert der größte Teil der heute vorhandenen Ruinen ins 15. Jh. Auf einer weiten Fläche fruchtbaren Ackerlandes erheben sich sieben Wohntürme, die durch einen sorgfältig restaurierten Schutzwall miteinander verbunden sind. Innerhalb der Mauern befinden sich die Reste eines **Augustinerklosters** sowie die Fundamente einiger Kapellen und Häuser. Für eine Abtei wirkt die Anlage ungewöhnlich gut befestigt, vor allem die massiven Umfassungsmauern weisen auf eine bewegte Vergangenheit hin. Und in der Tat wurde der Komplex in den 100 Jahren nach 1250 von kampfeslustigen Kriegsherren zweimal angegriffen und anschließend niedergebrannt. Sein Niedergang wurde dann 1540 besiegelt, als Heinrich VIII. mit der Auflösung aller katholischen Klöster in England, Wales und Irland begann.

1

SIMON GREENWOOD/GETTY IMAGES ©

2

4

TONY WHEELER/GETTY IMAGES ©

1. Butler House, Kilkenny (Stadt)
Zusätzlich zum darin untergebrachten Boutique-Hotel (S. 206) ist dieses historische Landhaus auch für seine schönen Gärten (S. 206) bekannt.

2. Traditionelle Pubs
Konzerte in den örtlichen Kneipen sind meistens einen Besuch wert.

3. Irische Küche
Im County Kilkenny wissen die Restaurantbetreiber das regionale Obst und Gemüse sehr gut zu nutzen.

4. Malerische Dörfer
Die Region südlich der Stadt Kilkenny ist eine Mischung aus Landstraßen und charmanten kleinen Dörfern.

3

NICO TONDINI/GETTY IMAGES ©

Rundturm & Hochkreuz von Kilree HISTORISCHE STÄTTE
(24 Std.) GRATIS 2 km südlich von Kells (ab dem Parkplatz des Klosters ausgeschildert) stößt man auf einen 29 m hohen Rundturm, eine sehr alte Kirche und ein keltisches Hochkreuz, das angeblich die Grabstätte des irischen Hochkönigs Niall Caille aus dem 9. Jh. markiert. Dieser soll um 840 im King's River bei Callan ertrunken sein, als er versuchte, einen Diener zu retten. Seine Leiche wurde bei Kells an Land gespült. Da er kein Christ war, setzte man ihn vor den Toren des Friedhofs bei.

Schlafen

★ **Lawcus Farm** PENSION €€
(086 603 1667; www.lawcusfarmguesthouse.com; Lawcus, Stoneyford; EZ/DZ ab 80/100 €;) Das reetgedeckte Bauernhaus aus dem 18. Jh. war beim Kauf eine Bruchbude und ist seitdem restauriert und erweitert worden. Inzwischen findet man hier eine zauberhafte Pension vor, deren Zimmer typischerweise mit Steinwänden, rustikalen Antiquitäten und schrulligen Kuriositäten aufwarten. Zum Frühstück gibt's Eier von den eigenen Hühnern, Würstchen und Schinken. Das 20 ha große Grundstück wird vom Kings River begrenzt und ist an einer Nebenstraße zwischen Kells und Stoneyford ausgeschildert.

Bennettsbridge & Umgebung

730 EW.

Nur 7 km südlich von Kilkenny an der R700 liegt Bennettsbridge. Der Name geht auf die elegante Steinbrücke (18. Jh.) über den River Nore zurück. Im Dorf unterhalten mehrere Kunsthandwerker Ateliers und Geschäfte.

Sehenswertes & Aktivitäten

Nore View Folk Museum MUSEUM
(056-27749; Danesfort Rd, Bennettsbridge; Erw./Kind 5/2 €; variiert, meist 10–18 Uhr) Ein ungewöhnliches Museum. Seamus Lawlor ist ein leidenschaftlicher Chronist des irischen Lebens und erzählt faszinierende Dinge über seine Privatsammlung aus Farmwerkzeugen, Küchengerät und herrlichem altem Krimskrams. Vom Stadtzentrum kommend muss man den Fluss überqueren; das Museum liegt abseits der R700 und ist ausgeschildert.

Nore Valley Park FARM
(www.norevalleypark.com; Annamult; Erw./Kind 7/6,50 €; Park März–Okt. Mo–Sa 9–18 Uhr) Auf dem 180 ha großen Gelände dürfen Kinder Ziegen streicheln, mit Häschen knuddeln, durch Irrgarten (im alten Stall) stromern, Minigolf spielen und von Strohballen hüpfen. Außerdem gibt's ein Teezimmer und einen Picknickbereich. Die Farm liegt 4 km südlich von Bennettsbridge; der Annamult Road am Westufer des Flusses folgen.

Shoppen

Nicholas Mosse Irish Country Shop KERAMIK
(www.nicholasmosse.com; Mo–Sa 10–18, So 13.30–17 Uhr) Eine alte Mühle auf der vom Dorf aus betrachtet anderen Seite des Flusses beherbergt dieses Keramikgeschäft, das auf Töpferkunst mittels Schwammtechnik spezialisiert ist – natürlich alles in Handarbeit. Die cremefarben-braunen Waren werden weltweit exportiert; zu den Kunden zählt beispielsweise Tiffany's. Kurze audiovisuelle Präsentationen erklären die Produktionsschritte. Das beste Mittagessen der Gegend wird übrigens im hiesigen **Café** serviert. Dort lockten eine gute Auswahl an Suppen, Sandwiches und warmen Gerichten sowie hervorragende Scones.

Moth to a Flame KUNSTHANDWERK
(www.mothtoaflame.ie; Kilkenny Rd, Bennettsbridge; Mo–Sa 9–18 Uhr) Seit 1999 werden hier Kerzen in wunderschönen Farben mit unterschiedlichen Texturen hergestellt. Es gibt sie in allen Größen, von kleinen Modellen für den Nachttisch bis hin zur imposanten Altarkerze.

Thomastown & Umgebung

2270 EW.

Thomastown ist nach dem walisischen Söldner und späteren Lord Thomas de Cantwell aus dem 14. Jh. benannt. Teile der mittelalterlichen Stadtmauern sind erhalten und an der Brücke über den River Nore (erbaut 1792) steht **Mullin's Castle**, einer von nicht weniger als 14 Türmen, die einst die Stadtgrenzen absteckten. Außerdem herrschen hier gute Bedingungen zum **Forellenfischen**; eine Genehmigung erhält man bei Simon Treacy Hardware, von der Brücke aus einfach der Nase nach.

Wie im County üblich gibt's auch in dieser Gegend eine dynamische Kunsthandwerkszene. **Clay Creations** (087-257 0735; www.bridlyonsceramics.com; Low St, Thomastown; Mi–Sa 10–17.30 Uhr) verkauft z. B. skurrile Keramik und Skulpturen der einheimischen Künstlerin Brid Lyons.

Sehenswertes & Aktivitäten

★ Jerpoint Abbey RUINE
(☎056-772 4623; www.heritageireland.ie; Jerpoint, Thomastown; Erw./Kind 4/2 €; ⏲März–Sept. 9–17.30 Uhr, Okt. bis 17 Uhr, Nov. bis 16 Uhr, Dez.–Feb. geschl.) Die Jerpoint Abbey ist eine der schönsten Zisterzienserruinen des Landes. Sie wurde im 12. Jh. gegründet, der Turm und der Kreuzgang stammen aus dem späten 14. und frühen 15. Jh. Vor allem die mittelalterlichen Steinmetzarbeiten sind berühmt: Sehenswert sind die vielen oftmals witzigen Figuren (menschlich oder tierisch) in den Säulen des Kreuzgangs. Die Abtei 2,5 km südwestlich von Thomastown an der N9 hat ein wunderbar ländliches Ambiente.

An der nördlichen Kirchenwand sieht man verblasste Spuren einer Malerei aus dem 15. oder 16. Jh. und im Altarraum befindet sich ein Grabmal, angeblich die letzte Ruhestätte des 1202 verstorbenen eigensinnigen Felix O'Dulany, erster Abt von Jerpoint und Bischof von Ossory.

Jerpoint Park HISTORISCHE STÄTTE
(☎086 606 1449; www.jerpointpark.com; Belmore House, Jerpoint, Thomastown; Eintritt 8 €, Hütehundvorführungen 5 €; ⏲Mai–Sept. 10–17, Führungen 10, 12 & 15 Uhr) Jerpoint Park ist ein Bauernhof, der sich auf den Fundamenten einer mittelalterlichen Stadt aus dem 12. Jh. erstreckt. Bei einer 90-minütigen Führung wird die frühere Siedlung mithilfe topmoderner archäologischer Techniken bis ins Detail rekonstruiert, auch die Ruine der Church of St. Nicholas, in der (so will es die Überlieferung) der hl. Nikolaus begraben liegt. Ein weiterer Programmpunkt sind die Hütehundvorführungen. Wer mag, kann im River Nore angeln oder sich in der Teestube (Juli & Aug. geöffnet) ein paar hausgemachte Scones genehmigen. Jerpoint Park befindet sich 3 km südwestlich von Thomastown.

Jerpoint Glass Studio GLASKÜNSTLERWERKSTATT
(www.jerpointglass.com; Stoneyford; ⏲Mo–Sa 10–17.30, So 12–17 Uhr) Das national bekannte Jerpoint Glass Studio ist in einem alten, von Steinmauern umgebenen Bauernhaus untergebracht. Dort kann man Arbeitern dabei zusehen, wie sie geschmolzenes Glas in exquisite oder praktische Glasgegenstände verwandeln (Vorführungen nur wochentags, Mo–Do 10–16, Fr bis 13 Uhr). Die Werkstatt liegt 6 km westlich von Thomastown an der L4206 Richtung Stoneyford.

WANDERN IN KILKENNY

Der **South Leinster Way** (www.irishtrails.ie) verläuft durch das südliche Hügelland des Countys Kilkenny von Graiguenamanagh über Inistioge bis hinunter nach Mullinavat und westwärts nach Piltown. Sein mit Abstand schönster Abschnitt ist die 13 km lange Strecke zwischen Graiguenamanagh und Inistioge. In beiden Ortschaften gibt's köstliches Essen.

Auf dieser Route kann man 4 km südlich von Graiguenamanagh auf den **Brandon Hill Loop** (lilafarbene Markierungen; www.trailkilkenny.ie) wechseln, der auf den Brandon Hill (516 m) hinaufführt. Das weite Moorland-Hochplateau ist leicht zu erreichen. Hier oben genießt man einen wunderbaren Blick auf die Blackstairs Mountains und den Mt. Leinster im Osten. Von Graiguenamanagh aus hin und zurück hat der entspannte Spazierweg eine Länge von 12 km.

Kilfane Church RUINE
(⏲24 Std.) GRATIS Ca. 3 km nördlich von Thomastown steht die kleine, verfallene Kirche mit normannischem Turm aus dem 13. Jh. Sie liegt 50 m abseits der R448 und ist ausgeschildert. Die Kirche beherbergt ein bemerkenswertes, lebensgroßes **Steinbildnis von Thomas de Cantwell**, genannt Cantwell Fada oder Long Man. Das Relief zeigt einen großen, dünnen Ritter in fein gearbeitetem Kettenpanzer. Auf seinem Schild ist das Cantwell-Wappen zu sehen.

Mount Juliet GOLF
(☎056-777 3000; www.mountjuliet.ie; Mount Juliet Estate, Thomastown; Greenfee 50–85 €) 4 km südwestlich von Thomastown können Jetsetter mit genug Kleingeld auf dem von Jack Nicklaus designten Mount Juliet ihre Golfschläger schwingen. Die Anlage erstreckt sich auf 240 ha bewaldetem Land und verfügt über ein eigenes Reitcenter, ein Fitnessstudio und ein Spa sowie zwei Restaurants. Darüber hinaus werden Meisterkurse für Weinliebhaber und Luxusräume angeboten, die bis hin zur Kopfkissenauswahl keinen Wunsch offenlassen (Übernachtung ab 130 €).

Essen

★ Blackberry Café CAFÉ €
(www.theblackberrycafe.ie; Market St, Thomastown; Hauptgerichte 5–9 €; ⏲Mo–Fr 9.30–17.30, Sa 10–17.30 Uhr; 👪) Hier kommt man in den Genuss

von üppigen Sandwiches, Toasties (English Muffins), Quiches und wärmenden Suppen mit leckerem Kürbiskern-*soda-bread*. Viele Zutaten stammen aus biologischem Anbau, Torten und Kuchen werden täglich frisch gebacken. Zwischen 12 und 14 Uhr gibt's günstige warme Menüs; dann platzt das Blackberry aus allen Nähten.

Knockdrinna Farmshop & Cafe FEINKOST, CAFÉ €
(www.knockdrinna.com; Main St, Stoneyford; Hauptgerichte 5–10 €; Mo–Sa 9.30–18, So 11–17 Uhr, Okt.–März kürzere Öffnungszeiten;) Der Laden im Dorfzentrum bietet eine große Auswahl regionaler Erzeugnisse. Aus hausgemachten Käsesorten, gepökelten Fleisch und geräucherten Fisch sowie Salaten kann man sich das beste Picknick aller Zeiten zusammenstellen oder genießt alternativ an einem der Tische ein Mittagessen. Stoneyford liegt 9 km nordwestlich von Thomastown.

Sol Bistro MODERN IRISCH €€
(www.restaurantskilkenny.com; Low St, Thomastown; Hauptgerichte mittags 10–13 €, 2-/3-Gänge-Menü abends 25/29 €; Mi & Do 17.30–21, Fr & Sa 11.30–15 & 17.30–22, So 12–21 Uhr;) Die moderne irische Restaurantkette aus Kilkenny (S. 207) betreibt auch eine Filiale in Thomastown. Das kleine Café mit der hübschen, alten Ladenfassade bedient sich nur der besten regionalen Zutaten, um typisch irische Gerichte mit dem gewissen Extra auf den Tisch zu zaubern.

An- & Weiterreise

Züge, die auf der Strecke Dublin-Kilkenny-Waterford unterwegs sind, halten am Bahnhof von Thomastown, 1 km westlich der Stadt.

Inistioge

260 EW.

Das winzige Inistioge (*in*-isch-tieg) ist entzückend mit seinem ruhigen Dorfplatz, dem Flusspark und der Brücke aus dem 18. Jh., deren zehn Steinbogen sich über den River Nore spannen. Angelfreunde können sich im O'Donnell's Pub am Platz eine Angelgenehmigung besorgen. Der **Nore Valley Walk** verläuft am Ufer entlang nach Thomastown im Norden und der **Nature Walk** führt vom Platz aus gen Süden (er ist markiert).

Die R700 (aus Richtung Thomastown kommend) eignet sich für eine wundervolle Panoramatour durch das Flusstal. Zu den Highlights zählt die Aussicht auf die Ruinen des im 13. Jh. errichteten **Grennan Castle**.

Sehenswertes

Woodstock Gardens GÄRTEN
(www.woodstock.ie; Eintritt frei, Parkplatz 4 €; April–Sept. 9–19, Uhr Okt.–März 10–16 Uhr) Die dicht bewaldeten Woodstock Gardens sind eine echte Pracht voller terrassenförmig angelegter Blumenbeete, einem ummauerten Garten, einem Arboretum, Picknickbereichen, Spazierwegen und mit einem Café. Der Panoramablick auf das Tal und das Dorf unterhalb ist spektakulär. Von Inistioge kommend folgt man der Main Street (gegenüber vom Woodstock Arms) 1 km bis zu den Schildern zum Woodstock Estate und passiert die großen Tore (es sieht nicht so aus, aber das ist immer noch eine öffentliche Straße). Dann sind es noch mal 2 km bis zum Parkplatz.

Schlafen & Essen

Woodstock Arms B&B, PUB €€
(056-775 8440; www.woodstockarms.com; The Square; EZ/DZ/3BZ ab 40/70/90 €; 12–22 Uhr;) Pittoreskes Pub mit Sitzgelegenheiten draußen (direkt am Platz) und sieben einfachen, blitzsauberen Gästeräumen. Die Dreibettzimmer sind besonders großzügig geschnitten. Das Frühstück wird auf traditionellem Porzellan der Gegend in einem hübschen kleinen Raum mit Holztischen serviert.

Circle of Friends CAFÉ €
(056-775 8800; High St; Hauptgerichte 5–13 €; Di–Fr 11–17, Sa & So bis 18 Uhr, Juni–Aug. längere Öffnungszeiten) Ein fröhliches Café mit Tischen im Freien an der Straße. Kaffee gibt's auch mit Sirup (Minze, Karamell usw.), Frühstück wird den ganzen Tag serviert und unter den warmen Speisen sind Klassiker wie Dorsch im Bierteig mit Pommes frites. Der eigentliche Grund, weshalb einfach alle diesen Laden lieben, sind jedoch die riesigen Portionen selbstgemachter Nachtisch, z. B. *pavlova* (mit Früchten und Sahne gefüllter Baiserkuchen).

Graiguenamanagh

1540 EW.

Graiguenamanagh (greg-ne-*ma*-na; in der Gegend einfach Graig genannt) ist die Art Dorf, in dem man unvermutet länger bleibt als geplant. Über den Fluss Barrow führt eine nachts angestrahlte uralte Steinbrücke mit sechs Bogen; sie verbindet Graigue mit dem kleineren Örtchen Tinnahinch im County Carlow. Die Steine auf der Carlower Seite sind dunkler – eine Hinterlassenschaft des Aufstands aus dem Jahre 1798, als die Brücke gesprengt wurde.

Unweit des Orts verlaufen ein paar schöne Wanderwege; besonders zu empfehlen ist der **Barrow Way** (S. 200) am Fluss.

Sehenswertes & Aktivitäten

Duiske Abbey KIRCHE

(Main St; ⌚8–18 Uhr) Irlands ehemals größte Zisterzienserabtei, gegründet 1204, wird nach wie vor als Pfarrkirche genutzt. Auf dem Gelände befinden sich zwei keltische **Hochkreuze** (7. und 9. Jh.), die im letzten Jahrhundert zu ihrem Schutz hierhergebracht wurden. Um die Ecke liegt das **Abbey Centre** (nur wochentags 9–13 Uhr) mit einer kleinen Ausstellung über christliche Kunst sowie Bildern des Klosters in unrestauriertem Zustand.

Waterside Bike & Hire FAHRRADFAHREN

(☎086-408 4008; www.watersideguesthouse.com; The Quay; Leihrad mit Pedalantrieb/E-Bike 15/25 € pro Tag; ⌚9–18 Uhr) Die typische Sommeraktivität in Graig besteht aus einem Spaziergang oder einer Radtour auf dem grasbewachsenen Weg am River Barrow bis zum hübschen St. Mullins. Diese Pension am Uferweg vermietet elektrische Fahrräder und Mountainbikes.

Feste & Events

Town of Books Festival BÜCHER

(www.graiguenamanaghtownofbooks.com) Während des dreitägigen Bücherfestivals im September tummeln sich jede Menge Buchhändler, Autoren und Leseratten in den engen Dorfgassen. Es gibt Pläne, aus Graiguenamanagh eine ganzjährige „Bücherstadt" zu machen (nach dem Beispiel des walisischen Hay-on-Wye).

Schlafen & Essen

Waterside PENSION €€

(☎059-972 4246; www.watersideguesthouse.com; The Quay; EZ/DZ ab 55/78 €; ⌚Restaurant ganzjährig So 12–15 Uhr, April–Sept. Mo–Sa 18–22 Uhr, Okt.–März nur Fr & Sa; 📶) Dieses einladende Gasthaus und Restaurant überblickt die am Flussufer vertäuten Boote. Alle zehn renovierten Zimmer des umgewandelten Getreidelagers aus dem 19. Jh. warten mit viel Holz auf. Das Restaurant verdankt seinen guten Ruf der hervorragenden modernen irischen Küche (Hauptgerichte 18–26 €) und regelmäßigen „After Dinner Live"-Konzerten, deren Bandbreite von Jazz bis Bluegrass reicht.

Ausgehen

Mick Doyle's PUB

(Main St; ⌚Mo–Sa 11.30–23, So 12.30–22.30 Uhr) In den beiden wunderbaren Laden-Pubs Mick Doyle's und Mick Ryan's an der Main Street hat sich seit Generationen nichts verändert. Im Doyle's kann man einen Sack Kartoffeln, Patronen fürs Gewehr und Gartengeräte kaufen und sich anschließend auf ein Pint und einen netten Plausch an die Bar setzen.

F J Murray PUB

(Ecke Abbey St & The Quay; ⌚Mo–Sa 12–23, So bis 22 Uhr) Dieses gemütliche traditionelle Pub wird sonntagabends zum Treffpunkt für das gesamte Dorf, denn dann finden dort traditionelle Sessions statt. Manche Songs handeln von Orten in der Umgebung.

Shoppen

Cushendale Woollen Mill KUNSTHANDWERK

(www.cushendale.ie; Mill Rd; ⌚Mo–Fr 8.30–12.30 & 13.30–17.30, Sa 10–13 Uhr) In dem Laden neben der Wollspinnerei werden Strickgarn, Decken, Tweed und Winterwollsachen hergestellt. Besucher können hier nach einer informellen Führung fragen und die jahrhundertealten Maschinen in Aktion erleben. Die Mühle liegt den Hügel hinauf, westlich der Duiske Abbey.

Duiske Glass KUNSTHANDWERK

(www.duiskeglass.ie; High St; ⌚Mo–Fr 10–17.30, Sa bis 17 Uhr) Das kleine Atelier stellt moderne und traditionelle Kristallwaren her. Viele Arbeiten werden nach dem alten Tiefdruckverfahren von Hand geschnitten. Im Laden werden auch irisches Glas, Keramik, Lederartikel und Accessoires verkauft.

An- & Weiterreise

Graiguenamanagh liegt 23 km südöstlich von Kilkenny an der R703. Kilbride Coaches (www.kilbridecoaches.com) schickt montags bis samstags zwei Busse täglich vom Busbahnhof Kilkenny (6 €, 55 Min.) via Borris im County Carlow nach Graig.

Nördliches Kilkenny

Die sanften grünen Berge im Norden des Countys laden zu Spritztouren mit Picknick ein. In dieser Gegend passiert nicht viel, dafür gibt's jede Menge Landschaft zu genießen und ruhige, kleine Dörfer zu entdecken.

Castlecomer & Umgebung

1460 EW.

Castlecomer liegt am sanft dahinfließenden Dinin, etwa 18 km nördlich von Kilkenny. Nachdem man hier 1636 Kohlevorkommen aufgespürt hatte, avancierte der Ort zu einem Zentrum des Anthrazitbergbaus, bis die Gruben Mitte der 1960er-Jahre geschlossen wurden. Anthrazit oder Glanzkohle besitzt eine hohe Härte und verbrennt „sauber" – die Rauchentwicklung ist gering.

10 km südwestlich von Castlecomer stößt man auf **Swifte's Heath**, den Wohnsitz von Jonathan Swift während seiner Schulzeit in Kilkenny. Offenbar wurde das „e" in seinem Namen weggelassen, noch bevor der Satiriker und Schriftsteller mit *Gullivers Reisen* und *Ein bescheidener Vorschlag* Berühmtheit erlangte.

Täglich fahren sechs Busse von Bus Éireann von Kilkenny nach Castlecomer (6 €, 25 Min.).

Sehenswertes

Castlecomer Discovery Park PARK

(www.discoverypark.ie; Estate Yard; Ausstellung/Kind 8/5 €; ⌚ Mai–Aug. 9.30–18 Uhr, Sept. & Okt. & März–April 10–17 Uhr, Nov.–Feb. 10.30–16.30 Uhr) Dies ist das ehemalige Wandesforde-Anwesen. Der Reichtum der Besitzer gründet auf den Kohlevorkommen, die auf dem Grundstück entdeckt wurden. Heute erstreckt sich hier ein familienfreundlicher Freizeitpark mit Abenteuerspielplätzen, Waldwegen, einem Baumkronenpfad, Seen zum Angeln und Bötchenfahren, Kunsthandwerkerateliers, einem Café und einer Ausstellung zur Geschichte der lokalen Kohlebergwerke. Parken kostet 3 € für drei Stunden oder 4 € für den gesamten Tag.

Dunmore Cave HÖHLE

(☎ 056-776 7726; www.heritageireland.ie; Ballyfoyle; Erw./Kind 4/2 €; ⌚ Mitte Juni–Mitte Sept. 9.30–18.30 Uhr, sonst kürzere Öffnungszeiten) Dunmore Cave ist mindestens genauso berühmt für seine Geschichte wie für seine wunderschönen Kalkspatformationen. Hier sind zahlreiche archäologische Schätze zutage befördert worden. Zutritt nur mit Führung; nach einem steilen Abstieg erreicht man Räume voller Stalaktiten, Stalagmiten und Säulen, darunter das 7 m hohe „Market Cross", Europas größter freistehender Stalagmit. In der hell erleuchteten und geräumigen Höhle ist es ziemlich kühl und feucht, deshalb sollte man sich warm anziehen. Von Kilkenny kommend ist die Höhle 9 km südlich von Castlecomer auf der N78 ausgeschildert.

Historischen Quellen zufolge töteten plündernde Wikinger im Jahre 928 insgesamt 1000 Menschen in den zwei nahe gelegenen Ringfestungen unweit der Höhle. Die Überlebenden flüchteten in die Höhlen, wo ihre Peiniger versuchten, sie auszuräuchern. Man nimmt an, dass die Männer schließlich von ihren Häschern aus dem Feuer gezogen wurden, um sie als Sklaven zu halten. Frauen und Kinder hingegen ließen sie ersticken: Bei Ausgrabungen 1973 kamen die Gebeine von mindestens 44 Menschen zutage. Außerdem fand man Münzen aus dem 10. Jh. Einer Theorie zufolge sollen diese Geldstücke von Wikingern stammen, die sich ihre Münzen oftmals mit Wachs unter die Achseln klebten, um sie im Kampf nicht zu verlieren. Allerdings weisen die Skelette kaum Spuren von Gewalteinwirkungen auf, was wiederum dafür spricht, dass Ersticken die Todesursache war.

County Cork

519 000 EW. / 7508 KM^2

Inhalt ➡

Gut essen

- Finn's Table (S. 243)
- Manning's Emporium (S. 259)
- Farmgate Restaurant (S. 239)
- Scannells (S. 245)
- Market Lane (S. 228)

Schön übernachten

- Garnish House (S. 225)
- Ballymaloe House (S. 236)
- Gilbert's (S. 235)
- Blairscove House (S. 257)
- Old Presbytery (S. 241)

Auf nach Cork

In diesem County gibt's alles, was Irland an guten Dingen zu bieten hat. Cork, die gleichnamige Hauptstadt der Grafschaft, präsentiert sich als blühende Metropole und ist durch ihre Lage und die Liebe zu den guten Dingen des Lebens berühmt geworden. Rund um Irlands zweitgrößte Stadt liegen üppige Landschaften und Dörfer, in deren Idylle man verträumte Tage verbringen kann.

Das Selbstbewusstsein der Stadt Cork beruht auf ihren zahlreichen Lebensmittel-Märkten und der sich stetig verändernden kreativen Restaurantszene sowie auf ihren Pubs und vielen Unterhaltungs- und Kulturangeboten.

In der Umgebung locken erodierte Küsten und zahlreiche charmante alte Fischerstädte und -dörfer. Die zauberhafte Landschaft zählt zu den schönsten Irlands, besonders entlang der langen Halbinseln Mizen Head, Sheep's Head und Beara, wo Bergpässe und Irlands uralte Vergangenheit auf Besucher warten.

Reisezeit

- Obwohl die Sommermonate das beste Wetter versprechen, finden in der Nebensaison die meisten Festivals statt.
- Der Frühling beginnt in Baltimore mit dem Musikfestival Fiddle Fair, gefolgt von einem Fisch- und Jazzfest im Mai.
- Im Herbst dreht sich im Westen von Cork alles ums Essen, besonders in Skibbereen, wo im September das Taste of West Cork Food Festival stattfindet, und in der Gourmethauptstadt Kinsale, die im Oktober mit zwei exzellenten etablierten Festen für Feinschmecker lockt.
- In der Stadt Cork zieht Ende Oktober das beliebte Jazzfestival Einwohner und Besucher an.

Highlights

1 Die überwältigende Auswahl an Restaurants, Pubs, Konzerten und Theatern in der quirligen **Stadt Cork** (S. 220) genießen.

2 Zur Spitze der windumtosten, wundervoll entlegenen **Sheep's Head Peninsula** (S. 257) wandern.

3 In der **Ballymaloe Cookery School** (S. 236) eine kulinarische Vorführung oder einen Kochkurs besuchen.

4 Durch **Kinsales** (S. 239) historische Straßen streifen und zum gigantischen Charles Fort an der Küste wandern.

5 Auf der Überfahrt nach **Ilnacullin** (Garinish Island;

S. 261) nach Robben und Seeadlern Ausschau halten und dann die subtropischen Gärten der Insel erkunden.

6 Bei einer aufregenden Bootstour um den berühmten **Fastnet Rock** (S. 254) die Wellen bezwingen.

7 Die enge Serpentinenstraße befahren, die den spektakulären **Healy Pass** (S. 263) auf der Beara Peninsula hinaufklettert.

8 Auf dem **Lough Hyne** (S. 251) eine geführte Seekajaktour im Mondschein machen.

9 Im **Bantry House & Garden** (S. 258) in eine Welt verlorener Pracht zurückblicken.

CORK (STADT)

119 230 EW.

Die zweitgrößte Stadt der Republik steht in jeder Hinsicht an erster Stelle, zumindest wenn es nach den Einheimischen geht: Sie bezeichnen Cork gerne als „Irlands echte Hauptstadt". Die weltmännische Stadt mit ihrem jugendlichem Flair wurde hart von der Wirtschaftskrise getroffen, erfindet sich aber voller Energie stets neu – mit frisch herausgeputzen Straßen, wiederbelebten Abschnitten am Flussufer und – gefühlt – mindestens einer Kaffeebar an jeder Ecke. Sie hat eine dynamische Hipster-Szene, überzeugt aber vor allem mit ihrem traditionellen Charme, kleinen Pubs mit Livemusiksessions, Restaurants, die lokale Produkte erstklassiger Qualität auftischen, sowie mit ihren herzlichen und stolzen Einwohnern.

Das kompakte Stadtzentrum liegt auf einer Insel im Fluss Lee, umgeben von interessanten Wasserwegen und geprägt von georgianischen Prachtstraßen, engen Gassen aus dem 17. Jh. und modernen architektonischen Meisterwerken wie dem Opernhaus.

Von der St. Patrick's Bridge am Nordarm des Lee verläuft die St. Patrick's Street durch das Einkaufs- und Handelszentrum der Stadt bis zur georgianischen Grand Parade, die zum Südarm des Lee führt. Nördlich und südlich der Straße erstrecken sich die Vergnügungsviertel, ein Netz aus Gassen voller Pubs, Cafés, Läden und Restaurants, die wohl zu den beliebtesten der Gourmet-Szene des Landes gehören.

Geschichte

Corks lange, blutige Geschichte ist untrennbar verbunden mit dem irischen Kampf um Unabhängigkeit.

Sie begann im 7. Jh. mit dem hl. Fin Barre (auch als Finbarr und Finbarre bekannt), der mitten auf einem *corcach* (Sumpfland) ein Kloster gründete. Nachdem die Siedlung Raubzüge und die zeitweilige Besiedlung durch Nordmänner überstanden hatte, wurde sie im 12. Jh. Hauptstadt des Königreichs South Munster. Doch die Herrschaft der Iren währte nicht lange – schon 1185 war Cork in englischer Hand. In dem folgenden unerbittlichen Kampf zwischen Engländern und Iren wurde Cork mehrfach von beiden Seiten bezwungen, wieder verloren und zurückerobert. Die Stadt überstand Cromwells Invasion, nur um dem strengen Protestanten Wilhelm von Oranien in die Hände zu fallen.

Im 18. Jh. erlebte der Ort eine Blütezeit und exportierte Butter, Rindfleisch, Bier sowie Whiskey in die ganze Welt. Nur ein Jahrhundert später wütete die Große Hungersnot; sie beraubte Cork Zehntausender Einwohner. In ganz Irland kamen Millionen Menschen ums Leben oder wanderten aus.

Im Kampf um die irische Unabhängigkeit spielte Cork als Rebellenhochburg eine entscheidende Rolle. 1920 wurde Oberbürgermeister Thomas MacCurtain von Mitgliedern der Royal Irish Constabulary, den sogenannten Black and Tans (britische Hilfstruppen, so genannt wegen ihrer Uniformen, die eine Mischung aus Armee-Kaki und Polizei-Schwarz waren), erschossen. Sein Nachfolger, Terence MacSwiney, starb in London im Gefängnis von Brixton an den Folgen eines Hungerstreiks. Die Briten unterwarfen Cork mit besonders harter Hand und brannten einen Großteil der Innenstadt nieder, darunter die St. Patrick's Street, das Rathaus und die Bibliothek. Während des Bürgerkriegs (1922–1923) rückte Cork ins Zentrum des Geschehens.

Heute ist Cork eine Stadt mit jungem Flair, nicht zuletzt dank der Universität: 40 % der Bewohner sind unter 25 und mit nur 11 % hat sie im europäischen Vergleich den kleinsten Anteil an über 65-Jährigen.

Sehenswertes

Die schönste Sehenswürdigkeit ist die Stadt selbst – einfach umherschlendern und genießen! Auf dem früheren Gelände der **Beamish & Crawford Brewery** – gegenüber dem makanten Counting House im Pseudo-Tudor Stil, einen Block westlich des English Market – soll ein neues Konferenz- und Eventzentrum, einschließlich eines Konzertsaals mit 6000 Plätzen sowie einer Touristeninformation, Restaurants, Läden, Galerien und Wohnungen entstehen.

Shandon, der auf dem Nordhügel über dem Zentrum thronende Stadtteil, lohnt den Besuch allein schon wegen der schönen Aussicht. Entlang der alten Straßen und Plätze dieses Viertels findet man aber auch Galerien, Antiquitätenläden, und Cafés. Die kleinen alten Reihenhäuser, in denen Generationen von Arbeitern unter sehr einfachen Bedingungen mit ihren großen Familien lebten, dienen nun als begehrte Zweitwohnungen in der Stadt. Mit der Broschüre *Cork Walks – Shandon*, die man in der Touristeninformation bekommt, lässt sich das Viertel gut auf eigene Faust erkunden.

Cork City Gaol MUSEUM

(☎ 021-430 5022; www.corkcitygaol.com; Convent Ave; Erw./Kind 8/5 €; ⏲ April–Okt. 9.30–17 Uhr, Nov.–März 10–16 Uhr; 🚌 8 zum University College Cork) Dieses imposante frühere Gefängnis ist überaus sehenswert, wenn auch nur, um zu verstehen, was für ein grauenhaftes Leben die Gefangenen vor einigen Jahrhunderten führten. Mit Kopfhörern ausgestattet läuft man durch die restaurierten Zellen und sieht dort lebensgroße Figuren leidender Insassen sowie sadistisch dreinblickender Wärter. Man nimmt einen Bus zum UCC, geht von dort in nördlicher Richtung den Mardyke Walk entlang, überquert den Fluss und folgt den Schildern den Berg hinauf (10 Min.).

Die Führung verdeutlicht den harten Strafvollzug im 19. Jh und geht unter die Haut. Häufig brachte die Menschen einzig die weitverbreitete bittere Armut ins Gefängnis: Viele Inhaftierte leisteten z. B. nur deshalb Schwerstarbeit, weil sie einen Laib Brot gestohlen hatten. Donnerstags um 19 Uhr finden eindrückliche Abendführungen (10 €) statt.

1923 wurde das Gefängnis geschlossen und 1927 als Standort eines Radiosenders wiedereröffnet, der bis in die 1950er-Jahre in Betrieb war. Das Governor's House beherbergt inzwischen ein **Radio Museum** (www.corkcitygaol.com/radio-museum/; Eintritt 2 €). Hier kann man schöne alte Empfangsgeräte bewundern und sich ausgiebig über das Leben und Wirken von Guglielmo Marconi, den Pionier der drahtlosen Telekommunikation, informieren.

Crawford Municipal Art Gallery GALERIE

(☎ 021-480 5042; www.crawfordartgallery.ie; Emmet Pl; ⏲ Mo–Mi & Fr–Sa 10–17, Do bis 20 Uhr) GRATIS Das Kunstmuseum beherbergt eine kleine, aber hervorragende Dauerausstellung mit Werken vom 17. Jh. bis in die Gegenwart. Zu den Highlights gehören die Arbeiten von Sir John Lavery, Jack B. Yeats und Nathaniel Hone. Ein Raum ist irischen Künstlerinnen zwischen 1886 und 1978 gewidmet, darunter auch Mainie Jellet und Evie Hone. Die schneeweißen Gipsmodelle römischer und griechischer Statuen in den Skulpturengalerien waren ein Geschenk des Papstes an den englischen König Georg IV. im Jahre 1822. Allerdings fand der Monarch daran wenig Gefallen und verbannte die Skulpturen in den Keller, bis schließlich jemand vorschlug, sie der Stadt Cork zu vermachen.

DER APOSTEL DER ENTHALTSAMKEIT

Die imposante **Statue von Father Mathew** auf der St Patrick's Street erinnert an Father Theobald Mathew, den „Apostel der Enthaltsamkeit". In den 1830er- und 1840er-Jahren unternahm er einen effektiven Feldzug gegen den Alkohol: 250 000 Menschen schworen dem „Laster" ab und die Whiskeyproduktion halbierte sich.

Lewis Glucksman Gallery GALERIE

(☎ 021-490 1844; www.glucksman.org; University College Cork, Western Rd; empfohlene Spende 5 €; ⏲ Di–Sa 10–17, So 14–17 Uhr) GRATIS Das preisgekrönte Gebäude – 2005 war es in der engeren Wahl für den renommierten britischen Stirling Prize – ist eine aufsehenerregende Konstruktion aus Kalkstein, Stahl und Holz. Auf zwei passend mit Farbe bespritzten Etagen werden die besten nationalen und internationalen Arbeiten aus den Bereichen moderne Kunst und Installation gezeigt. Alle zwei Wochen gibt's eine lohnenswerte kostenlose Führung. Das Café im Gebäude ist hervorragend.

St. Fin Barre's Cathedral KATHEDRALE

(☎ 021-496 3387; www.cathedral.cork.anglican.org; Bishop St; Erw./Kind 5/3 €; ⏲ Mo–Sa ganzjährig 9.30–17.30 Uhr, April–Nov. So 12.30–17 Uhr) Spitze Türme, Wasserspeierfratzen und fein gearbeitete Skulpturen schmücken die Außenfassade der protestantischen Kathedrale von Cork, eine auffallende Mischung aus französischer Gotik und mittelalterlichem Einfallsreichtum. Der Innenraum ist nicht weniger prächtig gestaltet, mit Marmormosaiken auf dem Boden, einer farbenprächtigen Decke über dem Altar, einer riesigen Kanzel und einem Bischofsthron. Zu den ungewöhnlicheren Exponaten gehört eine Kanonenkugel, die bei der Belagerung von Cork 1690 einen mittelalterlichen Turm traf. Die Kathedrale liegt etwa 500 m südwestlich der Innenstadt, genau dort, wo Corks Schutzpatron des 7. Jhs., der hl. Fin Barre, sein Kloster gegründet hatte.

Ein Großteil der Pracht dieser Kathedrale ist das Ergebnis eines Architektenwettbewerbs von 1863, den William Burges gewann. Kaum hatte er den Sieg in der Tasche, warf er alle Entwürfe über den Haufen, fügte ein weiteres Chorgewölbe und höhere

Cork (Stadt)

Emerson House (250 m)
Alter Buttermarkt
Bob & Joan's Walk
SHANDON
Dominick St
Upper John St
Carroll's Quay
Devonshire St
Coburg St
Bridge St
Sidney Park
Wellington Rd
Belgrave Pl
York St
Summer Hill
Lower Glanmire Rd
Kent (100 m); Oscar's Hostel (450 m); Cobh (15,5 km); Midleton (20,5 km)
Alfred St
Ship St
MacCurtain St
Blarney St
Shandon St
Pope's Quay
North Mall
Bachelor's Quay
Millennium Bridge
Lavitt's Quay
St. Patrick's Bridge
Aircoach-Haltestelle
St Patrick's Quay
Lee North Channel
Penrose's Quay
Merchant's Quay
Anderson's Quay
Busbahnhof
Parnell Pl
Wanderweg am Ufer des Flusses Lee
Grenville Pl
Moore St
Grattan St
N Main St
Cornmarket St
St Paul's Ave
Emmet Pl
Academy St
French Church St
Paul St
Paul La
Castle St
St Patrick's St
Winthrop St
Caroline St
Maylor St
Oliver Plunkett St Lower
Lapp's Quay
Albert Quay
Sheares St
Cross St
Mutton La
Carey's La
Robert Morgan St
Pembroke St
Phoenix St
Woods St
Dyke Pde
Washington St
Hanover St
Tobin St
Bishop Lucey Park
English Market
Oliver Plunkett St
Cook St
Princes St
Grand Pde
Cork City Tourist Office
South Mall
Morrison's Quay
Lee South Channel
Albert Quay
Rathaus
South City Link Rd
Albert St
Albert Rd
Anglesea St
Lancaster Quay
S Main St
Brittany Ferries
Sullivan's Quay
George's Quay
Western Rd. B&Bs strip (150 m); Lewis Glucksman Gallery (400 m); UCC (500 m)
St. Fin Barre's Cathedral (250 m)
Hayfield Manor (1,1 km)
L.InC (230 m); Loafers (280 m)
Ringaskiddy (19 km)

Cork (Stadt)

Highlights
1 English Market ... D3

Sehenswertes
2 Cork Butter Museum ... C1
3 Crawford Municipal Art Gallery ... D2
4 St. Anne's Church ... C1
5 Statue von Father Mathew ... E2

Aktivitäten, Kurse & Touren
6 Atlantic Sea Kayaking ... F3

Schlafen
7 Auburn House ... F1
8 Brú Bar & Hostel ... F1
9 Imperial Hotel ... E3
10 River Lee Hotel ... A4
11 Sheila's Hostel ... F1

Essen
12 Café Paradiso ... A4
13 Cornstore ... C3
14 Electric ... D4
15 Farmgate Café ... D3
16 Gourmet Burger Bistro ... E2
17 Idaho Café ... E3
18 Jacques Restaurant ... E3
19 Les Gourmandises ... E3
20 Market Lane ... F3
21 Nash 19 ... D4
22 Star Anise ... E2
23 Uncle Pete's ... D2

Ausgehen & Nachtleben
24 Abbot's Ale House ... E1
25 Chambers Bar ... C3
26 Franciscan Well Brewery ... B2
27 Long Valley ... E3
28 Mutton Lane Inn ... D3
29 Oliver Plunkett ... E3
30 Rising Sons ... C2
31 Savoy ... E3
32 Sin É ... E1
33 Suas Rooftop Bar ... C3

Unterhaltung
34 Cork Arts Theatre ... D1
35 Cork Opera House ... D2
36 Crane Lane Theatre ... E3
37 Cyprus Avenue ... E3
38 Everyman Theatre ... E2
39 Firkin Crane ... C1
40 Fred Zeppelins ... D4
41 Gate Multiplex ... B2
42 Granary ... A4
43 Triskel Arts Centre ... C3

Shoppen
44 Liam Ruiséal Teo. ... D3
45 O'Connaill ... D3
46 PLUGD Records ... C3
47 Pro Musica ... E3

Türme hinzu und sprengte rasch sein Budget von umgerechnet 22 000 Euro. Zum Glück wusste der Bischof diesen Perfektionismus zu schätzen und verbrachte den Rest seines Lebens damit, Gelder für das Projekt einzutreiben.

Einer Legende nach soll der goldene Engel auf der Ostseite in sein Horn stoßen, sobald die Apokalypse bevorsteht.

St. Anne's Church KIRCHE

(☎021-450 5906; www.shandonbells.ie; John Redmond St, Shandon; Turm inkl. Glocken Erw./Kind 5/2,50 €; ⌚Mo–Sa 10–13 & 14–17, So 11.30–13 & 14.30–16.30 Uhr, Okt.–Mai kürzere Öffnungszeiten) Herzstück von Shandon ist die St Anne's Church von 1722, auch „Four-Faced Liar“ (Viergesichtige Lügnerin) genannt. Die Kirche erhielt diesen Namen, weil früher jede der vier Turmuhren eine andere Uhrzeit anzeigte. Hobby-Kampanologen können die Glocken im ersten Stock des italienisch anmutenden Kirchturms von 1750 läuten und dann die 132 Stufen bis zur Spitze hochsteigen, um den herrlichen Panoramablick zu genießen.

Cork Butter Museum MUSEUM

(☎021-430 0600; www.corkbutter.museum; O'Connell Sq; Erw./Kind 4 €/frei; ⌚März–Juni & Sept.–Okt. 10–17 Uhr, Juli & Aug. 10–18 Uhr, Nov.–März Sa & So nur 11–15 Uhr) Die Butterherstellung hat eine lange Tradition in Cork. In den 1860er-Jahren befand sich hier der weltgrößte Buttermarkt, und aus der Stadt wurde das Milchprodukt ins gesamte Britische Reich exportiert. Ausstellungsstücke und Dioramen im Cork Butter Museum erzählen die Geschichte des Butterhandels. Den Platz vor dem Museum beherrschen die neoklassizistische Fassade des Alten Buttermarkts und das auffällige runde Gebäude Firkin Crane (S. 230), wo früher die Butterfässer gewogen wurden. Heute befindet sich hier ein Tanzzentrum.

Geführte Touren

Cork City Tour BUSTOUR

(☎021-430 9090; www.corkcitytour.com; Erw./Student/Kind 15/13/5 €; ⌚März–Nov.) Alle offenen Doppeldeckerbusse fahren zu sämtlichen Hauptattraktionen in Cork. Passagiere können dort jeweils ein- und aussteigen.

Cork Walks STADTSPAZIERGANG

GRATIS Die Stadtverwaltung empfiehlt zwei kostenlose Rundgänge durch die Viertel South Parish und Shandon. Karte und Leitfaden erhält man in der Touristeninfo oder unter www.cork.ie.

Atlantic Sea Kayaking KAJAKFAHREN

(☎ 028-21058; www.atlanticseakayaking.com; Lapp's Quay; 50 € pro Pers.) Geführte „Stadt-Kajaktouren" auf Corks Wasserwegen (6.30–21 Uhr, im Voraus buchen, mindestens 2 Pers.).

Feste & Events

Um Karten sollte man sich rechtzeitig kümmern, besonders für die Jazz- und Filmfestivals im Herbst.

Cork World Book Fest LITERATUR

(www.constantreader.ie) Riesiges Buchfest Ende April mit vielen Autoren. Gesponsert wird es von der Cork City Library.

International Choral Festival MUSIK

(www.corkchoral.ie) Das Chormusik-Fest dauert fünf Tage und findet im April/Mai im Rathaus und an anderen Orten statt.

Cork Pride SCHWULE & LESBEN

(www.corkpride.com) Einwöchige Gay-Pride-Festivitäten im Juli/August.

Guinness Cork Jazz Festival JAZZ

(www.guinnessjazzfestival.com) Ende Oktober treten beim größten Festival der Stadt hochkarätige Jazzgrößen an verschiedenen Veranstaltungsorten auf.

Cork Film Festival FILM

(www.corkfilmfest.org) Internationale Filmwoche mit vielfältigem Programm im November.

Schlafen

Stadtzentrum

Egal ob man auf der Hauptinsel oder im Norden, in Shandon oder in der MacCurtain Street übernachtet – man ist immer mitten im Trubel.

Oscar's Hostel HOSTEL €

(☎ 085 175 3458; www.oscarshostel.com; 111 Lower Glanmire Rd; B/DZ 18–20/44–48 €;) Klein (32 Betten), aber stilvoll. Das relativ neue Hostel liegt nur 200 m östlich des Bahnhofs an einer befahrenen Straße, 15 Minuten Fußweg vom Zentrum entfernt. Die Ausstattung ist gut – mit moderner Küche, gemütlichen Gemeinschaftsräumen und einem Fahrradraum –, die Zimmer sind einfach.

Brú Bar & Hostel HOSTEL €

(☎ 021-455 9667; www.bruhostel.com; 57 MacCurtain St; B/DZ ab 17/40 €; @) Bei Rucksackreisenden und Einheimischen erfreut sich die tolle Bar großer Beliebtheit. Alle Schlafsäle verfügen über ein Bad, sind sauber und stilvoll und haben vier bis sechs Betten. Man sollte sich in einem der oberen Stockwerke unterbringen lassen, denn dort herrscht mehr Ruhe. Es gibt ein Internetcafé mit freiem Zugang für Gäste. Das Frühstück ist im Preis enthalten.

Sheila's Hostel HOSTEL €

(☎ 021-450 5562; www.sheilashostel.ie; 4 Belgrave Pl, abseits der Wellington Rd; B/DZ 15–18/44–56 €; @) Im Sheila's geben sich Rucksacktouristen die Klinke in die Hand, was bei der zentralen Lage nicht verwundert. Gäste können über kostenlosen Internetzugang, eine Sauna, einen Filmraum, einen Wäscheservice, Spinde und einen Grillplatz verfügen. Die billigeren Zweibettzimmer teilen sich Gemeinschaftsbäder. Frühstück kostet 3 € extra.

★ **Imperial Hotel** HOTEL €€

(☎ 021-427 4040; www.flynnhotels.com; South Mall; DZ ab 120 €; @) Das Imperial altert in Würde und hat vor Kurzem seinen 200. Geburstag gefeiert. Schon Thackeray, Dickens und Sir Walter Scott waren hier zu Gast. Die Gemeinschaftsräume bezaubern mit historischen Details wie Marmorböden und Blumenbouquets und die 130 Zimmer warten mit Schreibtischen, dezenter Dekoration und modernen Elementen wie einem Spa und einer digitalen Musikbibliothek auf.

Michael Collins, der Vorsitzende der provisorischen Regierung von 1922, verbrachte hier seine letzte Nacht. Wer will, kann sich seine Suite zeigen lassen.

Auburn House B&B €€

(☎ 021-450 8555; www.auburnguesthouse.com; 3 Garfield Tce, Wellington Rd; EZ/DZ 58/80 €;) In diesem B&B wird man wie ein Familienmitglied aufgenommen. Zwar sind die Zimmer klein, dafür aber sauber und mit hübschen Blumenkästen vor den Fenstern ausgestattet. In den ruhigeren Räumen nach hinten genießt man eine herrliche Aussicht über die Stadt. Zum Frühstück wird auch Vegetariern etwas geboten; ein weiterer Vorteil ist die Lage unweit der quirligen MacCurtain Street.

NICHT VERSÄUMEN

ENGLISH MARKET

Wegen seiner kunstvoll gewölbten Decken und Säulen könnte er genauso gut Viktorianischer Markt heißen – doch egal wie man ihn nennt, der **English Market** (www.englishmarket.ie; Princes St (Haupteingang); ⏲ Mo–Sa 8–18 Uhr) ist auf jeden Fall ein Juwel. Zahlreiche Verkäufer bieten hier hervorragende lokale Erzeugnisse wie Fleisch, Käse oder Snacks an. Bei schönem Wetter kann man seine Einkäufe im nahen Bishop Lucey Park verspeisen, einem beliebten Ort für Picknicks.

Ein Zwischengeschoss mit Blick auf die Stände darunter beherbergt das **Farmgate Café** (www.farmgate.ie; Gerichte 6–15 €; ⏲ Mo–Fr 8.30–16.30, Sa bis 17 Uhr). Hier zu essen ist eine Erfahrung, die man sich nicht entgehen lassen sollte, denn es liegt mitten auf dem English Market, von dem alle frischen lokalen Produkte stammen, die auf den Tellern landen, von Krabben und Austern bis zum Lamm für einen irischen Eintopf. Einfach die Treppe hochgehen und dann links ins Restaurant oder rechts an die Bar.

Western Road & Umgebung

Die Western Road führt vom Stadtzentrum zum UCC-Campus im Südwesten, wo es die meisten B&Bs gibt. Man erreicht die Unterkünfte mit einem Bus vom zentralen Busbahnhof aus oder zu Fuß (10–30 Min.).

★ **Garnish House** B&B €€
(☎ 021-427 5111; www.garnish.ie; Western Rd; EZ/DZ ab 93/105 €; 📶) In dem preisgekrönten B&B wird dem Gast sehr viel Aufmerksamkeit zuteil. Die Angebote der legendären Frühstückskarte (30 Angebote!) reichen von frischem Fisch bis zu französischen Toasts. Als Spezialität des Hauses gilt frisch gekochter Porridge mit sahnigem Honig und einem Whiskey oder Baileys nach Wahl. Am besten genießt man ihn auf der Gartenterrasse. Die 14 Zimmer sind sehr komfortabel und die Rezeption ist 24 Stunden geöffnet.

Blarney Stone Guesthouse B&B €€
(☎ 021-427 0083; www.blarneystoneguesthouse.ie; Western Rd; EZ/DZ ab 85/99 €; 📶) Hinter der leuchtend weißen Fassade des großen viktorianischen Hauses verbergen sich umwerfende Innenräume voller glänzender historischer Möbel, glitzernder Waterford-Kristallleuchter und Spiegel mit verschnörkelten Goldrahmen. Die Ausstattung stammt allerdings nicht aus vikorianischen Zeiten: Powerduschen, schnelles WLAN, Satelliten-TV und ein herzhaftes Frühstück tragen zu Komfort und Wohlbefinden bei.

Crawford House B&B €€
(☎ 021-427 9000; www.crawfordhouse.ie; Western Rd; Zi. 65–95 €; @📶) Alle zwölf Zimmer dieses B&Bs trumpfen mit Powerduschen, geräumigen Spa-Bädern sowie riesigen Doppelbetten und dezenten Holzmöbeln auf. Das Crawford House bietet die Standards eines modernen Hotels (24 Std. geöffnete Rezeption), dazu aber eine familiäre Atmosphäre. Frühstück wird nebenan im Killarney Guest House (dasselbe Management) serviert und kostet 9 € extra.

★ **River Lee Hotel** HOTEL €€€
(☎ 021-425 2700; www.doylecollection.com; Western Rd; Zi. ab 155 €; 📶❄) Das moderne Hotel am Flussufer sorgt im Zentrum von Cork für einen Hauch von Luxus. Es verfügt über wundervolle öffentliche Bereiche mit riesigen Sofas und Designerkamin, ein verblüffendes fünfstöckiges Atrium mit Glaswänden und erstklassigen Service. Die Zimmer sind gut ausgestattet (hübsch und ruhig nach hinten raus, wer aber mehr Platz braucht, sollte nach einem Eckzimmer fragen). Das Frühstück gehört sicher zu den besten in ganz Irland.

Hayfield Manor HOTEL €€€
(☎ 021-484 5900; www.hayfieldmanor.ie; Perrott Ave, College Rd; Zi. ab 209 €; 📶❄) Der rote Teppich ist ausgerollt, ein Glas Sherry wartet schon – willkommen im Hayfield Manor. Nur 1½ km vom Zentrum geht's eher zu wie in einem gemütlichen Landhaus. Komfort und Annehmlichkeiten eines Luxushotels treffen hier auf die lockere Gastfreundlichkeit einer privaten Pension. Die 88 Zimmer sind entweder traditionell oder modern eingerichtet.

Essen

Ein Besuch in Cork lohnt sich allein schon wegen seiner wunderbaren Gastronomie. Der English Market (S. 225) ist ein nationaler Schatz. In den engen dunklen Gassen der Fußgängerzone nördlich der St. Patrick's

1. *Soda bread* **2.** *Black pudding* **3.** Kinsale Harbour (S. 239)
4. English Market (S, 225)

2

ROGER MAPP/GETTY IMAGES ©

4

Die Küche des County Cork

Irlands größte Grafschaft kann von sich behaupten, die beste Adresse für Gourmets im ganzen Land zu sein. Prächtiges Weideland sorgt für erstklassige Fleisch- und Milchprodukte, und die Küsten liefern jede Menge Meeresfrüchte. Außerdem trifft man hier an jeder Ecke auf traditionelle Käsehersteller, Bäcker und edle Kaffeeröster.

English Market

Eines der absoluten Highlights in Cork ist der vollgestopfte überdachte Englische Markt. Hier verkaufen Erzeuger aus der Region ihre Waren, darunter Käse, iriches Rindfleisch und lokalen Fisch. Und anschließend kann man in einem der besten Lokale der Stadt speisen.

Kinsale

Rund um einen wunderschönen Hafen liegt dieser Ort mit hübschen Gassen voller Handwerksläden und -galerien sowie gemütlicher Cafés, traditioneller Pubs und edler Weinbars. Dazu gibt's einen geschäftigen Markt und einige der besten Meeresfrüchterestaurants des Landes

Clonakilty

Die wuselige Marktstadt (S. 244) überzeugt mit netten B&Bs, tollen Restaurants und hervorragenden Pubs, in denen traditionelle Musik auf dem Programm steht. Außerdem ist Clonakilty die Heimat des berühmtesten *black pudding* in Irland, der von dem lokalen Metzger Edward Twomey stammt.

Die Halbinseln Beara & Mizen Head

Dieser raue, malerische Landstreifen ist die Heimat von Dutzenden handwerklicher Lebensmittelhersteller, von Muschelfarmen über Meersalzfabriken bis hin zu Produzenten von Marmelade und Eingemachtem und einigen erstklassigen Chocolatiers. Hier sind auch die Unternehmen Gubbeen und Milleens ansässig, die köstlichen Käse und Geräuchertes herstellen.

Street reihen sich Cafés und Restaurants aneinander, außerdem wimmelt es dort Tag und Nacht von Leuten.

Uncle Pete's PIZZA €

(☎ 021-427 4845; http://unclepetes.ie; Paul St; Gerichte 6–12 €; ⌚ Mo–Sa 8–22, So 11–22 Uhr; 👪) Corks beste Pizzeria bietet über 25 glutenfreie Optionen. Bis 12 Uhr kann man hier auch frühstücken, z. B. Müsli und frisch gepresste Säfte.

Idaho Café CAFÉ €

(☎ 021-427 6376; http://idahocafe.ie; 19 Caroline St; Gerichte 5–12 €; ⌚ Mo–Do 8.30–17, Fr & Sa bis 18 Uhr; 👪) Von außen sieht es aus wie ein altes, traditionelles Café, doch auf der Karte findet man kreative Abwandlungen irischer Gerichte, von Blutwurst über Speck-Baps bis zu Pastete mit geräuchertem Fisch. Außerdem im Angebot: viele Kräutertees und gute offene Weine. Viel Privatsphäre bieten die eng gestellten Tische nicht.

★ **Market Lane** IRISCH, INTERNATIONAL €€

(☎ 021-427 4710; www.marketlane.ie; 5 Oliver Plunkett St; Hauptgerichte 12–26 €; ⌚ Mo–Sa 12–22.30, So 13–21 Uhr; 📶 👪) 🍃 In dem hellen Eckbistro herrscht immer Trubel. Die große Auswahl an herzhaften Speisen wechselt häufig – und so kommen stets frische Produkte vom English Market auf den Tisch, z. B. in Ale geschmorte Ochsenbacke oder geräucherter Schellfisch mit Schinkenspeck und Kohl. Reservieren kann man erst ab sechs Personen; am besten an der Bar etwas trinken, bis ein Tisch frei wird. Großes Angebot an offenen Weinen.

★ **Cafe Paradiso** VEGETARISCH €€

(☎ 021-427 7939; www.cafeparadiso.ie; 16 Lancaster Quay; 2-/3-gängige Abendmenüs 33/40 €; ⌚ Mo–Sa 17.30–22 Uhr; 🌶) 🍃 Das Paradiso ist in jeder Sparte ein Anwärter für das beste Lokal der Stadt. Es serviert moderne vegetarische Gerichte: Wir empfehlen z. B. mit Chilischoten gebratenen Tofu mit asiatischem Gemüse in einer Tamarinden- und Kokosnussbrühe. Reservierung erforderlich. In den funkigen Räumen oben kostet die Unterbringung im B&B inklusive Abendessen ab 100 € pro Person.

Gourmet Burger Bistro BURGER €€

(☎ 021-450 5404; www.gourmetburgerbistro.ie; 8 Bridge St; Hauptgerichte 11–14 €; ⌚ Mo–Sa 10–22, So 14–21 Uhr; 📶 👪) In diesem schicken, minimalistischen Lokal gibt's Burger aus der ganzen Welt, von asiatisch (Lamm-Kofta mit Mango) über spanisch (Hühnchen, Chorizo und Manchego), amerikanisch (mit Schinken, Monterey Jack Cheese und Barbecuesoße) und französisch (mit Brie) bis natürlich irisch (Schinken, Clonakilty-Blutwurst und Spiegelei). Für Vegetarier sind Varianten mit Falafel und Halloumi im Angebot.

Nash 19 INTERNATIONAL €€

(☎ 021-427 0880; www.nash19.com; Princes St; Hauptgerichte 10–16 €; ⌚ Mo–Fr 7.30–16, Sa 8.30–16 Uhr) 🍃 Sensationelles Bistro mit Feinkostladen, das zum Frühstück und Mittagessen lokale Produkte auftischt. Man kann sie vor Ort verzehren oder mitnehmen. Die köstlichen Scones locken schon zeitig Kundschaft an und die Tagesangebote (Suppen, Salate, Desserts etc.) sowie Hühnerpastete von Freilandhühnern und Platten mit Räucherfisch von Frank Henderman sorgen dafür, dass den ganzen Tag über Betrieb herrscht.

Electric MODERN IRISCH €€

(www.electriccork.com; 41 South Mall; Hauptgerichte 10–25 €; ⌚ 12–22 Uhr; 📶) Die Speisekarte der umgewandelten Art-déco-Bank reicht von Falafel-Wraps bis zu saftigen Steaks; alles kommt frisch vom Markt. Von Donnerstag bis Sonntag wird zusätzlich eine rustikale Fischbar im mediterranen Stil geboten. Doch den größten Reiz für die vielen Gäste haben die große Terrasse am Fluss und der Restaurantbalkon im Obergeschoss mit fantastischem Blick auf die Kathedrale. Für sich sprechen auch die zahlreichen offenen Weine und die zwei Dutzend Biersorten.

Star Anise MODERN EUROPÄISCH €€

(☎ 021-455 1635; www.staranise.ie; 4 Bridge St; Hauptgerichte 18–27 €; ⌚ Di–Sa 18–22 Uhr) Seine frische, kreative Küche ist das Markenzeichen dieses kleinen, stilvollen Bistros. Hier werden z. B. Steaks für jedermann, aber auch Leckereien wie mit Ahornsirup glasierte Entenbrust und langsam gegarte Tajine serviert. Die Weine sind ausgezeichnet und ausgesprochen günstig.

Jacques Restaurant MODERN IRISCH €€

(☎ 021-427 7387; www.jacquesrestaurant.ie; 23 Oliver Plunkett St; Hauptgerichte Mittagessen 7–14 €, Abendessen 22–26 €; ⌚ Mo 10–16, Di–Sa bis 22 Uhr) 🍃 Die Schwestern Jacqueline und Eithne Barry profitieren von einem hervorragenden Netzwerk an lokalen Erzeugern, das sie sich in drei Jahrzehnten geschaffen haben und mit dessen Hilfe sie ihre kulinarische Vision verwirklichen: frisches Essen aus Cork, einfach zubereitet. Die Karte wechselt täglich: Vielleicht stehen gerade geräucherte Wachteln mit Sellerieremoulade oder Castletownbere-Krabben mit Spagetti und Kräutern darauf.

Les Gourmandises FRANZÖSISCH €€

(☎ 021-425 1959; www.lesgourmandises.ie; 17 Cook St; 2-/3-gängiges Abendessen ab 28/33 €; ⊙ Mo–Sa 18–21 Uhr) Viele der herrlich frischen Fische vom English Market werden in diesem hübschen Restaurant, das an ein Pariser Lokal erinnert, zu leckeren Gerichten verarbeitet. Doch auch Fleisch und Geflügel kommen zu ihrem Recht, etwa beim gebratenen Perlhuhn mit Stopfleber und Pilzsoße. Das Personal ist liebenswürdig und umsichtig.

Cornstore MODERN EUROPÄISCH €€

(☎ 021-427 4777; www.cornstorecork.com; 40a Cornmarket St; Hauptgerichte 10–30 €; ⊙ 12–23 Uhr; 📶) Dieses Restaurant brummt Tag und Nacht. Die Wartezeit auf einen Tisch lässt sich mit kreativen Cocktails an der noblen Bar überbrücken. Wer die wunderbare Hummerspezialität des Hauses bestellt, sollte sich an einen der größeren Tische setzen, um genügend Platz für Schalen und Ellbogen zu haben. Ebenfalls lecker: der frische Fisch, Steaks und Pasta. Das Dreigänge-Menü kostet 32 €.

Ausgehen & Nachtleben

In Corks Pubs sind die lokal gebrauten Stouts Murphy's und Beamish die Favoriten, und nicht Guinness, wobei Heineken International inzwischen beide Brauereien übernommen und Beamish geschlossen hat.

Zu den örtlichen Mikro-Brauereien gehören die seit Langem etablierte Franciscan Well, deren erfrischendes Bier Friar Weisse im Sommer besonders beliebt ist, und das verhältnismäßig junge Unternehmen **Rising Sons** (☎ 021-241 1126; www.risingsonsbrewery.com; Cornmarket St; ⊙ 12 Uhr–open end), das mit dem Mi Daza Stout eine neue Variante eines alten Rezepts herausgebracht hat.

Angesichts der vielen Studenten in Cork ist in den wenigen Nachtclubs entsprechend viel los. Der Eintritt kostet mindestens 15 € und die meisten Läden sind freitags und samstags bis 2 Uhr geöffnet.

★ Sin É PUB

(www.corkheritagepubs.com; 8 Coburg St; ⊙ So–Do 12.30–23.30, Fr & Sa bis 0.30 Uhr) In diesem alten, überaus gemütlichen Pub kann man bei toller Stimmung (Sin É heißt „das ist es!") locker einen ganzen Tag verbringen. An vielen Abenden wird Musik gemacht – häufig traditionell, aber mit der einen oder anderen Ausnahme (regelmäßige Sessions Di um 21.30, Fr und So um 18.30 Uhr).

Franciscan Well Brewery PUB

(www.franciscanwellbrewery.com; 14 North Mall; ⊙ Mo–Do 15–23.30, Fr & Sa bis 0.30, So bis 23 Uhr; 📶) Eigentlich sagen die Kupfertanks hinter der Bar schon alles: Im Franciscan Well wird eigenes Bier gebraut. Am schönsten ist es im hinten gelegenen großen Biergarten. Gemeinsam mit anderen kleinen, unabhängigen irischen Brauereien hält das Pub regelmäßig Bierfeste ab.

Mutton Lane Inn PUB

(www.corkheritagepubs.com; Mutton Lane; ⊙ Mo–Do 10.30–23.30, Fr & Sa bis 0.30, So 14–23 Uhr) Das einladende und sehr beliebte Pub versteckt sich in der winzigsten Gasse, die von der St. Patrick's Street abgeht. Es wird von Kerzen

CORK FÜR SCHWULE & LESBEN

Cork Pride (S. 224) Einwöchiges Festival im Juli/August mit Veranstaltungen in der ganzen Stadt.

Chambers Bar (☎ 021-465 8100; Washington St; ⊙ Mi, Fr & Sa 8.30–open end, So 17 Uhr–open end) In Corks größter und vollster Schwulenbar legen bis 2 Uhr morgens DJs auf. Zudem gibt es Themennächte und hervorragende Cocktails.

Loafers (www.loafersbarcork.com; 26-27 Douglas St; ⊙ Mo–Do 7.30–23.30, Fr & Sa 17–0.30, So 17–23 Uhr) Corks älteste Schwulenbar hat viele nette Stammgäste.

Emerson House (☎ 086 834 0891; www.emersonhousecork.com; 2 Clarence Tce, Summer Hill North; EZ/DZ ab 60/80 €; 📶) Schwul-lesbisches B&B in einem eleganten georgianischen Haus. Gastgeber Cyril ist ein Quell an Informationen.

Gay Cork (www.gaycork.com) Programm und Veranstaltungsverzeichnis.

L.inC (☎ 021-480 8600; www.linc.ie; 11a White St; ⊙ Di & Mi 11–15, Do bis 20 Uhr) Infozentrum für Lesben und bisexuelle Frauen.

und bunten Lichtern beleuchtet und ist eine von Corks intimsten Kneipen. Am besten kommt man früh her, um sich einen Platz zu sichern, oder lässt sich draußen auf den Bierbänken nieder.

Long Valley PUB
(www.thelongvalleybar.com; 10 Winthrop St; ⏲ So–Do 12.30–23.30, Fr & Sa bis 0.30 Uhr) Diese Institution in Cork reicht bis in die Mitte des 19. Jhs. zurück. Einige Möbel stammen von den Kreuzfahrtschiffen der White Star Line, die früher in Cobh anlegten.

Suas Rooftop Bar COCKTAILBAR
(www.suasbar.com; 4-5 South Main St; ⏲ Mo–Do 10–23.30, Fr & Sa bis 0.30, So 12–23 Uhr) Man könnte locker durch die South Main Street spazieren, ohne zu ahnen, dass sich diese elegante Bar mit beheizter Dachterrasse direkt darüber befindet. Alle klassischen Cocktails sind im Angebot, darunter korrekte Caipirinhas mit *cachaça* (fermentiertes Zuckerrohr) und frischer Limone. Freitag- und samstagabends sorgen DJs auf der Terrasse für Stimmung.

Abbot's Ale House PUB
(17 Devonshire St; ⏲ Mo–Fr 10.30–23, Sa & So 12.30–22 Uhr) Diese unauffällige Kneipe im ersten Obergeschoss ist klein, verfügt aber über eine umfangreiche Karte mit Fassbieren und weiteren 300 Sorten in Flaschen. Ein guter Treffpunkt vor dem Discobesuch.

Savoy CLUB
(☎ 021-422 3910; www.savoytheatre.ie; St Patrick's St; Eintritt 10–15 €; ⏲ Do–Sa ab 22.30 Uhr) Bei den Clubnächten des Savoy zeigen die besten DJs der Stadt (und wechselnde Gast-DJs), was sie draufhaben. Manchmal gibt's auch Livemusik (Einlass ab etwa 19.30 Uhr).

Oliver Plunkett PUB
(☎ 021-422 2779; www.theoliverplunkett.com; 116 Oliver Plunkett St; ⏲ 8 Uhr–open end; 📶) Corktypisches aus Sport, Politik und Musik, ein entspanntes Pub, das auch Essen serviert, rockige Livemusik und Clubnächte machen diesen vielseitigen Treffpunkt rund um die Uhr zu einem Magneten für Einheimische und Besucher.

☆ Unterhaltung

Cork hat kulturell jede Menge zu bieten. Was das aktuell ist, kann man im kostenlosen Monatsheft *WhazOn?* (www.whazon.com) nachlesen. Es liegt in der Touristeninformation, an Zeitungskiosken, in Läden, Hostels und B&Bs aus.

Bei Musikevents hat man die Qual der Wahl. Neben zahlreichen Pubs, die mit Livemusik aufwarten, und Theatern gibt's auch andere Locations, die vor allem für ihre Liveevents bekannt sind. Eine komplette Liste der Livemusik-Veranstaltungen findet man im *WhazOn?*, bei PLUGD Records (S. 231) und im Veranstaltungskalender unter www.peoplesrepublicofcork.com.

Cork Opera House OPER
(☎ 021-427 0022; www.corkoperahouse.ie; Emmet Pl; ⏲ Ticketschalter Mo–Sa 10–17.30, vor der Aufführung ab 19 Uhr, So ebenfalls vor der Aufführung 18–19 Uhr) Das in den 1990er-Jahren modernisierte, renommierte Haus sorgt seit über 150 Jahren für Unterhaltung in Cork. Auf dem Programm stehen Ballett, Stand-up-Comedy und Marionettentheater. An der Rückseite des Gebäudes präsentiert das **Half Moon Theatre** modernes Theater, Tanz und gelegentlich Clubnächte.

Triskel Arts Centre KUNSTZENTRUM
(☎ 021-472 2022; www.triskelart.com; Tobin St; ⏲ Mo–Sa 10–17 Uhr; 📶) Das kleine, aber fantastische Kulturzentrum ist zum Teil in einer renovierten Kirche untergebracht. Es wartet mit einem umfangreichen Programm auf, egal ob man Konzerte, Installationskunst, Fotografie oder Theater bevorzugt. Es gibt auch ein Kino (ab 18.30 Uhr) und ein großartiges Café.

Everyman Theatre THEATER
(☎ 021-450 1673; www.everymancork.com; 15 MacCurtain St; ⏲ Ticketschalter Mo–Sa 12–17, vor der Aufführung ab 19 Uhr, So ebenfalls vor der Aufführung 16–19 Uhr) Bekannte Musical- und Theaterproduktionen. Manchmal treten auch Rockbands oder Comedians auf. Ein toller Veranstaltungsort für Konzerte, die etwas respektvolles Schweigen erfordern.

Cork Arts Theatre THEATER
(☎ 021-450 5624; www.corkartstheatre.com; Camden Court, Carroll's Quay) Das privat betriebene, einst von der Künstlergemeinde in Cork gegründeten Theater führt anspruchsvolle Dramen und neue Stücke auf.

Granary THEATER
(☎ 021-490 4275; www.granary.ie; Dyke Pde) Im Granary treten neben der Theatergruppe des University College Cork auch auswärtige Ensembles auf.

Firkin Crane TANZ
(☎ 021-450 7487; www.firkincrane.ie; O'Connell Sq, Shandon) Eines der besten Zentren für zeitgenössischen Tanz in Irland.

Gate Multiplex KINO
(☎ 021-427 9595; www.corkcinemas.com; North Main St) Das Multiscreenkino zeigt vor allem Hollywoodfilme, die neu anlaufen.

Cyprus Avenue LIVEMUSIK
(☎ 021-427 6165; www.cyprusavenue.ie; Caroline St; ⏰ 19.30 Uhr–open end) In diesem mittelgroßen Saal kann man Konzerte von aufstrebenden und bereits etablierten Sängern sowie von Songwritern und Bands erleben.

Crane Lane Theatre LIVEMUSIK
(☎ 021-427 8487; www.cranelanetheatre.com; Phoenix St) Stimmungsvoller Veranstaltungsort für Livemusik, der im Stil der 1920er- bis 1940er-Jahre dekoriert ist. Der Biergarten im Hof ist eine Oase im Stadtzentrum.

Fred Zeppelins LIVEMUSIK
(☎ 021-427 3500; 8 Parliament St; ⏰ Mo–Do 16–23.30, Fr & Sa bis 0.30, So bis 23 Uhr) Dunkle, höhlenartigen Kneipe mit krasser Atmosphäre. Beliebt ist sie bei Gruftis, Rockern und allen, die nicht gern ohne ein Paket Rizlas (Filterpapier zum Zigarettendrehen) aus dem Haus gehen. Livemusik und DJs am Wochenende, dienstags Open-mic Sessions (z. B. Rap).

Shoppen

Die St. Patrick's Street gilt als das Herz des Einzelhandels, denn hier stößt man auf die größten Kaufhäuser und Einkaufspassagen der Stadt. Eine weitere bedeutende Shoppingmeile befindet sich in der Fußgängerzone (Oliver Plunkett Street). Dort und in den engen Nebengassen entdeckt man viele interessante kleine Läden.

O'Connaill ESSEN & GETRÄNKE
(☎ 021-437 3407; 16b French Church St; ⏰ Mo–Sa 10–17.30, So 12–17 Uhr; 📶) O'Connaill kreiert exquisite Köstlichkeiten. Kein Besucher sollte Cork verlassen, ohne hier die leckere heiße Schokolade (4 €) gekostet zu haben.

PLUGD Records MUSIK
(☎ 021-472 2022; www.plugdrecords.com; Triskel Arts Centre, Tobin St; ⏰ Mo–Sa 12–19 Uhr; 📶) Hat Musik aller Genres im Angebot und ist der richtige Ort, um sich über die stetig im Umbruch begriffene Clubszene zu informieren.

Pro Musica MUSIK
(☎ 021-427 1659; www.promusica.ie; 20 Oliver Plunkett St; ⏰ Mo–Sa 9–18 Uhr) Ein Szenetreff der Musiker aus Cork. Der Laden bietet jede Menge Instrumente, von E-Gitarren bis Klarinetten, Aufnahmetechnik und Noten. Ein schwarzes Brett ist ebenfalls vorhanden.

ABSTECHER

AUF DEN HUND GEKOMMEN

Wer von den Pubs, Konzerten und Theatern genug hat, könnte eines der Windhundrennen besuchen, die sich bei irischen Familien großer Beliebtheit erfreuen. Einer der besten Orte dafür ist der **Curraheen Greyhound Park** (☎ 021-454 3095; www.igb.ie/go-greyhound-racing; Curraheen Rd; Erw./Kind 10/5 €; ⏰ Einlass Do–Sa ab 18.30 Uhr; 👪). Die Rennbahn zählt zu den besten des Landes. Pro Abend finden zehn Rennen statt; ein Restaurant, eine Bar und Livemusik sorgen zwischendurch für Unterhaltung. Curraheen liegt 5,5 km südwestlich des Zentrums; Busse fahren ab dem Busbahnhof in Cork.

Liam Ruiséal Teo. BÜCHER
(☎ 021-427 0981; www.lrbooks.net; 49-50 Oliver Plunkett St) Neue und gebrauchte Bücher, darunter auch viele über Cork, gibt's in diesem ältesten und größten unabhängigen Buchladen der Stadt.

Praktische Informationen

Auf den Hauptstraßen und öffentlichen Plätzen im Stadtzentrum gibt's WLAN.

Die unabhängige Indie-Website **People's Republic of Cork** (www.peoplesrepublicofcork.com) trägt den beliebten Spitznamen der liberal gesinnten Stadt und bietet hervorragende Infos.

Cork City Tourist Office (☎ 021-425 5100; www.discoverireland.ie/corkcity; Grand Pde; ⏰ ganzjährig Mo–Sa 9–18 Uhr, Juli & Aug. So 10–17 Uhr) Souvenirladen und Infoschalter. Verkauft maßstabsgetreue Karten.

General Post Office (☎ 021-485 1042; Oliver Plunkett St; ⏰ Mo–Sa 9–17.30 Uhr)

Mercy University Hospital (☎ 021-427 1971; www.muh.ie; Grenville Pl) Unfall- und Notfallversorgung.

Webworkhouse.com (☎ 021-427 3090; www.webworkhouse.com; 8a Winthrop St; 1,50–3 € pro Std.; ⏰ 24 Std.) Internetcafé; bietet auch preiswerte internationale Telefongespräche.

An- & Weiterreise

FLUGZEUG

Zu den Fluggesellschaften, die **Cork Airport** (☎ 021-431 3131; www.cork-airport.com) anfliegen, gehören Aer Lingus und Ryanair.

SCHIFF/FÄHRE

Brittany Ferries (☎ 021-427 7801; www.brittanyferries.ie; 42 Grand Pde) setzt zwischen Ende März und Oktober wöchentlich nach Roscoff (Passagiere zu Fuß ab 59 €, Auto mit 2 Pers. ab 329 €, 14 Std., einmal pro Woche) in Frankreich über. Das Fährterminal ist in Ringaskiddy, etwa 15 Autominuten südöstlich vom Stadtzentrum an der N28. Ein Taxi dorthin kostet zwischen 28 und 35 €. Bus 223E (10 €, 50 Min.) fährt von der South Mall im Zentrum von Cork. Die Fahrzeiten sind auf die Fähre abgestimmt; die genauen Zeiten vor Ort prüfen.

ZUG

Kent Train Station (☎ 021-450 4777) befindet sich nördlich des Lee in der Lower Glanmire Road, zehn bis 15 Minuten Fußweg vom Zentrum entfernt. Bus 205 fährt ins Zentrum (2 €, 5 Min., alle 15 Min.).

Die Züge steuern Mallow an, wo man in die Tralee-Linie umsteigen kann, und verkehren durch Limerick Junction, mit Anschluss nach Ennis (und Galway), von wo es nach Dublin weitergeht.

Dublin (64 €, 2¼ Std., 8-mal tägl.)
Galway (57 €, 4–6 Std., 7-mal tägl., 2–3-mal umsteigen)
Killarney (28 €, 1½–2 Std., 9-mal tägl.)
Waterford (31 €, 3–5 Std., 5-mal tägl., 1–2-mal umsteigen)

ℹ Unterwegs vor Ort

AUTO

Wer am Straßenrand parken will, braucht dafür eine bestimmte Parkscheibe (2 € pro Std., gültig Mo–Sa 8.30–18.30 Uhr), die man im Zentrum in vielen Geschäften bekommt. Vorsicht: Politessen erledigen ihre Arbeit vorbildlich. Rund um das Zentrum gibt's mehrere ausgeschilderte Parkhäuser (ca. 2 € pro Stunde bzw. 12 € über Nacht).

Das Parkproblem im Zentrum lässt sich umgehen, wenn man den **Black Ash Park & Ride**-Parkplatz an der South City Link Road auf dem Weg zum Flughafen nutzt. Der Parkplatz kostet 5 € pro Tag. Busse ins Zentrum fahren mindestens alle 15 Minuten (Fahrtdauer 10 Min.).

BUS

Vom Stadtzentrum erreicht man fast alle Sehenswürdigkeiten leicht zu Fuß. Ein einfaches Busticket kostet 2 €, eine Tageskarte 5 €. Alle Tickets können im Bus gekauft werden.

VOM/ZUM FLUGHAFEN

Bus Éireann Nr. 226A pendelt zwischen 6 und 22 Uhr (7,40 €, 30 Min.) halbstündlich zwischen Bahnhof, Busbahnhof und Cork Airport.

Ein Taxi vom/ins Stadtzentrum kostet zwischen 20 und 25 €.

TAXI

Cork Taxi Co-op (☎ 021-427 22 22; www.corktaxi.ie)
Shandon Cabs (☎ 021-450 22 55)

RUND UM CORK (STADT)

Blarney Castle

Wer wissen will, wie viel Macht Seemannsgarn haben kann, sollte sich in die Schlange vor dem **Blarney Castle** (☎ 021-438 5252; www.blarneycastle.ie; Erw./Kind 13/5 €; ⏰ ganzjährig tägl. 9–17.30 Uhr, Mai–Sept. Mo–Sa bis 18 Uhr, Juni–Aug. Mo–Sa bis 19 Uhr) aus dem 15. Jh. ein-

BUSSE AB CORK (STADT)

Bus Éireann (☎ 021-450 8188; www.buseireann.ie) fährt ab dem **Busbahnhof** (Ecke Merchant's Quay & Parnell Pl), die Buslinien von **AirCoach** (☎ 01-844 7118; www.aircoach.ie) und **Citylink** (☎ 091-564 164; www.citylink.ie; 📶) starten am St. Patrick's Quay an der gegenüberliegenden Flussseite. Die Busse von **GoBus.ie** (☎ 091-564 600; www.gobus.ie; 📶) halten an einer Bushaltestelle am Parnell Pl. um die Ecke.

ZIEL	BUSUNTERNEHMEN	PREIS (€)	FAHRTDAUER (STD.)	HÄUFIGKEIT
Dublin	AirCoach	16	3	stündl.
Dublin	Bus Éireann	15	3¾	6-mal tägl.
Dublin	GoBus	17	3	6–9-mal tägl.
Dublin Flughafen	AirCoach	20	3½	stündl.
Galway	Citylink	21	3	5-mal tägl.
Limerick	Citylink	17	1½	5-mal tägl.
Killarney	Bus Éireann	27	2	stündl.
Kilkenny	Bus Éireann	21	3	2-mal tägl.
Waterford	Bus Éireann	23,50	2¼	stündl.

reihen. Es gehört zu den beliebtesten Touristenzielen Irlands und die Menschen strömen hierher, um den berühmten **Blarney Stone** zu küssen. Angeblich verleiht der Kuss eine unschlagbare Rhetorik, eine Legende, die in jedem Nachschlagewerk und Reiseführer erwähnt wird. Blarney liegt 8 km nordwestlich von Cork. Vom dortigen Busbahnhof fahren halbstündlich Busse (7,30 € hin & zurück, 30 Min.).

Der Blarney Stone befindet sich ganz oben auf der Burg und kann nur über steile, klaustrophobisch enge Wendeltreppen erreicht werden. Um ihn mit den Lippen zu berühren, muss man sich auf den Zinnen rückwärts über einen tiefen Abgrund lehnen – ein Sicherheitsgitter und ein Wächter passen auf, dass keine Unfälle passieren. Während einem das Hemd hochrutscht, starren einem Busladungen von Schaulustigen direkt in die Nasenlöcher. Vor dem Abstieg – wenn man sich wieder in der Aufrechten befindet – sollte man nicht vergessen, den herrlichen Blick zu genießen.

Am besten denkt man nicht darüber nach, was Einheimische über all die anderen Flüssigkeiten *außer* Speichel erzählen, die den Stein befeuchten. Noch besser: Man küsst ihn nicht.

Auch wenn dieser Brauch noch relativ jung ist, wird Blarney Castle schon sehr lange mit der Kunst der Wortgewandtheit in Verbindung gebracht. Die Phrase *„to talk blarney"* soll Queen Elisabeth I. in einem Wutanfall über Lord Blarney erfunden haben. Der redete nämlich ohne Punkt und Komma, ohne je auf ihre Forderungen einzugehen.

Auch abgesehen von seinem berühmten Stein ist Blarney Castle ein beeindruckender Turm aus dem 16. Jh. auf wunderschönem Gelände. Abseits der Besuchermassen lohnt ein Spaziergang durch den **Fern Garden** und das **Arboretum**. Giftige Pflanzen beherbergt der **Poison Garden**, wo man sich an Harry Potter erinnert fühlt. Alternativ kann man die zerklüftete Landschaft des **Rock Close** erkunden.

Fota Island

Fota Island liegt im Hafen von Cork. Die Insel ist durch kurze Brücken mit dem Festland und mit Great Island, 10 km östlich von Cork an der Straße nach Cobh, verbunden. Einst war sie im Privatbesitz der Familie Smith-Barry, heute beherbergt sie Gärten, Golfplätze und den einzigen Wildpark Irlands.

Sehenswertes & Aktivities

Fota Wildlife Park ZOO

(☎ 021-481 2678; www.fotawildlife.ie; Fota Island; Erw./Kind 15/9,50 €; ⏲ Mo–Sa 10–18, So 10.30–18 Uhr) Kängurus, Geparden, Affen und Gibbons bevölkern einen riesigen Zoo auf der bewaldeten Insel, wo die Tiere ohne einen Käfig oder Zaun umherstreifen. Während der Hochsaison dreht eine Bimmelbahn (auf Rädern, nicht auf Schienen) alle 15 Minuten eine Runde durch den Park (einfach/hin & zurück 1/2 €). Einen viel besseren Eindruck bekommt man allerdings, wenn man den 2 km langen Rundweg zu Fuß unternimmt.

Fota House Arboretum & Gardens PARK

(☎ 021-481 5543; www.fotahouse.com; Fota Island; Hausführung Erw./Kind 8/3 €, Park frei; ⏲ Mo–Sa 10–17 Uhr, April–Sept. So 11–16 Uhr) Bei Führungen durch das Fota House im Regency-Stil beeindrucken die original erhaltene Küche und die hübschen Stuckdecken. Wahre Highlights sind aber das 150 Jahre alte Arboretum und die Parkanlage. Zwischen geriffelten Kalksteinblöcken steht ein viktorianisches Farnhaus, es gibt einen Magnolienweg, einen ummauerten Garten und zahlreiche schöne Bäume, wie etwa die riesige Japanische Zeder, die den Lilienteich überragt.

Fota Island Resort GOLF

(☎ 021-488 3700; www.fotaisland.ie; Fota Island; Golfplatzgebühr 65–95 €; 📶) Drei Meisterschaftsgolfplätze verteilen sich auf dem 316 ha großen Gelände des Fota Island Resort – Deerpark, Belvelly und Barryscourt – rund um eines der bekanntesten Golfhotels des Landes. Dreimal, zuletzt 2014, war das Resort Schauplatz des Irish Open. Besucher sind willkommen; wer golfen möchte, sollte reservieren. Das schöne alte steinerne Clubhaus in einem umgebauten Bauernhaus mit Blick auf den See ist ein stimmungsvoller Ort für einen Drink nach dem Golfen.

An- & Weiterreise

Der Zug von Cork über Fota (3,60, 13 Min., stündl.) fährt bis Cobh.

Cobh

6500 EW.

Cobh (ausgesprochen *kohf* ist eine charmante Stadt an einer glitzernden Flussmündung, mit vielen leuchtend bunten Häusern und einer prächtigen Kathedrale. Für die Einwohner des Countys ist es ein beliebter Erholungs-

INSIDERWISSEN

GERÄUCHERTES

Ein Aufenthalt in Cork ist erst dann vollkommen, wenn man einen Spezialitätenhersteller besucht hat. Besitzer Frank Hedermann macht gerne eine Führung in Irlands ältester und mittlerweile einziger natürlicher Räucherkammer, **Belvelly Smokehouse** (021-481 1089; www.frankhederman.com; Belvelly; für Einzelreisende kostenlos, für Gruppen gegen Gebühr; Mo–Fr). Einen Besuch sollte man telefonisch arrangieren oder bei Franks Stand auf dem Bauernmarkt in Midleton vorbeischauen. Seine Produkte gibt es auch auf dem English Market in Cork Stadt zu kaufen. Die Räucherkammer liegt 19 km östlich von Cork an der R624 Richtung Cobh.

Neben Meeresfrüchten, Käse und sogar Butter wird hier vor allem Fisch, insbesondere Lachs, geräuchert. Bei dem traditionellen Verfahren, das 24 Stunden dauert, filetiert und pökelt man den Fisch, ehe er in der winzigen Kammer über Buchenholzscheiten zum Räuchern aufgehängt wird. Das Ergebnis ist köstlich.

ort, der auch von zahlreichen Kreuzfahrtschiffen (etwa 60 laufen jährlich den Hafen an) angesteuert wird – nach dem australischen Sydney Harbour hat das Städtchen nämlich den zweitgrößten Naturhafen der Welt.

Kaum noch etwas erinnert an die entsetzlichen Jahre der Hungersnot, als über 70 000 Iren das Land über den Hafen verließen, um so dem Tod zu entgehen. Von 1848 bis 1950 verließen von hier aus über 2,5 Mio. Emigranten das Land.

Cobh war auch der letzte Hafen, den die *Titanic* anlief; ein Museum erinnert auf ergreifende Weise an den Ausgangspunkt der tödlichen Reise.

Die Stadt liegt auf der Südseite von Great Island, einer von mehreren Inseln an der Küste Corks. Vom Ufer aus sieht man Haulbowline Island, einst die Basis des irischen Seedienstes, und die grüne Spike Island, auf der einst ein Gefängnis stand. Heute gehört sie der Stadt Cork und man kann sie besuchen.

Geschichte

Viele Jahre lang war Cobh der Hafen von Cork und spielte eine wichtige Rolle für Überfahrten über den Atlantik. 1838 stach die *Sirius* von hier aus in See, um als erstes Dampfschiff den Atlantik zu überqueren. Zudem legte hier die *Titanic* ein letztes Mal an, bevor sie 1912 ihre desaströse Reise antrat. Als die *Lusitania* 1915 vor der Küste von Kinsale torpediert wurde, brachte man viele der Überlebenden nach Cobh und begrub dort die Toten. Überdies war der Ort für Tausende Auswanderer während der Hungersnot das Letzte, was sie von Irland sahen.

Nachdem Queen Viktoria das Städtchen besucht hatte, wurde Cobh 1849 in Queenstown umbenannt. Diesen Namen behielt es bis zur Unabhängigkeit Irlands 1921, dann führte der Stadtrat wieder das Original ein.

1720 wurde in Cobh der erste Jachtclub der Welt, der Royal Cork Yacht Club, gegründet. Gegenwärtig wird er von Crosshaven auf der anderen Seite des Cork Harbour aus betrieben. Im schönen Old Yacht Club befinden sich heute die Touristeninformation und ein Kunstzentrum.

Sehenswertes

★Cobh, the Queenstown Story MUSEUM
(021-481 3591; www.cobhheritage.com; Lower Rd; Erw./Kind 9,50/5 €; April–Sept. 9.30–18 Uhr, Okt.–März bis 17 Uhr, letzter Einlass 1 Std. vor Schließung) Der Sturm fegt einen beinah um, es gibt ein wenig künstliches Erbrochenes an Deck und die Leute auf den Bildern sehen alle ziemlich erbärmlich aus – so weit die Eindrücke aus nur einem Raum des Cobh Heritage Centre. Das interaktive Museum im ehemaligen Bahnhof (neben dem heutigen Bahnhof) ist überdurchschnittlich gut. Es erinnert an die irische Emigration über den Atlantik zur Zeit der Großen Hungersnot.

Schockierende Berichte schildern das Schicksal von Häftlingen, die auf Schiffen nach Australien deportiert wurden, auf denen es „so wenig Luft gab, dass keine Kerze brannte". Dagegen wecken die Szenen von eleganten Seereisen in den 1950er-Jahren nostalgische Sehnsüchte, die Welt zu bereisen. Zum Museum gehören ein Ahnenforschungszentrum und ein Café.

Spike Island HISTORISCHE STÄTTE
(www.spikeislandcork.com; Cork Harbour; Erw./Kind 8/5 €; Juni–Aug. 11–17.30 Uhr, Mai 12–16.30 Uhr, April & Sept. nur Sa & So, Okt. nur So 12–16.30 Uhr) Die flache grüne Insel im Hafengebiet von Cork mit ihrer Artillerie-Festung aus dem 18. Jh. war früher ein wichtiger Teil der Hafen-Verteidigungsanlagen. In der zweiten Hälfte des 19. Jhs. und im Irischen Unabhängig-

keitskrieg diente das Fort als Gefängnis und Internierungszentrum, daher der Spitzname „Alcatraz von Irland". Heute kann man einen Rundgang über die Insel und durch ihre Befestigungsanlagen machen oder Geld für eine geführte Tour (Erw./Kind 13,50/8,50 €) investieren. Die Fähre (www.spikeislandferry.com) ab dem Kennedy Pier in Cobh ist im Preis enthalten.

Titanic Experience Cobh MUSEUM
(021-481 4412; www.titanicexperiencecobh.ie; 20 Casement Sq; Erw./Kind 9,50/5,50 €; 9–18 Uhr) Die Originalbüros der White Star Line, von denen aus 123 Passagiere an Bord der SS Titanic gingen (und sich eine glückliche Seele absetzte), beherbergen heute eine eindringliche Ausstellung zur schicksalhaften *letzten Reise des Ozeanriesen*. Man kann sie nur im Rahmen einer Tour besuchen, die teilweise von einem Führer begleitet wird und teilweise interaktiv ist. Für die Exponate, die audiovisuellen Präsentationen und die Hologramme sollte man mindestens eine Stunde einplanen. Die technischen Spielereien sind beeindruckend, doch am berührendsten ist es, an der Stelle zu stehen, von wo aus die Passagiere zu dem vor der Küste liegenden Schiff übergesetzt wurden, um niemals zurückzukehren.

St Colman's Cathedral KATHEDRALE
(021-481 3222; Cathedral Pl; Eintritt gegen Spende; Führungen So 15.30 Uhr) Auf einer Hangterrasse über Cobh thront dramatisch die wuchtige St. Colman's Cathedral im Stil der französischen Gotik. Sie wirkt in der Stadt völlig überdimensioniert. Ungewöhnlich ist das **Glockenspiel** mit 47 Glocken. Mit einem Tonumfang von vier Oktaven ist es das größte in Irland. Die größte Glocke wiegt unglaubliche 3,4 t – etwa so viel wie ein ausgewachsener Elefant! Von Mai bis September hört man sonntags um 16.30 Uhr ein Glockenkonzert.

Das Bauwerk wurde von E. W. Pugin entworfen und 1868 begonnen, jedoch erst 1915 vollendet. Ein Großteil der Spendengelder stammt von heimatverbundenen irischen Gemeinden in Australien und den USA.

Cobh Museum MUSEUM
(021-481 4240; www.cobhmuseum.com; High Rd; Erw./Kind 4/2 €; April–Okt. Mo–Sa 11–13 & 14–17.30, So 14.30–17 Uhr) (Schiffsmodelle, Gemälde, Fotos und kuriose Ausstellungsstücke, die Besuchern Cobhs Geschichte näherbringen, füllen dieses kleine, aber anschauliche Museum. Es befindet sich unweit des Bahnhofs in einer schottischen Presbyterianerkirche aus dem 19. Jh.

Geführte Touren

Michael Martin's Walking Tours STADTSPAZIERGANG
(021-481 5211; www.titanic.ie; geführte Touren ab 9,50 €) Der geführte Spaziergang **Titanic Trail** von Michael Martin dauert 1¼ Stunden. Er beginnt um 11 und um 14 Uhr am Commodore Hotel am Westbourne Place und endet mit einer Gratiskostprobe Stout. Darüber hinaus bietet Martin auch einen unheimlichen **Geisterspaziergang** (nach Voranmeldung) und Wanderungen auf **Spike Island** an. Letztere sind abhängig von Wetter und Teilnehmerzahl und starten um 14 Uhr am Kennedy Pier.

Schlafen & Essen

★ **Gilbert's** PENSION €€
(021-481 1300; www.gilbertsincobh.com; 11 Pearse Sq; EZ/DZ/Penthouse 75/100/180 €;) Die vier Zimmer der Boutique-Pension im Zentrum von Cobh sind frisch und modern mit handgefertigten Möbeln, Decken aus reiner Wolle und Regenduschen eingerichtet. Das Frühstück ist nicht im Preis enthalten, doch die Penthouse-Suite hat eine Miniküche. **Gilbert's Bistro**, eins der besten Restaurants von Cobh, liegt direkt unter der Pension.

Knockeven House B&B €€
(021-481 1778; www.knockevenhouse.com; Rushbrooke; EZ/DZ ab 75/100 €) Ein herrliches viktorianisches Hotel 1,5 km nördlich von Cobhs Zentrum. Die riesigen Zimmer sind mit antiken Möbeln ausgestattet und blicken auf einen traumhaften Garten voller Magnolien und Kamelien. Fantastisch ist auch das Frühstück mit selbst gebackenem Brot und frischem Obst; es wird in einem üppig dekorierten Speisezimmer serviert. Die Einrichtung erinnert an eine historische Kreuzfahrtschiffkabine erster Klasse.

Commodore Hotel HOTEL €€
(021-481 1277; www.commodorehotel.ie; Westbourne Pl; EZ/DZ 60/110 €; @) Dieses klassische Hotel am Meer hat mit Kronleuchtern geschmückte Flure und 42 moderne, attraktive Zimmer – am besten nimmt man eines der teureren mit Meerblick. Es gibt ein Schwimmbad und einen Dachgarten mit toller Aussicht.

Farmers Market MARKT €
(The Promenade; Fr 10–14 Uhr) Am Meer.

Titanic Bar & Grill IRISCH €€
(021-481 4585; www.titanicbarandgrill.ie; 20 Casement Sq; Hauptgerichte 14–25 €; Mo–Sa 12–17 & 18.30–20.30, So 12–23 Uhr;) Auf der Rück-

seite der Titanic Experience liegt dieses großartige Lokal. Die riesige Terrasse mit Blick auf den Hafen eignet sich perfekt für ein Bierchen. Doch auch die Speisekarte wird dem stilvollen Ambiente mit viel Holz gerecht und bietet noble Varianten von Pub-Klassikern wie Fish' n' Chips, Würstchen mit Kartoffelbrei und Steak mit Pfeffersoße.

Ausgehen & Nachtleben

Roaring Donkey PUB
(www.theroaringdonkey.com; Orilia Tce, Tiknock; 17–23.30 Uhr) Vom Meer geht's steil hinauf, doch zur Belohung warten im Roaring Donkey (der herrliche Name soll daher stammen, dass sich früher einige Gäste draußen bemerkbar machten) jede Menge *craic* und oft Livemusik. Das Pub befindet sich 2,6 km von der St. Colman's Cathedral entfernt.

Kelly's PUB
(Westbourne Pl; 10–1.30 Uhr;) Im Kelly's tummeln sich Tag und Nacht gesellige Gäste. Die beiden Räume sind mit Kirchenbänken, wuchtigen Holzmöbeln, einem Holzofen und einem Hirschgeweih ausgestattet.

Praktische Informationen

Die **Touristeninformation** (021-481 3301; www.visitcobh.com; Westbourne Pl; Mo–Fr 9–17, Sa & So 11–15 Uhr) ist im Old Yacht Club.

An- & Weiterreise

Cobh liegt 23 km südöstlich von Cork an der N25 Richtung Rosslare; Great Island ist durch eine Dammstraße mit dem Festland verbunden. Auf der Passage West Ferry (S. 244) beträgt die Strecke zwischen Cobh und Cork nur 18 km.

Züge fahren stündlich zwischen Cobh und Cork (5,50 €, 25 Min.) und halten in Fota. Busverbindungen gibt es auf dieser Strecke nicht.

Midleton & Umgebung

3730 EW.

Midleton ist besonders den Liebhabern von edlen irischen Whiskeys ein Begriff. Wer die quirlige Marktstadt besucht, sollte sich die Besichtigung der alten Jameson-Whiskey-Brennerei nicht entgehen lassen. Die hübschen Dörfer in der Umgebung und die zerklüftete Küstenlinie sind sehenswert. Die Nacht verbringt man am besten in einem der wunderbar ländlichen Hotels wie dem Ballymaloe House außerhalb Midletons.

Sehenswertes

Jameson Experience MUSEUM
(021-461 3594; www.jamesonwhiskey.com; Old Distillery Walk, Midleton; Führungen Erw./Kind 15/8 €; Laden 10–18.30 Uhr, Touren zu variablen Zeiten) Ganze Busladungen von Touristen drängen in das restaurierte, 200 Jahre alte

ABSTECHER

DAS HERZ DER GOURMETSZENE: BALLYMALOE

Wer vor dem Eingang des glyzinienumrankten **Ballymaloe House** (021-465 2531; www.ballymaloe.ie; Shanagarry; EZ/DZ ab 140/240 €;) steht, dem wird klar, dass es sich um einen ganz besonderen Ort handeln muss. Die Familie Allen kaufte die Anlage 1948 und führt das herausragende Hotel und Restaurant in ihrem alten Familiendomizil nun schon seit Jahrzehnten. Die Zimmer sind unterschiedlich geschnitten und mit exquisiten Antikmöbeln ausgestattet. In der schönen Anlage befinden sich u. a. ein Tennisplatz, ein Swimmingpool, ein Laden und ein Café. Das Haus liegt 12 km südöstlich von Midleton nahe der R629.

Myrtle Allen ist eine lebende Legende und genießt internationalen Ruhm für ihre fast im Alleingang kreierte gehobene irische Küche. Die Speisekarte im gefeierten **Restaurant** (Mittagsmenü 32 €, Abendmenü 75 €, 13–15 & 19–21.30 Uhr) des Ballymaloe House wechselt täglich, je nachdem, welche Zutaten von den Bauernhöfen Ballymaloes oder aus anderen lokalen Quellen gerade zur Verfügung stehen. Das Hotel veranstaltet auch Wein- und Gärtnerwochenenden.

Myrtles Schwiegertochter und Fernsehstar Darina Allen führt die bekannte **Ballymaloe Cookery School** (021-464 6785; www.cookingisfun.ie; Shanagarry). Darinas eigene Schwiegertochter, Rachel Allen, ist ebenfalls eine namhafte Fernsehköchin und Autorin und unterrichtet regelmäßig an der Kochschule. Vorführungen kosten 75 €. Die Unterrichtsangebote reichen von halbtägigen Klassen (95–135 €) bis zu zwölfwöchigen Kursen mit Zertifikat (10 995 €) und sind oft Wochen im Voraus ausgebucht. Kursteilnehmer von längeren Kursen können in hübschen Cottages auf dem 40 ha großen Grundstück übernachten. Es befindet sich 3 km östlich von Ballymaloe House.

Gebäude der Whiskey-Brennerei. Exponate und Führungen der Jameson Experience veranschaulichen die Herstellung von Whiskey aus Gerste (heute wird Jameson in einer modernen Fabrik produziert). Außerdem gibt's einen gut ausgestatteten Souvenirladen und das **Malt House Restaurant** (12–15 Uhr), das sonntags Livemusik bietet.

Schlafen & Essen

Loughcarrig House B&B €€

(021-463 1952; www.loughcarrig.com; Ballinacurra; EZ/DZ ab 50/80 €;) Ein guter Ort für Erholungssuchende ist dieses elegante georgianische Haus mit vier Gästezimmern am Hafen von Cork, etwa 3 km südlich von Midleton. Neben Wanderungen und Vogelbeobachtung können die Besitzer das Angeln in den fischreichen Gewässern arrangieren. Außerdem gibt's ein herzhaftes, sättigendes Frühstück.

Midleton Farmers Market MARKT €

(www.midletonfarmersmarket.com; Main St; 9.30–13 Uhr) Hinter dem großen Kreisverkehr am Nordende der Main Street findet sich einer der besten Bauernmärkte Corks: Hier werden jede Menge lokale Produkte angeboten und die Erzeuger halten gerne ein Schwätzchen.

★ **Farmgate Restaurant** IRISCH €€

(021-463 2771; www.farmgate.ie; Broderick St; Hauptgerichte mittags 12–20 €, abends 18–30 €; Di–Sa 12–15.30, Do–Sa 18.30–21.30 Uhr, Café Di–Sa 9–17 Uhr) Als „Schwester" des Farmgate Café (S. 225) in Cork bietet das Lokal eine hervorragende Mischung aus traditionellem und modernem irischem Essen. Der Feinkostladen vorne verkauft lokale Erzeugnisse, darunter Gebäck, Bioobst und -gemüse, verschiedene Käsesorten und Eingemachtes. Wer sich durchgezwängt hat, landet im spärlich beleuchteten, mit Kunst dekorierten Caférestaurant im Bauernhausstil, in dem man genauso gut speist wie an jedem anderen Ort in Irland.

Praktische Informationen

Die **Touristeninformation** (021-461 3702; www.ringofcork.ie; Distillery Walk; April–Sept. Mo–Sa 9.30–13 & 14–17.15 Uhr) befindet sich am Eingangstor zur Jameson Experience.

An- & Weiterreise

Midleton liegt 20 km östlich von Cork. Der **Bahnhof** (5 McSweeney Tce) liegt 1,5 km (20 Min. zu Fuß) nördlich von Jameson Experience. Von Cork gibt es regelmäßige Zugverbindungen (5,70 €, 25 Min., mindestens stündl.).

Busse fahren regelmäßig vom Busbahnhof Cork (7,80 €, 30 Min., alle 15–45 Min.). Um die Umgebung zu erkunden, benötigt man ein eigenes Fahrzeug.

Youghal

7000 EW.

Der alte ummauerte Seehafen Youghal (Eochaill; sprich: *johl)* an der Mündung des Blackwater River blickt auf eine spannende Geschichte zurück, auch wenn diese – vor allem beim Vorbeieilen auf der N25 – nicht gleich sichtbar ist. Selbst wenn man anhält, mag der Ort zuerst nur wie eine langweilige irische Marktstadt wirken. Nimmt man sich jedoch ein wenig Zeit, spürt man etwas von der Vergangenheit in dem einst ummauerten Städtchen und genießt die Aussicht auf die weite Mündung des Blackwater.

Im 16. Jh., während der Revolte gegen England, war Youghal ein heißes Pflaster; Oliver Cromwell überwinterte hier 1649, als er Hilfe für seinen Krieg in England zusammentrommelte und den Aufstand der lästigen Iren unterdrückte. Während der elisabethanischen Plantation of Munster wurde der Ort an Sir Walter Raleigh übergeben, der von 1588–89 Bürgermeister von Youghal war und sich hier gelegentlich in seinem Haus Myrtle Grove aufhielt.

Sehenswertes & Aktivitäten

Das **Youghal Heritage Centre** befindet sich im selben Gebäude wie die Touristeninformation und zeigt eine interessante Ausstellung zur Stadtgeschichte. Auf jeden Fall die Broschüre **Youghal Walking Trail** mitnehmen; sie weist den Weg zu zahlreichen historischen Sehenswürdigkeiten. Youghal hat zwei Strände mit blauer Flagge – ideales Baugebiet für Sandburgen, die dem Glockenturm des Ortes gleichen. Claycastle (2 km) und Front Strand (1 km) nahe der N25 sind vom Ort aus zu Fuß erreichbar.

Fox's Lane Folk Museum MUSEUM

(024-91145; www.tyntescastle.com/fox; North Cross Lane; Erw./Kind 4/2 €; Juli & Aug. Di–Sa 10–13 & 14–18 Uhr) Dinky Fox's Lane Folk Museum zeigt über 600 Haushaltsgegenstände aus der Zeit zwischen 1850 und 1950 und wartet zudem mit einer viktorianischen Küche auf.

Blackwater Cruises BOOTSTOUR

(087 988 9076; www.blackwatercruises.com; Erw./Kind 20/10 €; April–Nov.) Bietet von

Youghal aus 90-minütige Bootsfahrten. Vorbei an Burgruinen und Abteien führen sie den hübschen Blackwater River stromaufwärts bis zum Herrenhaus Ballynatray House.

Schlafen & Essen

Aherne's Townhouse GASTHOF €€
(☎ 024-92424; www.ahernes.net; 163 North Main St; EZ/DZ ab 75/110 €; @ 📶) Die zwölf Zimmer sind außerordentlich gut ausgestattet; die größeren haben kleine Balkone, um die frische Meeresluft zu genießen. Im Preis enthalten ist ein prächtiges Frühstück (frisch gepresster Orangensaft, Bioeier, regionaler Fisch), das für den ganzen Tag reicht. Zum Haus gehört ein gehobenes **Fischrestaurant** (3-Gänge-Menü 32 €) und eine stilvolle, gemütliche Bar.

La Petite Auberge B&B €€
(☎ 024-85906; www.lapetiteauberge.ie; 2 The Mall; EZ/DZ 65/95 €; 📶) In dem 1830 erbauten, charmanten „Kleinen Gasthof" begrüßt der Blick aufs Meer die Gäste schon beim Aufstehen. Die Zimmer sind klassisch, stilvoll und originell möbliert. Auch der Frühstücksraum wartet mit Meerblick auf – und mit Leckereien wie Räucherhering, frischem Orangensaft und saisonalen Nüssen und Früchten.

Sage Cafe CAFÉ €
(☎ 024-85844; 86 North Main St; Gerichte 5–9 €; ⏱ Mo–Sa 10–18 Uhr; 📶) Alles in diesem hinreißenden Café ist hausgemacht, darunter Linsen- und Nussbrot, Quiche, Kuchen und mehr. Ein Paradies für Vegetarier!

Ausgehen & Nachtleben

Treacy's PUB
(The Nook; www.findthenook.ie; 20 North Main St; ⏱ 12–23 Uhr) Für ein Absacker-Pint und traditionelle Livemusik gibt's keinen besseren Ort als das älteste Pub Youghals, das Treacy's, auch The Nook genannt. Der Eingang befindet sich in der angrenzenden Gasse.

Praktische Informationen

In der **Touristeninformation** (☎ 024-20170; www.youghal.ie; Market Sq; ⏱ ganzjährig Mo–Sa 10–15, Juni–Aug. 9.30–17 Uhr) in einem alten Markthaus am Meer bekommt man Besucherinfos und kostenlose Stadtpläne. Das Gebäude beherbergt außerdem noch ein kleines Heritage Center.

An- & Weiterreise

Bus Éireann bietet Verbindungen nach Cork (14 €, 1 Std., stündl.) und Waterford (20 €, 1½ Std., stündl.).

ZU FUSS DURCH YOUGHALS GESCHICHTE

Am besten erschließt sich Youghals Geschichte anhand seiner Wahrzeichen. Von Süden her durch die Stadt kommt man zunächst zum kuriosen **Clock Gate** aus dem Jahr 1777, das als Stadttor, Glockenturm und Gefängnis diente; beim Osteraufstand 1798 wurden hier Gefangene hingerichtet, indem man sie aus den Fenstern hängte.

1706 wurde das wundervoll proportionierte **Red House** in der North Main Street vom holländischen Architekten Leuventhen erbaut. Das rote Ziegelgebäude lässt Details der niederländischen Renaissance erkennen. Gegenüber erhebt sich das **Tynte's Castle** (www.tyntescastle.com) aus dem 15. Jh. Einst stand die Burg als Verteidigungsposten direkt am Fluss.

Ein paar Schritte weiter an der Seitenstraße zur Kirche liegen sechs **Armenhäuser,** die der Engländer Richard Boyle errichten ließ. Boyle kaufte Raleigh sämtliche Ländereien in Irland ab und wurde 1616 zum ersten Earl von Cork – in Anerkennung seiner Arbeit, eine „herausragende Kolonie" geschaffen zu haben.

Die 1220 erbaute **St Mary's Collegiate Church** weist Elemente einer dänischen Kirche aus dem 11. Jh. auf. Der Earl von Desmond und seine Truppen zerstörten bei einem Aufstand gegen England im 16. Jh. das Dach über dem Altarraum.

Zwischen hohen Mauern versteckt sich nördlich der Kirche **Myrtle Grove** (nicht zu besichtigen). Das Haus, ein seltenes Beispiel für den spätmittelalterlichen Tudor-Stil, wurde zwischen dem 15. und 18. Jh. errichtet und einst von Sir Walter Raleigh bewohnt.

Am Westende des Friedhofs erstreckt sich ein schönes Stück der alten **Stadtmauer**. Man geht am Geländer entlang und nimmt dann die Treppen an der Außenseite. Dann geht es durch das nächste Tor und durch die inzwischen restaurierten und als Park genutzten **College Gardens** aus dem 17. Jh. hinunter zur Main Street.

KINSALE & WEST CORK

Die irische Küste, deren Schönheit in den westlich und nördlich gelegenen Grafschaften eine geradezu atemberaubende Wirkung entfaltet, bezaubert bereits mit dieser Gegend. Auf den Straßen in der Region kann man sich wunderbar treiben lassen.

Kinsale

4890 EW.

Der malerische Jachthafen von Kinsale (Cionn tSáile) ist einer von vielen farbenprächtigen Juwelen, die sich an der Küste des County Cork aneinanderreihen. Schmale, verwinkelte Straßen mit vielen Galerien, Souvenirläden, lebhaften Bars und hervorragenden Restaurants sowie ein natürlicher Jachthafen, über den eine große Festung aus dem 17. Jh. wacht, machen Kinsale zu einem lohnenswerten Ziel für einen oder zwei Tage.

Nicht umsonst wurde Kinsale als Gourmethauptstadt Südwestirlands ausgezeichnet: Der kleine Ort beherbergt überdurchschnittlich viele Restaurants mit internationalem Standard. Die meisten liegen in Hafennähe und sind vom Zentrum aus leicht zu Fuß erreichbar.

Geschichte

1334 erhob der englische König Edward II. Kinsale zur königlichen Hafenstadt. Während des 15. Jh. gelangte sie durch den Wein- und Salzhandel zu Wohlstand. Zudem war sie Versorgungsstützpunkt der englischen Marine.

Im September 1601 belagerten englische Schiffe eine spanische Flotte, die in Kinsale vor Anker lag. Irische Streitkräfte hatten den spanischen König um Hilfe gegen die Engländer gebeten. Sie marschierten daraufhin quer durchs ganze Land, um die spanischen Schiffe in Kinsale zu befreien, wurden jedoch am Weihnachtsabend vor den Toren der Stadt in der Schlacht von Kinsale geschlagen. Für die katholischen Iren bedeutete dies ihre sofortige Verbannung. Es vergingen 100 Jahre, ehe sie wieder in der Stadt geduldet wurden. Historiker betrachten das Jahr 1601 als Anfang vom Ende des gälischen Irlands.

Nach diesem schicksalhaften Ereignis entwickelten sich hier ein Werfthafen der Marine und eine Garnisonsstadt. Zu Beginn des 18. Jhs. brach ein gewisser Alexander Selkirk vom Hafen zu einer Reise auf, in deren Verlauf er auf einer einsamen Insel strandete – damit lieferte er Daniel Defoe die Romanvorlage für seinen *Robinson Crusoe*.

Sehenswertes

★ Charles Fort FESTUNG

(☎ 021-477 2263; www.heritageireland.ie; Summercove; Erw./Kind 4/2 €; ⏲ Mitte März–Okt. 10–18 Uhr, Nov.–Mitte März bis 17 Uhr) Allein wegen der spektakulären Aussicht lohnt die sternförmige Festung aus dem 17. Jh., eine der besterhaltenen in Europa, einen Besuch. Sie hat aber noch viel mehr zu bieten: Die Ruinen auf dem weitläufigen Areal stammen aus dem 18. und 19. Jh. und laden zu schönen Spaziergängen ein. Das Fort liegt 3 km südöstlich von Kinsale an der Landstraße durch Scilly. Wer Zeit hat, sollte auf dem hübschen Küstenwanderweg **Scilly Walk** wandern.

Die Festung wurde in den 1670er-Jahren errichtet, um Kinsale Harbour zu überwachen, und war bis 1921 in Betrieb. Beim Abzug der Briten im gleichen Jahr wurde ein Großteil der Anlage zerstört.

Lusitania Museum MUSEUM

(www.oldheadofkinsale.com; Signal Tower, Old Head of Kinsale; Erw./Kind 5 €/frei; ⏲ Juni–Aug. tägl. 10–18 Uhr, Mai & Sept. Do–So bis 17 Uhr, Okt.–April vor Ort nach den Öffnungszeiten fragen) Der 200 Jahre alte Signalturm wurde restauriert und beherbergt heute ein Museum. Gewidmet ist es der RMS *Lusitania*, die 1915 von einem deutschen U-Boot vor dem Old Head of Kinsale torpediert wurde, wobei 1200 Menschen ums Leben kamen. Wer von hier zu den nahen Klippen wandert, wird mit einem imposanten Blick nach Süden zum Old Head belohnt. Der Weg zum Leuchtturm an der Spitze der Landzunge ist durch einen privaten Golfplatz versperrt. Der Turm liegt 13 km südlich des Orts an der R604.

Desmond Castle BURG, MUSEUM

(☎ 021-477 4855; www.heritageireland.ie; Cork St; Erw./Kind 4/2 €; April–Mitte Sept. 10–18 Uhr) Kinsales historischen Wurzeln im Zusammenhang mit dem Weinhandel kann man im Desmond Castle, einem befestigten Wohngebäude aus dem 16. Jh., nachspüren. Nachdem das Bauwerk im Jahre 1601 von den Spaniern besetzt wurde, diente es zunächst als Zollhaus, dann als Gefängnis für französische und amerikanische Kriegsgefangene und schließlich als Armenhaus. Heute enthält es spannende historische Ausstellungsstücke und ein kleines Weinmuseum zur Geschichte irischer Weinhändlerfamilien, darunter die Hennessys (die Namensgeber einer berühmten Marke), die während der britischen Regentschaft nach Frankreich flohen.

Kinsale

Sehenswertes
1 Courthouse & Regional Museum A1
2 Desmond Castle A1
3 St. Multose Church A2

Aktivitäten, Kurse & Touren
4 Kinsale Harbour Cruises C4
5 Mylie Murphy's B2

Schlafen
6 Cloisters B&B A1
7 Old Bank House B2
8 Old Presbytery A1
9 Olde Bakery C4
10 Perryville House C2
11 Pier House B2

Essen
12 Black Pig Wine Bar B4
13 Crackpots A1
14 Farmers Market B2
15 Finn's Table B2
16 Fishy Fishy Café B3
17 Jim Edwards B2
18 Nine Market Street A2
19 Poet's Corner B3

Ausgehen & Nachtleben
20 Apéritif A2
21 Harbour Bar D3
22 Spaniard Bar D2

Shoppen
23 Giles Norman Gallery B3
24 Granny's Bottom Drawer B2
25 Kinsale Chocolate Boutique A2
26 Kinsale Crystal A2

Courthouse & Regional Museum MUSEUM
(021-477 7930; Market Sq; Erw./erm. 3/1,50 €; Sa 10–17, So 14–17 Uhr) In einem Gerichtsgebäude aus dem 17. Jh., in dem 1915 der Untergang der *Lusitania* verhandelt wurde, zeigt dieses hübsche Museum lokale Kuriositäten wie die Hurlingschläger und Schuhe, die dem 2,40 m großen Riesen von Kinsale, Patrick Cotter O'Brien (1760–1806), gehörten.

St. Multose Church KIRCHE
(Church of Ireland Church; Pfarrhaus 021-477 2220; Church St) Diese zur Church of Ireland gehörende Kirche ist dem Schutzpatron von Kinsale geweiht. 1190 wurde sie von Normannen auf den Überresten eines Gotteshauses aus dem 6. Jh. errichtet und gilt damit als eine der ältesten Kirchen Irlands. Von der Innenausstattung kann man heute kaum mehr etwas sehen, doch die Fassade wurde wunderbar restauriert. Im Gebäude zeigt ein flacher Stein eine Figur mit rundlichen Händen. Diese wurde nach alter Tradition von den Fischerfrauen gerieben, damit ihre Männer heil vom Meer zurückkehrten. Mehrere Opfer des Untergangs der *Lusitania* wurden auf dem Friedhof bestattet.

Aktivitäten

Scilly Walk WANDERN
Der herrliche Küstenwanderweg führt bis zum Charles Fort und ist ein absolutes Muss für Kinsale-Besucher. Man folgt der Lower Road bis zum Spaniard Pub, geht dann Richtung Wasser hinunter und folgt dem Pfad am Hafen entlang, bis er wieder bergauf führt und auf die High Road trifft. Nach einer Pause auf ein Pint in der Bulman's Bar geht's weiter hinauf zur Festung. Zurück kann man über die High Road gehen – Kinsales »Goldene Meile« ist gesäumt von Millionärsferienhäusern und bietet einen tollen Blick über den Hafen (hin & zurück 6 km).

Mylie Murphy's ANGELN, RADFAHREN
(021-477 2703; 14 Pearse St; Fr & Sa ganzjährig 10–17 Uhr, Juni–Sept. 12–16 Uhr) Verleiht Angelruten für 10 € pro Tag und Fahrräder für 15 € pro Tag.

Old Head Golf Links GOLFEN
(021-4778 444; www.oldhead.com; Old Head of Kinsale; Golfgebühr 160–230 €) Das exklusive Golfresort liegt herrlich auf einer felsigen Landzunge, 15 km südlich von Kinsale und ist über die R600 und R604 zu erreichen. Den Eingang umrahmen die Ruinen der Burg De Courcy, vom siebten Abschlag sieht man auch die Ruinen eines Leuchtturms.

Geführte Touren

Kinsale Harbour Cruises BOOTSTOUR
(021-477 8946, 086 250 5456; www.kinsaleharbourcruises.com; Erw./Kind 12,50/6 €) Bietet Bootsausflüge zum Charles Fort, in die James Cove und den River Bandon hinauf. Die Touren sind wetterabhängig, Abfahrtszeiten variieren das ganze Jahr über. Infos bekommt man auf der Website oder in der Touristeninformation. Die Boote legen neben der Marina ab.

Dermot Ryan's Heritage Town Walks STADTSPAZIERGANG
(021-477 2729; www.kinsaleheritage.com; Erw./Kind 5 €/frei; 10.30 Uhr) Einstündige Wanderungen ab der Touristeninformation. 15-Uhr-Wanderungen können nach Voranmeldung organisiert werden.

Feste & Events

Kinsale Gourmet Festival ESSEN
(www.kinsalerestaurants.com) Drei Tage voller Weinproben, Kochvorführungen und der „All-Ireland seafood chowder cook-off competition" (Kochwettbewerb mit Muschelsuppe) tragen zum Ruf der Stadt als Gourmetzentrum bei. Im Oktober.

Kinsale Jazz Festival JAZZ
(www.kinsale.ie) Entspannte Unterhaltung am verlängerten Oktoberwochenende..

Schlafen

Dempsey's HOSTEL €
(021-477 2124; www.hostelkinsale.com; Eastern Rd; B 15–20 €;) Ein einfaches Hostel und die billigste Unterkunft des Orts. Das Dempsey's bietet separate Schlafsäle für Männer und Frauen, Familienzimmer, eine Küche und Tische im Garten vorm Haus. Es ist das leuchtend blaue Haus neben der Tankstelle, an der R600 von Cork, 750 m nordöstlich des Zentrums.

★ **Old Presbytery** B&B €€
(021-477 2027; www.oldpres.com; 43 Cork St; EZ/DZ ab 70/125 €; Jan.–Mitte Febr. geschl.;) Das Old Presbytery ist elegant ins 21. Jh. gekommen, da eine umsichtige Renovierung seinen Charakter bewahrt hat und eine Solarheizung ergänzt wurde. In Zimmer 6 sollte man nur übernachten, wenn man nichts von Kinsale sehen möchte, denn die Glasveranda mit Balkon ist derart schön, dass man sie gar nicht mehr verlassen will. Das legendäre Frühstück wird vom Besitzer und früheren Küchenchef Phillip zubereitet.

Cloisters B&B B&B €€
(☎ 021-470 0680; www.cloisterskinsale.com; Friars St; EZ/DZ ab 55/100 €; 📶) Kleinigkeiten machen in diesem bezaubernden B&B mit den blauen Fensterläden in der Nähe des Desmond Castle den Unterschied aus. Bei der Ankunft wird man mit Schokolade begrüßt, die Zimmer sind blitzsauber und die Matratzen sind so gemütlich, dass einen höchstens das einfallsreiche Frühstück aus dem Bett lockt.

Olde Bakery B&B €€
(☎ 021-477 3012; www.theoldebakerykinsale.com; 56 Lower O'Connell St; Zi. ab 90 €; 📶) Einen kurzen Fußweg südöstlich des Zentrums liegt diese familienfreundliche Unterkunft in einer ehemaligen Bäckerei der britischen Garnison. Die Zimmer sind sehr geräumig und beim fantastischen Frühstück rund um den Küchentisch kommen die Gäste schnell ins Gespräch.

Pier House B&B €€
(☎ 021-477 4475; www.pierhousekinsale.com; Pier Rd; Zi. 100–140 €; 📶) Dieses hinreißende B&B liegt von der Straße versetzt in einem abgeschirmten Garten. Alle Zimmer sind mit Treibholzskulpturen und Muscheln dekoriert, das Bad aus schwarzem Granit überzeugt mit perfekten Duschen, und es gibt eine Fußbodenheizung! Vier Zimmer haben einen Balkon.

Old Bank House HOTEL €€
(☎ 021-477 4075; www.oldbankhousekinsale.com; 11 Pearse St; EZ/DZ ab 79/130 €; @📶) Die georgianische Eleganz in diesem Luxushotel mit 18 Zimmern ist zeitlos schön. Herrliche Kunstobjekte und Gemälde an den Wänden und luxuriös ausgestattete Aufenthaltsräume tragen zum wunderbaren Ambiente bei. Obwohl die Zimmer opulent dekoriert sind, sind sie dezent genug, um nicht versnobt zu wirken. Das üppige Frühstück mit frisch gebackenem Brot (aus der Bäckerei unten) und hausgemachten Marmeladen ist im Preis enthalten.

Perryville House BOUTIQUE-HOTEL €€€
(☎ 021-477 2731; www.perryvillehouse.com; Long Quay; Zi. 160–300 €; ⏲ saisonale Schließzeiten telefonisch erfragen; 📶) Im familienbetriebenen Perryville ist alles von der imposanten Fassade mit schmiedeisernen Balkonen bis zum Nachmittagstee im Salon vom Feinsten. Die 26 Zimmer sind komfortabel, und wer etwas tiefer in die Tasche greift, kann sich über noch größere Betten, Balkone und Meerblick freuen.

Essen

Kinsale ist ein echtes Gourmetparadies, denn hier bekommt man hervorragende Küche für jeden Geldbeutel.

Poet's Corner CAFÉ €
(www.poetscornerkinsale.com; 44 Main St; Gerichte 5–7 €; ⏲ Mo–Sa 9.30–18 Uhr; 📶) Das nette Café – und Büchertauschbörse – serviert tollen Kaffee, Kuchen und riesige getoastete Sandwiches.

Farmers Market MARKT €
(Short Quay; ⏲ Mi 9.30–13.30 Uhr) 🌿 Auf dem kleinen Platz gegenüber der Touristeninformation.

★ **Black Pig Wine Bar** IRISCH €€
(☎ 021-477 4101; 66 Lower O'Connell St; Gerichte 8–20 €; ⏲ Mi–Mo 17.30–23.30 Uhr) 🌿 Beachtliche 80 Flaschenweine und 40 offene Weine stehen in dieser stilvollen Bar zur Auswahl, darunter viele Bioweine. Auf Hungrige wartet eine verlockende Speisekarte mit leckeren Tapas sowie Fleisch- und Käseplatten mit Produkten aus heimischer Herstellung. Die Tische sind sehr begehrt. Vorab reservieren! Hinter der Bar gibt's einen hübschen gepflasterten Hof.

Nine Market Street BISTRO €€
(☎ 021-470 9221; http://ninemarketstreet.ie; 9 Market St; Gerichte 11–22 €; ⏲ Di–Do 9.30–16, Fr & Sa bis 20.45 Uhr; 🖉) Schwarzweiße Bodenfliesen, warmes goldfarbenes Holz und historische Fotos sorgen in diesem hübschen kleinen Café mit Bistro für eine entspannte Atmosphäre. Tagesgerichte wie z. B. Wagyu-Beefburger ergänzen das Angebot an frisch zubereiteten Fischpasteten, Quiches und gesunden Salaten.

Jim Edwards FISCH & MEERESFRÜCHTE €€
(☎ 021-477 2541; www.jimedwardskinsale.com; Short Quay; Bar Gerichte 13–20 €, Restaurant Gerichte 18–29 €; ⏲ Bargerichte 12–22 Uhr, Restaurant 17.30–22 Uhr) 🌿 Die Bargerichte liegen weit über dem Standard und das Essen im Restaurant schmeckt außergewöhnlich gut. Auf der Karte stehen zahlreiche hochwertige Speisen, darunter alle Arten von regionalem Fisch. Fleischliebhaber kommen ebenfalls auf ihre Kosten.

Crackpots MODERN IRISCH €€
(☎ 021-477 2847; www.crackpots.ie; 3 Cork St; Hauptgerichte 15–25 €; ⏲ 18–22 Uhr) 🌿 Der Schriftzug „Ceramic Restaurant" über der Eingangstür bezieht sich darauf, dass sämt-

liches Geschirr des Lokals vor Ort hergestellt wurde. Kombiniert man Kunstwerkstatt und Restaurant miteinander, kommt normalerweise eines davon zu kurz – doch es ist ganz sicher nicht das Essen. Regionales Fleisch, frische Meeresfrüchte und Biogemüse sind die wichtigsten Zutaten.

★ **Finn's Table** MODERN IRISCH €€€
(☎021-470 9636; www.finnstable.com; 6 Main St; Hauptgerichte 20–30 €; ⊙Do–Mo ab 17.30 Uhr) Wer in Kinsale ein Gourmetrestaurant eröffnet, muss sich auf harte Konkurrenz gefasst machen, doch das Projekt von John und Julie Finn ist der Herausforderung bestens gewachsen. Die elegante, aber moderne Karte des freundlichen Restaurants bietet lokale Produkte der Saison und kommt stets gut an. Die Meeresfrüchte, darunter saisonal Hummer, stammen aus dem Westen Corks, das Fleisch vom Familienfleischer der Finns.

★ **Fishy Fishy Café** FISCH & MEERESFRÜCHTE €€€
(☎021-470 0415; www.fishyfishy.ie; Crowley's Quay; Hauptgerichte 17–30 €; ⊙März–Okt. 12–21 Uhr, So–Mi bis 16 Uhr, Nov.–Feb. Do–Sa bis 21 Uhr) Das Fishy Fishy, eines der berühmtesten Fischrestaurants des Landes, glänzt mit seinem wundervollen Ambiente: schlichte weiße Wände, die mit bunter Kunst geschmückt sind, Fischskulpturen aus Stahl und eine tolle Terrasse. Sämtliches Meeresgetier wird direkt vor Ort gefangen, vom Hummer Thermidor bis zu den Zutaten der vielfältigen kalten Meeresfrüchteplatte, die mit hausgemachter Mayonnaise serviert wird.

Ausgehen & Nachtleben

Spaniard Bar PUB
(☎021-477 2436; www.thespaniard.ie; River Rd, Scilly; ⊙Mo–Do 10.30–23.30, Fr & Sa bis 0.30, So 12.30–23.30 Uhr) Eine gute alte Matrosenbar mit knisterndem Torffeuer und niedrigen Decken. Hier lässt sich's besonders gut in einer ruhigen Ecke sitzen, die Atmosphäre schnuppern und den Gesprächsfetzen lauschen. An sonnigen Tagen kann man auch an den Tischen draußen den Hafenblick genießen.

Bulman Bar PUB
(☎021-477 2131; www.thebulman.ie; Summercove; Hauptgerichte 10–19 €; ⊙Mo–Do 12.30–23.30, Fr & Sa bis 0.30, So bis 23 Uhr; 📶) Außerhalb des Zentrums lohnt dieses Gastropub am Hafen des malerischen Weilers Summercove einen Besuch. An den Tischen draußen kann man kühlen Weißwein genießen oder im holzvertäfelten Innenraum an einem Bier nippen und Meeresfrüchtesuppe schlürfen. Ein rustikaler Seebären-Umgang gehört hier zum guten Ton. Die Bar liegt 2 km südöstlich von Kinsales Zentrum auf dem Weg zum Charles Fort.

Apéritif WEINBAR
(☎021-477 2209; www.aperitifkinsale.com; Main St; ⊙Do–Sa 17.30 Uhr–open end, So 14 Uhr–open end) Metallisch schimmernde Möbel und Wände machen diese Weinbar zu einem glamourösen Ort für einen Drink und ein paar Tapas vor dem Abendessen. Die großen Panoramafenster ermöglichen sowohl von innen als auch von außen einen guten Blick aufs Geschehen.

Harbour Bar PUB
(Scilly Walk; ⊙18–23.30 Uhr) Von außen mag das Pub wirken, als ob es geschlossen sei, doch drinnen fühlt man sich wie in einem Wohnzimmer (vielleicht ist es sogar eins!). Uralte Sofas, Feuer im offenen Kamin, Charakterköpfe in jeder Ecke und Gartenbänke mit Hafenblick tragen zum Charme dieses Ladens bei.

Shoppen

Kinsale Chocolate Boutique SCHOKOLADE
(www.kinsalechocolate.ie; 6 Exchange Bldgs, Market Sq; ⊙Mai–Aug. 10–18 Uhr, Mi & Do 11–17, Fr & Sa 10–18 Uhr, Sept.–April So 14–18 Uhr) Dieser Schokoladenhersteller verkauft jede Menge Leckereien, darunter handgemachte Schokoladen und pastellfarbene Makronen.

Giles Norman Gallery KUNST
(☎021-477 4373; www.gilesnorman.com; 45 Main St; ⊙Mo–Sa 10–18, So 12–18 Uhr) Faszinierende Schwarz-Weiß-Fotos mit Motiven aus ganz Irland von einem Meister des Genres. Drucke kosten ab 20 € (ohne Rahmen) bzw. 30 € (gerahmt).

Granny's Bottom Drawer KUNSTHANDWERK
(☎021-477 4839; 53 Main St; ⊙10–18 Uhr) Irisches Leinen erstklassiger Qualität, Produkte aus Wolle und Leder, Damast und Haushaltswaren im traditionellen Stil.

Kinsale Crystal GLAS
(☎021-477 4493; www.kinsalecrystal.ie; Market St; ⊙Mo–Fr 10–17.30, Sa 10–18, So 12–18 Uhr) Erlesene Arbeiten eines aus Waterford stammenden Handwerkskünstlers, der sich dem traditionellen Tiefschnitt in Kristallglas verschrieben hat.

PASSAGE WEST FERRY

Die **Passage West Ferry** (☎021-481 1485; www.passagewestmonkstown.ie/cross-river-ferry.asp; Fußgänger/Fahrrad/Auto einfache Fahrt 1/1/5 €; ⌚7–22 Uhr) ab Carrigaloe, 3,5 km nordwestlich von Cobh, bietet eine praktische Abkürzung nach Passage West, das sich 14 km südöstlich von der Stadt Cork befindet. Die Flussüberquerung dauert nur 5 Minuten. Die Fähre ist besonders praktisch, wenn man aus dem Süden von Cork oder aus Kinsale kommt und den Stadtverkehr vermeiden will.

Praktische Informationen

In der Pearse Street gibt's eine Post und Banken mit Geldautomaten.

Touristeninformation (☎021-477 2234; www.kinsale.ie; Ecke Pier Rd & Emmet Pl; ⌚ganzjährig Di–Sa 9.15–17, April–Okt. auch Mo, Juli & Aug. auch So 10–17 Uhr) Hier bekommt man eine gute Karte mit Wanderungen in und um Kinsale.

Anreise & Unterwegs vor Ort

Die Buslinie 226 von **Bus Éireann** (☎021-450 8188; www.buseireann.ie) verbindet Kinsale mit dem Busbahnhof Cork (9,40 €, 1 Std., stündl.). Sie hält am Cork Airport und fährt dann weiter zum Bahnhof von Cork. Die **Bushaltesstelle** befindet sich in der Pier Road unweit der Touristeninformation.

Kinsale Cabs (☎021-477 2642; www.kinsalecabs.com) Ein Taxi von Cork Airport nach Kinsale kostet zwischen 35 und 45 €. Arrangiert auch Golftouren im Westen Corks.

Clonakilty

4720 EW.

Die sehr farbenfroh gestrichene, geschäftige Marktstadt dient den kleinen Küstenorten in der Umgebung als Verkehrsdrehkreuz. Sie wartet mit schicken B&Bs, guten Restaurants und gemütlichen Livemusikpubs auf. Wasserstraßen im Ort sorgen für zusätzlichen Charme.

Clonakilty ist für zwei Dinge bekannt: als Geburtsort von Michael Collins – eine Statue von ihm thront an der Ecke zum Emmet Square – und für die berühmteste Blutwurst Irlands, Clonakilty Black Pudding.

Am Astna Square laufen die Straßen der Stadt zusammen. Der Platz wird von einem Denkmal des Aufstands von 1798 beherrscht. Außerdem steht hier der Kilty Stone. Einst gehörte er zur früheren Burg, die Clonakilty (Cloich na Coillte, „Burg des Waldes") seinen Namen gab.

Sehenswertes & Aktivitäten

West Cork Model Railway Village FREIZEITPARK
(☎023-883 3224; www.modelvillage.ie; Inchydoney Rd; Erw./Kind mit Bimmelbahn 10/6 €; ⌚Sept.–Juli 11–17 Uhr, Juli & Aug. 10–17 Uhr) Beim Anblick des West Cork Model Railway Village kann man sich das Schmunzeln nicht verkneifen. Zu den Highlights gehören eine große Nachbildung der West Cork Railway aus den 1940er-Jahren im Freien und ein erstklassiges Miniaturmodell der wichtigsten Städte im Westen des Countys Cork. Eine Bimmelbahn startet von dem Modelldorf zu einer 20-minütigen kommentierten Rundfahrt durch Clonakilty.

Michael Collins Centre MUSEUM
(☎023-884 6107; www.michaelcollinscentre.com; Castleview; Erw./Kind 5/3 €; ⌚Mo–Fr 10.30–17 Uhr, Mitte Juni–Sept. Sa 11–14 Uhr) Hervorragendes Museum über das Leben des des irischen Unabhängigkeitskämpfers und seine Zeit. Gezeigt werden Fotos, Briefe und eine Nachbildung der Landstraße, auf der Collins getötet wurde, sowie ein Panzerfahrzeug. Das Zentrum bietet geführte Touren zu den wichtigen Schauplätzen in Collins Leben (im Voraus buchen!). Es ist von der R600 zwischen Timoleague und Clonakilty ausgeschildert.

Schlafen

Emmet Hotel HOTEL €€
(☎023-883 3394; www.emmethotel.com; Emmet Sq; EZ/DZ/4BZ 69/99/129 €;) Das bezaubernde georgianische Hotel am eleganten Hauptplatz hat 20 große vornehme Zimmer und setzt erfolgreich auf Charme sowie hervorragenden Service mit allen Annehmlichkeiten einer modernen Unterkunft. Im hauseigenen Restaurant, Bistro und der Bar werden deftige irische Speisen aus einheimischen Bioprodukten zubereitet.

Bay View House B&B €€
(☎023-883 3539; www.bayviewclonakilty.com; Old Timoleague Rd; EZ/DZ 50/80 €;) Das große moderne B&B bietet tadellose Zimmer und man wird herzlich empfangen. Von den Zimmern 5 und 6 und der gemütlichen

Lounge genießt man einen fantastischen Blick über die Felder, die sich bis zur Bucht von Clonakilty hinunterziehen, außerdem kann man sich über das ausgezeichnete Frühstück freuen. Die Pension liegt 300 m östlich vom Stadtzentrum gleich hinter der Abzweigung vom N71-Hauptkreisverkehr in die Stadt.

O'Donovan's Hotel GASTHOF €€
(☎023-883 3250; www.odonovanshotel.com; Pearse St; EZ/DZ 55/90 €; 📶 👪) Hinter der klassischen roten Fassade schlägt das Herz eines Traditionshotels mit funktionalen Zimmern. Die zentrale Lage ist unschlagbar. Vor dem Haus befindet sich eine Gedenktafel zum Zweiten Weltkrieg.

Tudor Lodge B&B €€
(☎023-883 3046; www.tudorlodgecork.com; McCurtain Hill; EZ/DZ 50/80 €; 📶) Dieses moderne Familienhotel mit Tudor-Motto einen kurzen Spaziergang vom Zentrum entfernt hält das hohe Niveau unbeirrt aufrecht.

Inchydoney Island Lodge & Spa RESORT €€€
(☎023-883 3143; www.inchydoneyisland.com; Inchydoney; Zi. ab 220 €; @ 📶 🏊 👪) Das Herzstück dieses weitläufigen Resorts 5 km südlich von Clonakilty bildet ein erstklassiges Meerwasser-Spa. Der Service ist herausragend, das Essen im französisch angehauchten Restaurant köstlich und die Zimmer haben Balkone oder Terrassen mit Meerblick.

Essen

★ **Scannells** MODERN IRISCH €
(☎023-883 4116; www.scannellsbar.com; Connolly St; Hauptgerichte 7–13 €; ⏲ Mo–Fr Küche 12–15, Sa bis 16 Uhr; 📶) Der geschützte, blumenreiche Garten dieses Gastropubs ist bei jedem Wetter gut besucht. Dafür sorgt die ambitionierte Speisekarte, auf der Gerichte von tollen Steak-Sandwiches mit handgeschnittenen Pommes bis zu traditionellem Irish Stew und Biosalaten mit Roter Bete, gerösteten Haselnüssen, Ziegenkäse und Inkareis stehen.

Farmers Market MARKT €
(www.clonakiltymarket.com; Pearse St; ⏲ Fr & Sa 10–14 Uhr) 🌿 Der Bauernmarkt findet neben O'Donovan's Hotel statt.

Malt House Granary MODERN IRISCH €€
(☎023-883 4355; www.malthousegranary.ie; 30 Ashe St; Hauptgerichte 17–25 €; ⏲ Mo–Sa 17–22 Uhr) 🌿 Auf der Speisekarte stehen ausschließlich Gerichte mit Produkten aus der Gegend, darunter Clonakilty Black Pudding, Boile-Ziegenkäse, Gubbeen-Chorizowurst und Muscheln aus der Bantry Bay. Die Einrichtung ist gleichzeitig stylish und kitschig.

An Súgán FISCH & MEERESFRÜCHTE €€
(☎023-883 3719; www.ansugan.com; 41 Wolfe Tone St; Hauptgerichte 13–28 €; ⏲ 12–22 Uhr) Die traditionelle Bar ist für hervorragende Meeresfrüchte bekannt. Man speist in einem Raum voller Krimskrams – von der Decke hängen Krüge, unter den Sparren stecken zahlreiche Visitenkarten, die Wände sind mit Laternen und antiken Feuerlöschern behängt. Doch das Essen ist ganz und gar nicht skurril. Die Suppe mit Meeresfrüchten und die Krabbenküchlein schmecken einfach großartig. Zum Angebot gehören zehn verschiedene Fischsorten (je nach Tagesfang).

Ausgehen & Nachtleben

★ **De Barra's Folk Club** PUB
(www.debarra.ie; 55 Pearse St; ⏲ Mo–Do 10–23.45, Fr & Sa bis 0.30, So bis 23.30 Uhr) Die gesellige und vollgepackte Atmosphäre – die Wände sind mit Fotos, Zeitungsausschnitten, Masken und Instrumenten gepflastert – bietet eine zünftige Kulisse für die besten örtlichen Folk-Sessions. Sie beginnen jeden Abend um 21.30 Uhr.

An Teach Beag PUB
(5 Recorder's Alley; ⏲ 8.30–23.45 Uhr) Dieses einladende Cottage-Pub – der Name bedeutet »kleines Haus« – in der Gasse neben dem O'Donovan's Hotel verbreitet genau die richtige Stimmung für traditionelle Musik. Mit etwas Glück erwischt man sogar einen *scríocht*-Abend mit Dichtern und Geschichtenerzählern. Im Juli und August finden jeden Abend Konzerte statt, ansonsten immer an den Wochenenden.

IRLANDS BESTE BLUTWURST

Clonakiltys begehrtester Exportartikel ist der *black pudding*, eine Wurst aus Schweineblut, Hafermehl und Zwiebeln, die auf der Speisekarte der meisten lokalen Restaurants steht. Am besten kauft man diese beim Fleischer **Edward Twomey** (☎023-883 3733; www.clonakiltyblackpudding.ie; 16 Pearse St; ⏲ Mo–Sa 9–18 Uhr). Er hat verschiedene Sorten im Angebot, die alle auf dem Originalrezept aus den 1880er-Jahren basieren.

1

3

CARL BRUEMMER/DESIGN PICS/GETTY IMAGES ©

2

PATRYK KOSMIDER/SHUTTERSTOCK ©

1. Wochenmärkte
Wochenmärkte sind eine gute Quelle für regionales und biologisch angebautes Obst und Gemüse.

2. Blarney Castle (S. 232)
Die Burg, in der auch der Blarney Stone zu sehen ist, gehört zu den beliebtesten Sehenswürdigkeiten Irlands.

3. Bantry (S. 258)
Mit seinen altmodischen Straßen und der Hafenlage lädt Bantry zum Bummeln ein.

Praktische Informationen

Touristeninformation (023-883 3226; www.clonakilty.ie; Ashe St; Mo–Sa 9.15–17 Uhr) Im mittleren Teil der Hauptstraße, die durch das Zentrum führt.

An- & Weiterreise

Täglich fahren Busse nach Cork (15,50 €, 1¼ Std., 7-mal tägl.) und Skibbereen (24 €, 40 Min., 6-mal tägl.). Die Bushaltestelle ist an der Bridge Street im Zentrum.

Unterwegs vor Ort

MTM Cycles (023-883 3584; 33 Ashe St; Mo–Sa 8.30–18 Uhr) verleiht Räder für 10/50 € pro Tag/Woche. Eine schöne Tour führt zum Duneen Beach, etwa 13 km südlich der Stadt.

Von Clonakilty nach Skibbereen

Malerische Dörfer, ein imposanter Steinkreis und einige schöne Strände zeichnen die kurvige Strecke entlang der Küste zwischen Clonakilty und Skibbereen aus. Wer die ganze Zeit auf der Hauptstraße N71 bleibt, verpasst etwas. Besser die kleinen Straßen in ihrem Süden erkunden: die R598, R597 und R596.

Incheydoney, 5 km südlich von Clonakilty, wartet mit einem bezaubernden goldenen Strand an einem pittoresken Meeresarm auf. Weitere Strände mit blauer Flagge gibt es an der **Rosscarbery Bay**.

In Rosscarbery biegt man Ende der Dammstraße links auf die R597 ab und gelangt zum stimmungsvollen **Drombeg Stone Circle**. Dann geht es weiter gen Westen zu den hübschen Dörfern **Glandore** und **Union Hall**.

Noch weiter westlich liegt das idyllische Dorf **Castletownshend** mit seinen kunterbunten Häuschen aus dem 17. und 18. Jh. an der steilen Hauptstraße. Am Fuß des Hügels liegen ein kleiner Hafen und die Burg (eher ein Herrenhaus), nach der dieser Ort benannt ist. Hat man sie gesehen, kann man getrost die Füße hochlegen und sich entspannen – es sind bereits alle Sehenswürdigkeiten abgehakt.

MICHAEL COLLINS – DER „BIG FELLA“

Michael Collins wurde auf einer Farm in der Nähe von Clonakilty geboren und ist einer der berühmtesten und beliebtesten Söhne des Countys. Er spielte eine wichtige Rolle im Unabhängigkeitskrieg gegen Großbritannien und wurde 1922 Befehlshaber der Armee des neu gegründeten Irischen Freistaats.

Eine praktische Karte und die Broschüre *In Search of Michael Collins* erhält man in der Touristeninformation von Clonakilty. Orte im Bezirk, die mit ihm in Verbindung stehen, sind hervorgehoben. Im **Michael Collins Centre** (S. 244) kann man sich noch eingehender über sein Leben informieren.

Drombeg Stone Circle

Stimmungsvoll und mystisch: Auf einer kleinen Anhöhe gelegen und von Feldern umgeben, die sich bis zur Küste ziehen, liegt der **Drombeg Stone Circle** (24 Std.). Die 17 Steine, deren Stand sich an der Wintersonnenwende orientiert, bewachten einst die eingeäscherten Gebeine eines jungen Mannes. Vermutlich datiert der Kreis mit 9 m Durchmesser ins 5. Jh. v. Chr. und stellt eine anspruchsvolle eisenzeitliche Rekonstruktion eines früheren Monuments aus der Bronzezeit dar. Wer sich die Stätte ansehen möchte, nimmt die ausgeschilderte Linksabzweigung von der R597, rund 4 km westlich von Rosscarbery.

Gleich hinter den Steinen befinden sich die Überreste einer Hütte und einer Kochstelle aus der Eisenzeit, eine sogenannte *fulachta fiadh*. Experimente haben gezeigt, dass die erhitzten Steinbrocken Wasser zum Kochen bringen und rund drei Stunden lang warm halten konnten – lange genug, um Fleisch zuzubereiten.

Glandore & Union Hall

252 EW.

Glandore (Cuan Dor) Im Sommer, wenn sich zahlreiche Jachten in den geschützten Hafen von Glandore drängen, erwachen die malerischen Küstendörfer Glandore (Cuan Dor) und Union Hall zum Leben.

Union Hall ist benannt nach dem Act of Union von 1800, der das eigenständige irische Parlament aufhob. Der Ort liegt südwestlich von Glandore, man erreicht ihn über einen langen und engen Dammweg. 1994 wurde hier das Drama *Der Krieg der Knöpfe* über den Kampf zweier Jugendbanden gedreht. In Union Hall gibt's einen Geldautomaten, eine Post und einen Lebensmittelladen.

Aktivitäten

Cork Whale Watch WALBEOBACHTUNG
(☎086 327 3226; www.corkwhalewatch.com; Reen Pier; 50 € pro Pers.) Vierstündige Walbeobachtungstouren ab dem Reen Pier, 4 km südlich von Union Hall. Täglich eine Tour das ganze Jahr über (wetterabhängig), im Juni und August zwei Touren täglich. Nur gegen Barzahlung.

Atlantic Sea Kayaking KAJAKTOUREN
(☎028-21058; www.atlanticseakayaking.com; Reen Pier; 50 € pro Pers.; ⊙ganzjährig) Halbtägige Meeressafaris im Kajak ab dem Reen Pier, 4 km südlich von Union Hall. Keine Vorkenntnisse nötig.

Schlafen

Shearwater B&B B&B €
(☎028-33178; www.shearwaterbandb.com; Union Hall; EZ/DZ 50/70 €; ⊙April–Okt.) Ein helles, reizendes und gastfreundliches B&B, nur ein paar Schritte vom Zentrum von Union Hall entfernt. Herzhaftes Frühstück gibt's in einem großen sonnigen Raum und auf einer Terrasse mit fantastischem Hafenblick.

Bay View House B&B €€
(☎028-33115; Glandore; EZ/DZ 50/80 €; 👪) Das B&B bietet eine spektakuläre Aussicht über die Bucht, das gilt vor allem für Zimmer 1. Helle Zitrusfarben, Dielenböden, Holzmöbel und blitzblanke Bäder tragen zum Charme der Unterkunft bei. Die Pubs des Orts sind nur wenige Schritte entfernt.

Essen & Ausgehen

★ **Glandore Inn** KNEIPENKOST €€
(☎028-33468; Main St, Glandore; Hauptgerichte 10–16 €; ⊙Mai–Sept. 10–24, Okt.–April 12–24 Uhr; 📶) 🌿 Ein Postkartenblick auf den Hafen, besonders von den Tischen draußen, und eine Speisekarte der Superlative machen das Glandore Inn zu einem der besten Lokale des Countys Cork. Frischer Fisch und Meeresfrüchte werden direkt vom Hafen an die Tür geliefert. Im Ausschank: handwerklich gebraute Biere vom Fass. Der rustikal-nautische Charme der Inneneinrichtung hat einen modernen Touch.

Hayes Bar PUB
(☎028-33214; The Square, Glandore; ⊙Mo–Do 11–17, Fr 17–24, Sa 11–24, So 11–23.30 Uhr, Sept.–Mai nur am Wochenende) Perfektes Pub für ein Pint am Hafen mit Bierbänken im Freien. Gute Kneipenkost von 12–18 Uhr.

Shoppen

Union Hall Smoked Fish ESSEN
(☎028-33125; www.unionhallsmokedfish.com; Main St, Union Hall; ⊙Mo–Fr 8.30–17 Uhr) Der geräucherte Lachs aus Union Hall genießt einen guten Ruf. Man bekommt ihn in diesem Fabrikladen, ebenso wie den Fang des Tages und lebende Meeresfrüchte.

An- & Weiterreise

Sechs Busse verkehren täglich zwischen Skibbereen (4,10 €, 15 Min.) und Clonakilty (7,80 €, 25 Min.). Sie halten im nahen Leap (3 km nördlich). Die meisten B&B-Betreiber holen ihre Gäste bei vorheriger Anfrage ab.

Skibbereen

2670 EW.

Mittlerweile ist Skibbereen (Sciobairín) eine angenehme typische Marktstadt mit einem attraktiven Zentrum am Ufer des River Ilen. Die Hungersnot hat Skib jedoch stärker als jeden anderen Ort Irlands getroffen. Damals wanderten unzählige Bewohner aus oder verhungerten bzw. starben an Krankheiten. „Die Berichte sind nicht überzogen, sie können es nicht sein. So etwas Schreckliches lässt sich nicht ausdenken", schrieben Lord Dufferin und G. F. Boyle, die im Februar 1847 von Oxford nach Skibbereen reisten, um zu prüfen, ob die Meldungen wirklich stimmten. Ihr Augenzeugenbericht liest sich wie eine Horrorgeschichte; Dufferin war von dem Erlebten so entsetzt, dass er 1000 £ spendete (heute wären dies rund 100 000 €).

Abbeystrewery Cemetery liegt 1 km östlich des Zentrums an der N71 nach Schull. Ein Denkmal markiert das Massengrab für 8000 bis 10 000 Einheimische, die während der Hungersnot starben.

Das wichtigste Wahrzeichen der Ortschaft ist eine zu Ehren der Helden der irischen Rebellion errichtete Statue auf dem Hauptplatz.

Sehenswertes

Skibbereen Heritage Centre MUSEUM
(☎028-40900; www.skibbheritage.com; Upper Bridge St; Erw./Kind 6/3 €; ⊙Mitte Mai–Mitte Sept. Mo–Sa 10–18 Uhr, Mitte Sept.–Mitte Nov. & Mitte März–Mitte Mai kürzere Öffnungszeiten, Mitte Nov.–Mitte März geschl.) Am einstigen Standort der städtischen Gaswerke beherbergt das Skibbereen Heritage Centre eine bewegende Ausstellung über die Hungersnot. Schauspieler

lesen erschütternde Berichte aus jener Zeit vor und rücken so grauenvolle Aspekte der irischen Geschichte ins Bewusstsein. Zudem gibt's eine kleinere Dokumentation zum nahe gelegenen **Lough Hyne**, dem ersten Meeresschutzpark Irlands, sowie ein Zentrum für Ahnenforschung.

Abends starten am Heritage Centre geführte historische Spaziergänge (Erw./Kind 5/2,50 €, 1½ Std.); wegen der genauen Zeiten vorher anrufen.

Feste & Events

Taste of West Cork Food Festival ESSEN
(www.atasteofwestcork.com) Wer Mitte September in der Stadt ist, sollte dieses extravagante Fest nicht verpassen. Dazu gehören ein lebhafter Bauernmarkt und spezielle Veranstaltungen in den örtlichen Restaurants.

Schlafen

★ **Bridge House** B&B €
(☎ 028-21273; www.bridgehouseskibbereen.com; Bridge St; EZ/DZ 45/75 €;) Mona Best hat ihr Haus in ein Kunstwerk verwandelt: Alle Räume sind prall gefüllt mit fantastischen viktorianischen Gemälden, liebevoll gesammeltem Kram, verrückten Holzschnitzereien, Schaufensterpuppen und frischen Blumen. Zum persönlichen Service gehört ein Champagnerfrühstück für Gäste, die Geburtstag haben – nicht schlecht für ein B&B!

West Cork Hotel HOTEL €€
(☎ 028-21277; www.westcorkhotel.com; Ilen St; EZ/DZ ab 70/109 €;) Der solide Oldtimer hat 30 komfortable restaurierte Zimmer in attraktiver Lage am River Ilen. Eine alte Eisenbahnbrücke über den Fluss dient als Terrasse und die hinteren Zimmer bieten einen idyllischen Blick.

Essen

Farmers Market MARKT €
(ganzjährig Sa 10–13.30 Uhr, Juli–Sept. auch Mi 10–13.30 Uhr) Lokale Erzeuger verkaufen ihre Produkte am Old Market Square.

Riverside Café & Restaurant INTERNATIONAL €€
(☎ 028-40090; www.riversideskibbereen.ie; North St; Hauptgerichte mittags 6–12 €, abends 12–24 €; Di–Sa 12–15.30, Fr & Sa 18–22 Uhr) Zum Angebot dieses sehr beliebten Restaurants zählen Meeresfrüchtekasserolle in Hummer-Biskuit, Algenpaella und Würstchen mit Kartoffelbrei in Ochsenschwanzsoße, aber auch Käse- und Räucherfischplatten. Doch das größte Plus ist die Lage am Fluss. Draußen sitzt man in einem geschützten Hinterhof – ein sonniges Plätzchen zum Lunchen.

Kalbo's INTERNATIONAL €€
(☎ 028-21515; 26 North St; Hauptgerichte 6–20 €; Mo–Do 9–18, Fr & Sa bis 21 Uhr;) Am Tag ist es ein Café, an Wochenend-Abenden ein Bistro. Produkte aus der Region und geschickte Hände in der Küche sorgen für herrliche Vanillepfannkuchen zum Frühstück. Mittags und abends kommen Tagesgerichte wie Krabbenlinguine, Pilzrisotto, Gourmetburger etc. auf den Tisch.

An- & Weiterreise

Bus Éireann fährt von Montag bis Samstag siebenmal und an Sonntagen fünfmal nach Cork (20 €, 2 Std.); Montag bis Samstag dreimal und Sonntag einmal nach Schull (7,80 €, 30 Min.).

West Cork Rural Transport (S. 260) betreibt einen subventionierten Minibus-Service Richtung Westen nach Bantry (4 €, 1 Std., Mo–Fr 1-mal pro Tag).

Baltimore

347 EW.

Baltimore ist ein altes Dorf am Meer mit einem belebten Hafen voller Fischerboote und Jachten. Mittelpunkt des Ortslebens ist die zentrale Terrasse mit Hafenblick, ein idealer Platz, um ein Pint zu trinken, ein Eis zu essen oder die vorbeifahrenden Boote zu beobachten. Rundherum verteilen sich zahlreiche Ferienhäuschen, die im Sommer von Seglern, Anglern, Tauchern und Besuchern der nahe gelegenen Inseln Sherkin und Clear gestürmt werden.

Ein weißer Leuchtturm (auch **Lot's Wife** genannt) steht als Wahrzeichen an der Landspitze der Halbinsel, 2 km westlich des Orts, an der Einfahrt zum Hafen von Baltimore. Ein perfektes Ziel für einen angenehmen Spaziergang, besonders bei Sonnenuntergang.

Sehenswertes & Aktivitäten

Dun na Sead MUSEUM
(Festung der Juwelen; ☎ 028-20735; Erw./Kind 4 €/frei; Juni–Sept. 11–18 Uhr) Über dem Hafen von Baltimore erhebt sich der Steinturm der Burg Dun na Sead aus dem 13. Jh. Informationen zur Geschichte der Burg und Kunstausstellungen (saisonal) sind im großen Saal im Inneren zu finden. Das Schönste ist aber der Blick vom Wehrgang.

ABSEITS DER ÜBLICHEN PFADE

LOUGH HYNE

Der herrliche See gehört zu Irlands Naturwundern und wurde 1981 erster Meeresnationalpark des Landes. Von Gletschern geformt, enthielt er zunächst Süßwasser, bis der steigende Meeresspiegel vor rund 4000 Jahren an einem Ende einen Durchbruch verursachte. Heute ist er durch einen kleinen Gezeitenkanal, die sogenannten **Rapids**, mit dem Meer verbunden. Zweimal am Tag drängen die Gezeiten wie ein Wildwasserstrom in den See.

Um den See herum und im benachbarten **Knockomagh Wood Nature Reserve** gibt es sehr schöne Wanderwege. Ein gekennzeichneter Naturlehrpfad führt durch Wald einen steilen Berg hinauf. Als Belohnung gibt's einen wunderbaren Ausblick vom Gipfel.

Atlantic Sea Kayaking (S. 249) bietet eine geführte Kajaktour auf dem See, u.a. auch eine sehr stimmungsvolle zweieinhalbstündige »Paddeltour im Sternenlicht« nach Einbruch der Dunkelheit.

Der See liegt 6 km nordöstlich von Baltimore und 8 km südwestlich von Skibbereen. Er ist auf halbem Weg zwischen beiden Orten an der R595 ausgeschildert und auch leicht mit dem Fahrrad zu erreichen.

Aquaventures Dive Centre TAUCHEN
(☎087 796 1456; www.aquaventures.ie; Lifeboat Rd) Im Angebot sind halbtägige geführte Schnorcheltouren (40/30 € pro Erw./Kind, mit Ausrüstung), die sich für Familien eignen (Mindestalter 6 Jahre). Erkundet wird die Unterwasserwelt vor der örtlichen Küste oder im nahen Lough Hyne. Es gibt auch Tauchkurse für Anfänger (130 € für einen eintägigen Entdeckungskurs).

Baltimore Sea Safari BOOTSTOUR
(☎028-20753; www.baltimoreseasafari.ie) Ausflüge an der Küste von West Cork in einem Festrumpfschlauchboot zum Entdecken von Klippen und Wildtieren, darunter auch Wale und Delfine: von 20-minütigen Hafenrundfahrten (10 € pro Pers.) bis zur zweistündigen Wildtier-Safari (25 €).

Feste & Events

Fiddle Fair MUSIK
(www.fiddlefair.com) Auftritte internationaler und lokaler Musiker.

Seafood & Wooden Boat Festival ESSEN
(www.baltimore.ie) Eine Schaubühne für die örtlichen Restaurants und Meeresfrüchtezüchter im Mai. Jazzbands treten auf dem Hauptplatz auf und traditionelle Holzsegelboote liefern sich im Hafen ein Rennen.

Baltimore Pirate Festival KULTUR
(www.baltimore.ie; ⌚Juni) Das lange Wochenende bietet Spaß und Unterhaltung für die ganze Familie – Bootsfahrten, Outdoor-Aktivitäten, Schatzsuche, Musik und Tanz. Zudem erinnert es an eine bekannte historische Begebenheit: den Piratenangriff auf den Hafen von Baltimore im Jahr 1631.

Schlafen & Essen

Rolf's Country House GASTHOF €€
(☎028-20289; www.rolfscountryhouse.com; Baltimore Hill; EZ/DZ 60/100 €, Cottages ab 550 €/Woche; ⌚April–Okt.; @📶) Ein restauriertes und ausgebautes altes Bauernhaus mit ruhigem Garten am Stadtrand. Gäste haben die Wahl zwischen zehn elegant eingerichteten Zimmern mit hervorragendem Preis-Leistungs-Verhältnis und einigen Selbstversorger-Cottages mit zwei Schlafzimmern. Die Mitarbeiter sind sehr hilfsbereit und es gibt ein hübsches Restaurant.

Waterfront HOTEL €€
(☎028-20600; www.waterfronthotel.ie; The Quay; EZ/DZ ab 90/140 €; @📶) Das Hotel mit 13 hellen luftigen Zimmern (am besten nimmt man eines mit Meerblick) liegt im Ortszentrum. Auch das hauseigene Restaurant **Lookout** (Chez Youen; ☎028-20600; www.waterfrontbaltimore.ie; Hauptgerichte 16–40 €; ⌚Aug. tägl. 6.30–21.30 Uhr, Juni, Juli & Sept. Mi–Sa, Mai Fr–Sa)) lockt mit Meerblick und üppigen Meeresfrüchteplatten mit Hummer, Garnelen, Taschenkrebsen, Samtkrabben, Shrimps und Austern.

Casey's of Baltimore HOTEL €€€
(☎028-20197; www.caseysofbaltimore.com; Skibbereen Rd; EZ/DZ ab 130/140 €; @📶) Alle 14 Zimmer dieses Hotels verfügen über riesige Betten und zehn von ihnen bieten außerdem einen Blick auf die Flussmündung. Das Hotel befindet sich gleich am Eingang in die Stadt (falls man mit dem Helikopter kommt – es gibt einen Landeplatz). Zum Essen genießt man eine herrliche Aussicht, besonders auf der Terrasse. Das Fisch- und Mee-

resfrüchterestaurant kredenzt Muscheln aus der hoteleigenen Zucht in der Roaringwater Bay.

★ **Glebe Gardens & Café** MODERN IRISCH €€
(☎ 028-20232; www.glebegardens.com; Skibbereen Rd; Hauptgerichte mittags 6–11 €, abends 18–25 €; ⏲ Mi–So 10–15 Uhr, April–Okt. Fr & Sa 19–22 Uhr; 📶) Als Attraktion für sich gilt der schöne Garten (Eintritt 5 €). Lavendel und Kräuter sorgen für einen angenehm aromatischen Duft, der draußen und drinnen über die Tische weht. Die Küche ist einfach und frisch: Fast alle Zutaten wurden entweder selbst angebaut oder stammen von lokalen Erzeugern. Zum Frühstück gibt es z. B. Eier Benedikt, mittags geniale Sandwiches und abends Lammkotelett.

Ausgehen & Nachtleben

Bushe's Bar PUB
(www.bushesbar.com; The Quay; Sandwiches 7–11 €; ⏲ 12–23 Uhr) Von der Decke dieser authentischen alten Bar baumeln Seefahrer-Devotionalien. Die Bänke draußen auf dem Hauptplatz bieten sich dafür an, bei Sonnenuntergang einen Drink und die berühmten Krabbensandwiches zu genießen, die immer dann auf den Teller kommen, wenn gerade frische Krabben am Quai angeliefert werden.

Praktische Informationen

Am Hafen gibt's eine Infotafel, außerdem lohnt ein Blick auf die Website www.baltimore.ie. Der nächste Geldautomat befindet sich in Skibbereen.

An- & Weiterreise

Von Montag bis Freitag fahren täglich drei, am Samstag zwei Busse zwischen Skibbereen und Baltimore (4,80 €, 20 Min.).

Sherkin Island

114 EW.

Sherkin Island, eine zehnminütige Fährfahrt vor der Küste Baltimores gelegen, ist nur 5 km lang und 3 km breit, trotzdem lebten hier vor der Hungersnot über 1000 Menschen.

Heute zieht die Insel Künstler und Tagesausflügler an. Viel kann man hier nicht unternehmen, außer Spaziergänge auf fuchsiengesäumten Wegen zu unternehmen, Ausflüge in die versteckten kleinen Buchten an der Westseite zu machen und den Blick auf das Meer hinaus zu genießen.

Schlafen & Essen

Islander's Rest PUB €€
(☎ 028-20116; www.islandersrest.ie; EZ/DZ 80/120 €; 👪) Sherkin-Besucher, die noch nicht für die Rückkehr aufs Festland bereit sind, können es sich von einem der 21 gemütlichen Zimmer mit Bad aus anschauen.

Jolly Roger KNEIPENKOST €€
(☎ 028-20662; Hauptgerichte 12–20 €; ⏲ 10 Uhr–open end, im Winter kürzere Öffnungszeiten) Allein der maritim eingerichtete Pub Jolly Roger lohnt den Besuch auf Sherkin Island, denn dort gibt's eine traumhaft leckere Meeresfrüchtesuppe (die Knoblauchmuscheln sind auch nicht schlecht) und im Sommer noch dazu jeden Tag Livemusik.

An- & Weiterreise

Sherkin Island Ferry (☎ 087 911 7377; www.sherkinferry.com; Erw./Kind hin & zurück 10/4 €) setzt bis zu neunmal täglich von bzw. nach Baltimore über (Sa 7-mal tgl., So 5-mal tgl., im Winter eingeschränkte Verbindungen).

Cape Clear Island

124 EW.

Mit ihren wenig besuchten Buchten, Kiesstränden und den von Ginster und Heidekraut bedeckten Klippen ist Cape Clear Island (Oileán Chléire) ein Paradies für alle, die es einsam mögen. Trotz der geringen Größe der Insel (5 km lang, 1,5 km breit) braucht man Zeit, um die zerklüftete Gaeltacht-Region (hier wird Irisch gesprochen), das südlichste bewohnte Eiland Irlands, richtig zu genießen.

Der Tourismus hat bisher kaum Einzug gehalten, es gibt keine Banken oder Geldautomaten, aber ein paar B&Bs, einen Laden und drei Pubs.

Sehenswertes & Aktivitäten

Das **Museum** der Insel (☎ 028-39119; www.capeclearmuseum.ie; Eintritt 3 €; ⏲ Juni–Aug. 14.30–17 Uhr) präsentiert Ausstellungen über die hiesige Geschichte und Kultur und wartet mit einem herrlichen Blick übers Meer nach Mizen Head auf.

Tafeln in der Nähe des Hafens informieren über mehrere gekennzeichnete Wanderwege; unbeschilderte Straßen führen quer über die Insel. In der Nähe des Anlegers sind die Überreste einer **Kirche aus dem 12. Jh.** zu sehen und an der Küste Richtung Westen die Ruinen des **Dunamore Castle** aus dem 14. Jh., eine Festung des O'Driscoll-Clans (vom Hafen aus dem Fußweg folgen).

Cape Clear zählt zu den besten Orten in Irland, um Vögel zu beobachten, z. B. Schwarzschnabel-Sturmtaucher, Trottellummen, Tölpel, Eissturmvögel und Dreizehenmöwen. Manchmal halten sich hier Zehntausende Zugvögel auf, besonders frühmorgens und in der Dämmerung. Im Oktober bekommt man die meisten Arten zu Gesicht. Am Hafen steht das weiße Gebäude der **Vogelwarte** (am Ende des Piers rechts und 100 m weiter).

Kurse

Chléire Goats LANDWIRTSCHAFT
(☎ 028-39126; www.oilean-chleire.ie/GoatFarm) Wer sich in einer so einsamen Gegend befindet, kann ruhig etwas für seine Bildung tun. Ed Harper vom Bauernhof Chléire Goats, westlich der Kirche der Insel aus dem 12. Jh., kann einem alles über die Ziegenhaltung beibringen. Er stellt auch Eis aus Ziegenmilch und Ziegenkäse her (Verkostung möglich) und veranstaltet halb- (35 €) bis fünftägige (155 €) Kurse zur Ziegenhaltung.

Feste & Events

Cape Clear Island International Storytelling Festival DARSTELLENDE KÜNSTE
(☎ 028-39157; www.capeclearstorytelling.com) Lockt Anfang September Hunderte Besucher auf die Insel, die hier Geschichten lauschen, an Workshops teilnehmen und Spaziergänge unternehmen.

Schlafen & Essen

Cape Clear Island Hostel HOSTEL €
(☎ 028-41968; www.capeclearhostel.com; Old Coastguard Station; B/DZ/4BZ ab 21/46/82 €; @ 📶) Mitten in einem schönen Garten am südlichen Hafen, zehn bis 15 Minuten zu Fuß vom Fähranleger entfernt, beherbergt das große cremefarbene Gebäude ein Hostel mit Schlafsälen und Privatzimmern. Es verfügt über eine große Selbstversorgerküche, eine Waschmaschine und einen Trockner sowie eine erstaunliche Sammlung von Modellschiffen in Flaschen.

Chléire Haven CAMPINGPLATZ €
(☎ 028-39119; www.yurt-holidays-ireland.com; South Harbour; Stellplatz 10 € pro Pers.; ⏲ April–Sept.) 🍃 Hier gibt's ein paar Zeltplätze für Traveller mit eigenen Zelten und man kann auch Jurten und Tipis mieten, die bis zu sechs Personen Platz bieten. Um in Letzteren zu übernachten, wird ein Mindestaufenthalt von mehreren Tagen verlangt. Die Preise für zwei Nächte in der Hochsaison beginnen bei 240 €.

Ard Na Gaoithe B&B €€
(☎ 028-39160; www.ardnagaoithe.ie; The Glen; EZ/DZ 50/90 €; 📶) Das B&B liegt auf einem biologisch bewirtschafteten Hof mit Blick über den südlichen Hafen, einen 20-minütigen Fußmarsch von der Fähre entfernt. Das einfache, robuste Haus im Cottage-Stil bietet erholsame Zimmer, kostenlosen Tee und Scones zur Begrüßung und Katzen im Garten.

Praktische Informationen

Der **Tourist Information Point** (☎ 028-39100; www.capeclearisland.ie; North Harbour; ⏲ Juli & Aug. 11–13 & 14–18 Uhr, Juni & Sept. kürzere Öffnungszeiten) liegt hinter dem Pier neben dem Café .

An- & Weiterreise

Die Passagierfähre **Cailín Óir** (☎ 086 346 5110; www.cailinoir.com; Erw./Kind hin & zurück 16/8 €; ⏲ 10.30–19 Uhr) benötigt 45 Minuten für die 11 km lange Überfahrt. Von April bis September verkehrt sie drei- bis viermal täglich und von Oktober bis März zweimal täglich.

Die **Schull Ferry** (☎ 087 389 9711; www.schullferry.com; hin & zurück 16 €) verkehrt nur im Sommer zwischen Schull und Cape Clear Island. Im Juli und August fährt sie Dienstag bis Samstag zweimal täglich und im Juni Dienstag, Donnerstag und Sonntag.

MIZEN HEAD PENINSULA

Von Skibbereen verläuft die Straße Richtung Westen durch Ballydehob, dem Tor zum Mizen Head (*meisen* ausgesprochen), Irlands Südwestspitze. Von hier führt die R592 weiter ins hübsche Dorf Schull und weiter durch noch kleinere Siedlungen zum Weiler Goleen.

Doch auch dort ist noch nicht das Ende der Halbinsel erreicht. Immer schmalere Straßen führen zum spektakulären Mizen Head und zu zwei versteckten Naturschätzen: Barleycove Beach und Crookhaven. So mancher, der ohne ordentliche Landkarte unterwegs ist, landet allerdings immer wieder an der gleichen Kreuzung.

Auf dem Rückweg nach Goleen lohnt ein Abstecher nach Norden die malerische Küs-

ABSTECHER

IRLANDS TRÄNE

Er war das letzte Stück Heimatland, das die Emigranten sahen, als sie im 19. Jh. nach Amerika aufbrachen. Der Fastnet-Rock, Irlands südlichster Punkt, wird deshalb auch *teardrop* (Träne) genannt.

Die isolierte Felsspitze, auf der ein spektakulärer Leuchtturm thront, steht 6,5 km südwestlich von Cape Clear Island und ist bei klarem Wetter zwischen Baltimore und Mizen Head von vielen Stellen an der Küste aus zu sehen. Der meist von hohen Wellen umtoste Fels ziert Tausende Postkarten, Bildbände und Kunstfotos.

Der Fastnet-Leuchtturm gilt weithin als einer der perfektesten Leuchtturmbauten weltweit. Erbaut wurde er 1904 aus genial miteinander verzahnten Granitblöcken. Eine Ausstellung zu seiner Errichtung ist im **Mizen Head Visitor Centre** (S. 255) und im **Cape Clear Museum** zu sehen.

Fastnet Experience (www.fastnettour.com; 32 € pro Pers.) bietet von Juni bis August von Schull, Baltimore und Cape Clear Island Bootstouren zum Felsen an. Sie sind wetterabhängig und dauern 2½ bis 3 Stunden (1 Std. ab Cape Clear).

tenstraße entlang, die sich am Rand von Dunmanus Bay fast bis nach Durrus schlängelt. Die R591 führt durch Durrus Richtung Norden nach Bantry, während sich die L4704 Richtung Westen nach Ahakista und zur Sheep's Head Peninsula wendet.

Schull

660 EW.

Segler und Künstler haben das Fischerdorf Schull (*skall* ausgesprochen; www.schull.ie) in einen quirligen Ort voller Kunsthandwerksläden und Galerien verwandelt.

Sehenswertes & Aktivitäten

Eine der möglichen Wanderungen ist die zum **Mt. Gabriel** (407 m, 13 km hin & zurück). Einst wurde hier Kupfer abgebaut und es wurden Überreste aus der Bronzezeit sowie alte Minenschächte und Schlote aus dem 19. Jh. entdeckt. Bequemer ist der kurze Uferweg (Foreshore Path, 2 km) vom Pier zur **Roaringwater Bay** hinaus, von wo aus man die vorgelagerten Inseln sieht.

Planetarium PLANETARIUM
(☎ 028-28315; www.schullcommunitycollege.com; Colla Rd; Erw./Kind 5/3,50 €; ⌚ Juni–Aug.) Das einzige Planetarium der Republik Irland hat ein Deutscher gegründet, der Schulls Charme verfallen war. Es liegt auf dem Gelände des Schull Community College am Ende des Dorfs Richtung Goleen. Im Sommer gibt's drei- bis viermal in der Woche eine 45-minütige Sternenschau; die Zeiten telefonisch erfragen.

Divecology TAUCHEN
(☎ 086 837 2065; www.divecology.com; Main St) Tauchkurse und Tauchausflüge zu Wracks und Tauchplätzen in Korallenriffen. Ein eintägiger Schnupperkurs kostet 100 € pro Person.

Feste & Events

Schull Regatta SEGELN
(www.shsc.ie) Highlight der fünftägigen Segelregatta, die in Anspielung auf Englands berühmtere Cowes Week spaßeshalber Kalbswoche genannt wird, ist die Wochenend-Regatta – inklusive Open-Air-Markt, Sportangeboten für Kinder, Wettbewerben im Krabbenfischen und einem Feuerwerk. In der Regel nach dem Feiertag im August.

Schlafen & Essen

Stanley House B&B €
(☎ 028-28425; www.stanley-house.net; Colla Rd; EZ/DZ/4BZ 50/76/110 €; ⌚ März–Okt.; 📶) Ein modernes B&B auf einer Anhöhe etwas außerhalb des Orts mit vier blitzsauberen, gemütlichen Zimmern. Mit einem Kaffee kann man im Sonnenraum entspannen und den herrlichen Meerblick genießen.

Grove House B&B €€
(☎ 028-28067; www.grovehouseschull.com; Colla Rd; EZ/DZ ab 50/80 €; 📶) Das schön restaurierte georgianische Anwesen, in dem Jack B. Yeats schon zu Gast war, wartet mit handgeknüpften Teppichen auf herrlichen Kiefernholzböden und einer exquisiten Einrichtung mit Antiquitäten auf. Zum Haus gehört ein tolles **Restaurant** (3-Gänge-Abendmenü 35 €; ⌚ Mo–Sa mittags und abends), das schwedisch inspirierte und irische Gerichte serviert.

Hackett's Bar KNEIPENKOST €
(☎ 028-28625; Main St; Hauptgerichte 7–10 €; ⏰ Küche tägl. 12–15, Fr & Sa 18–21 Uhr) Der soziale Treffpunkt des Orts hat sich durch seine kreative biologische Kneipenkost einen Ruf gemacht und zieht ein sehr gemischtes Publikum an. Alle Gerichte werden frisch zubereitet. Schwarz-Weiß-Fotos und Blechschilder zieren die schiefen Wände, auf dem ausgetretenen Steinboden stehen alte Küchenstühle und -bänke. Man kann aber auch draußen sitzen.

Newman's West CAFÉ €
(☎ 028-27776; www.tjnewmans.com; Main St; Gerichte 7–13 €; ⏰ 9–23 Uhr; 📶) Die bei Seemännern beliebte Weinbar (es gibt eine große Auswahl an guten offenen Weinen) und Kunstgalerie hat Suppen, Salate sowie riesige Sandwiches mit lokal hergestelltem Käse und Salami im Angebot. Als Tagesgericht werden z. B. Muscheln aus der Bantry Bay und Fischsuppe gereicht. Das angrenzende ursprüngliche Pub, das TJ Newman, ist sehr charmant.

Shoppen

Country Market MARKT
(www.schullmarket.com; Pier Road Car Park; ⏰ Ostern–Sept. So 10–14 Uhr) Auf Schulls beliebtem Markt lernt man die Produkte der Künstler und Kunsthandwerker des Dorfs kennen. Erzeuger und Lieferanten aus der gesamten Region kommen hierher.

An- & Weiterreise

Jeden Tag fahren zwei Busse von Cork über Clonakilty und Skibbereen nach Schull (22 €, 2½ Std.).

Unterwegs vor Ort

Betty Johnson's Bus Hire (☎ 086 265 6078, 028-28410) Bus- und Taxiservice.

Von Schull bis zum Mizen Head

An klaren Tagen bietet sich auf der kurvenreiche Küstenroute von Schull nach Goleen ein absolut großartiger Ausblick bis nach Cape Clear Island und zum Fastnet Lighthouse. Rund um Toormore wird die Landschaft dann wilder. Von Goleen führen ein paar Straßen zu den beeindruckenden Felsen am Mizen Head und ins Hafenörtchen Crookhaven.

Goleen & Umgebung

Goleen ist die größte Ortschaft dieser Gegend. Es beherbergt eine imposante neogotische Kirche sowie vier Pubs, vier Läden und eine Tankstelle.

Schlafen & Essen

Heron's Cove B&B €€
(☎ 028-35225; www.heronscove.com; Harbour Rd; EZ/DZ ab 50/80 €; 📶) Eine ausgezeichnete Wahl! Alle Zimmer dieser wunderbaren Bleibe sind neu möbliert, zudem besitzen einige Balkone mit Blick auf die Bucht von Goleen Harbour. Das kleine **Restaurant** (3-Gänge-Abendmenü 27,50 €; ⏰ April–Okt. 19–21.30 Uhr) verfügt über eine exzellente Speisekarte mit Gerichten aus biologischen sowie einheimischen Erzeugnissen.

Fortview House B&B €€
(☎ 028-35324; www.fortviewhouse.ie; Gurtyowen, Toormore; EZ/DZ 50/100 €; ⏰ April–Okt.; 📶 👪) In dem zauberhaften Haus, das sich auf einem bewirtschafteten Bauernhof befindet, gibt's drei Gästezimmer, die mit Antiquitäten gefüllt und mit Blumenmotiven dekoriert sind. Das Frühstück von Gastgeberin Violet wird Gourmetstandards gerecht (warmer Kartoffelkuchen mit Crème fraîche und Räucherlachs); die Eier stammen von den sehr glücklich wirkenden Hennen im Garten. Von Goleen fährt man 9 km auf der R591 Richtung Nordosten.

Praktische Informationen

Mizen Information & e-Centre (☎ 028-35000; Main St; ⏰ 10.30–17 Uhr; 📶) Bietet Informationen für Touristen, Kaffee und Internetzugang.

An- & Weiterreise

Bus Éireann verkehrt zweimal täglich von Skibbereen (12,70 €, 1¼ Std.) über Schull hierher. Goleen ist die Endhaltestelle der Busse auf der Halbinsel.

Crookhaven

Der westliche Zipfel von Crookhaven hinter Goleen ist so abgelegen, dass man meint, man wäre mit dem Boot schneller dort als mit dem Auto. Für manche trifft das sogar zu: Im Sommer legen hier jedenfalls viele Jachten an und der Ort erwacht zum Leben. Außerhalb des Sommers geht's vor Ort sehr ruhig zu.

In seiner Blütezeit war der natürliche Hafen von Crookhaven ein wichtiger Ankerplatz und Treffpunkt mit 700 Einwohnern, heute sind es nur noch 30. Post aus Amerika wurde hier gesammelt und 1863 wurde eine Telegrafenlinie nach Cork gelegt, die Nachrichten vom transatlantischen Schiffsverkehr übermittelte.

Ein Essen in der beliebten, rustikalen Bar des **Crookhaven Inn** (☎028-35309; Hauptgerichte 10–20 €; ⏲Küche April–Sept. Fr–Mo 12.30–20 Uhr) ist einen Ausflug hierher wert. Im Sommer kann man draußen sitzen und abends gibt es Trad-Music-Sessions.

Brow Head

Der südlichste Punkt auf dem irischen Festland lohnt einen Spaziergang. Hinter Crookhaven ist eine Abzweigung nach links zum „Brow Head" ausgeschildert. Man parkt am besten am Galley Cove Beach und folgt der schmalen Straße bis zum Ende; dann geht es auf einem Pfad zur Landzunge weiter, wo man auf einen 200 Jahre alten **Wachturm** trifft und auf die spärlichen Überreste der **drahtlosen Telegrafenstation** von Guglielmo Marconi. Von 1901 bis 1914 war sie hier in Betrieb und wurde dann auf die Insel Valentia verlegt.

Der Ausblick ist herrlich: Er reicht vom Mizen Head im Westen bis Fastnet Rock (13,5 km entfernt) und Cape Clear im Osten.

INSIDERWISSEN

HOFPRODUKTE VON GUBBEEN

Der Gubbeen-Hof in der Nähe von Schull wird seit sechs Generationen von derselben Familie bewirtschaftet und zählt zu den Pionieren der kunsthandwerklichen Käseherstellung in Irland. 1979 startete die Produktion, 1989 wurde die Molkerei um eine Räucherkammer erweitert, später kam ein Kräutergarten dazu und der Viehbestand mit Rasseschweinen und Geflügel wurde aufgestockt.

Gubbeen produziert inzwischen Schinken, Salami, Chorizo, Eier von freilaufenden Hühnern und Gemüse aus biologischem Anbau sowie einige der besten irischen Käsesorten. Ganz besonders zu empfehlen ist der Extra Mature Smoked Gubbeen.

Auf dem Hof werden keine Besucher empfangen, Gubbeen ist aber mit einem Stand auf den Bauernmärkten in Schull, Skibbereen und Bantry vertreten.

Barleycove Beach

Weitläufige Sanddünen zwischen zwei langen Klippen verlieren sich in den Wellen und bilden den schönsten Strand im Westen Corks. Die selten überfüllte Bucht mit ihrem goldenen Sand eignet sich wunderbar für Kinder; es gibt einen sicheren Badeabschnitt an einer Flussmündung. Ein langer Steg und die Pontonbrücke führen zum Parkplatz direkt am Strand.

Mizen Head Signal Station

Die **Mizen Head Signal Station** (☎028-35115; www.mizenhead.ie; Mizen Head; Erw./Kind 6/4,50 €; ⏲Juni–Aug. 10–18 Uhr, Mitte März–Mai & Sept.–Okt. 10.30–17 Uhr, Nov.–Mitte März nur Sa & So) wurde 1909 erbaut, um die Schiffe vor der Felsküste zu warnen. Sie thront hoch über tosenden Wellen und deformierten Klippen auf einer kleinen Insel, die durch eine spektakuläre, 45 m hohe Brücke mit dem Festland verbunden ist. Vom Besucherzentrum aus (das Betreten der Insel kostet Eintritt) geht man zu Fuß zehn Minuten über 99 Stufen zur Leuchtturmstation, die heute eine Ausstellung zu ihrer Entstehungsgeschichte und zu Meerestieren beherbergt. Nach Walen und Delfinen Ausschau halten!

Auf dem Rückweg kann man sich im Besucherzentrum über die lokale Ökologie und Geschichte und den Fastnet-Leuchtturm informieren. Außerdem gibt's auch ein einfaches Café.

Durrus & die Sheep's Head Peninsula

Die Fahrt an der Nordseite der Mizen Head Peninsula entlang führt zur kleinen Straßenkreuzung Durrus. Von hier kann man direkt nach Bantry weiterfahren oder nach Westen zur Sheep's Head Peninsula. Von den drei Halbinseln in West Cork ist dies die am wenigsten besuchte.

Durrus

334 EW.

Das lebhafte Dorf an der Spitze von Dunmanus Bay dient als guter Ausgangspunkt für den Besuch der Mizen-Head- und der Sheep's-Head-Halbinsel und machte sich in den letzten Jahren unter Feinschmeckern einen Namen, denn hier gibt's einige tolle Lokale.

Schlafen & Essen

★ Blairscove House B&B €€€
(☎027-61127; www.blairscove.ie; EZ/DZ ab 120/180 €; ⏲Ostern–Okt. tägl., sonst nur Fr & Sa) Dieses beeindruckende georgianische B&B liegt auf einem 2 ha großen Grundstück über der Bucht und wirkt, als sei es einer Hochglanzzeitschrift entsprungen. Die wunderbar ausgestatteten Zimmer und Suiten gruppieren sich um einen edlen begrünten Innenhof und können als B&B oder auf Selbstversorgerbasis gemietet werden. Das Loft-Apartment (für 2 Pers.) hat herrlichen Meerblick. Blairscove liegt 1 km südlich von Durrus an der R591.

Das **Restaurant** (2-/3-Gänge-Abendmenü 58 €; ⏲März–Okt. Di–Sa 18–21 Uhr) befindet sich in einem mit Kronleuchtern geschmückten Saal und serviert lokale Zutaten in internationalem Stil.

Good Things Café MODERN IRISCH €€
(☎027-61426; www.thegoodthingscafe.com; Ahakista Rd; Hauptgerichte 15–28 €; ⏲Aug. tägl. 12.30–15, Ende Juni–Aug. Do–Mo 18–21 Uhr) Ein Gourmettempel mit großartiger, zeitgenössischer Küche mit Zutaten aus lokalen, biologisch angebauten Erzeugnissen. An den Tischen auf der Terrasse können Besucher sonnige Tage genießen. 600 m westlich von Durrus an der Straße nach Ahakista.

Die hauseigene **Kochschule** des Cafés bietet eintägige Kochkurse an, darunter A Dozen Funky Fast Dishes (das kulinarische Pendant zum Speed Dating; 140 €) und einen Fisch-Kochkurs (175 €) für jene, deren Kochkünste über die Mikrowelle nicht hinausreichen.

Sheeps Head Inn KNEIPENKOST €€
(☎027-62822; www.thesheepsheadinn.ie; Hauptgerichte 10–23 €; ⏲Küche Juni–Aug. 12–15 & 19–21 Uhr, Sept.–Mai nur Fr & Sa; 👪) Im Zentrum des Dorfes bereitet dieses gemütliche schwarz-weiße Gastropub außergewöhnliche Köstlichkeiten aus lokalen Produkten zu, darunter Käsetörtchen aus Durrus, gebratenen Wolfsbarsch sowie Krabbenscheren in Knoblauch und Zitrone.

Sheep's Head Peninsula

Die Sheep's Head Peninsula hat ihren ganz eigenen rauen Charme – und es gibt dort tatsächlich jede Menge Schafe. Die Straße westlich von Durrus führt durch **Ahakista** (Atha an Chiste) mit ein paar Pubs, u.a. die originelle **Ahakista Bar** (Ahakista; ⏲Juni–Sept. ab 13 Uhr; 👪), die wegen ihres Blechdachs auch Tin Pub genannt wird (Blech-Pub). Der blühende Garten hinter dem Haus erstreckt sich bis hinunter zur Küste.

Hinter Ahakista wird die Landschaft immer karger und die Straße enger und kurviger. Das Dorf **Kilcrohane** bietet ein paar Cafés und einen guten Strand. Danach geht es durch Hochmoore steil bergauf. Die Straße endet an einem abgelegenen Parkplatz, wo die kleine Teestube **Bernie's Cupán Tae** (Tooreen; Gerichte 3–6 €; ⏲variabel, Juni–Aug. Sa & So 10–16 Uhr) für ihre Scones und Lachssandwiches bekannt ist.

Von hier aus führt ein fantastischer gekennzeichneter Wanderweg zum 2 km entfernten **Sheep's Head Lighthouse** an der äußersten Spitze der Halbinsel, inmitten einer atemberaubenden Felslandschaft (hin & zurück 1½–2 Std.). Auf der Website des Sheep's Head Way gibt's Infos zu vielen weiteren Wandermöglichkeiten.

Die Straße schlängelt sich um die Halbinsel und bietet schwindelerregende Aussichten auf das Meer. **Goat's Path Road**, ist eine Stichstraße mit herrlichen Ausblicken; sie verbindet Kilcrohane und Gortnakilly (jeweils an der Süd- bzw. Nordküste) über die Westflanke des **Mt. Seefin** (345 m). Seinen Gipfel erklimmt man über einen atemberaubenden 1 km langen Weg.

ABSTECHER

KÄSE AUS DURRUS

West Cork ist international bekannt für seinen wundervollen Käse. Dafür sorgen Produzenten wie das **Durrus Farmhouse** (☎027-61100; www.durruscheese.com; Coomkeen; ⏲ Mo–Fr 9–14 Uhr), dessen Erzeugnise in ganz Irland und Großbritannien und sogar in Japan und den USA verkauft werden. Man kann den Hofladen besuchen und die Käseherstellung durch ein Fenster beobachten. Der Hof ist von der Straße nach Ahakista 900 m westlich von Durrus ausgeschildert.

Aktivititäten

Sheep's Head Way WANDERN
(www.thesheepsheadway.ie) Der Sheep's Head Way ist ein 88 km langer Wanderweg um die Halbinsel. Er führt teils über winzige Straßen, teils über Pfade; zu empfehlen sind die Ordnance-Survey-Karten 85 und 88. Cam-

pingplätze gibt es auf der Sheep's Head Peninsula nicht, man kann an der Strecke aber zelten, wenn es der jeweilige Besitzer des Landes erlaubt.

Sheep's Head Cycle Route RADFAHREN
(www.thesheepsheadway.ie) Die 120 km lange Sheep's Head Cycle Route verläuft gegen den Uhrzeigersinn von Ballylickey entlang der Küste der Halbinsel von Sheep's Head, zurück zum Festland und hinunter nach Ballydehob. Abkürzungen oder Alternativstrecken, etwa über die Goat's Path Road oder entlang der Küste von Ahakista nach Durrus, sind möglich. Die überall erhältliche Broschüre *The Sheep's Head Cycle Route* beschreibt die Tour in allen Einzelheiten; man bekommt sie auch in den örtlichen Touristeninformationen und Buchläden.

An- & Weiterreise

Busse von West Cork Rural Transport (S. 260) machen an verschiedenen Tagen eine Rundtour über die Goat's Path Road nach Kilcrohane und Durrus (eine Strecke /hin & zurück 4/6 €).

Bantry

3350 EW.

Die prachtvolle weitläufige Bantry Bay vor der Kulisse der Sheep's Head Hills und der zerklüfteten Caha Mountains ist eine der schönsten Buchten Irlands. Bantry Town – das geschützt von den Inseln am Ende der Bucht liegt – ist ein gepflegter hübscher Ort mit engen Straßen, altmodisch-individuellen Geschäften und einem absolut malerischen Hafen.

Der ganze Stolz des Orts ist das Bantry House: Dort wohnte einst Richard White, der sich 1798 seinen Platz in der irischen Geschichte sicherte. Er informierte die Behörden über die bevorstehende Ankunft des irischen Patrioten Wolfe Tone und seiner französischen Flotte, um die Rebellion der United Irishmen zu unterstützen. Da ihre Landung letztlich durch heftige Stürme verhindert wurde, änderte sich der Verlauf der irischen Geschichte maßgeblich. Wolfe Tone wurden für seine Bemühungen ein Platz und eine Statue gewidmet.

Nachdem Bantry im 19. Jh. von Armut und Massenemigration gebeutelt wurde, lebt seine Wirtschaft heute größtenteils von der Bucht: Auf den Speisekarten im gesamten County stehen Austern und Muscheln aus Bantry.

Sehenswertes

Bantry House & Garden HISTORISCHES GEBÄUDE
(027-50047; www.bantryhouse.com; Erw./Kind 11/3 €; Juni–Aug. tägl. 10–17 Uhr, April, Mai, Sept. & Okt. Di–So) Mit seinem melancholischen Charme lohnt das Bantry House aus dem 18. Jh. einen Besuch. Von den Gobelinteppichen im Wohnzimmer bis zu den herrlichen Säulen in der Bibliothek erinnert es an eine vergangene Welt aristokratischen Überflusses. Am prachtvollsten sind jedoch die Gärten. Rasenflächen erstrecken sich bis zum Meer hinunter und im fantastischen italienischen Garten hinter dem Haus bietet eine Treppe mit 100 Stufen eine einmalige Aussicht. Der Eingang befindet sich 1 km südwestlich des Ortszentrums an der N71.

Seit 1729 gehört das Haus der Familie White. In jedem Zimmer verbergen sich Schätze, die jede Generation von ihren Reisen mitgebracht hat. Der Boden in der Eingangshalle ist mit Mosaiken aus Pompeji ausgelegt, an den Wänden hängen französische und flämische Wandteppiche, und japanische Truhen stehen neben russischen Schreinen. Von den etwas mitgenommenen Räumen im Obergeschoss genießt man einen wunderbaren Blick auf die Bucht. Gute Pianisten dürfen auf dem uralten Flügel in der Bücherei in die Tasten greifen. Hier möchte man gern bleiben: Die Besitzer betreiben in den Seitenflügeln ein B&B (S. 259).

Feste & Events

West Cork Chamber Music Festival MUSIK
(www.westcorkmusic.ie) Im Juni/Juli werden im Bantry House eine Woche lang abendliche Konzerte veranstaltet. Das Haus bleibt dann für Besucher geschlossen, doch der Garten, das Teezimmer und der Kunsthandwerksladen bleiben geöffnet.

West Cork Literary Festival LITERATUR
(www.westcorkliteraryfestival.ie) Im Juli finden eine Woche lang Lesungen, Workshops, Gesprächsrunden mit bekannten Autoren und Events für Kinder statt.

Schlafen

Mill B&B B&B €
(027-50278; www.the-mill.net; Glengarriff Rd; EZ/DZ 50/70 €; Ostern–Okt.;) Jede Menge Individualität und unglaublich viel Nippes in den Zimmern prägen dieses moderne Haus direkt am Ortsrand. Das solide Frühstück lässt man sich im riesigen Speiseraum schmecken – umrahmt von einer herrlichen

Sammlung indonesischer Marionetten und Kunstwerken der unverwüstlichen Besitzerin Tosca.

Eagle Point Camping CAMPINGPLATZ €
(027-50630; www.eaglepointcamping.com; Glengarriff Rd, Ballylickey; Stellplatz ab 12 € pro Pers.; Mitte April–Ende Sept.;) Ein wunderbarer Campingplatz am Ende einer filigranen Landzunge, 6 km nördlich von Bantry. Fast alle 125 Stellplätze bieten Meerblick. Gäste haben direkten Zugang zum nahen Kiesstrand, wo man schwimmen und anderen Wassersport betreiben kann.

Ballylickey House B&B €€
(027-50071; www.ballylickeymanorhouse.com; Ballylickey; DZ/Suiten 95–140/130–180 €; März–Nov.;) Dieses schöne Herrenhaus mit gepflegtem Rasen und Blick auf die Bucht liegt 5 km nördlich von Bantry in Ballylickey. Zum Übernachten kann man zwischen geräumigen Komfortzimmern im Haus und süßen Cottages rund um den Pool wählen.

Sea View House Hotel HOTEL €€€
(027-50073; www.seaviewhousehotel.com; Ballylickey; EZ/DZ ab 100/150 €;) Das Hotel hat alles, was man von einer Luxusunterkunft erwartet: Landhausatmosphäre, geschmackvolle Aufenthaltsräume, einen hervorragenden Service und 25 gemütlich-elegante Zimmer. Es liegt an der N71 in Ballylickey, 5 km nördlich von Bantry.

Bantry House HISTORISCHES HOTEL €€€
(027-50047; www.bantryhouse.com; DZ ab 169 €; April–Okt.;) Die Zimmer in diesem aristokratischen Herrenhaus (S. 260) sind mit einer Mischung aus antikem und modernem Mobiliar eingerichtet. Wenn man nicht gerade eine Partie Crocket, Rasentennis oder Billard spielt, kann man sich in der Bibliothek entspannen, sobald die Besuchszeit des historischen Hauses zu Ende ist. Gäste des B&B haben freien Zugang. Die Zimmer 22 und 25 bieten die beste Aussicht auf den Garten und die Bucht.

Essen

★ Organico CAFÉ €
(027-55905; www.organico.ie; 2 Glengarriff Rd; Hauptgerichte 7–10 €; Mo–Sa 9–18 Uhr;) Ein freundlicher, gut besuchter Vollwertkostladen mit Café. Serviert werden knackig frische Salate, Sandwiches und Suppen sowie Mittagsgerichte, z. B. Falafelteller mit Hummus und Tahin (Sesampaste). Kaffee und Kuchen sind ebenfalls lecker.

★ Manning's Emporium CAFÉ, FEINKOSTLADEN €
(www.manningsemporium.ie; Ballylickey; Hauptgerichte 8 €; Mo–Sa 9–18, So bis 17 Uhr, Juni–Aug. Sa 18–21 Uhr) Dieser Feinkostladen mit Café ist ein Märchenland mit der besten Küche aus dem Westen Corks. Am besten bestellt man einen Probierteller, um in den Genuss der verschiedenen lokalen Spezialitäten und Hofkäsesorten zu kommen, die im Angebot sind. Hier finden regelmäßig besondere Gourmetevents statt. Das Manning's Emporium liegt an der N71 in Ballylickey (von Bantry kommend auf der rechten Seite).

Bantry Market MARKT €
(Wolfe Tone Sq; Fr 9.30–13 Uhr) Freitags ist Markttag – dann liegen berauschende Aromen in der Luft über dem Wolfe Tone Square. Fast alle Stände verkaufen frisches Obst und Gemüse, Brot, Käse und andere örtliche Erzeugnisse, es gibt aber auch Kleidung, Schnickschnack, landwirtschaftliche Geräte und Werkzeuge. Am ersten Freitag im Monat ist der Markt besonders groß und gut besucht.

Fish Kitchen FISCH & MEERESFRÜCHTE €€
(027-56651; www.thefishkitchen.ie; New St; Hauptgerichte 10–23 €; Di–Sa 12–15.30 & 17.30–21 Uhr) In dem herausragenden kleinen Restaurant über einem Fischladen werden perfekt zubereitete Gerichte aus Meeresfrüchten serviert, z. B. einheimische Austern, die lebend aus dem Aquarium kommen (serviert mit Zitronen- und Tabascosoße) oder Muscheln aus der Bantry Bay in Weißwein. Fleischesser werden sich hier ebenfalls wohlfühlen. Freundlich, schnörkellos und absolut lecker!

O'Connors Seafood Restaurant FISCH & MEERESFRÜCHTE €€
(027-55664; www.oconnorseafood.com; Wolfe Tone Sq; Hauptgerichte 12–25 €; 12.30–15 & 17.30–21 Uhr;) Jakobsmuscheln aus dem Westen Corks mit Blutwurst und geräuchertem Blumenkohlpüree, gebratener Kabeljau aus Castletownbere mit geröstetem irischem Feta und Trüffelöl oder Muscheln aus der Bantry Bay in vier Variationen sind nur einige der innovativen Fisch- und Meeresfrüchtegerichte, für die die Region berühmt ist. Am frühen Abend (17.30–18.30 Uhr) sind dreigängige Menüs für 27,50 € im Angebot.

Ausgehen & Nachtleben

Crowley's PUB
(Wolfe Tone Sq; So–Do 12–23, Fr & Sa bis 24.30 Uhr) Eine der besten Kneipen in Bantry für Livemusik. Mittwochs spielen traditionelle Bands.

Ma Murphy's PUB
(www.mamurphys.com; 7 New St; 12 Uhr–Mitternacht) In diesem Lebensmittelladen mit Pub, der bereits seit 1840 an dieser Stelle steht, scheint die Zeit stehen geblieben zu sein. Auch heute kann man hier noch Cornflakes und Zucker kaufen, und die Einheimischen haben immer Lust auf einen Schwatz.

Snug PUB
(Wolfe Tone Sq; Mo–Sa 11–23, So 12.30–23 Uhr) Das gemütliche Stammlokal der Einheimischen liegt am Wasser und ist für seine hervorragende Kneipenkost bekannt.

Praktische Informationen

Die **Touristeninformation** (027-50229; Wolfe Tone Sq; April–Okt. Mo–Sa 9.15–13 & 14–17 Uhr) ist im alten Gerichtsgebäude untergebracht.

An- & Weiterreise

Vier bis sechs Busse von **Bus Éireann** (www.buseireann.ie) fahren täglich zwischen Bantry und Cork (21 €, 2 Std.) und fünf täglich nach Glengarriff (5,20 €, 25 Min.); Bus 282 fährt nur im Sommer und ermöglicht die Weiterfahrt von Glengarriff nach Kenmare (Mo–Sa 1-mal tägl.).

Ein Minibus-Service von **West Cork Rural Transport** (027-52727; www.ruraltransport.ie; 5 Main St) steuert Dunmanway, Durrus, Goleen, Schull, Skibbereen und einige abgelegene Dörfer an (einfach/hin & zurück 4/6 €). Die Busse verkehren nur unregelmäßig (Details siehe Website).

Unterwegs vor Ort

Nigel's Bicycle Shop (027-52657; Glengarriff Rd; 15/70 € pro Tag/Woche; ganzjährig Di–Sa 10–18 Uhr, Mai–Sept. auch Mo) verleiht Fahrräder.

BEARA PENINSULA (RING OF BEARA)

Nach Kerry und Dingle ist sie der dritte große „Ring" (Ringstraße rund um die Halbinsel) im Südwesten Irlands. Die zerklüftete Küste und die scharf gezeichneten Berge der Beara Peninsula sind ein Paradies für Geologen. Freiliegende, zusammengepresste Gesteinsschichten sorgen fast überall für atemberaubende Landschaftseindrücke.

Man kann den 137 km langen Ring of Beara ganz bequem an einem Tag abfahren, allerdings verpasst man so die spektakuläre **Healy Pass Road** (R574), die sich von Adrigole in Cork bis Lauragh im County Kerry quer über die Halbinsel zieht. Wer nicht viel Zeit hat, sollte sich für die Passstraße entscheiden und auf den übrigen Teil der Route verzichten.

An der Südseite reihen sich entlang der Bantry Bay Fischerdörfer aneinander. Im Norden hingegen verteilen sich nur ein paar kleine Weiler entlang der verwinkelten und kurvigen Straßen an der zerklüfteten Küste. Viele liegen abseits touristischer Pfade und bieten einen herrlichen Blick nach Norden zu den Bergen von Kerry.

Zu den weiteren Highlights zählen die schwankende **Seilbahn**, die von der Spitze der Halbinsel zum winzigen **Dursey Island** fährt, sowie spannende **Hügelwanderungen**, die einiges an Erfahrung und Disziplin erfordern, ebenso wie die richtige Kleidung und einen guten Orientierungssinn.

Der 206 km lange **Beara Way** (S. 264), eine gekennzeichnete Wanderstrecke, führt von Glengarriff nach Kenmare in Kerry über Castletownbere, Bere Island, Dursey Island und die nördliche Seite der Halbinsel, während sich die 138 km lange (in Kerry) **Beara Way Cycle Route** über Nebenstraßen und Gassen und durch sämtliche Dörfer in der Gegend schlängelt.

Ein kleiner Teil der Halbinsel liegt im County Kerry, ihr größter gehört aber zum County Cork.

Glengarriff

1090 EW.

Versteckt in der dicht bewaldeten nördlichsten Ecke der Bantry Bay liegt Glengarriff (Gleann Garbh; www.glengarriff.ie). Das Feriendorf aus dem 19. Jh. erstreckt sich entlang der N71 von Cork nach Killarney am Beginn des Ring of Beara.

In der zweiten Hälfte des 19. Jhs. war Glengarriff ein beliebter Urlaubsort für reiche Engländer. Sie segelten von ihrer Heimat nach Cork herüber, nahmen den Zug nach Bantry (die Strecke wurde 1961 geschlossen) und setzen dann mit dem Dampfschiff nach Glengarriff über. 1850 baute man eine Straße quer durchs Gebirge nach Kenmare und schuf so eine Anbindung nach Killarney.

Im Norden und Westen erheben sich die kargen, felsigen **Caha Mountains**. Obwohl sie nicht sehr hoch sind, eignen sie sich doch zum Bergwandern. Außerdem gibt es im Ort und in der Umgebung viele Möglichkeiten für leichtere Spaziergänge. Zwischen Dorf und

Pier führen einige gut gekennzeichnete Küstenwege durch alte Waldbestände aus Eichen und Waldkiefern, den **Blue Pool Park.** Die Robben, die man hier sieht, scheinen auf dem Wasser zu schweben, weil sie auf Felsen unter der Wasseroberfläche sitzen.

Ein Netz kleiner Straßen leitet nordwestlich vom Glengarriff Woods Nature Reserve zu Ferienhäusern und entlegenen Bauernhöfen, die sich wunderbar bei einer Radtour erkunden lassen. Ein gutes Ausflugsziel ist **Pooleen**, wo Picknicktische neben einem natürlichen Badebecken im River Glengarriff stehen. Nur wer über eine gute Kondition verfügt, sollte die Fahrt bis zum Ende der Straße wagen. Hier liegt der naturbelassene **Barley Lake**, an dem man vorwiegend auf Forellenangler trifft. Auf keinen Fall mit dem Auto dorthin fahren – es sei denn, man hat einen Jeep.

Sehenswertes

★ Ilnacullin (Garinish Island) GARTEN

(✆027-63040; www.heritageireland.ie; Erw./Kind 4/2 €, Fähre 12/6 €; ⏲Mo–Sa 10–18.30 Uhr, Juni–Aug. auch So 11–18.30 Uhr, April, Mai, Sept. & Okt. kürzere Öffnungszeiten, Nov.–März geschl.) Ein gärtnerisches Wunderwerk aus den Anfängen des 20. Jhs. Die Besitzerin der Insel, Annan Bryce, beauftragte den Architekten Harold Peto, auf dem damals noch kargen Hang einen Garten anzulegen. Mutterboden wurde mit Schiffen herbeitransportiert, ein Landschaftsgarten angelegt und subtropische Pflanzenarten gesetzt: Kamelien, Magnolien und Rhododendren sorgen je nach Jahreszeit für ein prächtiges Farbenspiel. Die zehnminütige Bootsfahrt zur Insel startet am Pier des Dorfs. Sie führt an Kolonien von Robben vorbei, die sich in der Sonne aalen, und an einem Nistplatz für Seeadler, die 2007 wieder in Irland angesiedelt wurden.

Das Herzstück der Insel ist ein zauberhafter **Garten im italienischen Stil.** In seiner Nähe führt eine Zypressenallee zu einem nachgebildeten griechischen Tempel mit herrlichem Blick zum Sugarloaf Mountain. Noch mehr Aussicht bietet der höchste Punkt der Insel, ein **Martello-Turm** aus dem 19. Jh. Er ist einer von Hunderten, die man einst an der Küste errichtet hat, um nach Napoleons feindlichen Truppen Ausschau zu halten.

Glengarriff Woods Nature Reserve NATURSCHUTZGEBIET

(✆027-63636; www.glengarriffnaturereserve.ie) GRATIS Das Tal des River Glengarriff im Nordwesten von Glengarriff gehörte einst zum Privatbesitz des Earl of Bantry. Im dichten Baumbestand des uralten erhaltenen Waldgebiets wird genügend Feuchtigkeit gespei-

Beara Peninsula (Ring of Beara)

ABSEITS DER ÜBLICHEN PFADE

PRIEST'S LEAP

Autofahrer mit schwachen Nerven sollten nicht auf die Idee kommen, die schwindelerregende einspurige Straße nach Priest's Leap (17 km nordwestlich von Bantry) hinaufzufahren – auch nicht, wenn das GPS sie als Abkürzung zwischen Bantry und Kenmare vorschlägt. Auf Unerschrockene, die diese wilde Fahrt wagen, warten jedoch zur Belohnung grandiose Aussichten über die Berge bis nach Bantry und zur Bantry Bay dahinter.

Die Straße ist auch für Radfahrer eine Herausforderung. Sie überwindet auf 4,5 km fast 400 Höhenmeter mit zum Teil besonders steilen Abschnitten. Radfahrer mit guter Kondition schaffen es bis oben; wenn man aber keine Tour-de-France-Muskulatur hat, steigt man unterwegs wohl drei- bis viermal ab. Vor der Abfahrt auf jeden Fall die Bremsen prüfen!

Von Bantry aus fährt man auf der N71 8 km Richtung Norden und biegt hinter der Brücke am Ende der Bucht rechts ab (auf dem Schild steht Coomhola). An der ersten Brücke geht es nach links, an der zweiten Brücke wieder links (nach einem weißen Schild mit der Aufschrift Priest's Leap Ausschau halten) und anschließend die erste Abzweigung nach rechts. Die lange Gerade wird nun immer steiler, bevor ein flacheres Stück mit steilen Abhängen an der linken Seite folgt.

Auf dem Gipfel des Passes steht ein windumtostes Kreuz. Der Legende zufolge rief Pater James Archer 1601 die Clans von Cork und Kerry dazu auf, den Engländern weiterhin die Stirn zu bieten. Feindliche Truppen sahen ihn auf der alten Straße nach Kerry und verfolgten ihn, bis er auf dem Gipfel des Passes mit seinem Pferd von den Klippen sprang und in Bantry landete.

chert, sodass Farne und Moose gut gedeihen. Zahlreiche Wildtiere leben in dem Naturschutzgebiet. Im Wald kann man nach Rothörnchen und Girlitzen Ausschau halten und am Fluss nach Ottern und Eisvögeln. Gekennzeichnete Wanderwege starten am Hauptparkplatz, 1 km nördlich des Dorfs.

Fünf unterschiedlich lange Wege, von 500 m bis 3 km, führen durch Wälder und Wiesen, auf Berge hinauf und an Flüssen entlang. Der violett markierte **Glengarriff Wood Loop** vereint die Highlights aller fünf Wege auf einer Strecke (8 km, 3 Std.).

Ewe Experience GARTEN
(☎ 027-63840; www.theewe.com; Tooreen; Erw./Kind 6,50/5 €; ⏲ Ostern–Sept. 10–18 Uhr) Es dauerte über 20 Jahre, bis dieser interaktive Skulpturengarten fertig war. Seine Ausgestaltung wird teils verwundert bestaunt und teils belächelt, vor allem aber beflügelt er die Fantasie. Ob Schaf im Oldtimer oder Schwein im Schaumbad – die Wege von insgesamt 1 km Länge führen an etlichen kuriosen Skulpturen, Installationen, Puzzles und Spielen vorbei, die Kunst, Natur, Musik und Dichtung auf inspirierende Weise verbinden. 4,5 km nordwestlich von Glengarriff an der N71.

Bamboo Park GARTEN
(☎ 027-63007; www.bamboo-park.com; Erw./Kind 6 €/frei; ⏲ 9–19 Uhr) Dank des frostfreien Klimas von Glengarriff wachsen und gedeihen in dem 12 ha großen **Park** subtropische Pflanzen, darunter Palmen und Baumfarne. Außerdem erstrecken sich an der Küste mehrere hübsche Waldwege.

Schlafen & Essen

Bayview Boutique Guesthouse PENSION €€
(☎ 027-63030; dowlingaine@yahoo.com; Reenmeen; Zi. ab 80 €;) Die große moderne Villa am Ostende von Glengarriff wurde in eine schicke und elegante Pension verwandelt – mit Zimmern wie aus einer Hochglanz-Wohnzeitschrift. Der hübsche Garten und die Terrasse hinter dem Haus bieten einen weiten Blick über die Bucht. **Jim's Coffee House** (Hauptgerichte 6–15 €, ⏲ 10–18 Uhr) zählt zu den nettesten Restaurants der Gegend.

Casey's Hotel HOTEL €€
(☎ 027-63010; www.caseyshotelglengarriff.ie; Main St; EZ/DZ 55–80/90–140 €; @)) Seit 1884 werden in diesem altmodischen Hotel Gäste empfangen, darunter auch Berühmtheiten wie Eamon de Valera. Die 19 Zimmer sind klein, wurden aber mittlerweile modernisiert. Darüber hinaus bietet das Hotel viel Atmosphäre und eine traumhaft schöne, riesige Terrasse. An der Bar gibt's Traditionelles wie Rindfleisch- und Guinness-Pastete, im Restaurant Meeresfrüchte- und Steakgerichte.

MacCarthy's Bar KNEIPENKOST €€
(☎ 027-63000; 14 Main St; Gerichte 10–19 €; ⏲ Küche 12–15 & 16–21 Uhr;) Das MacCarthy's ist eine traditionelle holzvertäfelte Bar im viktorianischen Stil. Auf der Speisekarte steht herzhafte Pubküche – Spezialität des Hauses sind saftige Muscheln aus der Bantry Bay in einer Weißwein-Kräutersoße.

An- & Weiterreise

Bus Éireann bietet täglich fünf Verbindungen nach Bantry (5,20 €, 25 Min.) und weiter nach Cork (22 €, 2½ Std.) sowie nach Castletownbere (10,70 €, 50 Min., 1–2-mal tägl.).

Bus 282 fährt nur im Sommer von Glengarriff nach Kenmare (12,10 €, 45 Min., Juli & Aug. Mo–Sa 1-mal tägl.).

Von Glengarriff nach Castletownbere

Auf diesem Abschnitt nach Westen treten die Faltungen im felsigen Untergrund der Landschaft immer deutlicher zutage. Auf den höchsten Erhebungen, dem Sugarloaf Mountain und dem Hungry Hill, erstrecken sich Steinmauern, sogenannte *„benches"* (Bänke), quer über die Hänge. Sie machen Bergwanderungen anstrengend und bei Nebel sogar gefährlich. Wer hier unterwegs ist, sollte einen Kompass und Karten mitnehmen (die topografischen Karten 84 und 85 von Ordnance Survey Discovery decken dieses Gebiet ab) und sich Tipps von Einheimischen holen.

Adrigole ist nicht viel mehr als eine Reihe einzelner Häuser und ein Hafen. Hier vermietet das **West Cork Sailing Centre** (☎ 027-60132; www.westcorksailing.com; The Boat House, Adrigole; ⏲ Juli & Aug.) Kajaks (12 € pro Std.) und kanadische Kanus (20 € pro Std.).

Von Adrigole aus klettert eine enge Serpentinenstraße 11 km nach Norden, über den überirdisch wirkenden **Healy Pass** nach Lauragh. Unterwegs bieten sich spektakuläre Aussichten auf die felsige Landschaft, besonders bei der Abfahrt auf der anderen Seite.

Castletownbere & Umgebung

910 EW.

Das lebhafte Castletownbere (Baile Chais Bhéara) ist in erster Linie ein Fischerdorf und erst an zweiter Stelle ein Touristenort. Dadurch hat es einen großen Reiz für alle, die auf der Suche nach dem „echten" Irland sind. Doch auch hier gibt's ein paar Sehenswürdigkeiten, insbesondere ein weltbekanntes Pub: die **McCarthy's Bar**.

An der Main Street und dem Platz namens The Square befinden sich Geldautomaten, Cafés, Pubs und Lebensmittelläden.

Sehenswertes

Derreenataggart Stone Circle HISTORISCHE STÄTTE
Auf einem einsamen Hügel, 2 km von Castletownbere entfernt, thront der eindrucksvolle Derreenataggart Stone Circle mit zehn Menhiren. Er liegt in der Nähe der Straße und ist am westlichen Ortsausgang von einer Rechtskurve aus ausgeschildert. In der Umgebung gibt's einige weitere solcher Steine.

Bere Island INSEL
Bere Island vor der Küste lässt Castletownbere im Vergleich wie eine große Stadt erscheinen. Die Insel ist nur 12 km breit und 7 km lang und wird von ein paar Hundert Menschen bewohnt. Im Sommer zieht sie mit ihren Ferienwohnungen aber wesentlich mehr Leute an. Vor Ort stößt man auf alte Ruinen und einige zum Schwimmen geeignete Felsbuchten. **Bere Island Ferry** (☎ 027-75009; www.bereislandferries.com; Passagier/Auto hin & zurück 8/25 €; ⏲ Juni–Aug. Mo–Sa alle 90 Min., So & Sept.–Mai seltener) legt in Castletownbere ab und setzt Passagiere an einer abgelegenen Ecke des Eilandes ab. **Murphy's Ferry Service** (☎ 027-75014; www.murphysferry.com; Fußgänger/Auto hin & zurück 8/25 €; ⏲ alle 2 Std.) startet 5 km östlich von Castletownbere am Pontoon-Pier und steuert **Rerrin** an, das Hauptdorf der Insel. Es beherbergt ein Geschäft, ein Pub, ein Café und Unterkünfte.

Schlafen & Essen

Rodeen B&B B&B €€
(☎ 027-70158; www.rodeencountryhouse.com; EZ/DZ ab 40/70 €; ⏲ April–Nov.) Das reizende, mit zahlreichen Musikinstrumenten gefüllte Hotel versteckt sich östlich oberhalb der Ortschaft. Es verfügt über sechs Zimmer, bietet einen schönen Meerblick und wartet mit einem Garten voller Delfinsäulen auf. Auf den Frühstückstischen stehen Blumen und es gibt selbst gemachte Scones mit Bienenhonig aus eigener Herstellung.

Olde Bakery MODERN IRISCH €€
(☎ 027-70869; Castletown House; Hauptgerichte 13–23 €; ⏲ ganzjährig 17.30–21.30 Uhr, April–Sept. auch So 12–16.30 Uhr) Eines der besten Lokale

des Ortes, die Olde Bakery, serviert regionale Meeresfrüchte. Die paar Tische vor dem Restaurant sind ideal für einen langen Sommerabend.

Jack Patrick's INTERNATIONAL €€
(☎ 027-70319; Main St; Gerichte 10–20 €; ⏲ Juni–Sept. 12–21 Uhr, Okt.–Mai ab 19 Uhr) Das schlichte Restaurant wird von einem der besten örtlichen Metzger betrieben, dessen Laden gleich nebenan zu finden ist. Auf der Karte stehen Steaks, Koteletts und andere Fleischgerichte wie Schinken mit Kohl.

Ausgehen & Nachtleben

McCarthy's Bar PUB
(Main St; ⏲ So–Do 12–23, Fr & Sa bis 0.30 Uhr) Auf dem Umschlag des Bestsellers *McCarthy's Bar* vom inzwischen verstorbenen Pete McCarthy ist genau dieses Haus in der Main Street abgebildet, das gleichzeitig als Lebensmittelladen und Pub genutzt wird. Wer also zu seinem Glas Beamish eine Büchse Pfirsiche und eine Dose Mais kaufen will, ist am richtigen Ort. Drinnen ist es sehr gemütlich, außerdem erklingt hier oft Livemusik.

Praktische Informationen

Die **Touristeninformation** (☎ 027-70054; www.bearatourism.com; Main St; ⏲ Juni–Sept. Mo–Sa 9–17.30 Uhr, Okt.–Mai nur Fr & Sa) liegt direkt vor der Church of Ireland.

An- & Weiterreise

Bus Éireann (www.buseireann.ie) fährt bis zu zweimal pro Tag nach Glengarriff (10,70 €, 50 Min.), Bantry (13,90 €, 70 Min.) und weiter nach Cork (24 €, 3¼ Std.).

Im Juli und August fährt Bus 282 zum Ring of Beara: Montag bis Samstag zweimal täglich von Castletownbere über Glengarriff nach Kenmare (13, 90 €, 1½ Std.).

BEARA WAY

Der 206 km lange gekennzeichnete Wanderweg (siehe www.irishtrails.ie) zieht eine Schleife um die schöne Beara Peninsula. Eine komplette Umrundung dauert neun Tage. Weil die Halbinsel bisher vom Massentourismus verschont geblieben ist, gilt sie als gute Alternative zum stärker besuchten Ring of Kerry im Norden.

Ein Großteil des Beara Way folgt alten Straßen und Pfaden und führt nur selten höher als 340 m. Es gibt keinen offiziellen Start- oder Zielpunkt, außerdem kann die Strecke in beide Richtungen begangen werden. Lässt man Bere Island und Dursey Island aus, verkürzt sich die Tour auf sieben Tage. Wer in Castletownbere losläuft, erreicht Kenmare in spätestens fünf Tagen.

Eine gute Beschreibung des Wegs (und der Halbinsel) findet man auf der Website von **Beara Tourism** (www.bearatourism.com).

Dursey Island

3 EW.

Diese winzige Insel am Ende der Beara Peninsula erreicht man mit Irlands einziger **Seilbahn** (☎ 028-21766; www.durseyisland.ie; Erw./Kind hin & zurück 8/4 €; ⏲ Juli–Sept. 9–20 Uhr, Okt.–Juni seltener), einer klapprigen Konstruktion aus den 1960er-Jahren, die 30 m über dem Dursey Sound dahingleitet – nichts für schwache Nerven. Die Seilbahn transportiert Zwei- wie Vierbeiner – und manchmal stehen mehr Tiere als Menschen in der Schlange. Im Sommer fährt sie permanent, den Rest des Jahres nur zu bestimmten Zeiten. Details finden sich auf der Website.

Die nur 6,6 km lange und 1,5 km breite Insel dient als **Schutzgebiet** für Wildvögel und Wale; manchmal sichtet man in der Umgebung auch Delfine. Unterkünfte gibt's nicht, Camping ist aber erlaubt, wenn man die üblichen Verhaltensregeln befolgt und alles sauber hinterlässt.

Der **Beara Way** führt 14 km rund um die Insel (für die komplette Strecke braucht man 4 Std.). Als Ziel für einen kürzeren Spaziergang (hin & zurück 8 km) bietet sich das **Stellwerk** an.

Die Nordseite von Beara

Die Nordseite ist der schönste Teil der Halbinsel. Mehrere enge Straßen, einige davon steil und kurvig mit wenig Platz zum Ausweichen, schlängeln sich um die Felsvorsprünge der zerklüfteten Küste und mit Felsen übersäte Hänge fallen dramatisch zum Meer ab. Die Gegend ist herrlich abgelegen, nur ein paar Schafherden leisten einem Gesellschaft.

Allihies

Das abgelegene Dorf Allihies (Na hAilichí), dessen farbenfroh gestrichene Häuser viele

Postkarten und Reiseführercover schmücken, wartet mit tollen Ausblicken, zahlreichen Wanderwegen und einer faszinierenden Bergbaugeschichte auf. 1810 wurden auf der Halbinsel Beara erstmals Kupfererzvorkommen gefunden. Der Bergbau machte die Landbesitzer, die Familie Puxley, schnell reich, während sich bis zu 1300 Arbeiter für Hungerlöhne unter gefährlichen Bedingungen verausgaben mussten. Dass die Ruinen der Maschinenhäuser Zinnminen an Cornwalls Küste ähneln, hat man den vielen erfahrenen kornischen Bergleuten zu verdanken. Noch in den 1930er-Jahren wurden über 30 000 t reines Kupfer pro Jahr abgebaut, 1962 machte jedoch auch die letzte Mine dicht.

Sehenswertes

Allihies Copper Mine Museum MUSEUM
(027-73218; www.acmm.ie; Main Rd; Erw./Kind 5/2 €; Ostern–Okt. 10–16.30 Uhr;) Das Museum ist das Ergebnis jahrelanger Arbeit der Gemeinde. Es zeigt eindrucksvolle Exponate und hat eine Touristeninformation und ein Café. Zum Mitnehmen: eine Broschüre zum Copper Mine Trail, eine markierte Wanderung durch die Überbleibsel der alten Kupfermine.

Schlafen & Essen

Allihies Village Hostel HOSTEL €
(027-73107; www.allihieshostel.net; Main Rd; B/DZ 18/50 €;) Das helle, einladende Hostel verfügt über saubere, mit Dielenboden ausgelegte Schlafsäle und Aufenthaltsräume sowie einen Innenhof und einen Grillbereich. Michael, der Besitzer, ist ein wandelnder Reiseführer der Gegend und weiß jede Menge über Wanderwege und Ponytrekking.

Sea View Guesthouse GASTHAUS €
(027-73004; www.allihiesseaview.com; Main Rd; EZ/DZ 45/75 €) Ein zweistöckiges, gelb gestrichenes Gebäude mit zehn sauberen, einfachen Zimmern. Einige blicken gen Norden über das Wasser. Beim üppigen Frühstück kann man Energie tanken.

O'Neill's KNEIPENKOST €€
(027-73008; www.oneillsbeara.ie; Main Rd; Gerichte 12–25 €; Küche 12–20.30 Uhr;) Mit seiner markanten leuchtend roten Fassade ist dies das attraktivste Pub des Ortes. Draußen stehen polierte Holzbänke und Picknicktische. Auf den Tisch kommen typische Kneipenkost und frische Meeresfrüchte; der Schellfisch mit Pommes reicht für zwei.

Von Allihies nach Ardgroom

Eine wilde Küstenstraße (R575) führt von Allihies 23 km Richtung Norden und Osten. Sie wird von Fuchsien und Rhododendren gesäumt und schlängelt sich 12 km bis nach **Eyeries**, dessen bunte Häuschen mit Blick auf die Coulagh Bay als beliebte Filmkulisse dienen. Außerdem stammt aus diesem Dorf der berühmte **Milleens-Käse** (027-74079; www.milleenscheese.com; Eyeries; nach Vereinbarung). Nach telefonischer Anmeldung empfängt Herstellerin Veronica Steele auch gern Gäste in ihrer Käserei.

Hinter Eyeries verlässt man die R571 und nimmt die noch engere Küstenstraßen nach Norden und Osten – der Blick zum Ring of Kerry im Norden ist schlichtweg umwerfend – und erreicht die R571 an der Kreuzung vor **Ardgroom** (Ard Dhór). Von hier führt eine winzige Straße ins Inland zum spektakulären **Glenbeg Lough**. Informationen zum Forellenangeln bekommt man im Pub des Dorfs.

Von Lauragh nach Kenmare

Das Dorf Lauragh (Laith Reach) liegt im County Kerry. Etwa 1 km westlich davon führt eine Nebenstraße zum **Glanmore Lake**. Auf einer kleinen Insel inmitten des Sees stehen die Überreste einer Einsiedelei. Informationen zu Wander- und Radwegen bekommt man im Pedals & Boots Café.

Derreen Gardens GARTEN
(064-668 3588; www.derreengarden.com; Lauragh; Erw./Kind 7/2 €; 10–18 Uhr) In Lauragh lohnt ein Besuch der Derreen Gardens. Der fünfte Lord Lansdowne ließ sie an der Wende zum 20. Jh. anlegen. Moosbewachsene Wege winden sich vorbei an interessanten Pflanzen, darunter spektakuläre Baumfarne aus Neuseeland und riesige Lebensbäume. Hin und wieder sieht man in unmittelbarer Ufernähe Seehunde.

Gleninchaquin Park BAUERNHOF
(087 712 8553; www.gleninchaquin.com; Tuosist; Erw./Kind 6 €/frei; 9–17 Uhr) Ein Schaftzuchtbetrieb mit allerlei Aktivitäten – von gekennzeichneten Wanderungen zu den Themen Geschichte und Geologie bis zum Forellenangeln und Füttern der Lämmer (im Frühling). Und das alles in außergewöhnlich schöner Landschaft hoch oben in einem Tal unterhalb eines Wasserfalls. Der Hof ist von der R571 auf halbem Weg zwischen Lauragh und Kenmare ausgeschildert.

ABSTECHER

GOUGANE BARRA FOREST PARK

Gougane Barra ist ein wahrhaft magischer Ort voller zerklüfteter Berge und Kiefernwälder, die bis hinunter zu dem Bergsee reichen, aus dem der Lee entspringt. Der hl. Fin Barre, Gründer von Cork, errichtete dort im 6. Jh. ein Kloster und lebte als Einsiedler auf der Insel im **Gougane Barra Lake** (Lough an Ghugain), die heute über einen kurzen Dammweg zu erreichen ist. Die kleine Kapelle auf dem Eiland hat schöne Buntglasfenster mit Motiven von weniger bekannten keltischen Heiligen.

Jenseits des Sees führt eine Straße auf einer Rundtour durch den Park (Eintritt 5 € pro Auto), allerdings lohnt es sich viel mehr, die Gegend auf den gut ausgeschilderten Wegen und Naturpfaden zu erkunden.

Der einzige Ort, an dem man mal die Wanderschuhe auslüften kann, ist das **Gougane Barra Hotel** (☎ 026-47069; www.gouganebarrahotel.com; DZ ab 110 €). Dazu gehören ein Restaurant und ein Café, daneben liegt ein Pub. Im Sommer steigt in der Unterkunft ein Theaterfest.

Der Park ist an der R584 ausgeschildert, die zwischen der N71 in Ballylickey und Macroom an der N22 verläuft.

Schlafen & Essen

Pedals & Boots Cafe CAFÉ €
(☎ 064-668 3101; www.pedalsandboots.ie; Lauragh; Gerichte 5 €; ⏲ April–Sept. 10–17 Uhr; 📶) Das gemütliche Café mit Holzofen serviert hausgemachte Kuchen und Scones sowie Suppen und Sandwiches. Es verleiht auch Fahrräder (15 €/Tag) und man bekommt Informationen zu den Wander- und Radwegen in der Umgebung.

★ **Josie's Lakeview House** MODERN IRISCH €€
(☎ 064-83155; www.josiesrestaurant.ie; Clogherane; Hauptgerichte 10–26 €; ⏲ 10.30–19.30 Uhr) Beim leckeren hausgemachten Essen in diesem Lokal, das auf einem Hügel oberhalb des von Wald umringten Glanmore Lake thront, genießt man einen malerischen Seeblick. Mittags kann man Salate oder Sandwiches, zur Teezeit Kuchen und abends herzhaftes Lammkarree oder lokale Meeresfrüchtespezialitäten bestellen. Wer gern länger bleiben möchte, sollte sich nach dem B&B oder einem Cottage für Selbstversorger (DZ 70 €) erkundigen. Das ausgeschilderte Restaurant befindet sich ungefähr 4 km südlich von Lauragh.

An- & Weiterreise

Nur im Juli und August fährt der Ring of Beara-Service von Bus Éireann zweimal täglich von Kenmare nach Lauragh (7,80 €, 40 Min.), Ardgroom (12,10 €, 55 Min.) und Eyeries (13,90 €, 1¼ Std.).

County Kerry

145 500 EW. / 4746 KM²

Inhalt ➡

Gut essen

- Jacks Coastguard Restaurant (S. 286)
- Smuggler's Inn (S. 292)
- Idás (S. 304)
- Spillane's (S. 309)
- Tom Crean Fish & Wine (S. 295)

Die besten Wanderungen

- Muckross Lake Loop (S. 280)
- Bentee Loop (S. 286)
- Mt. Brandon (S. 307)
- Saint's Road (S. 307)
- Carrauntoohil (S. 282)

Auf ins County Kerry

Die Landschaft dieses Countys zählt zu den faszinierendsten Irlands, denn hier locken wellenumtoste Meeresklippen, weiche, goldene Sandstrände, endlose, von baufälligen Steinmauern durchzogene smaragdgrüne Felder sowie vernebelte Moore und wolkenumhangene Berggipfel.

Vor der Kulisse eines herrlichen Nationalparks wartet das quirlige Touristenzentrum Killarney mit bunten Läden, Restaurants und von den Klängen traditioneller Musik erfüllten Pubs auf. Darüber hinaus ist die Stadt eine gute Ausgangsbasis, um eine Tour auf den beiden berühmten Rundstraßen der Grafschaft zu unternehmen. Die längere Strecke, der Ring of Kerry, führt an der bergigen und von vorgelagerten Inseln umgebenen Iveragh Peninsula vorbei. Im Vergleich zu ihrem südlichen Nachbarn präsentiert sich die Dingle Peninsula mit ihren historischen christlichen Stätten, Sandstränden und der teils harschen Landschaft als kompaktere Version.

Kerrys außergewöhnliche Schönheit macht das County zu einem der beliebtesten Reiseziele Irlands. Trotzdem gibt's noch einige unberührte Fleckchen abseits der Touristenpfade, darunter Gebirgspässe, abgeschiedene Höhlen und einsame Wege.

Reisezeit

In den wärmeren Monaten stehen jede Menge Feste an, besonders von Juni bis August. Unterkünfte muss man für diese Zeit weit im Voraus reservieren.

Zu den Highlights auf Kerrys Veranstaltungskalender zählen die Writers' Week in Listowel (Juni) sowie Pferderennen und eine Regatta in der Stadt Dingle (August). Das berühmte Puck Festival in Killorglin, das auf das 17. Jh. zurückgeht, wird ebenfalls im August gefeiert.

Auch im tiefsten Winter zeigen Geschichtenerzähler und Musiker bei improvisierten Auftritten in Pubs überall im County ihr Können.

Highlights

1 Mit dem Boot bzw. Rad die Killarney Lakes und den **Gap of Dunloe** (S. 280) besuchen.

2 Den 1000 m hohen Gipfel des **Carrauntoohil** (S. 282), Irlands höchsten Berg, besteigen.

3 Die **Tauchspots** (S. 309) rund um Maharees Island bei **Castlegregory** erkunden.

4 Auf dem Lough Leane beim **Fliegenfischen** (S. 280) Forellen oder Lachse fangen.

5 Ein Fahrrad ausleihen und um den malerischen **Slea Head Drive** (S. 305) radeln.

6 Den Golfschläger auf den spektakulär am Ring of Kerry gelegenen **Waterville Golf Links** (S. 292) schwingen.

7 Entlang der **Saint's Road** (S. 307) auf der Dingle Peninsula uralte Stätten entdecken.

8 Eine Bootstour zu den Klosterruinen auf **Skellig Michael** (S. 291) unternehmen.

9 Bei einer Safari im **Tralee Bay Wetlands Centre** (S. 310) durch Süß- und Salzwasserbiotope streifen.

KILLARNEY

14 220 EW.

Diese moderne Stadt ist eine gut geölte Tourismusmaschine inmitten einer traumhaft schönen Landschaft. In den Geschäften werden kitschige Plüsch-*shillelaghs* und -kleeblätter verkauft und an den Straßenecken weisen Plakate auf traditionelle Musikkonzerte hin.

Neben der Nähe zu Seen, Wasserfällen, Wäldern und Mooren, über denen 1000 m hohe Gipfel thronen, hat Killarney noch viele weitere Attraktionen zu bieten. In einem Ort, der über 250 Jahre Erfahrung in der Tourismusbranche verfügt, ist der Wettbewerb groß, was für dauerhaft hohe Standards und gute Restaurants, prima Pubs sowie komfortable Unterkünfte in jeder Preisklasse sorgt.

Die Gegend rund um Killarney ist mindestens seit der Bronzezeit, als auf Ross Island Kupfererz abgebaut wurde, von Menschen besiedelt. Im 7. Jh. gründete der hl. Finian auf Inisfallen im See Lough Leane ein Kloster, wodurch die Region zu einem Zentrum des Christentums wurde. Das Gebiet um den See wurde von den gälischen Clans McCarthy Mór und O'Donoghues of Ross besetzt gehalten. Letztere errichteten auch das Ross Castle, das später in den Besitz von den Herberts of Muckross und den Earls of Kenmare überging.

Erst Mitte des 18. Jh. verwandelte sich die Stadt unter Lord Kenmare zu einer irischen Version des Lake District in England, begünstigt durch die Einrichtung der Eisenbahnstrecke im Jahre 1853 und die Besuche von Sir Walter Scott 1825 sowie von Queen Victoria 1861. Seit 1895 steht Killarney auf der Liste der Thomas-Cook-Pauschalreisen.

Im Sommer platzt Killarney aus allen Nähten, deshalb kommt man am besten gegen Ende des Frühlings oder im Frühherbst, wenn etwas weniger Andrang herrscht und das Wetter gut genug ist, um zahlreiche Aktivitäten im Freien zu genießen.

Sehenswertes & Aktivitäten

Killarneys in jeder Hinsicht größte Attraktion ist der Killarney National Park (S. 275). Die Stadt selbst kann problemlos zu Fuß in ein oder zwei Stunden erkundet werden.

St. Mary's Cathedral KATHEDRALE
(www.killarneyparish.com; Cathedral Pl) Die Kathedrale wurde zwischen 1842 und 1855 errichtet und ist ein hervorragendes Beispiel für neogotische Architektur. Für den kreuzförmig angelegten Bau ließ sich Architekt Augustus Pugin von der Ardfert Cathedral bei Tralee inspirieren. Die Zeiten der Gottesdienste erfährt man auf der Website.

Franciscan Friary KLOSTER
(Fair Hill) Ein prunkvolles Altargemälde im flämischen Stil, eindrucksvolle Fliesenarbeiten und Buntglasfenster von Harry Clarke, einem Dubliner Künstler, der sich von Jugendstil, Art déco und Symbolismus beeinflussen ließ, schmücken das Franziskanerkloster aus den 1860er-Jahren.

Killarney Golf & Fishing Club GOLF
(☎064-663 1034; www.killarney-golf.com; Golfplatzgebühr 60–100 €) In diesem historischen Club, der über drei Meisterschaftsgolfplätze (einer ist gerade wegen Umbauarbeiten geschlossen) mit Seelandschaften und Bergblick verfügt, fanden bereits mehrmals die Irish Open statt. Die Anlage befindet sich 3,4 km westlich von Killarney an der N72.

Geführte Touren

Killarney Guided Walks WANDERUNG
(☎087 639 4362; www.killarneyguidedwalks.com; Erw./Kind 9/5 €) Die zweistündigen Wanderungen durch den Nationalpark beginnen täglich um 11 Uhr gegenüber der St. Mary's Cathedral am westlichen Ende der New Street. Sie führen durch die Knockreer Gardens und zu Orten, wo Charles de Gaulle Urlaub machte, David Lean *Ryans Tochter* drehte und Bruder Cudda 200 Jahre geschlafen haben soll. Auf Nachfrage werden die Rundgänge auch zu anderen Zeiten angeboten.

Jaunting Car Tours GEFÜHRTE TOUR
(☎064-663 3358; www.killarneyjauntingcars.ie; pro Kutsche 30–80 €) Mit Killarneys traditionellen Pferdekutschen geht's zum Ross Castle und zum Muckross Estate. Unterwegs wird man mit amüsanten Kommentaren des Fahrers (*jarvey* genannt) unterhalten. Die Preise variieren je nach Strecke. In

BAUERNMÄRKTE IN KERRY

Die Öffnungs- und Veranstaltungszeiten der Bauernmärkte im County Kerry hängen von der jeweiligen Saison ab. Aktuelle Infos dazu gibt's unter www.mast.ie/Kerry.html.

die Kutschen passen jeweils bis zu vier Personen. Der Startpunkt, der als „Ha Ha“ oder „Block“ bekannt ist, befindet sich am Kenmare Place.

Big Red Bus Tour BUSTOUR
(☎ 087 250 8122; www.killarneytour.com; Tages-/2-Tagesticket 12,50/18 €; ⊙ April–Sept. tgl. 3 Abfahrten, Okt.–März tgl. 1 Abfahrt) Die Bustour, bei der

Killarney

Killarney

Sehenswertes
1 Franciscan Friary D2

Aktivitäten, Kurse & Touren
2 Big Red Bus Tour C3
3 Corcoran's C2
4 Deros Tours B3
5 Jaunting Car Tours C3
6 O'Connor Autotours B4

Schlafen
7 Fairview C2
8 Killarney Haven B2
9 Killarney Plaza Hotel B3
10 Kingfisher Lodge C1
11 Malton D3
12 Neptune's Killarney Town Hostel B3
13 Súgán Hostel C2

Essen
14 Bricín B2
15 Gaby's Seafood Restaurant B2
16 Jam B3
17 Lir Café C3
18 Mareena's Simply Food C3
Smoke House .... (siehe 22)
19 Treyvaud's B2

Ausgehen & Nachtleben
20 Courtney's B3
21 Killarney Grand B3
22 O'Connor's B2

Shoppen
Bricín .... (siehe 14)
23 Dungeon Bookshop C2
24 Killarney Outdoor Store A3
25 Variety Sounds C3

DER KERRY WAY

Der 214 km lange **Kerry Way** (www.kerryway.com) ist Irlands längster markierter Wanderweg. Er beginnt und endet in Killarney und windet sich durch die atemberaubenden Macgillycuddy's Reeks, Irlands höchste Bergkette, bevor er auf die Küste von Kerry trifft und ihr durch Cahirciveen, Waterville, Caherdaniel, Sneem sowie Kenmare folgt.

Für die gesamte Route sollte man etwa zehn Tage einplanen. Hat man weniger Zeit, lohnt es sich, die ersten drei Tage bis nach Glenbeigh zu laufen und dann mit dem Bus zurück nach Killarney zu fahren. Es gibt zahlreiche Unterkünfte entlang des Weges (aufgelistet auf der Website). Die Karten 78, 83 und 84 des Verlages Ordnance Survey im Maßstab von 1:50 000 beinhalten detaillierte Abbildungen der Strecke.

man beliebig ein- und aussteigen kann, führt von der East Avenue in Killarney (Stadt) nach Aghadoe sowie zum Ross Castle, Muckross House und Torc-Wasserfall.

Corcoran's BUSTOUR
(☎064-663 6666; www.corcorantours.com; pro Pers. 20€) Wer wenig Zeit hat, kann bei diesem Unternehmen halbtägige Touren buchen, die Killarney, das Ross Castle, das Muckross House und den Gap of Dunloe umfassen. Es gibt auch ganztägige Touren zum Ring of Kerry (18,50 €) sowie nach Dingle und zum Slea Head (21,50 €).

Deros Tours BUSTOUR
(☎064-663 1251; www.derostours.com) Ausflüge zum Gap of Dunloe (27 €), zum Ring of Kerry (19 €) sowie nach Dingle und zum Slea Head (22 €).

O'Connor Autotours BUSTOUR
(☎064-663 4833; www.oconnorautotours.ie; 📶) Bustouren zum Ring of Kerry (25 €) sowie zum Gap of Dunloe (30 €) und nach Dingle (25 €).

Festivals & Events

Rally of the Lakes MOTORSPORT
(www.rallyofthelakes.com) Diese jährlich stattfindende Autorallye ist eins der wichtigsten Motorsportereignisse Irlands. Ende April bzw. Anfang Mai rasen die Teilnehmer in halsbrecherischen Kurven rund um die Seen und Berge. Während des Rennens sind die Campingplätze und Unterkünfte überfüllt und lokale Straßen (darunter auch der Healy Pass im County Cork und die N71-Route Killarney–Kenmare) zeitweise gesperrt.

Killarney FolkFest MUSIK
(www.folkfestkillarney.com) Das neue Musikfestival steigt Ende Juli und bietet ein beeindruckendes Line-up irischer und internationaler Künstler.

Schlafen

Viele B&Bs befinden sich unmittelbar außerhalb des Stadtzentrums in der Rock Road, der Lewis Road und der Muckross Road. Zudem gibt's in der Stadt jede Menge Einheitshotels für Reisegruppen. Die meisten Unterkünfte verleihen Räder (ca. 12 bis 15 € pro Tag) und haben vergünstigte Touren im Angebot. Im Sommer sollte man rechtzeitig reservieren.

★ **Fleming's White Bridge Caravan & Camping Park** CAMPINGPLATZ €
(☎086 363 0266; www.killarneycamping.com; White Bridge, Ballycasheen Rd; Stellplatz für Wagen & 2 Erwachsene 25 €, Wanderer 10 €; ⏱Mitte März–Okt.; 📶👪) Der zauberhafte familiengeführte Campingplatz 2 km südöstlich des Stadtzentrums unweit der N22 verfügt über einen Spieleraum, einen Fahrradverleih, eine Camperküche und eine Wäscherei. Am nahe gelegenen Fluss kann man kostenlos angeln. Hillary an der Rezeption arrangiert Bus-, Rad- und Bootstouren und ist immer für ein Schwätzchen zu haben!

Súgán Hostel HOSTEL €
(☎064-663 3104; Lewis Rd; B 15–18 €, 2BZ 40–44 €; 📶) Hinter der pubähnlichen Fassade dieses Gebäudes im Stadtzentrum versteckt sich eine 250 Jahre alte liebenswert exzentrische Herberge mit einem offenen Torffeuer im Aufenthaltsraum und niedrigen Decken voll schiefer Ecken und Parkettböden. Das benachbarte Pub ist ein guter Ort für ein Guinness.

Neptune's Killarney Town Hostel HOSTEL €
(☎064-663 5255; www.neptuneshostel.com; Bishop's Lane, New St; B 18–22 €, 2BZ 44–54 €; @📶) Eine einfache, aber ausreichende Unterkunft in großartiger zentraler Lage. Trotzdem ist es hier nicht zu laut. Das Beste am Neptun sind die stets hilfsbereiten Mitarbeiter, die Bus- und Bootstouren für ihre Gäste

organisieren. Es gibt einen Wäscheservice und das Frühstück ist im Preis inbegriffen.

★ Crystal Springs B&B €€
(☎ 064-663 3272; www.crystalspringsbb.com; Ballycasheen Cross, Woodlawn Rd; EZ/DZ 70/95 €;) Die Holzveranda dieser herrlich relaxten Pension liegt direkt über dem Fluss Flesk, in dem man kostenlos Forellen angeln kann. Zur Ausstattung der Zimmer gehören gemusterte Tapeten, Walnussholz und große Privatbäder (fast alle mit Whirlpool). Vom verglasten Frühstücksraum genießt man einen tollen Ausblick auf den rauschenden Fluss. Das Stadtzentrum ist 15 Gehminuten entfernt.

Algret House B&B €€
(☎ 064-663 2337; www.algret.com; Countess Grove; EZ/DZ/FZ 48/90/140 €;) Knorrige Pinie und poliertes Holz dominieren das Dekor dieser hellen und geräumigen modernen Villa, die nur fünf Gehminuten südlich des Stadtzentrums auf einer ruhigen Seitenstraße liegt. Die freundlichen Gastgeber machen den Aufenthalt zu einem wahren Vergnügen.

Kingfisher Lodge B&B €€
(☎ 064-663 7131; www.kingfisherlodgekillarney.com; Lewis Rd; EZ/DZ/FZ 70/105/130 €; ⏲ Mitte Feb.–Nov.; @) Highlight dieser makellosen Bleibe, deren Zimmer in warmen, lebendigen Farbtönen gehalten sind, ist der schöne Garten. Die Duschen warten mit einem guten Wasserdruck auf und das Frühstück ist herzhaft. Der Besitzer Donal Carroll, ein zertifizierter Wanderführer, hat hilfreiche Tipps zum Thema Trekking in der Gegend parat.

Chelmsford House B&B €€
(☎ 064-663 6402; www.chelmsfordguesthouse.com; 1 Muckross View; Zi. ab 80 €; @) Die ruhig auf einer Anhöhe gelegene Pension südlich der Stadt bietet einen herrlichen Blick auf die Kerry Mountains und sogar auf den Lough Leane. Alle drei Zimmer haben Privatbäder. Wir empfehlen das Doppelzimmer mit Balkon. Das B&B ist nur zehn Gehminuten von der Stadt entfernt.

Fairview B&B €€
(☎ 064-663 4164; www.fairviewkillarney.com; Lewis Rd; EZ/DZ 100/139 €; @) Die mit edlen Hölzern eingerichteten, individuell gestalteten Zimmer (einige mit klassisch bedruckten Tapeten, andere mit modernen Sofas und Glaselementen) dieser gehobenen Bleibe bieten mehr für ihr Geld als größere, weniger persönliche Unterkünfte vor Ort. Zum Frühstück gibt's ein echtes Festmahl und abends lohnt das elegante hauseigene Restaurant einen Besuch.

Killarney Haven APARTMENTS €€
(☎ 064-663 3570; www.killarney-selfcatering.com; Msgr O'Flaherty Rd; Apt. für 2 Pers. ab 200 € für 2 Nächte;) Trotz der etwas veralteten Einrichtung sind die Apartments für Selbstverpfleger gut ausgestattet, sauber und komfortabel (einige haben sogar Balkone). Darüber hinaus warten sie mit einer großartigen Lage im Stadtzentrum inklusive sicheren Parkplätzen auf.

Malton HOTEL €€€
(☎ 064-663 8000; www.themalton.com; EZ/DZ ab 120/180 €; @) Diese Unterkunft ist so bekannt, dass sie keine Adresse braucht. 1854 wurde das im georgianischen Stil erbaute Malton als Railway Hotel eröffnet. Hinter den efeuumrankten Mauern ist es heute rundum renoviert. Im 1852-Flügel befinden sich die schönsten Zimmer, die sich ihre historische Opulenz bewahrt haben. Zur Anlage gehören ein Spa und ein Freizeitzentrum mit Pool, Fitnessstudio und zwei Tennisplätzen.

Killarney Plaza Hotel HOTEL €€€
(☎ 064-662 1100; www.killarneyplaza.com; Kenmare Pl; EZ/DZ ab 119/164 €; @) Obwohl es erst 2002 erbaut wurde, beschwört das 198-Zimmer-Hotel den Art-déco-Stil einer längst vergangenen Ära herauf. Die klassisch möblierten Gästezimmer und die restliche Anlage werden dem luxuriösen Ruf des Killarney Plaza voll gerecht. Neben der Marmorlobby und dem schön gefliesten Innenpool trumpft die Unterkunft mit einer Sauna, einem Dampfbad, einem Spa und drei Restaurants auf.

Essen

Viele Hotels in Killarney haben ausgezeichnete hauseigene Restaurants. Wie überall in Kerry sind oftmals frische Meeresfrüchte die Stars der Speisekarten.

Jam CAFÉ €
(☎ 064-663 7716; www.jam.ie; 77 Old Market Lane; Hauptgerichte 4–11 €; ⏲ Mo–Sa 8–17, So 9–17 Uhr;) Dieser lokale Geheimtipp versteckt sich in einer Gasse und serviert wechselnde warme Mittagsgerichte wie Shepherd's Pie sowie Sandwiches, Kaffee und Kuchen. Alle Speisen werden aus regionalen Produkten zubereitet, und draußen gibt's ein paar Tische zum Sitzen im Freien.

Lir Café CAFÉ €

(☎ 064-663 3859; www.lircafe.com; Kenmare Pl; Hauptgerichte 3–7 €; ⏱ Mo–Do 8–21, Fr & Sa bis 21.30, So 8–19 Uhr; 📶) Im coolsten Café Killarneys gibt's tollen Kaffee, Kuchen, Gebäck und die Spezialität des Hauses: köstliche selbst gemachte Schokolade, z. B. Bailey's-Trüffel.

Mareena's Simply Food IRISCH €€

(☎ 066-663 7787; www.mareenassimplyfood.com; East Avenue Rd; Hauptgerichte 17–23 €; ⏱ Di–So 12–14.30 & 18–21 Uhr) Das Mareena's serviert nur die besten regionalen Erzeugnisse, angefangen von Jakobsmuscheln über Wolfsbarsch bis hin zu Lammbraten und Schweinefilet. Alles wird auf pure, schlichte Weise zubereitet, um die Produkte für sich selbst sprechen zu lassen. Die Einrichtung passt wunderbar zur Küche: Sie ist schnörkellos und dezent.

Smoke House STEAK, FISCH & MEERESFRÜCHTE €€

(☎ 087 233 9611; http://thesmokehouse.ie; 8 High St; Hauptgerichte mittags 7–16 €, abends 15–29 €; ⏱ 9–22 Uhr) Eines der lebhaftesten Restaurants in Killarney. Das stets überfüllte Bistro war das erste Lokal in Irland, das einen Josper (superheißer spanischer Kohleofen) besitzt. Kredenzt werden u. a. tolle Salate, beispielsweise mit Garnelen aus Dingle, und der dekadente Kerry Surf'n'Turf Platter – ein halber Hummer und ein Filetsteak. Von 12 bis 15 Uhr gibt's Brunch mit Eiergerichten in allen möglichen Variationen.

Bricín IRISCH €€

(www.bricin.com; 26 High St; Hauptgerichte 19–26 €; ⏱ Di–Sa 18–21 Uhr) Die Einrichtung des keltisch anmutenden Lokals, das gleichzeitig als Stadtmuseum dient, stammt aus einem Kloster, einem Waisenhaus und einer Schule. Im Vordergrund stehen Jonathan Fishers Bilder des Nationalparks aus dem 18. Jh. Wir empfehlen die Spezialität des Hauses, *boxty* (Kartoffelpuffer). Vor 18.45 Uhr bekommt man ein Zwei-/Drei-Gänge-Dinner für 22/25 €.

Treyvaud's IRISCH €€€

(☎ 066-663 3062; www.treyvaudsrestaurant.com; 62 High St; Hauptgerichte 20–30 €; ⏱ So–Do 12–22, Fr & Sa 12–22.30 Uhr) Michael Treyvauds modernes Restaurant ist für raffinierte Gerichte bekannt, die traditionelle irische Aromen mit europäischen Einflüssen kombinieren. Die Meeresfrüchtesuppe zum Mittagessen ist ein samtiger Eintopf mit Muscheln und Lachs. Abends kommt man in den Genuss des Besten vom Lamm und herzhafter Schinken-Kohl-Platten.

Gaby's Seafood Restaurant FISCH & MEERESFRÜCHTE €€€

(☎ 064-663 2519; 27 High St; Hauptgerichte 30–50 €; ⏱ Mo–Sa 18–22 Uhr) Das schicke Restaurant serviert traditionell zubereitete, exzellente Meeresfrüchte. Vor dem offenen Kamin kann man in Ruhe die Karte studieren, bevor es an den Weinregalen vorbei in den schummrig erleuchteten Speisesaal geht. Zur Auswahl stehen ausgezeichnete französische Gerichte wie Hummer in Cognac-Sahne-Soße. Die Weinliste ist lang, aber man kann sich auf die Empfehlungen des Personals verlassen.

Ausgehen & Unterhaltung

Abends geht's in Killarney sehr lebhaft zu. In vielen Pubs steht Livemusik auf dem Programm.

★ O'Connor's PUB

(7 High St; ⏱ Mo–Do 10.30–23, Fr & Sa 10.30–0.30, So 12.30–23 Uhr) In dem winzigen traditionellen Pub mit den Bleiglastüren werden allabendliche Livemusik und im Sommer leckere Kneipenkost geboten. Bei wärmerem Wetter verlagert sich das Geschehen oft in das angrenzende Gässchen.

Courtney's PUB

(www.courtneysbar.com; Plunkett St; ⏱ So–Do 14–23.30, Fr & Sa 14–0.30, im Winter ab 17 Uhr) Mit irischer Musik sorgt das äußerlich unscheinbare und im Innern zeitlose Pub das ganze Jahr über für Stimmung. Hierher kommen Einheimische, um ihre besten Freunde auftreten zu sehen und in einen unterhaltsamen Abend zu starten.

Killarney Grand BAR, CLUB

(www.killarneygrand.com; Main St; vor 23 Uhr Eintritt frei, ab 23 Uhr 5–10 €; ⏱ Mo–Sa 19.30–2.30, So 19.30 – 1.30 Uhr) Von 21 bis 23 Uhr steht traditionelle Livemusik auf dem Programm und von 23.30 bis 1.30 Uhr geben sich Livebands die Ehre. Um 23 Uhr öffnet zudem die hauseigene Disco.

Shoppen

Variety Sounds MUSIK

(College St; ⏱ Mo–Sa 10–18, So 12–18 Uhr) Plattenladen mit großer Auswahl an traditioneller Musik, Instrumenten, Notenblättern und seltenen Aufnahmen.

Killarney Outdoor Store OUTDOORAUSRÜSTUNG

(www.killarneyrentabike.com; New St; ⏱ Mo–Sa 10–18, So 12–18 Uhr) Große Auswahl an Camping- und Kletterausrüstung auf kleinem Raum.

Bricín KUNSTHANDWERK
(www.bricin.com; 26 High St; ⌚ Mo–Sa 10–21 Uhr) Interessantes Kunsthandwerk aus der Gegend, darunter Schmuck und Keramik, sowie Souvenirs und ein Restaurant.

Dungeon Bookshop BÜCHER
(College St; ⌚ 8–21 Uhr) Das exzellente Geschäft für gebrauchte Bücher versteckt sich über einem Zeitschriftenladen – einfach den Stufen im hinteren Bereich folgen.

Praktische Informationen

Die nächstgelegene Unfall- und Notaufnahme befindet sich im Tralee General Hospital, 32 km nordwestlich von Killarney.

O'Neill's (☎ 064-6631 970; 6 Plunkett St; ⌚ Mo–Fr 10–21.30, Sa & So 10–21 Uhr) Informationen, Genehmigungen und Lizenzen. Das O'Neill's sieht aus wie ein Geschenkeladen, ist aber ein langjähriges Anglerzentrum.

SouthDoc (☎ 1850 335 999; www.southdoc.ie; Upper Park Rd; ⌚ Mo–Fr 18–8, Sa 13–Mo 8 Uhr) Die Klinik liegt 500 m östlich des Stadtzentrums gleich östlich des Kreisverkehrs an der N22 und bietet Zugang zu ärztlicher Versorgung außerhalb der normalen Öffnungszeiten.

Touristeninformation (☎ 064-663 1633; www.killarney.ie; Beech Rd; ⌚ Mo–Sa 9–17 Uhr; 📶) Das Personal kann viele Anfragen beantworten und ist besonders hilfreich bei Transportproblemen.

An- & Weiterreise

BUS

Bus Éireann (☎ 064-663 0011; www.buseireann.ie) hat seinen Sitz im Busbahnhof an der Park Road. Wer nach Dublin fahren will, muss in Cork umsteigen, denn der Zug ist weitaus schneller. **Citylink** (☎ 091 564164; www.citylink.ie) bietet Verbindungen nach Galway. Die Busse des Unternehmens starten an der Bushaltestelle vor dem Malton Hotel in der East Avenue Road.

Cork (27 €, 2 Std., stdl.)
Dublin (40 €, 6 Std., 6-mal tgl.)
Galway (Citylink; 30 €, 3 Std., 2-mal tgl.)
Limerick (22,50 €, 2 Std., alle 2 Std.)
Tralee (10,70 €, 40 Min., stdl.)
Waterford (28,50 €, 4¾ Std., stdl.)

FLUGZEUG

Der **Kerry Airport** (KIR; ☎ 066-976 4644; www.kerryairport.ie) liegt in Farranfore, etwa 17 km nördlich von Killarney entlang der N22. Neben täglichen Flügen nach Dublin sowie zu den Flughäfen Luton und Stansted in London gibt's u. a. auch weniger häufige Verbindungen nach Frankfurt-Hahn, Faro (Portugal) und Alicante (Spanien).

In dem kleinen Flughafen finden sich ein Restaurant, eine Bar, ein Geldautomat und Schalter vieler großer Autovermietungen.

ZUG

Killarneys Bahnhof liegt hinter dem Malton Hotel östlich des Zentrums. Obwohl das ganz in der Nähe des Busbahnhofs ist, besteht keine Direktverbindung dorthin. Also muss man runter zur East Avenue Road und ein Stück zurück durch das Einkaufszentrum Killarney Outlet Centre laufen.

Täglich verkehren ein bis zwei Direktzüge nach Cork und Dublin. Sonst steigt man in Mallow um.

Cork (27,80 €, 1½ Std.)
Dublin (69 €, 3¼ Std., alle 2 Std.)
Tralee (111,35 €, 30 Min., alle 2 Std.)

Unterwegs vor Ort

AUTOVERMIETUNG

Budget (☎ 064-663 4341; www.budget.ie; International Hotel, Kenmare Pl; ⌚ Mo–Fr 9–18, Sa 9–15 Uhr)

Enterprise (☎ 064-9021432; www.enterprise.ie; Pat Looney Car Sales, Upper Park Rd; ⌚ Mo–Fr 8–18, Sa 9–12 Uhr)

BUS

Der nützliche **Killarney Shuttle Bus** (☎ 087 138 4384; www.killarneyshuttlebus.com; einfach 2–6 €) verkehrt täglich von der Touristeninformation zu allen wichtigen Touristenspots, z. B. zum Gap of Dunloe, Cronin's Yard, Ross Castle, Muckross House, Torc Waterfall und Ladies View. Tickets erhält man beim Fahrer. Ein Tagesticket, mit dem man den Bus einen Tag lang unbegrenzt nutzen kann, kostet 10 €.

FAHRRAD

Die weit verstreuten Sehenswürdigkeiten lassen sich hervorragend mit dem Fahrrad erkunden. Manche sind sogar nur auf diese Weise oder zu Fuß erreichbar. **O'Sullivan's Bike Hire** (☎ 064-663 1282; www.killarneyrentabike.com; College St; pro Tag/Woche 15/80 €) betreibt Läden in der College Street gegenüber der Kathedrale, in der Beech Road gegenüber der Touristeninformation sowie in der Muckross Road gegenüber dem Randles Court Hotel. Hier kann man Tourenräder, Mountainbikes sowie Kinderräder mieten.

VOM/ZUM FLUGHAFEN

- Bus Éireann verkehrt stündlich zwischen Killarney und dem Kerry Airport (5,50 €, 20 Min.).
- Züge zwischen Tralee und Killarney (8,70 €, 20 Min.) halten am Bahnhof von Farranfore, mindestens zehn Gehminuten vom Flughafen.
- Ein Taxi nach Killarney kostet ca. 35 €.

TAXI

Der Taxistand befindet sich in der College Street. Zu den Anbietern gehört **Killarney Taxi & Tours** (☎ 085-280 3333; www.killarneytaxi.com).

RUND UM KILLARNEY

Aghadoe

5 km westlich der Ortschaft Aghadoe zieht die Aussicht von diesem Hügel über Killarney, die Seen und die Insel Inisfallen schon seit Jahrhunderten Touristen an. Am östlichen Ende der auf einem Hügel gelegenen Wiese und vor Killarneys bestem Hotel befinden sich die Ruinen einer **romanischen Kirche** und das **Parkavonear Castle** aus dem 13. Jh. mit einem Bergfried – eines der wenigen zylinderförmigen Bauwerke, die in Irland von den Normannen errichtet wurden.

Aghadoe ist ein Zwischenstopp auf vielen Hop-on-Hop-off-Bustouren. Der Killarney Shuttle-Bus hält hier dreimal täglich.

Killarney National Park

Jeder Zynismus, den die vielen Kleeblätter in den Souvenirläden Killarneys vielleicht hervorrufen, verschwindet, wenn man den unvergleichlichen **Killarney National Park** (www.killarneynationalpark.ie) GRATIS betritt. Das Ross Castle und das Muckross House ziehen große Menschenmengen an, aber man kann den Massen gut entfliehen und die größte Fläche uralter Eichenwälder Irlands mit Panoramaaussicht auf die höchsten Berge sowie die einzige wilde einheimische Rotwildherde des Landes ungestört genießen.

Als Herzstück des Parks gilt das Muckross Estate, das Arthur Bourn Vincent 1932 dem Staat geschenkt hat. 1982 wurde das Gebiet von der UNESCO zum Biosphärenreservat erklärt. Die **Killarney Lakes** – der Lough Leane (Lower Lake oder „Lake of Learning"), der Muckross (oder Middle) Lake und der Upper Lake – nehmen etwa ein Viertel des Parks ein. Sie sind von natürlichen Eichen- und Eibenwäldern sowie den Klippen und Hochlandmooren des **Purple Mountain** (832 m) im Westen und des **Knockrower** (552 m) im Süden eingerahmt.

Das Schutzgebiet verfügt über eine vielfältige Tierwelt und ist reich an idyllischer Schönheit: Rehe schwimmen auf die Seeinseln, um dort zu grasen, rote Eichhörnchen und Baummarder tollen durch die Wälder, und in den klaren Gewässern tummeln sich Lachse und Forellen. 2007 wurden hier 15 **Seeadler** angesiedelt. 2015 bildete man im County Kerry mindestens vier Brutpaare und eines davon brütete erfolgreich im Nationalpark. Zu den seltenen Meerestieren vor Ort zählen der Arktische Saibling (ein Tiefseeverwandter der Forelle und Relikt aus der letzten Eiszeit) sowie der Killarney-Blaubarsch oder *goureen* (eine Unterart der Finte, die ausschließlich in diesen Seen lebt).

In der Touristeninformation von Killarney gibt's Wanderführer und -karten.

Anreise & Unterwegs vor Ort

Wander-, Rad- und Bootstouren sind die besten Möglichkeiten, den Park zu erkunden. Es gibt zwei Zugänge für Fußgänger und Radler in der Stadt: gegenüber der St. Mary's Cathedral (24-stündiger Zugang) und die sogenannten **Golden Gates** am Kreuzverkehr in der Muckross Road (Juni–Aug. 8–19 Uhr, April, Mai & Oktober 9–18 Uhr, Nov.–März 8–17 Uhr).

Vom Eingang an der Kathedrale sind es 2,5 km (30 Gehminuten) bis zum Ross Castle. Um das Muckross Estate zu Fuß oder per Fahrrad zu erreichen, muss man dem Radweg neben der N71 3 km nach Süden folgen, wo er zu den Seen abbiegt (bis zum Muckross House sind es insgesamt 5 km).

Pferdekutschen fahren vom Kenmare Place in Killarneys Stadtzentrum sowie vom Pferdekutschen-Eingang (an einem Parkplatz 3 km südlich der Stadt an der N71) zum Muckross Estate ab. Eine Tour von Killarney zum Ross Castle und zurück kostet etwa 15 bis 20 € pro Person. Es gibt keine Festpreise. Bei längeren Ausflügen kann man ruhig feilschen.

Zugang für Fahrzeug Über die Ross Road am Südrand des Stadtzentrums Killarneys gelangt man zum Parkplatz von Ross Castle. Am Eingang des Muckross Estate an der N71, 5 km südlich von Killarney, liegt der Parkplatz des Muckross House. Parken ist kostenlos.

Sehenswertes

Muckross House HISTORISCHES BAUWERK
(☎ 064-667 0144; www.muckross-house.ie; Muckross Estate; Erw./Kind 9/6 €, Kombitickets inkl. Muckross Traditional Farms 15/10,50 €; ⏲ Juli & Aug. 9–19 Uhr, Sept.–Juli bis 17.30 Uhr) Das beeindruckende viktorianische Herrenhaus ist voller faszinierender Objekte (70 % davon Originalstücke). An den Wänden sind Porträts von John Singer Sargent, Hirschkopftrophäen und riesige ausgestopfte Forellen angebracht. Die prachtvollen Apartments warten mit antiken Möbeln aus Killarney (gestaltet mit den typischen Intarsien, die idyllische lokale Orte darstellen) sowie Tapeten, persischen Möbeln, Silberwaren und Porzellan auf, die speziell für den Besuch von Queen Victoria 1861 in Auftrag gegeben wurden. Das Anwesen liegt 5 km südlich

Rund um Killarney

von Killarney und ist ab der N71 ausgeschildert.

1843 wurde das Gebäude als Jagd- und Angellodge für die Familie Herbert errichtet. Es verfügt über eine wunderschöne Gartenanlage, die sich bis zum Middle Lake erstreckt. Am Tor stehen Pferdekutschen bereit, die Touristen durch ein Rotwildgelände und die Wälder bis zum Torc Waterfall und zur Muckross Abbey (hin & zurück ca. 20 € pro Pers.; Feilschen lohnt sich!) bringen.

In einem Gebäudeblock hinter dem Haupthaus befinden sich ein Kunsthandwerksladen und Studios, in denen man Töpfern, Weben und Buchbindern bei der Arbeit zusehen kann. Das nahe gelegene Besucherzentrum beherbergt ein tolles Café.

Muckross Traditional Farms MUSEUM
(☎064-663 0804; www.muckross-house.ie; Muckross Estate; Erw./Kind 9/6 €, Kombiticket inkl. Muckross House 15/10,50 €; ⌚Juni–Aug. 10–18 Uhr, Mai & Sept. 13–18 Uhr, April & Okt. Sa, So 13–18 Uhr) Diese Nachbauten von Farmen aus den 1930er-Jahren beschwören das Leben auf einem echten Bauernhof herauf – inklusive Kuhmist, Heu, feuchter Erde und Torfrauch sowie Hühnern, Enten, Schweinen und Eseln. Kostümierte Guides bringen Leben in die traditionellen Gebäude. Im Streichelzoo kommen Kinder Ferkeln, Lämmern und Küken ganz nahe. Die Höfe liegen gleich östlich vom Muckross House. Für den Rundgang (auf eigene Faust) braucht man mindestens zwei Stunden.

Muckross Abbey RUINEN
(Muckross Estate; ⌚24 Std.) GRATIS Die gut erhaltene Ruine der Muckross Abbey (eigentlich ein Mönchskloster, obwohl jeder das Gebäude als Abtei bezeichnet) wurde 1448 gegründet und 1652 von Cromwells Truppen niedergebrannt. Es gibt eine Kirche mit viereckigem Turm und ein kleines, stimmungsvolles Kloster mit einer riesigen Eibe im Zentrum (der Legende nach ist der

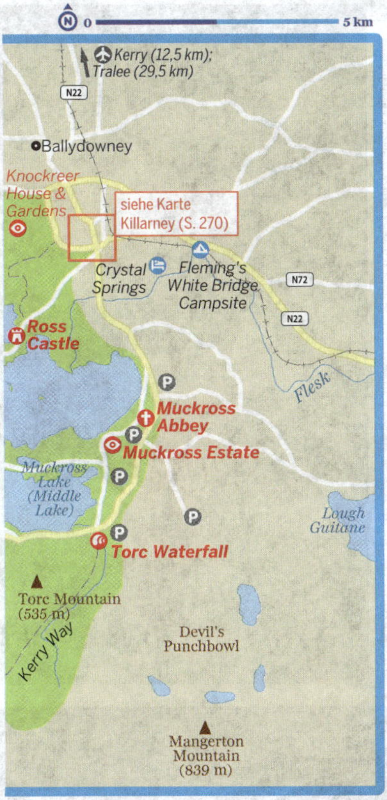

Baum so alt wie die Abtei). Im Altarraum befinden sich das Grab der Führer des McCarthy-Mòr-Clans und ein kunstvolles, der lokalen Philantropin Lucy Gallwey gewidmetes Denkmal aus dem 19. Jh. Die Muckross Abbey liegt 1,5 km nördlich des Muckross House und ist ausgeschildert.

Ross Castle BURG

(☎ 064-663 5851; www.heritageireland.ie; Ross Rd; Erw./Kind 4/2 €; ⌚ März–Okt. 9–17.45 Uhr) Die am Seeufer gelegene Festung geht auf das 15. Jh. zurück und diente als Sitz des O'Donoghue-Clans. Sie war die letzte Burg in Munster, die sich Cromwells Truppen unterwarf. Zuvor konnten dank ihrer raffinierten Wendeltreppe, deren Stufen alle eine andere Höhe haben, sämtliche Angriffe verzögert werden. Vom Fußgängereingang am Park bei der St. Mary's Cathedral ist es ein schöner 3 km langer Spaziergang oder Radweg bis zur Festung. Unterwegs erspäht man mit etwas Glück Rotwild.

Inisfallen INSEL

Angeblich wurde das erste Kloster auf Inisfallen (mit fast 9 ha die größte Insel des Nationalparks) im 7. Jh. vom hl. Finian dem Aussätzigen gegründet. Auf den Originalfundamenten erheben sich heute die weitläufigen Ruinen eines **Augustinerklosters** aus dem 12. Jh. und eine Kapelle mit einer geschnitzten romanischen Tür. Am Ross Castle werden Motorboote (mit Bootsmann rund 10 €) vermietet, die die zehnminütige Fahrt nach Inisfallen unternehmen. Bei ruhigem Wetter kann man auch ein Ruderboot (5 € pro Std.; etwa 30 Min. pro Strecke) ausleihen.

Der Ruhm der Insel geht auf das frühe 13. Jh. zurück, als hier die „Annalen von Inisfallen" verfasst wurden. Heute befinden sich diese in der Bodleian Library im englischen Oxford. Sie gelten noch immer als wichtige Quelle der frühen Geschichte Munsters.

Knockreer House & Gardens PARK

(⌚ Juni–Aug. 8–19 Uhr, April, Mai & Okt. 8–18 Uhr, Nov.–März 8–17 Uhr) GRATIS In den 1870er-Jahren wurde das Killarney House für den Earl of Kenmare erbaut. Wenige Jahrzehnte später wütete hier ein Brand und zerstörte das Gebäude im Jahr 1913. Das 1958 am selben Ort errichtete Knockreer House beherbergt heute das Bildungszentrum des Nationalparks. Es ist nicht öffentlich zugänglich, doch von den Gärten des Anwesens mit terrassenförmig angelegten Rasenflächen und einer Sommervilla genießt man einen schönen Blick über die Seen bis zu den Bergen.

Der Parkeingang befindet sich gegenüber der St. Mary's Cathedral. Wer das Haus sehen möchte, muss dem Pfad zur Rechten etwa 500 m folgen.

Aktivitäten

Killarney Lake Tours BOOTSTOUR

(☎ 064-663 2638; www.killarneylaketours.ie; Pier am Ross Castle; Erw./Kind 10/5 €; ⌚ April–Okt.) Einstündige Touren auf dem Lough Leane mit komfortablen kleinenen Schiffen. Diese starten viermal täglich am Pier neben dem Ross Castle und passieren unterwegs die Insel Inisfallen (kein Halt) sowie O'Sullivan's Cascade, einen Wasserfall am Westufer.

Ross Castle Traditional Boats BOOTSTOUR

(☎ 085 174 2997; Pier am Ross Castle; ⌚ 9–17.30 Uhr) Mit den offenen Booten am Ross

DAN BACH KRISTENSEN/SHUTTERSTOCK ©

1. Seesaibling 2. Grasende Rothirschkuh 3. Seeadler
4. Blick auf den Upper Lake (S. 275), Killarney National Park

CHRIS HILL/GETTY IMAGES ©

Die Tierwelt im Killarney National Park

Obwohl Killarney eines der Ballungszentren im Südwesten Irlands ist, tummeln sich gleich vor den Haustüren der Einwohner jede Menge Tiere, darunter einige der seltensten Arten im ganzen Land.

Der Rothirsch

Im Hochland des Parks streift Irlands letzte freie Rotwildherde mit etwa 700 Tieren umher. Es sind die letzen Überbleibsel einer Gattung, die seit dem Ende der letzten Eiszeit vor ungefähr 10 000 Jahren hier lebt. Die Tiere bleiben meistens in den höheren Lagen des Torc Mountain und des Mangerton Mountain, südlich vom Muckross Lake, aber zu sehen bekommt man sie eher im Winter, wenn sie aufgrund des schlechten Wetters in niedrigerem Gelände nach Essen suchen müssen.

Fische

Die Wasserläufe des Parks werden von Bachforellen und Lachsen sowie selteneren Spezies wie Seesaiblingen oder Maifischen bevölkert.

Seeadler

Einst nisteten Adler in der Gegend um Killarney (daher der Name des Eagle's Nest Mountain über dem Upper Lake), doch sie wurden Ende des 19. Jh. durch die Jagd ausgerottet. In den letzten Jahren wurden im Park wieder Seeadler ausgewildert, zwischen 2007 und 2011 jährlich 15 bis 20 Stück (eingeführt aus Norwegen). Diese haben sich inzwischen in verschiedene Ecken von Irland verteilt und 2015 haben sogar mindestens fünf Paare Küken zur Welt gebracht, darunter eins im Killarney National Park.

Man kann die Adler regelmäßig bei der Jagd über den Seen und im Black Valley beobachten. Aufgrund ihrer Größe (ihre Flügelspannweite beträgt 2,5 m) sind sie nicht zu übersehen. Während des Sinkflugs werden sie dabei auch oft von lauten Krähenschwärmen angegriffen.

MUCKROSS LAKE LOOP TRAIL

Auf dem ausgeschilderten 9,5 km langen Rundweg (den Radfahrer in entgegengesetzter Richtung fahren sollten) kann man problemlos einen ganzen Tag verbringen, denn er führt durch einige der schönsten Landschaften des Killarney National Park. Er beginnt am Muckross House und verläuft westlich durch malerische Wälder (mit vielen Seitenwegen zum Erkunden) zur wunderschönen **Brickeen Bridge**. Die Brücke überspannt den Kanal, der den Lough Leane mit dem Middle Lake verbindet. Von hier geht's weiter zu **Dinis Cottage** (Teestube von Mai bis September geöffnet) inmitten der Waldwiesen rund um das **Meeting of the Waters** (Zusammenfluss der Gewässer), wo sich Kanäle aus allen drei Seen Killarneys vereinigen. Zwischen Dinis Cottage und Dundag Pier beim Muckross House verkehrt ein Bootstaxi (7 € pro Person).

Nicht verpassen sollte man den zehnminütigen Seitenweg (keine Fahrräder erlaubt) vom Cottage zur **Old Weir Bridge**. Dort kann man Tourboote dabei beobachten, wie sie unter den Zwillingsbogen hindurch auf dem schmalen, felsigen Kanal umherschippern (hier verbindet eine schnelle Strömung den Upper und Middle Lake).

Der Rückweg verläuft am Südufer des Middle Lake und führt durch die Wälder zur N71, die Killarney mit Kenmare verbindet. Auf der anderen Seite der Straße haben Wanderer die Möglichkeit, den Berg zu besteigen und vor der Rückkehr zum Muckross House den **Torc Waterfall** zu besuchen. Radler müssen der Hauptstraße 1 km Richtung Osten folgen, bevor sie auf dem Wanderweg weiterfahren können. Zwischen der Straße und dem Muckross House hat man die Option, einen Abstecher zum **Old Boathouse Nature Trail** zu machen, der rund um eine malerische Halbinsel führt.

Karten und weitere Details erhält man in der Touristeninformation von Killarney sowie im Ticketbüro des Muckross House.

Castle kann man reizvolle Ausflüge unternehmen. Die Bootsführer sind überaus charismatisch und die Preise liegen bei 10 € pro Person für einen Trip nach Inisfallen oder zum Middle Lake und zurück bzw. 15 € für eine Fahrt zu allen drei Seen.

Outdoors Ireland ABENTEUERSPORT
(☎ 086 860 4563; www.outdoorsireland.com) Geführte Kajaktouren zu den Killarney Lakes (pro Pers. 50 €; keine Vorkenntnisse erforderlich), dreistündige Sonnenuntergangstrips mit dem Kajak (55 €), eintägige Kletterkurse für Anfänger (80 €) sowie Canyoning im Gap of Dunloe (80 €).

Forellenfischen ANGELN
(www.fishinginireland.info; ⏲ Saison 14. Feb.–12. Okt.) Das Fischen von Forellen in den Seen des Killarney National Park ist kostenlos und es ist keine Genehmigung nötig. Man darf am Ufer angeln, aber das beste Erlebnis hat man vom Boot aus – ausleihbar am Ross Castle oder bei **Sweeney's** (☎ 064-664 4207; www.theinvicta.com; Invicta B&B, Tomies, Beaufort) am westlichen Ende des Lough Leane. Kostenpunkt: 55 € pro Tag für bis zu drei Personen und inklusive Außenbordmotor.

O'Neill's (S. 274) in Killarney bietet Informationen, Mietausrüstung, Genehmigungen und Lizenzen.

Lachsfischen ANGELN
(www.fishinginireland.info) Der Laune, der vom Lough Leane ins Meer fließt, ist einer der besten Lachsflüsse Irlands. Die Saison dauert vom 17. Januar bis zum 30. September; ab Ende Juli sind die besten Ergebnisse zu erzielen. Man braucht eine Genehmigung (1/7 Tage ab 25/140 €) und einen staatlichen Angelschein (1 Tag/3 Wochen 20/40 €). In den Killarney Lakes tummeln sich ebenfalls viele Lachse (keine Genehmigung nötig, aber ein staatlicher Angelschein erforderlich).

Genehmigungen und Lizenzen gibt's bei O'Neill's (S. 274) in Killarney.

Gap of Dunloe

Der wilde Bergpass im Westen des Killarney National Park zwängt sich zwischen den Purple Mountain und die hohen Gipfel der Macgillycuddy's Reeks (Irlands höchster Gebirgskette), ist von Klippen übersät und mit Seen und Wasserfällen gesprenkelt.

Obwohl er sich außerhalb des Parks befindet, ist er seit Ende des 18. Jhs. – damals kamen, inspiriert von den Dichtern der Romantik, wohlhabende Touristen auf der Suche nach „grandiosen" und „wilden" Landschaften hierher – ein vitaler Teil der Touristenroute von Killarney.

In jener Zeit entstand erstmals die Legende um Kate Kearney: Angeblich lebte die lokale Schönheit, auf der das beliebte Lied basiert, in einem Cottage auf dem Pass und verteilte *poteen* (illegal gebrauten Whiskey) an erschöpfte Reisende. Das im 19. Jh. eröffnete Pub am Nordende des Gap ist immer noch als **Kate Kearney's Cottage** (☎064-664 4146; www.katekearneyscottage.com; Hauptgerichte 8–20 €; ⊙Küche 12–20 Uhr; 👪) bekannt. Vor Ort gibt's einen belebten Parkplatz, auf dem Pferdekutschen bereitstehen (nur Bargeld).

Am südlichen Ende des Gap schlängelt sich die Straße steil bergab ins entlegene Black Valley und zum **Lord Brandon's Cottage** (Gerichte 3–6 €; ⊙April–Okt. morgens & mittags), einer alten, von üppig grünen Wasserwiesen umgebenen Jagdlodge aus dem 19. Jh. neben dem Upper Lake. Man erreicht Lord Brandon's Cottage mit dem Auto über eine steile Nebenstraße der R568 unweit von Moll's Gap. Von Killarney aus dauert die Fahrt etwa 45 Minuten.

Wer den Pass sehen möchte, kann z. B. eine Tour von Killarney aus unternehmen. Zunächst geht's per Bus zum Kate Kearney's Cottage, dann entweder zu Fuß oder mit der Pferdekutsche durch den Gap zum Lord Brandon's Cottage am Upper Lake, im Anschluss per Boot zum Ross Castle und zu guter Letzt mit dem Bus zurück in die Stadt (pro Pers. 30 €, plus 20 € für eine Pferdekutsche). In Killarney bieten fast alle Hotels, Hostels und Pubs solche Ausflüge an.

Warnung: Trotz eines Straßenschildes am Kate Kearney's Cottage, das auf das Verbot von Autos hinweist, ist es vollkommen legal, durch den Gap of Dunloe zu

NICHT VERSÄUMEN

MIT BOOT UND RAD ÜBER DEN GAP

Ein Bootstrip auf den Seen mit anschließender Radfahrt durch den Gap of Dunloe ist die klassische Reiseroute zur Erkundung Killarneys. Fast alle Hostels, Hotels oder Campingplätze haben die Touren im Angebot (pro Pers. 15 €, plus Radverleih 12–15 € pro Tag).

Die Boote legen um 11 Uhr vom Reen Pier ab (gleich nördlich von Ross Castle ausgeschildert und nicht zu verwechseln mit dem Pier am Ross Castle selbst), die Fahrräder werden am Bug gelagert. Schon allein die 1½-stündige Bootsfahrt rechtfertigt den Preis. Man sollte den Bootsmann nach dem höchsten bzw. niedrigsten Wasserpegel fragen, den er je in den Seen gesehen hat, und sich zurücklehnen, um die Geschichte zu genießen.

Unterwegs passiert man Inisfallen mit seinem verfallenen Kloster und biegt dann südlich ab, um unter der hübschen Brickeen Bridge hindurch zum Meeting of the Waters zu fahren. Anschließend schippert man einen steinigen Kanal hinauf und unter der Old Weir Bridge hindurch. Wenn das Wetter lange gut war, ist der Wasserstand sehr niedrig; dann müssen die Passagiere aussteigen und ein kurzes Stück zu Fuß zurücklegen, während das Boot den flachen Abschnitt (der trotzdem eine schnelle Strömung aufweist) hinaufbefördert wird.

Als Nächstes folgt die Long Range, ein kurvenreicher Kanal, der halb See, halb Fluss ist und unter den Klippen des Eagle's Nest Mountain (hier nisteten einst Königsadler) verläuft, bis er sich mit dem langen, schmalen Upper Lake vereint.

Nachdem man etwa um 12.30 Uhr am Lord Brandon's Cottage ausgestiegen ist (wo sich sich ein Café und eine Toilette befinden), beginnt die Radtour mit einer 5 km langen Fahrt zur Spitze des Gap. Es geht stetig, aber nicht zu steil bergauf. Unterwegs kann man ruhig mal absteigen und ein Stück laufen. Auf dem Gipfel wird man mit einem atemberaubenden Ausblick in beide Richtungen belohnt. Anschließend geht's 6 km lang bergab zum Kate Kearney's Cottage (Café, Pub und Toiletten).

Dort angekommen, folgt man den Ausschilderungen nach Killarney über mehrere Nebenstraßen zur N71 und nimmt nun den Radweg, der an der Hauptstraße entlang verläuft und dann abschwenkt. Er führt über den Golfplatz und den nördlichen Teil des Killarney National Park zum Stadtzentrum, wo er gegenüber der St. Mary's Cathedral endet.

Die Fahrradstrecke ist insgesamt 23 km lang. Zwischendurch hat man genug Zeit für Pausen und eine Stunde fürs Mittagessen. Gegen 15.30 Uhr kommt man wieder in Killarney an. Auch Wanderer können diese Route in Angriff nehmen. Von Lord Brandon's Cottage läuft man drei Stunden bis zu Kate Kearney's, wo es mit dem Killarney Shuttle Bus zurück in die Stadt geht (Abfahrt 16.30 Uhr; Zeiten vorher bestätigen lassen).

fahren, denn es handelt sich um eine öffentliche Straße. Dennoch ist dies nicht empfehlenswert, zumindest von Ostern bis September. Die Straße ist sehr schmal, steil und kurvig und meist überfüllt mit Wanderern, Radlern, Ponys und Pferdekutschen, deren Fahrer einem nur sehr kurz Zeit geben. Am besten fährt man frühmorgens oder nach 17 Uhr.

Macgillycuddy's Reeks

Macgillycuddy's Reeks, die höchste Bergkette Irlands, wartet mit neun der zwölf Gipfel des Landes auf, die über 900 m hoch sind. Ihr Name stammt aus dem 18. Jh. Der MacGillycuddy-Clan bestand aus lokalen Landbesitzern und der Begriff *„reeks"* ist Dialekt; er bedeutet „Stapel", eine Referenz auf die schichtartige Struktur der Felsen in dieser Region.

Wer vor Ort eine Wanderung unternehmen möchte, sollte bei **Cronin's Yard** (☎ 064-662 4044; www.croninsyard.com; Mealis, Beaufort; camping pods 10 € pro Pers.) starten. Dort gibt's einen Parkplatz (2 €), eine Teestube (die bei Bedarf Picknickpakete ausstellt), Duschen, Toiletten, einen einfachen Campingplatz und ein paar schicke neue *camping pods* (Hütten, die wie hölzerne Zelte aussehen). Cronin's Yard liegt am Ende der Straße (OS Ref. 836873), die von der N72 via Beaufort, westlich von Killarney, abzweigt. Zunächst folgt man den Ausschilderungen zum Gap of Dunloe, fährt aber geradeaus, wenn man links zum Pass abbiegen muss. Nach 4 km erreicht man den Kissane Foodstore und die Tankstelle. 50 m weiter, über die Brücke, ist Cronin's Yard auf der linken Seite ausgeschildert.

Für einen ersten Eindruck von den Macgillycuddy's Reeks wandert man den markierten Rundweg hinauf zum **Hag's Glen**. Das wunderschöne Tal unterhalb der riesigen Ostwand des Carrauntoohil führt zu den Seen Callee und Gouragh. Ab Cronin's Yard verläuft der Weg entlang eines steinigen Pfades neben dem Fluss Gaddagh (hin & zurück 8 km).

Es gibt mehrere Wanderrouten auf den **Carrauntoohil** (1040 m), den höchsten Gipfel des Landes. Selbst der einfachste Weg erfordert eine gute Kondition und die Fähigkeit, Pfade auch als solche zu erkennen. Die übrigen Routen sind anspruchsvolle Kletterstrecken. Bis vor Kurzem führte die traditionelle Route auf den Berg über die berüchtigte **Devil's Ladder** (Teufelsleiter), die einem stark erodierten Schluchtenweg südwestlich der Seen folgt. Inzwischen ist sie jedoch gefährlich lose und instabil.

Die empfohlene Strecke führt den **Brother O'Shea's Gully** hinauf (hier ist etwas Kletterarbeit erforderlich) und im Zickzack wieder herunter zum Osten der Devil's Ladder. Erfahrene Bergsteiger können den Beschreibungen des Wanderführers *The Dingle, Iveragh & Beara Peninsulas: A Walking Guide* von Adrian Hendorff folgen. Wer sich auch nur im Geringsten unsicher fühlt, sollte einen Guide anheuern. **Con Moriarty** (☎ 087 221 4002; www.hiddenirelandadventures.com) bietet mittwochs und samstags Wanderungen zum Carrauntoohil an (pro Pers. 75 €, vorherige Buchung erforderlich).

Will man den Carrauntoohil besteigen, sind Karte und Kompass (und die Fähigkeit, diese Dinge auch zu benutzen) ein Muss. Außerdem benötigt man gute Wanderschuhe, wasserfeste Kleidung sowie genügend Proviant und Wasser. Wir empfehlen die Karte *Macgillycuddy's Reeks Superwalker* von Harvey's im Maßstab von 1:30 000 oder die Ordnance Survey Adventure Series Map (Macgillycuddy's Reeks & Killarney National Park) im Maßstab von 1:25 000.

Moll's Gap

Die mit tollen Ausblicken gesegnete N71 von Killarney nach Kenmare (32 km) wurde in den 1820er-Jahren erbaut, um eine ältere Strecke nach Osten (die Old Kenmare Road, der heute der Wanderweg Kerry Way folgt) zu ersetzen. Sie schlängelt sich zwischen Felsen und Seen hindurch und verfügt über zahlreiche Einbuchtungen. Dort kann man anhalten, die Aussicht bewundern und sich von den scharfen Kurven erholen. Achtung: Auf der Straße sind viele Busse unterwegs.

17 km südlich von Killarney liegt der **Ladies' View** mit einem herrlichen Blick auf den Upper Lake und den Purple Mountain. An dieser Stelle gerieten 1861 auch schon Queen Victorias Hofdamen in Verzückung.

5 km südlich befindet sich bei **Moll's Gap** der Gipfel des Passes. Er lohnt einen Zwischenstopp, um die schöne Aussicht und gutes Essen zu genießen. Das **Avoca Café** (☎ 064-663 4720; www.avoca.ie; Hauptgerichte 8–14 €; ⏲ Mo–Fr 9.30–17, Sa & So 10–17 Uhr; 📶 👪) lockt mit einem atemberaubenden Panorama und Köstlichkeiten wie Räucherlachssalat, mit Pistazien gespickte Schweineterrine und dekadente Kuchen Gäste an.

RING OF KERRY

Die 179 km lange Ringstraße auf der Halbinsel Iveragh (*iw*-raa) taucht auf zahlreichen Reiserouten auf, und das aus gutem Grund. Sie führt vorbei an herrlichen Stränden, dem von Inseln übersäten Atlantik, mittelalterlichen Ruinen sowie Bergen und Seen und bietet ständig wechselnde Ausblicke auf den von Inseln übersäten Atlantik. Selbst die Einheimischen halten unterwegs immer wieder an, um die zerklüftete Küstenlinie zu bewundern – vor allem zwischen Waterville und Caherdaniel im Südwesten der Halbinsel, wo die landschaftliche Schönheit unvergleichlich ist.

Man schafft den Ring of Kerry problemlos an einem Tag. Wer die Tour ausdehnen möchte, hat entlang der Route mehrere Übernachtungsmöglichkeiten. In Killorglin und Kenmare gibt's die besten Restaurants, ansonsten muss man sich, bis auf wenige wunderbare Ausnahmen, mit einfacher Kneipenkost begnügen.

Wer abseits ausgetretener Pfade reisen will, kann das Inland der Halbinsel erkunden: zu Fuß auf dem Ostabschnitt des Kerry Way, der von Killarney nach Glenbeigh führt, oder mit dem Auto oder Fahrrad auf den Nebenstraßen durch die Berge. Besonders interessant ist der Ballaghisheen Pass zwischen Killorglin und Waterville sowie der Ballaghbeama Gap, der entlang des R568 von Glenbeigh zur Gearha Bridge verläuft.

Unterwegs vor Ort

Obwohl man die Rundfahrt mit dem Auto an einem Tag und mit dem Rad an drei Tagen schafft, lautet die Devise: Je mehr Zeit man sich nimmt, desto mehr wird man die Tour genießen.

Reisebusse umrunden die Halbinsel gegen den Uhrzeigersinn. Hinter ihnen herzutuckern ist anstrengend, deshalb sollte man besser andersrum fahren (Vorsicht in nicht einsehbaren Kurven!). Die Straße ist eng und an vielen Stellen kurvig, wird aber gerade renoviert und verbreitert.

Bus Éireann (☎ 064-663 0011; www.buseireann.ie) betreibt von Ende Juni bis Ende August täglich einen Ring-of-Kerry-Busservice (Nr. 280). Die Fahrzeuge starten um 11.30 Uhr in Killarney und halten in Killorglin (7,80 €, 30 Min.), Glenbeigh, Caherciveen (17 €, 1¼ Std.), Waterville (19,20 €, 1¾ Std.), Caherdaniel (20,70 €, 2¼ Std.) sowie am Molls Gap. Um 16.45 Uhr erfolgt die Rückkehr nach Killarney (22,50 €). Die Reisebüros und Hostels in Killarney bieten das ganze Jahr über täglich Bustouren zum Ring (ca. 20–25 €), die von 10.30 bis 17 Uhr dauern.

Auch einige **Touranbieter mit Sitz in Killarney** (S. 270) veranstalten täglich Busfahrten auf dem Ring.

Killorglin

2080 EW.

Reist man von Killarney aus gegen den Uhrzeigersinn weiter, dann ist Killorglin (Cill Orglain, übersetzt „Orglas Kirche") 23 km weiter nordwestlich der erste Ort auf dem Ring of Kerry. Das Städtchen scheint fast das ganze Jahr über stiller zu sein als das Wasser des Laune-Flusses, das gegen die achtbogige Brücke aus dem Jahre 1885 plätschert. Hier tummeln sich Lachse, und an den seichten Stellen planschen Reiher.

Im August wird allerdings während des berühmten Puck Fair ein ganzes Feuerwerk an langjährigen heidnischen Zeremonien abgehalten. König Pucks Statue, eine Ziege, thront auf der Nordseite des Flusses, wo die Mutter des Autors Blake Morrison aufwuchs. Morrison hat ihre Kindheit in *Things My Mother Never Told Me* beschrieben.

Feste & Events

Puck Fair Festival KULTUR

(Aonach an Phuic; www.puckfair.ie) 1603 wurde dieses lebendige Fest erstmals erwähnt, sein Ursprung liegt jedoch im Ungewissen. Höhepunkt der Veranstaltung ist der Brauch, einen Ziegenbock oder *puck* – das Wahrzeichen des bergigen Kerry – mit schleifchenverzierten Hörnern auf ein Podest im Ort zu stellen. Für zusätzliche Unterhaltung sorgen eine Pferdemesse, ein Schönheitswettbewerb für Babys, Straßentheater, Konzerte und Feuerwerk. Die Pubs öffnen zu diesem Anlass bis 3 Uhr morgens. Das Festival findet im August statt.

Schlafen & Essen

Coffey's River's Edge B&B €

(☎ 066-976 1750; www.coffeysriversedge.com; Lower Bridge St; EZ/DZ 50/70 €; 📶) Die moderne Pension neben der Brücke bietet makellose, in frischen Farben gehaltene Zimmer mit Parkettboden und einen Balkon samt Flussblick.

Jack's Bakery BÄCKEREI €

(Lower Bridge St; ⌚ Mo–Fr 8–18.45, Sa 8–18, So 9–14 Uhr) 🍃 In dieser beliebten Snackbar mit Feinkostladen backt Jack Healy er-

Ring of Kerry

staunlich kunstvolle Brote, serviert herrlichen Kaffee und kredenzt wundervolle Sandwiches (mit hausgemachten Pâtés). Drinnen gibt's keine Sitzmöglichkeiten, aber bei gutem Wetter stehen draußen ein paar Tische am Gehsteig.

Bianconi IRISCH €€
(☎ 066-976 1146; www.bianconi.ie; Bridge St; Hauptgerichte 9–29 €; ⏲ Mo–Do 8–23.30, Fr & Sa 8–0.30, So 18–23 Uhr; 📶👪) Mitten im Zentrum verbindet das Pub im viktorianischen Stil edles Ambiente mit ebenso stilvoller irischer Küche. Zu den Gerichten zählen spektakuläre Salate – vollwertige Mahlzeiten –, z. B. mit Cashelm Blue, Äpfeln, gerösteten Mandeln und Chorizo. Die in Oliv- und Trüffeltönen renovierten Zimmer (DZ ab 100 €) im Obergeschoss verfügen über luxuriöse Bäder, teilweise mit freistehenden Wannen.

Giovannelli ITALIENISCH €€
(☎ 087 123 1353; Lower Bridge St; Hauptgerichte 19–29 €; ⏲ Mo–Sa 19–21 Uhr) Daniele Giovannelli stammt aus Norditalien und stellt die Pasta, die in diesem einfachen, aber gemütlichen kleinen Restaurant auf den Tisch kommt, selbst her. Wir empfehlen die Meeresfrüchte-Linguine mit Muscheln und Rinderravioli in Salbeibutter. Die wundervollen Weine werden alle auch glasweise serviert.

Shoppen

KRD Fisheries LEBENSMITTEL
(☎ 066-976 1106; www.krdfisheries.com; Tralee Rd; ⏲ Mo–Fr 9–13 & 14–17, Sa 9–13, So 9–11 Uhr) Hier kann man Biolachs direkt von der Räucherei kaufen. Das Geschäft liegt im Ortszentrum, auf der anderen Seite der Brücke.

Praktische Informationen

In der **Touristeninformation** (☎ 066-976 1451; Library Pl; ⏲ Mo–Fr 9–17 Uhr) bekommt man Karten, Wanderführer, Angellizenzen und Souvenirs.

Kerry Bog Village Museum

Das **Kerry Bog Village Museum** (www.kerrybogvillage.ie; Ballincleave, Glenbeigh; Eintritt Erw./Kind 6,50/4,50 €; ⏲ 9–18 Uhr; 👪) wartet mit einer nachgebauten Moorsiedlung aus dem 19. Jh. auf, wie sie für die kleinen Gemeinden typisch war. Nur unter großen Mühen war es den Menschen damals möglich, in der kargen Landschaft mit den allgegenwärtigen Torfmooren zu überleben. Besucher können reetgedeckte Wohnhäuser von Torfstechern, Dachdeckern und Arbeitern sowie eine Schmiede und eine Molkerei bestaunen

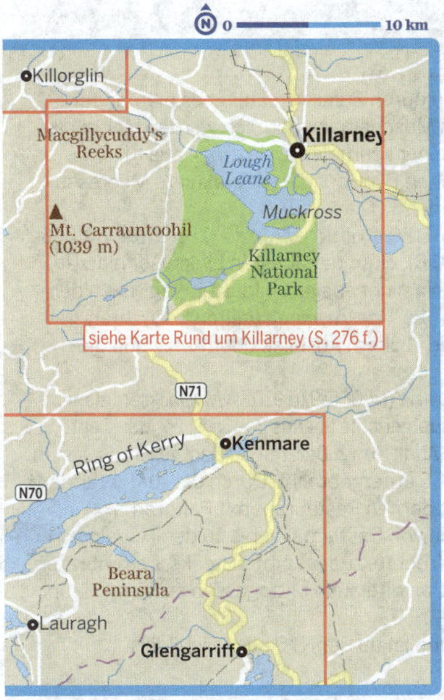

und sich die seltenen Kerry-Bog-Ponys (eine einheimische Zucht) ansehen. Das Museum liegt zwischen Killorglin und Glenbeigh an der N70. Wenn niemand am Tor ist, bekommt man im benachbarten Red Fox Inn ein Ticket.

Caherciveen

1170 EW.

Caherciveen (caar-seh-*wien;* von *cathair saidhbhín,* Ringfestung der Kleinen Sarah), die größte Ortschaft der Halbinsel Iveragh, wurde als Fischereihafen und Marktstadt gegründet, fiel Ende des 20. Jhs. aber in eine schwere Krise. Die von verlassenen Hotels und Pubs gesäumte O'Connell Street (nördlich der Main Street) zeugt davon und sieht wie ein Boulevard zerbrochener Träume aus.

Seit einigen Jahren werden jedoch ernsthafte Bemühungen unternommen, um den Ort als Touristenzentrum neu zu erfinden. Die Hauptstraße und die Bereiche am Wasser wurden aufgehübscht und die einstigen Kasernen wunderschön als Museum restauriert. Es gibt einige tolle Unterkünfte und Restaurants und die herrliche Landschaft in der Umgebung ist sehr sehenswert.

Caherciveen ist untrennbar mit dem Kampf um die irische Unabhängigkeit verbunden: Daniel O'Connell, der „Große Befreier", wurde hier geboren, und beim Fenian-Aufstand von 1867 wurden hier die ersten Schüsse abgefeuert.

Sehenswertes

Old Barracks Heritage Centre MUSEUM

(☎066-401 0430; www.oldbarrackscahersiveen.com; Bridge St; Erw./Kind 4/2 €; ⌚Mo–Sa 10–17.30, So 11–17.30 Uhr) Die Kasernen der Royal Irish Constabulary in Caherciveen entstanden als Antwort auf den Fenian-Aufstand von 1867. Sie sind im Stil eines exzentrischen bayrischen Schlosses gehalten und verfügen über einen spitzen Turm und stufenförmige Giebeldächer. 1922 wurde das imposante Gebäude von Anti-Treaty-Truppen niedergebrannt, später aber restauriert und in ein Museum umgewandelt, das mit faszinierenden Ausstellungen zum Aufstand sowie dem Leben und Werk des Lokalhelden Daniel O'Connell aufwartet.

Der **Stadtpark** erstreckt sich hinter dem Heritage Centre am Flussufer. Er enthält eine Darstellung des antiken Rings, der Caherciveen seinen Namen gab.

Geburtsort von Daniel O'Connell RUINE

An der Brücke, die am Ostrand der Stadt über den Carhan führt, liegt ein hübscher kleiner Gedenkpark zu Ehren von Daniel O'Connell (1775–1847). Der „Große Befreier" war ein politischer Anführer, der für die katholische Emanzipation und die Unabhängigkeit Irlands kämpfte. Er wurde in der verfallenen Hütte geboren, die am äußeren Flussufer steht.

Ring Forts RUINE

(Ballycarbery) GRATIS 3 km nordwestlich von Caherciveen befinden sich zwei beeindruckende steinerne Ringfestungen, die man über einen Gemeinschaftsparkplatz erreicht. **Cahergal**, die größere und beeindruckendere Festung, datiert ins 10. Jh. An den Innenmauern sind Treppen zu sehen, außerdem gibt's hier eine Bienenkorbhütte (*clochán*) und die Überreste eines Rundhauses. Das kleinere Fort, **Leacanabuile**, stammt aus dem 9. Jh. und umfasst die Umrisse von vier Häusern. Beide haben eine eindrucksvolle Lage mit Blick auf Valentia Harbour und die Kerry Mountains.

Ballycarbery Castle BURG

(Ballycarbery) GRATIS Die stimmungsvollen und gefährlich wirkenden Ruinen des Ballycarbery Castle aus dem 16. Jh. erheben sich 3 km nordwestlich von Caherciveen mitten auf einer grünen Wiesenfläche.

ABSEITS DER ÜBLICHEN PFADE

DOOKS UND CROMANE

Man muss schon wissen, dass es sie gibt, denn durch Zufall verschlägt es niemanden nach **Cromane** zu Irlands größter natürlicher Muschelbank (jährlich werden hier bis zu 8000 t Muscheln geerntet). Das Dorf liegt an einer schmalen Landzunge aus Kies, umgeben von weiten Feldern, die einen herrlichen Blick auf die spektakuläre Meereskulisse und leuchtende Sonnenuntergänge bieten.

Südwestlich von Cromane befindet sich der 1189 eröffnete **Dooks Golf Club** (☎066-976 8205; www.dooks.com; Golfplatzgebühr 45–90 €), einer der ältesten Links-Golfplätze Irlands. Etwas weiter die Straße entlang führt ein nicht ausgeschilderter Weg (nach dem grünen Briefkasten Ausschau halten) zum **Dooks Beach**, einem selten besuchten Juwel an der Mündung des Flusses Caragh mit herrlichem Ausblick über Kerry und die Dingle Mountains.

Das Dorfpub **Jacks Coastguard Restaurant** (☎066-976 9102; www.jackscromane.com; Cromane; 2-Gänge-Mittagsmenü 22,50 €, Hauptgerichte abends 24–35 €; ⏲ Mai–Sept. Mi–Mo 13–15.30 & 18–21.30 Uhr, Okt. Mi–So, Feb.–April, Nov. & Dez. Do–So; Jan. geschl.; 👪) ist in einer Küstenwachenstation aus dem Jahre 1866 untergebracht. Durch die Tür hinter der Bar gelangt man zu einem hervorragenden modernen Restaurant mit Panoramafenstern. Von diesen blickt man über den Hafen von Castlemaine bis zu den Hügeln von Kerry. Die Spezialität des Hauses sind Meeresfrüchte, zudem gibt's Steaks, Lammbraten und täglich ein vegetarisches Angebot. In der Bar wird auch Mittagessen serviert (Hauptgerichte 11 bis 15 €).

Cromane liegt 9 km westlich von Killorglin und ist ab der N70 ausgeschildert.

Aktivitäten

Bentee Loop WANDERN

Die Wanderkarten und Broschüren, die man in der Touristeninformation bekommt, beschreiben alle ausgeschilderten Wanderwege der Region. Der Bentee Loop (9 km) beginnt in Caherciveen und führt zum 376 m hohen Gipfel des Bentee, ein kegelförmiger Hügel gleich südlich der Stadt, der einen herrlichen Ausblick auf Valentia Island und die Hügel der Halbinsel Iveragh bietet.

Casey Cycles RADFAHREN

(☎066-947 2474; www.bikehirekerry.com; New St; 16 € pro Tag; ⏲ganzjährig Mo–Sa 9–18 Uhr, Juli & Aug. So 10–13.30 Uhr) Casey Cycles verleiht hochwertige Tourenräder (oder *road bikes*, pro Tag 35 €) und informiert über lokale Routen. Gute Ziele sind z. B. die Ringfestungen bei Cahergall oder Valentia Island (leicht zu erreichen mit der Fähre, die gleich westlich der Stadt ablegt).

Feste & Events

Caherciveen Festival of Music & the Arts MUSIK

(www.celticmusicfestival.com) Auf dem familienfreundlichen Festival am Feiertagswochenende im August gibt's keltische Bands, Straßenmusikwettbewerbe und irischen Set Dance.

Schlafen & Essen

In den Pubs der Stadt finden regelmäßig traditionelle Musikkonzerte statt.

★ **Mannix Point Camping & Caravan Park** CAMPINGPLATZ €

(☎066-947 2806; www.campinginkerry.com; Mannix Point; Wanderer 8,50 € pro Pers., Fahrzeug & 2 Erwachsene 25 €; ⏲15. März–15. Okt.; 📶👪) 🍃 Mortimer Moriartys preisgekrönter Platz direkt an der Küste zählt zu den besten in Irland. Er verfügt über eine gemütliche Küche, einen Aufenthaltsraum mit Torffeuer (ohne Fernseher, aber dafür wird regelmäßig irische Musik gespielt), einen Grillplatz und sogar eine Aussichtsplattform zum Beobachten von Vögeln. Zudem sind die Sonnenuntergänge hier einzigartig!

Sive Hostel HOSTEL €

(☎066-947 2717; www.sivehostel.ie; East End; B/2BZ 17/48 €; @📶) Gemütliches, einfaches und hübsches Hostel mit preiswerten Privatzimmern. Einige befinden sich in einem hübschen Steinhäuschen auf der Rückseite der Anlage. Darüber hinaus gibt's eine Dachterrasse mit tollem Ausblick und einen schönen Hofbereich mit Sitzplätzen.

San Antoine B&B €

(☎066-947 2521; www.sanantoine.com; Garranebane; EZ/DZ/FZ 50/70/110 €; 📶) Diese makellose und geräumige Pension am Westrand der

Stadt verfügt über eine große Terrasse und einen Frühstücksraum, beide mit einem herrlichen Blick auf das Meer und die Hügel. Die Besitzer helfen bei der Buchung von Bootstouren nach Skellig Michael und geben Tipps zu lokalen Wander- und Radwegen.

Camo's CAFÉ €

(☎066-948 1122; www.camos.ie; 24 Church St; Hauptgerichte 7–15 €; ⏲Mai–Sept. Mo–Do 10–17, Fr & Sa bis 21.30, So 12–18 Uhr, Okt.–April kürzere Öffnungszeiten; 📶👪) Ein freundliches Nachbarschaftscafé, das hervorragende Gerichte serviert – von Fish 'n' Chips bis zu Steak-Sandwiches ist alles dabei. Doch das Lokal hat auch etwas für die lokale Gourmetszene zu bieten: Es kredenzt z. B. Sandwiches aus über Eichenholz geräuchertem Lachs und hausgemachtem Brot oder köstliche Black-Pudding-Salate.

QCs Seafood Restaurant & Bar FISCH & MEERESFRÜCHTE €€

(☎066-947 2244; www.qcsrestaurant.com; 3 Main St; Hauptgerichte 16–30 €; ⏲Mo–Sa 12.30–14.30 & 18–21.30 Uhr, So 17–21 Uhr; 📶) Das QCs ist die moderne Version eines klassischen Pubs und bietet dementsprechend jede Menge Pints und Geselligkeit. Abgesehen davon kommen hier die besten Gerichte am Ring of Kerry auf den Tisch (wir empfehlen vor allem die Meeresfrüchte aus der Region). Die Öffnungszeiten können variieren und man sollte im Voraus reservieren. Oben befinden sich sechs Pensionszimmer (DZ ab 109 €).

Valentia Island

665 EW.

Generationen von Seefahrern kennen die Insel wegen ihrer Wetterstation, deren Messwerte immer noch jeden Abend beim Seewetterdienst des BBC vorgelesen werden. Valentia Island ist wunderschön und eine viel zu selten besuchte Ecke von Kerry mit einer vielfältigen, faszinierenden Geschichte. Die schmalen Straßen des nur 11 km langen und 3 km breiten Eilandes lassen sich am besten mit dem Fahrrad erkunden.

Der lateinisch klingende Name ist ein Anglizismus des gälischen *Béal Inse* – „Mündung der Insel" (eine Referenz auf den geschützten Hafenzugang), doch der eigentliche gälische Name von Valentia (Oileán Dairbhre) bedeutet „Eiland der Eichenbäume".

Seit 1816 wird vor Ort hochwertiger Schiefer gefördert, der u. a. die Dächer der Houses of Parliament und der Westminster Cathedral in London sowie des Pariser Opernhauses deckt. 1911 wurde der Steinbruch geschlossen, aber 1999 wiedereröffnet. Heute entstehen hier alle möglichen Produkte aus Schiefer.

Die Insel gelangte außerdem zu Berühmtheit, weil sie zum östlichen Endpunkt des ersten transatlantischen Telegrafenkabels erwählt wurde, das in Heart's Content, Neufundland, begann. Ein Denkmal auf dem **Telegraph Field** am Westende von Valentia Island erinnert an die Einrichtung der ersten dauerhaften Kommunikationsverbindung zwischen Europa und Nordamerika im Jahre 1866. Die örtliche Telegrafenstation war bis 1966 in Betrieb.

Sehenswertes & Aktivitäten

Knightstown am östlichen Ende der Insel ist das einzige Dorf auf Valentia. Hier gibt's ein Hotel, mehrere Pubs, Geschäfte und Cafés sowie eine Touristeninformation.

★ Valentia Island Heritage Centre MUSEUM

(☎066-947 6411; School Rd, Knightstown; Erw./Kind 3,50 €/frei; ⏲Mai–Sept. 10.30–17.30 Uhr) In der ehemaligen Schule an der Straße zum Geokaun Mountain befindet sich das Valentia Island Heritage Centre, eines dieser wunderbaren lokalen Museen, die wahre Schatztruhen an Artefakten sind. Die Exponate erzählen mehr über die Inselgeschichte als jedes Buch; man sieht z. B. Schulchemiekästen, Werkzeuge für den Abbau von Schiefer, aber auch Fossilien und Fotografien. Absolutes Highlight des Hauses ist die Morsetaste, die 1857 verwendet wurde, um das erste transatlantische Telegrafenkabel der Welt zu testen.

Skellig Experience MUSEUM

(☎066-947 6306; www.skelligexperience.com; Erw./Kind 5/3 €, inkl. Bootstour 30/17,50 €; ⏲Juli & Aug. 10–19 Uhr, Mai, Juni & Sept. 10–18 Uhr, März, April, Okt. & Nov. 10–19 Uhr) Am anderen Ende der Brücke, gegenüber von Portmagee, steht ein interessantes Gebäude mit einem torfbedeckten Dach, das Ausstellungen über die Tierwelt, das Leben der Skellig-Michael-Mönche sowie die Geschichte der hiesigen Leuchttürme präsentiert. Von April bis September veranstaltet das Museum zweistündige **Bootstouren** rund um die Inseln (kein Halt); hier bekommt man jede Menge Infos und Tipps für einen Besuch der Skelligs.

Im März, April, Oktober und November ist das Zentrum fünfmal pro Woche geöffnet, die jeweiligen Tage ändern sich allerdings von Jahr zu Jahr (einfach nachfragen).

ROBERT HARDING PRODUCTIONS/GETTY IMAGES ©

1. King-Puck-Skulptur von Alan Ryan Hall (S. 283) **2.** Bauernhaus, Skellig Ring (S. 290) **3.** Traditionelles Geschäft, Kenmare (S. 294) **4.** Valentia Island (S. 287)

RICHARD CUMMINS/GETTY IMAGES ©

Ring of Kerry

Windgepeitschte Strände, Atlantikwellen, die sich an zerklüfteten Felsen und Inseln brechen, mittelalterliche Ruinen, hohe Berge und glitzernde Seen sind die Stars dieser 179 km langen Route rund um die Halbinsel Iveragh.

Killorglin

Killorglin ist die erste Stadt am Ring of Kerry, wenn man die Strecke gegen den Uhrzeigersinn abfährt. Dort gibt's eine Lachsräucherei und ein paar hervorragende Restaurants, außerdem steigt im August das historische Puck Fair Festival.

Kenmare

Als charmanter Auftakt (oder – je nach Fahrtrichtung – als Endpunkt) für die Reise gilt das typisch irische Örtchen Kenmare. Es liegt an einer Bucht und punktet mit bunten Geschäften sowie einer umwerfenden Architektur.

Skellig Ring

Diese weniger überlaufene malerische Ringstraße (18 km lang) zweigt von der Hauptroute ab. Sie verbindet Portmagee und Waterville und führt durch einen irischsprachigen Gaeltacht-Bezirk mit Ballinskelligs (Baile an Sceilg) im Zentrum.

Valentia Island

Ein weiteres Highlight des Ring of Kerry sind malerische Inseln. Einige können nur mit Booten erreicht werden, aber Valentia Island ist über eine kurze Brücke mit dem Festland verbunden. Im Sommer setzt auch eine Autofähre südlich von Caherciveen zu der Insel über.

Caherdaniel

Besonders urtümlich und wild wirkt die Landschaft rings um Caherdaniel. Hier erstreckt sich der Derrynane National Historic Park, der einen Garten voller Palmen und einen Strand mit Blauer Flagge beherbergt. Darüber hinaus kann man hier reiten und Wassersportarten ausüben.

Geokaun Mountain AUSSICHTSPUNKT
(www.geokaun.com; Auto/Radfahrer/Wanderer 5/3/2 €; ⏲ 6–23 Uhr) Der örtliche Grundeigentümer hat den höchsten Punkt der Insel, den Geokaun (266 m), in ein Netzwerk einfacher Wanderwege und Aussichtspunkte (darunter einer mit einem atemberaubenden Blick auf die Fogher Cliffs) verwandelt. Man kann den ganzen Weg zur Spitze mit dem Auto fahren, daher haben auch Besucher mit begrenzter Mobilität die Möglichkeit, die Aussicht zu genießen. Zu ruhigeren Zeiten sind keine Mitarbeiter vor Ort und der Zutritt erfolgt mittels einer automatischen Schranke (Zahlung nur mit Münzen).

Tetrapod Trackway HISTORISCHE STÄTTE
(Dohilla) GRATIS Diese Reihe von Einmuldungen auf einer freiliegenden Sandsteinoberfläche neben dem Meer ist vielleicht nicht so spektakulär wie Fußabdrücke von Dinosauriern, aber die Fossilspuren – vor rund 360 Millionen Jahren hinterlassen von einer 100 cm langen Amphibienkreatur – zählen zu den ältesten physischen Beweisen für ein Wirbeltier an Land. Selbst wer sich nicht für Geologie interessiert, wird die Lage mit Blick auf die Blasket Islands und die Dingle Peninsula wunderschön finden. Einfach in der Touristeninformation nach der Wegbeschreibung fragen.

Schlafen & Essen

Atlantic Villa B&B €€
(☎ 066-947 6839; www.anirishexperience.com; Knightstown; EZ/DZ 60/100 €; 📶) 1873 wurde dieses historische Gebäude für den Superintendanten des transatlantischen Telegrafenkabels zwischen Valentia und Neufundland erbaut. Es verfügt über sechs liebevoll restaurierte Zimmer, die eine schöne Atmosphäre ausstrahlen und teilweise aufs Meer blicken. Zum Angebot gehören auch ein Gourmetfrühstück und eine Privatsauna.

Royal Valentia HOTEL €€
(☎ 066-947 6144; www.royalvalentia.ie; Knightstown; Zi. 70–120 €; 📶) Heute bietet das in den 1830er-Jahren eröffnete viktorianische Hotel eine moderne Einrichtung. Die hellen Zimmer sind teilweise mit Himmelbetten ausgestattet und blicken auf den Hafen und die lebhafte Bar ist das Herz und die Seele der hiesigen Gemeinde.

Knightstown Coffee Shop & Bistro CAFÉ €
(☎ 066-947 6373; Market St, Knightstown; Hauptgerichte 7–13 €; ⏲ Juli & Aug. 8.30–21.30 Uhr, Juni 10–18 Uhr, Mai & Sept. 11–17.30 Uhr; 👪) Im Dorfcafé mit Pinienholzvertäfelung und gepunkteten Tischdecken herrscht eine gesellige Atmosphäre. Hier kommen Einheimische und Besucher zusammen, um hausgebackenen Apfelkuchen, Sandwiches mit Räucherlachs und guten, starken Kaffee zu genießen. An den Sommerabenden wird auch Bistroküche serviert. Mittwochs gibt's z. B. Pizza.

Praktische Informationen

In Knightstown befindet sich eine **Touristeninformation** (☎ 066-947 6985; 3 Watch House Cottage; ⏲ Di–Do 9.30–17, Fr bis 13.30 Uhr).

An- & Weiterreise

Eine Brücke verbindet Valentia Island mit Portmagee auf dem Festland. Von April bis Oktober pendelt die **Valentia-Island-Autofähre** (☎ 087 241 8973; einfach/hin & zurück Auto 6/9 €, Fahrradfahrer 2/3 €, Fußgänger 1,50/2 €; ⏲ Mo–Sa 7.45–21.30, So ab 9 Uhr, Juli & Aug. bis 22 Uhr) zwischen Knightstown und Reenard Point, 5 km südwestlich von Caherciveen. Die Überfahrt dauert fünf Minuten und die Fähre legt alle zehn Minuten ab.

Portmagee

110 EW.

Portmagees einzige Straße ist dank ihrer bunten Häuser ein beliebtes Fotomotiv. An Sommermorgen erwacht der kleine Pier zum Leben, wenn hier Boote bei ihrer Überfahrt zu den Skellig-Inseln anlegen.

Im Mittelpunkt des Dorflebens steht die freundliche **Bridge Bar** (Hauptgerichte 10–25 €; ⏲ Küche 12–21 Uhr), ein lokaler Treffpunkt, wo jeden Freitag- und Samstagabend (im Juli und August auch dienstags) traditionelle irische Konzerte und Tanzsessions stattfinden. Das im nautischen Stil gehaltene **Moorings Restaurant** (Hauptgerichte 20–25 €; ⏲ Di–So 18–22 Uhr) kredenzt Meeresfrüchte aus der Region, während die Bar exzellente Fish 'n' Chips serviert.

Skellig Ring

Dieser malerische, kaum frequentierte 18 km weite Abstecher vom Ring of Kerry (N70) verbindet Portmagee mit Waterville und liegt in einer Gaeltacht-Region (dort wird Irisch gesprochen) rund um Ballinskelligs (Baile an Sceilg). Die Gegend ist wild und schön, und die zerklüfteten Umrisse von Skellig Michael sind fast immer in Sichtweite.

ABSTECHER

DIE SKELLIG ISLANDS

Portmagee ist der Ausgangspunkt für ein unvergessliches Erlebnis: ein Besuch der Skellig Islands, zwei wellenumtoste Felseninseln 12 km vor der Küste und Standort des entlegensten, spektakulärsten antiken Klosters von Irland.

Die schroffe, 217 m hohe Felseninsel **Skellig Michael** („Felsen des Erzengels Michael" wie St. Michael's Mountain im englischen Cornwall und der Mont Saint Michel in der Normandie) ist die größere der beiden Eilande und gehört zum UNESCO-Welterbe. Ihre Klippe wirkt wie der letzte Ort auf Erden, an dem irgendwer an Land gehen, geschweige denn eine Gemeinde aufbauen würde. Und doch lebten hier vom 6. bis zum 12. Jh. frühchristliche Mönche.

Über das Klosterleben ist kaum etwas bekannt, es gibt aber Aufzeichnungen über die Wikingerüberfälle 812 und 823, bei denen Mönche verschleppt oder getötet wurden. Trotzdem erholte sich die Gemeinde und blieb weiter bestehen. Im 11. Jh. erweiterte man die Anlage um ein rechteckiges Oratorium, und obwohl im 12. Jh. weitere Anbauten folgten, verließen die Ordensbrüder den Felsen zu dieser Zeit.

Die **Klostergebäude** thronen auf einem Felssattel 150 m über dem Meeresspiegel und sind über 600 steile, ins Gestein gehauene Stufen erreichbar. Nicht verpassen sollte man die unterschiedlich großen Oratorien und Bienenkorbhütten aus dem 6. Jh.; die größte Zelle misst 4,50 m mal 3,60 m. Man kann die nach Süden hin angelegten Gemüsegärten der Mönche und ihre Zisterne sehen, in der Regenwasser gesammelt wurde. Doch die eindrucksvollste bauliche Errungenschaft sind die Fundamente der Siedlung: Plattformen aus Erde und trockene Steinmauern wurden direkt auf dem steilen Abhang errichtet.

Als weitere große Attraktion neben den Klosterruinen gelten die hier lebenden **Papageientaucher** *(puffins)*. Diese lustig aussehenden Seevögel mit leuchtend bunten Schnäbeln nisten von Mai bis August in Felsspalten und selbstgebauten Höhlen an den Klippen.

Small Skellig ist länger und flacher als Skellig Michael. Hier lebt eine Kolonie von 20 000 brütenden Tölpelpaaren, die zweitgrößte Brutkolonie der Welt. Viele Boote umrunden die Insel, damit Ausflügler die Vögel genauer beobachten können. Manchmal tauchen auch badende Seehunde und Delfine auf. Small Skellig ist ein Vogelschutzgebiet und darf deshalb nicht betreten werden.

An- & Weiterreise

Boote zu den Skelligs verkehren von Mai bis September, laufen allerdings nicht bei schlechtem Wetter aus (das passiert an etwa zwei bis sieben Tagen im Monat). Die Touren beginnen in Portmagee, Ballinskelligs oder Derrynane (und manchmal auch in Knightstown). Man sollte die Überfahrt schon vorab buchen, weil die tägliche Besucherzahl der Insel begrenzt ist: Jeden Tag dürfen 15 Boote mit je maximal zwölf Passagieren nach Skellig Michael fahren. Der Preis liegt bei rund 60 € pro Person.

Die Boote legen gegen 10 Uhr ab; um 15 Uhr geht's wieder zurück. Allerdings hat man nur zwei Stunden Zeit für den Besuch der Insel, und die braucht man mindestens, um das Kloster zu besichtigen, die Vögel zu sehen und zu picknicken. Die Überfahrt von Portmagee dauert 1½ Stunden, von Ballinskelligs 35 Minuten bis zu einer Stunde und ab Derrynane 1¾ Stunden.

Wer die Insel nur mal aus der Nähe sehen, aber sie nicht unbedingt betreten möchte, kann an einer Bootstour mit **Skellig Experience** (S. 287) auf Valentia Island teilnehmen (kein Halt auf den Skelligs).

Das Skellig Experience Heritage Centre sowie Pub- und B&B-Betreiber vor Ort beschreiben Besuchern den Weg zu den Tourveranstaltern, darunter:

Ballinskelligs Boats (☎ 086 417 6612; www.bestskelligtrips.com; Ballinskelligs)

Casey's (☎ 066-947 2437; www.skelligislands.com; Portmagee)

John O'Shea (☎ 087 689 8431; skelligtours@gmail.com; Derrynane)

Seanie Murphy (☎ 066-947 6214; www.skelligsrock.com; Portmagee)

In **Ballinskelligs** (www.visitballinskelligs.ie) befinden sich ein guter Strand mit blauer Flagge und der lokale Treffpunkt **Caifé Cois Trá** (☎066-947 9323; Ballinskelligs Beach; Hauptgerichte 3–5 €; ⏲9–17 Uhr; 📶), wo von Juni bis August jeden Sonntag ein Bauernmarkt stattfindet (11–16 Uhr).

Waterville

465 EW.

Waterville, ein altmodischer Ferienort am Meer, der sich entlang der N72 an der Spitze der Ballinskelligs Bay erstreckt, ist für seine tollen Golf- und Angelmöglichkeiten bekannt. Stummfilmstar Charlie Chaplin machte hier in den 1960er-Jahren mit seiner Familie Urlaub und residierte über ein Jahrzehnt immer wieder im Butler Arms Hotel. Am Ufer steht eine Bronzestatue von Chaplin und Ende August findet hier das **Charlie Chaplin Comedy Film Festival** (www.chaplinfilmfestival.com) statt.

Tiger Woods, Mark O'Meara und Payne Stewart sind nur einige der Golfgrößen, die schon auf dem **Waterville Golf Links** (☎066-947 4102; www.watervillegolflinks.ie; Golfplatzgebühr 120–170 €) ihre Schläger geschwungen haben. Der herrlich gelegene Meisterschaftsplatz bietet einen weiten Blick auf die Bucht und die Berge.

Das Dorf selbst hat wenige Sehenswürdigkeiten zu bieten, aber der nahe gelegene **Lough Currane** (www.loughcurrane.com) genießt Weltruhm für seine Forellen. Es ist keine Genehmigung nötig, aber man braucht einen staatlichen Angelschein und ein Mietsboot (55 € pro Tag oder 140 € mit *ghillie*).

Schlafen & Essen

★ **Smuggler's Inn** GASTHOF €€
(☎066-947 4330; www.the-smugglers-inn.com; Cliff Rd; DZ 95–150 €; ⏲April–Okt.; 📶) Ein echtes Juwel, allerdings von Norden her kommend schwer zu finden (in Richtung Golfplatz fahren). Alle Zimmer sind frisch renoviert und dezent-elegant eingerichtet. Die Nummer 15 überzeugt besonders, denn zu ihr gehört ein verglaster Balkon mit einem tollen Blick über Ballinskelligs Bay. Frühstück wird auf Bestellung zubereitet. Dazu gibt's immer auch den fangfrischen Fisch des Tages.

Im hervorragenden hauseigenen **Gourmetrestaurant** serviert Besitzer und Küchenchef Henry Hunt nicht nur Kreationen aus Meeresfrüchten (z. B. sensationelle Fischsuppe), sondern auch aus Geflügel und Fleisch von Bauerhöfen aus der Umgebung sowie stilvolle Desserts.

Brookhaven House B&B €€
(☎066-947 4431; www.brookhavenhouse.com; New Line; DZ 80–120 €; 📶👪) Watervilles bestes B&Bs, ein Familienunternehmen, punktet mit blitzsauberen Zimmern, gemütlichen Betten und einem sonnigen Frühstücksraum samt Meerblick.

Dooley's Seafood & Steakhouse STEAKHAUS €€
(☎066-947 8766; www.dooleyswaterville.com; Hauptgerichte 16–26 €; ⏲18–21.30 Uhr; 👪) Das schicke Dooley's kredenzt mit viel Raffinesse, was der Name verrät. Die Spezialität des Hauses sind am Knochen gereifte Rindersteaks *(dry aged steaks)*. Das Steakhaus liegt am Westrand des Ortes an der N70.

Caherdaniel

80 EW.

Die Straße zwischen Waterville und Caherdaniel windet sich bis auf den Kamm vom Beenarourke und bietet einen atemberaubenden Ausblick auf einige der schönsten Landschaften am Ring of Kerry. Das Panorama reicht von den Inseln Scarriff und Deenish bis nach Dursey und zu den Hügeln der Halbinsel Beara.

Caherdaniel, ein winziges Dorf unter den Bäumen an der Spitze der Derrynane Bay, ist die Heimat der Vorfahren von Daniel O'Connell, dem „Befreier", dessen Familie von ihrem Haus in den Dünen aus mit Schmuggel Geld verdiente. In der Region befindet sich ein Strand mit einer Blauen Flagge, außerdem kann man hier jede Menge unternehmen, wandern und Pubs mit Piratenflair besuchen. Zahlreiche windgepeitschte, knorrige Bäume tragen noch zu der wilden und ursprünglichen Atmosphäre des Ortes bei.

Sehenswertes & Aktivitäten

Derrynane National Historic Park HISTORISCHE STÄTTE
(☎066-947 5113; www.heritageireland.ie; Derrynane; Erw./Kind 4/2 €; ⏲April–Sept. 10.30–18 Uhr, März–Nov. Mi–So 10–17 Uhr) Das Derrynane House gehörte früher Maurice „Hunting Cap" O'Connell, einem notorischen einheimischen Schmuggler, der durch Handel mit Frankreich und Spanien zu Reichtum gelangte. Er war der Onkel von Daniel O'Connell, dem

Verfechter der katholischen Emanzipation, der hier in der Obhut seines Onkels aufwuchs, das Anwesen 1825 erbte und zu seinem privaten Rückzugsort machte. Das Haus ist weitgehend mit Gegenständen und Möbeln aus Familienbesitz ausgestattet, darunter ein beeindruckender Triumphwagen, in dem Daniel nach seiner Entlassung aus dem Gefängnis 1844 durch Dublin fuhr.

Weitere Exponate sind O'Connells kunstvoll geformter Eichenstuhl aus seiner Zeit als Lord Mayor (Oberbürgermeister) von Dublin – man beachte die goldenen Kragen und rubinroten Augen der geschnitzten irischen Wolfshunde –, die Duellierpistolen, mit denen er 1815 einen Mann tötete, und das schmiedeeiserne Bett, in dem er 1847 während einer Pilgerreise nach Rom starb.

Dank des warmen Golfstroms gedeihen in den **Gärten** subtropische Pflanzen, darunter 4 m hohe Farne, *gunnera* („Riesenrhabarber") und andere südamerikanische Gewächse. Ein Netzwerk von Wanderwegen führt durch die Wälder zum Strand. Kinder können sich im Café eine Ausgabe des **Derrynane Fairy Trail** (www.irishfairytrails.com) schnappen und etwa zwei Dutzend unter den Bäumen versteckte „Feenhäuser" entdecken.

Derrynane Beach STRAND

Der mit einer Blauen Flagge ausgezeichnete Strand von Derrynane ist einer der schönsten in Kerry: Zwischen grasbewachsenen Dünen und Felsnasen aus glattgewaschenen Felsen erstrecken sich gewellte Buchten aus goldenem Sand. Vom Parkplatz am Derrynane House kann man den Strand 1 km zur **Abbey Island** und ihrem malerischen Friedhof entlanglaufen. In der Kapellenruine befindet sich das Grabmal von Daniel O'Connells Ehefrau Mary.

Derrynane Sea Sports WASSERSPORT

(☎087 908 1208; www.derrynaneseasports.com; Derrynane Beach) Organisiert vom Strand aus Segeltrips, Kanufahrten, Windsurfing und Wasserskikurse für sämtliche Schwierigkeitsgrade (pro Pers. ab 40 €). Verleiht auch Ausrüstung (pro Std. ca. 10 €). Im Juli und August werden halbtägige Piratencamps für Kinder angeboten (95 €).

Eagle Rock Equestrian Centre REITEN

(☎066-947 5145; www.eaglerockcentre.com; Ballycarnahan; 30 € pro Std.) Veranstaltet geführte Reitausflüge am Derrynane Beach und durch die Wälder des Derrynane National Historic Park.

Schlafen & Essen

Wave Crest CAMPINGPLATZ €

(☎066-947 5188; www.wavecrestcamping.com; Wanderer 9 €, Fahrzeug & 2 Erwachsene 28 €; @ 👪) 1,6 km südöstlich von Caherdaniel erstreckt sich dieser sehr gepflegte Campingplatz in einmaliger Lage direkt an der Küste, der über zahlreiche Wassersporteinrichtungen verfügt. Für die Hochsaison sollte man rechtzeitig reservieren.

Travellers' Rest Hostel HOSTEL €

(☎066-947 5175; www.hostelcaherdaniel.com; B/DZ ab 18/42 €; ⏲ März–Okt.) Niedrige Decken, karierte Vorhänge und Trockenblumen an den Gittern: Das Travellers' Rest verströmt die friedliche Atmosphäre eines Landhauses. Wer sich auf den lokalen Charme des Hostels einlässt, wird diesen Ort lieben. Wenn gerade keiner da ist, kann man in der Werkstatt gegenüber anrufen.

Olde Forge B&B €€

(☎066-947 5140; www.theoldeforge.com; EZ/DZ 45/70 €; 📶) Die Pension 1,2 km südöstlich von Caherdaniel (auf der N70) wartet von der Gartenterrasse und den meisten der gemütlichen Zimmer aus mit einem fantastischen Blick auf die Kenmare Bay und die Beara Peninsula auf. Wer länger bleiben will, ist in den zwei Cottages für Selbstverpfleger (ab 400 € pro Woche) gut aufgehoben. Das Olde Forge liegt 1,2 km südöstlich von Caherdaniel an der N70.

Blind Piper KNEIPENKOST €€

(☎066-947 5126; www.blindpiperpub.com; Hauptgerichte 11–23 €; ⏲ Küche Mo–Do 12–16, Fr–So bis 20 Uhr; 👪) Ein großartiges Familienpub mit einem herrlichen Biergarten neben dem winzigen Fluss Coomnahorna und so etwas wie eine lokale Institution. Auf der Karte stehen hochwertige Gerichte wie frittierter Seeteufel und Rib-Eye-Steak. Abends drängen sich hier Einheimische und Touristen. Manchmal wird Livemusik geboten.

Sneem

260 EW.

Von Castlecove nach Kenmare biegt die Ring-of-Kerry-Straße N70 landeinwärts ab und das Küstenpanorama weicht entfernten Blicken auf die MacGillicuddy's Reeks. Sneem (An tSnaidhm) ist ein guter Zwischenstopp, um eine Pause einzulegen und die Beine auszustrecken, bevor man der Straße die letzten 27 km bis Kenmare in die Wälder folgt.

Wahrscheinlich geht der irische Dorfname, der *„the knot"* („der Knoten") bedeutet, auf den Fluss Sneem zurück, der sich knotenartig in die nahe gelegene Kenmare-Bucht schlängelt. Der Fluss teilt den Ort in zwei Teile, die jeweils einen eigenen Dorfplatz haben. Außerdem gibt's einen malerischen Wasserfall, der sich unterhalb der alten Steinbrücke ergießt.

Von Juni bis September findet im Dorf jede Woche ein **Farmers Market** (Bridge St; Di 11–16 Uhr) statt. Die **Touristeninformation** (064-667 5807; South Sq; Mai–Sept. 11.30–17.30 Uhr) ist im Kunsthandwerksladen Joli Coeur untergebracht.

Schlafen & Essen

★ Parknasilla Resort & Spa HOTEL €€€
(064-667 5600; www.parknasillahotel.ie; Parknasilla; DZ/Suite ab 169/269 €;) Schon seit 1895 begrüßt das Parknasilla berühmte Gäste wie George Bernard Shaw. Das idyllische Resort liegt 3 km südöstlich von Sneem am baumgesäumten Ufer des Flusses Kenmare mit Blick auf die Beara Peninsula im Süden. Von den modernen, luxuriösen Zimmern über das erstklassige Spa bis zum privaten Zwölf-Loch-Golfplatz und dem eleganten **Restaurant** wurde hier alles richtig gemacht.

Village Kitchen IRISCH €
(064-664 5281; 3 Bridge St; Hauptgerichte 8–12 €; 10–18, Juni–Aug. bis 21 Uhr;) Das Familienrestaurant serviert Einheimischen und Besuchern seit 25 Jahren Frühstück sowie Mittag- und Abendessen. Auf der Karte stehen u. a. Meeresfrüchtesuppe, Fischspezialitäten, Steaksandwiches, Pizza und Irish Stew.

Kenmare

2175 EW.

Kenmare (ken-*mär*) ist das Killarney der Intellektuellen. Es dient als idealer Ausgangspunkt zur Erkundung des Ring of Kerry (und der Beara Peninsula), aber ohne die Menschenmassen der Bustouren und den kalkulierten irischen Kitsch seiner berühmten Nachbarstadt. Der hübsche kleine Ort wartet mit einem schönen Netz von Straßen auf, die von Kunsthandwerksläden, Galerien, Cafés und Gourmetrestaurants gesäumt sind.

Als eine der wenigen Städte Irlands, die auf dem Reißbrett geplant wurden, ist Kenmare auf Grundlage einer x-förmigen Straßenanordnung ausgelegt. Der Marquis of Lansdowne ließ es Ende des 18. Jhs. als Vorzeigeobjekt seiner Landgüter in Kerry erbauen. Kenmare verdiente sein Geld als Marktstadt und Fischereihafen sowie mit Schmiedearbeiten, Bleiabbau und Steinbrüchen. Das Markthaus und das Lansdowne Arms Hotel sind heute noch erhalten. Für Infos zur Stadtgeschichte kann man sich in der Touristeninformation die Broschüre *Kenmare Heritage Trail* besorgen.

Der **Kenmare Fair** wird seit über 200 Jahren abgehalten und findet jedes Jahr am 15. August statt. Dann kommen Leute aus ganz Irland hierher, um mit Schafen, Rindern und Ponys zu handeln und Kunsthandwerk, Schnickschnack sowie hausgemachte Lebensmittelprodukte zu verkaufen.

In der Touristeninformation erfährt man Details zu Wanderrouten rund um die Kenmare Bay und in die Berge auf Abschnitten des Kerry Way und des Beara Way.

Sehenswertes & Aktivitäten

Kenmare Heritage Centre MUSEUM
(064-664 1233; The Square; April–Okt. Mo–Mi, Fr & Sa 9.30–17.15 Uhr) GRATIS Kenmares altes Gerichtsgebäude beherbergt eine Ausstellung zur Geschichte der Ortschaft von ihren Ursprüngen als Neidín (kleines Nest) bis zu ihrer Etablierung als Marktstadt durch den Marquis of Lansdowne. Außerdem erfährt man mehr über den 1861 errichteten Poor Clare Convent hinter der Holy Cross Church. Früher lernten die hiesigen Einwohnerinnen im Frauenkloster das Spitzenklöppeln und brachten Kenmare mit ihren Arbeiten internationalen Ruhm ein.

Im oberen Stockwerk zeigt das **Kenmare Lace & Design Centre** u. a. Designs für „das wichtigste Stück Spitze, das in Irland je hergestellt wurde" (jedenfalls laut der Meinung eines Kritikers aus dem 19. Jh.).

Holy Cross Church KIRCHE
(Old Killarney Rd) Die 1862 errichtete Kirche besitzt ein prächtiges Holzdach mit 14 geschnitzten Engeln. Mosaiken schmücken die Bogen des Mittelgangs und die Ecken der Buntglasfenster über dem Altar. Charles Hansom, der Architekt, war Mitarbeiter und Schwager von Augustus Pugin, dem Erbauer des Londoner Parlamentsgebäudes.

Seafari BOOTSTRIPS
(064-664 2059; www.seafari.ie; Kenmare Pier; Erw./Kind 20/12,50 €; April–Okt.) Während

der unterhaltsamen zweistündigen Fahrt kann man einen Blick auf Irlands größte Seehundkolonie und zahlreiche Wildtiere, darunter auch Seeadler, werfen. Unterwegs sorgen kostenloser Tee, Kaffee, Rum und die Matrosenlieder des Kapitäns für Stimmung. Ferngläser (und Lutscher!) werden gestellt.

Star Sailing WASSERSPORT
(☎064-664 1222; www.staroutdoors.ie; Dauros;) Einstündige Sightseeingtouren (18/10 € pro Erw./Kind) auf dem Fluss Kenmare und viele weitere Aktivitäten wie Kajaktrips (Einzel/Doppel 20/36 € pro Std.) und Wasserski (60 € pro 15 Min.). Star Sailing hat seinen Sitz an der R571, 6,5 km südwestlich von Kenmare.

Schlafen

Kenmare Fáilte Hostel HOSTEL €
(☎064-664 2333; www.kenmarehostel.com; 27 Main St; B/2BZ ab 18/44 €;) Perfekt gelegenes, angenehmes und modernes Hostel mit hochwertigem Mobiliar und erstklassiger Ausstattung – in der Küche steht sogar ein Aga-Herd. Im Vergleich mit den meisten Billigunterkünften bietet es eine angenehme Abwechslung.

Virginia's Guesthouse B&B €€
(☎064-664 1021; www.virginias-kenmare.com; Henry St; EZ/DZ 40/75 €;) Zentraler als in diesem preisgekrönten B&B mit einem großartigen Preis-Leistungs-Verhältnis kann man in Kenmare nicht unterkommen. Das kreative Frühstück besteht aus Bioobst und -gemüse aus der Region (je nach Jahreszeit z. B. Rhabarber und Blaubeeren sowie frisch gepresster Orangensaft und Porridge mit Whiskey). Alle acht Zimmer sind wunderbar gemütlich.

Hawthorn House B&B €€
(☎064-664 1035; www.hawthornhousekenmare.com; Shelbourne St; DZ 80–90 €;) Stilvolle Pension mit acht großzügigen Räumen, die nach Orten im Umland benannt und mit frischen Blumen dekoriert sind. Das Haus liegt versetzt hinter der belebten Shelbourne Street im Schutz eines niedrigen Mäuerchens.

Whispering Pines B&B €€
(☎064-664 1194; www.whisperingpineskenmare.com; Shelbourne Rd; DZ ab 70 €; Ostern–Nov.;) Die gemütliche Pension gleich südlich des Ortszentrums hinter der Hauptstraße verfügt über vier makellose Zimmer mit Privatbädern. Gäste werden herzlich empfangen: Bei der Ankunft gibt's Tee und Kekse, zum Frühstück hausgemachte Backwaren.

Sheen Falls Lodge HERITAGE HOTEL €€€
(☎064-664 1600; www.sheenfallslodge.ie; Knockduragh; EZ/DZ ab 180/240 €; Feb.–Dez.;) Noch heute verströmt die frühere Sommerresidenz des Marquis of Lansdowne aristokratisches Flair. Das Hotel wartet mit einem gehobenen französischen Restaurant, einer Cocktailbar, einem Spa und 66 Zimmern samt Marmorbädern auf, alles in herrlicher Lage neben einem Wasserfall am Fluss Sheen und mit Ausblick auf die Kenmare Bay bis nach Carrauntoohil. Gästen wird viel geboten, z. B. Lachsfischen und Tontaubenschießen.

Essen

★ **Tom Crean Fish & Wine** IRISCH €€
(☎064-664 1589; www.tomcrean.ie; Main St; Hauptgerichte 16–30 €; Do–Mo 17–21.30 Uhr;) Zu Ehren des Antarktisforschers Tom Crean, Pionier aus Kerry, wurde dieses renommierte Restaurant in Tom Crean Fish & Wine umbenannt. In modernem, schnörkellosem Ambiente kommen die besten regionalen Produkte aus biologischem Anbau – Käse, Fisch- und Meeresfrüchte – auf den Tisch. Alle Zutaten stammen von Lieferanten aus der Umgebung. Die Austern *au naturel* verströmen den Duft des Meeres und sind ebenso köstlich wie die hausgemachten Ravioli mit Garnelenmousse und der atlantische Lachs mit Sesamkruste und Koriander in Limettensoße.

Horseshoe IRISCH €€
(☎064-664 1553; www.thehorseshoekenmare.com; 3 Main St; Hauptgerichte 14–26 €; Küche tgl. 12.30–14.30, zusätzlich Do–Mo 17–22 Uhr) Auf der kurzen, aber hervorragenden Speisekarte dieses beliebten Pubs mit Blumenkästen am Eingang stehen u. a. Muscheln aus der Kenmare Bay in cremiger Apfelweinsoße und geschmortes Lamm aus der Region an Senf-Kartoffelbrei.

Mulcahy's Wild Garlic IRISCH €€€
(☎064-664 2383; 8 Main St; Hauptgerichte 20–30 €; Do–So 18–22 Uhr) In Kenmares bekanntestem Lokal geht's herrlich entspannt zu. Kerzenlicht sorgt für eine angenehme Atmosphäre. Küchenchef Bruce Mulcahy verwebt kulinarische Magie mit asiatischen und mediterranen Einflüssen. Hier werden regionale Fischgerichte und Meeresfrüchte wie Lachs, Garnelen, Dorsch-Sashimi und -Sushi oder Lamm aus Kerry mit Pilz-Pistazien-Kruste kredenzt.

Shoppen

Es gibt in Kenmare zahlreiche Künstlerläden und Galerien. Die Broschüre *Kenmare Art Spots*, erhältlich in der Touristeninformation (und in den Galerien selbst), listet etwa ein halbes Dutzen Shops auf, die man besuchen sollte.

Der wöchentliche **Farmers Market** (The Square; Mi 10–16 Uhr) findet auf dem Ortsplatz statt. An den Ständen bekommt man Gemüse, Käse, Honig, Gourmeteiscreme sowie Brot, Räucherlachs und viele weitere Produkte.

Praktische Informationen

Touristeninformation (064-664 1233; The Square; April–Okt. Mo–Mi, Fr & Sa 9.30–17.15 Uhr) Kostenlose Karten mit einem *heritage trail* (Geschichtspfad) rund um die Stadt und bis zu 13 km langen Wanderungen.

Anreise & Unterwegs vor Ort

Ganzjährig fahren Busse nach Killarney (12,10 €, 45 Min., 3-mal tgl.) und Sneem (9,40 €, 40 Min., 2-mal tgl.). Die nur im Sommer verkehrende Linie 282 verkehrt von Glengarriff nach Kenmare (12,10 €, 45 Min., Juli & Aug. Mo–Sa 1-mal tgl.).

Finnegan's Coach & Cab (064-664 1491; www.kenmarecoachandcab.com) Zahlreiche Touren, u. a. zum Ring of Kerry.

Finnegan's Cycle Centre (064-664 1083; www.finneganscornerkenmare.com; Shelbourne St; Fahrrad pro Tag/Woche 15/85 €; 10–18.30 Uhr) Vermietet Fahrräder.

DINGLE PENINSULA

Die Dingle Peninsula (Corca Dhuibhne; www.dingle-peninsula.ie) ist Südwestirlands letztes Juwel, ein knorriges Stück Erde am Atlantik, das am westlichsten Punkt des irischen Festlands endet. Im Schatten des heiligen Mt. Brandon verwebt sich hier ein Netz von fuchsiengesäumten *boreens* (Landstraßen) zu einer uralten Landschaft mit prähistorischen Ringfestungen und Bienenkorbhütten, Kapellen aus frühchristlicher Zeit sowie Kreuzen, heiligen Brunnen, malerischen Örtchen und verlassenen Dörfern.

Dort, wo das Festland auf den Ozean trifft – an den wellenumtosten Felsen oder geschützten sandigen Buchten mit sanften Wellen – entfaltet sich die wahre Schönheit der Dingle Peninsula.

Die Halbinsel hat ihr Zentrum im charmanten Städtchen Dingle und galt lange als Anziehungspunkt für Alternative, Künstler, Kunsthandwerker, Musiker und eigenwillige Charaktere, die man in Werkstätten, Museen oder bei Musikkonzerten und Folklore-

Dingle Peninsula

festivals der winzigen Siedlungen Dingles treffen und kennenlernen kann.

Geführte Touren

Die meisten hier aufgelisteten Unternehmen, die Touren auf dem Ring of Kerry anbieten, veranstalten auch Trips von Killarney zur Dingle Peninsula.

Dingle Slea Head Tours BUSTOUR
(☎087 218 9430; www.dinglesleaheadtours.com; pro Pers. 25 €) Geführte Minibustouren auf dem Slea Head Drive mit Start in Dingle-Stadt (2½ Std.).

Unterwegs vor Ort

Von Killarney und Tralee fahren regelmäßig Busse nach Dingle, aber die übrigen Orte auf der Halbinsel werden nur ein- bis zweimal pro Woche von lokalen Bussen angesteuert. Am besten erkundet man die Gegend mit dem Auto oder Rad.

Von Killarney über Castlemaine nach Dingle (Stadt)

Der schnellste Weg von Killarney nach Dingle führt durch Killorglin und Castlemaine. Ab Castlemaine geht's auf der R561 in Richtung Westen. Bald darauf erreicht man die

DER DINGLE WAY

Der 168 km lange Dingle Way (www.dingleway.com) führt um die ganze Halbinsel. Für eine Wanderung auf dem Rundweg, der in Tralee beginnt und endet, braucht man normalerweise acht Tage. Ein Großteil der Route verläuft auf flachen Nebenstraßen und Feldwegen, aber der beeindruckendste Abschnitt – die Überquerung des Masatiompan, der nördliche Bergsporn des Mt. Brandon – steigt bis auf 660 m Höhe an und windet sich über riesige Meeresklippen.

Die Karten 70 und 71 der Discovery-Serie von Ordnance Survey (Maßstab 1:50 000) enthalten detaillierte Abbildungen des Dingle Way.

Küste und fährt durch den Strandort Inch, bis man auf die N86 nach Dingle stößt.

Von Castlemaine verkehren Busse nach Tralee, Killorglin und Limerick (via Killarney), allerdings gibt's hier keine Verbindungen über Inch nach Annascaul.

Inch Strand

Dieses wunderbare 5 km lange Sandbank- und Dünensystem erstreckt sich bis zur Dingle Bay. Es zieht Surfer, Strandsegler, Landangler und sogar Regisseure an und war u. a. Drehort von Filmen wie *Ryans Tochter* (1970), *Excalibur* (1981) und *In einem fernen Land* (1992).

In den Dünen liegen Überreste von **Schiffswracks** sowie von Siedlungen aus der Stein- und Eisenzeit. Der nach Westen ausgerichtete Strand ist auch bei Surfern sehr beliebt, denn die Wellen können 1 bis 3 m hoch werden. Die **Offshore Surf School** (☎087 294 6519; www.offshoresurfschool.ie; Erw./Kind ab 25/20 €) bietet u. a. zweistündige Gruppenkurse an.

Autos sind zwar erlaubt, aber Vorsicht: Wer im Sand stecken bleibt, macht sich zur Zielscheibe des Spotts.

★ **Sammy's** CAFÉ €
(☎066-915 8118; www.inchbeach.ie; Hauptgerichte 14–20 €; ⏲9.30–22 Uhr, im Winter kürzer; 📶 👪) Am Eingang zum Strand lockt das quirlige Sammy's mit Gerichten wie Sandwiches, Pasta, frischen Austern und Muscheln Einheimische und Touristen an. Vor Ort gibt's einen Laden und eine Touristeninformation und im Sommer wird traditionelle Musik gespielt.

Annascaul

300 EW.

Hauptgrund für einen Zwischenstopp in Annascaul (Abhainn an Scáil) ist ein Besuch des **South Pole Inn** (☎066-915 7388; Main St; Hauptgerichte 11–18 €; ⏲Küche 12–21 Uhr). Antarktisforscher Tom Crean betrieb das große blaue Pub, nachdem er sich zur Ruhe gesetzt hatte. In der Kneipe werden köstliche, herzhafte Speisen sowie Fass- und Flaschenbier von der Dingle Brewing Company serviert.

Dingle (Stadt)

1965 EW.

Der bezaubernde kleine, vom Fischerhafen gesäumte Hauptort der Halbinsel strahlt eine ursprüngliche Idylle aus. Viele Pubs werden gleichzeitig als Geschäfte genutzt: Man kann also ein Guinness trinken und dabei Nägel, Gummistiefel oder Hufeisen kaufen. Diesem Charme sind schon zahlreiche Aussteiger aus aller Welt erlegen, durch die das Hafenstädtchen kosmopolitisch und künstlerisch daherkommt. Im Sommer sind die hügeligen Straßen oft von Besuchern verstopft, aber zu allen anderen Jahreszeiten verströmt Dingle eine ganz natürliche Anziehungskraft.

Zwar befindet man sich hier in einer Gaeltacht-Region, einer von Irlands größten Gemeinden, in denen noch Irisch gesprochen wird, doch die Einheimischen haben per Abstimmung beschlossen, dass ihre Stadt weiterhin als Dingle und nicht An Daingean – so der offizielle gälische Name – ausgeschildert wird.

Sehenswertes

Dingles Hauptattraktion ist der Ort an sich. Am besten spaziert man durch die Straßen und Gassen, streift durch die Hafengegend und erkundet Läden und Pubs.

Dingle Oceanworld AQUARIUM
(☎066-915 2111; www.dingle-oceanworld.ie; The Wood; Erw./Kind 13/7,50 €; ⏲Juli & Aug. 10–19 Uhr, Sept.–Juni 10–17 Uhr; 👪) In diesem wunderbaren Aquarium schwimmen farbenprächtige Fische durch Becken, in denen ganze Landschaften wie der Malawisee, der Kongo und der Amazonas in Miniaturformat zu sehen sind. Riffhaie und Stachelrochen sind im Haifischbecken zu bewundern. Für den unglaublich hässlichen Wrackbarsch wird extra Wasser aus dem Hafen abgepumpt. Außerdem gibt's einen begehbaren Unterwassertunnel und ein Streichelbecken.

Dingle Brewing Company BRAUEREI
(☎066-915 0743; www.dinglebrewingcompany.com; Spa Rd; Eintritt 6 €; ⏲Führungen nach Voranmeldung) Am 20. Juli 2011 öffnete diese fantastische Mikrobrauerei auf dem Gelände einer ehemaligen Molkerei aus dem 19. Jh. ihre Pforten. Das Datum war nicht nur zufällig der Geburtstag des örtlichen Antarktisforschers Tom Crean: Nach diesem ist das einzige Produkt der Brauerei, ein hopfenreiches Lager, benannt. Im Eintritt sind eine freie Besichtigung oder eine Führung sowie ein Pint inbegriffen. Die Brauerei befindet sich an der Straße in Richtung Connor Pass.

Dingle Distillery DESTILLERIE
(☎086 829 9944; www.dingledistillery.ie; Ventry Rd; Führung pro Pers. 10 €; ⏲Mo–Fr 9–17 Uhr) Dieser Ableger der Dubliner Porterhouse-Mikrobrauerei, brennt seit 2012 Whiskey, aber aufgrund des notwendigen Reifungsprozesses können die ersten Früchte seiner Arbeit erst 2016 in Flaschen abgefüllt werden. Hier werden auch Gin und Wodka produziert.

An Diseart KULTURZENTRUM
(☎066-915 2476; www.diseart.ie; Green St; Erw./Familie 2/5 €; ⏲Mo–Sa 9–17 Uhr) Das keltische Kulturzentrum befindet sich in einem wunderschönen ehemaligen Kloster im neugotischen Stil. Der Dubliner Künstler Harry Clarke hat die beeindruckenden Buntglasfenster des Gebäudes gestaltet; sie zeigen zwölf Szenen aus dem Leben Christi. Im Eintrittspreis ist eine 15-minütige Führung inbegriffen.

Aktivitäten

Delfintouren BOOTSTOUR
(☎066-915 2626; www.dingledolphin.com; The Pier; Erw./Kind 16/8 €) Die Boote der Dingle Boatmen's Association starten täglich am Pier zu einstündigen Beobachtungstouren von Dingles berühmtestem Bewohner, einem Delfin namens Fungie. Sollte sich das Tier wider Erwarten nicht zeigen, ist der Ausflug kostenlos. Das Ticketbüro befindet sich neben der Touristeninformation.

Naomhòg Experience BOOTSFAHRTEN
(☎087 699 2925; rowingdingle@gmail.com; Dingle Marina; 40 € p. P.) *Naomhòg* ist der Kerry-Name für ein *currach*, ein traditionelles irisches Boot aus einem Holzrahmen, der mit einer geteerten Leinwand (ursprünglich wurden Tierhäute verwendet) bedeckt ist. Die Boote wurden von den Bewohnern der Blasket-Inseln zum Fischen verwendet und werden heute von lokalen Liebhabern gepflegt und gefahren. Man kann zweistündi-

Dingle (Stadt)

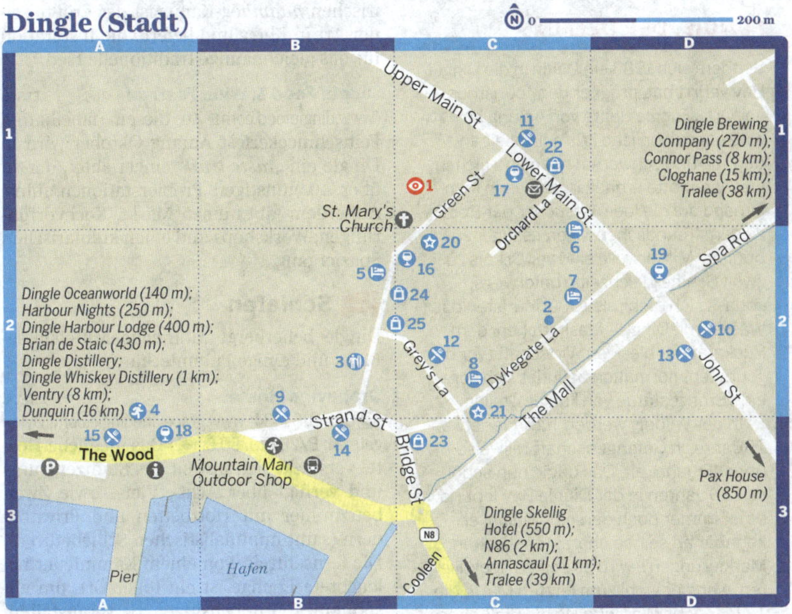

Dingle (Stadt)

Sehenswertes
1 An Díseart C1

Aktivitäten, Kurse & Touren
2 Dingle Music School C2
3 Dingle Surf B2
4 Irish Adventures A2

Schlafen
5 An Capall Dubh B2
6 Dingle Benner's Hotel C2
7 Grapevine Hostel C2
8 Hideout Hostel C2

Essen
9 Chowder B2
10 Doyle's D2
11 Global Village Restaurant C1
12 Grey's Lane Bistro C2
13 Idás D2
14 Murphy's B3
15 Out of the Blue A3

Ausgehen & Nachtleben
16 Dick Mack's C2
17 Foxy John's C1
18 John Benny's A3
19 Small Bridge Bar D2

Unterhaltung
20 Blue Zone C2
21 Phoenix Dingle C2

Shoppen
22 An Gailearaí Beag C1
Dingle Record Shop .... (siehe 20)
23 Farmers Market C3
24 Lisbeth Mulcahy C2
25 Little Cheese Shop C2

ge Fahrten in der Dingle Harbour buchen und lernen, wie man so ein Boot rudert.

Mountain Man Outdoor Shop RADFAHREN
(☎066-9152400; www.themountainmanshop.com; Strand St) Verleiht Räder für 15 € pro Tag und veranstaltet geführte Radtouren rund um die Dingle Peninsula, die sich um Themen wie Archäologie oder Essen drehen.

Dingle Surf SURFEN
(☎066-915 0833; www.dinglesurf.com; Green St; Surfunterricht Erw./Kind 30/25 €; ⏱Mo–Sa 10–18, So 11–17 Uhr) Dingle Surf bietet halbtägige Surfkurse für Anfänger in der Brandon Bay (auf der Nordseite der Halbinsel; inkl. Transfer) und betreibt einen Ausrüstungsverkauf, darunter auch die hauseigene kultige Surfwear-Marke.

FUNGIE, DER DELFIN

Seitdem sich 1983 ein Delfin in die Dingle Bay verirrt hat, prägt er den Tourismus vor Ort. „Fungie" legte von Anfang an eine ungewöhnliche Zutraulichkeit an den Tag und schwamm mit der örtlichen Fischereiflotte umher. Irgendwann kam jemand auf die Idee, Besucher per Boot zu dem freundlichen Meeressäuger zu bringen. Mittlerweile sind vor Ort bis zu zwölf Schiffe gleichzeitig unterwegs, sodass sich mehr als 1000 Touristen das Wasser mit Dingles Maskottchen, dem Rückgrat der hiesigen Wirtschaft (vor der Touristeninformation befindet sich sogar eine Bronzestatue von Fungie), teilen.

In der Wildnis werden Tümmler etwa 25 Jahre, in Gefangenschaft teilweise über 40 Jahre alt. Da Fungie nun schon seit 30 Jahren in der Dingle Bay lebt (ja, es ist immer noch derselbe Delfin, erkennbar an seinen charakteristischen Markierungen), wird es Zeit zu spekulieren, wann er wohl zum letzten Mal in die Tiefe taucht. Was wird Dingle bloß ohne seinen Delfin tun?

Irish Adventures ABENTEUERSPORT
(☎087 419 0318; www.irishadventures.net; The Wood) Geführte Abenteuertrips, u. a. Felsklettern auf den Meeresklippen im Umland (halber Tag pro Pers. 50 €) und Kajakfahrten in Dingle Harbour mit Fungie, dem Delfin (halber Tag oder bei Sonnenuntergang pro Pers. je 50 €).

Dingle Music School KURSE
(☎086 319 0438; www.dinglemusicschool.com; Wren's Nest Cafe, Dykegate Lane; 30 €/pro Std.) John Ryan bietet morgens und abends *bodhrán*- sowie Blechflötenkurse für Anfänger und Fortgeschrittene an. Instrumente werden gestellt.

Feste & Events

Aktuelle Veranstaltungstipps findet man online unter www.dingle-peninsula.ie.

Dingle Races SPORT
(www.dingleraces.ie) In der zweiten Augustwoche zieht dieses Event wahre Menschenmassen an. Die Rennstrecke liegt 1,6 km östlich der Ortschaft an der N86.

Dingle Regatta SPORT
(www.facebook.com/dinglerowingclub) Das Hafenrennen Ende August in traditionellen irischen *naomhóg*-Kanus ist das größte seiner Art in Kerry und lieferte die Inspiration für das gleichnamige traditionelle Lied.

Dingle Food & Wine Festival ESSEN
(www.dinglefood.com) Zu diesem fabelhaften Feinschmeckerfest Anfang Oktober wird in Dingle ein *„taste trail"* eingerichtet, der zu über 40 günstigen Probierstationen führt. Außerdem gibt's einen Markt, Kochvorführungen, Workshops und einen kulinarischen Spaziergang.

Schlafen

Dingle beherbergt zahlreiche Mittelklasse-B&Bs und einige Pubunterkünfte.

Grapevine Hostel HOSTEL €
(☎066-915 1434; www.grapevinedingle.com; Dykegate Ln; B/2BZ 19/50 €; 📶) Das niedliche Hostel versteckt sich unweit des Stadtzentrums und verfügt über Acht-, Vier- sowie Zweibettzimmer mit Holzbetten und Privatbädern (samt minimalistischen Schiebetüren). Die fernsehfreie, von einem Kaminfeuer beleuchtete Lounge ist ein toller Ort, um ein spontanes Gruppensingen zu veranstalten. Weit im Voraus buchen.

Hideout Hostel HOSTEL €
(☎066-915 0559; www.thehideouthostel.com; Dykegate Lane; B/DZ 21/52 €; @📶) Das zentral gelegene Hostel ist in einem ehemaligen Gästehaus untergebracht, was die mit eigenen Bädern ausgestatteten Zimmer erklärt. Zu der erstklassigen Bleibe gehören zwei Aufenthaltsräume mit schicken Möbeln, ein Fahrradschuppen und eine gut ausgestattete Küche. Im Preis ist ein leichtes Frühstück enthalten (Tee, Kaffee, Toast, Müsli), zudem kennt sich der engagierte Besitzer Mícheál bestens in der Gegend aus.

★ **Pax House** B&B €€
(☎066-915 1518; www.pax-house.com; Upper John St; EZ/DZ ab 110/130 €; ⏱Mitte Nov.–bis Mitte Feb. geschl.; @📶👪) Von der individuellen Ausstattung mit zeitgenössischen Gemälden bis zur einmaligen Aussicht über die Mündung von den Balkonen und der Terrasse: Ein Aufenthalt im Pax House, 1 km südöstlich des Zentrums, ist ein Volltreffer. Zur Auswahl stehen günstigere Quartiere mit Blick auf die Hügel, Zimmer mit Aussicht auf den Meeresarm und Familiensuiten mit zwei Räumen sowie einem Zugang zur Terrasse.

Harbour Nights B&B €€
(☎066-915 2499; www.dinglebandb.com; The Wood; DZ 70–90 €; @📶👪) Die Hälfte der Zimmer

dieser Pension hat Balkone mit einem herrlichen Blick auf den Hafen, ebenso wie der Aufenthaltsraum mit Terrasse im Obergeschoss .

An Capall Dubh B&B €€
(☎066-915 1105; www.ancapalldubh.com; Green St; DZ/FZ 90/160 €;) Eine Auffahrt für Kutschen aus dem 19. Jh. führt zum gepflasterten Innenhof dieser luftigen Pension mit hellem Holz und karierten Stoffen. In den separaten Reihenhäuschen haben bis zu sechs Personen Platz.

Dingle Harbour Lodge GÄSTEHAUS €€
(☎066-915 1577; www.dingleharbourlodge.com; The Wood; EZ/DZ ab 70/110 €;) Dieser Zweckbau verfügt über eine große helle Lobby mit Holzfußboden und vielen frischen Blumen, saubere Zimmer mit Flachbildschirmen sowie ein sehr effizientes Management. Als preiswerte moderne Unterkunft besetzt die Dingle Harbour Lodge eine Nische. Zum Zentrum sind es nur fünf Gehminuten, aber dank der Lage oberhalb des Hafens hört man keinen Straßenlärm. Darüber hinaus bieten die Zimmer in der oberen Etage einen fantastischen Ausblick.

Dingle Benner's Hotel HOTEL €€€
(☎066-915 1638; www.dinglebenners.com; Main St; EZ/DZ ab 114/179 €;) Alteingesessenes Hotel voll altmodischer Eleganz und regionalem Charme. Die Zimmer warten mit modernem Komfort auf und es gibt eine Lounge, eine Bibliothek und die sehr beliebte Mrs. Benners Bar. Am meisten Atmosphäre verströmen die Räumlichkeiten im 300 Jahre alten Flügel, dafür sind die Zimmer in den neueren Gebäudeteilen ruhiger und größer.

Dingle Skellig Hotel HOTEL €€€
(☎066-915 0200; www.dingleskellig.com; EZ/DZ 129/178 €; @) Ein ozeangleicher Pool und ein Spa mit Whirlpool unter freiem Himmel sind die Highlights der luxuriösen Unterkunft in Meeresnähe südlich der Stadt. Die Zimmer wurden in leckeren Brauntönen von creme- und karamell- bis zu haselnuss- und schokofarben gestaltet. Es gibt ein Restaurant und mehrere Bars und für Familien Zimmer mit Verbindungstüren sowie eine Kinderkrippe und einen Kinderclub.

Essen

Ganz Kerry ist für seine Meeresfrüchtegerichte bekannt, aber Dingle genießt in dieser Hinsicht einen besonders guten Ruf. Die Ortschaft wartet mit einigen tollen Restaurants und Cafés sowie exzellenter Pubkost auf, vor allem im John Benny's.

Murphy's EISCREME €
(www.murphysicecream.ie; Strand St; Eistüte 3,80 €; ⏲11.30–19 Uhr;) Das großartige in Dingle hergestellte Eis gibt's u. a. in den Geschmacksrichtungen Guinness, Kilbeggan Whiskey, Schwarzbrot, Meersalz, Honigwabe und Minze. Weitere Filialen befinden sich in Killarney und Dublin.

★ **Chowder** CAFÉ €€
(Strand St; Hauptgerichte 9–15 €; ⏲10–17.30 Uhr, Juni–Aug. bis 21 Uhr) Unprätentiöses, stets gut gefülltes Café, das hochwertige Bistrokost und üppige Frühstücksgerichte (z. B. Pfannkuchen) auftischt. Spezialität des Hauses ist die leckere Meeresfrüchtesuppe, aber auch die Mittagsangebote wie hausgemachte Krabbentarte, Sandwiches mit Schweinebauch und Füllung oder die Muscheln in Knoblauchsoße überzeugen. Es gibt auch draußen Tische.

Global Village Restaurant INTERNATIONAL €€
(☎066-915 2325; www.globalvillagedingle.com; Upper Main St; Hauptgerichte 19–29 €; ⏲März–Okt. 17.30–21.30 Uhr) Im eleganten Ambiente eines kontinentalen Bistros kredenzt dieses Lokal eine Mischung aus internationalen Gerichten, die der weit gereiste Besitzer und Küchenchef zusammengestellt hat, allerdings werden dafür Produkte von lokalen Erzeugern verwendet, z. B. Berglamm aus Kerry. Die Weinauswahl ist hervorragend.

Grey's Lane Bistro BISTRO €€
(☎087 264 0613; www.greyslanebistro.com; Grey's Lane; Hauptgerichte mittags 10–13 €, abends 17–24 €, ⏲10–21.30 Uhr) Kürzlich ist das Grey's Lane an einen neuen Standort umgezogen. Es zählt zu den beliebtesten Restaurants in Dingle für internationale Bistroküche: Von Lamm-Tajine über grüne Thaicurrys und Wokgerichte mit Ingwer bis zu mediterranen Schmorpfannen ist alles dabei.

★ **Out of the Blue** FISCH & MEERESFRÜCHTE €€€
(☎066-915 0811; www.outoftheblue.ie; The Wood; Hauptgerichte 21–29 €; ⏲tgl. 17–21.30, So auch 12.30–15 Uhr) Auf der Speisekarte des witzigen blau-gelben Lokals im Stil einer Fischerhütte am Meer steht ausdrücklich, dass hier keine Pommes frites serviert werden. Trotz des rustikalen Ambientes ist dies das beste Restaurant der Stadt. Es bietet ausschließlich frische regionale Meeresfrüchte an und bleibt einfach geschlossen, wenn mal keine ins Netz gehen. Und wer braucht schon Pommes?

KLEMPA2/SHUTTERSTOCK ©

1. Schafe beim Grasen am Slea Head Drive (S. 305) 2. Surfer, Inch Strand (S. 297) 3. Connor Pass (S. 308) 4. Dingle (Stadt) (S. 298)

2

JEFF MAURITZEN/GETTY IMAGES ©

4

Dingle Peninsula

Diese Halbinsel bündelt das Beste, was das County Kerry zu bieten hat. Sie kann problemlos innerhalb eines Tages erkundet werden, doch je länger man bleibt, desto wahrscheinlicher ist es, dass man gar nicht mehr abreisen will. Das bezeugen auch die vielen Künstler, die sich hier niedergelassen haben.

Slea Head

Der Slea Head weist die größte Konzentration an altertümlichen Stätten in ganz Kerry auf. Dazwischen locken jede Menge traumhafte Fotomotive und das ausgefallene Celtic & Prehistoric Museum.

Castlegregory

An der Nordseite der Dingle Peninsula liegt Castlegregory, ein Paradies für Wassersportler, insbesondere für Taucher. Über viele Möglichkeiten freuen sich auch begeisterte Wanderer.

Connor Pass

Die malerischste Route quer durch das Inland der Dingle Peninsula führt über Irlands höchsten befahrbaren Pass (456 m) und bietet eine atemberaubende Aussicht auf die Halbinsel.

Inch Strand

Perfekte Wellen, ein breiter, sandiger Strand sowie eine geniale Kreuzung aus Pub, Restaurant und Café – das Sammy's – machen Inch zu einer wunderbaren Anlaufstelle. Wie wär's mit Surfstunden oder einem Spaziergang über die 5 km lange Sandbank?

Dingle (Stadt)

Ein typisch irisches Küstenörtchen: Die alten Pubs dienen auch als Lebensmittelläden, es gibt kreuz und quer verlaufende Gassen sowie traditionelle Jamsessions, und im Hafen kann man dabei zusehen, wie frischer Fisch ausgeladen wird.

★ **Idás** IRISCH €€€
(☎ 066-915 0885; John St; Hauptgerichte 26–30 €; ⏱ Di–So 17.30–21.30 Uhr) Küchenchef Kevin Murphy hat sich nur den edelsten irischen Produkten verschrieben. Viele davon kommen aus Kerry; das Lammfleisch, die Meeresfrüchte und Kräuter stammen von der Dingle Peninsula. Der Gourmetkoch kreiert daraus innovative Köstlichkeiten wie geschmortes John-Dory-Filet mit Fenchel-Dashi-Rahm, eingelegten Gurken, wildem Knoblauch und Pimpernellensalat. Ein Early-Bird-Menü für Frühesser mit zwei/drei Gängen ist für 24,50/28,50 € zu haben.

Doyle's FISCH & MEERESFRÜCHTE €€€
(☎ 066-915 2674; www.doylesofdingle.ie; 4 John St; Hauptgerichte 20–33 €; ⏱ 17–21 Uhr, die Schließtage sind saisonabhängig) Das Doyle's mit seiner scharlachroten Fassade gilt als eines der besten Fischlokale der Gegend – und das will hier etwas heißen. Neben Vorspeisen wie Risotto und Pastete mit Meeresfrüchten kommen verschiedene Hauptgerichte wie spanischer Fischeintopf, Meeresfrüchte-Linguine und Hummer auf den Tisch.

Ausgehen & Unterhaltung

Viele der zahlreichen Pubs in Dingle warten mit einem Unterhaltungsprogramm auf.

★ **John Benny's** PUB
(www.johnbennyspub.com; Strand St; ⏱ 12–23 Uhr) Ein knisternder, gusseiserner Holzofen, Steinplattenboden, Erinnerungsstücke, herzliche Angestellte und das Fehlen eines nervenden Fernsehers machen dieses Pub zu einem der nettesten in Dingle. An den meisten Abenden amüsieren sich hier Einheimische bei traditioneller Musik.

Dick Mack's PUB
(Green St; ⏱ 15 Uhr–spät) Auf den Gehwegsternen vor dem Pub stehen Namen berühmter Gäste. Altes Holz und Gemütlichkeit beherrschen den Innenraum, der durch seine Beleuchtung wie das Innere einer Whiskeyflasche aussieht. Im Garten dahinter stehen viele Tische und Stühle.

Foxy John's PUB
(Main St; ⏱ 10–23 Uhr; 📶) In Dingle gibt's mehr als 50 Pubs; viele davon waren früher Geschäfte. Das Foxy John's in der Main Street hat noch ein altes Sortiment an Eisenwaren und Outdoorkleidung, die es neben Bier und Whiskey verkauft, und verleiht zudem Fahrräder. Ein weiteres Beispiel für eine solche Ladenkneipe ist Curran's auf der Straßenseite gegenüber.

Small Bridge Bar LIVEMUSIK
(An Droichead Beag; Lower Main St; ⏱ ab 13 Uhr–spät) Ab 21.30 Uhr sorgt in dem rustikalen Pub bei der Brücke jeden Abend traditionelle Musik für gute Stimmung.

Blue Zone JAZZ
(Green St; ⏱ 17.30 Uhr–0.15 Uhr) Tolle Kombination aus Jazzbar, Pizzeria und Weinkeller in stimmungsvollen Blau- und Rottönen.

Phoenix Dingle KINO
(www.phoenixdingle.net; Dykegate Lane) In dem gemütlichen familienbetriebenen Kino werden neue Filme und Arthousestreifen gezeigt.

Shoppen

Neben Fungie-Souvenirs bekommt man in vielen Geschäften auch hochwertiges lokales Kunsthandwerk.

Farmers Market MARKT
(Ecke Bridge St & Dykegate Lane; ⏱ Fr 9–15 Uhr) Frische Lebensmittel aus der Region und hausgemachte Leckereien.

Lisbeth Mulcahy MODE
(www.lisbethmulcahy.com; Green St; ⏱ Juni–Sept. Mo–Sa 9.30–19, So 12–18 Uhr, Okt.–Mai Mo–Sa 10–17 Uhr) An einem 150 Jahre alten Webstuhl entstehen die wunderschönen Schals, Teppiche und Wandbehänge der bekannten Designerin Lisbeth Mulcahy. Die Künstlerin verkauft auch die Keramikarbeiten ihres Mannes, der sein Atelier bei Louis Mulcahy Pottery (S. 308) westlich von Dingle hat.

An Gailearaí Beag KUNST & KUNSTHANDWERK
(www.angailearaibeag.com; Main St; ⏱ tgl. 11–17 Uhr) In der kleinen Galerie kümmern sich oft die Künstler selbst um den Verkauf. Hier werden Arbeiten der West Kerry Craft Guild sowie Keramik, Gemälde, Holzschnitzereien, Fotos, Batik, Schmuck und Glasmalereien präsentiert.

Brian de Staic SCHMUCK
(www.briandestaic.com; The Wood; ⏱ Mo–Sa 9.30–17.30 Uhr) Der bekannte lokale Designer Brian de Staic integriert in seine außergewöhnlichen, individuell gefertigten modern-keltischen Stücke Symbole wie den Hill of Tara, Kreuze und Hinkelsteine und stellt auch Schmuck mit Ogham-Schrift her.

Little Cheese Shop KÄSE
(www.thelittlecheeseshop.ie; Grey's Lane; ⏱ Mo–Fr 11–18, Sa 11–17 Uhr) Dieser kleine Laden der in

der Schweiz ausgebildeten Käseherstellerin Maja Binder bietet aromatischen Käse aus ganz Irland, darunter auch selbst hergestellte Sorten aus Milch von der Dingle Peninsula.

Dingle Record Shop MUSIK
(www.dinglerecordshop.com; Green St; ⌚Mo–Sa 11–17 Uhr; unregelmäßige Öffnungszeiten) Versteckt in einer Ecke bei der Green Street verkauft der kleine Dingle Record Shop Alben, die man bisher nicht im Internet runterladen kann. Zum Onlineangebot gehören Podcasts von Stücken, die im Laden aufgenommen wurden.

Praktische Informationen

Alle Banken in der Main Street haben Geldautomaten. Die Post befindet sich in einer Seitenstraße der Lower Main Street. Kostenlose Parkplätze gibt's fast im ganzen Ort, am Hafen muss man aber dafür zahlen.

Touristeninformation (☎066-915 1188; www.dingle-peninsula.ie; The Pier; ⌚Mo–Sa 9.15–17 Uhr) Eine hilfreiche, aber ziemlich überlaufene Anlaufstelle. Hier bekommt man Karten, Guides und jede Menge nützliche Informationen über die Halbinsel. Die Buchung von Unterkünften kostet 5 €.

An- & Weiterreise

Bus Éireann (www.buseireann.ie) bietet jeden Tag bis zu sechs Verbindungen nach Killarney (17,60 €, 1½ bis 2 Std.) über Tralee (14,40 €, 1¼ Std.). Die Busse starten am Parkplatz hinter dem Supermarkt

Dingle Shuttle Bus (☎087 250 4767; www.dingleshuttlebus.com; pro Pers. 20 €) betreibt einen Minibusservice zwischen dem Kerry Airport und Dingle (angegebener Preis gilt für ein Minimum von 3 Pers.). Die Buchung muss im Voraus erfolgen.

Unterwegs vor Ort

Dingle lässt sich ganz wunderbar zu Fuß erkunden. Fahrräder kann man u. a. bei Foxy John's (S. 304) und im Outdoorshop Mountain Man (S. 299) ausleihen, wo ein Rad 12 bis 15 € pro Tag kostet.

Paddy's Bike Shop (☎066-915 2311; www.paddysbikeshop.com; Dykegate Lane; pro Tag/Woche ab 15/75 €; ⌚Mai–Sept. 9–19 Uhr, März, April & Okt. bis 18 Uhr, Nov.–Feb. geschl.) verleiht Hybrid-, Mountain- und Roadbikes sowie Kindersitze, Gepäcktaschen und Fahrradträger fürs Auto.

Dingle Cabs (☎087 660 23 23; www.dinglecabs.com) bietet einen lokalen Taxidienst, Flughafentransfers und geführte Touren rund um die Dingle Peninsula.

Slea Head Drive

Diese ausgeschilderte 50 km lange Rundstraße führt durch die Dörfer Ventry, Dunquin, Ballyferriter und Ballydavid westlich von Dingle (Stadt) und passiert unterwegs alle wichtigen Sehenswürdigkeiten. Inklusive Zeit fürs Sightseeing dauert die Fahrt mindestens einen halben Tag. Mit dem Rad muss man einen bis zwei Tage einplanen. Stellenweise ist die Straße sehr schmal, daher sollte man der Strecke im Uhrzeigersinn folgen. Wer diese Regel ignoriert, wird beim Versuch, sich an einem entgegenkommenden Tourbus vorbeizuzwängen, den gesamten Verkehr aufhalten.

Zu den Attraktionen entlang der Straße zählen schöne Strände, gute Wanderwege und ausgezeichnet erhaltene historische Bauwerke wie Bienenkorbhütten, Ringfestungen, Felsen mit Inschriften und frühchristliche Stätten. Die Landschaft ist beeindruckend, besonders wenn Nebel aufkommt – wobei man bei dichtem Seenebel gar nichts mehr sieht.

Dunmore Head ist der westlichste Punkt des irischen Festlands; gleich südlich davon erstreckt sich der **Coumeenoole Beach** (der Parkplatz liegt gleich an der Straße), eine malerische Bucht, die im Film *Ryans Tochter* als Kulisse diente. Bei Ventry und am **Wine Strand** (nahe Ballyferriter) gibt's noch viele weitere gute Sandstreifen.

Die Buslinie 275A fährt immer montags und donnerstags von Dingle (Stadt) über Ventry nach Dunquin (6,60 €, 30 Min., 2-mal pro Tag). Bus 275B verkehrt dienstags und freitags von Dingle (Stadt) über Gallarus nach Ballydavid (4,80 €, 20 Min., 2-mal pro Tag).

Sehenswertes

Celtic & Prehistoric Museum MUSEUM
(☎087 770 3280; Kilvicadownig, Ventry; Eintritt 5 €; ⌚Mitte März–Okt. 10–17.30 Uhr) Das Museum 4 km südwestlich von Ventry präsentiert eine eindrucksvolle Sammlung keltischer und prähistorischer Artefakte, darunter der weltweit größte Schädel und die größten Stoßzähne eines Wollmammuts, das 40 000 Jahre alte Skelett eines Höhlenbärs, Wikinger-Schlittschuhe aus Pferdeknochen, Streitäxte aus Stein, Messer aus Feuerstein und Schmuck. Einst gehörten all diese Dinge zu der Privatsammlung von Harry Moore, einem hier lebenden Musiker aus den USA, der auf Nachfrage gerne ein paar keltische Melodien zum Besten gibt.

Dún Beag Fort ARCHÄOLOGISCHE STÄTTE
(www.dunbegfort.com; Eintritt 3 €; ⌚9–19 Uhr) Auf einer Meerklippe etwa 6 km südwestlich von Ventry thront das eisenzeitliche Dún Beag Fort, eine eindrucksvolle Vorgebirgsfestung mit vier äußeren Steinmauern. Im Innern der Anlage befinden sich die Reste eines Hauses, eine Bienenkorbhütte sowie ein unterirdischer Gang. Eine zehnminütige audiovisuelle Präsentation im **Besucherzentrum** ist im Eintrittspreis inbegriffen.

Famine Cottage MUSEUM
(www.famine-cottage.com; Eintritt 3 €; ⌚April–Okt. tägl. 10–18 Uhr, sonst kürzer geöffnet) Direkt oberhalb des Dunbeg Fort Visitor Centre liegt auf einem Hügel das 1845 errichtete Famine Cottage. Hier sind u.a. Möbel und Kochutensilien zu sehen, die daran erinnern, wie ärmlich die Bewohner einstmals lebten.

Blasket Centre KULTURZENTRUM
(Ionad an Bhlascaoid Mhóir; ☎066-915 6444; www.heritageireland.ie; Erw./Kind 4/2 €; ⌚April–Mitte Okt. 10–18 Uhr) Das wunderbare Infozentrum widmet sich dem vielfältigen kulturellen Leben der heute verlassenen Blasket Islands. Es ist in einem auffallenden modernen Gebäude untergebracht und verfügt über eine lange weiße Halle mit deckenhohen Fenstern, durch die man direkt auf die Inseln blickt. Neben namhaften Schriftstellern wie John Millington Synge, Autor von *Held der westlichen Welt*, werden auch Blaskets viele Geschichtenerzähler und Musiker vorgestellt. Ausstellungen über Schiffsbau und Fischfang zeigen die eher prosaisch anmutenden praktischen Gegenstände des alltäglichen Insellebens.

Außerdem befinden sich hier ein **Café** mit Blick auf die Inseln und ein **Buchladen**.

Dingle Peninsula Museum MUSEUM
(Músaem Chorca Dhuibhne; ☎066-915 6100; www.westkerrymuseum.com; Ballyferriter; Eintritt 3,50 €; ⌚Ostern & Juni–Mitte Sept. 10–17 Uhr) In der alten Schule aus dem 19. Jh. werden Exponate zur Archäologie und Ökologie der Halbinsel präsentiert.

Reask Monastic Site ARCHÄOLOGISCHE STÄTTE
(An Riaisc) GRATIS Die Überreste dieser Klostersiedlung aus dem 5. oder 6. Jh. zählen zu den interessantesten archäologischen Stätten der Halbinsel. Zwischen kurzgeschnittenen, mit Gänseblümchen bewachsenen Rasenflächen zeigen sich hier die Fundamente von Bienenkorbhütten, Lagerhäusern und einer frühen christlichen Kapelle. Vor Ort wurden mindestens zehn Steinkreuze gefunden, darunter auch der wunderschöne **Reask Stone**, der mit keltischen Motiven verziert ist. Die Ruinen befinden sich etwa 2 km östlich von Ballyferriter an der Straße abseits der R559 (den Hinweisschildern zum „Mainistir Riaisc" folgen).

Gallarus Oratory HISTORISCHE STÄTTE
(☎066-915 6444; www.heritageireland.ie) GRATIS Das Gallarus Oratory ist eines der schönsten antiken Bauwerke Irlands. Seine sauber konstruierten Trockenmauern haben die Form eines umgedrehten Bootes. Seit 1200 Jahren steht das Gebäude nun schon an seiner einsamen Stelle unterhalb der braunen Hügel und trotzt den Elementen. Es gibt einen schmalen Torweg auf der Westseite und ein einzelnes, halbrundes Fenster auf der Ostseite. Die Stätte liegt 8 km nordwestlich von Dingle (Stadt) und ist abseits der R559 gut ausgeschildert.

Kilmalkedar Church KIRCHE
GRATIS Die bedeutendste christliche Stätte der Dingle Peninsula hat eine wunderschöne Lage und bietet einen herrlichen Ausblick auf den Smerwick Harbour. Sie wurde im 12. Jh. von St. Maolcethair auf den Überresten eines Klosters aus dem 7. Jh. erbaut. Mit ihrem

EINTRITT ZUM GALLARUS ORATORY

Der Eintritt zum Gallarus Oratory ist kostenfrei, aber es gibt nur sehr wenige öffentliche Parkmöglichkeiten neben der Stätte. 150 m bergabwärts vom öffentlichen Eingang befindet sich ein gut ausgeschildertes, privat geführtes **Besucherzentrum** (www.gallarusoratory.ie; Eintritt 3 €; ⌚Ostern–Okt. 9–18 Uhr) mit zahlreichen kostenpflichtigen Stellplätzen. Die Schilder am öffentlichen Eingang wurden entfernt, vielleicht, damit die private Einrichtung mehr Zulauf hat.

Einziger Grund, die Gebühr des Besucherzentrums zu zahlen, ist tatsächlich der Parkplatz, denn die audiovisuelle Präsentation kann nicht überzeugen. Wanderer und Radfahrer, die die Stätte durch den öffentlichen Eingang betreten, sollten sie auf demselben Weg wieder verlassen. Ahnungslose Touristen, die auf dem Rückweg durch das Gelände des Besucherzentrums laufen, könnten gebeten werden zu zahlen.

westlichen Rundbogentor, das mit Chevron-Mustern und einem geschnitzten Menschenkopf verziert ist, gilt sie als hervorragendes Beispiel für die irisch-romanische Architektur. Auf dem Friedhof kann man einen Ogham-Stein und eine gemeißelte steinerne Sonnenuhr bewundern.

Aktivitäten

Saint's Road WANDERN

(Cosàn na Naomh; www.irishtrails.ie) Der 18 km lange ausgeschilderte Wanderweg folgt der Route eines antiken Pilgerpfads, der vom Strand bei Ventry am Fuß des Mount Brandon entlang nach Ballybrack (An Baile Breac) führt und unterwegs das Gallarus Oratory, die Kilmalkedar Church sowie mehrere andere frühchristliche Stätten passiert. Ab Ballybrack kann man über die Stationen des Kreuzwegs zum Gipfel des Mt. Brandon weiterlaufen (nur für erfahrene Bergwanderer).

Mt. Brandon WANDERN

Mit 951 m ist der Mt. Brandon (Cnoc Bréanainn) der achthöchste Berg Irlands. Er erhebt sich in prachtvoller Isolation nördlich von Dingle. Im Nordosten präsentiert er sich als komplexer Bergzug mit spektakulären Klippen und Gletscherseen, im Nordwesten fällt er steil ins Meer ab. Es gibt viele Wanderrouten zur Spitze, die in den lokalen Wanderführern beschrieben werden, aber die kürzeste und einfachste ist der alte Pilgerpfad von Ballybrack (der Parkplatz liegt 11 km nördlich von Dingle-Stadt und ist abseits der R549 ausgeschildert).

Vom Parkplatz führt der Pfad wie ein Pfeil geradeaus zur Spitze. Unterwegs passiert man nummerierte Holzkreuze, die die 14 Stationen des Kreuzwegs symbolisieren. Dann biegt der Pfad nach rechts ab und erreicht nach einer Zickzackkurve den mit einem riesigen Steinhaufen und einem 15. Kreuz markierten Gipfel. Bei klarem Wetter ist der Ausblick von oben atemberaubend. Der Abstieg erfolgt über dieselbe Route (insgesamt 8,5 km, 3 Std.).

Long's Riding Stables REITEN

(☎ 066-915 9034; www.longsriding.com; Ventry; 1 Std. ab 30 €) Ausritte am Strand von Ventry oder über die Hügel oberhalb der Bucht.

Schlafen & Essen

Oratory House Camping CAMPINGPLATZ €

(Campaíl Teach An Aragail; ☎ 086 819 1942; www.dingleactivities.com; Gallarus; Wanderer 9 €, Fahrzeug & 2 Erwachsene 20 €; ⏲ April–Sept.; 📶 👪) Europas westlichster Campingplatz liegt zwei Gehminuten vom Gallarus Oratory auf einem wunderbar geschützten Landstück. Der Inhaber gilt auch als gute Infoquelle für die Region und viele Aktivitäten wie Wanderungen.

Dún Chaoin Youth Hostel HOSTEL €

(☎ 066-915 6121; www.anoige.ie; Dunquin; B 15–18,50 €, 2BZ 44 €; ⏲ März–Okt.; 👪) Das Hostel verfügt über eine herrliche Lage in der Nähe des Blasket Centre und nicht zu weit vom Dunquin Pier entfernt. Außerdem bietet es einen herrlichen Ausblick auf die Blasket Islands. Das nächste Geschäft ist 8 km entfernt, daher sollte man alles Nötige mitbringen.

Ceann Trá Heights B&B €

(☎ 066-915 9866; www.ceanntraheights.com; Ventry; EZ/DZ 55/76 €; ⏲ März–Nov.; 📶) Ein toller Ausgangspunkt zur Erkundung der Gegend ist dieses moderne Gästehaus mit fünf Zimmern und einer großartigen Lage samt Blick auf die Ventry Bay (die Zimmer 1 und 2 stechen dabei besonders hervor). Bei kaltem Wetter wird der gemütliche Aufenthaltsraum von einem offenen Feuer erwärmt.

Tig Áine CAFÉ €

(☎ 066-915 6214; www.tigaine.com; An Ghráig, Ballyferriter; Hauptgerichte 7–13 €; ⏲ Di–So 12–20 Uhr) 5 km westlich von Ballyferriter liegt dieses familiengeführte Café mit einer Terrasse, von der man über den Clogher Beach auf Sybil Head blickt. Während man Murphy's-Eiscreme genießt, kann man die Enten im Garten beobachten und die Aussicht bewundern. Oder man sucht sich drinnen ein Plätzchen, liest Bücher über Vogelbeobachtung und isst dazu Meeresfrüchtesuppe.

Caifé na Caolóige CAFÉ €

(www.louismulcahy.com; Clogher, Ballyferriter; Hauptgerichte 7–11 €; ⏲ 10–17 Uhr) Das helle, moderne Café im Louis Mulcahy Pottery serviert frische hausgemachte Gourmetgerichte, belegte Brote mit geräuchertem Biolachs oder Käse aus Dingle sowie Suppen, Paninis, Kuchen und Kaffee. Die heiße Schokolade ist köstlich!

Tigh TP KNEIPENKOST €€

(TP's Pub; ☎ 087 246 0507; www.dingleactivities.com; Hauptgerichte 12–25 €; ⏲ Küche 12–21 Uhr) Dieses freundliche Pub am Nordende des Wine Strand überzeugt mit einem schönen Blick auf Sand und Wasser und ist ein toller Ort für ein Pint sowie regionale Meeresfrüchte. Die Besitzer führen auch das Coast Guard House and Lodge nebenan mit guten Hostel- und Pensionszimmern (B 20 €, DZ ab 60 €).

★ **Gormans Clifftop House** IRISCH €€
(☎066-915 5162; www.gormans-clifftophouse.com; Glashabeg; Hauptgerichte 19–29 €; ⏲Mo–Sa Abendessen nach Reservierung; 📶) Bei Weitem die beste Wahl, um in dieser Gegend etwas zu essen und/oder zu übernachten, ist das Gormans Clifftop House. Um abends in den Genuss von köstlichem Kerry-Berglamm-Eintopf, Dingle-Bay-Garnelen und anderen exquisiten Spezialitäten zu kommen, muss man vorher reservieren. Die Zimmer (DZ 110–150 €) sind luftig, modern und tadellos sauber, das Personal ist freundlich und die Aussicht herrlich.

Shoppen

Louis Mulcahy Pottery TÖPFEREI
(☎066-915 6229; www.louismulcahy.com; Clogher, Ballyferriter; ⏲Mo–Fr 9–17.30, Sa & So 10–17.30 Uhr, April–Okt. länger geöffnet) Eine der interessantesten Töpfereien in Kerry mit einer großen Auswahl an modernen und traditionellen Designs.

Blasket Islands

5 km vor der Küste ragen Irlands westlichste Inseln (Na Blascaodaí) aus dem Atlantik. Mit 6 km Länge und 1,2 km Breite ist **Great Blasket** (An Blascaod Mór) das größte und meistbesuchte Eiland. Tagesbesucher kommen hierher, um die verlassenen Siedlungen zu erkunden, Meeresvögel zu beobachten, am Trá Bán (einem schönen weißen Sandstrand beim Pier) zu picknicken und auf den vielen Wegen zu wandern.

Alle Inseln waren irgendwann einmal bewohnt; einige Funde beweisen sogar, dass auf Great Blasket schon in der Eisen- und frühchristlichen Zeit Menschen lebten. Die letzten Bewohner verließen ihre abgeschiedene Heimat 1953, nachdem sie und die Regierung sich einig waren, dass es sich nicht länger lohnte, unter solch harten Bedingungen zu hausen. Und doch verbringt hier der eine oder andere Hartgesottene einen Großteil des Jahres.

Es gibt hier keine Campingeinrichtungen. Boote verkehren von Ostern bis September, allerdings nur, wenn es das Wetter zulässt (die saisonbedingten Abfahrtszeiten erfährt man übers Telefon).

Blasket Island Ferries BOOTSTOUR
(☎066-915 6422; www.blasketisland.com; Dunquin; Erw./Kind 20/10 €) Für die Fahrt vom Hafen in Dunquin nach Great Blasket brauchen die Boote etwa 20 Minuten.

Blasket Islands Eco Marine Tours BOOTSTOUR
(☎087 231 6131; www.marinetours.ie; Ventry; pro Pers. 50 €) Tagestrips mit Start am Ventry Harbour und drei Stunden Halt auf Great Blasket.

Dingle Marine & Leisure BOOTSTOUR
(☎087 672 6100, 066-915 1344; www.dinglebaycharters.com; Dingle Marina; Hin- & Rückfahrt Erw./Kind 35/15 €; ⏲April–Sept.) Schnellboot (45 Min.) vom Jachthafen in Dingle (Stadt) nach Great Blasket. Für aktuelle Fahrpläne vorher anrufen.

Connor Pass

Mit 456 m ist die R560, die von Dingle-Stadt über den Connor (Conor) Pass nach Cloghane und Stradbally führt, Irlands höchste öffentliche Straße. An nebligen Tagen sieht man nur den Asphalt vor sich, bei schönem Wetter eröffnet sich jedoch ein großartiger Ausblick auf den Hafen von Dingle im Süden und den Mt. Brandon im Norden. Die Straße ist in gutem Zustand, allerdings stellenweise eng und steil und auf der Nordseite auch sehr kurvig (große Warnschilder weisen auf das Verbot von Bussen und Lastwagen hin; auch Wohnmobile sind nicht erlaubt).

Vom Parkplatz auf dem Gipfel genießt man einen herrlichen Blick auf zwei Gletscherseen im felsenübersäten Tal sowie Überreste von Mauern und alten Hütten. Von dem kleineren, unteren Parkplatz auf der Nordseite (neben einem Wasserfall) kann man in zehn Minuten bergauf zum versteckten **Pedlar's Lake** spazieren. Das tolle Bergpanorama lockt auch Kletterer an.

Der Pass gilt als klassische Herausforderung für Radfahrer. Am besten startet man in Dingle-Stadt, wo die Straße auf einer Distanz von 7 km über 400 m aufsteigt. Der Anstieg von Norden aus ist weitaus härter und problematischer, denn auf dem letzten und steilsten Abschnitt ist der Weg extrem schmal, sodass man möglicherweise den Verkehr behindert.

Cloghane & Umgebung

Cloghane (An Clochán) ist eine weitere kleine Schönheit der Halbinsel. Die netten Pubs und Unterkünfte des Dorfes sind zwischen dem Mt. Brandon und der Brandon Bay zu finden. Sie bieten eine wunderbare Aussicht übers Meer bis zu den Stradbally Mountains.

Die 5 km lange Fahrt von Cloghane zum **Brandon's Point** führt über eine enge einspurige Straße, an deren Ende Klippen mit Blick nach Norden und Osten liegen. Hier ziehen Schafe über die zerklüfteten Felsen – scheinbar ohne zu merken, auf welch gefährlichem Terrain sie sich befinden.

Am letzten Wochenende im Juli wird das uralte keltische Erntefest **Lughnasa** gefeiert. Zu diesem Anlass gibt's im Dorf und auf dem Gipfel des Mt. Brandon Veranstaltungen und Freudenfeuer.

Schlafen & Essen

Mount Brandon Hostel HOSTEL €
(085 136 3454; www.mountbrandonhostel.com; Cloghane; B 20 €; EZ/DZ 35/50 €; März–Jan.;) Kleines, einfaches Hostel mit gewienerten Holzböden und Möbeln sowie einem Innenhof samt Blick auf die Bucht. Die meisten Zimmer haben Privatbäder.

O'Connors GASTHOF €€
(066-713 8113; www.cloghane.com; DZ ab 80 €;) Wer sich ein Zimmer oder einen Tisch in diesem herzlich geführten Pub sichern will, sollte rechtzeitig buchen. Für die Gerichte wie Lachs oder Steak werden lokale Produkte verwendet. Besitzer Michael weiß jede Menge über die Region und kann außerdem erklären, warum vor der Kneipe ein Flugzeugmotor liegt.

An- & Weiterreise

Freitags fahren zwei Busse von Tralee nach Cloghane (12,70 €, 70 Min.).

Castlegregory & Umgebung

243 EW.

Früher einmal war Castlegregory (Caislean an Ghriare) ein ebenso bedeutendes Geschäftszentrum wie das Städtchen Tralee. Heute ist es nur noch ein ruhiges Dorf mit schönem Ausblick auf die Berge im Süden.

Das Bild ändert sich jedoch, wenn man die Sandstraße entlang über eine breite Landzunge zwischen Tralee Bay und Brandon Bay zum Rough Point fährt. Dort oben wird die Halbinsel zur reinsten Wassersport-Spielwiese. Sie ist ein Hotspot zum **Windsurfen**, zudem werden immer mehr abenteuerliche Sportarten wie Wavesailing und Kitesurfing angeboten. Taucher können zwischen zahlreichen Kohlfischen durch die Algenwälder und anemonenbewachsenen Felsen der Maharees Islands schwimmen.

Aktivitäten

Jamie Knox Watersports WASSERSPORT
(066-713 9411; www.jamieknox.com; Maharees, Castlegregory) Verleiht Surf-, Paddelsurf-, Windsurf- und Kitesurfausrüstung sowie Kanus und Tretboote und bietet Kurse an. Schnuppersurfen in der Brandon Bay kostet mindestens 30 €.

Waterworld TAUCHEN
(066-713 9292; www.waterworld.ie; Harbour House, Scraggane Pier) Die Maharees Islands nördlich von Castlegregory, der Brandon Point und die Blasket Islands warten mit einigen der besten Tauchspots in Irland auf. Für qualifizierte Taucher veranstaltet Waterworld täglich Bootstouren zu den schönsten Stellen (pro Tauchgang 35 €). Für Anfänger werden Schnuppertauchpakete geboten (pro Pers. 80 €).

Schlafen & Essen

Harbour House GÄSTEHAUS €€
(066-713 9292; www.maharees.ie; Scraggane Pier; EZ/DZ ab 55/90 €;) In eindrucksvoller Lage mit Blick auf die Maharees Islands sowie mit 15 komfortablen, modernen Zimmern (ohne Fernseher und ohne WLAN, aber keine Sorge – beides ist in den gemütlichen Gemeinschaftsräumen vorhanden, wenn man gar nicht ohne leben kann) und dem bezaubernden Haushund Lucy versprüht dieses familienbetriebene Hotel eine gemütliche Atmosphäre. Das Harbour House befindet sich 5 km nördlich von Castlegregory am Ende der Halbinsel.

Im guten **Restaurant** (Hauptgerichte 11–27 €) kommen stets superfrische Zutaten auf den Tisch, denn die Inhaber haben ein eigenes Fischerboot und einen Gemüsegarten.

★ **Spillane's** KNEIPENKOST €€
(066-713 9125; www.spillanesbar.com; Fahaore; Hauptgerichte 16–25 €; Servierzeiten Juni–Aug. 13–21 Uhr; März–Mai, Sept. & Okt. 17–21 Uhr;) Wer an einem der Tische draußen Platz nimmt, genießt einen Blick über die Brandon Bay und die Berge. Spezialität des idyllischen, legeren Pubs an der Spitze der Halbinsel sind Meeresfrüchte (wir empfehlen die Scampi mit Brotkruste), aber es stehen auch leckere Pizza sowie hausgemachte Burger und Pommes auf der Karte.

An- & Weiterreise

Freitags fahren zwei Busse von Tralee nach Castlegregory (9,40 €, 40 Min.).

NÖRDLICHES KERRY

Verglichen mit dem grandiosen Ring of Kerry und der Dingle Peninsula ist der nördliche Teil des Countys eher unspektakulär. Dennoch laden hier einige interessante Orte zum Verweilen ein. In Tralee gibt's ein tolles Museum, zudem lohnen Ballybunion und die stürmischen Strände südlich der Shannon-Mündung einen Besuch.

Tralee

23 700 EW.

Kerrys Hauptstadt hat einige gute Restaurants, Bars, ein tolles Museum und ein interessantes Besucherzentrum für das Feuchtgebiet, allerdings kümmern sich die bodenständigen Einheimischen lieber um ihr alltägliches Leben als um den Tourismus.

1216 von den Normannen gegründet, blickt Tralee auf eine lange Geschichte der Rebellion zurück. Im 16. Jh. wurde hier der letzte herrschende Earl of Desmond gefangen genommen und hingerichtet. Seinen Kopf überbrachte man Elizabeth I., die ihn auf der London Bridge zur Schau stellen ließ. An der Kreuzung Denny Street und Mall befand sich einst das Desmond Castle, doch während der Zeit Cromwells wurden alle Spuren der mittelalterlichen Vergangenheit ausgelöscht.

Zu den ältesten Gebieten in der Stadt gehören die elegante Denny Street und der Day Place mit ihren Gebäuden aus dem 18. Jh. Südlich der Mall erstreckt sich ein angenehm offener und modern gestalteter Platz.

Sehenswertes & Aktivitäten

Kerry County Museum MUSEUM
(☎ 066-712 7777; www.kerrymuseum.ie; Denny St; Erw./Kind 5 €/frei; ⏲ Juni–Aug. 9.30–17.30, Sept.–Mai Di–Sa 9.30–17 Uhr) Das Kerry County Museum in der neoklassizistischen Ashe Memorial Hall überzeugt mit hervorragenden interaktiven Ausstellungen über historische Ereignisse und Entwicklungen in der Grafschaft sowie ganz Irland. Dank der Medieval Experience erwacht der einstige Alltag in Tralee um 1450 zum Leben (inklusive der Gerüche); manches wirkt wie eine Horrorvision von Monty Python. Im Tom Crean Room wird der gleichnamige Entdecker aus dem frühen 20. Jh. gefeiert, der Scott und Shackleton auf langen Antarktisexpeditionen begleitete.

Blennerville Windmill & Visitor Centre WINDMÜHLE
(☎ 066-712 1064; Blennerville; Erw./Kind 5/3 €; ⏲ Juni–Aug. 9–18 Uhr, April–Mai & Sept.–Okt. 9.30–17.30 Uhr) Blennerville, von Tralee etwa 1 km südwestlich auf der N86 Richtung Dingle entfernt, war früher der wichtigste Hafen der Stadt, ist aber inzwischen lange ungenutzt. Eine restaurierte **Windmühle** aus dem 19. Jh. gilt als größtes noch betriebenes Bauwerk dieser Art in Irland und Großbritannien. Das zugehörige moderne **Besucherzentrum** präsentiert eine Ausstellung übers Getreidemahlen und Tausende Auswanderer, die vom damals größten Anlegeplatz in Kerry an Bord der sogenannten *coffin ships* (Sargschiffe) in die USA reisten.

Tralee Bay Wetlands Centre FEUCHTGEBIET
(☎ 066-712 6700; www.traleebaywetlands.org; Ballyard Rd; Erw./Kind 6/4 €; ⏲ Juli & Aug. 10–19 Uhr, Sept., Okt. & März–Juni 10–17 Uhr, Nov.–Feb 11–16 Uhr) Highlight des Besuchs von Tralees neuem Wetlands Centre ist eine 15-minütige Bootsfahrt. Einen guten Blick auf das 3000 ha große Naturschutzgebiet mit den Salz- und Süßwassergebieten genießt man vom 20 m hohen Aussichtsturm (mit Aufzug). Die versteckten Vogelbeobachtungspunkte eignen sich auch zur Sichtung von Wildtieren. Auf dem Hauptsee werden Tret- (30 Min. à 10 €) und Ruderboote (30 Min. à 8 €) vermietet und am Ufer gibt's ein lichtdurchflutetes Café-Bistro. Auf einem weiteren kleineren See kann man angeln lernen.

Feste & Events

Rose of Tralee KULTUR
(www.roseoftralee.ie) Ein Schönheitswettbewerb, an dem Irinnen bzw. Frauen irischer Abstammung aus der ganzen Welt teilnehmen können (die namengebenden „Rosen"). Das Event wird zwar von den irischen Medien massiv als Rückfall in die 1950er-Jahre kritisiert, erfreut sich aber trotzdem immenser Beliebtheit. Die fünftägige Veranstaltung im August ist mehr als eine einfache Misswahl und findet ihren krönenden Abschluss in einem Ball sowie der *midnight-madness*-Parade, der von der frisch gekürten Rose of Tralee angeführt und von Feuerwerk begleitet wird.

Kerry Film Festival FILM
(www.kerryfilmfestival.com) Das fünftägige Festival mit einem Kurzfilmwettbewerb und Vorführungen findet jedes Jahr im Oktober statt.

Tralee

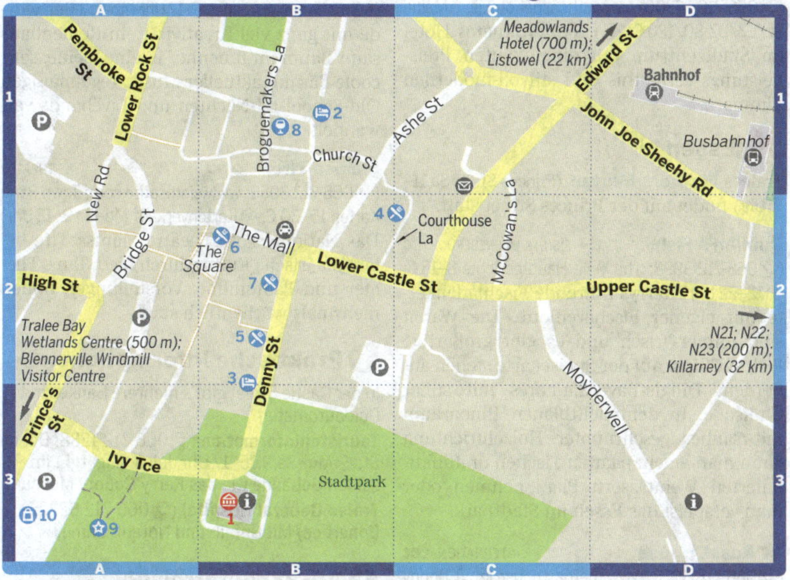

Tralee

Sehenswertes
1 Kerry County Museum B3

Schlafen
2 Ashe Hotel B1
3 Finnegan's Town Centre Accommodation B2

Essen
4 Chez Christophe C2
5 Denny Lane Bistro B2
6 Quinlan's Fish B2
7 Roast House B2

Ausgehen & Nachtleben
8 Roundy's B1

Unterhaltung
9 Siamsa Tíre A3

Shoppen
10 Farmers Market A3

Schlafen

In der Denny Street gibt's Unterkünfte aller Preiskategorien.

Finnegan's Town Centre Accommodation HOSTEL, B&B €
(066-718 1400; www.finneganshostel.ie; 17 Denny St; B/DZ ab 14/50 €;) Hinter einer eleganten georgianischen Fassade verbirgt sich eine freundliche Bleibe. Drinnen ist die frühere Pracht des Hauses inzwischen zwar längst verblasst, aber dafür wartet die Unterkunft mit einer großen Küche und einer Lounge auf. Die Schlafsäle sind nach irischen Schriftstellern benannt und verfügen ebenso wie die Einzelzimmer über Bäder. Frühstück kostet 5 €.

★ **Meadowlands Hotel** HOTEL €€
(066-718 0444; www.meadowlandshotel.com; Oakpark Rd; EZ/DZ ab 85/113 €;) Nicht weit vom Zentrum entfernt und doch in angenehm ruhiger Lage überzeugt das Vier-Sterne-Hotels mit einem erstaunlich romantischen Ambiente. Die Zimmer des Meadowlands sind in herbstlichen Tönen gehalten und der Service ist professionell. Besucher sollten unbedingt nach Ermäßigungen fragen! In der höhlenartigen Bar mit Balkendecke kommen frische Meeresfrüchte auf den Tisch – die Besitzer haben eine Flotte eigener Fischerboote. Dementsprechend erfreut sich der Laden bei den Einheimischen mindestens so großer Beliebtheit wie bei den Touristen.

Ashe Hotel HOTEL €€
(☎066-710 6300; www.theashehotel.ie; Maine St; EZ/DZ 80/120 €; 📶) Neu eröffnetes Hotel im Stadtzentrum mit einem guten Preis-Leistungs-Verhältnis und stilvoll-modernen Zimmern.

Essen

Tralees **Farmers Market** (Princes St; ⌚Sa 11–15 Uhr) findet auf der Princes Street statt.

Quinlan's Fish FISCH & MEERESFRÜCHTE €
(☎066-712 3998; The Mall; Hauptgerichte 8–15 €; ⌚12–22 Uhr) Kerrys führende Fischladenkette mit eigener Fischereiflotte. Die Waren sind immer frisch und es gibt großartige Fish 'n' Chips. Auf der Speisekarte stehen außerdem Dingle-Bay-Calamares mit süßer Chilisoße. In dem delftblauen Innenraum mit sauber geschrubbter Holzeinrichtung kann man an ein paar zu Tischen umfunktionierten Weinfässern Platz nehmen oder man verspeist das Essen im Stadtpark.

★ **Roast House** INTERNATIONAL €€
(☎066-718 1011; www.theroasthouse.ie; 3 Denny St; Hauptgerichte mittags 8–13 €, abends 16–25 €; ⌚Mo–Do 9–17.30, Fr & Sa bis 21, So 10.30–17 Uhr; 📶 👪) Das zu Recht beliebte Café-Bistro serviert einfache, aber köstliche Gerichte: beispielsweise zum Frühstück hausgemachte Buttermilchpfannkuchen mit Schinken, mittags gegerillte Schweinefleischsandwiches und abends Sirloin-Steak mit Pfeffersoße und Pommes.

Chez Christophe FRANZÖSISCH €€
(☎066-718 1562; 6 Courthouse Lane; Hauptgerichte 10–19 €; ⌚Mo–Mi 9–17, Do–Sa 9–21 Uhr; 📶) Quiche, die im Mund zergeht, mit Chili und Mandeln gefüllte Auberginen mit Polenta-Kruste und in Honig und Senf glasierter Schinken mit Parsley-Soße sind nur einige der stilvollen Gerichte dieses fabelhaften französischen Lokals.

Denny Lane Bistro CAFÉ €€
(☎066-719 4319; www.dennylane.ie; Denny Lane; Hauptgerichte 16–28 €; ⌚Mo–Do 10–16, Fr & Sa bis 23 Uhr) Eine schmale Gasse führt zu dem modernen Café, das großartige Tapas und sättigendere Speisen wie Schweinebauch und pfannengebratene Seehechtfilets kredenzt.

Ausgehen & Unterhaltung

In der Castle Street gibt's zahlreiche kommerzielle Pubs, die oft auch Konzerte im Programm haben.

★ **Roundy's** BAR
(5 Broguemakers Lane; ⌚17 Uhr–spät) Hier wurde mit ganz viel Kreativität ein Reihenhaus samt Baum im Innenhof in eine kleine, sehr coole Bar mit aktueller Musik, regelmäßigen Old-School-DJ-Nächten und Livebands verwandelt.

Siamsa Tíre THEATER
(☎066-712 3055; www.siamsatire.com; Town Park; Karten 15–30 €; ⌚Kartenverkauf Mo–Sa 9–18 Uhr) Das National Folk Theatre Siamsa Tíre belebt die irische Kultur durch Lied, Tanz, Theater und Pantomime. Vorstellungen finden mehrmals wöchentlich statt.

Praktische Informationen

In der Castle Street gibt's mehrere Banken mit Geldautomaten.

Touristeninformation (☎066-712 1288; Denny St; ⌚Mo–Sa 9.15–17 Uhr Juli & Aug. tgl.) Im selben Gebäude wie das Kerry County Museum.

Tralee General Hospital (☎066-712 6222; Boherbee) Mit Unfall- und Notaufnahme.

An- & Weiterreise

Bus Éireann (☎066-716 4700; www.buseireann.ie) bietet ab dem Busbahnhof (neben dem Bahnhof östlich des Ortszentrums) folgende Verbindungen an:

Cork (23 €, 2½ Std., stdl.)
Dublin (31 €, 6 Std., 9-mal tgl.)
Killarney (10,70 €, 40 Min., 1-mal stdl.)
Limerick (22 €, 2 Std., 9-mal tgl.)
Listowel (9,40 €, 40 Min., 9-mal tgl.)
Waterford (31 €, 4¾ Std., stdl.)

Irish Rail (☎066-712 3522; www.irishrail.ie) verkehrt dreimal täglich über Mallow nach Cork (36 €, 2½ Std.), bis zu achtmal nach Killarney (11,35 €, 30 Min.) und einmal auf direktem Weg nach Dublin (69 €, 3¾ Std.). Einige weitere Züge steuern Mallow an, wo man umsteigen muss.

Unterwegs vor Ort

An der Mall warten mehrere Taxis. Stehen hier keine Wagen bereit, kann man es bei **Jackie Power Tours & Cabs** (☎066-712 6300; 2 Lower Rock St) versuchen.

O'Halloran Cycles (☎066-712 2820; 83 Boherbee; ⌚Mo–Sa 9–18.30 Uhr) verleiht Fahrräder für 15 € pro Tag.

Rund um Tralee

Östlich der Stadt erstrecken sich einige der schönsten Höhlen des Landes. Richtung Westen gelangt man zum winzigen Fischerdorf Spa und zum Hafen von Fenit, Richtung Nordwesten zu Ardferts mittelalterlicher Kathedrale.

Crag Cave

Die **Crag Cave** (☎066-714 1244; www.cragcave.com; Castleisland; Erw./Kind 12/5 €; ⊙April–Dez. tgl. 10–18 Uhr, Jan.–März nur Mi–So) wurde erst 1983 entdeckt, als man wegen Wasserverschmutzung nach der Quelle des örtlichen Flusses suchen musste. Seit 1989 kann man im Rahmen einer 30-minütigen Führung die ersten 300 m der 4 km langen Höhle besichtigen. Zu den bemerkenswerten Felsformationen gehört ein Stalagmit, der an eine Madonnenfigur erinnern soll (allerdings liegt das im Auge des Betrachters). Es gibt einen Spielplatz, ein Restaurant und natürlich einen Souvenirladen. Die Crag Cave befindet sich 18 km östlich von Tralee und ist gut ausgeschildert.

Spa & Fenit

987 EW.

7 km nordwestlich von Tralee an der Küste liegt eine kleine Siedlung namens Spa, auf manchen Karten als „The Spa" bezeichnet. Nach weiteren 6 km folgt Fenit, dessen irischer Name An Fhianait so viel wie „Wilder Ort" bedeutet. Obwohl das abgeschiedene Dorf winzig ist, entstand hier wegen seiner Atlantiknähe ein beachtlicher Fischer- und Jachthafen. Außerdem gibt's in der Gegend einige hervorragende Fischrestaurants, die viele Besucher aus Tralee anziehen.

Essen

West End Bar & Bistro FISCH & MEERESFRÜCHTE €€
(☎066-713 6246; www.westendfenit.ie; West End, Fenit; Hauptgerichte 10–25 €; ⊙Restaurant Mo–Sa 17–21, So 13–20 Uhr, Jan.–März geschl.) Die Bar wird bereits in fünfter Generation betrieben und ist eine echte Institution. Hier werden köstliche Meeresfrüchte, z. B. mit Krebsfleisch von der Tralee Bay belegte Sandwiches, sowie Fleischgerichte aus regionalen Zutaten serviert. Das Motto lautet: Entweder frisch oder gar nicht!

Oyster Tavern FISCH & MEERESFRÜCHTE €€
(☎066-713 6102; Spa; Hauptgerichte 14–30 €; ⊙Mo–Sa 17–22, So 12–21 Uhr; 👪) Gäste dieses erstklassigen Restaurants dürfen sich über gegrillten Atlantiklachs, gebratene Krebsscheren vom Kerry Head sowie Scampi und Hummer aus der Dingle Bay (saisonbedingt) freuen. Fleischfans und Vegetariern wird ebenfalls eine kreative Auswahl geboten.

Ardfert Cathedral

Die eindrucksvollen Ruinen der im 13. Jh. erbauten **Ardfert Cathedral** (☎066-713 4711; www.heritageireland.ie; Erw./Kind 4/2 €; ⊙Mai–Sept. 10–18 Uhr) sind besonders wegen ihrer wunderschönen, kunstvollen Steinreliefs an der romanischen Tür und den Fensterbogen erwähnenswert. Ein Bildnis an der Innenwand zeigt den hl. Brendan, der in Ardfert zur Schule ging und hier ein Kloster gründete. Auf dem Gelände befinden sich außerdem die Ruinen von zwei anderen Kirchen: Templenahoe aus dem 12. Jh. und Templenagriffin aus dem 15. Jh. Im Besucherzentrum sind weitere prachtvolle mittelalterliche Grabplatten zu sehen. Ardfert liegt 10 km nordwestlich von Tralee an der Straße nach Ballyheigue.

Listowel

4830 EW.

Einst sagte der verstorbene Schriftsteller Bryan MacMahon über Listowel: „Ich hege die absurde Vorstellung, eine irische Ortschaft, einen winzigen Punkt auf der Karte, dazu zu bewegen, zu einem Zentrum der Fantasie zu werden." Eines ist sicher, in literarischer Hinsicht hat diese kleine Stadt mehr zu bieten als jedes andere Provinznest, schließlich bestehen Bezüge zu so großen Namen wie John B. Keane, Maurice Walsh, George Fitzmaurice und Brendan Kennelly.

Abgesehen von dieser Seite und ein, zwei Veranstaltungsorten besteht Listowel jedoch lediglich aus ein paar sauberen georgianischen Straßen, die um den hübschen Hauptplatz angeordnet sind. Von der normannischen Burg auf dem Platz genießt man einen schönen Blick auf den Fluss Feale.

Sehenswertes & Aktivitäten

Kerry Literary & Cultural Centre KULTURZENTRUM
(Seanchaí; ☎068-22212; www.kerrywritersmuseum.com; The Square; Erw./Kind 5/3 €; ⊙Juni–Sept. tgl. 9.30–17.30 Uhr, Okt.–Mai Mo–Fr 10–16 Uhr) Die audiovisuelle Writers' Exhibition in diesem georgianischen Gebäude erzählt Listowels Erbe literarischer Beobachter des irischen Alltags nach. Ganze Zimmer sind regionalen Größen wie John B. Keane und Bryan MacMahon gewidmet, deren Leben

auf Tafeln beschrieben wird. Außerdem erklingen die Originalstimmen der Autoren, die aus ihren Werken vorlesen. Zum Centre gehören noch ein Café und ein Aufführungsraum, in dem gelegentlich Veranstaltungen stattfinden.

Listowel Castle BURG

(☎ 086 385 7201; www.heritageireland.ie; ⏱ Ende Mai–Ende Aug. Mi–So 9.30–17.30 Uhr) GRATIS Im 12. Jh. entstand die Burg zwischen Stadtplatz und Fluss als Sitz der anglonormannischen Herren von Kerry, den Fitzmaurices. Sie war die letzte Festung in Irland, die während der Desmond-Rebellion den elisabethanischen Angriffen standhielt. Die Ruine wurde umfassend restauriert.

Lartigue Monorailway MUSEUM

(☎ 068-24393; www.lartiguemonorail.com; John B Keane Rd; Erw./Kind 6/3 €; ⏱ Mai–Sept. 13–16.30 Uhr) Die letzte viktorianische Eisenbahn entstand nach den Entwürfen des Franzosen Charles Lartigue und befuhr die Strecke zwischen Listowel und dem Küstenort Ballybunion. Der restaurierte Abschnitt ist weniger als 1 km lang, aber faszinierend. Mit manuellen Bodendrehplatten an den Enden lässt sich der Zug wenden.

Feste & Events

Writers' Week LITERATUR

(www.facebook.com/writersweek) Im Mai oder Juni strömen jede Menge Bücherfreunde nach Listowel, um fünf Tage lang Lesungen, Dichtkunst, Musik, Schauspiel, Seminare, Geschichtenerzähler sowie viele andere Events mitzuerleben.

Schlafen & Essen

Listowel Arms Hotel HOTEL €€

(☎ 068-21500; www.listowelarms.com; The Square; DZ ab 120 €; @ 📶) Listowels bestes Hotel wird von einer Familie geführt. In dem georgianischen Gebäude hält man gekonnt die Waage zwischen Prunk und Landhauscharme. Die 42 Zimmer verfügen über Antiquitäten und marmorne Waschbecken und bieten einen Blick auf den Fluss. Im Sommer wird in der Writers Bar Musik gespielt, außerdem kredenzt das **Georgian Restaurant** (Hauptgerichte 13–22 €) den Fang des Tages.

John B. Keane PUB

(37 William St; ⏱ Di–Sa 11–24, So & Mo 19–23.30 Uhr) Bis zu seinem Tod war John B. Keane der Besitzer dieser kleinen, unauffälligen Bar voller Andenken an das Leben des berühmten Schriftstellers.

Praktische Informationen

Die **Touristeninformation** (☎ 068-22212; www.listowel.ie; ⏱ Mo–Fr 10–16 Uhr, Juli & Aug. tgl. geöffnet) ist im Kerry Literary & Cultural Centre untergebracht.

An- & Weiterreise

Täglich fahren acht oder neun Busse von Listowel nach Tralee (9,40 €, 40 Min.) und Limerick (20,20 €, 1½ Std.).

Rund um Listowel

Ballybunion

1350 EW.

Der kleine Badeort Ballybunion (www.ballybunion.ie), 15 km nordöstlich von Listowel an der R553 gelegen, ist für den erstklassigen **Ballybunion Golf Club** (☎ 068-27146; www.ballybuniongolfclub.ie; Golfplatzgebühr 65–180 €) bekannt. Hinter der Statue eines golfschlägerschwingenden Bill Clinton, die an den Besuch des früheren US-amerikanischen Präsidenten 1998 erinnert, erstrecken sich zwei lange Strände. Einer davon, Ballybunion South, wurde mit der Blauen Flage ausgezeichnet.

Von der Ruine des **Ballybunion Castle** genießt man einen guten Blick auf den Sandstreifen im Süden. Ein unterirdischer Gang führt von der Burg bis zur Klippe.

Während des **Ballybunion Bachelor Festival** im August gibt's überall in der Ortschaft und der Umgebung Veranstaltungen und Feiern. Außerdem versuchen zu diesem Anlass 15 irische Junggesellen in Anzug und Krawatte eine Jury zu beeindrucken.

Tarbert

550 EW.

Tarbert befindet sich 16 km nördlich von Listowel an der N69. **Shannon Ferry Limited** (☎ 068-905 3124; www.shannonferries.com; Fahrradfahrer & Fußgänger 5 €, Auto 18 €; ⏱ Sept.–Mai 7.30–19.30 Uhr, Juni–Aug. längere Betriebszeiten; 📶) betreibt jede Stunde eine Fähre zwischen Tarbert und Killimer im County Clare, mit der man das ständig verstopfte Limerick umgehen kann. Der gut ausgeschilderte Hafen erstreckt sich 2,2 km westlich des Dorfes.

Busse fahren im Juli und August von Tarbert nach Limerick (17 €, 1¼ Std., 2-mal tgl.).

Counties Limerick & Tipperary

Inhalt ➡

Gut essen

- Restaurant 1826 Adare (S. 327)
- Mustard Seed in der Echo Lodge (S. 327)
- Chocolat (S. 322)
- Café Hans (S. 333)
- Country Choice (S. 341)

Schön übernachten

- Adare Manor (S. 326)
- No. 1 Pery Square (S. 322)
- Raheen House Hotel (S. 339)
- Dunraven Arms (S. 326)
- Apple Caravan & Camping Park (S. 335)

Auf nach Limerick & Tipperary

Limerick und Tipperary stehen synonym für Marschlieder sowie freche Reime auf Toilettenwänden und sind touristisch kaum erschlossen.

Limericks dramatische Geschichte ist eng mit der gleichnamigen Stadt verbunden, die mit Straßen voller historischer Sehenswürdigkeiten aufwartet und eine düstere, ehrliche Atmosphäre verströmt. Auch in der üppig grünen Umgebung gibt's jede Menge zu entdecken.

Im Gegensatz dazu ist die Stadt Tipperary weit weniger bedeutend. Dafür erstreckt sich im County eine malerische Landschaft mit sanften Hügeln, fruchtbarem Ackerland, Flusstälern und hohen Bergen. Hier kann man Flüsse bis zur Quelle verfolgen, über Zäune klettern und mitunter ganz plötzlich auf faszinierende Ruinen stoßen.

Beide Grafschaften locken mit antiken keltischen Stätten, mittelalterlichen Klöstern und anderen Relikten. Und selbst die bekanntesten Sehenswürdigkeiten strahlen eine spröde, inspirierende Würde aus.

Reisezeit

- In Limerick, Irlands drittgrößter Stadt, leben viele Studenten. Hier ist das ganze Jahr über etwas los, aber von April bis Oktober kann man am meisten unternehmen.
- Dies ist auch die beste Zeit, um die Dörfer und die Landschaft der beiden Counties zu erkunden. Jetzt haben die Touristenattraktionen am längsten geöffnet (im restlichen Jahr sind viele geschlossen) und es herrscht das beste Wetter.
- Zwischen April und Oktober ist der Veranstaltungskalender in den Counties am vollsten. Im Glen of Aherlow finden z. B. tolle Wanderfeste statt.

Highlights

1 Im **Hunt Museum** (S. 318) in Limerick (Stadt) Schätze aus der Bronze- und Eisenzeit und dem Mittelalter sowie Moderne Kunst bewundern.

2 Auf dem Weg zu den Ruinen von **Askeaton** und zum **Flying Boat Museum** (S. 324) in Foynes den Blick auf den Shannon genießen.

3 In die faszinierende Unterwelt aus Gängen und Höhlen der **Mitchelstown Caves** (S. 338) eintauchen.

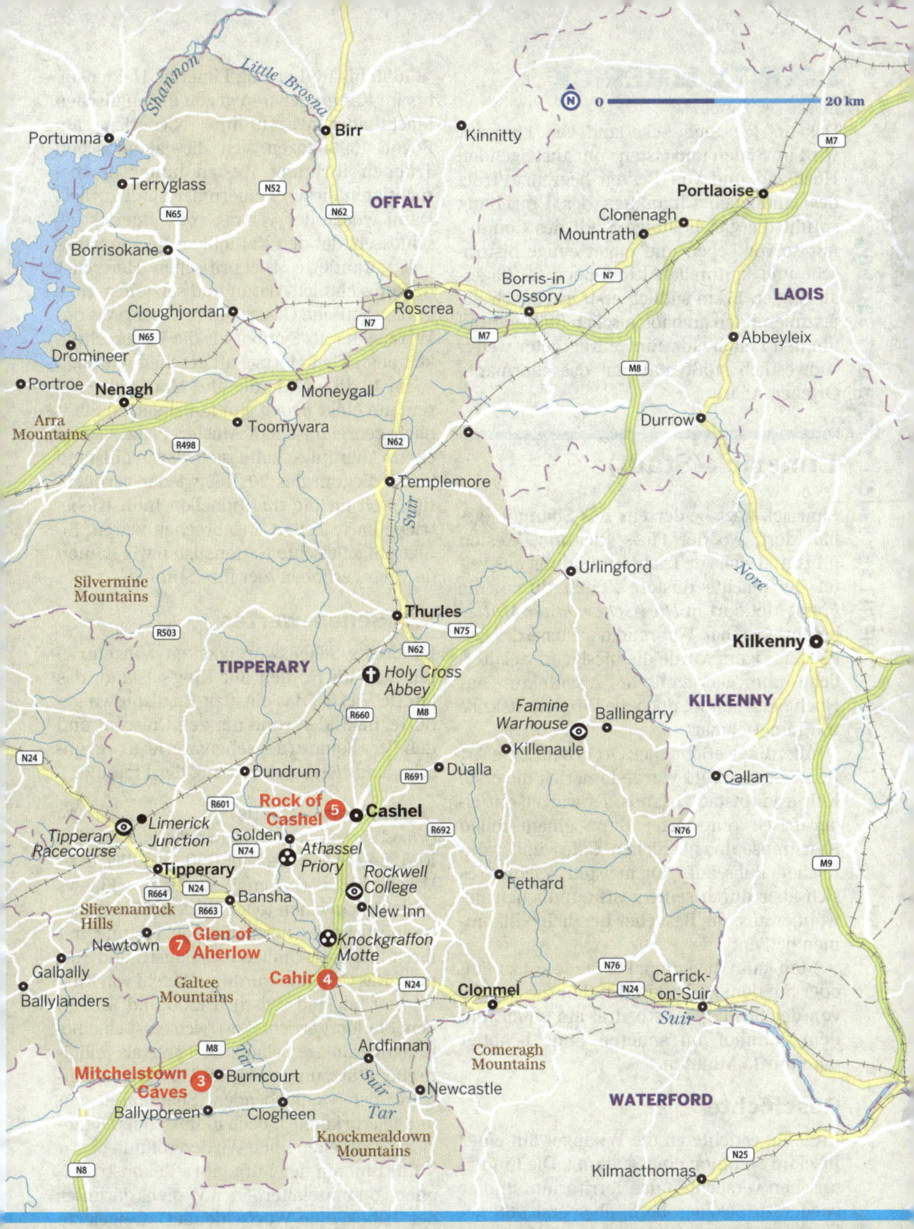

4 Einen Spaziergang entlang der imposanten Gemäuer und des Bergfrieds von Cahirs wunderbarer **Burg** (S. 334) unternehmen.

5 Die alten religiösen Bauten auf dem **Rock of Cashel** (S. 329) erkunden.

6 Verlockende Gerichte in **Adare** (S. 325), einem Dorf mit zahlreichen reetgedeckten Häusern, schlemmen.

7 Durch die ruhige, idyllische Landschaft des **Glen of Aherlow** (S. 328) reisen.

COUNTY LIMERICK

191 800 EW. / 2700 KM²

Das tief gelegene Ackerland von Limerick wird im Süden und Osten vom ansteigenden Hochland und von Bergen begrenzt. Trotz des ländlichen Charakters der Umgebung sprüht die gleichnamige Stadt des Countys nur so vor Leben und bietet einige historische und kulturelle Attraktionen für Tagesausflügler. 15 km südlich erstrecken sich die faszinierenden archäologischen Stätten rund um den Lough Gur. Einige Kilometer weiter südwestlich stößt man auf das charmante Örtchen Adare.

Limerick (Stadt)

56 800 EW.

Limerick liegt beiderseits des Shannon, genau dort, wo der Fluss Richtung Westen führt und sich zur Trichtermündung ausweitet. Es machte düstere Zeiten durch, die Frank McCourt in *Die Asche meiner Mutter* beschrieben hat. Während der Phase des keltischen Tigers wurde die hiesige mittelalterliche und georgianische Architektur auf Hochglanz poliert, doch die Wirtschaftskrise traf Limerick hart.

Allerdings erlebte der Ort erneut eine Art Renaissance. 2014 wurde Limerick die erste Kulturhauptstadt Irlands. Es wartet mit einer frisch renovierter Burg, einem tollen Kunstmuseum, herrlichen Cafés und zahlreichen Pubs auf. Am meisten zeichnet es sich aber durch seine gastfreundlichen Bewohner aus, die Besucher herzlich willkommen heißen.

Man kann die kompakte Stadt gut zu Fuß oder mit dem Rad erkunden. Für die Strecke von der St. Mary's Cathedral am einen und dem Bahnhof am anderen Ende benötigt man nur 15 Minuten.

Geschichte

Im 9. Jh. errichteten die Wikinger auf einer Insel im Shannon eine Siedlung. Die Einheimischen versuchten das Territorium immer wieder zurückzuerobern, aber erst 968 gelang es Brian Borús Truppen, die Eindringlinge zu vertreiben und Limerick zum Hauptsitz der O'Brien-Könige zu machen. Das endgültige Aus bereiteteBorú den Wikingern 1014 in der Schlacht von Clontarf. Ende des 12. Jhs. fielen die Normannen ein und drängten die Iren zurück. Das ganze Mittelalter hindurch blieben beide Gruppen getrennt.

1690 bis 1691 errang Limerick Heldenstatus im Kampf der Iren gegen die englischen Machthaber. Wegen ihrer Niederlage am Boyne 1690 zogen sich die jakobitischen Truppen Richtung Westen hinter die berüchtigten dicken Mauern der Stadt zurück. Dann wurde der Vertrag von Limerick geschlossen, der den Katholiken Religionsfreiheit garantierte. Die britischen Herrscher hielten sich nicht daran und setzten strenge antikatholische Gesetze durch – ein Akt des Verrats, der als Symbol für die Ungerechtigkeit englischer Herrschaft gesehen wurde.

Im 18. Jh. wurde die alte Mauer abgerissen, um einer neuen, gut konzipierten Stadt nach georgianischem Muster Platz zu machen. Allerdings hatte sich der Wohlstand bis zu Beginn des 20. Jhs. wieder verflüchtigt, weil für die traditionellen Industriebetriebe harte Zeiten angebrochen waren. Einige eingefleischte Nationalisten wie Éamon de Valera erhoben hier ihre Stimme.

Sehenswertes

Limericks Sehenswürdigkeiten konzentrieren sich im Norden auf King's Island, das älteste Viertel, das einst zu Englishtown gehörte, im Süden rund um den Crescent und den Pery Square (der sehenswerte georgianische Stadtteil) sowie entlang der Flussufer.

★ **King John's Castle** BURG
(www.shannonheritage.com; Nicholas St; Erw./Kind 10/5,25 €; ⏲ April–Sept. tgl. 9.30–17.30 Uhr, Okt.–März bis 16.30 Uhr) Vom Westufer des Flusses genießt man einen tollen Blick auf Limericks beeindruckende normannische Festung mit ihren massiven Umfassungsmauern und Türmen. Das Gebäude wurde auf Befehl von King John of England zwischen 1200 und 1212 an dem Standort errichtet, wo sich einst eine Befestigungsanlage befand. Es diente als militärischer Stützpunkt sowie als Verwaltungszentrum der wohlhabenden Shannon-Region und feierte kürzlich nach umfassenden Renovierungsarbeiten seine Wiedereröffnung.

Im Inneren der Burg gibt's Rekonstruktionen von mittelalterlichen Waffen (darunter der Tribok, eine Wurfschleuder), freigelegte Wikingerstätten, normannisches Kulturgut und andere Artefakte, außerdem Multimediaexponate und Schubladen für kleine Entdecker zu sehen. Wer online reserviert, zahlt weniger.

★ **Hunt Museum** MUSEUM
(www.huntmuseum.com; Custom House, Rutland St; Erw./Kind 5/2,50 €; ⏲ Mo–Sa 10–17, So 14–

FRANK MCCOURT

Keine Persönlichkeit unserer Zeit ist so eng mit Limerick verbunden wie Frank McCourt (1930–2009). Sein prägnanter autobiografischer Roman *Die Asche meiner Mutter* wurde 1996 veröffentlicht und brachte ihm viel Ruhm ein (u. a. den Pulitzer-Preis).

Vier Jahre nach seiner Geburt in New York zog McCourts Familie wieder nach Limerick, weil sie in Amerika nicht überlebt hätte. McCourts Kindheit war voller Entbehrungen: Sein Vater war ein Trinker und verschwand eines Tages, drei seiner sechs Geschwister starben schon sehr früh und er selbst verließ bereits mit 13 Jahren die Schule, um Geld zu verdienen und das Überleben seiner Familie zu sichern.

Im Alter von 19 Jahren kehrte er schließlich nach New York zurück und arbeitete drei Jahrzehnte lang als Lehrer in verschiedenen High-Schools. Außerdem unterrichtete er künstlerisches Schreiben. In den 1970er-Jahren versuchte er sich gemeinsam mit seinem Bruder Malachy als Schriftsteller und Theaterschauspieler. Als er 1987 in Rente ging, verfasste er seinen berühmten Roman *Die Asche meiner Mutter*. Dank zahlreicher begeisterter Kritiken wurde das Werk sofort ein Erfolg. Lediglich in Limerick gab es gemischte Reaktionen: Viele Leser prangerten das schlechte Bild an, das McCourt von der Stadt zeichnete.

Heute aber wird das Erbe des Autors auch in seiner Heimat gefeiert. In der Touristeninformation erfährt man alles über geführte Touren zu den im Buch beschriebenen Sehenswürdigkeiten, zudem kann man das **Frank McCourt Museum** (www.frankmccmuseum.wix.com/frankmccourtmuseum; Leamy House, Hartstonge St; Erw./Kind 4/2 €; ⌚ Mo–Fr 11–16.30 Uhr) besuchen und in dem im Roman erwähnten **South's** (S. 323) ein Bier trinken.

17 Uhr; 📶👪) Das Museum ist nach seinen Mäzenen benannt. Der Name (*hunt* bedeutet „Jagd") passt hervorragend, denn es lädt zu einer Schatzjagd ein. Besucher werden angehalten, Schubläden zu öffnen und in der besten Sammlung außerhalb Dublins von Schätzen aus der Bronze- und Eisenzeit sowie dem Mittelalter und der Moderne zu stöbern. Zu den Höhepunkten gehört eine Münze aus Syrakus, angeblich einer der 30 Silbertaler, die Judas für den Verrat an Jesus erhalten haben soll. Außerdem kann man eine Studie von Renoir, ein Gemälde von Gauguin, eine Zeichnung von Giacometti und Gemälde von Renoir, Picasso sowie Jack B. Yeats bewundern.

Es gibt auch ein kleines, aber feines Bronzepferd, das da Vinci zugeschrieben wurde, heute jedoch als eine viel spätere Kopie angesehen wird, kykladische Skulpturen, eine Alabastervase aus dem alten Ägypten, die ins 3. Jh. v. Chr. datiert, und eine Reihe von Objekten aus dem Fernen Osten.

Die rund 2000 Exponate stammen aus der Privatsammlung des verstorbenen Ehepaars Hunt, das sich als Antiquitätenhändler und Experten für Denkmalpflege für die Region einsetzte. Kostenlose einstündige Führungen werden von engagierten und manchmal exzentrischen Ehrenamtlichen angeboten. Im Museum befindet sich auch ein gutes Café.

★ Limerick City Gallery of Art GALERIE
(www.limerickcitygallery.ie; Carnegie Bldg, Pery Sq; ⌚ Mo–Mi 10–17.30 Uhr, Fr & Sa bis 20.30 Uhr Do, So 12–17.30 Uhr) GRATIS Dieses exzellente Kunstmuseum grenzt an den friedlichen People's Park im Herzen des georgianischen Limerick. Zur Dauerausstellung zählen Werke von Sean Keating und Jack B. Yeats. Außerdem gibt's in den anderen hervorragend ausgeleuchteten Galerien Wechselausstellungen zu den Themen Konzept- und Gegenwartskunst, die zum Nachdenken anregen soll. Die Limerick City Gallery of Art richtet Irlands zeitgenössische Kunstbiennale **eva International** (www.eva.ie) aus, die in jedem Jahr mit gerader Jahreszahl veranstaltet wird. Mehr darüber erfährt man auf der Website.

Im schönen Café (9.30–17 Uhr) genießt man einen Blick auf den Park.

St. Mary's Cathedral KATHEDRALE
(☎ 061-310 293; Bridge St; Eintritt 4 €; ⌚ Mo–Fr 9–17, Sa & So 9–16 Uhr) 1168 wurde die Kathedrale von Donal Mór O'Brien, König von Munster, gegründet. Teile des romanischen Westportals aus dem 12. Jh. sowie das Haupt- und Seitenschiff sind bis heute erhalten geblieben. Ins 15. Jh. datieren die aus schwarzem Eichenholz geschnitzten Misericordien (zur Unterstützung von klerikalen Hinterteilen) der Jebb Chapel – die einzigen ihrer Art in ganz Irland. Jede ist fantastisch

Limerick (Stadt)

Limerick (Stadt)

Highlights		
1	Hunt Museum	C3
2	King John's Castle	C1
3	Limerick City Gallery of Art	B7
Sehenswertes		
4	Frank McCourt Museum	B7
5	Limerick City Museum	C2
6	People's Park	B7
7	St. Mary's Cathedral	D2
8	Treaty Stone	B1
Aktivitäten, Kurse & Touren		
9	Angela's Ashes Walking Tour	C4
10	Red Viking	C4
Schlafen		
11	George Boutique Hotel	B5
12	No. 1 Pery Square	B7
13	Savoy	B5
Essen		
14	Café Noir	D4
15	Chocolat	B5
16	Milk Market	D4
17	Taj Restaurant	D4
Ausgehen & Nachtleben		
18	Locke Bar	D2
19	Nancy Blake's	D4
20	South's	A7
21	Whitehouse Pub	B6
Shoppen		
22	Celtic Bookshop	D3

verziert mit Schnitzereien von Fabelwesen und mystischen Tieren. Wer die Kirche besichtigen möchte, sollte vorher anrufen und sich über aktuelle Öffnungszeiten und eventuelle Konzerte informieren.

People's Park PARK

(www.limerick.ie/peoples-park; Pery Sq; ⌚ Winter 8 Uhr–Dämmerung, Sommer 8–21 Uhr) Dieser schöne Park voller Bäume mitten im georgianischen Limerick eignet sich hervorragend dazu, auf dem Rasen Platz zu nehmen und ein dickes Buch zu lesen. Sehenswert sind auch der restaurierte rot-weiße Trinkbrunnen aus dem 19. Jh. und die Statue von Thomas Spring Rice, einem ehemaligen Abgeordneten für Limerick, auf der Säule im Zentrum der Grünanlage.

Treaty Stone DENKMAL

(King John's Castle) Der Treaty Stone markiert die Stelle am Ufer des Shannon, wo der Vertrag von Limerick 1691 unterzeichnet wurde und so Religionsfreiheit für die Katholiken garantierte.

Limerick City Museum MUSEUM

(City Hall, Merchant's Quay; ⌚ Mo–Fr 10–13 & 14–17 Uhr) GRATIS Kleines, bescheidenes Museum mit Ausstellungen über Limericks Silberarbeiten und Spitzenmanufakturen. Es präsentiert einige elegante Beispiele, u. a. ein Babyhemdchen. Darüber hinaus gibt's Ausstellungen zur regionalen Geschichte, z. B. zum Limerick Soviet, dem Generalstreik im Jahre 1919.

Thomond Park Stadium STADION

(☎ 061-421 109; www.thomondpark.ie; Führungen Erw./Kind 10/8 €, an Spieltagen 5/3 €) Von 1995 bis 2007 konnte das Munster Rugby Team (www.munsterrugby.ie) in diesem legendären Stadion kein einziges Mal besiegt werden. 2008, als es den Heineken European Cup zum zweiten Mal gewann, wurde das Bauwerk umfassend renoviert. Bei einer Führung besichtigt man auch das mit Erinnerungsstücken vollgestopfte Museum. Das Stadion liegt 1 km nordwestlich des Stadtzentrums an der High Street und ist bequem zu Fuß zu erreichen.

Geführte Touren

Limerick Walking Tours STADTSPAZIERGANG

(www.limerickwalkingtours.com; Erw./Kind 10 €/kostenlos) Ebenso beliebt wie unterhaltsam sind die Spaziergänge mit Declan, der viel weiß und auch im Hunt Museum arbeitet. Sie beginnen und enden vor Brown Thomas an der Patrick Street, nahe der Kreuzung mit der Sarsfield Street.

Angela's Ashes Walking Tour STADTSPAZIERGANG

(☎ 087 235 1339; pro Pers. 10 €) Noel Curtin bietet unterhaltsame und informative 90-minütige Rundgänge zu den Schauplätzen aus Frank McCourts Memoiren an, die um 14.30 Uhr vor der Touristeninformation starten.

Red Viking BUSTOUR

(☎ 061-394 033; www.redvikingtours.com; Erw./Kind 12/6 €; ⌚ Mai–Okt.) Bei den 90-minütigen Hop-on-Hop-off-Rundfahrten im offenen Bus werden die Touristeninformation und acht weitere Haltestellen in der Stadt angesteuert, u. a. am King John's Castle, am Treaty Stone und am People's Park.

Schlafen

Wer in der Nähe des Ortszentrums eine Unterkunft findet, hat es nicht weit zum Nachtleben.

In der Alexandra Terrace an der O'Connell Avenue (verläuft von der O'Connell Street nach Süden) gibt's einige mittelteure Pensionen, ebenso wie in der Ennis Road, die Richtung Nordwesten zum Shannon führt, allerdings ist man dort mindestens 1 km vom Zentrum entfernt.

George Boutique Hotel HOTEL €
(☎061-460 400; www.thegeorgeboutiquehotel.com; O'Connell St; DZ ab 60 €; @📶) Die Lobby des lebhaften und oft ausgebuchten Hotels kommt ziemlich kitschig daher, aber die Zimmer sind mit hellem Holz, karamellfarbenen und in Brauntönen gehaltenen Möbeln und Dekostücken ausgestattet und wirken neutral und gemütlich. Manche verfügen über Duschen, andere über Badewannen. Der Eingang befindet sich um die Ecke in der Shannon Street.

Courtbrack Accomodation B&B €
(☎061-302 500; Courtbrack Ave; B/EZ/DZ 23,50/30/52 €; ⏱Mai–Aug; @📶) Im laufenden Semester dient das schicke in Rottönen gehaltene Courtbrack als Studentenunterkunft, aber im Sommer sind Besucher willkommen. Das kontinentale Frühstück ist im Preis enthalten. Darüber hinaus gibt's in der gepflegten Anlage eine Küche, einen Wäscheservice und einen Gemeinschaftsraum mit WLAN-Empfang. Das B&B liegt 400 m südwestlich der Innenstadt gleich südlich der Dock Road an der N69.

★ **No. 1 Pery Square** HOTEL €€
(☎061-402 402; www.oneperysquare.com; 1 Pery Sq; Club-Zi ab 135 €, Stil-Zi. ab 195 €; 📶) Wer sich etwas Besonderes gönnen möchte, sollte eine Nacht im Georgian Limerick, einem herausragenden Hotel an der Ecke des Pery Square, verbringen. Hier hat man die Wahl zwischen gut ausgestatteten Clubzimmern (jedes nach einem irischen Dichter benannt) im modernen Flügel oder einem der vier Stilzimmer im klassischen georgianischen Stadthaus, jedes mit riesigen Schiebefenstern, hohen Decken und großen Bädern.

Absolute Hotel HOTEL €€
(☎061-463 600; www.absolutehotel.com; Sir Harry's Mall; DZ ab79 €; @📶) Natursteinwände, Granitbäder und eine lichtdurchflutete Lobby verleihen dem Hotel am Fluss einen schick-modernen Touch. Das Absolute überzeugt zudem mit einem gemütlichen hauseigenen Spa, einer Bar und einem Grill. Autofahrer sollten früh einchecken: Parkplätze sind kostenlos, aber begrenzt.

Savoy HOTEL €€
(☎061-448 700; www.savoylimerick.com; Henry St; DZ ab 99 €; @📶🏊👪) Das Fünf-Sterne-Hotel wirkt ein wenig abgewetzt und verdient eher vier Sterne als fünf, aber es ist immer noch elegant und wartet mit komfortablen Kingsizebetten, einem Abendservice, bei dem das Zimmer für die Nacht vorbereitet und ein Betthupferl platziert wird, einem Spa, in dem Thai-Massagen angeboten werden, einem kleinen Pool und mehreren hervorragenden Restaurants auf.

Essen

★ **Milk Market** MARKT
(www.milkmarketlimerick.ie; Cornmarket Row; ⏱Lebensmittelmarkt Sa 8–15 Uhr, Läden Fr 10–16 Uhr, Sa 8–15, So 11–16 Uhr) 🍃 Auf dem traditionellen Lebensmittelmarkt in Limericks alten Markthallen werden Bioprodukte und lokale Erzeugnisse (z. B. Käse) sowie Kunsthandwerk verkauft. Eine Liste mit weiteren Märkten findet man auf der Website.

Café Noir CAFÉ €
(☎061-411 222; www.cafenoir.ie; Robert St; Gerichte 4,50–11 €; ⏱Mo–Mi 8–17.30, Do–Sa bis 18.30 Uhr) Die französisch anmutende Bäckerei mit Café lockt mit Tartes, hervorragendem Gebäck, Salaten, Pies, Quiches und Zwiebelsuppe, der Spezialität des Hauses.

★ **Chocolat** INTERNATIONAL €€
(☎061-609 709; www.chocolatrestaurant.ie; 109 O'Connell St; Hauptgerichte 12,50–25 €, 3-Gänge-Menü 17,50 €; ⏱Mo–Do 12.30–21.30, Fr & Sa bis 22, So 13–21 Uhr) Das Personal eilt geschäftig durch das Restaurant mit seinen dunklen Schokoladentönen und dezenter Hintergrundmusik. Auf der Karte steht eine vielseitige, populäre Auswahl von Thai-Curry über Hamburger, Fajitas, Yan Pang Chicken, Pasta, Steaks und Garnelen. Die Cocktails sind fantasievoll und großzügig.

Taj Restaurant INDISCH €€
(2 Cornmarket Row; Hauptgerichte 12,50–17,50 €; ⏱tgl. 12–16 & Mo–Sa 17–23, So 17–22 Uhr) Für das Lokal sprechen weißes Tafelleinen, ein freundlicher Service und das eine oder andere kleine Zugeständnis an indisches Dekor sowie eine gute nordindische und Punjabi-Küche. Das fantastische All-you-can-eat-Mittagsbüfett für 8,95 € bietet eine Auswahl vegetarischer und

fleischhaltiger Currys. Wir empfehlen außerdem das milde *murgh tikka masala* und das schärfere Hühnchen-*karahi*.

Ausgehen & Nachtleben

★ Nancy Blake's PUB
(Upper Denmark St) In diesem wundervollen Pub liegt Sägemehl auf dem Boden und aus dem offenen Kamin an der Bar steigt Torfgeruch auf. Hinter dem Gebäude lockt eine große überdachte Fläche mit Ausschank im Freien, wo regelmäßig Livemusik und Fußballübertragungen präsentiert werden.

Whitehouse Pub PUB
(52 O'Connell St; ⌚ So–Do 10.30–23.30, Fr & Sa bis 0.30 Uhr) Ein Klassiker direkt im Zentrum. In der Eckkneipe mit guter Bierauswahl kann man auch draußen sitzen. Manchmal finden Livekonzerte statt, an anderen Abenden werden Lesungen regionaler Dichter angeboten, mit einer offenen Bühne für jeden.

Locke Bar PUB
(www.lockebar.com; 3 George's Quay; ⌚ Mo–Do 9–23.30 Uhr, Fr & Sa 9 Uhr–spät, So 10–23 Uhr; WLAN) Sitzplätze am Fluss, zahlreiche Räume, tolles Essen und Blick auf den Fluss.

South's PUB
(4 Quinlan St; ⌚ Mo–Do 10.30–23.30, Fr & Sa bis 0.30, So bis 23 Uhr) In diesem Laden hat schon Frank McCourts Vater sein Bierchen gezischt. Die Verbindung zu dem Buch *Die Asche meiner Mutter* wird regelrecht ausgeschlachtet – das geht sogar so weit, dass die Toiletten die Namen „Frank" und „Angela" tragen. Die Einrichtung ist fabelhaft.

Unterhaltung

In der Touristeninformation erhält man das aktuelle Veranstaltungsprogramm. Vor den Nachtclubs haben oft ziemlich strenge Türsteher Dienst.

Dolan's LIVEMUSIK
(www.dolanspub.com; 3 & 4 Dock Rd) Limericks bester Club für Konzerte und authentische irische Musik besteht aus zwei benachbarten Veranstaltungsorten. Hier treten auch ganz neue Künstler auf.

University Concert Hall KONZERTSAAL
(UCH; ☎ 061-331 549; www.uch.ie; University of Limerick; ⌚ Mo–Fr 11–20.30 Uhr, Sa & So 16.30–20.30 Uhr) Die Heimat des Irish Chamber Orchestra bietet regelmäßig Konzerte mit Gaststars sowie Opern, Dramen, Komödien und Tanz. 4,5 km östlich der Stadt.

Shoppen

Celtic Bookshop BÜCHER
(☎ 061-401 155; 2 Rutland St; ⌚ Mo & Mi–Fr 11–17 Uhr) Große Auswahl an Fachliteratur zu lokalen und irischen Themen.

Praktische Informationen

GEFAHREN & ÄRGERNISSE

Trotz seines schlechten Rufs und des unseligen Spitznamens „Stab City" („Messerstecherstadt") ist das Zentrum nicht weniger sicher als in anderen irischen Städten. Abends sollte man wachsam sein und sich an gut beleuchtete Gegenden halten.

GELD

AIB Bank (106/108 O'Connell St; ⌚ Mo & Di 10–17, Mi 10.30–16, Do & Fr 10–16 Uhr)

INTERNETZUGANG

Auf der Website der Touristeninformation gibt's eine Karte mit kostenlosen Hotspots in der Stadt.

MEDIZINISCHE VERSORGUNG

Midwestern Regional Hospital (☎ 061-301 111; Dooradoyle) Krankenhaus mit Unfallstation und Notaufnahme.

POST

Main Post Office (⌚ Mo & Mi–Sa 9–17.30, Di ab 9.30 Uhr) Befindet sich in der Lower Cecil Street.

TOURISTENINFORMATION

Limerick Tourist Office(☎ 061-317 522; www.limerick.ie; Arthurs Quay; ⌚ Mo–Sa 9–17.30 Uhr) Eine große, beeindruckende Touristeninformation mit hilfreichem Personal.

An- & Weiterreise

BUS

Bus Éireann (☎ 061-313 333; www.buseireann.ie; Parnell St) bietet regelmäßige Verbindungen vom Busbahnhof im Stadtzentrum nach Cork (15,50 €, 1¾ Std.), Tralee (22 €, 2 Std.) und Dublin (13 €, 3½ Std.) sowie nach Galway, Killarney, Rosslare, Ennis, Shannon, Derry und in viele andere Orte. In der O'Connell Street befindet sich eine weitere Bushaltestelle.

Citylink (☎ 1890 280 808; www.citylink.ie) verkehrt täglich sechsmal nach Galway (17 €, 1½ Std.) und Cork (17 €, 2 Std.). Die Busse halten in der Upper Mallow Street.

Eireagle.com (www.eireagle.com) betreibt acht luxuriöse, mit WLAN ausgestattete Busse, die jeden Tag zum Dublin Airport (25 €, 2½ Std.) fahren und vor Arthur's Quay starten.

JJ Kavanagh & Sons (☎ 081 8333 222; www.jjkavanagh.ie) verkehrt siebenmal täglich nach

ABSTECHER

AUF DER N69 VON LIMERICK NACH TARBERT

Die enge, ruhige N69 führt entlang der Flussmündung des Shannon am Wild Atlantic Way westlich von Limerick 58 km bis nach Tarbert im nördlichen County Kerry. Unterwegs genießt man einen herrlichen Ausblick auf das Flussdelta und scheinbar endlose grüne Hügellandschaften mit Steinmauern.

Im kleinen Dorf **Clarina** hinter Mungret auf der N69 sollte man sich rechts halten, 1,5 km nach Norden bis zu einer Kreuzung fahren und links abbiegen. Nun sieht man hoch oben die geheimnisvollen Ruinen des **Carrigogunnell Castle**. Kurz darauf stößt man rechts auf eine Straße, die hinter den Hecken und Feldern an der Burg vorbeiführt. Das Bauwerk aus dem 15. Jh. wurde 1691 mit Schießpulver hochgejagt. Seine fantastischen Überreste schmücken das Backcover des U2-Albums *The Unforgettable Fire*.

Zurück auf der N69 versteckt sich etwas abseits der Strecke das wunderbare **Askeaton**. Das Dorf wartet mit beeindruckenden Ruinen wie dem **Desmond Castle** (☎ Touristeninformation Reservierung 061-392 149; ⏲ Mai–Okt., Wochenende nach Vereinbarung), das sich seit dem 14. Jh. dramatisch auf einer Insel im Deel erhebt, und einem Franziskanerkloster aus dem Jahre 1389 auf. Zu den weiteren Sehenswürdigkeiten gehören die **St. Mary's Church of Ireland**, ein 1829 errichteter **Turm der Tempelritter** sowie der 1740 erbaute **Hellfire Gentlemen's Club** neben der Burg. Die Restaurierung der Gebäude begann 2007 und soll noch bis 2017 andauern, aber die bisherigen Fortschritte sind bereits eindrucksvoll. Wer die Ruinen besichtigen möchte, sollte sich an die örtliche Touristeninformation (☎ 061-392 149; askeatontouristoffice@gmail.com; The Square; ⏲ Mo–Fr 9–17 Uhr) wenden. Dort kann man sich zu **geführten Touren** anmelden, die vom sachkundigen Anthony Sheehy (alternativ erreicht man ihn unter seiner Handynummer ☎ 086 085 0174; Spenden werden gern genommen) veranstaltet werden.

In **Foynes** lockt ein weiterer Höhepunkt der Route, das Foynes Flying Boat Museum (www.flyingboatmuseum.com; Erw./Kind/Fam. 11/6/28 €; ⏲ März–Mai, Okt. & Nov 9.30–17 Uhr, Juni–Sept bis 18 Uhr). Zwischen 1939 und 1945 befand sich hier die Startbahn für Flugzeuge, die zwischen Nordamerika und Großbritannien verkehrten. Panamerikanische Clipper (auf Überseestrecken eingesetzte Langstreckenflugzeuge) – eines davon als Replik ausgestellt – landeten zum Auftanken in der Flussmündung. Besucher sollten unbedingt nach der seit 2014 jährlich stattfindenden **Foynes Air Show** (www.foynesairshow.com) fragen.

Dublin (11 €) und zum Dublin Airport (20 €). Die Busse fahren vor der Touristeninformation in Limerick ab.

FLUGZEUG

Der Shannon Airport (S. 350) im County Clare wird von Fluglinien aus dem In- und Ausland angesteuert.

ZUG

Irish Rail (www.irishrail.ie) fährt von der **Limerick Railway Station** (☎ 061-315 555; Parnell St) u. a. neunmal täglich nach Ennis (10 €, 40 Min.) sowie nach Galway (23 €, 2 Std.) und stündlich nach Dublin Heuston (53 €, 2½ Std.). Außerdem bestehen Verbindungen nach Cork, Tralee, Tipperary, Cahir und Waterford mit einem Umstieg in der **Limerick-Junction-Station**, 20 km südöstlich von Limerick.

ℹ Unterwegs vor Ort

Bus Éireann (8,40€) verkehrt regelmäßig von Limericks Busbahnhof bzw. Bahnhof zum Shannon Airport. Busse von **JJ Kavanagh & Sons** (4 €) pendeln zwischen Arthur's Quay und Shannon Airport. Ein Taxi vom Stadtzentrum zum Flughafen kostet 35 bis 45€. Der Flughafen liegt 26 km nordwestlich von Limerick (etwa 30 Autominuten).

Taxis findet man vor der Touristeninformation, am Busbahnhof und am Bahnhof sowie in der Thomas Street. Alternativ kann man Swift Taxis (☎ 061-313 131) kontaktieren.

Ganz neu ist Limericks **Leihfahrradservice** (23 Stationen in der ganzen Stadt) von Coca-Cola Zero. Die Kosten betragen 3 € (150 € Pfand) für drei Tage. Für die erste halbe Stunde muss man nichts zahlen.

Rund um Limerick (Stadt)

In Stadtnähe gibt's jede Menge historische Stätten, die man im Rahmen eines Tagesausflugs mit dem Auto oder auf einer mehrtägigen Radtour erkunden kann.

Lough Gur

Rund um den hufeisenförmigen See 21 km südöstlich von Limerick befinden sich einige faszinierende archäologische Stätten. Kurze Wanderwege am Seeufer führen zu Hügelgräbern, Menhiren, alten Einfriedungen und anderen interessanten Stellen, die man kostenlos besichtigen kann. Die Gegend ist wie geschaffen für ein Picknick.

Sehenswertes

Grange Stone Circle ARCHÄOLOGISCHE STÄTTE
GRATIS Dieser auch als Lios bekannte 4000 Jahre alte Steinkreis besteht aus 113 Pfeilern und ist damit Irlands größte prähistorische Sehenswürdigkeit dieser Art. An der Straße gibt's Parkmöglichkeiten; der Zugang zum Gelände ist kostenlos, wobei sich vor Ort eine Spendenbüchse befindet. Die Anfahrt von Limerick erfolgt über die N24 nach Süden Richtung Waterford. Auf der R512 folgt man den Ausschilderungen 16 km bis zum Ziel.

1 km weiter südlich die R512 entlang, auf der Höhe der Holycross Garage und der Post, biegt man links ab in Richtung Lough Gur. Unterwegs kommt man an einer verfallenen Kirche aus dem 15. Jh. und einem Keilgrab auf der anderen Straßenseite vorbei.

Lough Gur Stone Age Centre KULTURERBEZENTRUM
(☎ 087 285 2022; www.loughgur.com; Erw./Kind 3/2 €; ⏲ Mo–Fr 10–17, Sa & So 12–18 Uhr) Der strohgedeckte Nachbau einer neolithischen Hütte beherbergt das Lough Gur Stone Age Centre mit einem hilfsbereiten Infostand und guten Ausstellungen über irische Bauernhöfe sowie einem kleinen Museum samt jungsteinzeitlichen Artefakten und einer Replik des Lough-Gur-Schutzschildes (das Original befindet sich im Dubliner Nationalmuseum).

Kilmallock

2368 EW.

Kilmallock war einst die drittgrößte Stadt Irlands (nach Dublin und Kilkenny). Es wartet mit faszinierenden mittelalterlichen Bauwerken auf. Der Ort entwickelte sich rund um ein Kloster aus dem 7. Jh. und diente zwischen dem 14. und 17. Jh. als Sitz der Earls of Desmond. Heute liegen zwischen dem Dorf am Lubach und dem nur 26 km entfernten Limerick Welten. Von Limerick kommend erblickt man linker Hand zuerst ein **mittelalterliches Steingebäude**, eines von 30 Wohnhäusern wohlhabender Händler und Landbesitzer.

Sehenswertes

Kilmallock Museum MUSEUM
(Sheares St; ⏲ Mo–Do 10–12 & 13–15, Fr bis 13.30 Uhr) GRATIS Gegenüber dem King's Castle führt eine Gasse zu diesem winzigen Museum mit einer bunten Sammlung historischer Exponate und einem Modell der Stadt von 1597. Vor Ort beginnt der **historische Wanderweg** durch Kilmallock.

King's Castle HISTORISCHES GEBÄUDE
(Sarsfield St) Das vierstöckige Turmhaus aus dem 15. Jh. verfügt über einen Torbogen, durch den heute eine gepflasterte Passage verläuft.

Unterhaltung

Friars' Gate Theatre & Arts Centre KULTURZENTRUM
(☎ 063-98727; www.friarsgate.ie; Main St) In diesem hervorragenden Kulturzentrum gibt's Kunstausstellungen, Theaterstücke und Konzerte. Darüber hinaus erhält man hier zahlreiche Informationen über Kilmallock.

Unterwegs vor Ort

Montags bis samstags fahren zwei Bus-Éireann-Linien von Limerick nach Kilmallock (12,10 €, 1 Std.).

Adare & Umgebung

1100 EW.

Adare wird gern, aber nicht unbedingt zu Recht als schönstes Dorf Irlands angepriesen. Sein Ruhm gründet sich auf gut erhaltenen strohgedeckten Cottages aus dem 19. Jh. Der englische Gutsherr Earl of Dunraven ließ sie für die Arbeiter bauen, die sein Landgut Adare Manor errichteten. Heute beherbergen die hübschen Hütten Kunsthandwerksläden und gehobene Restaurants. Zudem gibt's in der Nähe einige prestigeträchtige Golfplätze. Der irische Name für Adare ist Áth Dara – die Furt der Eiche.

Touristen werden mit Bussen zu dem 16 km südwestlich von Limerick gelegenen Dorf am Fluss Maigue gekarrt, was leider immer wieder zu Staus führt (die viel befahrene N21 ist die Hauptstraße des Dorfes). Weil sich Adare am Wochenende großer Beliebtheit erfreut, sollte man Hotels und Restaurants rechtzeitig reservieren.

Sehenswertes

Vor der Auflösung der Klöster (1536–1539) durch Heinrich VIII. gab es in Adare drei religiöse Bauwerke. Heute kann man nur noch die Überreste besichtigen.

Adare Heritage Centre MUSEUM
(☎ 061-396 666; www.adareheritagecentre.ie; Main St; ⏲ 9–18 Uhr) GRATIS Die Ausstellung in dem zentral gelegenen Museum illustriert auf unterhaltsame Weise Adares Geschichte und die mittelalterlichen Gebäude des Ortes. Zudem können Besucher hochwertiges irisches Kunsthandwerk kaufen und eine Pause in dem beliebten Café einlegen.

Desmond Castle BURG
(☎ Führung 061-396 666; Führung Erw./Fam. 6/15 €; ⏲ Juni–Sept. Führung stdl. 10–17 Uhr) Seit 1200 wechselte die malerische Ruine mehrmals den Besitzer, doch 1657 gaben ihr Cromwells Truppen den Rest und ihre strategische Bedeutung ging verloren.

Die Erneuerung des Bauwerks ist noch in vollem Gange. Besucher sollten sich unbedingt den großen Saal mit Fenstern aus dem frühen 13. Jh. ansehen.

Führungen kann man im Adare Heritage Centre buchen. Werden gerade keine angeboten, bewundert man das Gebäude stattdessen einfach von der viel befahrenen Straße, dem Flusspfad oder dem Grundstück des Augustinerpriorats aus.

Church of the Holy Trinity KIRCHE
Gleich neben dem Adare Heritage Centre erheben sich der eindrucksvolle Turm und die Südmauer dieser katholischen Kirche. Einst gehörte sie zum Dreifaltigkeitskloster aus dem 13. Jh., das im Auftrag des ersten Earls of Dunraven restauriert wurde. Nebenan befindet sich ein renovierter Taubenschlag aus dem 14. Jh.

Augustinian Priory KLOSTER
Nördlich der Ortschaft, an der N21 nahe der Brücke über dem Maigue, thront die Pfarrkirche der Church of Ireland, ein 1316 gegründetes Augustinerpriorat, auch als Black Abbey bekannt. Innen ist sie herrlich höhlenartig, doch das wahre Highlight ist der kleine, atmosphärische Kreuzgang.

Franciscan Friary RUINE
(Adare Golf Club) Die Überreste dieses Franziskanerklosters, das 1464 vom Earl of Kildare gegründet wurde, liegen friedvoll mitten im Adare Golf Club neben dem Fluss Maigue. Wer sie erkunden möchte, sollte vorher im Clubhaus Bescheid geben. Vom Parkplatz aus sind es nur 400 m bis zur Ruine, zu der ein schöner Turm und eine kunstvolle Sitzbank für Priester an der Südwand des Altarraums gehören, allerdings muss man sich vor herumfliegenden Golfbällen in Acht nehmen!

Riverside Path FLUSS
Nördlich vom Tor zum Augustinerpriorat beginnt ein schöner ausgeschilderter Flussweg mit Sitzgelegenheiten, den man durch einen schmalen Zugang erreicht. Nach 250 m zweigt ein Pfad links ab in Richtung Ortszentrum.

Schlafen

Adare Village Inn GASTHAUS €
(☎ 087 251 7102; www.adarevillageinn.com; Upper Main St/Rathkeale Rd; wochentags EZ/DZ 45/60 €, Wochenende 50/70 €; WLAN) Dieses herzliche Gasthaus hat fünf gemütliche Zimmer mit einem exzellenten Preis-Leistungs-Verhältnis und guten Duschen. Geführt wird es von Seán Collins, dessen gleichnamige Bar ein paar Häuser weiter liegt, um die Ecke der Main Street in Richtung Rathkeale Road.

Berkeley Lodge B&B €
(☎ 061-396 857; www.adare.org; Station Rd; EZ 50 €, DZ 75–80 €; WLAN, kinderfreundlich) In diesem Haus 400 m nördlich des Adare Heritage Centre (3 Gehminuten) gibt's sechs zuckersüße und ziemlich blumige Zimmer – jedes in einer anderen Farbe – sowie großartiges Frühstück. Kinderfreundlich.

★ **Dunraven Arms** GASTHAUS €€
(☎ 061-396 633; www.dunravenhotel.com; Main St; wochentags EZ/DZ ab 90/110 €; @ WLAN, Pool, kinderfreundlich) Das 1792 erbaute Juwel glänzt mit 86 eleganten Zimmern samt Antiquitäten, hochwertiger Bettwäsche und, für Wählerische, Himmelbetten. Auch das tolle Restaurant mit Bar überzeugt.

★ **Adare Manor** HOTEL €€€
(☎ 061-605 200; www.adaremanor.com; Main St; DZ ab 380 €; @ WLAN, Pool, kinderfreundlich) In dem prachtvollen Landgut des Earl of Dunraven ist heute ein imposantes, wunderbar intimes Burghotel untergebracht, das über individuell in Herbstfarben dekorierte und mit Antiquitäten ausgestattete Zimmer verfügt. Gäste bekommen im Adare Golf Club Rabatt. Das ausgezeichnete Oak Room Restaurant und der tägliche Nachmittagstee sind auch für externe Besucher offen.

ABSTECHER

BALLINGARRY

Das hübsche Dorf Ballingarry (Baile an Gharraí, „Stadt der Gärten") liegt 13 km südwestlich von Adare an der R519. Hier befindet sich eines der besten Restaurants im ganzen County Limerick, das **Mustard Seed in der Echo Lodge** (☎069-68508; www.mustardseed.ie; 4-Gänge-Menü 60 €; DZ ab 130 €; ⏲Restaurant 19–21.15 Uhr, Mitte Jan.–Mitte Feb. Restaurant & Unterkunft geschlossen; 📶). Die Zutaten für die saisonalen Gerichte stammen aus dem Obst- und Küchengarten des senfgelben ehemaligen Klosters. Bei unserem Besuch standen Parmesandonuts an Mousse von schwarzer Olive, Johannisbeeren-Gin-Sorbet und irisches Wild zur Auswahl. Wer sich nach dem Essen nicht mehr bewegen kann, bucht einfach eines der eleganten Gästezimmer im Landhausstil. Einige sind sogar mit Himmelbetten ausgestattet.

Essen

Good Room Café CAFÉ €

(☎061-396 218; www.thegoodroomadare.ie; Main St; Hauptgerichte 8–10,50 €; ⏲Mo–Sa 8.30–17.30, So 10–17.30 Uhr; 👪) In diesem schlichten Café, das in einem reetgedeckten Cottage untergebracht ist, herrscht reger Betrieb. Es gibt kreative Suppen, Salate, warme Sandwiches, Bruschetta, Backwaren, hausgemachte Marmeladen, Kinderteller und riesige Kaffeebecher. Unbedingt rechtzeitig kommen, damit man noch ein paar Scones ergattert. An Sommerwochenenden hat das Café bis 20 Uhr geöffnet.

★ **Restaurant 1826 Adare** MODERN IRISCH €€

(☎061-396 004; www.1826adare.ie; Main St; Hauptgerichte 17–26 €; ⏲Mi–Sa 18–21.30, So 15–20 Uhr; 👪) Wade Murphy zählt zu Irlands renommiertesten Köchen und begeistert seine Gäste in diesem kunstgeschmückten Reetdach-Cottage aus dem Jahre 1826, wo er seine Leidenschaft für regionale saisonale Produkte auslebt. Er kredenzt Gerichte wie Kabeljau aus der Pfanne mit zartem Babyspinat, trocken gereiftes Rib-Eye-Steak und zitronige Crème-fraîche-brûlée.

Wild Geese IRISCH €€

(☎061-396 451; www.thewild-geese.com; Main St; 2-/3-Gänge Mittagsmenü 22/27 €, 2-/3-Gänge-Abendmenü 30/37 €; ⏲Mo–Sa ab 18 Uhr, So 13–16 Uhr) Auf der regelmäßig wechselnden Karte stehen die besten Speisen aus dem Südwesten Irlands von Jakobsmuscheln bis zu üppigem Lammkarree. Alle Gerichte werden fantasievoll zubereitet. Die Brotkörbe sind ein Gedicht und der Service ist vorbildlich.

Blue Door IRISCH €€

(☎061-396 481; www.bluedooradare.com; Main St; Hauptgerichte mittags 9–16 €, abends 19–25 €; ⏲Mo–Do 11–15 & 18–22, Fr 11–22 Uhr, Sa 12–22 Uhr, So 13–21 Uhr; 👪) Gourmetsalate, Sandwiches und Lasagne findet man auf der Mittagskarte dieses Cottage-Restaurants. Abends gibt's Gerichte wie Entenconfit in Guinness-Soße und Kabeljau in Chardonnay-Soße.

Dunraven Arms RESTAURANT €€

(☎061-396 633; www.dunravenhotel.com; Main St; Hauptgerichte Restaurant 16–26 €, Hauptgerichte Bar 13–18 €; ⏲Restaurant ab 18 Uhr, Bar 11–22 Uhr) Das Lokal im zauberhaften Dunraven Arms bietet Anspruchsvolles wie gebratene Ente mit Lavendelrisotto und warmen weißen Schokoladenkuchen mit karamellisierten Bananen. Die ruhige, holzgetäfelte Bar ist eine würdige, günstigere Alternative.

Oakroom Restaurant IRISCH €€€

(Adare Manor, Main St; Nachmittagstee 28,50 €, Hauptgerichte 24–36 €; ⏲Nachmittagstee 14–17 Uhr, 18.30–22 Uhr) Im Restaurant des Adare Manor kann man dinieren wie ein Lord und dabei einen herrlichen Blick auf den Park und den Maigue genießen. Der Fünf-Uhr-Tee wird im vornehmen Salon auf Etageren serviert.

Ausgehen & Nachtleben

Seán Collins PUB

(www.seancollinsbaradare.com; Upper Main St/Rathkeale Rd; ⏲Mo–Do 10–22.30, Fr & Sa 10.30–1.30, So 10–23.30 Uhr) Montags und freitags wird ab 20.30 Uhr Livemusik geboten.

Bill Chawke's Lounge Bar PUB

(www.billchawke.com; Main St; ⏲Mo–Do 10–0.30, Fr & Sa bis 1.30, So bis 24 Uhr) Hier gibt's regelmäßig traditionelle irische Musik zum Mitsingen.

Praktische Informationen

Die Website www.adarevillage.com ist sehr informativ.

Touristeninformation (☎ 061-396 255; www.discoverireland.com; Adare Heritage Centre, Main St, ⊙ Mo–Sa 9–17 Uhr)

Anreise & Unterwegs vor Ort

Bus Éireann bietet stündliche Verbindungen zwischen Limerick und Adare (6 €, 25 Min.). Viele Busse fahren von hier aus weiter bis nach Tralee (22 €, 1¾ Std.), aber es steuern auch ein paar Killarney (22,50 €, 1¾ Std.) an.

COUNTY TIPPERARY

158 660 EW. / 4295 KM²

Tipperary besitzt den fruchtbaren Boden, von dem jeder Bauer träumt. Das Kernland des Countys liegt in einer Tiefebene, umrahmt von den Hügellandschaften der angrenzenden Regionen. Hier halten die oberen Zehntausend noch immer an einer alten Tradition fest: Im Winter finden Fuchsjagden ohne gesetzliche Einschränkungen statt.

Insbesondere das Glen of Aherlow bietet wunderbare Wander- und Radfahrmöglichkeiten rund um die Stadt Tipperary, aber die echten Publikumsmagneten sind der Rock of Cashel und das Cahir Castle. Neben den Landstraßen lässt sich zudem das eine oder andere landschaftliche Highlight entdecken.

Tipperary (Stadt)

4320 EW.

Die Stadt (Tiobrad Árann) verdankt ihren Namen vor allem einem Marschlied aus dem Ersten Weltkrieg. Der besungene „lange Weg nach Tipperary" führt die N24 entlang und quer durch das regionale Straßenlabyrinth, das im Ortszentrum zusammenläuft, wo es verkehrsmäßig genauso wenig vorangeht wie im Stellungskrieg an der Somme. Tipperary an sich ist eher unscheinbar und lohnt nicht unbedingt einen Besuch.

In der Main Street steht die **Statue von Charles J. Kickham** (1828–1882), Schriftsteller aus Tipperary (Autor des Romans *Knocknagow*) und Mitglied der Young Irelanders. Wegen Landesverrats saß der Autor um 1860 vier Jahre im Londoner Gefängnis Pentonville ein.

Der **Tipperary Racecourse** (☎ 062-51357; www.tipperaryraces.ie; Limerick Rd), eine der führenden Rennbahnen Irlands liegt 3 km nordwestlich der Stadt, und wartet mit regelmäßigen Veranstaltungen auf. Man erreicht die Strecke von der Limerick Junction aus zu Fuß.

Danny Ryan Music (www.dannyryanmusic.ie; 20 Bank Pl; ⊙ Mo, Di, Do & Fr 10–13 & 14–18; Mi 10–13, Sa 9.30–13 & 14–18 Uhr) verfügt über eine hervorragende Auswahl an traditionellen Musikinstrumenten.

Praktische Informationen

Tipperarys **Touristeninformation** (☎ 062-80520; Excel Heritage Centre, Mitchell St; ⊙ Mo–Sa 10–17 Uhr, So 14–17.30 Uhr) befindet sich im Excel Heritage Centre, wo es auch eine kleine Galerie, ein Café, ein Kino und ein gutes Ahnenforschungszentrum gibt. Man erreicht sie über die St. Michael's Street, eine Seitenstraße, die etwa 200 m nördlich der Main Street abzweigt.

An- & Weiterreise

Fast alle Busse halten in der Abbey Street am Fluss. **Bus Éireann** (www.buseireann.ie) bietet täglich bis zu acht Verbindungen nach Limerick (10 €, 30 Min.) und Waterford via Cahir und Clonmel an.

Wer zum Bahnhof will, folgt der Bridge Street in südlicher Richtung. Tipperary liegt auf der Bahnstrecke von Waterford zur Limerick Junction. Zweimal täglich fahren Züge nach Cahir (25 Min.), Clonmel, Carrick-on-Suir, Waterford und Rosslare Harbour. Von der Limerick Junction (☎ 062-51406), 3 km vom Bahnhof Tipperary entlang der Limerick Road, geht's nach Cork, Kerry und Dublin.

Glen of Aherlow & Galtee Mountains

Im Süden von Tipperary erheben sich die markanten Silhouetten der Slievenamuck Hills und der Galtee Mountains, die das samtgrüne und breite Glen of Aherlow trennen. Von Tipperary aus verläuft eine gut ausgeschilderte 25 km lange, entspannende **Panoramaroute** durch das ganze Tal. Am östlichen Ende zwischen Tipperary und Cahir befindet sich Bansha (An Bháinseach). Das Dorf dient als Startpunkt für einen 20 km langen Ausflug Richtung Westen nach Galbally. Ob auf vier oder auf zwei Rädern: Wer der R663 folgt, durchquert eine der malerischsten Landstriche des Countys.

Darüber hinaus ist die Gegend für ihre hervorragenden **Wanderwege** bekannt. Das üppig bewachsene Ufer des Aherlow, bergige Kiefernwälder und felsiges Weideland mit scheinbar unendlichem Horizont prägen das Landschaftsbild. 1,6 km nördlich von Newtown an der R664 erreicht man einen **Aussichtspunkt** mitsamt einer weißen **Christusstatue** und spektakulärem Ausblick.

Südlich von Tipperary, beim **Coach Road Inn** in Newtown, einem bei Wanderern beliebten Pub, laufen die R663 aus Bansha und die R664 zu einer Straße zusammen. Hinter der Kneipe versteckt sich die **Touristeninformation** (☎062-56331; www.aherlow.com; ⌚ganzjährig Mo–Fr 9.30–17 Uhr, Juni–Aug. zusätzlich Sa 10–16 Uhr) von Glen of Aherlow mit enthusiastischen Angestellten, die Fragen über die Region beantworten und **Wanderfeste** organisieren.

Schlafen & Essen

Es gibt in der Umgebung mehrere Unterkünfte, die vor allem auf Wanderer eingestellt sind.

Aherlow House Hotel HOTEL €
(☎062-56153; www.aherlowhouse.ie; Newtown; DZ/Lodge ab 69/149 €, Hauptgerichte 15–30 €, 3-Gänge-Menü 24 €; ⌚Restaurant Mo–Sa 18–22, So ab 12.30 Uhr; @ 📶 👪) Oben an einem von Kiefern gesäumten Weg an der R663 beherbergt ein 1928 erbautes Jagdhaus diese luxuriöse Bleibe mit 29 Zimmern samt großen Betten, 15 modernen Lodges für Selbstversorger (Mindestaufenthalt zwei Nächte) sowie einer Bar und einem Restaurant. Von der Terrasse genießt man einen tollen Blick auf die Berge.

Ballinacourty House Camping Park & B&B CAMPINGPLATZ, B&B €
(☎062-56559; www.ballinacourtyhse.com; Glen of Aherlow; Zeltplatz 23 €, EZ/DZ 51,50/70 €, 4-Gänge-Menü mittags/abends 22,50/32,50 €; ⌚Restaurant Mi–Sa 18–21 Uhr, So 12.30–14.30 & 18–20 Uhr; 👪) Vor der wunderbaren Kulisse der Galtees, 10 km westlich von Bansha und hinter Newton, erstreckt sich dieser schöne Campingplatz. Die Anlage ist bemerkenswert gut ausgestattet und wartet mit einem schönen Garten, einem beliebten klassisch-irischen Restaurant, einer Weinbar und einem Tennisplatz auf. Ein renoviertes altes Steinhaus dient darüber hinaus als B&B-Unterkunft.

Homeleigh Farmhouse B&B €
(☎062-56228; www.homeleighfarmhouse.com; Newtown; EZ/DZ 50/80 €, Abendessen 28 €; 📶) Etwas westlich von Newton und dem Coach Road Inn an der R663 werden in dieser kleinen, noch bewirtschafteten Farm einfache, traditionell möblierte Zimmer mit Blick auf Garten und Felder angeboten. Gäste können das Abendessen dazubuchen. Der beste Ausgangspunkt für Wanderungen in der Umgebung.

An- & Weiterreise

Bus Éireann verkehrt regelmäßig zwischen Tipperary (4,10 €, 10 Min.) und Waterford mit Halt in Bansha. Von dort geht's per Fahrrad oder zu Fuß weiter in die Berge. Um möglichst viel von der Landschaft zu sehen, sollte man sich zwischendurch aber ruhig auch mal ins Auto setzen und ein paar Spritztouren unternehmen.

Cashel

2276 EW.

Cashel (Caiseal Mumhan) übt eine große Faszination aus. Selbst die Queen besuchte den Ort 2011 auf ihrer historischen Irlandreise. Die alten Kirchen auf dem windigen Gipfel des Rock of Cashel scheinen geradewegs aus dem Fels zu wachsen und die Straßen des kleinen Marktörtchens Cashel laden dazu ein, sich eine Weile dort aufzuhalten.

Sehenswertes

Auf der Website der Touristeninformation kann man einen kostenlosen Audioguide für eine Stadtführung herunterladen (www.cashel.ie).

★ **Rock of Cashel** HISTORISCHE STÄTTE
(www.heritageireland.com; Erw./Kind 7/3 €; ⌚Mitte März–Mitte Okt. 9–17.30 Uhr, Mitte Juni–Aug. 9–19 Uhr, Mitte Okt.–Mitte März 9–16.30 Uhr) Eine der spektakulärsten archäologischen Stätten des Landes ist der Rock of Cashel, ein grüner Hügel mit Kalksteinschichten und einer alten Festungsanlage. Eine kompakte Mauer umschließt kreisförmig den Hof, der von einem Rundturm, einer gotischen Kathedrale (13. Jh.) und der schönsten romanischen Kapelle des Landes (12. Jh.) umrahmt wird. In Letzterer findet man einige der ältesten Fresken Irlands.

Vom Ortszentrum sind es nur fünf Gehminuten bis zum Berg, von dem aus man eine fantastische Aussicht auf Tipperarys Landschaft genießt.

Das Wort *cashel* ist das englische Pendant zum irischen Wort *caiseal* für „Festung" (verwandt mit dem englischen *castle* vom lateinischen *castellum*). Der Eóghanachta-Clan aus Wales wählte den Rock of Cashel im 4. Jh. als Hauptsitz. Von hier aus eroberte er weite Teile von Munster und beherrschte die Region. 400 Jahre lang wetteiferten Cashel und Tara um die Stellung als Machtzentrum Irlands. Der Clan berief sich auf seine Verbindung zum hl. Patrick, deshalb wird der Rock of Cashel gelegentlich auch St. Patrick's Rock genannt. Im 10. Jh.

Rock of Cashel

Über 1000 Jahre war der Rock of Cashel ein Symbol der Macht und Sitz von Königen und Geistlichen, die über die Region herrschten. Ein Besuch der monumentalen Anlage vermittelt faszinierende Einblicke in Irlands Vergangenheit.

Der Eingang befindet sich in der **Hall of the Vicars Choral** ① aus dem 15. Jh., die einst von den Chorsängern der Kathedrale bewohnt wurde. Zu den Exponaten in der Krypta zählen seltene Silberstücke, Steinreliefs und das **St. Patrick's Cross** ②. Im Burghof ist eine Replik des Kreuzes ausgestellt. Eine kleine Vorhalle führt zur gotischen **Kathedrale** ③ aus dem 13. Jh. An der Westseite liegen die Überreste der **Archbishop's Residence** ④. Vom nördlichen Querschiff aus in der nordöstlichen Ecke der Kathedrale sieht man das älteste Gebäude am Rock, einen **Rundturm** ⑤ aus dem 11. oder 12. Jh. Durch das Südschiff gelangt man zur faszinierenden **Cormac's Chapel** ⑥, der vermutlich ersten romanischen Kirche Irlands. Sie stammt von 1127 und ist in ihrer mittelalterlichen Gestalt erhalten. Hinter dem Hauptportal erblickt man linker Hand einen Sarkophag aus der Zeit zwischen 1125 und 1150, angeblich das Grab König Cormacs. Am Ende des Rundgangs lohnt ein näherer Blick auf die **Einfriedungsmauern und den Eckturm** ⑦ der Anlage.

JOHN ELK/GETTY IMAGES ©

Hall of the Vicars Choral

Vom Ticketbüro führt eine Treppe hoch zu der restaurierten Küche und dem Speisezimmer der Chorsänger mit historischen Möbeln, Wandteppichen und Gemälden unter einem kunstvoll geschnitzten Eichendach und einer Empore.

Einfriedungsmauern & Eckturm

Die gesamte Anlage umgibt eine Steinmauer, die etwa im 15. Jh. aus Kalkmörtel errichtet wurde und ursprünglich fünf Tore umfasste. Der verbliebene Eckturm soll als Wachtturm gedient haben.

TRAVEL INK/GETTY IMAGES ©

TOP-TIPPS

» Gute Fotos des irischen Wahrzeichens lassen sich von der Straße nach Cashel ab der Kreuzung Dublin Road oder von den kleinen Straßen westlich des Zentrums schießen.

» Die schönsten Motive findet man allerdings innerhalb der atmosphärischen Ruinen der Hore Abbey, 1 km weiter nördlich.

St. Patrick's Cross

Das Kreuz im Burghof ist eine Replik des eindrucksvollen verwitterten Originals aus dem 12. Jh. in der Hall of the Vicars Choral; dieses zeigt auf der einen Seite die Kreuzigung Christi und auf der anderen Tierfiguren.

GEORGE MUNDAY/GETTY IMAGES ©

Archbishop's Residence

An der Westseite der Kathedrale erstreckt sich die Erzbischöfliche Residenz, eine vierstöckige Burg aus dem 15. Jh., deren Halle über dem Kirchenschiff lag, was sie kürzer machte. Mitte des 18. Jhs. war sie zuletzt bewohnt.

Kathedrale

Über der Kathedrale thront ein riesiger viereckiger Turm mit einem Rondell in der südwestlichen Ecke. Zu sehen sind außerdem Monumente, ein Hochgrab aus dem 16. Jh., Wappen sowie steinerne Kapitelle und Konsolen.

JOE CORNISH/GETTY IMAGES ©

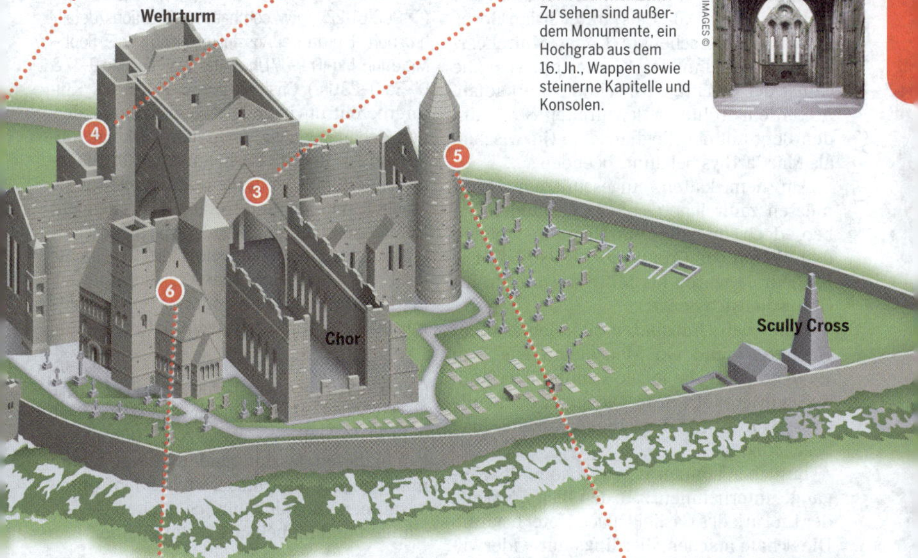

TRISH PUNCH/GETTY IMAGES ©

Rundturm

Der Eingang zu dem 28 m hohen Turm liegt 3,50 m über dem Boden – vermutlich eher aus bau- als aus verteidigungstechnischen Gründen. Das genaue Entstehungsdatum ist unbekannt, 1101 gilt jedoch als wahrscheinlich.

Cormac's Chapel

Bemerkenswert sind die kunstvollen Torbogen, der prächtige Altarbogen, das Rippengewölbe und die Reliefs, darunter ein Ungeheuer mit drei Schwänzen und ein Zentaur mit Normannenhelm, der einen Pfeil auf einen wütenden Löwen schießt.

STEPHEN SAKS/GETTY IMAGES ©

ABSTECHER

FAMINE WARHOUSE

Das Famine Warhouse (www.heritageireland.ie; Ballingarry; ⌚ April–Sept. Mi–So 14.30–17.30 Uhr, Okt.–März Sa & So 14–16 Uhr) auf einem Feld in der Nähe von Ballingarry ist ein Relikt aus den schwärzesten Kapiteln Irlands. Heute wirkt das Anwesen ganz friedlich, doch beim großen Aufstand gegen die Hungersnot 1848 belagerten die von William Smith O'Brien angeführten Rebellen Polizisten, die sich in dem Gebäude mit Kindern als Geiseln verbarrikadiert hatten. Dann kam Verstärkung der Polizei, die Rebellen flohen, und das war das Ende des Aufstands. Die Ausstellung erläutert neben der Hungersnot auch die Massenflucht irischer Emigranten nach Amerika.

Das Famine Warhouse befindet sich 30 km nordöstlich von Cashel an der R691, etwa auf halbem Weg nach Kilkenny. Achtung: Im County Tipperary gibt's zwei Ballingarrys; der falsche Ort liegt in der Nähe von Roscrea!

verloren die Eóghanachta den Fels an die O'Briens (oder Dál gCais) unter Brian Borús Führung. 1101 schenkte König Muircheartach O'Brien ihn der Kirche, um sich die Gunst der mächtigen Bischöfe zu erkaufen. Außerdem wollte er den uralten Streit um den Berg mit den Eóghanachta (inzwischen als MacCarthys bekannt) beenden.

Auf dem kalten, ungeschützten Hügel müssen zahlreiche Gebäude gestanden haben, doch nur die Sakralbauten trotzten dem Wüten von Cromwells Armee 1647. Die Kathedrale wurde bis Mitte des 18. Jhs. für Gottesdienste genutzt.

Unter den Grabstätten befinden sich ein Hochkreuz und ein Mausoleum aus dem 19. Jh., das für die lokale Landbesitzerfamilie Scully erbaut wurde. Die Spitze des Scully Cross wurde 1976 bei einem Blitzeinschlag beschädigt.

Besucher können einige schöne Spaziergänge unternehmen, z. B. den Bishop's Walk, der im Park des Cashel Palace Hotel beginnt. Die Schafe machen allerdings nur widerwillig den Weg frei. Im endlosen Kampf gegen auftretende Risse wird ein Gerüst jedes Jahr ein Stück weiter gerückt.

Wer an einer Führung teilnehmen möchte, muss vorher anrufen.

Hore Abbey
HISTORISCHE STÄTTE

Nur 1 km nördlich des Rock of Cashel stößt man auf die großartige Ruine von Hore Abbey aus dem 13. Jh. (auch bekannt als Hoare Abbey oder St. Mary's) mitten in flachem Ackerland. Ende des 12. Jhs. lebten hier Benediktinermönche aus dem englischen Glastonbury. Im 13. Jh. wurden sie von einem Erzbischof vertrieben, der geträumt hatte, sie wollten ihn ermorden. Später schenkte er das anheimelig gruselige Gebäude dem Zisterzienserorden.

Brú Ború
KULTURERBEZENTRUM

(☎ 062-61122; www.comhaltas.ie/locations/detail/bru_boru; Eintritt frei, Ausstellungen ab 5 €; ⌚ Sept.–Mitte Juni Mo–Fr 9–17 Uhr, Mitte Juni–Aug Mo 9–17 & Di–Sa 9–23 Uhr) Cashels privat geführtes Kulturerbezentrum befindet sich in einem modernen Gebäude gleich neben dem Parkplatz unterhalb des Rock of Cashel und gewährt faszinierende Einblicke in die traditionelle irische Musik samt Tanz und Gesang. Das Highlight ist die Ausstellung **Sounds of History**, die z. B. mittels einer Audioshow die Geschichte des Landes und seiner Musik nacherzählt. Außerdem finden hier im Sommer verschiedene musikalische Veranstaltungen statt.

Cashel Folk Village
MUSEUM

(☎ 062-63601; www.cashelfolkvillage.ie; Dominic St; Erw./Kind 5/2 €; ⌚ Mitte Juni–Mitte Sept. 9–19.30 Uhr, restliches Jahr verkürzte Öffnungszeiten) In diesem faszinierenden Museum kann man typische alte Häuser und Ladenfronten bestaunen, die mit zahlreichen alten Gegenständen und Möbeln ausgestattet sind.

Cashel Heritage Town Centre Museum
MUSEUM

(www.casheltc.ie; Main St, Town Hall; ⌚ Mitte März–Mitte Okt. 9.30–17.30 Uhr, Mitte Okt.–Mitte März Mo–Fr 9.30–17.30 Uhr) GRATIS Gleich neben der Touristeninformation ist im Rathaus ein maßstabsgetreues Modell zu sehen, das Cashel im Jahre 1640 zeigt. Auch für die passende musikalische Untermalung ist gesorgt.

Bolton Library
MUSEUM

(John St; Eintritt 2 €; ⌚ 10–16 Uhr nach Voranmeldung, Buchung in der Touristeninformation) In einem 1836 errichteten abweisenden Steingebäude präsentiert die Bolton Library Bücher, Karten und Handschriften von den Anfängen des Buchdrucks bis heute, darunter Werke bekannter Schriftsteller wie Chaucer und Swift.

Schlafen

Cashel Holiday Hostel HOSTEL €
(062-62330; www.cashelhostel.com; 6 John St; B/EZ/DZ ab 16/30/45 €;) Das bunte dreistöckige Gebäude unweit der Main Street ist eine freundliche Budgetoption im Ortszentrum mit zwei Bereichen. In einem befinden sich die Schlafsäle, in dem anderen die Doppelzimmer. Zur Ausstattung gehören eine Küche, Waschmaschinen, eine Bibliothek, ein Fahrradschuppen und eine gemütliche Lounge. Musiker können ihre Übernachtung mit einem Auftritt „bezahlen" (die Angestellten organisieren Konzerte und beschaffen Instrumente).

Cashel Town B&B B&B €
(062-62330; www.cashelbandb.com; 5 John St; DZ 55–65 €, 3BZ/4BZ ab 90/120 €;) Auf den Frühstückstisch dieses heimeligen B&Bs kommen nur frische Produkte von nahe gelegenen Bauernmärkten. Das 1808 errichtete georgianische Stadthaus beherbergt sieben komfortable Zimmer und eine gemütliche Gästelounge mit offenem Kamin und einem Klavier.

Cashel Lodge & Camping Park HOSTEL, CAMPINGPLATZ €€
(062-61003; www.cashel-lodge.com; Dundrum Rd; Zeltplatz pro Person 10 €, EZ 55–65 €, DZ 85–95 €;) Nordwestlich von Cashel liegt an der R505 dieses nette 200 Jahre alte Kutschenhaus mit viel Holz und Stein. Die Lodge bietet einen herrlichen Blick auf den Rock of Cashel und die Hore Abbey. Einfach der Ausschilderung nach Dundrum folgen. Bei den Preisen für das Hostel ist das Frühstück enthalten.

Baileys Hotel BOUTIQUE-HOTEL €€
(062-61937; www.baileyshotelcashel.com; Main St; EZ/DZ ab 55/70 €;) Saubere moderne Linien und dunkles Holz kontrastieren mit hellen Wänden und verleihen dem restaurierten georgianischen Stadthaus ein elegantes Ambiente. Die Zimmer sind schick, aber in einem nüchternen Stil gehalten. Das Frühstück ist im Preis inbegriffen, ebenso wie ein Parkplatz. Auch das Restaurant und die Bar überzeugen.

Essen

Abgesehen vom Rock of Cashel ist der Ort vor allem für seinen preisgekrönten Bauernkäse Cashel Blue, Irlands ersten Blauschimmelkäse, berühmt. Dieser wird ausschließlich vor Ort und nach wie vor von Hand hergestellt, aber erstaunlicherweise nur selten in den örtlichen Restaurants und Geschäften angeboten.

★ **Café Hans** CAFÉ €€
(062-63660; Dominic St; Hauptgerichte 13–18 €, 2/3-Gänge-Mittagsmenü 16/20 €; Di–Sa 12–17.30 Uhr;) Die 32 Plätze in dem Gourmetcafé sind hart umkämpft. Es wird von derselben Familie geführt wie das benachbarte Chez Hans und bietet eine fantastische Auswahl an Salaten, Sandwiches (z. B. mit riesigen Garnelen in würziger Mary-Rose-Soße), Meeresfrüchten, Lammfleisch-, Fisch- und vegetarischen Gerichten sowie eine tolle Weinkarte und Desserts, bei deren Anblick einem das Wasser im Mund zusammenläuft. Achtung: Hier werden keine Kreditkarten angenommen.

Wer nicht längere Zeit auf einen Platz warten will, kommt am besten am Nachmittag, wenn sich der Mittagsansturm gelegt hat.

Baileys Hotel Restaurant & Bar INTERNATIONAL €€
(062-61937; www.baileyshotelcashel.com; Main St; Bar Hauptgerichte 13–25,50 €, Restaurant Hauptgerichte 14–25,50 €; Bar Bewirtung tgl. 12–21.30 Uhr, Restaurant Do–Sa 18–21.30, So 12–14.30 Uhr) Das Restaurant des zentralen Hotels und die Kellerbar mit ihren Steinwänden und Kerzenlicht sind beide ausgezeichnet und servieren eine breit gefächerte Auswahl internationaler Gerichte aus regionalen Zutaten.

Chez Hans IRISCH €€€
(062-61177; www.chezhans.net; Dominic St; Hauptgerichte 24–38 €, 2-/3-Gänge-Menü 28/33 €; Di–Sa 18–22 Uhr) Seit 1968 ist die ehemalige Kirche ein Anziehungspunkt für Feinschmecker aus der ganzen Welt. Frisch und erfinderisch huldigt das Spitzenrestaurant der heimischen Küche. Auf der häufig wechselnden Speisekarte stehen Gerichte wie gedämpfte Galway-Muscheln, Ziegenkäsetarte und gepfefferter Rochenflügel aus der Pfanne.

Ausgehen & Nachtleben

Brian Ború PUB
(062-63381; http://brianborubar.ie; Main St; Bar Hauptgerichte ab 10 €; Mo–Do 10.30–23.30, Fr & Sa bis 0.30, So bis 23 Uhr;) Regelmäßige Livemusik, DJs, Cocktailabende und überdurchschnittliche Kneipenküche machen das gesellige Pub zu einem beliebten Treffpunkt Einheimischer.

Praktische Informationen

Banken und Geldautomaten findet man im Ortszentrum.

Touristeninformation (062-62511; www.cashel.ie, Town Hall, Main St; Mitte März–Mitte Okt. Mo–Sa 9.30–17.30 Uhr, Mitte Okt.–Mitte März Mo–Fr 9.30–17.30 Uhr) Hilfreiche Anlaufstelle mit vielen Infos zur Region.

An- & Weiterreise

Bus Éireann (www.buseireann.ie) bietet täglich acht Verbindungen zwischen Cashel und Cork (15,50 €, 1½ Std.) via Cahir (6 €, 20 Min., 6-mal tgl.). Die Haltestelle für die Busse nach Cork befindet sich vor dem Bake House an der Main Street. Gleich gegenüber fährt der Bus nach Dublin (15,50 €, 3 Std., 6-mal tgl.) ab.

Ring a Link (1890 424 141; www.ringalink.ie), in erster Linie ein gemeinnütziger Service für Landbewohner, aber auch für Touristen verfügbar, steuert Tipperary an (3 €, 50 Min.).

Rund um Cashel

Athassel Priory — RUINE

Die Überreste der Athassel Priory im grünen Flusstal des Suir, 7 km südwestlich von Cashel, erreicht man über einen Zauntritt und grüne (manchmal schlammige) Felder. Das ursprüngliche Gebäude stammt aus dem Jahre 1205. Früher war Athassel eines der reichsten und bedeutendsten Klöster Irlands. Weite Teile davon sind bis heute erhalten: Torhaus, Fallgittertor, Kreuzgang (eine Ruine, doch noch erkennbar), lange Abschnitte der Umfriedungsmauer sowie einige mittelalterliche Grabbildnisse.

Wer die Stätte besichtigen möchte, fährt auf der N74 Richtung Golden und folgt dann einer engen, beschilderten Straße 2 km gen Süden zur „Athassel Abbey". Leider gibt's vor Ort kaum Parkmöglichkeiten. Auf den unzähligen Wegen in der Umgebung kann man wunderbare Radtouren unternehmen.

Holy Cross Abbey — KIRCHE

(holycrossabbeytours@gmail.com; Eintritt gegen Spende; 9–20 Uhr) Neben dem Fluss Suir, 15 km nördlich von Cashel und 6 km südwestlich von Thurles, erhebt sich die wunderschön restaurierte Holy Cross Abbey, in der zwei Reliquien mit je einem Teil des Heiligen Kreuzes zu sehen sind. Die Zisterzienserabtei wurde 1168 gegründet, allerdings stammen die erhaltenen großen Gebäude aus dem 15. Jh. Besonders bemerkenswert sind die kunstvoll verzierten Sedilien in Altarnähe und die stadionähnlich angeordneten Sitzreihen. Im Frühling und Sommer finden dreimal wöchentlich Führungen statt und es gibt einen Buchladen mit sporadischen Öffnungszeiten.

Cahir

1150 EW.

An der Ostspitze der Galtee Mountains, 15 km südlich von Cashel, erstreckt sich das kompakte Örtchen Cahir (An Cathair; ausgesprochen wie das englische *care*) rund um das Cahir Castle. Am Ufer des **Flusses Suir** verlaufen ruhige Spazierwege, auf denen man gut und gern zwei Stunden lang die Gegend erkunden kann.

Sehenswertes

★ Cahir Castle — HISTORISCHE STÄTTE

(052-744 1011; www.heritageireland.ie; Castle St; Erw./Kind 4/2 €; Mitte-Juni–Aug 9–18.30 Uhr, Mitte März–Mitte Juni & Sept.–Mitte-Okt. 9.30–17.30 Uhr, Mitte-Okt.–Mitte-März 9.30–16.30 Uhr) Cahirs beeindruckende Burg wartet mit einer romantischen Lage auf einem felsigen Eiland im Fluss, massiven Mauern, Türmchen sowie einem Bergfried, Verteidigungsanlagen, Stabkreuzfenstern, gewaltigen Kaminen und Verliesen auf. 1142 von Conor O'Brien gegründet, wurde sie 1375 an die Butlers übergeben. Sie ist eine der größten Festungen in Irland. 1599 zerstörte der Earl of Essex die Mauern mit Kanonenfeuer, was anhand eines riesigen Modells illustriert wird.

Der **Bankettsaal** mit dem gewaltigen Geweih an der weißen Wand ist sehr beeindruckend, außerdem kann man auf den **Burgfried** steigen.

1650 ging die Burg kampflos an Cromwell. Womöglich entschied sich der englische Staatsmann aufgrund der soliden Bauweise, sie nicht nach seiner üblichen Gewohnheit zu zerstören, weil sie ihm noch nützlich sein konnte. Zum größten Teil ist die Festung intakt und nach wie vor wunderschön anzusehen. Sie wurde in den 1840er- und den 1960er-Jahren, als sie in staatlichen Besitz überging, restauriert.

Eine 15-minütige audiovisuelle Präsentation liefert Hintergrundwissen zu Cahir und erläutert die Verbindung zu anderen irischen Burgen. Die einzelnen Gebäude sind zwar nur spärlich möbliert, allerdings gibt's gute Schaukästen und Ausstellungen, z. B. über „Frauen im Irland des Mittelalters". Vor Ort finden regelmäßig Führungen statt.

Swiss Cottage HISTORISCHES GEBÄUDE
(052-744 1144; www.heritageireland.ie; Cahir Park; Erw./Kind 4/2 €; April–Mitte Okt. 10–18 Uhr) Hinter dem städtischen Parkplatz beginnt ein schöner Flusspfad, der 2 km Richtung Cahir Park im Süden zum Swiss Cottage führt. Das von Rosen, Lavendel und Geißblatt umgebene zauberhafte reetgedeckte Gebäude könnte auch einem Märchen entsprungen sein und gilt als Paradebeispiel für den Regency-Stil. Es ist größer als üblich und thront auf einem weitläufigen Grundstück. 1810 wurde es als Domizil für Richard Butler, den zwölften Baron Caher, errichtet. Der Entwurf stammt von dem Londoner Architekten John Nash, der auch für den Royal Pavilion in Brighton und den Londoner Regent's Park verantwortlich war.

30-minütige Besichtigungen sind nur im Rahmen von außerordentlich amüsanten Führungen möglich.

Von März bis September kann im Fluss geangelt werden, Genehmigungen bekommt man im Heritage Shop in Cahir.

Schlafen & Essen

★ **Apple Caravan & Camping Park** CAMPINGPLATZ €
(052-744 1459; www.theapplefarm.com; Ortschaft Moors, Cahir; Zeltplatz pro Erw./Kind ab 7/4,50 €; Mai–Sept.;) Der große ruhige Campingplatz liegt inmitten von Obstgärten an der N24 zwischen Cahir (6 km) und Clonmel (9 km). Gäste können den Tennisplatz und die -ausrüstung kostenlos nutzen, zudem gibt's eine Campingküche im umgebauten Apfelgeschäft und Wasser aus der eigenen Quelle. Auch wenn man nicht zelten möchte, lohnt sich ein Besuch des **Hofladens** (ganzjährig Mo–Fr 8–18 Uhr, Sa & So 9–17 Uhr), in dem Äpfel, Marmelade, Säfte und Fruchteis verkauft werden.

Tinsley House B&B €
(052-744 1947; www.tinsleyhouse.com; The Square; DZ/FZ 65/120 €; April–Sept.;) Dieses helle, charmante B&B am Square verfügt über vier Zimmer mit Antiquitäten und einen reizenden Dachgarten. Hausherr Liam Roche kennt sich mit der Stadtgeschichte bestens aus und kann einem überdies Wanderwege sowie andere Aktivitäten empfehlen.

Cahir House Hotel HOTEL €€
(052-744 3000; www.cahirhousehotel.ie; The Square; EZ 95 €, DZ 160 €; Bewirtung Bar 12–21.30 Uhr ;) In einem imposanten traditionellen Gebäude am Square bietet dieses Hotel elegante Zimmer, eine lange Bar-Speisekarte, ein Spa und hilfsbereites, tüchtiges Personal.

WANDERUNG: TIPPERARY HERITAGE TRAIL

Der durchgängig ausgeschilderte Tipperary Heritage Trail erstreckt sich über 56 km vom Aussichtspunkt Vee Gap nahe Clogheen im Süden bis Cashel im Norden und passiert einige wunderschöne Flusstäler und Ruinen. Als schönster Teil der Strecke gilt der 30 km lange nördliche Abschnitt von Cahir nach Cashel, denn dort ist die Gegend rund um den Fluss Suir von grünen Landschaften geprägt, außerdem befinden sich hier Attraktionen wie die Athassel Priory. Rund um Golden liegen die besten Routen abseits der Straße. In der Umgebung tummelt sich allerlei Wild, da die Pfade und Wege am Wasser entlang sowie durch den Wald verlaufen. Die Wanderkarten 66 und 74 von Ordnance Survey Discovery Series decken den kompletten Weg ab.

Bauernmarkt MARKET
(Cahir-Castle-Parkplatz; Sa 9–13 Uhr) Hier verkaufen die besten Nahrungsmittellieferanten der Region ihre Erzeugnisse.

Galileo ITALIENISCH €€
(www.galileocafe.com; Church St; Hauptgerichte 9–22 €; 12–22 Uhr) Seit mehr als einem Jahrzehnt serviert das italienische Restaurant mit moderner Einrichtung und freundlicher Bedienung den Einheimischen gute Pizza und Pasta. Das Lokal hat keine Schanklizenz, deshalb müssen sich Gäste bei Bedarf den Alkohol selbst mitbringen.

Praktische Informationen

Post (Church St) Nördlich vom Square.

Touristeninformation (052-744 1453; www.discoverireland.ie/tipperary; Cahir-Castle-Parkplatz; Ostern–Okt. Di–Sa 9.30–13 & 13.45–17.30 Uhr) Infos über die Stadt und die Region.

An- & Weiterreise

In Cahir halten mehrere Linien von **Bus Éireann** (www.buseireann.ie), z. B. auf dem Weg von Dublin nach Cork, von Limerick nach Waterford, von Galway nach Waterford, von Kilkenny nach

1

ROBIN BUSH/GETTY IMAGES ©

2

1. St. Mary's Cathedral (S. 319)
In Limericks alter Kathedrale kann man beeindruckende Schnitzereien von Fabeltieren bewundern.

2. Landhäuser, Adare (S. 325)
Adare, gepriesen als Irlands schönstes Dorf, ist bekannt für seine strohgedeckten Landhäuser aus dem 19. Jh.

3. Ländliches Panorama
Das tiefliegende Ackerland der Counties Limerick und Tipperary bietet eine wundervolle Kulisse.

4. Adare Manor (S. 326)
Dieses prächtige Herrenhaus fungiert heute als Burghotel, doch auch Nicht-Gäste können hier zu Abend essen.

4

3

JZORAN/SHUTTERSTOCK ©

Cork und von Cork nach Athlone. Montags bis samstags gibt's täglich acht und sonntags sechs Verbindungen nach Cashel (6 €, 20 Min.). Die Busse fahren am Parkplatz neben der Touristeninformation ab.

Montags bis samstags macht der Zug auf der Strecke Limerick Junction–Waterford dreimal täglich in jeder Richtung Halt.

Rund um Cahir

Rockwell College HISTORISCHES GEBÄUDE

(☎062-61444; www.rockwellcollege.ie; R639, New Inn; ⏲Schultore 7.30–22 Uhr) Mitten im Golden Vale zwischen Cashel und Cahir und nördlich des Dorges New Inn liegt diese berühmte Schule aus dem 19. Jh. Besucher können sich das schöne Gelände ansehen und dem hübschen Waldweg um den großen See folgen. Wer das Hauptgebäude betritt, sollte sich nicht die Long Hall entgehen lassen, einen erstaunlich langen Korridor mit Buntglasfenstern und Kacheln. Unter der Woche muss man sich beim Empfang anmelden.

Knockgraffon Motte ARCHÄOLOGISCHE STÄTTE

Vom Burghügel aus dem 12. Jh. aus genießt man einen Panoramablick auf die Landschaft von Tipperary. Man erreicht die Stätte, indem man der L3104, die südlich von New Inn von der R639 nach Westen führt, 5 km folgt. Parken ist kein Problem. Bis zum Gipfel des Hügels ist es ein leichter Aufstieg.

Mitchelstown Caves

Die Galtee Mountains bestehen hauptsächlich aus Sandstein, doch an ihrer Südseite verläuft ein schmaler Streifen aus Kalkstein, aus dem die **Mitchelstown Caves** (☎052-746 7246; www.mitchelstowncave.com; Burncourt; Erw./Kind 9/3 €; ⏲März–Okt. 10–17 Uhr, sonst kürzere Öffnungszeiten) entstanden sind. Obwohl sie viele für reizvoller als Kilkennys Dunmore Cave halten und sie zu den größten Höhlen des Landes gehören, sind sie touristisch noch nicht vollständig erschlossen. Besucher können hier fast 3 km durch Gänge und spektakuläre Kammern voller Bilderbuchformationen mit Namen wie Pipe Organ (Orgelpfeife), Tower of Babel (Turm zu Babel), House of Commons (Unterhaus) und Eagle's Wing (Adlerflügel) schreiten. Führungen dauern 30 Minuten. Die Temperatur beträgt das gesamte Jahr über konstant 12 °C – angenehm lau im Winter und erfrischend im Sommer.

Die Höhlen liegen bei Burncourt, 16 km südwestlich von Cahir, und sind auf der N8 Richtung Mitchelstown (Baile Mhistéala) ausgeschildert.

Clonmel & Umgebung

17 908 EW

Clonmel (Cluain Meala; „Honigwiesen"), der größte und quirligste Ort in Tipperary, liegt am breiten Fluss Suir.

Laurence Sterne (1713–1768), Autor von *A Sentimental Journey* und *Tristram Shandy*, wurde hier geboren. Den wirtschaftlichen Aufschwung verdankt die Stadt dem gebürtigen Italiener Charles Bianconi (1786–1875). Er war im zarten Alter von 16 Jahren von seinem Vater nach Irland „verbannt" worden, weil er sich in die falsche Frau verliebt hatte. Bianconi kompensierte seine unerfüllte Leidenschaft, indem er eine Kutschlinie zwischen Clonmel und Cahir einrichtete. Seine Firma entwickelte sich bald zu einem landesweiten Personen- und Postbeförderungsunternehmen, wodurch Clonmel in ganz Irland berühmt wurde. Zum Dank wählten die Einheimischen Bianconi zweimal hintereinander zum Bürgermeister.

Durch Clonmel verläuft der East Munster Way (S. 341), ein Wanderweg.

Direkt südlich von Clonmel, bereits in der Grafschaft Waterford, erheben sich die Comeragh Mountains. Eine Panoramastraße verläuft Richtung Süden nach Ballymacarbry und ins Nire Valley (S. 195).

Sehenswertes

Wer der Bridge Street gen Süden folgt, den Fluss überquert und auf der Straße weitergeht, stößt direkt auf **Lady Blessington's Bath**, einen malerischen Streifen am Fluss, der sich toll zum Picknicken eignet.

South Tipperary County Museum MUSEUM

(Mick Delahunty Sq; ⏲Di–Sa 10–17 Uhr) GRATIS Das gut organisierte Museum erzählt die Geschichte des Countys von der Jungsteinzeit bis heute und richtet Wechselausstellungen aus.

Main Guard HISTORISCHES GEBÄUDE

(☎052-612 7484; www.heritageireland.ie; Sarsfield St; ⏲Ostern–Sept. Di–So 9–17 Uhr, Öffnungszeiten können variieren) GRATIS Dort, wo sich die Mitchell Street und die Sarsfield Street kreuzen, thront das wunderschön restaurierte Main Guard. Einst diente das Anwesen, das 1675 nach einem Entwurf von Christopher Wren errichtet wurde, der Butler-Familie als Gerichtsgebäude. Die Säulengänge sind wieder geöffnet. Zu den hier ausgestellten Exponaten gehört u. a. das Modell von Clonmel mit einer Stadtmauer aus dem 17. Jh.

County Courthouse HISTORISCHES GEBÄUDE
(Nelson St; ⊙ Mo–Fr 10–12.30 & 14.30–16.30 Uhr) In der Nelson Street, südlich der Parnell Street, steht das renovierte County Courthouse, das Richard Morrison 1802 erbauen ließ. Hier fand 1848 der Prozess gegen die Young Irelanders statt, darunter auch Thomas Francis Meagher. Die Angeklagten wurden zur Strafe nach Australien geschickt.

Franciscan Friary HISTORISCHES GEBÄUDE
(Mitchell St) Wenn man Richtung Westen die Mitchell Street entlanggeht (am Rathaus vorbei, wo ein Monument an den Aufstand von 1798 erinnert) und südlich die Abbey Street hinunterläuft, gelangt man zu diesem Franziskanerkloster. Im Inneren befindet sich unweit der Tür ein Butler-Familiengrab von 1533, das einen Ritter und seine Dame abbildet. Die schöne St. Anthony's Chapel besticht mit herrlichen modernen Buntglasfenstern, die erstrahlen, wenn die Sonne scheint.

Anne Street ARCHITEKTUR
Diese charmante Straße in Clonmel ist von pittoresken georgianischen Häusern ab 1820 gesäumt.

Schlafen & Essen

In der Marlfield Road westlich des Ortszentrums reihen sich mehrere B&Bs aneinander.

★ **Raheen House Hotel** HOTEL €€
(☎ 052-612 2140; www.raheenhouse.ie; Raheen Rd; DZ €120; 📶) Dieses ehrwürdige Hotel ist vornehm und doch gemütlich, mit hohen Decken, riesigen Zimmern, diversen schönen Himmelbetten, Parkettböden, einer Bar, Wintergarten und zwei großen Gärten, in denen Ahorn, Magnolien und eine mächtige Zypresse wachsen. Es gibt außerdem einen ummauerten Garten, knisternde Feuer im Winter und eine Lodge für Selbstversorger.

★ **Befani's** B&B €€
(☎ 052-617 7893; www.befani.com; 6 Sarsfield St; EZ/DZ 40/70 €; Hauptgerichte 15–26 €; ⊙ Restaurant 9–11, 12.30–14.30 & 17.30–21.30 Uhr; @📶) Zwischen Main Guard und Fluss befindet sich das Befani's, auf dessen Karte mediterrane Köstlichkeiten stehen. Mittags werden köstliche Tapas angeboten. Zu den Hauptgerichten zählen in Balsamico geschmorte irische Lammschulter und eine reichhaltige Bouillabaisse mit Hummerbrühe. Die neun B&B-Zimmer sind unterschiedlich groß und vorzeigbar, aber ziemlich langweilig.

Niamh's CAFÉ, FEINKOSTLADEN €
(1 Mitchell St; Hauptgerichte ab 7,50 €; ⊙ Mo–Sa 8.30–17.30 Uhr; 📶) Langes, schmales Café mit köstlichen Mittagsgerichten, darunter Burger, gebratenes Schweinefleisch, Lasagne und kreative Sandwiches sowie Frühstück. Kaffee wird kostenlos nachgeschenkt und ein Lächeln gibt's auch dazu.

Ausgehen & Unterhaltung

Phil Carroll PUB
(Parnell St) Clonmels urigste Kneipe liegt in der Nähe der Nelson Street hinter einer lackschwarz-goldenen Fassade.

South Tipperary Arts Centre KUNSTZENTRUM
(☎ 052-612 7877; www.southtippartscentre.ie; Nelson St; ⊙ Di–Fr 10–17 Uhr, Sa bis 14 Uhr) Bietet ein hervorragendes Programm mit Kunstausstellungen, Theater und Musik.

Praktische Informationen

Post (Emmet St)
Touristeninformation (☎ 052-612 2960; St. Mary's Church Mary St; ⊙ Mo–Fr 9.30–13 & 14–17 Uhr) Neben dem Main Guard. Sehr hilfsbereites Personal.

An- & Weiterreise

BUS

Busse halten am Bahnhof. **Bus Éireann** (www.buseireann.ie) steuert u. a. folgende Ziele an:
Cahir (6,60 €, 30 Min, 8-mal tgl.)
Cork (21,50 €, 2 Std., 3-mal tgl.)
Kilkenny (12 €, 1 Std., 12-mal tgl.)
Waterford (8,50 €, 1 Std., 9-mal tgl.).

ZUG

Der **Bahnhof** (☎ 052-612 1982) liegt in der Prior Park Road hinter dem Oakville Shopping Centre. Von Montag bis Samstag halten die Züge hier auf der Strecke Limerick Junction–Waterford zweimal täglich in beide Richtungen.

Fethard

900 EW.

Fethard (Fiodh Ard) ist ein idyllisches Dorf mit beeindruckenden mittelalterlichen Ruinen rund um den kompakten Ortskern. Es befindet sich 14 km nördlich von Clonmel am Fluss Clashawley. Die vollständigste in Irland erhaltene mittelalterliche **Stadtmauer** ist eines seiner Hauptanziehungspunkte.

Teilweise wurden die mittelalterlichen Überreste in neuere Gebäude integriert. Ein Großteil der Ruinen liegt südlich der Kirche am Ende der Watergate Street. Neben dem Castle Inn sind die Überbleibsel mehrerer **Turmhäuser** aus dem 17. Jh. zu sehen.

Sehenswertes

Holy Trinity Church KIRCHE

(Main St) Nicht weit von der Main Street entfernt betritt man durch ein gusseisernes Tor Fethards Holy Trinity Church und den Friedhof, auf dem die Zeit stillzustehen scheint. Der Hauptteil des Gebäudes stammt aus dem 13. Jh. Leider wurde das Gemäuer durch einen wetterfesten Verputz ziemlich verschandelt. Später kam der hübsche Westturm mit blankem Mauerwerk dazu. Wer die Kirche besichtigen möchte, muss sich die Schlüssel im XL Stop & Shop (alias Whyte's), 50 m westlich des Tors in der Hauptstraße, besorgen.

Seitenschiff und Altarraum sind von mittelalterlicher Baukunst geprägt, jedoch nur spärlich ausgestattet. Das Kirchendach ist das älteste wissenschaftlich datierte Holzdach Irlands. Reihen alter Grabsteine erstrecken sich bis zu dem rekonstruierten Teil der mittelalterlichen Mauer samt Wachtturm und Brüstung. Von hier genießt man einen herrlichen Blick auf den ruhigen Clashawley und seine Ufer, an denen Pferde grasen.

Augustinian Friary KIRCHE

(Abbey St) Richtung Osten entlang der Abbey Street erhebt sich ein Augustinerkloster aus dem 14. Jh., heute eine katholische Kirche, mit Buntglasfenstern aus dem Mittelalter und einer sehr direkten Sheila-na-gig in der Ostwand.

Sheila-na-gig HISTORISCHE STÄTTE

Unter dem Torbogen, der sich zum Flussufer und zur Watergate Bridge hin öffnet, prangt an der linken Wand eine schöne Sheila-na-gig (weibliche Figur in übertrieben dargestellter sexueller Pose). Besucher können wunderbar am Ufer entlangspazieren – jedenfalls vorausgesetzt, die Gänse sind friedlich.

Essen & Ausgehen

★ **McCarthy's** KNEIPENKOST €€

(http://mccarthyshotel.net; Main St; Hauptgerichte 16–22,50 €; tgl. 12–15 & Mi–So ab 18 Uhr) Dieser Klassiker mit holzvertäfelter Decke würde es verdienen, zum irischen Kulturerbe ernannt zu werden. Das McCarthy's ist Pub, Restaurant und Bestatter in einem („We'll wine you, dine you and bury you" – „Wir bringen euch Wein, Braten und unter die Erde") und somit die ideale Adresse für einen Leichenschmaus. In und rund um die engen Holznischen sowie über den Tischen findet sich ein erstaunliches Sammelsurium an Schätzen, die bis ins Jahre 1840 datieren.

An- & Weiterreise

Es fahren keine öffentlichen Verkehrsmittel nach Fethard. Von Cashel, 15 km westlich, kann man eine Radtour hierher unternehmen.

Carrick-on-Suir

4355 EW.

Im späten Mittelalter hatte der unprätentiöse Marktort Carrick-on-Suir (Carraig na Siúire) rund 20 km östlich von Clonmel noch doppelt so viele Einwohner wie jetzt. Damals war er noch ein Zentrum des Brauerei- und Wollgewerbes.

Von hier verläuft der East Munster Way Richtung Westen bis nach Clonmel und führt weiter nach Waterford.

Der **Bauernmarkt** (Fr 10–14 Uhr) neben der **Touristeninformation** (051-640 200; www.carrickonsuir.ie; Mo–Fr 10–16 Uhr) ist über eine schmale Gasse zu erreichen.

Sehenswertes

Ormond Castle BURG

(www.heritageireland.ie; Castle St; März–Sept 10–13.30 & 14–18 Uhr) GRATIS Carrick-on-Suir gehörte der Familie Butler, den Earls of Ormond, die im 14. Jh. am Flussufer das Ormond Castle errichten ließen. Hier wurde möglicherweise Anne Boleyn, die zweite Ehefrau von Heinrich VIII., geboren, allerdings beanspruchen auch andere Burgen diese Ehre für sich. Neben der Burg befindet sich ein elisabethanisches Herrenhaus. Dieses wurde im Auftrag des zehnten Earl of Ormond, Black Tom Butler, erbaut – eigens für den langfristig geplanten Besuch seiner Cousine Queen Elizabeth I., der jedoch nie stattfand. Einige Räume des prächtigen Gebäudes, das heute im Besitz der Dúchas ist, sind mit edlem Stuck aus dem 16. Jh. verziert, insbesondere die Long Gallery. Hier hängen die Porträts von Elisabeth und die Wappen der Butlers. Die Burg erhebt sich am östlichen Ende der Castle Street (eine Verlängerung der Main Street). Da laufend Restaurierungs- und Ausbesserungsmaß-

WANDERUNG: EAST MUNSTER WAY

Dieser 70 km lange Wanderweg verläuft durch Wälder und Moorland und führt über kleine Landstraßen sowie einen Treidelpfad am Fluss. Er ist deutlich mit schwarzen Wegweisern und gelben Pfeilen ausgezeichnet. Von Carrick-on-Suir im County Tipperary bis nach Clogheen im County Waterford braucht man drei Tage.

Die erste Etappe auf dem alten Treidelpfad am Suir endet in Clonmel. Damit hat man schon einen großen Teil der Gesamtroute zurückgelegt. An der Kilsheelan Bridge lässt man den Fluss hinter sich und geht zur Harney's-Kreuzung, dann weiter durch den Gurteen Wood und die Comeraghs zur Sir Thomas Bridge, wo man zum Fluss zurückkehrt.

Am zweiten Tag steht Newcastle auf dem Plan. Der Weg zieht sich zuerst durch eine Hügellandschaft gen Süden, fällt in Richtung Newcastle ab und führt erneut zum Suir. Am dritten Tag erlebt man eine idyllische Wanderung entlang des ruhigen Flusses Tar nach Clogheen.

Die empfehlenswerten Karten 74 und 75 von Ordnance Survey Discovery Series decken die komplette Route ab.

nahmen vorgenommen werden, sollte man sich vorab erkundigen, ob eine Besichtigung möglich ist.

An- & Weiterreise

Bus Éireann (051-879 000; www.buseireann.ie) bietet u. a. Verbindungen nach Cahir (9,50 €, 45 Min.) und Clonmel (7,80€, 25 Min., bis zu 8-mal tgl.) an. Die Busse fahren am Greenside Park neben der N24 ab.

Der Bahnhof liegt nördlich des Greenside-Parks unweit der Cregg Road. Von Montag bis Samstag halten dort täglich zwei Züge auf der Strecke Limerick Junction–Waterford in jeweils beiden Richtungen.

Nenagh & Umgebung

8000 EW.

Im 19. Jh. war Nenagh eine Garnisonsstadt im Norden Tipperarys hinter den Silvermine Mountains. Zuvor stand hier eine trutzige **Burg** (April–Okt. Di –Sa 10–13 & 14–16.30 Uhr) GRATIS. Letztere erinnert heute an die Turmfigur eines Schachspiels und stammt aus dem 13. Jh. Von ihren unglaublich dicken Mauern hallt das Krächzen von Krähen wider.

In der Nähe ragt das beeindruckende Gemeindezentrum mit dunklen Steinmauern aus dem 19. Jh. auf, zu denen auch ein alter **Kerker** gehört. Nebenan erhebt sich das 1840 errichtete **Round House**, ein charmantes Steingebäude, in dem heute das **Nenagh Heritage Centre** (067-33850; www.tipperarynorth.ie; Kickham St; Mo–Fr 9.30–17 Uhr) GRATIS samt Touristeninformation untergebracht ist.

Am besten besucht man das Städtchen am Mittag und speist in einem der exzellenten Cafés wie dem lavendelfarbenen **Country Choice** (067-32596; www.countrychoice.ie; 25 Kenyon St; Gerichte 5–10 €; Mo–Sa 9–17 Uhr). Liebhaber authentischer irischer Küche kommen hier in den Genuss von Eingemachtem, Bauernkäse und zahlreichen weiteren Gaumenfreuden.

Nenagh ist das Tor zur Ostküste des **Lough Derg**, der zum Baden, Angeln und Bootsfahren einlädt. Wer segeln möchte, wendet sich an **Shannon Sailing** (067-24499; www.shannonsailing.com). Eine malerische Route windet sich über die R494 am Seeufer entlang 24 km bis nach Killaloe und Ballina (S. 353).

Bus Éireann (www.buseireann.ie) bietet regelmäßige Verbindungen nach Limerick (8,50 €, 50 Min.). Vom Bahnhof in Nenagh fahren täglich vier Züge nach Limerick (12,20 €, 1 Std.). In Ballybrophy besteht Anschluss nach Dublin, Cork und Tralee.

County Clare

117 000 EW. / 3147 KM²

Inhalt ➡

Gut essen

- Linnane's Lobster Bar (S. 379)
- Naughton's Bar (S. 359)
- Vaughan's Anchor Inn (S. 366)
- Wooden Spoon (S. 354)

Schön übernachten

- Rowan Tree Hostel (S. 346)
- Old Ground Hotel (S. 346)
- Sheedy's Country House Hotel & Restaurant (S. 372)

Auf ins County Clare

Neben seiner faszinierenden langen und gewundenen Küstenlinie wartet das wunderbare County Clare mit einer einzigartigen, windgepeitschten Landschaft und jeder Menge Kultur auf.

An der Küste trifft die raue Natur auf den Atlantischen Ozean, dessen starke Brandung fantastische Felslandschaften, blanke Klippen wie die Cliffs of Moher und faszinierende kleine Inseln in der Nähe des Loop Head geformt hat. An manchen Stränden locken die kühlen Meerwellen sogar Surfer an. Darüber hinaus bezaubert der Burren, eine uralte Region aus schroffen Felsen, die sich zur Küste und zu den Aran Islands erstreckt, mit einem herrlichen Ausblick.

Die Landschaft ist rau, die Seele der Grafschaft aber ganz sicher nicht: Irische Kultur und die Musikszene florieren hier. Doch das ist nicht nur eine Show für Touristen, denn selbst in Pubs kleiner Dörfer wie Miltown Malbay, Ennistymon, Doolin und Kilfenora kann man lebendige, traditionelle Sessions erleben.

Reisezeit

- Wer auf Pubsessions steht, kommt in Clare selbst während der Wintermonate auf seine Kosten, denn *craic* (geselliges Beisammensein) gehört hier zum Leben. Wenn es draußen kalt und ungemütlich ist, sorgen in den Kneipen auf dem Land oft Torffeuer für Wärme.
- In den wärmeren Monaten erstrahlt das County im wahrsten Sinne des Wortes, rau und intensiv. Nun braucht man für lange Wanderungen entlang der spektakulären Felsküste und zwischen den einsamen Felsen des Burren keine komplette Schlechtwetterausrüstung mehr.

Highlights

1 Traditionelle Musik in den Pubs von Miltown Malbay genießen (S. 362).

2 Beim Sonnenuntergang am **Spanish Point** die letzten Sonnenstrahlen erhaschen (S. 362).

3 Die Küste und die verblüffenden Felsen vor dem Loop Head erkunden (S. 360).

4 Einsame Dolmen (Grabstätten) und verlassene Klöster inmitten der felsigen Weiten des Burren bei Carron aufspüren (S. 375).

5 Eine Entdeckungstour durch den **Vandeleur Walled Garden** (S. 357) in Kilrush unternehmen.

6 Die Kaskaden im reizenden Städtchen **Ennistymon** bewundern (S. 364).

7 Am **Wild Atlantic Way** (S. 356) alle Sehenswürdigkeiten an der Küste besuchen.

8 Spätnachmittags in Doolin mit einem Boot zu den **Cliffs of Moher** (S. 366) aufbrechen und diese im Licht der untergehenden Sonne betrachten.

ENNIS & UMGEBUNG

Ennis

20 200 EW.

Ennis (Inis) ist ein quirliges Handelszentrum am Ufer des schmalen, schnell dahinspringenden Fergus, der zunächst ost- und dann südwärts fließt, wo er in den Shannon mündet.

Wer städtisches Flair erleben will, ist hier richtig, und man erreicht in weniger als zwei Stunden alle Teile der Grafschaft. Der Ort selbst hat vergleichsweise wenige Sehenswürdigkeiten, punktet jedoch mit seinen Restaurants, Unterkünften und traditioneller Unterhaltung. Außerdem laden die schmalen, fußgängerfreundlichen Straßen im Zentrum zum Shoppen ein.

Geschichte

Das enge Gassengewirr erinnert an die Anfänge der Ortschaft im Mittelalter. Die Ennis Friary, die bedeutendste historische Stätte, wurde im 13. Jh. von den O'Briens, den Königen von Thomond, gegründet. Bei einem Großbrand gingen 1249 die meisten Holzhäuser der Stadt in Flammen auf und 1306 wurde sie von einem der O'Briens erneut zerstört.

Sehenswertes

★ Ennis Friary KIRCHE

(www.heritageireland.ie; Abbey St; Erw. 4 € ⏲ Ostern–Sept. 10–18 Uhr, Okt. 10–17 Uhr) GRATIS Die Ennis Friary befindet sich gleich nördlich des Square. Sie wurde zwischen 1240 und 1249 von Donnchadh Cairbreach O'Brien, König von Thomond, errichtet und besteht aus mehreren Gebäuden aus der Zeit zwischen dem 13. und 19. Jh. Das elegante fünfteilige Fenster stammt aus dem späten 13. Jh. und auf den Alabasterplatten am Grabmal von McMahon (1460) sind Szenen aus der Passion Christi dargestellt, sowie ein besonders schönes *Ecce Homo* Bildnis, auf dem ein entkleideter und gefesselter Christus zu sehen ist.

Zu den Objekten aus der Passion Christi gehören der Hahn, der sich aus dem Kochtopf erhebt, drei Würfel, Nägel und diverse Werkzeuge. Das Bildnis ist möglicherweise in früheren Jahrhunderten entstanden. Auf der anderen Seite des Kirchenschiffs ist ein Andachtsrelief für Franziskus von Assisi (mit Stigmata), dem Gründer des Franziskanerordens, der sich zu Beginn des 13. Jhs. in Ennis niederließ. Weitere faszinierende Reliefs von Christus und der Kreuzigung werden in Glaskästen im Kirchenschiff gezeigt.

Clare Museum MUSEUM

(Arthur's Row; ⏲ Di–Sa 9.30–13 & 14–16.30 Uhr) GRATIS Im gleichen Gebäude wie die Touristeninformation von Ennis ist auch dieses kleine, wunderbar kurzweilige Museum untergebracht. Die Ausstellung Riches of Clare (Die Reichtümer Clares) zeichnet die 8000 Jahre alte Geschichte der Grafschaft über zwei Stockwerke anhand von Exponaten nach, die in vier Themenbereiche gegliedert sind: Erde, Macht, Glaube, Wasser.

Daniel-O'Connell-Denkmal DENKMAL

(The Square) Auf dem Square im Stadtzentrum steht ein Denkmal von Daniel O'Connell. Als dieser 1828 mit einer überwältigenden Mehrheit ins britische Parlament gewählt wurde, musste Großbritannien die Zugangssperre für katholische Abgeordnete aufheben. Ein Jahr später war der Weg frei für das Gesetz zur Gleichberechtigung der Katholiken. Der „Great Liberator" (Großer Befreier) thront hoch oben auf einer Säule.

Aktivitäten

Tierney's Cycles & Fishing FAHRRADVERLEIH

(☎ 086 803 0369; www.clarebikehire.com; 17 Abbey St; Fahrradverleih pro Tag/Woche 20/80 €; ⏲ Mo–Sa 9–18 Uhr) Tierney's verleiht gepflegte Mountainbikes inklusive Helm, Fahrradschloss und Reparaturset.

Geführte Touren

Ennis Walking Tours STADTSPAZIERGANG

(☎ 087 648 3714; www.enniswalkingtours.com; Erw./Kind 8 €/frei; ⏲ Mai–Okt. Mo, Di & Do–Sa 11 Uhr) Die erstklassigen Rundgänge durch Ennis beginnen vor der Touristeninformation (S. 350).

Feste & Events

Fleadh Nua KULTUR

(☎ 065-682 4276; www.fleadhnua.com) Quirliges, traditionelles Musikfestival mit Gesang, Tanz und Workshops. Findet im Mai statt.

Ennis Trad Festival MUSIK

(www.ennistradfest.com) An verschiedenen Veranstaltungsorten in der Stadt wird im November traditionelle Musik gespielt.

Schlafen

Ennis bietet eine große Auswahl an Übernachtungsmöglichkeiten. In den meisten Hauptstraßen stadteinwärts findet man schlichte Frühstückspensionen, einige davon in Gehnähe zum Stadtzentrum. Der Shannon Airport liegt weniger als 30 Autominuten weiter südlich.

Ennis

Ennis

Highlights
1 Ennis Friary B1

Sehenswertes
2 Clare Museum B2
3 Daniel-O'Connell-Denkmal B2

Aktivitäten, Kurse & Touren
4 Tierney's Cycles & Fishing B1

Schlafen
5 Old Ground Hotel B3
6 Rowan Tree Hostel B1

Essen
7 Ennis Farmers Market A3
8 Ennis Gourmet Store B3
9 Food Heaven A2
Poet's Corner Bar .... (siehe 5)
Rowan Tree Café Bar .... (siehe 6)
10 Souper B2
11 Town Hall Café B2
12 Tulsi B3
13 Zest B2

Ausgehen & Nachtleben
14 Brogan's B2
15 Cruise's Pub B1
16 O'Dea's B3
Poet's Corner Bar .... (siehe 5)

Unterhaltung
17 Glór D2

Shoppen
18 Custy's Music Shop B2
19 Ennis Bookshop B2
20 Scéal Eile Books B2

★ Rowan Tree Hostel HOSTEL €
(☎ 065-686 8687; www.rowantreehostel.ie; Harmony Row; B 15–29 €, Zi 29–69 €; @) Dieses schöne Hostel in einem grandiosen Gentlemen's Club aus dem 18. Jh. direkt am Fluss Fergus verfügt über helle und luftige Zimmer samt herrlichen Balkonen mit Blick aufs Wasser sowie wunderbare Gemeinschaftsräume. Es gibt 150 Betten, die sich auf Ein- bis Vierzehnbettzimmer verteilen und teilweise private Bäder haben. Im Haus befindet sich auch eine tolle Café-Bar.

Ardilaun Guesthouse B&B €
(☎ 065-682 2311; www.ardilaun.com; Gort Rd/R458; EZ/DZ ab 40/70 €;) Von der hinteren Veranda dieses schönen und geräumigen B&B aus kann man im Fergus angeln. Es liegt ein paar Kilometer nördlich vom Stadtzentrum und die Aussicht hier über den Fluss ist wunderschön, vor allem bei Sonnenuntergang. Die Besitzer bleiben gern unter sich.

★ Old Ground Hotel HOTEL €€
(☎ 065-682 8127; www.flynnhotels.com; O'Connell St; EZ/DZ ab 90/120 €; @) In der behaglichen Lobby mit Stuck, Kaminen und Antiquitäten ist immer etwas los: Alte Freunde versacken in den Sofas, an den Tischen werden Deals gemacht und die Damen der hiesigen Kirchengemeinde tauschen bei einer Tasse Tee den neuesten Klatsch aus. Teile des eleganten und weitläufigen Hotels stammen aus dem 18. Jh. Die 83 Zimmer variieren in Größe und Ausstattung, deshalb schaut man sich am besten erst mal um. An warmen Tagen kann man an den Tischen auf dem Rasen relaxen.

Newpark House GASTHAUS €€
(☎ 065-682 1233; www.newparkhouse.com; Roslevan; EZ/DZ ab 60/100 €; ⌚ April–Okt.; @) 2 km nordöstlich von Ennis erhebt sich das Newpark House, ein von Weinreben umranktes, großes Landhaus aus dem Jahr 1750. Die sechs Gästezimmer sind teils mit alten, teils mit modernen Möbeln ausgestattet und die Aussicht auf den 20 Hektar großen Wald ist schlicht sagenhaft. Der Weg hierher führt ostwärts über die Tulla Road (R352) bis zum Roslevan-Kreisverkehr. Dort biegt man nach Südosten in die Newpark Road ab.

Essen

Feinschmecker sollten den **Ennis Farmers Market** (Parkplatz Upper Market St; ⌚ Fr & Sa 8–14 Uhr) ansteuern, auf dem einige der besten Erzeuger in Clare ihre Produkte an den Mann bringen.

★ Food Heaven CAFÉ €
(www.food-heaven.ie; 21 Market St; Hauptgerichte 8–10 €; ⌚ Mo–Do 8.30–18, Fr & Sa 8.30–21 Uhr;) Dieses kleine Café wird seinem ehrgeizigen Namen mit kreativen und frischen Speisen gerecht. Die Sandwiches bestehen aus ausgezeichnetem Vollkornbrot und es gibt täglich andere Suppen und Salate sowie verschiedene warme Tagesangebote. Mittags muss man etwas Geduld mitbringen, da meist viel Andrang herrscht.

Ennis Gourmet Store FEINKOST €
(1 Old Barrack St; Snacks 4–10 €; ⌚ Mo–Sa 10–21.30 Uhr) Eine gute Wahl für einen Kaffee, den man auf einem Barhocker drinnen (mit Regalen voller Köstlichkeiten) oder draußen an einem Tisch trinken kann. Außerdem gibt's Suppen, Sandwiches und Tagesgerichte sowie irischen Käse, Chutneys und Marmeladen, gute Weine und mehr.

Zest CAFÉ €
(www.zestfood.ie; Market Pl; Gerichte 5–10 €; ⌚ Mo–Sa 8–18 Uhr) Das Zest ist Imbiss, Bäckerei, Geschäft und Café in einem und lockt mit Salaten, Suppen, hervorragend zubereiteten frischen Mahlzeiten aus der Region und vielem mehr. Ideal für ein Mittagessen oder einen Kaffee.

Souper CAFÉ €
(www.soupercafe.ie; 10 Merchant Sq; Suppen 4,50 €; ⌚ Mo–Sa 9–17 Uhr) Hier werden flink die namensgebenden Brühen serviert – ob Gulasch-, Grillgemüse- oder die Tagessuppe –, immer mit zwei Scheiben Vollkornbrot und Butter. Für alle mit etwas größerem Hunger gibt's außerdem Paninis, Wraps und Sandwiches.

Rowan Tree Cafe Bar MEDITERRAN €€
(www.rowantreecafebar.ie; Harmony Row; Hauptgerichte 7–23 €; ⌚ 10.30–23 Uhr;) In der Café-Bar im Erdgeschoss des gleichnamigen Hostels gibt's nicht sonderlich günstige, aber hervorragende Gerichte mit mediterranem Einfluss. Gekocht wird mit lokalen und biologisch angebauten Produkten. Der wunderbare alte Holzboden im hübschen Hauptspeisesaal mit den hohen Decken stammt aus dem 18. Jh. Von den Tischen draußen blickt man auf den Fluss.

Poet's Corner Bar IRISCH €€
(Old Ground Hotel, O'Connell St; Hauptgerichte 10–26 €; ⌚ Bar Mo–Do 11–23.30, Fr & Sa 11–0.30, So

NICHT VERSÄUMEN

TRADITIONELLE MUSIK IM COUNTY CLARE

Wer traditionelle Musik hören möchte, ist in diesem County richtig. In Clare meiden die Musiker alle modernen Einflüsse wie Rock oder gar Polka, die andernorts zu hören sind, und halten sich entschieden an die Tradition, meist mit wenig Gesang. In fast jedem Dorf gibt's mindestens einmal die Woche Trad Sessions, aber die Pubs in folgenden Orten haben uns besonders überzeugt:

- **Doolin** (S. 371) Zahlreiche Kneipen bieten allabendlich Livemusik an, allerdings platzen die Läden oft aus allen Nähten, sodass dabei die ganze Atmosphäre verpufft.
- **Ennis** (S. 347) Vor allem im Sommer lohnt es sich, von einem Pub zum nächsten zu ziehen. In den Pubs treten Musiker aus ganz Irland auf, um ihr Können zu zeigen.
- **Ennistymon** (S. 365) In diesem zauberhaften Bauerndorf im Hinterland von Doolin locken mehrere alte Kneipen herausragende lokale Talente an.
- **Kilfenora** Das große musikalische Erbe dieses kleinen Dorfes lernt man im tollen örtlichen Pub **Vaughan's** kennen (S. 373).
- **Miltown Malbay** Hier findet jedes Jahr die wunderbare **Willie Clancy Summer School** (S. 362) statt, eines der besten Musikfestivals in Irland. Talentierte Einheimische treten das ganze Jahr über in diversen alten Pubs auf.

12–23, Gerichte tgl. 12.30–21 Uhr) Eine legendäre alte Bar mit hervorragendem Service, die ihren verdientermaßen guten Ruf den traditionellen Mahlzeiten verdankt, insbesondere Fish 'n' Chips.

Town Hall Cafe IRISCH €€
(☎065-682 8127; O'Connell St; Hauptgerichte 7,50–28 €; ⊙Mo–Sa 10–21.30, So 12–21.30 Uhr; 📶) Gleich neben dem Old Ground Hotel lädt das zugehörige Bistro im alten Rathausgebäude zum Verweilen ein. Unter den hohen Decken ist viel Raum für große Kunst. Das irische Menü wechselt ständig – regionale Zutaten, vor allem Fisch und Meeresfrüchte spielen hier die Hauptrolle. Es lohnt sich, hier zum Frühstück mit dicken Scones, Marmeladen und Kaffee vorbeizuschauen (Montags bis Samstags, 10 bis 12 Uhr), oder zum Brunch am Sonntag (12 bis 16.45 Uhr).

Tulsi INDISCH €€
(Carmody St; Hauptgerichte 8–18 €; ⊙Mo–Sa 17–23, So 13–22 Uhr) Die indischen Köstlichkeiten in diesem herzlichen Restaurant mit dem liebenswerten Personal in Ennis sind einfach toll, die Standards wie Tandoori Chicken sind um Klassen besser als in 08/15-Lokalen.

Ausgehen & Nachtleben

In der Hauptstadt dieser musikalischen Grafschaft gibt's jede Menge Pubs, die traditionelle Sessions veranstalten. Die Kneipen sind sogar der beste Grund, eine Weile hierzubleiben.

Brogan's PUB
(24 O'Connell St) Eine tolle Musikertruppe heizt den Gästen im großen Pub mit mehreren Räumen an der Ecke zur Cooke's Lane von Montag bis Donnerstag (im Sommer häufiger) ab 21 Uhr kräftig ein.

Cruise's Pub PUB
(Abbey St; ⊙Mo–Do 17–23.30, Fr 16–2, Sa 11–2, So 11–1 Uhr) Einige der Steine der Ennis Friary wurden hier mit verbaut, zu der freundlichen Kneipe gehört ein großer Innenhof, wo man ein Bier genießen kann. An vielen Abenden finden ab 21.30 Uhr irische Musiksessions statt.

Poet's Corner Bar PUB
(Old Ground Hotel, O'Connell St; ⊙Mo–Do 11–23.30, Fr & Sa 11–0.30, So 12–23 Uhr) In dem alten Hotel-Pub gibt's von Donnerstag bis Sonntag irische Musik.

O'Dea's PUB
(66 O'Connell St) Seit den 1950er-Jahren ist der Laden mit der Kachelfassade ein Treffpunkt für lokale Musiker, die ihre Trad Sessions (einige der besten in Clare) sehr ernst nehmen.

Unterhaltung

Cois na hAbhna TRADITIONELLE MUSIK
(☎065-682 0996; www.coisnahabhna.ie; Gort Rd; ⊙Shop 9–17, Di trad. Sessions 21 Uhr) Dieses wichtige regionale Archiv der Comhaltas Ceoltóirí Éireann (CCÉ; Society of the Musicians of Ireland) liegt 1,5 km nördlich der

1

2

4

1. Blechflöte
Dieses Instrument ist ein fester Bestandteil der meisten traditionellen irischen Musikstücke.

2. O'Brien's Tower (S. 366)
Auf dem Doolin Trail, der oben an den Klippen entlangführt, hat man eine fantastische Aussicht.

3. Klippen von Moher (S. 366)
Einer der beliebtesten Plätze Irlands und das Thema einer ganzen Reihe von Liedtexten.

4. Traditionelle Musik
Die Bouzouki (Mitte; eine Variante der Mandoline) ist eins der Hauptinstrumente in der traditionellen Musik.

Stadt an der N18. Traditionelle irische Musik, Tänze, Gesang und die irische Sprache werden mit Aufführungen sowie einer ganzen Reihe von Kursen jeden Abend und samstags gefördert. Im Juli und August läuft mittwochs und freitags die Sommer Seisiún. Bücher, DVDs und CDs werden ebenfalls verkauft.

Glór THEATER
(www.glor.ie; Friar's Walk) In einem auffällig modernen Gebäude bietet das Kulturzentrum von Clare Kunst, traditionelle Musik, Theater, Tanz, Fotografie, Film und mehr.

Shoppen

Die besten Läden befinden sich in der O'Connell Street und in der Abbey Street. Samstagvormittags wird auf dem Marktplatz ein Wochenmarkt abgehalten

Scéal Eile Books BÜCHER
(www.scealeilebooks.ie; 16 Lower Market St; ⌚ Mo–Sa 11–18 Uhr) Es macht Spaß, in diesem reizenden Buchladen über zwei Stockwerke in neuen und Second-Hand-Büchern zu stöbern. Der freundliche Besitzer Gerry bietet Literatur aus allen Genres an, von Poesie über Science Fiction bis zu Reiseführern (oben). Ein Ofen, der zwischen zwei Ohrensesseln eingekuschelt ist, sorgt für eine gemütliche Atmosphäre. Lesungen und kulturelle Events gibt's auch.

Custy's Music Shop MUSIK
(☎ 065-682 1727; www.custysmusic.com; Cook's Lane, Nähe O'Connell St; ⌚ Mo–Sa 10–18 Uhr) Hier bekommt man einfach alles rund um irische Musik, ob man nun auf der Suche nach CDs, Instrumenten, Zubehör oder Infos zur lokalen Szene ist.

Ennis Bookshop BÜCHER
(13 Abbey St; ⌚ Mo–Sa 9.30–18 Uhr) Ausgezeichneter unabhängiger Buchladen mit einer guten Kinderabteilung.

Praktische Informationen

Tourist Office (☎ 065-682 8366; www.visitennis.ie; Arthur's Row; ⌚ Di–Sa 9–13 & 14–17 Uhr) Sehr hilfreich. Für eine Gebühr von 4 € werden Unterkünfte vermittelt.

An- & Weiterreise

Die Umgehungsstraße M18 östlich der Stadt leitet den Verkehr zwischen Limerick und Galway um Ennis herum, aber wenn man an die Küste fahren möchte, muss man das Zentrum trotzdem durchqueren.

BUS

Bus Éireann (☎ 065-682 4177; www.buseireann.ie) Die Busse fahren am Terminal neben dem Bahnhof ab.

Busse steuern von Ennis aus folgende Orte an:

Cork (18 €, 3 Std., 12-mal tgl.)

Doolin (13,90 €, 1½ Std., 4-mal tgl.) via Corofin, Ennistymon, Lahinch, Liscannor und Cliffs of Moher.

Galway (11,50 €, 1½ Std., stdl.) via Gort.

Limerick (10 €, 40 Min., stdl.) via Bunratty.

Shannon Airport (8,40 €, 50 Min., stdl.)

Wer nach Dublin (23 €) reist, muss in Limerick umsteigen.

ZUG

Die Züge der **Irish Rail** (www.irishrail.ie) fahren vom **Bahnhof in Ennis** (☎ 065-684 0444; Station Rd) nach Limerick (11,35 €, 40 Min., 9-mal tgl.), wo u. a. Anschlussverbindungen nach Dublin bestehen. Auf der Strecke nach Galway (19,70 €, 1¾ Std., 5-mal tgl.) kann man sich auf die Szenerie des Burren einstimmen.

Unterwegs vor Ort

In Ennis gibt's genügend Parkmöglichkeiten, z. B. hinter der Touristeninformation im Friar's Walk sowie am Flussufer nahe der Abbey Street.

Burren Taxis (☎ 065-682 3456) Taxistände findet man am Bahnhof und am Square.

Rund um Ennis

Nördlich von Ennis befindet sich die frühchristliche Stätte von Dysert O'Dea und im Südosten locken mehrere schöne Burgen. Viele Sehenswürdigkeiten kann man im Rahmen eines Tagesausflugs besuchen.

Dysert O'Dea

Wenn man auf den engen Fahrspuren mit Grasstreifen in der Mitte nach Dysert O'Dea holpert, spürt man die Vergangenheit förmlich. Im 8. Jh. gründete der hl. Tola hier ein Kloster. Kirche und Hochkreuz, das White Cross of St. Tola, stammen aus dem 12. oder 13. Jh. Auf der einen Seite des Kreuzes sieht man eine Darstellung von Daniel in der Löwengrube, die andere Seite zeigt den gekreuzigten Jesus Christus über dem Relief eines Bischofs. Interessant sind auch der südliche Torbogen der romanischen Kirche mit verschiedenen Tiermotiven und menschlichen Gesichtern und die 5 m hohen Überreste eines Rundturms.

Ganz in der Nähe lieferten sich 1318 die O'Briens, damals Könige von Thomond, und

Norman de Clares of Bunratty eine heftige Schlacht. Durch den Sieg der O'Briens verzögerte sich die anglonormannische Eroberung von Clare um zwei Jahrhunderte. Das **O'Dea Castle** aus dem 15. Jh. beherbergt heute das **Clare Archaeology Centre** (www.dysertcastle.com; Corofin; Erw./Kind 4/2,50 €; ⏲Mai–Sept. 10–18 Uhr). Rund um die Burg führt ein 3 km langer Geschichtspfad zu mehr als 20 Denkmälern von Ringfestungen und Hochkreuzen bis hin zu einer alten Kochstelle. Über eine mittelalterliche Straße erreicht man nach 5 km ein weiteres Fort aus Stein.

Östlich von Dysert O'Dea kann man an einem schönen Fluss entlang durch den **Dromore Wood** (www.heritageireland.ie; Ruan; ⏲Besucherzentrum Sommer 8–19.30 Uhr, Winter bis 18 Uhr, Juni–Aug 10–17 Uhr) GRATIS wandern. In dem 400 ha großen Naturschutzgebiet befinden sich die Ruinen des **O'Brien Castle** aus dem 17. Jh., zwei Ringfestungen und die Kilakee-Kirche.

An- & Weiterreise

Dysert O'Dea liegt 1,7 km abseits der Corofin Road (R476) und 11 km nördlich von Ennis. Der Dromore Wood erstreckt sich 8 km östlich von Dysert in der Nähe der R458.

Bus Éireann hält auf seiner täglichen Fahrt von Ennis an der R476.

Quin & Umgebung

930 EW.

In Quin (Chuinche), einem Dorf 10 km südöstlich von Ennis, stießen Arbeiter 1854 auf einen großen Goldschatz – die wichtigste Entdeckung prähistorischen Goldes in Irland. Von mehreren hundert Fundstücken gelangten nur wenige ins Dubliner Nationalmuseum; der Großteil der Beute wurde verscherbelt und eingeschmolzen.

Sehenswertes

Quin Friary KIRCHE

(⏲Mai–Okt. Di–Fr 10–16.30, Sa & So 9–15.30 Uhr, letzter Eintritt 30 Min. vor Schluss) GRATIS Das Franziskanerkloster wurde 1433 auf den Grundmauern einer 1280 erbauten Burg errichtet. Trotz häufiger Verfolgung lebten hier bis ins 19. Jh. Mönche. Auch der berühmt-berüchtigte Fireballs MacNamara, ein notorischer Duellant und Mitglied der hiesigen Herrscherfamilie, fand in der Gegend seine letzte Ruhestätte. Über dem Hauptgebäude und dem schönen Kreuzgang des Klosters ragt ein eleganter Glockenturm auf, den man aber leider nicht besteigen kann.

Neben dem Bauwerk thront die gotische **Church of St Finghin** aus dem 13. Jh.

Knappogue Castle & Walled Garden HISTORISCHE STÄTTE

(www.shannonheritage.com; R469; Erw./Kind 6/3 €; ⏲Mai–Aug. 10–16.30 Uhr) 3 km südöstlich von Quin liegt das 1467 von den McNamaras erbaute Knappogue Castle & Walled Garden. Diese Familie herrschte vom 5. bis Mitte des 15. Jhs. über einen großen Teil von Clare. Sie errichtete in der Region insgesamt 42 Burgen. Nach wie vor sind die Mauern von Knappogue intakt und innen ist eine schöne Ausstellung antiker Möbel und Kamine zu sehen. Die Gärten wurden umfassend restauriert.

Die Burg wurde von Cromwell 1657 konfisziert und an einen Parlamentarier namens Arthur Smith gegeben – einer der Gründe, warum sie der Zerstörung entging. 1660 erhielten die MacNamaras sie zurück. Restauriert wurde die Burg schließlich 1966, nachdem ein Texaner sie gekauft hatte. Für Touristen werden auf Knappogue auch mittelalterliche Bankette veranstaltet.

Craggaunowen BURG

(www.shannonheritage.com; Nähe R469; Erw./Kind/FZ 9/5,50/21,50 €; ⏲Ostern–Sept. 10–16 Uhr; 👪) In einem Wald 6 km südöstlich von Quin liegt das friedliche Craggaunowen, mit Nachbildungen alter keltische Bauernhöfe und Siedlungen, darunter eine *crannóg* (künstliche Insel) und eine Ringfestung aus dem 5. Jh., außerdem kann man Gerätschaften der Bronzezeit und eine 2000 Jahre alte Eichenallee bestaunen. Das Craggaunowen Castle ist eine kleine, gut erhaltene Burg der MacNamaras. Außerdem gibt's einen unterirdischen Geheimgang und Tiere, darunter Wildschweine und Ziegen.

Für weitere Infos stehen Guides zur Verfügung. In einer extra dafür gebauten Ausstellungshalle steht das **Brendan Boat**, ein Schiff mit einer Lederhülle, gebaut von Tim Severin, der damit wie St. Brendan im 6. Jh. über den Atlantik nach Amerika segelte.

ÖSTLICHES & SÜDÖSTLICHES CLARE

Abseits von Atlantikküste und dem zerklüfteten Burren wird Clare im Osten allmählich flacher. Hier ist das Land von grünen Ebenen geprägt, durch die sich niedrige Hügelketten ziehen. Die östliche Grenze der Grafschaft bilden der Shannon und der langgezogene Binnensee Lough Derg, der sich 48 km von Portumna in der Grafschaft Galway bis nach Killaloe erstreckt. Wenn man aus dem zerklüfteten mystischen Westen Clares kommt, erscheinen die Dörfer am See wie Mountshannon wie eine idyllische Welt mit Wasserlandschaften, Ufersiedlungen, Wäldern und Panoramablick.

Im Südosten weitet sich der Shannon zu einem riesigen Mündungsdelta aus. Hier sind die weiten Ebenen übersät mit Bauernhöfen sowie zahlreichen Weilern.

Shannon Airport

Der dritt-verkehrsreichste **Flughafen** Irlands (SNN; ☎ 061-712 000; www.shannonairport.com; 📶) war früher, als Flugzeuge noch Kolbenmotoren und damit weniger Reichweite hatten, ein viel genutztes Etappenziel auf der Strecke zwischen Nordamerika und dem europäischen Festland. Heutzutage geht's auf dem Shannon (Sionainn) Airport deutlich entspannter zu. Der Flughafen dient als idealer Ausgangspunkt zu den westlichen Counties. Es gibt eine **Touristeninformation** (www.shannonregiontourism.ie; ⏰ 7–16 Uhr) im Ankunftsbereich.

3 km entfernt liegt die **Stadt Shannon**, einst für die Mitarbeiter des Airports errichtet. Sie hat den Charme eines alten sowjetischen Industrieortes, aber mit besserer Warmwasserversorgung. Zum Verweilen verführt kaum etwas.

Schlafen & Essen

In dem Städtchen 3 km vom Flughafen entfernt gibt's mehrere B&B-Unterkünfte, allerdings erreicht man Ennis, Limerick und noch hübschere Orte in nur 30 Minuten. Im Flughafenterminal befindet sich ein großes, oft überfülltes Restaurant.

Park Inn Shannon Airport HOTEL €€
(☎ 061-471 122; www.parkinns.com; Zi ab 70 €; @📶) Hier wacht man in einem von 114 Standardräumen auf. Die Unterkunft ist ebenso gut wie jedes andere Flughafenhotel und hat einen Parkplatz gleich gegenüber dem Terminal. Eine gute Option, wenn man früh am nächsten Morgen abfliegt und sein Mietauto schnell loswerden will.

Anreise & Unterwegs vor Ort

AUTO

Am Flughafen sind alle großen Mietwagenunternehmen vertreten.

BUS

Bus Éireann (☎ 061-474 311; www.buseireann.ie) Nach Cork (18 €, 2½ Std., stdl.), Ennis (8,40 €, 50 Min., stdl.), Galway (15,50 €, 1¾ Std., stdl.) und Limerick (8,40 €, 30–55 Min., 2-mal stdl.) bestehen direkte Verbindungen. Auf manchen Strecken verkehren sonntags weniger Busse.

FLUGZEUG

Mehrere Airlines bieten Direktflüge von/nach Shannon, darunter die irische Fluggesellschaft **Ryanair** (www.ryanair.com), die viele europäische Ziele ansteuert.

TAXI

Eine Taxifahrt ins Zentrum von Limerick oder Ennis kostet 40 €, wenn man diese am Schalter in der Nähe der Ankunftshalle bucht. Am Taxistand zahlt man eventuell mehr.

Bunratty

Nur einen Armbrustbolzenschuss vom N18 Motorway entfernt liegt Bunratty (Bun Raite) mit seiner grandiosen Burg und einem angrenzenden Themenpark, in dem ein altertümliches irisches Dorf nachgebaut wurde – eine Kombination, die eine schier endlose Zahl an Besuchern anzieht. Gruppen aus gewaltigen Reisebussen belagern Bunratty von April bis Oktober, amüsieren sich mit allem möglichen Touristenkitsch und werden bei mittelalterlichen Banketten gut gefüttert.

Sehenswertes & Aktivitäten

Bunratty Castle & Folk Park BURG
(www.shannonheritage.com; Erw./Kind 15/9 €; ⏰ 9–17.30 Uhr, letzter Eintritt 16.15 Uhr; 👪) Das quaderförmige, wuchtige und bedrohliche Bunratty Castle ist das jüngste von mehreren Steingebäuden am Fluss Ratty. Im 10. Jh. gründeten Wikinger an eben dieser Stelle eine Siedlung und in den 1270er-Jahren besetzte der Normanne Thomas de Clare die Region. Zugang zur Burg gibt's durch ein Freiluftmuseum, ein rekonstruiertes, traditionelles irisches Dorf mit strohgedeckten Häusern, einer Schmiede, Webern, Postamt, Pub, Kinderspielplatz und einem kleinen Café.

Die heutige Burg wurde Anfang des 15. Jhs. von der tatkräftigen Familie MacNamara errichtet, fiel aber kurz darauf an die O'Briens und blieb bis ins 17. Jh. in deren Besitz. Sie wurde komplett restauriert und ist mit Möbeln, Gemälden, sowie Wandbehängen und

Geweihen aus dem 14. bis 17. Jh. ausgestattet. Außerdem gibt's einen **Kerker**, einen **Burgsaal** sowie den prächtigen und kolossalen **Rittersaal**.

Einige Gebäude des Folk Park wurden von ihrem ursprünglichen Standort hierher versetzt, bei den meisten handelt es sich jedoch um Rekonstruktionen. Während der Hauptsaison führen Mitarbeiter die Besucher in historischen Gewändern über das Gelände und berichten schöngefärbt und familienfreundlich vom Alltagsleben gegen Ende des 19. Jhs. Alles Fake, macht aber Spaß.

Traditional Irish Night BANKETT
(☎061-360 788; Erw./Kind 48,70/24,75 €; ⏲April–Okt. 19–21.30 Uhr) Die irischen Nächte werden in einer Getreidescheune im Folk Park veranstaltet. Zahlreiche Rotschöpfe servieren traditionelle Kost. Dazu gibt's Musik und Tanz, während Wein ausgeschenkt wird, der vielleicht sogar zum Mitsingen verleitet.

Bunratty Medieval Banquet Castle BANKETT
(☎061-360 788; Erw./Kind 58,45/29,25 €; ⏲April–Okt. 17.30 & 20.45 Uhr, Nov.–März untersch. Zeiten) Wer den Rummel in der Scheune lieber meiden möchte, kann sich auch für das lebhafte mittelalterliche Bankett mit Harfenspielerinnen und Hofnarren entscheiden. Hier kommen fleischlastige mittelalterliche Speisen auf den Tisch, die mit Met, einer Art Honigwein, hinuntergespült werden. Reisegruppen lieben diese Bankette, daher sollte man unbedingt frühzeitig reservieren. Online findet man häufig Sparangebote.

Schlafen & Essen

Bunratty beherbergt nur wenige Hotels, aber jede Menge B&Bs, viele in der Hill Road nördlich der Burg. Auf der großen Übersichtskarte am Eingang zum Park sind die Standorte verzeichnet. Man trifft mit den Unterkünften eine gute Wahl, wenn man frühmorgens vom 5 km weiter westlich gelegenen Shannon Airport abfliegt.

★ **Cahergal Farmhouse** B&B €€
(☎061-368 358; www.cahergal.com; Newmarket-on-Fergus; EZ/DZ ab 50/80 €; 📶) Diese luxuriös ausgestattete Bleibe in einem Bauernhaus befindet sich auf halber Strecke zwischen Bunratty (6 km) und dem Flughafen (8 km). Morgens weckt einen sanft das entfernte Gackern von Hühnern. Von den eleganten Zimmern mit Kingsizebetten genießt man einen schönen Ausblick auf die ländliche Idylle. Zu essen gibt's herzhafte Gerichte, irische Backwaren und weitere Leckereien.

Briar Lodge B&B €€
(☎061-363 388; www.briarlodge.com; Hill Rd; EZ/DZ/FZ ab 40/60/90 €; ⏲Mitte März–Mitte Okt.; 📶) In einer sehr ruhigen und entlegenen Sackgasse 1,6 km von der Burg entfernt liegt dieses Haus im traditionellen Stil mit einem entzückenden Vorgarten (Blumen im Frühling und im Sommer). Es gibt fünf blitzsaubere Zimmer, einige davon mit King-Size-Betten, und die Besitzer heißen jeden herzlich willkommen.

Durty Nelly's KNEIPENKOST €€
(www.durtynellys.ie; Bunratty House Mews; Hauptgerichte 6–25 €; ⏲Küche 12–22 Uhr) Hier herrscht den ganzen Sommer reger Touristenandrang. Das Nelly's besteht komplett aus kleinen Nebenzimmern mit viel Holz und Bierfilz, alles über lange Jahre gereift und hat einen tollen Blick auf die dräuende Burg. Auch das Essen ist gut, allerdings ist es im Pub gemütlicher als im Restaurant oben. Im Erdgeschoss gibt's außerdem noch ein Austern-Restaurant und an vielen Abenden wird traditionelle irische Musik geboten.

ℹ An- & Weiterreise

Bunratty liegt an der Route von Limerick nach Ennis, die von **Bus Éireann** (☎061-313 333; www.buseireann.ie) bedient wird. Busse nach Limerick verkehren mindestens stündlich (Einfache Fahrt/Hin-& Rückfahrt 5,20/9 €), in beide Richtungen und brauchen für die Strecke knapp 30 Minuten. Ein Ticket kostet 7 €. Nach Ennis bestehen täglich mindestens fünf direkte Verbindungen (Einfache Fahrt/Hin-& Rückfahrt 8,40/13,70 €, 30 Min.). Die Busse halten in der Nähe der Burg.

Killaloe & Ballina

4100 EW.

Nur getrennt durch einen schmalen Kanal sind Killaloe und Ballina eigentlich ein einziges Reiseziel, obwohl sie nicht wirklich viel gemeinsam haben und sogar zu verschiedenen Grafschaften gehören. Als Bindeglied spannt sich eine 1770 errichtete einspurige Brücke mit 13 Bögen über den Shannon. In nur fünf Gehminuten ist man auf der anderen Seite, mit dem Auto braucht man dagegen 20 Minuten (aufgrund eines sehr quälenden Ampelsystems).

Killaloe (Cill Da Lúa) zeigt ein Clare wie aus dem Bilderbuch. Das Dorf liegt am

Westufer des unteren Loch Deirgeirt (der südlichen Verlängerung des Lough Derg); an dieser Stelle verjüngt sich der Meeresarm. Der Ort schmiegt sich an die schroff aufragenden Slieve Bernagh Hills im Westen, nach Osten hin bilden die Arra Mountains einen harmonischen Abschluss.

Ballina (Béal an Átha) in der Grafschaft Tipperary ist nicht ganz so malerisch wie Killaloe, hat aber die besseren Pubs und Restaurants. Es liegt am Ende einer landschaftlich schönen Route (R494), die von Nenagh aus am Ufer des Lough Derg entlangführt.

Sehenswertes & Aktivitäten

Das charmante Herz von Killaloe schlägt am kleinen Uferbereich mit Promenade. In Ballina spielt sich das Leben vor allem auf der Main Street ab, die vom Ufer den Berg hinaufführt.

Killaloe Cathedral KIRCHE
(St. Flannan's Cathedral; Limerick Rd, Killaloe; Spende 2 €) Das Gebäude geht auf das frühe 13. Jh. zurück und wurde von der Familie O'Brien auf den Fundamenten einer Kirche aus dem 6. Jh. errichtet. Beeindruckende Steinmetzarbeiten aus dem 12. Jh. zieren die Innenseite des Südportals. Neben dem Eingang steht der Stumpf eines Steinkreuzes (beim Betreten auf der rechten Seite), der als Thorgrim's Stone bekannt ist. Der außergewöhnliche Stein stammt aus frühchristlicher Zeit und zeigt alte skandinavische Runen sowie irische Ogham-Inschriften. Außerdem gibt's in der Kirche ein Taufbecken aus dem 13. Jh. zu sehen.

Brian Ború Heritage Centre MUSEUM
(www.shannonheritage.com; Lock House, Killaloe; Erw./Kind 3,35/1,75 €; Mai–Mitte Sept. 10–17 Uhr) Dieses Museum ist nach dem einheimischen Knaben benannt, der es als König mithilfe politischer Drahtzieher und Hintermänner schaffte, Irland zu vereinigen und vom Joch der Wikinger zu befreien. Es bemüht sich sehr, die Legenden am Leben zu erhalten. Hier gibt's auch eine gute Ausstellung über das nautische Erbe der Seen und Flüsse in der Region.

TJ's Angling Centre ANGELN
(061-376 009; www.tjsangling.com; Main St, Ballina; 8–22 Uhr) Die Leihausrüstung kostet 10 € pro Tag. Angelausflüge werden ebenfalls angeboten, doch die Forellen und Hechte beißen vor Ort genauso gut an.

Geführte Touren

Spirit of Killaloe BOOTSTOUR
(086 814 0559; www.killaloerivercruises.com; Lakeside Dr, Ballina; Erw./Kind 12,50/7,50 €; Mai–Sept.) Ausgedehnte Bootsfahrten auf dem Lough Derg, eine Reservierung ist notwendig.

Schlafen

In der Gegend gibt's eine große Auswahl an B&Bs, besonders in den Straßen am Lough Derg. Während der Sommermonate sollte man unbedingt vorher reservieren.

Kingfisher Lodge B&B €
(061-376 911; www.kingfisherlodge-ireland.com; Lower Ryninch, Ballina; EZ/DZ ab 45/70 €;) Das exquisite B&B liegt direkt am Lough Derg. Es verfügt über drei Zimmer und einen fast 1 ha großen Garten mit Terrassen und einer Anlegestelle. Die Räume sind gemütlich und stimmig dekoriert. Bis Ballina ist es 1 km Richtung Norden.

★ **Kincora House** B&B €€
(061-376 149; www.kincorahouse.com; Church St, Killaloe; EZ/DZ ab 45/80 €;) Das alte, gelbe Stadthaus liegt mitten im Herzen von Killaloe hügelaufwärts von der Kathedrale. Die vier traditionellen Zimmer sind einfach, doch angenehm eingerichtet, Fotos vom County Clare aus alten Zeiten schmücken die Wände.

Lakeside Hotel HOTEL €€
(061-376 122; www.lakesidehotel.ie; Ballina; EZ/DZ ab 75/100 €; @) Ein fein herausgeputztes Hotel direkt am Wasser mit Blick auf die Brücke und ihre 13 Bogen, das über einen Park und 43 unterschiedlich gestaltete Zimmer verfügt (die Preise variieren je nach Ausblick). Jeder Gast sollte wenigstens einmal die 40 m lange Wasserrutsche hinuntersausen.

Essen & Ausgehen

Der **Farmers Market** (So 9–16 Uhr) der beiden Orte findet auf dem Inselchen nahe der Brücke auf der Seite von Killaloe statt.

★ **Wooden Spoon** CAFÉ €
(Bridge St, Killaloe; Hauptgerichte 4–10 €; Di–Do & So 12–18, Fr & Sa 12–21 Uhr) In dem Café mit Bäckerei in einer schmalen Passage unweit des Ufers gibt's so leckere mediterrane Gerichte, dass die Bridge Street gleich ein bisschen bunter wird. Hier gibt's Pavlovas, Flapjacks, Tiffins, Scones, Apple Pie, Quiche,

Falafel, frisches *soda bread* und noch mehr. Alle Speisen werden mit Zutaten aus der Gegend zubereitet.

Tuscany Bistro Ballina ITALIENISCH €€

(☎ 061-376 888; www.tuscany.ie; Main St, Ballina; Hauptgerichte 12–26 €; ⏲ Di & Mi 16–21, Do & Fr 16–22, Sa 12.30–22, So 12.30–21 Uhr; 📶 👪) Klein, smart und stilvoll präsentiert sich dieses italienische Bistro. Die Küche ist lecker und authentisch: Neben Suppen, Salaten und Pastagerichten kann man sich an Pizzas oder den Speisen auf der Tageskarte satt essen. Auch die Weine überzeugen.

Goosers FISCH & MEERESFRÜCHTE €€

(www.goosers.ie; Main St, Ballina; Hauptgerichte 11,50–26 €; ⏲ Gerichte 12–21, Fr & Sa bis 22, So ab 12.30 Uhr) Hinter der Kirche an der Main Street liegt das beliebte strohgedeckte Pub (inklusive Torffeuer!), das für für seine große Auswahl an Fisch bekannt ist. Die Hauptgerichte werden im Restaurant serviert und an den Tischen draußen gibt's Kneipenkost.

ℹ Praktische Informationen

Die AIB-Bank am Ende der Church Street in Killaloe verfügt über einen Geldautomaten. Toiletten findet man auf dem Parkplatz der Ortschaft. Mehr über die Gegend erfährt man außerdem unter www.discoverkillaloe.com.

Touristeninformation (☎ 061-376 866 Bridge St, Brian Ború Heritage Centre, Killaloe; ⏲ Mai–Okt. 10–18 Uhr) Teilt sich die Räumlichkeiten mit dem Brian Ború Heritage Centre auf der kleinen Insel.

ℹ An- & Weiterreise

Glücklicherweise gibt's zu beiden Seiten des Flusses Parkmöglichkeiten. So schön sie auch ist, gilt die Brücke doch als echter Albtraum für Autofahrer. Am besten stellt man seinen Wagen ab und geht zu Fuß.

Montags bis samstags verkehrt **Bus Éireann** (☎ 061-313 333; www.buseireann.ie) dreimal täglich zwischen Limerick und Killaloe (8,40 €, 45 Min.). Die Bushaltestelle befindet sich vor der Kathedrale.

Von Killaloe nach Mountshannon

Die Fahrt Richtung Norden nach Mountshannon führt am ruhigen Wasser des **Lough Derg** entlang. Die Form des Sees erinnert an die lange Tropfspur eines zu vollen Guinness Pint, das beim Tragen von der Bar zum Tisch übergeschwappt ist. Von Killaloe aus geht's über die R463 nach Tuamgraney, wo man Richtung Osten auf die R352 abbiegt. Unterwegs genießt man immer wieder einen schönen Blick auf den See, Holy Island und die Picknickplätze.

2 km nördlich von Killaloe erreicht man **Beal Ború**, die Überreste einer Festung. Hier soll einst Kincora, der legendäre Palast des berühmten irischen Königs Brian Ború, gestanden haben. Dieser hat 1014 in der Schlacht von Clontarf den Wikingern eine Lektion erteilt und lebt heute im Namen zahlloser irischer Kneipen überall auf der Welt weiter. Archäologen fanden vor Ort Spuren einer Siedlung aus der Bronzezeit.

4,5 km weiter nördlich thront auf dem Cragliath Hill eine weitere Festung, **Griananlaghna**,, die nach Brian Borús Urgroßvater, König Lachtna, benannt wurde.

In **Tuamgraney**, wo die Straße nach Mountshannon abzweigt (R352), erhebt sich die bedeutende St.-Cronan's-Kirche, die teilweise auf das 10. Jh. zurückgeht. Innen zeigt das kleine **East Clare Heritage Centre** (www.eastclareheritage.com; R463; Erw./Kind 3/ 1,50 €; ⏲ Mo–Fr 10–15 Uhr) eine umfangreiche Sammlung alter und weniger alter Artefakte zur Vergangenheit in der Region. Zu den kuriosesten Stücken gehört ein Lachs, ein Rekordfang von 1914. Der angrenzende stimmungsvolle **Friedhof** bietet einen faszinierenden Einblick in irische Ahnenreihen, nebenan erhebt sich unter viel Efeu das 1500 erbaute **O'Grady Tower House**.

Mountshannon

350 EW.

Das Dorf ist mehr als nur Preisträger der Trophäe „sauberster Ort" (1981) und eignet sich prima für ein Päuschen. 1742 gründete ein aufgeklärter Großgrundbesitzer Mountshannon (Baile Uí Bheoláin) am südwestlichen Uferabschnitt des Lough Derg, um protestantischen Flachsarbeitern eine neue Heimat zu geben.

Im Hafen liegen Fischerboote und Yachten, im Sommer kommen Kreuzfahrtschiffe dazu. Mountshannon dient als gute Ausgangsbasis für Touren nach Holy Island, eine der schönsten frühchristlichen Siedlungen im County Clare.

◉ Sehenswertes & Aktivitäten

Die Gegend ist ein echtes Anglerparadies mit Bachforellen, Hechten, Flussbarschen und Brassen. Mehr über die Bootsverleiher und die Ausrüstung erfährt man in seiner Unterkunft. Die Rückkehr des Seeadlers hat viele Vogelbeobachter angezogen.

Holy Island INSEL

2 km vor der Küste von Mountshannon erstreckt sich Holy Island (Inis Cealtra) mit einer alten Klostersiedlung, die vermutlich im 7. Jh. vom hl. Cáimín gegründet wurde. Der Rundturm der Insel ist 27 m hoch. Obwohl das obere Stockwerk fehlt, sieht man ihn aus zwei Grafschaften schon von Weitem. Außerdem gibt's auf der Insel vier alte Kapellen, eine Eremitenzelle und einige frühchristliche Grabsteine aus dem 7. bis 13. Jh. Eine der Kapellen besticht durch einen eleganten romanischen Bogen und ein Kreuz mit der altirischen Inschrift: „Betet für Tornog, der dieses Kreuz machte."

Die Wikinger plünderten das Kloster im 9. Jh., aber unter dem Schutz des beliebten Königs Brian Ború und einiger anderer Herrscher erlebte es eine neue Blütezeit. Im 17. Jh. pilgerten zu Ostern um die 15 000 Menschen hierher.

Am Hafen von Mountshannon ankern den Sommer über Ausflugsboote, mit denen man auf die Insel fahren oder einfach nur ein bisschen durch die Gegend schippern kann.

Gerard Madden BOOTSTOUR

(☎ 086 874 9710; gerardmmadden@eircom.net; Erw./Kind 10/5 €; ⌚ April–Okt.) Der bekannte lokale Historiker Gerard Madden bietet zweistündige Inselrundgänge an.

Schlafen & Essen

Mountshannon Hotel HOTEL €

(☎ 061-927 162; www.mountshannon-hotel.ie; Main St; EZ/DZ/2BZ ab 42/74/90 €; ⌚ März–Okt.; 📶) Unscheinbares Gasthaus mit 14 Zimmern im ebenso unscheinbaren Stadtzentrum; Frühstück ist im Preis inbegriffen. Im Pub (Hauptgerichte 10 € bis 18 €) kann man sich bei einem Bier entspannen und Angelgeschichten lauschen. Auf der Speisekarte stehen Gerichte wie Hühnchen Kiew und Lasagne. WLAN gibt's nur in Gemeinschaftsbereichen.

Sunrise B&B B&B €

(☎ 061-927 343; www.sunrisebandb.com; EZ/DZ ab 50/70 €; 📶) Dieses ländliche B&B mit drei Zimmern, nur 300 m vom Dorf entfernt, serviert das Frühstück in einem Wintergarten mit Blick auf den See. Vera ist die charmante und hilfsbereite Besitzerin und kann einem alles über die Seeadler von Mountshannon erzählen.

Hawthorn Lodge B&B €

(☎ 061-927 120; www.mountshannon-clare.com; R352; EZ/DZ ab 50/75 €; 📶) Ordentliche Cottage mit drei modernen und entspannten Zimmern, etwa 1 km östlich von Mountshannon. Die Besitzer sind warm und herzlich.

Bourke's the Galley CAFÉ €

(Main St; Hauptgerichte 4–9 €; ⌚ 9–17 Uhr ; 📶) Bourke's ist an einen tollen Feinkostladen angeschlossen und bietet auf einer kleinen Terrasse köstlichen Kaffee, duftende Backwaren und frische, leichte Gerichte an.

An- & Weiterreise

Mountshannon erreicht man am besten mit dem Auto oder Fahrrad.

Nördlich von Mountshannon verläuft die R352 parallel zum Lough Derg bis nach Portumna im County Galway. Sie ist eine der zahlreichen einspurigen, von Bäumen gesäumten ländlichen Strecken. Eine weitere Straße, die R461, beginnt in Scarriff und führt direkt ins Herz des Burren.

SÜDWESTLICHES & WESTLICHES CLARE

Die Klippen südlich der Badeorte von Kilkee bis Loop Head sind von wilder und dramatischer Schönheit und einer der Höhepunkte des atemberaubenden Abschnitts des **Wild Atlantic Way** in Clare.

Südlich der Cliffs of Moher Richtung Kilkee liegen die ruhigen Urlaubsorte Lahinch, Miltown Malbay und Doonbeg. Vor etwa 400 Jahren wurden hier Schiffbrüchige der Spanischen Armada an den Strand gespült, deren Nachkommen noch heute in dieser Gegend leben.

Am besten hält man sich an die schmalen, abgelegenen Pfade, dann kann jeder seine eigenen Entdeckungen machen, sei es an einem versteckten Strand oder bei etwas mehr Trubel wie in dem reizvollen Städtchen Ennistymon.

Anreise & Unterwegs vor Ort

BUS

Bus Éireann (www.buseireann.ie) bedient alle größeren Orte. Von Limerick aus geht's entlang des Shannon nach Kilrush und Kilkee sowie durch Corofin, Ennistymon, Lahinch, Liscannor und zu den Cliffs of Moher und nach Doolin. Busse ab Ennis folgen derselben Strecke. Im Sommer verkehren die Busse an der Küste zwischen Kilkee und Lahinch durchschnittlich zweimal täglich. Einige andere Strecken werden nur von Schulbussen genutzt, die nicht immer fahren.

SCHIFF/FÄHRE

Shannon Ferry Limited (☎ 065-905 3124; www.shannonferries.com; einfach/hin & zurück Radfahrer & Fußgänger 5/7 €, Autofahrer ab 18 €; ⌚ Juni–Aug. mindestens stdl. 9–21 Uhr, Sept.–Mai 9–19 Uhr) verkehrt zwischen Tarbert im County Kerry und Killimer im County Clare. Die Überfahrt dauert 20 Minuten. Auf diese Weise spart man sich den großen Umweg durch Limerick und ist schnell in der Nähe der Dingle-Halbinsel. Tipp: Online nach Schnäppchen suchen.

Kilrush

2600 EW.

Kilrush (Cill Rois) ist eine stimmungsvolle Kleinstadt, die Richtung Süden über die Shannon-Mündung auf die Hügel von Kerry blickt. Am Kilrush Creek erstreckt sich der größte **Yachthafen** (www.kilrushmarina.ie) der Westküste. Im Mündungsgebiet des Shannon gibt's zahlreiche Möglichkeiten, Delfine zu beobachten, denn die Meeressäuger kalben hier.

Sehenswertes & Aktivitäten

Die Hauptstraße, die mehr als 30 m breite **Frances Street**, führt geradewegs zum Hafen. Sie spiegelt die Anfänge von Kilrush als Hafen- und Handelsstadt im 19. Jh. wider. An ihrem Ende steht das **Maid-of-Eireann-Denkmal**, das bis heute die Schäden aufweist, die beim Rückzug der englischen Truppen 1921 angerichtet wurden.

★ Vandeleur Walled Garden GÄRTEN
(www.vandeleurwalledgarden.ie; Killimer Rd; ⌚ Mo–Fr 10–17, Sa & So 12–17 Uhr) GRATIS Einst gehörte dieser bemerkenswerte Garten den wohlhabenden Vandeleurs, einer Familie von Kaufleuten und Großgrundbesitzern, die im 19. Jh. Zwangsräumungen durchsetzte und viele Einheimische zur Auswanderung zwangen. Der Park liegt in einem großen Wald östlich des Zentrums, der von einer Mauer umgeben ist. Er wartet mit einer Reihe farbenprächtiger Pflanzen auf, unter anderem Magnolien, Akazien, Ahorn, Eichen, Affenschwanzbäumen, Bambus, Farnen, Bananenbäumen, Hortensien und einem Hainbuchenhecken-Irrgarten. Durch die Anlage führen mehrere Wanderwege, außerdem gibt's hier ein nettes Café.

St Senan's Church KIRCHE
(Toler St) In der katholischen Kirche sind eine schöne Fensterrose und acht Buntglasfenster des bekannten Künstlers Harry Clarke (1889–1931) zu sehen.

Shannon Dolphin & Wildlife Centre NATURSCHUTZZENTRUM
(www.shannondolphins.ie; Merchants Quay; ⌚ Mai–Sept. 10–16 Uhr) GRATIS Die Forschungseinrich-

ABSTECHER

SCATTERY ISLAND

Auf dem heute unbewohnten, vom Wind zerzausten Eiland ohne einen einzigen Baum, 3 km südwestlich von Kilrush in der Flussmündung, gründete der hl. Senan im 6. Jh. eine Klostersiedlung mit einem 36 m hohen **Rundturm** (einem der größten und besterhaltenen Irlands). Dieser besitzt mit seinem ebenerdigen Eingang eine Besonderheit – normalerweise befindet sich die Tür nämlich hoch über dem Fundament. Vor Ort wird eine seltsame Stimmung beschworen. Zu sehen gibt's Ruinen von sechs **mittelalterlichen Kirchen** einschließlich der aus dem 9. Jh. stammenden **Cathedral of St. Mary** (Teampall Naomh Mhuire), die zum **St. Senan's Monastery** gehört, sowie einen Leuchtturm und eine Feldbatterie, die während der Napoleonischen Kriege gebaut wurde, am südlichen Ende der Insel.

Im **Scattery Island Visitor Centre** (☎ 087 995 8427; www.heritageireland.ie; ⌚ Juni–Aug., Mo–Fr 9.30–16 Uhr, Sa & So kürzer) informiert eine kostenlose Ausstellung über die Natur und Geschichte des denkmalgeschützten Eilands. Außerdem bietet das Besucherzentrum eine kostenlose 45-minütige Führung zum St. Senan's Monastery an. **Scattery Island Ferries** (☎ 065-905 1327; www.discoverdolphins.ie; Kilrush Creek Marina; Erw./Kind 12/7 €; ⌚ Juni–Aug.) setzt von Kilrush zur Insel über; die Fahrt dauert 15 bis 20 Minuten. Einen genauen Fahrplan gibt's nicht, denn die Touren hängen von den Gezeiten und dem Wetter ab. Der Aufenthalt auf der Insel dauert etwa eine Stunde. Tickets bekommt man an dem kleinen Kiosk im Yachthafen, außerdem sollte man anständiges, festes Schuhwerk anziehen.

tung beschäftigt sich mit den mehr als 100 im Shannon lebenden Delfinen und zeigt Ausstellungen über die verspielten Meeressäuger, die hier heimisch sind.

Kilrush Shannon Dolphin Trail WANDERN
Diese 4 km lange Straße endet 3 km südlich von Kilrush am Aylevarro Point, wo sich Infotafeln zu Delfinen befinden und man die Tiere vor der Küste beobachten kann.

Geführte Touren

Dolphin Discovery BOOTSTOUREN
(065-905 1327; www.discoverdolphins.ie; Kilrush Creek Marina; Erw./Kind 22/10 €; April–Okt.) Die zweistündigen Delfinbeobachtungstouren auf dem Shannon starten je nach Wetter und Nachfrage.

Schlafen & Essen

B&Bs gibt's in der Gegend fast mehr als Delfine im Shannon. Der **Farmers Market** (Do 9–14 Uhr) findet auf dem Hauptplatz statt.

Katie O'Connor's Holiday Hostel HOSTEL €
(065-905 1133; www.katieshostel.com; Frances St; B/DZ ab 20/40 €; Mitte März–Mitte Okt.;) Dieses schöne alte Gebäude an der Hauptstraße stammt aus dem 18. Jh. und war eines der Stadthäuser der Familie Vandeleur. Heute gehört die flippige Herberge zum IHH-Verbund.

Crotty's HOTEL €
(065-905 2470; www.crottyspubkilrush.com; Market Sq; EZ/DZ ab 45/70 €; Trad. Musik Juni–Aug. Di–Do 19 Uhr;) Ein altmodischer Tresen, Fliesenböden und traditionelle Möbel verleihen dem Crotty's seinen unverwechselbaren Charme. Außerdem locken typische Kneipengerichte (Hauptgerichte von 9 € bis 17 €) von bester Qualität. Oben befinden sich fünf kleine traditionell eingerichtete Zimmer.

Buttermarket Cafe CAFÉ €
(Burton St; Hauptgerichte 4–12 €; Mo–Sa 9.30–17 Uhr;) Ganz in der Nähe des Hauptplatzes verkauft das wunderbare kleine Café hervorragenden Kaffee, Gourmetsandwiches, warme Tagesgerichte und Kuchen, die man sich im Hof zu Gemüte führen kann.

Potter's Hand CAFÉ €
(10 Vandeleur St; Hauptgerichte ab 3 €; Mo–Sa 9–17, Mi bis 20 Uhr) Dieses charmante Café bietet neben exzellenten Backwaren auch einen ruhigen Ort zum Essen, Töpferkurse, bequeme Sofas, heiteres Personal und Plätze im Hinterhof.

Praktische Informationen

Touristeninformation (065-905 1577; Frances St; Mitte März–Mitte Okt. Mo–Sa 10–16 Uhr) Im Katie O'Connor's Holiday Hostel.

Anreise & Unterwegs vor Ort

Bus Éireann verkehrt drei- bis viermal täglich nach Limerick (20 €, 1¾ Std.), Ennis (10 €, 1 Std.) und Kilkee (4,80 €, 15 Min.). Aufgepasst: Tankstellen zwischen Kilrush und Loop Head haben sonntags geschlossen, also sollte man in der Stadt tanken.

Gleeson's Cycles (065-905 1127; Henry St; ab 20/80 € pro Tag/Woche, 9–18 Uhr) Leihräder.

Kilkee

1100 EW.

Kilkees breiter weißer Strand mit feinem, pudrigem Sand lockt jede Menge Tagesausflügler und Urlauber an. Im Norden der geschwungenen halbkreisförmigen Bucht ragen hohe Steilklippen auf und in Richtung Süden warten zerklüftete Felsen – beide Enden eignen sich hervorragend zum Wandern. Ebbe und Flut sind stark ausgeprägt, sodass ehemals breite Sandflächen in nur wenigen Stunden wieder von tosenden Wellen überspült werden.

Große Beliebtheit erlangte Kilkee (Cill Chaoi) zu viktorianischen Zeiten, als hier betuchte Familien aus Limerick Strandhäuser errichteten. Heute lockt ein reiches Angebot an netten Pensionen, großen Vergnügungshallen und Imbissstuben zahlreiche Strandtouristen an.

Sehenswertes & Aktivitäten

Viele Besucher kommen nach Kilkee, um sich die schönen geschützten **Strände** und die **Pollock Holes** – natürlichen Felsenbecken in den Duggerna Rocks – anzusehen. Bei **St. George's Head** im Norden kann man vor herrlicher Kulisse über die Klippen spazieren. Im Süden der Bucht bilden die **Duggerna Rocks** ein ungewöhnliches natürliches Amphitheater. Noch weiter südlich liegt eine große **Meeresgrotte**. All diese Ziele erreicht man über Kilkees West-End-Bezirk beim Diamond Rocks Café, indem man dem Küstenpfad folgt.

Das Dorf hat sich als **Tauchzentrum** einen Namen gemacht, da sich die spektakuläre Felslandschaft der Küste unter der Wasseroberfläche fortsetzt. Allerdings sollte man unbedingt Erfahrung und Ortskenntnisse haben oder einen Guide engagieren, wenn man einen Ausflug unternehmen möchte. An der Spitze der Duggerna Rocks birgt der kleine Meeresarm Myles Creek eine faszinierende Unterwasserwelt.

West Clare Railway TOURISTENBAHN
(☎ 065-905 1284; www.westclarerailway.ie; Erw./Kind 8/4 €; ⏲ April–Sept. 13–16 Uhr) Ein 2 km langer Überrest der West Clare Railway, einer historischen Bahnstrecke, verläuft 6 km nordwestlich von Kilrush bei Moyasta parallel zur Straße nach Kilkee (N67). Von Ehrenamtlichen betriebene Dampfloks verkehren in beide Richtungen quer durch die offene Landschaft.

Schlafen

In Kilkee gibt's zahlreiche Pensionen. Während der Hauptsaison ziehen die Preise deutlich an; dann ist es eventuell schwierig, eine Unterkunft zu finden.

Green Acres Caravan & Camping Park CAMPINGPLATZ €
(☎ 065-905 7011; Doonaha, Kilkee; Stellplätze 8–24 €; ⏲ April–Sept.) 6 km südlich von Kilkee erstreckt sich nahe der R487 diese idyllische kleine Anlage mit 40 Stellplätzen am Shannon-Ufer. Ein Wohnwagen ist ab 300 € pro Woche zu haben.

Lynch's B&B B&B €
(☎ 065-905 6420; www.lynchskilkee.com; O'Connell St; EZ/DZ ab 35/60 €; 📶) Das wunderbare, zentral gelegene B&B hat Zimmer mit Hartholzböden und altmodisch gemusterten Bettdecken. Hier geht's sehr ruhig zu und es gibt ein reichhaltiges Frühstück.

★ **Water's Edge** B&B €€
(☎ 065-906 0899; http://watersedge.westclare.net; West End; EZ/DZ ab 50/80 €; 📶) Dieses fantastische B&B in einem Haus des 19. Jhs. mit Blick auf's Meer am West End im Westen von Kilkee hat ausgezeichnete Zimmer, alle mit fabelhafter Aussicht. Charmant, heimelig und elegant.

Strand Guest House GASTHAUS €€
(☎ 065-905 6177; www.thestrandkilkee.com; The Strand; EZ/DZ ab 54/74 €; ⏲ Feb.–Nov.; 📶) Seit Che Guevara hier 1961 eine Nacht verbrachte, hat sich das Gasthaus mit sechs Zimmern direkt an der Küste ein bisschen verändert. Die Zimmer sind einfach ausgestattet, manche haben eine hübsche Aussicht, ebenso wie die einladende Bistro-Bar.

Stella Maris Hotel HOTEL €€
(☎ 065-9056455; www.stellamarishotel.com; O'Connell St; EZ/DZ ab 70/120 €; @) Einfach in diesem schönen alten Haus im Herzen von Kilkee dem Schottenkaro-Teppich in eines der 20 renovierten Zimmer folgen, in jedem davon liegen flippige Kissen. Zimmer 20 mit Dachgaubenfenstern hat den besten Meerblick, aus den anderen Zimmern sieht man nur wenig.

Essen & Ausgehen

Der kleine **Farmers Market** (⏲ So 10–14 Uhr) findet auf dem großen Parkplatz unweit der Bushaltestelle statt.

Diamond Rocks Café CAFÉ €
(West End; Hauptgerichte 5–12 €; ⏲ Juni–Mitte Sept. 9–19 Uhr) Dieses moderne Café mit der riesigen Terrasse ist noch ein Grund, um sich zum Westende der Bucht aufzumachen. Gewöhnlich lässt das Essen in Lokalen mit vergleichbar umwerfender Lage zu wünschen übrig, hier allerdings werden frische Salate, *chowders* (sämige Fischsuppen), Sandwiches, Frühstück und eine Vielzahl an Tagesgerichten weit über dem Durchschnitt serviert.

★ **Naughton's Bar** FISCH & MEERESFRÜCHTE €€
(☎ 065-905 6597; www.naughtonsbar.com; 45/47 O'Curry St; Hauptgerichte 13–24 €; ⏲ 16–21.30 Uhr) Allein die herrliche Terrasse ist ein Grund, das Naughton's zu besuchen, aber es punktet auch mit köstlichen Gerichten. Frische regionale Produkte und Fisch sind die Hauptzutaten in diesem stimmungsvollen familiengeführten Pub aus den 1870er-Jahren. Reservieren!

Strand Bistro & Café BISTRO €€
(☎ 065-905 6177; The Strand; Hauptgerichte ab 11,95 €; ⏲ Mai–Sept 12–21 Uhr, April & Okt. kürzere Öffnungszeiten) Lust auf eine salzige Meeresbrise zum Bier? An Tischen unter freiem Himmel werden die Gäste mit erstklassigen Fisch- und Meeresfrüchtekreationen wie z.B. Pasta mit Riesengarnelen und Kabeljau aus dem Ofen verwöhnt. Abends sollte man reservieren. Die Weinkarte ist ordentlich.

Murphy Blacks IRISCH €€
(☎ 065-905 6854; www.murphyblacks.ie; The Square; Hauptgerichte 15–22 €; ⏲ April–Sept. Mo–Sa 12.30–16 & 18–21 Uhr, Mitte Juli–Mitte Aug. tgl.) Das verdientermaßen beliebte Murphy Blacks bereitet seine Fisch- und Fleischgerichte mit größter Sorgfalt zu und ist jeden Abend ausgebucht. In lauen Sommernächten sind die Tische des schicken Restaurants draußen ein Traum.

Praktische Informationen

Gute Websites mit Lokalinfos sind www.loophead.ie und www.kilkee.ie.

An- & Weiterreise

Bus Éireann verkehrt drei- bis viermal täglich von Limerick (22 €, 2 Std.) und Ennis (16,50 €, 1¼ Std.) via Kilrush nach Kilkee.

Von Kilkee nach Loop Head

Südlich von Kilkee erstreckt sich die wunderschöne Landschaft bis hinunter zum Loop Head, wo sie abrupt in **schwindelerregenden Klippen** (S. 361) zum Atlantik abfällt – weit aufregender als die Cliffs of Moher. Die windgepeitschte Umgebung ist von einem Netz alter Steinmauern überzogen und der Blick schweift meilenweit in die Ferne. Dieser Landstrich eignet sich wunderbar zum Radfahren oder für Klippenwanderungen – umso mehr, weil es keine öffentlichen Verkehrsmittel gibt.

Carrigaholt

150 EW.

Am 15. September 1588 suchten sieben angeschlagene Schiffe der Spanischen Armada Zuflucht in der Shannon-Mündung bei Carrigaholt (Carraig an Chabaltaigh). Eines, wahrscheinlich die *Anunciada*, wurde in Brand gesetzt und aufgegeben; es sank schließlich vor der Flussmündung. Durch das zeitlose Dorf führt eine schlichte, reizende Hauptstraße und über dem Wasser ragen die Ruinen der McMahon **Burg** aus dem 15. Jh. auf.

Aktivitäten

★ **Dolphinwatch** BOOTSTOUR
(☎ 065-905 8156; www.dolphinwatch.ie; Erw./Kind 30/15 €; ⏲ April–Okt.) Dolphinwatch bietet zweistündige Bootstouren in der Shannon-Mündung an, in der mehr als 100 große Tümmler leben. Außerdem kann man bei Sonnenuntergang nette Loop-Head-Fahrten unternehmen und erfährt bei anderen Touren mehr über die Erdgeschichte. Mehr Infos über die Meeressäuger in ihrer natürlichen Umgebung gibt's in den Delfinzentren (S. 358) in und um Kilrush.

Essen & Ausgehen

In der verschlafenen Hauptstraße liegen ein paar alte, herrlich stimmungsvolle Pubs. Die **Post** (⏲ Mo–Fr 9–17.30, Sa 10–13 Uhr) in der Nähe der Docks ist deutlich geschäftiger, immerhin ist sie auch ein Café und ein Buchtausch-Salon, außerdem werden Enteneier und Kohl verkauft.

★ **Long Dock** FISCH & MEERESFRÜCHTE €€
(www.thelongdock.com; West St; Hauptgerichte 6–25 €; ⏲ Küche So–Do 11–23.30, Fr & Sa 11–0.30 Uhr) Das sagenhafte Pub mit Steinwänden und -böden sowie einem anheimelnden Kaminfeuer hat eine hervorragende Küche, die Fisch und Meeresfrüchte fangfrisch zu fantastischen Gerichten verarbeitet. Auch Fish 'n' Chips sind hier großartig. Man kann die Fischer bei der Arbeit auf dem Fluss beobachten; manchmal kehren sie auch auf ein Glas Bier ein. Im Sommer sucht man sich am besten draußen einen Platz.

Kilbaha

50 EW.

Die Landschaft rund um diesen winzigen Uferort ist so karg und öde wie die Seele des Grundbesitzers aus dem 19. Jh., der Kilbahas Dorfkirche niederbrennen ließ, damit seine Arbeiter keine Zeit mehr mit unproduktivem Beten verschwendeten. Beim Blick zu den Ruinen des Hauses weit oben am Hang sagen Einheimische auch heute noch: „Yeah, wir sind ihn losgeworden" – als sei dies nicht vor 150 Jahren, sondern erst gestern passiert.

Mehr über diese Geschichte und andere Details aus dem Dorfalltag erzählt die moderne **Bildrolle,** eine Skulptur unter freiem Himmel. Die Straße nach Osten, Richtung Doonaha, folgt alten Lavaströmen an der Küste.

Schlafen & Essen

Lighthouse Inn GASTHAUS €
(☎ 065-905 8358; EZ/DZ ab 25/50 €; 📶) Direkt am Wasser liegt das fröhliche Lighthouse Inn mit elf einfachen Zimmern, alle mit Meerblick. In dem geselligen Pub bekommt man Sandwiches, Tee und Scones (3,50 €) und im Sommer auch leckere Fischgerichte (Hauptgerichte 10 € bis 19 €) An manchen Abenden wird zudem traditionelle Livemusik geboten.

Loop Head

Wer sich entlang der R487 nähert, kann dabei zusehen, wie das Meer auf beiden Seiten auftaucht und das Land immer schmaler

NICHT VERSÄUMEN

DIE ANDEREN KLIPPEN VON CLARE

Der Weg nach Loop Head und wieder zurück führt auf den Küstenstraßen vorbei an sensationellen Klippen und einem atemberaubenden Meerespanorama. Von Carrigaholt unterwegs zum Loop Head bleibt man etwa 2 km auf der Church Street Richtung Süden bis zu einer Kreuzung, dort geht's rechts ab und auf die L2002. Diese Panoramaroute nennt sich Coast Road und schmiegt sich eng an die Küste, wodurch man eine großartige Aussicht auf das Meer hat. Die Straße führt durch das Dorf Rhinevilla und stößt bei Kilbaha schließlich wieder auf die R487. Wer dagegen von Loop Head aus Richtung Westen fährt, nimmt die R487 nach Cavan, biegt links auf die Coast Road (L2000) ab und folgt der Beschilderung nach Kilkee. Dort stößt man wieder auf die R487, kann aber auf kleinen Straßen hinter Ougtherard oder Cross wieder Richtung Norden fahren, wo man einen tollen Blick auf steil aufragende Küstenklippen genießt.

zuläuft. An klaren Tagen genießt man vom Loop Head (Ceann Léime), Clares südlichstem Punkt, einen atemberaubenden Blick zur Dingle Peninsula mit dem Mt. Brandon (951 m). Im Norden sieht man die Aran Islands und die Galway Bay. Die Gegend ist ideal für ausgedehnte Spaziergänge. Ein langer Wanderweg führt über die Klippen bis nach Kilkee.

An der Nordseite der Felsen, in der Nähe der Kuppe, befindet sich eine dramatische Spalte in den Klippen, aus der Vogelgeschrei hervordringt. Hierbei handelt es sich um einen beliebten Nistplatz. In den Felsnischen tummeln sich u.a. Trottellummen, Alpendohlen und Tordalke.

Die oft menschenleere Wildnis der Landspitze ist sehr reizvoll, allerdings sollte man am Rand der Klippen wirklich vorsichtig sein.

Sehenswertes & Aktivitäten

Loop Head Lighthouse HISTORISCHES GEBÄUDE
(Kilbaha; Eintritt 5 €; ⏲ Mai–Sept. 10–17 Uhr) Dieser Leuchtturm mit Fresnel-Linse, ist noch immer im Einsatz und erhebt sich über Loop Head.

Bog Road Bike Tours FAHRRADTOUR
(☎ 086 278 0161; www.bogroadbiketours.com; Touren 20–35 €) Wer will, kann bei diesen hervorragenden Touren mit dem Fahrrad Wegen am Loop Head folgen, die für Pkw gesperrt sind. Räder und Ausrüstung können gegen eine kleine Extragebühr geliehen werden.

Long Way Round WANDERTOUREN
(☎ 086 409 9624; www.thelongwayround.ie; Touren 20 €) Long Way Round hat historische und Naturtouren mit der bekannten Führerin Laura Foley im Programm.

Von Kilkee nach Ennistymon

Nördlich von Kilkee wird das Land zunehmend flacher und bietet einen weiten Ausblick über Weideflächen und Dünen. Die N67 führt 32 km landeinwärts bis nach Quilty. Es lohnt, gelegentlich in eine der Nebenstraßen nach Westen einzubiegen, um einsame Gegenden wie den **White Strand** nördlich von Doonbeg zu erkunden. Die **Ballard Bay** mit einem alten Fernmeldeturm, von dem man auf schöne Steilklippen blickt, erstreckt sich 8 km westlich von Doonbeg, während auf den Felsen des **Donegal Point** die Ruinen einer Festung thronen. Überall an der Küste kann man Angelausflüge unternehmen, sichere Strände sind in Seafield, Lough Donnell und Quilty zu finden. Hinter Quilty liegt draußen vor der Küste **Mutton Island**, eine kahle Insel, die einmal ein Gefängnis war, mit einem uralten Turm und fantastischer Aussicht.

Doonbeg

300 EW.

Doonbeg (An Dún Beag) ist ein winziges Seebad auf halbem Weg zwischen Kilkee und Quilty. Ein weiteres Schiff der Spanischen Armada, die *San Esteban*, havarierte hier am 20. September 1588. Die Überlebenden wurden am Spanish Point hingerichtet. Wer den Massen in Lahinch entkommen will, findet in Doonbeg ebenfalls ordentliche Wellen zum **Surfen**.

Sehenswertes

Doonbeg Castle BURG
Der winzige Burgturm aus dem 16. Jh. neben der anmutigen Steinbrücke ist alles, was von Doonbeg Castle noch übrig ist – die gesamte

Garnison wurde nach der Eroberung paarweise gehängt, immer mit dem Gesicht zueinander.

White Strand STRAND
White Strand (Trá Ban) ist ein ruhiger, 500 m langer Strand. Er wird umgeben von Dünen, ist an einigen Stellen mit Seetang überzogen und liefert einige der flachsten Wurfsteine, die man je finden wird. Hinter einer Abbiegung nördlich der Stadt.

Doughmore Bay STRAND
Etwas weiter nördlich als White Strand erstreckt sich dieser 2 km lange Sandstrand, der vor allem bei Reitern und einheimischen Hundehaltern beliebt ist.

Schlafen & Essen

Campingfans können an vielen schönen Seitenstraßen rund um Doonbeg haltmachen und sich über herrliche Sonnenuntergänge freuen. B&Bs, teilweise mit Strandblick, sind ebenfalls zahlreich vertreten.

★ **Morrissey's** GASTHAUS €€
(☎ 065-905 5304; www.morrisseysdoonbeg.com; Main St; EZ/DZ ab 55/90 €; ⏲ März–Okt.; @ 📶) Gegenüber der Ruine des Doonbeg Castle steht diese stilvolle Oase an der Küste, das alte Pub hat sechs Zimmer mit Kingsizebetten sowie großen Badewannen. Das hauseigene Restaurant (Hauptgerichte 14–24 €) ist für einfache, verführerische Fisch- & Meeresfrüchtegerichte bekannt, angefangen bei Fish 'n' Chips bis hin zu saftigen vor Ort gefangenen Krebsen. Auf der Terrasse genießt man zudem einen tollen Blick auf den Fluss.

Miltown Malbay

800 EW.

Genau wie Kilkee war Miltown Malbay ein beliebtes Feriendomizil für gut betuchte Viktorianer – und das, obwohl der Strand erst 2 km weiter südlich am Spanish Point beginnt.

Das freundliche Örtchen hat eine blühende Musikszene und veranstaltet jedes Jahr die Willie Clancy Summer School, eine von Irlands größten traditionellen Musikveranstaltungen.

Sehenswertes

Spanish Point STRAND
Dieser Strand ist bei Sonnenuntergang wunderschön. Außerdem kann man hier nördlich vom Point hervorragend zwischen niedrigen Klippen wandern, durch Felsplatten hindurchspazieren und bei Ebbe durch Wasserlachen zwischen den Steinen laufen, vorbei an Höhlen und einsamen Stränden. Einige Abschnitte können allerdings gefährlich sein.

Schlafen & Essen

An Gleann B&B B&B €
(☎ 065-708 4281; www.angleann.net; Ennis Rd; EZ/DZ ab 30/60 €; 📶) Miltown Malbays freundlichste Pension liegt in der Nähe der R474, ca. 1 km südöstlich vom Zentrum entfernt. Sie wird von dem Ehepaar Mary und Harry Hughes mit viel Herz geführt – der Hauptgrund für einen Besuch hier – und verfügt über vier einfache, aber gemütliche Zimmer, die teilweise einen Ausblick ins Land bieten. Auch Fahrradfahrer werden sich hier wohlfühlen.

Old Bake House IRISCH €
(www.theoldbakehouse.ie; Main St; Hauptgerichte 5–15 €; ⏲ 12–21, Fr & Sa bis 22 Uhr) Diese Gegend ist für ihre großartige Fischsuppe bekannt, und das schlicht eingerichtete Old Bake House kredenzt eine der besten. Neben fantastischem Fisch in allen Variationen werden klassische irische und internationale Gerichte in einem schicken und doch gemütlichen Restaurant serviert. Die Speiseauswahl steht auf Kreidetafeln, abends gibt's Tapas und freitags ab 19 Uhr wird Livemusik geboten.

CLARES BESTES MUSIKFESTIVAL

An der jährlichen **Willie Clancy Summer School** (☎ 065-708 4148; www.scoilsamhraidhwillieclancy.com; ⏲ Juli) nimmt gefühlt die Hälfte aller Einwohner von Miltown Malbay teil. Das Festival findet zu Ehren eines Sohnes der Stadt und eines der größten Dudelsackspieler Irlands statt. Normalerweise beginnt die neuntägige Veranstaltung in der ersten oder zweiten Juliwoche. Zu diesem Anlass werden Tag und Nacht spontane Konzerte geboten, alle Pubs sind voller Menschen und Guinness fließt in Strömen.

Darüber hinaus gibt's Workshops und Kurse. An manchen Abenden treten sogar bis zu 40 bekannte Fiedler auf.

SURFSPOTS

Clares Surferszene wächst und wird immer besser. An Wochenenden tummeln sich Hunderte Wellenreiter in der Brandung vor Lahinch. Dann trocknen hier dicke Neoprenanzüge an Gittern und viele Zuschauer beobachten das Treiben von den Stränden und Pubs des Dorfes.

Die Bedingungen sind einen Großteil des Jahres hervorragend, außerdem sorgen die trichterförmigen Felsen für eine tolle Kulisse. Wenn es einem hier zu voll wird, steuert man einfach andere Surfspots an, z. B. Doonbeg und Fanore.

Es gibt viele Surfshops, in denen man Ausrüstung leihen (Brett & Neoprenanzug ca. 15 € pro Tag) und Kurse belegen (ab ca. 40 € pro 2 Std.) kann.

Ben's Surf Clinic (☎ 086 844 8622; www.benssurfclinic.com; Strandpromenade, Lahinch; ⊙ 9–18 Uhr, im Sommer bis 21 Uhr) Kurse, Bretter und Neoprenanzüge.

Clare Surf Safari (☎ 087 634 5469; www.claresurfsafari.com) Der Unterricht findet an verschiedenen Stränden in Clare statt und der Transport ist im Preis inbegriffen.

Lahinch Surf School (☎ 087 960 9667; www.lahinchsurfschool.com; Strandpromenade, Lahinch) Profisurfer John McCarthy gibt Trainingsstunden und wartet mit mehrtägigen Pauschalangeboten auf.

Green Room (☎ 065-708 2771; www.greenroomlahinch.com; Parade; ⊙ 9–17.30 Uhr) Shop, Surfschule und Boardverleih.

Ausgehen & Nachtleben

O'Friel's Bar PUB

(Lynch's; The Square) In diesem alten, charmanten Klassiker gibt's im Sommer viermal pro Woche traditionelle Musik.

Hillery's PUB

(Main St) Gediegenes Pub in der Main Street.

Praktische Informationen

Informationen über die Umgebung bekommt man im netten An Ghiolla Finn Gift Shop (Main St; ⊙ Mo–Sa 10.30–18 Uhr).

An- & Weiterreise

Bus Éireann verkehrt in dieser Gegend sehr eingeschränkt. Ein oder zwei Busse fahren montags bis samstags an der Küste entlang nach Norden und Süden sowie ins Landesinnere nach Ennis.

Lahinch

650 EW.

In der geschützten Liscannor Bay mit ihrem schönen Strand war Lahinch (Leacht Uí Chonchubhair) schon immer von strandhungrigen Sommertouristen abhängig. Wenn man von der Landzunge auf der N67 von Milton Malbay kommt, ist die Bucht bei Lahinch ziemlich atemberaubend. Der nach Meersalz und Seetang riechende alte Urlaubsort ist heute eines der Zentren der irischen Surferszene. An der Küste reihen sich die Surfschulen und -läden aneinander wie Surfer, die auf die perfekte Welle warten.

Aktivitäten

Clare Kayak Hire KAJAK

(☎ 085 148 5856; www.clarekayakhire.com; Miete ab 15 € pro Std., Touren ab 35 €; ⊙ Vermietung Juli & Aug.) Clare Kayak Hire organisiert Kajaktouren auf den Flüssen und Seen in der näheren Umgebung und verleiht Ausrüstung am White Strand Beach nahe dem Spanish Point.

Dive Academy Scuba School TAUCHEN

(☎ 085 725 7260; www.diveacademy.info; The Promenade; Tauchgänge ab 20 €; ⊙ Di–So 9–18 Uhr) In einem 170 000 l Tank kann man tauchen lernen, außerdem werden Kurse im offenen Meer oder an der Küste angeboten.

Lahinch Golf Club GOLF

(☎ 065-708 1003; www.lahinchgolf.com; Green Fees ab 120 €) Dieser Golfclub in Lahinch wurde bereits 1892 von schottischen Soldaten mitten in den Dünen angelegt.

Schlafen & Essen

In der Touristeninformation erfährt man mehr über die Unterkünfte in der Gegend. Wer die Surfer beobachten möchte, kann dies z. B. in den Cafés und Pubs an der Uferpromenade tun.

West Coast Lodge GASTHAUS €

(☎ 065-708 2000; www.lahinchaccommodation.com; Station Rd; B/Zi ab 18/50 €; @ 📶) Eine zuverlässige Wahl im Herzen von Lahinch mit Powerduschen, feinen Baumwollbettlaken und Daunendecken in Zimmern und Schlafsälen mit sieben bis zwölf Betten. Man kann die Brandung von der Dachterrasse aus beobachten und Fahrräder ausleihen.

Atlantic Hotel HOTEL €€
(☎065-708 1049; www.atlantichotel.ie; Main St; EZ/DZ ab 50/85 €; @) Altmodischer und schöner Klassiker in der Stadtmitte mit charmanter Atmosphäre, angefangen mit dem Empfang und den gemütlichen Bars bis zu den 14 ordentlichen Zimmern mit hübschen Tapeten und Flat-Screen-Fernsehern.

O'Looneys IRISCH €€
(www.olooneys.ie; The Promenade; Hauptgerichte 13–20 €; ⏲Küche April–Okt tgl. 12.30–21 Uhr, Nov.–März Sa & So) Am besten hat man die Surfer und die rauschende Brandung auf der Terrasse dieser zweigeschossigen Mischung aus Pub, Café und Club im Blick. Der Standard liegt eine Spur über dem Durchschnitt und an Sommerwochenenden wird bis tief in die Nacht gefeiert.

Barrtrá Seafood Restaurant FISCH & MEERESFRÜCHTE €€
(☎065-708 1280; www.barrtra.com; Miltown Malbay Rd; Hauptgerichte 15–28 €; ⏲März–Mai Do–Sa 12–14 Uhr & 18–22 Uhr, Juni–Okt. Do–Mo) In diesem wunderbaren Lokal 3,5 km südlich von Lahinch genießt man von dem bezaubernden Cottage mit dem hauseigenen Kräutergarten einen tollen Blick über die Felder bis zum Meer. Das üppige Menü für 35 € ist ein echtes Schnäppchen.

Shoppen

Lahinch Surf Shop SURFEN
(☎065-708 1543; www.lahinchsurfshop.com; Old Promenade, Lahinch; ⏲Mo–Sa 10–18 Uhr) Verkauft Surfausrüstung in spektakulärer Strandlage.

Lahinch Bookshop BÜCHER
(Main St; ⏲Di–Sa 10–18 Uhr, So 10.30–17.30 Uhr) Die beste Adresse für Wanderkarten außerhalb von Ennis.

Praktische Informationen

Der *einzige* verlässliche Geldautomat in der Gegend befindet sich in der Main Street im Ortszentrum.

An- & Weiterreise

Bus Éireann verkehrt täglich zwei- bis viermal von Doolin nach Ennis sowie nach Limerick mit Halt in Lahinch. Im Sommer gibt's montags bis samstags ein bis zwei Verbindungen südlich entlang der Küste nach Doonbeg.

Ennistymon

1000 EW.

Ennistymon (Inis Díomáin) ist eines der charmantesten Dörfer in Clare, bemerkenswert vor allem wegen der charakteristischen Häuser entlang der Main Street, einigen gediegenen Pubs und natürlich der Hauptattraktion, den tosenden Cascades. So heißen die mehrstufigen Wasserfälle des Inagh, die einen bei wohligen Spaziergängen stromabwärts begleiten.

Sehenswertes

Cascades WASSERFALL
(hinter Byrne's) Die schmalen Kaskaden schwellen nach heftigen Regenfällen an und stürzen braun schäumend ins Tal. An windigen Tagen wird man eventuell vom Sprühnebel durchnässt. In der Nähe von Byrne's Hotel gelangt man durch einen Bogen zu den Cascades. Im Anschluss verläuft ein schöner Weg den Fluss entlang hinter das Falls Hotel.

Courthouse Studios & Galerie KUNSTZENTRUM
(Parliament St; ⏲Di–Sa 12–16 Uhr) GRATIS Ennistymon hat eine lebendige Kunstszene. Die Ateliers sind in einem renovierten Gebäude von 1800 untergebracht, in dem wechselnde Ausstellungen lokaler und internationaler Künstler auf zwei Stockwerken gezeigt werden.

Schlafen

Station House B&B €
(☎065-707 1149; Station Rd; EZ/DZ/3BZ 45/70/90 €) Dieses B&B in einem ehemaligen Bahnhof südlich der Stadt hat jede Menge Parkplätze, ist gemütlich und sauber und die Zimmer bieten viel Platz. Die Teppiche sind etwas zu bunt, dafür sind die Fenster dreifach verglast.

★ **Byrne's** GASTHAUS €
(☎065-707 1080; www.byrnes-ennistymon.ie; Main St; EZ/DZ ab 55/70 €; 📶) Gleich hinter der historischen Pension mit hervorragendem Restaurant befinden sich die Cascades, auf der Terrasse kann man ihren Anblick genießen. Über eine Treppe gelangt man zu sechs großen komfortablen Zimmern; Frühstück ist im Preis inbegriffen.

Falls Hotel HOTEL €€
(☎065-707 1004; www.fallshotel.ie; abseits der N67; EZ/DZ ab 75/120 €; 📶🏊) Dieses hübsche georgianische Hotel wurde auf den Überresten einer O'Brien-Burg errichtet. Früher einmal war es das Ennistymon House, das Haus der Fami-

lie von Caitlín MacNamara, die mit Dylan Thomas verheiratet war. Heute hat das Hotel 140 moderne Zimmer und einen großen umzäunten Pool, von der Eingangstreppe genießt man einen atemberaubenden Blick auf den Wasserfall, außerdem lädt ein 20 ha großer bewaldeter Park zu Spaziergängen ein.

Essen

Einheimische Bauern bieten ihre Waren jede Woche auf dem **Farmers Market** (Market Sq; ⌚ Sa 10–14 Uhr) feil.

★ **Guru Teahouse** CAFÉ €
(www.guruteahouse.com; The Square; Hauptgerichte ab 5 €; ⌚ Mo–Sa 9.30–18 Uhr) Das fantastische Teehaus lädt zum Verweilen ein – vor allem, wenn man sich oben am Fenster mit einer Tasse Tee (über 100 verschiedene Sorten), einem Kaffee oder einer Schüssel Suppe auf einem Sofa niederlässt und der ruhigen Musik lauscht. Es gibt eine kleine Kinderspielecke, außerdem wird Kunsthandwerk wie Porzellan, Karten und Fotos verkauft. Gelegentlich gibt's Livemusik.

An der Ecke gegenüber der Parliament Street.

Byrne's EUROPÄISCH €€
(☎ 065-707 1080; www.byrnes-ennistymon.ie; Hauptgerichte 12–22 €, 2/3-Gänge-Menü 24/26 €; ⌚ Juni–Aug. 12–21 Uhr, sonst kürzere Öffnungszeiten) Hier sitzt man auf der Terrasse oder begibt sich zum Genuss der Fisch- und Meeresfrüchtegerichte in den Innenraum, wo gepunktete Tischdecken, Holzfußböden und ein warmes Feuer im Kamin warten. Gute Auswahl an Weinen und Craft-Beer.

Ausgehen & Nachtleben

★ **Eugene's** PUB
(Main St; ⌚ Mo–Do 10.30–23.30, Fr & Sa 10.30–0.30, So 12.30–23 Uhr) Eugene's ist ein echter Klassiker, mit einer Fassade, wie man sie nicht so oft zu sehen bekommt. Im behaglichen Inneren hängen zahlreiche Visitenkarten an den Wänden, es gibt eine hervorragende Whiskey-Auswahl und mehrere schöne Buntglasfenster.

Cooley's House PUB
(☎ 065-707 1712; Main St; ⌚ Mo–Sa 10.30–23, So 12–23.30 Uhr) Noch eine großartige Kneipe, mit einem Anstrich in grellem Orange. Im Sommer wird hier an den meisten Abenden Musik gespielt und im Winter finden mittwochs Trad Sessions statt. Zwei Häuser weiter vom Eugene's.

AUF DER SUCHE NACH DEM GELDAUTOMATEN

Im Westen von Clare kann einem leicht das Bargeld ausgehen, da viele der kleinen Orte wie Liscannor, Doolin, Lisdoonvarna und Kilfenora eine bankautomatenfreie Zone sind. Ennistymon wartet mit zwei Automaten auf: Der eine befindet sich im **Supervalu** (Church St; ⌚ Mo–Sa 8–21 Uhr, So 9–20 Uhr), der andere an der Bank of Ireland (Parliament St). Einen weiteren findet man in Lahinch. Der Geldautomat im Besucherzentrum an den Cliffs of Moher ist schwer zu erreichen (und manchmal auch leer).

Shoppen

Secret Vault KUNST
(www.peregringo.eu; abseits der Main St; ⌚ 10.30–18.30 Uhr) Im Durchgang vom Byrne's zu den Cascades präsentiert diese Galerie für Kunst und Kunsthandwerk eine faszinierende Sammlung von Bildern mit keltischen Motiven und Lithografien, die von den Besitzern selbst stammen.

An- & Weiterreise

Bus Éireann verkehrt täglich zwei- bis viermal zwischen Doolin und Ennis/Limerick mit einem Zwischenstopp in Ennistymon. Im Sommer fahren montags bis samstags ein bis zwei Busse über Lahinch die Küste hinunter nach Doonbeg. Sie halten vor dem Aherne's in der Church Street.

Liscannor & Umgebung

250 EW.

Das kleine Küstendorf mit Blick auf die Liscannor Bay liegt an der R478, die Richtung Norden zu den Cliffs of Moher und nach Doolin verläuft. Liscannor (Lios Ceannúir) ist Namensgeber für einen in der Gegend vorkommenden dunklen Sandstein, der sich durch seine grobkörnige geriffelte Oberfläche auszeichnet und für Fußböden, Wände sowie Dächer verwendet wird.

Schlafen & Essen

Moher Lodge Farmhouse B&B €€
(☎ 065-708 1269; www.cliffsofmoher-ireland.com; abseits der R478; EZ/DZ 50/80 €; ⌚ April–Okt.; 📶) In dem großen Bungalow mit vier Zimmern, die aufs Meer und das Weideland rundherum blicken, kann man sich nach einem lan-

gen Wandertag wunderbar entspannen. Die rundum schöne Pension mit ihrem charmanten Besitzer liegt 3 km nordwestlich von Liscannor und 1 km von den Cliffs of Moher.

★ Vaughan's Anchor Inn

FISCH & MEERESFRÜCHTE €€

(☎ 065-708 1548; www.vaughans.ie; Main St; Hauptgerichte 13–26 €; ⏲ Küche 12.30–21 Uhr) Mit exzellentem Fisch und Meeresfrüchten wie Heilbutt und Jakobsmuscheln zieht dieses maritim dekorierte Pub jede Menge Leute an. Wenn es regnet, macht man es sich drinnen am Torffeuer gemütlich, und wenn die Sonne scheint (oft nur 15 Min. später), kann man draußen die frische Brise genießen. Darüber hinaus stehen für Übernachtungsgäste kompakte, aber gemütliche Zimmer (EZ/DZ ab 50/80 €) zur Verfügung.

Ausgehen & Nachtleben

Joseph McHugh's Bar PUB

(Main St) Jede Menge Tische im Innenhof und regelmäßige traditionelle Musikabende machen die alte Kneipe gleich neben dem Vaughan's zu einem Publikumsmagneten.

Hag's Head

Am südlichen Ende der Cliffs of Moher ragt der Hag's Head ins Meer und bietet eine spektakuläre Aussicht auf die Steilklippen des Wild Atlantic Way. An seiner Spitze hat die Brandung einen riesigen Felsenbogen in den Stein gewaschen, ein weiterer ist im Norden zu sehen. Der alte **Wachtturm** auf der Klippe wurde für den Fall errichtet, dass Napoleon die Westküste Irlands angreifen würde. Ein bildschöner **Wanderweg** führt von der Landspitze über die Klippen nach Liscannor.

Cliffs of Moher

Bei guter Sicht sind die Cliffs of Moher (Aillte an Mothair, or Ailltreacha Mothair) unglaublich beeindruckend und wahnsinnig schön. Bis zu 203 m ragen die Felsen auf und stürzen senkrecht zum tosenden Meer ab. Entlang der Küste erstrecken sich Klippen aus dunklem Kalkstein in gleichförmiger Formation – ein Bild, das immer wieder erstaunt, egal wie oft man es schon gesehen hat. An klaren Tagen erheben sich die scharfen Umrisse der Aran Islands aus der Galway Bay und dahinter erblickt man die Hügel von Connemara.

Der Ruhm garantiert einen steten Strom an Besuchern, der fast so eindrucksvoll ist wie das tosende Meer. Doch der Wind verschluckt jeglichen Lärm und man kann den Massen gut entkommen, selbst wenn im Sommer ganze Busladungen hergefahren werden. Ein großes Besucherzentrum schmiegt sich im Teletubby-Stil an einen Hügel. Leider wurden die Hauptwege und Aussichtsplattformen entlang der Klippen mit einer 1,50 m hohen Mauer begrenzt, die zu hoch und zu weit von der Steilkante entfernt ist.

Es lohnt sich wirklich, zehn Minuten zu laufen, da man die Menschenmengen schnell hinter sich gelassen hat. Vom südlichen Ende der „Moher Wall" führt ein **Wanderweg** über die Klippen zum Hag's Head (ca. 5,5 km). Nur wenige Besucher legen die gesamte Strecke zurück, dabei ist der unverstellte Ausblick phänomenal. Wer mag, spaziert bis nach Liscannor (insgesamt 12 km Gehweg, ca. 3½ Std.). Weiter nördlich verläuft der **Doolin Trail** am O'Brien's Tower vorbei in das Dorf Doolin (ca. 7 km, 2½ Std.). Die komplette Klippenwanderung von Liscannor nach Doolin ist ausgeschildert. Unterwegs geht's häufig auf und ab und über schmale Abschnitte entlang der Abbruchkante.

Mit einem Fernglas kann man unterwegs ein paar der mehr als 30 verschiedenen **Vogelarten** beobachten, darunter goldige kleine Papageitaucher, die in den Spalten der zerklüfteten Steilwände nisten.

Wer die Klippen und ihre Fauna außerdem noch aus einer anderen, unglaublich beeindruckenden Perspektive betrachten möchte, sollte eine **Bootsfahrt** buchen. Die Veranstalter in Doolin bieten beliebte Touren an. Auf den Klippen hat man sogar (kostenlosen) WLAN-Empfang.

Sehenswertes

Besucherzentrum MUSEUM

(www.cliffsofmoher.ie; Eintritt Erw./Kind 6 €/frei; ⏲ Juli & Aug. 9–21.30 Uhr, Mai, Juni & Sept. 9–19 Uhr, März, April & Okt. 9–18 Uhr, Nov.–Feb. 9.15–17 Uhr) In diesem modernen Zentrum gibt's diverse Läden und ein paar Cafés, sowie Ausstellungen über Flora, Fauna, Erdgeschichte und Klima der Klippen. Es gibt auch eine audiovisuelle Virtual-Reality Show, *The Ledge*, die den ganzen Tag in einem Hörsaal läuft, und kostenlose Broschüren über die Klippen. Das trostlose Puffin's Nest Café im Erdgeschoss scheint nur dazu da zu sein, Gäste nach oben in das teurere Cliffs View Café zu treiben.

An- & Weiterreise

Bus Éireann verkehrt täglich zwei- bis zu viermal von Doolin nach Ennis/Limerick und steuert unterwegs die Klippen an. Die lange Wartezeit auf den nächsten Bus verdirbt einem allerdings eventuell den Spaß an der schönen Aussicht. Aus diesem Grund verbindet man den Ausflug am besten mit einem kleinen Spaziergang. Zahlreiche private Reisebüros bieten Ausflüge zu den Klippen und in die Region an.

DER BURREN

Diese Region ist steinig und windgepeitscht – und zeugt vom harten Existenzkampf jener Menschen, die hier draußen leben wollten. Der Burren erstreckt sich im Norden Clares von der Atlantikküste bis Kinvara in der Grafschaft Galway. Geformt wurde die einzigartige Landschaft von voreiszeitlichen Meeren; sie fiel durch tektonische Bewegungen trocken.

Dies ist nicht das grüne Irland von den Postkarten, aber im Frühjahr verleihen Wildblumen dem 560 km² großen Burren leuchtende, kurzlebige Farbtupfer in seiner sonst sehr strengen Schönheit. Zudem befinden sich in der Gegend einige faszinierende Dörfer, darunter Doolin an der Westküste, Kilfenora im Landesinneren und Ballyvaughan im Norden an der Galway Bay.

Geschichte

Trotz seiner Kargheit ernährte der Burren früher viele Bewohner – 2500 historische Fundstätten sind ein Beleg dafür. Als wichtigste gilt der 5000 Jahre alte Poulnabrone-Dolmen, ein gewaltiges Megalithgrab aus der Jungsteinzeit und eines der meistfotografierten vorgeschichtlichen Monumente Irlands.

Etwa 70 der Grabstätten sind belegt. Bei vielen handelt es sich um sogenannte Keilgräber. Sie laufen in Höhe und Breite keilförmig zu und haben ungefähr die Größe eines Doppelbetts. Die Toten wurden hineingelegt und mit Erde bzw. Steinen bedeckt. Ein gutes Beispiel dafür ist Gleninsheen südlich der Höhlen von Aillwee.

In der Region gibt's fast 500 Ringfestungen, darunter eisenzeitliche Forts wie Cahercommaun bei Carron.

Flora & Fauna

Humusreicher Boden ist in der Gegend ein knappes Gut. Doch wo er sich in den Spalten sammeln kann, bildet er einen gut bewässerten und äußerst nährstoffreichen Lebensraum. In dem milden Atlantikklima gedeiht eine faszinierende Flora aus mediterranen, arktischen und alpinen Pflanzen. 75 % aller Wildpflanzen Irlands wachsen hier, darunter zahlreiche Orchideen, die cremeweiße Bibernellrose, die kleinen Blütensterne des Steinbrech und der blutrote Storchschnabel. Heidekräuter, die keinen kalkhaltigen Boden mögen, stehen neben solchen, die auf Kalk perfekt gedeihen. Eine der größten Gefahren für diese Vielfalt ist die Ausbreitung von Haselsträuchern und Schlehdorn, die unter Kontrolle gebracht werden muss.

Auch Irlands scheuestes Säugetier, der Baummarder, hat im Burren eine Zuflucht gefunden. Häufiger anzutreffen sind Dachse, Füchse und sogar Hermeline. Otter und Robben bevölkern die Küsten rund um Bellharbour, New Quay und Finavarra Point. Der weitverbreitete Burren Code ist eine Initiative, um Besuchern zu erklären, wie sie die Umwelt des Burren während ihres Aufenthalts schützen können.

IN STEIN GEHAUENE LEGENDEN

Geologisch gesehen scheint der Burren (Boireann ist die irische Bezeichnung für „felsiges Land") das Resultat gewaltiger Bewegungen zu sein, die die heutige raue Landschaft geformt haben. Wer sich die tiefen Rinnen im Gestein genauer ansieht, erkennt, dass die kargen Aran Islands direkt vor der Küste Teil derselben Formation sind.

Massive Verschiebungen der Erdkruste vor 270 Mio. Jahren formten den europäischen Kontinent und hoben den Meeresboden aus dem Wasser. Bei diesem Prozess wurden die Kalksteinplatten gebogen und gebrochen, außerdem bildeten sich lange, tiefe Klüfte, die typisch für den Burren sind.

Während mehrerer Eiszeiten schoben sich Gletscher über die Hügel und gaben ihnen dadurch ihre charakteristische abgerundete Form. Manch ein Felsen wurde dabei blankpoliert. Zugleich lagerte sich in den Rissen eine dünne Stein- und Humusschicht ab. Riesige Felsblöcke wurden vom Eis mitgeführt, die jetzt aus einem Ozean aus flachem Gestein aufragen.

Der Burren

Aktivitäten

Der Burren ist ein echtes Wanderparadies. Seine bizarre Landschaft, die zahlreichen **Wanderwege** und **uralten Stätten** lassen sich am besten zu Fuß erkunden. *Green roads*, alte Straßen, ziehen sich über Hügel und durch Täler bis in entlegene Winkel. Ein Großteil der unbefestigten Wege entstand während der Hungersnot als Arbeitsbeschaffungsmaßnahme, andere Strecken gibt's sogar schon seit Jahrtausenden. Heute werden sie hauptsächlich von Wanderern und Landwirten genutzt. Einige sind beschildert.

Darüber hinaus erstreckt sich in der Gegend der **Burren Way**, ein 123 km langes Netz von ausgeschilderten Trekkingrouten durch die Region.

Eine gute Möglichkeit, den Burren zu erkunden, sind geführte Spaziergänge (10–25 €) mit den Schwerpunkten Natur, Geschichte, Archäologie und Wildnis. Die Ausflüge können auch individuell auf die eigenen Wünsche zugeschnitten werden.

Burren Guided Walks & Hikes WANDERTOUREN
(☎ 065-707 6100, 087 244 6807; www.burrenguidedwalks.com) Die erfahrene Führerin Mary Howard leitet Gruppenwanderungen auf mehreren Touren über weniger bekannte Wege und raue Routen.

Burren Wild Tours WANDERTOUREN
(☎ 087 877 9565; www.burrenwalks.com) John Conolly wartet mit einer großen Auswahl von einfachen bis schweißtreibenden Wanderungen auf.

Heart of Burren Walks WANDERTOUREN
(☎ 065-682 7707; www.heartofburrenwalks.com) Der im Burren ansässige Autor Tony Kirby bietet Spaziergänge und archäologische Wanderungen an.

Praktische Informationen

BESUCHERINFOS

Das Burren Centre (S. 386) in Kilfenora mit Teestuben ganz in der Nähe ist eine hervorragende Informationsquelle, genau wie das Clare Heritage and Genealogy Centre (S. 374) in Corofin.

Burren Ecotourism Network (www.burren.ie) Ein Netzwerk für alles, was mit Tourismus im Burren zu tun hat.

Burren National Park (www.burrennationalpark.ie) Teile des Burren im Südosten sind zum Nationalpark erklärt worden. Diese Website hat zahlreiche gute Infos über die Naturlandschaft vor Ort.

Burrenbeo Trust (www.burrenbeo.com) Die gemeinnützige Organisation möchte ein größeres Bewusstsein für den Burren wecken und seine Naturschönheiten fördern.

BÜCHER & KARTEN

Zum Burren gibt's englischsprachige Literatur in Hülle und Fülle. Am besten durchstöbert man die Buchläden in Ennis oder hält in den Infozentren vor Ort Ausschau nach altbewährten Publikationen wie *Wild Plants of The Burren and the Aran Islands* von Charles Nelson, die hervorragenden Burren-Journey-Bücher von George Cunningham oder Tony Kirbys ausgezeichnetes aktuelles Werk *The Burren and the Aran Islands: A Walking Guide*.

Die Faltkarten von Tír Eolas, *A Rambler's Guide & Map*, zeigen historische Orte und andere Sehenswürdigkeiten und die Broschüre *The Burren Way* beinhaltet interessante Wanderrouten. Einen Großteil der Gegend decken außerdem die Karten 51 und 57 der Discovery-Serie von Ordnance Survey ab.

An- & Weiterreise

Bus Éireann (www.buseireann.ie) bietet ein paar Verbindungen zum Burren, z. B. von Limerick und Ennis nach Corofin, Ennistymon, Lahinch, Liscannor, zu den Cliffs of Moher, nach Doolin und Lisdoonvarna sowie von Galway nach Ballyvaughan, Lisdoonvarna und Doolin. Pro Tag verkehren ein bis vier Busse, die meisten im Sommer.

Unterwegs vor Ort

Wer mit dem Auto anreist, kann schon an einem einzigen Tag weite Teile des Burren besichtigen und dabei auch gleich einige der zahlreichen namenlosen Nebenstraßen erkunden. Für Touren querfeldein abseits der Hauptstraßen nutzt man am besten Fahrräder, die oft in Hotels und Pensionen vermietet werden. Wanderungen sind ebenfalls geeignet, um die Schönheit der majestätischen Landschaften hautnah zu erleben.

Doolin

250 EW.

Doolin sorgt in der Presse oft für Wirbel, denn hier schlägt dank dreier Pubs, in denen regelmäßig Trad Sessions stattfinden, das Herz der irischen Musikszene. Nicht minder spektakulär ist die Lage des Ortes nur 6 km nördlich von den Cliffs of Moher und dem rastlosen Ozean entfernt. Rundum erstreckt sich eine windgepeitschte Landschaft mit riesigen Felsblöcken auf kargen Böden.

Bei all diesen Vorzügen wird so manch einer womöglich überrascht sein, dass Doolin in Wirklichkeit aus drei winzigen aneinanderliegenden Dörfern besteht: **Fisherstreet** liegt am Wasser, **Doolin** 1 km östlich am Flüsschen Aille und **Roadford** 1 km weiter östlich. Jeder Weiler beherbergt lediglich ein paar Häuser, deshalb gibt's auch kein echtes Zentrum.

Dennoch ist die Gegend bei musikbegeisterten Touristen beliebt. Preisgünstige Jugendherbergen und B&Bs verteilen sich hier zuhauf, außerdem setzen von hier Fähren zu den Aran-Inseln und Schiffe zu den Cliffs of Moher über.

Sehenswertes & Aktivitäten

Die einstündigen **Cliffs of Moher Cruises** (www.mohercruises.com; 15 €), die vom Hafen aus starten, sind sehr beliebt.

Fisherstreet GEBIET

Das winzige Fisherstreet ist zauberhaft, mit schönen, traditionellen Häusern, Pubs und Restaurants. Wer vom Hafen noch 1,5 km weiter an der Küste entlangspaziert, genießt überdies einen spektakulären Blick auf die Brandung.

Doolin Cave HÖHLE

(www.doolincave.ie; Erw./Kind 5/8 €; ⏲ März–Nov. 10–17 Uhr) Doolin ist bei Hobby-Höhlenforschern sehr beliebt. 1 km nördlich von Roadford wartet Doolin Cave mit einem riesigen Stalaktiten auf, der wie ein Tintenfisch aussieht. Je nach Saison werden zu unterschiedlichen Zeiten Führungen angeboten, aber normalerweise zur vollen Stunde.

Doonagore Castle BURG

(abseits der R478) Dieser sagenhafte Burgturm könnte direkt einem Märchenbuch entsprungen sein. Die Ruine aus dem 16. Jh. wurde in den 1970ern von einem Amerikaner restauriert, der nach der Fertigstellung das ganze Dorf zu einem Fest einlud. Man darf den Burgturm nicht betreten, sollte aber bei Sonnenuntergang vorbeigehen, um spektakuläre Fotos mit der untergehenden Sonne im Hintergrund zu machen.

Von den Cliffs of Moher aus kommend, biegt man von der R478 in eine kleine kurvige Straße ein und folgt ihr bis Fisherstreet zur Burg.

Doolin Cliff Walk WANDERTOUREN

(☎ 065-707 4170; www.doolincliffwalk.com; Erw./Kind 8–12 J, 5 €/kostenlos) Der schönste Zeitvertreib in Doolin besteht darin, durch windgepeitschte Landschaften zu wandern. Pfade führen in alle Richtungen und nur 6 km weiter südwestlich liegen die Cliffs of Moher. Diese großartige Klippenwanderung startet jeden Morgen um 10 Uhr vor dem O'Connor's Pub in Fisherstreet, in Richtung Cliffs of Moher und vorbei am Doonagore Castle.

Feste & Events

Micho Russell Festival MUSIK
(www.doolin-tourism.com) Am letzten Wochenende im Februar findet dieses Festival zu Ehren eines legendären Musikers aus Doolin statt und zieht Top-Talente der traditionellen Szene an.

Schlafen

Es gibt jede Menge Unterkünfte in der Region um Doolin.

★ **Doolin Hostel** HOSTEL €
(☎087 282 0587; www.doolinhostel.ie; Fisherstreet; B 16–20 €, DZ 50–55 €; @ ᯤ ♿) Dieses herausragende Hostel verfügt über schicke Doppelzimmer in neutralen Tönen, sowie über Zimmer mit vier bis sieben Betten, die der energiegeladene Besitzer Anthony perfekt zu managen weiß. Auch das Café ist exzellent und wartet mit einer Reihe von Craft-Bieren und einer guten Essensauswahl auf. Bei Überbelegung gibt's Betten im Haus auf der anderen Straßenseite. Zudem ist es nur ein paar Schritte bis nach Fisherstreet.

Rainbow Hostel HOSTEL €
(☎065-707 4415; www.rainbowhostel.net; Roadford; B 15–19 €, DZ 40–50 €; ᯤ) Der alte Bauernhof an der Straße mit 24 Betten gehört zum IHH-Verbund. In der Lounge befindet sich ein schöner Kamin. Die Decken sind aus Holz und die Zimmer bunt gestaltet. Fahrräder werden für 9 € pro Tag vermietet.

Aille River Hostel HOSTEL €
(☎065-707 4260; www.ailleriverhosteldoolin.ie; Roadford; B ab 15,50 €, DZ ab 40 €; ⊙März–Dez.; @ ᯤ) Eine gute Wahl: Das umgebaute Gehöft aus dem 17. Jh. am Flussufer in Roadford punktet mit einem Torffeuer und einem kostenlosen Wäscheservice. Die preisgekrönte Herberge hat 30 Betten sowie Stellplätze für Wohnwagen und Zelte (ab 16 €) und vermietet Fahrräder. Handtücher kosten 1 €.

Nagles Camping & Caravan Park CAMPINGPLATZ €
(☎065-707 4458; www.doolincamping.com; Doolin; Stellplätze 9–19 €; ⊙April–Sept.; ᯤ) Auf der grasbewachsenen Anlage unweit des Hafens wiegen einen die Wellen in den Schlaf. Alle 60 Stellplätze sind Wind und Wetter ausgesetzt, also sollte man die Heringe gut festmachen.

★ **O'Connors Guesthouse** GASTHAUS €€
(☎065-707 4498; www.oconnorsdoolin.com; Doolin; EZ/DZ ab 45/70 €; ⊙Feb–Okt.; ᯤ) An einer Flussbiegung des Aille und nahe der größten Straßenkreuzung in Doolin befindet sich ein nobles, blitzsauberes Gehöft mit zehn geräumigen Gästezimmern.

Daly's House B&B €€
(www.dalys-doolin.com; Fisherstreet; EZ/DZ ab 50/80 €; ᯤ) Schönes B&B nur ein Feld vom O'Connor's Pub entfernt mit sechs großen, gemütlichen Zimmern. Die Besitzer sind unheimlich gastfreundlich. Vom Frühstückssaal sieht man Teile der Cliffs of Moher.

Cullinan's Guesthouse GASTHAUS €€
(☎065-707 4183; www.cullinansdoolin.com; Doolin; EZ/DZ ab 50/70 €; ᯤ) James Cullinan, der Besitzer dieser Bleibe, ist ein bekannter Geigenspieler. Die acht B&B-Zimmer in seinem schicken Haus am Fluss Aille sind alle sehr hübsch und warten mit Powerduschen sowie anderem Komfort auf. Ein paar Räume sind etwas kleiner als die anderen, aber dafür ganz nah am Wasser. Von der reizvollen Terrasse blickt man direkt auf den Fluss.

Sea View House B&B €€
(☎087 267 9617; www.seaview-doolin.ie; Nähe Fisherstreet; EZ/DZ/3BZ ab 60/100/150 €; ᯤ) Auf einer Anhöhe oberhalb von Fisherstreet bietet dieses große, gemütliche Anwesen eine herrliche Aussicht auf das Meer, vor allem von der Terrasse aus. Mit dem Fernrohr in der Gemeinschaftslounge kann man das Panorama sogar noch besser genießen.

Essen

Bis ca. 21 Uhr werden in den drei traditionellen Musikpubs der Ortschaft irische Klassiker wie Schinken und Kohl sowie Fischsuppe serviert.

Doolin Café CAFÉ €€
(www.thedoolincafe.com; Roadford; Hauptgerichte 5,50–25 €; ⊙April–Okt. 9.30–19 Uhr) In diesem wunderbaren Cottage mit schlichten weißen Wänden schmeckt einfach alles. Das Frühstück ist legendär. Zum Mittagsangebot zählen Salate, Suppen und Gourmet-Sandwiches, Räucherlachs auf Vollkornbrot mit Frischkäse sowie selbstgemachter Käsekuchen. Abends gibt's regelmäßig wechselnde ambitionierte Speisen.

Cullinan's MODERN IRISCH €€€
(☎065-707 4183; www.cullinansdoolin.com; Doolin; Hauptgerichte 21,50–28,50 €; ⊙April–Okt. Do–Sa 18–21 Uhr, Mai–Sept. zusätzlich Mo & Di) Das ausgezeichnete Lokal neben der gleichnamigen Pension kredenzt köstliche Meeresge-

richte, Fleisch und Geflügel. Auf der kurzen Speisekarte, die je nach saisonalem Marktangebot wechselt, stehen Leckereien wie scharf angebratene Jakobsmuscheln, Braten vom Burren-Lamm und Eton Mess mit Erdbeeren (traditioneller Nachtisch mit Baiser, Schlagsahne und Erdbeeren). Außerdem wartet das Cullinan's mit einem umfangreichen Weinsortiment auf.

Ausgehen & Nachtleben

Doolin hat sich vor allem dank der hiesigen Musikszene einen Namen gemacht. In der Gegend leben viele Musiker, die eine fast symbiotische Beziehung zu den Touristen pflegen: Jeder stößt auf Gegenliebe beim anderen und jedes Jahr wird das Ganze ein wenig intensiver. Leider bringt es der große Besucherandrang mit sich, dass die Musik vom Niveau her nicht immer mit der in weniger überlaufenen Dörfern der Grafschaft mithalten kann.

★ McGann's PUB

(www.mcgannspubdoolin.com; Roadford; ⌚Bar 10–0.30, Küche 10–21.30 Uhr) Das McGann's hat alle klassischen Attribute einer authentischen irischen Musikkneipe. Manchmal setzt sich das Treiben bis auf die Straße fort. Zudem hängt das Pub seine beiden Kontrahenten in puncto Küche ab (Hauptgerichte zwischen 11 € und 18 €). In den vielen kleinen Räumen (einige mit Torffeuer) spielen Einheimische gern Darts. Draußen gibt's einen kleinen überdachten Bereich.

O'Connor's PUB

(www.gusoconnorsdoolin.com; Fisherstreet; ⌚9.30–24 Uhr) Diese Kneipe direkt an der Flussmündung platzt stets aus allen Nähten. Traditionelle irische Musik sorgt für Bombenstimmung. An manchen Sommerabenden kann man sich kaum noch hineinquetschen.

MacDiarmada's PUB

(www.mcdermottspubdoolin.com; Roadford; ⌚Bar 11–23.30, Küche 9–21.30 Uhr) Das einfache rotweiß gestrichene traditionelle Pub wird auch MacDermott's genannt und ist sehr beliebt, wenn auch oft etwas laut. Die Einrichtung kommt ebenso schlicht daher wie die Speisekarte (Sandwiches und Braten). Es gibt einen Außenbereich.

ℹ Praktische Informationen

Die ausgezeichnete **Touristeninformation** (Fisherstreet; ⌚8.15–18 Uhr) liegt in der Nähe des O'Connor's in Fisherstreet. Die nächsten verlässlichen Geldautomaten befinden sich 13 km entfernt in Ennistymon. Nützliche Infos bietet die Website www.doolin-tourism.com.

ℹ An- & Weiterreise

BUS

Bus Éireann fährt ein- bis viermal täglich von Ennis (12 €, 1½ Std.) und Limerick (18 €, 2½ Std.) über Corofin, Lahinch und die Cliffs of Moher nach Doolin. Außerdem gibt's Verbindungen nach Galway (16 €, 1½ Std., 1–2-mal tgl.) via Ballyvaughan.

Im Sommer verkehren Shuttlebusse zwischen Galway und Doolin oder anderen Orten in Clare.

SCHIFF/FÄHRE

Doolin ist einer von zwei Fährhäfen, wo von Mitte März bis Oktober Boote zu den drei Aran-Inseln ablegen. In der Hochsaison werden mit zwei Linien zahlreiche Überfahrten angeboten. Innerhalb von 45 Minuten erreicht man das 8 km entfernte Inisheer Island, die nächstgelegene der Aran-Inseln und für einen Tagesausflug von Doolin aus die beste Wahl. Nach Inishmór dauert die Überfahrt mindestens 1½ Std. mit einem Zwischenstopp auf Inisheer. Nach Inishmaan verkehren die Fähren nur unregelmäßig.

Segeltörns werden oft wegen hohen Seegangs oder der Ebbe abgesagt. Aufgrund der starken Konkurrenz verändern sich die Preise recht häufig. Für die Hin- und Rückfahrt nach Inisheer zahlt man 15 bis 25 €. Die Unternehmen unterhalten Büros am Hafen, bei Vorabbuchung online kommt man aber z. T. noch günstiger davon. Abfahrtszeiten bestätigen lassen.

Die Boote nehmen auch Kurs auf die Cliffs of Moher (ca. 15 € für eine Std.). Am besten startet man spätnachmittags, wenn das Licht von Westen kommt.

Doolin 2 Aran Ferries (☎065-707 5949; www.doolin2aranferries.com; Doolin Pier; ⌚Mitte März–Okt.) Steuert regelmäßig die Aran-Inseln und die Cliffs of Moher an.

O'Brien Line (☎065-707 5618; www.obrienline.com) Bietet die meisten Segeltouren zu den Aran Islands, organisiert Ausflüge zu den Cliffs of Moher und verkauft Kombitickets.

Lisdoonvarna

750 EW.

Lisdoonvarna (Lios Dún Bhearna) bzw. Lisdoon ist bekannt für seine Mineralquellen. Schon seit Jahrhunderten kommen Gäste in den irischen Kurort mit dem heilsamen Wasser. Zu viktorianischen Zeiten war das freundliche Örtchen sehr nobel, heute ist es eher entspannt, aber freundlich und hübsch und weit weniger überlaufen als Doolin.

NICHT VERSÄUMEN

LISDOONVARNA MATCHMAKING FESTIVAL

Früher war Lisdoonvarna das Zentrum der *basadóiri* (Heiratsvermittler), die ihren Kunden gegen Gebühr einen Partner suchten. Vor allem im September nach der Heuernte strömten hoffnungsvolle, hauptsächlich männliche Bewerber fein herausgeputzt in den Ort. Diese Tradition setzt sich heute auf dem hochgepuschten und stetig wachsenden Lisdoonvarna Matchmaking Festival (www.matchmakerireland.com; ⌚ Sept. Wochenenden) im Frühherbst fort. Zu der Veranstaltung kommen irische und auch ausländische Singles sowie alle, die sich einfach nur amüsieren wollen. Sie feiern, flirten, trinken und tanzen um die Wette.

Sehenswertes & Aktivitäten

★ Burren Smokehouse RÄUCHEREI
(☎065-707 4432; www.burrensmokehouse.ie; Kincora Rd; ⌚ April & Mai 10–17 Uhr, Juni–Okt. 9–18 Uhr, im Winter kürzer) Ein Film informiert im Burren Smokehouse über die traditionelle irische Kunst des Lachsräucherns. Dazu werden kostenlose Häppchen von leckerem Räucherlachs und allerlei anderem Fisch gereicht. Außerdem gibt's Kaffee und Kleinigkeiten zum Kauf. Die Räucherei liegt am Rand von Lisdoonvarna an der Straße nach Kincora (N67).

Spa Well THERMALQUELLE
Am südlichen Ende der Stadt erstreckt sich inmitten einer gepflegten, bewaldeten Anlage dieses Thermalbad mit einer Schwefelquelle und einem viktorianischen Pumpwerk. Das Wasser enthält Eisen, Schwefel, Magnesium und Jod und soll bei Rheuma sowie Drüsenbeschwerden lindernd wirken. In der Nähe kann man das Wasser auch verkosten. Ein Pfad hinter der Taverne führt nach 400 m zu **zwei Quellen** am Fluss.

Schlafen & Essen

Wer zum Matchmaking Festival im September herkommen will, sollte sein Zimmer vorab reservieren. Die Unterkünfte, Restaurants und Pubs vor Ort sind allesamt klasse.

Sleepzone HOSTEL €
(☎065-707 7168; www.sleepzone.ie; Doolin Rd; B 16–25 €, EZ/DZ 50/70 €; @ 📶) Inzwischen dient das ehemalige gehobene Hotel als charmantes Hostel mit 124 Zimmern. Im Gebäude ist noch ein Hauch noblerer Zeiten zu spüren.

★ Sheedy's Country House Hotel & Restaurant GASTHAUS €€
(☎065-707 4026; www.sheedys.com; Sulphur Hill; Zi 80–220 €; ⌚ April–Sept.; 📶) Diese schicke, entspannte Elf-Zimmer-Bleibe vor den Toren Lisdoonvarnas verfügt über eine lange Veranda, von der man einen tollen Blick auf die vielen Gärten genießt. Das Essen (nur abends) schmeckt ausgezeichnet und die Bar wartet mit einer tollen Whiskey-Auswahl auf.

Wild Honey Inn GASTHAUS €€
(☎065-707 4300; www.wildhoneyinn.com; Kincora Rd; EZ/DZ ab 50/80 €; ⌚ Küche Mitte Feb.–Dez. Do–Sa 13–15.30, Mi–Mo 17–21 Uhr; 📶) Das schöne alte Herrenhaus am Rande des Dorfes beherbergt 14 stilvolle Zimmer und ist ein tolles Wochenendziel. Im Pub wird eine verführerische Auswahl irischer Klassiker aus regionalem Fisch, Fleisch und Gemüse kredenzt. Im Sommer kann man im hübschen Garten essen.

★ Roadside Tavern KNEIPENKOST €€
(www.roadsidetavern.ie; Kincora Rd; Hauptgerichte 11,50–20 €; ⌚ Mo–Fr 12–16 & 18–21, Sa 12–21, So 12–20 Uhr) Unten am Fluss verströmt ein familienbetriebenes Pub irische Gemütlichkeit. Besitzer Peter Curtin hat einen reichen Schatz erzählenswerter Geschichten in petto. Im Sommer finden täglich hervorragende traditionelle Musikabende statt, im Winter nur an den Wochenenden. Die Freude an Althergebrachtem zieht sich bis in die Küche, wo u. a. cremige Fischsuppe und geräucherter Lachs zubereitet werden (den Curtins gehört auch das in der Nähe gelegene Burren Smokehouse). Gut ist auch das Bier aus der hauseigenen Brauerei.

Praktische Informationen

Der nächste zuverlässig funktionierende Geldautomat befindet sich in Lahinch.

Anreise & Unterwegs vor Ort

Bus Éireann fährt ein- bis viermal täglich von Ennis über Lisdoonvarna nach Doolin sowie über Corofin, Lahinch und die Cliffs of Moher nach Limerick. Nach Galway verkehren auch Busse über Ballyvaughan und Black Head.

Kilfenora

250 EW

Kilfenora (Cill Fhionnúrach) liegt am südlichen Rand des Burren, 8 km (mit dem Auto 5 Min.) südöstlich von Lisdoonvarna. Es ist ein kleines Dorf, in dem niedrige bunte Häuser den dichten Ortskern bilden.

Die hiesige starke Musiktradition konkurriert mit der Szene in Doolin, allerdings wird Kilfenora von weniger Touristen angesteuert. Besonders großer Beliebtheit erfreut sich die **Kilfenora Céili Band** (www.kilfenoraceiliband.com), eine gefeierte Truppe, die bereits vor hundert Jahren gegründet wurde. Zum Ensemble gehören Fiedeln, Banjos, Quetschkommoden und andere Instrumente.

Sehenswertes

Burren Centre MUSEUM

(☎065-708 8030; www.theburrencentre.ie; Main St; Erw./Kind 6/4 €; ⏲März–Mai, Sept. & Okt. 10–17 Uhr, Juni–Aug. 9.30–17.30 Uhr) Unterhaltsame, informative Ausstellungen mit vielen Details zur Region. Nett ist z. B. das Video mit den goldigen Hasen. Vor Ort gibt's ein Café und einen großen Laden mit einheimischen Produkten.

Cathedral KIRCHE

In früheren Zeiten war die Kathedrale von Kilfenora (11. Jh.) ein wichtiges Wallfahrtsziel. Hier gründete der hl. Fachan (auch Fachtna genannt) im 6. Jh. ein Kloster, das später als Sitz des kleinsten Bistums Irlands, der Diözese Kilfenora, diente.

Hat man die jüngere protestantische Kirche umrundet, kann man den ältesten Teil der **Ruinen** betreten, die mit einem Glasdach versehen wurden. Im Altarraum befinden sich zwei Gräber mit schlichten Skulpturen. Außerdem sind drei **Hochkreuze** zu sehen; Erläuterungen dazu stehen auf Stahltafeln.

Doorty Cross DENKMAL

100 m westlich der Kathedrale erreicht man über einen Zaunübertritt das in einem Feld gelegene 800 Jahre alte Doorty Cross. Bis in die 1950er lag es in zwei Teile zerbrochen am Boden, dann wurde es wieder aufgestellt.

Leamanegh Castle BURG

(Kreuzung der R476 und R480) Diese majestätische Ruine thront über der Kreuzung der R479 und R480 auf dem Weg von Kilfenora nach Kilnaboy oder Carron. Einst lebte hier Máire Rúa (Red Mary), die laut lokaler Legenden sage und schreibe 25 Ehemänner hinter sich gebracht hat – mindestens einer soll mit seinem Pferd von den Cliffs of Moher gesprungen sein. Ihre Feinde sperrten sie schließlich in einen hohlen Baum – ein Schicksal, an das ihr rothaariger Geist heute noch gemahnt, wenn er durch die Ruinen der Burg spukt.

Schlafen & Essen

Kilfenora Hostel HOSTEL €

(☎065-708 8908; www.kilfenorahostel.com; Main St; B/DZ 20/60 €; @📶) Das Hostel ist mit Vaughan's Pub nebenan verbunden und verfügt über 46 Betten in neun Zimmern und geräumigen Schlafsälen, eine Waschmaschine sowie eine große Küche.

Ait Aoibhinn B&B B&B €

(☎065-708 8040; aitaoibheann@live.ie; Main St; EZ/DZ ab 35/60 €; ⏲Mitte Feb.–Nov.; 📶) Direkt an der Hauptstraße des Ortes gegenüber dem Lebensmittelgeschäft von O'Gorman's betreibt Mary Murphy eine kleine Frühstückspension (der Name bedeutet so viel wie „erholsamer Ort") mit schlichten Zimmern, in denen man gern für immer bleiben würde. Nach dem Haus mit dem Namen „Murphy" an der Mauer Ausschau halten.

★ **Vaughan's Pub** KNEIPENKOST €€

(www.vaughanspub.ie; Main St; Hauptgerichte 8–15 €; ⏲Küche 10–21 Uhr) In der irischen Musikszene

DER UNSTERBLICHE FATHER TED

Father Ted ist eine erfolgreiche britische Sitcom über die witzigen Erlebnisse dreier irischer Priester auf der fiktiven Insel Craggy Island. Viele Szenen wurden rund um Kilfenora und Ennistymon gedreht, u. a. im Pub Eugene's, der Stammkneipe der Filmcrew. Das einsame Pfarrhaus befindet sich bei Kilnaboy.

Vom riesigen Erfolg des Tedfest (S. 399) auf der Insel Inismór inspiriert, gründeten die Bürger von Kilfenora und Ennistymon ihr eigenes Father Ted Festival (www.kilfenoraclare.com; ⏲Mai) mit Kostümen, Partys, Wettbewerben, geführten Touren etc. Ein zentraler Dreh- und Angelpunkt ist Vaughan's Pub, das Schauplatz in einigen Folgen war. Ted Tours (www.tedtours.com; Erw./Kind 25/20 €) bringt Fans an lokale Drehorte.

genießt dieses Pub großes Ansehen. Auf der verlockenden Speisekarte stehen Fischgerichte, traditionelle Hausmannskost und einheimische Delikatessen. Wie wär's mit einem Pint unter dem großen Baum vor der Tür? Im Sommer werden jeden Abend Konzerte veranstaltet, aber es gibt auch den Rest des Jahres zahlreiche tolle Events. In der Scheune nebenan treffen sich donnerstags (22 Uhr) und sonntags (21 Uhr) talentierte Tänzer zum **Set Dance**, einem irischen Volkstanz.

An- & Weiterreise

Kilfenora wird nur an wenigen Tagen der Woche von Bussen angesteuert.

Corofin & Umgebung

700 EW.

Corofin (Cora Finne) bzw. Corrofin ist ein traditionelles Dorf am südlichen Rand des Burren. Der Ort eignet sich bestens, um mit dem Alltagsleben in Clare auf Tuchfühlung zu gehen. In der Umgebung befinden sich einige *turloughs* (kleine Seen) und mehrere Burgen der O'Briens. Zwei davon liegen am Ufer des nahen Lough Inchiquin.

4 km nordwestlich von Corofin erstreckt sich an der Straße nach Leamanegh Castle und Kilfenora (R476) das Dorf **Kilnaboy**. Hier stößt man auf die Ruinen einer Kirche mit einer sehenswerten *sheela-na-gig* (weibliche Figur mit überdimensioniertem Geschlechtsteil) über dem Portal.

Sehenswertes

Clare Heritage Centre KULTURERBEZENTRUM
(www.clareroots.com; Church St; Erw./Kind 4/2 €; Ostern–Okt. 9.30–17.30 Uhr) Das in einer alten Kirche untergebrachte Kulturerbezentrum stellt anschaulich die Schrecken der Hungersnot dar. Vor dieser schrecklichen Zeit lebten in dem County über 250 000 Menschen – die Bevölkerung ist also um rund 60 % zurückgegangen!

Clare Heritage & Genealogy Centre KULTURERBEZENTRUM
(065-683 7955; www.clareroots.com; Church St; April, Mai & Sept. 10–17 Uhr, Juni–Aug. 10–18 Uhr) Dieses Zentrum ist die Hauptinformationsquelle über den Burren National Park mit zahlreichen Infos und faszinierenden Ausstellungen über die Geologie sowie die Flora und Fauna des Burren. Außerdem haben Besucher die Möglichkeit, nach ihren aus der Grafschaft stammenden Vorfahren zu forschen.

Schlafen & Essen

Corofin Hostel & Camping Park HOSTEL, CAMPINGPLATZ €
(065-683 7683; www.corofincamping.com; Main St; Stellplatz pro Pers. ab 10 €, EZ/DZ/FZ 25/40/50 €; April–Sept.) Hinter dem zentral gelegenen Hostel mit 30 Betten kann man auf offenem Gelände sein Zelt aufschlagen. Im großen Gemeinschaftsraum steht ein Billardtisch und es werden Fahrräder verliehen. Beim Camping sind heiße Duschen und die Küchennutzung im Preis inbegriffen.

Lakefield Lodge B&B €
(065-683 7675; www.lakefieldlodgebandb.com; Ennis Rd; EZ/DZ ab 45/68 €; April–Okt.;) Am Südrand des Dorfes befindet sich mitten in einem Park ein attraktiver Bungalow mit vier gemütlichen Zimmern. Das B&B ist ein guter Ausgangspunkt für Burren-Wanderungen. Darüber hinaus gibt's eine Menge Infos für Angler und Angelausflüge.

Fergus View B&B €€
(065-683 7606; www.fergusview.com; R476; EZ/DZ ab 50/80 €; April–Okt.; @) Wie es der Name schon vermuten lässt, liegt die reizende Pension mit sechs Zimmern 3 km nördlich von Corofin entfernt direkt am Fluss Fergus. Sie ist vor allem wegen des kreativen Frühstücks bekannt, für das nur frische und oft auch Biozutaten verwendet werden.

Inchiquin Inn IRISCH €
(065-683 7713; www.inchiquininn.com; Main St; Hauptgerichte 6–10 €; Küche Mo–Fr 9–17 Uhr;) Ausgezeichnete Gerichte, darunter cremiger und würziger Atlantic Chowder, der nach Räucherfisch duftet – vermutlich schmeckt er nirgendwo besser als hier. Frühstück wird täglich bis 14 Uhr serviert und ist einfach der Hammer. Im Juni findet hinter dem Haus die jährliche Weltmeisterschaft im Steinewerfen statt, ein großes lokales Ereignis.

An- & Weiterreise

Bus Éireann verkehrt an einigen Wochentagen zwischen Corofin und Ennis.

Im Zentrum des Burren

Durch das Herz des Burren führen mehrere mit Sehenswürdigkeiten gespickte Straßen. Neben der R480 erstreckt sich eine faszinierende Landschaft: Hier zeigt sich das karge Hochland von seiner schönsten Seite. Überall in der Region verstreut liegen verblüffende prähistorische Steinbauten.

Südlich von Ballyvaughan zweigt die R480 beim Wegweiser zu den Aillwee-Höhlen von der N67 ab und führt am Gleninsheen Wedge Tomb und dem verblüffenden Poulnabrone-Dolmen vorbei zu den Ruinen des großartigen Leamanegh Castle. Dort trifft sie auf die R476, die weiter südöstlich nach Corofin verläuft. Jede kleine Nebenstraße – insbesondere jene in Richtung Osten – lohnt einen Abstecher, um in die beinahe überirdische Einsamkeit zu fliehen.

Die N67 nach Lisdoonvarna wurde zu Zeiten der Hungersnot um 1800 errichtet und belohnt mit einem weiten Blick in die strenge Landschaft.

Sehenswertes

Poulnabrone-Dolmen ARCHÄOLOGISCHE STÄTTE

(R480) Der Poulnabrone-Dolmen, auch bekannt als Portal Tomb (Portalgrab), zählt zu Irlands meistfotografierten antiken Monumenten. Seine unwirkliche Erscheinung beeindruckt selbst den abgeklärtesten Traveller. Alleine der Deckstein wiegt 5 t. Das riesige Megalithgrab befindet sich 8 km südlich von Aillwee und ist von der R480 aus zu sehen. Es gibt vor Ort einen großen, kostenlosen Parkplatz und eine ausgezeichnete Beschilderung.

Der Dolmen wurde vor mehr als 5000 Jahren errichtet. Bei Ausgrabungen 1986 kamen neben Schmuck und Töpferwaren auch die Gebeine von 16 Menschen zutage. Durch Radiokarbonuntersuchungen fand man heraus, dass sie zwischen 3800 und 3200 v. Chr. bestattet wurden. Ursprünglich war das Grab mit einem Steinhügel bedeckt, der im Lauf der Zeit abgetragen wurde. Oft hat hier ein wunderbar informativer Angestellter des Amts für öffentliche Arbeiten Dienst und beaufsichtigt das Denkmal.

Gleninsheen Wedge Tomb GRAB

Eine der berühmtesten prähistorischen Grabstätten Irlands liegt an der R480 südlich der Aillwee Caves nahe Ballyvaughan. Das Keilgrab von Gleninsheen wird auf ein Alter von 4000 bis 5000 Jahren geschätzt. Vor Ort wurde ein herrlicher goldener Halskragen entdeckt. Dieser stammt etwa aus dem Jahre 700 v. Chr. und befindet sich heute im Nationalmuseum in Dublin. Manchmal ist das Zugangstor zur Grabstätte geschlossen, außerdem gibt's kaum Beschilderungen.

Caherconnell Fort FESTUNG

Wer eine gut erhaltene *caher* (Festung mit Steinwall) aus der späten Eisenzeit bzw. der frühchristlichen Ära sehen möchte, sollte das Caherconnell Fort, eine privat betriebene Sehenswürdigkeit, besuchen. Exponate zeigen, wie die Entwicklung solcher Wehrsiedlungen Land- und Besitzansprüche einer immer stärker wachsenden und sesshaft werdenden Bevölkerung widerspiegelte. Die Trockenmauer der Burg ist hervorragend erhalten. Bei Kindern sehr beliebt: Hütehunde demonstrieren zu verschiedenen Zeiten ihr Können (Erw./Kind 9,50 €/5,60 €).

Die Festung befindet sich 1 km südlich des Poulnabrone-Dolmen.

Ein **Besucherzentrum** informiert über diese und viele andere Stätten in der Gegend.

Carron & Umgebung

10 km östlich der R480 liegt das winzige Dorf Carron (auf einigen Landkarten auch „Carran" bzw. „An Carn" genannt) auf einer einsamen Anhöhe. Hier eröffnet sich ein weiter Rundblick über die Felsenlandschaft des Burren. Südlich von Carron erstreckt sich fast bis nach Kilnaboy einer der kahlsten Abschnitte der Gegend.

Sehenswertes

★ **Burren Perfumery & Floral Centre** PARFÜM-MANUFAKTUR

(www.burrenperfumery.com; Carron; ⌚ Juli & Aug 9–19 Uhr, Sept.–Juni 10–17 Uhr, Teesalon 10.30–17 Uhr) In der Parfüm-Manufaktur, die einen Abstecher lohnt, liefern Burren-Wildblumen die Inspiration für dezente Düfte. Ein interessantes Video informiert über die herrlich vielfältige Flora der Gegend, z. B. über die wohlriechenden, in Felsritzen wachsenden Orchideenarten. Duftende Souvenirs wie Kerzen, Seifen und Cremes werden nach dem Kauf in selbst gemachtes Papier gewickelt, billig sind sie allerdings nicht. Es gibt hier außerdem einen fantastischen Kräutergarten (mit kostenlosen Führungen) und einen Bio-Teesalon.

Carron Polje KARSTSEE

Unterhalb von Carron befindet sich einer der schönsten *turloughs* (Winterseen) des Landes, der Carron Polje. Der serbokroatische Begriff *polje* ist gebräuchlich für wannenförmige Mulden in Karstgebieten. Diese stehen im Winter voll Wasser und trocknen im Sommer aus. Das zurückbleibende üppige Gras wird als Weide genutzt.

Cahercommaun HISTORISCHE STÄTTE

Etwa 3 km südlich von Carron thront am Rand eines steilen Tals die große Festung Cahercommaun, die im 8. und 9. Jh. bewohnt war. Ein unterirdischer Gang führt von dort auf die Klippen hinaus. Wer die Stätte besichtigen möchte, fährt von Carron Richtung Süden und biegt nach links Richtung Kilnaboy ab. Nach 1,5 km nimmt man den Weg auf der linken Seite. Für eine bessere Übersicht sollte man einen Blick auf die Schautafel am Anfang des Pfades werfen.

Schlafen & Essen

★ Clare's Rock Hostel HOSTEL €

(☎ 065-708 9129; www.claresrock.com; Carron; B/EZ/DZ 20/35/48 €; ⏲ Mai–Sept.; @ 📶 👪) Gäste des Hostels, das in einem imposanten Gebäude aus grobem grauem Granit untergebracht ist und mit einem erstklassigen Blick über den Carron Polje sowie mit 30 Betten und geräumigen, gut gepflegten Zimmern aufwartet, können Fahrräder mieten oder sich im Garten mit dem großen Gartenzwerg-Schachbrett vergnügen.

Cassidy's KNEIPENKOST €€

(www.cassidyspub.com; Hauptgerichte 8,50–20 €; ⏲ April–Sept Mo–Sa 12–21 Uhr, So 12–20 Uhr; 📶) Das Cassidy's serviert eine gute Auswahl an Pubgerichten, darunter legendären Dolmen-Ziegenburger aus Biofleisch. Einst diente die Kneipe als britische Royal-Irish-Constabulary-Station und später als *garda*-(Polizei-)Kaserne. An manchen Wochenenden gibt's traditionelle irische Musik und Tanz. Der Ausblick von der Terrasse ist ebenso berauschend wie die Getränke.

Fanore

150 EW.

Die landschaftlich reizvolle R477 folgt Clares karger Küste bis in die Galway Bay. In der Ferne sieht man die Aran Islands. Fanore (Fan Óir), was so viel heißt wie „Goldener Hang", liegt 5 km südlich des Black Head und ist weniger ein Dorf als vielmehr ein Küstenabschnitt mit einem Geschäft, einem Pub und einigen verstreuten Häusern in der Hauptstraße. Die Kalksteinfelswände an der Küste sind bei Bergsteigern beliebt.

Sehenswertes & Aktivitäten

In Fanore kann man das ganze Jahr über surfen.

Fanore Beach STRAND

Der schöne Sandstrand abseits der R477 erstreckt sich vor einer weitläufigen, grasbewachsenen Dünenlandschaft. Schilder weisen den Weg zu Wanderwegen entlang des Wassers, in die Hügel hinauf und zum Black Head. Es gibt genügend Parkplätze und im Sommer auch Duschen und Toiletten in einem kleinen Block auf dem Parkplatz.

Aloha Surf School SURFEN

(☎ 087 213 3996; www.surfschool.tv; Fanore Beach; 2 Std. Unterricht ab 35 €) Kurse für jedes Alter und Niveau sowie Leihbretter, Neoprenanzüge und andere Ausrüstung, Stehpaddelbretter und Kajaks (45 € pro halber Tag).

Siopa Fan Óir ANGELN

(R477; ⏲ Sommer 9–21 Uhr, Winter 9–19 Uhr) Der recht gut sortierte Laden gegenüber dem O'Donohue's-Pub verkauft Angelzubehör, Wanderkarten, Boogieboards und Sandeimer. Der Service ist sehr hilfsbereit.

Schlafen

Orchid House B&B €

(☎ 065-707 6975; www.orchidhouse.net; R477; EZ/DZ ab 40/65 €; 📶) Der herzliche Gill betreibt dieses B&B mit vier Zimmern und Meerblick, eine gute Wahl in einer ruhigen Umgebung.

★ Rocky View Farmhouse B&B €€

(☎ 065-707 6103; www.rockyviewfarmhouse.com; abseits der R477; EZ/DZ/FZ 40/70/100 €; 📶) Das Rocky View Farmhouse, eine der wenigen Unterkünfte in der Umgebung von Fanore, ist eine atmosphärische Bleibe im Herzen des küstennahen Burren. Vier helle, luftige Zimmer harmonieren wunderbar mit der kargen Landschaft. Alle Frühstückszutaten stammen aus eigenem Bioanbau und das Essen wird in einem sonnigen Wintergarten serviert. WLAN ist manchmal nur begrenzt verfügbar.

Essen

Vasco MEDITERRAN €€

(www.vasco.ie; Hauptgerichte 8–16 €; ⏲ Do–Sa, 11.30–19.30, Di, Mi & So bis 16.30 Uhr, im Winter geschl.; 📶) Ross und Karen leiten dieses stilvolle, sonnige Lokal 1 km vom Strand entfernt. Von der verglasten Terrasse aus blickt man auf das Meer – an sonnigen Abenden ein besonders schönes Erlebnis. Die Küche ist mediterran beeinflusst. Hier kann man auch Vorräte für ein Strandpicknick besorgen.

O'Donohue's KNEIPENKOST €€

(www.odonohuespub.com; R477; Gerichte 8–25 €; ⏲ April–Okt.) In dem Pub 4 km südlich des Strands, das gewissermaßen als Gemeindezentrum des Ortes dient, werden Meeresfrüchte aus der Gegend sowie Fischsuppen und eine gute Auswahl an Whiskeys serviert. Am Wochenende gibt's abends traditionelle Musik. Die Fish 'n' Chips in Bierteig sind vor der Muschelsuche am Strand sehr zu empfehlen.

An- & Weiterreise

Bus Éireann fährt etwa viermal (17,60 €) täglich von Galway über Black Head und Fanore nach Lisdoonvarna und Doolin.

Ballyvaughan & Umgebung

260 EW.

Der ganze Charme des nördlichen Burren zeigt sich in Ballyvaughan (Baile Uí Bheacháin): Hier geht das karge Hügelland in die freundliche, begrünte Gegend der Galway Bay über.

Sehenswertes & Aktivitäten

Gleich westlich der Kreuzung an der R477 befindet sich der **Kai**. Er wurde 1829 zu einer Zeit erbaut, als reger Schiffshandel mit den Aran-Inseln und Galway bestand. Zu den Exportgütern zählten Getreide und Speck und zur Importware Torf, ein knappes Gut im felsigen, windgepeitschten Burren.

Hinter dem Hafen führt ein beschilderter Weg zu einem **Küstenvogelreservat** mit einem schönen Ausblick aufs Meer.

6 km südlich von Ballyvaughan windet sich die N67 Richtung Lisdoonvarna in mehreren engen Serpentinen den **Corkscrew Hill** (180 m) hinauf. Die Straße wurde in den 1840er-Jahren während der Hungersnot im Rahmen einer Arbeitsbeschaffungsmaßnahme erbaut. Von oben bietet sich eine tolle Aussicht über den nördlichen Burren und die Galway Bay. Rechts liegt der Aillwee Mountain mit seinen Höhlen, zur Linken erhebt sich der Cappanawalla Hill. Unten im Tal sieht man das teilweise restaurierte Newtown Castle aus dem 16. Jh., einst Residenz der O'Lochlains.

Aillwee Caves HÖHLEN
(www.aillweecave.ie; abseits der R480; Kombiticket Erw./Kind 16/9 €; ⏲10–17 Uhr, Juli & Aug. bis 18.30 Uhr) Vor mehr als 2 Mio. Jahren wurden die Aillwee Caves vom Wasser ausgewaschen. Die Haupthöhle erstreckt sich 600 m weit in den Berg hinein. Von ihr zweigen weitere Höhlen ab; in einer gibt's sogar einen Wasserfall. Gleich beim Eingang sind die Überreste eines Braunbären zu sehen, der in Irland seit über 10 000 Jahren ausgestorben ist.

Während der Sommermonate platzen die Aillwee Caves häufig aus allen Nähten. Zu den touristischen Einrichtungen vor Ort gehören ein Café und eine große Raubvogelausstellung mit Falken, Eulen und anderen Tieren, die man mit einem Kombiticket mit den Höhlen zusammen oder einzeln besuchen kann.

In einem Laden wird der hervorragende Burren-Gold-Käse verkauft.

Burren By Bike FAHRRADVERLEIH
(info@burrenwine.ie; abseits der N67; The Laundrette; Verleih pro Tag/Woche 15/80 €, Touren ab 25 €; ⏲Mai–Sept. Mo–Sa 9–17 Uhr) Die morgendlichen Touren führen über noch menschenleere Straßen. Anschließend steht ein Feinschmeckerfrühstück auf dem Programm.

Schlafen & Essen

Rund um das Ortszentrum findet man zahlreiche einfache B&Bs. Auf dem **Bauernmarkt** (St. John's Hall; ⏲Mai–Okt. Sa 10–14 Uhr) in Ballyvaughan bekommt man hochwertige Erzeugnisse aus der Gegend, außerdem werden Crêpes, Bratwürstchen und andere Snacks angeboten.

Oceanville House B&B B&B €€
(☎065-707 7051; www.clareireland.net/oceanville; Coast Rd/R477; EZ/DZ/3BZ ab 45/70/100 €; 📶) Mit seiner Lage unweit des Hafens und der Dorfmitte punktet dieses Haus. Die Dachfenster der kompakten oberen Zimmer bieten einen tollen Blick über die Bucht. Von hier aus kann man gut das Dorf erkunden.

Ballyvaughan Lodge B&B €€
(☎065-707 7292; www.ballyvaughanlodge.com; N67; EZ/DZ ab 47,50/75 €; 📶) Gegenüber dem Bauernmarkt mitten in Ballyvaughan liegt dieses blitzsaubere B&B mit elf Zimmern, glänzenden Bädern und einem herzlichen Willkommen von den engagierten Besitzern.

★ **Gregan's Castle Hotel** HOTEL €€€
(☎065-707 7005; www.gregans.ie; N67; EZ/DZ/Suite ab 200/265/335 €; 📶) Das prachtvolle Anwesen aus dem 19. Jh. etwa 6 km südlich von Ballyvaughan beim Corkscrew Hill verfügt über 21 vornehm-stilvolle Zimmer und Suiten mit modernem Flair. Manche haben einen privaten Garten. Es gibt keine Fernseher. Im Restaurant werden kreative frische Gerichte aus lokalen Zutaten serviert.

An Fulacht Fia IRISCH €€
(☎ 065-707 7300; www.anfulachtfia.ie; Coast Rd/ R477; Hauptgerichte 18–24 €; ⏲ tgl. 17.30–21 Uhr, Juni–Aug. So ab 13 Uhr, sonst kürzere Öffnungszeiten) Gleich westlich des Ortszentrums stößt man auf dieses wunderbare Restaurant, dessen in kräftigen Farben gehaltenes Innendesign einen starken Kontrast zu dem weiten grauen Meer vor der Tür bildet. Das saisonal wechselnde Speisenangebot ist durch und durch biologisch und aus der Region. Besonders zahlreich vertreten sind Fisch- und Meeresfrüchtegerichte, außerdem gibt's eine Kinderkarte.

Ausgehen & Nachtleben

★ **Ólólainn** PUB
(Coast Rd) Wer der Straße zum Hafenkai hinunter folgt, erreicht bald diesen kleinen auf der linken Seite gelegenen Zufluchtsort. In den altmodisch möblierten Nischen des Ololainn (o-*loch*-leyn) kann man wunderbar vor sich hinträumen. Die alten Whiskeyflaschen auf den Fensterbänken sind nur ein Hinweis auf die sagenhafte Auswahl seltener Whiskeys im Pub.

Praktische Informationen

Das **Besucherzentrum** (www.ballyvaughantourism.com; ⏲ März–Okt. tgl. 10–18 Uhr, Nov.–Feb. Sa & So.) in einem großen Geschenkeladen hinter einem Lebensmittelgeschäft verfügt über ein paar lokale Reiseführer und Karten.

An- & Weiterreise

Bus Éireann verkehrt bis zu viermal täglich von Galway via Ballyvaughan (14,40 €) sowie rund um den Black Head nach Lisdoonvarna und Doolin.

Nördlicher Burren

Südlich des Countys Galway erstreckt sich weites, flaches Ackerland bis zu den Kalksteinhügeln des Burren, der westlich von Kinvara und Doorus in der Grafschaft Galway beginnt.

Von Oranmore in Galway bis Ballyvaughan ist die Küstenlinie von kleinen Meeresarmen und ins Meer ragenden Halbinseln gesäumt. Einige, darunter New Quay, lohnen einen Abstecher. Schmale Straßen winden sich die felsigen, vom Wind zerzausten Hügel hinauf, die mit alten verwitterten Steinruinen gesprenkelt sind.

Im Landesinnern nahe Bellharbour stößt man auf die weitgehend intakte Corcomroe Abbey. Gegenüber liegen in einem ruhigen Seitental verborgen die Ruinen der drei alten Kirchen von **Oughtmama**. Die Galway Bay bildet eine tolle Kulisse für eine außergewöhnliche Landschaft: kahle, in der Sonne schimmernde Steinhügel, Weiler und saftige Wiesen.

Auf der N67 verkehren Busse von und nach Galway. Kurz hinter der Grenze dieser Grafschaft befindet sich Kinvara, ein guter Ausgangspunkt zur Erkundung der Gegend.

New Quay & Flaggy Shore

New Quay (Ceibh Nua) auf der **Finavarra Peninsula** ist eine ruhige, idyllische Zwischenstation in der rauen Felslandschaft des Burren. Das Örtchen liegt 1 km abseits der Hauptstrecke Kinvara–Ballyvaughan (N67). Man erreicht es, indem man am Ballyvelaghan Lough 3 km nördlich von Bellharbour von der N67 abfährt.

Westlich von New Quay erstreckt sich ein besonders schöner Küstenabschnitt, der **Flaggy Shore**, an dem natürliche Kalksteinterrassen bis zum Meer hin abfallen. Die Straße verläuft westlich an der Küste entlang und führt südlich am **Lough Muirí** vorbei, auf dem sich Watvögel und Schwäne tummeln. In der Gegend leben auch Otter. An einer T-Kreuzung hinter dem See zweigt eine kleine Straße rechts ab zu dem interessanten, runden **Martello-Turm** auf der Landspitze von Finavarra; er stammt noch aus der Zeit, als sich die Iren vor Napoleon schützen mussten.

Die Gegend lädt zu wunderschönen **Wanderungen** ein, auf denen man beobachten kann, wie der Wechsel der Gezeiten die Landschaft verändert.

Schlafen & Essen

Mount Vernon BOUTIQUE-HOTEL €€€
(☎ 065-707 8126; www.mountvernon.ie; Flaggy Shore; EZ/DZ ab 125/190 €; ⏲ April–Okt.; 📶) Seamus Heaney wohnte in dem ländlichen georgianischen Anwesen, genau wie der berühmte irische Impressionist Hugh Lane, bevor er mit der *Lusitania* unterging. Das ruhige Hotel am Meer verfügt über fünf luxuriöse, mit historischen Möbeln, orthopädischen Matratzen und Bettwäsche aus ägyptischer Baumwolle eingerichtete Zimmer. Wer hier übernachten möchte, muss mindestens zwei Nächte buchen.

Café Linnalla EISCREME €
(www.linnallaicecream.ie; New Quay; Eisbecher ab 2,50 €; ⏲ Mai–Sept. tgl. 11–19 Uhr, Okt.–April Sa &

DIE RUINEN DER CORCOMROE ABBEY

1,5 km von Bell Harbour entfernt liegt in einer ruhigen, grünen Senke zwischen den grauen Hügeln des Burren das stimmungsvolle, einsame (jedenfalls sofern keine Reisebusse die schmale Straße blockieren) Corcomroe, ein ehemaliges Zisterzienserkloster. Dies ist ein wunderbarer Ort und eine der schönsten Ruinen dieser Art.

Die **Abtei** (Corcomroe Rd, abseits der L1016) wurde 1194 von Donal Mór O'Brien gegründet, dessen Enkel Conor na Siudaine O'Brien (1267 verstorben), König von Thomond, in der Gruft an der Nordmauer begraben sein soll. Über einer schlichten Schnitzerei des Herrschers hängt ein Relief mit dem Bildnis eines Bischofs, der einen Krummstab hält. Das erhaltene Gewölbe im Chorraum und in den Querschiffen ist überaus sehenswert, ebenso wie die wunderbaren Schnitzereien überall im Gebäude aus romanischer Zeit. Im 15. Jh. begann der langsame Niedergang des Klosters. Zwischen den Überresten stößt man auf mehrere moderne Gräber.

So 12–17 Uhr) Ohne Auto kommt man nur schwer zu diesem einsamen Café. Im Linnalla gibt's gutes Eis, außerdem kann man eine Führung durch die angeschlossene Farm machen (10 € inklusive Eisbecher).

★ Linnane's Lobster Bar

FISCH & MEERESFRÜCHTE €€

(New Quay; Gerichte 9–25 €; ⌚ Mai–Sept. tgl. 12.30–20 Uhr, Okt.–April Fr–So) Das Markenzeichen dieses Restaurants mit mehreren Bereichen, einer leger-entspannten Atmosphäre und einem Blick aufs Meer sind Meeresfrüchte, die direkt von den mit Fallen übersäten Anlegestellen hinter dem Gebäude in die Kochtöpfe verfrachtet werden. Auch die Austern und der selbst geräucherte Fisch überzeugen auf ganzer Linie. Seafood Chowder (5,95 €) ist eine großartige Vorspeise.

Shoppen

Russell Gallery

GALERIE

(☎ 065-707 8185; www.russellgallery.net; New Quay; ⌚ Mo–Sa 11–18, So ab 12 Uhr) Die lichtdurchflutete Russel Gallery samt Café und Weinbar zeigt und verkauft eine Reihe Kunstwerke und Glasarbeiten irischer Künstler sowie Fotografien und Bücher über die Gegend. Außerdem gibt's Arbeiten der regionalen Stricklegende Antoinette Hensey. Bei schönem Wetter kann man draußen sitzen. Der Laden befindet sich 500 m westlich der Linnane's Lobster Bar an einer Straßenkreuzung.

Bell Harbour

Bellharbour (Beulaclugga), 8 km östlich von Ballyvaughan, ist nicht mehr als eine Straßenkreuzung mit einem Pub und einer wachsenden Anzahl von reetgedeckten Feriencottages. Hinter der modernen Church of St. Patrick, 1 km nördlich der Weggabelung von Bellharbour, führt ein schöner Spaziergang über einen alten Feldweg zum nördlich gelegenen Abbey Hill.

Weiter landeinwärts erreicht man die Überreste der Corcomroe Abbey (S. 379), das Tal und die Kirchen von Oughtmama sowie die Binnenstraße, die mitten ins Herz des Burren führt.

County Galway

251 000 EW. / 3760 KM²

Inhalt ➡

Gut essen

- Aniar (S. 392)
- Kai Cafe (S. 392)
- Mitchell's (S. 414)
- Moran's Oyster Cottage (S. 419)

Schön übernachten

- Stop (S. 387)
- Kilmurvey House (S. 399)
- Currarevagh House (S. 408)
- Dolphin Beach (S. 413)

Auf nach Galway

Wer diese Grafschaft besucht, hat ein Problem: Die gleichnamige Hauptstadt des Countys ist so umwerfend, dass sich manch ein Traveller gar nicht mehr von ihr lösen mag, um die Umgebung zu erkunden. Gleichzeitig können einen auch die wildromantischen Aran Islands und die Connemara-Halbinsel so in ihren Bann ziehen, dass man es einfach nicht schafft, sich die Stadt anzusehen. Und was jetzt? Natürlich sollte man sich beides nicht entgehen lassen!

Galway-Stadt bezaubert mit einer energiegeladenen, fröhlichen, mitreißenden Atmosphäre, charmanten Pubs und traditionellen Musiksessions, während die durch Erosion geformten Aran Islands vor der Küste mit ihrer rauen, einsamen Schönheit punkten. An die Felsen der Inseln schmiegen sich winzige Dörfer, außerdem heißen einen die liebenswerten Einheimischen herzlich willkommen.

Im Westen erstrecken sich der Wild Atlantic Way und die Connemara-Halbinsel, die sich vor ihrer malerischen Konkurrenz im Süden nicht verstecken müssen. Hier führen schmale Straßen entlang der Küste zu unerwartet weißen Stränden und faszinierenden alten Ortschaften.

Reisezeit

- Mit ihren erstklassigen Restaurants, den lebhaften Pubs und dem regen Studentenleben ist die Stadt Galway das ganze Jahr über ein lohnenswertes Reiseziel.
- Die anderen Gebiete der Grafschaft besucht man besser während der milderen Monate.
- Im tiefen Winter sind die Aran Islands bei Sturm möglicherweise gar nicht erst zu erreichen.
- Auf der schönen Connemara-Halbinsel schließen im Dezember und Januar sowie teilweise sogar im Februar viele ländliche Unterkünfte.
- Der Juni ist für alle Orte im County ein besonders guter Reisemonat, denn dann sind alle Sehenswürdigkeiten geöffnet, aber noch nicht so viele Besucher hier.

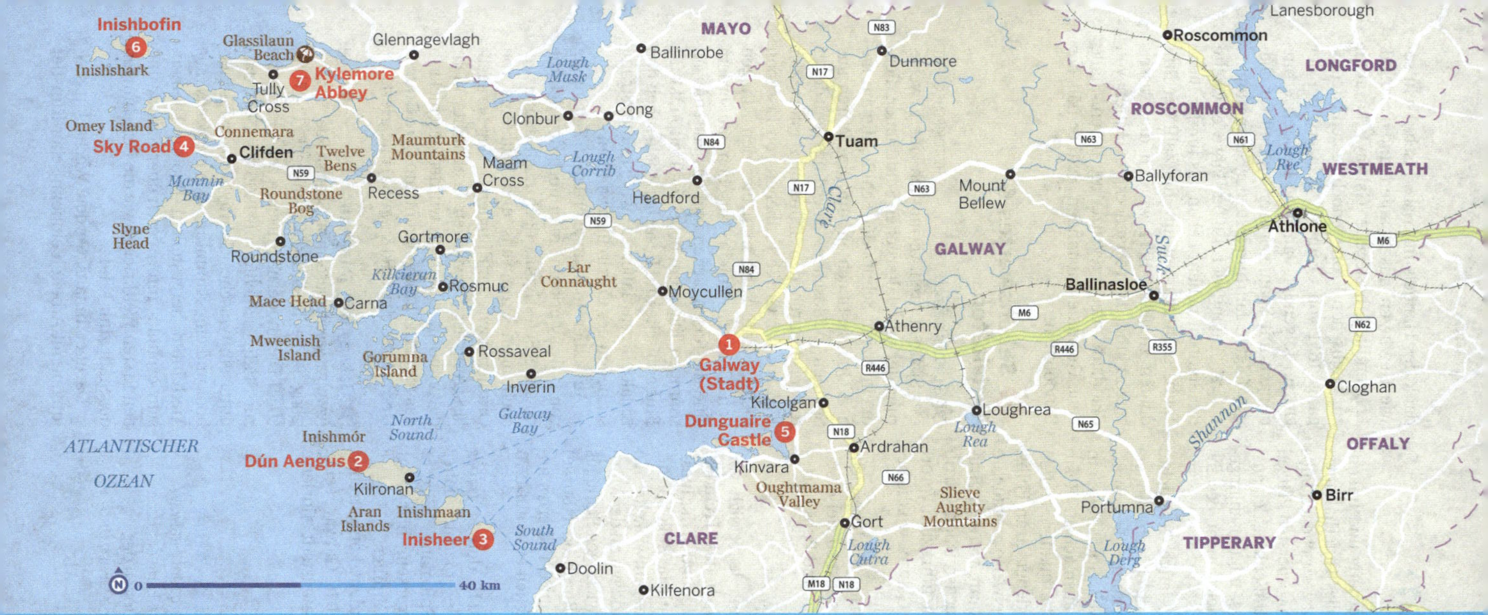

Highlights

1 In **Galway** stimmungsvolle Pubs besuchen und tolle Trad Sessions erleben (S. 362).

2 Die windgepeitschte Festung **Dún Aengus** (S. 397) auf Inishmór bestaunen.

3 Auf **Inisheer** (S. 404) heilige Stätten und Quellen erkunden, über ein Schiffswrack klettern und mit Steinen sprechen.

4 Von der **Sky Road** (S. 412) in der Nähe von Clifden der Sonne zuschauen, wie sie im Atlantik versinkt.

5 Auf das Dach von **Dunguaire Castle** (S. 419) steigen und Galway Bay und Kinvara von oben betrachten.

6 Auf der dünn besiedelten Insel **Inishbofin** (S. 415) Zuflucht suchen und sich den wilden Atlantikwind durchs Haar wehen lassen.

7 Die wundervoll-traumhafte Landschaft des ummauerten Gartens der **Kylemore Abbey** (S. 417) entdecken.

GALWAY (STADT)

75 600 EW.

Galway (Gaillimh) ist alternativ und unkonventionell und für sein tolles Unterhaltungsangebot bekannt. Aus bunt gestrichenen Pubs schallt Livemusik, von den vordersten Plätzen in den Cafés kann man Straßenkünstler, ausufernde Wochenendpartys, engumschlungene Pärchen, und noch vieles mehr bestens beobachten.

Der Ort blickt auf eine lange Geschichte zurück, hat aber gleichzeitig ein sehr modernes Flair und bietet viele kulturelle Events., schon allein deshalb, weil Studenten ein Viertel der Einwohner ausmachen. Reste der mittelalterlichen Stadtmauer stehen zwischen Geschäften, in denen Aran-Pullis, Claddagh-Ringe und stapelweise gebrauchte sowie neue Bücher verkauft werden. Brücken überspannen den lachsreichen Carrib und eine lange Promenade führt zum Vorort Salthill an der Bucht von Galway, wo die berühmten Austern herkommen.

Galway wird oft als „irischste" Stadt bezeichnet, zumal man nirgends sonst so viel Irisch in den Straßen, Geschäften und Pubs hört.

Geschichte

Der irische Name Gaillimh leitet sich von dem keltischen Wort *gail* ab, das „Fremder" oder „Außenseiter" bedeutet und in der hiesigen Geschichte eine wesentliche Rolle spielte.

In normannischen Zeiten entwickelte sich das kleine Fischerdorf Claddagh an der Mündung des Corrib zu einer wichtigen Stadt, als Richard de Burgo (auch Burgh oder Burke) es 1232 den hier ansässigen O'Flahertys abtrotzte. Die Schutzwälle gehen etwa auf 1270 zurück.

1396 übertrug Richard II. den 14 *tribes* (Kaufmannsfamilien) die Macht, daher stammt auch Galways Spitzname „City of the Tribes". Jeder Kreisverkehr hier trägt den Namen einer dieser Familien.

Unter den herrschenden königstreuen Kaufmannsfamilien behielt Galway seine Unabhängigkeit. Die Hafenstadt florierte dank des Handels mit Salz, Fisch, Wein sowie Gewürzen aus Spanien und Portugal. Letztendlich besiegelte Galways Loyalität zur englischen Krone jedoch seinen Niedergang. 1651 von Cromwell belagert, fiel der Ort im folgenden Jahr. Die Handelsverbindungen mit Spanien rissen ab und für Galway folgten Jahrhunderte der Stagnation.

Erst Anfang der 1990er-Jahre erwachte die Stadt zu neuem Leben, als immer mehr Touristen herkamen und die Zahl der Studenten zunahm. 1934 wurden die Gassen geteert und die reetgedeckten Hütten von Claddagh niedergewalzt, an deren Stelle neue Gebäude entstanden. Seither hält der Bauboom an.

> **NOCH MEHR TIPPS?**
>
> Auf der Website von **Lonely Planet** (lonelyplanet.com/ireland/county-galway/galway-city) gibt's weitere Hinweise zur Reiseplanung, Empfehlungen der Autoren, Beiträge von Travellern und Insidertipps.

Sehenswertes & Aktivitäten

★ Spanish Arch HISTORISCHE STÄTTE

Der Spanish Arch, vermutlich eine Erweiterung der mittelalterlichen Stadtmauer, diente einst zum Schutz der Schiffe, die am nahen Quai festmachten, um ihre Waren aus Spanien zu löschen. Allerdings wurde er teilweise durch den Tsunami zerstört, der 1755 auf das Große Erdbeben von Lissabon folgte. Heute kann man hier den Klängen von Bongotrommeln lauschen, außerdem sind die Rasenflächen und das Flussufer an sonnigen Tagen ein beliebter Treffpunkt für Einheimische und Besucher. Viele sehen den Kajakfahrern dabei zu, wie sie die Stromschnellen des Corrib überwinden.

Auf einer 1651 angefertigten Zeichnung von Galway erkennt man noch deutlich die massive Befestigung, doch nach den Heimsuchungen Cromwells und Wilhelms von Oranien sowie Jahrhunderten der Vernachlässigung ist inzwischen fast nichts mehr davon übrig. Überreste wurden geschickt in das moderne Einkaufszentrum **Eyre Square Centre** (Merchants Rd & Eyre Sq) integriert.

★ Galway City Museum MUSEUM

(www.galwaycitymuseum.ie; Spanish Pde; ganzjährig Di–Sa 10–17 Uhr, Ostern–Sept. 12–17 Uhr) GRATIS Das moderne Museum zeigt Exponate zur Stadtgeschichte von 1800 bis 1950, darunter ein typisches Galway-Hooker-Fischerboot und eine Sammlung von *currachs* (aus Tierhäuten hergestellten Boote). Themenschwerpunkte informieren über Galway und den Ersten Weltkrieg sowie die Beziehungen der Stadt zum Kino.

Darüber hinaus werden Wechselausstellungen mit Arbeiten einheimischer Künstler gezeigt. Das Café im Erdgeschoss bietet Aussicht auf den Spanish Arch und eignet sich perfekt für eine kleine Pause.

Hall of the Red Earl ARCHÄOLOGISCHE STÄTTE
(www.galwaycivictrust.ie; Druid Lane; Mo–Fr 9.30–16.45, Sa 10–13 Uhr) GRATIS Im 13. Jh., als die Burgo-Familie in Galway das Sagen hatte, ließ Richard, der Rote Graf, einen großen Saal als Machtzentrum errichten. Hier baten die Einwohner um Gefallen oder leckten in der Hoffnung zukünftiger Gnade etwas Speichel. Nachdem die 14 *tribes* die Macht übernommen hatten, verfiel der Raum. Erst 1997 bei einer Erweiterung des Zollhauses wurde er wiederentdeckt. Das Zollgebäude steht auf Stelzen über den freiliegenden Fundamenten.

Verschiedene Artefakte sowie eine Fülle von faszinierenden Ausstellungen vermitteln eine Vorstellung vom Leben in Galway vor 900 Jahren. Vor Ort finden sich oft Freiwillige, die den Besuchern die Ruine und ihre Bedeutung erklären.

Collegiate Church of St. Nicholas of Myra KIRCHE
(Market St; Eintritt gegen Spende; April–Sept. Mo–Sa 9–17.45, So 13–17 Uhr, Okt.–März Mo–Sa 10–16, So 13–17 Uhr) Irlands größte noch heute genutzte mittelalterliche Pfarrkirche verfügt über eine pyramidenartige Turmspitze. Sie wurde 1320 errichtet und im Verlauf der Jahrhunderte mehrmals umgebaut sowie erweitert, wobei einiges von ihrer ursprünglichen Form erhalten blieb.

Die Kirche wurde seit jeher mit der Seefahrt in Verbindung gebracht und nach Nikolaus, dem Schutzheiligen der Seeleute, benannt. Christoph Kolumbus soll 1477 hier gebetet haben. Tagsüber ist die Kirche meistens recht leer und bietet eine willkommene Erholung vom städtischen Trubel.

Eyre Square PARK
Selbst bei schlechtestem Wetter herrscht auf dem wichtigsten Platz der Stadt geschäftiges Treiben. Die weitläufige Grünfläche mit Skulpturen und Fußwegen heißt offiziell zwar Kennedy Park in Erinnerung an den Besuch von JFK 1963, die Einheimischen nennen ihn aber Eyre Square.

Am oberen Ende des Platzes wacht das **Browne's Doorway** (1627), ein beeindruckendes Überbleibsel eines Wohnhauses, das einer der damals herrschenden Kaufmannsfamilien Galways gehörte und von der Abbeygate St. hierher verlegt wurde.

An der Südwestseite erstreckt sich eine Fußgängerzone mit zahlreichen Sitzgelegenheiten. Fast die ganze Ostseite nimmt das in alter viktorianischer Pracht renovierte Hotel Meyrick (S. 388) ein.

Lynch's Castle HISTORISCHES GEBÄUDE
(Ecke Shop & Upper Abbeygate Sts; Mo–Mi & Fr 10–16, Do 10–17 Uhr) Dieses Anwesen gehört zu den schönsten Stadtburgen Irlands und ist heute Teil der AIB Bank. Es wurde im 14. Jh. errichtet, allerdings stammen viele Anbauten aus der Zeit um 1600.

Eigentliches Highlight des Gebäudes ist die mit dämonischen Wasserspeiern aus Stein und Wappen von Heinrich VII., der Familien Lynch (der mächtigsten der 14 herrschenden *tribes*) und Fitzgerald aus Kildare geschmückte Fassade. Inzwischen beherbergt die Burg die AIB Bank – und vielleicht wünschen sich die Angestellten manchmal, dass die dicken Mauern sie vor der Wut der Bürger schützen würden. Innen lohnt ein Blick auf den herrlichen großen Kamin.

Salmon Weir STAUWEHR
Östlich der Galway Cathedral überspannt die hübsche Salmon Weir Bridge den Corrib. Stromaufwärts ergießt sich das Wasser in ein großes Wehr, bevor es schließlich die Bucht von Galway erreicht. Diese Staustufe steuert den Wasserstand oberhalb. Wenn die Lachse flussaufwärts zu ihren Laichrevieren ziehen, kann man im klaren Wasser oftmals ganze Schwärme beobachten.

Die Lachs- und Meerforellensaison dauert zwar eigentlich von Februar bis September, viele Fische durchqueren das Wehr aber in den Monaten Mai und Juni.

Die Stelle ist unter Anglern sehr beliebt, auch wenn Galway Fishery (S. 394) den Fang im Mai und Juni auf einen Fisch pro Tag beschränkt hat. Ein Exemplar kann bis zu 7 kg oder sogar schwerer werden.

Galway Cathedral KIRCHE
(Catholic Cathedral of Our Lady Assumed into Heaven & St Nicholas; www.galwaycathedral.org; Gaol Rd; Eintritt gegen Spende; 8–18 Uhr) Über dem Corrib erhebt sich die imposante Galway Cathedral, 1965 vom Bostoner Kardinal Richard Cushing geweiht. Der Innenraum – mit seiner schön gestalteten Kuppel, den anmutsvollen romanischen Bögen, herrlichen Mosaiken und dem aus Stein gemeißelten, verschwenderisch mit Buntglas geschmückten Mauerwerk – ist einfach prachtvoll. Die hervorragende Akustik kommt am besten bei einem der donnernd lauten **Orgelkonzerte** (Terminvorschau auf der Website) zur Geltung.

Galway (Stadt)

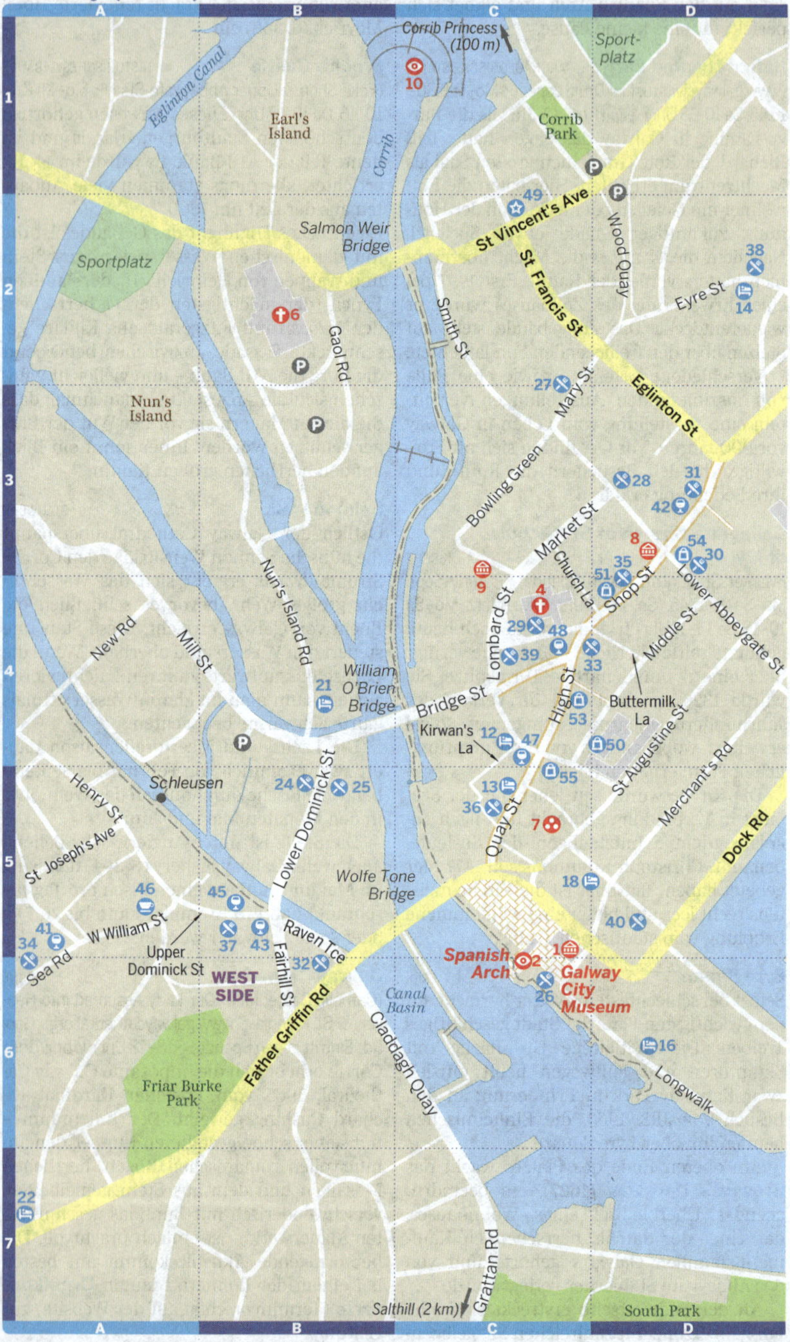

Eine sehenswerte Seitenkapelle beherbergt ein Mosaik von der Widerauferstehung mit einem integrierten Bild des betenden JFK. Vom Spanish Arch führt ein Weg flussaufwärts über die Salmon Weir Bridge bis zur Kathedrale.

Nora Barnacle House MUSEUM

(☎091-564 743; 8 Bowling Green; Erw./Kind 2,50/2 €; ⏲Öffnungszeiten telefonisch erfragen) Hier lebte Nora Barnacle (1884–1951), bevor sie 1904 in Dublin ihren zukünftigen Ehemann James Joyce traf. Heute werden in dem privat geführten Museum Briefe und Fotos des Paares inmitten geschmackvoll arrangierter Möbel präsentiert. In dem 100 Jahre alten Haus gab es bis in die 1940er-Jahre kein fließendes Wasser, stattdessen benutzte die Familie Barnacle die gemeinschaftliche Pumpe auf der anderen Straßenseite.

Salthill STADTVIERTEL

Besucher flanieren gern über die **Prom**, einen 2,5 km langen Spazierweg am Ufer zwischen Stadtrand und Salthill, der an der Wolfe Tone Bridge beginnt. Dem Brauch gemäß muss man der Mauer gegenüber den Sprungbrettern einen Tritt verpassen, bevor man umkehrt.

In und um Salthill locken viele gemütliche Pubs, aus denen man die häufig von Stürmen umtoste Bucht beobachten kann.

Geführte Touren

Wer wenig Zeit mitbringt, aber trotzdem die Connemara-Halbinsel, den Burren und die Cliffs of Moher sehen möchte, nimmt am besten an einer Bustour teil. Darüber hinaus werden in der Stadt Bootsausflüge zum Lough Corrib organisiert. Die Exkursionen können beim Veranstalter oder bei der Touristeninformation gebucht werden.

★ **Burren Wild Tours** BUSAUSFLÜGE

(☎087 877 9565; www.burrenwalks.com; Abfahrt Galway Coach Station; 10–25 €; ⏲10–17 Uhr) Saisonale Bustouren zum Burren und den Cliffs of Moher inklusive einer leichten einstündigen Wanderung.

Corrib Princess BUSAUSFLÜGE

(☎091-592 447; www.corribprincess.ie; Woodquay; Erw./Student/Familie 16/14/36 €; ⏲Mai–Sept.) Zwei bis drei 90-minütige Rundfahrten pro Tag auf dem Corrib und dem Lough Corrib, die am Woodquay, direkt hinter der Salmon Weir Bridge, starten.

Galway (Stadt)

Highlights

1 Galway City Museum ... C5
2 Spanish Arch ... C6

Sehenswertes

3 Browne's Doorway ... E2
4 Collegiate Church of St. Nicholas of Myra ... C4
5 Eyre Square ... E3
6 Galway Cathedral ... B2
7 Hall of the Red Earl ... C5
8 Lynch's Castle ... D3
9 Nora Barnacle House ... C3
10 Salmon Weir ... C1

Aktivitäten, Kurse & Touren

11 Lally Tours ... F3

Schlafen

12 7 Cross Street ... C4
13 Barnacles ... C5
14 Eyre Square Townhouse ... D2
15 Galway City Hostel ... F3
16 Heron's Rest ... D6
17 Hotel Meyrick ... E3
18 House Hotel ... C5
19 Kinlay Hostel ... E3
20 Snoozles Tourist Hostel ... F2
21 St. Martins B&B ... B4
22 Stop ... A7
23 Western Hotel ... E1

Essen

24 Aniar ... B5
25 Arabica Coffee ... B5
26 Ard Bia at Nimmo's ... C6
27 Asian Tea House ... C2
28 Dough Bros ... D3
29 Farmers Market ... C4
30 Food 4 Thought ... D3
31 Gino's ... D3
32 Gourmet Tart Co ... B6
33 Griffin's ... C4
34 Kai Café ... A6
35 McCambridge's ... D4
36 McDonagh's ... C5
37 Oscar's ... B5
38 Renzo ... D2
39 Sheridans Cheesemongers ... C4
40 Wa Café ... D5

Ausgehen & Nachtleben

41 Crane Bar ... A5
42 Garavan's ... D3
43 Monroe's Tavern ... B5
44 O'Connell's ... E3
45 Róisín Dubh ... B5
46 Secret Garden ... A5
47 Séhán Ua Neáchtain ... C4
48 Tig Cóilí ... C4

Unterhaltung

49 Town Hall Theatre ... C2

Shoppen

50 Charlie Byrne's Bookstore ... D4
51 Eason's ... D4
52 Eyre Square Centre ... E3
53 Kiernan Moloney Musical Instruments ... C4
54 P. Powell & Sons ... D3
55 Thomas Dillon's Claddagh Gold ... C5

Galway on Foot STADTSPAZIERGANG
(☎085 730 2488; mindestens 2 Pers., 10 € pro Pers.) Großartige, lustige und entspannte Stadtspaziergänge zur Geschichte und Kultur der Stadt. Sie starten am Spanish Arch.

Galway Food Tours KULINARISCHER STADTSPAZIERGANG
(☎086 733 2885; geführte Tour 26 €; ⏲Do–So) Anderthalb- bis zweistündige Stadtspaziergänge zum Thema Gastronomie führen u.a. zu den Lebensmittelmärkten und Top-Restaurants.

Galway Tour Company BUSAUSFLÜGE
(☎091-566 566; www.galwaytourcompany.com; Ausflug ab 20 €; ⏲März–Okt.) Jede Menge Ausflüge, z. B. zum Burren im County Clare, zu den Aran Islands und nach Connemara.

Lally Tours BUSAUSFLÜGE
(☎091-562 905; www.lallytours.com; 4 Forster St; Ausflüge Erw./Kind ab 25/15 €) Unterhaltsame, informative Bustouren durch Connemara, zum Burren und zu den Cliffs of Moher. Abfahrt am Busbahnhof Galway. Auch Hop-on-/Hop-off-Stadttouren durch Galway (Erw./Kind 12/6 €).

Old Galway City Tour BUSAUSFLÜGE
(☎091-562 905; www.lallytours.com; Galway Tourist Office, Forster St; 24-Std.-Ticket Erw./Kind 12/6 €; ⏲März–Okt. 10.30–15 Uhr) Hop-on-/Hop-off-Touren durch die Stadt und die Umgebung. Die Busse starten alle 90 Minuten und steuern 14 Haltestellen an.

Schlafen

Viele B&Bs liegen an den großen Zufahrtsstraßen und in Salthill. Um Galway und seine Attraktionen richtig genießen zu können, sucht man sich am besten eine Bleibe im Zentrum. Wer länger bleiben möchte, findet im *Galway Advertiser* (www.galwayadvertiser.ie) und unter www.daft.ie Mietwohnungen.

Unter den zahlreichen Straßen mit B&Bs sticht vor allem die College Road hervor, in der Dutzende Unterkünfte zu finden sind. Von hier führt ein zehnminütiger Spaziergang entlang der Lough Atalia Road ins Stadtzentrum.

Die zahlreichen Feste und die Nähe zu Dublin ziehen das ganze Jahr über Besucher an, insbesondere an den Wochenenden. Hotelzimmer sind oft Monate vorher ausgebucht, deshalb sollte man unbedingt frühzeitig reservieren. Außerdem kann es zum echten Problem werden, sein Auto an Unterkünften ohne Parkplatz abzustellen.

★ Kinlay Hostel HOSTEL €
(☎ 091-565 244; www.kinlayhouse.ie; Merchants Rd; B/DZ 17–29/54–70 €; @📶) Freundliche Angestellte, eine gute Ausstattung (u. a. zwei Küchen für Selbstversorger und zwei gemütliche Fernsehzimmer mit Billiardtisch) und seine Lage nahe dem Eyre Square machen das Kinlay zu einer sehr guten Wahl. Auf zwei großen, hell erleuchteten Stockwerken bietet das Hostel Doppelzimmer und Schlafsäle für vier bis zehn Personen. Von einigen Zimmern genießt man eine Aussicht auf die Bucht und die neueren Betten sind mit Steckdosen und USB-Anschlüssen versehen.

Snoozles Tourist Hostel HOSTEL €
(☎ 091-530 064; www.snoozleshostelgalway.ie; Forster St; B/DZ 10–25/45–70 €; @📶) Alle Schlafsäle und Privatzimmer dieses Hostels, das westlich vom Eyre Square und nicht weit vom Bahnhof und Busbahnhof liegt, verfügen über eigene Bäder. Das kontinentale Frühstück ist im Preis enthalten. Zu den weiteren Pluspunkten zählen eine Terrasse zum Grillen, ein Billardtisch, ein Aufenthaltsraum mit Videospielen (PS2) und eine Küche.

Barnacles HOSTEL €
(☎ 091-568 644; www.barnacles.ie; 10 Quay St; B/DZ 14–35/50–75 €; @📶) Das sehr zentrale und hervorragend geführte Hostel befindet sich in einem mittelalterlichen Gebäude mit modernem Anbau. Die Zimmer sind sauber und aufgeräumt, die Küche ist groß und es gibt einen gemütlichen Gemeinschaftsraum mit großem Gaskamin und Spielkonsolen. Sonntags lädt das Haus zum kostenlosen Pasta-Abend ein und mittwochs dürfen die hier auftretenden Musiker kostenlos übernachten. Zum Frühstück gehören Scones und *soda bread*.

St Martins B&B B&B €
(☎ 091-568 286; 2 Nun's Island; EZ/DZ ab 40/70 €; 📶) Das gut geführte Haus im alten Stil hat einen Garten mit Blick auf die William O'Brien Bridge und den Corrib. Die vier Zimmer sind mit allem Komfort ausgestattet (sogar mit Wärmflaschen) und manche Gäste kommen allein wegen des tollen Frühstücks. Außerdem ist Inhaberin Mary Sexton einfach klasse. Einen Parkplatz findet man allerdings nur schwer.

Galway City Hostel HOSTEL €
(☎ 091-535 878; www.galwaycityhostel.com; Frenchville Lane, Eyre Sq; B/DZ 16–25/40–80 €; @📶) Das fröhliche, gepflegte und ordentliche Hostel direkt gegenüber vom Bahnhof wartet mit orange gestrichenen, sehr sauberen Gemeinschaftsbereichen auf. Das kontinentale Frühstück ist im Preis inbegriffen, ebenso kann man ohne Aufpreis Ausdrucke erstellen, ein Fahrrad ausleihen und die Waschmaschinen nutzen. Die Bar im Erdgeschoss punktet mit freundlichen Mitarbeitern und bietet regelmäßig traditionelle Live-Musik. Einige Betten sind mit Steckdosen und USB-Anschlüssen versehen.

★ Stop B&B €€
(☎ 091-586 736; www.thestopbandb.com; 38 Father Griffin Rd; EZ/DZ/2BZ/3BZ/4BZ ab 50/80/80/120/160 €; 📶) Mit flippigen Kunstwerken, fröhlichen Farben und Holzdielenböden herausgeputzt, zieht die fantastische Unterkunft alle Register – und die Besitzer sorgen dafür, dass alles immer frisch und blitzeblank ist. Die elf Zimmer sind allesamt tipptopp und hübsch eingerichtet. Viel Platz ist hier nicht, aber er wird clever genutzt: Es gibt keine Kleiderschränke (nur Kleiderstangen) und kein TV, aber gemütliche Betten und kleine Schreibtische. Ein weiterer Pluspunkt ist das Frühstück.

DIE HOOKERS VON GALWAY

Wir machen jetzt mal keine blöden Witze darüber, dass *hooker* (Irisch *húiceár*) auch ein umgangssprachliches Wort für Prostituierte ist … Stattdessen sind damit die legendären hölzernen Segelboote gemeint, die vom 19. bis ins 20. Jh. in der Region genutzt wurden. Bei Hobbykapitänen und Wochenendseglern erfreuen sich die kleinen, robusten und manövrierfähigen Einmaster großer Beliebtheit. Ihre Rümpfe werden mit Pech wasserdicht gemacht und sind dementsprechend schwarz wie die Nacht, während die Segel eine rostrote Farbe haben.

★ Heron's Rest B&B €€
(☎ 091-539 574; www.theheronsrest.com; 16A Longwalk; EZ/DZ ab 75/160 €; 📶) Die aufmerksamen Gastgeber dieses B&Bs in idealer Lage in einer schönen Reihenhausstraße am Ufer des Corrib stellen sogar Liegestühle bereit, damit die Gäste draußen den Anblick des Flusses so richtig genießen können. Ebenso toll sind die urlaubsfreundlichen Frühstückszeiten von 8 bis 11 Uhr und die Karaffen mit Portwein (mehr als zwei Gläser) etc. Die niedlichen kleinen Zimmer haben Doppelverglasung und schauen alle aufs Wasser.

Ardawn House B&B €€
(☎ 091-568 833; www.ardawnhouse.com; College Rd; EZ/DZ ab 50/80 €; 📶) Eine der nettesten Unterkünfte in der von B&Bs gesäumten College Road. Das traditionelle Gebäude punktet mit eleganten Gästezimmern, einem fürstlichen Frühstücksraum und einem königlichen Frühstück, zu dem jede Menge Konfitüren, Käse, Omeletts und vieles mehr gehören.

Four Seasons B&B B&B €€
(☎ 091-564 078; www.fourseasonsgalway.com; 23 College Rd; EZ/DZ ab 50/80 €; 📶) Dieses Four Seasons hat nur sieben Zimmer, die allerdings so günstig sind, dass man sich noch ein paar Pints gönnen kann. Die Pension wird von den freundlichen Fitzgeralds betrieben und ist eine der besten Unterkünfte in der Straße. Üppiges Frühstück, frisches Obst und ein heimeliges Ambiente.

7 Cross Street HOTEL €€
(☎ 091-530 100; www.7crossstreet.com; 7 Cross St; Zi. ab 80 €; 📶) Ein traditionelles Gebäude in hervorragender Zentrumslage beherbergt die zehn kleinen, aber hipp eingerichteten Zimmer dieses engen Hotels. Man kann auch nach dem Stadthaus mit drei Schlafzimmern fragen, das in der Nun's Island Nr. 27 für 325 € pro Nacht vermietet wird.

Eyre Square Townhouse GASTHAUS €€
(☎ 091-568 444; www.eyresquaretownhouse.com; 35 Eyre St; EZ/DZ ab 40/50 €; 📶) Die zehn Zimmer sind recht klein, doch dafür stimmt in der schlichten, gut geführten Unterkunft in der Nähe des Eyre Square der Preis und das Personal ist nett. Alles hier sieht ein bisschen nach IKEA aus und es gibt moderne Bäder. Die Rezeption ist nicht durchgängig besetzt.

Western Hotel HOTEL €€
(☎ 091-562 834; www.thewestern.ie; 33 Prospect Hill; DZ/2BZ/3BZ/4BZ 55–150/60–180/70–180/70–240 €; @📶) Die drei georgianischen Gebäude mit einem modernen Block dahinter liegen zentral und östlich des Eyre Square und haben historischen Charme. Die Zimmer sind groß, modern und komfortabel und haben großzügige Schreibtische und riesige TV-Flatscreens. Parken kann man in der Tiefgarage des Hotels.

★ House Hotel HOTEL €€€
(☎ 091-538 900; www.thehousehotel.ie; Spanish Pde; Zi. 100–220 €; 📶) Ein angesagtes Farbspektrum schmückt die Lobby des modisch-eleganten Boutique-Hotels. In den netten Gemeinschaftsbereichen kontrastiert moderne Kunst mit traditionellen Details und kräftigen Akzenten. Katzen sind das häufigste Motiv. Die 40 Zimmer sind klein, aber gemütlich. Sie warten mit einem farbenfrohen Design und hochwertigen Stoffen auf. Die Bäder sind sehr komfortabel.

Hotel Meyrick HOTEL €€€
(☎ 091-564 041; www.hotelmeyrick.ie; Eyre Sq; Zi. 115–450 €; 📶) Bei seiner Eröffnung im Jahr 1852 hieß das stattliche Prunkstück, das sich groß über dem Eyre Square erhebt, Railway Hotel und später Great Southern Hotel. Es ist zwar etwas lädiert und angeschlagen, mit seiner beeindruckenden Empfangshalle und den schicken Zimmern wirkt es aber immer noch elegant. Die Rezeption liegt rechts vom Eingang. Die Zimmer mit Blick auf den Platz sind teurer.

Essen

Galways Spezialität sind Gerichte wie Fish 'n' Chips, Meeresfrüchtesuppen und perfekt zubereiteter Lachs. Auf vielen Karten stehen Austern aus der städtischen Bucht. Leckeres Essen bekommt man sowohl auf dem Markt – dort bieten Bauern in Gummistiefeln erdverkrustetes Gemüse feil – als auch in modernen Restaurants, wo die irische Küche neu definiert wird.

In der Quay Street, einer Fußgängerzone, liegen zahlreiche Touristenlokale. Ein Einheimischer sagte uns dazu Folgendes: „Früher bekam man auf der Quay Street höchstens einen steinharten Keks und wurde als Nächstes von einem Bus überfahren."

Galways fantastischer **Bauernmarkt** (www.galwaymarket.com; Church Ln; ⏲ Sa 8–16, So 12–17 Uhr) in den Straßen rund um die St. Nicholas Church ist einer der besten der Region. Er wartet mit Salzigem aus dem Meer, erdverkrusteten „Bodenschätzen" und Milchprodukten aus der Region auf. Außerdem verkaufen hier Kunsthandwerker ihre Produkte.

★ McCambridge's CAFÉ, SELBSTVERSORGER €
(www.mccambridges.com; 38/39 Shop St; Snacks ab 3 €, Hauptgerichte 7–13 €; ⏲ Café Mo–Mi 9–17.30, Do–Sa 9–21, So 10.30–18 Uhr, Lebensmittelladen Mo–Mi 8–19, Do–Sa 8–21, So 10.30–18 Uhr) Dieser alteingesessene Lebensmittelladen bietet erstklassige fertige Salate, warme Gerichte und einige exotischere Dinge. Hier kann man sich das perfekte Picknick zusammenstellen oder seinen Einkauf gleich vor dem Laden an Tischen auf dem Bürgersteig verputzen. Das Café im ersten Stock mit seinen hohen Decken, dem hellen Holz und den geschäftigen Kellnern ist bezaubernd und bietet eine stets wechselnde Speisekarte mit moderner irischer Küche sowie innovative Sandwiches, samtige Suppen und erstklassigen Kaffee.

★ Sheridans Cheesemongers FEINKOST, WEINBAR €
(www.sheridanscheesemongers.com; 14 Churchyard St; Snacks ab 4 €; ⏲ Laden Mo–Fr 10–18, Sa 9–18, So 12–17 Uhr, Weinbar Mo 16–23, Di–Fr 13–24, Sa 12–24, So 14–23 Uhr) Im Sheridans Cheesemongers duftet es nach Käse aus der Region und der ganzen Welt und nach anderen Delikatessen, darunter viele mit mediterraner Note. Das eigentliche Highlight befindet sich jedoch am Ende einer schmalen Treppe: In einem luftigen Raum kann man alle Leckerbissen, die unten verkauft werden, mit einem Glas Wein aus der umfangreichen Karte (mit einem Schwerpunkt auf italienischen Weinen) genießen.

Dough Bros PIZZA €
(☎ 087 176 1662; www.thedoughbros.ie; 24 Upper Appeygate St; Pizza ab 7,50 €; ⏲ 12–22 Uhr) Zur Zeit unserer Recherche war diese hellgrüne Verkaufsstelle der Pop-up-Laden eines fahrenden Holzofenpizza-Restaurants, das seine Karriere als LKW begann. Inwischen steht es in Galways Foodie-Szene hoch im Kurs, weil die frischen und köstlich belegten Pizzen perfekte Krusten haben und die Atmosphäre locker und entspannt ist. Im Restaurant kann man erfahren, wo der Truck gerade steht.

Griffin's CAFÉ, BÄCKEREI €
(www.griffinsbakery.com; Shop St; Hauptgerichte 4–8 €; ⏲ Mo–Sa 8–18 Uhr) Obwohl dieser wunderbare Laden bereits seit 1876 von der Griffin-Familie geführt wird, wirkt er so frisch wie ein Brötchen, das gerade aus dem Backofen kommt. Die kleine Theke ist mit süßen Köstlichkeiten gefüllt, außerdem bietet das Café oben guten Kaffee, Tee, Sandwiches, warme Tagesangebote, leckere Desserts und eine Menge mehr.

Gourmet Tart Co FEINKOST, BÄCKEREI €
(www.gourmettartco.com; Raven Tce; Hauptgerichte 5–9 €; ⏲ So–Do 7.30–19.30, Fr & Sa 7.30–23 Uhr) Hausgemachte Produkte, super frisch und ohne Zusätze oder Konservierungsstoffe, werden hier eindrucksvoll präsentiert. Es gibt knackige Salate, gesunde Suppen, perfekte Sandwiches und verführerische Törtchen. Man kann sie vor Ort verzehren oder mitnehmen und wird sehr freundlich bedient.

Food 4 Thought VEGETARISCH €
(Lower Abbeygate St; Hauptgerichte 6–9 €; ⏲ Mo–Fr 7.30–18, Sa 8–18, So 11.30–16 Uhr; 📶 ✔) Ein Laden, in dem vegetarische Sandwiches aus Biozutaten, herzhafte Scones und sättigende Speisen wie Cashewnussbraten zubereitet werden. Darüber hinaus gibt's Infos zu Energieworkshops und Yogakursen. Kaffee wird kostenlos nachgeschenkt!

Renzo CAFÉ €
(32 Eyre St; ⏲ Mo–Mi 8–17.30, Do–Sa 8–19, So 10–17.30 Uhr) Hier ist man richtig, wenn man hochwertige Kaffees, Gourmet-Sandwiches oder Pasteten sucht. Außerdem im Angebot: eine kleine Auswahl an Büchern und Kunst. Das erbsengrüne Renzo liegt versteckt an der Eyre Street, ist ein ruhiges Plätzchen und hat zuvorkommendes Personal.

Arabica Coffee CAFÉ €
(www.arabicagalway.com; 58 Lower Dominic St; ⏲ Mo–Fr 7.30–18, Sa 8–18, So 10–16 Uhr) Das Café mit dunklem Holzboden und überdurchschnittlichem Service ist so sauber und ordentlich, dass es geradezu strahlt. Eine gute Adresse fürs Frühstück, für frisches Gebäck, Bagel, Panini, Wraps und Sandwiches. Von kompetenten und hilfsbereiten Baristas zubereiteten Kaffee gibt es natürlich auch, WLAN aber leider nicht.

Wa Cafe JAPANISCH €
(www.wacafe.net; 13 New Dock St; Hauptgerichte ab 4,50 €; ⏲ Mo–Do 12–15 & 17–21, Fr–So 12–16 & 17–21 Uhr) Der winzige Sushi-Salon mit seinen Holztischen ist genau richtig, wenn man eine Oase der Ruhe sucht. Serviert werden köstliche Sushirollen und -sets, Nigiri-Sets, Bento-Mittagsboxen, Sashimi und *yakisoba*-Nudeln. Nach den Sushikursen am Sonntag fragen!

Gino's EIS €
(24 William St; Becher ab 3 €; ⏲ 10–23 Uhr) Beim Shoppen im Zentrum die reinste Versuchung: Ginos mehr als 30 hausgemachte Eissorten im Becher oder in der Waffel.

BARRY LEWIS/ALAMY STOCK PHOTO ©

1. Galway International Oyster & Seafood Festival **2.** Galway Races
3. Galway Arts Festival **4.** Hookers beim Cruinniú na mBáid

HOLGER LEUE/GETTY IMAGES ©

Feste & Events in Galway

In Galway wissen die Leute, wie man feiert, egal ob Kultur, Essen oder der Sport im Mittelpunkt steht.

Im April versammeln sich in der Stadt Schriftsteller aus aller Herren Länder zum **Cúirt International Festival of Literature** (www.cuirt.ie) und in fast jedem Pub dieser Universitätsstadt werden Prosa, Lyrik oder Poesie vorgetragen.

Beim **Galway Arts Festival** (www.giaf.ie) Mitte Juli kann man sich auf zwei Wochen voller Auftritte bzw. Ausstellungen von hochrangigen Theatergruppen, Musikern, Comedians, Künstlern und vielen mehr freuen. Das **Galway Film Fleadh** (www.galwayfilmfleadh.com) präsentiert zur gleichen Zeit neue und gewagte Filme.

Die **Galway Race Week** (www.galwayraces.com) lockt dann Ende Juli oder Anfang August Zehntausende zu einer einwöchigen wilden Party. Ihr Kernstück sind die Rennen in Ballybrit, 3 km östlich der Stadt. Die große Sause steigt am Donnerstag: Bis zum Abend haben die meisten Smokings schmutzige Knie und viele Stöckelschuhe keine Absätze mehr.

Ein echtes Highlight ist das **Galway International Oyster & Seafood Festival** (www.galwayoysterfest.com) im September. Die Muscheln vom Galway Beach schmecken zwar immer gut, in dieser Zeit aber noch ein wenig besser. Das traditionsreiche **Clarenbridge Oyster Festival** (www.clarenbridge.com) findet in der ersten Septemberwoche statt.

Weitere Festivals:

Tedfest (S. 399) Das Father-Ted-Festival findet Ende Februar/Anfang August auf den Aran Islands statt.

Galway Food Festival (www.galwayfoodfestival.com) Galway feiert Ende März seine quirlige Restaurantszene.

Bodhrán Summerschool (www.craiceann.com) Auf diesem Festival dreht sich Ende Juni fünf Tage lang alles um die tragbare, mit Ziegenfell bezogene Trommel.

Galway Hooker Boat Races (www.cruinniunambad.com) Am zweiten Wochenende im August nehmen jedes Jahr beim Cruinniú na mBáid (Treffen der Boote) traditionelle Hooker-Segelboote an einem Rennen teil.

★ **Kai Café** CAFÉ €€
(☎091-526 003; www.kaicaferestaurant.com; 20 Sea Rd; Hauptgerichte mittags/abends ab 11,50/ 18,50 €; ⌚Mo–Fr 9.30–16, Sa 10.30–16, So 12–16 & 18.30–22.30 Uhr; 📶) Das fantastische Café an der lebhaften Sea Rd verheißt Genuss pur. In entspannter, rustikaler Atmosphäre kann man hier seinen Kaffee oder ein Glas Galway Hooker Sixty Knots IPA genießen und sich eine Portion Westküstenkrabben oder Roscommon-Lamm schmecken lassen. Großartig zu jeder Tageszeit – zu den Essenszeiten sollte man aber reservieren.

★ **Oscar's** FISCH & MEERESFRÜCHTE €€
(☎091-582 180; www.oscarsbistro.ie; Upper Dominick St; Hauptgerichte 14,50–25,50 €; ⌚Mo–Sa 18–21.30, So 18–21 Uhr) Galways bestes Fischrestaurant liegt gleich westlich vom touristischen Zentrum. Die lange, häufig wechselnde Speisekarte enthält eine breite Palette lokaler Spezialitäten von Meeresfrüchten bis zu weißem Fisch (leckerer Bestandteil von Fish 'n' Chips), mit teils gewagten Aromen. Montags bis donnerstags gibt es vor 19.30 Uhr ein Zweigänge-Abendmenü (18,50 €).

★ **Asian Tea House** ASIATISCH €€
(☎091-563 749; 15 Mary St; Hauptgerichte 14–24 €; ⌚Mi–Mo 17–22.30 Uhr) Ein reizvoll beleuchtetes Restaurant, das mit seiner Deko aus panasiatischen Motiven, Rattanstühlen und Lampenschirmen aus Bambus besticht und von A bis Z überzeugt. Die Gerichte – hübsch angerichtet und vollkommen glutamatfrei – entstammen der malaysischen, thailändischen, vietnamesischen und chinesischen Küche. Die *tom yam*-Suppe und der seidenweiche Tofu sind auf den Punkt zubereitet. Zudem gibt's eine große Auswahl an Tees und das Personal ist sehr freundlich.

Ard Bia at Nimmo's MODERN IRISCH €€
(www.ardbia.com; Spanish Arch; Mittagessen/ Abendessen 7–10/19–26 €; ⌚Café 10–15.30, Restaurant 18–22, Weinbar 18–23 Uhr, So geschl.) Ard Bia bedeutet so viel wie „Gehobene Küche". Das unkonventionelle, aber schicke Lokal ist im ehemaligen Zollhaus aus dem 18. Jh. unweit des Spanish Arch untergebracht. Auf der Karte stehen je nach Saison Fisch und Meeresfrüchte sowie Gerichte aus Biozutaten. In dem netten Café bekommt man guten Kuchen und Kaffeespezialitäten.

McDonagh's FISCH & MERESFRÜCHTE €€
(www.mcdonaghs.net; 22 Quay St; Takeaway Gerichte ab 6 €, Restaurant Hauptgerichte 13,50–26 €; ⌚Café & Takeaway Mo–Sa 12–23, So 14–21, Restaurant Mo–Sa 17–22 Uhr) Ein Besuch hier gehört zu einem Galway-Aufenthalt einfach dazu. Das McDonagh's ist zweigeteilt, in einen Takeaway-Bereich mit langen Holztischen und den etwas feineren Restaurantbereich auf der anderen Seite. Der beste Fish-'n'-Chips-Laden der Stadt brät große Mengen an Kabeljau, Platt-, Schell- und Weißfisch sowie Lachs im Backteig mit hausgemachter Tatarsoße. Drei Austern gibt's für 5 €.

★ **Aniar** MODERN IRISCH €€€
(☎091-535 947; www.aniarrestaurant.ie; 53 Lower Dominick St; Hauptgerichte ab 30 €; ⌚Di–Do 18–22, Fr & Sa 17.30–22 Uhr) Der Küche und den Lebensmittelproduzenten aus Galway und dem Westen Irlands fühlt sich das Aniar zutiefst verpflichtet. Es trägt seinen Michelin-Stern mit Stolz, verzichtet aber auf jeglichen Schnickschnack. Sein legerer frühlingsgrüner Speisebereich lädt dazu ein, etwas aus der täglich wechselnden Abendkarte zu wählen. Auf der Getränkekarte finden sich überwiegend Weine kleiner Erzeuger.

Ausgehen & Nachtleben

Galways Angebot an Pubs ist einzigartig in Irland. Im Sommer und an den Wochenenden sind alle Kneipen rammelvoll. Besonders samstagabends füllt sich die Stadt mit feierlustigen Leuten aus dem Umland. Was wann und wo los ist, erfährt man im **Galway City Pub Guide** (www.galwaycitypubguide.com). Zahlreiche Läden bieten mehrmals pro Woche Livemusik, einige sogar jeden Abend.

In einem Großteil des Landes sieht es zwar düster aus am Hopfen-und-Malz-Horizont, aber in Galway gibt's eine Alternative zu den langweiligen Lagersorten: Hooker (www.galwayhooker.ie). Dieses feine Gebräu ist nach den bekannten Segelbooten aus der Region benannt und erntet nicht nur viel Lob, sondern hat auch zahlreiche Anhänger unter den hiesigen Biertrinkern gewonnen.

★ **Séhán Ua Neáchtain** PUB
(www.tighneachtain.com; 17 Upper Cross St; ⌚Mo–Do 12–23.30, Fr & Sa 12–24, So 12–23 Uhr) Das kornblumenblaue Neáchtain's *(„nock-tens"* ausgesprochen) oder Naughtons wurde im 19. Jh. erbaut und zieht ein sehr gemischtes einheimisches Publikum an. Ringsum stehen Tische, viele davon im Schatten eines großen Baumes. Hier gibt's gutes Mittagessen.

★ **Crane Bar** PUB
(www.thecranebar.com; 2 Sea Rd; ⌚Mo–Fr 10.30–23.30, Sa 10.30–24.30, So 12.30–23 Uhr) Ein stim-

mungsvolles altes Pub westlich des Corrib. Wer eine improvisierte abendliche *céilidh* (traditionelle Musik und Tanz) erleben möchte, hat hier die besten Chancen. In der Bar oben treten talentierte Bands auf.

Tig Cóilí PUB
(Mainguard St; ⌚ tägl. 10.30–23.30 Uhr) In der Nähe der High Street wartet das wunderbare Tig Cóili mit zwei Live-*céilidh* (traditionelle Sessions mit Musik und Tanz) pro Tag auf. Das authentische, feuerrot gestrichene Pub ist eine beliebte Anlaufstelle für Musiker, die gepflegt einen heben möchten, bzw. für Leute, die bereits einen im Tee haben und gern Musiker werden möchten.

Róisín Dubh PUB
(www.roisindubh.net; Upper Dominick St; ⌚ So–Do 17–2, Fr & Sa bis 2.30 Uhr) Auf der Dachterrasse dieser Kneipe genießt man einen tollen Ausblick auf Galway. Drinnen geben sich künftige Musikstars die Ehre, darunter jede Menge Bands, und es werden Comedy Shows veranstaltet.

Monroe's Tavern PUB
(www.monroes.ie; Upper Dominick St; ⌚ Mo–Do 10–23.30, Fr & Sa bis 0.30, Fr & Sa Live-Musik bis 2.30 Uhr) In Monroe's Tavern hört man traditionelle Musik, auch Balladen. Zudem handelt es sich um das einzige Pub der Stadt, in dem nach wie vor regelmäßig typisch irische Tanzveranstaltungen stattfinden. Die klassische schwarzweiße Fassade der Kneipe ist ein beliebtes Fotomotiv.

Garavan's PUB
(46 William St; ⌚ Mo–Do 10.30–23.30, Fr & Sa 10.30–0.30, So 12–23 Uhr) Wer sein Pint an einem Samstagsabend im Sitzen genießen möchte, sollte diese elegante, alteingesessene Kneipe im Stadtzentrum ansteuern. Whiskeyliebhaber ebenfalls – angesichts der Riesenauswahl an irischen Whiskeys.

O'Connell's PUB
(www.oconnellsbargalway.com; 8 Eyre Sq; ⌚ Mo–Sa 11–23.30 Uhr) Direkt am Eyre Square liegt dieses gestandene, traditionelle und von Stimmengewirr erfüllte Pub mit herrlichem Biergarten.

Secret Garden TEEHAUS
(www.secretgardengalway.com; 4 William St West; ⌚ Di–Sa 11–23, So 13–21 Uhr; 📶) Das charmante und hippe Teehaus (Tee ab 2,80 €) und Café lädt zum Chillen ein. Dazu trinkt man *tiě guānyīn*-Tee – oder einen anderen Tee aus der beeindruckenden Auswahl. Im gemütlichen Vorderzimmer oder hinten im Garten kann man auch Wasserpfeife rauchen (10 €).

☆ Unterhaltung

In vielen Pubs gibt's mehrmals pro Woche Livemusik. Im Róisín Dubh treten tolle Bands auf und im Tig Cóilí kommt man in den Genuss von Trad Sessions.

Town Hall Theatre THEATER
(☎ 091-569 777; www.tht.ie; Courthouse Sq) Im Town Hall Theatre werden Broadway- und West-End-Stücke gezeigt, außerdem treten hier bekannte Sänger auf.

Trad on the Prom MUSICAL
(☎ 091-582 860; www.tradontheprom.com; Salthill Hotel; Erw./Kind ab 30/10 €; ⌚ Mai–Sept.) Das altbewährte, von der lokalen Stargeigerin Máirín Fahy geleitete Sommermusical hat sich als richtiger Knüller entpuppt. Es ist ein Fest des irischen Tanzes und Gesangs. Die Produktion wird an mehreren Abenden pro Woche in einem neuen Veranstaltungszentrum direkt an der Salthill-Promenade präsentiert.

Shoppen

In den schmalen Straßen reihen sich zahllose Geschäfte aneinander, die angesagte Mode, irische Wollartikel, Outdoor-Ausrüstung sowie -bekleidung, Schmuck, Kunst, Bücher und Musik anbieten.

★ **Charlie Byrne's Bookstore** BÜCHER
(www.charliebyrne.com; Middle St, Cornstore; ⌚ 9–18, Do & Fr bis 20, So ab 12 Uhr) Der 1989 gegründete Laden mit großer Auswahl an neuen, gebrauchten und preisgesenkten Büchern (viele für 1 €) – darunter zahlreiche, die man ansonsten kaum noch findet – lädt zum stundenlangen Herumstöbern ein. Die Bestände zu allen erdenklichen Themen füllen mehrere Räume und das Personal schafft es, auch noch den speziellsten Titel zu finden.

P. Powell & Sons MUSIK
(William St; ⌚ 10–17 Uhr Mo–Sa) Zinnpfeifen, *bodhráns* und andere Instrumente, Bongos (der Backpackerklassiker schlechthin) und Notenblätter.

Kiernan Moloney Musical Instruments MUSIK
(www.moloneymusic.com; Old Malt Centre, 17 High St; ⌚ Mo–Fr 10–18, Sa 10–17.30 Uhr) Hier gibt's jede Menge hochwertige Fiedeln und einen Reparaturservice für den Fall, dass die geliebte Harfe eine Macke hat.

CLADDAGH-RINGE

Das Fischerdorf Claddagh ist längst im Stadtzentrum von Galway aufgegangen, doch die gleichnamigen Ringe haben als zeitlose Erinnerung und Einkommensquelle überlebt.

Großer Beliebtheit erfreuen sie sich vor allem bei Leuten mit irischen Wurzeln (egal ob tatsächlich vorhanden oder nur eingebildet). Zwei ausgestreckte Hände (Freundschaft) umfassen ein Herz (Liebe) mit einer darüber liegenden Krone (Loyalität). Die Ringe entstehen in Handarbeit. Goldschmiede in Galway berechnen 20 € für schlichte Ausführungen, für mit funkelnden Diamanten besetzte edlere Versionen muss man dagegen weit mehr als 1000 € hinblättern.

Irlands ältestes Schmuckgeschäft, Thomas Dillon's Claddagh Gold, gehört zu den Juwelieren mit Claddagh-Ringen im Angebot.

Thomas Dillon's Claddagh Gold SCHMUCK
(www.claddaghring.ie; 1 Quay St; ⏲10–18 Uhr) Dieser Laden, Irlands ältester Juwelier, eröffnete 1750. Im Hinterzimmer befindet sich eine Art kleines Museum mit altertümlichen Vintage-Exemplaren.

Eason's BÜCHER
(☎091-562 284; Shop St; ⏲Mo–Do & Sa 9–18, Fr 9–20.45, So 12–17.45 Uhr) Riesiger, zentral gelegener Buchladen mit einem großartigen Angebot und einem Schwerpunkt auf Reise- und Kinderbüchern.

Praktische Informationen

Wer sich für eine Angelerlaubnis und ein Zeitfenster dazu interessiert, wendet sich an den Manager von **Galway Fisheries** (☎091-562 388). Für einen halben Angel-Tag werden nur 20 € fällig. Die Saison für Lachse und Meeresforellen geht von Februar bis September, die meisten Fische steigen jedoch im Mai und Juni durch das Lachswehr auf.

TOURISTENINFORMATION

Touristeninformationsstand (Eyre Sq; ⏲So ganzjährig So 9–13 Uhr, Mitte Mai–Mitte Aug. Fr–So 9–18 Uhr) Kostenlose Stadtpläne und Infos über Galway.

Die große, effiziente regionale Touristeninformation **Galway Tourist Office** (www.discoverireland.ie; Forster St; ⏲Mo–Sa 9–17.45, So 9–13.15 Uhr) hilft auf Wunsch bei der Zimmersuche und bucht geführte Touren.

An- & Weiterreise

BUS

Mehre private Busunternehmen befinden sich in der modernen **Galway Coach Station** (New Coach Station; Bothar St) unweit der Touristeninformation.

Bus Éireann (www.buseireann.ie; Station Rd, Cara Bus Station) Verbindungen in alle wichtigen Städte in der Republik Irland und Nordirland. Die Busse starten dicht am Eyre Square nahe dem Bahnhof. Nach Dublin (14,50 €, 3–3¾ Std.) verkehren sie stündlich. Außerdem steuern sie Ziele in der gesamten Region an.

Citylink (www.citylink.ie; Ticketbüro Forster St; ⏲Büro 9–18 Uhr; 📶) Das Busunternehmen verkehrt von der Galway Coach Station nach Dublin (ab 13 €, 2½ Std., stdl.), zum Dublin Airport (ab 19 €, 2½ Std., stdl.) sowie nach Cork, Limerick und zur Connemara-Halbinsel. Häufige Verbindungen. Tickets gibt's schon ab 10 €.

GoBus.ie (www.gobus.ie; Galway Coach Station; 📶) Fährt regelmäßig nach Dublin (2½ Std.) und zum Dublin Airport (3 Std.). Ticketpreise starten bei 12 €.

ZUG

Vom **Bahnhof** (☎091-564 222; www.irishrail.ie), beim Eyre Square verkehren täglich bis zu neun komfortable Schnellzüge zur Heuston Station in Dublin (einfache Fahrt ab 35 €, 2¼ Std.) und zurück. Wer in andere Städte will, muss in Athlone (1 Std.) umsteigen. Die Strecke nach Ennis ist landschaftlich sehr reizvoll (19 €, 1¾ Std., 5-mal tgl.).

Unterwegs vor Ort

AUTO

Sämtliche Parkplätze in Galway sind kostenpflichtig. Es gibt zahlreiche Parkhäuser und -bereiche. Staus können alarmierende Ausmaße annehmen, insbesondere zu den Stoßzeiten.

BUS

Galway lässt sich problemlos zu Fuß erkunden, auch nach Salthill ist es nicht sehr weit. Alternativ nimmt man einen der häufigen Busse am Eyre Square. Salthill (1,80 €, 15 Min.) wird von der Linie 401 bedient.

FAHRRAD

Galways brandneues Fahrradverleihsystem Coca-Cola Zero (www.bikeshare.ie/galway.html) bedient 16 Stationen in der ganzen Stadt. Besucher bezahlen für eine Dreitageskarte 3 € (Kaution 150 €). Die ersten 30 Minuten sind gratis; bis zu zwei Stunden kosten 1,50 €.

VON/ZU DEN FLUGHÄFEN

Bus Éireann verkehrt täglich vom/zum **Shannon Airport** (15,50 €, 1¾ Std., stdl.). Alle großen Busgesellschaften fahren zum Dublin Airport.

TAXI

Taxis warten am Eyre Square, in der Bridge Street sowie neben dem Busbahnhof und dem Bahnhof.

City Taxis (☎ 091-525 252; www.citytaxisgalway.com) Bieten Fahrten zu den Flughäfen an. Zum Shannon Airport zahlen ein bis vier Personen 89 €.

ARAN ISLANDS

Fast überall entlang der Küste der Counties Galway und Clare erhascht man einen Blick auf die eigenwilligen Aran-Inseln, die mit ihrer rauen, einsamen Schönheit jedes Jahr Tausende Reisende auf dem Wild Atlantic Way verzaubern. Tagesausflügler, die nur kurz bleiben können, werden sich trotzdem am Ende des Tages wie betrunken fühlen, während diejenigen, die sich für einen längeren Aufenthalt entscheiden, feststellen, dass die Gegend in mancherlei Hinsicht sehr viel weiter vom irischen Festland entfernt ist als die 45 Minuten an Bord der Fähre bzw. die zehn Flugminuten. In der Nebensaison zeigt sie sich von ihrer besten – sehr wilden und windgepeitschten – Seite.

Auf den Kalksteininseln setzt sich die Karstlandschaft des Burren in Clare fort. Die dünne Schicht fruchtbaren Bodens ist von Wildblumen und Weidegras übersät und die Wellen klatschen gegen die zerklüfteten Klippen ringsum. Dún Aengus auf Inishmór und Dún Chonchúir auf Inishmaan zählen zu den ältesten archäologischen Stätten Irlands.

Alle drei Aran-Inseln sind von einem weiten Netz aus Steinmauern (insgesamt 1600 km lang) geprägt. Typisch sind auch die *clocháns* (Bienenkorbhütten mit Trockenmauern aus frühchristlicher Zeit), die wie steinerne Iglus aussehen.

Die Inseln ähneln sich zwar äußerlich und sind auch etwa gleich weit vom Festland entfernt, doch ihr Charakter ist ganz unterschiedlich:

Inishmór (Árainn, „Große Insel") ist am größten und von Galway aus am leichtesten zu erreichen und wartet mit einer der wichtigsten sowie eindrucksvollsten archäologischen Grabungsstätten des Landes auf. Zudem beherbergt die Insel ein paar lebhafte Pubs und Restaurants, besonders in Kilronan, der einzigen Ortschaft. Im Sommer kommen täglich über 1000 Tagesausflügler hierher.

Inishmaan (Inis Meáin, „Mittlere Insel") wird oft links liegen gelassen, deshalb konnte das karge, steinige Eiland noch am ehesten seine uralten Traditionen bewahren. Es beherbergt ein paar isolierte B&Bs.

Inisheer (Inis Oírr, „Östliche Insel"), die kleinste Insel, ist ganzjährig von Galway und in den Sommermonaten auch von Doolin aus zu erreichen. Sie bietet eine schöne Mischung aus historischen Stätten, interessanten Spaziergängen, traditioneller Kultur und etwas Nachtleben.

Geschichte

Über die Menschen, die während der Eisenzeit auf Inishmór und Inishmaan imposante Steinbauten schufen, ist kaum etwas bekannt. Die Bauwerke werden landläufig als Forts bezeichnet, dienten aber vermutlich als (heidnische) religiöse Stätten. Einer Legende nach sollen sie von den Firbolgs errichtet worden sein, ein Volk, das in prähistorischen Zeiten vom europäischen Festland aus in Irland einfiel.

Man nimmt an, dass die Inselbewohner Landwirtschaft betrieben, was bei der felsigen Bodenstruktur eine echte Herausforderung gewesen sein muss. Die ersten Siedler verbesserten die Bodensubstanz mit Algen und Sand vom Strand. Mit langen *currachs* (Ruderboote aus einem Holzrahmen, der mit geteerter Leinwand bespannt war) fuhren sie zum Fischen aufs Meer hinaus. Noch heute sind die Boote ein Symbol für die Aran Islands.

Frühes Christentum

Bereits sehr früh gelangte der christliche Glaube auf die Inseln: Erste Klosteranlagen wurden im 5. Jh. vom hl. Enda (Éanna) gegründet. Vermutlich war dieser ein irischer Clanchef, der zum Christentum konvertierte. Nachdem er einige Zeit in Rom studiert hatte, suchte er sich einen einsamen Ort und errichtete dort ein Kloster.

Ab dem 14. Jh. wetteiferten die beiden gälischen Familien O'Brien und O'Flaherty um die Herrschaft über die Inseln. Während der Regierungszeit von Elizabeth I. fielen die Eilande an die Engländer und zu Cromwells Zeiten war hier eine Garnison stationiert.

Moderne Isolation

Unter dem wirtschaftlichen Niedergang Galways litten auch die Aran Islands. Trotzdem gelang es den Bewohnern aufgrund der isolierten Lage ihre traditionelle Lebensweise bis weit ins 20. Jh. zu bewahren. Bis in die 1930er-Jahre trugen die Einheimischen ihre Tracht: Frauen einen roten Rock und schwarze Tücher, Männer weite Wollhosen

DIE ARAN ISLANDS ALS QUELLE DER INSPIRATION

Auf den Aran Islands wurden schon viele Bewohner von der Muse geküsst, z. B. um für Unterhaltung in den langen Zeiten der Isolation zu sorgen oder um den Rest des Landes daran zu erinnern, „dass es uns gibt", wie es ein einheimischer Komponist einmal ausdrückte. Auch Künstler und Schriftsteller vom irischen Festland fühlten sich immer wieder vom elementaren Leben und den Naturgewalten angezogen.

Der Dramatiker J. M. Synge (1871–1909) verbrachte eine Menge Zeit auf den Inseln und lauschte durch die Bodendielen seines Zimmers dem lokalen Dialekt. Sein Stück *Reiter ans Meer* (1907) spielt auf Inishmaan, und in seinem bekannten Drama *Der Held der westlichen Welt* greift er ebenfalls seine Inselerfahrungen auf. Synges wunderbares Buch *Die Aran-Inseln* (1907) wird als typische Darstellung des hiesigen Lebens immer wieder neu aufgelegt.

Anfang der 1930er-Jahre kam der Amerikaner Robert Flaherty auf die Inseln, um den Film *Man of Aran* zu drehen, der einen Einblick in den rauen Alltag der Einwohner bietet. Er überredete viele Einheimische mitzumachen und richtete vor Ort sogar ein komplettes Filmstudio ein. Eines der Cottages, das extra für den Streifen gebaut wurde, beherbergt heute ein B&B (Man of Aran Cottage S. 399). Mittlerweile ist der Film ein echter Klassiker und wird regelmäßig in Kilronan und Inishmór gezeigt.

In dem viel beachteten Stück *The Cripple of Inishmaan* (1996) von Martin McDonagh geht es um tragische Gestalten und die große Sehnsucht, die Insel 1934 zu verlassen.

Kartograf Tim Robinson verfasste einen wunderbaren zweibändigen Bericht über seine Streifzüge auf den Inseln: *Stones of Aran: Pilgrimage* und *Stones of Aran: Labyrinthe.*

Der Autor Liam O'Flaherty (1896–1984) wurde auf Inishmór geboren und schrieb mehrere aufwühlende Romane wie *Hungersnot* (1937).

und *crios* (Westen mit bunten Gürteln). Die dicken hellen Aran-Pullover mit aufwendigen Mustern werden von den Leuten hier noch immer selbst gestrickt.

Bis vor wenigen Jahrzehnten hinkten die Inseln weit hinter der modernen europäischen Kultur her und lagen eine Tagesreise vom Festland entfernt im unberechenbaren Meer. Flugverbindungen bestehen erst seit 1970, außerdem kann man mittlerweile mit Schnellfähren übersetzen (eine schaukelige Angelegenheit).

Heute gibt's auf allen drei Inseln weiterführende Schulen, aber noch vor 20 Jahren mussten die Oberschüler ein Internat in Galway besuchen, um ihren Abschluss zu machen. Für die Jugendlichen bedeutete das damals gleichzeitig ein abruptes Umschalten vom Irischen aufs Englische. Inzwischen lebt hier niemand mehr von der Landwirtschaft, stattdessen dient der Tourismus als wichtigste Einkommensquelle. Nach wie vor ist die Hauptsprache der Einwohner Irisch, mit Besuchern reden sie jedoch Englisch.

ℹ Praktische Informationen

Obwohl im Hochsommer zahlreiche Traveller auf den Inseln einfallen, ist die touristische Infrastruktur recht begrenzt. Lediglich auf Inishmór gibt's eine ganzjährig geöffnete Touristeninformation und einen Geldautomaten. Mit der Kreditkarte kommt man nicht weit (vorher in den Hotels etc. nachfragen). Während der Nebensaison sind die Öffnungszeiten der Restaurants und Pubs mit Essensangebot oftmals eingeschränkt und teilweise bleiben sie sogar komplett geschlossen.

ℹ An- & Weiterreise

FLUGZEUG

Alle drei Inseln haben Landebahnen. Vom Flughafen in Minna nahe Inverin (Indreabhán), 35 km westlich von Galway, gibt's Verbindungen hierher.

Aer Arann Islands (☎ 091-593 034; www.aerarannislands.ie; hin & zurück Erw./Kind 49/27 €) bietet mehrmals täglich und im Sommer stündlich Hin- und Rückflüge zu den Aran Islands. Sie dauern zehn Minuten. Gruppen ab vier Personen bekommen Rabatt (Erw. 44 €). Aer Arann Islands hat im Juli und August auch Rundflüge im Angebot (60 €), bei denen man die schöne Landschaft der Cliffs of Moher, der Galway Bay und der Aran Islands von oben genießen kann.

Wer sorgfältig plant, kann an einem Tag mehr als nur eine Insel besuchen. Vor dem Victoria Hotel in Galway fährt ein Bus zum Flughafen ab (einfache Fahrt 3 €).

SCHIFF/FÄHRE

Aran Island Ferries (☎ 091-568 903; www.aranislandferries.com; Ticketbüro in Galway, 19 Eyre Square; Erw./Kind hin & zurück ab 25/13 €; ⌚ 8–

17 Uhr) bietet das ganze Jahr Verbindungen zu den drei Inseln sowie zwischen Inishmaan und Inisheer an. Im Juli und August (Hochsaison) verkehren mehrere Fähren am Tag. Die Überfahrt kann bis zu einer Stunde dauern und bei hohem Seegang werden Verbindungen schon mal gestrichen. Los geht's in Rossaveal, 40 km westlich von Galway (Stadt) an der R336. Tipp: Wer online bucht, bekommt 10 % Rabatt. Der Fahrplan der Busse ab der Queen Street in Galway (Erw./Kind 7/4 €) ist in der Regel auf die Abfahrtszeiten der Fähren abgestimmt; am besten fragt man beim Buchen nach.

Boote zu den Aran-Inseln (hauptsächlich nach Inisheer) verkehren auch ab Doolin.

Inishmór

830 EW.

Viele Traveller besuchen ausschließlich Inishmór (Árainn). Die dortige Hauptattraktion ist Dún Aengus, eine faszinierende steinerne Festung, die in schwindelerregender Höhe auf den Klippen thront. Westlich des Hauptortes Kilronan (Cill Rónáin) erstreckt sich eine trockene Landschaft, die von Steinwällen und Felsbrocken, vereinzelten Häusern und einem kuriosen Muster aus üppig grünem Gras und Kartoffeläckern unterbrochen wird.

Mittlerweile hat der Tourismus überall Einzug gehalten. Eine Armada von Minibussen wartet auf die ankommenden Fähren und Flugzeuge und bietet Rundfahrten zu den Sehenswürdigkeiten. „Wir karren die Urlauber wie am Fließband durch die Gegend", so ein Einheimischer. Glücklicherweise gibt man das Tempo selbst vor.

Inishmór ist 14,5 km lang und maximal 4 km breit. Alle Boote legen in Kilronan an der Südostseite an. Die Hauptverkehrsstraße führt einmal längs über die gesamte Insel. Von ihr zweigen kleinere Straßen und steinige Wege ab.

Sehenswertes

Die meisten Tagesbesucher sehen sich nur Kilronan und Dún Aengus an und verstopfen die Straßen zwischen den Sehenswürdigkeiten. Wer auf der Insel übernachtet, kann tagsüber mit dem Rad zu Stätten im kaum besuchten Süden fahren und an den langen Sommerabenden, wenn die letzte Fähre fort ist, Dún Aengus besichtigen.

In der geschützten Bucht **Port Chorrúch** an der flachen Nordküste tummeln sich bis zu 50 Kegelrobben. Weiter an der Küste entlang geht's zum sauberen weißen **Kilmurvey Beach**, der mit der Blauen Flagge der EU ausgezeichnet wurde.

Westlich von Kilmurvey entdeckt man die 2,50 m hohe frühchristliche Steinhütte **Clochán na Carraige** und die **Na Seacht dTeampaill** (Sieben Kirchen), die aus mehreren Kirchenruinen, Klosterbauten sowie Resten eines Hochkreuzes aus dem 8. oder 9. Jh. bestehen.

★ Dún Aengus HISTORISCHE STÄTTE

(Dún Aonghasa; www.heritageireland.ie; Erw./Kind 4/2 €; April–Okt. 9.45–18 Uhr, Nov.–März 9.30–16 Uhr, Jan.–Febr. Mo & Di geschl.) Über Inishmór wachen drei 2000 Jahre alte, prähistorische Steinforts. Als das bekannteste gilt Dún Aengus. Seine drei erhaltenen, massiven Trockensteinmauern reichen fast bis an die 60 m hohen Klippen. Bemerkenswert sind auch die *chevaux de frise*, dicht an dicht gepackte spitze Kalksteinblöcke, die der Verteidigung dienten.

Praktische Hintergrundinfos erhält man in einem kleinen Besucherzentrum. Ein etwa 900 m langer Fußweg führt durch die felsige Landschaft mit winterharter Vegetation hinauf zum Fort. Dún Aengus liegt ca. 7 km westlich von Kilronan.

Mächtige Wellen klatschen an die hohen Klippen. Die faszinierende Stätte wurde so belassen, wie sie war; es gibt z. B. keine Absperrungen und man gelangt bis an den Rand der Klippen (Aber Vorsicht: Absturzgefahr!).

Dún Eochla FESTUNG

An der Straße zwischen Kilronan und Dún Aengus liegt das kleine, kreisrunde Fort Dún Eochla, das man auf einem schönen Spaziergang von der Hauptstraße aus erreicht.

INSELHOPPING

Es gibt auch Transportmöglichkeiten zwischen den Aran Islands, sodass Traveller nach dem Besuch der ersten Insel zu einer zweiten reisen und von dieser schließlich aufs Festland zurückkehren können. Die Fahrpläne sind allerdings auf den Besuch jeweils einer Insel ausgerichtet. Um von einem Eiland zum anderen zu gelangen, muss man deshalb sowohl mit Aran Island Ferries sprechen als auch mit dem Fährunternehmen in Doolin. Zwischen den drei Inseln gibt's mindestens eine Verbindung pro Tag, allerdings teilweise nach Bedarf und nicht nach einem festen Terminplan. Tickets kosten 5 bis 10 €.

Inishmór

Teampall Chiaráin RUINEN
(Kirche von St Kieran) Etliche Kirchenruinen erinnern an die christliche Vergangenheit der Insel. Diese kleine Kirche mit einem Hochkreuz im Hof befindet sich in der Nähe von Kilronan.

Dún Eoghanachta FESTUNG
Die Ringfestung liegt im Süden der Na Seacht dTeampaill-Ruinen.

Teampall Bheanáin RUINEN
(Kirche von St Benen) Dieses frühchristliche Gotteshaus liegt im Südosten in der Nähe der Cill Éinne Bay.

St Enda's Monastery RUINEN
Nahe der Landebahn für Flugzeuge liegen die versunkenen Überreste einer weiteren Kirche. Angeblich befand sich an dieser Stelle einst auch St. Enda's Monastery (5. Jh.), die noch erhaltenen Strukturen des Klosters stammen allerdings frühestens aus dem 8. Jh.

Dún Dúchathair FESTUNG
Diese alte Festung (das Black Fort) liegt dramatisch auf einem Felsvorsprung südwestlich von Kilronan.

Aktivitäten

Die Radtour von Kilronan nach Dún Aengus dauert 30 bis 60 Minuten. Außerdem kann man mit dem Fahrrad wunderbar die unzähligen Stätten nördlich und südlich von Kilronan besuchen.

Viele Unterkünfte stellen ihren Gästen kostenlos Räder zur Verfügung oder verleihen welche (einheitlich 10 € pro Tag; Gruppen bekommen Rabatt).

★ **Burke's Bicycle Hire** FAHRRADVERLEIH
(☎ 087 280 8273; www.bikehirearanislands.com; Kilronan; Kilronan; Fahrradverleih 10 € pro Tag; ⌚ April–Okt.) Patrick Burke ist ein echter Fahrradexperte und kann einem Routen abseits der Touristenpfade zu selten besuchten Ecken der Insel empfehlen.

Inishmór

Sehenswertes

1 Dún Dúchathair A4
2 Dún Eochla A2
3 St. Enda's Monastery C4
4 Teampall Bheanáin C4
5 Teampall Chiaráin B1

Aktivitäten, Kurse & Touren

6 Aran Cycle Hire C2
7 Burke's Bicycle Hire C2

Schlafen

8 Ard Mhuiris C2
9 Kilronan Hostel C2
10 Mainistir House B1
11 Pier House Guest House C2
12 Tigh Fitz C4

Essen

13 Bayview Restaurant C2
Mainistir House .... (siehe 10)
Pier House .... (siehe 11)

Ausgehen & Nachtleben

14 American Bar C2
15 Joe Watty's Bar C2

Shoppen

16 Man of Aran Gift Shop C2

Aran Cycle Hire FAHRRADVERLEIH
(www.aranislandsbikehire.com; Kilronan; Fahrradverleih ab 10 €/Elektrofahrrad ab 30 €, Kaution 10–20 €; April–Okt.) Dieses Geschäft direkt am Pier verfügt über Hunderte robuste Mieträder, Elektrofahrräder und Tandems und bringt diese auf Wunsch zur jeweiligen Unterkunft.

Feste & Events

Tedfest KULTUR
(www.tedfest.org) Inishmór huldigt dem Ted-Kult und ist jedes Jahr Schauplatz eines Festivals rund um die Sitcom *Father Ted*. Das dreitägige sehr beliebte Nonsense-Fest zu der beliebten Fernsehserie findet Ende Februar oder im März statt.

Schlafen

Wenn die letzten Tagesausflügler die Insel im Sommer verlassen haben, kehrt auf der Insel ein wunderbarer Frieden ein. Hotels sollten frühzeitig gebucht werden, vor allem zur „warmen" Jahreszeit. Die Angestellten in der Touristeninformation können einem dabei helfen. In vielen Unterkünften gibt's hervorragendes Abendessen.

★ **Kilronan Hostel** HOSTEL €
(099-61255; www.kilronanhostel.com; Kilronan; B 20–30 €; Ende Feb.–Ende Okt.; @ WLAN) Schon bevor die Fähre am Pier anlegt, sieht man das nur etwa drei Gehminuten entfernte Kilronan Hostel über dem Pub Tí Joe Mac's, das über blitzblanke Vier- und Sechsbettzimmern mit insgesamt 40 Betten verfügt. Von der Terrasse genießt man einen schönen Blick auf den Hafen und ein weiteres Plus ist das kontinentale Frühstück.

Mainistir House GASTHAUS €
(099-61169; www.aranislandshostel.com; Mainistir; B/EZ/DZ/2BZ/3BZ 20/45/50/50/70 €; @ WLAN) In dem ausgefallenenen Hostel und Gasthaus mit 60 Betten an der Hauptstraße nördlich von Kilronan werden sich flippige und belesene Gäste besonders wohlfühlen. Im Preis ist ein einfaches Frühstück enthalten sowie Tee und Kaffee in den Einzel- und Doppelzimmern. Das Abendessen (15 €) sollte man sich nicht entgehen lassen.

★ **Kilmurvey House** B&B €€
(099-61218; www.kilmurveyhouse.com; Kilmurvey; EZ/DZ ab 55/90 €; April–Sept.) Diese stattliche Steinvilla aus dem 18. Jh. wartet mit einer tollen Lage am Pfad zum Dún Aengus sowie zwölf gepflegten Zimmern auf. Gemüse aus dem eigenen Garten und Fisch und Fleisch aus der Region sind die Zutaten für das herzhafte Abendessen (30 €). Ein hübscher Strand ganz in der Nähe lädt zum Schwimmen ein.

Tigh Fitz GASTHAUS €€
(099-61213; www.tighfitz.com; Killeany; EZ/DZ ab 60/80 €; WLAN) In der Nähe des Flughafens und einen ziemlichen Fußmarsch von Kilronan entfernt, führt die sympathische Penny ein Gasthaus mit angenehmen, wenn auch einfachen Zimmern. Im Flur befindet sich eine Rezeption und der Ausblick auf Ebbe und Flut in der Bucht ist großartig.

Man of Aran Cottage B&B €€
(099-61301; www.manofarancottage.com; Kilmurvey; EZ/DZ ab 55/80 €; März–Okt.) In den 1930er-Jahren wurde das reetgedeckte B&B für den gleichnamigen Film errichtet, aber es ruht sich nicht auf vergangenen Lorbeeren aus. Das Man of Aran Cottage verfügt über ein umwerfend authentisches Dekor aus Stein und Holz. Die Besitzer sind begeisterte Biogärtner. Aus den Erträgen – darunter superleckere Tomaten – werden schmackhafte Mahlzeiten gezaubert (Hauptgerichte 22 €).

WADE EAKLE/GETTY IMAGES ©

1. O'Brien's Castle (S. 405), Inisheer **2.** Felder in Inisheer **3.** Wrack der *Plassy* (S. 405), Inisheer **4.** Strohgedeckte Landhäuser, Inishmaan

IIC/AXIOM/GETTY IMAGES ©

Aran Islands

Wind und Wellen haben die erodierten geriffelten Felsen der Aran Islands geformt. Hier leben die Nachfahren eines unglaublich zähen Volkes. Die Inseln sind Verlängerungen des Burren im County Clare.

Inishmaan

Wer durch die raue Landschaft von Inishmaan spaziert, wird kaum einer Menschenseele begegnen. Dafür stößt man überall auf die geheimnisvollen Spuren früherer Inselbewohner und gelangt irgendwann immer an einen einsamen Strand.

Aran Islands

Hätte man die Inseln sich selbst überlassen, wären sie heute nicht mehr als ein paar Felshaufen im Atlantik. Stattdessen haben Generationen von Bewohnern Algen und Sand auf dem Boden verstreut und so über die Jahrhunderte fruchtbare grüne Felder geschaffen.

Inishmór

An einem Sommerwochenende kommen über 1000 Ausflügler nach Inishmór, um eines von Irlands meistbeeindruckenden Wundern zu sehen: Dún Aengus wacht dort seit 2000 Jahren auf den Klippen über dem Atlantik.

Inisheer

Ein altes Schloss, Kirchen und eine magische Quelle sind nur ein paar Highlights der kleinsten Aran-Insel, die auf eine jahrhundertealte Geschichte zurückblickt.

Das Wrack der Plassy

Sie ist der Star im Vorspann der irischen Comedy-Serie *Father Ted:* Die *Plassy*, die 1960 bei einem Sturm an der Küste von Inisheer kenterte. Ihr verrosteter Rumpf, der bis heute jede Menge Wanderer und Besucher anzieht, zeugt von der Kraft des stürmischen Atlantiks und dem Gang der Zeit.

Ard Mhuiris B&B €€
(☎ 099-61208; www.ardmhuiris.com; Kilronan; EZ/DZ 50–60/70–80 €) Gepflegt, ruhig und nur fünf Gehminuten vom Stadtzentrum entfernt liegt das sehr saubere B&B, das von einem älteren Paar geführt wird, in einer ganzen Reihe Cottages vor Feldern und dem Meer. Zudem bietet die ruhige und einladende Bleibe einen tollen Blick aufs Meer.

Pier House Guest House GASTHAUS €€
(☎ 099-61417; www.pierhousearan.com; Kilronan; EZ/DZ ab 60/100 €; ⌚ März–Okt.; 📶) 100 m von der Anlegestelle der Fähre entfernt thront dieses zweistöckige Gebäude auf einer kleinen Anhöhe. Die zwölf Zimmer – inklusive Kaffee und Wasserkocher – sind freundlich und hell, geräumig und komfortabel.

Essen & Ausgehen

Die Auswahl an Angeboten zum Mittagessen ist nicht gerade überwältigend. Immerhin bieten einige der nachfolgend genannten Pubs Essen an. Abends gibt's mehr Alternativen, darunter einige exzellente Restaurants.

★ **Bayview Restaurant** EUROPÄISCH €€
(Kilronan; Hauptgerichte Mittagessen/Abendessen 10–14/10–28 €; ⌚ 10–21 Uhr; 📶) Lokale Kunst schmückt das modern eingerichtete und lichtdurchflutete hervorragende Restaurant, einen kurzen Fußweg westlich des Piers. Küchenchef Byron hat seine Wurzeln in Guatemala, was sich auf der verführerischen lateinamerikanisch beeinflussten Speisekarte niederschlägt.

Mainistir House VEGETARISCH €€
(☎ 099-61169; Mainistir; Büffet 15 €; ⌚ Sommer ab 20 Uhr, Winter ab 19 Uhr; ✎) Im Mainistir House kommt man in den Genuss vieler leckerer vegetarischer Speisen aus Bioprodukten. Die Gerichte schmecken nach Sommer, oft wird Pesto verwendet. Vorab reservieren. Von Kilronan ist es ein steiler 20-minütiger Spaziergang hierher, deshalb besorgt man sich am besten eine Mitfahrgelegenheit. Wer möchte, kann eigene Verpflegung mitbringen.

Pier House IRISCH €€
(Kilronan; Hauptgerichte 13,50–24,95 €; ⌚ Mai–Aug. 12–21 Uhr) Die beste Adresse für ein gutes Mittagessen in Kilronan. Man sitzt auf einer großen Terrasse, beobachtet den Fährverkehr und tut sich unterdessen an Fish 'n' Chips, Falafel oder Steaks gütlich. Wenn es draußen kalt und ungemütlich ist, kann man sich drinnen an der Feuerstelle wärmen.

★ **Joe Watty's Bar** PUB
(www.joewattys.com; Kilronan; ⌚ Küche 12.30–21 Uhr) Das beste einheimische Pub bietet im Sommer an den meisten Abenden und ansonsten an den Wochenenden Trad Sessions. Zu essen gibt's gehobene Bargerichte (Hauptgerichte 8–20 €) von Fish 'n' Chips bis zu Steaks. Während der 50 Wochen im Jahr, in denen das nötig ist, sorgen Torffeuer für Wärme. Im Sommer sollte man fürs Abendessen reservieren.

American Bar PUB
(Kilronan; ⌚ Küche Mo–Sa 11.30–21, So 12.30–21 Uhr) Zwei große Räume vermitteln den Gästen ein stimmiges Bild der USA – mit Fotos von Elvis, Bob Dylan, Mohammed Ali und den Twin Towers. Gut gelaunte einheimische Biertrinker freuen sich schon in der Nebensaison auf die Ankunft der Touristen. Das lichtdurchflutete Zimmer zur Rechten beim Betreten der Kneipe ist schöner und hat einen Zugang zur Terrasse. Das Essen (Hauptgerichte 9 €) haut einen nicht gerade vom Hocker.

Shoppen

In Kilronan verkaufen einige schicke Geschäfte Pullover im Aran-Stil, deren protzige Labels ihre wahre Herkunft verschleiern (sie sind nie von den Inseln und oft nicht mal aus Irland).

Man of Aran Gift Shop VIELSEITIG
(Kilronan; Film pro Erw./Kind 5/3 €; ⌚ April–Sept. 10.30–17 Uhr; 📶) Dieser multifunktionale Laden an der Hauptkreuzung zeigt in seinem winzigen Kinosaal mit 24 Sitzen fünfmal am Tag den berühmten Film *Man of Aran*. Außerdem hat er WLAN (kostenlos, wenn man etwas kauft) und eine schöne kleine Kaffeebar.

Praktische Informationen

In den Läden, die Fahrräder verleihen, und der Touristeninformation gibt's kostenlose praktische Karten.

Post (Kilronan; ⌚ Mo–Fr 9–12.45 & Sa 14–16.30, Sa 9–12.45 Uhr) Am Hang oberhalb des Spar-Supermarkts.

Spar (Kilronan; ⌚ Mo–Sa 9–18, So 9–17 Uhr; 📶) Der einzige Geldautomat der Aran Islands befindet sich in diesem Supermarkt, in dem man auch gutes *soda bread* bekommt.

Touristeninformation (☎ 099-61263; Kilronan; ⌚ Mai & Juni 9–17 Uhr, Jul & Aug, 9–17.45 Uhr, Sept.–April 11–17 Uhr) Nützliches Büro in Kilronan am Ufer westlich des Fähranlegers.

Unterwegs vor Ort

Ein Shuttlebus vom Flugplatz ins 2 km entfernte Kilronan kostet 5 € hin und zurück (Rückfahrten unbedingt bestätigen lassen, damit man nicht vergessen wird!).

Das ganze Jahr über warten zahlreiche Minibusse an der Fähranlegestelle und im Zentrum von Kilronan auf Kundschaft. Alle bieten 2½-stündige Inseltouren (10 €) für spontane Gruppen. Die kommentierte Fahrt zwischen Kilronan und Dún Aengus dauert pro Strecke 45 Minuten. Auch private und maßgeschneiderte Ausflüge sind möglich.

Mit einer Ponykutsche kann man die Gegend zwischen Kilronan und Dún Aengus auf gemächlichere Weise erkunden. Hin und zurück kostet die Strecke für bis zu vier Personen zwischen 60 und 100 €.

Inishmaan

150 EW.

Das felsige Inishmaan ist etwa 5 km lang und 3 km breit, zieht weniger Besucher an als die beiden Nachbarinseln und hat die niedrigste Einwohnerzahl. Frühchristliche Mönche auf der Suche nach Einsamkeit kamen ebenso hierher wie der Schriftsteller J. M. Synge, der auf Inishmaan vor über 100 Jahren fünf Sommer verbrachte. Bis heute hat sich das Eiland viel von seinem einstigen Charme bewahrt. Dazu gehören friedlich grasende Kühe und Schafe, eindrucksvolle alte Festungen und warmherzige Bewohner, die untereinander nur Irisch sprechen. Viele Kinder verlassen die Insel, wenn sie aufs College gehen, und die wenigsten kehren zurück.

Inishmaans Landschaft mit einer zerklüfteten Küste, imposanten Klippen sowie menschenleeren Stränden und von Steinblöcken übersäten Feldern verschlägt einem die Sprache. An der Straße, die von Ost nach West verläuft, stehen die meisten Gebäude. Da die bodenständigen Einwohner kein Interesse an schnell verdientem Geld von den Touristen haben, ist die touristische Infrastruktur entsprechend dürftig.

Sehenswertes & Aktivitäten

Bei einem **Spaziergang** kann man alle Sehenswürdigkeiten besuchen und sich an der eindrucksvollen steinigen Landschaft und der weiten Aussicht erfreuen.

Die **St Mary's Church** thront auf einem Hügel und wartet mit großartigen, 1939 gefertigten Buntglasfenstern auf. Im Osten, 500 m nördlich der Bootsanlegestelle, erstreckt sich der sichere, geschützte Strand **Trá Leitreach**.

Dún Chonchúir — FESTUNG

Das elliptische Steinfort bietet einen tollen Blick auf die Kalksteintäler der Insel. Errichtet wurde es irgendwann zwischen dem 1. und dem 7. Jh.

Synge's Chair — AUSSICHTSPUNKT

Im abgeschiedenen Westteil der Insel liegt Synge's Chair, ein Aussichtspunkt auf einer steil abfallenden Kalksteinklippe. Unten brechen sich die Wellen des Meeresarms Gregory's Sound. Hier tut man es am besten J. M. Synge gleich, sucht sich im Windschatten der Felsen ein geschütztes Plätzchen und bewundert die Umgebung in aller Ruhe. Der Aussichtspunkt befindet sich zwei Gehminuten vom Parkplatz entfernt. In einer Stunde kann man von dieser Stelle aus die kahle Westseite von Inishmaan umrunden.

Auf dem Weg zu Synge's Chair weist ein Schild den Weg zu einem **clochán**, der sich hinter einem Haus und einem Schuppen versteckt.

Teach Synge — HISTORISCHES GEBÄUDE

(☎ 099-73036; Eintritt 3 €; ⌚ nach Vereinbarung) In diesem reetgedeckten Cottage an der Straße kurz vor dem Aufgang zur Festung Dún Chonchúir verbrachte der Schriftsteller J. M. Synge die Sommermonate der Jahre 1898 bis 1902.

Cill Cheannannach — KIRCHE

Südlich des Piers befindet sich die Ruine dieser Kirche aus dem 8. oder 9. Jh.

Schlafen & Essen

Viele B&Bs bieten auch Abendessen an, meist aus lokal angebauten Zutaten. Die Mahlzeiten kosten zwischen 20 und 25 €.

Ard Alainn — B&B €

(☎ 099-73027; EZ/DZ ohne Bad ab 35/55 €; ⌚ Mai–Sept.) 2 km vom Pier entfernt stößt man auf einen Traum für Vintagefans. Das ausgeschilderte reetgedeckte Ard Alainn in der Nähe des Synge's Chair bietet einen schönen Blick aufs Meer. Die Zimmer haben ein Gemeinschaftsbad. Maura Fahertys Frühstück ist so üppig, dass man erst abends wieder Hunger verspürt.

Máire Mulkerrin — B&B €

(☎ 099-73016; EZ/DZ ab 33/55 €) Hausherrin Máire Mulkerrin ist schon über 80, in Röcke und Tücher gewandet und so etwas wie eine lokale Kultfigur. In ihrem schnuckeligen, gepflegten B&B lebt die Vergangenheit dank alter Familienfotos weiter. Der Küchenofen sorgt für angenehme Wärme. Ab und an dürfen auch mal Gäste in die Küche.

★ **Tig Congaile** B&B €€
(☎099-73085; www.inismeainbb.com; EZ/DZ ab 50/80 €) Nicht weit vom Fähranleger serviert Vilma Conneely den Gästen frischen Kaffee aus ihrem Herkunftsland Guatemala und fantastische Biogerichte wie Algensuppe. Im Restaurant können auch Nichtgäste speisen (Mittagessen ab 5 €, Abendessen ab 20 €), sie müssen aber vorher buchen. Die schönsten Plätze befinden sich draußen. Alle sieben Zimmer der Pension sind geräumig und punkten mit einer herrlichen Aussicht.

An Dún B&B €€
(☎099-73047; www.inismeainaccommodation.ie; Zi. 50–90 €; ⏲März–Okt.; @) Das moderne B&B gegenüber dem Eingang zum Dún Chonchúir verfügt über fünf komfortable Zimmer. Im Restaurant mit zusätzlichen Plätzen im Freien werden hochgelobte regionale Speisen zubereitet, z. B. mit Seetang gedüngte weiche Kartoffeln, köstlicher Räucherlachs und frischer Fisch aus der Gegend (Hauptgerichte 8–25 €). An den Tischen draußen wird im Sommer Mittagessen serviert; von März bis Oktober gibt es nur Abendessen.

★ **Inis Meáin** GASTHAUS €€€
(☎086 826 6026; www.inismeain.com; Zi. 2 Nächte ab 480 €; ⏲April–Sept.; ᯤ) Auf einer Insel, wo alles aufs Nötigste beschränkt ist, sticht diese schicke Boutique-Bleibe deutlich heraus. Die fünf hinreißenden Suites des Gasthauses wurden aufwendig mit örtlichen Materialien gestaltet und der Ausblick reicht endlos weit. Am besten schnappt man sich ein Fahrrad und erkundet in wunderbarer Einsamkeit die Gegend. Der Preis (Mindestaufenthalt zwei Nächte) beinhaltet viele Extras.

Im Restaurant gibt's häufig wechselnde hervorragende Gerichte aus lokalen Zutaten (Abendessen 15–35 €). Nichtgäste sind ebenfalls willkommen, sollten aber vorher reservieren.

Teach Ósta PUB €€
(Hauptgerichte ab 8 €) An Sommerabenden platzt dieses tolle Pub meist aus allen Nähten. Hier wird oft bis in die frühen Morgenstunden gebechert. Gäste können Snacks, Sandwiches, Suppen und Meeresfrüchteplatten bestellen, allerdings nur bis etwa 19 Uhr. Im Winter bleibt die Küche manchmal sogar ganz geschlossen. Wenn es warm genug ist, genießt man von den Tischen draußen eine herrliche Aussicht.

Shoppen

Cniotáil Inis Meáin KLEIDUNG
(☎099-73009; www.inismeain.ie) Von dieser Fabrik aus werden feine Strickwaren an exklusive Geschäfte in aller Welt verschickt. Hier gibt's die erstklassigen Pullover direkt vom Erzeuger. Besucher müssen sich telefonisch anmelden.

Praktische Informationen

Ein kleiner **Laden** (☎Mo–Fr 10–18, Sa 10–14 Uhr) in der Nähe des Pubs dient als Lebensmittelgeschäft, Postamt und Touristeninformation.

Unterwegs vor Ort

Eine ein- bis zweistündige, überaus informative **Autotour** der Insel bietet **Brídín Tours** (☎099-73993; 15 €). Leihfahrräder bekommt man vielleicht am Hafen, wenn nicht, mietet man welche im Laden (10 €).

Inisheer

200 EW.

Inisheer (Inis Oírr), der kleinsten Insel im Bunde, haftet ein besonderer Zauber an, der in tiefverwurzelter Mythologie und einer hingebungsvollen Pflege der traditionellen Kultur begründet ist. Unter den Einheimischen gibt's nur sechs Familiennamen, die meist sehr bezeichnend sind.

Hier mahlen die Mühlen der Zeit sehr langsam, so wurde z. B. erst 1997 eine zuverlässige Stromversorgung eingerichtet. Der fruchtbare Ackerboden ist nur 15 cm tief – für die Bauern kein leichtes Los. Aus diesem Grund wurde der langsame Übergang zu einer auf Tourismus basierenden Wirtschaft begrüßt. Während der Sommermonate sind auf den Wanderwegen zahlreiche Tagesausflügler unterwegs (bis zu 1000 an milden Sommerwochenenden, die vom nur 8 km entfernten Doolin mit dem Boot übersetzen).

Sehenswertes & Aktivitäten

Bei einem Spaziergang auf den Pfaden kommt man an mit Efeu bewachsenen Steinmauern vorbei und macht überall kleine Entdeckungen. Über die Insel führen zwei markierte Wege, die an der Anlegestelle beginnen und entweder zu Fuß, mit dem

KULT UM FATHER TED

Fans der englischen TV-Kultserie *Father Ted* aus den späten 1990er-Jahren erkennen die fiktive Fernsehinsel Craggy Island an der irischen Westküste auf Anhieb wieder, sobald sie das in der Eingangssequenz vorbeischwebende Schiffswrack der *Plassy* (siehe auch S. 348) auf Inisheer sehen. Abgesehen von dieser Szene wurde fast alles andere in einem Londoner Studio aufgenommen; darunter hat man dann noch ein paar Stimmungsbilder aus County Clare, Wicklow und Dublin gemischt. Leider gibt's weder das Pfarrhaus noch Vaughan's Pub auf den Aran Islands – beide befinden sich in der Nähe von Lisdoonvarna und Kilfenora im County Clare.

Nichtsdestotrotz betrachten die Aran-Bewohner *Father Ted* als „ihre" Serie. Inishmór hat den Ted-Kult aufgegriffen und veranstaltet jedes Jahr das Tedfest (S. 399). Mittlerweile wird in Kilfenora im County Clare ein konkurrierendes Ted-Festival ausgerichtet (S. 373). Er würde vermutlich sagen: „Oh feck!"

Rad oder mit einem Fahrer in Angriff genommen werden können. Wer die wichtigsten Stätten per pedes erkunden möchte, sollte dafür etwa vier Stunden einplanen. Am besten nimmt man sich aber etwas mehr Zeit (vielleicht sogar ein paar Tage), um Inisheer richtig kennenzulernen.

★ Tobar Éinne HISTORISCHE STÄTTE
Noch immer pilgern die Einheimischen zur Well of Enda, auch *Turas* genannt. Die unermüdlich plätschernde Quelle liegt in einem abgelegenen steinigen Gebiet im Südwesten. Es ist Brauch, dass man an drei aufeinanderfolgenden Sonntagen herkommt, sieben Steine aufhebt und den kleinen Brunnen siebenmal umrundet, wobei man jedes Mal einen Stein fallen lässt und einen Rosenkranz spricht. Wenn man alles richtig macht, erscheint angeblich ein sonderbarer Aal im Wasser und stattet die Zunge des Glücksuchenden mit bestimmten Kräften aus, z. B. soll man nun im wahrsten Sinne des Wortes Wunden gesundlecken können.

O'Brien's Castle HISTORISCHES GEBÄUDE
Nach 100 m Kletterei erreicht man den höchsten Punkt der Insel, von dem sich eine dramatische Aussicht über die Kleewiesen bis hin zu Strand und Hafen eröffnet. O'Brien's Castle (Caisleán Uí Bhriain), eine Kirche aus dem 15. Jh., wurde auf den Überresten der Ringfestung Dún Formna aus dem 1. Jh. errichtet. In der Nähe erhebt sich ein Signalturm aus dem 18. Jh.

Teampall Chaoimháin HISTORISCHES GEBÄUDE
Die dachlose Kirche des hl. Kevin aus dem 10. Jh., die nach dem in der Nähe begrabenen Schutzpatron Inisheers benannt ist, und ihr kleiner Friedhof liegen auf einer winzigen Anhöhe in der Nähe des Strands. Am Vorabend des St.-Kevins-Festtags am 14. Juni wird hier um 21 Uhr eine Messe im Freien gefeiert. In der Hoffnung auf Heilung verbringen Kranke vor Ort eine Nacht.

Cill Ghobnait KIRCHE
Die winzige Kirche aus dem 8. oder 9. Jh. trägt den Namen der hl. Gobnait, die vor einem Verfolger aus Clare floh und hier Zuflucht suchte.

Plassy HISTORISCHE STÄTTE
1960 erlitt der Frachter *Plassy* bei schlechtem Wetter an dieser Stelle Schiffbruch und wurde hoch in die Felsen geschleudert, dennoch überlebte wie durch ein Wunder die gesamte Besatzung. Im Pub von Tigh Ned werden alle Fotos und Berichte über die Rettungsaktion aufbewahrt. Eine Luftaufnahme des Wracks diente als Einleitungssequenz der englischen Kult-Fernsehserie *Father Ted*.

Áras Éanna KUNSTZENTRUM
(☎ 099-75150; www.araseanna.ie; ⌚ Juni–Sept.) Inisheers großes Kunst- & Kulturzentrum befindet sich auf einem offenen Gelände im Norden der Insel. Vom Dorf bis hierher sind es etwa 15 Gehminuten. Im Sommer organisiert es Kulturprogramme, Aufführungen und Veranstaltungen von Gastkünstlern.

Feste & Events

★ Craiceann Inis Oírr International Bodhrán Summer School KULTUR
(www.craiceann.com) Ende Juni dreht sich eine Woche lang alles um traditionelle Trommeln. Auf dem Programm des Festivals, das immer wieder echte Spitzentalente anzieht, stehen *bodhrán*-Meisterklassen, Vorträge und Konzerte. Der irische Begriff *craiceann* bezieht sich auf die Ziegenhaut, mit der die runden Trommeln bespannt sind. In den Pubs finden abendliche Trommelsessions statt.

Schlafen & Essen

Für die Craiceann-Woche im Juni müssen Unterkünfte weit im Voraus gebucht werden. Am Hauptstrand gibt's einen Campingplatz mit Duschen und Toiletten. Die drei Pubs der Insel lohnen einen Besuch. Außerhalb der Fährsaison (März–Oktober) sollte man vorher die Öffnungszeiten erfragen.

Brú Radharc Na Mara Hostel HOSTEL €
(☎ 099-75024; www.bruhostelaran.com; B/Zi 18–25/50 €; ⏲ März–Okt.; @ 📶) Makellos sauberes Hostel mit Meerblick. Gleich daneben befinden sich ein Pub und der Pier. Es gibt eine große Küche, einen Kamin und Leihfahrräder. Die Besitzer betreiben auch das benachbarte B&B mit einfachen Zimmern.

★ Fisherman's Cottage & South Aran House B&B €€
(☎ 099-75073; www.southaran.com; Castle Village; EZ/DZ 49/80 €; ⏲ April–Okt.; 📶) Lavendel im Überfluss ziert den Eingang dieses B&Bs mit Café nur fünf Gehminuten von der Fähranlegestelle entfernt. Die Inhaber sind Slow-Food-Fans und servieren ihren Besuchern lokalen Fisch und Meeresfrüchte sowie Bioprodukte (Hauptgerichte abends 12–20 €). Auch Nichtgäste können sich tagsüber Kuchen schmecken lassen und hier nach Voranmeldung ebenfalls zu Abend essen. Alle Zimmer sind schlicht, aber stilvoll eingerichtet. Zu den angebotenen Aktivitäten zählen Kajakfahren und Angeln.

Radharc an Chláir B&B €€
(☎ 099-75019; bridpoil@eircom.net; Zi. 45–90 €; 📶) Von der modernen Pension in der Nähe von O'Brien's Castle genießt man fantastische Ausblicke auf die Cliffs of Moher und die Galway-Bucht. Da Brid Poil eine ausgezeichnete Köchin ist (Abendessen 20 €) und viele Stammgäste hat, muss man mehrere Wochen im Voraus buchen. Einige Zimmer haben keine eigenen Bäder.

Tigh Ruairí PUB €€
(Strand House; ☎ 099-75020; www.tighruairi.com; Zi. 50–90 €; @) Rory Conneelys stimmungsvolle Bleibe verfügt über 20 Zimmer, viele mit Aussicht aufs Meer, und wartet mit einem hauseigenen gemütlichen Pub auf, in dem lebhafte Musiksessions stattfinden.

WANDERUNG AN INISHEERS KÜSTE

Die Wanderung rund um Inisheer entlang der 12 km langen Küste dauert fünf Stunden. Dabei lernt man die Insel viel besser kennen als bei einem eiligen Besuch der wichtigsten Attraktionen.

Von der Fähranlegestelle geht's auf der engen Straße parallel zum Wasser nach Westen und geradeaus weiter zum kleinen Landungssteg für Fischerboote im Nordwesten. Dann folgt man der Straße mit dem Geröllstrand auf der einen und einem bunten Mosaik aus Feldern samt den allgegenwärtigen Steinmauern auf der anderen Seite. Auf Gezeitentümpel und Kegelrobben, die sich in der Sonne ausruhen, achten!

1 km hinter der spitzwinkligen Kreuzung biegt man an dem Schild links ab. 100 m weiter stößt man auf den **Tobar Éinne**.

Auf der befestigten Straße, die bald zur holprigen Piste wird, geht's weiter Richtung Südwesten und nach 600 m gen Süden. Über Kalksteine und Grasstreifen gelangt man zu einem Strand und wandert über eine sanft geneigte Felsplattform zum südwestlichen Kap (Ceann na Faochnaí). Anschließend geht's Richtung Osten zum **Leuchtturm** bei Fardurris Point (2 Std. ab dem Pier).

Danach folgt man der Küste nach Nordosten. In der Ferne ist das Wrack der **Plassy** zu sehen. Mauern und Begrenzungen rund um die Felder können dank der Zauntritte ganz einfach überquert werden. Das Gras vor Ort wächst auf ca. 5 cm Mutterboden, der von den Inselbewohnern geschaffen wurde: Diese entfernten per Hand die Steine und schichteten hier jahrzehntelang Seetang übereinander.

Nun verläuft der Pfad nach Norden und wird am Nordende des Lough More zu einer geteerten Straße, die an der Küste und am Flugplatz vorbeiführt.
An der Landebahn kann man einen Abstecher zur **Teampall Chaoimháin** und zum **O'Brien's Castle** machen. Alternativ relaxt man am herrlichen geschwungenen **Sandstrand** und erkundet den nahe gelegenen **Cnoc Rathnaí** einen Grabhügel aus der Bronzezeit (1500 v. Chr.). Er ist bemerkenswert intakt, wenn man bedenkt, dass er bis zum 19. Jh. unter Sand verborgen war.

Tigh Ned PUB €

(Gerichte 5–10 €) Die 1897 eröffnete Kneipe ist einladend und erfrischend bodenständig. Gäste dürfen sich auf traditionelle Musik und preiswerte Mittagsgerichte freuen. Von den Tischen im Garten blickt man auf den Hafen.

Praktische Informationen

Im Sommer dient der kleine **Kiosk** (Juli & Aug. 10–18 Uhr) am Hafen als Touristeninformation. Ebenso wie auf Inishmaan gibt's auch auf Inisheer keinen Geldautomaten. Eine nützliche Internetseite ist www.aranislands.ie.

Unterwegs vor Ort

Rothair Inis Oírr (www.rothai-inisoirr.com; ab 10 € pro Tag; Mai–Sept.) in der Nähe des Piers hat Leihräder im Angebot und stellt eine gute Karte zur Verfügung. Viele Unterkünfte vermieten ihre Räder auch an Nichtgäste.

Im Sommer werden Rundfahrten in **Ponykutschen** (5–15 € pro Stunde & Pers.) angeboten.

CONNEMARA

„Connemara ist eine wilde Schönheit", so formulierte es schon Oscar Wilde. Die naturbelassene Landschaft und die filigrane Küste dieser Halbinsel wirken absolut inspirierend und zahlreiche umwerfend schöne Fleckchen warten hier auf Entdeckung.

Das irische Wort Connemara (Conamara) bedeutet so viel wie „Inlets of the Sea" (Meereseinbuchtungen) – ein treffender Name, denn die Straßen am Meer führen auf diesem Abschnitt des Wild Atlantic Way zu vielen kleinen Buchten mit versteckten Stränden. Außerdem verstecken sich in der Gegend jede Menge bezaubernde Orte.

Das Landesinnere ist ein bunter Flickenteppich aus Moorland, abgeschiedenen Tälern und dunklen Seen. Connemaras Herz bilden die Maumturk Mountains und die grauen Quarzitgipfel der Gebirgskette Twelve Bens mit herrlichen Rad- und Wanderwegen. Die Landschaft ist von einem Netz aus Steinmauern durchzogen.

Praktische Informationen

Das Touristenbüro in Galway informiert ausführlich über die Region. Online erfährt man bei **Connemara Tourism** (www.connemara.ie) und **Go Connemara** (www.goconnemara.com) viel Wissenswertes und findet dort außerdem praktische Links.

Anreise & Unterwegs vor Ort

AUTO

Wer auch die abgelegenen Ecken dieser schönen Gegend besuchen möchte, braucht dazu ein eigenes Auto, allerdings sind die Wege teilweise sehr schmal. Vorsicht vor den Steinmauern – und den Connemara-Schafen mit ihrem dicken cremefarbenen Fell und den kohleschwarzen Gesichtern und Beinen, die schon mal auf die Straße laufen können!

BUS

In Galway gibt's zahlreiche empfehlenswerte Bustouren, die einen guten, aber nicht komplett vollständigen Eindruck der Region vermitteln.

Bus Éireann (091-562 000; www.buseireann.ie) Das Unternehmen steuert viele Orte auf der Connemara-Halbinsel an, allerdings recht unregelmäßig. Einige Linien sind lediglich von Mai bis September oder sogar nur im Juli und August unterwegs. Manche Fahrer halten auf Wunsch auch zwischen den einzelnen Zielen.

Citylink (www.citylink.ie) Die Busse dieses Anbieters fahren mehrmals täglich von Galway nach Clifden und halten unterwegs in Moycullen, Oughterard, Maam Cross und Recess. Danach geht's weiter nach Cleggan und Letterfrack. Auf Nachfrage lassen einen die Fahrer oft auch auf freier Strecke aussteigen.

Oughterard & Umgebung

1400 EW.

Oughterard (Uachtar Árd) ist eines der wichtigsten Angelzentren Irlands, ansonsten aber nicht sonderlich interessant. Unmittelbar westlich des Dorfes lockt ein buntes Panorama aus Seen, Bergen und Sumpfland, das nach Westen hin immer spektakulärer wird.

Sehenswertes

★ **Aughnanure Castle** BURG

(www.heritageireland.com; über die N59; Erw./Kind 3/1 €; April–Mitte Okt. 9.30–18 Uhr) Diese schöne Festung, 3 km östlich von Oughterard, wurde um 1500 herum erbaut. Sie diente einst als Sitz der kämpferischen O'Flahertys, die nach ihrem Sieg über die Normannen die Gegend jahrhundertelang unter ihrer Kontrolle hatten. Das sechsstöckige Turmhaus auf einem Fels oberhalb vom Lough Corrib wurde aufwendig restauriert.

Rund um die Burg erkennt man die Überreste einer ungewöhnlichen Befestigungsanlage mit doppelter Mauer. Außerdem sind die Überbleibsel eines Festsaals und ein kleiner, jetzt separat stehender **Wachturm** mit kegelförmigem Dach zu sehen. Früher um-

Connemara

floss der River Drimneen die Burg an drei Seiten, heute bahnt sich der Fluss unterhalb der Burg seinen Weg durch mehrere natürliche Höhlen und Kavernen.

Glengowla Mines BERGWERK, MUSEUM
(www.glengowlamines.ie; über die N59; Erw./Kind 10/4 €; ⏲ Mitte März–Mitte Nov. 10–18 Uhr) Die Arbeit unter Tage ist eine ziemlich schmutzige Angelegenheit, aber dafür wurden in dieser Mine Silber, glitzernder Quarz und viele weitere Mineralien gefördert. Besucher erfahren einiges über das harte Dasein der Arbeiter und können natürlich ein paar Bodenschätze bewundern. Man kann auch mit einer Pfanne am Goldschöpfen teilnehmen und den hier betriebenen Bauernhof erkunden. Die Mine stammt aus dem 19. Jh. und befindet sich 3 km westlich von Oughterard.

Brigit's Garden GARTEN
(www.brigitsgarden.ie; über die N59, Roscahill; Erw./Kind 8/5 €; ⏲ Febr.–Okt. 10–17.30 Uhr) Auf halber Strecke zwischen den Dörfern Moycullen and Oughterard liegt der 4,5 ha große Brigit's Garden, ein charmanter und ruhiger Ort. Er ist der keltischen Mythologie und dem kulturellen Erbe gewidmet, das man zwischen Wald, Wiesen und traditioneller Architektur erkunden kann. Zu sehen sind u. a. ein reetgedecktes Rundhaus und ein *crannóg* (künstliche Insel). Ebenfalls sehenswert: eine riesige Sonnenuhr, mit der man die Zeit ganz genau berechnen kann, und der neue, nachhaltig bewirtschaftete Bereich, der 10 % des gesamten Strombedarfs des Gartens aus Sonnenenergie erzeugt. In einem Café kann man sich mit einem Snack stärken oder etwas trinken.

Schlafen & Essen

★ Currarevagh House HOTEL €€
(☎ 091-552 312; www.currarevagh.com; Glann Rd; EZ/DZ 80–95/140–180 €; ⏲ Mitte März–Okt.; 📶) Das prachtvolle Herren- und Landhaus mit

zwölf Zimmern auf einem 72 ha großen Grundstück am Lough Corrib stammt aus dem 19. Jh. Frische Blumen schmücken die zeitlosen Säle, das Außengelände lädt zu Spaziergängen ein und auf dem Speiseplan stehen frische Forellen aus der Gegend. Currareevagh House (ausgesprochen Curra-reeva) liegt ca. 6 km vom Zentrum entfernt. Einfach der Glann Road folgen, bis irgendwann – man fühlt sich schon ein bisschen verloren – ein Schild auftaucht.

Waterfall Lodge B&B €€

(☎ 091-552 168; www.waterfalllodge.net; über die N59; EZ/DZ ab 50/80 €) Das hübsche, glyzinienumrankte, gelb gestrichene B&B mit zwei Fenstererkern neben der Eingangtür liegt neben einem Bach und einem Wasserfall in einem herrlichen baumbestandenen Garten, fünf Gehminuten vom Zentrum entfernt. Es ist voller Antiquitäten (wer möchte, darf das alte Klavier ausprobieren). Eine hübsche rote Brücke führt über das Wasser zu einer Insel.

Powers Thatched Pub PUB €€

(Clifden Rd; Hauptgerichte 12,50–18,50 €) Das gemütliche Pub mit Kamin und einladender Einrichtung ist das einzige reetgedeckte Gebäude an der Hauptstraße. Auf der verlockenden Speisekarte stehen Fisch- und Fleischgerichte. Man darf sich z. B. auf Seeteufel, Butternuss-Kürbissuppe, Muscheln und Suppe mit geräuchertem Schellfisch freuen oder auf Lammburger mit geräucherter Paprika und Apfelchutney mit Ale.

Praktische Informationen

Eine nützliche Website ist www.oughterardtourism.com.

An- & Weiterreise

Bus Éireann (www.buseireann.ie) und **Citylink** (www.citylink.ie) bieten regelmäßige Busverbindungen von Galway nach Oughterard.

Lough Corrib

Der größte See der Republik schneidet das westliche Galway vom Rest des Landes ab. Er ist mehr als 48 km lang, hat eine Fläche von 200 km^2 und beherbergt 360 Inseln sowie jede Menge Lachse, Meer- und Bachforellen. Sein Fischreichtum hat dem Lough Corrib weltweite Berühmtheit eingebracht.

Als absoluter Höhepunkt der **Angelsaison** gilt der Mai, wenn Millionen Eintagsfliegen ausschwärmen und Fische wie Angler in den Wahnsinn treiben. Die Lachssaison beginnt im Juni.

Infos zum Fischfang und zum Bootsverleih gibt's in Oughterard in einem hervorragenden Laden namens **Thomas Tuck's Fishing Tackle** (☎ 091-552 335; Main St, Oughterard; ⏲ Mo–Sa 9–18 Uhr). Die größte Insel im Lough Corrib ist das einsame **Inchagoill** mit vielen Relikten aus vergangenen Zeiten. Am meisten beeindruckt der **Lia Luguaedon Mac Menueh** (Stein von Luguaedon, Sohn von Menueh), der eine Grabstätte markiert. Der 75 cm hohe Obelisk steht neben der Saints' Church. Manche behaupten, die lateinische Inschrift sei die zweitälteste christliche in ganz Europa – nach der in den römischen Katakomben. Die **Teampall Phádraig** (St. Patrick's Church) ist eine sehr alte, kleine Kapelle mit einigen späteren Ergänzungen. Als schönste Kirche gilt jedoch die romanisch inspirierte **Teampall na Naoimh** (Saints' Church), die vermutlich aus dem 9. oder 10. Jh. stammt. Ihr Torbogen weist hübsche Schnitzereien auf.

GEFÜHRTE WANDERUNGEN IN CONNEMARA

Buchhandlungen und Touristeninformationen haben viele Wanderkarten für Connemara im Sortiment. Wer mehr über die einzigartige Geologie und Geschichte der Region sowie über die lokale Flora und Fauna erfahren will, sollte einen Führer engagieren.

Connemara Safari (☎095-21071; www.walkingconnemara.com; geführte Wanderungen 300–700 €; ⌚Juni–Sept.) bietet drei- bis fünftägige Touren inklusive Mahlzeiten und Übernachtungen an. Die Guides sind nicht nur Experten auf dem Gebiet der Archäologie, sondern kennen sich auch in vielen anderen Themengebieten aus. Manche Ausflüge führen auf verlassene Inseln vor der Küste.

Corrib Cruises (☎092-46029; www.corribcruises.com; Erw./Kind 20/10 €; Ostern–Okt., Abfahrtszeiten auf der Website) bietet Tagesausflüge mit dem Boot von Oughterard nach Inchagoill und zum Ashford Castle in der Nähe von Cong an.

Nördlich vom Lough Corrib können Besucher im Örtchen Clonbur bei **Joyce Country Sheepdogs** (☎094-954 8853; www.joycecountrysheepdogs.ie; Clonbur; Erw./Kind 8/5 €; ⌚Juni–Sept. Mo–Fr 15 Uhr) erleben, wie Schäferhunde erstaunliche Leistungen vollbringen. Vorab buchen!

Auf der Küstenstraße von Galway zum Mace Head

Die Küstenstraße zwischen Galway und Connemara führt ganz gemächlich durch reizvolle Gegenden und Dörfer. Hinter Spiddal beginnt der beste Abschnitt.

Gegenüber dem beliebten, mit Blauer Flagge ausgezeichneten **Silver Strand** 4,8 km westlich von Galway an der R336 sind die dichten **Barna Woods** Wanderern und Picknickbesuchern vorbehalten. Der Wald beherbergt die letzten wild wachsenden Eichen im Westen Irlands.

Spiddal (An Spidéal), ein erfrischend authentisches Dorf, ist das Tor zur Gaeltacht-Region. Vor dem Ortseingang befinden sich auf der rechten Seite die **Spiddal Craft & Design Studios** (www.spiddalcrafts.com; nahe der R336, Spiddal; ⌚variieren). Hier kann man Holzschnitzern, Lederkünstlern, Bildhauern und Webern bei ihrer Arbeit über die Schulter schauen und sich im hochgelobten Café **Builín Blasta** ein leckeres Stück Kuchen genehmigen.

Das **Cnoc Suain** (☎091-555 703; www.cnocsuain.com; Spiddal), ein restauriertes strohgedecktes Haus aus der Zeit vor der Großen Hungersnot, gewährt Besucher einen Einblick ins Leben eines Dorfes in den Hügeln Connemaras im 17. Jh. Vor Ort erfährt man viel über die ursprünglichen Tänze, die Lieder, die Sprache und die Lebensweise der damaligen Zeit. Das Gebäude liegt 5 km nördlich von Spiddal inmitten eines großen Stücks sorgfältig erhaltener Landschaft.

Bei **Tigh Hughes** (Spiddal; ⌚Trad-Sessions Di 21 Uhr) steigen hochkarätige Trad Sessions. In dem Pub tauchen ganz spontan auch schon mal echte Szenegrößen auf (toll!). Die Kneipe steht etwas abseits der Hauptstraße, in der sich zahlreiche Unterkünfte aneinanderreihen. An der kleinen Kreuzung im Ortszentrum biegt man bei der Bank rechts ab, der Eingang befindet sich auf der rechten Seite.

Westlich von Spiddal wird die Landschaft immer spektakulärer, denn hier fallen die von einem Netz aus niedrigen Steinmauern durchzogenen Felder zur zerklüfteten Küste ab. **Carraroe** (An Cheathrú Rua) wartet mit herrlichen Stränden wie dem Coral Strand auf, der ganz aus Muschel- und Korallenteilchen besteht. Es lohnt, die Nebenstraßen zu beiden Seiten der **Greatman's Bay** abzufahren, um sich winzige Buchten und Esel anzusehen.

Die Inseln **Lettermore**, **Gorumna** und **Lettermullen** sind flach und wenig einladend. Ein paar Bauern fristen dort auf winzigen Feldern voller Steine ihr Dasein. Gute Einnahmen bringt allein die Fischzucht.

An der R340 bei Gortmore stößt man auf das **Patrick Pearse's Cottage** (Teach an Phiarsaigh; www.heritageireland.ie; R340; Erw./Kind 4/2 €; ⌚Ostern & Juni–Aug. 10–18 Uhr). 1916 führte Pádraig Pearse (1879–1916) gemeinsam mit James Connolly den Osteraufstand an und wurde später von den Briten hingerichtet. In dem kleinen reetgedeckten Haus mit hinreißender Aussicht verfasste er einige Kurzgeschichten und Stücke.

Die malerische R340 führt von dort weiter nach Süden und folgt der **Kilkieran Bay**, einem Naturschutzgebiet. Das verzweigte und komplexe Ökosystem aus Seemarschen, Mooren, schnell fließenden Flüssen sowie Gezeitenbecken lockt mit einer absolut umwerfenden Vielfalt von Tieren und Pflanzen.

Als Nächstes erreicht man **Carna**, ein Fischerdorf mit reizvollen Wanderwegen hinaus nach **Mweenish Island**, Richtung Norden nach Moyrus und weiter zur wilden Landzunge beim **Mace Head**.

Schlafen

Wer Roundstone bis Einbruch der Dunkelheit noch nicht erreicht hat, findet in der Landschaft verstreut nette B&Bs, viele davon mit Blick aufs Wasser.

★ Cashel House Hotel HOTEL €€
(☎095-31001; www.cashelhouse.ie; Cashel; EZ/DZ ab 85/170 €;) Am Ende der Cashel Bay wartet dieses Landhaus mit 32 Zimmern voller Antiquitäten sowie einem 17 ha großen Wald- und Parkgelände auf. Zur Anlage gehören auch ein Stall mit Connemara-Ponys (Reitstunden möglich), ein erstklassiges Restaurant und ein kleiner Privatstrand.

Cloch na Scíth B&B €€
(☎091-553 364; www.thatchcottage.com; Kellough, Spiddal; Zi. 45–90 €) Das 100 Jahre alte, reetgedeckte Gebäude steht in einem echten Bilderbuchgarten mit Enten und Hühnern. Nancy, die nette Gastgeberin, backt Brot im Eisentopf über dem Torffeuer – so, wie ihre Großmutter es ihr beigebracht hat.

Lough Inagh Valley

Die braune Landschaft bezaubert mit ihrer unverfälschten Schlichtheit.

Von der Südseite und ein Stück westlich von Recess führt die R344 ins Tal hinein. Die düsteren Seen Derryclare und Inagh reflektieren unwirkliche Momentaufnahmen der Umgebung. An der Westseite erhebt sich das wenig einladende Massiv **Twelve Bens** und am nördlichen Ende trifft die Straße auf die N59, die sich durch ganz Connemara bis nach Leenane windet.

Außerdem zweigt am Nordende ein Weg rechts von der Straße ab, der in einem weiteren Tal endet.

Schlafen & Essen

Ben Lettery Hostel HOSTEL €
(☎085 271 3588; www.anoige.ie; N59, Ballinafad; B/DZ 15–20/72 €; ⏲Einchecken 17–22 Uhr, April–Sept.;) Etwa 8 km westlich der Stelle, wo die R344 ins Tal führt (und 13 km östlich von Clifden), stößt man auf dieses renovierte YHA-Hostel. Es verfügt über eine saubere, gemütliche Küche und einen einladenden Aufenthaltsraum und ist die ideale Ausgangsbasis zur Erkundung des Tals. Auf Nachfrage halten hier die Busse von Citylink.

Lough Inagh Lodge LODGE €€
(☎091-34706; www.loughinaghlodgehotel.ie; nahe der R344; EZ/DZ ab 100/145 €; Abendessen 40 €;) An den Wänden hängen zahlreiche in ungewöhnlichen Winkeln aufgehängte Ölgemälde, überall stehen Potpourri-Schüsseln und chinesisches Porzellan. Die etwas kuriose, aber recht atmosphärische Lodge verfügt über 13 große Zimmer, fünf davon mit Blick zum Wasser. Sie befindet sich auf einem weitläufigen Gelände an einem Hang, 4,5 km nördlich von Recess, auf halber Strecke ins wunderschöne Lough Inagh Valley.

Roundstone

250 EW.

Roundstone (Cloch na Rón), ein irisches Bilderbuchdorf, liegt rund um einen Hafen mit vielen kleinen Booten. Fröhlich bunte Reihenhäuser und einladende Pubs blicken auf die schimmernde Bertraghboy Bay, in der Ebbe und Flut dramatisch anmuten. Hier tummeln sich Hummerfischer und traditionelle *currachs* (Boote mit hölzernem Rumpf, der mit geteertem Segeltuch überspannt wird).

Sehenswertes & Aktivitäten

Roundstone Musical Instruments MUSIK
(www.bodhran.com; IDA Craft Park; ⏲Juli–Sept. 9–19 Uhr, Okt.–Juni Mo–Sa 9.30–18 Uhr) Gleich südlich des Dorfes befindet sich Malachy Kearns' Musikgeschäft. Er ist der einzige hauptberufliche Hersteller traditioneller *bodhráns*. Besucher können ihm bei der Arbeit zusehen und eine Zinnpfeife, eine Harfe oder ein Büchlein voller irischer Balladen erstehen. Zu dem Laden gehören auch ein kleines volkskundliches Museum und ein Café. In den benachbarten **Kunsthandwerksläden** wird alles von feinen Porzellanwaren (unbedingt bei **Roundstone Ceramics** vorbeischauen!) bis hin zu Pullis verkauft.

Mt. Errisberg WANDERN
Der einzige nennenswerte Hügel (298 m) an diesem Teil der Küste ragt am steinernen Pier auf. Innerhalb von zwei Stunden kann man von Roundstone zum Gipfel hinaufwandern; einfach der schmalen Straße folgen, die am O'Dowd's Pub im Zentrum vorbeiführt. Oben eröffnet sich eine herrliche Aussicht auf die Bucht und die Twelve Bens.

GESPROCHENES IRISCH

Eine der wichtigsten Gaeltacht-Regionen (irischsprachige Gebiete) des Landes beginnt bei Spiddal. Sie erstreckt sich Richtung Westen bis nach Cashel und Richtung Norden bis ins County Mayo.

Mittlerweile erlebt die gesprochene irische Sprache eine Renaissance und wohlhabende Dubliner Familien reißen sich um Plätze in Schulen, in denen auf Irisch unterrichtet wird. Dieser Umstand ist diversen Medien aus Connemara und Galway geschuldet. Seit den 1990er-Jahren gibt's z. B. den nationalen irischsprachigen Radiosender **Radio na Gaeltachta** (www.rte.ie/rnag) und den Fernsehkanal **TG4** (www.tg4.ie).

Schlafen & Essen

★ Wits End B&B B&B €

(☎ 095-35813; www.roundstoneaccommodation.com; Main St; EZ/DZ ab 35/60 €; ⏲ März–Nov.; 📶) Geführt wird die Unterkunft mitten im Ort von der liebenswerten Eileen, die sich durch nichts aus der Ruhe bringen lässt. Von den meisten der fünf Zimmer reicht der Blick über die Straße aufs Meer. Das Wits End ist einfach, aber gemütlich und nur wenige Schritte von einigen netten Pubs entfernt.

★ Island View B&B B&B €

(☎ 095-35701; www.islandview.ie; Main St; EZ/DZ 40–45/60–70 €; 📶) Im Zentrum von Roundstone wartet dieses schöne und tadellos saubere B&B mit plüschigem Ambiente auf. Der extrem aufmerksame Eigentümer (und Lehrer) Aisling sorgt dafür, dass immer alles tipptopp ist. Die meisten Zimmer haben Blick auf die Bucht.

★ O'Dowd's FISCH & MEERESFRÜCHTE €€

(☎ 091-35809; www.odowdsseafoodbar.com; Main St; Hauptgerichte 13–27 €, 2-gängiges Menü 17–19 Uhr 20 €; ⏲ Restaurant Juni–Sept. 10–21.30 Uhr, Okt.–Mai bis 21 Uhr; 📶) Seit seinem großen Auftritt 1997 im Hollywoodstreifen *Heirat nicht ausgeschlossen* hat das gemütliche alte Pub nichts von seiner Originalität eingebüßt. Im angrenzenden Restaurant kommt man in den Genuss frischer Meeresfrüchte, die gleich gegenüber gefangen werden. Viele Zutaten stammen aus dem eigenen Garten. Außerdem gibt's viele irische Biere aus Kleinbrauereien und bis 12 Uhr Frühstück.

Von Roundstone bis Clifden

Die R341 verläuft an der Küste entlang von Roundstone nach Clifden. Etwa 2,5 km hinter Roundstone liegt die Abzweigung zur **Gurteen Bay** bzw. Gorteen Bay). Nach weiteren 800 m führt eine Straße zur **Dog's Bay**. Zwischen den beiden Buchten erstreckt sich eine Halbinsel, die wie ein Hundeknochen geformt und von malerischen Stränden umgeben ist.

In **Ballyconneely** fährt man von der R341 Richtung Westen ab, um das **Connemara Smokehouse** (☎ 095-23739; www.smokehouse.ie; Bunnowen Pier; ⏲ Mo–Fr 9–13 & 14–17 Uhr) zu besuchen. Von Juni bis August finden hier Führungen statt (mittwochs um 15 Uhr), bei denen man alles darüber erfährt, wie der berühmte Lachs der Region geräuchert wird – und man darf ihn natürlich auch probieren.

Clifden & Umgebung

2100 EW.

Connemaras „Hauptstadt" Clifden (An Clochán) liegt am Ende der engen Bucht, wo der Owenglin ins Meer fließt. Die Straßen des hübschen Ortes aus viktorianischer Zeit, dessen Form vage einer Harfe ähnelt, laden zu netten Spaziergängen ein. Er lohnt auf jeden Fall einen Zwischenstopp am Wild Atlantic Way.

Sehenswertes & Aktivitäten

Die Gegend ist für ihre Ponys berühmt und Ausritte am Strand erfreuen sich großer Beliebtheit. Bei der jährlichen **Connemara Pony Show** (www.cpbs.ie; ⏲ Mitte Aug.), die Besucher aus ganz Westirland anzieht, erlebt man die Tiere in Bestform.

★ Sky Road LANDSCHAFTLICH SCHÖNE ROUTE

Die 12 km lange Route verläuft in einem spektakulären Bogen stadtauswärts nach Kingston und wieder zurück nach Clifden, vorbei an wildromantischen, zerklüfteten Küstenstreifen. Die Strecke lässt sich zu Fuß oder per Fahrrad bewältigen. Zeitlich sollte man so planen, dass man der Sonne dabei zuschauen kann, wie sie im Atlantik versinkt. An mehreren Aussichtspunkten gibt es auch Parkplätze. Vom Market Square in Clifden fährt man mit dem Auto direkt Richtung Westen.

Connemara Heritage & History Centre
MUSEUM

(www.connemaraheritage.com; N59, Lettershea; Erw./Kind 8/4 €; ⌚ April–Okt. 10–18 Uhr, letzter Einlass 1 Std. vor Schließung; 📶) Bis zu seiner Vertreibung lebte und arbeitete in diesem Haus 7 km östlich von Clifden der Bauer Dan O'Hara. Im New Yorker Exil fristete er sein Leben als Streichholzverkäufer auf der Straße. Die heutigen Eigentümer haben das Anwesen renoviert und in eine Art Freilichtmuseum mit Vorführungen im Torfstechen, Dachdecken sowie in der Schafschur verwandelt. Man kann in dem Gebäude übernachten und Komfort genießen, der Dan nie vergönnt war.

Station House Museum
MUSEUM

(Clifden Station House; www.connemara-pony.net/station.htm; nahe der Hulk St; Erw./Kind 2/1 €; ⌚ Mo–Sa 10–17 Uhr, Mai–Okt. 12–16 Uhr) Das Museum befindet sich in einer alten Bahnhofshalle. Es widmet sich der Geschichte der örtlichen Ponys sowie verschiedenen historischen Ereignissen.

Mannion's Bikes
RADFAHREN

(www.clifdenbikes.com; Bridge St; Fahrradverleih Erw./Kind ab 15/10 €/Tag; ⌚ Mo–Sa 9–18, So 10–12 Uhr) Große Auswahl an Fahrrädern, darunter Elektrofahrräder.

Errislannan Manor
REITEN

(☎ 095-21134; www.connemaraponyriding.com; Ballyconneely Rd/R341; Reiten & Ausreiten ab 30 € pro Std.) Hier werden Reitunterricht und -ausflüge entlang des Strands sowie in die Hügel mit den berühmten hiesigen Ponys angeboten. Der Stall liegt 3,5 km südlich von Clifden an der R341.

Schlafen

Es gibt im Ortszentrum zahlreiche empfehlenswerte Unterkünfte.

Acton's Eco Beach
CAMPINGPLATZ €

(☎ 095-44036; www.actonsbeachsidecamping.com; Omey Island/Claddaghduff Rd; Stellplatz ab 15 €) 🍃 Dieser umweltfreundliche Campingplatz hat einen eigenen Strand mit weißem Sand und ist ein wirklich schönes Fleckchen, um Urlaub zu machen. Nach dem Shuttleservice fragen.

Clifden Town Hostel
HOSTEL €

(☎ 095-21076; www.clifdentownhostel.com; Market St; B 17–20 €, EZ /DZ ab 25/40 €) Fröhliches Hostel mitten im Stadtzentrum. Das cremefarbene Gebäude verfügt über große Fenster und helle Zimmer mit insgesamt 34 Betten.

Ben View House
B&B €

(☎ 095-21256; www.benviewhouse.com; Bridge St; EZ/DZ ab 45/70 €; 📶) Das von der hilfsbereiten Besitzerin Eileen geführe Stadthaus von 1848 hat viel Vintage-Charme. Dafür sorgen das polierte Silber, die vielen Antiquitäten und die Gastfreundschaft alter Schule. Das WLAN im OG funktioniert nicht einwandfrei. Parken kann man nicht, in der Nähe gibt's aber ein kostenloses Parkhaus.

★ Dolphin Beach
B&B €€

(☎ 095-21204; www.dolphinbeachhouse.com; Lower Sky Rd; EZ/DZ ab 85/100–140 €, Abendessen 40 €; 📶) In einer der landschaftlich schönsten Küstenszenerien von Connemara liegt dieses hervorragende B&B. Hier stimmt einfach alles! Stil, Ruhe, Entspannung und ein herrlicher Ausblick sind die wichtigsten Zutaten des Konzepts – und wer einmal da ist, kann sich nur schwer wieder losreißen. Es liegt 5 km westlich von Clifden, ganz versteckt an der Lower Sky Road.

★ Quay House
HOTEL €€

(☎ 095-21369; www.thequayhouse.com; Beach Rd; EZ/DZ ab 95/135–150 €; ⌚ Mitte März–Mitte Nov.; 📶) Unten am Hafen, zehn Gehminuten vom Ortszentrum, stößt man auf das 1820 errichtete weitläufige Quay House. In den 14 Zimmern gibt's zahlreiche Antiquitäten, trotzdem wirkt das Ganze nicht spießig, sondern zeitgemäß. Die Unterkunft wird von einem Mitglied der Hoteliers-Familie Foyle betrieben und war früher ein Konvent und ein Franskanerkloster.

ABSTECHER

DURCH DAS MOOR NACH CLIFDEN

Abseits der Küste gibt's eine alternative Route von Roundstone nach Clifden durch das geschützte **Roundstone Bog**. Die kurvige Straße führt durch eine herrlich gruselige, überschwemmte Einöde. Manche Einheimische glauben, dass es in dem rostfarbenen Moor spukt, und meiden es deshalb nachts. Davon abgesehen sollte man der Route tatsächlich nur am Tag folgen, da sie in schlechtem Zustand ist. Im Sommer sieht man gelegentlich Arbeiter beim Torfstechen. 4 km nördlich von Roundstone zweigt die Straße von der R341 Richtung Westen ab und trifft bei Ballinaboy wieder auf die R341.

Dun Ri Guesthouse GASTHAUS €€
(☎095-21625; www.dunri.ie; Hulk St; Zi. 60–100 €; 📶) Die attraktive Unterkunft mit einem liebenswerten, kleinen weißen Wachhund und einem ebenso freundlichen Besitzer liegt vom Zentrum aus ein wenig den Hügel hinunter, nicht weit vom Ponyreitweg. Sie verfügt über 13 gemütliche Zimmer, alle sind in gutem Zustand.

Foyles Hotel HOTEL €€
(☎095-21801; www.foyleshotel.com; Main St; EZ/DZ 45–90/70–140 €; ⏰Feb.–Dez.; @) Clifdens ältestes Hotel, ein Wahrzeichen im Stadtzentrum mit einer cremeweißen Fassade, befindet sich seit Jahrzehnten im Besitz derselben Familie. Ölgemälde schmücken die Wände der stattlichen Lobby, der Service ist zuvorkommend, im Kamin glimmt ein Feuerchen. Es gibt 25 gemütliche Zimmer; am besten nach einem der geräumigeren Zimmer mit hohen Decken und Blick zur Bucht fragen. Frühstück inbegriffen.

Essen & Ausgehen

Im Zentrum gibt's jede Menge Pubs und Restaurants. Wie in der gesamten Region stehen vor allem Fisch und Meeresfrüchte auf den Speisekarten.

★**Connemara Hamper** DELI €
(www.connemarahamper.com; Lower Market St; Snacks ab 3 €; ⏰Mo–Sa 10–17 Uhr) Die fröhlichen Damen in diesem Geschäft verkaufen Hähnchen-Lauch-Pasteten und andere Köstlichkeiten für ein Picknick. Kunden des Feinkostladens können sich über eine große Palette an fertigen Gerichten und frisches Brot freuen.

Upstairs/Downstairs CAFÉ
(Main St; Hauptgerichte ab 5 €; ⏰Mo–Fr 9–17.30, Sa 10–17.30 Uhr; 📶) Das zweistöckige, helle und fröhliche Café in der Main Street bietet Snacks und guten Kaffee sowie hervorragende Sandwiches und Frucht-Smoothies.

★**Mitchell's** FISCH & MEERESFRÜCHTE €€
(☎095-21867; www.mitchellsrestaurantclifden.com Hauptgerichte mittags 8–12 €, abends 15–25 €; ⏰März–Okt. 12–22 Uhr) In dem eleganten Lokal gibt's gute Fischsuppe und immer wieder neue, innovative regionale Meeresfrüchtespezialitäten – mit Zutaten aus den umliegenden Gewässern – sowie eine gute Weinkarte. Wer hier zu Abend essen möchte, sollte vorab reservieren. Mittags gehören Sandwiches und einfache Gerichte zum Angebot.

Off the Square FISCH & MEERESFRÜCHTE €€
(www.offthesquarerestaurant.com; Main St; Hauptgerichte 10–25 €; ⏰9–22 Uhr) Auf der Karte dieses guten Bistros stehen viele mediterrane Gerichte. Mittags kommen einfache Speisen auf den Tisch, aber abends wird groß aufgefahren. Neben köstlichen Meeresfrüchten gibt es Steaks aus der Region. Auch das Frühstück ist sehr gut.

Shoppen

Clifden Bookshop BÜCHER
(Main St; ⏰Mo–Fr 9–18, Sa 10–18, So 11–17 Uhr) Gute Auswahl an Titeln und Karten zur Region.

Praktische Informationen

Am Market Sqare gibt's mehrere Banken mit Geldautomaten und einen Supermarkt.

Touristeninformation (www.clifdenchamber.ie; Galway Rd/N59; ⏰Ostern–Juni & Sept. Mo–Sa 10–17 Uhr, Juli & Aug. tgl. 10–17 Uhr) Im Clifden-Station-House-Komplex.

Anreise & Unterwegs vor Ort

Bus Éireann (www.buseireann.ie) und **Citylink** (www.citylink.ie) fahren mehrmals täglich über die N59 nach Galway (ab 14,50 €, 90 Min.). Unterwegs halten sie in Oughterard.

DER SIEGER

Wenn ein US-amerikanischer Fernsehsender mal wieder hohe Einschaltquoten bei älteren Zuschauern verzeichnen will (und *Vom Winde verweht* erst kürzlich gezeigt wurde), wird *Der Sieger* (Originaltitel: *The Quiet Man*) ausgegraben. Die romantische Komödie von 1952 mit John Wayne und der rotgelockten Maureen O'Hara porträtiert den irischen Alltag auf dem Land samt Alkoholkonsum und Schlägereien.

Um den Film zu verwirklichen, reiste Regisseur John Ford ins Land seiner Vorfahren. Einer der fotogensten Orte des Streifens ist die **Quiet Man Bridge**, 3 km westlich von Oughterard in der Nähe der N59. Die bildhübsche kleine Brücke hieß ursprünglich Leam Bridge und hat sich kaum verändert. Wer genau aufpasst, wird allerdings feststellen, dass ein paar der Nahaufnahmen nicht am Originalschauplatz entstanden sind, sondern vor einer kitschigen Kulisse in Hollywood.

Claddaghduff & Omey Island

Am zerklüfteten, schroffen Küstenstreifen nördlich von Clifden liegt das kleine ausgeschilderte Dorf **Claddaghduff** (An Cladach Dubh). Wenn man an der katholischen Kirche Richtung Westen abbiegt, gelangt man zum **Omey Strand**. Bei Ebbe kann man durch den Sand nach **Omey Island** spazieren oder fahren. Auf dem Inselchen aus Felsen, Sand- und Grasflächen leben nur 20 Einheimische. Eine Beschilderung mit blauen Pfeilen sorgt für Orientierung. Im Sommer finden am Strand Pferderennen statt.

Cleggan

250 EW.

Viele Traveller ignorieren Cleggan (An Cloigeann), 16 km nordwestlich von Clifden, und gehen sofort an Bord der Fähre nach Inishbofin. Ein Fehler, denn dass dieser kleine Fischerhafen überaus viel Charme hat, bemerkt man schon bei der Ankunft an den mit Booten gesäumten Docks. Schmale Straßen, die immer wieder zurück zur Hauptstraße führen, folgen westlich von Cleggan der spektakulären Küste.

Schlafen & Essen

Oliver's — FISCH & MEERESFRÜCHTE, PUB €€

(☎ 095-44640; www.oliversbar.com; Mittagessen Hauptgerichte 10–15 €; ⏲ 12.30–15 & 18–21 Uhr) Das Oliver's mit seiner klassischen Fassade – so schwarz wie ein Guinness – erfreut sich vor Ort großer Beliebtheit. Was auf den Tisch kommt, wird bestimmt vom Fang des Tages, die hervorragenden Krebsscheren in Knoblauch gibt's aber immer. Sehenswert: das alte Schiffsradio auf der Theke. Oben befinden sich sechs freundliche B&B-Zimmer (ab 60 €) voll frischer Seeluft und – wenn die Sonne mitspielt – Connemaras besonderem Licht.

An- & Weiterreise

Busse von **Citylink** (www.citylink.ie) fahren dreimal täglich von Clifden nach Cleggan.

Inishbofin

160 EW.

Tagsüber ist Inishbofin ruhig und verschlafen. Enge Gassen, grüne Wiesen und Sandstrände laden zu Spaziergängen und Radtouren ein. Unterwegs kommt man an Vieh und Seehunden vorbei. Abends geht's hier dagegen ganz schön rund, denn im Pub wacht keine *gardaí* (Polizei) über die Sperrstunde.

Das 6 km lange und 3 km breite, kompakte Inishbofin liegt 9 km vor dem Festland. Am höchsten Punkt ragt die Insel etwa 86 m aus dem Meer auf.

Sehenswertes & Aktivitäten

664 begab sich der hl. Colman freiwillig hierher ins Exil, nachdem er sich mit der Kirche wegen der Einführung des neuen Kalenders überworfen hatte. Er soll nordöstlich des Hafens ein Kloster errichtet haben, allerdings sind dort heute nur noch die Überreste einer kleinen **Kirche** aus dem 13. Jh. zu sehen. Die Pfarrkirche **Parish Church of St Colman**, einen kurzen Fußweg östlich des Piers, bezaubert durch das sanfte Licht, das durch die Buntglasfenster ins Innere fällt. Außerdem diente Inishbofin der berühmten Piratenkönigin Grace O'Malley im 16. Jh. als Stützpunkt. 1652 nahmen Cromwells Truppen das Eiland ein und internierten hier Priester und Geistliche.

Die klaren Gewässer eignen sich wunderbar zum **Tauchen** und die **Strände** sind herrlich unberührt.

★ **Wanderwege** — WANDERN

(www.inishbofin.com) Faszinierende Wege verlocken zu Erkundungstouren. Es gibt mehrere Pfade, deren Beschreibung man sich von der Webseite der Insel herunterladen kann. Ein leichter Spaziergang führt nördlich des Doonmore Hotels (15 Minuten Fußweg westlich des Piers) zum Lough Bó Finne in der Nähe der Nordküste, dem die Insel ihren Namen verdankt (*bó finne* bedeutet weiße Kuh').

Heritage Museum — MUSEUM

(⏲ variieren) GRATIS Das kleine, aber interessante Museum, einen kurzen Fußweg rechts des Piers, ermöglicht einen umfassenden Einblick in die bewegte Inselgeschichte.

Kings Bicycle Hire — FAHRRADVERLEIH

(☎ 095-45833; auf dem Pier; Fahrradverleih ab 12 €; ⏲ in der Regel bei Ankunft der Fähren geöffnet) Die Insel eignet sich wunderbar zum Radfahren, auch wenn man nicht weit kommt. Kings liegt direkt am Pier.

Horse Rides — REITEN

(☎ 087-950 1545; www.inishbofinequestriancentre.com; ⏲ 9–18 Uhr) Der Reitstall von Inishbofin bietet Reitstunden sowie Ausritte über die Insel an.

Feste & Events

Inishbofin Arts Festival KULTUR
(www.inishbofin.com) Bei diesem Festival Mitte Mai wird Inishbofin mit Akkordeon-Workshops, archäologischen Wanderungen, Kunstausstellungen und Konzerten hochkarätiger irischer Bands mal so richtig wachgerüttelt.

Schlafen & Essen

Die Hotels verfügen über gute Restaurants, außerdem gibt's ein tolles Pub.

Inishbofin Island Hostel HOSTEL €
(☎ 095-45855; www.inishbofin-hostel.ie; Stellplatz pro Pers. 10 €, B 15–18 €, DZ 40–50 €; ⌚ Ostern–Sept.) Das lauschige alte Bauernhaus mit 38 Betten und malerisch gelegenen Zeltplätzen wartet mit einem Wintergarten samt Panoramafenstern auf. Es hat angenehme, recht große Sechsbettzimmer mit Gemeinschaftsbad (Dusche) sowie Doppelzimmer mit Gemeinschaftsbad (Dusche). Das Frühstück kann man sich selbst zubereiten. Es liegt nur 500 m vom Fähranleger entfernt.

Lapwing House B&B €
(☎ 095-45996; www.inishbofin.com/lapwing-house-bb; ab 35 €/Pers.; 📶) Das familiengeführte B&B, das nach der regionalen Vogelart, die auf der Insel brütet, benannt ist, hat zwei Zimmer in einem traditionellen Haus. Es liegt zehn Gehminuten nördlich des Hafens.

Dolphin Hotel & Restaurant GASTHAUS €€
(☎ 095-45991; www.dolphinhotel.ie; EZ/DZ 55/90–100 €; ⌚ April–Sept.; @) 🍃 Das gepflegte Haus hat elf hübsche Zimmer mit großen Flachbildschirmfernsehern. Solarzellen auf dem Dach und der biologische Kräutergarten zeugen von Umweltbewusstsein. Auf der Speisekarte stehen vor allem Fisch und Meeresfrüchte aus der Region sowie vegetarische Gerichte. Am Wochenende beträgt der Mindestaufenthalt zwei Nächte. Das Abholen vom Pier ist im Preis inbegriffen.

Inishbofin House Hotel & Marine Spa HOTEL €€
(☎ 095-45809; www.inishbofinhouse.com; EZ/DZ 60–90/70–140 €) Ein sechsminütiger Fußmarsch östlich des Piers führt zu diesem elegant-modernen Hotel mit seinem hervorragenden Spa, einer Bibliothek und einem großen Salon mit Blick über eine Bucht. Alle Zimmer sind modern eingerichtet, einige warten mit Meerblick auf. WLAN ist nicht in allen Zimmern stabil, am besten vorher fragen.

Praktische Informationen

In Inishbofins kleinem Postamt befindet sich auch ein Lebensmittelladen. Es gibt keine Geldautomaten, und die meisten Unternehmen und Einrichtungen nehmen nur Bargeld an. Einen kurzen Fußweg westlich des Piers liegt ein kleiner, teurer Laden.
Der **Tourismusverband** (☎ 095-45861; www.inishbofin.com) bietet nützliche Infos und detaillierte Online-Wanderführer.

An- & Weiterreise

Island Discovery (☎ 095-45894/19; www.inishbofinislanddiscovery.com; Erw./Kind Hin- & Rückfahrt 20/10 €) bietet Fährverbindungen von Cleggan nach Inishbofin (30–45 Min.). In der Nebensaison verkehrt jeden Tag ein Boot, in der Hauptsaison sind es maximal drei. Oft werden die Fähren von Delfinen begleitet. Bei rauer See fallen die Fahrten gelegentlich aus.

Letterfrack & Umgebung

200 EW.

Das im 19. Jh. von Quäkern gegründete Letterfrack (Leitir Fraic) ist eigentlich nur eine Straßenkreuzung mit einigen Pubs und B&Bs. Doch das rundum gelegene Waldgebiet und die nahe Küste locken viele Outdoorfans an. Hier kann man z. B. innerhalb von 40 Minuten den **Tully Mountain** (4 km) hinaufsteigen und oben den tollen Ausblick aufs Meer genießen.

Sehenswertes

★ **Connemara National Park** PARK
(www.connemaranationalpark.ie; unweit der N59; ⌚ Besucherzentrum 9–17.30 Uhr, Nationalpark 24 Std.) GRATIS Südöstlich von Letterfrack erstreckt sich der 2000 ha große Connemara National Park mit abwechslungsreichen Landschaften voller Moore, Berge und Heideland. Das Besucherzentrum liegt abseits eines Parkplatzes 300 m südlich der Kreuzung von Letterfrack.

Das **Besucherzentrum** informiert über die Flora, Fauna und Geologie des Parks (beispielsweise über den mottengroßen Weinschwärmer und das Rotwild). Außerdem lohnt ein Blick auf die detaillierten Land- und Wanderkarten, bevor man in das Naturschutzgebiet aufbricht. Vor Ort gibt's auch eine Teestube.

Innerhalb des Schutzgebietes befinden sich einige der **Twelve Bens**, darunter der Bencullagh, der Benbrack und der Benbaun. Das Herzstück ist das **Gleann Mór**

ABSTECHER

DIE NORDKÜSTE VON CONNEMARA

Umwerfende Strände und der Bick auf raue Berge und das unberechenbare Meer prägen die Nordküste von Connemara.

Die N59 ist weniger ansprechend als die Nebenstraßen, die auf einer 15 km langen Strecke den unregelmäßigen Windungen der Küste folgen. Los geht's in **Letterfrack**, wo ein schmaler Weg Richtung Nordwesten verläuft. Am besten hält man sich an kleine Nebenstrecken und bleibt so nah am Wasser wie möglich. Dabei sollte man auf Schafe achten, die plötzlich auf dem Weg stehen können! In dieser Gegend scheint das Land nahtlos ins Meer überzugehen, was einfach traumhaft schön aussieht. Wer sich plötzlich in einer Sackgasse am Strand wiederfindet, steigt einfach aus und freut sich!

Übernachtungsmöglichkeiten gibt's in **Renvyle**, z. B. auf dem **Renvyle Beach Caravan & Camping** (☎ 095-43462; www.renvylebeachcaravanpark.com; Renvyle; Zeltstellplatz 10–20 €; ⏲ Ostern–Sept.) mit grasbewachsenen Stellplätzen für Zelte und einem direkten Zugang zum Sandstrand.

Das **Renvyle House Hotel** 095-43511; www.renvyle.com; Renvyle; Zi. 70–250 €;) ist ein luxuriös umgebautes Landgut mit 68 Zimmern auf 80 ha Land, das einst dem Dichter Oliver St. John Gogarty gehörte.

Weiter östlich entdeckt man an der winzigen Kreuzung von **Tully Cross** ein paar nette Pubs, bevor es weiter an der Küste entlanggeht. Insbesondere an sonnigen Tagen sollte man regelmäßig anhalten, um das wunderbare Farbschauspiel der Landschaft zu bestaunen: das kobaltblaue Meer, den hellblauen Himmel, das smaragdgrüne Gras, die braunen Hügel, die schiefergrauen Steine und die weißen Sandstrände. Die Pferderennszenen am Strand im Film *Der Sieger* wurden in **Lettergesh** gedreht.

Eine Abzweigung führt nach **Rosroe Quay**, wo sich der fantastische halbmondförmige **Glassillaun Beach** erstreckt. **Scuba Dive West** (☎ 095-43922; www.scubadivewest.com) bietet hier empfehlenswerte Kurse und Tauchgänge vor der Küste und den nahe gelegenen Inseln an.

Die letzten 5 km der Route verlaufen am **Lough Fee** entlang. Im Frühjahr ist die Gegend besonders malerisch; dann blüht der Ginster in kräftigem Gelb. Wenn man die N59 erreicht hat, sollte man sich Zeit für eine Pause nehmen, um die unglaubliche Schönheit der Spritztour ein wenig zu verdauen.

(Big Glen, „Großes Tal"), durch das sich der Fluss Polladirk seinen Weg bahnt. Schöne Wanderwege führen das Tal hinauf und durch die Berge. Kürzere Strecken lassen sich gut auf eigene Faust erkunden. Wem die Bens zu anstrengend sind, der kann stattdessen auch den nahe gelegenen **Diamond Hill** bezwingen.

Geführte Naturwanderungen (⏲ Juli & Aug. 11 Uhr) beginnen mehrmals pro Woche am Besucherzentrum. Sie dauern zwei bis drei Stunden.

Kylemore Abbey HISTORISCHES GEBÄUDE
(www.kylemoreabbey.com; unweit der N59; Erw./Kind 13 €/frei; ⏲ April–Sept. 9–18.30 Uhr, Okt.–März 10–16.30 Uhr) Das fotogen am Ufer des Pollacapall Lough thronende neogotische Haus aus dem 19. Jh., 4,5 km östlich von Letterfrack, verfügt über Zinnen und gehörte ursprünglich dem reichen englischen Geschäftsmann Mitchell Henry, der seine Flitterwochen in Connemara verbrachte. Nur einige Zimmer sind für Besucher zugänglich, man kann aber am See entlang zur **gotischen Kirche** gehen. Im Eintritt inbegriffen ist auch der atemberaubende, extravagante **ummauerte viktorianische Garten**, den man mit einem rund 20-minütigen Spaziergang ereicht (oder mit dem kostenlosen Shuttlebus, alle 15 Min.). Der formal angelegte Garten – inmitten der Wildheit Connemaras gelegen – ist einfach herrlich.

Die von Benediktinerinnen geführte Abtei war von 1923 bis 2010 die Klosterschule von Kylemore, in der katholische Mädchen unterrichtet wurden. Das Gelände eignet sich zum Radfahren und für Waldwanderungen, außerdem gibt's hier ein Café und ein Teehaus. Mit der Ruhe ist es in Kylemore während der Sommermonate vorbei, denn dann fallen täglich Dutzende von Busladungen und endlose Autoschlangen ein.

Schlafen

Letterfrack Lodge HOSTEL €
(☎ 095-41222; www.letterfracklodge.com; Letterfrack; Campingstellplatz ab 12 €, B 15–18 €, EZ/DZ/3BZ/4BZ 25–60/40–60/54–75/60–80 €; @ 📶) Das Hostel in der Nähe der Kreuzung verfügt über unterschiedlich große, aber immer geräumige Mehrbettzimmer. Die Doppelzimmer entsprechen den Standards in einem B&B. Mike, der engagierte Besitzer, kann interessierten Gästen jede Menge über Wanderrouten und Pubs in der Gegend erzählen. In der Nebensaison ist das Frühstück im Preis inbegriffen. Keine Kreditkartenzahlung.

An- & Weiterreise

Bus Éireann (www.buseireann.ie) und **Citylink** (www.citylink.ie) fahren mindestens einmal täglich von Clifden, 15 km südwestlich der N59, nach Letterfrack.

Leenane & Killary Harbour

Das kleine Örtchen Leenane (oder auch Leenaun) döst an der Küste des dramatischen Killary Harbour vor sich hin. Der mit vielen Muschelbänken gespickte lange, schmale Hafen ist Irlands einziger „Fjord“. Er reicht etwa 45 m tief und 16 km breit ins Land, ist aber laut wissenschaftlichen Studien möglicherweise nicht von Gletschern geformt worden. An seinem Nordende erhebt sich der **Mt. Mweelrea** (819 m).

Von hier führt die R335 Richtung Norden ins Doolough Valley im County Mayo.

Auf der lokalen **Website** (www.leenanevillage.com) erfährt man viel Wissenswertes über die Gegend.

Sehenswertes

★ **Sheep & Wool Centre** MUSEUM
(www.sheepandwoolcentre.com; Main St; Erw./Kind 5/3 €; ⌚ April–Okt. 9.30–18 Uhr) In dem spannenden kleinen Museum gibt's Vorführungen im Spinnen und Weben, zudem lernt man eine Menge über die Geschichte des Färbens und alles über Schafe und Wolle. Der zugehörige Shop verfügt über lokal hergestelltes Kunsthandwerk und topografische Wanderkarten. Das Café lädt zu einer Pause ein.

Aktivitäten

Killary Cruises BOOTSFAHRT
(☎ 091-566 736; www.killarycruises.com; N59; Erw./Kind 21/10 €; ⌚ April–Okt.) Ab Nancy's Point, 2 km westlich von Leenane, kann man mit Killary Cruises eine 1½-stündige Rundfahrt im Killary Harbour unternehmen. Manchmal von Delfinen begleitet, schippert das Boot an einer Muschel- sowie einer Lachsfarm vorbei. Im Sommer werden täglich vier Fahrten angeboten, die erste startet um 10.30 Uhr.

Killary Adventure Centre ABENTEUERSPORT
(☎ 095-43411; www.killaryadventure.com; unweit der N59; halber Tag Erw./Kind ab 46/31 €; ⌚ 10–17 Uhr) Kanufahrten, Kajaktouren auf dem Meer, Segeln, Klettern, Windsurfen, geführte Tageswanderungen, Tontaubenschießen und viele weitere Aktivitäten gehören zum Programm des Abenteuerzentrums 3 km westlich von Leenane. Es bietet auch gute Schlafsäle (20–25 €) und Doppelzimmer (33–35 €), alle mit Fußbodenheizung.

Wanderungen WANDERN
Von Leenane aus kann man mehrere tolle Wanderungen unternehmen, z. B. zum 3 km entfernten **Aasleagh Waterfall** (Eas Liath) im Nordosten von Killary Harbour. Außerdem lohnt es sich, der Straße Richtung Westen zu folgen, die 2 km an der Südküste entlangläuft. Wenn sie ins Landesinnere abbiegt, geht's zu Fuß weiter geradeaus auf der alten Straße bis zum winzigen Fischerdorf **Rosroe Quay**.

Schlafen & Essen

In den traditionellen Pubs unweit der Brücke trifft man auf zahlreiche Bauern und Dorfbewohner, die in Ruhe ein Bier oder einen Irish Coffee trinken möchten. Außerdem bekommt man in den mit dunklem Holz vertäfelten Innenräumen am offenen Kamin oder an den Picknicktischen im Freien etwas zu essen.

Sleepzone Connemara HOSTEL €
(☎ 095-42929; über die N59; Zeltstellplatz ab 12 €, B 16–25 €, Zi. 30–70 €; ⌚ März–Okt.; @ 📶) In diesem renovierten Gebäude aus dem 19. Jh. befinden sich mehr als 100 Betten in sauberen Schlafsälen (mit eigenen Bädern) sowie private Zimmer mit direktem Zugang hinunter zum Meer. Es erfreut sich vor allem bei Wanderern großer Beliebtheit. Zu den Einrichtungen des Hostels zählen eine Bar, eine Terrasse mit Grill und ein Fahrradverleih. Gäste bekommen Ermäßigung im Killary Adventure Centre nebenan. Das Sleepzone Connemara befindet sich 6 km westlich von Leenane und bietet Transportverbindungen zu seinem Schwesternhostel in Galway-Stadt.

★ **Delphi Lodge** LODGE €€€
(☎ 095-42222; www.delphilodge.ie; über die R335; EZ/DZ/Suiten ab 140/230/280 €; @ 📶) Das einsame Anwesen aus den 1830ern erstreckt sich inmitten einer großartigen Berg- und Seekulisse und verfügt über 13 elegante Zimmer sowie zahlreiche Gemeinschaftsbereiche, darunter eine Bibliothek und ein Billardzimmer. Es werden leckere modern-irische Mahlzeiten serviert, die aus lokalen Zutaten bestehen und gemeinsam mit den anderen Gästen an einem großen Tisch eingenommen werden. Die Umgebung lädt u. a. zum Wandern, Angeln und Jagen ein. Die Lodge liegt 13 km westlich von Leenane und bietet auf ihrem Gelände auch fünf Cottages. Halbpension schlägt mit 55 € zusätzlich zu Buche.

★ **Blackberry Cafe** MODERN IRISCH €€
(☎ 095-42240; www.blackberryrestaurant.ie; Main St; Hauptgerichte mittags 11–17 €, abends 16–24 €; ⏲ Ostern–Sept. 10–16 & 18–21 Uhr, April–Mai & Sept. Di geschl.) Räucherlachs aus Connemara, kräftige Fischsuppe und Austern (20 € pro Pers.) sind nur einige der Köstlichkeiten, die tagsüber in diesem eleganten Café mit Holzdielenboden und Meerblick im Zentrum von Leenane kredenzt werden. Das Abendessen ist eine aufwendigere Angelegenheit. Im Hintergrund läuft Musik von Enya.

SÜDLICH VON GALWAY (STADT)

Am besten nimmt man sich etwas Zeit, an der stark befahrenen Küstenstraße zwischen der Stadt Galway und dem County Clare, um den frischen Austernduft einzuatmen. Wer die N18 bei Kilcolgan verlässt und Richtung Osten fährt, wird wunderschöne Ortschaften wie Kinvara entdecken, die den persönlichen Reiseplan gehörig durcheinanderbringen können – jedenfalls wenn man einen hat.

Clarinbridge & Kilcolgan

1900 EW.

Am Ende des Sommers zeigen sich Clarinbridge (Droichead an Chláirin) und Kilcolgan (Cill Cholgáin), beide etwa 16 km südlich von Galway gelegen, während des **Clarinbridge Oyster Festival** (www.clarenbridge.com; ⏲ Mitte Sept.) von ihrer lebendigsten Seite. Die Austern schmecken allerdings von Mai bis August am leckersten.

Im **Paddy Burke's Oyster Inn** (www.paddyburkesgalway.com; abseits der N18, Clarinbridge; Hauptgerichte 13–27 €; ⏲ Mo–Sa 10.30–22, So ab 12 Uhr), einem reetgedeckten Gasthaus bei der Brücke an der N18, kann man sich das ganze Jahr über an Muscheln satt essen.

Das **Moran's Oyster Cottage** (www.moransoystercottage.com; The Weir, Kilcolgan; Hauptgerichte 15–25 €; ⏲ So–Do 12–21.30, Fr & Sa 12–22 Uhr) ist ein reetgedecktes Publokal mit einer Fassade so schlicht wie das Innere einer Austernschale. Von der Terrasse genießt man einen Blick auf die Dunbulcaun Bay, wo die Muscheln gezüchtet werden, die hier später auf dem Teller landen. Das Restaurant liegt 2 km westlich der N18 an einer ruhigen Bucht nahe Kilcolgan und ist gut ausgeschildert.

Kinvara

650 EW.

Der kleine steinerne Hafen von Kinvara (auch Kinvarra geschrieben) erstreckt sich am Südostrand der Galway Bay – daher stammt auch der irische Name Cinn Mhara (Head of the Sea – Kopf des Meeres). Das hübsche und charmante Dorf eignet sich hervorragend als Boxenstopp zwischen Galway und Clare. Wer einen herrlichen Blick auf die Bucht genießen möchte, fährt von Kinvara aus rund 6 km über die N67 Richtung Ballyvaughan und biegt dann links ab Richtung Carron. Der **Aussichtspunkt** liegt etwa 400 m hoch an der rechten Straßenseite.

Weitere Infos bietet die Website www.kinvara.com.

Sehenswertes

★ **Dunguaire Castle** HISTORISCHES GEBÄUDE
(www.shannonheritage.com; unweit der N67; Erw./Kind 6/3 €; ⏲ April–Anfang Okt. 10–16 Uhr) Das um 1520 vom O'Hynes-Clan errichtete Dunguaire Castle soll – so wird weithin vermutet – am früheren Standort einer im 6. Jh. von Guaire Aidhne, König von Connaught, erbauten Festung stehen. Lady Christabel Ampthill restaurierte die Burg, die sie zuvor für umgerechnet 500 € gekauft hatte, und lebte hier von den 1950ern bis in die 1970er-Jahre. Ihr Schlafzimmer befand sich in der früheren Werkstatt, ihr Wohnzimmer ganz oben unter einem neuen Giebeldach.

Vom Dach aus bietet sich ein herrlicher Ausblick auf die Galway Bay und Kinvara. Die am wenigsten authentische Art der Burgerkundung ist die Teilnahme an einem der mittelalterlichen Bankette (☎061-360 788; www.shannonheritage.com; Bankett Erw./Kind 50/25 €; ⌚April–Okt. 17.30 & 20.45 Uhr).

Feste & Events

Fleadh na gCuach MUSIK
Das Kuckucksfest Anfang Mai ist ein großes Ereignis auf Kinvaras Festkalender. Das Festival für traditionelle Musik zieht mehr als 100 teilnehmende traditionelle Musiker an. Zum Programm gehören bis zu 50 Konzerte sowie weitere Veranstaltungen und eine Parade.

Cruinniú na mBáid BOOTSRENNEN
(www.cruinniunambad.com) Die traditionellen Galway-Hooker-Segelboote liefern sich hier am zweiten Augustwochenende beim Cruinniú na mBáid (Gathering of the Boats – Treffen der Boote) ein Rennen.

Schlafen

Kinvara Guesthouse B&B €
(☎091-638 562; The Square; DZ & 2BZ ab 60 €; 📶) Das große, stilvolle Viersternehaus an der Main Street ist eine Klasse besser als die Konkurrenz am Ort. Es beherbergt eine große Auswahl an gut ausgestatteten und hübschen Zimmern, darunter auch Familienzimmer (ab 85 €).

Essen & Trinken

Kinvara wartet mit einigen Restaurants auf, die frische Meeresfrüchte kredenzen, und punktet zudem mit atmosphärischen Pubs, darunter das Fahy's Travellers Inn (☎091-637 116; Main St) und das nahe gelegene Connolly's (☎091-637 131; Main St) am Kai.

Strawberry Hedgehog Café CAFÉ €
(The Quay; Hauptgerichte ab 5 €; ⌚Winter 11–17 Uhr, Sommer 9.30–18 Uhr; 📶) Drucke von MC Escher sowie Bilder von Hendrix und Lennon schmücken das flippige alternative Café, das sich hervorragend für eine entspannende Einkehr eignet. Serviert werden eine Tagessuppe (entweder indische Linsensuppe oder thailändische Möhrensuppe mit Kokosnussmilch und Chilli), Scones, Bakewell Tart, frische Weizengras-Säfte, Kaffee aus biologischem Anbau, heiße Schokolade und köstliche Smoothies.

Pier Head FISCH & MEERESFRÜCHTE €€
(☎091-638 188; www.pierhead.ie; The Quay; 17–30 €; ⌚12–15.30 & 17–21.30 Uhr) Das moderne Pub-Restaurant mit schönem Meerblick ist bei den Bootsleuten beliebt, die mit ihren Yachten direkt davor anlegen. Zum Speiseangebot gehören Hummer in Knoblauch, Muscheln, jede Menge Austern, gebratener Kabeljau in Weißwein sowie Fischsuppe mit Meeresfrüchten aus dem Atlantik.

Green's Bar PUB
(Main St; ⌚14–24 Uhr) Das Green's muss man gesehen haben – mit seinen Bar-Regalen, die so aussehen, als stürzten sie jeden Moment unter der Last von Hunderten Whiskeyflaschen zusammen. Geführt wird das sympathische Ein-Raum-Pub mit seiner hübschen grünen Fassade von der leutseligen Mary. Hier treffen sich die Einheimischen regelmäßig zum Trinken oder zu spontanen Trad-Musik-Sessions.

An- & Weiterreise

Bus Éireann (www.buseireann.ie) verkehrt bis zu dreimal täglich von Kinvara nach Galway (30 Min.) und zu Orten im County Clare, z. B. Doolin.

ÖSTLICHES GALWAY

Der Lough Corrib trennt das östliche Galway von der atemberaubenden Connemara-Halbinsel sowie von der Westküste. Diese Gegend besitzt einen völlig anderen Charakter: Den Unmengen an Ackerland mangelt es an den geologischen Besonderheiten und der kulturellen Vielfalt, die Galways Westen auszeichnen. Dennoch lohnt es sich, auf dem Weg nach Dublin für einen Abstecher von der M6 abzufahren.

Praktische Informationen

Galway East Tourism (www.galwayeast.com) bietet Infos zur Region.

An- & Weiterreise

Bus Éireann (www.buseireann.ie) verbindet Galway-Stadt mit Athenry, Ballinasloe und Loughrea.

Athenry

3900 EW.

Das nur 16 km östlich von Galway gelegene Athenry (gesprochen *Athen-rye*) zählt zu Irlands besterhaltenen Dörfern mit mittelalterlicher Architektur. Dazu zählen die prächtige Burg, die Pfarrkirche St Mary, ein Dominikanerkloster, ein original erhaltenes Marktkreuz und das Nordtor, das man durchfahren kann. Von der langen Stadtmauer stehen noch beeindruckende 75 %. Aus irgendeinem Grund sind die Besucherzahlen dennoch recht niedrig – bei Orten mit einem so stattlichen kulturellen Erbe ist das eher eine Seltenheit.

Athenry verdankt seinen Namen einer nahe gelegenen Furt (auf Irisch *áth*), die den Fluss Clare östlich der Ansiedlung durchquert. Früher grenzten hier drei Königreiche aneinander, worauf die Bezeichnung Áth an Rí (Furt der Könige) hinweist.

In den 1970er-Jahren komponiert Pete St. John das irische Volkslied *The Fields of Athenry*, das sich mit der Großen Hungersnot befasst.

Sehenswertes

Athenry Castle BURG
(www.heritageireland.ie; Erw./Kind 4/2 €; ⌚ Ostern–Sept. 9.30–18 Uhr) Der beeindruckendste Überrest der restaurierten Burg aus normannischer Zeit ist ein rechteckiger Bergfried. Er beherbergt die **Great Hall**, die man von der ersten Etage aus über eine Holztreppe erreicht. Im dritten Stock wird eine audiovisuelle Präsentation gezeigt. Am Ende der Great Hall befindet sich außerdem der **Abtritterker,** eine Art Plumpsklo, das einst direkt über die hintere Wand nach außen führte.

Heritage Centre MUSEUM
(☎ 091-844 661; www.athenryheritagecentre.com; St Mary's, The Square; Erw./Kind 7,50/5 €; ⌚ variieren) Das informative Heritage Centre neben der mittelalterlichen Pfarrkirche St. Mary ist auf jeden Fall einen Besuch wert und steht besonders bei Kindern hoch im Kurs. Farbenfroh führt es in die Stadtgeschichte ein und veranschaulicht das Leben im mittelalterlichen Athenry noch bis ins grausigste Detail, z. B. mit einer makabren Folterinstrumente-Sammlung. Wer mag, kann sich in historische Kostüme gewanden oder draußen hinter dem Haus Kurse im Bogenschießen nehmen (25 €/Std.). Auf der Website steht eine Wanderkarte zum Download bereit. Ab und zu ist das Heritage Centre geschlossen, weil ganze Schulklassen dort zu Besuch sind. Deshalb vorher anrufen.

Athenry Dominican Priory RUINEN
(☎ Seamus Lynch 086 736 1257; Bridge St; ⌚ nach Vereinbarung) Im Alleingang darf man die wundervollen Ruinen des Klosters aus dem 13. Jh., das 1652 von Cromwells Truppen zerstört wurde, nicht erkunden. Man muss sich mit Seamus in Verbindung setzen, der Führungen über das Gelände anbietet. Der Klosterturm stand bis 1845 und stürzte dann ein. Innerhalb der Ruinen finden sich Gräber und Grabplatten. Auch der Gründer des Klosters, der anglo-irische Lord Meiler de Bermingham, wurde hier bestattet.

Essen

Old Barracks Pantry CAFÉ €€
(www.oldbarracks.ie; Main St; Gerichte tagsüber 5–10 €, Hauptgerichte abends 12,50–19,50 €; ⌚ Mo–Sa 9–18, So 10–18, Do–Sa Bistro 17–20 Uhr) Zum Angebot der Bäckerei gehören hausgebackene Köstlichkeiten, ein kräftigendes Frühstück am Morgen und tagsüber Verlockendes aus der Restaurantküche. Donnerstags bis samstags werden an den Abenden gehobenere Bistrogerichte serviert

Loughrea & Umgebung

5000 EW.

Das nach dem kleinen See am südlichen Ortsrand benannte Loughrea (Baile Locha Riach) ist eine lebhafte Marktstadt etwa 26 km südöstlich von Galway mit den bescheidenen Überresten eines mittelalterlichen **Wallgrabens**. Letzterer verläuft vom See bei Fair Green nahe der Kathedrale bis zum Fluss Loughrea nördlich der Stadt. Seit der Eröffnung der M6 ist der Verkehr hier nicht mehr so chaotisch, deshalb macht auch ein Spaziergang Spaß.

Die 1902 errichtete **St Brendan's Catholic Cathedral** (Barrack St; ⌚ Mo–Fr 11.30–13 & 14–17.30 Uhr) besticht durch Buntglasfenster im keltischen Stil, eine beeindruckende Inneneinrichtung sowie Säulen aus poliertem Granit und ist nicht zu verwechseln mit der St. Brendan's Church in der Church Street, die heute als Bibliothek dient.

In der Nähe von Bullaun, 7 km nördlich von Loughrea an der R350, steht der pfeilerartige **Turoe Stone**. Er stammt aus der Zeit zwischen 300 v. Chr. und 100 n. Chr. und ist von feinen Reliefschnitzereien im La-Tène-Stil bedeckt. Gefunden wurde er in einer Festung aus der Eisenzeit, einige Kilomerter von hier entfernt.

An der Straße nach Osten Richtung Ballinasloe, 6,5 km von Loughrea entfernt, lädt das **Dartfield Horse Museum & Park** (www.dartfield.com; abseits der R446; Museum Erw./Kind 6,50/3,50 €; Ausritte 25/15 € pro Std./halbe Std.; ⌚ 9–18 Uhr) nicht nur Pferdefans zu einem Besuch ein. Hier erfährt man alles über die Rolle dieser Tiere in der Geschichte Irlands. Die Kids sind vom Ponyreiten begeistert und die Großen können längere Ausflüge hoch zu Ross buchen.

Gort & Umgebung

2700 EW.

Für Fans von W. B. Yeats lohnt sich auf dem Weg von oder nach Galway ein Abstecher zu zwei mit dem großen Dichter in Verbindung stehenden Sehenswürdigkeiten in Gort an der M/N18.

Sehenswertes

Im Ortszentrum gehen vom **Square**, dem Hauptplatz mit einer ansehnlichen **Christusstatue**, Straßen voller Geschäfte ab. Die meisten Attraktionen liegen gleich außerhalb des Städtchens.

★ Thoor Ballylee HISTORISCHES GEBÄUDE

(☎ 091-537 700; www.yeatsthoorballylee.org; Peterswell; ⏲ Mai–Sept. Mo–Sa 9.30–17 Uhr) 1921 bis 1929 diente der normannische Turm aus dem 16. Jh. , dessen Lage an einem Fluss tatsächlich sehr anregend ist, Yeats als Sommersitz und inspirierte ihn zu seinem bekanntesten Werk *Der Turm*. Zur Zeit unserer Recherche für dieses Buch war der Turm wegen eines Hochwasserschadens geschlossen, sollte nach der Restaurierung aber wieder zugänglich sein. Von Gort aus geht's ungefähr 3 km auf der N66 nach Loughrea. Unterwegs nach Wegweisern Ausschau halten, die leider oft missverständlich sind oder sogar ganz fehlen.

Coole Park PARK

(www.coolepark.ie; über die N18; ⏲ Sommer 8–19.30 Uhr, Winter 8–18 Uhr) GRATIS Das einstige Zuhause von Lady Augusta Gregory, Mitbegründerin des Abbey Theatre und große Gönnerin von Yeats, wurde 1941 von ignoranten Bürokraten abgerissen. Eine Ausstellung hält die Erinnerung an die literarische Vergangenheit jedoch lebendig, zudem ist das jetzige Naturreservat ein hübscher Ort für einen Spaziergang. Wer die Augen offenhält, entdeckt den „Autogrammbaum", in den viele illustre Gäste der Lady ihre Initialen geschnitzt haben. Der Park erstreckt sich ca. 3 km nördlich von Gort.

Es gibt ein Besucherzentrum (im Sommer geöffnet) und eine Teestube.

Kiltartan Gregory Museum MUSEUM

(Kiltartan Cross; Erw./Kind 3/1 €; ⏲ Juni–Aug. tägl. 11–17 Uhr, Mai & Sept. So 13–17 Uhr) In einer alten Schule widmet sich dieses Museum dem Leben der literarischen Mäzenin W. B. Yeats', Lady Augusta Gregory. Es liegt nicht weit vom Coole Park entfernt, wo das frühere Haus von Lady Gregory stand.

★ Kilmacduagh HISTORISCHE STÄTTE

(über die R460) Zu der weitläufigen Klosteranlage neben einem kleinen See, 5 km südwestlich von Gort, gehören ein gut erhaltener 34 m hoher Rundturm, die Überreste einer kleinen Kirche aus dem 14. Jh. (Teampall Mór MacDuagh) sowie eine Johannes dem Täufer geweihte Kapelle und weitere kleine Bethäuser. Vermutlich wurde die Abtei Anfang des 7. Jhs. vom hl. Colman MacDuagh gegründet.

An- & Weiterreise

Die M18 aus Ennis endet in Gort. Von hier geht's dann auf der weniger gut instand gehaltenen N18 weiter (2016 soll die Erweiterung der M18 bis zur M6 fertig sein). Immerhin hat die Straße aber den Verkehr aus dem Ortszentrum abgezogen. Fast alle Busse zwischen Galway und Ennis halten in Gort, ebenso wie die Züge, die auf der neuen Bahnstrecke zwischen Ennis und Galway fahren.

Counties Mayo & Sligo

Inhalt ➡

Gut essen

- Pantry & Corkscrew (S. 435)
- Hargadons (S. 448)
- Lyons Cafe (S. 448)
- An Port Mór (S. 435)

Schön übernachten

- St. Anthony's Riverside B&B (S. 433)
- Stella Maris (S. 442)
- Ardtarmon House (S. 458)
- Newport House (S. 436)

Auf nach Mayo & Sligo

Trotz ihrer Naturwunder und ihres lässigen Charmes sind die Counties Mayo und Sligo noch immer gut gehütete Geheimtipps. Sie bieten die ganze wilde, romantische Schönheit Irlands – nur ohne die Menschenmengen.

Mit seinen kargen Gipfeln, steilen Klippen, heidebewachsenen Mooren und schönen Inseln vor der Küste ist Mayo die rauere Gegend. Hier wird das Leben von den Elementen bestimmt. Sligo kommt dagegen eher ländlich-idyllisch daher. Die üppigen Felder, die fischreichen Seen und die oben abgeflachten Berge inspirierten William Butler Yeats zu einigen der inbrünstigsten irischen Gedichte.

Beide Grafschaften locken mit goldenen Sandstränden und legendären Wellen, die Surfer aus der ganzen Welt anziehen. Daneben können sich Besucher über eine erstaunliche Fülle an prähistorischen Stätten, eleganten georgianischen Orten und Fischerdörfern sowie über eine ganz altmodische warmherzige ländliche Gastfreundschaft freuen.

Reisezeit

- Die wettergegerbten Küsten der beiden Counties sind im Winter teilweise extremem Wind und Regen ausgesetzt. Zu dieser Zeit trauen sich nur die abgehärtetsten Touristen und Surfer her.
- Wer auf der Suche nach der perfekten Welle ist, kommt am besten im Frühling oder im Herbst. Profis bevorzugen die Monate September und Oktober.
- Im Sommer bringen zahlreiche Veranstaltungen Leben in die Region, z. B. mit dem Yeats Festival in Sligo im Juli und August sowie mit verschiedenen kleineren traditionellen Musikevents in anderen Orten. Meistens ist das Wetter mild.

Highlights

1 In den Fußstapfen des hl. Patrick den **Croagh Patrick** (S. 430) erklimmen.

2 Sich bei **Strandhill** (S. 450), das ganzjährig mit tollen Surfbedingungen lockt, in die Wellen stürzen.

3 Auf der Suche nach den alten Mächten gehen in den herrlich mystischen Ruinen auf dem **Carrowmore Megalithic Cemetery** (S. 449).

4 Im überirdisch schönen, verlassenen **Doolough Valley** (S. 428) umherwandern.

5 Von Westport aus auf dem beliebten **Great Western Greenway** (S. 434) nach Achill Island reisen.

6 Auf **Clare Island** (S. 429) nach Spuren von Irlands faszinierender Piratenkönigin Grace O'Malley (Granuaile) suchen.

7 Bei den **Céide Fields** (S. 441), dem größten steinzeitlichen Denkmal der Welt, über die Planungskunst der damaligen Bewohner staunen.

COUNTY MAYO

131 200 EW. / 5436 KM²

Mayo lockt mit seiner wilden Schönheit und betörenden Landschaften. Da trotzdem nur wenige Touristen herkommen, gibt's zahlreiche Gelegenheiten, kaum erschlossene Gegenden mit dem Auto, dem Fahrrad, zu Fuß oder auf dem Pferderücken zu erkunden. Das Leben in der Grafschaft war niemals leicht, man denke nur an die verheerende Große Hungersnot (1845–1851), die zur Massenauswanderung führte. Aus diesem Grund reichen die Wurzeln vieler Menschen mit irischen Vorfahren, die heute in der ganzen Welt verteilt leben, in dieses einst so geplagte County zurück.

Cong

190 EW.

Cong erstreckt sich auf einem schmalen Landstreifen zwischen dem Lough Corrib und dem Lough Mask und entspricht bis ins Detail den romantischen Vorstellungen eines traditionellen irischen Dorfes. Seit hier 1951 der Film *Der Sieger* gedreht wurde, scheint die Zeit den Rückwärtsgang eingelegt zu haben. Man hat eine Menge dafür getan, dass Cong wieder so aussieht wie damals, obwohl vieles das Werk der Kulissenbauer aus Hollywood war. Jedes Jahr scheint die Zahl der strohgedeckten Dächer zu steigen und gegenüber der Touristeninformation befindet sich eine **Statue** von Sean Thornton (John Wayne) und Mary Kate Danaher (Maureen O'Hara).

Die Gegend zieht nach wie vor zahlreiche Touristen an, die hoffen, hier auf den Spuren des berühmten Blockbusters *Der Sieger* (S. 414) wandeln zu können (auf der anderen Seite der Grenze zum County Galway liegen weitere Filmschauplätze). Wenn morgens der erste Bus ankommt, verdoppelt sich die Anzahl der Menschen in den engen Gassen auf einen Schlag, doch die Waldwege zwischen der schönen alten Abtei und dem stattlichen Ashford Castle bieten trotzdem Erholung.

Sehenswertes

Cong Abbey HISTORISCHE STÄTTE

(☎094-954 6542; Abbey St; ⌚Sonnenauf- bis Sonnenuntergang) GRATIS Mit ihren jahrhundertelang den Elementen ausgesetzten kreuzgerippten Mauern ist die Augustinerabtei aus dem 12. Jh. ein sinnträchtiges Zeugnis aus der großen Zeit der Kirchen. Eine Reihe schöner Steinmetzarbeiten hat die Zeit überdauert, darunter ein Portal, einige Fenster sowie beeindruckende mittelalterliche Bogen.

Turlough Mór O'Connor, Großkönig von Irland und König von Connaught, ließ das Kloster 1120 am ehemaligen Standort einer Kirche aus dem 6. Jh. erbauen. Im Kapitelsaal des Gebäudes versammelte sich einst die Gemeinde, um dort öffentlich ihre Sünden zu beichten.

Von der Abtei führt ein mit bemoosten Bäumen umstandener Pfad zum Fluss hinunter. Hier befindet sich der interessanteste Teil der Anlage, das winzige **Angelhaus der Mönche** aus dem 16. Jh. Es wurde mitten über dem Fluss errichtet und hat ein Loch im Boden, durch das man gefangene Fische hereinziehen konnte.

Ashford Castle Estate HISTORISCHE STÄTTE

(☎094-954 6003; www.ashfordcastle.com; Gelände Erw./Kind 5/3,50 €; ⌚Gelände 9 Uhr–Sonnenuntergang) Hinter der Cong Abbey endet das Dorf abrupt an den Wäldern des Ashford Castle. 1228 wurde die Burg als Sitz der Familie de Burgo errichtet. Zwischenzeitlich residierte hier auch der Guinness-Clan – das nach der Familie benannte Bier ist heute wohl jedem ein Begriff. Arthur Guinness baute die Festung zu einem bis heute erhaltenen Jagdschloss um. Die aufwendig restaurierten Säle bekommt nur zu sehen, wer hier zu Abend isst, doch das Gelände rund um das Haus steht allen Besuchern offen.

Es ist ein Vergnügen, den 140 ha großen Park mit seinen Wäldern, Bächen und einem Golfkurs zu erkunden. Ein **Wanderweg** durch die Kinlough Woods führt vom Golfplatz zum Ufer des Lough Corrib. Ein weiterer Pfad verläuft am Flussufer entlang zum Angelhaus der Mönche.

Quiet Man Museum MUSEUM

(☎094-954 6089; Circular Rd; Erw./Kind 5/4 €, Führung 15 €; ⌚April–Okt. 10–16 Uhr) Das Museum, das nach dem Modell von Sean Thorntons White O'Morn Cottage aus dem Film *Der Sieger* errichtet wurde, bietet eine **Führung zu den Drehorten** für Filmfans sowie für alle mit einer postmodernen Faszination für die Vermischung von Realität und Fiktion.

Aktivitäten

Corrib Cruises BOOTSTOUREN

(☎087 283 0799; www.corribcruises.com; Lisloughrey Pier; Erw./Kind 20/10 €) Vom Pier am Ashford Castle starten Bootsausflüge auf dem Lough Corrib, darunter eine tägliche historische Rundfahrt (1¼ Std.) um 11 Uhr. Von Juni bis Oktober beginnt immer um 14.45 Uhr eine zweistündige Inseltour nach Inchagoill in der Mitte des Sees mit den Ruinen eines Klosters aus dem 5. Jh. Darüber hinaus gibt's Exkursionen von/nach Oughterard im County Galway.

Ashford Outdoors KAJAKFAHREN
(☎ 094-954 6507; www.ashfordoutdoors.com; Ashford Castle; geführte Touren ab 50 €, Leihfahrräder ab 15 €) Bei den zweistündigen Touren mit Fahrrädern und Kajaks kann man am Ufer des Lough Corrib entlangradeln und auf dem Wasser umherpaddeln.

Schlafen

Nymphsfield House B&B €
(☎ 094-954 6320; www.nymphsfieldhouse.com; R345, Gortaroe; EZ/DZ ab 45/65 €; 📶) In dem familiengeführten B&B gleich nordöstlich von Cong (ein netter 10-minütiger, 1 km langer Spaziergang) stimmt einfach jedes Detail. Die Zimmer warten mit Fernsehern und kostenlosem Mineralwasser auf. Es gibt einen Lagerplatz für die Angelausrüstung und einen gemütlichen Frühstücksbereich. In der Nähe befinden sich mehrere andere nette B&Bs.

Cong Hostel HOSTEL €
(☎ 094-954 6089; www.quietman-cong.com; Quay Rd, Lisloughrey; Stellplatz ab 10 €, B/DZ ab 17/50 €; @📶) Das gut geführte Hotel, das Mitglied der Independent Holiday Hostels (IHH) ist, hat einen eigenen Vorführraum für *Der Sieger (The Quiet Man)*, der hier *jeden* Abend gezeigt wird. In den Schlafsälen stehen vier bis 14 Betten. Auf dem angrenzenden Campingplatz befindet sich ein Angelverleih.

Ryan's Hotel HOTEL €
(☎ 094-954 6243; www.ryanshotelcong.ie; Main St; EZ/DZ ab 45/80 €; 📶) Das Haus mit bordeauxroter Fassade direkt im Zentrum von Cong verfügt über zwölf restaurierte Zimmer und Waschmaschinen für die Gäste.

★ **Michaeleen's Manor** B&B €€
(☎ 094-954 6089; www.congbb.com; Quay Rd, Lisloughrey; EZ/DZ ab 60/80 €; 📶) Dieses große Gebäude im traditionellen Stil ist so etwas wie ein Schrein für *Der Sieger*. Jedes der zwölf sauberen Zimmer trägt den Namen einer der Filmfiguren und ist mit Erinnerungsstücken sowie Zitaten dekoriert. Im üppigen Garten steht eine Brunnennachbildung von Galways Brücke aus dem Blockbuster. Michaeleen's Manor liegt 2 km östlich von Cong.

Lodge at Ashford Castle HOTEL €€€
(☎ 094-954 5400; www.thelodgeac.com; The Quay; Zi. ab 150 €; 📶) Die Lodge auf dem Gelände des Ashford Castle Estate wurde in den 1820er-Jahren von den Besitzern des Ashford Castle errichtet. Sie besticht mit kräftigen, modernen Farben und gilt als gute Alternative zum Ashford Castle. Alle 50 Zimmer und Suiten sind üppig ausgestattet, einige sogar mit Kupferbadewannen.

Ashford Castle HOTEL €€€
(☎ 094-954 6003; www.ashford.ie; Cong; Zi. ab 400 €; @📶) Im Ashford Castle findet man die Eleganz der alten Welt sowie 83 exquisite Zimmer und einen persönlichen Service. Die Unterkunft gehört zu den mit Abstand elegantesten Hotels in Irland. Auch wer nicht hier übernachtet, kann sich ein Abendessen (ab 70 €) im **George V. Dining Room** gönnen (schick anziehen!). Auf dem gleichnamigen Anwesen sind viele Aktivitäten möglich, es gibt z. B. eine Falknerei.

Essen & Ausgehen

★ **Hungry Monk** CAFÉ €
(Abbey St; Hauptgerichte 6–4 €; ⏱ ganzjährig Mo–Sa 9–17 Uhr, April–Aug. So; 📶) An grauen

DER ERSTE BOYKOTT

Der Ausdruck „Boykott" entstand bei einer Auseinandersetzung in dem Dörfchen Neale. 1880 zog die Irish Land League Arbeiter von den Ländereien des Großgrundbesitzers Lord Erne ab, um für sie eine faire Pacht und bessere Lebensbedingungen durchzusetzen. Als der Verwalter des Lords, Captain Charles Cunningham Boycott, daraufhin die Streikenden verjagte, startete die örtliche Bevölkerung eine Kampagne gegen ihn. Die Bauern weigerten sich nicht nur weiterzuarbeiten, sondern sprachen auch nicht mehr mit Boycott, verweigerten ihm jeglichen Dienst und wollten nicht mehr neben ihm in der Kirche sitzen. Sogar Londoner Zeitungen wurden auf diese Ereignisse aufmerksam, und bald war der Name des Verwalters ein Synonym für organisierte gewaltfreie Proteste. Einige Monate später floh Boycott aus Irland.

Tagen ist das bunte, einfache Café mit den nicht zueinanderpassenden Möbeln ein wunderbares Refugium. Für die großartigen Sandwiches, Suppen und Salate werden regionale Zutaten verwendet. Die köstlichen Kuchen stammen alle aus eigener Herstellung und der Kaffee schmeckt hervorragend.

Fennel Seed Restaurant IRISCH €€
(☎094-954 6004; www.ryanshotelcong.ie; Ryan's Hotel, Main St; Bargerichte 12–21 €, Hauptgerichte 15–25 €; ⌚Mo–Sa 18–21, So 13–19 Uhr) Denis Lenihans kulinarisches Talent genießt weithin einen guten Ruf. Die Spezialität des Hauses, rauchig gebackene Pastete, gefüllt mit Forelle, Lachs, Makrele und Schellfisch, sollte man sich nicht entgehen lassen. Im angrenzenden **Crowe's Nest Pub** wird bis 19 Uhr Kneipenkost serviert.

★ **Wilde's at the Lodge** MODERN IRISCH €€€
(☎094-954 5400; www.thelodgeac.com; The Quay, Lisloughrey Lodge; Hauptgerichte 25–29 €; ⌚März–Okt. täglich 18–21 Uhr, Nov.–Feb. Mi–So 18–21 Uhr, ganzjährig So 13–15 Uhr) Küchenchef Jonathan Keane und sein Team sammeln selbst die Muscheln, Kräuter und Blumen, die in diesem noblen Restaurant die Gerichte dekorieren. Das Fleisch und alle anderen Zutaten auf der wechselnden Karte stammen von lokalen Biobauernhöfen. Viele Speisen werden auch als kleine Probierteller angeboten. Der Name des Restaurants bezieht sich auf Sir William Wilde (den Vater von Oscar Wilde), dem es am Lough gefiel.

Pat Cohan's PUB
(Abbey St; ⌚12–23 Uhr) Ein denkwürdiges Beispiel, wie aus Fiktion Realität wird: Für *Der Sieger* wurde dieser ehemalige Lebensmittelladen zum Pub aus dem Film umfunktioniert. Und da die Beliebtheit des Streifens stetig steigt, ist das Pat Cohan's inzwischen tatsächlich zu *dem* Pub geworden.

ℹ Praktische Informationen

Die **Touristeninformation** (☎094-954 6542; www.congtourism.com; Abbey St; ⌚März–Sept. tgl. 10–13 & 14–17.30 Uhr, Okt. & Nov. Fr & Sa) ist im alten Gerichtsgebäude gegenüber der Cong Abbey untergebracht. Der nächste Geldautomat befindet sich 5 km westlich in Clonbur.

ℹ An- & Weiterreise

Von Montag bis Samstag fahren täglich drei Busse von **Bus Éireann** (www.buseireann.ie; Main St) nach Galway (13,20 €, 70 Min.) und einer nach Westport 13,20 €, 1 Std.).

Pigeonhole Cave

Rund um Cong erstrecken sich zahlreiche Kalksteinhöhlen, von denen jede ihre eigene Geschichte hat.

Die **Pigeonhole Cave** in einem Kiefernwald 1,5 km südlich von Cong erreicht man über einen Rundweg von der Abtei. Steile, rutschige Stufen führen in die Höhle hinab, in der während des Winters ein unterirdischer Wasserlauf plätschert. Mit etwas Glück entdeckt man vielleicht die weiße Forelle von Cong – eigentlich eine Frau, die sich in einen Fisch verwandelte, um bei ihrem ertrunkenen Liebsten zu sein.

Doolough Valley & Umgebung

Die R335 von Leenane im County Galway nach Westport ist eine der landschaftlich schönsten Strecken in Irland. Das einsame Doolough Valley hat kaum Veränderungen durch Häuser, Torfstich oder auch nur Steinmauern erfahren. Hier gehen die steilen Hänge der Berge rund um das Tal in das stahlgraue Wasser des Doo Lough über und Schafe weiden friedlich auf den Hügeln.

1849 war die Strecke aber auch Schauplatz einer Tragödie. Bei Eiseskälte starben dort der Lokalgeschichte zufolge 400 Menschen, als sie zu Fuß von Louisburgh nach Delphi und zurück gingen. Sie hatten gehofft, von einem Großgrundbesitzer Lebensmittel und Hilfe zu bekommen, wurden aber abgewiesen. Die genauen Einzelheiten der Geschichte variieren von Quelle zu Quelle.

Am besten befährt man die Straße an einem trockenen Tag, denn Regenvorhänge können die herrliche Aussicht verderben. Wer genug Zeit hat, unternimmt auf den Nebenstrecken im Norden und Westen des Tals eine Wanderung zu herrlichen, oft menschenleeren Stränden.

Delphi

Geografisch gesehen befindet sich dieser Streifen hügeligen Moorgebiets, der sich entlang der spektakulären R335 erstreckt, gerade noch im County Mayo. Die nächste nennenswerte Siedlung ist kilometerweit entfernt, sodass sich die Gegend hier wunderbar zum Relaxen eignet.

Ihren eigentümlichen Namen erhielt die südliche Spitze des Doolough Valley von einem berühmten Bewohner, dem zweiten Marquis von Sligo. Dieser war der Meinung, sie gleiche der Umgebung des griechischen Delphi. Wer die Ähnlichkeit erkennt, hat unserer Meinung nach allerdings eine überdurchschnittlich rege Fantasie. Dennoch ist die Schönheit der kleinen Flüsse bemerkenswert, die vor der Kulisse steiler sonnen- und wolkengesprenkelter Hänge durch die hügelige Landschaft plätschern.

Schlafen & Essen

Delphi Lodge RESORT €€€
(☎ 095-42222; www.delphilodge.ie; abseits der R335; EZ/DZ ab 170/270 €; @) Vor dem Hintergrund der Berge wirkt das wundervolle georgianische Herrenhaus, das der Marquis von Sligo in den 1830er-Jahren errichten ließ, regelrecht winzig. Das Landhotel mit zwölf Zimmern verfügt über eine schöne Inneneinrichtung, kredenzt großartige Gerichte (Abendessen 55 €) und verströmt keinerlei überhebliches Ambiente. Gäste, die sich einfach nur entspannen möchten, zieht es ebenso hierher wie Angler (halber Tag mit einem Angellehrer 150 €).

Louisburgh

800 EW.

Louisburgh, das 1795 unter kuriosen Umständen gegründet wurde, dient als nördliches Tor zum Doolough Valley. Es besteht aus einem simplen Vier-Straßen-System namens „the Cross" und ist sozusagen ein lebendes Denkmal für einen Verwandten des ersten Marquis von Sligo, Lord Altamont (besser bekannt als John Browne), der 1758 in der Schlacht von Louisburgh im kanadischen Nova Scotia den Tod fand.

Sehenswertes & Aktivitäten

Der sichere, breite Sandstrand bei **Carrowmore**, gleich östlich von Louisburgh, lockt mit einer herrlichen Aussicht auf Croagh Patrick. Im Sommer sind Rettungsschwimmer vor Ort. Außerdem gibt's in der Nähe ein paar tolle Surfstrände wie den **Carrownisky**.

Westlich und südlich von Louisburgh durchzieht ein Netz enger, nicht beschilderter Straßen die schroffe Landschaft. An der Küste angekommen erkennt man, dass sich die Fahrt gelohnt hat. Ein besonders schönes Ziel ist **Killadoon** mit einem Panoramablick über den Ozean und lange Sandstrände.

Granuaile Heritage Centre MUSEUM
(☎ 098-66341; www.granuaile.org; Church St; Erw./Kind 5/2,50 €; ⏲ Mo–Fr 11–17 Uhr) Hier erhält jeder einen kurzen, aber guten Einblick in das Leben und die Epoche von Grace O'Malley (Gráinne Ní Mháille or Granuaile; 1530–1603), der berüchtigten Piratenkönigin von Connaught (S. 431), sowie in die Zeit der Hungersnöte.

Surf Mayo SURFEN
(☎ 087 621 2508; www.surfmayo.com; Carrownisky Beach; Kurse ab 27 €, Surfboard & Neoprenanzug 17 € pro Tag; ⏲ variieren) Surfkurse und -camps am Carrownisky Beach und Leihausrüstung, darunter Stehpaddelboards.

Mweelrea Holidays REITEN
(www.mweelreaholidays.com; nahe der R378, Feenone; Reiten ab 30 €; ⏲ variieren) Ausritte durch die spektakuläre Landschaft oder am Strand entlang und geführte Wanderungen.

Schlafen & Essen

Ponderosa B&B €
(☎ 098-66440; www.ponderosamayo.com; Tooreen Rd; EZ/DZ ab 45/60 €; ⏲ April–Okt.; 📶) In einem modernen Bungalow 400 m östlich von Louisburgh befindet sich dieses B&B mit drei Zimmern.

West View Hotel HOTEL €€
(☎ 098-66140; www.westviewhotel.ie; Chapel St; EZ/DZ ab 45/80 €; 📶) Das kleine Hotel mit 18 Zimmern mitten im Ortszentrum ist in einem sehr modernen Stil gestaltet und verfügt über ein Restaurant. In der Bar gibt's an manchen Abenden traditionelle Livemusik.

An- & Weiterreise

Bus Éireann (www.buseireann.ie; ⏲ Mo–Sa) fährt einmal täglich nach/von Westport (8 €).

Clare Island

125 EW.

In der Clew Bay verteilen sich etwa 365 Inseln. Die größte von ihnen ist **Clare Island** (www.clareisland.info), 5 km vor der Küste an der Meeresmündung der Bucht gelegen. Vom felsigen Mt. Knockmore (461 m) beherrscht, führen auf dem bergigen Eiland Straßen und Wege durch eine abwechslungsreiche Landschaft – ideal zum Wandern und Klettern (keine Angst, hier verläuft man sich nicht). Einige sichere Sandstrände machen Lust aufs Schwimmen. Clare Island ist einer der wenigen Orte, an denen man noch *choughs* (Alpenkrähen) beobachten kann. Diese Vögel sehen wie Amseln aus, haben aber rote Schnäbel.

Sehenswertes & Aktivitäten

Auf der Insel befinden sich die Überreste der Zisterzienserabtei **Clare Island Abbey** (ca. 1460 erbaut) und von **Granuaile's Castle**. Beide Bauwerke werden mit der Piratenkönigin Grace O'Malley in Verbindung gebracht. Der Burgturm diente der Freibeuterin als Festung, allerdings wurde er nach seiner Übernahme durch die Küstenwache 1831 stark verändert. Angeblich liegt Grace in der kleinen Abtei begraben. Dort trägt ein Stein das Motto ihrer Familie: *Invincible on land and sea* („Unbesiegt zu Lande und auf See").

Clare ist ein wunderbarer Ort, um sich von der Welt zurückzuziehen. Zu den vielen Wandertouren, die man auf eigene Faust unternehmen kann, gehören ein **archäologischer Spaziergang** und die Besteigung des 462 m hohen **Knockmore**, der mit spektakulärer Aussicht aufwartet.

Schlafen & Essen

Auf Clare Island gibt's mehrere gute B&Bs.

★ Go Explore Hostel HOSTEL €
(☎ 098-26307, 087 410 8706; www.goexplorehostel.ie; B 20–24 €; ⏲ Ostern–Nov.; 📶) Ein bezauberndes Hostel mit großen Fenstern und einer Terrasse samt Blick aufs Wasser. Es verfügt über Vintage-Gemeinschaftsbereiche mit einem großen Kamin aus den 1840er-Jahren. Das hauseigene Pub zieht mit seiner guten Küche (Hauptgerichte 8–15 €) und häufiger Livemusik Besucher von der gesamten Insel an. Zudem werden hier Abenteueraktivitäten aller Art organisiert.

Macalla Farm PENSION €€
(☎ 087 250 4845; www.macallafarm.ie; 3-tägiger Retreat ab 340 €) Diese wunderbar mit Blick über die Insel gelegene Pension bietet das ganze Jahr über Retreats und Kurse für Yoga, natürliche Ernährung, Reiten und mehr an. Das Essen ist vegetarisch und wird mit Bioprodukten zubereitet.

O'Grady's B&B €€
(☎ 098-22991; www.ogradysguesthouse.com; EZ/DZ ab 60/80 €; ⏲ Apr–Sep; 📶) Gemütliche Zimmer in einem B&B mit Schieferdach unweit des Piers. Wenn es regnet, kann man es sich am Holzofen bequem machen.

Anreise & Unterwegs vor Ort

Am Roonagh Quay, 8 km westlich von Louisburgh, starten im Juli und August etwa zehn Fähren täglich nach Clare Island, das restliche Jahr über sind es jeweils nur zwei bis vier. Die Fahrt dauert 20 Minuten (Erw./Kind hin und zurück 15/8 €).

In der Regel kann man am Pier und in den Unterkünften **Fahrräder** (ca. 15 € pro Tag) ausleihen. Es gibt auch Taxis.

Clare Island Ferries (☎ 098-23737, 086 851 5003; www.clareislandferry.com)

O'Malley Ferries (☎ 098-25045, 086 887 0814; www.omalleyferries.com)

Inishturk Island

100 EW.

Die eindrucksvoll zerklüftete Insel **Inishturk** (www.inishturkisland.com) liegt 12 km vor der Westküste Mayos. Nur wenige Menschen leben hier und auch Fremde verirren sich kaum in diese Gefilde. Immerhin gibt's auf der Ostseite zwei **Sandstrände**, beeindruckende Klippen sowie eine herrliche **Flora und Fauna**. Auch für **Wanderer** hält die Hügellandschaft einiges bereit. Auf Streifzügen über die labyrinthischen Straßen macht man sich am besten mit dem Inselleben vertraut.

Übernachtungsgäste lockt der landschaftlich wunderschön gelegene Bauernhof **Teach Abhainn** (☎ 098-45510; teachabhainn@hotmail.com; EZ/DZ 40/64 €; Abendessen 25 €; ⏲ April–Okt.) etwa 1,5 km westlich des Hafens mit fantastischen Ausblicken, Hausmannskost und sechs gemütlichen Zimmern.

Fähren von O'Malley Ferries (S. 430) verkehren ein- bis zweimal täglich ab dem **Roonagh Quay** in der Nähe von Louisburgh hierher. Die Fahrt (Erw./Kind hin und zurück 8/5 €) dauert 50 Minuten.

Croagh Patrick

Der hl. Patrick hätte sich kein besseres Ziel für seine Pilgerreise aussuchen können als diesen konisch geformten Berg (auch „the Reek" genannt). An klaren Tagen wird der anstrengende zweistündige Aufstieg mit einer Aussicht auf die vielen Inseln der Clew Bay belohnt.

Auf dem Croagh Patrick fastete Irlands Schutzheiliger 40 Tage und Nächte lang und vertrieb dabei angeblich giftige Schlangen. Tausende von Pilgern betrachten das Besteigen des 772 m hohen heiligen Bergs am letzten Sonntag im Juli, dem Reek Sunday, als einen Akt der Sühne. Die wahren Büßer kämpfen sich über den Tóchar Phádraig (Patrick's Causeway), eine 40 km lange Strecke, die an der Ballintubber Abbey (s. S. 444) beginnt, und bezwingen den Berg barfuß.

DIE PIRATENKÖNIGIN

Grace O'Malleys (Gráinne Ní Mháille oder Granuaile, 1530–1603) Lebensgeschichte liest sich wie eine Abenteuerstory. Besagte Dame wurde zweimal Witwe und musste aufgrund von Piraterie ebenso oft ins Gefängnis. In den unruhigen Zeiten des 16. Jhs. war sie weithin gefürchtet.

Ihr unorthodoxes Leben scheint für Legenden und Mythen wie geschaffen. Hunderte Geschichten bezeugen ihre Tapferkeit, ihr Können sowie ihre unnachgiebige Entschlossenheit bei der Verteidigung ihrer Angehörigen gegen alle Feinde, von rivalisierenden Stammesführern bis zur englischen Armee.

Grace wuchs in einer mächtigen Seefahrerfamilie auf, die den größten Teil der Küste Mayos kontrollierte und internationalen Handel betrieb. Das eigenwillige Mädchen entschied sich schnell, im Familienbetrieb mitzumischen. Laut der Legende fragte es seinen Vater bereits in jungen Jahren, ob es ihn auf einer Reise nach Spanien begleiten könne. Dieser lehnte die Bitte mit der Begründung ab, dass die Seefahrt nichts für Mädchen sei. Ohne zu zögern, schnitt sich Grace ihre Haare ab, zog Jungenkleider an, kehrte zum Schiff zurück und verkündete, sie sei bereit loszusegeln. Ihre Familie gab ihr daraufhin den Spitznamen Gráinne Mhaol (ausgesprochen „gron-je u-eyl", „kahle Grace"), den sie zeit ihres Lebens behielt.

Ehefrau & Piratin

Im Alter von 15 Jahren wurde Grace mit Donal O'Flaherty, einem missgelaunten örtlichen Stammesführer, verheiratet. Der intelligenten jungen Frau gelang es jedoch schnell, ihren Mann in Politik und Handel zu überflügeln. In Galway, einem der größten Häfen der Britischen Inseln, wurden die O'Flahertys mit einem Handelsverbot belegt. Grace umging dies, indem sie Frachtschiffe auf dem Weg zum Hafen aufhielt und für die sichere Durchfahrt eine Bezahlung verlangte. Wenn der Kapitän sich weigerte, plünderte sie das Schiff.

Nach dem Tod ihres Mannes ließ sie sich auf Clare Island nieder, trieb sich für Raubzüge aber weiterhin an den irischen und schottischen Küsten herum. In der Nähe ihrer Heimat war Rockfleet der einzige Teil der Clew Bay, der noch nicht unter ihrer Kontrolle war, deshalb heiratete Grace 1566 Richard an-Iarrain, um sich dessen Burg zu sichern (S. 436). Die Ehe hatte einige Höhen und Tiefen (u. a. deshalb, weil Grace versuchte ihren Gatten loszuwerden, nachdem sie die Kontrolle über die Festung hatte), dennoch blieben sie zusammen, bis Richard 17 Jahre später starb.

In den 1570er-Jahren war die Nachricht von Graces unverfrorener Piraterie bis zu den Engländern vorgedrungen und es gab viele Versuche, sie gefangen zu nehmen. Schließlich wurde sie nach London einbestellt, wo Elizabeth I. sie begnadigte und ihr einen Titel anbot. Sie lehnte ab und sagte, sie sei bereits Königin von Connaught.

1603 starb Grace und wurde vermutlich in der Familiengruft auf Clare Island beerdigt.

Mit der wachsenden Beliebtheit der Besteigung ist die Erosion der Pfade zu einem Problem geworden, doch bisher hat noch niemand die Verantwortung für Verbesserungen übernommen.

Sehenswertes & Aktivitäten

Der **Hauptwanderweg** führt vom Parkplatz in Murrisk auf den Berg. Er ist steil und teilweise steinig, aber in einem kleinen Café kann man für 3 € Wanderstöcke ausleihen. Bei durchschnittlichem Tempo benötigt man hin und zurück drei bis vier Stunden. An sonnigen Wochenenden wird es voll. Auf dem Gipfel befinden sich eine weiß gekalkte **Kirche** aus dem Jahre 1905 und der **Brunnen einer Kapelle** aus dem 9. Jh. Die Aussicht ist fantastisch.

Beim Anblick des **National Famine Memorial** gegenüber dem Parkplatz läuft es einem eiskalt über den Rücken: Es handelt sich um die Skulptur eines von Skeletten umgebenen Geisterschiffes mit drei Masten, das an die vielen Todesopfer der sogenannten *coffin ships* (Sargschiffe) erinnert, auf denen während der Hungersnot (1845–1851) zahlreiche Menschen ihrer elenden Lage zu entkommen versuchten. Ein Pfad am Denkmal vorbei führt zu den kärglichen Überresten der **Murrisk Abbey**, die 1547 von den O'Malleys errichtet wurde.

An- & Weiterreise

Murrisk liegt 9 km südwestlich von Westport. Am besten erreicht man es über den schönen Rad- und Wanderweg entlang der Bucht, aber es fahren auch täglich Busse her.

Westport

5600 EW.

Westport ist ein fotogenes georgianisches Städtchen mit von Bäumen gesäumten Straßen, einer Einkaufsmeile am Fluss und einer tollen Atmosphäre. Selbst im tiefsten Winter geht's hier lebhaft zu. Dank des ausgezeichneten Angebots an Unterkünften, Restaurants und der für ihre Livemusik bekannten Pubs erfreut sich der Ort riesiger Beliebtheit, hat dem Tourismus aber nicht seine Seele verkauft.

Er ist Mayos Zentrum des Nachtlebens und seine zentrale Lage macht ihn zu einem netten Ausgangspunkt für die Erkundung des Countys.

Sehenswertes

Der **Westport Quay**, der malerische Hafen der Stadt, liegt in der Clew Bay, 2 km westlich des Zentrums. Er beherbergt mehrere Läden und Cafés. Als Wahrzeichen der Stadt gilt das **Octogon**, das von einer dorischen Säule verschönert wird.

Westport House HISTORISCHES GEBÄUDE

(☎ 098-27766; www.westporthouse.ie; Quay Rd; Haus Erw./Kind 13/7 €, Haus & Piraten-Abenteuerpark 21/17 €; ⌚ Juli–Aug. 10–18 Uhr, sonst wechselnde Öffnungszeiten, Jan. & Feb. geschl.) Diese charmante georgianische Villa 2 km westlich des Zentrums wurde 1730 auf den Überresten von Grace O'Malleys Burg aus dem 16. Jh. errichtet. Von der ursprünglichen Einrichtung blieb vieles erhalten, darüber hinaus sind einige der großartigen Zimmer komplett stilecht dekoriert. Rund um das Gebäude erstreckt sich ein wunderbar idyllischer Garten, allerdings leidet der Gesamteindruck unter der Kommerzialisierung. Kinder werden vom **Pirate Adventure Park** mit einem schaukelnden Piratenschiff, einem „Piraten"-Spielplatz und einer aufregenden, achterbahnartigen Wasserrutsche begeistert sein.

Clew Bay Heritage Centre MUSEUM

(www.westportheritage.com; The Quay; Erw./Kind 3 €/frei; ⌚ Okt.–Mai Mo–Fr 10.30–14 Uhr, Juni–Sept. Mo–Fr 10–17 Uhr, Juli & Aug. auch So 15–17 Uhr) In diesem steinernen Gebäude aus dem 19. Jh. erfährt man mehr über die Geschichte, die Bräuche und Traditionen von Westport und Clew Bay. Es liegt 2 km westlich der Stadt.

Aktivitäten

Die Gegend rund um Westport eignet sich prima zum Radfahren, denn hier locken sowohl sanfte Küstenwege als auch schwierigere Bergstrecken. Der beliebte Great Western Greenway (S. 434), ein 42 km langer Fahrradweg zwischen Westport und Achill, beginnt 500 m hinter dem Ortszentrum nahe der N59.

In der Touristeninfo gibt's eine ausgezeichnete Broschüre mit den Einzelheiten zu Wanderungen in der Gegend für jedes Niveau.

★ **Clew Bay Bike Hire** FAHRRADVERLEIH

(☎ 098-24818; www.clewbaybikehire.ie; Distillery Rd; Leihfahrrad ab 15 € pro Tag, Transfer ab 7,50 €; ⌚ 9–18 Uhr) Erteilt Auskünfte über Routen in der Gegend und hat am Westport Quay und am Great Western Greenway in Newport, Mulranny und Achill Läden. Man kann den Ausflug an jedem dieser Orte beginnen bzw. beenden und sich auch zu Beginn der Wanderung absetzen oder am Ende von einem Shuttle abholen lassen.

Es besteht außerdem die Möglichkeit, Kajaks (pro Std. 15 €) auszuleihen und sich einer Paddeltour in der Bucht anzuschließen.

★ **Guided Walks of Historic Westport** GEFÜHRTE WANDERUNGEN

(☎ 098-26852; Uhr, Bridge St; Erw./Kind 6 €/frei; ⌚ Juli & Aug. Mi 11 Uhr) Lokale Historiker leiten 90-minütige Rundgänge durch Westport.

Westport Bikes 4 Hire FAHRRADVERLEIH

(☎ 086 088 0882; www.westportbikes4hire.com; James St; Fahrradverleih Erw./Kind ab 15/10 € pro Tag, Transferservice 7,50 €; ⌚ 9–18 Uhr) Verleiht Fahrräder aller Art, u.a. Tandems, Elektroräder und Mountainbikes für Kinder. Auf Wunsch wird man zu jeder beliebigen Stelle am Great Western Greenway gebracht bzw. von dort abgeholt.

Carrowholly Stables REITEN

(www.carrowholly-stables.com; abseits der N59, Carrowholly; Strandausritte Erw./Kind ab 30/25 €) Geführte Ausritte auf Pferden und Ponys am Strand und über Wege mit Blick auf die Clew Bay. Der Reitstall liegt 3 km nördlich des Ortszentrums unweit des Westport Golf Club.

Croagh Patrick Walking Holidays GEFÜHRTE WANDERUNGEN

(☎ 098-26090; www.walkingguideireland.com; 7-tägige Wanderungen ab 600 €; ⌚ April–Aug.) Zumeist siebentägige Wanderungen in der

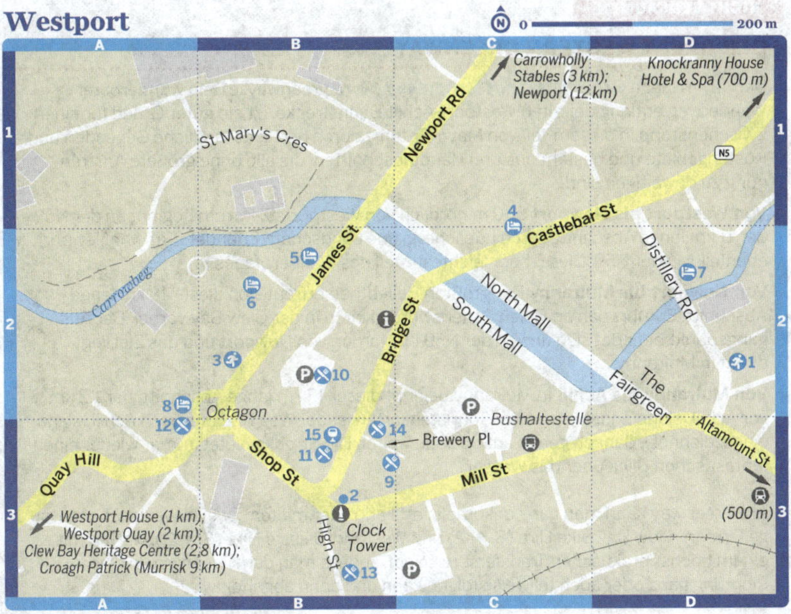

Westport

Aktivitäten, Kurse & Touren
1 Clew Bay Bike Hire D2
2 Guided Walks of Historic Westport B3
3 Westport Bikes 4 Hire B2

Schlafen
4 Castlecourt Hotel C1
5 Clew Bay Hotel B2
6 Old Mill Holiday Hostel B2
7 St. Anthony's Riverside B&B D2
8 Wyatt Hotel A2

Essen
9 An Port Mór B3
10 Market B2
11 McCormack's at The Andrew Stone Gallery B3
12 Pantry & Corkscrew A3
13 Sage B3
14 Sol Rio B3

Ausgehen & Nachtleben
15 Matt Molloy's B3

Landschaft rund um Westport, die sehr flexibel auf individuelle Wünsche zugeschnitten werden. Auch der Besuch von Stätten mit Verbindung zum hl. Patrick und/oder eines Strands sind möglich. Die Unterkunft ist im Preis enthalten.

Clewbay Cruises BOOTSTOUR
(☎ 087 606 6146; www.clewbaycruises.com; Westport Quay; Erw./Kind 18/10 €; ⌚ Mai–Sept.) Auf den 90-minütigen Bootstouren genießt man einen herrlichen Blick auf die Clew Bay.

Schlafen

Westport ist Mayos Hauptstadt. Es gibt zwar B&Bs und Hotels im Überfluss, aber im Sommer und bei besonderen Veranstaltungen sind die Zimmer rar.

Old Mill Holiday Hostel HOSTEL €
(☎ 098-27045; www.oldmillhostel.com; abseits der James St; B ab 18 €; 📶) Zentrales, zur IHH gehörendes Hostel in einer umgebauten Steinmühle mit 58 Betten, die sich auf Zimmer mit vier bis zehn Schlafplätzen verteilen, sowie einladenden Gemeinschaftsbereichen, einer Küche und einem Wäscheraum.

★ **St. Anthony's Riverside B&B** B&B €€
(☎ 087 630 1550; www.st-anthonys.com; Distillery Rd; Zi. ab 90 €; 📶) Auf der anderen Flussseite liegt dieses vornehme B&B hinter einer großen Hecke voller Vogelnester. Alle elf Zimmer zeichnen sich durch klare Linien und beruhigende helle Farben aus. Die Bäder warten entweder mit Whirlpools oder mit Powerduschen auf. Hervorragendes Frühstück.

NICHT VERSÄUMEN

DER GREAT WESTERN GREENWAY

Der 42 km lange **Great Western Greenway** (www.greenway.ie), ein wunderbarer Wanderweg entlang der alten Westport-Achill-Bahnstrecke, ist ein guter Grund für einen Zwischenstopp in diesem Teil von Mayo. Er führt durch herrliche ländliche Gegenden und Küstengebiete und besteht aus drei Hauptabschnitten, die alle ohne größere Anstrengung zu bewältigen sind.

Von Westport bis Newport 500 m nördlich von Westports Zentrum beginnt an der N59 der 11 km lange Abschnitt durch hübsche, grüne Landschaft. Er endet 2 km vor Newport, ebenfalls an der N59. Dies ist der leichteste Teil des Wanderpfades.

Von Newport bis Mulranny Der größten Beliebtheit erfreut sich dieser 18 km lange Abschnitt. Er führt nah an vielen Sehenswürdigkeiten in der Clew Bay vorbei. Der Ausgangspunkt befindet sich unweit der N59 im Norden von Newport und das Ziel liegt direkt in Mulranny.

Von Mulranny bis Achill In Mulranny beginnt dieser 13 km lange Abschnitt, der 1,2 km vor Achill Island endet (auf vielen Touristenkarten ist der Weg bis ganz nach Achill Island eingezeichnet), danach geht's auf Straßen weiter. Die Strecke bietet immer wieder einen fantastischen Blick über das Wasser.

Am Greenway kann man ganz unkompliziert Fahrräder mieten. Zwei in Westport ansässige Firmen, Clew Bay Bike Hire (S. 432) und Westport Bikes 4 Hire (S. 432), warten mit einem höchst praktischen Transferservice auf, sodass man dem Greenway in eine Richtung ganz oder auch teilweise folgen kann und dann abgeholt wird.

Clew Bay Hotel HOTEL €€
(☎098-28088; www.clewbayhotel.com; James St; EZ/DZ ab 75/110 €; 📶) In dem familiengeführten Hotel im Stadtzentrum warten 54 kleine, aber stilvolle Zimmer, teilweise mit Flussblick. Die Bäder und die Möbel sind erstklassig. Dank seiner modernen Variationen traditioneller Gerichte erfreut sich das moderne Pub großer Beliebtheit.

Wyatt Hotel HOTEL €€
(☎098-25027; www.wyatthotel.com; The Octagon; Zi. ab 90 €; 📶) Eine lokale Institution. Dieses sonnenblumengelbe ältere Hotel mitten im Ortszentrum verfügt über komfortable Standardzimmer und neu gestaltete Superior-Zimmer mit großen Betten, ebenerdigen Duschen sowie vielen Annehmlichkeiten.

Castlecourt Hotel HOTEL €€
(☎098-55088; www.castlecourthotel.ie; Castlebar St; EZ/DZ ab 90/120 €; @📶🏊) Die großen, gemütlichen Zimmern dieses modernen Hotels im Ortszentrum vereinen zeitgenössischen Stil und klassische Eleganz. Es gibt ein luxuriöses Spa und einen Felsenpool im Freien.

Knockranny House Hotel & Spa BOUTIQUE-HOTEL €€€
(☎098-28611; www.knockrannyhousehotel.ie; abseits der N5; Zi. 80–300 €; @📶🏊) Offene Kamine sorgen in dem modernen, traditionell gestalteten Hotel für wohlige Wärme. Die 100 Zimmer und Suiten der Unterkunft – einige davon fallen sehr groß aus – sind mit üppigen klassischen Möbeln und viel Stil eingerichtet. Zu den weiteren Einrichtungen gehören ein Innenpool und ein Spa. Das Restaurant, **La Fougère**, ist für seine gute Weinkarte bekannt. Zum Zentrum Westports, das 1,5 km westlich liegt, sind es 15 Gehminuten.

Essen

In Westport gibt's jede Menge großartige Restaurants und Cafés, vor allem in der Bridge Street und den davon abgehenden Seitengassen. Auf dem **Markt** (Parkplatz, James St; ⏰April–Okt. Do 8.30–14 Uhr) bekommt man Lebensmittel aus der Region.

Im Sommer und an den Wochenenden sollte man abends in Restaurants reservieren.

McCormack's at the Andrew Stone Gallery MODERN IRISCH €
(Bridge St; Hauptgerichte 6–14 €; ⏰Mo–Di & Do–Sa 10.30–16.30 Uhr) Die familiengeführte Bäckerei mit einem Café, in dem Mittagessen serviert wird, besteht bereits seit Jahrzehnten und bietet hervorragendes Essen. Sie liegt neben einer Kunstgalerie und bezieht ihre Zutaten von den besten lokalen Erzeugern. Wer es eilig hat, kann sich auch einfach Scones mitnehmen.

Pantry & Corkscrew MODERN IRISCH €€
(098-26977; www.thepantryandcorkscrew.com; The Octagon; Hauptgerichte mittags 8–15 €, abends 12–25 €; Di–So 12–15.30 & 17.30–21.30 Uhr) In diesem engen kleinen Laden schlägt das Herz von Mayos Slow-Food-Bewegung. Die saisonal wechselnde Speisekarte zeugt von der raffinierten Küche. Viele Zutaten stammen von lokalen Erzeugern und Biohöfen.

An Port Mór MODERN IRISCH €€
(098-26730; www.anportmor.com; 1 Brewery Pl; Hauptgerichte 22–28 €; Di–So 17–21.30 Uhr) Das kleine Restaurant des Kochs und Besitzers Frankie Mallon, das sich in einer von der Bridge Street abgehenden Gasse versteckt, überzeugt auf ganzer Linie. Mehrere schmale Räume sorgen für Intimität. Hier gibt's exzellente Fleischgerichte und hochgelobte Meeresfrüchte (Tipp: die Clew-Bay-Jakobsmuschlen probieren!). Fast alle Zutaten sind aus der Region.

Sol Rio MEDITERRAN €€
(098-28944; www.solrio.ie; Bridge St; Hauptgerichte mittags 7–14 €, abends 13–20 €; Café 9–18 Uhr, Restaurant 12–15 & 17.30–21.30 Uhr;) Auf der umfangreichen Speisekarte stehen u. a. Pizza und Pasta sowie Biofleisch und Fisch. Sowohl das Café unten als auch das stilvollere Restaurant oben punkten mit sorgsam ausgewählten Zutaten und viel Liebe zum Detail.

Idle Wall MODERN IRISCH €€
(098-50692; www.theidlewall.ie; Westport Quay; Hauptgerichte 18–25 €; Di–Sa 17.30–22 Uhr) In dem stimmungsvollen kleinen Lokal, dem wohl besten der Restaurants an Westports belebter Hafenmeile, kommen Fisch und Meeresfrüchte (Muscheln, Austern, Krabben, Kabeljau und mehr) frisch vom Boot auf den Teller. Die Köchin Áine Maguire kann man für ihre innovativen Variationen irischer Gerichte gar nicht hoch genug loben.

Sage MODERN EUROPÄISCH €€
(098-56700; www.sagewestport.ie; 10 High St; Hauptgerichte 18–27 €; Do–Di 17.30–21.30 Uhr) Sobald man durch die Tür dieses stilvollen Restaurants tritt, das von Shteryo Yurukov und Eva Ivanova sehr professionell geführt wird, umgibt einen wohlige Wärme. Im Einklang mit der örtlichen Tradition, nur Produkte aus der Region zu verwenden, offeriert das Sage saisonal wechselnde Menüs mit Fleisch- und Fischgerichten, oft italienisch beeinflusst.

Ausgehen & Nachtleben

In vielen Pubs wird allabendlich Livemusik geboten.

Matt Molloy's PUB
(098-27663; www.mattmolloy.com; Bridge St; 11 Uhr–open end) Matt Molloy, Blechflötenspieler von den Chieftains, führt dieses Pub alter Schule. Ab etwa 21 Uhr stehen im Hinterzimmer traditionelle *ceilidh*-Livemusik und Tanz auf dem Programm. Vielleicht gibt ein älterer Musiker aber auch spontan ein paar Klassiker zum Besten. Zum Angebot gehören auch gute Biere aus Kleinbrauereien.

Shoppen

Wer durch das Zentrum von Westport schlendert, stößt auf zahlreiche kleine Boutiquen und erstaunlich viele Buchläden.

Custom House Studios KUNST
(098-28735; www.customhousestudios.ie; Westport Quay; Mo–Fr 10–17, Sa & So 13–16.30 Uhr) In dieser einladenden Galerie stellen örtliche Künstler ihre Arbeiten aus. Hier finden auch Sonderausstellungen statt.

Praktische Informationen

Touristeninformation (098-25711; www.westporttourism.com; Bridge St; ganzjährig Mo–Fr 9–17.45 Uhr, Ostern–Okt. Sa 10–16 Uhr) Mayos Haupttouristeninformation bietet jede Menge Infos für Wanderer und Radfahrer.

An- & Weiterreise

BUS

Bus Éireann fährt u. a. nach Galway (15,20 €, 2 Std., 2-mal tgl.) und Sligo (23 €, 2¾ Std., 1-mal tgl.). Die Busse starten in der Mill Street.

ZUG

Es gibt täglich fünf Verbindungen nach Dublin (26 €, 3¼ Std.).

Newport

630 EW.

Newport, ein malerisches Dorf aus dem 18. Jh., erreicht man nach 12 km Fahrt von Westport Richtung Norden. Die Bahnstrecke Westport–Achill ist zwar seit 1936 nicht mehr in Betrieb, doch der markante **Viadukt mit sieben Bogen** aus dem Jahre 1892 zieht nach wie vor zahlreiche Wanderer und Radfahrer an.

Der Bangor Trail (S. 440) endet hier, während der herrliche Great Western Greenway

Richtung Westen ins 31 km von der früheren Bahnstrecke entfernte Achill führt.

Einmal täglich halten Busse, die zwischen Westport und Achill Island unterwegs sind, im Ort.

Schlafen & Essen

★ Newport House HISTORISCHES HOTEL €€€
(☎ 098-41222; www.newporthouse.ie; abseits der Main St; EZ/DZ ab 110/220 €; ⊙ April–Mitte Okt.;) Das prächtige, mit Efeu bewachsene georgianische Haus, der sich im Herbst rot färbt, gilt als eines der romantischsten ländlichen Refugien Irlands. Darüber hinaus ist das Hotel für seine gehobene moderne irische Küche bekannt (mehrgängiges Abendessen 68 €).

Blue Bicycle Tea Rooms CAFÉ €
(☎ 098-41145; www.bluebicycletearooms.com; Main St; Hauptgerichte ab 5 €; ⊙ Mai–Okt. 10.30–18 Uhr) Dieses Café mit dem Charme der alten Welt lädt zu einem Snack oder auch zu einer ausgedehnten Pause ein. Es gibt Sandwiches, Salate, Suppen, Gebäck und einiges mehr aus lokalen Zutaten.

Kelly's Kitchen CAFÉ €
(☎ 098-41639; 17 Main St; Hauptgerichte 6–14 €; ⊙ Mo–Sa 9–17 Uhr) Hier kann man zum Frühstück oder Mittagessen die Speisen der sehr beliebten traditionellen Fleischerei nebenan genießen oder einfach während der Fahrt auf dem Great Western Greenway eine Kaffeepause einlegen.

Von Newport nach Achill Island

Unterwegs auf der N59 oder auf dem Great Western Greenway weisen Schilder den Weg zur **Burrishoole Abbey** (abseits der N59; ⊙ Sonnenauf- bis Sonnenuntergang), der gespenstischen, windgepeitschten Ruine einer 1486 errichteten Dominikanerabtei, zu der heute ein Friedhof gehört. Sie liegt 2 km westlich von Newport.

Nach weiteren 3,5 km ist das **Rockfleet Castle** (Carrigahowley; an der N59; ⊙ Sonnenauf- bis Sonnenuntergang) ausgeschildert. Der auch als Carrigahowley bekannte Turm aus dem 15. Jh. steht mit der „Piratenkönigin" Grace O'Malley in Verbindung: Diese heiratete ihren zweiten Mann, Richard an-Iarrain (mit dem beeindruckenden Spitznamen „Iron Dick" Burke), um das Bauwerk unter ihre Kontrolle zu bringen. Wie sie von hier einen Angriff der Engländer abwehrte, ist legendär. Das Rockfleet Castle liegt stimmungsvoll in einem morastigen, den Gezeiten unterworfenen Gebiet.

Mulranny erhebt sich am Hang einer schmalen Landzunge über einem breiten **Strand** mit Blauer Flagge. Hier kann man wunderbar nachzählen, ob es in der Clew Bay tatsächlich 365 Inseln gibt.

Atlantic Way

Statt auf der Hauptstraße (R319) von Mulranny nach Achill Island zu reisen, kann man auch dem ausgeschilderten Atlantic Way im Uhrzeigersinn um die Curraun Peninsula folgen. Die enge Straße führt am kuriosen Befestigungsturm vorbei. Sobald sie die einsame Südspitze der Curraun Peninsula erreicht, genießt man einen absolut umwerfenden Blick über die Clew Bay und das offene Meer.

Achill Island

940 EW.

Achill (An Caol), Irlands größte vorgelagerte Insel, ist durch eine kurze Brücke mit dem Festland verbunden. Die Zivilisation scheint weit weg zu sein, wenn man die rauen Klippen, felsigen Landspitzen, geschützten Sandstrände, ausgedehnten Hochmoore und Berge betrachtet. Dazu kommt eine abwechslungsreiche Geschichte, da das Eiland als Zufluchtsort für diverse irische Rebellen diente.

Im Winter geht's eher ungemütlich zu. Tosende Winde und eine peitschende See sind nicht gerade einladend, doch auch um diese Zeit werden Gäste willkommen geheißen. Im Sommer blühen auf Achill Island Heidekraut, Rhododendren und Wildblumen.

Die meisten Aktivitäten (viele sind es nicht) konzentrieren sich auf das Dorf Keel.

Sehenswertes

Hinter der Brücke ist der **Atlantic Drive** ausgeschildert. Er führt an der wilden Südküste der Insel entlang und durch das kleine Fischerdorf **Dooega** mit einem geschützten Strand.

★ Slievemore Deserted Village HISTORISCHE STÄTTE
Die Überreste des verlassenen Dorfes am Fuß des Mt. Slievemore sind ein trostloser Ort, wo heute nur noch Schafe grasen. Sie werden nach und nach bis auf die Fundamente abgetragen und erinnern daran, wie

hart das Leben einst war und wie leicht die Menschen ihre Existenzgrundlage verloren. Als die Hungersnot ausbrach, mussten die Einheimischen ans Meer ziehen, um dort mit Fischen ihren Lebensunterhalt zu verdienen. Das triste Bild wird durch den benachbarten Friedhof verstärkt.

Dooagh HISTORISCHE STÄTTE

Hier legte Don Allum im September 1982 nach 77 Tagen auf See an, nachdem er als Erster den Atlantik in beide Richtungen mit dem 6 m langen Ruderboot *QE3* überquert hatte. Das **Pub** (⏲ 9–22 Uhr) (so der tatsächliche Name) gegenüber dem Monument erinnert an diese Leistung.

Keem Bay AUSSICHTSPUNKT

Die 8 km lange Fahrt westlich von Keel bis zum Ende der Straße ist spektakulär: Der Blick reicht weit über das Meer, während die Straße die blanke Felswand zu erklimmen scheint. Wer den Serpentinen hinunter bis in die perfekt geschwungene Bucht folgt, gelangt zu einem herrlichen **Strand**.

Aktivitäten

Auf Achill Island erstrecken sich mehrere wunderbare Wanderrouten. Der **Mt. Slievemore** (672 m) ist über einen Weg gleich hinter dem verlassenen Dorf mühelos zu erreichen. Oben angekommen, bietet sich ein fantastischer Ausblick auf die Blacksod Bay. Eine längere Strecke führt Wanderer auf den **Mt. Croaghaun** (668 m), zum Achill Head und über einige Klippen, die von den Inselbewohnern gern als Europas höchste Felsenriffe bezeichnet werden. Am Strand in **Dooagh** beginnt ein schöner 4,3 km langer Rundweg.

Auf der Website von Achill Tourism (S. 439) gibt's 14 hervorragende Beschreibungen von verschiedenen Wanderrouten zum Download.

★ **Trawmore Beach** SURFEN

(Keel) Dieser mit einer Blauen Flagge ausgezeichnete Strand, der sich von Keel 3 km nach Südosten erstreckt, zählt zu Irlands besten Surfspots, allerdings treten von seiner Mitte bis zum östlichen Ende (unter den Minaun Cliffs) gefährliche Strömungen auf. Aus diesem Grund sollte man auf die Schilder achten und auf der westlichen Strandhälfte bleiben. Vor Ort verleihen mehrere Anbieter Surfbretter (15 € pro Tag) und geben Unterricht (40 € pro Tag). Der Strand lädt auch zu schönen **Spaziergängen** mit Blick auf die donnernde Brandung ein.

Dugort Beach SCHWIMMEN

Unter den vielen guten Stränden der Gegend ist der in Dugort besonders schön. Auf Achill Island gibt's zahlreiche andere muschelförmige Buchten, die sicher genug zum Schwimmen sind, darunter die mit der Blauen Flagge ausgezeichneten Sandstreifen der Keem Bay, von Dooega sowie der Golden Strand (Dugorts zweiter Strand). Außerhalb der Hochsaison sind viele oft menschenleer.

Calvey's Equestrian Centre REITEN

(☎ 087 988 1093; www.calveysofachill.com; Slievemore; Ausritt am Strand 2 Std. Erw./Kind 70/60 €) Reitunterricht und Ausritte von ein bis vier Stunden Länge auf den breiten Stränden und Bergstraßen.

Achill Bikes FAHRRADVERLEIH

(☎ 087 245 7686; www.achillbikes.com; Keel; Fahrradverleih ab 20 € pro Tag) Leihräder, Infos sowie Transfer und Abholung auf der Insel.

Feste & Events

Auf Achill Island finden jedes Jahr mehrere Veranstaltungen statt, darunter Wander-, Mal- und Bootsfeste. Aktuelle Infos gibt's unter www.achilltourism.com.

Scoil Acla Festival KULTUR

(www.scoilacla.ie; ⏲ Ende Juli) Eine Woche lang traditionelle irische Musik. Außerdem gehören Workshops für irischen Tanz, Kultur und Musik zum Programm.

Schlafen

B&Bs reihen sich in der Hauptstraße von der Brücke bis nach Keel aneinander. Auch an der Küste gibt's Unterkünfte.

★ **Valley House Hostel** HOSTEL €

(☎ 098-47204; www.valley-house.com; The Valley; Zeltstellplatz 5 € plus 5 € pro Pers., B 16–22 €, DZ 44–60 €; @📶) Das entlegene knarrende alte Landhaus verfügt über 42 Betten und einen verwilderten Garten. J. M. Synge wählte das atmosphärische Gebäude als Schauplatz für das Theaterstück *Der Held der westlichen Welt*. Darin geht's um ein Verbrechen, das hier tatsächlich geschah. *Love & Rage – Liebe & Leidenschaft* (1999), ein Film, der auf dem Stück basiert, wurde teilweise vor Ort gedreht. Zu den weiteren Vorzügen des Hostels gehören Scones zum Frühstück und ein Pub mit Sitzplätzen im Patio.

★ **Pure Magic Achill Island** PENSION €

(☎ 085 243 9782; www.puremagic.ie; Slievemore Rd, bei Dugort; EZ/DZ ab 45/70 €; 📶) Die lebhafte Unterkunft mit zehn Zimmern in der Nä-

Achill Island

he des Geisterortes Slievemore ist alles andere als gespenstisch. In der Bar und im Café herrscht immer reger Andrang und die Pizza schmeckt klasse. Zudem kann man sich zum Kitesurfen, Stehpaddeln, Schnorcheln, Radfahren etc. anmelden.

Lavelles Seaside House PENSION €
(☎098-45116; www.lavellesseasidehouse.com; Dooega; EZ/DZ ab 45/70 €) Das Fischerdorf Dooega wartet mit einem schönen Refugium auf. Die weiß getünchte Pension verfügt über 14 Zimmer, darunter fünf tolle neue Räume mit Blick aufs Wasser. Im Mickey's gibt's Pubgerichte. Während der Sommermonate kommen besonders viele Meeresfrüchte aus der Region auf den Tisch.

Keel Sandybanks Caravan & Camping Park CAMPINGPLATZ €
(☎098-43211; www.achillcamping.com; Keel; Stellplätze 10–25 €, Wohnwagen 2 Nächte 115–140 €; ⏲April–Mitte Sept.; 📶) Von Keel aus erreicht man diesen Campingplatz über einen bequemen Fußweg. Er bietet einen Blick auf Keel Beach. Wer kein Zelt dabeihat, kann in traditionellen Holzwohnwagen übernachten.

Achill Cliff House Hotel & Restaurant PENSION €€
(www.achillcliff.com; Keel; Zi. 70–90 €) Die familiengeführte Pension mit herrlichem Meerblick – auch vom Frühstücksraum aus – ist bei jedem Wetter eine wunderbare Bleibe. Sie besitzt eine schlichte, aber komfortable Einrichtung. Im überaus empfehlenswerten Restaurant werden frische Meeresfrüchte und kreative Versionen traditioneller irischer Gerichte serviert.

Essen

Cottage CAFÉ €
(☎098-43966; Dugort; Hauptgerichte 4–15 €; ⏲Juni–Sept. 10–18 Uhr; 🖉) Der perfekte Ort für eine Pause, während man den Charme des kleinen Küstendorfes Dugort genießt. Es gibt

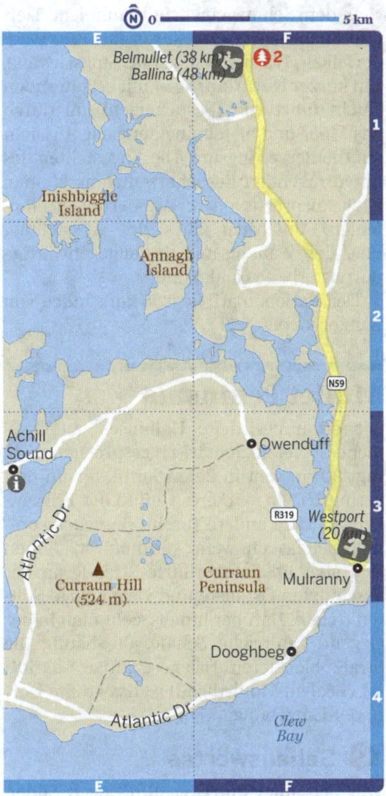

Achill Island

Highlights

Sehenswertes

Aktivitäten, Kurse & Touren

Schlafen

□ssen

Ausgehen & □achtle□en

fantastischen Kaffee und Gebäck sowie Sandwiches, Fisch- und Meeresfrüchtegerichte, vegetarische und vegane Speisen. Am besten setzt man sich nach draußen, damit man nicht die wundervolle Aussicht verpasst.

★ **Chalet** FISCH & MEERESFRÜCHTE €€

(☎ 098-43157; www.keembayfishproducts.ie; Keel; Hauptgerichte 15–30 €; ⏲ Sommer tgl. 18–22 Uhr, sonst seltener) Schon seit Jahrzehnten kredenzen die Besitzer von Keem Bay Fish Products in diesem Restaurant gefeierten Räucherlachs und andere Delikatessen. Die Karte wechselt mit dem jeweiligen frischen Fang, doch man darf sich immer auf allerbeste Gerichte freuen.

Calvey's Restaurant & Wild Mint Deli IRISCH €€

(☎ 098-43158; www.calveysofachill.com; Keel; Hauptgerichte mittags 8–20 €, abends 16–32 €; ⏲ 12–15 & 17.30–21 Uhr, Feinkostenladen Ostern–Mitte Sept. 9–17 Uhr) Das Restaurant ist einer Biofleischerei angeschlossen und serviert dementsprechend sehr gute Fleischgerichte, z. B. hervorragendes Lammkarree mit dem typischen Inselgeschmack. Auf der Karte steht auch eine gute Auswahl an Meeresfrüchten, die mit lokal produzierten, saisonalen Zutaten zubereitet werden. Der Feinkostladen bietet alles für ein wunderbares Picknick.

Ausgehen & Nachtleben

Lynott's PUB

(☎ 087 645 2780; R319, Cashel; ⏲ variieren je nach Saison) In dem tollen kleinen, traditionellen Pub am Straßenrand mit Steinplattenboden und uralten Bänken gibt's weder einen Fernseher noch ein Radio und auch keinen Hauch von Käse-Schinken-Toasts, aber dafür reichlich Spaß.

Praktische Informationen

Die meisten Dörfer der Insel haben ein Postamt. Geldautomaten findet man in den Supermärkten in Keel und Achill Sound.

Achill Tourism (☎ 098-20705; www.achilltourism.com; Davitt Quarter, Achill Sound; ⏲ Juli & Aug. Mo–Fr 9–18 Uhr, Sept.–Juli 10–16 Uhr) Gute Infos für Wanderer und Radfahrer.

DIE LEGENDE DER HL. DEIRBHILE

Um das Jahr 600, so die Legende, entschied sich ein junges Mädchen namens Deirbhile, ein frommes Leben zu führen. Allerdings stand diesem Entschluss ein Soldat im Weg, der in Deirbhile verliebt war. Als sich das Mädchen eines Tages mit ihrem Verehrer auf der heutigen Mullet Peninsula traf, fragte es ihn, was er am meisten an ihm liebe. Er antwortete: „Deine Augen." Daraufhin riss Deirbhile sich die Augen aus dem Kopf und warf sie zu Boden. Es wird wohl niemanden überraschen, dass der geschockte Soldat postwendend die Flucht ergriff.

Doch dann passierte ein Wunder: Dort, wo Deirbhiles Augen auf die Erde gefallen waren, entsprang eine Quelle. Das Mädchen wusch sich das Gesicht mit dem Wasser und bekam seine Augen zurück. Heute wird in seiner Heimat in der Nähe von Blacksod auf der Mullet Peninsula am 15. August der **Festtag der hl. Deirbhile** gefeiert.

Anreise & Unterwegs vor Ort

Täglich fährt ein Bus von Westport (16 €) nach Achill. Er hält u. a. in Dooagh, Keel, Dugort, Cashel und Achill Sound.

Bangor Erris

300 EW.

Bangor ist der Anfangs- bzw. Endpunkt des 48 km langen **Bangor Trail**, der dieses unscheinbare Dorf mit dem Ballycroy National Park und Newport verbindet. Die außergewöhnliche Wanderung führt durch einige raue und abgeschiedene Landstriche. Sie ist sehr anspruchsvoll und verläuft über lange Strecken durch Moorgebiet.

Jeden Tag fährt ein Bus von Ballina nach Bangor Erris (13 €, 1 Std.).

Ballycroy National Park

Der wunderschöne **Ballycroy National Park** (☎098-49888; www.ballycroynationalpark.ie; abseits der N59, Ballycroy; ⏲Besucherzentrum April–Sept. 10–17.30 Uhr) GRATIS beherbergt eines der größten Moorgebiete Europas. Mitten durch die unberührten Sümpfe bahnt sich der Owenduff seinen Weg.

In dem Schutzgebiet sind zahlreiche Tier- und Pflanzenarten zu Hause, darunter Wanderfalken, Wachtelkönige und Singschwäne. Ein kurzer **Naturlehrpfad** mit erläuternden Tafeln führt vom Besucherzentrum durch das Moor und bietet eine herrliche Aussicht auf die Berge ringsum. Die Angestellten des hervorragenden Besucherzentrums können auch anspruchsvollere Wanderungen empfehlen. Außerdem gibt's eine Ausstellung über den Walfang und das allgegenwärtige purpurfarbene Heidekraut.

Der Nationalpark liegt 18 km südlich von Bangor an der N59.

Mullet Peninsula

Die dünn besiedelte Halbinsel, ein Gaeltacht-Gebiet, in dem Irisch gesprochen wird, ragt 30 km weit in den Atlantik hinein und vermittelt ein stärkeres Gefühl der Einsamkeit als viele andere Inseln. Besucher kommen sich fast ein wenig verloren vor, können sich aber über unberührte Strände an der geschützten Ostküste und viele heilige Stätten freuen. Darüber hinaus sieht man in der Gegend zahlreiche Schafe, die häufig die Straße blockieren. Das geschäftige **Belmullet** (Béal an Mhuirthead) ist das größte Dorf in der Umgebung.

Sehenswertes

Von Belmullet führt die R313 nach Süden um die Spitze der Halbinsel bis nach Aghleam sowie zum blau beflaggten Strand der **Elly Bay**, ein Ort wie geschaffen zum Beobachten von Vögeln und Delfinen und ein toller Surfspot. Weiter südlich passiert die Straße den wunderschönen **Mullaghroe Beach**.

Bei **Blacksod** (An Fód Dubh) stößt man auf die Überreste einer alten **Kirche**. Ein wenig oberhalb liegt die erste von mehreren Stätten, die mit der hl. Deirbhile verbunden sind. „Deirbhile's Twist" ist ein Steinkreis aus heutiger Zeit, der an antike Monumente erinnert (er gehört zum North Mayo Sculpture Trail). In der Nähe weisen Straßenschilder den Weg zum **Deirbhile's Well**, wo sich wahrscheinlich das Wunder mit den Augen der Heiligen abgespielt hat. Anschließend folgt man der kurzen kurvigen Straße hinunter zum nahen Friedhof und zum Strand. Hier erheben sich die Überreste der bezaubernden **St. Deirbhile's Church** aus dem 11. Jh. Vermutlich wurde Deirbhile dort begraben.

Schlafen & Essen

★ Leim Siar B&B €
(☎ 097-85004; www.leimsiar.com; Blacksod; EZ/DZ 55/80 €; 📶) 🌿 Vom Blacksod-Leuchtturm sind es nur wenige Schritte bis zu diesem freundlichen Zweckbau. Das Leim Siar bietet gleichzeitig modernen Komfort und das Gefühl, am Ende der Welt zu sein. Die Zimmer sind hell und das Frühstück ist ein echtes Erlebnis. Wer eine Tour über die Halbinsel unternehmen möchte, kann Fahrräder (pro Tag 10 €) ausleihen.

Talbot's HOTEL €€
(☎ 097-20484; www.thetalbothotel.ie; Barrack St, Belmullet; EZ/DZ ab 90/140 €; 📶) Das stilvolle Talbot's besitzt 21 sehr komfortable Zimmer mit kräftigen Farbakzenten. Im **An Chéibh** (The Anchor) gibt's zwei Torffeuer, eine gute Bierauswahl und hervorragendes Kneipenessen (Hauptgerichte 8–25 €).

Praktische Informationen

Alle wichtigen Einrichtungen befinden sich in Belmullet, darunter Bank, Geldautomat und Post.
Touristeninformation (☎ 097-81500; www.visiterris.ie; Ecke Main St & Chapel St, Belmullet; ⏲ Mai–Sept. Mo–Sa 9–17 Uhr, Okt.–April Mo–Fr 9–16 Uhr)

Anreise & Unterwegs vor Ort

Bus Éireann verkehrt einmal täglich von Ballina nach Belmullet (16 €, 1½ Std.) und weiter nach Blacksod.

Pollatomish

150 EW.

Das hübsche abgelegene Dorf Pollatomish, manchmal auch Pullathomas geschrieben, schmiegt sich verschlafen in eine ruhige Bucht etwa 16 km östlich von Belmullet. Es ist auf der Straße nach Ballycastle (R314) ausgeschildert.

Wer hierherkommt, bleibt oftmals länger als ursprünglich geplant, um noch mehr Zeit an dem schönen **Sandstrand** zu verbringen oder bis zum **Benwee Head** zu wandern, der mit einer herrlichen Aussicht aufwartet.

Das **Kilcommon Lodge Holiday Hostel** (☎ 097-84621; www.kilcommonlodge.ie; Pollatomish; B/DZ ab 16/40 €, Abendessen 15 €; 📶) wird von Ciarán geführt, der Surfkurse, geführte Wanderungen und Klettertouren organisiert. Es verfügt über einen schönen Garten und eine Küche.

Ballycastle & Umgebung

240 EW.

Das schön gelegene Ballycastle besteht aus einer einzigen abschüssigen Straße. Hauptattraktion des Ortes (abgesehen von der atemberaubenden Küstenlandschaft) sind Megalithgräber, die man hier in so großer Zahl wie fast nirgendwo sonst in Europa findet.

Sehenswertes

★ Céide Fields ARCHÄOLOGISCHE STÄTTE
(☎ 096-43325; www.heritageireland.ie; abseits der R314; Erw./Kind 4/2 €; ⏲ Besucherzentrum Juni–Sept. 10–18 Uhr, Ostern–Mai & Okt. 10–17 Uhr, letzte Führung 1 Std. vor Schließung) Die Ruinen dieser kargen Stätte 8 km nordwestlich von Ballycastle gelten als größtes steinzeitliches Denkmal der Welt. Bisher wurden etwa ½ Mio. Tonnen Steine gefunden: mit Steinmauern umgebene Felder, Häuser und Megalithgräber, allesamt die Überreste einer 5000 Jahre alten Bauernsiedlung. Das **Besucherzentrum** in einer Glaspyramide mit

PROTEST GEGEN EINE PIPELINE

In den vergangenen Jahren hat der idyllische und entlegene Nordwestteil Mayos landesweit für Schlagzeilen gesorgt. Es geht um den geplanten Bau einer Hochdruck-Rohgasleitung, die zwischen dem Corrib-Gasfeld vor der Küste und einer Aufbereitungsanlage in Bellanaboy verlaufen soll.

Ortsansässige und Umweltaktivisten fürchten Gesundheits- und Sicherheitsrisiken sowie Umweltschäden und kämpften fast 15 Jahre gegen das Projekt.

2011 jedoch wurde die Pipeline genehmigt und 2015 war der Bau des 9 km langen Abschnitts nördlich von Mayo (bei Pollatomish trifft die Leitung auf die Küste) trotz anhaltender Proteste und gerichtlicher Klagen fast fertiggestellt.

Die Abneigung der Bewohner ist offensichtlich. „Shell Out!" ist nur eine der vielen Parolen auf zahlreichen Schildern in der Region.

Nähere Infos gibt's unter visit www.shelltosea.com und www.corribgaspipeline.ie.

ABSTECHER

AUSFLUG NACH KILLALA

Ein spektakulärer kurzer Abstecher von der Hauptstraße (R314) nach Killala führt über die Küstenstraße in nördlicher Richtung aus Ballycastle heraus zum **Downpatrick Head**. Dieser Küstenabschnitt gehört zu den landschaftlich spannendsten in Mayo und löst oft grenzenlose Begeisterung aus. Der schmale Weg zur Landspitze verläuft bis an die Küste.

Anschließend geht's weiter nach Osten und Süden mit der **Lackan Bay** zur Linken, bis man wieder auf die R314 stößt. Wer in umgekehrter Richtung fahren möchte, nimmt 4,5 km nordwestlich von Killala den Abzweig nach Kilcummin.

Blick über die Ausgrabungsstätte vermittelt ein faszinierendes Bild der damaligen Zeit. Es empfiehlt sich, an einer **Führung** teilzunehmen.

In den 1930er-Jahren stieß ein Einheimischer namens Patrick Caulfield, der im Moor grub, auf einen aufgeschichteten Steinhaufen. Erst weitere vier Jahrzehnte später, als sein Sohn Seamus mit der Erforschung des Gebiets begann, wurde allerdings wirklich klar, was dort lange unter dem Boden verborgen war. Bis heute dauern die Ausgrabungen an.

Ballinglen Art Foundation GALERIE

(☎096-43184; www.ballinglenartsfoundation.org; Main St; ⏲variieren) Künstler, die sich von der sensationellen Landschaft der Umgebung inspirieren lassen, können darauf hoffen, von dieser Stiftung gefördert zu werden. Die Galerie gegenüber dem Polke's lohnt einen Besuch.

Schlafen

★ **Stella Maris** HOTEL €€€

(☎096-43322; www.stellamarisireland.com; Ballycastle; Zi. 150–240 €; ⏲Ostern–Okt.; 📶) 2,5 km westlich von Ballycastle thront dieses Gebäude an einem einsamen Küstenstreifen. Ursprünglich war es eine Station der Küstenwache, später ein Nonnenkloster. Heute wartet es mit Zimmern voller antiker und stilvoll-moderner Möbel auf. Der Ausblick ist fantastisch. Abendessen wird auch serviert (40 €).

Essen & Ausgehen

Mary's Cottage Kitchen CAFÉ €

(Main St; Speisen ab 3 €; ⏲Mo–Fr 10–15, Sa bis 14 Uhr) Ein tolles Café für eine Pause während der Fahrt auf der R314. Hier gibt's guten Kaffee, frische Backwaren, Mittagessen und Köstlichkeiten aus Schokolade.

Polke's PUB

(☎096-43016; Main St; ⏲11–22 Uhr) Das perfekte Dorfpub. Die Wände sind mit Geschenken von Künstlern geschmückt, die hier zu Gast waren.

Killala & Umgebung

580 EW.

Killala ist ein hübsches Örtchen und vor allem wegen der nahe gelegenen gleichnamigen Bucht bekannt.

Angeblich wurde das Dorf vom hl. Patrick gegründet. Die Church of Ireland soll an der Stelle stehen, wo sich einst die erste christliche Kirche befand. Noch heute überragt der 25 m hohe **Rundturm** den Ort.

Sehenswertes & Aktivitäten

Rosserk Abbey HISTORISCHES GEBÄUDE

Diese Franziskanerabtei stammt aus der Mitte des 15. Jhs. und steht mit den Fundamenten fast im Wasser des Rosserk. Im Altarraum befindet sich ein auffälliges steinernes Taufbecken, das mit einem kunstvoll gestalteten Rundturm und Engeln verziert ist.

Das Kloster liegt 4 km südlich von Killala abseits der R314. Es ist im Ort ausgeschildert: einfach den Wegweisern 5 km über kleine Landstraßen folgen.

★ **Lackan Strand** STRAND

Der Strand der Lackan Bay ist herrlich lang, sodass hier jeder Besucher ein ungestörtes Plätzchen für sich findet. Zudem eignet er sich wunderbar zum Surfen. Man fährt auf der R314 hinter Killala ca. 4,5 km Richtung Nordwesten und biegt dann an dem Schild nach Kilcummin ab.

Lackan Trail WANDERN

Auf einer nicht allzu anstrengenden 8 km langen Rundwanderung entlang der schönen Lackan Bay entdeckt man uralte Ringfestungen und Megalithgräber. Der Pfad beginnt in Killala am Parkplatz der Kirche. Wer will, kann noch 3 km weiter wandern und einen weiten Blick über die Region genießen.

An- & Weiterreise

An Wochentagen verkehren zwischen Ballina und Killala (5 €, 20 Min.) drei Busse.

Ballina

10 900 EW.

Mayos drittgrößte Stadt ist für ihre reichhaltigen Lachsbestände bekannt. In der Fischfangsaison ziehen oft Scharen grün gekleideter Leute in Watthosen und mit Stangen in der Hand zum Fluss Moy, der direkt durch die Ortsmitte führt.

Ballina beherbergt ein ausgezeichnetes Museum und bietet sich für einen kurzen Zwischenstopp an.

Sehenswertes

Jackie Clarke Collection MUSEUM
(096-73508; www.clarkecollection.ie; Pearse St; April–Sept. Di–Sa 10–17 Uhr, Führungen 11.30 & 14.30 Uhr) GRATIS Jackie Clarke begann 1939 im Alter von zwölf Jahren Kunst zu sammeln. Ihm ist eine außergewöhnliche Sammlung von 100 000 Objekten aus 400 Jahren irischer Geschichte zu verdanken. Das wunderbare Museum, das sich in einem Bankgebäude aus dem Jahre 1881 befindet, steckt voller Überraschungen und hat einen schönen Garten mit Café.

Aktivitäten

In der Touristeninformation erhält man eine Liste mit den besten **Fischgründen** vor Ort sowie mit den Ansprechpartnern für einen Angelschein. Die Saison dauert von Februar bis September, aber die besten Monate zum Lachsfischen sind Juni, Juli und August.

Feste & Events

Ballina Salmon Festival KULTUR
(www.ballinasalmonfestival.ie) Auf dem Programm des beliebten fünftägigen Festivals im Juli stehen Paraden, Tänze, eine Kunstshow und Angelwettbewerbe.

Schlafen

Es gibt in Ballina ein paar schlichte B&Bs ganz in der Nähe des Ortszentrums und des Bahnhofs.

Ice House Hotel BOUTIQUE-HOTEL €€€
(096-23500; www.icehousehotel.ie; The Quay; Zi. ab 180 €;) Hauptattraktion dieses Hotels mit 32 Zimmern ist der Blick auf das nahe Mündungsgebiet des friedlichen Flusses Moy. Die Unterkunft besteht aus einem elegant restaurierten Gebäude mit einem sehr modernen Flügel. Sie liegt 2 km östlich vom Ortszentrum und in der Nähe einiger guter Uferpubs.

Mount Falcon Country House Hotel LUXUSHOTEL €€€
(096-74472; www.mountfalcon.com; Foxford Rd; Zi. ab 180 €;) 5 km südlich von Ballina versteckt sich dieses hübsche Herrenhaus aus den 1870er-Jahren auf einem 40 ha großen Gelände zwischen dem Lough Conn und dem Moy. Viele Zimmer der entzückenden Bleibe erinnern an glanzvolle Zeiten, doch im modernen Anbau gibt's auch zeitgenössisch eingerichtete Räume. Wer angeln möchte, kann das im hauseigenen exklusiven Bereich tun!

Essen

★ **Clarke's Seafood Delicatessen** FISCH & MEERESFRÜCHTE €
(www.clarkes.ie; O'Rahilly St; Speisen ab 5 €; Mo–Sa 9–18 Uhr) Das Clarke's serviert hausgeräucherten Lachs in vielen verschiedenen Varianten und bietet zudem alle möglichen kreativen Fischgerichte zum Mitnehmen für ein Picknick.

Market Kitchen MODERN IRISCH €€
(096-78538; www.marketkitchen.ie; Clare St; Hauptgerichte 8–25 €; Mi–Sa 15–21, So 13–21 Uhr) Aus der geschäftigen Küche über einem beliebten und guten Pub, dem **Murphy's Bros**, kommt das beste Essen in Ballina. Neben klassischer Kneipenkost gibt's großartigen lokalen Lachs sowie andere Fisch- und Meeresfrüchtegerichte. Das Lokal befindet sich im Zentrum, gleich östlich vom Fluss.

Praktische Informationen

Touristeninformation (096-70848; www.northmayo.ie; 41 Pearse St; April–Okt. Mo–Sa 10–17 Uhr) Im Ortszentrum.

An- & Weiterreise

BUS

Vom Busbahnhof in der Kevin Barry Street verkehrt Bus Éireann u. a. nach Westport (16 €, 1½–3 Std., 2-mal tgl.) und Sligo (17 €, 1½ Std., 1-mal tgl.).

ZUG

Der Bahnhof liegt in der Station Road an der südlichen Fortsetzung der Kevin Barry Street. Ballina befindet sich an einer Nebenstrecke der Hauptroute von Westport nach Dublin, deshalb muss man in der Station Manulla Junction umsteigen. Täglich fahren vier Züge nach Dublin (26 €, 3½ Std.).

Castlebar & Umgebung

12 300 EW.

Mayos Verwaltungssitz ist ein vom Verkehr verstopftes Einzelhandels- und Dienstleistungszentrum. Glücklicherweise liegen alle interessanten Sehenswürdigkeiten außerhalb der Innenstadt.

Sehenswertes

★ National Museum of Country Life MUSEUM
(094-903 1755; www.museum.ie; abseits der N5, Turlough Park; Di–Sa 10–17, So 14–17 Uhr) GRATIS Dieses weitläufige und sich ständig vergrößernde Museum mit einem schönen Café und einem Laden widmet sich den ländlichen Traditionen und Handwerkskünsten und ist eine Hommage an das couragierte irische Volk. Der Zweckbau 8 km nordöstlich von Castlebar ist eine Zweigstelle des National Museum of Ireland. Er befindet sich in der üppigen Anlage des Turlough Manor aus dem 19. Jh. mit Blick auf einen See. Das Themenspektrum reicht von der Bedeutung der Kartoffel bis zum Bootsbau, Kräuterkuren und traditioneller Kleidung. Im Fokus steht der Zeitraum von 1850 bis 1950.

Turlough Round Tower HISTORISCHES GEBÄUDE
(abseits der N5) Beim Anblick des Rundturms aus dem 9. Jh. mit einem einzigen hoch oben angebrachten Fenster denkt man sofort an Rapunzel. Das Gebäude thront nordöstlich des National Museum of Country Life auf einem Hügel neben einer Kirchenruine aus dem 18. Jh. und einem Friedhof.

Ballintubber Abbey KATHEDRALE
(094-903 0934; www.ballintubberabbey.ie; Ballintubber; 9–24 Uhr, Führungen Juli–Aug. 10–17 Uhr) GRATIS Dies ist die einzige von einem irischen König gegründete Kirche Irlands, die heute noch genutzt wird. 1216 wurde sie neben dem früheren Standort eines anderen Gotteshauses errichtet, das einst vom emsigen hl. Patrick erbaut wurde, nachdem dieser den Croagh Patrick heruntergeklettert war. 2016 sind anlässlich des Jahrestages größere Feierlichkeiten geplant.

Auf der N84 geht's südwärts und nach etwa 13 km an der Emo-Tankstelle Richtung Westen. Von dort sind es noch rund 2 km bis zur Abtei.

In der turbulenten Geschichte der Abtei gab es viele dramatische Ereignisse. So wurde sie von den Normannen niedergebrannt, von Jakob I. beschlagnahmt und von Heinrich VIII. unterdrückt. Das Dach des Kirchenschiffs wurde im Jahre 1653 von Cromwells Soldaten in Brand gesteckt und bis 1965 nicht restauriert.

Foxford Woollen Mill MÜHLE
(www.foxfordwoollenmills.ie; Foxford; Führungen gratis; Führungen April–Nov. Mo–Sa 10–17, So 12–17 Uhr) Nach der Hungersnot sollte die 1892 gegründete Mühle Foxford das Elend lindern und Foxfords Einwohnern zu dringend benötigter Arbeit und einem Einkommen verhelfen. Ihre Wollwaren genossen einen hervorragenden Ruf, doch 1987 wurde sie geschlossen. Heute wird sie von Einheimischen geführt und beschäftigt nur noch einen Bruchteil der Arbeiter, die hier früher einmal tätig waren. Neben vor Ort hergestellten Pullovern und Schals (unter 30 €) wird im Laden auch viel importierte Ware verkauft. Foxford liegt auf halbem Weg zwischen Ballina und Castlebar an der Kreuzung der N26 und N58.

Essen

★ Rua Deli & Café MODERN IRISH €€
(www.caferua.com; Spencer St, Castlebar; Hauptgerichte 7–14 €, Abendessen 40 €; Mo–Sa 9–18 Uhr;) In dem Feinkostladen und Café locken hochwertige Bioprodukte wie Käse aus Carrowholly, Räucherlachs aus Ballina und verführerisch zubereitete Delikatessen. Man kann sich hier wunderbar mit Zutaten für ein Picknick im nahegelegen Park eindecken. Die Möbel passen nicht zueinander, sind aber stilsicher arrangiert, und das Essen ist wunderbar frisch. Selbst der Kaffee zum Mitnehmen schmeckt lecker. In der New Antrim Street befindet sich eine zweite Filiale.

Anreise & Unterwegs vor Ort

BUS

Die Busse halten am Stephen Garvey Way. Bus Éireann bietet Verbindungen nach Westport (6 €, 20 Min., 7–10-mal tgl.) und Sligo (19 €, 2½ Std., 1-mal tgl.).

ZUG

Castlebar liegt an der Strecke zwischen Dublin (26 €, 3 Std.) und Westport (8 €, 20 Min.). In beide Richtungen fahren täglich fünf Züge. Der Bahnhof befindet sich etwas außerhalb der Stadt an der N84 Richtung Ballinrobe.

Knock

850 EW.

Knock war nicht viel mehr als ein heruntergewirtschaftetes Dorf, bis es eine göttliche Erscheinung im Jahre 1879 in einen der heiligsten Orte der katholischen Welt verwandelte. Der Knock Marian Shrine, eine bedeutende, große und recht moderne Pilgerstätte, hat eher einen spirituellen als physischen Reiz.

Gleich gegenüber befindet sich die **Touristeninformation** (☎ 094-938 8193; www.knock-shrine.ie; ⏲ 9–18 Uhr) mit geduldigen, hilfsbereiten Mitarbeitern. Vor Ort gibt's zudem etliche Souvenirstände.

Sehenswertes

Knock Marian Shrine HISTORISCHE STÄTTE

(⏲ Kapelle 9–21 Uhr) Diese sakrale Stätte im Ortskern besteht aus mehreren Kirchen und einem Museum. Anhänger vieler Glaubensrichtungen besuchen die moderne **Kapelle** mit einer in schneeweißen Marmor gemeißelten Darstellung der Erscheinung. Ein **Steinsegment** aus der ursprünglichen (und schon seit Langem zerstörten) Kirche an der Außenwand (rechts, wenn man auf die Szene der Erscheinung schaut) ist vom vielen Anfassen und den Küssen der Gläubigen schon ganz blank gerubbelt.

Dem Gründungsmythos Knocks zufolge hatten am Abend des 21. August 1879 zwei junge Frauen aus dem Dorf eine Erscheinung: Während es draußen in Strömen regnete, sahen sie Maria, Josef, Johannes und ein Opferlamm auf dem Altar ihrer Gemeindekirche, alle bestrahlt von einem weißen Licht am Südgiebel. Schon bald liefen 13 weitere Dorfbewohner herbei. Gemeinsam betrachteten sie fast zwei Stunden lang die himmlische Erscheinung, bis es allmählich dunkel wurde. Eine Untersuchung der Kirche bestätigte das Gesehene als Wunder, in der Folge kam es zu einer ganzen Flut von mysteriösen Ereignissen, die alle vom Vatikan für echt erklärt wurden. Dabei handelte es sich in erster Linie um erstaunliche Heilungen von Kranken und Behinderten, die diesen Ort aufgesucht hatten.

Neben der heiligen Kapelle steht die riesige, in den 1970er-Jahren erbaute **Basilica of Our Lady, Queen of Ireland**, in der über 10 000 Menschen Platz finden. In der Nähe befindet sich das kleine **Knock Museum** (Erw./Kind 4/3 €; ⏲ tgl. 10–18 Uhr), das die Geschichte von den ersten Zeugen, Wunderheilungen und wiederholten Untersuchungen der Kirche erzählt.

An- & Weiterreise

BUS

Busse fahren nach Westport (8 €, 1 Std., 1-mal tgl.) und Galway (12 €, 1½ Std., 10-mal tgl.).

FLUGZEUG

Ireland West Airport Knock (NOC; ☎ 094-936 8100; www.irelandwestairport.com; abseits der N17), 15 km nördlich gelegen, bietet vor allem Verbindungen nach Großbritannien. Die Website des Flughafens führt die Busverbindungen nach Westport und Galway auf.

COUNTY SLIGO

65 380 EW. / 1814 KM²

Sligo bietet neben seiner üppig grünen Landschaft erstaunlich viel Poesie, Folklore und Mythen und ist deshalb genau das Richtige für Irlandfans. Dies war die Region, die William Butler Yeats (1865–1939) am stärksten inspirierte. Die irische Mythologie faszinierte den Schriftsteller immer wieder. Er begeisterte sich für Orte wie den prähistorischen Carrowmore Megalithic Cemetery, den berühmten, gedrungenen Benbulben und die hübsche kleine Insel Innisfree.

Doch Sligo zeigt sich nicht nur von seiner beschaulichen Seite. Die Provinz überzeugt mit einer lebendigen, kreativen gastronomischen Szene und die hiesigen Wellen locken eine internationale Surfergemeinde an die Küste.

Sligo (Stadt)

19 500 EW.

Mit einladenden Schaufenstern gesäumte Fußgängerzonen, Steinbrücken über den Garavogue, Pubs, aus denen der Lärm von *céilidh*-Sessions bis auf die Straße dringt, und als Kontrast dazu hier und dort moderne Kunst und hohe Glastürme – das ist Sligo. Die Stadt dient darüber hinaus als gute, unkomplizierte Basis für Erkundungen im Land von Yeats.

Sehenswertes & Aktivitäten

Sligo Abbey HISTORISCHES GEBÄUDE

(www.heritageireland.ie; Abbey St; Erw./Kind 4/2 €; ⏲ Ostern–Mitte Okt. 10–18 Uhr) Ursprünglich wurde die schöne Abtei um 1252 errichtet, allerdings brannte sie im 15. Jh. ab und wurde später neu aufgebaut. Einflussreiche Gönner retteten sie vor den schlimmsten

Sligo (Stadt)

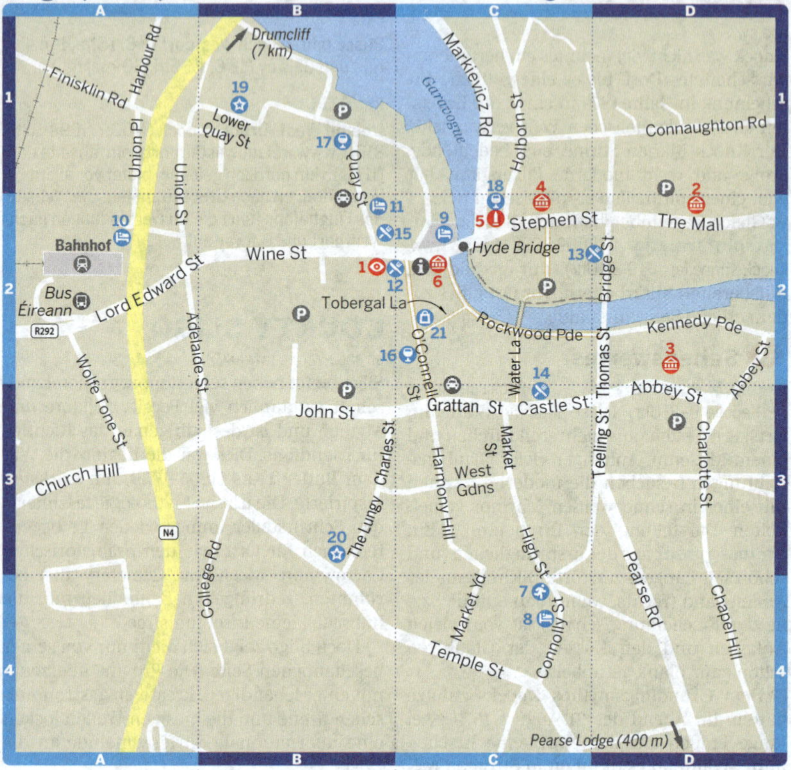

Übergriffen in der elisabethanischen Zeit und brachten den geschnitzten Altar in Sicherheit, der als Einziges die Reformation überdauern sollte. Die Eingänge auf der Rückseite sind ungewöhnlich niedrig, was an den Massengräbern aus den Jahren der Hungersnot und des Kriegs liegt, die den Boden stark angehoben haben.

Model KUNSTMUSEUM
(071-914 1405; www.themodel.ie; The Mall; Eintritt variabel; Di–Sa 10–17.30, So 12–17 Uhr) Dieses Museum gehört zu den führenden zeitgenössischen Kunstzentren des Landes. Es wartet mit einer beeindruckenden Sammlung moderner irischer Werke auf, darunter Arbeiten von Jack B. Yeats (der Bruder von W. B. Yeats und einer der bedeutendsten irischen Künstler) sowie Louis le Brocquy. Außerdem bietet es Platz für Sonderausstellungen. Auf dem Veranstaltungsprogramm stehen experimentelles Theater, Musik und Filme, und ein gutes Café gibt's ebenfalls.

Sligo County Museum MUSEUM
(071-911 1679; Stephen St; ganzjährig Di–Sa 9.30–12.30 Uhr, Mai–Sept. Di–Sa 14–16.45 Uhr) GRATIS Die Hauptattraktion des Regionalmuseums ist der W.-B.-Yeats-Raum mit Fotos, Briefen und Zeitungsausschnitten sowie Zeichnungen von Jack B. Yeats.

Yeats Memorial Building MUSEUM
(071-914 2693; www.yeatssociety.com; Hyde Bridge; Erw./Kind 2 €/frei; Mo–Fr 10–17, Sa bis 14 Uhr) In schöner Lage zeigt die **W. B. Yeats Exhibition** in einer ehemaligen Bank von 1895 Erinnerungsstücke aus dem Leben des Künstlers sowie Skizzen und Entwürfe. Während der Sommermonate wird ein spezielles Programm veranstaltet. An den Tischen draußen vor dem Café genießt man einen schönen Blick auf den Fluss.

W.-B.-Yeats-Statue DENKMAL
(nahe der Hyde Bridge) Vor der Ulster Bank, einem Gebäude, das Yeats bewunderte, steht dieses 1989 errichtete viel diskutierte Denk-

Sligo (Stadt)

mal. Es bleibt jedem Betrachter selbst überlassen, ob man dem hier beliebten Spruch *the wank at the bank* (der Wichser an der Bank) zustimmt.

Chain Driven Cycles FAHRRADVERLEIH
(☎071-912 9008; www.chaindrivencycles.com; 23 High St; 20 € pro Tag; ⊙Mo–Sa 10–18 Uhr) Hier kann man Mountain-, Elektro- und Stadträder leihen. Helme sind im Preis inbegriffen.

Feste & Events

In der Hauptsaison wird in Sligo fast jedes Wochenende irgendein Fest gefeiert.

Tread Softly KULTUR
(www.treadsoftly.ie) Yeats wird Ende Juli zehn Tage lang im Rahmen von Sligos „Season of Yeats" mit einer ganzen Reihe von Events als lokale Ikone gefeiert.

Sligo Live KULTUR
(www.sligolive.ie) Das fünftägige Musikfestival Ende Oktober ist Sligos größtes kulturelles Event.

Schlafen

In der Pearse Road reihen sich zahlreiche B&Bs aneinander.

★ **An Crúiscin Lan** PENSION €
(☎071-916 2857; www.bandbsligo.ie; Connolly St; EZ/DZ ab 40/70 €; 📶) Die zentrale Lage ist ein gutes Argument für dieses einfache, aber gastfreundliche Haus. Einige der zehn Zimmer teilen sich Gemeinschaftsbäder. Der freundliche Besitzer hat den Laden fest im Griff; Junggesellenpartys sind nicht erlaubt.

Railway Hostel HOSTEL €
(☎087 690 5539; www.therailway.ie; 1 Union Pl; B ab 18 €, EZ/DZ ab 25/44 €; 📶) Das freundliche Hostel in einem historischen Gebäude in Bahnhofsnähe überzeugt durch erfreulich günstige Preise. Wer nach 21 Uhr eincheckt, muss eine Zusatzgebühr zahlen. Es gibt keine Stockbetten. Gemeinschaftsbäder.

Sligo City Hotel HOTEL €€
(☎071-914 4000; www.sligocityhotel.com; Quay St; Zi. 65–90 €; 📶) Besser könnte das vor Kurzem renovierte vierstöckige Hotel nicht liegen. Alle 60 Zimmer weisen eine einheitliche einfache Farbgestaltung auf. Das Frühstück ist nicht im Preis enthalten.

Pearse Lodge B&B €€
(☎071-916 1090; www.pearselodge.com; Pearse Rd; EZ/DZ ab 50/80 €; @📶) Mary und Kieron, die gastfreundlichen Besitzer des B&Bs 700 m südwestlich des Zentrums, vermieten vier stilvolle Zimmer mit Hartholzböden. Auf der Frühstückskarte stehen Räucherlachs, Arme Ritter mit Bananen und hausgemachtes Müsli. Vom lichtdurchfluteten Wohnzimmer blickt man auf einen Garten.

Glass House HOTEL €€
(☎071-919 4300; www.theglasshouse.ie; Swan Point; EZ/DZ ab 80/100 €; @📶) Dank seiner spitzen, zum Himmel weisenden Glasfassade kann man das futuristisch anmutende Gebäude im Stadtzentrum gar nicht übersehen. Vom Essbereich des Hotels genießt man einen schönen Blick auf den Fluss. Die 116 Zimmer sind in psychedelischen Farben gestylt.

Essen

Sligo wartet mit einigen kreativen Restaurants auf, die sich auf die Verwendung lokaler Produkte verstehen. Pubs wie das Hargadons (S. 448) sind ebenfalls sehr empfehlenswert.

★ **Fabio's** EISCREME €
(Wine St; Portionen ab 2 €; ⊙Di–Sa 11–18, So 13–18 Uhr) Fabio wird als lokaler Held gehan-

delt, denn er macht angeblich das beste italienische Eis und die besten Sorbets in ganz Irland. Für die ständig wechselnden Sorten verwendet er vorwiegend natürliche Zutaten aus der Region. Auch der Kaffee ist gut.

★ Lyons Café MODERN EUROPÄISCH €
(☎ 071-914 2969; www.lyonscafe.com; Quay St; Hauptgerichte 7–15 €; ⊙ Mo–Sa 9–18 Uhr) Bereits 1878 wurde Sligos führendes Warenhaus, das Lyons, eröffnet – mit originalen Buntglasfenstern und knarrenden Holzfußböden – und nimmt seit 1923 immer mehr an Beliebtheit zu. Das luftige Café im ersten Stock ist alles andere als altmodisch. Hier kredenzt der bekannte Koch (und Kochbuchautor) Gary Stafford frische, saisonale Gerichte, die so kreativ wie zwanglos sind.

Kate's Kitchen CAFÉ €
(www.kateskitchen.ie; Castle St; Hauptgerichte ab 6 €; ⊙ Mo–Sa 9–18 Uhr) In diesem hübschen modernen Café mit Laden werden nur die besten lokalen Lebensmittel verkauft. Man bekommt alles, was für ein erstklassiges Picknick nötig ist. Außerdem gibt's eine große Auswahl an Mittagsgerichten.

Gourmet Parlour CAFÉ €
(☎ 071-914 4617; www.gourmetparlour.com; Bridge St; Hauptgerichte 4–12 €; ⊙ Mo–Sa 8–17 Uhr) Tolles, einfaches Essen bietet die Bäckerei mit Café. Die Sandwiches, Torten, warmen Mittagsgerichte und vieles andere sind großartig. Zahlreiche Gäste schwärmen von der Apfeltorte. Auch wenn man eigentlich nur einen Kaffee trinken möchte, wird man wahrscheinlich den verführerischen Leckereien nicht widerstehen können.

Ausgehen & Nachtleben

Sligo trumpft mit einigen der besten Locations im Nordwesten Irlands und spontanen Musiksessions auf.

★ Hargadons PUB
(☎ 071-915 3709; www.hargadons.com; 4–5 O'Connell St; ⊙ Küche Mo–Sa 12–21 Uhr) Es ist verdammt schwer, dieses wunderbare 1864 eröffnete, traditionell eingerichtete Pub wieder zu verlassen. Ein schiefer Steinfußboden, ein Torffeuer, uralte Schilder, behagliche Ecken und Regale voller uralter Flaschen verleihen dem Hargadons einen wunderbaren Charme. Darüber hinaus genießt die preisgünstige, hochwertige Küche (Hauptgerichte 8–29 €), die lokale Zutaten wie Austern mit kontinentalem Flair kombiniert, einen guten Ruf.

Auch der Service ist hervorragend. Die Karte wechselt je nach Saison. Viele Weine stammen vom französischen Weingut des Pubs. Reservieren kann man nicht, darum sollte man etwas Wartezeit einplanen, während der man schon mal ein paar gute Mikrobiere genießen kann. An manchen Abenden gibt's traditionelle Livemusik.

Harp Tavern PUB
(☎ 071-914 2473; Quay St; ⊙ 11 Uhr–open end) Rundum gutes Pub mit einer herzlichen, warmen Atmosphäre und guter Kneipenkost sowohl tagsüber als auch abends. Regelmäßige Sessions mit traditioneller Musik.

Thomas Connolly PUB
(Holborn St; ⊙ 11 Uhr–open end) Zahlreiche verblichene Fotos und Zeitungsausschnitte sowie alte Spiegel und Geschäftsbücher zieren die Wände der altmodischen Kneipe.

Unterhaltung

Hawk's Well Theatre THEATER
(☎ 071-916 1518; www.hawkswell.com; Temple St) Konzerte, Tanzdarbietungen und Theaterstücke.

Blue Raincoat Theatre Company THEATER
(☎ 071-917 0431; www.blueraincoat.com; Lower Quay St) Das einstige Schweineschlachthaus dient als Sitz der innovativen professionellen Theatergruppe Blue Raincoat, die hier u. a. eigene Produktionen und im Sommer auch Werke von Yeats zeigt.

Shoppen

★ Liber Bookshop BÜCHER
(☎ 071-914 2219; www.liber.ie; 35 O'Connell St; ⊙ Mo–Sa 9–18 Uhr) Seit über 80 Jahren wird dieser fantastische Buchladen von derselben Familie betrieben. Hier bekommt man auch Empfehlungen zu den besten lokalen Autoren.

Praktische Informationen

Touristeninformation (☎ 071-916 1201; www.sligotourism.ie; Ecke O'Connell & Wine Sts; ⊙ ganzjährig Mo–Dr 10–17 Uhr, April–Sept. Sa 10–16 Uhr, Juli & Aug. auch So 10–14 Uhr) Bietet Infos über den gesamten Nordwesten Irlands und viel Wissenwertes für Wanderer.

An- & Weiterreise

BUS

Bus Éireann (☎ 071-916 0066; www.buseireann.ie; Lord Edward St) fährt vom unterhalb des Bahnhofs in der Lord Edward Street gelegenen

NICHT VERSÄUMEN

MICHAEL QUIRKE: DER HOLZSCHNITZER AUS DER WINE STREET

Die unauffällige Werkstadt des Holzschnitzers und Geschichtenerzählers **Michael Quirke** (☎071-914 2624; Wine St, Sligo (Stadt); ⏲in der Regel Mo–Sa 9.30–12.30 & 15–17.30 Uhr) ist vom Geruch gefällter Hölzer und von Ahornholzresten erfüllt. Quirke übt sein Handwerk bereits seit 1968 aus. Er arbeitet heute noch mit derselben Säge, die er hier früher als Fleischer benutzte.

Viele seiner Objekte sind wie die Werke eines Yeats aus der heutigen Zeit von der irischen Mythologie inspiriert, über die er begeistert und kompetent zu erzählen weiß. Während seiner Arbeit plaudert Quirke gerne mit Kunden und neugierigen Besuchern, die manchmal stundenlang in seinem Laden bleiben.

Beim Erzählen holt er oft eine Karte der Grafschaft heraus und zeigt einem die Orte, über die er gerade spricht, z. B. sein geliebtes Carrowmore. So regt er seine Besucher zu einer eigenen Reise durch seine Heimat an. Falls er einen nach seinem Lieblingstier fragt, sollte man sich die Antwort gut überlegen, denn es ist nicht unwahrscheinlich, dass er schnell eine Version des genannten Tieres schnitzt und dabei ausruft; „Wer enthüllt die geheimen Formen, die im Holz versteckt sind? Wer, wenn nicht ich?"

Busbahnhof nach Ballina (18 €, 1½ Std., 1–4-mal tgl.), Westport (23 €, 2¾ Std., 1-mal tgl.) und Donegal-Stadt (16 €, 1 Std., 6-mal tgl.).

ZUG

Züge nach Dublin (35 €, 3 Std., 7-mal tgl.) verkehren über Boyle, Carrick-on-Shannon und Mullingar.

Unterwegs vor Ort

Taxistände findet man in der Quay Street und in der Grattan Street.

Rund um Sligo (Stadt)

Rosses Point

830 EW.

Dieser malerische Badeort lockt mit Grasdünen, die sich rund um den goldenen Strand erstrecken. In der Ferne ragt Sligos bekanntestes Wahrzeichen, der Benbulben (525 m) auf. Vor der Küste weist der sonderbare und kecke **Metal Man** (Standbild eines Seemanns aus Eisen) den Weg in den Hafen. Von Weitem sieht man die autofreien Inseln **Coney Island** und **Oyster Island**.

Rosses Point hat zwei herrliche **Strände** und einen der anspruchsvollsten Golfplätze Irlands, den **County Sligo Golf Course** (☎071-917 7171; www.countysligogolfclub.ie; Golfplatzgebühren 125 €; ⏲April–Okt.). Dank seiner toller Lage am Atlantik und im Schatten des Benbulben ist er vermutlich außerdem der malerischste Platz des Landes. Dementsprechend zieht er Sportler aus aller Welt an.

Harry's Bar (☎071-917 7173; www.harrysrosses point.com; Rosses Point; Hauptgerichte 12–25 €; ⏲Küche Di–Sa 11–21 Uhr; 📶) – auf der rechten Seite, wenn man in den Ort kommt – wartet mit einem historischen Brunnen, einem Aquarium und allerlei maritimem Schnickschnack auf. Sie wird seit 1870 von derselben Familie geführt und bietet gutes, traditionelles Essen.

Rosses Point liegt 8 km nordwestlich von Sligo-Stadt an der R291. Zwischen den beiden Orten verkehren regelmäßig Busse (4 €, stündlich).

Carrowmore

Mit zunehmendem Wissen über den steinzeitlichen Friedhof Carrowmore wächst auch das Verständnis für seine Rolle als spirituelle Verbindung zu anderen Stätten in Sligo, darunter Knocknarea Cairn.

Sehenswertes

★ **Carrowmore Megalithic Cemetery** ARCHÄOLOGISCHE STÄTTE
(☎071-916 1534; www.heritageireland.ie; Erw./Kind 4/2 €; ⏲Ostern–Mitte Okt. 10–18 Uhr, letzter Einlass um 17 Uhr) Einer der größten steinzeitlichen Friedhöfe Europas hat sich verdientermaßen einen tollen Ruf erworben. Besucher von Sligo sollten diese Attraktion keinesfalls verpassen.

Etwa 60 Monumente, darunter Steinkreise, Ganggräber und Dolmen, schmücken die sanft geschwungenen Hügel der geheimnisvollen Stätte, die vermutlich 700 Jahre älter ist als Newgrange im County Meath. Zwar wurden zahlreiche Steine im Laufe der Jahrhunderte zerstört, aber bei den fortschreitenden Ausgrabungsarbeiten stoßen die Archäologen auf dem öffentlichen und dem benachbarten privaten Gelände immer wieder auf Gräber.

Ständig kommen weitere spektakuläre Details ans Tageslicht, die etwas über die Wichtigkeit von Carrowmore aussagen. Beispielsweise ist höchst bedeutsam, wie die vielen Elemente zu den Hügeln und Bergen der Umgebung ausgerichtet sind. Die Fundplätze sind nummeriert und es stellte sich heraus, dass die Stätte 51 immer am 31. Oktober (Halloween) direkt von der Sonne beschienen wird. Eine Menge Leute behaupten, hier starke Kräfte zu spüren. Dementsprechend trifft man vor Ort mit hoher Wahrscheinlichkeit ein paar spirituelle Pilger.

Ursprünglich waren die sorgsam aufgestapelten Dolmen mit Steinen und Erde bedeckt, daher ist es nicht ganz einfach, sich auszumalen, wie das 2,5 km breite Gelände einmal ausgesehen haben mag. Um Besuchern einen Einblick in die damals benutzten Materialien und Methoden zu geben, wurde ein großes zentrales Steingrab rekonstruiert. Die Mitarbeiter des Infozentrums erzählen einem gern mehr darüber und geben außerdem zu den aktuellen Entdeckungen Auskunft.

Von Sligo-Stadt folgt man der R292 etwa 4 km Richtung Westen und richtet sich dann der Beschilderung.

Knocknarea Cairn HISTORISCHE STÄTTE

Sligos berühmtestes Steingrab liegt auf dem Knocknarea. Angeblich handelt es sich um das Grab der legendären Königin Maeve (oder Königin Mab, wie sie in walisischen und englischen Erzählungen heißt). Allerdings sind die 40 000 t Steine nie genauer untersucht worden, obwohl spekuliert wird, dass sich darunter eine ähnlich spektakuläre Grabkammer wie in Newgrange befinden könnte.

Der Steinhaufen erhebt sich auf einem Kalksteinplateau (328 m). Zu ihm führt ein 45-minütiger Fußweg (1,2 km). Oben angekommen, wird man mit einer atemberaubenden Aussicht auf den Benbulben, Rosses Point und den Atlantik belohnt.

Das Steingrab scheint einem ständig über die Schulter zu schauen, wenn man es wagt, ihm zu nahe zu treten. Viele Menschen sind der Meinung, das Gestein sei mit Absicht wie eine riesige Brustwarze geformt, was noch deutlicher zu sehen ist, wenn man die gesamte Stätte von Carrowmore aus betrachtet. Leute, die an eine tiefere Bedeutung solcher Plätze glauben, sagen, man könne unschwer die Form einer liegenden Frau oder Göttin erkennen.

Der Parkplatz befindet sich nahe der R292 und das Steingrab liegt 2 km nordwestlich von Carrowmore: Vom Steinzeitfriedhof aus geht's entlang der Straße in Richtung Westen, dann biegt man an einer Kirche rechts ab und folgt nun der Beschilderung.

Strandhill

1650 EW.

Die großartigen Wellen des Atlantiks, die sich vor Strandhill auftürmen, machen den langen rotgoldenen Strand der Ortschaft zu einem Mekka für Surfer.

Aktivitäten

Zum Schwimmen ist die Brandung zwar zu stark, aber sowohl nach Norden als auch nach Süden lassen sich herrlich lange und erfrischende **Wanderungen** am Strand und in den Dünen unternehmen. Dabei genießt man einen tollen Blick auf die beeindruckenden Wellen.

Perfect Day Surf & SUP School SURFEN

(☎ 087 202 9399; www.perfectdaysurfing.com; Airport Rd; Kurse Erw./Kind ab 30/20 €; ⏲ April–Okt.) Leihausrüstung, Surfunterricht und Stand-up-Paddleboard-Kurse. Meistens parkt der gelbe Transporter des Veranstalters am Strand an der Shore Road.

Strandhill Surf School SURFEN

(☎ 071-916 8483; www.strandhillsurf.eu; Beach Front; Kurse Erw./Kind ab 30/20 €; ⏲ April–Okt.) Ausrüstungsverleih und Kurse. Die Live-Surfkameras auf der Website sind faszinierend.

Voya Seaweed Baths SPA

(☎ 071-916 8686; www.voyaseaweedbaths.com; Shore Rd; Bäder ab 25 €; ⏲ 10–20 Uhr) In diesem Spa direkt am Strand kann man sich ganz in Algen versenken. Auf Nachfrage ist es auch möglich, sein Bad mit jemandem zu teilen.

Schlafen

Unterkünfte gibt's direkt am Geschehen unten an der Küste oder oben 1 km auf dem Hügel entlang der Top Road (R292), eventuell mit einem schönen Ausblick.

Surf & Stay Lodge & Hostel LODGE €

(☎ 071-916 8313; www.surfnstay.ie; Shore Rd; B ab 20 €, EZ/DZ ab 35/50 €; 📶) An dem offenen Feuer im Gemeinschaftsraum des 34-Betten-

WILLIAM BUTLER YEATS & DIE IRISCHE MYTHOLOGIE

W. B. Yeats erzählte gern, er habe 1889 im Alter von 24 „die meisten, wenn nicht alle irischen Volksmärchen gelesen". Vermutlich stimmt das, denn seine Werke, egal ob Lyrik, Prosa oder Theaterstücke, sind eine Hommage an die keltischen Mythen und Legenden. Auch Yeats' Liebe zum County Sligo passt dazu, denn dies ist die Heimat antiker keltischer Stätten wie Carrowmore (S. 449). Der Steinzeitfriedhof birgt althergebrachte Geheimnisse und Wahrheiten, von denen viele noch heute nicht entdeckt sind.

Yeats glaubte fest daran, dass sich die Iren von der Dominanz der Engländer befreien und sich ihre eigene, rein irische Identität erschaffen könnten, indem sie die antiken keltischen Mythen zelebrieren, die noch bis heute im ganzen Land nacherzählt werden. Ein Meilenstein dafür war das Buch *Fairy and Folk Tales of the Irish Peasantry*, an dem der Autor 1888 mitarbeitete. Vier Jahre später verfasste er die *Irish Fairy Tales* für Kinder. In beiden Büchern hielt er zahlreiche der bekanntesten irischen Mythen, Charaktere und Sagen fest, die heute zum Volksgut zählen, darunter:

Fairies (Feen) Da Yeats sehr an Okkultes glaubte, fiel es ihm leicht, seine Ansichten mit dem bei den Menschen vom Land weitverbreiteten Glauben an das Feenvolk zu vereinbaren. Er schrieb den winzigen Wesen alle möglichen Eigenschaften zu (wobei sie fast immer schelmisch sind) und teilte sie grob in Gut und Böse auf. In *The Land of Heart's Desire* schrieb er:

Feen, kommt und entführt mich aus dieser stumpfsinnigen Welt,
Dann würde ich mit euch auf dem Wind reiten,
Über die brandende Flut laufen,
Und wie eine Flamme auf den Bergen tanzen.

Leprechauns (Kobolde) Diese einzelgängerischen Mitglieder der viel größeren Feenfamilie bezeichnete Yeats als „schlampige, krumme, höhnische und bösartige Phantome" und als „großartige pragmatisch veranlagte Witzbolde". Anders als die grün gekleideten heutigen Kobolde der Geschenkshops tragen die *leprechauns* von Yeats rote Jacken und sind unendlich geizig.

Banshees (Geisterfrauen) Typischerweise handelt es sich hierbei um Frauen unterschiedlichen Alters, die süß oder alt und schrullig sein können. Sie tauchen weinend auf, bevor jemand stirbt. Lange Zeit waren sie gefürchtet, aber Yeats betrachtete sie wohlwollender und schrieb: „Wer mit einer Todesfee plaudert, wird feststellen, dass sie gutherzig ist.".

Yeats ließ sich meist von keltischen Mythen inspirieren und schrieb auch eine Menge über die alten irischen Götter, z. B. Aengus, den irischen Gott der Liebe, und Cuchulain, einen großen irischen Krieger in der Art des Herkules. In dem Gedicht *Cuchulain Comforted* (1939) verbindet er den Mythos mit einer typischen irischen Eigenschaft und formulierte: „Nun sollen wir singen und wir singen so gut wie wir können."

Hostels in Strandnähe hängen jede Menge Surfer rum. Die kleinen komfortablen Zimmer im zugehörigen Nachbarhaus ähneln denen eines B&Bs. Einige teilen sich Gemeinschaftsbäder. Der Strand ist in der Nähe und auf dem Gelände befindet sich auch eine Surfschule.

Ocean Wave Lodge B&B €

(☎071-916 8115; www.oceanwavelodge.com; Top Rd/R292; B/EZ/DZ ab 20/40/50 €; 📶) Das große moderne Haus oberhalb vom Strand hat minimalistisch gestaltete, aber komfortable Zimmer. Frühstück ist im Preis inbegriffen, außerdem können Gäste die Selbstversorgerküche und den großen Aufenthaltsbereich nutzen.

Strandhill Lodge & Suites PENSION €€

(☎071-912 2122; www.strandhilllodgeandsuites.com; Top Rd/R292; EZ/DZ ab 90/100 €; 📶) Diese hervorragende Pension oben auf dem Hügel verfügt über 22 helle, geräumige Zimmer mit Kingsizebetten, stylish-neutraler Einrichtung und hochwertigem Design. Die Zimmer sind unterschiedlich groß, aber die meisten bieten einen herrlichen Blick aufs Meer und Terrassen oder Balkone.

Essen & Ausgehen

★ **Shells** CAFÉ €

(☎071-912 2938; www.shellscafe.com; Shore Rd; Hauptgerichte ab 6 €; ⏲9–19 Uhr; 👪) Auf der Terrasse des lebhaften kleinen Cafés direkt

1

OLIVER STREWE/GETTY IMAGES ©

1. W.B.-Yeats-Statue von Ronan Gillespie (S. 446) **2.** Sonnenuntergang über dem River Moy **3.** Strandhill (S. 450) **4.** Wasserfall, Lough Glencar (S. 457)

3

GARETH MCCORMACK/GETTY IMAGES ©

Auf den Spuren von W.B. Yeats

Bereits in jungen Jahren wurde der Nobelpreisträger, Dichter und Stückeschreiber William Butler Yeats (1865–1939) von den üppig grünen Hügeln, den alten Denkmälern und dem Alltag auf dem Land im County Sligo inspiriert. Einen Großteil seines Lebens verbrachte er im Ausland, kehrte aber regelmäßig nach Irland zurück, weil er die Seen, den Anblick des Benbulben und die idyllischen Weiden so liebte.

Inspiration für Yeats

Sligo ist reich gesegnet mit prähistorischen Stätten, außerdem haben hier Mythen und Folklore Tradition. All dies beeinflusste Yeats' Arbeit. Wer mag, kann die Lieblingsorte des Schriftstellers besuchen, beispielsweise den Wasserfall in Glencar, der in „Das gestohlene Kind" erwähnt wird, oder auch Innisfree Island und Dooney Rock.

Im Gedenken an Yeats

Jedes Jahr wird Yeats zehn Tage lang mit dem „Tread Softly"-Teil des jährlichen „Seasons of Yeats"-Festivals in Sligo gedacht. Mehrere Ausstellungen in der Stadt vermitteln einen Eindruck seines Lebens und seiner Arbeit.

HIGHLIGHTS

- **Innisfree** Die keine Insel auf Lough Gill ist Schauplatz von Yeats' Gedicht „Die Seeinsel von Innisfree, das mit der berühmte Zeile „Ich steh jetzt auf und gehe nach Innisfree sofort" beginnt.
- **Benbulben** Über dem Yeats-Memorial thront dieser unwirtliche Berg.
- **Drumcliff** Lange glaubte man, dass Yeats in dieser kleinen Dorfkirche begraben lag, zusammen mit seiner jungen Braut Georgie Hyde-Lee.
- **Sligo County Museum** Kleines Museum über Yeats Arbeit und Leben.
- **Yeats Memorial Building** Mitten im Herzen der Stadt Sligo sind Yeats' Manuskripte und vieles mehr ausgestellt.

am Strand kann man sich von den Wellen begeistern lassen. Die Blumen auf den Tischen und die Kräuter im Essen stammen aus dem Garten des Besitzers. Das Gebäck ist hervorragend, der Kaffee auch. Es gibt ein wunderbares Frühstück und mittags Salate, Fischsuppe, Burger sowie tolle Fish 'n' Chips.

★ Trá Bán MODERN IRISCH €€
(☎ 071-912 8402; www.trabansligo.ie; Shore Rd; Hauptgerichte 16–25 €; ⏲ Di–so 17–21.30 Uhr; 🚸) In dem zu Recht beliebten Restaurant im ersten Stock über der Strand Bar stehen ausgezeichnete Pasta, Steaks und Meeresfrüchte auf der Karte. Die Krebsvorspeise ist der reinste Genuss. Das Lokal zeichnet sich durch eine entspannte Atmosphäre aus und wird gern von einheimischen Familien besucht, die etwas zu feiern haben. Unbedingt reservieren.

Strand Bar PUB
(☎ 071-916 8140; Shore Rd; ⏲ 11 Uhr–open end) Surfer, Einheimische und Touristen drängen sich in den Nischen und Eckchen dieses geselligen Pubs oder lauschen auf der Terrasse davor der Brandung. Es gibt Kneipenkost und an den Wochenenden Livemusik.

An- & Weiterreise

Strandhill liegt 8 km westlich von Sligo (Stadt) in der Nähe der R292. Von Sligo-Stadt fahren regelmäßig Lokalbusse her (4 €, stdl.).

Südlich von Sligo (Stadt)

Carrowkeel

Carrowkeel Megalithic Cemetery HISTORISCHE STÄTTE
Wer von den Bricklieve Mountains aus aufs Land hinunterschaut, wird sich wahrscheinlich nicht wundern, dass diese Bergkuppe in prähistorischer Zeit als heilig galt. Die windumtoste einsame Stätte ist zugleich furchteinflößend und erhebend. Hier gibt's nur ein paar Schafe (man fährt durch ein Schafgatter) und ansonsten unberührte und spektakuläre Natur. Zum Friedhof, der in die späte Steinzeit datiert wird (3000–2000 v. Chr.), gehören 14 Hügelgräber, Dolmen und verstreute Überreste anderer Ruhestätten.

Allein der weite Blick über Süd-Sligo vom Parkplatz aus lohnt die Anfahrt. Zur ersten antiken Stätte, Cairn G, ist es 1 km Fußweg. Die Öffnung im Dach über dem Eingang ist so ausgerichtet, dass zur Sommersonnenwende bei Sonnenuntergang Licht in die innere Kammer fällt. Mit der einzigen anderen bekannten Dachöffnung dieser Art in Irland kann nur Newgrange im County Meath aufwarten. Die Hügel ringsum sind voller sichtbarer Zeugnisse des frühzeitlichen Lebens, darunter 140 Steinkreise. Dabei handelt es sich um die Überreste der Fundamente eines großen Dorfes, in dem vermutlich die Erbauer der Gräber wohnten.

Carrowkeel liegt näher an Boyle als an Sligo. Von der R295 im Westen oder der N4 im Osten sind es ca. 5 km. Einfach der Beschilderung folgen.

Ballymote & Umgebung

1600 EW.

Dieser hübsche kleine Ort lohnt einen Abstecher, wenn man sich mit der irischen Kultur und Geschichte beschäftigen möchte.

Sehenswertes

Ballymote Castle RUINEN
(Tubbercurry Rd/R296) Die riesige Ruine des Ballymote Castle gegenüber dem Bahnhof gäbe für jeden Sandburgenbauer ein tolles Modell ab. Von der im 14. Jh. errichteten Festungsschanze mit den eindrucksvollen Rundtürmen marschierte Red Hugh O'Donnell 1601 in die Schlacht von Kinsale und damit in sein Verderben.

Coleman Irish Music Centre KULTURZENTRUM
(☎ 071-918 2599; www.colemanirishmusic.com; Gurteen; ⏲ Mo–Sa 10–17 Uhr) 12 km südlich von Ballymote im kleinen Dorf Gurteen an der R293 bietet dieses Musikzentrum eine Ausstellung über multimediale Musik, Workshops und Vorführungen. Im Laden auf dem Gelände kann man seine Musiksammlung ergänzen sowie Instrumente und Noten kaufen.

Aughris Head

Ein 5 km langer **Wanderweg** folgt den Klippen um den entlegenen Aughris Head, in dessen Bucht oft Delfine und Seehunde zu sehen sind. Vogelfreunde sollten unterwegs nach Dreizehenmöwen, Eissturmvögeln, Lummen, Krähenscharben, Sturmschwalben und Brachvögeln Ausschau halten.

Schlafen & Essen

Beach Bar FISCH & MEERESFRÜCHTE €€
(☎ 071-917 6465; www.thebeachbarsligo.com; Aughris Head; Hauptgerichte 10–25 €, Stellplatz Zelt/

Wohnmobil ab 10/20 €, EZ/DZ ab 45/70 €; ⏲ im Sommer Küche tgl. 13–20 Uhr, im Winter Fr–So; 📶) In geschützter Lage am Meer gleich beim Klippenwanderweg wartet die Beach Bar in einem strohgedeckten Cottage aus dem 17. Jh. mit tollen traditioneller Livemusiksessions auf und serviert zudem großartige Meeresfrüchte, z. B. cremige Muschelsuppe und pochierten Lachs. Den Inhabern gehört auch das benachbarte **Aughris House B&B** mit sieben komfortablen Zimmern und einem angrenzenden Campingplatz.

Easkey

Easkey zählt zu Europas besten ganzjährigen Surfspots. Trotzdem drehen sich die Gespräche in den Pubs mit Namen wie Lobster Pot und Fisherman's Weir in erster Linie um Hurling und die Preise für Fisch und Meeresfrüchte. Die Straße zum **Strand** verläuft östlich der Ortschaft. Es gibt kaum touristische Einrichtungen. Viele Surfer campen (kostenlos) am Meer rund um die **Burgruine**.

Busse fahren einmal täglich von Sligo (Stadt) über Easkey (12 €, 1 Std.) nach Ballina.

Enniscrone

In diesem sehr ruhigen Urlaubsort dreht sich alles ums Meer. Der herrliche **Hollow Beach** ist 5 km lang.

Aktivitäten

Kilcullen's Seaweed Baths SPA

(☎ 096-36238; www.kilcullenseaweedbaths.com; Cliff Rd, Enniscrone; Bäder ab 25 €; ⏲ Mai–Sept. Mo–Fr 12–20, Sa & So 10–20 Uhr, Okt.–April Do–Mo 12–20 Uhr) Enniscrone wartet mit traditionellen Meeresalgenbädern auf, die landesweit einen hervorragenden Ruf haben. Das beste Spa ist das stimmungsvolle Kilcullen's.

Seventh Wave Surf School SURFEN

(☎ 087 971 6389; www.surfsligo.com; Strand, Enniscrone; Kurse Erw./Kind ab 30/25 €; ⏲ April–Okt.) Veranstaltet Surfkurse und verleiht Surfboards.

Schlafen & Essen

Waterfront House LODGE €€

(☎ 096-37120; www.waterfronthouse.ie; Cliff Rd; EZ/DZ ab 55/85 €; 📶) Das Waterfront House thront auf einer Anhöhe mit Blick auf den breiten Strand und die Wellen. Die 16 Zimmer sind ganz in dunklem Rot gehalten und angesichts der tollen Aussicht ein echtes Schnäppchen. Auch die beliebte Bar und das Restaurant überzeugen.

Pilot Bar MODERN IRISCH €€

(☎ 096-36131; www.thepilotbar.ie; Ecke Cliff Rd & Main St; Hauptgerichte 6–20 €; ⏲ Bar Mo–Fr 16 Uhr–open end, Sa & So 9 Uhr–open end, Küche Mi–So; 👪) An den Tischen auf der Terrasse kann man zwischen Topfpflanzen die Sonne genießen. Im maritim dekorierten Inneren kommt Seemannsatmosphäre auf. Das Essen ist einfach, aber köstlich und besteht größtenteils aus regionalen Zutaten.

ℹ An- & Weiterreise

Busse aus Sligo-Stadt (15 €, 1¼ Std.) halten hier einmal täglich auf dem Weg nach Ballina.

Lough Gill

Einst war der spiegelblanke Lough Gill (Lake of Brightness) für Yeats ein großartiger Ort der Inspiration.

Nur 6 km von Sligo-Stadt entfernt liegt der See im Schatten zweier herrlicher Wälder – **Hazelwood** und **Slish Wood** – mit tollen Rundwanderwegen. Letzterer lockt zudem mit einem tollen Ausblick nach Innisfree Island.

Am Parke's Castle (S. 503) im nahen County Leitrim starten **Bootstouren**. Dabei sollte man auf die Schatten riesiger Lachse und Otter achten.

ℹ An- & Weiterreise

Der See befindet sich unmittelbar im Osten von Sligo-Stadt. Ob man fährt oder reitet – die R286 entlang der Nordküste bietet den schönsten Blick. Bis Dooney Rock ist die Südroute an der R287 weniger interessant.

Dooney Rock

7 km südwestlich von Sligo (Stadt) an der R287 erhebt sich dieser riesige zerklüftete Kalksteinhügel über das Südufer des Sees. Yeats machte ihn durch sein Gedicht *Der Geiger von Dooney* unsterblich. Auf dem Gipfel eröffnet sich ein wunderbarer Ausblick.

Innisfree Island

Leider ist das winzige, verlockend nah am Südostufer des Sees gelegene Inselchen nicht für Besucher zugänglich. Seine friedliche Ausstrahlung inspirierte Yeats zu seinem berühmten Gedicht *Die Seeinsel von Innisfree (1890):*

Ich steh jetzt auf und gehe nach Innisfree sofort,
Auf Lehm und Reisig bau ich mir eine Hütte dort,
Und hab neun Reihen Bohnen, ein Bienenvolk, das brummt,
Und leb allein im Wald, von Bienen umsummt.

Zum besten Aussichtspunkt der Insel führt eine kleine Straße, die an der Kreuzung von R287 und R290 beginnt. Man folgt ihrem kurvigen Verlauf 4,2 km bis zu einem kleinen Parkplatz am Wasser.

Nördlich von Sligo (Stadt)

Atmosphärische Küstenstraßen und einsame Bergpfade ziehen sich durch das Herz des Yeats-Landes.

Benbulben

Von überall sichtbar erhebt sich der Benbulben (525 m; oft auch Ben Bulben geschrieben) wie eine behäbige grün-graue Eminenz. Er ähnelt einem Tisch mit einem gefalteten Tuch: Das Kalksteinplateau ist ungewöhnlich flach und seine fast senkrecht abfallenden Seiten sind von Rinnsalen durchzogen. Wenn man sich nicht auskennt, kann das Wandern hier gefährlich werden.

Drumcliff & Umgebung

Die Schönheit des Plateaus ließ auch W. B. Yeats nicht unbeeindruckt. Vor seinem Tod in Menton, Frankreich, im Jahre 1939 äußerte er die Bitte: „Wenn ich hier sterbe, begrabt mich oben auf dem Berg, und nach ungefähr einem Jahr grabt mich wieder aus und bringt mich unbemerkt nach Sligo." Dieser Wunsch wurde erst 1948 erfüllt, als sein Leichnam auf dem Friedhof von Drumcliff beigesetzt wurde, wo sein Urgroßvater Gemeindepfarrer gewesen war.

Sehenswertes & Aktivitäten

★ Yeats' Grab MONUMENT

(abseits der N15; ⏲Sonnenauf- bis Sonnenuntergang) Lange glaubte man, dass Yeats neben dem Tor der protestantischen Kirche begraben worden sei, doch jüngere Belege sprechen dafür, dass die Knochen, die 1948 mit dem Schiff aus Frankreich hergebracht wurden, überhaupt nicht seine waren. Vermutlich sind die Gebeine des Autors im Chaos des Zweiten Weltkriegs in einem Ossarium mit den Knochen anderer Verstorbener durcheinandergeraten.

Wie auch immer, Yeats' junge Braut, Georgie Hyde-Lee, ist jedenfalls neben ihm begraben. Yeats war schon 52, als er seine fast 30 Jahre jüngere Frau heiratete.

„Wirf einen kalten Blick
Auf Leben, auf Tod.
Reiter, reite vorbei!"

Neben der Kirche befindet sich ein zur Mittagszeit sehr beliebtes kleines **Café mit einem Kunsthandwerksladen** (Hauptgerichte ab 4 €; ⏲9–17 Uhr) und einer guten Auswahl an Büchern. Mittags zieht es zahlreiche Einheimische an.

WANDERN IN SLIGO

Irland mangelt es nicht an Wanderwegen, das gilt vor allem für das County Sligo. Eine der zahlreichen Routen ist der 78 km lange markierte **Sligo Way** (www.irishtrails.ie), der u. a. in die Ox Mountains sowie zum Lough Easkey und zum Lough Gill führt.

Es gibt jede Menge Einrichtungen und Organisationen für Wanderer, z. B.:

Sligo Walks (www.sligowalks.ie) Hervorragende Website mit etlichen Wanderungen, Karten und Bewertungen.

Sligo Mountaineering Club (www.sligomountaineeringclub.org) Eine gute Website für Infos zur Besteigung des Benbulben, mit sinnvollen Details zu Fragen der Sicherheit.

Muddy Boots Trekking (☎087 642 9131; www.muddybootsguidedwalking.com) Organisiert Wanderungen auf den Benbulben und zu anderen Orten.

Sea Trails (☎087 240 5071; www.seatrails.ie; Wanderungen ab 15 €) Sehr empfehlenswert. Bietet interessante Wanderungen an, die sich auf historische Stätten und die Schönheit der Natur an sowie nahe der Küste konzentrieren.

Sligo Walking Guide Die nützliche kostenlose Broschüre mit zahlreichen Routen ist in den Touristeninformationen erhältlich.

Genau diese Stelle wählte der hl. Colmcille im 6. Jh. für ein Kloster aus. Noch heute sieht man an der nahe gelegenen Hauptstraße die Ruinen eines **Rundturms**, der 1396 vom Blitz getroffen wurde. Im Kirchhof steht ein außergewöhnliches **Hochkreuz** aus dem 11. Jh. mit fein eingemeißelten Bibelszenen, z. B. von Adam und Eva und Daniel in der Löwengrube.

Benbulben Loop WANDERN

(www.coillteoutdoors.ie; abseits der N15) Dieser 4 km lange Rundweg führt im Schatten des berühmten Kalksteinplateaus durch geschütztes, mit Fichten und Tannen bewachsenes Land, auf dem verschiedene seltene irische Pflanzen gedeihen. Der Pfad beginnt 1 km östlich von der N15 und 3 km nördlich von Drumcliff, wo man auch parken kann.

Schlafen & Essen

Benbulben Farmhouse B&B LODGE €

(☎071-917 3956; www.benbulbenfarmhouse.com; Barnaribbon; EZ/DZ 55/70 €) Im Schatten des Benbulben und weit von der N15 entfernt befindet sich diese ruhige, ländliche Unterkunft. Das moderne Bauernhaus verfügt über Zimmer mit Sitzecken und Waldblick und liegt 3 km nordöstlich von Drumcliff.

Yeats Lodge B&B €

(☎071-917 3787; www.yeatslodge.com; Drumcliff; EZ/DZ ab 50/70 €; 📶) Dank der freundlichen Besitzer, der großen, modernen Zimmer und der friedlichen Atmosphäre trifft man mit dem B&B nur 300 m von der N15 entfernt eine gute Wahl. Die Yeats Lodge besitzt eine geschmackvolle rustikale Einrichtung und bietet einen Blick auf den Benbulben.

★ **Rathcormac Food & Craft Market** MARKT €

(abseits der N15, Rathcormac; ⌚Sa 10–15 Uhr) Am besten legt man seinen Besuch so, dass man diesen Markt besuchen kann, der im Branley's Yard zwischen Antiquitätenläden und einem guten Café abgehalten wird. Er ist klein, doch hier verkaufen die besten Hersteller der Region fertig zubereitetes Essen, landwirtschaftliche Produkte, Käse, Backwaren und vieles mehr. Es macht Spaß, umherzuschlendern, sich einen Snack zu genehmigen und Zutaten für ein Picknick einzukaufen.

Vintage Lane CAFÉ €

(☎087 662 2600; abseits der N15, Rathcormac; Hauptgerichte ab 5 €; ⌚ganzjährig Mo–Sa 10–17 Uhr, Juli–Aug. auch So) Im stimmungsvollen Branley's Yard, wo auch der wunderbare Samstagsmarkt stattfindet, lockt dieses eigenwillige Café mit zusammengewürfelten Möbeln, die aus den Antiquitätenläden der Umgebung stammen, Gäste an. Hier bekommt man erstklassigen Kaffee, Kuchen und vieles mehr. An einem nebligen Tag ist das offene Feuer herrlich einladend.

ABSTECHER

INISHMURRAY ISLAND

Die 1948 verlassene Insel **Inishmurray** (www.inishmurray.com) zu besuchen ist gar nicht so einfach. Auf dem Eiland befinden sich frühchristliche Relikte und faszinierende heidnische Objekte. Es gibt drei gut erhaltene Kirchen, Bienenkorbhütten und Freiluftaltäre. Das alte Kloster, das Anfang des 6. Jhs. vom hl. Molaise gegründet wurde, ist von einer dicken ovalen Mauer umgeben.

Inishmurray liegt zwar nur 6 km vom Festland entfernt, doch es gibt keinen regelmäßigen Fährverkehr. Weil die Insel keinen Hafen hat, hängt die Überfahrt zudem vom Wetter ab. Wer sich für einen Abstecher dorthin interessiert, erkundigt sich am besten bei **Inishmurray Island Trips** (☎087 254 0190; www.inishmurrayislandtrips.com; Mullaghmore; Ausflüge ab 40 € pro Pers.; ⌚April–Sept.).

An- & Weiterreise

Von Sligo fahren Busse nach Drumcliff (5 €, 10 Min., 7–8-mal tgl.).

Lough Glencar

Dieser malerische See in den Counties Sligo und Leitrim eignet sich nicht nur hervorragend zum **Angeln**, sondern lockt auch mit einem herrlichen **Wasserfall**. Yeats würdigte die Kaskade 1889 in *Das geraubte Kind*. Am besten lässt sich die Umgebung zu Fuß erkunden. Ein Wanderweg führt nach Osten und dann über den steilen Weg im Norden des Tals.

Von Drumcliff sind es nicht einmal 5 km bis zum Westufer des Sees.

Raghly

Weite offene Flächen und eine wellengepeitschte Küste aus zerklüfteten Felsen erwarten einen auf der lohnenden Fahrt von der Abzweigung im Norden Drumcliffs ans Meer.

Schlafen

★ Ardtarmon House LODGE €€
(☎071-916 3156; www.ardtarmon.com; Raghly Rd, Ballinfull; EZ/DZ ab 50/80 €, Hütte 100–450 €; ⊙ Ende Dez.–Anfang Jan. geschl.) Diese in fünfter Generation familiengeführte Unterkunft wartet mit einer unvergleichlichen Lage 10,5 km westlich der N15 auf. Es gibt vier große Zimmer im efeubewachsenen Herrenhaus und fünf Cottages für Selbstverpfleger in umgewandelten Hofgebäuden. Nach einem 450 m langen Spaziergang durch den mit Wildblumen bewachsenen Garten erreicht man den Strand. Auf Bestellung gibt's Abendessen (30 €) mit hausgemachten Produkten.

Streedagh Beach

Im Dorf Grange weisen Schilder den Weg zum Streedagh Beach, einem sichelförmigen Strand, an dem etwa 1100 Seeleute starben, als hier drei Schiffe der Spanischen Armada havarierten. Der Blick reicht vom Strand bis zu den Slieve-League-Klippen im County Donegal. Einheimische kommen regelmäßig zum Schwimmen her, sogar im Winter.

Mullaghmore

Dank seines geschwungenen Strands mit dunkel-goldenem Sand und flachem Wasser ist das hübsche Fischerdorf Mullaghmore bei Familien ein beliebtes Ziel.

Am besten nimmt man sich etwas Zeit und wandert, radelt oder fährt um den Mullaghmore Head herum, an dessen Spitze breite Felsvorsprünge in die Brandung des Atlantiks ragen. Die Strecke führt am **Classiebawn Castle** (keine Besichtigung möglich) vorbei, einem neogotischen, mit Türmchen versehenen Prachtbau, der 1856 für Lord Palmerston errichtet wurde und später als Zuhause des vom Schicksal gestraften Lord Mountbatten diente. Letzterer starb in der Nähe, als die IRA 1979 sein Boot in die Luft jagte

Inzwischen erlangt die Gegend zunehmende Bekanntheit als hervorragender **Surfspot**: Wellen von bis zu 17 m Höhe erlauben Abenteuer im Hawaiistil. Vor dem Mullaghmore Head finden regelmäßig Wettbewerbe im Big-Wave-Surfen mit Tow-in (dabei werden die Surfer ins Wasser gezogen) statt.

Eine herrliche Aussicht genießt man vom **Pier Head Hotel** (☎071-916 6171; www.pierheadhotel.ie; Mullaghmore; EZ/DZ ab 50/80 €; ⊙ Ende Dez. geschl.; 📶🏊) am Hafen. Die 40 Zimmer (am besten fragt man nach einem mit Blick auf die Donegal Bay) sind sauber und ansprechend, zudem gibt's eine Panorama-Dachterrasse mit Whirlpool, einen Innenpool und ordentliches Essen in der hauseigenen Bar (Hauptgerichte 10–21 €).

Cliffony

Sehenswertes

Creevykeel Goort Cairn HISTORISCHE STÄTTE
(nahe der N15; ⊙ Sonnenaufgang–Sonnenuntergang) Das prähistorische Hofgrab hat die Form einer Hummerschere und enthält mehrere Grabkammern. Ursprünglich stammt die Anlage aus der Zeit um 2500 v. Chr., doch später wurden weitere Kammern errichtet. In dem ovalen offenen Vorhof können sich zumindest kleinere Besucher unter dem von einem Stein geschützten Eingang hindurchquetschen und das Zentrum der Anlage in Augenschein nehmen.

Die Stätte liegt im Wald, 1,5 km nördlich von Cliffony an der N15. In der Ferne leuchtet das Meer.

Gleniff Horseshoe Valley

Von Cliffony führt eine enge Straße südöstlich in das weite Gleniff Horseshoe Valley. Die Gegend rund um die extrem kargen Dartry Mountains lädt zu netten Streifzügen ein. Eine holprige Piste, der **Gleniff Horseshoe**, windet sich in einer 10 km langen Schleife durch das Tal. Sie passiert wild gurgelnde Flüsse sowie die Überreste einer alten **Mühle**. Hier kann man sich Yeats ganz nah fühlen.

Der Abstecher ist per Fahrrad oder Auto möglich. Außerdem kann man unterwegs Ausflüge auf Wanderpfaden in die Berge unternehmen. Bei **Sligo Walks** (www.sligowalks.ie) gibt's online Kartenmaterial.

Am Fuße des Tals stößt man auf das **Benwiskin Centre** (☎071-917 6721; www.benwiskincentre.com; Ballintrillick; B/EZ/DZ 15/45/55 €; 📶), ein gutes Hostel mit Schlafsälen und Zimmern.

County Donegal

161 400 EW. / 3001 KM²

Inhalt ➡

Gut essen

- Beach House (S. 493)
- Olde Castle Bar (S. 464)
- Nancy's Bar (S. 473)
- Danny Minnie's Restaurant (S. 476)

Schön übernachten

- Corcreggan Mill (S. 481)
- Glen House (S. 494)
- Castle Murray (S. 468)
- Woodhill House (S. 473)

Auf nach Donegal

„Hier oben ist alles anders", sagt man – und das stimmt. Donegal gilt als echter Wildfang und stach auch dann schon unter den Counties heraus, bevor ihm Geschichte und Politik eine isolierte Stellung verschafften. Es ist voller Extreme, manchmal rau, von Wind und Wetter gebeutelt, dann wieder unberührt und prächtig mit nackten Bergen und herrlichen Stränden, die in der Sonne glänzen, sowie kleinen Restaurants mit hervorragender Küche. Das zerklüftete Inland des selten besuchten Countys mit den abgeschiedenen Bergpässen und schimmernden Seen kommt fast ebenso malerisch daher wie die lange, verschlungene Küstenlinie mit ihren windgepeitschten Halbinseln und abgelegenen, urigen Pubs. Die Einwohner legen viel Wert auf ihre Unabhängigkeit; so ist z. B. ein Drittel dieser Region offizielles Gaeltacht-Gebiet, in dem Irisch gesprochen wird.

Nach seinem Startpunkt im nördlichen Derry entfaltet der Wild Atlantic Way in Donegal all seine Schönheit, während er die pure Wildnis der unberührten, zerklüfteten Küstenlinie des Countys durchquert.

Reisezeit

- In Donegal muss man jederzeit mit ungestümem Wetter rechnen. Bei Wind und prasselndem Regen friert man im Winter bitterlich, außerdem können ganz unvermittelt Stürme auftreten.
- Während der Sommermonate ist das Wetter kaum beständiger, aber immerhin brechen die Wolken regelmäßig auf und lassen strahlenden Sonnenschein zum Vorschein kommen, der den düsteren Himmel wieder in leuchtendes Blau taucht. Zu dieser Zeit sind alle Geschäfte geöffnet und im ganzen County, auch in den Pubs, finden traditionelle Musik-, Geschichtenerzähler- und Tanzfestivals statt.

Highlights

1. Von den eindrucksvollen Küstenklippen des **Slieve League** (S. 469) den Sonnenuntergang beobachten.
2. Im wunderschönen Glenveagh National Park das extravagante **Glenveagh Castle** (S. 486) besuchen.
3. Über einen der windgepeitschten Strände von **Culdaff** (S. 496) nahe dem Malin Head spazieren.
4. Sich im Küstenort **Dunfanaghy** (S. 480) eine hervorragende Mahlzeit oder ein Pint gönnen.
5. Den Ausblick vom spektakulären **Poisoned Glen** (S. 488) bewundern.
6. Am weißen Sandstrand von **Rossnowlagh** (S. 465) das Surfen lernen.
7. Am **Malin Head** (S. 495) weit über das Meer blicken.
8. Durch die eindrucksvolle Landschaft von **Glencolumbcille** (S. 470) wandern und den atemberaubenden Ausblick auf die Küste genießen.
9. Internationale Kunst im **Glebe House & Gallery** (S. 487) am Lough Gartan bestaunen.

Inishtrahull Sound
Malin Head 7
Ballyhillin
Glengad Head
Culdaff Beach 3
Pollan Bay
Tullagh Bay
Malin
Dunmore Head
Culdaff
Tremore Bay
Kinnagoe Bay
Fanad Head
Dunaff Head
Dunaff
Ballyliffin
Clonmany
Inishowen Head
Lenan Head
Urris Hills
Carndonagh
Gleneely
Shrove
Slieve Snaght (615 m)
Glentogher
Greencastle
Horn Head
Rosguill Peninsula
Portsalon
Dunree
Inishowen Peninsula
Moville
Sheep Haven Bay
Downings
Rosnakill
4 Dunfanaghy
Carrigart
Knockalla Fort
Redcastle
Port-na-Blagh
Ards Forest Park
Crana
Kerrykeel
Buncrana
Quigley's Point
Fanad Peninsula
Lough Foyle
Muckish Mountain (670 m)
Creeslough
Fahan
Milford
Rathmullan
City of Derry Airport
Muff
Limavady
Inch Island
Inch
Burnfoot
Culmore Bay
Glenveagh Castle 2
Rathmelton
Bridge End
Burt
A2
Kilmacrennan
Glenveagh National Park
N56
Derry
Glebe House & Gallery 9
N13
LONDONDERRY
Lough Gartan
Church Hill
Letterkenny
Foyle
Dungiven
E16-6
Newmills
A5
DONEGAL
N13
Raphoe
Deele
Finn
Finn Valley
Lifford
Strabane
Castlefin
Stranorlar
Ballybofey
N15
NORDIRLAND
Newtownstewart
TYRONE
A5
Lough Derg
Omagh
N32
Pettigo
A5
Lower Lough Erne
Ballygawley
A2
Augher
A4
FERMANAGH
MONAGHAN

An- & Weiterreise

Alle größeren Städte in Donegal werden von Bussen angefahren; sie verbinden das County mit Dublin und Nordirland. Eine Zugverbindung gibt es nicht.

Der **Donegal Airport** (www.donegalairport.ie) bietet nur einige wenige Aer-Lingus-Flüge nach Dublin, die vorwiegend für Anschlussflüge genutzt werden. Der Flughafen liegt etwa 3 km nordwestlich von Annagry an der Nordwestküste.

Unterwegs vor Ort

Zwischen den größeren Städten verkehren Busse. **Bus Éireann** (☎ in Letterkenny 074-912 1309; www.buseireann.ie) bedient vor allem Ziele im Südwesten. Zu den Hauptrouten zählen die Strecken Sligo–Budoran–Donegal (Stadt)–Letterkenny–Derry sowie Donegal (Stadt)–Killybegs–Ardara–Glenties–Dungloe und Killybegs–Kilcar–Glencolumbcille.

Bus Feda (☎ 074-954 8114; www.feda.ie) bietet Verbindungen in den Nordwesten der Grafschaft. Von Galway und Sligo geht's nach Bundoran, Donegal-Stadt, Letterkenny, Dunfanaghy und Gweedore. Die letzte Station ist Crolly.

DONEGAL (STADT)

2600 EW.

Mit den Blue Stack Mountains im Hintergrund, einer schönen Burg sowie guten Restaurants und Hotels ist das hübsche Städtchen an der Mündung der Donegal Bay ein hervorragender Ausgangspunkt zur Erkundung der beliebten Küstenlinie. Es erstreckt sich an beiden Seiten des Flusses Eske und diente einst als Treffpunkt des O'Donnells-Clans, der den Nordwesten vom 15. bis ins 17. Jh. beherrschte. Obwohl Donegal den Namen der Grafschaft trägt, handelt es sich hierbei weder um die größte Stadt (das ist Letterkenny) noch um das Verwaltungszentrum (das ist das noch kleinere Lifford).

Sehenswertes & Aktivitäten

★ Donegal Castle — HISTORISCHES BAUWERK

(☎ 074-972 2405; www.heritageireland.ie; Castle St; Erw./Kind 4/2 €; ⏲ Ostern–Mitte Sept. tgl. 10–18 Uhr, Mitte Sept.–Ostern Do–Mo 9.30–16.30 Uhr) Das Donegal Castle, ein beeindruckendes Monument sowohl irischer als auch englischer Macht, thront über einer malerischen Biegung des Eske. Die Burg stammt aus dem 15. Jh. und wurde 1623 von Basel Brooke wieder aufgebaut und um das benachbarte dreigeschossige Haus erweitert. Weitere Restaurationsarbeiten in den 1990er-Jahren haben sie mittlerweile zu einem stimmungsvollen Ort gemacht; die Räume sind mit französischen Tapeten und persischen Teppichen ausgestattet. Führungen finden stündlich statt.

1474 von den O'Donnells erbaut, war die Burg bis 1607 Sitz dieser Familie. Dann allerdings beschlossen die Engländer, endgültig mit den lästigen irischen Clanführern aufzuräumen. Rory O'Donnell gab sich jedoch nicht so leicht geschlagen und brannte seine Festung nieder, bevor er sich nach Frankreich absetzte. Der Sieg über die Clanfürsten bereitete den Weg für die „Plantation of Ulster" (die Ansiedlung Tausender schottischer und englischer Protestanten) und führte letztlich zu der Spaltung, unter der Irland noch heute leidet.

Diamond Obelisk — DENKMAL

(The Diamond) Im frühen 17. Jh. befürchteten vier Franziskanermönche, dass die Ankunft der Engländer das Ende der keltischen Kultur bedeuten könne, und verfassten eine Chronik der keltischen Geschichte und Mythologie. Diese beginnt 40 Jahre vor der Sintflut und endet 1618. Noch heute ist *The Annals of the Four Masters* eine der wichtigsten Quellen der frühen irischen Geschichte. Der Obelisk (1937) auf dem Diamond-Platz erinnert an das in der Dubliner National Library ausgestellte Werk.

★ Bank Walk — WANDERN

Der hübsche, flache Pfad führt am Westufer des River Eske entlang und an der Donegal Bay vorbei. Unzählige, mit ihrem Namen beschilderte Bäume spenden hier Schatten und am Wegrand stehen in regelmäßigen Abständen Bänke, auf denen man eine Pause einlegen und den Ausblick genießen kann. Der Weg ist jeweils 1,5 km lang und beginnt an der Westseite der Killybeg Road/N56 Bridge.

Donegal Bay Waterbus — BOOTSTOUR

(☎ 074-972 3666; www.donegalbaywaterbus.com; Donegal Pier; Erw./Kind 20/7 €; ⏲ Ostern–Okt.) Wer die Highlights der Donegal Bay sehen möchte, nimmt am besten an einem der Ausflüge mit diesem „Wasserbus" teil. Die 1¼-stündige Tour auf dem 20 m langen Boot führt zu tollen Attraktionen, die von historischen Stätten bis zu Buchten voller Robben reichen. Unterwegs kann man u. a. eine Inselvilla und eine Burgruine bewundern. Es gibt bis zu drei Touren täglich; die Abfahrtszeiten richten sich nach den Gezeiten und ändern sich daher täglich.

Donegal (Stadt)

Donegal (Stadt)

Highlights
1 Donegal Castle B2

Sehenswertes
2 Diamond Obelisk C3

Aktivitäten, Kurse & Touren
3 Bank Walk B2
4 Donegal Bay Waterbus A4

Schlafen
5 Abbey Hotel B3
6 Central Hotel B3

Essen
7 Blueberry Tearoom C2
8 Harbour Restaurant B3
9 Olde Castle Bar C2

Ausgehen & Nachtleben
10 Reel Inn B2

Shoppen
11 Magee's C3

Ted's Bike Shop FAHRRADVERLEIH
(074-974 0774; www.tedsbikeshop.ie; abseits der N56; Leihrad ab 15 € pro Tag; Mo–Sa 10–18 Uhr) In diesem lebhaften Fahrradladen kann man alle Arten von Fahrrädern ausleihen und sich gut beraten lassen.

Schlafen

Gute B&Bs und Mittelklassehotels findet man überall in der Stadt. Die luxuriösesten Unterkünfte liegen am Lough Eske.

Donegal Town Independent Hostel HOSTEL €
(074-972 2805; www.donegaltownhostel.com; abseits der Killybegs Rd/N56, Doonan; B/DZ 17/38–42 €; @) Alle Zimmer in dieser Bleibe, die zu Independent Holiday Hostels gehört und von einem energiegeladenen Paar geführt wird, sind mit skurrilen Wandmalereien von Technicolorlandschaften bis zu Nachthimmeln geschmückt, die im Dunkeln leuchten. Das Hostel bietet 30 Betten in Räumen, die

teilweise nur für Frauen, teilweise gemischt sind. Von einigen genießt man einen Blick aufs Wasser. Das Hostel befindet sich 1,2 km nordwestlich der Stadt.

★ **Ard na Breatha** B&B €€
(☎074-972 2288; www.ardnabreatha.com; Drumrooske Middle; Zi. 120–140 €; ⏱Feb.–Okt.;) In erhöhter Lage 1,5 km nördlich der Stadt wartet diese wunderbare Boutique-Pension auf einem Bauernhof mit geschmackvollen Zimmern samt Pinienmöbeln und schmiedeeisernen Betten auf. Die sechs Gästezimmer befinden sich nicht im Haupthaus, sondern in einem separaten Gebäude. Es gibt auch eine Bar und ein Restaurant (Drei-Gänge-Menü am Abend 39 €). Als Zutaten werden Bioprodukte aus dem eigenen Anbau oder aus der Region verwendet. Wer zum Abendessen kommen will, muss vorher reservieren.

Central Hotel HOTEL €€
(☎074-972 1027; www.centralhoteldonegal.com; The Diamond; EZ/DZ ab 62/100 €;) Das Central ist ein Abenteuer: Wo auch immer sich die gebuchten Zimmer in dieser weitläufigen Gebäude-Ansammlung befinden, die Gäste müssen mit dem Fahrstuhl fahren und hoch und runter laufen, um sie zu finden. Man sollte sich ein Zimmer mit Blick auf den River Eske geben lassen – von den riesigen Fenstern genießt man tolle Ausblicke. Das Freizeitzentrum verfügt über einen Pool und einen Fitnessraum.

Cove Lodge B&B €€
(☎074-972 2302; www.thecovelodgebandb.com; R267, Drumgowan; EZ/DZ 45–50/78–84 €;) Ein ruhiges B&B mit rustikalem Charme und Stuckwerk sowie zarten Blumenmustern an den Wänden der vier ebenerdigen Zimmer. In der Unterkunft, 2,5 km südlich der Stadt, lernt man das irische Landleben mit all seiner Wärme und Herzlichkeit kennen.

Abbey Hotel HOTEL €€
(☎074-972 1014; www.abbeyhoteldonegal.com; The Diamond; EZ/DZ ab 70/110 €;) Eine sehr praktische Option mit 90 Standardzimmern mitten im Stadtzentrum. Das dreistöckige Gebäude verfügt über einen Fahrstuhl, die Bar und das Restaurant sind solide. Die Gäste können das Freizeitzentrum des Central Hotel mitbenutzen.

Essen & Ausgehen

Unbedingt das Bier der örtlichen Mikrobrauerei Donegal Brewing Co. probieren! Das Bitter North & South of the River schmeckt einfach wunderbar.

Aroma CAFÉ €
(☎074-972 3222; www.donegalcraftvillage.com; abseits der R267, Donegal Craft Village; Hauptgerichte 5–13 €; ⏱Mo–Sa 9.30–17.30 Uhr) In einer abgelegenen Ecke des Donegal Craft Village bietet das beliebte kleine Café exzellenten Kaffee, köstlichen Kuchen und wechselnde Tagesgerichte (an der Tafel angeschrieben) aus regionalen Zutaten, darunter Suppen, Salate und gehaltvolle warme Speisen. Bei schönem Wetter kann man draußen sitzen.

Blueberry Tearoom CAFÉ €
(☎074-972 2933; Castle St; Hauptgerichte 5–12 €; ⏱Mo–Sa 9–19 Uhr;) Gemütliches, bei Einheimischen beliebtes Café, in dem einfache Gerichte wie Suppen, Toasts, Quiches, Paninis und saftige Kuchen in großen Portionen auf den Tisch kommen. Im oberen Stock gibt's ein Internetcafé. Der Kaffee ist großartig.

★ **Olde Castle Bar** IRISCH €€
(☎074-972 1262; www.oldecastlebar.com; Castle St; Hauptgerichte 8–30 €; ⏱Bar 12 Uhr–open end; warme Küche bis 21 Uhr) Die belebte Bar in der Nähe des Diamond-Platzes kredenzt einige der besten Spezialitäten der Region. Geboten werden Pubklassiker wie Austern aus der Donegal Bay, Irish Stew, Meeresfrüchteplatten (die für 28 € ist spektakulär!) sowie Steaks und Burger. Die Bar ist immer voller Einheimischer und serviert ihr eigenes Ale: Red Hugh Brew.

Harbour Restaurant IRISCH €€
(☎074-972 1702; www.theharbour.ie; Quay St; Hauptgerichte 10–30 €; ⏱Mo–Sa 17–21.30, So 15–21 Uhr, Okt.–April Mo & Di geschl.) Beliebtes Lokal mit maritimer Dekoration, schmucklosen Steinwänden und plüschigen Möbeln. Spezialität des Hauses sind liebevoll zubereitete Meeresfrüchte, und auf der Speisekarte stehen alle Klassiker der irischen Küche inklusive „moderner" Gerichte wie Pizza.

★ **Reel Inn** PUB
(Bridge St; ⏱17 Uhr–open end) Nach wie vor ist das in einer ehemaligen Schule untergebrachte Pub Donegals geselligster Ort. Der Besitzer spielt irisches Akkordeon, seine Frau singt famos, und fast jeden Abend stoßen seine Freunde für eine traditionelle Session dazu.

Shoppen

★ **Donegal Craft Village** KUNSTHANDWERK
(☎074-972 5928; www.donegalcraftvillage.com; abseits der R267; ⏱April–Sept. Mo–Sa 10–17 Uhr, Okt. Di–Sa) Gummignome oder Guinness-T-

Shirts sucht man hier vergeblich, stattdessen werden in den Kunsthandwerksateliers hochwertige Tonwaren, Kristallglas, Metallarbeiten, handgewebte Stoffe, Schmuck und vieles mehr verkauft. Das Donegal Craft Village ist etwa 1,5 km südlich der Stadt ausgeschildert und problemlos zu Fuß zu erreichen. Es verfügt auch über ein nettes Café.

Magee's KLEIDUNG
(☎ 074-972 2660; www.magee1866.com; The Diamond; ⊙Mo–Sa 10–18, So 14–18 Uhr) Ein Raum dieses kleinen, gehobenen historischen Kaufhauses ist Kleidungsstücken aus Tweed vorbehalten, der hier seit 1866 produziert wird.

Praktische Informationen

Touristeninformation (☎ 074-972 1148; Quay St; ⊙Juni–Aug. Mo–Sa 9–17.30, So 10–15 Uhr, Sept.–Mai Mo–Sa 9–17 Uhr) Im „Discover Ireland"-Gebäude am Flussufer.

An- & Weiterreise

Bus Éireann (☎ 074-913 1008; www.buseireann.ie) Verbindungen nach Sligo (15 €, 1¼ Std., 4-mal tgl.), Galway (20 €, 4 Std., 3-mal tgl.) und Dublin (20 €, 4 Std., 5-mal tgl.).

Bus Feda (☎ 074-954 8114; www.feda.ie) Fährt 2- bis 3-mal täglich nach Gweedore, Dunfanaghy und Letterkenny (jeweils 10 €).

Patrick Gallagher Coaches (☎ 087 233 0888; info@gallagherscoaches.com) Bietet täglich Busse zwischen Donegal (Stadt) und Belfast (20 €, 2 Std.).

RUND UM DONEGAL (STADT)

Lough Eske

Der friedliche Lough Eske (See der Fische) wird fast komplett von den Blue Stack Mountains umrahmt und ist ein idyllischer Ort zum Wandern, Radfahren und Angeln (Saison Mai–Sept.). Im Angelzentrum am Ufer bekommt man Lizenzen und kann Boote mieten.

Der See ist nur 9 km von Donegal (Stadt) entfernt und gut per Fahrrad zu erreichen.

Schlafen & Essen

Arches Country House B&B €
(☎ 074-972 2029; www.archescountryhse.com; Lough Eske; EZ/DZ ab 55/70 €; 📶) Eine idyllische Zuflucht 9 km nordöstlich von Donegal (Stadt) an einem ruhigen Fleckchen mit Blick auf den Lough Eske. Die Zimmer der Pension kombinieren ländlichen Charme mit einer modernen Einrichtung. Darüber hinaus weiß die Inhaberin so gut wie alles über die Region.

★ **Lough Eske Castle** HOTEL €€€
(☎ 074-972 5100; www.solisloughheskecastle.com; Lough Eske; Zi. 180–280 €; ⊙Nov.–März So–Mi geschl.; @📶🏊) 1939 wurde diese imposante Burg aus dem 19. Jh. von einem Feuer zerstört, später aber wieder restauriert. Heutzutage ist das Bauwerk am Südende des Sees der Inbegriff des eleganten Landlebens. Die 96 Zimmer, das herrlich dekadente Spa und das tolle Restaurant strahlen ein klassisch-luxuriöses Flair aus.

Rossnowlagh

50 EW.

Rossnowlaghs spektakulärer 3 km langer Strand wurde mit einer Blauen Flagge ausgezeichnet und ist ein breites sandiges Paradies. Er zieht das ganze Jahr über Familien und Wanderer an. Außerdem kann man auf den sanften Wellen großartig (Kite-)Surfen lernen oder seine Kenntnisse verbessern. Beim Picknicken oder Relaxen in den Dünen kann man leicht die Zeit vergessen.

Sehenswertes & Aktivitäten

Franciscan Friary KLOSTER
(☎ 071-985 1342; www.franciscans.ie; abseits der R231; ⊙Mo–Sa 10–20 Uhr) GRATIS In einem Wald am Südende des Strands versteckt sich dieses moderne Franziskanerkloster. Das öffentlich zugängliche Gebäude befindet sich in einem wunderschönen friedlichen Gartenkomplex. Darüber hinaus beginnt hier der Way of the Cross, ein religiöser Wanderweg, der sich an Rhododendronbüschen vorbei einen Hügel hinaufschlängelt und einen spektakulären Ausblick bietet.

Fin McCool Surf School SURFEN
(☎ 071-985 9020; www.finmccoolsurfschool.com; Beach Rd; Leihausrüstung 39 € pro Tag, 2 Std. Unterricht inkl. Ausrüstung 35 €; ⊙Ostern–Okt. tgl. 10–19 Uhr, Mitte März–Ostern & Nov.–Weihnachten Sa & So) Die Surfschule erteilt Unterricht, verleiht Ausrüstung und vermietet Zimmer. Sie steht unter der Leitung des Surfschiedsrichters der Pro Tour Neil Britton, der dabei von seiner riesigen Familie unterstützt wird. Viele seiner Verwandten sind international erfolgreiche Surfer.

Rossnowlagh SUP & Kayak KAJAKFAHREN

(☎083 198 4288; SUP-Kurse/-Touren ab 35/20 €, Kajaktouren ab 20 €; ⊙Mo–Fr 10–18 Uhr, Sa bis 20, So 11–18 Uhr) Wer Stand Up Paddling (SUP) lernen oder SUP-Boards und Kajaks ausleihen will, ist bei diesem Unternehmen unweit vom Strand richtig. Außerdem im Angebot: jede Menge Trips zu den vielen Wasserstraßen der Meeresarme und aufs Meer hinaus. Wir empfehlen die Vollmondtouren.

Schlafen & Essen

Smugglers Creek B&B €€

(☎071-985 2367; www.smugglerscreekinn.com; Cliff Rd; Zi. 55–90 €, Hauptgerichte 8–25 €; ⊙April–Sept. tgl., Okt.–März Do–So; 📶) Kombination aus Pub, Restaurant und Pension in den Hügeln hoch über der Bucht. Dank der ausgezeichneten Küche und der herrlichen Aussicht erfreut sich das Smugglers Creek großer Beliebtheit. Zimmer 4 wartet mit dem besten Blick auf und verfügt über einen Balkon. An den Sommerwochenenden gibt's im Pub Livemusik.

Gaslight Inn IRISCH €€

(☎071-985 1141; www.gaslight-rossnowlagh.com; Hauptgerichte 8–25 €; ⊙Juni–Sept. tgl. 11 Uhr–open end, Okt.–Mai Mo–Fr 17 Uhr–open end, Sa & So 11 Uhr–open end) Das Restaurant thront auf einer Klippe und bietet einen tollen Blick über die Bucht. Auf der langen Speisekarte steht gut zubereitete Hausmannskost. Die Inhaber betreiben auch das Gästehaus **Ard na Mara** (☎071-985 1141; www.ardnamara-rossnowlagh.com; Zi. 70–100 €; 📶) mit hübschen sonnigen Zimmern und teilweise fantastischem Ausblick.

An- & Weiterreise

Rossnowlagh liegt 17 km südwestlich von Donegal-Stadt.

Ballyshannon

2550 EW.

Aufgrund seiner Lage mit Blick auf den River Erne diente Ballyshannon lange Zeit als strategischer Punkt. Heute spielt der Ort eine Rolle als Wachposten am nördlichen Zugang zu Bundoran.

Feste & Events

Rory Gallagher International Tribute Festival MUSIK

(www.rorygallagherfestival.com) Rock- und Blues-Gitarrist Rory Gallagher (1948–95) wurde hier geboren. Zu seinen Ehren treten bei diesem Musikfestival über zwei Dutzend irische und internationale Künstler sowie Bands auf. Gallaghers Verbindung zu seiner Heimatstadt ist auch das ganze Jahr über spürbar. Seine Musik wird oft in den Pubs gespielt. Das Festival steigt Ende Mai.

Ausgehen & Nachtleben

★**Dicey Reilly's Bar** PUB

(☎071-985 1371; www.diceys.com; Market St; ⊙12 Uhr–open end) Eine dynamische Kneipe im Stadtzentrum, die sich ständig neu erfindet. Die brandneue Cocktailbar im oberen Stock bietet einen stilvollen Kontrast zum alten Pub im Erdgeschoss, in dem abends meist Rock- und Bluesbands auftreten. Außerdem läuft viel Musik von Rory Gallagher. Hier bekommt man auch die hervorragenden Biere von Donegal Brewing Co.

Bundoran

2200 EW.

Die blinkenden Spielhallen, Fahrgeschäfte und Fast-Food-Buden verleihen Bundoran das Flair eines kitschigen Ferienortes. Donegals bekanntestes Seebad lockt aber auch mit guten Surfmöglichkeiten und zieht sowohl junge Familien als auch Rentner an. Außerhalb des Sommers ebbt der Trubel ab, dann kann es hier sehr ruhig werden.

Sehenswertes & Aktivitäten

In der Stadt gibt's mehrere Surfschulen, die Ausrüstung verleihen und einfache Unterkünfte vermieten. Man kann auch Kombipakete buchen.

Bundoran Beach STRAND

Ein langer Sandstrand mit dem typisch irischen, feinen weißen Sand. Im Sommer sind Rettungsschwimmer anwesend; das Baden hier ist aber dennoch sehr gefährlich.

Peak SURFEN

Vor Ort gibt's zwei gute Surfspots: „The Peak", eine imposante Riffwelle direkt vor dem Städtchen, die nur etwas für erfahrene Surfer ist, und den nicht ganz so eindrucksvollen Beachbreak nördlich des Zentrums am **Tullan Strand**.

Bundoran Surf Co SURFEN

(☎071-984 1968; www.bundoransurfco.com; Main St; Surfkurse ab 35 €, komplette Surfausrüstung Leihgebühr ab 20 € pro Tag) Surfstunden, Kitesurfen, Stand Up Paddling (SUP).

Donegal Adventure Centre ABENTEUERSPORT
(☎ 071-984 2418; www.donegaladventurecentre.net; Bayview Ave; Surfkurs ab 35 €) Bietet Abenteuersport an Land und auf dem Meer inklusive Kajaktrips, Surfen und Klettertouren.

Waterworld SCHWIMMEN
(☎ 071-984 1172; www.waterworldbundoran.com; The Promenade; Erw./Kind 13/10 €; ⏲ Juni–Aug. tgl. 10–19 Uhr, Mitte April–Mai & Sept. Sa & So 12–18 Uhr; Algenbäder Juni–Aug. 12–19 Uhr) Der ästhetisch gestaltete Vergnügungspark am Meer bietet Wellenbäder und Wasserrutschen. Wir empfehlen auch die Algenbäder.

Bike Stop FAHRRADVERLEIH
(☎ 085 248 8317; East End; 10/15/60 € pro halber Tag/Tag/Woche; ⏲ Mo–Sa 8.30–18, So 12–16 Uhr) Verleiht eine große Auswahl an Fahrrädern, darunter auch Hybridräder.

Feste & Events

Sea Sessions MUSIK
(www.seasessions.com) Mitte Juni wird mit den Sea Sessions die Sommersaison eingeläutet. Das bedeutet: drei Tage lang surfen, skaten, feiern und jede Menge Musik. Auf den Feldern rund um die Stadt zelten Tausende von Teilnehmern.

Irish National Surfing Championships SPORT
(www.isasurf.ie) Bundoran ist Gastgeber der jährlichen Irish National Surfing Championships. Sie finden meist Ende April, manchmal aber auch im September statt.

Schlafen & Essen

Bundoran hat eine gute Auswahl an Hostels. In den Unterkünften der Surfschulen, die meist 20 € für ein Schlafsaalbett und 50 € für ein Doppelzimmer berechnen, sind auch Nichtsurfer willkommen. Außerdem säumen unzählige einfache Pensionen die Zugangsstraßen, die von der N15 in die Stadt führen. Für seine Gastronomie ist Bundoran allerdings nicht unbedingt berühmt.

Killavil House B&B €
(☎ 071-984 1556; www.killavilhouse.com; Finner Rd; Zi. 50–80 €;) Ein großes modernes Haus am Ende der Ortschaft (Richtung Ballyshannon) mit schick aufgemachten Zimmern voller polierter Holzmöbel und meist gleich mehreren Betten – prima für Familien. Im Garten befinden sich Sitzgelegenheiten für warme Sommerabende und bis zum Tullan Strand sind es nur fünf Gehminuten.

Maddens Bridge Bar PUB €€
(☎ 071-984 2050; www.maddensbridgebar.com; Main St; Hauptgerichte 10–20 €, Zi. 60–90 €; ⏲ Servierzeiten 8–21 Uhr, Pub bis spät geöffnet) Dieser Surfertreff im leicht minimalistischen Stil serviert typische Pubgerichte, u. a. tolle hausgemachte Burger. Donnerstags wird traditionelle Musik gespielt (im Sommer häufiger) und der *craic*-(Spaß-)Faktor ist fantastisch. Maddens befindet sich direkt neben der gleichnamigen Brücke und vermietet ein paar einfache Zimmer mit tollem Ausblick.

Praktische Informationen

Das Ortszentrum liegt an der langen Main Street direkt hinter dem Strand.

Die **Touristeninformation** (☎ 071-984 1350; Main St, The Bridge; ⏲ Mo–Fr 9–15.30 Uhr, April–Sept. Sa & So unterschiedl. Öffnungszeiten) ist in einem gläsernen Kiosk gegenüber dem Holyrood Hotel untergebracht.

Anreise & Unterwegs vor Ort

Bus Éireann hält auf dem Weg zwischen Donegal und Sligo an der Main Street.

SÜDWESTLICHES DONEGAL

Mountcharles

500 EW.

Donegals landschaftliches Schönheitsbarometer schlägt aus, wenn man die Küste westlich von Donegal-Stadt erreicht – und steigt noch weiter, wenn man Richtung Norden fährt.

Das an einem Hügel gelegene Mountcharles ist die erste Siedlung an der Küstenstraße (N56) westlich der Stadt Donegal. Kaum ist man losgefahren, ist man auch schon da.

Der Bus zwischen Donegal und Killybegs hält mehrmals täglich in Mountcharles.

Sehenswertes

2 km südlich erstreckt sich ein sicherer **Sandstrand**. Die grüne **Pumpe** am höchsten Punkt des Dorfes bildete einst die Kulisse für Geschichten über Feen, Geister, historische Schlachten und mythologische Begegnungen. An dieser Stelle übte der hier geborene Séamus MacManus, Dichter und *seanachaí* (traditioneller Geschichtenerzähler), in den 1940er- bzw. 1950er-Jahren seine Kunst aus.

Salthill Gardens GÄRTEN
(☎074-973 5387; www.donegalgardens.com; Pier Rd; Erw./Kind 5/2 €; ⏲Mai–Aug. Mo–Sa 14–18 Uhr, Sept. Mo–Do) Rund 2 km südwestlich von Mountcharles verstecken sich die modernen Salthill Gardens hinter jahrhundertealten Steinmauern. In der Grünanlage gedeihen winterharte Pflanzen, Rosen, Lilien und Klematis.

Essen & Ausgehen

Village Tavern FISCH & MEERESFRÜCHTE €€
(☎074-973 5622; Main St; Hauptgerichte 7–25 €; ⏲Servierzeiten Mai–Sept. tgl. 12–20 Uhr, Pub ganzjährig 12 Uhr–open end) Das einladende Pub ist in einem schönen Gebäude aus dem 18. Jh. untergebracht. Spezialität des Hauses sind fangfrischer Fisch und Meeresfrüchte, die direkt vom Pier die Straße runter angeliefert werden. Die Fischsuppe ist hervorragend und auf der Probierplatte werden nur die besten und frischesten Meeresfrüchte angerichtet.

Dunkineely

370 EW.

Die kleinen Dörfer an der N56 locken mit herrlichen Ausblicken aufs Meer.

Schlafen & Essen

★**Castle Murray** BOUTIQUE-HOTEL €€
(☎074-973 7022; www.castlemurray.com; St John's Point; EZ/DZ ab 90/140 €, Menü 40 €; ⏲Juli & Aug. tgl. 18–21, So 13.30–15.30 Uhr, sonst kürzere Öffnungszeiten, Jan. geschl.; 📶) Castle Murray ist keine Burg, sondern ein Boutique-Hotel in einem weitläufigen, modernen Strandhaus mit Blick auf die Ruinen des McSwyne's Castle (15. Jh.). Die meisten der zehn Zimmer bieten einen tollen Blick auf Meer und Burg. Das Hotel ist vor allem für sein französisches Gourmetrestaurant bekannt, dessen Spezialität – Garnelen und Seeteufel in Knoblauchbutter – einfach köstlich schmeckt.

Castle Murray liegt 1,5 km südlich von Dunkineely an einer Seitenstraße, die zum St. John's Point führt.

Killybegs

1300 EW.

In Irlands größtem Fischereihafen liegen riesige Kutter vor Anker und der Geruch nach Fisch und das Geschrei von Seemöwen hängen in der Luft. Der Ort selbst hat die Atmosphäre einer charmanten Arbeiterstadt.

Sehenswertes & Aktivitäten

In Killybegs verbringt man seine Zeit am besten damit, in das Leben am geschäftigen Hafen einzutauchen. Aufgepasst: Die riesigen, mit Fisch und anderen Waren beladenen Lastwagen fahren auch für Schaulustige nicht langsamer.

Killybegs International Carpet Making & Fishing Centre MUSEUM
(☎074-974 1944; www.visitkillybegs.com; Fintra Rd; Erw./Kind 5/3 €; ⏲ganzjährig Mo–Fr 9.30–17.30 Uhr, Juli & Aug. auch Sa & So 12–16 Uhr) Die frühere Donegal-Carpets-Fabrik bietet einen guten Überblick über die Ortsgeschichte. Mit dem tollen Steuerhaussimulator darf man Kapitän spielen und einen Fischkutter in den Hafen „lenken". Bei der Teppichherstellung kann man nicht zusehen, da die Kosten dafür heutzutage „astronomisch" seien, wurde uns gesagt.

Fintragh Bay STRAND
(abseits der R263) Der beste Strand in der Gegend erstreckt sich in der abgeschiedenen Fintragh Bay, ca. 3 km westlich der Ortschaft.

Killybegs Angling Charters ANGELN
(☎087 220 0982; www.killybegsangling.com; Blackrock Pier; Mietboot ab 300 €/halber Tag) Wer mit einem Fischerboot Seelachs, Lenge, Makrelen sowie Glatt- und Steinbutte fangen will, sollte Brian McGilloway kontaktieren, der seit über 30 Jahren Angeltrips aufs Meer anbietet.

Schlafen & Essen

Ritz HOSTEL €
(☎074-973 1309; www.theritz-killybegs.com; Chapel Brae; B/Zi 15–20/ab 50 €; @📶) Obwohl der Name ironisch gemeint ist, wartet das toll geführte Hostel (38 Betten) mit Einrichtungen auf, die dem Ritz nahekommen, darunter eine riesige Küche, farbenfrohe Zimmer mit eigenem Bad und Fernseher sowie eine Wäscherei.

Drumbeagh House B&B €
(☎074-973 1307; www.killybegsbnb.biz.ly; Conlin Rd; EZ/DZ ab 50/70 €; 📶) Ein großartiges B&B mit herzlichen Besitzern, die ihren Gästen gerne alles über die Region erzählen. Die gemütlichen Zimmer sind geschmackvoll in neutralen Farben eingerichtet. Zum Frühstück gibt's geräucherten Lachs aus der Region, der schon alleine für sich die Reise

lohnt. Von der Pension genießt man einen schönen Blick auf den Hafen; sie ist nur fünf Gehminuten vom Ortszentrum entfernt.

Tara Hotel HOTEL €€€
(☎ 074-974 1700; www.tarahotel.ie; Main St; EZ/DZ ab 65/120 €; 📶) Das moderne Hotel mit Hafenblick verfügt über 31 komfortable, minimalistische Zimmer, eine gute Bar sowie ein kleines Fitnesszentrum mit Spabad, Sauna und Dampfbad.

Mrs B's Coffee House CAFÉ €
(☎ 074-973 2656; Upper Main St; Hauptgerichte 4–8 €; ⏰ Mo–Sa 9–17 Uhr; 📶 👪) Mrs B.'s ist ein helles, einladendes Café mit gemütlichen Sofas und Werken lokaler Künstler an den Wänden. Die hausgemachten Speisen bestehen aus lokalen Zutaten. Es gibt herzhaftes Frühstück, Sandwiches und superleckeres Gebäck. Oft ist auch köstliche Fischsuppe (*chowder*) im Angebot.

Shines Cod & Chips FISH & CHIPS €
(☎ 074-973 1996; Conlin Rd; Hauptgerichte ab 5 €; ⏰ 11–23.30 Uhr) Der Hafen ist voller Fische, doch wo kann man sie essen? Einfach einen Block bergaufwärts gehen und in diesem exzellenten Fish'n'Chips-Lokal fangfrischen Kabeljau und Seeteufel genießen.

Kitty Kelly's MODERN IRISCH €€
(☎ 074-973 1925; www.kittykellys.com; abseits der R263, Largy; Hauptgerichte abends 17–25 €; ⏰ ganzjährig tgl. 17–21.30 Uhr, Mitte Mai–Sept. Sa & So 13–16.30 Uhr) In dem 200 Jahre alten Bauernhaus fühlt man sich, als würde man an einer Dinnerparty im kleinen Kreis teilnehmen. Auf der Speisekarte stehen moderne Variationen traditioneller irischer Leibspeisen; der Schwerpunkt liegt aber auf Meeresfrüchten. Das Kitty Kelly's liegt an der Küstenstraße 5 km westlich von Killybegs und ist dank der Fassade in Rosa und Grün nicht zu übersehen. Die Öffnungszeiten ändern sich je nach Saison. Unbedingt reservieren.

ℹ Praktische Informationen

Westlich von Killybegs gibt's keine Banken und Geldautomaten.

Killybegs Information Centre (☎ 074-973 2346; www.killybegs.ie; Shore Rd; ⏰ ganzjährig Mo–Fr 9.30–17.30 Uhr, Juli & Aug. Sa & So 12–16 Uhr) In einer Hütte gleich westlich des Hafens.

ℹ An- & Weiterreise

Bus Éireann hält auf dem Weg von/nach Donegal (9 €, 30 Min.) mehrmals täglich in Killybegs.

DIE FÜNF REIZVOLLSTEN STRECKEN

Landschaftlich reizvoll ist praktisch jede Strecke in dem schroffen County, doch die folgenden hauen einen regelrecht aus den Socken. Unterwegs sollte man regelmäßig anhalten und den Ausblick genießen.

- Küstenschnellstraße von **Dunfanaghy** (S. 480) nach **Gweedore** (S. 477)
- 161-km-Rundfahrt um die abgelegene **Inishowen Peninsula** (S. 491)
- Kurvenreiche Straße zu den atemberaubenden Ausblicken am **Horn Head** (S. 480)
- Rundtour durch den überwältigenden **Glenveagh National Park** (S. 486)
- Haarnadelkurven am **Glengesh Pass** (S. 472)

Kilcar, Teelin & Umgebung

POP 270

Kilcar (Cill Chártha) und sein attraktiveres Nachbardorf Teelin (Teileann) sind gute Ausgangspunkte, um die atemberaubende Küstenlandschaft im Südwesten Donegals zu erkunden, das gilt vor allem für die Slieve-League-Klippen. Auch das weiter landeinwärts gelegene Carrick (An Charraig) ist einen Besuch wert.

Die Landschaft eignet sich wunderbar zum Wandern, vor allem wenn man bergige Strecken mag. Direkt außerhalb von Kilcar erstreckt sich ein kleiner Sandstrand.

Sehenswertes & Aktivitäten

Slieve League MEERESKLIPPEN
Auch wenn die Cliffs of Moher mehr Besucher anziehen, sind die spektakulären Slieve-League-Felsen mit ihren 600 m höher und zählen damit zu den höchsten Klippen Europas.

Von Teelin aus führt eine Straße durch die karge Landschaft zum unteren Parkplatz neben einem Tor (wo auch Tafeln mit Wanderkarten stehen). Pkws dürfen es passieren und zum 1,5 km entfernten oberen Parkplatz gleich neben dem Aussichtspunkt weiterfahren (im Sommer oft belegt).

Vom oberen Parkplatz führt ein ziemlich unwegsamer **Pfad** hinauf bis zum **One Man's Pass**. Vom schmalen Grat gelangt man zum Gipfel der Felsen (595 m; hin & zurück 10 km). Achtung: Häufig setzen urplötzlich Regen und Nebel ein, sodass der Wege glitschig sein kann. Doch auch schon nach 500 m Wegstrecke bieten sich spektakuläre Ausblicke.

Es gibt aber noch einen anderen Weg: Von Carrick kommend nimmt man den **Pilgrim Path**, der an der Nebenstraße rechter Hand vor der Abzweigung zu den Slieve-League-Klippen ausgeschildert ist. Zurück geht's über den One Man's Pass und die Straße, die zum Aussichtspunkt führt (insgesamt 12 km; 4–6 Std.).

Besonders schön sind die Klippen bei Sonnenuntergang, wenn die Wellen an die Felsen branden und der Ozean die letzten Sonnenstrahlen reflektiert. Schaut man nach unten, fällt der Blick auf zwei Felsen, die aus ganz offensichtlichen Gründen *giant's desk and chair* („Tisch und Stuhl des Riesen") genannt werden.

Studio Donegal MÜHLE

(☎ 074-973 8194; www.studiodonegal.ie; Glebe Mill, Kilcar; ⏲ ganzjährig Mo–Fr 9–17.30 Uhr, Mai–Okt. auch Sa 9.30–17 Uhr) GRATIS Obwohl in den 1960er-Jahren auf maschinelle Weberei umgestellt wurde, läuft die Produktion handgesponnener und -gewebter Tweeds hier schon seit mehr als 100 Jahren. Oft dürfen Besucher den Angestellten im oberen Stockwerk bei der Arbeit zuschauen. Im Laden stehen Jacken, Hüte, Überdecken und mehr zum Verkauf.

Nuala Star Teelin BOOTSTOUR

(☎ 074-973 9365; www.sliabhleagueboattrips.com; Teelin Pier; Tour 20–25 € p. P.; ⏲ April–Okt. variieren) Bootstouren entlang der Sleave-League-Klippen können spektakulär sein. Oft sieht man unterwegs auch Delfine.

Schlafen & Essen

Derrylahan Independent Hostel HOSTEL €

(☎ 074-973 8079; http://homepage.eircom.net/~derrylahan; Derrylahan, Kilcar; Zeltstellplatz 8 € pro Pers., B/DZ 18/50 €; @ 📶) Das rustikale, gut geführte IHH-Hostel befindet sich in hügeliger, windiger und eindrucksvoller Lage auf einem Bauernhof. Es bietet 32 Betten in komfortablen Zimmern mit eigenen Bädern sowie viele hübsche Zeltplätze. Wer vorab reserviert, kann Fahrräder leihen (20 €). Die Unterkunft liegt an der Küstenstraße 3 km westlich von Kilcar. Abholung möglich.

Inishduff House B&B €€

(☎ 074-973 8542; www.inishduffhouse.com; abseits der R263, Largy, Kilcar; EZ/DZ 50/85 €; 📶) Rund 5 km östlich von Kilcar lockt das moderne B&B mit großen, komfortablen Zimmern, einer vielfältigen Frühstückskarte und wundervollem Meerblick. Die Atmosphäre passt zum sonnigen Anstrich der Außenwände.

★ **Ti Linn Cafe** IRISCH €

(☎ 074-973 9077; www.slieveleaguecliffs.ie; Teelin; Hauptgerichte 4–9 €; ⏲ Ostern–Sept. tgl. 10.30–17.30 Uhr, Feb.–Ostern & Okt.–Nov. Fr–Di; 📶) In dem unkonventionellen Café/Kunstgalerie im Slieve League Cliffs Centre wird großartiger Kaffee serviert. Außerdem gibt's leckeres Gebäck, Sandwiches und warme Mittagsgerichte.

Rusty PUB €€

(☎ 074-973 9101; www.therusty.info; Teelin; Hauptgerichte 6–20 €; ⏲ Mai–Sept. tgl. 10.30–23.30 Uhr, sonst kürzere Öffnungszeiten) Großartiges Pub mit traditionellen Musikkonzerten im Sommer und einfachen Bargerichten. Das Rusty liegt in der Nähe der Abzweigung zu den Slieve-League-Felsen.

Praktische Informationen

Áislann Chill Chartha (☎ 074-973 8376; www.aislann.ie; Main St, Kilcar; ⏲ Mo–Fr 9–22, Sa 10–18 Uhr) Gemeindezentrum mit angeschlossener Touristeninformation.

Auskünfte zur Umgebung bietet auch das hervorragende **Slieve League Cliffs Centre** (☎ 074-973 9077; www.slieveleaguecliffs.ie; Teelin; ⏲ Ostern–Sept. tgl. 10.30–17.30 Uhr, Feb.–Ostern, Okt. & Nov. Fr–Di; 📶) in Teelin, das auch mit einem Café aufwartet und Archäologie- bzw. Wanderkurse im Programm hat. Es befindet sich an der Straße zu den Slieve-League-Felsen.

An- & Weiterreise

Bus Éireann fährt ein- bis dreimal täglich von Donegal nach Kilcar (10 €) und Carrick (12 €).

Glencolumbcille & Umgebung

270 EW.

Wer die drei Pubs, die Strände, die schönen Wanderpfade und das kleine Heimatmuseum von Glencolumbcille (Gleann Cholm Cille) erlebt hat, ist gewiss anderer Meinung als die Einheimischen, die behaupten, hier sei wenig zu sehen.

Nähert man sich Glencolumbcille vom **Glengesh Pass** her, verstärkt sich der Eindruck von der weltfernen Lage des traumhaft schönen Hafens. Der Weg führt scheinbar endlos an Hügeln und Mooren vorbei, ehe das Meer auftaucht, gefolgt von dem engen grünen Tal und dem kleinen Gaeltacht-Dorf.

Bereits seit 3000 v. Chr. ist der Ort besiedelt, davon zeugen viele steinzeitliche Funde in der Umgebung. Angeblich hat hier der hl. Colmcille (Columba) im 6. Jh. ein Kloster gegründet (daher der Name, der „Kirche des Tals von Columba" bedeutet). Er christianisierte die steinzeitlichen stehenden Steine, indem er ein Kreuz hineinmeißelte. Am Columba's Feast Day (9. Juni) wandern die Gläubigen Schlag Mitternacht um die Steine und die Ruine der Cholm Cille's Chapel. Die Prozession ist als An Turas Cholm Chille bekannt (das gälische Wort *turas* bedeutet „Pilgerschaft" oder „Reise"). Danach findet um 3 Uhr eine Messe in der Dorfkirche statt.

Sehenswertes

★ Doonalt Beach STRAND

Gleich westlich von Glencolumbcille erstreckt sich in **Doonalt** ein toller Sandstrand mit kräftigen Wellen. Zugang besteht vom Parkplatz gegenüber dem Heimatmuseum.

Malinbeg Beach STRAND

6 km hinter dem Folk Village liegt **Malinbeg**, eine geschützte Bucht zwischen niedrigen Klippen. Hier gelangt man über 60 Stufen zu einem weiteren herrlichen kleinen Strand hinunter.

Father McDyer's Folk Village MUSEUM

(www.glenfolkvillage.com; Doonalt; Erw./Kind 4,50/2,50 €; ⏲ Ostern–Sept. Mo–Sa 10–18, So 12–18 Uhr) 1967 gründete der vorausschauende Pater James McDyer das Folk Village, um die Traditionen für die Nachwelt zu erhalten. Es ist in Cottages untergebracht, die im Stil des 18. und 19. Jhs. nachgebaut und mit einer authentischen Einrichtung ausgestattet wurden. Im *shebeen* (illegaler Trinkort) bekommt man ungewöhnliche lokale Weine, die aus Zutaten wie Seetang und Fuchsien hergestellt werden. Das Museum liegt 3 km westlich des Dorfes am Strand.

Aktivitäten

Die St. Columba's Church aus dem 19. Jh. dient als Ausgangspunkt für verschiedene Wanderungen (für Details siehe www.glencolmcille.ie), darunter die 5,5 km lange Pilgerroute **An Turas Cholm Cille**, die zu mehreren prähistorischen, oft mit frühchristlichen Symbolen versehenen Steinplatten und zu einer alten dem hl. Colmcille geweihten Kapelle führt. Viele Platten befinden sich auf Privatgrundstücken, aber die Besitzer lassen Wanderer von Juni bis August immer sonntags passieren. Manche Steine sind auch ganzjährig zugänglich.

Zwei ausgeschilderte Rundwanderwege laden zu tollen Ausflügen in die wildromantische Landschaft jenseits der Ortschaft ein. Der **Tower Loop** (10 km; 2–3 Std.) verläuft gen Norden zu einem Funkturm, der auf traumhaften Küstenklippen thront. Über den anstrengenderen **Drum Loop** (13 km; 3–4 Std.) geht's in die Hügel nordöstlich von Glencolumbcille.

NICHT VERSÄUMEN

DONEGALS BESTE STRÄNDE

Donegals wilde zerklüftete Küste ist mit breiten unberührten Stränden und lauschigen Buchten übersät. Unsere Favoriten:

➡ **Tramore** (S. 480) Wer an dem abgelegenen Küstenabschnitt durch die Dünen westlich von Dunfanaghy wandert, stößt auf diesen unberührten Strand.

➡ **Carrick Finn** (S. 476) Ein zauberhafter unbebauter Sandstreifen in der Nähe des Donegal Airport.

➡ **Portnoo** (S. 474) Hinter der dreiecksförmigen geschützten Bucht erstrecken sich wellige Hügel.

➡ **Ballymastocker Beach** (S. 491) Ein langer Sandstreifen mit türkisfarbenem Wasser.

➡ **Culdaff** (S. 496) Der lange goldene Strand wird gern von Familien besucht.

➡ **Rossnowlagh** (S. 465) An dem wunderschönen weißen Sandstrand kann man gut surfen lernen.

Kurse

Oideas Gael KULTUR

(☎ 074-973 0248; www.oideas-gael.com; 3-/7-tägiger Kurs ab 100/220 €; ⏲ Mitte März–Okt.) 1 km westlich vom Ortszentrum bietet die Foras Cultúir Uladh (Kulturstiftung Ulster) Erwachsenenkurse für die irische Sprache und Kultur inklusive Tanz, Malerei und Musikinstrumenten sowie Wandertouren durch die hügelige Umgebung an. Auf Wunsch vermitteln die Angestellten Pensionszimmer oder Ferienwohnungen (ca. 30 € pro Person/Nacht).

Schlafen & Essen

In der Gegend gibt's mehrere tolle Budgetunterkünfte, beim Essen beschränkt sich die Auswahl aber auf einen kleinen Lebensmittelladen und ein Café in Glencolumbcille. Zudem gibt's ein paar Pubs, die einfache Snacks servieren.

Dooey Hostel HOSTEL €
(☎ 074-973 0130; www.independenthostelsireland.com; Dooey; Stellplätze 10 € pro Pers., B/DZ 16/32 €) Das in den Hang gebaute charmante Hostel (32 Betten) verfügt über eine einfache, saubere, behagliche Ausstattung und bietet einen herrlichen Ausblick auf den Ozean und die Berge. Wer hier übernachten möchte und mit dem Auto anreist, biegt gleich hinter der Glenhead Tavern links ab; von dort sind es noch 1,5 km. Wanderer können den Pfad hinterm Folk Village nehmen. Nur Barzahlung.

Malinbeg Hostel HOSTEL €
(☎ 074-973 0006; www.malinbeghostel.com; Malinbeg; B/EZ/DZ 15/20/38 €; ⏲ Dez.–Mitte Jan. geschl.) An einem entlegenen Küstenstrich nahe des Silver Strand Beach liegt dieses moderne Hostel mit seinen sauberen Zimmern (z. T. mit Privatbad).

Glencolumbcille Lodge GÄSTEHAUS €
(☎ 074-973 0302; www.ionadsuil.ie; EZ/DZ ab 45/60 €; 📶) Nicht weit vom Dorf befindet sich das selbsternannte „Hill Walkers Centre" mit Blick auf idyllische Schafweiden. Die Doppel- und Zweibettzimmer mit privaten Bädern sind absolut in Ordnung und es gibt eine sehr große Gemeinschaftsküche. Angesichts des Wetters können der Trockenraum für Kleider und das Torffeuer sehr praktisch sein.

Shoppen

Glencolmcille Woollen Mill KLEIDUNG
(☎ 074-973 0069; www.rossanknitwear.ie; Malinmore; ⏲ März–Okt. 10–20 Uhr, Nov.–Feb. bis 17.50 Uhr) Hier kann man sich mit Tweedjacken, -mützen und -krawatten sowie Schals aus Schafwolle eindecken und manchmal auch den Webern bei der Arbeit zusehen. Der Laden liegt 5 km südwestlich von Glencolumbcille in Malinmore.

An- & Weiterreise

Bus Éireann nach/von Killybegs (9 €, 45 Min.) hält ein- bis zweimal täglich in Glencolumbcille (die Busstrecke endet hier).

Maghery & der Glengesh Pass

630 EW.

Eine herrlich abgeschiedene, 25 km lange einspurige Straße führt von Glencolumbcille über den kargen Glengesh Pass (Glean Géis, was so viel wie „Tal der Schwäne" bedeutet) nach Ardara. Dies ist eine der malerischsten Autorouten Donegals. Unterwegs kann man an mehreren Stellen anhalten und uralte Torffelder betrachten.

Das winzige, idyllisch an der Nordküste der Halbinsel gelegene Maghery befindet sich 9 km westlich von Ardara. Wer den Strand Richtung Westen entlangspaziert, gelangt zu einem Felsvorsprung mit zahlreichen Höhlen. Während Cromwells zerstörendem Feldzug im 17. Jh. versteckten sich hier 100 Dorfbewohner, doch es wurden bis auf einen alle gefunden und getötet. 1,5 km östlich von Maghery stößt man auf den wunderschönen **Assarancagh Waterfall**.

Ardara

740 EW.

Ardara (arda-*rah*) bietet Zugang zu den Serpentinen am Glengesh Pass und ist das Herz der Tweed- und Strickwarenproduktion der Grafschaft. Hier lernt man das traditionelle Kunsthandwerk der Region kennen und kann den Webern bei der Arbeit zuschauen.

Sehenswertes & Aktivitäten

Ardara Heritage Centre MUSEUM
(☎ 087 286 8657; Main St; ⏲ Ostern–Sept. Mo–Sa 10–17, So 14–17 Uhr) GRATIS Das von ehrenamtlichen Mitarbeitern geführte Heimatmuseum im alten Gerichtshof präsentiert die Geschichte des Donegaler Tweeds vom Schafscheren bis hin zum Färbe- und Webprozess.

Don Byrne FAHRRADVERLEIH
(☎ 074-954 1658; www.donbyrnebikes.com; West End; Leihrad ab 17 € pro Tag; ⏲ Di–Sa 10–18 Uhr) Hat eine große Auswahl an Rädern und gibt gute Tipps zu Radstrecken.

Festivals

Cup of Tae Festival MUSIK
(☎ 087 242 4590; www.cupoftaefestival.com; Kurse ab 50 €) Das Cup-of-Tae-Festival wird Anfang Mai mit traditionellen Musikern, Tänzern, Geschichtenerzählern und einer Musikschule gefeiert. Die Veranstaltung ist nach John

„The Tae" Gallagher, einem lokalen Musiker, benannt, und aufgrund ihrer Überschaubarkeit sehr angenehm. Während dieser Zeit finden in vielen Pubs kostenlose Livekonzerte statt.

Schlafen & Essen

Gort na Móna B&B €

(074-953 7777; www.gortnamonabandb.com; Donegal Rd, Cronkeerin; EZ/DZ 50/70 €;) In den riesigen, aber gemütlichen und farbenfrohen Zimmern dieser Pension fühlt man sich gleich wie zu Hause. Zum Frühstück gibt's Marmelade aus eigenen Erdbeeren. Das B&B liegt 2 km südöstlich von Ardara an der alten Straße nach Donegal.

Bayview Country House B&B €

(074-954 1145; www.bayviewcountryhouse.com; R261; EZ/DZ 50/76 €; April–Mitte Okt.;) Von dem zweckmäßigen B&B gleich nördlich des Dorfes genießt man einen tollen Blick auf die Bucht. Die Pension hat geräumige Zimmer mit schöner Blumenbettwäsche und makellosen Bädern. Es gibt einen Holzfeuerkamin, hausgemachte Brote und Scones, und die Gäste werden herzlich empfangen.

★ **Woodhill House** HOTEL €€

(074-954 1112; www.woodhillhouse.com; Woodhill; EZ/DZ ab 69/100 €, Abendmenü 40 €; Abendessen 17–21 Uhr;) In diesem Herrenhaus, das teilweise bis ins 17. Jh. zurückdatiert, lebte einst die letzte Familie Irlands, die kommerziellen Walfang betrieb. Obwohl man heute kaum mehr die Worte „Wal in Sicht!" hören wird, findet man in den zehn komfortablen Zimmern und hübschen Gärten jede Menge Erinnerungen an die Geschichte des Hauses. Das Hotel liegt nur 300 m östlich des Ortszentrums und ist vor allem für seine irischen Abendmenüs bekannt.

In der Bar gibt's viele verschiedene Biersorten.

★ **Nancy's Bar** IRISCH €

(074-954 1187; www.nancysardara.com; Front St; Hauptgerichte 7–15 €; Küche März–Okt. tgl. 12–21 Uhr, Nov.–Feb. Sa & So;)) Das altmodische Pub-Restaurant, das bereits seit sieben Generationen im Besitz ein und derselben Familie ist, zählt zu den besten Orten der Gegend, wenn es um traditionelle Musikkonzerte geht. Zu den Spezialitäten gehören Fischgerichte und *chowder*, eine Suppe aus Meeresfrüchten, außerdem trifft man in der Kneipe immer nette Leute.

Sheila's Coffee & Cream CAFÉ €

(074-953 7905; Main St; Hauptgerichte 4–10 €; Mo–Sa 9–17.30 Uhr;) Eine kleine, bei Einheimischen beliebte Café-Bäckerei im Kulturzentrum mit einer guten Auswahl an warmen Gerichten wie Quiche und Lasagne und köstlichen Desserts. Außerdem bekommt man hier selbst gebackenes Brot.

West End Café IRISCH €

(074-954 1656; Main St; Hauptgerichte ab 5€; 13–23.30 Uhr) Das lange als „Whyte's" bekannte Café wird für seine superfrischen Fish 'n' Chips heißgeliebt. Außerdem im Angebot: Sandwiches und wechselnde Tagesgerichte.

Ausgehen & Nachtleben

Viele Pubs in Ardara, z. B. Nancy's Bar, veranstalten regelmäßig Trad Sessions. Wer die Hauptstraße entlangspaziert, hört die Musik schon aus den Läden schallen.

Corner House PUB

(074-954 1736; The Diamond; So–Do 15 Uhr–open end, Sa & So ab 12 Uhr) Von Juni bis September kommt man hier jeden Abend (ansonsten immer freitags und samstags) in den Genuss toller irischer Musiksessions. Manchmal fängt jemand spontan zu singen an, und wenn die Stimmung gut ist, stimmen alle mit ein.

Shoppen

In Ardara gibt's viele Strickwarengeschäfte und -hersteller. Ein traditioneller Pullover ist ab 60 € zu haben.

★ **Eddie Doherty** KLEIDUNG

(074-954 1304; www.handwoventweed.com; Main St; Mo–Sa 10–18 Uhr, manchmal auch So geöffnet) In diesem Geschäft sitzt Eddie Doherty an seinem traditionellen Webstuhl und erklärt seinen Besuchern gern alle Schritte der Webarbeit.

John Molloy KLEIDUNG

(074-954 1133; www.johnmolloy.com; Killybegs Rd; 9–18 Uhr) Hand- und maschinengefertigte Wollwaren bekommt man in diesem Flagship-Laden.

Kennedy's KLEIDUNG

(074-954 1106; www.kennedyirishsweaters.com; Front St; 9–18 Uhr) Das Kennedy's ist schon seit mehr als hundert Jahren im Geschäft und maßgeblich an Ardaras Ruf als „Pullovermekka" beteiligt.

ABSTECHER

DONEGALS EINZIGE EISENBAHN

Die einzige verbliebene Eisenbahn Donegals ist die **Fintown Railway** (☎074-954 6280; www.antraen.com; abseits der R250, Fintown; Erw./Kind 8/5 €; ⏲ Juni–Mitte Sept. Mo–Sa 11–17, So 13–17 Uhr). Der rot-weiße Dieseltriebwagen aus den 1940er-Jahren wurde liebevoll in seinen Originalzustand versetzt und legt ein 5 km langes, wiederhergestelltes Teilstück einer früheren Strecke entlang des malerischen Lough Finn zurück. Für die Hin- und Rückfahrt (kommentiert) benötigt er etwa 40 Minuten. Fintown liegt 20 km nordöstlich von Glenties an der R250.

Als 1895 die erste hustende Dampflok in Donegal eintraf, gaben die Einheimischen der monströsen Maschine den Namen Black Pig (Schwarzes Schwein). Die Züge brachten mehr Leben in die isolierten Gemeinden des Countys und sorgten für die dringend benötigte Verbindung zum Rest des Landes. Zur Blütezeit der irischen Eisenbahn durchzogen über 300 km Schmalspurgleise das Land, aber nach dem Zweiten Weltkrieg ließ der Bedarf nach. Im Juni 1947 wurden die Verbindungen für Passagiere gestrichen und 1952 stellte man schließlich auch den Güterzugverkehr ein.

ℹ Praktische Informationen

Die ehrenamtlich geführte **Touristeninformation** (☎074-954 1704; www.ardara.ie; Ardara Heritage Centre, Main St; ⏲ März–Okt. Mo–Fr 10–18, Sa 11–16 Uhr) bietet – auch wenn keine Mitarbeiter vor Ort sind – jede Menge guter Infos inklusive einer Karte, auf der Wanderrouten verzeichnet sind.

ℹ Anreise & Unterwegs vor Ort

Bus Éireann aus Donegal (10 €, 25 Min.) hält zwei- bis dreimal täglich am Heritage Centre in Ardara und fährt dann weiter nach Glenties.

Loughrea Peninsula

Die Zwillingsorte **Narin** und **Portnoo** liegen am westlichen Ende eines bezaubernden blau beflaggten Strandes. Im Südwesten der von grasbewachsenen Dünen umrahmten Halbinsel erstreckt sich der wunderschöne **Tramore Beach**. 1588 lief dort ein Teil der Spanischen Armada auf Grund. Die Überlebenden ließen sich zeitweise auf O'Boyle's Island im Kiltoorish Lake nieder und marschierten dann nach Killybegs, wo sie mit der *Girona* wieder in See stachen. Allerdings erlitt dieses Schiff noch im selben Jahr ein ähnliches Schicksal in Nordirland. Mehr als 1000 Seeleute kamen dabei ums Leben.

◉ Sehenswertes

★ Iniskeel Island INSEL

Bei Ebbe kann man diese winzige Insel zu Fuß erreichen – von der Spitze des blau beflaggten Strandes aus, der sich zwischen Narin und Portnoo erstreckt. Der hl. Connell, ein Cousin des hl. Colmcille (Columba), gründete hier im 6. Jh. ein Kloster. Daneben gibt's aber noch weitere frühmittelalterlich-christliche Relikte, darunter zwei Kirchenruinen und ein paar verzierte Grabsteine.

Dolmen Ecocentre ARCHÄOLOGISCHE STÄTTE

(☎074-954 5010; www.dolmencentre.com; R261, Kilclooney; ⏲ Mo–Fr 9–17 Uhr) In diesem Zentrum erfährt man mehr über die prähistorischen Stätten der Region, z. B. das prachtvolle **Kilclooney More Court Tomb** und ein schildkrötenförmiges Ganggrab, das an einem kleinen Pfad links von der Kirche liegt.

Schlafen & Essen

★ Carnaween House B&B €€

(☎074-954 5122; www.carnaweenhouse.com; Narin; EZ/DZ 60/120 €, Cottage ab 210 €, Hauptgerichte 15–25 €; ⏲ Küche Juni–Sept. Do–So 18–21, So 13–16 Uhr, sonst kürzere Öffnungszeiten; 📶) Das Carnaween House glänzt mit strahlend weißen Zimmern im luxuriösen Strandhausstil. Der Sand am angrenzenden Strand ist fast genauso weiß. Im Restaurant wird moderne irische Küche serviert, der Schwerpunkt liegt jedoch auf Meeresfrüchten und Pasta. Wer einen Tisch am Fenster reserviert, kann den herrlichen Ausblick auf den Sonnenuntergang genießen.

Glenties

800 EW.

Das stolze Örtchen Glenties (Na Gleannta) thront am Fuße von zwei Tälern, hinter denen die Blue Stack Mountains aufragen. Hier kann man in herrlicher Landschaft **angeln** und **wandern**. Zudem ist das Dorf mit dem

Dramatiker Brian Friel verbunden, dessen Stück *Dancing at Lughnasa (Tanz in die Freiheit)* in Glenties spielt. Das Werk über vier unverheiratete Schwestern, die in den 1930er-Jahren in Irland leben, wurde später mit Meryl Streep in der Hauptrolle verfilmt.

Brennan's B&B (☎ 074-955 1235; www.brennansbnb.com; Main St; EZ/DZ ab 45/70 €; 📶) am südlichen Ende des Ortszentrums vermietet gemütliche Gästezimmer und verfügt über eine riesige Küche sowie eine Hundehütte.

Bus Éireann hält auf der Strecke Donegal–Dungloe zweimal täglich in Glenties. **Doherty's Travel** (www.dohertyscoaches.com) hat montags bis samstags täglich einen Bus nach Letterkenny auf dem Fahrplan (10 €).

NORDWESTLICHES DONEGAL

In Irland gibt's kaum eine Region, die es mit der wilden Schönheit des Nordwestens von Donegal aufnehmen kann. Das felsige Gaeltacht-Gebiet zwischen Dungloe und Crolly mit seinen glitzernden Seen, gräulich-pinken Granitkuppen und goldenen Atlantikstränden wird Rosses (Na Rossa) genannt. Weiter nördlich, zwischen Bunbeg und Gortahork, ist die Landschaft nicht ganz so idyllisch, denn dort sind überall Ferienhäuser aus dem Boden geschossen. Arranmore und Tory, vorgelagerte Inseln, gelten als faszinierende Ziele für alle, die eine traditionelle Lebensweise kennenlernen möchten.

Dungloe

1200 EW.

Dungloe (An Clochán Liath), Hauptknotenpunkt der Rosses, ist eine geschäftige kleine Stadt mit zahlreichen Einrichtungen für Touristen.

Sehenswertes & Aktivitäten

Daniel O'Donnell Visitor Centre BESUCHERZENTRUM

(☎ 074-952 2334; www.danielodonnellvisitorcentre.com; Main St; Eintritt 5 €; ⏲ Mo–Sa 10–18, So 11–18 Uhr) Das Museum ist dem aus Dungloe stammenden Sänger Daniel O'Donnell gewidmet und erinnert ein wenig an einen Schrein („Dies ist sein Hochzeitsanzug!"). Der extrem beliebte „Wee Daniel" ist für seine irische Folk- und Countrymusik und Hits wie *My Donegal Shore* bekannt.

Charlie Bonner's Tackle Shop ANGELN

(☎ 074-952 1163; The Bridge; ⏲ Mo–Sa 10–18 Uhr) Das Angeln nach Lachsen und Forellen im Fluss Dungloe und im Lough Dungloe ist sehr beliebt. Ausrüstung und Lizenzen bekommt man bei **Bonner's**; hier kann man auch Guides anheuern.

Feste & Events

Mary From Dungloe Festival MUSIK

(☎ 074-952 1254; www.maryfromdungloe.com; ⏲ Ende Juli–Anf. Aug.) Jedes Jahr im Sommer findet in Dungloe das zehntägige Mary-from-Dungloe-Festival statt. Während der Feierlichkeiten wird eine „neue Maria" gekrönt. Bekanntheit erlangte dieses Ereignis Ende der 1960er-Jahre durch den Nummer-Eins-Hit *Mary from Dungloe* von Emmet Spiceland.

Praktische Informationen

Die kleine **Touristeninformation** (☎ 074-952 1297; www.dungloe.info; Chapel Rd; ⏲ ganzjährig Mo–Fr 10–17 Uhr, Juni–Sept. auch Sa & So) befindet sich im Gemeindezentrum Ionad Teampall Chróine, das in einer alten Kirche untergebracht ist.

An- & Weiterreise

Aus Donegal fährt zwei- bis dreimal täglich eine Bus-Éireann-Linie via Killybegs, Ardara und Glenties nach Dungloe (10 €, 1½ Std.).

Busse von **Doherty's Travel** (☎ 074-952 1105; www.dohertyscoaches.com) verkehren einmal täglich außer sonntags zwischen Letterkenny und den Rosses. Unterwegs halten sie in Dungloe (10 €, 1¼ Std.), Burtonport, Kincasslagh und Annagry.

Burtonport & Annagry

590 EW.

Das winzige, nicht besonders aufregende Burtonport (Ailt an Chorráin) dient als Ausgangspunkt für Ausflüge auf die Insel Arranmore und hat im Laufe der Jahre eine ganze Menge berühmte Persönlichkeiten angelockt. In den 1970er-Jahren war hier die Atlantis-Kommune zu finden, deren bevorzugte Therapieform ihr damals den Spitznamen „the Screamers" einbrachte. Später verzog sich die Gruppe in den kolumbianischen Urwald. Heute wirkt das Dorf wie ein ganz normaler Ort.

Annagry ist eine hübsche Kleinstadt und liegt an einem Priel.

Sehenswertes & Aktivitäten

Carrick Finn Beach STRAND

(abseits der R259, Kincasslagh) Wer die Küstenstraße von Burtonport aus nach Norden nimmt, erreicht das malerische Örtchen **Kincasslagh** (Cionn Caslach), wo alte Cottages auf Felsnasen balancieren. In Carrick Finn erstreckt sich ein Strand mit blauer Flagge. Er ist trotz seiner Nähe zum Donegal Airport wunderbar unberührt. Im Hintergrund erheben sich die Berge.

Rapid Kayaking KAJAKFAHREN

(☎ 086 151 0979; www.rapidkayaking.com; Carrick Finn, Annagry; Kajaktouren ab 25 €; ⌚ Juni–Sept.) Bietet diverse Kajaktouren auf dem Meer und durch die Meeresarme. Bei den Trips werden Höhlen erkundet und oft kann man auch Delfine beobachten.

Schlafen & Essen

Limekiln House B&B €

(☎ 074-954 8521; www.limekilnhouse.com; Carrick Finn, Kincasslagh; Zi. 60–80 €) Rosemary Boyd hat sowohl für ihre Handwerks- als auch für ihre Backkunst (die Butterkekse: Herrlich!) schon zahlreiche Preise eingeheimst. Beides kann man im gemütlichen Limekiln House – geschmückt mit ihren Ölgemälden, Wandteppichen und Stickereien – aus erster Hand erleben. Zwei der vier Zimmer verfügen über private Badezimmer.

Caisleain Oir Hotel HOTEL €

(☎ 074-954 8113; www.donegalhotel.ie; Annagry; EZ/DZ ab 55/70 €; 📶) 20-Zimmer-Hotel mit herrlichem Blick über den Priel. Die Zimmer entsprechen dem Standard, die Bar ist sehr beliebt und die Frühstücksauswahl groß und gut.

Lobster Pot FISCH & MEERESFRÜCHTE €€

(Kelly's; ☎ 074-954 2012; www.lobsterpot.ie; Main St, Burtonport; Hauptgerichte 10–30 €; ⌚ Küche 12–21 Uhr, Pub bis open end) Den riesigen Fiberglashummer an der Außenwand des Lobster Pot kann man beim besten Willen nicht übersehen; er blickt direkt auf den geschäftigen Fischereihafen. In dem Pub-Restaurant gibt's eine große Auswahl an Fisch und Meeresfrüchten. Wenn auf dem riesigen Fernseher wichtige Spiele übertragen werden, ist das Lokal gerammelt voll. Wir empfehlen die gigantische Meeresfrüchteplatte – vollbeladen mit Hummer, Krabben, Muscheln, Lachs, Garnelen und anderen Leckereien.

★ **Danny Minnie's Restaurant** MODERN IRISCH €€€

(☎ 074-954 8201; R266, Annagry; Hauptgerichte ab 25 €; ⌚ Juni–Aug. Mo–Sa 18.30–21.30, So 13–16 Uhr, Sept.–Mai kürzere Öffnungszeiten) Das äußerst beliebte familiengeführte Dorfrestaurant überzeugt seit 1962 mit seiner Gourmetküche aus innovativen, saisonal wechselnden Gerichten. Der Küchenchef Brian O'Donnell hat eine eigene Gaeltacht-Kochshow im irischen Fernsehen. Manchmal ist auch eines der mit vielen Antiquitäten eingerichteten Zimmer frei.

Arranmore Island

510 EW.

Die winzige Insel Arranmore (Árainn Mhór) mit ihren sauberen Sandstränden erstreckt sich 5 km von der Küste entfernt inmitten von dramatischen Klippen und ausgewaschenen Meereshöhlen. Sie ist nur 9 km lang und 5 km breit und schon seit der frühen Eisenzeit (800 v. Chr.) besiedelt. Auf der Südostseite erhebt sich eine prähistorische Festung. Der Westen und Norden sind wild und zerklüftet; nur wenige Häuser stören hier die Einsamkeit.

Von der Südwestspitze blickt man auf das Vogelschutzgebiet **Green Island**, das nicht öffentlich zugänglich ist. Hier hausen Wachtelkönige, Schnepfen und viele Seevögel. Auf Arranmore wird hauptsächlich Irisch gesprochen, die Bewohner können sich jedoch fast alle auch auf Englisch verständigen.

Aktivitäten

★ **Arranmore Way** WANDERN

Wanderwege gibt es einige, der beste ist der Arranmore Way (Slí Árainn Mhór), der die Insel umrundet (14 km; 3 bis 4 Std.).

Dive Arranmore Charters TAUCHEN

(☎ 086 330 0516; www.divearranmore.com; Charterboot 240 € pro halbem Tag, 35 € pro Tauchgang) Jim Muldowney kennt die kristallklaren (und kalten) Gewässer rund um die Insel in- und auswendig. Es gibt etwa ein Dutzend namhafter Tauchspots.

Schlafen & Essen

Arranmore lässt sich gut im Rahmen eines Tagesausflugs besuchen, doch es besteht auch die Möglichkeit, in einem der Hotels oder familiengeführten B&Bs unterzukommen. Sämtliche Pubs der Insel locken mit behaglichen Torffeuern und traditionellen Musiksessions und sind teilweise sogar rund um die Uhr geöffnet.

Claire's Bed & Breakfast B&B €
(☎074-952 0042; www.clairesbandb.wordpress.com; Leabgarrow; EZ/DZ ab 40/60 €; 📶) Das moderne B&B direkt am Fährhafen vermietet einfache Zimmer.

Anreise & Unterwegs vor Ort

Bei Ankunft der Fähren stehen Inseltaxis bereit.

Arranmore Fast Ferry (☎087 317 1810; www.arranmorefastferry.com; Burtonport; hin & zurück pro Pers. 15 €) Setzt üblicherweise in weniger als 15 Minuten zur Insel über.

Arranmore Island Ferry (☎074-952 0532; www.arranmoreferry.com; Burtonport; hin & zurück Erw./Kind/Auto & Fahrer 15/7/30 €) Die große Autofähre benötigt 20 Minuten für die Überfahrt und verkehrt ganzjährig ein- bis achtmal täglich.

Gweedore & Umgebung

4300 EW.

Das Gaeltacht-Gebiet Gweedore (Gaoth Dobhair), ein loser Verbund kleiner Ortschaften zwischen der N56 und der Küste, ist die am dichtesten besiedelte ländliche Region Europas, der größte irischsprachige Bezirk des Landes, ein Zentrum traditioneller Musik und Kultur und die Wiege diverser keltischer Bands und Musiker wie Altan, Enya und Clannad.

Trotz der rauen, windgepeitschten Landschaft reihen sich an vielen Küstenabschnitten Ferienhäuser aneinander und die „Dörfer" Derrybeg (Doirí Beaga) sowie Bunbeg (Bun Beag) an der R257 sind gewissermaßen zusammengewachsen. Die Zeichen der Zivilisation setzen sich im Norden bis zur spektakulären Landspitze **Bloody Foreland** fort; der Name ist der blutroten Farbe der Felsen bei Sonnenuntergang geschuldet.

Mit dem Fahrrad lässt sich das Areal hervorragend erkunden. Auf schmalen Sackgassen gelangt man zu abgeschiedenen Buchten und Stränden. Abseits der Küste wird die trostlose, aber dennoch spektakulär schöne Gegend nur von kleinen fischreichen Seen unterbrochen. Auf der landschaftlich interessanten N56, die östlich aus Gweedore herausführt, kann man einen reizvollen Ausflug mit dem Auto unternehmen.

Schlafen & Essen

Viele Pubs servieren auch frühabends warme Gerichte.

Bunbeg Lodge B&B €€
(☎087 416 7372; www.bunbeglodge.ie; R257, Bunbeg; EZ/DZ ab 45/70 €; 📶♿) Eine hervorragende Pension mit geräumigen, modernen Zimmern, die einen guten Blick auf Strand und Meer bieten. Nach dem herzhaften Frühstück sollte man sich mit den Gastgebern unterhalten, die viel Interessantes über die Gegend zu berichten wissen.

Bunbeg House B&B €€
(Teach na Céidhe; ☎074-953 1305; www.bunbeghouse.com; The Harbour, Bunbeg; EZ/DZ ab 50/80 €; Hauptgerichte 7–15 €; ⏲B&B Ostern–Okt., Café Juni–Sept.) Die umgebaute Getreidemühle hat eine schöne Lage mit Blick auf den Hafen von Bunbeg – man hört es, wenn die nebeneinander vertäuten Holzboote aneinanderstoßen. Auch Nichtgäste können sich hier im Sommer hausgemachte Fischsuppe, Fishermen's Pie oder Krebsfleischsandwiches zu Gemüte führen oder mit einem Pint auf der Barterrasse die Sonne genießen

Ausgehen & Nachtleben

Aus den zahlreichen gemütlichen Pubs der Gegend schallen Fiedel-, Flöten- und Blechflötentöne.

★ **Leo's Tavern** PUB
(☎074-954 8143; www.leostavern.com; abseits der R259, Crolly; Hauptgerichte 12–20 €; ⏲Servierzeiten Mai–Sept. Mo–Fr 17–20.30, Sa & So 13–20.30 Uhr, Okt.–April kürzere Öffnungszeiten; 📶) Man weiß nie im Voraus, wer für eine der legendären *singalongs* (Musiksessions) in Leo's Tavern auftaucht. Im Sommer gibt's jeden Abend Livemusik und auch im Winter finden regelmäßig Konzerte statt. Dazu wird leckere irische Kneipenkost serviert. Wer hier essen möchte, folgt der R259 von Crolly aus 1 km Richtung Flughafen und hält dort Ausschau nach den Schildern zum Leo's.

Der Laden gehört Leo und Baba Brennan, den Eltern von Enya und deren Geschwistern Moya, Ciaran und Pól (sie bildeten den Kern der Gruppe Clannad, die in ihrer Musik traditionelle und moderne Elemente kombiniert); heute wird er vom jüngsten Sohn Bartley geführt. An den Wänden des Pubs hängen zahlreiche Goldene, Silberne und Platin-Schallplatten.

Teaċ Hiudái Beag PUB
(☎074-953 1016; www.tradcentre.com/hiudaibeag; Bunbeg; ⏲15 Uhr–open end) Musiksessions (montags und freitags), bei denen bis zu zwölf Musiker Flöte, Pfeife, Fiedel, *bodhrán* und manchmal auch irische Warpipes (ein größerer und daher auch lauterer Vorgänger der Highland-Dudelsäcke) spielen – dafür

ist dieses Pub berühmt. Zu finden ist die Kneipe im Ortszentrum; draußen stehen ein paar Picknicktische.

An- & Weiterreise

Bus Feda (☎ 074-954 8114; www.feda.ie) verkehrt zweimal täglich (Fr & So 3-mal) von Gweedore nach Letterkenny (7 €, 1½ Std.), Donegal (10 €, 2¼ Std.), Sligo (12 €, 3¼ Std.) und Galway (20 €, 5½ Std.).

Tory Island

140 EW.

Unmittelbar den peitschenden Seewinden ausgesetzt und von Gischt umnebelt, hat die 11 km vom Festland entfernte Felseninsel Tory (Oileán Thóraí) einiges auszuhalten. Nichts schützt sie vor dem wilden Atlantik und ihre Bewohner müssen hart im Nehmen sein. Trotz dieser Widrigkeiten ist der Landstrich bereits seit 4500 Jahren besiedelt.

Kaum verwunderlich, dass in Tory die irische Kultur kein bloßes Lippenbekenntnis ist, sondern wirklich noch gelebt wird. Man spricht einen eigenen irischen Dialekt und hat sogar einen „König" ernannt, der als Sprecher der Gemeinde agiert und Besucher auf der Insel willkommen heißt. Im Laufe der Jahrhunderte erwarben sich die Insulaner einen Ruf für Schwarzbrennerei und Schmuggel von *poitín* (Torfwhiskey). Am bekanntesten ist Tory jedoch wegen seiner „naiven" Künstler (s. S. 479), deren Gemälde weltweit begehrt sind.

Nachdem 1974 ein acht Wochen dauernder Sturm über die Insel gefegt war, plante die Regierung ihre Räumung, doch Pater Diarmuid Ó Peícín eilte zu Hilfe: Er stellte sich an die Spitze einer internationalen Kampagne, die Geld sammelte, einen regelmäßigen Fährdienst organisierte und für einen Stromanschluss und vieles mehr sorgte. Inzwischen stellt der Niedergang der Fischerei die eisern ausharrenden Einwohner vor neue Probleme.

Die Insel besitzt einen Kiesstrand und zwei Dörfer: **West Town** (An Baile Thiar) mit den meisten Einrichtungen und **East Town** (An Baile Thoir).

Sehenswertes & Aktivitäten

In West Town stehen Cottages neben frühkirchlichen Schätzen. Hier soll der hl. Colmcille (Columba) im 6. Jh. ein Kloster gegründet haben, dessen Überreste noch an manchen Stellen zu sehen sind. Dazu gehört das T-förmige **Tau Cross**, das auf frühe Kontakte zwischen Seefahrern und koptischen Christen aus Ägypten hinweist. Es begrüßt die Fährpassagiere bei ihrer Ankunft. Ganz in der Nähe stößt man auf einen fast 16 m breiten **Rundturm** mit einem abgerundeten Eingang hoch über der Erde.

Auf der Insel gibt's mehrere Fahrradverleihstellen.

★ Tory Way — WANDERN

(An Slí Thoraí) Der Tory Way ist ein markierter Rundweg (die Wandertafel befindet sich 50 m vom Fähranleger entfernt). Er führt zum **Leuchtturm** am Westende und dann zurück zum Ostende der Insel, wo zerklüftete Quarzitklippen und Felsnadeln wie der spektakuläre Tor Mór, ein 400 m langes „Felsenschwert" mit steinernen „Zinnen", aufragen.

Vogelbeobachtung — VOGELBEOBACHTUNG

Tory Island ist ein Paradies für **Vogelbeobachter**. Auf der Insel leben über 100 Seevogelarten, z. B. Wachtelkönige und Kolonien von Papageientauchern.

Schlafen & Essen

Um das Beste aus seinem Besuch zu machen, sollte man eine Übernachtung einplanen und die Insel erkunden, sobald die Tagesausflügler abgereist sind. Im Sommer ist es empfehlenswert, Unterkünfte im Voraus zu buchen.

Tory Island Hostel — HOSTEL €

(☎ 087 298 7407; West Town; 25 € pro Pers.; ⏲ Mai–Sept.) Wenn man von der Fähranlegestelle links abbiegt, erreicht man nach 300 m ein einladendes Hostel. Die sauberen Zimmer sind in hellen Farben gestrichen und bieten tolle Ausblicke.

Hotel Tory — HOTEL €€

(☎ 087 938 5284, 074-913 5920; www.hoteltory.com; West Town; EZ/DZ ab 60/80 €; ⏲ Ostern–Okt.) Das einzige Hotel der Insel ist in einem rustikalen, sonnengelben Gebäude untergebracht und verfügt über 12 einfache, aber komfortable Zimmer. Abends lockt das Pub mit Musik, Tanz und einer tollen Atmosphäre.

Ausgehen & Nachtleben

Club Sóisialta Thórai — GEMEINDEZENTRUM

(Tory Social Club; West Town; ⏲ variieren) Das Gesellschaftliche Leben der Insel konzentriert sich auf dieses fröhliche Pub, die einzige Ausgehmöglichkeit neben der Bar im Hotel

NAIVE KUNST AUF TORY ISLAND

Die eigenwillige Malschule von Tory Island entstand, als der englische Künstler Derrick Hill hier in den 1950er-Jahren viel Zeit verbrachte. Dabei schauten ihm zahlreiche Einheimische neugierig über die Schulter und angeblich sagte einer von ihnen zu Hill: „Das kann ich auch." Dieser selbstbewusste Bewohner hieß James Dixon, ein Autodidakt, der für seine Bilder Bootslack verwendete. Die Farbe trug er mit selbst gemachten Pinseln aus Eselhaar auf. Hill war beeindruckt von der Qualität der Arbeiten Dixons und freundete sich mit ihm an.

Auch andere Einwohner ließen sich zu einzigartigen volkstümlichen und expressiven Inselporträts inspirieren. Einer von ihnen, Patsy Dan Rodgers, ist inzwischen zum Rí Thoraí (König von Tory) gewählt worden. Die Werke des Künstlers wurden bereits auf der ganzen Welt ausgestellt und erzielen bei Auktionen hohe Preise. Die **Glebe House & Gallery** (S. 487) zeigt häufig Bilder von ihm.

Betrachten kann man die berühmten „naiven" Kunstwerke aus Tory Island sowie andere Werke am besten in der **Dixon Gallery** (West Town; ⏲ variieren).

Tory. Ab 20 Uhr geht's langsam los, so richtig in Gang kommt die Stimmung aber erst viel später.

Praktische Informationen

Mehr über die Gegend erfährt man bei **Tory Island Co-op** (Comharchumann Thoraí Teo; ☎ 074-913 5502; www.oileanthorai.com; ⏲ Mo–Fr 9–17 Uhr) unweit der Anlegestelle am Spielplatz sowie im nahegelegenen Kunsthandwerksladen.

Anreise & Unterwegs vor Ort

Donegal Coastal Cruises (Turasmara Teo; ☎ 074-953 1320; www.toryislandferry.com; ⏲ April–Okt. 1- bis 3-mal tgl., Nov.–März seltener) steuert die Insel von Bunbeg (1½ Std.) und Magheraroarty (35 Min.) aus an. Im Juli und August werden manchmal zusätzliche Überfahrten angeboten. Die Abfahrtszeiten richten sich nach dem Wetter und nach den Gezeiten. Bei Gewitter und Sturm kommt es häufig vor, dass Besucher auf Tory festsitzen. Unbedingt Regenkleidung für die Überfahrt anziehen, denn dabei kann es wild zugehen.

Magheraroarty (Machaire Uí Robhartaigh) liegt 4 km nordwestlich von Gortahork an der R257; auf dem Wegweiser steht „Coastal Route/ Bloody Foreland". Bunbeg befindet sich im südwestlichen Teil des Gweedore-Bezirks.

Falcarragh & Gortahork

890 EW.

Falcarragh (An Fál Carrach) ist eine ganz normale Stadt ohne die Ambitionen des nahegelegenen Dunfanaghy. Das benachbarte Gortahork (Gort an Choirce) hingegen ist kaum mehr als ein Klecks in der Landschaft. In beiden Orten lernt man das Alltagsleben in einer Gaeltacht-Region kennen.

Sehenswertes & Aktivitäten

Rauf aufs Fahrrad bzw. hinein in die Wanderschuhe – so kann man die weit verzweigten Straßen und historischen *townlands* (Bauerngemeinden; kleinste administrative Flächeneinheit in Irland) südlich von Falcarragh inklusive der alten Kirche und des Friedhofs auf dem alten Erdwall von **Ballintemple** am besten erkunden.

Zwischen Gortahork und Dunfanaghy dominiert der große graue **Muckish Mountain** (670 m) die Szenerie. Der leichteste Weg hinauf beginnt südöstlich von Falcarragh am höchsten Punkt der R256 durch den Muckish Gap. Oben genießt man eine großartige Aussicht zum Mailin Head und nach Tory Island.

★ **Magheraroarty Beach** STRAND

(Meenlaragh; abseits der R257) Der wundervolle Strand formt einen über 3 km langen Bogen. Am Ufer und in den Dünen gibt's gute Wanderwege, noch besser ist jedoch der Ausblick auf die Inseln, z. B. auf Tory.

Schlafen & Essen

Óstán Loch Altan HOTEL €€

(☎ 074-913 5267; www.ostanlochaltan.com; N56, Gortahork; EZ/DZ ab 50/100 €, Hauptgerichte 10–30 €; ⏲ Küche 12–21 Uhr; 📶) Das große cremefarbene Hotel in der Main Street ist eine von nur wenigen Unterkünften in der Gegend, die das ganze Jahr über Gäste annehmen. Die 39 Zimmer sind im Stilmix gehalten; manche blicken aufs Meer hinaus. In der Bar gibt's ausgezeichnet zubereitete Gerichte, außerdem ist das Restaurant von Juni bis September mittags und abends geöffnet.

Ausgehen & Nachtleben

Teach Ruairí PUB
(☎087 764 6003; Baltoney, Gortahork; ⏲16–23.30 Uhr) Herrlich authentisches Countrypub mit regelmäßiger Livemusik (unplugged). Das Teach Ruairí liegt 3 km südlich von Gortahork an einer Nebenstraße am Ostufer des River Glenna (auf dem Schild steht „An Bhealtaine"). Unter der Woche kann man hier abends und an Wochenenden den ganzen Tag über gutes Kneipenessen bestellen.

Lóistín Na Seamróige PUB
(Shamrock Lodge; Main St/N56, Falcarragh; ⏲12 Uhr–open end) Margaret, die Besitzerin des Pubs, ist in diesem Haus aufgewachsen. Ihre Kneipe zieht jede Menge Einwohner an, besonders freitagvormittags, wenn direkt vor der Haustür ein Markt stattfindet, sowie an den traditionellen Musikabenden im Juli und August.

An- & Weiterreise

Bus Feda (☎074-954 8114; www.feda.ie) Busse dieses Unternehmens fahren von Crolly zur Main Street in Falcarragh und dann weiter nach Letterkenny (7 €, 1 Std.).

Dunfanaghy & Umgebung

320 EW.

Die Häuser dieser hübschen kleinen Ortschaft im Herzen einer der abwechslungsreichsten und schönsten Ecken von Donegal drängen sich am südlichen Abschnitt einer sandigen Bucht. Unterhalb des Muckish Mountain erstrecken sich Moore, Weideland, Meeresklippen, Sandstrände sowie ein Wald und ein See, die nur darauf warten, zu Fuß oder mit dem Rad erkundet zu werden.

Dunfanaghy, das touristische Zentrum von Donegals Nordwesten, und die benachbarten Dörfer **Port-na-Blagh** sowie **Marblehill** warten mit einer großen Auswahl an Unterkünften und exzellenten Restaurants auf.

Sehenswertes

★ Horn Head AUSSICHTSPUNKT
Diese hoch aufragende Landzunge gehört zu den spektakulärsten Abschnitten des Wild Atlantic Way. Ihre heidebedeckten Quarzitklippen sind mehr als 180 m hoch. Die schmale Straße aus Dunfanaghy (4 km) endet an einem kleinen Parkplatz. Von dort aus läuft man 150 m zu einem Aussichtspunkt aus dem Zweiten Weltkrieg bzw. 1,5 km bis zum eigentlichen Horn Head.

An schönen Tagen reicht der Blick bis Tory, Inishbofin, Inishdooey, zu den winzigen Inishbeg-Inseln im Westen, zur Sheep Haven Bay und zur Halbinsel Rosguill im Osten, zum Malin Head im Nordosten und sogar bis zur schottischen Küste.

Ards Forest Park TIERSCHUTZGEBIET
(www.coillteoutdoors.ie; abseits der N56; Parken 5 €, nur 1- & 2-Euro-Münzen akzeptiert; ⏲April–Sept. 8–21 Uhr, Okt.–März 10–16.30 Uhr) In dem 480 ha großen Naturschutzgebiet an der nördlichen Küste der Ards Peninsula (etwa 5 km südöstlich von Dunfanaghy) erstrecken sich viele markierte **Naturwanderwege** von 2 bis 13 km Länge, die u. a. zu sauberen Stränden mit Blick auf die Clonmass Bay führen.

In den Wäldern wachsen verschiedene einheimische Baumarten wie Eschen, Birken und Eichen. Mit etwas Glück entdeckt man Füchse, Igel und Otter. 1930 wurde der südliche Teil der Halbinsel von Kapuzinermönchen besiedelt; das **Klostergelände** ist für Besucher geöffnet.

Tramore Beach STRAND
Tramore, der schönste Strand Dunfanaghys, ist über einen Pfad zu erreichen, der etwa 2 km durch grasbewachsene Dünen nach Westen führt.

Dann wären da noch der breite, einsame **Killahoey Beach**, der sich bis ins Zentrum von Dunfanaghy erstreckt, und der **Marble Hill Strand**, ca. 5 km östlich des Ortes in Port-na-Blagh. An Letzterem reihen sich feststehende Wohnwagen aneinander und im Sommer kann es überfüllt sein.

Dunfanaghy Workhouse HISTORISCHES GEBÄUDE
(☎074-913 6540; www.dunfanaghyworkhouse.ie; Main St, Dunfanaghy; Erw./Kind 5/3 €; ⏲Juli & Aug. tgl. 10–17.30 Uhr, Sept.–Juni Mo–Sa 10–16 Uhr) Das auffällige Steingebäude am Westrand des Ortes diente als örtliches Arbeitshaus und sollte die Armen in Lohn und Brot halten. Die Bedingungen waren entsetzlich. Männer, Frauen, Kinder und Kranke mussten voneinander getrennt wohnen, zudem war ihr Leben eine einzige Schufterei. Heute beherbergt das Haus ein Heritage Centre, das die bewegende Geschichte von Hannah Herrity (1836–1926) erzählt. Darüber hinaus finden hier Sonderausstellungen statt, es gibt ein Café und einen Kunsthandwerksladen.

Als die Hungersnot ausbrach, wurde das Gebäude bald von zahlreichen Menschen bevölkert. Zwei Jahre nach der Eröffnung 1845 lebten dort 600 Personen – doppelt so viele wie ursprünglich geplant.

Aktivitäten

★ Narosa Life WASSERSPORT
(☎086 883 1090; www.narosalife.com; Main St, Dunfanaghy; Surfunterricht Erw./Kind 35/25 €, komplette Surfausrüstung 25 € pro Tag; ⌚10–18 Uhr) Zweistündiger Surfunterricht in Gruppen und Einzelunterricht (90 €, nur im Juli und August), Leihausrüstung, Yoga- und Fitnesskurse sowie geführte Wanderungen zum Tramore Beach, Muckish Mountain und Horn Head.

Dunfanaghy Golf Club GOLF
(☎074-913 6335; www.dunfanaghygolfclub.com; abseits der N56, Dunfanaghy; Golfplatzgebühr wochentags/an Wochenenden 25/30 €) Dieser Golfclub hat einen fantastischen 18-Loch-Platz direkt am Wasser. Er liegt gleich östlich von Dunfanaghy.

Dunfanaghy Stables REITEN
(☎074-910 0980; www.dunfanaghystables.com; Arnolds Hotel, Main St; Erw./Kind 32/27 € pro Std.; ⌚variieren je nach Saison) Organisiert Strandausritte und Ausflüge in die herrliche Umgebung.

Jaws Watersports WASSERSPORT
(☎087 237 1152, 086 173 5109; www.jawswatersports.ie; Main St, Dunfanaghy; Leihausrüstung ab 20 € pro halbem Tag) Man hört sie fast ... die Musik aus *Jaws* (Der weiße Hai). Das Unternehmen bietet Surfunterricht, verleiht Surfausrüstung, Bodyboards und Kajaks und veranstaltet geführte Kajaktouren (35 €).

Schlafen

★ Corcreggan Mill GÄSTEHAUS €
(☎074-913 6409; www.corcreggan.com; abseits der N56, Dunfanaghy; Stellplatz 20 €, B/DZ ab 24/80 €; @📶) 🍃 Die gemütliche Mühle, die von Brendan Rohan mit viel Liebe zum Detail renoviert wurde, beherbergt makellos saubere Vierbettzimmer und Privatzimmer. Ein kontinentales Frühstück ist im Preis inbegriffen. Die Unterkunft befindet sich 2,5 km südwestlich der Stadt an der N56.

Das einfache Abendessen besteht aus Zutaten, die aus dem hauseigenen Garten stammen. Die Zimmer sind unterschiedlich groß und teilweise mit Privatbädern ausgestattet.

Whins B&B €
(☎074-913 6481; www.thewhins.com; abseits der N56, Dunfanaghy; EZ/DZ ab 50/72 €; 📶) Bunte, individuell dekorierte Zimmer mit Patchworkdecken und toller Atmosphäre. Das Frühstück wird im Obergeschoss in einem Raum mit Blick zum Horn Head serviert. Die Pension liegt etwa 750 m östlich des Dorfzentrums gegenüber dem Golfplatz.

Willows B&B B&B €€
(☎074-913 6446; www.thewillowsdunfanaghy.com; Main St, Dunfanaghy; EZ/DZ ab 50/80 €; 📶) Am Westrand der Stadt bietet Willows gemütliche Zimmer, eine großartige Terrasse und einen Grillbereich mit Tisch und Stühlen, wo man lange Sommernächte genießen und die Sterne bewundern kann.

Arnold's Hotel HOTEL €€
(☎074-913 6208; www.arnoldshotel.com; Main St, Dunfanaghy; EZ/DZ ab 80/110 €; ⌚April–Okt.; 📶) Seit 1922 vermietet das familiengeführte Hotel am Ostrand des Dorfes 30 komfortable, aber unpersönliche Zimmer. In der Bar Whiskey Fly bekommt man typisch irische Kneipenkost (Hauptgerichte 10–25 €).

Essen

Muck 'n' Muffins CAFÉ €
(☎074-913 6780; The Square, Dunfanaghy; Hauptgerichte 4–10 €; ⌚Mo–Sa 9.30–17, So 10.30–17 Uhr, Juli & Aug. bis 18 Uhr; 📶) Ein Getreidelagerhaus aus dem 19. Jh. am Wasser beherbergt dieses Café (1. Stock) mit Kunsthandwerksladen. Selbst an verregneten Wintertagen kommen die Einheimischen in Scharen, um sich an Sandwiches, Frühstück, warmen Tagesgerichten, verführerischen Kuchen und natürlich Muffins gütlich zu tun.

★ Starfish Cafe & Bistro MODERN IRISCH €€
(☎074-910 0676; Main St, Dunfanaghy; Hauptgerichte 5–20 €; ⌚tgl. 9.30–17.30, Fr & Sa 18.30–21.30 Uhr) Ein frisch-fröhliches Bistro in hübschen Blautönen. Serviert werden Frühstück und Mittagessen. Wenn es abends geöffnet hat, gibt's saisonal wechselnde Überraschungsgerichte; die Meeresfrüchte und das Rindfleisch stammen aus der Region. Die Backwaren schmecken köstlich – wie wäre es mit Rhabarber- oder Himbeerkuchen?

★ Cove MODERN IRISCH €€
(☎074-913 6300; www.thecoverestaurantdonegal.com; abseits der N56, Rockhill, Port-na-Blagh; Hauptgerichte abends 17–25 €; ⌚Juli–Aug. So 13–16, Di–So 18.30–21 Uhr, sonst kürzere Öffnungszeiten, Jan.–Mitte März geschl.) Von außen sieht

CHRIS HILL/GETTY IMAGES ©

1. Errigal Mountain (S. 488)
Im Nordwesten von Donegal liegt dieser Berg, der Wanderer geradezu herausfordert, seinen Gipfel zu erklimmen.

2. Raue Landschaft
Die schroffen Blue Stack Mountains im Süden Donegals sind einfach wunderschön.

3. Fanad Head (S. 489)
Der Leuchtturm auf der Spitze des Fanad Head ist der malerische Endpunkt einer atemberaubenden Spritztour.

4. Fanad Peninsula (S. 489)
Cottages sitzen zwischen den Klippen hoch oben über dem Atlantik.

TRISH PUNCH/GETTY IMAGES ©

das Cove vielleicht nicht sehr ansprechend aus, doch die Besitzer, Siobhan Sweeney und Peter Byrne, sind Perfektionisten, die in ihrem mit Kunstwerken geschmückten Speisesaal und auf den Tellern nichts dem Zufall überlassen. Ihre Küche ist frisch und innovativ; die Gerichte mit Meeresfrüchten wirken schlicht, weisen aber subtile asiatische Einflüsse auf. Nach dem Essen kann man sich in die elegante Lounge oben zurückziehen. Vorab reservieren.

Mill Restaurant & Guesthouse MODERN IRISCH €€€
(☎074-913 6985; www.themillrestaurant.com; N56, Dunfanaghy; Abendmenü 43 €; ⌚Juli & Aug. Di–So 19–21 Uhr, März–Juni kürzere Öffnungszeiten) Die wunderschöne ländliche Umgebung, Zutaten aus der Region und die saisonal wechselnden Speisen machen den Aufenthalt in diesem Lokal 1 km südlich der Stadt zu einem wahren Vergnügen. Es befindet sich in einer ehemaligen Flachsmühle, in der einst der renommierte Aquarellmaler Frank Eggington lebte. Außerdem gibt's hier sechs luxuriöse Gästezimmer (EZ/DZ 60/96 €). Vorab buchen.

Ausgehen & Nachtleben

★ **Molly's Bar** PUB
(☎074-910 0050; www.mollysdunfanaghy.com; Main St, Dunfanaghy; ⌚12 Uhr–open end) Wer auch nur einen Schritt in das cremefarbene, herrlich altmodische Pub gesetzt hat, will auf jeden Fall bleiben! Die Palette der regelmäßig stattfinden Sessions reicht von traditioneller Musik bis zu Jazz, Blues und mehr. Auf der Terrasse lässt sich in langen Nächten wunderbar ein Pint genießen.

Shoppen

Gallery KUNST & KUNSTHANDWERK
(☎074-913 6224; Main St, Dunfanaghy; ⌚Mo–Sa 10–18 Uhr) In diesem hübschen Geschäft befand sich einst das „Krankenhaus" des nebenan liegenden Arbeitshauses. Heute ist es ein viel fröhlicherer Ort. Es zeigt Werke lokaler Künstler und verkauft Geschenkartikel.

An- & Weiterreise

Bus Éireann betreibt nördlich von Letterkenny keine Buslinien.

Bus Feda (☎074-954 8114; www.feda.ie) Das Busunternehmen verkehrt montags bis donnerstags bzw. samstags zweimal täglich sowie freitags und sonntags dreimal täglich zwischen Crolly (7 €, 40 Min.) und Donegal/Stadt (10 €, 1½ Std.) mit Halt am Dunfanaghy Square in Dunfanaghy.

John McGinley (☎074-913 5201; www.johnmcginley.com) Auf dem Weg nach Letterkenny (5 €, 1 Std.) und Dublin (22 €, 5 Std.) wird zwei- bis viermal täglich in Dunfanaghy Halt gemacht.

IM ZENTRUM DES COUNTYS DONEGAL

Letterkenny

19 600 EW.

Aufgrund gedankenloser Bauprojekte stößt man in Letterkennys Straßen auf zahlreiche gesichtslose Einkaufszentren, Verkehrsstaus sind an der Tagesordnung – und der Marktstadt fehlt es insgesamt an Charakter. Dennoch herrscht in Donegals größter Stadt eine lebhafte Atmosphäre – hauptsächlich aufgrund der hervorragenden Pubs und gut finanzierten Kulturzentren. Verweilen will man zwischen den unzähligen Kaufhäusern aber trotzdem nicht.

Sehenswertes

Main Street STRASSE
Auf halber Strecke die lange, gewundene Hauptstraße hinunter stößt man auf einen niedlichen kleinen **Marktplatz**. Dies ist die hübscheste Ecke der Stadt. Am oberen Ende stehen einige georgianische Häuser aus roten Ziegelsteinen. Eines davon nutzte Maud Gonne, Schauspielerin, Revolutionärin und Geliebte von W. B. Yeats, als Feriendomizil.

Donegal County Museum MUSEUM
(☎074-912 4613; High Rd; ⌚Mo–Fr 10–16.30, Sa 13–16.30 Uhr) GRATIS Letterkennys Arbeitshaus, im 19. Jh. als Zuflucht der Armen vor der Hungersnot gebaut, beherbergt heute das Donegal County Museum. Im Erdgeschoss werden Sonderausstellungen gezeigt, während man im Obergeschoss die Dauerausstellung mit 8000 Sammlungsstücken – teilweise sogar aus prähistorischer Zeit – bewundern kann.

Newmills Corn & Flax Mills HISTORISCHES GEBÄUDE
(☎074-912 5115; www.heritageireland.ie; R250; ⌚Ende Mai–Sept. 10–18 Uhr) GRATIS Teile dieses Gebäudekomplexes datieren vier Jahrhunderte zurück in eine Zeit, als Wasser die Hauptenergiequelle war und zahlreiche Funktionen übernahm, z. B. das Mahlen von

Getreide. Dank des Flusses Swilly dreht sich im Newmills eines der größten Wasserräder Irlands. Ausstellungsstücke erläutern die Funktion der vielen Räder und Getriebe. Man findet die Mühlen 5 km südwestlich von Letterkenny.

Festivals & Events

Eragail Arts Festival DARSTELLENDE KÜNSTE
(☎074-912 0777; www.eaf.ie) Mitte Juli wird zwei Wochen lang das vielfältige Earagail Arts Festival gefeiert – mit Theatervorführungen, Konzerten, Kunstausstellungen und Veranstaltungen in der gesamten Region.

Schlafen

Apple Hostel HOSTEL €
(☎074-911 3291; www.letterkennyhostel.com; Covehill, Port Rd; B/EZ/DZ ab 17/23/36 €; 📶) Dieses brandneue Hostel liegt unweit des Zentrums in der Nähe des Busbahnhofs. Der moderne Bungalow wartet mit ebensolchen Unterkünften auf: Es gibt einen Schlafsaal mit acht Betten sowie Doppel- und Familienzimmer mit privaten Bädern. Vorab reservieren.

Pearse Road Guesthouse GÄSTEHAUS €
(☎074-912 3002; www.pearseroadguesthouse.com; Pearse Rd; Zi. 60–70 €; 📶) Die Zimmer des sauberen Gästehauses verteilen sich auf zwei Gebäude nicht weit von der Main Street. Frühstück ist nicht inbegriffen, aber die Räume sind gut ausgestattet. Nebenan gibt's eine Wäscherei.

Station House HOTEL €€
(☎074-912 3100; www.stationhouseletterkenny.com; Lower Main St; EZ/DZ 79/99 €; @📶👪) Ein großes, modernes Hotel im Stadtzentrum mit 81 Zimmern in Rottönen samt Holzfußböden, gedämpfter Beleuchtung und verglasten Bädern. Das Station House punktet mit seinem ausgezeichneten Management.

Essen

★ **Lemon Tree** MODERN IRISCH €€
(☎074-912 5788; www.thelemontreerestaurant.com; 39 Lower Main St; Hauptgerichte 15–24 €; ⏰tgl. 17–21.30, So auch 13–14.30 Uhr; 🖉) Weiße Tischdecken, helle Wände und dunkle Holzmöbel verleihen diesem Restaurant eine moderne und ansprechende Atmosphäre. Auf der innovativen Speisekarte stehen hervorragende Meeresfrüchte-, Geflügel- und Fleischgerichte. Alle Zutaten stammen aus der Region; zubereitet werden die Speisen in der offenen Küche.

Yellow Pepper IRISCH, MEDITERRAN €€
(☎074-912 4133; www.yellowpepperrestaurant.com; 36 Lower Main St; Hauptgerichte 9–20 €; ⏰12–22 Uhr; 📶🖉) In der früheren Textilfabrik aus dem 19. Jh. befindet sich heute ein gemütliches, bei den Einheimischen beliebtes Restaurant. Die Steinmauern und polierten Hartholzböden sorgen für stimmungsvolles Ambiente, die Gerichte mit regionalen Zutaten für Genuss. Es gibt vor allem Fisch und Meeresfrüchte, aber auch andere Leckereien, z. B. ein Mittagessen im Tapas-Stil. Vorab reservieren.

Brewery PUB €€
(☎074-912 7330; www.thebrewerybar.com; Market Sq; Hauptgerichte 8–20 €; ⏰Küche Mo–Fr 12–15, tgl. 18–22 Uhr, Bar bis spät geöffnet) Gleich abseits der Main Street bietet dieses Pub auf mehreren Stockwerken eine großartige Auswahl an klassischen Gerichten. Burger, Steaks, Meeresfrüchte und mehr stehen auf der Karte, außerdem viele Gerichte zum Teilen. Die Weinliste ist anständig und es gibt leckere Fassbiere aus Kleinbrauereien.

Ausgehen & Nachtleben

★ **Cottage Bar** PUB
(☎074-912 1338; 49 Upper Main St; ⏰12 Uhr–open end) Achtung, Kopf einziehen, denn an der Decke der stimmungsvollsten Kneipe Letterkennys hängt allerlei Schnickschnack. Zudem gibt's einen guten Biergarten. Ein häufiger Gast der Cottage Bar ist auch die bekannte Journalistin Angela Cullen.

McGinley's PUB
(☎074-912 1106; Lower Main St; ⏰15 Uhr–spät) Letterkennys bester Ort für Livemusik. Mittwochabends finden in dem altmodischen Pub mit offenem Kaminfeuer traditionelle Sessions statt und von Donnerstag bis Samstag treten Livebands auf.

Unterhaltung

An Grianán Theatre THEATER
(☎074-912 0777; www.angrianan.com; Port Rd) Das Stadttheater ist das bedeutendste Kunstzentrum im Nordwesten. Auf dem Spielplan stehen irische und internationale Stücke sowie Comedy und Musik. Vor Ort gibt's ein gutes Café mit einer netten Bar.

Regional Cultural Centre THEATER
(RCC; ☎074-912 9186; www.regionalculturalcentre.com; Port Rd) Letterkennys Kulturzentrum befindet sich in einem beeindruckenden Gebäude aus Glas und Aluminium und wartet mit Konzerten, Theater- und Filmvorführungen sowie Kunstausstellungen auf.

Praktische Informationen

Infos über die Stadt und die Region gibt's unter www.letterkenny.ie.

Touristeninformation (☎ 074-912 1160; Neil Blaney Rd; ⌚ Juni–Aug. Mo–Sa 9–17.30 Uhr, Sept.–Mai Mo–Fr 9.15–17 Uhr) Großes Tourismusbüro 1 km südöstlich der Main Street am Kreisverkehr der N14 und N56.

An- & Weiterreise

Letterkenny ist ein wichtiger Verkehrsknotenpunkt im Nordwesten. Der Busbahnhof liegt am Kreisel der Kreuzung Ramelton Road und Port Road.

Bus Éireann (☎ 074-912 1309; www.buseireann.ie) Fährt fünfmal täglich via Omagh und Monaghan nach Dublin (21 €, 4 Std.). Bedient auch Derry und Galway via Donegal (12 €, 45 Min., 8-mal tgl.).

Bus Feda (☎ 074-954 8114; www.feda.ie) Fährt zweimal täglich nach Crolly (7 €, 1½ Std.) über Donegal, Bundoran und Sligo nach Galway (20 €, 4 Std.). Die Busse halten an der Straße vor dem Busbahnhof.

John McGinley (☎ 074-913 5201; www.johnmcginley.com) Verkehrt zwei- bis fünfmal täglich nach Südosten zum Dublin Airport (22 €, 3¼ Std.) und nach Nordwesten in die Küstenorte.

Glenveagh National Park

Seen schimmern wie Morgentau in dem von Hügeln umgebenen Tal des Glenveagh National Park. Das 16 500 km^2 große Schutzgebiet, in dem sich Streifen grün-goldener Heide mit Eichen- und Birkenwäldchen abwechseln, gilt als Paradies für Wanderer. Zu den vielen Tierarten hier gehört der Steinadler, der im 19. Jh. ausgerottet war, im Jahre 2000 jedoch wieder angesiedelt werden konnte.

Leider wurde für die Entstehung des Parks ein hoher Preis gezahlt. Ursprünglich war das Land von 244 Pächtern bestellt worden, die Grundbesitzer John George Adair im Winter 1861 gewaltsam vertrieb – angeblich wegen einer Verschwörung. Tatsächlich hat ihre Anwesenheit wohl die Verwirklichung seiner Visionen für das Tal gestört. Der Bau des spektakulären Glenveagh Castle (1870–1873) war der krönende Abschluss der Verwirklichung von Adairs Plänen. Seiner Frau Adelia ist es zu verdanken, dass es hier ein Rudel Rotwild und Rhododendren gibt.

Mit Adairs Tod war die Geschichte aber noch lange nicht zu Ende. 1922 wurde die Burg kurzzeitig von der IRA (Irish Republican Army) besetzt. 1929 erwarb sie Kingsley Porter, ein Kunstprofessor der Harvard University, der 1933 unter mysteriösen Umständen verschwand (er soll ertrunken sein, doch später wurde er angeblich in Paris gesehen). Sechs Jahre später erstand Porters ehemaliger Student Henry McIlhenny das Anwesen. Von ihm sagte Andy Warhol einmal, er sei „der einzige Mensch in Philadelphia mit Ausstrahlung“. 1975 verkaufte McIlhenny schließlich das gesamte Grundstück an die irische Regierung.

Sehenswertes & Aktivitäten

Eine der besten Möglichkeiten, diesen riesigen, vielfältigen Park zu erkunden, ist eine Rundwanderung entlang der R251 und R254. Seine majestätisch-goldfarbene Landschaft entspricht wirklich voll und ganz dem Klischee der Emerald Isle (der poetische Name für Irland) und sorgen für ein unvergessliches Erlebnis.

Im Park erstrecken sich zahlreiche Wanderwege entlang der Seen sowie durch Wälder und Hochmoore, zudem gibt's kurz hinter der Burg einen Aussichtspunkt. Tipps und Karten erhält man im Besucherzentrum. Ein guter Wanderweg für den Anfang führt am Lough Beagh entlang.

Glenveagh Castle BURG
(www.glenveaghnationalpark.ie; abseits der R251; 30-min. Führung Erw./Kind 5/2 €, Bus vom Besucherzentrum Erw./Kind 3/2 €; ⌚ April–Okt. 9–18 Uhr, Nov.–März bis 17 Uhr; letzte Führungen 45 Min. vor Schließung) Die herrlich protzige Burg ist ein Nachbau des Balmoral Castle in Schottland. Henry McIlhenny war ein leidenschaftlicher Jäger und drückte dem Bauwerk seinen Stempel auf, indem er fast jeden Raum mit einem Hirschgemälde oder ausgestopften Tieren ausstatten ließ.

Eine Besichtigung der Festung ist nur im Rahmen einer Führung möglich. Autos sind ab dem Glenveagh Visitor Centre nicht erlaubt; man kann den schönen, 3,6 km langen Weg zur Burg (er führt an einem See entlang) laufen oder mit dem Fahrrad oder Shuttlebus (alle 15 Min.) fahren.

Am beeindruckendsten sind das mit Schottenmustern und Geweihen dekorierte Musikzimmer und der in knalligem Rosa gehaltene Raum, in dem Greta Garbo bei ihren Besuchen wohnte (beide befinden sich im Rundturm).

Die spektakuläre exotische **Grünanlage** wartet mit mehreren Terrassen, einem italienischen Garten, einem ummauerten Küchengarten und dem sogenannten Belgian Way auf, der von hier stationierten belgischen Soldaten im Ersten Weltkrieg angelegt wurde. Der kultivierte Charme der Anlage steht in reizvollem Gegensatz zur wilden Schönheit der umliegenden Landschaft.

Praktische Informationen

Im **Glenveagh National Park Visitor Centre** (074-913 7090; www.glenveaghnationalpark.ie; abseits der R251; April–Okt. 9–18 Uhr, Nov.–März bis 17 Uhr, Café Ostern–Sept. 10.30–17.30 Uhr) wird ein 20-minütiger Film zur Ökologie des Parks und über den berüchtigten Adair gezeigt. Warme Snacks und Mahlzeiten bekommt man im **Café**. An der Rezeption kann man Mückenschutzmittel kaufen, das hier im Sommer genauso unentbehrlich ist wie Wanderschuhe und Regenkleidung im Winter. Im Schutzgebiet darf man nicht zelten. Das Besucherzentrum liegt 24 km nordwestlich von Letterkenny.

Lough Gartan

Der hl. Colmcille (oder Columba), geb. im 6. Jh., stammt aus der Nähe des glasklaren Lough Gartan, 17 km nordwestlich von Letterkenny. Interessierte können sich hier ein paar Relikte ansehen, die mit dem Schutzherren der irischen Klöster in Verbindung gebracht werden. Die Umgebung lädt zu herrlichen Touren ein, nach Hotels oder Ferienhäusern sucht man in der idyllischen Region um Church Hill aber vergeblich.

Sehenswertes

Colmcille Heritage Centre KULTURERBEZENTRUM
(074-912 1160; www.colmcilleheritagecentre.ie; abseits der R251, Church Hill; Erw./erm. 3/2 €; Ostern–Sept. Mo–Sa 10.30–17, So 13.30–17 Uhr) Das große Museum in einem Wäldchen am Ufer des Lough Gartan ist sozusagen die „Hall of Fame" des hl. Colmcille. Zu den Ausstellungsstücken gehört ein Display zur Herstellung illuminierter Handschriften. Das Zentrum ist südwestlich von Church Hill ausgeschildert.

Colmcilles Mutter, die sich damals auf der Flucht vor den Heiden befand, soll bei seiner Geburt stark geblutet haben. Angeblich färbte ihr Blut den Lehm am Seeufer – der seitdem als Glücksbringer gilt – weiß.

St Colmcille's Abbey & Birthplace HISTORISCHE STÄTTE
(Lough Gartan; 24 Std.) GRATIS Die Ruine des **Klosters** aus dem 10. Jh. schmiegt sich an einen Hang nördlich des Lough Gartan. Gleich nebenan steht eine Kapelle aus dem 16. Jh. mit einem Friedhof des O'Donnell-Clans. Die Ruinen sind über eine Landstraße zu erreichen und 1 km nördlich des Glebe House ausgeschildert.

1 km weiter südlich, nahe dem Südosteingang (dieser darf nur von Wanderern und Radfahrern genutzt werden) zum Glenveagh National Park, befindet sich der **Geburtsort** des Heiligen, zu erkennen an einem gewaltigen keltischen Kreuz, das 1911 aufgestellt wurde. Daneben liegt ein interessantes mit grün oxidierten Kupfermünzen bestreutes prähistorisches Grab, der Flagstone of Loneliness (Stein der Einsamkeit). Angeblich hat Colmcille hier geschlafen.

Glebe House & Gallery KUNSTGALERIE
(074-913 7071; www.heritageireland.ie; Church Hill; Erw./Kind 4/2 €; Ostern & Juli–Aug. tgl. 11–18.30 Uhr, Juni & Sept. Sa–Do, letzter Einlass 17.30 Uhr) 1953 kaufte der englische Maler Derrick Hill dieses Herrenhaus, um es als Domizil auf dem Festland in der Nähe seiner geliebten Insel Tory zu nutzen. Das 1828 errichtete Haus ist üppig dekoriert und verrät das Faible seines Besitzers für alles Exotische, doch sein wahrer Wert liegt in der erstaunlichen Kunstsammlung. Neben Gemälden von Hill selbst und Bildern der Künstler von Tory Island hängen hier Werke von Picasso, Landseer, Hokusai, Jack B. Yeats und Kokoschka. Eine Führung durch das Haus dauert etwa 45 Minuten.

Bevor Hill es kaufte, hatte das Anwesen bereits als Pfarrhaus und dann als Hotel gedient. Die üppigen Gärten können ebenfalls besichtigt werden; außerdem gibt es ein hübsches kleines Café.

RADTOUREN & FAHRRADVERLEIH

Grassroutes (074-665 5599, 074-911 9988; www.grassroutes.ie; Leihrad 5–15 € pro Tag) ist ein kreatives Unternehmen, das im ganzen Norden Donegals Fahrräder verleiht. Es betreibt u. a. Filialen in Letterkenny, auf der Inishowen Peninsula und im Glenveagh National Park. Wenn man vorher anruft, organisieren die Mitarbeiter auch eine Abholung. Man erhält kostenlose Beratung zu Radstrecken; außerdem veranstaltet das Unternehmen geführte Touren.

Dunlewey & Umgebung

600 EW.

Das winzige Örtchen Dunlewy (Dún Lúiche) kann man leicht verpassen. Kaum zu übersehen sind dagegen die schöne Landschaft und der Quarzitkegel des Errigal Mountain, dessen zerklüfteter Gipfel das Umland dominiert. Am besten plant man genügend Zeit für einen ausgedehnten Spaziergang ein, denn die Gegend ist herrlich malerisch. Dunlewey liegt nahe der N56 und der Küstendörfer.

Aktivitäten

Poisoned Glen WANDERN

(Dunlewey) Allein schon der Name verlangt nach einem Zwischenstopp, oder? 2 km östlich des Dunlewey-Lakeside-Centre-Abzweigs auf der R251 folgt man einer Nebenstraße durch das Dorf Dunlewey an einer Kirchenruine vorbei. Der Wanderweg startet bei einigen Parkplätzen in einer Haarnadelkurve. Man folgt einem unwegsamen Pfad in die felsige Landschaft der Schlucht hinein (hin & zurück 4 km). Vorsicht vor der grünen Lady – dem hier ansässigen Geist! Der Legende zufolge erhielt der riesige Felsen des Poisoned Glen seinen Namen, als Balor, der einäugige König von Tory, hier von seinem im Exil lebenden Enkel Lughaidh ermordet wurde. Dabei soll das Gift aus seinem Auge den Felsen gespalten und die Schlucht vergiftet haben. Tatsächlich entstand der Name weit weniger dramatisch – nämlich durch den Fehler eines Kartografen: Die Einheimischen nannten die Schlucht An Gleann Neamhe (Himmlische Schlucht), doch als der englische Kartograf die Gegend vermaß, notierte er versehentlich An Gleann Neimhe (Vergiftete Schlucht).

Schlafen

Errigal Hostel HOSTEL €

(☎074-953 1180; www.anoige.ie; abseits der R251, Dunlewey; B/Zi. ab 18/50 €; ⌚März–Okt.; 📶 👪) Das An-Óige-Hostel am Fuße des Mt. Errigal verfügt über 60 Betten und gute Einrichtungen wie eine Selbstversorgerküche, einen großen Wäscheraum für schmutzige Wanderklamotten, helle Gemeinschaftsbereiche, tadellose Schlafsäle und Privatzimmer. Nebenan befindet sich eine Tankstelle, in der auch Lebensmittel verkauft werden.

Glen Heights B&B B&B €€

(☎074-956 0844; www.glenheightsbb.com; Dunlewey; EZ/DZ 50/70 €; ⌚Ostern–Okt.; 📶) Weil man den Blick kaum von der atemberaubenden Aussicht aus dem Wintergarten auf den Dunlewey Lake und den Poisoned Glen lösen kann, wird das Frühstück schon mal kalt. Die drei Zimmer der Pension sind gemütlich und ihre Besitzer versprühen den typischen Donegaler Charme.

NORDÖSTLICHES DONEGAL

Rosguill Peninsula

Am besten lässt sich die raue Schönheit Rosguills per Auto, Fahrrad oder sogar zu Fuß auf dem 15 km langen **Atlantic Drive** erleben, einem gut ausgezeichneten Rundweg, der Nebenstraßen folgt. Die Route ist linker Hand ausgeschildert, wenn man von Süden in das ausgedehnte Dorf **Carrigart** (Carraig Airt) hineinfährt/-spaziert. Wer es schafft, die Unmengen von Ferienhäusern und fest installierten Wohnmobilen auszublenden, wird

NICHT VERSÄUMEN

ERRIGAL MOUNTAIN

Der gräulich-pinke Quarzitgipfel des Errigal Mountain (752 m) ist die auffälligste Landmarke im Nordwesten Donegals. Von einigen Seiten mutet der Berg konisch an, von anderen wie eine gezackte Haifischflosse, die sich durch das Heidekraut schiebt. Sein Name leitet sich vom gälischen Wort *earagail* (Oratorium) ab, denn die Form erinnert an eine Priesterkanzel.

Der pyramidenförmige Gipfel schreit geradezu danach, bezwungen zu werden, auch wenn der Weg anstrengend ist. Wer die Herausforderung annimmt, sollte die Wettervorhersage verfolgen. An windigen, verregneten Tagen kann der Aufstieg gefährlich sein: Dann verschwindet der Berg in dichtem Nebel und die Sichtweite ist gering.

2 km östlich des Dorfes Dunlewey liegt ein Parkplatz an der R251. Dort beginnt die einfachste Route auf den Gipfel, allerdings ist der Pfad steil und stark erodiert (hin & zurück 4,5 km; 3 Std.).

sich über den fantastischen Blick aufs Meer freuen.

Der hübsche, abgeschiedene Strand von **Trá na Rossan** im nördlichen Teil der Halbinsel ist ein wunderbares Ausflugsziel. Im Gegensatz dazu platzt der Sandstreifen von **Downings** (häufig Downies geschrieben) aus allen Nähten.

Aktivitäten

★Mevagh Dive Centre TAUCHEN
(☎074-915 4708; www.mevaghdiving.com; Milford Rd, Carrigart; 2 Tauchgänge ab 50 €) In Donegals einzigem Tauchzentrum kann man Kurse belegen sowie Ausrüstung und Boote leihen. Die Gewässer vor der Nordwestküste sind kristallklar. An vielen Spots bekommt man zahlreiche Attraktionen vor die Taucherbrille – von Schiffswracks bis hin zu Haien. Exzellente Unterkünfte (DZ 76 €) finden sich in der zweckmäßigen Pension des Zentrums. Es sind auch Kombipakete buchbar (Tauchen/Übernachtung/Kurs).

Rosapenna Golf Resort GOLF
(☎074-915 5000; www.rosapenna.ie; Downings; Greenfee 70–90 €) Die Umgebung des renommierten Golfclubs, der 1891 von Old Tom Morris aus St. Andrew entworfen und 1906 von Harry Vardon umgestaltet wurde, ist ebenso grandios wie der Platz selbst. Er stellt selbst für Spieler mit niedrigem Handicap eine echte Herausforderung dar. Der Club umfasst zwei Golfplätze.

Schlafen & Essen

Trá na Rosann Hostel HOSTEL €
(☎074-915 5374; www.anoige.ie; Melmore Head, Downings; B ab 18 €; ⊙Ende Mai–Aug., Rezeption 10–17 Uhr geschl.) Das denkmalgeschützte Jagdhaus wurde von Sir Edwin Lutyens entworfen. Die stimmungsvolle Unterkunft punktet mit einer fantastischen Aussicht und einer bewegten Geschichte. Bis zum herrlichen Strand Trá na Rosann sind es nur 3 Gehminuten. Ein Nachteil der friedlichen Umgebung ist die abgeschiedene Lage 8 km nördlich von Downings, denn die Gegend wird leider nicht von öffentlichen Verkehrsmitteln bedient.

★Olde Glen Bar & Restaurant MODERN IRISCH €€
(☎083 158 5777; Glen, Carrigart; Hauptgerichte 15–25 €; ⊙Juli & Aug Mo–Sa 18–21, So 17–20 Uhr, sonst kürzere Öffnungszeiten; 🍷) Das traditionelle Pub wartet mit einem unebenen echten Steinfußboden aus dem 17. Jh. und sensationellem Bier auf. Im Landhauslokal gleich hinter der Kneipe werden hervorragende Tagesgerichte serviert. Alle Zutaten stammen aus der Region, man kann sich also auf erstklassige Meeresfrüchte sowie hochwertige Fleisch- und Gemüsegerichte freuen. Vorher reservieren!

Fanad Peninsula

Donegals zweitnördlichster Punkt, die Landzunge Fanad Head, ragt östlich von Rosguill in den Atlantik. Im Westen der Halbinsel liegt die Mulroy Bay und im Osten befindet sich der Lough Swilly mit seinen hohen Klippen und Sandstränden. Viele Touristen bevorzugen die Ostseite mit ihrem herrlichen Strand bei Portsalon sowie die ruhigen Orte Rathmelton und Rathmullan.

Rathmelton

1250 EW.

Wenn man sich der Halbinsel auf dem Wild Atlantic Way von Letterkenny her nähert, passiert man zuerst Rathmelton (manchmal auch Ramelton genannt), einen Bilderbuchort mit Straßenzügen voll hübscher georgianischer Häuser und Lagergebäuden aus Feldsteinen am Priel des Flusses Lennon.

Man kann einen Spaziergang durch die bunten, malerischen Straßen unternehmen und sich am Wasser entspannen. Auch die Überreste der **Tullyaughnish Church** auf dem Hügel lohnen einen Besuch. An der Ostmauer sind romanische Steinmetzarbeiten zu sehen, die von einer noch älteren Kirche auf der nahe gelegenen Insel Aughnish am Lennon stammen. Wer von Letterkenny her anreist, biegt am Fluss rechts ab und folgt ihm etwa 400 m.

Unter www.rameltontidytowns.com steht eine Audiotour zum Download bereit. Sie erläutert alle Sehenswürdigkeiten des Ortes.

Schlafen & Essen

★Frewin House B&B €€
(☎074-915 1246; www.frewinhouse.com; Rectory Rd; EZ/DZ ab 100/130 €) Für Romantiker ist dieses schicke viktorianische Pfarrgebäude auf einem abgelegenen Anwesen genau das Richtige. Die Einrichtung vereint antike Möbel sowie offene Kamine mit modernem Stil und die Zimmer sind hübsch, aber nicht überladen. Man kann auch ein gemeinschaftliches Candle-Light-Dinner buchen.

Ardeen House B&B €€
(☎ 074-915 1243; www.ardeenhouse.com; Aughnish Rd; EZ/DZ 55/90 €; 📶) Im Ardeen House wird man mit hausgemachten Scones begrüßt und fühlt sich gleich wie zu Hause. Die Unterkunft mit Blick auf den Fluss bietet fünf wunderbar dekorierte Zimmer sowie ein üppiges und leckeres Frühstück. Sie befindet sich am Ostrand der Stadt, auf der Südseite des Flusses gleich hinter dem Rathaus.

Rathmelton Country Market MARKT €
(abseits der R245; ⏲ Sa 11–12.30 Uhr) Die kurzen Öffnungszeiten sorgen dafür, dass auf dem besten Bauernmarkt Donegals immer ein großes Gedränge um die besten Produkte, Gerichte und Backwaren herrscht. Auf dem Parkplatz am Fluss.

Bridge Bar IRISCH €€
(☎ 074-915 1119; Bridgend; Hauptgerichte 18–27 €; ⏲ Küche Mi–Sa 18–21 Uhr) Ein nettes altmodisches, typisch irisches Landpub. Im gemütlichen Restaurant (1. OG) werden u. a. leckere Steaks und Fischgerichte mit Lachs oder Stockfisch aufgetischt. Man sollte unbedingt eines der exzellenten Biere von der Kinnegar Craft Brewery probieren und eines der traditionellen Musikkonzerte erleben.

An- & Weiterreise

Zur Erkundung der Fanad Peninsula braucht man ein eigenes Fahrzeug.

Rathmullan

530 EW.

Wenn man den wunderbaren Blick auf den Lough Swilly genießt, mag man kaum glauben, dass Rathmullans reizvoller friedlicher Hafen zwischen dem 16. und 18. Jh. so unruhige Zeiten durchlebt hat.

Geschichte

1587 wurde hier Hugh O'Donnell, der 15-jährige Erbe des mächtigen O'Donnell-Clans, unter einem Vorwand auf ein Schiff gelockt und als Gefangener nach Dublin gebracht. Erst vier Jahre später, an Heiligabend, konnte er fliehen. Nach mehreren erfolglosen Racheversuchen starb er mit nur 30 Jahren in Spanien. 1607 hatten Hugh O'Neill, Earl of Tyrone, und Rory O'Donnell, Earl of Tyrconnell, es satt, gegen die Engländer zu kämpfen, und verließen Irland von Rathmullan aus mit einem Schiff. Ihre als „Flight of the Earls" in die Geschichte eingegangene Flucht bedeutete praktisch das Ende des gälischen Irlands und der Herrschaft der irischen Clans. Sämtliche Güter der Familien wurden konfisziert, um britischen Siedlern im Rahmen der „Plantation of Ulster" Land zuzuteilen.

Darüber hinaus wurde in diesem Ort Wolfe Tone, Anführer des Aufstands von 1798, gefangen genommen.

Sehenswertes

Rathmullan Castle BURG
(abseits der R247) In diesen Ruinen aus dem 16. Jh., die sich bedrohlich am Hafen erheben, war während der Flucht des Earls eine englische Garnison stationiert.

Schlafen & Essen

Glenalla Lodge B&B €€
(☎ 074-915 8750; www.glenallalodge.com; Ray; EZ/DZ 50/80 €) Eine idyllische Lodge, 8 km südwestlich von Rathmullan. Sie beherbergt vier mit geschmackvollen Holzmöbeln eingerichtete Zimmer im rustikalen Stil. Der Inhaber kann seinen Gästen eine Menge über die Region erzählen.

★ **Rathmullan House** HISTORISCHES HOTEL €€€
(☎ 074-915 8188; www.rathmullanhouse.com; abseits der R247; EZ/DZ ab 90/180 €, Abendmenü ab 48 €; ⏲ Restaurant abends 19–20.45 Uhr; @📶🏊) Das große luxuriöse Landhaus besticht mit seiner erfrischend modernen Einrichtung. Es wurde in den 1780er-Jahren erbaut und steht in einer weitläufigen Gartenanlage am Ufer des Lough Swilly. Manche der 34 Zimmer verfügen über Balkone oder Terrassen. Außerdem gibt's einen Tennisplatz, zwei Bars und ein verglastes Restaurant, das **Cook & Gardener**, das mit Zutaten aus den hauseigenen Gärten leckere Gerichte kreiert.

An- & Weiterreise

Lough Foyle Ferry (☎ 074-938 1901; www.foyleferry.com; Person/Auto einfach 3/15 €; ⏲ April–Okt.) Verkehrt mehrmals täglich zwischen Rathmullan und Buncrana. Genaue Abfahrtszeiten telefonisch erfragen.

Portsalon & Fanad Head

Auf der Straße entlang der Klippen zwischen Rathmullan und Portsalon fühlt man sich ein wenig wie auf einer Achterbahn. Unterwegs passiert man das **Knockalla Fort** (frühes 19. Jh.), eine von sechs Festungen, die gebaut wurden, um im Falle des Falles einer französischen Invasion trotzen zu können. Die genaue Geschichte dazu wird im Fort

ABSTECHER

GRIANÁN OF AILEÁCH

Die Steinfestung **Grianán of Aileách** (www.heritageireland.ie; abseits der N13, Burt; ⌚ Sonnenaufgang–Dämmerung) sieht wie ein Amphitheater aus und erstreckt sich wie ein Heiligenschein um die Kuppe des Grianán Hill. An klaren Tagen können Besucher eine atemberaubende Aussicht bis nach Derry genießen. Leider erinnert die Miniarena mit ihren 4 m dicken Mauern an einen Zirkus, sobald wieder eine Busladung Touristen angekarrt wird.

Am Fuß des Hügels stößt man auf die kreisrunde **Burt Church**, die 1967 von dem Architekten Liam McCormack errichtet wurde und Grianán of Aileách ähneln soll.

Vermutlich hat der Originalbau schon 2000 Jahre auf dem Buckel und der Standort diente wohl bereits in vorkeltischer Zeit als Tempel für den Gott Dagda. Vom 5. bis 12. Jh. residierten hier die O'Neills, bis das Steinfort von Murtogh O'Brien, König von Munster, zerstört wurde. Was heute davon zu sehen ist, wurde zum größten Teil zwischen 1874 und 1878 wieder aufgebaut.

Die Festung befindet sich 18 km südlich von Buncrana.

Dunree (S. 493) auf der anderen Seite des Sees erzählt.

8 km von Portsalon entfernt thront auf der markanten Spitze des **Fanad Head** ein Leuchtturm. Das Beste an ihm ist die malerische Anfahrt.

Sehenswertes & Aktivitäten

★ **Ballymastocker Beach** STRAND

(abseits der R246, Portsalon) Einst ernannte die britische Zeitung *Observer* diesen mit der Blauen Flagge ausgezeichneten Strand zum zweitschönsten der Welt. Hier kann man wunderbar seine Zeit verbringen und sich entspannen.

Donegal Sea Kayaking KAJAKFAHREN

(Fanad; Touren Erw./Kind 30/25 €) Kajaktouren vor der Küste der schönen Fanad Peninsula. Die Fahrtziele variieren je nach Gezeiten und Wetterbedingungen.

Portsalon Golf Club GOLF

(☎074-915 9459; www.portsalongolfclub.com; abseits der R246; Greenfee unter der Woche/an den Wochenenden 40/50 €) Der herrlich gelegene Portsalon Golf Club verläuft an der Biegung der Bucht entlang.

Inishowen Peninsula

Auf Inishowen (Inis Eoghain bzw. Insel von Eoghain; Eoghain ist jener Clanführer, der dem County Tyrone seinen Namen gab) befindet sich der nördlichste Punkt Irlands, der **Malin Head**. Die Halbinsel ist abgelegen, ziemlich zerklüftet und menschenleer und wartet mit zahlreichen vorgeschichtlichen Relikten, Burgruinen sowie traditionellen strohgedeckten Cottages auf, die glücklicherweise noch nicht in Ferienhäuser verwandelt wurden.

Das offene Meer und die großen Mündungsgebiete von Inishowen ziehen mehr als 200 Vogelarten an, darunter endemische Arten, aber auch Zugvögel aus Island, Grönland und Nordamerika. Mit unregelmäßigen atlantischen Winden verschlägt es gelegentlich auch seltene und exotische Vögel hierher. Wer sich für sie interessiert, sollte die Website www.birdsireland.com konsultieren.

Informationen über alles andere findet man unter www.visitinishowen.com.

Buncrana

6900 EW.

Buncrana liegt auf der sanfter anmutenden Seite der Halbinsel und ist ein geschäftiges, hübsches Städtchen mit vielen Pubs und einem 5 km langen Sandstrand am Ufer des Lough Swilly.

John Newton, der Komponist von *Amazing Grace*, wurde 1748 zu seinem legendären Lied inspiriert, als sein Schiff, die *Greyhound*, während eines schweren Sturms in den ruhigen Gewässern des Lough Swilly ankerte. Nach ihrer Nahtoderfahrung wurden der Kapitän und seine Crew herzlich in Buncrana empfangen, und Newtons spirituelle Reise vom Sklavenhändler zum öffentlichen Gegner des Menschenhandels nahm hier ihren Anfang. Später unterstützte er William Wilberforce in seinem Kampf gegen die Sklaverei. Mehr darüber erfährt man unter www.amazinggrace.ie.

Inishowen Peninsula

Sehenswertes

Ein markierter **Wanderweg** führt vom Park nördlich der Touristeninformation am Ufer entlang Richtung Norden zu den Hauptsehenswürdigkeiten.

O'Doherty's Keep HISTORISCHES GEBÄUDE
(Castle Bridge) Am Nordende der Promenade gelangt man über die sechsbogige **Castle Bridge** aus dem frühen 18. Jh. zu diesen Ruinen. 1430 wurde das Turmhaus von den lokalen Clanführern der O'Dohertys errichtet, später von den Engländern niedergebrannt und für deren eigene Zwecke schließlich wieder aufgebaut.

Buncrana Castle HISTORISCHES GEBÄUDE
(Castle Bridge) Unweit von O'Doherty's Keep stößt man auf das villenähnliche Buncrana Castle. John Vaughan ließ die Burg 1718 bauen. Auch die Brücke entstand in seinem Auftrag. Wolfe Tone wurde hier nach der erfolglosen französischen Invasion 1798 inhaftiert.

Ned's Point Fort HISTORISCHES GEBÄUDE
(Ned's Point) Wenn man an O'Doherty's Keep links abbiegt und 500 m an der Küste entlangspaziert, erreicht man Ned's Point Fort, das 1812 von den Briten errichtet wurde und heute von Graffitisprayern in Beschlag genommen wird.

Schlafen & Essen

★ **Westbrook House** B&B €
(☎ 074-936 1067; www.westbrookhouse.ie; Westbrook Rd; EZ/DZ ab 40/70 €; 📶) Das hübsche georgianische Haus ist von einem wunderschönen Garten umgeben. Hier leben auch die Bienen, von denen der Honig zum Frühstück stammt. Kerzenleuchter und Antikmöbel verleihen dem B&B Eleganz.

Tullyarvan Mill HOSTEL €
(☎ 074-936 1613; www.tullyarvanmill.com; abseits der R238; B/DZ/FZ. ab 15/40/60 €; 📶) Das hervorragende Hostel mit 52 Betten ist in einem

geschmackvollen, modernen, an die historische Tullyarvan Mill angeschlossenen Gebäude untergebracht. Es liegt in einem großen Garten am Fluss und veranstaltet regelmäßig Kulturevents und Ausstellungen. Das Hostel liegt gleich nördlich der Stadt.

Caldra Bed & Breakfast B&B €€
(074-936 3703; www.caldrabandb.com; Lisnakelly; EZ/DZ 50/80 €;) Eine tolle Unterkunft für Familien! Das große, moderne B&B hat vier geräumige, ruhige Zimmer, die etwas dezenter gehalten sind als die Gemeinschaftsbereiche mit ihren beeindruckenden Kaminen und vergoldeten Spiegeln. Vom Garten und Hof aus blickt man auf den Lough Swilly und die Berge.

★ **Beach House** MODERN IRISCH €€
(074-936 1050; www.thebeachhouse.ie; Swilly Rd; Hauptgerichte mittags 9–13 €, abends 16–23 €; Juni–Aug. tgl., sonst Do–So 17–21, Sa & So 12–16 Uhr;) Dieses passend benannte Lokal mit Panoramafenstern und Blick auf den See eignet sich perfekt für einen Tagesausflug. Auf der Karte stehen einfache Gerichte von ausgezeichneter Qualität, darunter Burger oder fangfrische Meeresfrüchte. Die Weinkarte ist hervorragend.

Ausgehen & Nachtleben

Atlantic Bar PUB
(074-932 0880; Upper Main St; 12 Uhr–open end) Buncranas ältestes und stimmungsvollstes Pub wurde 1792 eröffnet und ist leicht zu erkennen an seiner Fassade in Guinnesstönen (senfgelb und schwarz).

O'Flaherty's PUB
(074-936 1305; 41 Upper Main St; 12 Uhr–open end) Netter zentraler Treffpunkt für Einheimische und Touristen. Jeden Mittwochabend wird hier traditionelle Livemusik geboten (im Sommer öfter).

Praktische Informationen

Die **Touristeninformation** (074-936 2600; www.visitinishowen.com; Railway Rd; Mo–Fr 9.30–17 Uhr;) befindet sich in Strandnähe; sie bietet Informationen zur gesamten Halbinsel.

An- & Weiterreise

Seit der Schließung des Lough Swilly-Busunternehmens fahren auf der Halbinsel keine öffentlichen Verkehrsmittel mehr.

Die Lough Foyle Ferry (S. 490) nach Rathmullan verkehrt nur während der Saison.

Von Buncrana nach Clonmany

Es gibt zwei Strecken von Buncrana nach Clonmany: die landschaftlich schöne Küstenstraße über Dunree Head und die Schlucht von Mamore und die kürzere Route durch das Hinterland (R238). Der **Gap of Mamore** (262 m), ein steiler, enger Pass, führt durch die Urris Hills. An der Nordseite – von der man tolle Ausblicke auf die Region genießen kann – befindet sich eine heilige Quelle namens **St. Columba's Well**.

Sehenswertes

Fort Dunree MUSEUM
(074-936 1817; www.dunree.pro.ie; Dunree Head; Erw./Kind 7/5 €; Juni–Sept. Mo–Sa 10.30–18, So 13–18 Uhr, Okt.–Mai Mo–Fr 10.30–16.30, Sa & So 13–18 Uhr) Fort Dunree ist die am besten erhaltene und spektakulärste der sechs Festungen, die die Briten nach der Rebellion der United Irishmen (die „Vereinten Iren"

ABSEITS DER ÜBLICHEN PFADE

WANDERUNG: URRIS HILLS

Die Urris Hills sind eine zerklüftete Hügelkette aus Quarzit und eine Verlängerung der Knockalla Mountains auf der Fanad Peninsula im Südwesten. Sie gewähren einen unvergleichlichen Blick auf die Küste von Inishowen, die Berge Muckish und Errigal sowie die Hügel im Glenveagh National Park. In der Region gibt's ein Netzwerk aus gut markierten Wanderwegen zwischen 2 und 11 km Länge. Als Ausgangspunkte dienen die Butler's Bridge und der Parkplatz am Nordende des Mamore Gap. In der Touristeninformation von Buncrana (S. 491) erhält man die Broschüre *Urris Walks*.

Am Glen House beginnt ein einfacher 800 m langer Weg, über den man zum 10 m hohen **Glenevin Waterfall** gelangt. Hier stehen Bänke und Picknicktische bereit. Von Clonmay folgt man der ausgeschilderten Straße Richtung Tullagh Bay, überquert den Fluss und biegt an der Kreuzung rechts ab. Nach 1 km stößt man auf die Butler's Bridge und den Parkplatz für Besucher des Wasserfalls.

wurden von den Franzosen unterstützt) 1798 am Ufer des Sees erbauten. Damals erreichte die Angst vor einem französischen Eroberungsfeldzug ihren Höhepunkt.

Das Originalgebäude von 1813 beherbergt inzwischen ein faszinierendes Militärmuseum, überdies sieht man auf der Landzunge ringsum noch allerlei Zeugnisse aus den beiden Weltkriegen. Wer mag, kann eine Wanderung auf den markierten Pfaden unternehmen.

Der gewundene Fjord des Lough Swilly gehört zu den großartigen natürlichen Häfen Irlands und spielte bei zahlreichen historischen Auseinandersetzungen eine tragende Rolle, angefangen bei den Invasionen der Wikinger bis hin zur Flucht der Earls, dem Aufstand von 1798 und dem Ersten Weltkrieg.

Im späten 19. Jh. wurden auf der Festung riesige Kanonen nachgerüstet und im Ersten Weltkrieg kamen hier Atlantik-Konvois an. Außerdem diente der See als Ankerplatz für die Flotte der Königlichen Marine. Interessanterweise blieb die Festung auch nach der Teilung Irlands 1922 in britischer Hand und ist erst seit 1938 Teil der Republik.

Clonmany & Ballyliffin

950 EW.

In den beiden idyllischen Dörfern und ihrer Umgebung lässt sich genug erleben, um dort ein oder zwei Tage zu verweilen. Clonmany verströmt eine geschäftige Atmosphäre und wartet mit vielen Pubs auf, Ballyliffin wirkt ein bisschen gediegener und beherbergt mehr Hotels und Restaurants. Beide Orte haben eine Post, aber keine Banken.

Sehenswertes & Aktivitäten

1 km nördlich von Ballyliffin (Baile Lifin) erstreckt sich der traumhafte sandige **Pollan Strand** der wegen seiner starken Brandung leider zu gefährlich zum Schwimmen ist. 2 km nordwestlich von Clonmany, am **Tullagh Strand**, kann man zwar ins Wasser, allerdings ist die Strömung mitunter ebenfalls sehr stark, deshalb sollte man vor allem bei beginnender Ebbe auf das Badevergnügen verzichten.

Doagh Famine Village MUSEUM
(☎074-938 1901; www.doaghfaminevillage.com; Doagh Island; Erw./Kind 7,50/5 €; ⏲Mitte März–Okt. 10–17 Uhr) Das Freiluftmuseum befindet sich in einem nachgebauten Dorf aus strohgedeckten Cottages und ist vollgepackt mit faszinierenden Informationen über das 19. Jh. Es stimmt aber auch nachdenklich, da Parallelen zu Hungergebieten in der heutigen Welt gezogen werden. Das Village liegt 5 km nördlich von Ballyliffin auf Doagh Island (heute keine Insel mehr).

In der Nähe führt ein Pfad durch die Dünen zu den Ruinen des **Carrickabraghey Castle** (16. Jh.).

Ballyliffin Golf Club GOLF
(☎074-937 8100; www.ballyliffingolfclub.com; abseits der R238; Greenfee 50–100 €) Diese Anlage verfügt über zwei Turnierplätze – die Old Links und die Glashedy Links – und gilt als eine der besten in Donegal. Die Landschaft ist so hinreißend schön, dass sie selbst den konzentriertesten Spieler ablenken kann.

Schlafen & Essen

★ **Glen House** GÄSTEHAUS €€
(☎074-937 6745; www.glenhouse.ie; Straid, Clonmany; Zi. 70–100 €;) Trotz der hübschen Umgebung und der luxuriösen Ausstattung ist diese wunderbare Bleibe weder so überheblich noch so teuer wie die meisten anderen Landhaushotels. Die Zimmer sind ein Vorbild an zurückhaltender Eleganz und die Umgebung ist unglaublich friedlich. Der Wanderweg zum Glenevin Waterfall beginnt neben dem **Rose Tea Room** (Glen House; Hauptgerichte ab 6 €; ⏲Juli & Aug. tgl. 10–18 Uhr, März–Juni & Sept.–Okt. Sa & So) mit Holzveranda.

Ballyliffin Lodge & Spa HOTEL €€
(☎074-937 8200; www.ballyliffinlodge.com; abseits der R238, Ballyliffin; EZ/DZ ab 60/90 €;) Das prachtvolle Hotel liegt gleich hinter dem kleinen Dorf und verfügt über 40 Zimmer. Die Superior Rooms warten mit einem grandiosen Meerblick auf. Zu den Einrichtungen der Anlage gehören ein hochmodernes Spa, ein Golfplatz und eine relaxte Bar.

Rusty Nail PUB
(☎074-937 6116; Clonmany; ⏲Küche Fr–So 17–21.30, So 13–16 Uhr, Pub tgl. bis spät) Die Versuchung, sich draußen an den Picknicktischen zu sonnen, ist groß. Man sollte aber trotzdem auch reingehen und in dem stimmungsvollen Pub eine exzellente Mahlzeit genießen. Sämtliche Klassiker sind im Angebot – und schmecken hervorragend. Außerdem finden häufig Livekonzerte statt. Das Pub befindet sich gleich westlich der Stadt.

Carndonagh

1900 EW.

In Carndonagh (Cardomhnach), einem geschäftigen Ort, der auf drei Seiten von Hügeln umrahmt wird, erledigen die hiesigen Bauern ihre Besorgungen. Das Dorf ist nicht besonders aufregend, aber ganz praktisch, um mehr über die Gegend zu erfahren und Proviant einzukaufen.

Sehenswertes

An die Vergangenheit der Ortschaft als wichtiges kirchliches Zentrum erinnern mehrere frühchristliche Steinmonumente.

★ **Donagh Cross** HISTORISCHE STÄTTE

(abseits der R238) Das kunstvolle Donagh Cross aus dem 7. Jh. steht unter einem schützenden Dach bei der Anglikanischen Kirche am westlichen Ortsende. Es ist mit einer reizenden, etwas gedrungenen Jesusfigur geschmückt, die ihre Betrachter mit großen Augen schelmisch anlächelt. Das Kreuz wird von zwei kleinen Säulen flankiert; eine zeigt vermutlich Goliath mit Schwert und Schild, die andere David mit seiner Harfe. Auf dem Friedhof erhebt sich eine Säule mit Ringelblumenrelief und ganz in der Nähe entdeckt man eine Kreuzigungsszene.

Essen

Patisserie de Pascal/Café Donagh CAFÉ €

(☎086 356 3134; www.patisseriedepascal.com; The Diamond; Hauptgerichte ab 5 €; ⏲Mo–Sa 10–17 Uhr) Hier gibt's leichte französische Mittagsgerichte sowie leckere Backwaren und Sandwiches zum Mitnehmen für ein fantastisches Picknick.

Praktische Informationen

Touristeninformation von Inishowen (☎074-937 4933; R238; ⏲ganzjährig Mo–Fr 9.30–17 Uhr, Juni–Aug. auch Sa 11–15 Uhr) Im Public Services Centre südwestlich des Diamond-Platzes. Verkauft auch Angellizenzen.

Malin Head

Am Malin Head, dem nördlichsten Zipfel der Insel, rauschen die Wellen ohne Unterlass ans Land. Seeleuten und irischen Hobbymeteorologen ist der Name ein Begriff, da er täglich in den BBC-Radionachrichten erwähnt wird. Man könnte meinen, in der Ferne Island zu sehen (was aber nicht möglich ist), wenn man in den windgepeitschten Himmel schaut, der von einer Sekunde zur anderen von Regen zu Sonne wechseln kann. Auf den hügeligen Wiesen grasen – den hiesigen Bedingungen angepasst – dickhäutige Esel und Kühe.

Malin, ein hübsches Dorf, liegt 14 km südöstlich von Malin Head in der Trawbreaga Bay. Die adretten Häuser verteilen sich rund um einen gepflegten, dreieckigen Anger; der Ort wirkt fast wie eine Filmkulisse.

> **SCHATZSUCHE**
>
> Entlang der Küste von Inishowen können Strandgutsammler mehr als nur Muscheln finden. Besonders bekannt ist die Region für ihre **erhöhten Strände**. Durch nacheiszeitliche Erdverschiebungen sind diese Terrassen oberhalb der Wasserlinie „gestrandet" und mit Halbedelsteinen wie Karneol, Agat und Jaspis übersät. Als gute Sammelspots gelten die Sandstreifen an der Nordküste von Malin Head, in der Nähe von Banba's Crown und Ballyhillin.
>
> Die Steine sind einzigartige Souvenirs, die – kunstvoll poliert und in Anhänger, Armreifen, Ohrringe, Broschen, Kerzenhalter sowie viele andere schöne Dinge verwandelt – bei Malin Pebbles (S. 497) in Greencastle verkauft werden.

Sehenswertes & Aktivitäten

★ **Banba's Crown** AUSSICHTSPUNKT

(Malin Head) An der nördlichsten Spitze von Malin Head, **Banba's Crown** genannt, thront ein klobiger **Turm** auf den Klippen. Er wurde 1805 von der britischen Admiralität errichtet und diente später als Signalturm der Firma Lloyd. Die Betonbaracken nutzte das irische Heer im Zweiten Weltkrieg als Wachtposten. Westlich des Parkplatzes führt ein Weg zum **Hell's Hole**, einer Felsenschlucht mit starker Brandung. Richtung Osten verläuft ein etwas längerer Weg zum **Wee House of Malin**, einer Einsiedlerhöhle in den Klippen.

Die **Aussicht** nach Westen umfasst von links nach rechts die Inishowen Hills, Dunaff Head, den tief liegenden Fanad Head samt Leuchtturm, die „Zwillingshörner" des Horn Head und die beiden Hügel von Tory Island. Außerdem erspäht man weit in der Ferne (links vom Leuchtturm) die Berge Muckish und Errigal. Im Osten erstrecken sich erhöhte Strandterrassen und vor der Küste erhebt sich ein weiterer Leuchtturm auf der abgeschiedenen Insel Inishtrahull. Ein neuer Aussichtspunkt ist mit kostenlosen Fernrohren ausgestattet. In manchen Nächten kann man von hier aus Nordlichter sehen.

Das hauptsächlich von Truckern besuchte **Caffe Banba** auf dem Parkplatz (keine festen Öffnungszeiten) verkauft tollen Kaffee und Backwaren.

Geführte Touren

Malin Head Tours GEFÜHRTE TOUR
(☎086 316 5395; Malin Head Community Centre, abseits der R242; ⏲Sa 12 Uhr) Die spannenden 90-minütigen Bus- und Wandertouren entschlüsseln einige der Geheimnisse dieser ursprünglichen Region.

Schlafen & Essen

Sandrock Holiday Hostel HOSTEL €
(☎074-937 0289; www.sandrockhostel.com; Port Ronan Pier, Malin Head; B 13–20 €; 📶) Von dem IHH-Hostel, das sich über einer felsigen Bucht im Westen der Landzunge befindet, genießt man eine atemberaubende Aussicht. Die Unterkunft bietet 20 Betten in zwei Schlafsälen, Musikinstrumente und eine Waschmaschine. Leihfahrräder (10 € pro Tag) werden auch an Nichtgäste vermietet. Am besten erkundigt man sich vorher nach den (sehr wenigen) Busverbindungen hierher.

Village B&B B&B €
(☎074-937 0763; www.malinvillagebandb.com; The Green, Malin; EZ/DZ ab 45/70 €) Ein herrliches B&B mit gemütlichen Zimmern – einige davon traditionell mit Antikmöbeln eingerichtet, andere moderner mit weißer Bettwäsche und schönen Blumenmustern – direkt an der Dorfwiese. Es gibt ein herzhaftes Frühstück, aber den Gästen steht auch eine Küche zur Verfügung, sodass man sein Essen auf Wunsch selbst zubereiten bzw. seine Wäsche erledigen kann.

Whitestrand B&B B&B €€
(☎086 822 9163; www.whitestrand.net; abseits der R242, Middletown; Zi. ab 50/80 €; 📶) In perfekter Lage – inmitten der Hügel Richtung Malin Head – vermietet dieses gemütliche B&B drei schöne Zimmer. Zur Begrüßung werden warme Getränke und leckere hausgebackene Köstlichkeiten gereicht.

Ausgehen & Nachtleben

McClean's PUB
(☎074-937 0607; Main St, Malin; ⏲12 Uhr–open end) In dem wunderbaren Pub aus der guten alten Zeit herrscht eine tolle Stimmung, außerdem gibt's oft Livemusik. Das McClean's liegt an der Ostecke des Dorfes. Am besten schnappt man sich einen Platz auf der Freiluftterrasse und genießt von hier aus den schönen Blick auf die Mündung und die alte Steinbogenbrücke.

Anreise & Unterwegs vor Ort

Am besten fährt man über die R238/242 von Carndonagh nach Malin Head statt von Culdaff aus über die holprige Straße auf der Ostseite.

Culdaff & Umgebung

270 EW.

Rund um den abgelegenen Urlaubsort Culdaff an der Nordküste von Inishowen gibt's sehr viel mehr Schafe als Menschen.

Sehenswertes & Aktivitäten

★ **Culdaff Beach** STRAND
(abseits der R238) Der mit einer Blauen Flagge ausgezeichnete Strand eignet sich gut zum Schwimmen sowie zum Windsurfen. Am Ufer kann man wunderbar spazieren gehen und sich in den grasbewachsenen Dünen verlieren. Außerdem gibt's einen schönen Spielplatz.

Clonca Church & Cross HISTORISCHE STÄTTE
(Clonca) Im Inneren der Kirche steht ein mit eingemeißeltem Schwert und Wurfstock verzierter Grabstein. Vermutlich stammt der behauene Türsturz von einem früheren Gotteshaus. Draußen zeigen die Reste des Kreuzes an der Ostseite die wundersame Vermehrung des Brotes. Wer der R238 von Culdaff Richtung Moville folgt, biegt nach 1,2 km an der Bocan Church gen Osten ab. Die Kirche befindet sich 1,7 km weiter nördlich hinter einigen Farmgebäuden.

Schlafen & Essen

★ **McGrory's of Culdaff** GÄSTEHAUS €€
(☎074-937 9104; www.mcgrorys.ie; R238; EZ/DZ ab 65/100 €, Hauptgerichte 10–25 €; ⏲Barküche 12.30–20 Uhr; 📶) McGrory's of Culdaff, das in Lilatönen gehaltene Wahrzeichen des Dorfes, bietet 17 stilvolle und luxuriöse Zimmer. Im **Backroom**, einer der drei Hotelbars, wird Livemusik mit internationalen Singer-Songwritern und traditioneller Musik geboten. Die klassische irische Küche in der **Front Bar** gilt als beste weit und breit.

Greencastle

820 EW.

In dem belebten kleinen Fischerhafen von Greencastle recken Robben auf Beutezug ihre glatten Köpfe hoffnungsvoll aus dem Wasser Das im 14. Jh. errichtete **Northburgh Castle** diente als Nachschubstation für das englische Heer in Schottland und wurde deshalb in den 1320er-Jahren von Robert Bruce angegriffen. Der weinberankte Torso der Burg ist noch erhalten – der dunkelgrüne Stein hat der Ortschaft ihren Namen verpasst – umgeben ist er aber von Apartments.

Sehenswertes

Inishowen Maritime Museum MUSEUM

(☎074-938 1363; www.inishowenmaritime.com; abseits der R241; Erw./Kind Museum 5/3 €, ⏲ ganzjährig Mo–Fr 9.30–17.30 Uhr, Ostern–Sept. auch Sa 9.30–17.30 & So 12–17.30 Uhr) Das Museum in einer ehemaligen Station der Küstenwache am Hafen beherbergt eine exzentrische Sammlung von Artefakten. Die faszinierendsten Exponate stammen aus den im Lough Foyle versunkenen Schiffen. Der Untergang der Spanischen Armada und die Abreise irischer Auswanderer von hier gehören ebenfalls zu den fesselnden Themen des Museums. Außerdem gibt's eine Astronomieshow.

Essen

★ **Kealy's Seafood Bar** FISCH & MEERESFRÜCHTE €€

(☎074-938 1010; www.kealysseafoodbar.ie; The Harbour; Hauptgerichte 10–50 €; ⏲ ganzjährig Mi–So 12.30–21 Uhr, Juli–Aug. tgl.) In diesem Bistro landet der frische Fang aus dem Meer direkt auf dem Teller, und so fühlt man sich fast, als ob man ihn den Robben vor der Nase weggeschnappt hätte. Die schlichte Einrichtung aus poliertem Holz im maritimen Stil verrät nichts von den vielen kulinarischen Auszeichnungen, die das Restaurant bereits gewonnen hat. Hier zu essen ist ein Vergnügen, egal ob man sich für eine Fischsuppe oder extravaganten Hummer entscheidet. Außerdem ist der Ausblick großartig!

Shoppen

Malin Pebbles KUNST & KUNSTHANDWERK

(☎074-938 1432; www.malinpebbles.com; Church Brae; ⏲ vorher anrufen) 100 m bergaufwärts vom Fährhafen verarbeitet Petra Watzka in ihrer Werkstatt Halbedelsteine aus der Region zu Schmuck und ungewöhnlichen Geschenken.

ABSEITS DER ÜBLICHEN PFADE

WANDERUNG: INISHOWEN HEAD

Der markierte Wanderweg zum **Inishowen Head** (8,5 km; 2–3 Std.) bietet schöne Ausblicke im Überfluss. Dort angelangt, gewährt ein Aussichtspunkt aus dem Zweiten Weltkrieg einen tollen Rundblick über die nordirische Küste bis zu den Hügeln von Antrim, Rathlin Island und sogar Islay und dem Mull of Kintyre in Schottland. Die kleine Bucht **Portkille** ein kurzes Stück weiter nördlich soll der letzte Ort auf irischem Boden sein, den der hl. Colmcille (Columba) betrat, bevor er 563 nach Iona reiste. Eine Bronzetafel neben dem Pfad liefert Infos über die Stätte.

Die Route beginnt 4 km hinter Greencastle an der R241. Dort befindet sich neben einem kleinen Sandstrand ein Parkplatz mit einer Infotafel zur Wanderstrecke. Ganz in der Nähe liegen die Zwillingstürme des 1837 errichteten Leuchtturms **Shrove Lighthouse** (von einem ist allerdings nicht mehr viel übrig).

An- & Weiterreise

Lough Foyle Ferry (☎074-938 1901; www.loughfoyleferry.com; Harbour; einfach 3/15 € pro Person/Auto; ⏲ April–Sept.) betreibt eine saisonale Autofähre von Greencastle nach Magilligan, dank der man sich den 78 km langen Umweg auf dem Landweg via Derry ersparen kann. Die Fähre verkehrt tagsüber einmal pro Stunde. Den aktuellen Fahrplan erfährt man telefonisch oder auf der Webseite.

Moville & Umgebung

1500 EW.

Moville, eigentlich nur ein Netz aus eng verzweigten Straßen oberhalb eines geschäftigen Bootsanlegers, ist ein sauberes Örtchen mit zahlreichen alten, liebevoll gepflegten Gebäuden. Unter der Woche wirkt es recht verschlafen, doch an Ferienwochenenden wird es von Touristen regelrecht überschwemmt. Im 19. und frühen 20. Jh. war Moville ein betriebsamer Hafenort. Tausende Auswanderer nach Amerika stachen hier in See.

Aktivitäten

Coastal Walkway WANDERN

Der Coastal Walkway von Moville nach Greencastle führt an einem Küstenabschnitt entlang, wo einst Dampfer vor Anker lagen. Unterwegs gibt's viele Möglichkeiten, Pausen einzulegen und dabei die **Aussicht** zu genießen.

Schlafen & Essen

Gleich oberhalb des Hafens befinden sich im Zentrum des Dorfes mehrere Hotels und Pubs, die auch warmes Essen servieren.

Moville Holiday Hostel HOSTEL €
(☎ 074-938 2378; www.movilleholidayhostel.com; abseits der R238, Moville; Zeltstellplatz 10 € p. P., B/DZ ab 20/50 €) 300 m nördlich des Dorfes führt von der R238 aus eine kleine Gasse zu diesem versteckten Hostel mit seinen 20 Betten. Das verwinkelte ehemalige Bauernhaus aus dem 18. Jh. liegt neben einem Fluss und wartet auch mit ein paar tollen Zeltplätzen auf. Der Besitzer ist ein wahrer Quell an Infos zur reichen Historie und Folklore der Gegend.

Redcastle Hotel & Spa HOTEL €€
(☎ 074-938 5555; www.redcastlehoteldonegal.com; R238, Redcastle; EZ/DZ ab 90/140 €;) Das schickste Luxusresort der Halbinsel befindet sich an der Küste, 7 km südwestlich von Moville. Es liegt etwas verborgen hinter der Hauptstraße und verfügt über 93 komfortable Zimmer im klassischen Stil. Es gibt mehrere Restaurants, darunter das **Edge**, das gute Ausblicke und moderne irische Küche bietet. Zu den zahlreichen Einrichtungen zählt auch ein Neun-Loch-Golfplatz.

Die Midlands

Inhalt ➡

Schön übernachten

- Bastion B&B (S. 512)
- Lough Key House (S. 509)
- Castle Durrow (S. 527)
- Roundwood House (S. 527)
- Maltings Guesthouse (S. 518)

Die besten Pubs

- Oarsman (S. 502)
- Sean's Bar (S. 513)
- Giltraps Pub (S. 520)
- JJ Houghs Singing Pub (S. 520)
- Morrissey's (S. 526)

Auf in die Midlands

Die Midlands werden auf dem Weg zu bekannteren Touristenzielen oft übersehen, dabei bieten sie idyllische Landschaften, stolze Herrenhäuser, archäologische Schätze und verschlafene Orte, deren Bewohner sich sehr über Urlauber freuen. Eine Tour entlang der verschlungenen Nebenstraßen der sechs Countys verspricht beschauliches Vergnügen. Dabei entdeckt man immer wieder Dorfläden, die gleichzeitig als Pub, Tankstelle und Postamt fungieren und heute noch so aussehen wie schon Jahrzehnte zuvor. Hier gibt es erfrischenderweise kaum Touristenbusse und Souvenirstände, deswegen lohnt sich ein Abstecher.

Prägend für die Gegend ist auch der Fluss Shannon, der von zahlreichen Freizeitkapitänen und Anglern bevölkert wird. An seinen Ufern schießen elegante Hotels und Gourmetrestaurants wie Pilze aus dem Boden und verleihen der Reise durch die malerische Umgebung eine überraschend kosmopolitische Note. Wenn man das irische Landleben wirklich kennenlernen will, sind die Midlands das perfekte Ziel.

Reisezeit

- Der Frühling zeigt Irlands berühmte grün leuchtende Landschaft, die sich in vielen Flüssen und Seen spiegelt und mit Wildblumenfeldern gespickt ist, in voller Pracht.
- Im Sommer, wenn Einheimische die langen Tage draußen genießen, finden in der ganzen Region Messen, Volksfeste, Festivals und besondere Events statt.
- Für eine Bootsfahrt auf dem Shannon bietet sich die Zeit von Juli bis Ende September an: Alles ist geöffnet, das Wetter ist besser und die Pubs und Restaurants am Ufer ziehen zahlreiche fröhliche Gäste an.
- Während der kürzeren Tage von November bis März schließen viele Museen und andere Attraktionen oder haben stark verkürzte Öffnungszeiten.

Highlights

1. Entspannte Ausflüge in der hügeligen Umgebung des **Shannon-Erne-Kanals** (S. 504) unternehmen.

2. Über das verlorene Land der Heiligen und Gelehrten in **Clonmacnoise** (S. 521), Irlands schönster Klosterstätte, nachsinnen.

3. Als Gast im **Gallic Kitchen** (S. 521) in Abbeyleix an der kulinarischen Revolution in den Midlands mit lokalen saisonalen Produkten teilhaben.

4. Durch die georgianischen Straßen im eleganten **Birr** (S. 517) spazieren und das Burggelände erkunden.

5. Im erschütternden Irish National Famine Museum im **Strokestown Park** (S. 507) mehr über die schlimmste Katastrophe in Irland erfahren.

6. Bei **Corlea** (S. 510) einen antiken Bohlenweg aus der Eisenzeit entdecken.

7. Durch die Flure und Gärten des wunderbaren **Belvedere House & Gardens** (S. 514) streifen und über seine düstere Geschichte staunen.

8. Im smaragdgrünen **Fore Valley** (S. 515) eindrucksvolle christliche Ruinen und magische Landschaften bewundern.

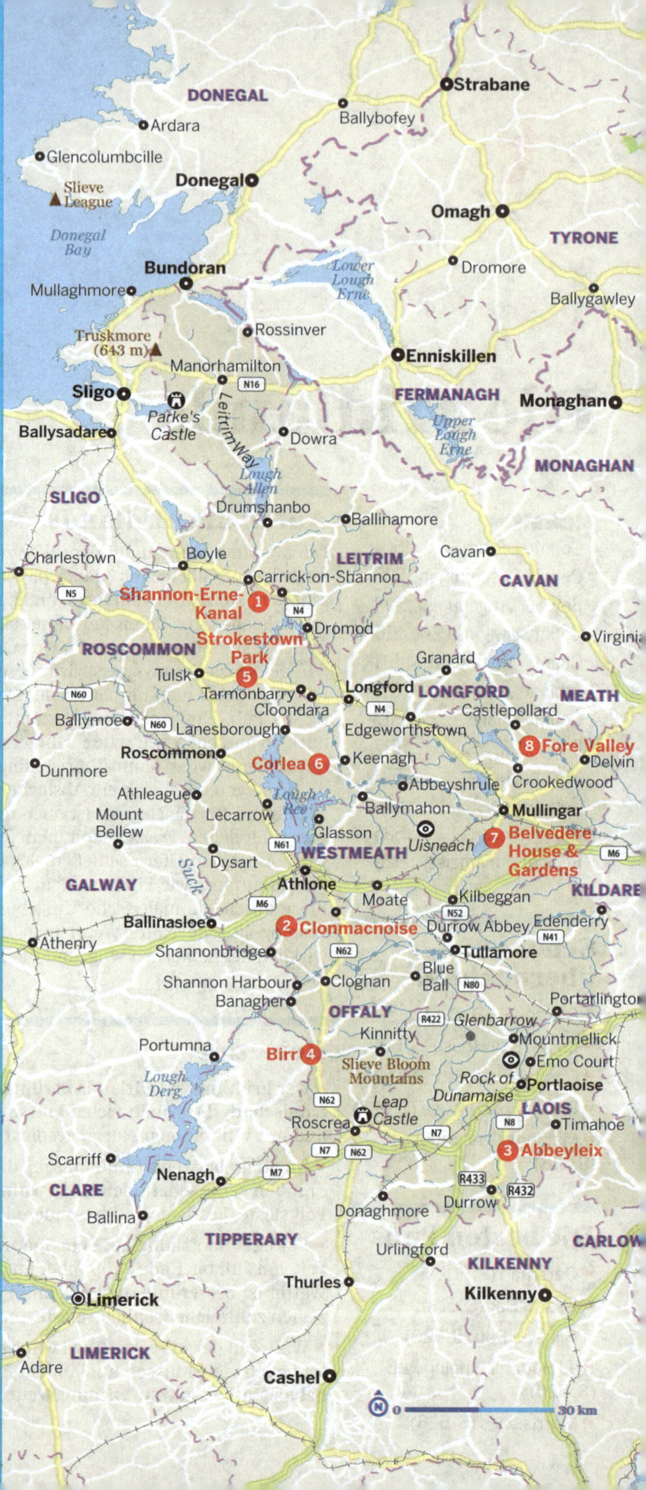

COUNTY LEITRIM

31 798 EW. / 1590 KM²

Die Vorzüge des bescheidenen Countys sind ein gut gehütetes Geheimnis, was den Einheimischen ganz recht zu sein scheint: Sie schätzen die wilde Landschaft und den authentischen ländlichen Charme und hegen eine Abneigung gegen jeden, der die Ursprünglichkeit der Gegend zerstören will.

Im 19. Jh. wurde Leitrim von der Hungersnot heimgesucht, später hatte es dann mit Massenemigration und Arbeitslosigkeit zu kämpfen. Heute ist die Gegend ein beliebter Rückzugsort für Künstler, Schriftsteller und Musiker und ein echtes Paradies für Bootsfahrer.

Der Lough Allen teilt Leitrim praktisch in zwei Teile. Größte Attraktion in der Region ist der gewaltige Fluss Shannon. Das lebendige Carrick-on-Shannon, die Hauptstadt der Grafschaft, ist eine wunderbare Ausgangsbasis für Ausflüge in die Region, ob mit dem Auto oder Boot. Leitrim dient als wichtiges Bindeglied zwischen den beliebten Counties Sligo und Donegal. Zudem erlaubt die Stadt ein wenig Abenteuer auf dem Wild Atlantic Way – ein 5 km langer Abschnitt der N15 verbindet ein kleines Stück von Leitrim mit dem Meer.

Carrick-on-Shannon

4100 EW.

Carrick-on-Shannon ist eine charmante Ortschaft am Fluss. Seit der Fertigstellung des Shannon-Erne-Kanals geht's hier im Yachthafen hoch her. Bei Wochenendausflüglern erfreut sich der Ort großer Beliebtheit. Neben einer guten Auswahl an Unterkünften und Restaurants bietet er eine tolle Musik- und Kunstszene.

Im 17. und 18. Jh. war Carrick eine protestantische Enklave. Die eleganten Gebäude rund um die Stadt zeugen noch vom einstigen Reichtum der Bürger.

Sehenswertes

Carrick lockt vor allem mit einer schönen Ufergegend. Darüber hinaus gibt es an der St. George's Terrace tolle Bauten aus dem frühen 19. Jh., darunter **Hatley Manor**, Sitz der Familie George, und das **alte Gerichtsgebäude**.

Costello Memorial Chapel KIRCHE
(Bridge St; ⌚ Ostern–Sept. 10–16.30 Uhr) Mit 3,60 m Breite und 5 m Länge gehört der winzige Bau zu den kleinsten Kapellen Europas. Er wurde 1877 von Edward Costello im Gedenken an seine früh verstorbene Frau Mary errichtet. Heute ruht das Paar wieder vereint in der Kapelle. Das Innere des Gebäudes besteht aus grauem Kalkstein mit einem einzigen bunten Glasfenster. Zu beiden Seiten der Tür liegen die einbalsamierten Leichen in Bleisärgen. Falls die Tür versperrt sein sollte, kann man sich den Schlüssel im St. George's Heritage Centre holen.

St. George's Heritage Centre MUSEUM
(St. Mary's Close; Erw./Kind 5 €/frei; ⌚ Mi–Sa 11–16 Uhr) Das in einer restaurierten Kirche untergebrachte Museum veranschaulicht in einem interessanten Video die Geschichte und Landschaft Leitrims von den alten gälischen Traditionen bis zu den Zeiten der Siedler. Im Rahmen der Führung besichtigt man das alte Armenhaus aus der Zeit der Hungersnot – eine düstere Erinnerung an die harte Vergangenheit – und den Famine Garden of Remembrance. Beide liegen nur einen kurzen Spaziergang vom Centre entfernt.

Aktivitäten

Carrick ist der beste Ort am Shannon-Erne-Kanal, um ein Boot zu mieten. Die 16 Kanalschleusen funktionieren vollautomatisch, außerdem benötigt man keine Lizenz und erhält vor dem Auslaufen noch ausführliche Anweisungen zur Bedienung des Bootes. Die Preise für ein Boot mit zwei Kojen betragen in der Hauptsaison mindestens 1200 € pro Woche.

Emerald Star BOOTSTOUREN
(☎ 071-962 7633; www.emeraldstar.ie; Marina; Preise variieren; ⌚ Mo–Fr 9–18, Sa 10–16 Uhr) Hat eine riesige Auswahl an Booten zum Verleih im Angebot.

Moon River BOOTSTOUREN
(☎ 071-962 1777; www.moonriver.ie; The Quay; Touren ab 18 €; ⌚ Mitte März–Okt.) Hier kann man einstündige Fahrten entlang des Shannon mit der *Moon River* buchen, die Platz für 110 Personen bietet. Je nach Saison gibt es eine bis vier Touren pro Tag; Genaueres steht auf den Infotafeln am Kai.

Schlafen

In sowie rund um Carrick gibt's eine gute Auswahl an Unterkünften. Im Sommer und an Wochenenden ist es ratsam, im Voraus zu buchen.

Lock View House B&B €
(071-964 0790; www.bedandbreakfastleitrim.com; abseits der R209, Kilclare; EZ/DZ ab 45/70 €;) Zauberhaftes, ländlich-idyllisches B&B, 10 km nordöstlich von Carrick, mit vier großen Zimmern. Neben Ausblicken in die grüne Natur erwarten Gäste Doppel- und King-Size-Betten, zudem können sie hier die Ruhe genießen und die Boote beim Passieren der nahe gelegenen Schleuse auf dem Shannon-Erne-Kanal beobachten.

★ **Bush Hotel** HOTEL €€
(071-967 1000; www.bushhotel.com; Main St; EZ/DZ ab 70/110 €;) Die familiengeführte Unterkunft ist eines der ältesten Stadthotels Irlands und scheint mit dem Alter immer besser zu werden. Die öffentlichen Bereiche werden sorgfältig in Schuss gehalten und bewahren sich dabei ihren historischen Charme. Die Wände zieren jede Menge alte Fotos. Die 60 Zimmer wirken mit ihren schicken modernen Möbeln, dem plüschigen Teppichboden und den Schreibtischen moderner und businessmäßiger. Im hinteren Bereich gibt es einen modernen Flügel.

Cryan's Hotel HOTEL €€
(071-967 2066; www.cryanshotel.ie; The Quay; EZ/DZ ab 65/100 €;) Bei Bootsfahrern, die eine Auszeit vom Deck brauchen, ist dieses moderne Hotel direkt am Wasser genauso beliebt wie bei Touristen. Die Fassade ist unscheinbar, dahinter verbergen sich jedoch 24 große gut ausgestattete Zimmer, größtenteils mit Flussblick.

Carrick Plaza Suites HOTEL €€
(071-961 6266; www.carrickplazasuites.ie; Stadtzentrum; EZ/DZ ab 90/100 €;) Modernes Hotel am Fluss mit zehn Suiten, die von großen Schlafzimmern bis hin zu voll ausgestatteten Apartments mit Küche reichen. Die Einheiten bieten Platz für zwei bis sieben Personen, haben moderne Möbel und einen klaren Stil.

Essen

Lena's Tea Room CAFÉ €
(071-962 2791; www.lenastearoom.ie; Main St; Snacks 4–10 €; Di–Sa 10–17.30 Uhr;) Liebenswertes Café mit Vintage-Dekor im 1920er-Stil, bestehend aus bunt zusammengewürfelten Möbeln, gemütlichen Sofas und dezenten Farben. Zur Auswahl stehen Kuchen, Scones und Brot aus hauseigener Herstellung sowie Suppen, Tartes und Sandwiches. Zum Nachmittagstee gehören verschiedene Blattteesorten, chinesisches Porzellan und eine Auswahl leckerer Backwaren.

★ **Oarsman** MODERN IRISCH €€
(071-962 1733; www.theoarsman.com; Bridge St; Hauptgerichte 7–25 €; Küche Di–Sa 12–21 Uhr, Bar bis 23 Uhr) Dieses gehobene Pub serviert mit die beste rustikale Küche der Region – die saisonale Speiseauswahl aus regionalen Zutaten reicht von exzellenten Burgern bis zu aufwendigeren Hauptgerichten. Unten gibt es Biere von irischen Mikrobrauereien (darunter Carrig Brewing) und Kneipenflair, oben erinnert das Ambiente eher an ein Restaurant. Abends muss man mit Wartezeiten rechnen.

The Cottage MODERN IRISCH €€
(071-962 5933; www.cottagerestaurant.ie; abseits der N4, Jamestown; Hauptgerichte 17–27 €; Mi–So 17.30–22, So auch 12–16 Uhr;) In puncto Qualität der Küche ist das bescheiden aussehende Lokal in einem kleinen weiß getünchten Cottage mit Blick auf ein Wehr ganz vorne mit dabei. Küchenchef Sham Hanifa bietet eine saisonale Speisekarte mit Gerichten mit Gemüse aus dem hauseigenen Garten, Fleisch von lokalen Erzeugern und handgemachtem Käse. Das Cottage liegt 5 km südöstlich von Carrick.

Vittos Restaurant & Wine Bar ITALIENISCH €€
(071-962 7000; www.vittosrestaurant.com; Bridge St; Hauptgerichte 14–25 €; Mo–Fr 17.30–21, Sa & So 13–22 Uhr;) Das familienfreundliche Restaurant in einem Steinhaus mit Holzbalken punktet mit zahlreichen klassisch italienischen Gerichten, darunter tolle Pasta und Pizzas, auf dem Holzkohlegrill werden Burger und Steaks zubereitet. Das Vittos gehört zum Market Yard Centre.

Ausgehen & Nachtleben

Wie wär's mit einem Bier der hiesigen Brauerei Carrig Brewing? Zu ihren leckeren Sorten gehört das Poachers Pale Ale.

Anderson's Thatch Pub PUB
(087 228 3288; www.andersonspub.com; Elphin Rd/R368; 18–23 Uhr) Mittwochs, freitags und samstags wartet das traditionelle strohgedeckte Pub aus dem Jahre 1734 mit tollen musikalischen Sessions auf. Außerdem verfügt es über ein uriges Ambiente und ländlichen Charme. Das Anderson's liegt 4 km südlich der Stadt und ist problemlos mit dem Taxi zu erreichen.

Flynn's Corner House PUB
(Ecke Main St & Bridge St; ⌚17–23 Uhr) Neben reichlich Guinness bietet dieses authentische Pub, in dem die Zeit stehen geblieben zu sein scheint, jeden Freitagabend Livemusik – ein echter Genuss!

Unterhaltung

Dock Arts Centre THEATER
(☎071-965 0828; www.thedock.ie; St. George's Tce; ⌚Galerien Di–Sa 10–17 Uhr) Auf dem Programm des Kulturzentrums im früheren Gerichtsgebäude aus dem 19. Jh. stehen Performances, Ausstellungen und Workshops.

Shoppen

★**Market Yard Centre** KUNSTHANDWERK
(abseits der Bridge St; ⌚Ladenöffnungszeiten variieren, Bauernmarkt Do 10–14 Uhr) Diese restaurierten Gebäude im Stadtzentrum beherbergen eine interessante Auswahl unterschiedlicher Geschäfte, deren breites Sortiment von Bootsausrüstung bis zu Kunsthandwerk reicht. Auf dem lohnenswerten **Bauernmarkt** verkauft eine eindrucksvolle Anzahl von Biobauern, Bäckern und Lebensmittelherstellern ihre Waren.

Praktische Informationen

Die **Touristeninformation** (☎071-962 3274; www.leitrimtourism.com; The Quay; ⌚Ostern–Sept. 9.30–17 Uhr) hat eine gute Broschüre über einen Stadtspaziergang, der die Sehenswürdigkeiten von Carrick umfasst.

An- & Weiterreise

BUS

Bus Éireann verkehrt nach Dublin (26 €, 3 Std., 4-mal tgl.).

ZUG

Siebenmal täglich fahren Züge von Irish Rail nach Dublin (ab 24 €, 2¼ Std.) und Sligo (ab 16 €, 55 Min.). Der Bahnhof liegt an der Croghan Road, 500 m südwestlich des Zentrums.

Nord-Leitrim

Nördlich und westlich von Carrick-on-Shannon kommt Leitrims Landschaft erst richtig zur Geltung: Zerklüftete Hügel, stahlgraue Seen und isolierte Cottages versprühen einen einzigartigen ländlichen Charme. Darüber hinaus ist die Leitrim-Seite des Lough Gill auf einem Tagesausflug von Sligo aus problemlos erreichbar.

Wer die Berge zu Fuß erkunden möchte, für den bietet sich der **Leitrim Way** an. Der 48 km lange Wanderweg führt von Drumshanbo nach Manorhamilton.

Sehenswertes & Aktivitäten

Parke's Castle BURG
(www.heritageireland.ie; abseits der R286, Fivemile Bourne; Erw./Kind 4/2 €; ⌚Ostern–Sept. 10–18 Uhr) Ihre friedliche Umgebung mit den Schwänen auf dem Lough Gill und einem alten, von Gras überwucherten Graben täuscht darüber hinweg, dass diese Burg einst von einem verhassten englischen Gutsbesitzer erbaut wurde.

Der restaurierte dreistöckige Bau nimmt eine der fünf Seiten des *bawn* (ummauerter Hof außerhalb des Hauptgebäudes) ein, an dessen Ecken jeweils ein runder Mauerturm thront.

Die Burg liegt im County Leitrim, direkt an der Grenze zum County Sligo, 11 km östlich der Stadt Sligo.

★**Rose of Innisfree** BOOTSTOUR
(☎071-916 4266; www.roseofinnisfree.com; abseits der R286, Parke's Castle; Erw./Kind 15/7,50 €; ⌚Ostern–Okt. 12.30 & 15.30 Uhr) Die 1½-stündige Bootstouren auf dem Lough Gill starten am Parke's Castle und bieten die schönsten Ausblicke auf Innisfree. Zum Programm gehören Live-Vorträge von Yeats' Dichtkunst sowie guter Kaffee und frische Scones. Das Unternehmen bietet auch eine Busverbindung von Sligo zur Burg an. Auskünfte zu Abfahrtszeiten und Anlegestellen erhält man auf telefonische Nachfrage. Im Sommer gibt's zusätzliche Touren.

COUNTY ROSCOMMON

64 070 EW. / 2548 KM²

Das mysteriöse County ist ein mythenumwobenes Mekka für Geschichtsfans: Roscommon wartet mit über 5000 Megalithgräbern, Ringwällen sowie Grabhügeln auf und beherbergt einige exzellente Museen. Dazu kommen noch gut erhaltene Herrenhäuser und wundervolle Klosterruinen. Umso verwunderlicher ist es, dass die Region kaum Besucher anlockt. Neben vielen romantischen Flecken bietet Roscommon auch eine herrliche, mit Seen übersäte und von den Flüssen Shannon und Suck durchzogene Hügellandschaft, die ein Paradies für Angler ist.

1

2

SIMON GREENWOOD/GETTY IMAGES ©

Der Shannon-Erne-Kanal

Die beiden größten Flüsse des Landes, der Shannon und der Erne, schlängeln sich durch herrlich grüne Felder, Auen und Weiden der Midlands. Sie prägen das Landschaftsbild, versorgen die Böden mit Feuchtigkeit und werden im Sommer von Familien, Anglern sowie Bootsfahrern frequentiert.

Im 19. Jh. wurden sie miteinander verbunden, allerdings war der Kanal ein wirtschaftlicher Misserfolg. Erst 1994 fuhren dort wieder Schiffe, als im Rahmen eines Sanierungsprojekts eine symbolische Verbindung zwischen Nordirland und der Republik Irland geschaffen wurde.

Der Shannon-Erne-Kanal ist Teil eines wundervollen 750 km langen Netzwerks aus Flüssen, Seen und künstlichen Wasserläufen wie dem Grand Canal oder dem Royal Canal. Er erstreckt sich über die komplette Länge des Shannon und führt durch den Nordwesten des County Cavan bis zum Südufer des Upper Lough Erne. Auf dem Kanal zu reisen ist ein traumhaftes Erlebnis. An ihm liegen elegante Hotels, Gourmet-Restaurants und traditionelle Pubs, die eine ungeahnt weltoffene Atmosphäre schaffen.

1. Athlone Castle (S. 511) mit Blick über den Shannon
2. Boote auf dem Shannon im County Offaly (S. 516)
3. Cross of the Scriptures (S. 522), Clonmacnoise

3

TOP-ORTE FÜR LANDGÄNGE

- **Carrick-on-Shannon** Hübsche Stadt mit einer florierenden Musik- und Kunstszene.
- **Lough Ree** Mehr als 50 Inseln liegen in diesem See, alle mit einer faszinierenden Geschichte.
- **Athlone** Wichtiges Zentrum in den Midlands mit lebendiger Atmosphäre.
- **Clonmacnoise** Faszinierende Klosterruine aus dem 6. Jh.
- **Shannonbridge** Verschlafenes Dorf mit einem genialen traditionellen Pub.
- **Banagher** Zentrum des Hausboottourismus und Befestigungsanlagen am Fluss.

Roscommon (Stadt)

5700 EW.

Das quirlige Wirtschaftszentrum des Countys hat kaum Touristenattraktionen, aber einen schmucken kleinen Stadtkern und einige bedeutende Kloster- und Burgruinen, die einen kurzen Besuch lohnen.

Sehenswertes

In dem ehemaligen Gerichtsgebäude auf dem Hauptplatz befindet sich inzwischen eine Filiale der Bank of Ireland. Gegenüber sieht man noch die Fassade des **alten Gefängnisses**.

★ Roscommon County Museum MUSEUM

(The Square; Erw./Kind 2/1 €; ⌚ Mo–Fr 10–17, Sa bis 15 Uhr) Das in einer ehemaligen Presbyterianerkirche (1863) untergebrachte Museum unter ehrenamtlicher Leitung zeigt eine eigenwillige Sammlung, darunter auch eine Steinplatte mit Inschrift aus dem 9. Jh., die aus dem Kloster des hl. Coman stammt, und eine mittelalterliche *sheela-na-gig*. Vermutlich soll das ungewohnte Fensterdekor mit Davidstern die Heilige Dreifaltigkeit repräsentieren. Nicht entgehen lassen sollte man sich die Geschichte von Lady Betty, die im 18. Jh. gehängt wurde.

Roscommon Castle RUINE

(abseits der Castle St; ⌚ Sonnenauf- bis Sonnenuntergang) Die beeindruckenden Ruinen der normannischen Burg stehen einsam auf einem Feld nördlich der Stadt, hübsch eingerahmt von einer reizvollen Wiesenlandschaft und einem kleinen See, der zum Neustadtpark gehört. 1269 erbaut, wurde die Festung fast unmittelbar nach ihrer Fertigstellung von irischen Kriegern zerstört. So turbulent ging es weiter, bis sie 1652 von Cromwell endgültig eingenommen wurde.

> **ABSEITS DER ÜBLICHEN PFADE**
>
> **ARIGNA MINERS WAY & HISTORICAL TRAIL**
>
> Der 118 km lange Weg vom nördlichen Roscommon über das östliche Sligo und mitten durch Leitrim besteht aus mehreren gut markierten Pfaden und Bergpässen, auf denen früher die Bergarbeiter zur Arbeit gingen. Eine Broschüre mit Karten erhält man in den örtlichen Touristeninformationen.

Roscommon Dominican Priory HISTORISCHES GEBÄUDE

(abseits der Circular Rd; ⌚ Sonnenauf- bis Sonnenuntergang) Am Südrand der Stadt verstecken sich die Überreste dieses Klosters aus dem 13. Jh. fast komplett hinter einer Grundschule. Ausgefallene Reliefs aus dem 15. Jh. zeigen acht *gallóglí* (*gallowglasses* bzw. Söldner), die sieben Schwerter und eine Axt schwingen.

Aktivitäten

In Touristeninformationen bekommt man eine Broschüre und eine Karte zum **Suck Valley Way**, einem 75 km langen Wanderweg am Suck entlang mit ein paar hübschen Flussabschnitten.

Schlafen & Essen

Gleeson's Townhouse & Restaurant B&B €€

(☎ 090-662 6954; www.gleesonstownhouse.com; The Square; EZ/DZ ab 80/90 €; @ 🛜) „Gleeson's Empire" ist wohl die bessere Bezeichnung für dieses B&B in einem Stadthaus aus dem 19. Jh., abseits des Platzes inmitten des hauseigenen Gartens. Das individuelle Dekor der Zimmer reicht von extravaganten Blumentapeten über Kiefernholzmöbel bis zu knallgelben Wänden.

Gleeson's Restaurant & Artisan Food & Wine Shop FEINKOST €€

(☎ 090-662 6954; www.gleesonstownhouse.com; The Square; Hauptgerichte 8–25 €; ⌚ Café tgl. 8–18 Uhr, Restaurant tgl. 12–21 Uhr, Geschäft Mo–Sa 10–18 Uhr) Hier gibt's das Beste der modernen irischen Küche. Aus lokalen, oft biologischen Zutaten werden exzellente Gerichte zubereitet und im informellen Café oder im eleganteren Restaurant serviert.

Die Auswahl an Backwaren und anderen Leckereien zum Mitnehmen eignet sich perfekt für ein Picknick während einer Erkundungstour zu den historischen Stätten des Countys.

Praktische Informationen

Das Museum ist das inoffizielle **Touristenbüro** (www.visitroscommon.com; Roscommon County Museum, The Square; ⌚ Mo–Fr 10–17, Sa bis 15 Uhr) und hat jede Menge Infos auf Lager.

An- & Weiterreise

BUS

Es gibt zwei tägliche Verbindungen von Bus Éireann zwischen Westport (23 €, 2¼ Std.) und Athlone (14 €, 35 Min.).

ZUG
Der Bahnhof liegt in Abbeytown südlich des Stadtzentrums. Fünfmal täglich verkehren Züge der Irish Rail von Dublin (20 €, 2 Std.) nach Westport (ab 20 €, 1½ Std.).

Strokestown & Umgebung

820 EW.

Strokestowns Hauptstraße ist eine prachtvolle, von Bäumen gesäumte Chaussee. Sie zeugt von den hochtrabenden Bestrebungen eines Landeigentümers aus der Gegend, denn dieser wollte die breiteste Straße in ganz Europa bauen. Heute ist sie die auffälligste Attraktion in dem verschlafenen Örtchen, das man in erster Linie für sein historisches Gut und das Famine Museum, einen Pflichtstopp für jeden Besucher, kennt.

Die alte keltische Stätte in der Nähe hinzugenommen, lässt sich leicht ein Tag in der Gegend verbringen. Am Bank-Holiday-Wochenende im Mai erwacht Strokestown anlässlich des **International Poetry Festival** (www.strokestownpoetry.org; ⏲ Anfang Mai) zum Leben. Gute Restaurants sind hier Mangelware, Roscommon liegt jedoch nur 20 km in südwestlicher Richtung.

Sehenswertes

★ Strokestown Park HISTORISCHE STÄTTE
(☎ 071-963 3013; www.strokestownpark.ie; abseits der N5; Eintritt Haus, Museum & Gartenanlage Erw./Kind 14/6 €, nur 1 Stätte 9/6 €; ⏲ Mitte März–Okt. 10.30–17.30 Uhr, Nov.–Mitte März bis 16 Uhr, Führungen Mitte März–Okt. 12, 14.30 & 16.30 Uhr, Nov.–Mitte März 14.30 Uhr; 📶) Am Ende der Hauptstraße führen drei gotische Torbogen zum Strokestown Park House. Das ursprünglich 120 km² große Anwesen wurde Nicholas Mahon von König Karl II. für seine Unterstützung im englischen Bürgerkrieg überschrieben. Nicholas' Enkel Thomas beauftragte im frühen 18. Jh. Richard Cassels mit dem Bau eines **Landhauses** im palladianischen Stil. Die **Gärten** vermitteln eine Vorstellung des einstigen Reichtums. Besucher können das Haus im Rahmen einer 50-minütigen Führung besichtigen.

Dabei besichtigt man eine Küche mit Galerie und den Originalherden von 1740, ein Schulzimmer mit einem Übungsbuch aus dem Jahre 1934, in dem ein Diktat in Schönschrift steht (dem der Rotstift der Gouvernante ordentlich zugesetzt hat), und ein Kinderzimmer mit vielen Spielsachen aus dem 19. Jh. sowie lustigen Zerrspiegeln.

Im Lauf der Jahrhunderte verkam das Gut und der Stern der Familie sank. Als es schließlich 1979 verkauft wurde, war der Grundbesitz auf 120 ha zusammengeschmolzen. Immerhin ist die Ausstattung noch intakt.

Im ummauerten Garten wächst die längste Staudenrabatte Irlands und Großbritanniens mit sommerlichem Blütenflor in allen Regenbogenfarben. Auf die 2,4 ha große Anlage verteilen sich Gartenkunst, ein Lilienteich und das älteste Glasgewächshaus Irlands, das 1780 errichtet wurde.

Vor Ort gibt's ein kleines Café.

➡ Irish National Famine Museum
Das bewegende Strokestown Famine Museum, das die verheerende Hungersnot der 1840er-Jahre dokumentiert, steht im größtmöglichen Gegensatz zum Strokestown Park House und Garten. Es zeigt prägnant, wie das Industriezeitalter und die Hungersnot die 8. Mio Bewohner (rund 1,6 Mio. mehr als heute) der überbevölkerten Insel dramatisch reduzierten.

Dabei beschränken sich die Exponate nicht auf bloße Überlieferungen. Vielmehr zeigen über 50 000 aus dem 19. Jh. erhaltene Dokumente oftmals grausame Fakten auf. Der in Strokestown ansässige Gutsbesitzer Major Denis Mahon setzte hungernde Bauern, die ihre Pacht nicht zahlen konnten, skrupellos vor die Tür und ließ sie mit Schiffen aus Irland abtransportieren. Etwa die Hälfte der 1000 Emigranten kam auf den überladenen *coffin ships* (Sargschiffe) ums Leben, weitere 200 starben während der Quarantäne in Québec (dies war die billigste Route). Da verwundert es kaum, dass drei seiner Pächter Mahon 1847 umbrachten; zwei von ihnen wurden in Roscommon öffentlich gehängt. Die von ihnen benutzte Pistole gehört zu den Ausstellungsstücken.

Angesichts der umfangreichen Informationen lässt sich hier leicht eine Stunde oder mehr verbringen. Das Museum gewährt einen tiefen Einblick in die Vergangenheit und beschreibt die Ignoranz sowie Brutalität derer, die eigentlich hätten helfen können.

Rathcroghan HISTORISCHE STÄTTE
(☎ 071-963 9268; www.rathcroghan.ie; N5, Tulsk; Erw./Kind 10/6 €; ⏲ Besucherzentrum ganzjährig Mo–Sa 9–17 Uhr, Mai–Sept. So 12–16 Uhr; 👪) Wer sich für keltische Mythologie interessiert, wird von der Gegend rund um das Dorf Tulsk begeistert sein, denn hier verteilen sich 60 Nationaldenkmäler, darunter Menhire, riesige Stein- und Hügelgräber sowie monumentale Befestigungen. Dieser Ort war der bedeutendste keltische Königssitz Europas.

In den letzten 3000 Jahren blieben die Landschaft und ihre heiligen Stätten nahezu unberührt. Tulsk liegt 10 km westlich von Strokestown. Regelmäßig halten Éireann-Busse auf der Route zwischen Dublin und Westport direkt vor dem Besucherzentrum.

Bisher hat man erst eine leise Ahnung von der Bedeutung von Rathcroghan, da noch nicht alle Ausgrabungen abgeschlossen sind. Trotzdem steht bereits fest, dass die Stätte größer und älter ist als Tara im County Meath und einst als Hauptsitz der irischen Machthaber diente.

Idealer Startpunkt ist das exzellente **Besucherzentrum**. Es erklärt anhand von Grafiken, Fotos, Infotafeln und Karten die Bedeutung der Stätte und informiert darüber, wann die Monumente (teils sind sie in Privatbesitz) besucht werden können. Ein Großteil befindet sich an einem 6 km langen Abschnitt der N5 Richtung Westen. **Rathmore** und **Rathcroghan Mound** sind beide für Besucher zugänglich und bieten Parkplätze.

Ein 15-minütiges Video beinhaltet eine Einführung zu den Stätten und Legenden sowie einen Zeichentrickfilm, der die Geschichte des Táin Bó Cúailnge (Rinderraub von Cooley) erzählt und alle Altersgruppen ansprechen dürfte. Ebenfalls interessant ist die Zeitachse mit nachgebildeten Artefakten.

Einer Legende zufolge hatte Königin Maeve (Medbh) ihren Palast in Cruachan Aí. Die nahe gelegene **Oweynagat Cave** (Katzenhöhle), die als der Eingang zum keltischen Jenseits (Anderswelt) galt, befindet sich ebenfalls in der Nähe. Da sie auf Privatland liegt, muss ein Führer Besucher begleiten, die sie betreten wollen. Dies kann im Besucherzentrum arrangiert werden und kostet 20 € pro Person.

Boyle & Umgebung

2700 EW.

Boyle, ein ruhiges Örtchen am Fuße der malerischen Curlew Mountains, lohnt dank seiner Sehenswürdigkeiten einen Zwischenstopp. Zu den Attraktionen gehören die Boyle Abbey, ein 4000 Jahre alter Dolmen, das King House Interpretive Centre und ein reizvoller Waldpark.

Geschichte

Boyles Geschichte ist gleichzeitig die Geschichte der Familie King. 1603 erhielt der aus Staffordshire in England stammende John King ein Lehen in Roscommon mit der Auflage, die Iren fortan Gehorsam und Unterwürfigkeit zu lehren. Während der nächsten 150 Jahre vermehrten seine Nachkommen durch vorteilhafte Eheschließungen und kaltblütige Eroberungen ihren Ruhm und ihr Vermögen und die Kings zählten zu den reichsten Grundbesitzerfamilien Irlands. Rund um das wachsende Anwesen wurde auch Boyle immer größer.

Sehenswertes & Aktivitäten

King House Interpretive Centre HISTORISCHES GEBÄUDE

(☎071-966 3242; www.kinghouse.ie; Main St; Erw./Kind 5/2 €; ⌚April–Sept. Di–Sa 11–16 Uhr) Skurrile Modelle erzählen die turbulente Geschichte der Könige von Connaught sowie der Ortschaft Boyle und lassen die Familie King wieder auferstehen. Dabei wird auch die Unterdrückung Untergebener während der verschiedenen Hungersnöte nicht verschwiegen. Kinder können Kopien von Kleidung, Reithosen und Lederschuhen anprobieren, mit einem Federkiel schreiben und aus speziell geformten Steinblöcken ein Deckengewölbe konstruieren. Ein Raum ist **Maureen O'Sullivan** gewidmet; der Hollywood-Star wurde in der Main Street in der Nähe geboren.

Im Innenhof befindet sich ein großes Geschäft, in dem regionales Kunsthandwerk verkauft wird.

Nach dem Umzug der Königsfamilie nach Lough Key, wurde die eindrucksvolle georgianische Villa als Kaserne für die Connaught Rangers umfunktioniert. Danach hatte sie über Jahrzehnte keine Funktion.

Boyle Abbey HISTORISCHES GEBÄUDE

(☎071-963 9268; www.heritageireland.ie; Abbeytown Rd; Erw./Kind 4/2 €; ⌚Ostern–Ende Sept. 10–18 Uhr) Die sorgfältig renovierte (und dem Vernehmen nach von Geistern heimgesuchte) Boyle Abbey wartet mit einer malerischen Lage am Fluss Boyle auf. Sie wurde 1161 von Mönchen aus Mellifont im County Louth gegründet und demonstriert den Übergang vom romanischen zum gotischen Stil. Dies zeigt sich am deutlichsten im Hauptschiff, wo sich Bogen beider Stilrichtungen gegenüberstehen. Manchmal werden 40-minütige Führungen durch die Abtei angeboten.

Ungewöhnlich für die Architektur der Zisterzienser sind die mit Figuren und Tierreliefs geschmückten Kapitelle im Westteil und noch erstaunlicher die heidnischen *sheila-*

na-gigs (Fruchtbarkeitssymbole). Nach der Säkularisierung der Klöster wurde das Gebäude von der Armee beschlagnahmt. Der steinerne Kamin am Südende (einst das Refektorium) stammt aus dieser Epoche.

Lough Key Forest Park PARK

(☎071-967 3122; www.loughkey.ie; abseits der N4; Eintritt zum Wald frei, Parkplatz 4 €; ⏲April–Aug. tgl. 10–18 Uhr, März, Sept. & Okt. Mi–So, Nov.–Feb. Fr–So bis 17 Uhr; 👪) Seit Langem ist der Lough Key Forest Park wegen seiner malerischen Ruinen beliebt, darunter eine Abtei aus dem 12. Jh. auf Trinity Island und eine Burg aus dem 19. Jh. auf Castle Island. Familien begeistern sich vor allem für den Wunschsessel, den Sumpfgarten, die Elfenbrücke und den Aussichtsturm. Wanderer freuen sich über zahlreiche markierte Pfade.

Lough Key liegt 4 km östlich von Boyle. Auf der Bus-Éireann-Route von Sligo nach Dublin gibt es regelmäßige Verbindungen zwischen Boyle und Lough Key.

Einst war der 350 ha große Park Teil des Rockingham-Anwesens, das die Familie King vom 17. Jh. bis 1957 besaß. In jenem Jahr wurde das von John Nash entworfene Gebäude durch einen Brand zerstört. Nur ein paar Ställe, Nebengebäude und Tunnel (diese sollten die Dienerschaft vor den erlauchten Blicken der Herrschaft verbergen) blieben erhalten.

Im Park befinden sich ein informatives **Besucherzentrum** und die **Lough Key Experience** (Erw./Kind 7,50/5 €), ein 250 m langer, 9 m über dem Boden verlaufender Baumwipfelpfad mit einer weiten Aussicht über den See. Weitere Attraktionen sind die **Boda Borg Challenge** (15 €) mit mehreren Räumen, in denen es verschiedene Freizeitangebote und Puzzles (ideal für Regentage) gibt, sowie ein **Abenteuerspielplatz** (Tagesticket 5 €).

Im Juli und August bietet der Veranstalter **Lough Key Boats** stündlich Bootstouren (Erw./Kind 12/6 €) und verleiht Ruder- und Motorboote (ab 22 € pro Std.).

Drumanone Dolmen HISTORISCHE STÄTTE

GRATIS Dieser beeindruckende Portaldolmen, einer der größten seiner Art in Irland, ist 4,50 m breit und 3,30 m hoch und wurde vor mindestens 4000 Jahren errichtet. Er ist nicht ganz leicht zu finden: Man folgt zunächst der Patrick Street westwärts und dann der R294 etwa 5 km stadtauswärts. Hinter einer Eisenbahnbrücke steht ein Schild zum Dolmen. Vorsicht: Hier muss man die viel befahrene Bahnstrecke überqueren!

Angling Services Ireland ANGELN

(☎086 601 1878; www.anglingservicesireland.com; halbtägige geführte Angeltour für 2 Pers. ab 120 €) Die Guides dieses Anbieters in Boyle wissen, wo man Hechte, Barsche und Forellen findet.

★ **Arigna Mining Experience** KOHLEBERGWERK

(☎071-964 6466; www.arignaminingexperience.ie; Derreenavoggy; Erw./Kind 10/6 €; ⏲10–18 Uhr, Führungen stündl.) In den Bergen oberhalb von Lough Allen wird mit der Arigna Mining Experience Irlands ersten und letzten Kohlebergwerks (ca. 1600–1990) gedacht. Besonders spannend ist die 40-minütige Tour, die 400 m in die Tiefe der Kohleflöze führt. Geleitet wird sie von ehemaligen Bergleuten, die die harten und gefährlichen Arbeitsbedingungen selbst erfahren haben.

Festes Schuhwerk tragen, denn der Boden kann kalt und matschig sein! Die Anlage liegt 23 km nordöstlich von Boyle.

Schlafen

★ **Lough Key House** B&B €€

(☎071-966 2161; www.loughkeyhouse.com; abseits der N4; EZ/DZ ab 60/90 €; 📶) In diesem schön restaurierten georgianischen Landhaus befinden sich sechs Gästezimmer, die individuell mit stilvollen alten Möbeln eingerichtet sind. Der Aufenthaltsraum unten verbindet Antiquitäten mit Eleganz, Behaglichkeit und einem offenen Kamin. Die Frühstückseier stammen von den Hühnern der Inhaber. Gäste können hier Räder ausleihen, außerdem wird man in der Stadt abgeholt, wenn man mit dem Bus anreist. Das B&B liegt 4 km östlich von Boyle.

Cesh Corran B&B €€

(☎071-966 2265; www.marycooney.com; Abbey Tce; EZ/DZ ab 60/80 €; 📶) Das sehr gepflegte B&B in Zentrumsnähe mit Blick auf die Klosterruinen hat helle, einfache Zimmer und bereitet seinen Gästen ein herzliches Willkommen. Es gibt einen Garten, gesundes Frühstück aus lokalen Zutaten und einen separaten Kühlschrank, in dem Angler Köder aufbewahren können.

Forest Park House B&B €€

(☎071-966 2227; www.bed-and-breakfast-boyle.com; abseits der N4; EZ/DZ ab 45/80 €; 📶) Gleich am Eingang zum Lough Key Forest Park stößt man auf diesen Zweckbau, dessen sechs lichtdurchflutete Zimmer mit Kiefernmöbeln und frischer weißer Bettwäsche ausgestattet sind. Das B&B befindet sich 4 km östlich der Stadt.

ABSEITS DER ÜBLICHEN PFADE

KLOSTER VON ABBEYSHRULE

In der wunderbar abgeschiedenen südöstlichen Ecke des County Longford wartet das winzige Dörfchen Abbeyshrule mit einer malerischen Lage am Royal Canal und dem Fluss Inny auf. Einheimische sind stolz darauf, dass die gepflegte Ortschaft regelmäßig Preise für seine Sauberkeit gewinnt.

Unmittelbar nördlich der Stadt führt eines der Meisterwerke der Ingenieurskunst des 19. Jhs., das robuste **Whitworth Aqueduct** aus Stein, den Kanal über den Fluss. Ein weiteres Highlight ist das **Zisterzienserkloster** aus dem 12. Jh. Die atmosphärischen Ruinen laden zu einem Spaziergang ein.

Das Dorf liegt 2 km südlich der R399 und 5 km östlich der N55.

Essen & Ausgehen

Farmers Market MARKT €
(King House, Main St; ⌚ Sa 10–14 Uhr) Das umliegende Ackerland bringt jede Menge landwirtschaftliche Produkte hervor und die Einheimischen scheinen ein besonderes Talent dafür zu haben, gute Backwaren und andere Leckereien zuzubereiten. Das reichhaltige Angebot steht bei diesem Wochenmarkt unter freiem Himmel zum Verkauf.

Aunty Bee's CAFÉ €
(☎ 071-966 3242; King House, Main St; Hauptgerichte ab 4 €; ⌚ Mo–Sa 11–16 Uhr) Im Hof des King House serviert dieses lebhafte kleine Café leckere Backwaren, einfache Mittagsgerichte sowie guten Kaffee und Tee.

Bruno's Bar & Restaurant ITALIENISCH €€
(☎ 071-966 7788; www.brunosrestaurant.ie; The Crescent; Hauptgerichte 8–25 €; ⌚ Di–Do 12–22, Fr & Sa bis 23, So 12.30–22 Uhr) Von seiner Heimatinsel Sardinien inspiriert, bereitet Bruno Boe in seinem einladenden Lokal wunderbar authentische italienische Küche zu. Doch auch lokale Aromen werden berücksichtigt, dafür sorgen lokale Zutaten und Klassiker wie Schinken mit Weißkohl. Ob bei einem Barsnack, einer gehaltvolleren Mahlzeit oder einem Pint: Hier fühlt man sich fast wie Zuhause.

Praktische Informationen

Die **Úna Bhán Tourism Cooperative** (☎ 071-966 3033; www.unabhan.net; King House; ⌚ Mo–Fr 9–18, Sa bis 15 Uhr) im Hof des King House (S. 508) bietet Besucherinformationen über die Region Boyle.

An- & Weiterreise

BUS

Bus Éireann verbindet Dublin (26 €, 3 Std.) mit Sligo (18 €, 45 Min.) und hält unterwegs beim King House in Boyle. Montags bis samstags fahren täglich fünf Busse, sonntags vier.

ZUG

Irish Rail verkehrt achtmal täglich nach Sligo (ab 13 €, 40 Min.) und Dublin (ab 20 €, 2½ Std.). Der Bahnhof befindet sich in der Elphin Street.

COUNTY LONGFORD

38 970 EW. / 1091 KM²

Longford, eine landwirtschaftlich geprägte Region, bietet friedliche Hügellandschaften und idyllische grüne Weiden. Es hat nur wenige Touristenattraktionen, ist dafür aber ein Paradies für Angler, die am Lough Ree und in Lanesborough reiche Beute finden.

Während der Hungersnot litt das County unter einer massenhaften Auswanderungswelle, von der es sich bis heute nicht vollständig erholt hat. Viele Einwohner flohen nach Argentinien; einer ihrer Nachfahren, Edel Miro O'Farrell, wurde dort 1914 sogar Präsident.

Die gleichnamige Hauptstadt der Grafschaft ist nicht sonderlich aufregend. In diesem County ist ein eigener fahrbarer Untersatz vonnöten.

Sehenswertes & Aktivitäten

★ **Corlea Trackway** HISTORISCHE STÄTTE
(☎ 043-332 2386; www.heritageireland.ie; abseits der R392, Keenagh; ⌚ Mitte April–Sept. 10–18 Uhr) GRATIS Die bemerkenswerte Moorstraße aus der Eisenzeit, die 148 v. Chr. angelegt wurde, ist ein echtes Highlight. Ein 18 m langes Teilstück des historischen Bohlenweges wird in einer feucht gehaltenen Halle im Besucherzentrum ausgestellt. Führungen informieren über die einzigartige Flora und Fauna der Straße und über die Entdeckung des Pfades sowie die Anstrengungen, ihn für die Nachwelt zu erhalten. Es gibt ein paar gute Kurzwanderungen in die einsame, faszinierende Landschaft.

Die Anlage erstreckt sich 15 km südlich von Longford.

Aughnacliffe Dolmen ARCHÄOLOGISCHE STÄTTE
(abseits der R198; ⌚Sonnenauf- bis Sonnenuntergang) Einer der drei größten Portaldolmen Irlands. Er hat einen etwas wacklig aufliegenden Deckstein und soll etwa 5000 Jahre alt sein. Aughnacliffe liegt 18 km nördlich der County-Hauptstadt.

Longford–Cloondara Trackway WANDERN
Der neue Weg verläuft über 16 km ab der Stadt Longford entlang der ruhigen Gewässer des Royal Canal. Die gut beschilderte Route folgt dem Kanal 8 km lang Richtung Südwesten, bevor sie nordwestwärts abzweigt und weitere 8 km den Royal Canal entlangführt. Der Weg bietet sich für eine Radtour an.

Wanderer können nach Erreichen des Endes des Richmond Harbour in Cloondara weitere 2 km nach Termonbarry laufen und den Bus zurück nach Longford-Stadt über die N5 nehmen.

Essen

Torc Café & Foodhall CAFÉ €
(☎043-334 8277; www.torccafe.com; 1 New St, Longford town; Hauptgerichte ab 5 €; ⌚Mo–Sa 9–18 Uhr) Nach einer Erkundungstour der Nebenstraßen des County Longford ist die köstliche Schokolade, die es in zahlreichen Varianten gibt, eine wunderbare Belohnung. Das moderne Café punktet darüber hinaus mit Kaffee und frischer saisonaler Kost. Diese kann man zu einem Picknick mitnehmen oder vor Ort genießen. Das Torc liegt im Zentrum der Stadt.

COUNTY WESTMEATH

86 165 EW. / 1840 KM²

Westmeath ist von Seen und Viehweiden geprägt und lockt mit vielen Attraktionen, darunter der idyllische Seeblick, das fantastische Fore Valley und Irlands ältestes Pub in Athlone, der selbstbewussten Hauptstadt des Countys. Die Gewässer der Grafschaft ziehen jede Menge Touristen an.

Athlone

20 200 EW.

Die geschäftige Stadt am Ufer des Shannon ist ein Zentrum der Flussschifffahrt und zieht viele Besucher an.

Der Shannon teilt Athlone in zwei Teile. Viele Unternehmen und Einrichtungen haben sich am Ostufer des Flusses niedergelassen, während am Westufer im Schatten der Burg verwinkelte Gässchen, farbenfrohe Häuser, historische Kneipen und Antiquitätenläden zu finden sind.

Sehenswertes & Aktivitäten

★ **Athlone Castle** BURG
(☎090-644 2130; www.athloneartandheritage.ie; abseits des Market Sq; Erw./Kind 8/4 €; ⌚Juni–Aug. Mo–Sa 10–18, So 12–18 Uhr, April–Mai & Sept.–Okt. Di–So bis 17 Uhr) In der gedrungenen, robusten Burg aus dem 13. Jh. erwecken interessante moderne Exponate Athlones bewegte Geschichte zum Leben. Die unterhaltsamen Ausstellungsstücke widmen sich jeweils einem speziellen Aspekt im Wandel der Zeiten. Highlight ist die kakofone kreisrunde **Siege Experience**.

Die uralte Flussfurt in Athlone war eine bedeutende Wegkreuzung auf dem Shannon und jahrhundertelang Gegenstand von Auseinandersetzungen. 1210 hatten die Normannen die Oberhand und errichteten hier eine Burg. 1690 widersetzte sich die jakobitische Stadt einer Belagerung durch die Protestanten, fiel aber ein Jahr später nach einem Beschuss mit 12 000 Kanonenkugeln an die Truppen Wilhelms von Oranien. Kurz darauf und in den folgenden Jahrhunderten wurden immer wieder grundlegende Umbauten an der Festung vorgenommen.

Dún na Sí Heritage Park HISTORISCHER PARK
(☎090-648 1183; abseits der M6, Moate; Erw./Kind 4/2 €; ⌚Mo–Do 9.30–16.30, Fr bis 15.30 Uhr) Auf dem Gelände dieses Volksparks verteilen sich eine nachgebildete Rundburg, ein Dolmenportal, ein Kalkofen, ein Felshügel, ein Bauernhof und eine Schmiede. Im Sommer finden zudem sonntags ab 20 Uhr Trad Sessions mit Musik, Gesang, Tanz und Geschichten statt. Der umliegende Naturpark ist wunderschön. 16 km östlich von Athlone.

Luan Gallery GALERIE
(☎090-644 2154; www.athloneartsandtourism.ie/luan-gallery; Grace Rd; ⌚Di–Sa 11–17, So 12–17 Uhr) GRATIS In dieser exzellenten zeitgenössischen Kunstgalerie am Fluss in Burgnähe werden regelmäßig Werke bekannter Künstler ausgestellt.

★ **Shannon Banks Nature Trail** WANDERN
Der gut ausgeschilderte 5 km lange Rundweg beginnt am Athlone Castle und folgt dem Ufer des Shannon und der Old Canal Bank. Während des gemütlichen Spaziergangs beschreiben Infotafeln Flora und Fauna.

ABSEITS DER ÜBLICHEN PFADE

UISNEACH

Fast auf halbem Weg zwischen Athlone und Mullingar an der R390 liegt **Uisneach** (☎087 718 9550; www.uisneach.ie; abseits der R390; Erw./Kind 5/3 €; ⏲Führungen April–Okt. Sa & So 13 Uhr), der Mittelpunkt Irlands. Genau genommen befindet sich dieser zwar ein paar Kilometer weiter westlich, dennoch ist die Stätte von großer historischer Bedeutung. Zu den bisherigen antiken Entdeckungen gehören u. a. mögliche Überreste eines Königspalastes und einer Festung sowie einige heilige Quellen. Die Stätte kann nur im Rahmen von Führungen besichtigt werden. Dabei erhalten Teilnehmer einen detaillierten Überblick über die antike Anlage und zugehörige Überlieferungen. Der 2 km² große Komplex ist im Privatbesitz.

Geführte Touren

★ Viking Ship Cruises BOOTSTOUREN
(☎086 262 1136; www.vikingtoursireland.ie; The Quay; Erw./Kind 10/5 €; ⏲Ostern–Okt.; 👪) Rundfahrten an Bord eines rekonstruierten Wikingerlangboots samt kostümierter Besatzung. Die Tour führt nach Norden zum Lough Ree oder Richtung Süden nach Clonmacnoise; inklusive ist ein 90-minütiger Aufenthalt bei den Ruinen. Die Boote fahren vor dem Athlone Castle ab.

Schlafen

★ Bastion B&B B&B €
(☎090-649 4954; www.thebastion.net; 2 Bastion St; EZ/DZ ab 50/75 €; 📶) Die farbenfrohe Fassade in der Nähe des Athlone Castle ist nicht zu übersehen. Dahinter verbergen sich strahlend weiße Innenräume, vielfältige Kunstwerke, Kakteensammlungen und indische Wandbehänge. Die sieben Zimmer (fünf davon mit eigenem Bad) wirken frisch und sauber und verfügen über dunkle Holzböden. Wer es sich leisten kann, sollte das geräumige Loft buchen. Das Frühstück ist frisch und gesund.

Coosan Cottage Eco Guesthouse PENSION €€
(☎090-647 3468; www.ecoguesthouse.com; Coosan Point Rd; EZ/DZ ab 50/80 €) 🍃 Die umweltfreundliche Pension mit zehn Gästezimmern verbindet traditionellen Stil mit modernen Elementen. Dreifach verglaste Fenster, ein Holzpelletofen und eine Wärmenutzungsanlage sind nur einige wenige der vielen umweltfreundlichen Details. Gäste kommen in den Genuss der friedlichen Umgebung und des großartigen Frühstücks. Die Unterkunft liegt 1 km nördlich der Stadt.

Prince of Wales Hotel HOTEL €€
(☎090-647 6666; www.theprinceofwales.ie; Church St; EZ/DZ ab 70/100 €; 📶) Das moderne Hotel mitten im Geschäftsviertel der Stadt verfügt über 46 große Zimmer mit Tischen und anderen Annehmlichkeiten für Geschäftsreisende.

Essen & Ausgehen

Athlone hat sich als kulinarische Hauptstadt der Midlands etabliert. In den Nebenstraßen am Westufer des Shannon verstecken sich echte Gourmetperlen.

Beans & Leaves Cafe CAFÉ €
(☎090-643 3534; Ecke Strand St & Lloyds Ln; Hauptgerichte ab 5 €; ⏲Mo–Sa 8–18 Uhr) Das kreative Café an der Right Bank in Flussnähe bietet jede Menge Außentische. Die Gerichte sind einfach und frisch, zudem gibt's köstlich-klebrige Backwaren. Auch der Kaffee und das Frühstück sind gut.

★ Left Bank Bistro MODERN IRISCH €€
(☎090-649 4446; www.leftbankbistro.com; Fry Pl; Hauptgerichte mittags 8–15 €, abends 18–26 €; ⏲Di–Sa 12–21 Uhr; 🖉👪) Eine frische, weiße Inneneinrichtung, Regale voller hausgemachter Leckereien und ein tolles Menü mit mediterranem und asiatischem Touch aus erstklassigen irischen Zutaten: Das extravagante Bistro punktet auf ganzer Linie. Mittags gibt's große Salate und Sandwiches, während zu den Highlights am Abend Meeresfrüchte gehören. Die Desserts sind außergewöhnlich gut.

Kin Khao THAILÄNDISCH €€
(☎090-649 8805; www.kinkhaothai.ie; Abbey Lane; Hauptgerichte 15–20 €; ⏲Mi–Fr 12.30–14.30, Mo–Sa 17.30–22, So 13.30–22 Uhr) Hier sind die Tische schnell ausgebucht, dafür sorgt eine umfangreiche Auswahl an authentischen Thai-Gerichten, zubereitet von den aus Thailand stammenden Küchenchefs, die Abwechslung von der üblichen Kneipenkost bieten. Gäste reisen sogar aus Dublin an. Es gibt auch Essen zum Mitnehmen.

Murphy's Law PUB €€
(☎090-643 2753; www.murphyslawathlone.com; Barrack St; Hauptgerichte 8–20 €; ⏲Küche Mo–Sa

10–20.30, So 11–18 Uhr, Bar bis 23 Uhr) Das kürzlich eröffnete Gasthaus nahe der Burg verwandelte eine altmodische Kneipe in eine gute Adresse für leckere Pubgerichte und Getränke. Die verschiedenen Biere von Mikrobrauereien kann man im Biergarten genießen und im oberen Stock gibt es B&B-Zimmer (ab 40 € pro Pers.).

★ **Sean's Bar** PUB
(☎ 090-649 2358; 13 Main St; ⊙ 11 Uhr–spät) Angeblich wurde Irlands ältestes Pub schon um 900 gegründet. Ein offener Kamin, unebene Böden (damit das Wasser bei Überflutung wieder abläuft), Sägemehl, ein Piano und im Laufe der Jahre angesammelte Kuriositäten unterstreichen diese Behauptung. Im Biergarten am Fluss lockt abends während der Sommermonate Livemusik.

Praktische Informationen

Die Website www.athlone.ie ist eine gute Infoquelle.

Die **Touristeninformation** (☎ 090-649 4630; Market Sq, Athlone Castle; ⊙ Juni–Aug. Mo–Sa 10–18, So 12–18 Uhr, April–Mai & Sept.–Okt. Di–So bis 17 Uhr) befindet sich im Wachhaus der Burg.

Anreise & Unterwegs vor Ort

Der Busbahnhof und der Bahnhof liegen in der Southern Station Road nebeneinander, 1 km nördlich des Zentrums.

BUS

Bus Éireann bietet alle Stunde Verbindungen nach Dublin (14 €, 1¾ Std.) und Galway (13 €, 1½ Std.). Außerdem fahren täglich zwei Busse nach Westport (17 €, 3 Std.).

ZUG

Züge von Irish Rail starten stündlich nach Dublin (ab 20 €, 1½ Std.), zehnmal täglich nach Galway (20 €, 1 Std.) und viermal täglich nach Westport (20 €, 2 Std.).

Lough Ree & Umgebung

Einst lebten auf vielen der mindestens 50 Inselchen im Lough Ree zahlreiche Mönche, deren kirchliche Schätze räuberische Wikinger anlockten. Heutige Besucher sind friedfertiger und vergnügen sich hauptsächlich mit Segeln, Forellenangeln oder der Vogelbeobachtung. Hier brüten zahlreiche Zugvögel, darunter Schwäne sowie Brach- und Watvögel.

Der Dichter, Schriftsteller und Dramatiker Oliver Goldsmith (1728–1774), Verfasser von *Der Pfarrer von Wakefield,* ist eng mit der Landschaft am Ostufer des Sees verbunden. In seinen Werken beschreibt er sehr treffend das sogenannte **Goldsmith Country**.

Aktivitäten

Glasson Golf Course GOLF
(☎ 090-648 51200; www.glassoncountryhouse.ie; Glasson Village; Golfplatzgebühr Mo–Fr 40 €, Sa & So 50 €) Zu dem preisgekrönten Golfplatz gehören ein elegantes Hotel und eine wunderschöne Landschaft.

Schlafen & Essen

Wineport Lodge BOUTIQUE-HOTEL €€€
(☎ 090-643 9010; www.wineport.ie; abseits der N55, Glasson; EZ/DZ ab 120/140 €, Hauptgerichte 24–35 €; ⊙ Restaurant tgl. 17.30–22, So 14.30–16 Uhr) In dem eleganten Hotel mit Seeblick befinden sich 29 komfortable Zimmer sowie ein beliebtes gehobenes Restaurant, das ambitionierte Küche aus lokalen Zutaten von kleinen Zulieferern serviert.

Glasson Village Restaurant MODERN IRISCH €€
(☎ 090-648 5001; www.glassonvillagerestaurant.ie; Glasson; Hauptgerichte 18–30 €; ⊙ Di–Sa 17.30–21, So 13–15.30 Uhr, im Winter Di geschl.; 📶 👪) Das wegweisende Gourmetrestaurant mit informeller Atmosphäre ist auf Fisch und Meeresfrüchte spezialisiert. Französische Akzente sind offensichtlich, vor allem auf der guten Weinkarte. Im Sommer können Gäste im Garten essen.

Kilbeggan & Umgebung

Das kleine Kilbeggan wartet gleich mit zwei Berühmtheiten auf: dem Whiskeymuseum in einer ehemaligen Brennerei und Irlands einziger Jagdrennbahn.

Sehenswertes & Aktivitäten

Kilbeggan Distillery Experience BRENNEREI
(☎ 057-933 2134; www.kilbeggandistillery.com; abseits der R446, Kilbeggan; Eintritt 8 €; ⊙ April–Okt. 9–18 Uhr, Nov.–März 10–16 Uhr) Für Whiskey-Liebhaber ist die Führung durch die Brennerei genau das Richtige. Sie geht auf das Jahr 1757 zurück, gilt als älteste lizensierte Destillerie in Irland und stellt heute erneut Whiskey her. Der einfache Eintrittspreis berechtigt Besucher zur Besichtigung der massiven Maschinen. Daneben gibt es teurere Optionen (13–75 €) mit Guides und Whiskeyproben.

Unterhaltung

Kilbeggan Races PFERDERENNEN

(044-057-933 2176; www.kilbegganraces.com; abseits der M6, Kilbeggan; Mai–Sept. etwa vierzehntägig) Wettfans aus dem ganzen Land treffen sich bei den Kilbeggan Races. An den Rennabenden verwandelt sich die Ortschaft in ein quirliges Pferdesportzentrum, und mit der wachsenden Erregung der Rennen nimmt auch der *craic* (Spaß) in den Pubs zu.

Mullingar & Umgebung

20 200 EW.

Mullingar ist eine geschäftige, wohlhabende Provinzstadt, in deren Umgebung einiges geboten wird. Neben fischreichen Seen gibt's hier ein fantastisches Anwesen mit etwas anrüchiger Vergangenheit zu sehen.

James Joyce besuchte den Ort in seiner Jugend und erwähnt ihn in seinen Werken *Ulysses* (1922) und *Finnegans Wake* (1939). Durch Mullingar verlaufen restaurierte Abschnitte des Royal Canal.

Sehenswertes

★ Belvedere House & Gardens HISTORISCHES GEBÄUDE

(044-934 9060; www.belvedere-house.ie; abseits der N52; Erw./Kind 8/4 €; Mai–Aug. 9.30–20 Uhr, Sept.–Okt. & März–April bis 18 Uhr, Nov.–Feb. bis 16.30 Uhr, Café & House bis 17 Uhr) Keinesfalls verpassen sollte man das imposante Belvedere House, 5,5 km südlich von Mullingar. Das riesige Jagdhaus aus dem 18. Jh. liegt inmitten von einer 65 ha großen Gartenlandschaft mit Blick auf den Lough Ennell und wurde von Richard Cassels entworfen. Die Zimmer im oberen Stock ziert kunstvoller Rokoko-Stuck. Die Gartenanlage mit viktorianischen Gewächshäusern, ummauerten Gärten und schönen Uferabschnitten lädt zum Wandern ein. Ein luftiges Nebengebäude beherbergt **Catoca**, ein schickes Café, zudem gibt es einen großen Kinderspielplatz.

Hier beschuldigte der erste Graf, Lord Belfield, seine Frau und seinen jüngeren Bruder Arthur des Ehebruchs. Fortan wurde seine Gattin 30 Jahre unter Hausarrest gehalten, während Arthur sein restliches Leben in einem Londoner Gefängnis verbrachte. Der Graf selbst lebte derweil in Saus und Braus. Nach Belfields Tod beteuerte seine Ehefrau noch immer ihre Unschuld.

Darüber hinaus entzweite sich der Lord auch mit seinem zweiten Bruder George, der ein eigenes Anwesen ganz in der Nähe hatte. Daraufhin ließ Belfield Irlands wohl verrücktestes Bauwerk, die bereits als Ruine konzipierte **Jealous Wall**, als Blickschutz vor Georges Haus aufstellen.

Cathedral of Christ the King KATHEDRALE

(www.mullingarparish.com; Bishop's Gate St; 7.30–20 Uhr) GRATIS Mullingars auffälligste Sehenswürdigkeit ist diese große Kathedrale, die kurz vor dem Zweiten Weltkrieg gebaut wurde. Sie birgt große Mosaiken von der hl. Anne und dem hl. Patrick, geschaffen vom russischen Künstler Boris Anrep.

Aktivitäten

Angler gehen in den Seen um Mullingar gern auf **Forellenfang**. Die Saison beginnt am 1. März oder 1. Mai (abhängig vom See) und endet am 12. Oktober.

Mullingar Equestrian Centre REITEN

(044-934 8331; www.mullingarequestrian.com; abseits der R390; 1-tägiger Kurs & Ausritt 100 €) Das bekannte Reitzentrum bietet verschiedene Ausritte und Kurse an.

Schlafen & Essen

Im Zentrum gibt's nur wenige B&Bs, aber dafür wird man an den Straßen Richtung Dublin und Sligo fündig.

Novara House B&B €

(044-933 5209; www.novarahouse.com; Dublin Rd; EZ/DZ 45/75 €;) Das einfache B&B in einem modernen Bungalow liegt einen fünfminütigen Fußmarsch vom Zentrum entfernt. Die einfachen, aber makellosen Zimmer haben Kiefernmöbel und neutrale Farben. Die liebenswerten Inhaber, hausgemachte Scones und leckerer Tee garantieren einen tollen Aufenthalt.

Greville Arms Hotel HOTEL €€

(044-934 8563; www.grevillearmshotel ie; Pearse St; EZ/DZ ab 60/90 €;) Das 1824 errichtete historische Nobelhotel ist angenehm altmodisch. Es glänzt mit vergoldeten Spiegeln, Statuen, dunklen Ölgemälden und Kronleuchtern, legt jedoch auch Wert auf modernen Komfort. Die **Ulysses Bar** wurde zu Ehren von James Joyce benannt, der hier anscheinend regelmäßig zu Gast war. Zu den weiteren liebenswerten Extras gehören ein kleines Museum und ein Biergarten. Die 40 Zimmer sind gemütlich und geräumig.

Annebrook House Hotel HOTEL €€

(044-935 3300; www.annebrook.ie; Pearse St; EZ/DZ ab 80/100 €;) Herzstück des modernen Hotels mitten im Stadtzentrum ist ein hübsches Haus aus dem 19. Jh. mit Verbindungen zu der hiesigen Autorin Maria Edgeworth. Gäste werden in einem Anbau mit modernen sehr geräumigen Zimmern in neutralen Farben untergebracht. Der Fluss Brosna fließt durch das Gelände.

★ Miller & Cook CAFÉ €
(☎ 044-934 0884; www.millerandcook.ie; 50 Pearse St; Hauptgerichte ab 5 €; ⏲ 8.30–17 Uhr) In dieser Bäckerei mit Feinkostladen gibt's hübsche Leckereien zu kaufen, die sich hervorragend für ein Picknick eignen. Sie werden, genau wie das Essen im Café, aus exzellenten lokalen Zutaten zubereitet. Der Sonntagsbrunch ist beliebt und es gibt Pläne für ein Restaurant.

Oscar's Restaurant MEDITERRAN €€
(☎ 044-934 4909; www.oscarsmullingar.com; 21 Oliver Plunkett St; Hauptgerichte 15–25 €; ⏲ Mo–Sa 18–21.30 Uhr, So 12.30–14 & 18–20 Uhr) Hier herrscht das ganze Jahr über reger Andrang. In lebhafter Atmosphäre kommt gehobene Hausmannskost auf den Tisch. Die hellen Farben, eine Speisekarte mit mediterranen Gerichten (Pasta, Pizza und französisch inspirierte Fleisch- sowie Geflügelgerichte) und die gute Weinauswahl ziehen zahlreiche Gäste an.

Ausgehen & Nachtleben

Yukon Bar PUB
(☎ 044-934 0251; 11 Dominick St; ⏲ 17–23 Uhr) Ein quirliges Pub, das regelmäßig mit Livemusik aufwartet. Manchmal wird Soul, Blues oder Rock gespielt.

Unterhaltung

Mullingar Arts Centre THEATER
(☎ 044-934 7777; www.mullingarartscentre.ie; Lower Mount St, County Hall) Auf dem Programm des Kunst- und Kulturzentrums stehen Konzerte, Theater und Kunstausstellungen. Im Sommer gibt's jedes Wochenende familienfreundliche Trad Sessions.

Praktische Informationen

Die **Touristeninformation** (☎ 044-934 8650; Market Sq; ⏲ Mo–Sa 9.30–13 & 14–17 Uhr) liegt mitten im Zentrum beim Greville Arms Hotel.

An- & Weiterreise

BUS

Bus Éireann verkehrt nach Dublin (15 €, 1½ Std., 4-mal tgl.) und Athlone (14 €, 1 Std., 3-mal tgl.).

ZUG

Irish Rail (www.irishrail.ie) bietet neun Direktverbindungen nach Dublin (ab 19 €, 1¼ Std.).

Nördlich von Mullingar

Die Gegend nördlich von Mullingar ist für ihre Seen berühmt, besonders für den **Lough Derravaragh**. Das 8 km lange Gewässer wird mit der Sage der Kinder von Lir in Verbindung gebracht, die von ihren bösen Stiefmüttern in Schwäne verwandelt worden sein sollen. Jeden Winter, wenn Tausende der schneeweißen Vögel aus Russland und Sibirien hier einen Zwischenstopp einlegen, werden die Bewohner an diese Legende erinnert.

Neben der Seen- und Hügellandschaft wartet die Umgebung des unscheinbaren Örtchens Castlepollard sowie des verschlafenen Fore mit zahlreichen historischen Sehenswürdigkeiten auf.

Sehenswertes

★ Fore Valley HISTORISCHE STÄTTE
(abseits der R195) Das smaragdgrüne Tal am Ufer des Lough Lene lässt sich ausgezeichnet zu Fuß oder per Fahrrad erkunden. 630 n. Chr. gründete der hl. Fechin ein Kloster direkt außerhalb des Dorfes **Fore**. Von der frühen Ansiedlung ist nichts erhalten, doch drei später errichtete Bauten stehen in Verbindung mit den „sieben Wundern", die sich hier ereignet haben sollen. Das Fore Valley strahlt eine überaus stimmungsvolle Atmosphäre aus. Selbst im tiefsten Winter beeindruckt der Anblick der lieblichen Landschaft.

Die **St. Fechin's Church** mit einer Kanzel aus dem frühen 13. Jh. und einem Taufbecken ist das älteste der drei Gebäude. Über dem monumentalen Eingang befindet sich ein gewaltiger steinerner Türsturz mit einem eingemeißelten griechischen Kreuz, der 2,5 t wiegen soll. Es wird behauptet, dass er vom hl. Fechin allein durch die Kraft seines Glaubens in seine jetzige Position befördert worden sei.

Von der Kirche führt ein Pfad zur reizvollen kleinen, in einem Felsen gelegenen **Einsiedlerzelle** aus dem 15. Jh. Den Schlüssel erhält man in der Dorfkneipe The Seven Wonders.

Auf der anderen Straßenseite am Parkplatz stößt man auf **St. Fechin's Well** mit dem Wasser, das niemals kocht. Zyniker sollten sich besser nicht dazu hinreißen lassen, diese Behauptung nachzuprüfen: Es heißt nämlich, dass die Familie desjenigen, der es versucht, der ewigen Verdammnis anheimfällt. In der Nähe sieht man einen Ableger des Baumes, der niemals brennt. Die in ihn gedrückten Münzen sind allerdings Ausdruck eines moderneren Aberglaubens.

Etwas weiter entfernt verteilen sich die weitläufigen Überreste eines **Benediktinerklosters**, des Monastery of the Quaking Scraw, das im 13. Jh. wundersamerweise auf dem einstigen Moorboden errichtet worden war. Im folgenden Jahrhundert wurde das Bauwerk zu einer befestigten Burg erweitert, daher die Schießscharten und Vierecktürme. Vorsicht: Der Westturm ist stark einsturzgefährdet!

Als die beiden letzten Wunder gelten die Mühle ohne Graben und das bergauf fließende Wasser. Der hl. Fechin soll das Wasser aufwärts in Richtung Mühle bewegt haben, indem er seinen Bischofsstab 1,5 km entfernt beim Lough Lene an einen Stein schlug.

★ **Tullynally Castle Gardens** GÄRTEN
(☎ 044-966 1159; www.tullynallycastle.com; abseits der R395, Castlepollard; Gartenanlage Erw./Kind 6/3 €; ⏲ Juni–Aug. Do–So 11–17 Uhr, April–

GRAND CANAL & ROYAL CANAL

Nach vielen Debatten über den Bau eines Wasserweges, der Dublin mit dem Shannon verbinden sollte, begannen 1757 die Arbeiten am Grand Canal. Das Projekt erlebte viele Probleme und riesige Verzögerungen. Darüber hinaus heckten kommerzielle Rivalen den Plan aus, einen konkurrierenden Kanal zu errichten, und so entstand der Royal Canal. Beide Wasserstraßen revolutionierten im frühen 19. Jh. die Verkehrswirtschaft Irlands, doch ihre Glanzzeit war nur von kurzer Dauer, denn bald wurden sie von Eisenbahnstrecken ersetzt.

Heute locken die Kanäle zahlreiche Segler und Angler an, aber ihre Ufer sind auch ein wunderbares Territorium zum Wandern und Radfahren. Außerdem führen sie durch viele malerische Dörfer. Seitdem der letzte Abschnitt des Royal Canal restauriert worden ist, kann man eine Dreieckstour von Dublin am Royal Canal oder am Grand Canal entlang zum Shannon und zurück unternehmen. Beide Wasserwege gehören zu einem sehr viel größeren Netz, das den Shannon-Erne-Kanal (S. 504) und den Fluss Suck umfasst.

Waterways Ireland (www.waterwaysireland.org) und die **Inland Waterways Association of Ireland** (www.iwai.ie) bieten umfassende Infos über die beiden Wasserstraßen.

Grand Canal

Der 131 km lange Grand Canal bahnt sich seinen Weg von Dublin durch Tullamore und mündet bei Shannonbridge in den Shannon. Er fließt durch nahezu unbewohnte Landschaften und passiert Sümpfe, hübsche Dörfer sowie 43 schöne von Hand erbaute Schleusen. In der Nähe des Dorfes Sallins im County Kildare überquert er die Liffey auf dem siebenbogigen **Leinster Aqueduct**. Im nahe gelegenen Robertstown beginnt ein 45 km langer Abzweig des Kanals, der beim malerischen Örtchen Athy in den Barrow mündet.

Royal Canal

Der 145 km lange Royal Canal folgt der nördlichen Grenze des Countys Kildare und fließt nahe Leixlip über ein massives **Aquädukt**, bevor er in Clondra, County Longford, auf den Shannon trifft. Er ist ein beliebtes Ausflugsziel der Bewohner des Pendlergürtels im Norden Kildares. Sowohl der Kanal als auch die Treidelpfade sind bis Shannon befahr- bzw. begehbar.

Hausboote

Mehrere Anbieter vermieten kleine Boote mit zwei bzw. sechs Schlafkojen. Sie kosten pro Woche 850 bzw. 1600 €. Bei den aufgeführten Veranstaltern handelt es sich um größere Firmen mit mehreren Standorten. Weitere Leihunternehmen gibt es in den Bootsfahrtzentren Banagher (S. 520) und Carrick-on-Shannon (S. 501).

Barrowline Cruisers (☎ 057-862 6060; www.barrowline.ie; Vicarstown, Co Laois; Bootsverleih ab 930 € pro Woche)

Canalways (☎ 087-243 3879; www.canalways.ie; Rathangan, Co Kildare; Bootsverleih ab 1185 € pro Woche)

Mai & Sept. nur Sa & So) Das imposante neogotische Tullynally Castle ist der Familiensitz der Pakenhams und für Besucher nicht zugänglich. Dafür hat man aber die Möglichkeit, die herrliche 12 ha große Parkanlage zu durchstreifen. Künstliche Seen, ein chinesischer und ein tibetanischer Garten sowie eine Reihe prächtiger 200-jähriger Eiben zählen zu den Highlights. Im Burghof befindet sich eine Teestube.

Das Tullynally Castle liegt 2 km nordwestlich von Castlepollard.

Schlafen & Essen

Hotel Castlepollard HOTEL €€
(☎ 044-966 1194; www.hotelcastlepollard.ie; Castlepollard; EZ/DZ ab 60/90 €; ⌚ Küche 8–20 Uhr;) Das gemütliche Landhotel mit anständigen Zimmern überblickt einen gepflegten dreieckigen Dorfanger und ist die Unterkunft, die dem Fore Valley am nächsten liegt. Das einfache **Restaurant** (Hauptgerichte ab 14 €) serviert verlässliche Küche und in der Hotelbar wird an Wochenenden oft Livemusik gespielt.

Fore Abbey Coffee Shop CAFÉ €
(☎ 044-966 1780; abseits der R195, Fore; Snacks ab 3 €; ⌚ Juni–Sept. tgl. 11–16 Uhr, So andere Öffnungszeiten) Das Café in einem kleinen Steinhaus nahe dem Dorf Fore dient als Touristeninformation und zeigt ein kurzes Video über die Klosterruinen.

An- & Weiterreise

Wer die Region rund um das Fore Valley, 5 km von Castlepollard entfernt, erkunden möchte, benötigt einen Mietwagen.

COUNTY OFFALY

76 690 EW. / 2001 KM²

Abgesehen von der prachtvollen Klosterstätte Clonmacnoise taucht das grüne, gewässerreiche County mit den zahlreichen weiten Torfmoorflächen nur selten auf dem Reiseplan von Travellern auf, dabei hätte es viel größere Aufmerksamkeit verdient. Das geschichtsreiche Offaly wartet mit jeder Menge Burgen und dem stimmungsvollen Örtchen Birr auf, und seine großen Moore werden international für ihre Tier- sowie Pflanzenvielfalt geschätzt. Darüber hinaus bieten der Shannon und der Grand Canal erstklassige Angel- und Wassersportmöglichkeiten.

Weitere Informationen findet man unter www.offaly.ie und www.offalytourism.com.

Birr

5900 EW.

Birr gehört zu den sehenswertesten Städten der Midlands. Unterhalb der prächtigen alten Burg reihen sich elegante georgianische Häuser mit pastellfarbenen Fassaden aneinander und neben exzellenten Unterkünften gibt es ein interessantes Nachtleben. Trotz dieser Attraktionen liegt der Ort abseits vom Rummel, deshalb kann man seine Vorzüge genießen, ohne sich durch Touristenmassen drängeln zu müssen.

Sehenswertes

In Birr stößt man auf zahlreiche erstklassige georgianische Häuser. Einige der schönsten befinden sich in der baumgesäumten **Oxmantown Mall** und in der **John's Mall**.

In der Touristeninformation gibt's eine kostenlose Broschüre mit Einzelheiten zu den wichtigsten Sehenswürdigkeiten, darunter der megalithische **Seffin Stone** (er soll die antike Kennzeichnung für Umbilicus Hiberniae – Nabel von Irland – sein und markierte jahrhundertelang das Zentrum des Landes) und **St. Brendan's Old Churchyard**, an dessen Standort der hl. Brendan im 6. Jh. angeblich seine Siedlung errichtet hat.

★ **Birr Castle Demesne** BURG
(☎ 057-912 0336; www.birrcastle.com; abseits der R439; Gartenanlage Erw./Kind 9/5 €, Gartenanlage, Ausstellungen & Burg Erw./Kind 18/10 €; ⌚ Mitte März–Okt. 9–18 Uhr, Nov.–Mitte März 10–16 Uhr) Für die Besichtigung der Attraktionen und der Gärten sollte man mindestens einen halben Tag einplanen. Die Burg ist ein privater Wohnsitz, doch von Mai bis August können Besucher im Rahmen von Führungen, die vorab gebucht werden müssen, die Haupträume besichtigen. Das heutige Gebäude stammt größtenteils aus der Zeit um das Jahr 1620, wobei im frühen 19. Jh. bauliche Veränderungen durchgeführt wurden.

Das etwa 50 ha große Grundstück ist für seinen prächtigen **Park** bekannt, der sich rund um einen hübschen See erstreckt.

In der Gartenanlage wachsen über 1000 Pflanzenarten aus der ganzen Welt – irgendeine scheint immer zu blühen. Besucher sollten sich den romantischen Kreuzgang aus Weißbuchen sowie eine der größten Buchsbaumhecken der Welt (sie schaffte es sogar ins *Guinness Buch der Rekorde*) nicht entgehen lassen. Zudem locken Wasserfälle, Blumenwiesen und eine von einer 90 Jahre alten Glyzinie bewachsene Pergola.

Aus der Parson-Familie, in dessen Besitz sich die Burg seit 1620 befindet, gingen viele bahnbrechende Wissenschaftler hervor, deren Arbeiten im historischen **Wissenschaftszentrum** dokumentiert sind. Zur Ausstellung gehört auch ein riesiges **Teleskop** das William Parsons 1845 gebaut hat. Der „Leviathan von Parsonstown" blieb 75 Jahre lang das größte Teleskop der Welt und faszinierte eine Vielzahl von Forschern und Astronomen. Er ermöglichte zahlreiche Entdeckungen, darunter die Spiralform der Milchstraße. Nach dem Tod von Williams Sohn wurde das Teleskop vernachlässigt und fiel irgendwann auseinander. Vor Kurzem ist es vollständig restauriert worden und kann nun in all seiner Pracht im Park besichtigt werden.

William Parsons Frau, Mary Ross, war eine leidenschaftliche Fotografin, und ihre Dunkelkammer soll eine der weltweit ersten dieser Art gewesen sein. Heute können Besucher einen Nachbau besichtigen. Weitere Highlights sind ein Kinderspielplatz mit Spielhaus, Hobbit-Hütten und Trampolinen sowie das ausgezeichnete **Castle Courtyard Café**, das für seine Gerichte regionale Produkte verwendet.

Leap Castle BURG

(☎ 086 869 0547; www.leapcastle.net; abseits der R421; ⏲ nach Voranmeldung) Leap Castle zählt angeblich zu den Burgen Europas, in denen es am meisten spukt. Ursprünglich diente sie den O'Carrolls als Familiensitz, dann war die Burg Schauplatz vieler grausiger Taten und ist für ihre unheimlichen Erscheinungen bekannt. Einer ihrer berühmtesten Bewohner ist „Smelly Ghost", ein Geist, der einen unangenehmen Geruch hinterlässt.

Trotz andauernder Renovierungsarbeiten kann das Schloss besichtigt werden. Es befindet sich 12 km südöstlich von Birr zwischen Kinnitty und Roscrea (in Tipperary).

Aktivitäten

Ein üppig grüner **Uferweg** verläuft Richtung Osten von der Oxmantown Bridge am Fluss Camcor entlang bis zur Elmgrove Bridge.

Birr Equestrian Centre REITEN

(☎ 087 244 5545; www.birrequestrian.ie; Clareen Rd, Kingsborough House; Ausritte 30 €/Std.; 👪) 3 km östlich von Birr bietet dieses Reitzentrum einstündige Ausflüge in die ländliche Umgebung sowie halbtägige Ausritte in den Slieve Bloom Mountains (80 €) an.

Feste & Events

Birr Vintage Week & Arts Festival KUNST

(www.birrvintageweek.com) Anfang August feiert die Stadt ihre reiche Geschichte mit Straßenumzügen, Theater, Musik, Ausstellungen, Workshops, geführten Wanderungen und einem traditionellen Volksfest.

Schlafen

★ **Maltings Guesthouse** B&B €

(☎ 057-912 1345; www.themaltingsbirr.com; Castle St; EZ/DZ ab 45/70 €; 📶 👪) Bevor es zu einem B&B umgebaut wurde, war in dem alten Malzlagerhaus aus dem Jahre 1810 eine Guinness-Brauerei untergebracht. Das Maltings Guesthouse punktet mit einer traumhaften Lage direkt an der Burg und am Fluss Camcor. Die großen Zimmer sind mit Kiefernmöbeln und in beruhigenden Lila- sowie Grüntönen eingerichtet, doch das Beste ist, dass alle ebenso wie der fröhliche Frühstücksraum aufs Wasser schauen.

★ **Walcot B&B** B&B €€

(☎ 057-912 1247; www.walcotbedandbreakfast.com; Rosse Rowe; EZ/DZ ab 60/90 €; 📶) Mitten in einer weitläufigen Anlage gegenüber dem Birr Castle liegt in praktischer Nähe zu allen Sehenswürdigkeiten dieses georgianische Stadthaus. Die fünf Schlafzimmer sind großzügig geschnitten, die Möbel luxuriös, und die Privatbäder mit historischer Ausstattung haben große Badewannen und Duschen.

Brendan House B&B €€

(☎ 057-912 1818; www.tinjugstudio.com; Brendan St; EZ/DZ ab 55/80 €; 📶) In dem georgianischen Stadthaus, das bis an den Rand mit Nippes, Büchern, Teppichläufern, Kunst und Antiquitäten vollgepackt ist, gibt's für die drei Zimmer nur ein Bad (angeblich eines der ältesten der Stadt). Die Himmelbetten, der historische Charme, das fantastische Frühstück und der künstlerische Stil sind die eigentlichen Highlights. Die Besitzer veranstalten Bergtouren, Burg- und Kunstführungen, ganzheitliche Behandlungen und Kunstkurse.

Dooley's Hotel HOTEL €€

(☎ 057-912 0032; www.doolyshotel.com; Emmet Sq; EZ/DZ ab 50/80 €; 📶 👪) Ursprünglich diente das 1740 errichtete Hotel als Herberge für Reisende mit der Postkutsche. Mit seiner georgianisch anmutenden Einrichtung, dem soliden Restaurant und verschiedenen Bars versprüht das Hotel gemütlich-einladendes Flair. Die 17 großen Zimmer überblicken teils den zentralen Platz von Birr.

Essen

★Brambles Cafe & Deli CAFÉ €
(☎087 745 3359; Mill St; Hauptgerichte 4–8 €; ⏲Mo–Sa 9–18, So ab 12 Uhr;) Das Café, ein winziger Außenposten großer Aromen, verbindet bunt zusammengewürfelte Einrichtung mit sehr leckerem Essen. Das *soda bread* ist mit Bärlauch verfeinert und die Suppen werden aus saisonalen Zutaten zubereitet. Zur guten Dessertauswahl gehört in der jeweiligen Saison ein leckeres Rhababer-Crumble.

Emma's Cafe & Deli CAFÉ €
(☎057-912 5678; 31 Main St; Hauptgerichte 5–9 €; ⏲Mo–Fr 9–18, So 12.30–18 Uhr;) Meistens ist das Emma's mit Familien und Einkäufern gefüllt. Es bietet eine vielfältige Auswahl an Backwaren, Sandwiches, Salaten und Kuchen, außerdem Tageszeitungen sowie Bücher und Spiele für Kinder. Die Feinkostabteilung ist für ihre Auswahl an lokalen Spezialitäten bekannt und die ideale Anlaufstelle, um Picknickzutaten zu kaufen.

★Spinners on Castle St MODERN IRISCH €€
(☎057-912 3779; www.spinnersbirr.com; Castle St; Hauptgerichte 10–25 €; ⏲Restaurant Mi–So 18–21 Uhr, Bar Di 17–21, Mi–So 12.30–21 Uhr;) Charmantes Restaurant, das zu einem Komplex mit fünf restaurierten georgianischen Häusern gehört. In der Bar kann man sich bei einer Käseplatte oder einem Burger eine Pause gönnen, während das Lokal saisonale Gerichte wie Steaks und Meeresfrüchte serviert. Der Service ist ebenso exzellent wie die Wein- und Getränkeauswahl. Im oberen Stock gibt's stilvolle Zimmer für 80 bis 140 €.

Thatch IRISCH €€
(☎057-912 0682; www.thethatchcrinkill.com; Crinkill; Hauptgerichte 12–30 €; ⏲Mo–Do 16–22, Fr–So 10 Uhr–spät;) In dem 200 Jahre alten reetgedeckten Pub 2 km südöstlich von Birr kann man gemütlich ein Pint schlürfen oder eine Mahlzeit zu sich nehmen. Das herzhafte Essen schmeckt überdurchschnittlich gut. Neben traditionellem Braten gibt's weitere Spezialitäten wie Ente. Das Thatch hat drei Bars mit Ziegelwänden und offenen Kaminen und einen modernen Speisesaal.

Ausgehen & Nachtleben

Chestnut PUB
(www.thechestnut.ie; Green St; ⏲Mo–Do 20 Uhr–spät, Fr ab 17, Sa & So ab 15 Uhr) Das netteste Pub im Zentrum wurde 1823 errichtet. Eine geschmackvolle Renovierung kombinierte dunkles Holz mit dem Stil eines kontinentalen Cafés. Am Wochenende wird Livemusik gespielt, zudem gibt's regelmäßige Sonderveranstaltungen wie Grillabende.

Craughwell's PUB
(☎057-912 1839; www.craughwellspub.com; Castle St; ⏲Mo–Sa 19–23.30, So 13–23 Uhr) Jeden ersten Freitag im Monat finden im Craughwell's traditionelle Sessions statt. Samstags singt das Publikum ganz gern mal spontan mit. Touristen und Einheimische tragen gleichermaßen zur der Mützensammlung an der Bar bei.

Unterhaltung

Birr Theatre & Arts Centre KULTURZENTRUM
(☎057-912 2911; www.birrtheatre.com; Oxmantown Hall) Lebendiges Kulturzentrum mit Kunstausstellungen, Filmen, Konzerten und Theateraufführungen.

Praktische Informationen

Die **Touristeninformation** (☎057-912 0110; Emmet Sq; ⏲Juni–Sept. Mo–Sa 9.30–13 & 14–17.30 Uhr) hat gute Infos über die Stadt und die Umgebung.

An- & Weiterreise

Bus Éireann verkehrt nach Athlone (13 €, 1 Std., Mo–Sa 3-mal tgl., So 2-mal), wo Anschluss nach Dublin besteht.

Kinnitty

360 EW.

Dieses malerische, verträumte Dorf eignet sich als guter Ausgangspunkt zur Erkundung der Slieve Bloom Mountains (S. 527) im Osten. Die malerische R440 verläuft von der Stadt ostwärts durch die Berge nach Mountrath.

Sehenswertes

Besonders sehenswert ist die bizarre 10 m hohe **Steinpyramide** auf dem Friedhof hinter der Church of Ireland. Richard Bernard ließ die maßstabsgetreue Nachbildung der ägyptischen Cheopspyramide in den 1830er-Jahren für die Familiengruft anfertigen.

Der Schaft des **Kinnitty High Cross** aus dem 9. Jh. wurde im 19. Jh. zum Kinnitty Castle verschleppt und steht heute auf der Hotelterrasse. Adam und Eva und die Kreuzigung sind auf beiden Seiten sehr gut zu erkennen.

Schlafen & Essen

Ardmore House B&B €€
(☎057-913 7009; www.kinnitty.com; The Walk; EZ/DZ ab 55/84 €;) Das entzückende viktorianische Bauwerk voller altertümlichem Charme beherbergt fünf atmosphärische Zimmer mit Messingbetten, antiken Möbeln und Blick auf die umliegenden Berge. Die mit Torf beheizten Kamine, hausgemachtes Schwarzbrot und lokale Spezialitäten runden die gemütliche, rustikale Atmosphäre perfekt ab. Außerdem organisieren die Inhaber Wanderungen in die Slieve Bloom Mountains. Das B&B liegt etwas abseits der R440, ca. 200 m östlich von Kinnitty.

Kinnitty Castle Hotel HISTORISCHES HOTEL €€
(☎057-913 7318; www.kinnittycastlehotel.com; abseits der R421; EZ/DZ ab 90/140 €;) Auf einem riesigen Grundstück 3 km östlich der Stadt erhebt sich eins der berühmtesten irischen Herrenhäuser. Die neogotische Burg aus dem 19. Jh. – in der es angeblich spukt – beherbergt 37 Zimmer und eine „Dungeon Bar".

★ **Giltraps Pub** PUB €
(☎057-913 7076; www.giltrapspub.com; R421; Hauptgerichte 5–20 €; ⌚11–23 Uhr) Das reizende ländliche Pub ist die ideale Anlaufstelle nach einer Tour durch die Slieve Bloom Mountains und überzeugt auf ganzer Linie. Die kulinarische Auswahl reicht von einfachen Sandwiches bis zu erstklassigem Barbecue und die Picknicktische draußen laden zu einem Pint mit Blick auf die Berge ein.

Banagher & Umgebung

1655 EW.

In den Sommermonaten, wenn der geschäftige Yachthafen von Bootsfahrern überflutet wird, erwacht das verschlafene Banagher zum Leben. Am berühmtesten ist der Ort wohl dafür, dass Charlotte Brontë hier einst ihre Flitterwochen verbrachte.

Sehenswertes

An einer Furt über dem Shannon gelegen, war Banagher in stürmischen Zeiten von enormer strategischer Bedeutung. Zu den bescheidenen Befestigungsanlagen an der Brücke gehören das in den 1650er-Jahren errichtete und während der Napoleonischen Kriege umgebaute kleine **Cromwell's Castle**, das **Fort Eliza** (von dem noch eine fünfseitige Geschützbatterie, das Wachhaus, Wassergraben und verbliebene Mauern zu sehen sind), eine **Militärkaserne** ohne Dach und ein **Martello-Turm**.

Die **St. Paul's Church** am oberen Ende der Main Street besitzt ein prächtiges Buntglasfenster, das ursprünglich für Westminster Abbey vorgesehen war.

Aktivitäten

Banaghers Marina ist ideal, um einen Kreuzer für eine Fahrt auf dem Shannon oder dem Royal Canal zu mieten. Weitere Informationen liefern **Carrick Craft** (☎01-278 1666; www.cruise-ireland.com; marina) und **Silverline Cruisers** (☎057-915 1112; www.silverlinecruisers.com; marina).

Shannon Adventure Canoeing KANUFAHREN
(☎057-915 1411; advcanoe@iol.ie; marina; Leihkanu für 2 Pers. 50 €/Tag; ⌚Öffnungszeiten telefonisch erfragen) Irlands Wasserwege lassen sich nicht nur mit dem Hausboot erkunden, sondern auch mit einem Kanu, das man hier leihen kann.

Schlafen & Essen

Dún Cromáin B&B €
(☎057-915 3966; www.duncromain.com; Crank Rd; EZ/DZ 45/70 €;) Die großen Zimmer sind von weitläufigem Rasen umgeben und in Pastellfarben, mit hellem Holz sowie weißer Wäsche eingerichtet. Der gemütliche clever gestaltete Frühstückssaal dient gleichzeitig als Aufenthaltsraum und ist mit einem Kamin ausgestattet. Das B&B in der Nähe des Yachthafens bietet Extras wie einen Babysitterservice, Kühlschränke und die Möglichkeit, Kleidung zu trocknen (in dieser Gegend sehr nützlich).

Charlotte's Way B&B €€
(☎057-915 3864; www.charlottesway.com; The Hill; EZ/DZ ab 45/70 €;) In dem geschmackvoll restaurierten ehemaligen Pfarrhaus aus dem 18. Jh., das mit antiken Möbeln, alten Drucken und Antiquitäten eingerichtet ist, gibt's fünf preiswerte Quartiere. Charlotte Brontë kam während ihrer Hochzeitsreise oft als Gast vorbei. Nach ihrem Tod lebte ihr Mann Arthur hier als Rektor. Zum Frühstück werden frische Eier von den hauseigenen Hühnern und Selbstangebautes aus dem hübschen Garten gereicht.

Ausgehen & Nachtleben

★ **JJ Houghs Singing Pub** PUB
(Main St; ⌚12–23.30 Uhr) Neben dem Fluss gilt das Houghs als Banaghers Hauptattraktion.

Das 250 Jahre alte weinumrankte Pub ist vor allem für seine Musik bekannt. Im Sommer gibt's fast jeden Abend Livemusik, im Winter nur an den Wochenenden. Und jeden Abend singen Gäste, angeführt vom Besitzer Michael. Der hübsche Biergarten ist angenehm ruhig.

An- & Weiterreise

Kearns Transport (www.kearnstransport.com) bietet eine tägliche Verbindung von Banagher nach Birr (3 €, 15 Min.) und Tullamore (6 €, 45 Min.).

Shannonbridge

650 EW.

Das idyllische Shannonbridge wurde nach einer schmalen Brücke mit 16 Bogen aus dem 18. Jh. benannt. Auf der anderen Seite des Flusses beginnt das County Roscommon. In dem kleinen verschlafenen Nest gibt's lediglich eine Hauptstraße und drei Pubs.

Am Westufer erstrecken sich die unübersehbaren massiven **Befestigungsanlagen** aus dem 19. Jh. Dort waren schwere Geschütze postiert, die Napoleons Truppen aufhalten sollten, wenn er einmarschiert wäre.

Ausgehen

★ **JJ Killeens Village Tavern** PUB

(☎090-967 4112; Main St; Hauptgerichte ab 8 €; ⏲12–23 Uhr) In dem traditionellen Pub und Geschäft werden Gäste herzlich empfangen, zudem ist es für seine stimmungsvolle Musik bekannt. Im Sommer wird fast jeden Abend Musik gespielt, im restlichen Jahr an den Wochenenden. Auf den Tisch kommt klassische Kneipenkost.

Clonmacnoise

Clonmacnoise, eine der wichtigsten historischen Klostersiedlungen Irlands, verfügt über eine herrliche Lage mit Blick auf den Shannon. Zu der von einer Mauer umgebenen Stätte gehören mehrere erstaunlich gut erhaltene frühe Kirchen, Hochkreuze, Rundtürme und Gräber. Den Ort umgibt ein faszinierendes Flair geheimnisvoller Einsamkeit.

Das umliegende Marschland, **Shannon Callows** genannt, dient als Lebensraum für zahlreiche Wildpflanzen. Darüber hinaus ist es einer der letzten Zufluchtsorte für den vom Aussterben bedrohten Wachtelkönig, ein pastellfarbener Verwandter des Blesshuhns.

Clonmacnoise

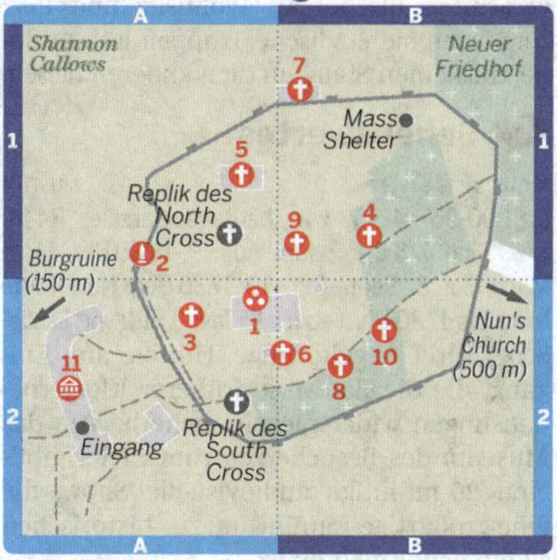

Clonmacnoise

Sehenswertes

1 Kathedrale ... A2
2 O'Rourke's Tower ... A1
3 Replik des Cross of the Scriptures (King Flann's Cross) ... A2
4 Temple Ciaran ... B1
5 Temple Conner ... A1
6 Temple Doolin ... B2
7 Temple Finghin & Tower ... B1
8 Temple Hurpan ... B2
9 Temple Kelly ... B1
10 Temple Melaghlin ... B2
11 Visitor Centre ... A2

Geschichte

Als der hl. Ciarán hier 548 ein Kloster gründete, befand sich an dieser Stelle der wichtigste Scheideweg des Landes, die Kreuzung des von Norden nach Süden fließenden Shannon mit der Ost-West verlaufenden Esker Riada (Straße der Könige).

Ciarán starb nur sieben Monate nach der Errichtung der ersten Kirche, doch über die Jahre wurde Clonmacnoise zu einer beispiellosen Bastion irischen Glaubens sowie irischer Literatur und Kunst, die eine große Laienbevölkerung um sich scharte. Zwischen dem 7. und 12. Jh. kamen Mönche aus ganz Europa hierher, um zu studieren und zu beten. Ihnen verdankt Irland den Ruf als „Land der Heiligen und Gelehrten".

Ein großer Teil der Ruinen stammt aus dem 10. bis 12. Jh. Vermutlich lebten die Mönche in kleinen Hütten rund um das Kloster. Die Stätte wurde mehrmals von den Wikingern und Iren niedergebrannt und geplündert. Nach dem 12. Jh. begann sie zu verfallen, im 15. Jh. diente sie bloß noch einem verarmten Bischof als Wohnsitz und 1552 zerstörten sie englische Truppen aus Athlone, die keinen Stein auf dem anderen ließen.

Sehenswertes

Visitor Centre MUSEUM
(☎090-967 4195; www.heritageireland.ie; R444; Erw./Kind 7/3 €; ⌚Juni–Aug. 9–18.30 Uhr, Mitte März–Mai & Sept.–Okt. 10–17.30 Uhr, Nov.–Mitte März bis 17.30 Uhr, letzter Einlass 1 Std. vor Schließung) Drei kegelförmige Hütten am Eingang, die die Bauweise früherer Klosterbehausungen widerspiegeln, beherbergen das Museum des Besucherzentrums. Hier gibt's eine 20-minütige audiovisuelle Show, die eine großartige Einführung zur historischen Clonmacnoise-Stätte ist.

Die Ausstellung umfasst originale Hochkreuze – an den Fundorten stehen heute Nachbildungen – und verschiedene Artefakte, die bei Ausgrabungen entdeckt wurden, darunter Silberfibeln, Gläser und ein Ogham-Stein.

Beim Abstieg zu einem der schönsten Kreuze Irlands, dem **Cross of the Scriptures (King Flann's Cross)**, entsteht eine gewisse Dramatik. Das Stück ist unverwechselbar und sehr markant mit einzigartigen nach oben weisenden Armen und reich verzierten Tafeln, auf denen die Kreuzigung, das Jüngste Gericht, die Gefangennahme Jesu und das Grab Christi zu sehen sind.

Vom **North Cross** aus dem Jahre 800 ist nur der Schaft erhalten. Er ist mit Löwen, verschlungenen Spiralen und einer Figur geschmückt, die wahrscheinlich den keltischen Gott Cernunnos darstellt. Das reich verzierte **South Cross** weist abstrakte Schnitzereien (Wirbel, Spiralen und Mäander), die Kreuzigung sowie ein paar umherspringende Kreaturen auf.

Das Museum beherbergt außerdem die größte europäische Sammlung frühchristlicher Grabplatten. Viele tragen gut lesbare Inschriften, die mit *oroit do* oder *ar* (ein Gebet für) beginnen.

Kathedrale RUINE
Clonmacnoises größtes Bauwerk wurde 909 errichtet, über die Jahrhunderte jedoch maßgeblich verändert und umgestaltet. Interessantestes Merkmal der Kathedrale ist die aufwendige gotische Eingangstür aus dem 15. Jh. mit Reliefbildern der Heiligen Franziskus, Patrick und Dominik. Selbst ein Flüstern wandert hier von einer Seite der Tür zur anderen – vielleicht konnten so die Aussätzigen zur Beichte gehen, ohne die Priester anzustecken.

Angeblich wurden die letzten Hochkönige von Tara, Turlough Mór O'Connor (gest. 1156) und sein Sohn Ruairí oder Rory (gest. 1198), in der Nähe des Altars beigesetzt.

Temple Ciaran & andere Kirchen KIRCHEN
Die kleinen Kirchen von Clonmacnoise nennt man nach dem irischen Wort *teampall* (Kirche) auch *temple*. Im winzigen **Temple Ciaran** soll der hl. Ciarán, Begründer der Stätte, beerdigt worden sein. Der Fußboden im Temple Ciaran liegt tiefer als draußen, weil die ansässigen Bauern jahrhundertelang Lehm aus der Kirche als Glücksbringer zum Schutz ihrer Ernten und

ABSTECHER

SHANNON HARBOUR & UMGEBUNG

1 km östlich von der Stelle, wo der Grand Canal auf den Shannon trifft, erstreckt sich das verschlafene Shannon Harbour. Es wurde zur Versorgung der Wasserwege angelegt und war einst ein blühendes Handelszentrum mit über 1000 Einwohnern. Im Hafen legten Frachter und Passagierschiffe ab, oftmals mit armen Einheimischen an Bord, die nach Nordamerika oder Australien auswandern wollten.

Mittlerweile sind die Wasserstraßen wieder voller Boote, zudem verlaufen hier Spazierwege in alle Richtungen. Aus diesem Grund ist Shannon Harbour ein reizvolles Ziel für Wanderer, Angler, Bootsfahrer und Vogelbeobachter.

Clonony Castle (☎087 761 4034; abseits der R357, Colony; Eintritt gegen Spende; ⌚variieren), eine Burg aus dem 16. Jh., wird von einer überwucherten zinnenbewehrten Mauer geschützt. Zwar stimmt es wohl nicht, dass die zweite Frau von Heinrich VIII., Anne Boleyn, hier geboren wurde – wahr ist aber, dass ihre Cousinen Elizabeth und Mary Boleyn neben den Überresten des Gebäudes begraben wurden. Es werden sporadische Restaurierungen durchgeführt; wenn jemand vor Ort ist, wartet bei einem Zwischenstopp eine faszinierende Entdeckungstour.

Tiere mitnahmen. Inzwischen ist der Boden mit Platten bedeckt, doch im Frühjahr wird immer noch Lehm von draußen abgetragen.

An der südwestlichen Ecke des Tempels steht ein uralter **bullaun** (Schleifstein), der wahrscheinlich zur Herstellung von Medizin für das Klosterkrankenhaus diente. Heute hilft das darin gesammelte Regenwasser angeblich gegen Warzen.

Auf dem Gelände steht außerdem der **Temple Conner**. Die kleine überdachte Kirche wird bis zum letzten Sonntag im Sommer von Gemeindemitgliedern der Church of Ireland besucht. Auf dem Weg dorthin kommt man an den dürftigen Fundamenten des **Temple Kelly** (1167) vorbei. Wer sich weiter in der Gegend umsieht, stößt auch noch auf den **Temple Melaghlin** (12. Jh.) mit schönen Fenstern sowie auf die Zwillingsbauten des **Temple Hurpan** und des **Temple Doolin**.

O'Rourke's Tower TURM

Vom 20 m hohen O'Rourke's Tower genießt man einen herrlichen Blick auf den Shannon. Ein Blitz zerstörte die Spitze des Gebäudes, trotzdem wurde es noch 400 Jahre genutzt.

Temple Finghin & Tower KIRCHE

An der nördlichen Begrenzung der Klosteranlage Clonmacnoise überblickt der Temple Finghin mit seinem Rundturm den Shannon. Er stammt aus dem Jahre 1160 und verfügt über einige schöne romanische Reliefs. Das Turmdach mit Fischgrätenmuster ist das einzige nie veränderte in Irland.

Nun's Church HISTORISCHE STÄTTE

Außerhalb der Einfriedung, etwa 500 m östlich durch den modernen Friedhof, ragt die abgeschiedene Nun's Church auf. Sie besitzt wunderbare romanische Bogen mit feinen Reliefs. Eines davon gilt als älteste *sheela-na-gig* (geschnitzte Frau mit übergroß dargestellter Vulva) Irlands und zeigt eine akrobatische Pose mit den Füßen hinter den Ohren.

Burgruine RUINE

Auf der Westseite der Anlage, in der Nähe des Parkplatzes, befindet sich eine Motte (Aufschüttung) mit den seltsam geformten Überresten einer Burg aus dem 13. Jh. Diese wurde von John de Grey, dem Bischof von Norwich, errichtet, um über den Shannon zu wachen.

Schlafen & Essen

Im Besucherzentrum gibt es ein einfaches Café. Größer ist das in der Nähe des Parkplatzes.

Kajon House B&B €€

(☎ 090-967 4191; www.kajonhouse.ie; R444, Creevagh; EZ/DZ ab 50/70 €; ⌚ März.–Okt.; 📶) Wenn man vor Ort übernachten möchte, ist das Kajon House, nur 1,5 km südwestlich, die beste Option. Gäste erwarten gemütliche Zimmer, ein geräumiger Hof mit Picknicktisch und ein – sogar für irische Verhältnisse – herzliches Willkommen. Zum Frühstück werden leckere Pfannkuchen serviert; auf Anfrage gibt es eventuell auch Abendessen.

Praktische Informationen

Der Besucher-Guide zum Clonmacnoise-Komplex für 1 € ist eine gute Investition. Für den Besuch der Anlage sollte man sich mehrere Stunden Zeit nehmen.

An- & Weiterreise

Clonmacnoise liegt 7 km nordöstlich von Shannonbridge an der R444. Bustouren werden in der gesamten Region angeboten.

SCHIFF/FÄHRE

Silverline Cruisers (www.silverlinecruisers.com; Erw./Kind hin & zurück ab 12/7 €; ⌚ ab Shannonbridge Mi 14, ab Banagher So 15 Uhr, beide im Juli & Aug.) Einstündige Bootstouren zwischen Shannonbridge und Clonmacnoise.

Tullamore

11 575 EW.

Der geschäftige Hauptort des Countys Offaly, liegt am Grand Canal und ist bekannter Namensgeber des Whiskeys Tullamore Dew. Die Eröffnung einer neuen Brennereianlage am Ortsrand 60 Jahre nach Verlagerung der gesamten Produktion ins County Tipperary war für die Gemeinde von großer Bedeutung.

Sehenswertes

Charleville Castle BURG

(☎ 057-932 3040; www.charlevillecastle.com; abseits der N52; Führung für 2 Erw. 20 €, Kinder frei; ⌚ Führungen Juni–Aug. 12–17.30 Uhr, Sept.–April nach Voranmeldung) Aufgrund seiner Turmspitzen, Ecktürme, Efeuranken und knarzenden Bäume kommt der massive Bau etwas unheimlich daher – ja, spuken soll es hier auch! Dies war der Familiensitz der Burys, die Francis Johnston, einen berühmten Architekten, 1798 mit der Errichtung beauftragten. Besichtigungen sind nur im Rahmen einer 45-minütigen Führung möglich. Die Burg liegt 2 km südwestlich von Tullamore; einfach nach dem Wäldchen mit riesigen uralten Eichen Ausschau halten.

Das Innere der Burg und die Decken sind spektakulär, außerdem befindet sich hier eine der eindrucksvollsten neogotischen Galerien Irlands. Die Küche wurde von der Bauweise her einer Landkirche nachempfunden.

Tullamore Dew Visitor Centre MUSEUM
(☎057-932 5015; www.tullamore-dew.org; Bury Quay; Erw./Kind 9/6,50 €; ⊙Mo–Sa 9.30–18, So 11.30–17 Uhr) Dieses Marketingspektakel in einem Lagerhaus aus dem 19. Jh. am Kanal verbindet faszinierende Stadtgeschichte mit Whiskeywerbung. Interessante Exponate zeigen, welche Bedeutung der Grand Canal für Tullamores Entwicklung hatte. Am Ende der Führung können volljährige Teilnehmer den angeblich bekömmlichsten irischen Whiskey kosten. Für echte Liebhaber gibt es eine Tour für 25 €, die sich ausführlich dem Brennprozess widmet.

Schlafen & Essen

Annaharvey Farm B&B €€
(☎057-934 3544; www.annaharveyfarm.ie; R420, Aharney; EZ/DZ ab 60/90 €; ⊙Mitte Feb.–Nov.; 👪) Auf dem ruhig gelegenen Pferdehof mit preisgekrönter Pension kommen Gäste in den Genuss des ländlichen Lebens und von echter Gastfreundschaft. Die sechs zweckmäßigen Zimmer sind modern, darüber hinaus kann man direkt vor der Tür reiten. Der Hof liegt 6 km südöstlich von Tullamore.

ABSEITS DER ÜBLICHEN PFADE

LOUGH BOORA

Im 20. Jh. wurde ein Großteil der einst ausgedehnten Torfmoore im County Offaly für die Stromversorgung abgebaut. Maßnahmen zu ihrer Rückgewinnung sind im Gange.

Ein solches Projekt konzentriert sich auf die **Lough Boora Parklands** (www.loughbooraparklands.com; abseits der R357; ⊙Sonnenauf- bis Sonnenuntergang). Das Gebiet liegt 5 km westlich von Blue Ball und umfasst ein über 50 km langes Wegenetz, auf dem sich ausgezeichnet Vögel beobachten lassen. Außerdem gibt's hier seltene Pflanzen, eine mesolithische Stätte und eine Reihe beeindruckender **Umweltskulpturen** (www.sculptureintheparklands.com) zu entdecken. Die Wege laden zu Radtouren ein; vor Ort gibt es **Leihräder** (☎086 889 5194; 3 € pro Std.; ⊙10–20 Uhr).

Bridge House Hotel HOTEL €€
(☎057-932 3374; www.bridgehousehoteltullamore.ie; Bridge St; EZ/DZ ab 72/100 €; @) Schon der prachtvolle Treppenaufgang zeigt eindrucksvoll, dass dieses Hotel im Zentrum in Sachen Eleganz in einer anderen Liga spielt als ein Großteil der Konkurrenz. Die Zimmer sind sehr komfortabel, es gibt eine Präsidentensuite und Gäste können sich im Spa entspannen.

Wolftrap PUB €
(☎057-932 3374; www.the-wolftrap.com; William St; Hauptgerichte 8–12 €; ⊙Küche 11.30–20.30 Uhr, Bar bis spät) Hier gibt's tollen hiesigen Whiskey – und andere Drinks – sowie exzellente, innovative, informelle Barküche (die Burger sind großartig), die den üblichen Pubstandard um Längen übertrifft. Am Wochenende wird Tanzmusik gespielt und dienstags leitet der Besitzer Padraig McLoughlin traditionelle Musikabende.

An- & Weiterreise

BUS

Bus Éireann verkehrt nach Dublin (18 €, 2¼ Std., 4-mal werktags, 2-mal Sa & So).

ZUG

Irish Rail (www.irishrail.ie) fährt ostwärts nach Dublin (ab 20 €, 1¼ Std., stündl.), westwärts nach Galway (ab 21 €, 1½ Std., 8-mal tgl.) und nach Westport.

Durrow Abbey

Im 6. Jh. gründete der hl. Colmcille (auch als Columba bekannt) die Durrow Abbey, die vor allem für das illustrierte *Book of Durrow* berühmt ist. Es stammt aus dem 7. Jh. und ist bis heute erhalten – eine bemerkenswerte Leistung, wenn man bedenkt, dass es auf einem Bauernhof entdeckt wurde, wo es in der Viehtränke lag, um Krankheiten zu heilen. Inzwischen kann man es im Dubliner Trinity College bewundern.

Das Dörfchen Durrow (nicht zu verwechseln mit der größeren Ortschaft Durrow im County Laois) und das Kloster liegen 7 km nördlich von Tullamore, eine lange Straße hinab.

Sehenswertes

An dieser Stätte ist nur noch wenig von der **Durrow Abbey** zu sehen, es gibt jedoch fünf frühchristliche Grabsteine. Ein kurzer Weg führt zum **St. Colmcille's Well**, einer heiligen Quelle, die durch ein kleines *cairn* (Steingrab) markiert ist.

Durrow High Cross CHRISTLICHE STÄTTE
(abseits der N52; ⌚10–16 Uhr) Das prachtvolle Hochkreuz aus dem 10. Jh. ziert ein komplexes Hochrelief, das Isaaks Opfer, das Jüngste Gericht und die Kreuzigung Christi darstellt. Um es zu schützen, ist es in einer **Kirche** aus dem 19. Jh. untergebracht.

Clara

6 km südlich der viel befahrenen Schnellstraße M6 lockt eine der authentischsten Landschaften der Midlands. Clara Bog zählt zu den wenigen großen klassischen Moorgebieten Westeuropas mit hohem Torfvorkommen. Es wirkt zunächst enttäuschend flach und leblos, gewährt jedoch faszinierende Einblicke in den Kreislauf der Natur.

Sehenswertes

★Clara Bog Nature Reserve NATURSCHUTZGEBIET
(Clara-Rahan Rd; ⌚Sonnenauf- bis Sonnenuntergang) In diesem magischen Naturschutzgebiet wird die Stille nur durchbrochen von Wasserwegen, Vogelgezwitscher und Insektensummen. Ein 1 km langer Rundweg beginnt an einem Parkplatz 4 km südlich von Clara. Im weichen Torf blühen winzige Wildblumen, zudem lockt der weite Blick auf die grünen Hügel in der Ferne.

Clara Bog Visitor Centre MUSEUM
(☎057-936 8878; Ballycumber Rd/R436; ⌚ganzjährig Mo–Fr 10–17 Uhr, April–Nov. Sa bis 13 Uhr) GRATIS Das moderne kleine Museum teilt sich ein Gebäude mit der hiesigen Bibliothek und gibt einen faszinierenden Überblick über das Leben im Moor, von Schmetterlingen bis hin zu Kröten.

COUNTY LAOIS

80 560 EW. / 1720 KM²

Laois *(liesch* ausgesprochen) liegt fernab der Hauptstraßen und wird von Travellern, die in den Süden und Westen eilen, oft übersehen. Dabei lockt diese verborgene Ecke Irlands mit hübschen Städten wie Abbeyleix, das sich für einen kurzen Tagesausflug anbietet, und den dramatischen ursprünglichen Slieve Bloom Mountains.

Die Website www.laoistourism.ie liefert jede Menge Infos zu der Region. Die hervorragende Broschüre *Laois Heritage Trail* gibt's online und in Touristeninformationen.

> **UNTERWEGS IN LAOIS**
>
> Das County Laois lässt sich am besten mit einem Mietwagen erkunden, denn die Busverbindungen sind spärlich. In der Stadt Portlaoise gibt es Zugverbindungen: Die Züge halten auf ihrem Weg nach Dublin (ab 18 €, 1 Std., 14-mal tgl.), Cork (ab 20 €, 2 Std., 9-mal tgl.) und Limerick (ab 18 €, 1½ Std., 3-mal tgl.).

Abbeyleix

2570 EW.

Abbeyleix (ebbie-*lieks*), ein klassisches historisches Städtchen mit einem georgianischen Markthaus, eleganten Terrassenhäusern und einer breiten, begrünten Hauptstraße, ist rund um ein Zisterzienserkloster aus dem 12. Jh. entstanden. Wegen häufiger Überschwemmungen riss es der lokale Grundbesitzer Viscount de Vesci im 18. Jh. ab und ließ den heutigen auf dem Reißbrett geplanten Ort errichten. Während der Großen Hungersnot erwies sich de Vesci im Vergleich zu vielen anderen als freundlicher Grundbesitzer, deshalb stellten ihm die Pächter auf dem Marktplatz zum Dank einen Brunnenobelisk auf.

Abbeyleix ist eine gute Ausgangsbasis für Ausflüge in die Region. Neben anständigen Restaurants und Unterkünften gibt es hier eines der stimmungsvollsten Pubs Irlands.

Sehenswertes

Leider ist de Vescis prächtiges Herrenhaus für Besucher geschlossen. Es lohnt sich aber, stattdessen das elegante **Marktgebäude** im Ortszentrum anzusehen. Es wurde 1836 errichtet und beherbergt heute eine Bibliothek sowie einen Ausstellungsbereich.

★Heywood Gardens GÄRTEN
(☎057-873 3563; www.heritageireland.ie; Ballinakill; ⌚Mai–Aug. 8.30–21 Uhr, April & Sept. 8.30–19 Uhr, Okt.–März 8.30–17.30 Uhr) GRATIS Eine üppige Gartenanlage mit verschiedenen Bauten, Seen und Wald, die von Edwin Lutyens und Gertrude Jekyll gestaltet und 1912 eröffnet wurde. Ihr Herzstück ist ein abgesenkter Bereich, in dem kreisförmige Terrassen zu einem ovalen Wasserbecken mit einem prächtigen Springbrunnen führen.

Die Heywood Gardens befinden sich 7 km südöstlich von Abbeyleix abseits der R432 nach Ballinakill auf dem Gelände der Heywood Community School.

ABSEITS DER ÜBLICHEN PFADE

DAS ARMENHAUS IN DONAGHMORE

In dem unauffälligen Bauerndorf Donaghmore, 20 km westlich von Durrow im Country Laois, stößt man auf ein stilles düsteres Vermächtnis der Hungersnot.

Das **Donaghmore Workhouse** (☎ 086 829 6685; www.donaghmoremuseum.com; R435, Donaghmore; Erw./Kind 5/3 €; ⌚ ganzjährig Mo–Fr 11–17 Uhr, Juni–Sept. auch Sa & So 14–17 Uhr) in einem schmucklosen Steinhaus war in den 1850er-Jahren die letzte Zuflucht für die Armen. Durch die bewusst abschreckenden Verhältnisse vor Ort wollte man die Bedürftigen davon abhalten, länger zu bleiben. Das taten sie auch nicht – viele von ihnen starben aufgrund der harten Bedingungen. Heute erzählen die verbliebenen Gebäude mit einer Sammlung einfacher Exponate diese grausame Geschichte nach.

Auf einem Schild in Eingangsnähe steht: „Als das Donaghmore Workhouse 1853 öffnete, war ein Großteil der Armen in der Gegend bereits an Hunger oder Krankheit gestorben oder ausgewandert."

Das Armenhaus war überfüllt, Familien mussten in getrennten Räumen schlafen (meist auf Dauer), die Mahlzeiten (jeweils eine Schale Haferschleim) durften nur schweigend eingenommen werden, die Toiletten waren primitiv und es gab nur eine begrenzte Anzahl an Betten. Mit dem Leben in dem Haus ging also auch ein Verlust der Würde einher.

Abbeyleix Heritage House & Museum MUSEUM
(☎ 057-873 1653; www.abbeyleixheritage.com; Main St; Erw./Kind 3/2 €; ⌚ Di–Sa 9–17 Uhr) In einer ehemaligen Schule dokumentiert das Heritage House die interessante Geschichte von Abbeyleix. Ein Raum widmet sich seiner Vergangenheit als Teppichhersteller-Stadt. Einst schmückten die hier produzierten Stücke im türkischen Stil die Flure der *Titanic*. In einem anderen Raum wird eine faszinierende Sammlung von Erinnerungsstücken der Familie Morrissey gezeigt, die von 1775 bis 2004 einen berühmten Laden und ein Pub in der Stadt betrieb. Außerdem gibt's hier eine Filiale der Touristeninformation und einen angrenzenden Spielplatz.

Schlafen

Farran Farm Hostel HOSTEL €
(☎ 057-873 4032; www.farmhostel.com; Ballacolla; B ab 20 €) Das unkonventionelle eigenständige Hostel beherbergt 45 Betten in Zimmern mit einem Bad und bis zu fünf Stockbetten in einem schön renovierten, mit Kalkstein ausgekleideten Dachgeschoss eines Bauernhofes. Gegen Vorabreservierung gibt es leckeres Abendessen aus lokalen Zutaten. Die Unterkunft liegt nahe der Kreuzung R4343 und R434, rund 6 km westlich von Abbeyleix.

Sandymount House B&B B&B €€
(☎ 057-873 1063; www.abbeyleix.info; abseits der R433, Old Town; EZ/DZ ab 60/90 €; 📶) In dem entzückenden alten Gebäude lebte einst der Gutsverwalter von de Vesci. Das Haus wurde toll restauriert. Sein beeindruckendes Treppenhaus, die Marmorkamine und die malerischen Gärten verleihen ihm eleganten Charme. Die geräumigen Zimmer sind gut ausgestattet und verfügen über individuell gestaltete Bäder mit guten Duschen. Das B&B liegt 2 km westlich von Abbeyleix.

Essen & Ausgehen

★ **Gallic Kitchen** CAFÉ €
(☎ 086 605 8208; www.gallickitchen.com; Main St; Gerichte 5–9,50 €; ⌚ Mo–Sa 10–18, So 11–18 Uhr; 👪) 🌿 Liebhabern der Kreationen von Sarah Webb wird in dieser Filiale des Gallic Kitchen in einem alten Kurzwarengeschäft der Mund wässrig. Ihre guten Marmeladen, eingemachten Köstlichkeiten, Backwaren und anderen Leckereien werden auf Bauernmärkten von hier bis nach Dublin verkauft. Die Speisekarte lockt mit bester moderner irischer Küche.

★ **Morrissey's** PUB
(☎ 057-873 1281; Main St; ⌚ 10–23 Uhr) Das außergewöhnliche Pub wurde 1775 als Lebensmittelladen eröffnet. Es rühmt sich, die älteste Kneipe Irlands zu sein und hat seiner Modernisierung bis heute widerstanden. Auf den Regalen über den Kirchenbänken und Kugelbauchöfen stehen zahlreiche Kuriositäten. Hier kann man wunderbar ein Pint oder einen guten Kaffee schlürfen und die tolle Atmosphäre genießen.

An- & Weiterreise

Besucher benötigen einen eigenen fahrbaren Untersatz, denn Abbeyleix wird nicht mehr von öffentlichen Verkehrsmitteln bedient.

Durrow

820 EW.

Durrow ist ein hübsches Dorf mit ordentlichen Häuserreihen, Pubs und Cafés, die von gepflegten Grünanlagen umgeben sind. Im Westen führt ein imposantes Tor zum Wahrzeichen des Ortes, dem **Castle Durrow** aus dem 18. Jh.

Schlafen

Castle Arms Hotel HOTEL €€

(☎057-873 6117; www.castlearmshotel.ie; The Square; EZ/DZ ab 60/90 €;) Aus dem sauberen Hotel mit Pub überblickt man eine Ecke von Durrows gepflegtem Zentrum. Das dreistöckige historische Gebäude bietet 15 komfortable Zimmer und das gesellige Pub serviert tagsüber gutes Essen, an manchen Abenden gibt's zudem traditionellen Tanz.

★ **Castle Durrow** LUXUSHOTEL €€€

(☎057-873 6555; www.castledurrow.com; abseits der N9; DZ inkl. HP ab 195 €; Restaurant Mi–Sa 19–21, So 13–16.30 & 18–20.30 Uhr;) Im Castle Durrow aus dem 18. Jh. befindet sich eines der besten Landhaushotels Irlands. Die Bandbreite der Zimmer reicht von opulenten Suiten mit Himmelbetten und schweren Brokatstoffen bis zu intimen Räumen. Auch wenn man nicht hier übernachtet, lohnt sich ein Abstecher, um einen Kaffee auf der Terrasse mit Blick auf das weitläufige Grundstück zu trinken. Auf dem Gelände gibt es Spazierwege sowie Tennisplätze.

Das exzellente **Restaurant** (3-Gänge-Menü mittags/abends 28/50 €) verwendet Zutaten aus dem burgeigenen Biogarten. Tagsüber werden Bargerichte serviert.

Slieve Bloom Mountains

Während man sich den Slieve Bloom Mountains nähert, verschwindet das besiedelte Irland im Rückspiegel. Sie sind zwar nicht so spektakulär wie manch andere irische Gebirgsketten, dennoch steigen sie eindrucksvoll über der Ebene von Laois auf und ziehen angenehmerweise wenige Besucher an. An den tieferen Hängen wachsen jede Menge typische Nadelbäume, während weiter oben einsame Deckenmoore, Heideland, Kiefernwälder und abgeschiedene Täler das Gefühl wahrer Ursprünglichkeit vermitteln.

In das Gebirge führt die malerische R440. Eine gute Ausgangsbasis ist Kinnitty im County Offaly.

Sehenswertes & Aktivitäten

Für einen netten Spaziergang eignet sich **Glenbarrow** südwestlich von Rosenallis, wo ein interessanter Pfad am **Glendine Park** in der Nähe des Glendine Gap vorbei und zum **Cut Mountain Pass** führt. Bei den Parkplätzen geben Karten weitere Ideen für Ausflüge.

Eine größere Herausforderung ist der **Slieve Bloom Way**, eine 84 km lange, ausgeschilderte Rundroute durch die Berge, die zahlreiche Sehenswürdigkeiten einschließt. Als bester Startpunkt dient der Parkplatz in Glenbarrow, 5 km von Rosenallis entfernt. Von dort verläuft der Pfad auf Feuerschneisen im Wald und über alte Straßen durch die Berge. Höchster Punkt auf der Strecke ist der Glendine Gap (460 m).

Slieve Bloom Mountains Nature Reserve NATURSCHUTZGEBIET

(www.npws.ie) Die höhere Gebirgsregion ist durch dieses Gebiet geschützt. Auf der Website sind Wanderrouten sowie Infos zu Flora und Fauna, darunter viele Kräuter und Wildblumen, nachzulesen.

Slieve Bloom Walking Club WANDERN

(☎086 278 9147; www.slievebloom.ie; Erw./Kind 5 €/frei; So, an anderen Wochentagen auf Nachfrage) Organisiert geführte Wanderungen und ein alljährliches Fest. Aktuelle Termine sind auf Facebook nachzulesen.

Schlafen & Essen

★ **Roundwood House** PENSION €€

(☎057-873 2120; www.roundwoodhouse.com; Slieve Blooms Rd, Mountrath; EZ/DZ ab 85/130 €, Abendmenü 35–55 €; Feb.–Dez.;) Die prachtvolle palladianische Villa aus dem 17. Jh. liegt in einem abgeschiedenen Wald und versprüht hübsche verschlissene Eleganz. Kinder und Erwachsene gleichermaßen werden die Außenanlage lieben. Beim gemeinsamen Abendessen kann man sich mit den liebenswürdigen Hausbesitzern unterhalten und die leckeren Gerichte genießen.

Neben dem Hauptgebäude mit geselliger Lounge beherbergt auch noch ein älteres Haus in der Nähe einige Zimmer.

Ballyfin House LUXUSHOTEL €€€

(☎057-875 5866; www.ballyfin.com; abseits der R423, Ballyfin; EZ 335–560 €, DZ 520–800 €;) Ein weitläufiges opulentes Herrenhaus im Regency-Stil mit luxuriösem Interieur und eins der besten Luxushotels Irlands. Zu den Highlights gehören flämische Teppi-

NICHT VERSÄUMEN

ELECTRIC PICNIC

Das alljährliche **Electric Picnic** (www.electricpicnic.ie; Stradbally Hall; 3-Tages-Karte ab 240 €; ⏲ Anfang Sept.), ein dreitägiges Kunst- und Musikfestival unter freiem Himmel, ist Irlands kleine Version von Glastonbury. Es ist für sein bunt gemischtes Programm bekannt und zieht viele irische und internationale Künstler an. Tickets sind bereits Monate im Voraus ausverkauft Da die meisten Festivalteilnehmer campen, gleicht die Veranstaltung einer riesigen gemeinschaftlichen Party. Das Festival findet 10 km südöstlich von Portlaoise statt.

Seit dem ersten Electric Picnic 2004 traten bereits Stars wie Björk, Bob Geldof, Sinead O'Connor, Massive Attack, Blondie, Florence + the Machine und Blur auf.

che aus dem 17. Jh., ein Bad mit römischen Sarkophagen, Geheimgänge und ein „Flüsterzimmer". Außerdem lockt es mit dem Versprechen, den Gästen jeden Wunsch zu erfüllen. Hier fühlt man sich wie in einem Museum, nur dass man auf den Möbeln sitzen kann.

Praktische Informationen

Die Website www.slievebloom.ie bietet umfassende Informationen und 16 Rundwanderungen zum Herunterladen.

Mountmellick

4750 EW.

Dieser stille georgianische Ort am Fluss Owenass war im 19. Jh. für seine Leinenherstellung berühmt und verdankt seine Geschichte zum Großteil den hier lebenden Quäkern und der Lage am Grand Canal.

Sehenswertes

Am Marktplatz beginnt ein rund 4 km langer ausgeschilderter **Kulturpfad**, der zu den wichtigsten Sehenswürdigkeiten führt.

Mountmellick Museum MUSEUM

(☎ 057-862 4525; www.mountmellickdevelopment.com; abseits der N80, Irishtown; Erw./Kind 5/2 €; ⏲ Mo–Fr 9–17 Uhr) Im Mountmellick Museum bekommt man Einblicke in die Vergangenheit des Städtchens als Industriestandort und in das Leben der Quäker, außerdem kann man feinste Mountmellick-Stickereien besichtigen. Die Einwohner stellen nach wie vor Leinenstoffe sowie Flickendecken her und verkaufen sie hier. Vor Ort gibt's außerdem Führer für den historischen Wanderweg.

Portarlington

7790 EW.

Portarlington entstand unter dem Einfluss französischer Hugenotten und deutscher Siedler. An der French Street und Patrick Street befinden sich einige schöne, aber doch etwas vernachlässigte Gebäude aus dem 18. Jh.

4 km östlich der Stadt liegen die mit Efeu bewachsenen Ruinen des **Lea Castle** aus dem 13. Jh. am Ufer des Barrow. Die Burg besteht aus einem einigermaßen intakten Bergfried mit Turm und zwei Außenmauern sowie einem Pförtnerhaus mit Zwillingstürmen. Zugang zum Gebäude besteht über einen Bauernhof 500 m nördlich von der Hauptstraße nach Monasterevin (R420).

Emo Court

Der ungewöhnliche von einer grünen Kuppel gekrönte **Emo Court** (www.heritageireland.ie; abseits der R422, Emo; Erw./Kind 4/2 €, Gelände Eintritt frei; ⏲ Ostern–Sept. 10–18 Uhr, letzter Einlass 17 Uhr, Anlage ganzjährig Sonnenauf- bis Sonnenuntergang) zählt zu den eindrucksvollsten Sehenswürdigkeiten im County Laois und bietet sich für einen Zwischenstopp bei einer Reise entlang dem M7 an.

1790 entwarf James Gandon, Architekt des Dubliner Custom House, den Emo Court. Ursprünglich war das imposante Gebäude der Landsitz des ersten Earl von Portarlington. Nachdem es dann viele Jahre als jesuitisches Novizenheim gedient hatte, wurde das Haus mit der kunstvollen Mittelrotunde sorgfältig restauriert.

Auf dem großen Grundstück verteilen sich über 1000 verschiedene Baum- und Straucharten, darunter riesige Mammutbäume. Im Park kann man schön picknicken oder sich eine kleine Erfrischung im Café genehmigen und danach einen reizvollen Waldspaziergang zum Emo Lake unternehmen.

Emo liegt 13 km nordöstlich von Portlaoise an der R422, 2 km westlich der M7.

Rock of Dunamaise

Der **Rock of Dunamaise** (abseits der N80; ⏲Sonnenauf- bis Sonnenuntergang), 6 km östlich von Portlaoise, ein beeindruckender, zerklüfteter Kalksteinfelsen, ragt steil aus der flachen Ebene empor. Er bot den frühen Siedlern eine ausgezeichnete Verteidigungsposition und einen wundervollen Blick auf die hübsche Landschaft. Um sich das frühere Bauwerk so vorzustellen, wie es vor der Zerstörung von Cromwells Handlangern 1650 aussah, braucht man zwar eine Menge Fantasie, aber dafür ist die Aussicht vom Gipfel bei klarem Wetter atemberaubend.

Die ersten Befestigungen auf dem Felsen entstanden in der Bronzezeit. Erstmals erwähnt wurde er auf einer Karte von Ptolemäus im Jahre 140 n. Chr. Im Laufe der Jahrhunderte suchten ihn mehrere Besetzungswellen durch die Wikinger, Normannen, Iren und Engländer heim. Die Ruinen, die man hier heute sieht, stammen von einer Burg aus dem 13. Jh. Im 15. Jh. fand eine umfassende Neugestaltung statt und die Überreste wurden im 18. Jh. zudem geringfügig restauriert.

Mit etwas Glück sieht man den Timahoe-Rundturm im Süden sowie die Slieve Blooms im Westen und die Wicklow Mountains im Osten.

Timahoe

1200 EW.

Das winzige Timahoe, 13 km südöstlich von Portlaoise an der R426, ist charmant, wenn auch nicht viel mehr als eine Ansammlung von Häusern um einen dreieckigen Rasenplatz. Auf der anderen Seite eines plätschernden Bachs erhebt sich ein 30 m hoher **Rundturm** aus dem 12. Jh., der einem Märchen entsprungen sein könnte. Mit seinem kunstvoll gestalteten romanischen Toreingang 5 m über dem Boden gehört er zu einer historischen Stätte, zu der auch die Ruinen einer Kirche aus dem 15. Jh. gehören. Der ganze Ort scheint verzaubert, zumal sich kaum ein Tourist hierher verirrt.

Counties Meath, Louth, Cavan & Monaghan

Inhalt ➡

Gut essen

- Courthouse Restaurant (S. 565)
- Eno (S. 554)
- Conyngham Arms (S. 540)
- Olde Post Inn (S. 539)

Schön übernachten

- Castle Leslie (S. 563)
- Trim Castle Hotel (S. 545)
- Carlingford House (S. 556)
- Shirley Arms (S. 564)
- Bellinter House (S. 542)

Auf nach Meath, Louth, Cavan & Monaghan

Die fruchtbaren Felder der Counties Meath und Louth sind die Wiege der irischen Zivilisation. Inzwischen wohnen hier viele Pendler, die in Dublin arbeiten, doch das Erbe ihrer frühesten Vorfahren hat noch immer Bestand, davon zeugen die mystischen Grabstätten Brú na Bóinne und Loughcrew (beide älter als die ägyptischen Pyramiden) sowie Tara, Sitz der Hochkönige von Irland und Tor zum Jenseits.

Nach der Ankunft des hl. Patrick errichteten die Gläubigen Klöster, Hochkreuze und Rundtürme als Verwahrungsorte für kostbare Manuskripte. Heute erzählen prächtige Ruinen Geschichten aus der Zeit, als Irland noch als Land der Heiligen und Gelehrten bekannt war.

Die Hügel und fischreichen Seen der Counties Cavan und Monaghan im Nordwesten sind wilder und abgeschiedener. In den wenig besuchten Grafschaften warten auf Traveller jede Menge Unternehmungen an der frischen Luft: Man kann z. B. Bootsfahrten auf dem Shannon-Erne-Kanal unternehmen, durch wildromantische Landschaften wandern und den umwerfenden Blick auf die Cuilcagh Mountains genießen.

Reisezeit

- Die Zeit von November bis März eignet sich nicht zum Sightseeing, da viele bedeutende historische Stätten der Region nur begrenzt geöffnet oder ganz geschlossen sind.
- Überraschenderweise ist der April in diesem Teil des Landes der trockenste Monat des Jahres. Wanderer können sich über jede Menge blühende Narzissen und Wildblumen und über wenig Niederschlag freuen.
- Während der Sommermonate herrscht Partystimmung: Im Mai findet in Drogheda das Arts Festival statt und Carlingfords berühmtes Oyster Festival sorgt im August für Feierlaune. Ende August gibt's am Strand von Laytown Pferderennen und Monaghan-Stadt richtet Anfang September das Harvest Blues Festival aus.

COUNTY MEATH

184 135 EW. / 2342 KM²

Bereits 8000 v. Chr. lockte das fruchtbare Land des Countys, eine Hinterlassenschaft der letzten Eiszeit, erste Siedler an. Diese folgten dem Verlauf des Flusses Boyne und verwandelten dabei die Wälder in Ackerland. Meath ist eine der fünf Provinzen im alten Irland und war jahrhundertelang das Zentrum der irischen Politik.

Dank des guten Ackerbodens und jeder Menge Wasser ist die Region heute ein wichtiges landwirtschaftliches Anbaugebiet. Ihre Nähe zu Dublin ließ sie während des Booms (als „keltischer Tiger" bezeichnet) ab Mitte der 1990er-Jahre unkontrolliert wachsen. Mittlerweile beherbergen die größeren Städte seelenlose Hochhaussiedlungen und zu Stoßzeiten ist das Verkehrsaufkommen hoch.

Auf Besucher warten jedoch zahlreiche bedeutende Attraktionen, von denen viele an Meaths faszinierende Geschichte erinnern.

Brú Na Bóinne

Die gewaltige neolithische Totenstadt Brú na Bóinne (Boyne Palace) gehört zu den außergewöhnlichsten Stätten Europas. 1000 Jahre älter als Stonehenge, legt sie ein mächtiges Zeugnis darüber ab, zu welch erstaunlichen Leistungen die prähistorischen Menschen fähig waren.

Sie wurde für die sterblichen Überreste der Oberschicht gebaut und ihre Gräber waren bis zur Errichtung der anglonormannischen Burgen 4000 Jahre später die größten künstlichen Bauwerke im ganzen Land. Rund um Brú na Bóinne befinden sich mehrere solcher Stätten; die wichtigsten sind Newgrange, Knowth und Dowth.

Im Laufe der Jahrhunderte verfielen die Gräber und wurden von Bäumen und Gras überwuchert und geplündert, z. B. von Wikingern und viktorianischen Schatzjägern, die ihre Initialen in die großen Steine von Newgrange ritzten. Die Umgebung ist gespickt mit zahllosen weiteren alten *tumuli* (Grabhügel) und Menhiren.

Sehenswertes

★ Brú na Bóinne Visitor Centre INFOZENTRUM

(041-988 0300; www.heritageireland.ie; Donore; Erw./Kind Besucherzentrum 3/2 €, Besucherzentrum & Newgrange 6/3 €, Besucherzentrum & Knowth 5/3 €, alle 3 Stätten 11/6 €; Juni–Mitte Sept. 9–19 Uhr, Mai & Mitte–Ende Sept. bis 18.30 Uhr, Nov.–Jan. bis 17 Uhr, Feb.–April & Okt. 9.30–17.30 Uhr) Das großartige Infozentrum, dessen Spiralendesign Newgrange nachempfunden ist, beherbergt interaktive Ausstellungen zur irischen Frühgeschichte und den Ganggräbern, eine exzellente Cafeteria sowie einen tollen Buch- und Andenkenladen. Außer-

BRÚ NA BÓINNE: TOP-TIPPS

- Ein Besuch von Brú na Bóinne beginnt am Brú na Bóinne Visitor Centre, von wo aus ein Bus zu den Gräbern fährt. Wenn man zuerst nach Newgrange oder Knowth möchte, wird man ebenfalls zuerst zum Besucherzentrum geschickt. Dieses liegt je 4 km von den beiden Anlagen entfernt. Es wird davon abgeraten, die Strecke zu Fuß zurückzulegen, denn auf der engen Straße gibt's kaum Platz, um dem Bus auszuweichen.
- Für Brú na Bóinne sollte viel Zeit eingeplant werden. Der Besuch im Visitor Centre dauert etwa eine Stunde, für Newgrange oder Knowth braucht man mindestens zwei Stunden. Wer sich alle drei Stätten nacheinander anschauen möchte, benötigt auf jeden Fall einen halben Tag.
- Die Gräber von Dowth sind für Besucher nicht zugänglich, aber dafür kann man die Umgebung erkunden.
- Im Sommer, besonders an den Wochenenden und während der Ferien, ist die Hölle los. Die Tageskapazität liegt bei 750 Personen, doch mitunter kommen über 2000 Menschen her! Man muss also damit rechnen, wieder weggeschickt zu werden. Tickets können nur direkt vor Ort und nicht vorab gekauft werden, deshalb sollte man die Besichtigung auf den frühen Morgen bzw. einen Werktag legen und Wartezeiten einkalkulieren. Alternativ schließt man sich einer organisierten Tour an (S. 536), dann ist der Eintritt garantiert.
- Bei der Besichtigung hält man sich vornehmlich im Freien auf, von daher muss man regenfeste Kleidung dabeihaben.

Highlights

1. In der antiken Totenstadt von **Brú na Bóinne** (S. 531) atmosphärische prähistorische Ruinen erkunden.
2. Bei einer **Ballonfahrt** (S. 545) von Trim aus über faszinierende Ruinen und smaragdgrüne Felder hinwegschweben.
3. Sich in den ruhigen Straßen von **Inniskeen** (S. 565) auf die Spuren des Dichters und Schriftstellers Patrick Kavanagh begeben.
4. Im **Tayto Park** (S. 542) mit Europas größter Inverter-Holzachterbahn fahren und die Kartoffelchipsfabrik besuchen.
5. Die massiven Erdwälle, Ganggräber und den Stone of Destiny in **Tara** (S. 540) bestaunen.
6. Per Kajak oder Kanu auf den Wasserwegen rund um **Butlersbridge** (S. 559) umherpaddeln.
7. Im ursprünglichen **Cavan Burren Park** (S. 561) unweit von Blacklion an Megalithen und Gräbern vorbeispazieren.

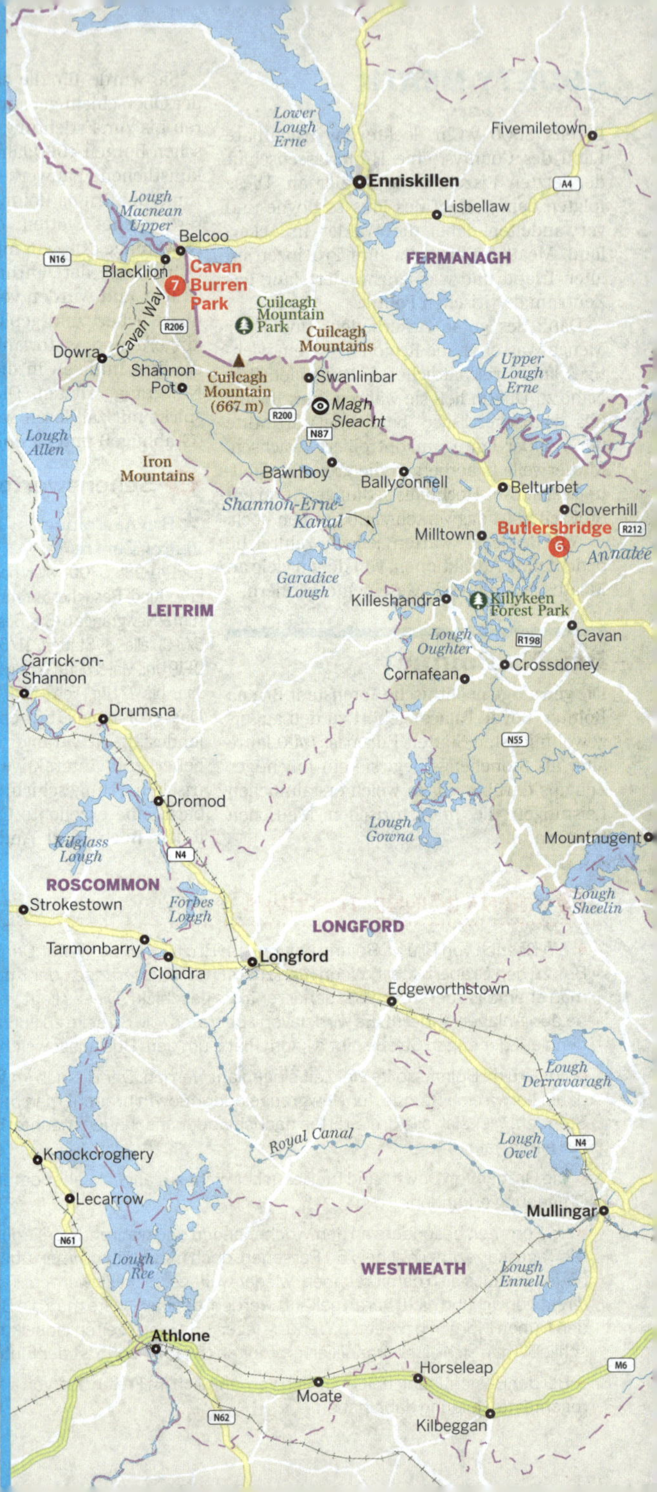

0
20 km
Augher
Aughnacloy
TYRONE
Dromore
Banbridge
Armagh
Ulster Canal
Newry Canal
Emyvale
Loughbrickland
Glaslough
Castle Leslie
N2
Markethill
DOWN
ARMAGH
NORDIRLAND
Monaghan
Rossmore Forest Park
N54
Ulster Canal
Newry
Clones
MONAGHAN
Mourne Mountains
Newbliss
Ballybay
Meigh
Warrenpoint
Scotshouse
Castleblayney
Rostrevor
Flagstaff Viewpoint
Forkhill
Omeath
Crossmaglen
R173
Cootehill
Lough Egish
N1
Slieve Foye (587 m)
Carlingford Lough
Shantonagh
N53
Carlingford
Annagh
Cooley Peninsula
Inniskeen 3
Dundalk
Lough Sillan
Jenkinstown
CAVAN
Shercock
Ballagan Point
Carrickmacross
Dundalk Bay
Glyde
Dún an Rí Forest Park
Bailieborough
Kingscourt
N2
M1
Castlebellingham
Annagassan
Ardee
Dee
Dunany Point
Ballyjamesduff
Dee
Dunleer
R166
LOUTH
Virginia
Clogher Head
Lough Ramor
N3
Clogherhead
Monasterboice
Oldcastle
Termonfeckin
Loughcrew Cairns
Stätte der Schlacht am Boyne
R195
Old Mellifont Abbey
Baltray
Irische See
L2800
R154
Kells
Brú na Bóinne
Mornington
Loughcrew Gardens
Slane
Drogheda
Crossakeel
Dunmoe Castle
Teltown
1
Donore
N1
Loughcrew Hills
Newgrange
Laytown
Boyne
MEATH
Sonairte National Ecology Centre
N52
Lough Lene
Navan
Duleek
N51
Dunderry
M1
Athboy
Balbriggan
N2
Delvin
Rathcairn
Tara 5
Skyrne
N1
Newtown
Hill of Tara
Tayto Park
2 Trim
N3
Kilmessan
4
DUBLIN
Dunsany Castle
Ratoath
Deel
Laracor
Dunshaughlin
Ashbourne
M1
N4
Fairyhouse Racecourse
Swords
Royal Canal
Coralstown
Summerhill
Kinnegad
Black Bull
Dublin Airport
Boyne
M4
Dunboyne
M50
N1
OFFALY
M4
Dublin
KILDARE
M7

dem erfährt man hier mehr über die Attraktionen in der Region. Im verglasten Obergeschoss kann man den Blick über Newgrange schweifen lassen.

Das Zentrum ist der Ausgangspunkt für Besuche von Newgrange und/oder Knowth.

★Newgrange HISTORISCHE STÄTTE

(www.newgrange.com; Erw./Kind inkl. Besucherzentrum 6/3 €; ⌚ Juni–Mitte Sept. 9–19 Uhr, Mai & Mitte–Ende Sept. bis 18.30 Uhr, Nov.–Jan. bis 17 Uhr, Feb.–April & Okt. 9.30–17.30 Uhr) Newgrange beeindruckt mit einem Durchmesser von 80 m und einer Höhe von 13 m. Die weißen, gerundeten, von einem Grashügel überwucherten Steinwälle wirken unheimlich futuristisch. Darunter befindet sich Irlands besterhaltenes steinzeitliches Ganggrab, eine der bemerkenswertesten prähistorischen Stätten Europas. Es stammt etwa aus der Zeit 3200 v. Chr. und ist somit 600 Jahre älter als die ägyptischen Pyramiden.

Aufgrund der präzisen Ausrichtung des Grabs auf den Stand der Sonne zur Wintersonnenwende könnte es gleichzeitig als Kalender fungiert haben.

Auch wenn niemand den ursprünglichen Zweck der Stätte kennt, ist es am wahrscheinlichsten, dass sie als königliches Grab oder rituelles Zentrum diente.

WINTERSONNENWENDE IN NEWGRANGE

Zur Wintersonnenwende (meist zwischen dem 18. und 23. Dezember) dringen die Strahlen der aufgehenden Sonne um 8.20 Uhr durch die Öffnung über dem Eingang. Langsam kriechen sie durch den langen Gang bis zur Grabkammer und erleuchten sie für 17 Minuten. Zweifellos ist die Teilnahme an diesem Ereignis eine ergreifende, wenn nicht gar mystische Erfahrung.

Bei jeder Führung durch das Grab gibt es eine simulierte Wintersonnenwende. Um in den Genuss des „echten“ Erlebnisses an einem der sechs Vormittage rund um das Wintersonnenwendendatum zu kommen, muss man an der kostenlosen Verlosung Ende September teilnehmen. 50 Namen werden gezogen, wobei jeder Gewinner eine Begleitperson mitnehmen darf. Interessierte füllen das Formular im Brú na Bóinne Visitor Centre aus oder schreiben eine E-Mail an brunaboinne@opw.ie.

Der Name Newgrange leitet sich von „New Granary“ (Neuer Kornspeicher) ab. Und tatsächlich war das Grab einst ein Speicher für Getreide. Bei den Einheimischen erfreut sich jedoch eine andere Theorie Beliebtheit. Sie besagt, dass der Name auf das irische „Cave of Gráinne“ zurückgeht und sich auf eine bekannte keltische Sage bezieht. Die Geschichte von *The Pursuit of Diarmuid and Gráinne* erzählt von der verbotenen Liebe zwischen Gráinne, der Frau von Fionn McCumhaill (oder Finn McCool), Anführer der Fianna, und einem seiner treuesten Gefolgsleute, Diarmuid. Als Diarmuid tödlich verwundet wird, versucht der Gott Aengus vergeblich, ihn zu retten, und bringt ihn nach Newgrange. Die verzweifelte Gráinne folgt ihrem Geliebten in die Höhle und bleibt dort noch lange nach seinem Tod. Diese verdächtig nach der Artussage klingende Geschichte (man setze Diarmuid und Gráinne mit Lancelot und Guinevere gleich) entspringt zweifellos dem Reich der Fantasie, trotzdem ist dies eine ziemlich gute Story.

In der keltischen Mythologie spielt Newgrange auch noch eine andere Rolle, nämlich als der Ort, wo der Held Cúchulainn gezeugt wurde.

Ebenso wie Dowth und Knowth verfiel die Stätte im Laufe der Zeit und eine Weile nutzte man sie sogar als Steinbruch. 1962 und 1975 wurde die Anlage restauriert.

Am Haupteingang zum Grab liegt ein herrlich verzierter Schwellenstein mit doppelten und dreifachen Spiralen. Die Frontseite wurde so umgestaltet, dass Besucher nicht drüberklettern müssen, um hineinzugelangen. Über dem Eingang fällt durch einen Schlitz Licht in den Innenraum. Ein weiterer Schwellenstein befindet sich genau auf der gegenüberliegenden Seite des Hügels. Einige Fachleute meinen, dass früher ein Steinkreis von etwa 100 m Durchmesser den Hügel einschloss, aber leider sind nur zwölf dieser Steine übrig geblieben, Überreste von ein paar anderen finden sich unter der Erde.

Zusammengehalten wird das Gebilde von 97 Steinblöcken. Elf davon sind mit ähnlichen Motiven geschmückt wie der Stein vom Haupteingang, großflächige Verzierungen weisen allerdings nur drei auf.

Der weiße Quarzit stammt aus dem 70 km weiter südlich gelegenen Wicklow. Da es in jener Zeit weder Pferde noch Räder gab, wurde er über das Meer und dann den Boyne hinauftransportiert. In dem Hügel stecken mehr als 200 000 t Erde und Stein.

Ein enger, etwa 19 m langer Gang, gesäumt von 43 aufrecht stehenden, teils verzierten Steinen, führt in die Grabkammer mit drei Nischen und großen Steinbecken für die Asche menschlicher Knochen. Bei den menschlichen Überresten müssen auch Grabbeigaben wie Perlenketten und Anhänger aufbewahrt worden sein, die vermutlich schon lange vor der Ankunft der Archäologen gestohlen wurden.

Massive Steine stützen das Dach der Kammer, ein 6 m hohes Kragsteingewölbe. Ein komplexes Dränagesystem verhindert bereits seit 4000 Jahren, dass hier Wasser eindringt.

★ Knowth HISTORISCHE STÄTTE

(Erw./Kind inkl. Besucherzentrum 5/3 €; ⏲ Juni–Mitte Sept. 9–19 Uhr, Mai & Mitte–Ende Sept. bis 18.30 Uhr, Nov.–Jan. bis 17 Uhr, Feb.–April & Okt. 9.30–17.30 Uhr) Nordwestlich von Newgrange erhebt sich der Grabhügel von Knowth, der etwa zur selben Zeit entstand. In der seit 1962 erforschten Stätte (oft sieht man vor Ort einige Archäologen bei der Arbeit) wurde die größte Sammlung von Ganggrabkunst in Westeuropa entdeckt.

Der Gang zur Hauptkammer ist mit 34 m deutlich länger als der von Newgrange. Auf der anderen Seite des Hügels stießen die Wissenschaftler 1968 außerdem auf einen 40 m langen Gang.

Im Hügel befinden sich darüber hinaus die Überreste von weiteren sechs frühchristlichen unterirdischen Kammern. Rund um den Hügel verteilen sich 300 verzierte Steine sowie 17 Nebengräber.

Nach ihrer Fertigstellung wurde die Anlage jahrtausendelang genutzt: in der frühen Bronzezeit (um 1800 v. Chr.) von den Menschen der Becherkulturen – so genannt, weil sie ihre Toten mit Trinkgefäßen beerdigten – und in der Eisenzeit (um 500 v. Chr.) von den Kelten. Aus beiden Epochen fand man Überreste von Bronze- und Eisenarbeiten. Um 800 oder 900 n. Chr. wurde die Anlage zu einer *ráth* (Ringfestung aus Erde) umgebaut und diente dem überaus mächtigen O'Neill-Clan als Fort. 965 war sie der Sitz von Cormac MacMaelmithic, der später neun Jahre lang als irischer Hochkönig herrschen sollte. Im 12. Jh. errichteten die Normannen auf einem Hügel eine Palisadenfestung mit Bergfried. Um 1400 wurde die Anlage dann endgültig aufgegeben.

Dowth HISTORISCHE STÄTTE

(⏲ 24 Std.) GRATIS Der runde Hügel von Dowth ist mit seinen 63 m etwas kleiner im Durchmesser als Newgrange, aber mit 14 m etwas höher. Aus sicherheitstechnischen Gründen sind die Gräber der Anlage für Besucher nicht zugänglich. Von der L1607 zwischen Newgrange und Drogheda aus kann man sich aber den Hügel (samt grasenden Schafen) ansehen.

Nördlich des Hügels blickt man auf die Ruinen des **Dowth Castle** und des **Dowth House**.

Es gibt zwei Eintrittsgänge, die zu versiegelten getrennten Kammern führen. An jeder Seite befindet sich ein 24 m langes frühchristliches Erdgrab, das mit dem Westgang verbunden ist. Dieser 8 m lange Durchbruch führt zu einem kleinen kreuzförmigen Raum, in dem eine Nische als Zugang zu weiteren Kammern dient. Ein derartiges Konzept ist nur von Dowth bekannt. Im Südwesten liegt der Eingang zu einem kürzeren Gang mit einer weiteren Kammer.

Der Hügel litt stark unter den zahlreichen Straßenbauern, Schatzjägern und Hobbyarchäologen, die im 19. Jh. sein Inneres aushöhlten. Eine Zeit lang befand sich auf der Kuppe sogar eine Teestube.

HERITAGE CARD

Wer mehrere archäologische und historische Stätten besuchen möchte, für den lohnt sich eventuell die **Heritage Card** (Erw./Kind 25/10 €). Sie ist ein Jahr lang gültig und am Ticketschalter des Schlachtfeldes von Boyne (S. 536) sowie bei anderen teilnehmenden Sehenswürdigkeiten im ganzen Land erhältlich. Weitere Infos bietet Heritage Ireland (www.heritageireland.ie).

Geführte Touren

Brú na Bóinne ist eine der Hauptattraktionen Irlands. Es gibt ein großes Angebot an Touren hierher, die meistens in Dublin starten.

★ Mary Gibbons Tours GEFÜHRTE TOUR

(☎ 086 355 1355; http://newgrangetours.com; Tour pro Erw./Kind 35/30 €) Von mehreren Dubliner Hotels aus kann man montags bis freitags um 9.30 Uhr sowie samstags und sonntags um 7.50 Uhr eine Tour ins Boyne Valley inklusive einer Besichtigung von Newgrange und Tara unternehmen. Kompetente Führer beschreiben spannend das keltische und präkeltische Leben in Irland. Kreditkarten werden nicht akzeptiert; der Ausflugspreis wird bar im Bus bezahlt.

Bus Éireann Boyne Valley Day Tours BUSTOUR
(www.buseireann.ie; Erw./Kind 28/19€; Abfahrten Mai–Sept. Do & Sa 10 Uhr) Bus Éireann organisiert Tagestrips nach Newgrange und ins Boyne Valley, die am Busáras-Busbahnhof in Dublin starten. Die Route führt entweder am Hill of Tara oder an der Mellifont Abbey vorbei. Um 17.45 Uhr ist man wieder zurück. Über den genauen Ablauf informiert die Website.

Schlafen

Newgrange Lodge HOSTEL, HOTEL €
(041-988 2478; www.newgrangelodge.com; Zeltstellplatz 10€, B/EZ/DZ/FZ ab 21/36/53/70€; Rezeption 8–24 Uhr;) Einen Steinwurf östlich vom Brú na Bóinne Visitor Centre entfernt bietet dieses umgebaute Bauernhaus eine günstige Unterbringung. Es verfügt z. B. über Schlafsäle mit vier bis zehn Betten und Doppelzimmer mit Hotelstandard und eigenen Bädern. Zu den großartigen Gemeinschaftsbereichen gehören eine Küche für Selbstversorger, zwei Außenpatios sowie ein einladender Speiseraum mit Lounge, Kamin, Brettspielen und Büchern. Darüber hinaus können Gäste kostenlos Fahrräder ausleihen. Ein kontinentales Frühstück inklusive leckerer hausgemachter Scones ist im Preis inbegriffen.

An- & Weiterreise

Bus Éireann bietet Verbindungen zwischen dem Brú na Bóinne Visitor Centre und dem Busbahnhof von Drogheda (einfache Fahrt/hin & zurück 4,10/7,60 €, 25 Min., 2-mal tgl.) mit Weiterfahrt nach Dublin.

Das Schlachtfeld am Boyne

Über 60 000 Soldaten der beiden Heere von Jakob II. und Wilhelm III. kämpften 1690 auf dem Ackerland im Grenzgebiet der Counties Meath und Louth gegeneinander. Wilhelm siegte und Jakob floh nach Frankreich.

Zur **Stätte** (www.battleoftheboyne.ie; Erw./Kind 4/2€; Mai–Sept. 10–17 Uhr, März & April 9.30–16.30 Uhr, Okt.–Feb. 9–16 Uhr) gehört ein informatives Besucherzentrum, außerdem gibt's Wanderrouten durch das Gelände. Das Schlachtfeld liegt 3 km nördlich von Donore abseits der N51 und 3,5 km westlich von Drogheda an der Rathmullan Road (dem Fluss folgen). Busse verkehren nach/ab Drogheda (4,10€, 15 Min., 2-mal tgl.).

Im Infozentrum wird eine kurze Vorführung zur Schlacht gezeigt, überdies sind hier originale und nachgebildete Waffen der damaligen Zeit sowie ein Lasermodell des Kampfplatzes zu sehen. Man kann sehr leicht auf eigene Faust durch die Parklandschaft und über das Feld streifen. Im Sommer wird die Schlacht von kostümierten Schauspielern nachgestellt.

Laytown

Laytown ist Schauplatz des einzigen offiziellen Strandpferderennens Europas, aber ansonsten ein verschlafenes Küstendorf.

Aktivitäten

Sonairte ÖKOLOGIEZENTRUM
(041-982 7572; www.sonairte.ie; the Ninch; Gartenanlage Eintritt frei, einzelne Aktivitäten Erw./Kind 3/1€; Feb.–Dez. Mi–So 10.30–17 Uhr;) Irlands National Ecology Centre, 750 m westlich des Busbahnhofs von Laytown, wartet mit Führungen durch die ummauerten Biogärten und die 200-jährige Obstplantage sowie einem Naturpfad, einer Flusswanderung und Kursen zu allen möglichen Themen von der Imkerei über das Kräutersammeln bis hin zum Gartenbau auf. Wer Hunger hat, kann das Biocafé besuchen oder etwas im Laden kaufen. An manchen Sonntagen findet von 12 bis 16 Uhr ein Bauernmarkt statt.

Feste & Events

Laytown Races PFERDERENNEN
(www.laytownstrandraces.ie) Die Laytown Races werden bereits seit über 140 Jahren veranstaltet: Zu diesem Anlass verwandelt sich Laytowns 3 km langer goldener Sandstrand an einem Tag Ende August oder Anfang September in eine Pferderennbahn, die eine bunte Mischung aus Einheimischen, Prominenten und Fans anzieht.

An- & Weiterreise

Züge von **Irish Rail** (Iarnród Éireann; www.irishrail.ie) verkehren alle halbe Stunde zwischen Dublin und Laytown (12,50 €, 50 Min.).

Slane

1349 EW.

Das winzige Slane erstreckt sich einen steilen Hang hinunter bis zum Fluss Boyne, der unter einer schmalen Brücke hindurchfließt. Das Örtchen liegt 6 km westlich von Brú na

Bóinne und entstand rund um eine große Burg, nach der es auch benannt ist. Es verfügt über schöne Steinhäuser und Cottages aus dem 18. Jh. An der größten Kreuzung stehen sich vier identische Gebäude gegenüber. Einwohner behaupten, dass sie einst für vier Schwestern gebaut wurden, die einander hassten und sich von ihren Häusern aus gegenseitig beobachteten.

Sehenswertes

Slane Castle BURG

(☎041-982 0643; www.slanecastle.ie; Führung Erw./Kind 7/5 €, Whiskey-Verköstigungstour inkl. Burgführung 17 €, mind. 12 Pers.; ⌚Führungen Ende Mai–Aug. So–Do 12–17 Uhr, Voranmeldung erforderlich) Der Privatsitz von Henry Conyngham, Earl of Mountcharles, liegt 1 km westlich des Ortszentrums und ist vor allem als Veranstaltungsort für **Open-Air-Konzerte** großer Rockstars bekannt. In den letzten Jahren traten hier Bon Jovi, Eminem, U2, die Rolling Stones, Madonna und Oasis auf.

Auf **Führungen** besichtigt man u. a. den 1821 fertiggestellten neogotischen Ballsaal und den Kings Room. Bei den Whiskey-Verköstigungstouren wird z. B. Slane Castle Irish Whiskey angeboten. Die Eröffnung einer Brennerei für Craft-Whiskey auf dem Gelände ist für 2016 geplant.

Francis Johnson baute das 1785 von James Wyatt im neogotischen Stil errichtete Gebäude für die Besuche von Georg IV. bei Lady Conyngham um. Angeblich war sie die Geliebte des Königs, und es heißt, die Straße von Dublin nach Slane sei extra eben und gerade angelegt worden, um die Anreise ihres Liebhabers zu beschleunigen. 1991 wurde die Burg durch ein Feuer zerstört, woraufhin sich herausstellte, dass der Earl unterversichert war. Eine große Sammelaktion, zu der auch besagte Sommerkonzerte beitrugen, ermöglichte eine sorgfältige Restaurierung.

Hill of Slane HISTORISCHE STÄTTE

1 km nördlich von Slane befindet sich der Hill of Slane, ein unscheinbarer Hügel, dem erst die keltisch-christliche Mythologie zu einer gewissen Bedeutung verholfen hat. Der Legende nach soll der hl. Patrick hier 433 ein Osterfeuer entzündet haben, um im ganzen Land das Christentum zu verkünden.

Laoghaire, Irlands heidnischer Hochkönig, war darüber erzürnt, denn schließlich hatte er ausdrücklich befohlen, dass in Sichtweite des Hügels von Tara kein Feuer brennen dürfe. Er wurde jedoch von seinen vorausschauenden Druiden zurückgehalten: Diese erklärten ihm, dass „der Mann, der das Feuer entzündet hat, Könige und Fürsten überdauern wird“. Daraufhin suchte Laoghaire Patrick auf, allerdings begegnete sein gesamtes Gefolge, mit Ausnahme eines Mannes namens Erc, dem Heiligen mit Verachtung.

Unbeirrt pflückte Patrick ein Kleeblatt, um mithilfe der drei Blätter die Heilige Dreifaltigkeit zu erklären: die Einheit von Vater, Sohn und Heiligem Geist in einem Gott. Laoghaire war davon nicht überzeugt, ließ den Heiligen aber seine missionarische Arbeit fortführen. Patricks Erfolgserlebnis an diesem Tag, abgesehen davon, dass er am Leben blieb und Irland eines seiner Nationalsymbole schenkte, bescherte ihm der gute Erc. Er ließ sich taufen und wurde später der erste Bischof von Slane. Bis heute entzündet der Gemeindepfarrer hier am Ostersamstag ein Feuer.

Ursprünglich stand auf dem Hügel eine dem hl. Erc geweihte Kirche, danach folgten ein Rundturm und ein Kloster, von denen nur noch Reste übrig geblieben sind. Außerdem befinden sich hier die Ruinen einer Kirche und eines Turms, im 16. Jh. Teil eines Franziskanerklosters.

An klaren Tagen lohnt es sich, die faszinierenden alten Steintreppen zu erklimmen, um die wunderbare Aussicht auf den Hill of Tara und das Boyne Valley sowie ganze sieben Counties zu genießen.

Ledwidge Museum MUSEUM

(☎041-982 4544; www.francisledwidge.com; Janesville; Erw./Kind 3/1 €; ⌚Anfang März–Okt. 10–17 Uhr, Nov.–Anfang März bis 15.30 Uhr) In dem idyllischen Cottage, 1 km östlich von Slane an der N51, wurde der Dichter Francis Ledwidge (1887–1917) geboren. Als fanatischer politischer Aktivist setzte er alles daran, einen Zweig der Gaelic League auch in seiner Region zu etablieren – doch vergebens. Daraufhin verlieh er seiner Enttäuschung in Versen Ausdruck. Ledwidge fiel auf dem Schlachtfeld von Ypern, nachdem er Gallipoli und Serbien überlebt hatte.

Das Museum vermittelt einen Einblick in Ledwidges Werk, zudem gilt das Cottage als anschauliches Beispiel für den Alltag der Farmarbeiter im 19. Jh.

Schlafen & Essen

Slane Farm Hostel HOSTEL €

(☎041-982 4390; www.slanefarmhostel.ie; Harlinstown House, Navan Rd; Zeltstellplatz pro Pers. 10 €, B/EZ/DZ/Cottage für Selbstversorger 20/25/50/90 €; @ 📶 👪) 🍃 Die vom Marquis von Conyng-

1

MICHAEL JENNER/GETTY IMAGES ©

2

1. Muiredach's Cross (S. 553)
Eines der Kreuze an der Klosteranlage Monasterboice und ein tolles Beispiel für keltische Kunst.

2. Trim Castle (S. 543)
Gut erhaltene Burg, die seit ihrer Erbauung im Jahre 1200 kaum verändert wurde.

3. Küstenpanorama
Die Küste des County Louth lässt sich am besten bei einer Fahrt über die Coast Road bewundern (S. 551).

4. Brú na Bóinne (S. 531)
Hier kann man neolithische Grabstätten erkunden, darunter Knowth (S. 535).

4

DESIGN PICS/PETER MCCABE/GETTY IMAGES ©

ham im 18. Jh. errichteten ehemaligen Stallungen 2,5 km westlich von Slane sind zu einem erstklassigen an einen Milchbauernhof angeschlossenen Hostel umgebaut worden. Es gibt ein Spielzimmer, ein Gemüsebeet und eine Gemeinschaftsküche, und die Gäste können Eier aus Freilandhaltung verspeisen. Die Fahrradnutzung ist kostenlos.

★ **Conyngham Arms** BOUTIQUE-HOTEL €€
(☎ 041-988 4444; www.conynghamarms.ie; Main St; EZ/DZ/FZ ab 65/89/109 €; 📶) Nach ihrer stilvollen Restaurierung 2012 bietet die ehemalige Herberge einer Poststation aus dem 18. Jh. hinter ihren Steinwänden 15 luftige Zimmer mit Möbeln im französischen Landhausstil (teils mit Himmelbetten), einen hübschen Rosengarten mit zentralem Springbrunnen und ein herausragendes Restaurant. Zum großartigen Frühstücksangebot gehören Rühreier (von freilaufenden Hühnern) mit Räucherlachs aus Annagassan. Die Mitarbeiter sind herzlich und professionell.

Slane Bake BÄCKEREI €
(www.slanebake.com; Main St; Gerichte 1–5 €; ⏲ Di–So 8–17 Uhr) Neben klassischem irischem *soda bread* werden in dieser verführerischen Bäckerei auch Schokoladen-Guinness-Kuchen, Red Velvet Cake, Apfelkuchen sowie Cupcakes mit gesalzener Erdnussbutter und Schokolade hergestellt.

George's Patisserie BÄCKEREI, CAFÉ €
(http://georgespatisserie.com; Chapel St; Gerichte 5,50–9,50 €; ⏲ Di–So 7–18 Uhr) Besucher des niedlichen kleinen Ladens bekommen hier köstliche Picknickzutaten wie Scones, Kuchen, kleine Apfelstreuseltartes und wunderbares Brot. Außerdem gibt's leichte Snacks wie Quiches und Sandwiches. Wer mag, verspeist diese im hauseigenen Café, dessen Wände mit alten Zeitungen wie der *Antique Trade Gazette* tapeziert sind.

★ **Conyngham Arms** MODERN IRISCH €€
(☎ 041-988 4444; www.conynghamarms.ie; Main St; Hauptgerichte 10–24 €; ⏲ Küche Mo–Do 10–20, Fr 10–21, Sa & So 9–21 Uhr; 👪) Im hinteren Bereich des wunderschönen Conyngham-Arms-Hotels werden einige der besten Gerichte des Countys serviert. Auf Vorspeisen wie Mozzarella-Tomaten-Blutorangensalat mit einer Vinaigrette von weißem Trüffel folgen herausragende Hauptgerichte wie mit Brú Ale aus Meath verfeinerte Schweinswürste und Blutwurstpüree, gebratener Lachs an Rahmspinat mit Muskatnote und gebackener irischer Ziegenkäse mit Apfel.

🍷 Ausgehen & Nachtleben

Boyles PUB
(www.boylesofslane.com; Main St; ⏲ Mo–Do 12–23.30, Fr & Sa bis 0.30, So bis 23 Uhr; 📶) Andrew Cassidy, Musiker und Besitzer des Pubs mit der knallroten Fassade, stellt erstklassige Livegigs und traditionelle Sessions auf die Beine. Nur Barzahlung.

ℹ Praktische Informationen

Touristeninformation (☎ 041-982 4000; www.visitslane.ie; The Hub, 2 Main St; ⏲ Mo–Sa 9.30–17, So 12–16 Uhr)

ℹ An- & Weiterreise

Bus Éireann fährt direkt nach Drogheda (5,20 €, 30 Min., 3–7-mal tgl.). Wer nach Dublin (16,50 €, 1¾ Std.) möchte, muss in der Arbeiterstadt Navan, Meaths Hauptverkehrsnotenpunkt, umsteigen (4,80 €, 25 Min.).

Tara

Irlands Allerheiligstes, der **Hill of Tara**, ist eine Region, die im Herzen der irischen Geschichte, Legende und Folklore einen wichtigen Platz einnimmt. Er war die Heimat der mystischen Druiden, früherer Priesterherrscher, die ihre spezielle Art des keltischen Heidenzaubers unter den prüfenden Blicken der allmächtigen Göttin Maeve (Medbh) praktizierten. Später fungierte Tara als zeremonielle Hauptstadt der 142 Hochkönige, deren Herrschaft erst mit der Verbreitung des Christentums im 5. Jh. ein Ende nahm. Überdies gilt der Ort als eine der wichtigsten prähistorischen Stätten Europas. Hier befinden sich ein Ganggrab aus der Steinzeit und rund 5000 Jahre alte Grabhügel.

Obwohl außer Höckern und Erdwällen nicht mehr viel erhalten ist, hat der Hügel (der Name stammt aus alten Schriften) eine große historische und traditionelle Bedeutung.

Geschichte

Hier mischen sich historische Fakten mit Mythologie und Religion.

Für die Kelten war Tara der heilige Wohnsitz der Götter und das Tor ins Jenseits. Das Ganggrab galt als letzte Ruhestätte des mythischen Elfenvolks Tuatha dé Danann. Tatsächlich existierte dieses Volk, nur handelte es sich dabei nicht um Elfen und Kobolde, sondern um Menschen, die während der Steinzeit auf die Insel kamen.

Mit der Entstehung der politischen Landschaft unter den Kelten schwand die Macht der Druiden. Kriegerische Stammesfürsten verliehen sich Königstitel und übernahmen die Herrschaft. Noch gab es kein vereintes Irland, stattdessen kontrollierten unzählige *rí tuaithe* (regionale Könige) kleinere Gebiete. Doch der König von Tara wurde immer als Hochkönig angesehen, obwohl seine tatsächliche Macht kaum über die Provinz hinausreichte.

Im Kalender von Tara spielte das dreitägige Ernte-*feis* (Fest) eine wichtige Rolle. Es fand am Samhain, einem Vorläufer des modernen Halloween, statt. Während der Feier, einem Ess- und Trinkgelage, hörte sich der König Beschwerden an, erließ Gesetze und beendete Fehden.

Als im 5. Jh. die ersten Christen kamen, nahmen sie sofort Kurs auf Tara. Dies markierte den Anfang vom Ende der heidnisch-keltischen Kultur. Nach und nach verließen die Hochkönige den Ort, auch wenn die Könige von Leinster noch bis ins 11. Jh. von hier aus herrschten.

Im August 1843 versammelten sich in Tara 750 000 Iren (die größte im Land je zusammengekommene Menschenmenge), die alle wegen Daniel O'Connell herbeiströmten. Der Führer der Opposition gegen den Zusammenschluss mit Großbritannien hielt hier nämlich eine seiner mitreißenden Ansprachen.

Sehenswertes

Rath of the Synods HISTORISCHE STÄTTE

Taras protestantischer Kirchenkomplex samt Friedhof erstreckt sich über die Überreste dieser dreifach umwallten Festung, in der einige frühe Synoden (Versammlungen) des hl. Patrick stattgefunden haben sollen. Ausgrabungen lassen darauf schließen, dass die Stätte zwischen 200 und 400 n. Chr. für Begräbnisse, Rituale und Behausungen genutzt wurde. Ursprünglich gehörten zur Ringfestung wohl auch Holzhäuser, die von hölzernen Palisaden umgeben waren.

Archäologen förderten hier römisches Glas, Tonscherben und Siegel zutage, die Verbindungen mit dem Römischen Reich belegen, obwohl die Römer ihre Macht niemals bis nach Irland ausgeweitet hatten.

Royal Enclosure HISTORISCHE STÄTTE

Bei der Royal Enclosure südlich der Kirche von Tara handelt es sich um eine große, ovale Ringfestung aus der Eisenzeit mit einem Durchmesser von 315 m. Sie ist von einem Wall und einem Graben umgeben, der aus dem massiven Fels unter der Erde herausgestemmt wurde. Drinnen befinden sich mehrere kleinere Erdwälle: der **Mound of the Hostages** (für Besucher nicht zugänglich), der **Royal Seat**, eine Ringfestung mit einem Haus, und das **Cormac's House**, ein Grabhügel an der Seite der runden Wallaufschüttung, den der **Stone of Destiny** krönt.

Der Mound of the Hostages, ein kleiner Hügel in der Nordecke der Einfriedung, ist Taras ältester bekannter Teil. Er erwies sich als wahre Schatzkammer voller Artefakte, darunter alte Bernsteinperlen und Fayencen (glasierte Keramiken) aus dem Mittelmeerraum. Vor Ort wurden mehr als 35 Gräber der Bronzezeit entdeckt, ebenso zahlreiche eingeäscherte Überbleibsel aus der Steinzeit.

Vom Royal Seat und Cormac's House aus hat man den besten Blick auf das Boyne- und das Blackwater-Tal.

Oben auf Cormac's House ragt der wie ein Phallus geformte Stone of Destiny auf, der sich ursprünglich beim Mound of the Hostages befand. Er steht für die Vereinigung der Götter des Himmels und der Erde. Angeblich soll er der Krönungsstein der Hochkönige gewesen sein, doch andere Quellen lassen vermuten, dass dies der Stone of Scone war, der nach Edinburgh in Schottland gebracht und dort für die Krönungszeremonie britischer Könige verwendet wurde. Dazu musste sich der Königsanwärter auf den Stein stellen, und wenn dieser dann dreimal brüllte, wurde er gekrönt. Neben dem Stein ruhen in einem Massengrab 37 Männer, die hier 1798 bei einem Gefecht ums Leben kamen.

Enclosure of King Laoghaire HISTORISCHE STÄTTE

Südlich der Royal Enclosure von Tara (S. 540) stößt man auf diese große, leider nicht sehr gut erhaltene Ringfestung. Angeblich ist darin der König, ein Zeitgenosse des hl. Patrick, aufrecht stehend und in voller Rüstung bestattet worden.

Banquet Hall HISTORISCHE STÄTTE

Nördlich des Kirchhofs befindet sich Taras ungewöhnlichstes Bauwerk, ein rechteckiger, in Nord-Süd-Richtung angelegter Erdbau (230 m lang, 27 m breit). Der Legende nach war er groß genug, um bei Festen Tausende von Gästen zu beherbergen.

Aufgrund seines Standortes könnte er ein abgesenkter Eingang nach Tara gewesen sein, der direkt in die Royal Enclosure führte. Neuere Untersuchungen förderten Grä-

ABSTECHER

SPIEL, SPASS & CHIPS

Der **Tayto Park** (☎01-835 1999; www.taytocrisps.ie; Kilbrew, Ashbourne; Eintritt 14 €, Tagesticket für Fahrgeschäfte 15 €; ⏲Juli & Aug. 9.30–19 Uhr, Ende März–Juni 10–18 Uhr, Sept. Sa & So, Okt. & Nov. Sa & So bis 17 Uhr, Dez. Fr 12–17, Sa & So 10–17 Uhr, Jan. & Feb. geschl.), eine echte irische Institution, stellt seit 1954 allseits beliebte Kartoffelchips her. Neben der Fabrik befindet sich ein Vergnügungspark mit Zoo, Kletterwand, Zipline und einem fantastischen Spielplatz. Zu einer Reihe unterhaltsamer neuer Attraktionen gehören eine Inverter-Achterbahn aus Holz (Europas größte), ein 5-D-Kino, der sogenannte Rotator, der sich bei hoher Geschwindigkeit dreht, und ein Fahrgeschäft namens Air Race (nichts für schwache Mägen!).

Im Eintritt inbegriffen sind ein Besuch der Chipsfabrik in Eigenregie, der Zoo und der Spielplatz. Wer sich für die Fahrgeschäfte interessiert, besorgt sich am besten ein Tagesticket (Inhaber bekommen ein Armband).

Der Park liegt abseits der Schnellstraße M2.

ber innerhalb der Anlage zutage, daher kann es auch sein, dass es sich bei den Wällen um die Begräbnisstätten einiger Könige von Tara handelt.

Gráinne's Fort HISTORISCHE STÄTTE
Gráinne, die Tochter von König Cormac, dem angesehensten aller Hochkönige, war mit McCumhaill (Finn McCool) verlobt, brannte aber an ihrem Hochzeitstag mit Diarmuid O'Duibhne durch, einem der königlichen Krieger, was sie zur Hauptperson des Epos *The Pursuit of Diarmuid and Gráinne* werden ließ. Gráinne's Fort (Ráth Gráinne) und die nördlichen sowie südlichen **Sloping Trenches** nordwestlich davon sind Grabhügel.

Schlafen & Essen

★ **Bellinter House** HISTORISCHES HOTEL €€€
(☎046-903 0900; www.bellinterhouse.com; Bellinter; DZ ab 120 €; 📶) Die Grande Dame aus dem 18. Jh., 5 km nordwestlich vom Hill of Tara (ab der R147 ausgeschildert), ist ein kleines Paradies mit knisterndem Kaminfeuer und toller Kunst. Neben 34 antik eingerichteten Zimmern im Hauptgebäude gibt's 16 historische Quartiere im Ost- und Westpavillon sowie fünf Maisonette-Einheiten in den früheren Stallungen.

Gäste kommen außerdem in den Genuss der Außenwhirlpools im Hotelspa und der erstklassigen Küche des Restaurants **Eden** (2-/3-Gänge-Menü 38/43 €), das auch eine eigener Bäckerei hat.

McGuires Coffee Shop CAFÉ €
(Gerichte 8–12 €; ⏲9.30–17.30 Uhr; 📶👪) Wer nach der ganzen Herumkletterei auf dem Hill of Tara Hunger hat, kann sich in dem Restaurant/Café/Souvenirladen am Fuß des Hügels mit gesunden Gerichten wie Wildpilz-Erbsen-Risotto, Ziegenkäsesalat und Räucherlachspasta sowie hausgemachten süßen Köstlichkeiten wie Rhababerkuchen stärken.

Shoppen

Old Tara Book Shop BÜCHER
(⏲Di, Do, Sa & So 10–17 Uhr) Unten am Hill of Tara betreibt Michael Slavin diesen winzigen, leicht chaotischen Secondhandbuchladen. Er ist der Autor der informativen Broschüre *The Tara Walk* (3 €) und des umfangreicheren Bandes *The Book of Tara* (29 €). Die Öffnungszeiten sind nicht immer verlässlich.

Praktische Informationen

Tara kann kostenlos besichtigt werden und ist durchgehend geöffnet. Am Eingang befinden sich einige Erklärungstafeln. Leider lassen viele Leute ihre Hunde frei auf dem Hügel herumlaufen, deshalb muss man aufpassen, wohin man tritt!

Tara Visitor Centre (☎046-902 5903; www.heritageireland.ie; Erw./Kind 3/1 €; ⏲Mitte Mai–Mitte Sept. 10–18 Uhr) In einer ehemaligen protestantischen Kirche (mit einem Fenster der bekannten, mittlerweile verstorbenen Buntglaskünstlerin Evie Hone) ist jetzt ein Besucherzentrum untergebracht, in dem ein 20-minütiger Film über die Stätte gezeigt wird.

An- & Weiterreise

Tara liegt 10 km südöstlich von Navan an einer Abzweigung der Straße zwischen Dublin und Cavan (R147).

Bus Éireann fährt regelmäßig von Dublin aus etwa 1 km entfernt an der Stätte vorbei (11 €, 1 Std., stdl.). Auf Nachfrage lässt einen der Fahrer am Tara Cross aussteigen, wo man den Weg links von der Hauptstraße nehmen muss.

Außerdem bietet Bus Éireann im Rahmen einiger Tagestouren ins Boyne Valley (S. 536) auch Besuche von Tara an.

Dunsany Castle

Wie die oberen Zehntausend leben, sieht man im **Dunsany Castle** (☎046-902 5169; www.dunsany.com; Dunsany; Erw./Kind 15/10 €; ⊙Juni–Aug. Mo–Sa 10–16 Uhr nach vorheriger Anmeldung), 5 km südlich von Tara an der Straße von Dunshaughlin nach Kilmessan. Die im 12. Jh. errichtete Residenz der Lords of Dunsany ist eines der ältesten kontinuierlich bewohnten Gebäude Irlands. Im 18. und 19. Jh. wurde sie stark verändert. Instandhaltungs- und Restaurierungsarbeiten sind bis heute im Gange.

Die fast zweistündigen Führungen bieten faszinierende Einblicke in die Familien- und Burggeschichte sowie in die eindrucksvolle private Kunstsammlung.

Die Burg wartet mit mehreren Schätzen auf, die im Zusammenhang mit wichtigen Persönlichkeiten der irischen Geschichte stehen, z. B. mit Oliver Plunkett und Patrick Sarsfield, dem Anführer der irischen Jakobiten bei der Belagerung von Limerick 1691.

Vor Ort werden Produkte der **Dunsany Home Collection**, darunter lokal hergestellte Tischdecken und Accessoires sowie verschiedene Produkte von Lord Dunsany (Edward Carlos Plunkett; 1939–2011), verkauft. Der international angesehene Designer und Künstler war für seine abstraktgeometrischen Werke und Porträts bekannt.

Trim

8268 EW.

Im Mittelalter war das ruhige, von einer Burg umgebene Trim eine bedeutende Siedlung mit fünf Stadttoren, rege genutzten Straßen und sieben nahe gelegenen Klöstern.

Inzwischen kann man sich das zwar kaum mehr vorstellen, aber der Ort war tatsächlich so wichtig, dass Elizabeth I. darüber nachdachte, hier das Trinity College errichten zu lassen. Der gebürtige Dubliner Arthur Wellesley, Herzog von Wellington, der in Talbot Castle und in der St. Mary's Abbey studierte, ging in Trim zur Schule.

Noch heute zeigt sich die reiche Geschichte der Stadt an atmosphärischen Ruinen und Straßenzügen voller alter Arbeitercottages.

Sehenswertes

★ Trim Castle BURG

(King John's Castle; www.heritageireland.ie; Erw./Kind inkl. Führung 4/2 €; ⊙Mitte März–Okt. 10–18 Uhr tgl., Nov.–Mitte März Sa & So 9–17 Uhr) Irlands bemerkenswert gut erhaltene größte anglonormannische Festungsanlage zeugt von Trims Bedeutsamkeit im Mittelalter.

Hugh de Lacy ließ hier 1173 eine erste Burg errichten, die allerdings bereits innerhalb eines Jahres von Ruaidrí Ua Conchobair, Irlands letztem Hochkönig, zerstört wurde. Das heutige Gebäude, dessen Bau um 1200 begann, blieb seither beinahe unverändert.

Bei den unterhaltsamen Führungen muss man teils enge steile Stufen erklimmen, deswegen sind die Rundgänge für die ganz Kleinen und Menschen mit Gehbehinderung nicht geeignet. Man kann die Anlage auch in Eigenregie erkunden.

Zur Zeit der Anglonormannen hatte die Festung eine strategische Bedeutung am Westrand des Pale, der von den Anglonormannen beherrschten Region. Jenseits von Trim begann das Gebiet, wo irische Stammesführer und Lords gegen ihre normannischen Rivalen um Macht und Land kämpften.

Im 16. Jh. verfiel das Gebäude allmählich und 1649, als Cromwells Truppen die Stadt eroberten, wurde es stark beschädigt.

Ein massiver, 25 m hoher, auf einem normannischen Erdwall gelegener Steinturm dominiert den grasbewachsenen, 2 ha großen Innenhof. Er verfügt über drei Stockwerke; das unterste ist von einer Mauer durchteilt. Gleich außerhalb des Bauwerks befinden sich Reste einer früheren Mauer.

Zur 450 m langen, recht gut erhaltenen Außenmauer aus dem Jahre 1250 gehören acht Türme, ein Torhaus sowie einige Ausfalltore, durch die man die Anlage verlassen und sich gegen Angreifer verteidigen konnte. Der schönste Abschnitt der Mauer verläuft vom Boyne durch das Dublin Gate zur Castle Street.

★ St. Patrick's Cathedral Church KATHEDRALE

(Lornan St; ⊙8.30–17 Uhr) GRATIS Schon von Weitem sieht man den Turm der Kirche. Einige Teile des Gebäudes datieren ins 15. Jh., der Status einer Kathedrale wurde ihm jedoch erst 1955 verliehen. Man beachte die wunderschönen Buntglasfenster, von denen eines den auf dem Hill of Tara betenden hl. Patrick zeigt. Die Öffnungszeiten können variieren und richten sich nach Gottesdiensten und Veranstaltungen.

St. Mary's Abbey & Talbot Castle RUINEN

Gegenüber dem Trim Castle, am anderen Ufer des Boyne, liegen die Überreste der

Trim

Trim

Highlights
1 St. Patrick's Cathedral Church B3
2 Trim Castle B2

Sehenswertes
3 St. Mary's Abbey & Talbot Castle B1
4 Wellington Column A3

Schlafen
5 Bridge House Tourist Hostel B1
6 Trim Castle Hotel B2

Essen
7 Franzini's B2
8 Harvest Home Bakery B1
9 StockHouse A2
10 The Kitchen A2

Ausgehen & Nachtleben
11 James Griffin B1
12 Sally Rogers B1

St. Mary's Abbey. Das ursprünglich im 12. Jh. errichtete Gebäude musste nach einem Brand 1368 neu errichtet werden und beherbergte einst eine Holzstatue von Our Lady of Trim, die von Gläubigen wegen ihrer übernatürlichen Kräfte verehrt wurde.

1415 ließ Sir John Talbot, Vizekönig von Irland, einen Teil des Augustinerklosters zu einem Herrenhaus, dem **Talbot Castle**, umgestalten.

An der Nordwand der Burg ist das hauseigene Wappen zu sehen. Talbot zog nach Frankreich in den Krieg, wo ihn Jeanne d'Arc 1429 bei Orléans besiegte. Er wurde gefangen genommen und wieder freigelassen und setzte seinen Kampf gegen die Franzosen bis 1453 fort. Man nannte ihn die „Geißel Frankreichs" und Shakespeare erwähnte ihn sogar in Heinrich VI.: „Ist dieser Talbot auswärts so gefürchtet/Dass man die Kinder stillt mit seinem Namen?"

1649 marschierten Cromwells Soldaten in Trim ein, verbrannten die Holzstatue und zerstörten den verbliebenen Teil der Abtei. Im frühen 18. Jh. war Talbot Castle im Besitz von Esther „Stella" Johnson, der Geliebten von Jonathan Swift. Der Schriftsteller kaufte es ihr später ab und bewohnte das Anwesen für ein Jahr. Von etwa 1700 bis zu seinem Tod 1745 war Swift Pfarrer in Laracor, etwa 3 km südöstlich von Trim. Ab 1713 bekleidete er zudem den weitaus bedeutenderen Posten des Dekans der Dubliner St. Patrick's Cathedral.

Nordwestlich des Klosters ragt ein 40 m hoher Glockenturm namens **Yellow Steeple** auf. Er wurde 1368 errichtet, aber von Cromwells Soldaten beschädigt. Sein Name bezieht sich auf die Farbe seiner Steine bei Sonnenuntergang.

Östlich der Ruinen sieht man einen Teil der Stadtmauer aus dem 14. Jh. mit dem **Sheep Gate**, dem einzigen erhaltenen von ursprünglich fünf Stadttoren. Früher war es zwischen 21 und 4 Uhr geschlossen. Außerdem musste hier Straßenzoll bezahlt werden, wenn man Schafe auf dem Markt verkaufen wollte.

Newtown Ruins RUINEN
1,5 km östlich der Stadt an der Lackanash Road befinden sich die Ruinen der früheren **Parish Church of Newtown Clonbun**, der **Cathedral of St. Peter & St. Paul** und der **Newtown Abbey** aus dem 18. Jh.

Südöstlich davon und jenseits des Flusses stößt man auf die **Crutched Friary** mit den Resten eines Burg- und eines Wachtturms sowie anderer Gebäude, in denen ein Hospital untergebracht war. Ritter des Johanniterordens errichteten das Krankenhaus nach den Kreuzzügen. Die angrenzende **St. Peter's Bridge** zählt zu den ältesten Irlands.

Wellington Column DENKMAL
(Ecke Summerhill Rd & Wellington Pl) Die Einheimischen stifteten diese Säule zu Ehren von Arthur Wellesley, dem ersten Duke of Wellington, als Anerkennung für seine beeindruckende Karriere. Nach dem Sieg über Napoleon in der Schlacht bei Waterloo wurde der „Iron Duke“ (Eiserner Herzog) Premierminister von Großbritannien und erließ 1829 den Catholic Emancipation Act, der die letzten repressiven Strafgesetze aufhob.

Aktivitäten

Irish Balloon Flights BALLONFAHREN
(☎ 046-948 3436; www.balloons.ie; 1-stündige Ballonfahrt ab 175 € pro Pers.) Bei den Heißluftballonfahrten dieses Anbieters in Trim gleitet man über Felder, Ruinen, Burgen und Kirchen hinweg. Treffpunkt ist der Parkplatz des **Knightsbrook Hotel** an der Dublin Road, 1,8 km südöstlich von Trim. Wo und wann es losgeht, hängt vom Wetter ab. Kinder sind erst ab acht Jahren zugelassen.

Schlafen

Bridge House Tourist Hostel HOSTEL €
(☎ 046-943 1848; http://bridgehousetouristhostel.com; Bridge St; B/DZ 20/50 €; 📶) Ein schrulliges altes Haus direkt am Fluss mit einfachen Vierbett- und ein paar Doppelzimmern sowie einer Küche für Selbstversorger. Vorab die Ankunftszeit durchgeben. Nur Bargeldzahlung.

Crannmór House B&B €
(☎ 046-943 1635; www.crannmor.com; Dunderry Rd; DZ 76 €; 📶) Hügeliges Ackerland und Weiden umgeben dieses weinberankte alte gastfreundliche Haus mit hellen Zimmern, das 2 km von Trim entfernt an der Straße nach Dunderry liegt. Wenn man in der Gegend angeln möchte, sollte man sich direkt an den Besitzer wenden, einen erfahrenen *ghillie* (Angelführer).

★ **Trim Castle Hotel** HOTEL €€
(☎ 046-948 3000; www.trimcastlehotel.com; Castle St; DZ/FZ ab 85/135 €; @📶👪) In diesem modernen Hotel gegenüber dem Trim Castle werden die Gäste von einer weitläufigen glitzernden Marmorlobby begrüßt. Die stilvollen Zimmer verfügen teilweise über Balkone (wir empfehlen das große Eckzimmer Nr. 225). Von der Sonnenterrasse auf dem Dach genießt man einen Blick auf das Trim Castle. Das Essen ist erstklassig, sei es das Frühstück, das Fleischbüfett in der Bar oder das Angebot im gehobenen Jules Restaurant (nur freitag- und samstagabends).

Essen

Kitchen CAFÉ €
(Emmet St; Gerichte 6–11 €; ⏰ Mo–Sa 9–19, So 10–15 Uhr; 👪) Der frische Neuzugang in Trims Mittagslokalszene serviert inmitten freigelegten Mauerwerks hausgemachte Lasagne, gefüllte gebackene Kartoffeln, Tortilla-Wraps und andere leichte Leckereien. Daneben gibt's milden Segafredo-Kaffee und Frühstück bis 12 Uhr. Wer möchte, bekommt hier außerdem Picknickvorräte.

Harvest Home Bakery BÄCKEREI, CAFÉ €
(18 Market St; Gerichte 3–7,50 €; ⏰ Mo–Sa 9–18 Uhr) In diesem kleinen großartigen Laden werden leckeres Brot, Kuchen, Torten und Kekse (auch zucker- und glutenfreie Varianten), hausgemachte Suppen und üppig belegte Sandwiches verkauft. Bei schönem Wetter kann man die Snacks auch an Außentischen genießen.

StockHouse STEAKHAUS €€
(☎ 046-943 7388; www.stockhouserestaurant.ie; Finnegan's Way, Emmet House; Hauptgerichte 15–26 €; ⏰ Mo–Do 11.30–15 & 17–21, Fr bis 22, Sa 17–22, So 12–20.30 Uhr) Nach Wunsch zubereitete Dry-Aged Steaks von der hiesigen Schlachterei und Metzgerei Coogan's sind die Spezialität dieses immer gut besuchten Restaurants. Auf der Karte stehen aber auch Fischgerichte und Vegetarisches wie Pasta.

Franzini's INTERNATIONAL €€

(☎046-943 1002; French's Lane; Pizza 12,50–15 €, Hauptgerichte 14–25 €; ⏰Mo–Sa 17–22, So 13–17 Uhr;) Die bunt gemischte Speisenauswahl in diesem betriebsamen, entspannten Lokal, das sich bei Einheimischen großer Beliebtheit erfreut, reicht von Pasta mit Meeresfrüchten über Teriyaki-Hühnchen mit Nudeln bis hin zu Fajitas.

Ausgehen & Nachtleben

Die leckeren Craft-Biere der Brú Brewery's aus Trim werden nicht nur in dieser Stadt, sondern im ganzen Land verkauft.

James Griffin PUB

(www.jamesgriffinpub.ie; High St; ⏰Mo–Fr 15–23.30, Sa 13–0.30, So 13–23 Uhr;) Das preisgekrönte historische Pub geht auf das Jahr 1904 zurück. Es punktet mit traditioneller Musik (Mo & Do), Livebands (Fr) und DJs (Sa) und wirkt dank der altmodischen Kneipenatmosphäre äußerst einladend.

Sally Rogers PUB

(Bridge St; ⏰19 Uhr–open end) Auf der geräumigen Terrasse am Fluss kann man wunderbar etwas trinken. Am Wochenende, wenn Livemusik gespielt wird, platzt der Laden aus allen Nähten.

Praktische Informationen

Zu der **Touristeninformation** (☎046-943 7227; www.meath.ie; Castle St; ⏰Mo–Sa 9.30–17.30, So 13–17 Uhr) im Rathaus gehören auch ein Café und ein Ahnenforschungszentrum. Darüber hinaus gibt's hier eine praktische Karte für Touristen.

Anreise & Unterwegs vor Ort

Bus Éireann verbindet Trim mit Dublin (13 €, 1 Std., bis zu 11-mal tgl.).

Kells

5888 EW.

Berühmtheit erlangte der Marktort Kells durch die großartige illustrierte Handschrift, die den Namen des Städtchens trägt. Wer sie sehen möchte, muss das Dubliner Trinity College besuchen und sich dort erst einmal hinten anstellen. Obwohl das großartige Werk nicht in Kells geschaffen wurde, bewahrte man es vom Ende des 9. Jhs. bis 1541 im hiesigen Kloster, einer der führenden Institutionen des Landes, auf.

Zu den Überresten dieser einst großartigen Anlage zählen einige interessanten Hochkreuze und ein 1000 Jahre alter Rundturm.

Sehenswertes

Market Cross DENKMAL

(Headfort Pl) Bis 1996 stand das Marktkreuz jahrhundertelang unbeschädigt in der Cross Street im Herzen von Kells. Es wurde nicht nur von Gläubigen verehrt, sondern diente im Aufstand von 1798 auch als Galgen. Die Briten hängten die Rebellen am Querbalken auf – einen an jeder Seite, damit das Kreuz nicht umstürzte.

St. Columba KIRCHE

(⏰Juni–Aug. Mo–Sa 10–13 & 14–17 Uhr) Die protestantische Kirche westlich des Zentrums von Kells verfügt über einen 30 m hohen **Rundturm** aus dem 10. Jh. an der Südseite. Das kegelförmige Dach fehlt, dafür geht der Turm mindestens auf das Jahr 1076 zurück, als der Hochkönig von Tara in seinen beengten Räumlichkeiten getötet wurde.

Im Kirchhof stehen vier unterschiedlich gut erhaltene **Hochkreuze** aus dem 9. Jh.

Das **West Cross** am hinteren Ende des Areals ist nur noch ein Stumpf, geschmückt mit Szenen der Taufe Jesu, des Sündenfalls und dem Urteil Salomos auf der Ostseite sowie der Arche Noah auf der Westseite.

Vom **North Cross** blieb einzig der schüsselförmige Grundstein zurück. Das am besten erhaltene Kreuz, das **Cross of Patrick & Columba** in der Nähe des Rundturms, trägt auf der östlichen Sockelseite die kaum noch lesbare Inschrift *Patrici et Columbae Crux*.

Unvollendet blieb das zweite erhaltene Kreuz, das **East Cross** mit einem Kreuzigungsrelief und einer Gruppe von vier Figuren auf dem rechten Arm.

St. Colmcille's House HISTORISCHE STÄTTE

(Church Lane; ⏰Juni–Aug. Sa & So 10–17 Uhr) GRATIS Dieses etwas plumpe, massive Gebäude ist ein Überbleibsel der alten Klostersiedlung. Sein Name führt leicht in die Irre, denn es wurde im 10. Jh. errichtet, während der hl. Colmcille (bzw. Columba) im 6. Jh. gelebt hat. Wissenschaftler vermuten, dass es als klösterliche Schreibstube diente, in der Mönche Handschriften illuminierten.

Außerhalb der Sommermonate ist die Stätte geschlossen, man kann jedoch bei der Touristeninformation nach dem Schlüssel fragen oder **Mrs. Carpenter** (☎046-924 1778; 1 Lower Church View) anrufen und um Einlass bitten.

Schlafen & Essen

Headfort Arms Hotel HOTEL €€

(☎046-924 0063; www.headfortarms.ie; John St; EZ/DZ ab 69/89 €; @) Das familiengeführte

Hotel im Ortszentrum verfügt über 45 komfortable, klassisch eingerichtete Zimmer und moderne Extras wie Safes für Laptops. Am stimmungsvollsten sind die Räume im charmanten Altbau. Darüber hinaus gibt's ein kleines Spa. Essen kann man u. a. in dem Bistro Vanilla Pod.

Vanilla Pod BISTRO €€
(Hauptgerichte 17–25 €; ⌚tgl. 17.30–22, So 12–15 Uhr) Im Headfort Arms Hotel (siehe oben) kredenzt dieses helle moderne Restaurant ambitionierte Küche nach Bistro-Art. Die Zutaten für das gut zubereitete Essen stammen aus der Region. Zur Auswahl gehören mit Honig glasierte Entenbrust, Bonbons von biologischem Ziegenkäse aus Glen Boy und gegrillter Wolfsbarsch mit Fenchel-Rouille (Soße aus Olivenöl, Semmelbröseln, Safran, Chili und Knoblauch).

Praktische Informationen

Die **Touristeninformation** (☎046-924 8856; www.meath.ie; Headfort Pl; ⌚Mo–Fr 9.30–13 & 14–17 Uhr) in den Kells Civic Offices verfügt über eine Kopie des berühmten *Book of Kells*, außerdem zeigt sie einen 13-minütigen Film über den Ort (kostenlos).

An- & Weiterreise

Bus Éireann fährt von Kells über Navan nach Dublin (16 €, 90 Min., alle 30 Min.) und bietet Verbindungen nach Cavan (15 €, 45 Min., alle 30 Min.).

Loughcrew Cairns

Wenn man bedenkt, welcher Wirbel um Brú na Bóinne gemacht wird, verblüfft es, dass die steinzeitlichen Ganggräber an den Loughcrew Hills an der R154 nahe Oldcastle so wenig Beachtung finden. Allerdings sind die rund 30 Grabstätten nicht leicht zu erreichen. Wer die Anstrengung auf sich nimmt, kann diesen besinnlichen, anrührenden Ort dafür ganz in Ruhe genießen.

Ebenso wie die Gräber Brú na Bóinne entstanden auch die Loughcrew Cairns um 3000 v. Chr., allerdings wurden sie im Gegensatz zu ihren bekannteren und besser erforschten Nachbarn mindestens bis 750 v. Chr. genutzt.

Sehenswertes

Loughcrew Megalithic Centre INFOZENTRUM
(☎049-854 1888; loughcrewmegalithiccentre.com; Café Gerichte 3–6 €, Hostel B 17 €, Zelt pro Pers. 10 €; ⌚11–17 Uhr) GRATIS 2015 wurde dieses kleine, aber interessante Zentrum eröffnet. Neben einem **Museum** zu den megalithischen Wundern der Gegend gibt's ein **Café**, ein **Hostel** und einen **Campingplatz**. Das ganze Jahr über finden Sonderveranstaltungen statt, z. B. zur Sonnenwende und Tagundnachtgleiche. Wer den Schlüssel für Cairn T in der Nähe benötigt, wendet sich an das Personal.

Das Infozentrum liegt 20 km westlich von Kells. Man kommt nur mit eigenem fahrbarem Untersatz hierher und muss der R154 sowie der L2800 folgen.

Carnbane East

In Carnbane East gibt's verschiedene Cairns, der größte ist der Cairn T. Für den Aufstieg vom Parkplatz nach Carnbane East benötigt man rund eine halbe Stunde.

Cairn T HISTORISCHE STÄTTE
(⌚April–Aug. 10–18 Uhr) GRATIS Die größte Stätte in Carnbane East hat einen Durchmesser von rund 35 m und besteht aus zahlreichen gemeißelten Steinen. Einer der Schwellensteine im Außenbereich wird **Hag's Chair** genannt; ihn zieren Löcher, Kreise und andere Muster.

Während der Sommermonate wird der Zugang zum Cairn T von der staatlichen Behörde **Heritage Ireland** (www.heritageireland.ie) kontrolliert, die auch Kontakt zu Guides herstellt. Alternativ holt man sich den Eingangsschlüssel für den Durchgang im Café in den Loughcrew Gardens oder beim Loughcrew Megalithic Centre. Taschenlampe mitbringen!

Carnbane West

Vom Parkplatz aus gelangt man in etwa einer Stunde zum Carnbane West mit **Cairn D** und **Cairn L**, beide mit 60 m Durchmesser. Sie sind in einem schlechten Zustand, aber man kann den Grabgang und die Kammer des Cairn L trotzdem betreten und sich die zahlreichen verzierten Steine sowie das Steinbecken ansehen, das zur Aufbewahrung von menschlicher Asche diente.

Die Stätte wird von Heritage Ireland verwaltet. Den Schlüssel bekommen nur Personen mit echtem Interesse.

Loughcrew Gardens

Die mit viel Liebe gestalteten **Loughcrew Gardens** (☎049-854 1060; www.loughcrew.com; Gartenanlage Erw./Kind 6/3 €, Abenteuerzentrum pro halber Tag 32/29 €, Reservierung erforderlich);

⌚ Mitte März–Okt. Mo–Fr 12–17, Sa & So 11–17 Uhr, Nov.–Mitte März Mo–Fr 9.30–16, Sa & So 11–16 Uhr; 📶) umfassen 2,5 ha Wiesen, Terrassen, Blumenrabatten, eine Lindenallee, einen Eibenweg, einen Kanal und die „groteske Grotte" mit verschlungenen Säulen, Fresken und Fantasieskulpturen. Außerdem gibt's einen mittelalterlichen Wassergraben, einen Wohnturm, die St.-Oliver-Plunkett-Familienkapelle und ein Café in einer Holzhütte. Zum Abenteuerzentrum gehören ein Hindernisparcours, ein Bogenschießstand, eine Zipline und eine Kletterwand.

Die Loughcrew Gardens liegen 20 km westlich von Kells an der R154 und der L2800 in der Nähe von Oldcastle.

COUNTY LOUTH

122 900 EW. / 826 KM²

Dank der Nähe zu Dublin gelangte Irlands kleinstes County (mit dem Spitznamen „Wee County" – „Kleine Grafschaft") in den Zeiten des Wirtschaftsbooms zu enormem Wohlstand. Von der darauf folgenden Krise erholt es sich langsam, aber beständig.

Im 5. und 6. Jh. war Louth das kirchliche Zentrum des Landes. Reiche religiöse Gemeinschaften lebten im Kloster von Monasterboice und in der Zisterzienserabtei bei Mellifort. Nach ihrer Ankunft im 12. Jh. gründeten die normannischen Eroberer Dundalk und die zwei Orte an beiden Seiten des Boyne, die sich 1412 zum heutigen Drogheda zusammenschlossen, der größten Stadt des Countys.

Louth lässt sich wunderbar im Rahmen eines Tagesausflugs von Dublin aus erkunden. Es lohnt aber auch, hier etwas mehr Zeit zu verbringen.

Drogheda

38 578 EW.

Die historische Festungsstadt am Boyne liegt gerade mal 48 km nördlich von Dublin. Einige hübsche alte Gebäude, eine stattliche Kathedrale und ein ausgezeichnetes Museum sprechen Kulturliebhaber an, außerdem wartet Drogheda mit atmosphärischen Pubs, schicken Restaurants, engen Straßen, einem guten Nahverkehrssystem und zahlreichen Übernachtungsmöglichkeiten auf. Damit eignet sich der Ort bestens als Ausgangsbasis für Ausflüge in die Region.

Bereits 910 galt die Flussbiegung in dem fruchtbaren Tal als so attraktiv, dass die Dänen hier eine befestigte Siedlung gründeten. Im 12. Jh. fügten die Normannen eine Brücke hinzu und bauten die an beiden Seiten des Flusses entstandenen Orte aus. Im 15. Jh. hatte sich Drogheda zu einer der vier größten befestigten Städte von Irland gemausert.

Das 17. Jh. brachte jedoch Zerstörung: 1649 sollte der Ort Schauplatz von Cromwells berüchtigtem Massaker werden, und 1690 verschlimmerte sich die Lage sogar noch, als die Stadt bei der Schlacht am Boyne auf das falsche Pferd setzte und sich am Tag nach der Niederlage Jakobs II. ergeben musste.

Obwohl die Wirtschaftskrise Drogheda nach den Boomjahren hart traf, werden entlang des Flussufers des multikulturellen regionalen Drehkreuzes neue Bauprojekte verwirklicht.

◉ Sehenswertes

★ Millmount Museum & Tower MUSEUM

(☎ 041-983 3097; www.millmount.net; abseits der Duleek St, Millmount; Erw./Kind Museum 3,50/

ALS CROMWELL IN DROGHEDA EINFIEL

Für die Iren war der erste englische Demokrat und Schutzherr Oliver Cromwell (1599–1658) ein echter Albtraum. Er hasste die Iren, da sie im Bürgerkrieg auf der Seite Karls I. gestanden hatten. Nachdem „God's own Englishmen" (der Engländer Gottes) im August 1649 mit 12 000 Mann in Dublin gelandet war, zog er sofort weiter nach Drogheda, eine strategische Festungsstadt und Hochburg der Royalisten.

Als Cromwell vor den Stadtmauern eintraf, wurde er von der 2300 Mann starken Armee Sir Arthur Astons erwartet, der damit prahlte, dass jeder, der Drogheda besiegen würde, auch die Hölle einnehmen könne. Weil Aston nicht kapitulieren wollte, rückte Cromwell mit schwerer Artillerie an und durchbrach nach zwei Tagen die Stadtmauer.

Um andere Orte abzuschrecken, erteilte Cromwell den Verteidigern eine brutale Lektion. Stundenlang wurden Menschen massakriert, 3000 an der Zahl, zum Großteil Royalisten, aber auch Priester, Frauen und Kinder. Aston knüppelte man mit seinem eigenen Holzbein zu Tode. Von den Überlebenden gerieten viele in Gefangenschaft und wurden als Sklaven in die Karibik verkauft.

Drogheda

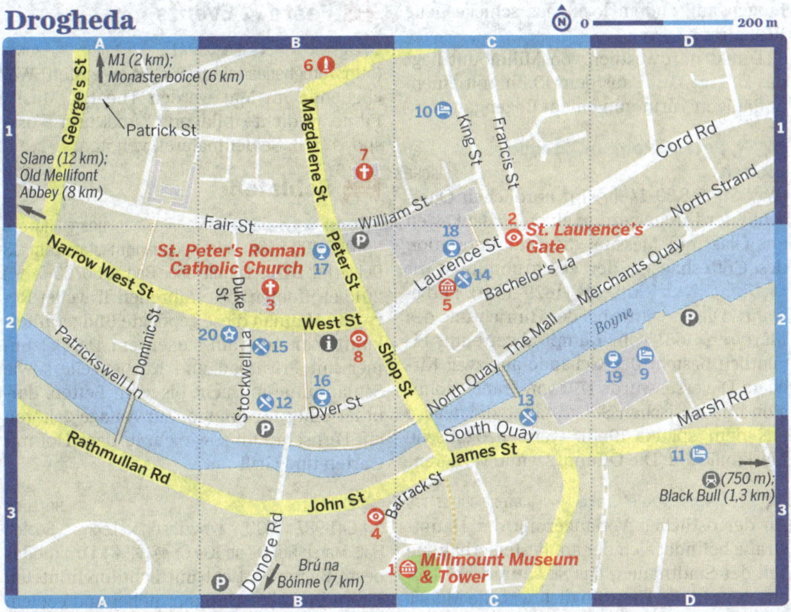

2,50 €, Turm 3/2 €, Museum & Turm 5,50/3 €; ⌚Mo–Sa 10–17.30, So 14–17 Uhr) Über Drogheda wacht der künstliche Hügel Millmount. Wahrscheinlich handelt es sich um einen prähistorischen Grabhügel – ähnlich dem von Newgrange –, allerdings wurde an dieser Stelle nie gegraben.

Auf Millmount, der mit seinem Blick über die Brücke zum Kommandoposten geradezu prädestiniert war, errichteten die Normannen eine Festung. Dieser folgten eine Burg und 1808 ein **Martello-Turm**.

In einem Teil der Kasernen ist das **Millmount Museum** untergebracht. Zu den Exponaten zählen drei herrliche Gildenbanner aus dem späten 18. Jh.

Der Turm spielte im Bürgerkrieg von 1922 eine dramatische Rolle. Damals war er Droghedas Hauptverteidigungsanlage und wurde heftig von den Truppen des Freistaates beschossen. Das restaurierte Bauwerk bietet eine tolle Aussicht über die Stadt.

Eines der weiteren Highlights des Museums ist ein Raum, der sich Cromwells brutaler Belagerung von Drogheda und der Schlacht am Boyne widmet. Das hübsch gepflasterte Erdgeschoss steckt voller Gerätschaften und Küchenutensilien aus längst vergangenen Zeiten. Gleich gegenüber wartet das Governor's House mit Sonderausstel-

Drogheda

Highlights
1 Millmount Museum & Tower C3
2 St. Laurence's Gate C2
3 St. Peter's Roman Catholic Church B2

Sehenswertes
4 Butter Gate B3
5 Highlanes Gallery C2
6 Magdalene Tower B1
7 St. Peter's Church of Ireland B1
8 Tholsel B2

Schlafen
9 D Hotel D2
10 Scholars Townhouse Hotel C1
11 Spoon & the Stars D3

Essen
12 D'vine B2
13 Kitchen C3
14 Relish C2
15 Stockwell Artisan Foods Café B2

Ausgehen & Nachtleben
16 Cagney's B2
17 Clarke & Sons B2
18 Peter Matthews C2
19 WM Cairnes & Son D2

Unterhaltung
20 Drogheda Arts Centre B2

lungen auf, zudem lockt das schicke neue Restaurant **Tower**.

Direkt nordwestlich von Millmount liegt das **Butter Gate** aus dem 13. Jh. mit einem auffälligen Turm und einem Bogengang.

★ St. Peter's Roman Catholic Church KIRCHE
(West St; ⌚8.30–17 Uhr) Im nördlichen Querschiff der Kirche wird in einem Schaukasten aus Glas und Messing die Hauptattraktion des Gotteshauses, der geschrumpfte **Kopf des hl. Oliver Plunkett** (1629–1681), aufbewahrt. Dieser wurde bei der Hinrichtung des Märtyrers 1681 vom Rumpf abgetrennt. Eigentlich besteht das Gebäude aus zwei Kirchen: Die erste wurde 1791 von Francis Johnston im klassischen Stil gestaltet, die neuere aus dem späten 19. Jh. weist neogotische Merkmale auf. Die Öffnungszeiten variieren.

★ St. Laurence's Gate HISTORISCHE STÄTTE
An der östlichen Verlängerung der Hauptstraße befindet sich der am besten erhaltene Teil der Stadtmauer, das St. Laurence's Gate aus dem 13. Jh. Ursprünglich war die Mauer 3 km lang.

Highlanes Gallery KUNSTMUSEUM
(www.highlanes.ie; Laurence St; Spende statt Eintrittsgeld; ⌚Mo–Sa 10.30–17 Uhr) Das umgebaute Kloster aus dem 19. Jh. zeigt eine Dauerausstellung für zeitgenössische Kunst, außerdem gibt's regelmäßig Wechselausstellungen.

Im angeschlossenen Laden wird qualitativ hochwertiges Kunsthandwerk aus Louth verkauft. Darüber hinaus ist hier ein schickes Café namens Relish untergebracht.

St. Peter's Church of Ireland KIRCHE
(William St; ⌚8.30–17 Uhr) Nicht zu verwechseln mit der St. Peter's Roman Catholic Church. Als Cromwells Männer den Kirchturm in Brand setzten, kamen 100 Menschen ums Leben, die in dem Gotteshaus Zuflucht gesucht hatten. Heute sieht man hier bereits den zweiten Nachbau des Originals. Die Öffnungszeiten variieren.

Magdalene Tower TURM
Der Magdalene Tower stammt aus dem 14. Jh. und ist der Glockenturm eines 1224 gegründeten Dominikanerklosters. Begleitet von einem großen Heer nahm dort der englische König Richard II. 1395 in einer Zeremonie die Unterwerfung der gälischen Stammesfürsten entgegen. Doch der Frieden dauerte nur einige Monate, denn Richards Rückkehr nach Irland führte 1399 zu seiner Absetzung.

Feste & Events

Drogheda Arts Festival KUNST
(http://droghedaartsfestival.ie) Am ersten Wochenende im Mai werden Theater, Musik, Filme, Gedichte, bildende Kunst und Workshops (z. B. Seidenmalerei) geboten.

Schlafen

Spoon & the Stars HOSTEL, HOTEL €
(☎086 405 8465; www.spoonandthestars.com; 13 Dublin Rd; B 18 €, DZ mit/ohne Bad ab 50/60 €; 📶) 2013 eröffneten die erfahrenen Traveller Rory und Hannah diese gepflegte Budgetunterkunft. Zur Auswahl stehen ein Doppelzimmer mit Privatbad und Küchenzeile sowie Schlafräume mit acht bis zehn Betten, darunter einer für Frauen. Zur Anlage gehören ein Fernsehraum sowie ein luftiger Hof mit Garten und Grill.

★ D Hotel HOTEL €€
(☎041-987 7700; www.thedhotel.com; Scotch Hall, Marsh Rd; DZ ab 109 €; @📶👪) Droghedas beste Bleibe besticht mit lichtdurchfluteten Zimmern voller Designermöbel und coolem Zubehör, einer stilvollen Bar, einem Restaurant, einem kleinen Fitnessstudio und einer tollen Aussicht auf die Stadt. In dem Hotel werden häufig Junggesellenabschiede gefeiert, deshalb muss man sich an den Wochenenden auf ohrenbetäubend laute Musik einstellen.

Scholars Townhouse Hotel HOTEL €€
(☎041-983 5410; www.scholarshotel.com; King St; DZ ab 89 €; 📶) Kürzlich wurde das 1867 errichtete ehemalige Kloster von einer Familie in ein Hotel und Restaurant umgestaltet. Die 16 Zimmer sind recht klein, aber die Gäste dürfen sich auf gute Duschen, eine stimmungsvolle Bar und ein großartiges Restaurant (Reservierung empfehlenswert) freuen. Dank der zentralen Lage kann man von hier aus wunderbar die Stadt erkunden.

Essen

Relish CAFÉ €
(www.highlanes.ie; Highlanes Gallery, Laurence St; Gerichte 6–8,50 €; ⌚Mo–Sa 10.30–17 Uhr; 📶👪) Das Café in der Highlanes Gallery verfügt über ein Zwischengeschoss und trumpft mit einer erlesenen Auswahl an Focaccia, Bagels und Gourmetsandwiches, u. a. mit Räucherlachs, auf. Außerdem stehen auf der Karte herzhafte Tartes, Tagesangebote (Pasta, Burger), Tagesdesserts wie heißes Apple Crumble und jede Menge glutenfreie Optionen.

Stockwell Artisan Foods Café CAFÉ €
(www.stockwellartisanfoods.ie; 1 Stockwell Lane; Hauptgerichte 6–9 €; ⌚ Mo–Sa 9–16 Uhr) Nackte Holzböden, Tageszeitungen und klobige Möbel sorgen für ein heimeliges Ambiente. Auf den Tisch kommen gesunde Wraps, Salate, Suppen und warme Gerichte wie Fischfrikadellen.

★ **Kitchen** MEDITERRAN €€
(☎ 041-983 4630; http://kitchenrestaurant.ie; 2 South Quay; Hauptgerichte 17–28 €; ⌚ Mi 11–21, Do–Sa 11–22, So 12–21 Uhr; 📶 👪) Droghedas bestes Restaurant mit salbeigrüner Fassade und cranberryfarbenem Inneren ist passenderweise nach seiner schicken offenen Küche benannt. Neben biologischen Zutaten aus der Gegend gibt's Leckereien wie zypriotischen Halloumi und spanischen Serrano-Schinken. Das Brot ist hausgemacht und es wird eine exzellente Auswahl an Weinen (glasweise) angeboten. Naschkatzen sollten das Omelette surprise mit gesalzenem Karamell probieren.

Black Bull IRISCH €€
(www.blackbullinn.ie; Dublin Rd; Hauptgerichte 10–28 €; ⌚ Küche Mo–Sa 9.30–22, So bis 20 Uhr; 📶 👪) Über dem beliebten Pub mit gemütlicher Atmosphäre, niedrigen Decken und Kerzenlicht thront ein glänzender goldener (trotz des Namens also kein schwarzer) Stier. Im modernen Anbau ist ein geräumiges Restaurant untergebracht, das einfache solide Kost wie Hähnchenpastete und Lammkarree mit Dijon-Kartoffeln serviert. Danach lockt ein Pint im Biergarten namens China Shop.

ABSTECHER

AUF DER KÜSTENSTRASSE VON DROGHEDA NACH DUNDALK

Viele Besucher nehmen die M1 in den Norden. Wer sich dagegen Zeit lassen und etwas mehr vom ländlichen Irland sehen möchte, der sollte die R166 von Drogheda an der Küste entlangfahren.

Bis 1656 beherbergte das kleine Dorf **Termonfeckin** den Sitz und die Burg des Primas von Armagh. Von der Burg ist nichts mehr zu sehen, dafür lohnt der **Wohnturm** (☎ 086 079 1484; Schlüsselkaution 50 €; ⌚ 10–18 Uhr) GRATIS aus dem 15. Jh., der einst dem reichen Gutsbesitzer gehörte, einen kurzen Abstecher. Der Schlüssel ist im ersten Haus rechter Hand hinterlegt.

2 km weiter nördlich gelangt man in den geschäftigen Fischerei- und Urlaubsort **Clogherhead** mit seinem flachen blau beflaggten Strand bei Lurganboy. Am besten beachtet man die Wohnwagenparks einfach nicht und konzentriert sich stattdessen auf den hübschen Blick zu den Cooley und Mourne Mountains.

Nach weiteren 14 km in nördlicher Richtung bietet sich das Örtchen **Annagassan** für eine Picknickpause an. Bei **Coastguard Seafoods** (☎ 086 855 8609; Harbour Rd; ⌚ nach vorheriger Anmeldung) bereitet der Fischer Terry Butterly den besten eichengeräucherten Lachs Irlands zu (auf Speisekarten taucht dieser als *Annagassan smoked salmon* auf), verkauft aber auch lebende Hummer und Meeresfrüchte zu sensationellen Preisen. Hier kann jeder einfach vorbeischauen (nach der grünen Tür Ausschau halten); um eine Enttäuschung zu vermeiden, ruft man allerdings besser vorher an. Die verwinkelte Bäckerei **O'Neills Bakery** (☎ 042-937 2253; www.oneillsbakery.ie; ⌚ 7–13 Uhr) in der Nähe gibt's schon seit fünf Generationen, ist mit riesigen Öfen ausgestattet (einer hat mehr als 100 Jahre auf dem Buckel) und erfreut Kunden mit noch warmem Brot, Brötchen sowie Kuchen; Kunden können nur bar bezahlen. Auf den ersten Blick sieht der Laden aus, als sei er geschlossen, aber man muss bloß an die Seitentür klopfen, dann wird einem geöffnet.

In **Castlebellingham** endet der 33 km lange Abstecher. Das malerische Dorf entwickelte sich um ein mit Zinnen versehenes Herrenhaus aus dem 18. Jh., das in eine luxuriöse Hochzeitslocation verwandelt wurde. Unter der Woche werden B&B-Quartiere ab 180 € pro Doppelzimmer vermietet. Die charmanten **Foley's Tea Rooms** (Main St; Gerichte 4,50–10 €; ⌚ Mo–Fr 9–15, Sa & So 8.30–15.30 Uhr; 📶) in zwei reetgedeckten Cottages aus dem 18. Jh. locken mit hausgemachtem Kuchen, Quiche und der Spezialität des Hauses, gekochtem Schinken und Kohl. Danach lohnt ein Stopp im angrenzenden Geschäft mit faszinierenden Kuriositäten und Sammlerstücken. Nur Bargeldzahlung.

Von Castlebellingham geht's auf der R132 weiter zum 12 km nördlich gelegenen Dundalk. Alternativ folgt man der M1.

D'vine MEDITERRAN €€
(☎ 041-980 0440; Dyer St; Hauptgerichte 14–27 €; ⊙ Küche Mi & Do 12–15 & 17–21.30, Fr & Sa 12–21.30, So 13–21.30 Uhr) Ein paar Treppen führen zu dieser geselligen Weinbar mit Bistro und sonnigem Hof. Die tolle Auswahl umfasst mediterrane Platten, belegte Schnitten und Hauptgerichte wie gefüllten Wolfsbarsch, Bœuf-Bourguignon-Pastete, Gratin aus gebratenem Kürbis und Lauch mit Haselnusskruste sowie jede Menge Weine. Sonntags wird ab 19 Uhr Livemusik geboten.

Ausgehen & Nachtleben

In Drogheda gibt's Dutzende Bars und Pubs. Das Veranstaltungsprogramm findet man unter www.drogheda.ie.

WM Cairnes & Son PUB
(www.wmcairnes.com; Scotch Hall; Hauptgerichte 11–26 €; ⊙ So–Do 11–24, Fr & Sa bis 2 Uhr) Das höhlenartige moderne Pub punktet mit einer attraktiven Lage am Fluss, Livemusik von Donnerstag bis Montag und Craft-Beer vom Fass. Gegen den Hunger hilft ausgezeichnete Kneipenküche, darunter Gerichte wie Rinder-Guinness-Pastete mit Colcannon (traditioneller Eintopf mit Kohl und Kartoffelstampf), in Dan-Kelly-Cider gedämpfte Muscheln aus der Gegend und riesige Burger.

Peter Matthews PUB
(McPhail's; 9 Laurence St; ⊙ 17 Uhr–open end) Eine der beliebtesten Livemusikkneipen (donnerstags bis sonntags) in Drogheda ist das McPhail's (so wird das Pub genannt, egal was auf dem Schild steht). Das bunte Programm reicht von Heavy-Metal-Coverbands bis zu Folklore. Vorne befindet sich eine traditionelle Bar und hinten versteckt sich ein netter Biergarten.

Clarke & Sons PUB
(Peter St; ⊙ Mo–Do 13–23.30, Fr & Sa 12–0.30, So 12.30–23 Uhr) Ganz offensichtlich stammt dieser herrliche alte Laden aus einer anderen Zeit. Der nie restaurierte Raum wartet mit einer Holzeinrichtung auf und die bleiverglasten Türen tragen noch die Aufschrift „Open Bar".

Cagney's BAR
(3 Dyer St; ⊙ Mo–Do 10.30–23.30, Fr & Sa bis 0.30, So 12–23 Uhr) Das stilvolle Cagney's versprüht mit seiner gedämpften Beleuchtung, dem Biergarten mit dunkelgrauer Ausstattung und der Weinauswahl (glasweise serviert) sanfte Raffinesse.

★ Unterhaltung

Drogheda Arts Centre KUNST
(☎ 041-983 3946; www.droichead.com; Narrow West St) Auf dem Programm des lebhaften Kulturzentrums stehen Theaterstücke, Comedy, Filme und Kunst sowie viele Workshops (z. B. Aktmalerei).

ℹ Praktische Informationen

Die **Touristeninformation** (☎ 041-987 2843; http://drogheda.ie; 1 West St; ⊙ Mo–Sa 9.30–17.30 Uhr; 📶) befindet sich im historischen **Tholsel** (Ecke West St & Shop St): Das Rathaus datiert ins 18. Jh. und besteht aus Kalkstein.

ℹ An- & Weiterreise

BUS

Bus Éireann fährt regelmäßig von Dublin (8 €, 1 Std., 1–4-mal stdl.) und Dundalk (7 €, 30 Min., stdl.) nach Drogheda.

Matthews (☎ 042-937 8188; http://matthews.ie) bietet stündliche (oder noch häufigere) Verbindungen nach Dublin (9 €) und Dundalk (9 €).

ZUG

Der Bahnhof befindet sich in der Nähe der Straße nach Dublin. Von hier aus gelangt man nach Dublin (Dublin 14 €, 45 Min.) und nach Belfast (20 €, 1½ Std.). Neben zahlreichen langsameren Zügen gibt's sechs Expressverbindungen pro Strecke.

ℹ Unterwegs vor Ort

Drogheda ist kompakt und gut zu Fuß zu erkunden. Viele der umliegenden Stätten sind mit dem Fahrrad zu erreichen.

Quay Cycles (☎ 041-983 4526; www.quaycycles.com; 11A North Quay; ab 14 €/Tag; ⊙ Mo–Sa 9–18 Uhr) verleiht Räder.

Rund um Drogheda

Wer die historischen Stätten rings um Drogheda besichtigen will, braucht einen fahrbaren Untersatz.

Old Mellifont Abbey RUINEN
(☎ 041-982 6459; www.heritageireland.ie; Tullyallen; Ruinenanlage Eintritt frei, Besucherzentrum Erw./Stud. 4/2 €; ⊙ Ruinenanlage ganzjährig 24 Std., Besucherzentrum Juni–Aug. 10–18 Uhr) Zur anglonormannischen Blütezeit war diese Abtei 1,5 km abseits der R168, der Hauptstrecke zwischen Drogheda und Collon, das erste und bedeutendste Zisterzienserkloster Irlands. Es lohnt sich zwar, die Ruinen zu besichtigen, allerdings lassen sie nichts mehr von der einstigen Pracht der Anlage erahnen.

Als auffälligstes Gebäude und eines der schönsten Beispiele der irischen Zisterzienserarchitektur des Landes gilt das Lavabo, ein achteckiges Waschhaus der Mönche aus dem 13. Jh.

Neben dem rauschenden Bach kann man gut picknicken.

Im Besucherzentrum erfährt man alles Wissenswerte über das Klosterleben.

In der Mitte des 12. Jhs. hatten sich die irischen Mönchsorden ganz offensichtlich ein bisschen zu sehr an das gute Leben gewöhnt und waren bis zu einem gewissen Grad bestechlich geworden. 1142 ließ der verärgerte Malachy, Bischof von Down, eine Gruppe regeltreuer Brüder aus dem französischen Clairvaux kommen, um in der abgelegenen Gegend ein Kloster zu bauen und auf den einheimischen Klerus einzuwirken. Allerdings vertrugen sich die einheimischen Mönche – wenig überraschend – nicht mit ihren französischen Gästen, sodass diese bald wieder abreisten. Ungeachtet dessen wurde der Bau von Mellifont fortgesetzt, und bereits zehn Jahre später gab es neun weitere Zisterzienserklöster. Mellifont diente als Mutterhaus für 21 kleinere Klöster, in denen insgesamt 400 Mönche lebten.

Nach der Auflösung der Klöster wurde an dieser Stelle 1556 ein befestigtes Herrenhaus im Tudorstil errichtet.

Monasterboice HISTORISCHE STÄTTE

(Sonnenaufgang–Sonnenuntergang) GRATIS Die krächzenden Raben verleihen dieser faszinierenden Klosteranlage am Ende einer baumbestandenen Zufahrt inmitten von Ackerland mit einem Friedhof, zwei Kirchenruinen, einem der schönsten und höchsten Rundtürme Irlands sowie zwei der interessantesten Hochkreuze, eine leicht gruselige Atmosphäre.

Um die Touristenmassen zu umgehen, sollte man möglichst am frühen Morgen oder späten Abend herkommen. Monasterboice liegt abseits der Autobahn M1, ca. 8 km nördlich von Drogheda.

Die Klostersiedlung wurde im 5. oder 6. Jh. vom hl. Buithe, einem Anhänger des hl. Patrick, gegründet, wobei die Stätte vermutlich schon in vorchristlicher Zeit von Bedeutung war. Der Name Buithe entwickelte sich irgendwie zu Boyne – daher der Name des Flusses. 968 nahmen Wikinger die Siedlung ein. Allerdings hatten sie nicht mit Donal, dem Hochkönig von Tara, gerechnet, der sie verjagte und dabei mindestens 300 Krieger tötete.

Die Hochkreuze von Monasterboice gelten als herausragende Beispiele keltischer Kunst. Sie hatten eine didaktische Funktion,

DIEBSTÄHLE AUF PARKPLÄTZEN

Leider gibt's Leserberichte über Diebstähle von Gegenständen aus Autos, die unbeaufsichtigt auf dem Parkplatz bei Monasterboice und anderen historischen Stätten abgestellt wurden. Aus diesem Grund sollte man Wertsachen nicht offen im Wagen lassen. Wer zerbrochenes Glas am Boden entdeckt, muss besonders vorsichtig sein und sich überlegen, ob er sein Auto hier stehen lässt, vor allem wenn es sich um einen Mietwagen handelt.

denn sie brachten die Bibel auch den Ungebildeten nahe und waren ursprünglich wohl bunt bemalt, mittlerweile sind jedoch sämtliche Farbspuren verschwunden.

Das **Muiredach's Cross** in der Nähe des Eingangs erhielt seinen Namen nach einem Abt aus dem 10. Jh. Seine Westseite bezieht sich auf das Neue Testament. Von unten nach oben sieht man die Gefangennahme Jesu, den zweifelnden Thomas, Jesus, der Petrus den Himmelsschlüssel überreicht, die Kreuzigung und Moses im Gebet mit Aaron und Hur.

Beim Rundturm ragt das **West Cross** auf, mit 6,50 m eines der höchsten Hochkreuze in Irland. Es ist stärker verwittert, vor allem an der Basis. Nur noch etwa ein Dutzend der 50 Felder sind erhalten. Auf der Ostseite erkennt man David, der einen Löwen und einen Bären tötet.

Ein drittes, einfacheres Kreuz in der Nordostecke soll von Cromwells Heer zerstört worden sein. Mit dem Rundturm im Hintergrund ist es in der Abenddämmerung ein tolles Fotomotiv.

In einer Ecke der Anlage steht der über 30 m hohe **Rundturm** ohne Dach. Aufzeichnungen lassen vermuten, dass er 1097 ausbrannte. Leider gingen dabei viele wertvolle Handschriften und andere Schätze verloren. Das Gebäude ist nicht öffentlich zugänglich.

Dundalk

37 816 EW.

Obwohl Dundalk wegen der Nähe zu Dublin und Belfast ein zunehmend geschäftiges Industrie- und Geschäftszentrum ist, entpuppt es sich schnell als überraschend angenehme Stadt mit einigen interessanten Sehenswürdigkeiten.

Im Mittelalter lag der Ort am Nordrand des von den Engländern kontrollierten Pale. Nach einer weiteren Teilung im Jahre 1921 wurde er zur Grenzstadt, dieses Mal mit Süd-Armagh.

Sehenswertes

County Museum Dundalk MUSEUM
(www.dundalkmuseum.ie; Jocelyn St; Erw./Kind 2/1 €; ⏲ Di–Sa 10–17 Uhr) Auf den einzelnen Stockwerken des sehenswerten Museums widmet man sich der frühen Stadtgeschichte, der Archäologie und der Normannenzeit. Eine Abteilung beschäftigt sich mit dem Wachstum der Industrie in der Region von den 1750er- bis in die 1960er- Jahre, wobei das kultige „Bubble Car" von Heinkel selbstverständlich nicht fehlen darf. Zu den kurioseren Exponaten zählt der Rasierspiegel von Oliver Cromwell.

St. Patrick's Cathedral KATHEDRALE
(⏲ 8.30–17 Uhr) GRATIS Vorbild für das reich verzierte Gebäude aus dem 19. Jh. war die King's College Chapel in Cambridge, England. Bei Gottesdiensten und Veranstaltungen variieren die Öffnungszeiten.

Courthouse BEMERKENSWERTES GEBÄUDE
(Ecke Crowe St & Clanbrassil St) Das Gerichtsgebäude von Dundalk im neogotischen Stil besitzt große dorische Säulen. Die Innenräume sind nicht für Besucher zugänglich. Auf dem Vorplatz thront die steinerne **Maid of Éireann**, ein Denkmal des Aufstands von 1798.

Schlafen & Essen

Jüngste Erweiterung von Dundalks Skyline ist ein schickes 14-stöckiges Crowne Plaza Hotel.

Ballymascanlon House HISTORISCHES HOTEL €€
(☎ 042-935 8200; www.ballymascanlon.com; Carlingford Rd; EZ/DZ/3BZ ab 90/150/200 €;) 8 km nordöstlich von Dundalk am Rand der Cooley Peninsula bietet dieses prachtvolle alte Anwesen (samt jüngeren Anbauten) geräumige Zimmer, herzlichen persönlichen Service und jede Menge Atmosphäre. Zum Angebot gehören ein 18-Loch-Golfplatz (mit einem 3 m hohen Standing Stone von 3000 v. Chr. am sechsten Loch), ein Freizeitzentrum, ein Restaurant, eine Bar und Zimmerservice rund um die Uhr.

★ **Eno** MEDITERRAN €€
(☎ 042-935 5467; www.eno.ie; 5 Roden Pl; Tapas 4,50–12,50 €, Pizza 13–19 €, Hauptgerichte 15–23 €; ⏲ Küche 12–21 Uhr;) Einfache Tische, freche Farben und denkwürdige Kunst machen das Eno zu Dundalks erlesenstem Restaurant. Hier gibt's herausragende mediterran inspirierte Tapas, Holzofenpizza und Gerichte wie Capellini mit Dunany-Krabbe, Weißwein und Knoblauch sowie Mandeltarte mit in Honig gerösteten Feigen. Oben in der Cocktailbar sorgen DJs mit lateinamerikanischen Klängen und Soul für Stimmung. Auf der Rückseite unter freiem Himmel befindet sich die Yard Bar.

McAteers the Food House CAFÉ, FEINKOST €€
(www.mcateersthefoodhouse.com; 15 Clanbrassil St; Hauptgerichte 8–17 €; ⏲ Mo–Sa 9–18 Uhr;) Wem die Leckereien in der Auslage dieses Feinkostladens Appetit machen, der kann sich im Café Gerichte wie Pfannkuchen mit Speck und Eiern aus Freilandhaltung sowie Sandwiches mit geräuchertem Lachs aus Annagassan schmecken lassen.

Unterhaltung

Spirit Store LIVEMUSIK
(www.spiritstore.ie; George's Quay; ⏲ Mo–Do 16–23.30, Fr & Sa bis 0.30, So bis 23 Uhr) Im Erdgeschoss präsentiert sich der rosafarbene Laden als eine typische Hafenbar voll Charakter und Charaktere. Oben ist ein Konzertraum auf dem neuesten Stand der Technik mit großartigem Soundsystem untergebracht, das sowohl die Gäste als auch Musiker auf Tour zu schätzen wissen.

Praktische Informationen

Die **Touristeninformation** (☎ 042-935 2111; www.louthholidays.com; Jocelyn St; ⏲ Mo–Fr 9.30–13 & 14–17.30 Uhr) befindet sich am Market Square.

Anreise & Unterwegs vor Ort

Bus Éireann fährt stündlich nach Dublin (10,50 €, 1½ Std.). Der Busbahnhof liegt ganz in der Nähe des Gerichtsgebäudes.

Von der Clarke Train Station an der Carrickmacross Road verkehren sowohl langsame als auch schnelle Züge nach Dublin (17,50 €, 1 Std., Mo–Sa 7-mal, So 5-mal) und Belfast (15,50 €, 1 Std., Mo–Sa 8-mal, So 5-mal).

Cooley Peninsula

Bewaldete Hänge und sonnige, lebhaft schattierte Hügel erheben sich über dem dunklen Wasser des Carlingford Lough: Willkommen auf der malerischen Cooley Peninsula! Idyllische Landstraßen schlängeln sich zu verlassenen Steinstränden, während sich nördlich über das Wasser (und die Grenze) ein Blick bis zu den majestätischen Mourne Mountains bietet.

Das mittelalterliche Dorf Carlingford ist die ideale Ausgangsbasis, um die Gegend zu erkunden. Von dort aus kann man an der Küste entlang durch Omeath nach Newry in Nordirland fahren, wo die Counties Down und Armagh aneinandergrenzen.

Carlingford

1045 EW.

Zwischen mittelalterlichen Ruinen und weiß getünchten Häusern bietet dieses quirlige kleine Dorf Pubs, Restaurants, Boutiquen, stimmungsvolle Feste und einen traumhaften Blick auf die Berge sowie über den Carlingford Lough nach Nordirland.

Carlingford ist einer der lebendigsten Orte an der Küste. Hier werden gerne Junggesellenabschiede gefeiert und vor allem während der wärmeren Wochenenden zieht er viele Touristen an, deshalb sollte man seine Unterkunft weit im Voraus buchen.

Sehenswertes

Holy Trinity Heritage Centre INFOZENTRUM

(☎ 042-937 3454; www.carlingfordheritagecentre.com; Churchyard Lane; ⏲ April–Okt. Mo–Fr 9.30–13 & 14–17 Uhr, Nov.–März Mo–Fr 10–12.30 & 13.30–16 Uhr) GRATIS Carlingfords Heritage Centre befindet sich in der früheren Holy Trinity Church. Ein kurzes Video erzählt seine Geschichte und von den Anstrengungen, dem Ort neues Leben einzuhauchen.

King John's Castle BURG

Carlingford wurde von den Wikingern gegründet und unter den Engländern im Mittelalter zu einem befestigten Ort mit einer Burg – heute eine Ruine – ausgebaut. Im 11. und 12. Jh. thronte das Fort auf einer Anhöhe und überwachte den Zugang zum See. 1210 verbrachte King John hier einige Tage auf dem Weg zur Schlacht in Antrim.

Die Anlage ist für Besucher nicht frei zugänglich, doch die Touristeninformation informiert über kostenlose Führungen im Rahmen der **Heritage Week** (www.heritageweek.ie) Ende August.

Das Tor auf der Westseite war so eng, dass jeweils nur ein Reiter hindurchkam.

Tholsel HISTORISCHES GEBÄUDE

Das hübsche Tholsel ist das einzige erhaltene Stadttor.

LEPRECHAUNS, EINE GESCHÜTZTE SPEZIES

Die Berge rund um Carlingford sind als das letzte Revier der irischen Leprechauns bekannt. Zu den Personen, die an die kleinen Geister glauben, gehörte der verstorbene Wirt P. J. O'Hare. Er fand 1989 auf dem Foy Mountain Mantel und Hut eines Leprechauns sowie winzige Knochen und vier Goldmünzen.

19 Jahre später und nach einer engagierten Lobbykampagne des selbst ernannten „Leprechaun-Flüsterers" Kevin Woods, der bis heute angeblich drei dieser mythischen Wesen gesehen hat, erließ die EU eine äußerst unkonventionelle Richtlinie, die die Schaffung eines Schutzgebietes vor Ort für die Leprechauns vorsah. Laut Woods handelt es sich dabei um den letzten Lebensraum der irischen Naturgeister. Einmal pro Jahr wird sogar eine **Leprechaun-Jagd** veranstaltet. Die Gegend versprüht tatsächlich einen gewissen Zauber, auch wenn man keines der Wesen entdeckt. Weitere Infos liefert www.thelastleprechaunsofireland.com.

Dominikanerkloster RUINEN

Westlich des Dorfzentrums liegen die wunderbar erhaltenen Überreste eines Klosters, das um 1305 erbaut und später von Austernfischern als Lagerhaus benutzt wurde.

Taafe's Castle HISTORISCHES GEBÄUDE

Taafe's Castle ist ein eindrucksvolles Turmhaus aus dem 16. Jh., das früher am Ufer stand, bis man das Land davor benötigte, um eine kurzlebige Bahnstrecke zu errichten. Heute gehört es zum angrenzenden Pub.

Gegenüber der Burg erinnert eine Büste an Thomas D'Arcy McGee (1825–68), einen der Gründerväter Kanadas, der in Carlingford geboren wurde.

Mint HISTORISCHES GEBÄUDE

Die Münzanstalt aus dem 16. Jh. nahe dem Dorfplatz weist an den Fenstern einige interessante keltische Steinmetzarbeiten auf. Obwohl man annimmt, dass Eduard IV. Carlingford 1467 das Münzrecht verlieh, wurden hier nie Geldstücke geprägt.

Aktivitäten

Carlingford ist der Startpunkt des 40 km langen **Táin Way**, der durch die Cooley

Mountains einmal um die Halbinsel herumführt. Die Route verläuft über befestigte Straßen sowie Wiesen- und Waldwege.

Ein Großteil der Halbinsel steht unter Naturschutz. Hier leben verschiedene Vogelarten wie Schnepfen, Mittelsäger, Bussarde, Meisen und Finken. Wer mehr über den **Carlingford Birdwatching Trail** erfahren möchte, sollte sich an die Mitarbeiter in der Touristeninformation wenden.

Carlingford Adventure Centre ABENTEUERSPORT
(☎042-937 3100; www.carlingfordadventure.com; Tholsel St) Organisiert eine Reihe von Aktivitäten wie Segeln, Kajakfahren, Windsurfen, Klettern, Bogenschießen, Ziplining und „Zorbing" (dabei rollt man in einem riesigen Plastikball den Hügel hinunter). Zum Angebot gehören außerdem Unterkünfte im Hostelstil und für Selbstversorger.

Feste & Events

Leprechaun Hunt KULTUR
An einem Sonntag im Frühling (Ende Mai oder Anfang April) startet in Carlingford eine feierliche Leprechaun-Jagd.

Carlingford Oyster Festival ESSEN
(www.carlingford.ie) Mitte August rücken bei diesem ausgelassenen Fest die berühmten Austern des Ortes in den Mittelpunkt. Neben einer Austernschatzjagd und einem Angelwettbewerb stehen Musik, Lebensmittelmärkte und eine Regatta auf dem Carlingford Lough auf dem Programm.

NICHT VERSÄUMEN

FITZPATRICK'S

Das **Fitzpatrick's** (www.fitzpatricks-restaurant.com; Rockmarshall, Jenkinstown; ⏲Di–Do 12.30–23, Fr & Sa bis 0.30, So bis 22, Mo 12–23 Uhr; 📶) quillt innen und außen nur so über vor Krimskrams (Milchkannen, Laternen, Geweihe, Kirchenbänke, Geschirr, Straßenschilder, Fässer, Blasebalge, Geldscheine, Tische, die kopfüber von der Decke baumeln, etc.). Dieser von Einheimischen gepflegte Schatz macht einfach Spaß! Wer in den Genuss der exzellenten Kneipenküche kommen möchte (Steaks, Meeresfrüchte, preisgekrönte Fischsuppe und französische Zwiebelsuppe), sollte im Voraus reservieren.

Bei gutem Wetter lockt der Biergarten mit Blumen, Sonnenschirmen und brüllenden Eseln. Abends sorgt regelmäßig traditionelle irische Musik für Stimmung.

Schlafen

★ **Carlingford House** B&B €€
(☎042-937 3118; http://carlingfordhouse.com; Dundalk St; DZ ab 80 €; 📶) Einst lebte in dem stattlichen Gutshaus von 1844 im Ortszentrum der Dorfarzt. Das Gebäude befindet sich abseits der Straße inmitten einer gepflegten Anlage und sieht in den wärmeren Monaten, wenn es von Weinreben geziert wird, besonders eindrucksvoll aus. Drinnen sorgen die herzlichen Gastgeber für eine perfekte Balance zwischen historischem und modernem Flair. Das Frühstück ist außergewöhnlich gut.

Belvedere House B&B €€
(☎042-938 3828; www.belvederehouse.ie; Newry St; EZ 55–65 €, DZ 80–90 €; 📶) Alle Zimmer des netten B&Bs sind modern und wirken durch antike Kiefernholzmöbel, die dezente Beleuchtung sowie eine schöne Farbgebung sehr gemütlich. Die Gäste haben Zugang zu den Freizeiteinrichtungen des örtlichen Four-Seasons-Hotels. Unten im Bay Tree Restaurant wird das Frühstück serviert.

★ **Ghan House** PENSION €€€
(☎042-937 3682; www.ghanhouse.com; Main Rd; DZ ab 150 €; @📶) Das georgianische Haus aus dem 18. Jh. verfügt über einen üppigen Blumengarten und zwölf exquisit ausgestattete Zimmer, die mit Antiquitäten und Originalkunstwerken aufwarten. Besonders viel altmodischen Charme haben die vier Räume im Hauptgebäude. Weitere Pluspunkte gibt's für das erstklassige Restaurant (S. 557) mit Rabatten für Hausgäste und die **Kochschule** (Kurse ab 75 €).

Essen & Ausgehen

Ruby Ellen's Tea Rooms CAFÉ €
(http://rubyellenstearooms.com; Marion House, Newry St; Gerichte 6–10 €; ⏲9–18 Uhr; 👪) In einem charmanten Cottage mit hellblauen Wänden, bunt zusammengewürfelten Stühlen und Spitzentischdecken kommen seit 2014 Wraps, Bagels, Backkartoffeln mit Gourmetbeilagen wie Räucherlachs, Krabbenfleisch und Zitronenzesten, Schweinswürste, Räucherkäse und täglich frisch gebackener Kuchen auf den Tisch. Bei Sonnenschein setzt man sich am besten in den blumengeschmückten Hof.

Food for Thought FEINKOST, CAFÉ €
(Dundalk St; Gerichte 5–12 €; ⌚ Mo–Do 9–18, Fr & Sa 9–19, So 10–18 Uhr) Bunte Marmeladen- und Chutney-Gläser zieren die Wände des Ladencafés. Kroketten, Quiches und Fischküchlein sind nur ein paar der Leckerbissen, die man gleich vor Ort verzehren oder für ein Picknick mitnehmen kann. Zu den tollen Tagesangeboten gehören Rindfleischlasagne und Cottage Pie (Pastete mit Kartoffeln und Hackfleisch).

★ **PJ O'Hares** PUB €€
(www.pjoharescarlingford.com; Newry St; Hauptgerichte 12–20 €; ⌚ Küche Mo–Do 11–21.30, Fr & Sa 11–22, So 12–20 Uhr) In diesem preisgekrönten Gastropub gibt's herzhafte Hauptgerichte wie Pasteten (Rindfleisch und Guinness oder Lachs, Kabeljau und Muscheln) und sättigende Snacks nach Tapas-Art wie Carlingford-Austern. Darüber hinaus lockt die Kneipe mit regelmäßiger Livemusik (unser Favorit ist die fünfköpfige hiesige Band The Nooks). Je nach Wetter setzt man sich am besten in den atmosphärische Biergarten oder an den gemütlichen Kamin.

Bay Tree MODERN IRISCH €€
(☎ 042-938 3828; www.belvederehouse.ie; Belvedere House, Newry St; Hauptgerichte 19–27 €; ⌚ März–Mitte Nov. Mo–Sa 18–22, So 12.30–22 Uhr, Mitte Nov.–März kürzere Öffnungszeiten; 👪) Das kleine Restaurant kredenzt einfache, stilvoll präsentierte Gerichte aus saisonalen lokalen Zutaten, darunter Kürbis-Pilz-Tortellini mit Salbei und gereiftem Parmesan und würzige Entenbrust mit aromatischem Cranberry-Jus, sowie dekadente Desserts wie Rum-Rosinen-Flan. Reservierung empfehlenswert.

Ghan House MODERN IRISCH €€€
(☎ 042-937 3682; www.ghanhouse.com; Main Rd; Probiermenüs 30–45 €; ⌚ Mo–Sa 18–21.30, So 13–15 Uhr) Das Lokal im Ghan House (S. 556) ist für seine klassischen mehrgängigen Menüs (keine Gerichte à la carte) bekannt. Brote, Eiscreme und Soßen sind hausgemacht, überdies stammen die Gewürze und das Gemüse aus dem eigenen Garten. Im Voraus reservieren.

ℹ Praktische Informationen

Die **Touristeninformation** (☎ 087 957 6989; http://visitcarlingford.com; ⌚ 10–17 Uhr) befindet sich am Ufer im früheren Bahnhofsgebäude.

ℹ Anreise & Unterwegs vor Ort

Bus Éireann bedient Dundalk (15,50 €, 1 Std., Mo–Sa 6-mal tgl.) und fährt weiter nach Dublin und Newry (5,50 €, 20 Min., Mo–Sa 6-mal tgl.).

ABSTECHER

FLAGSTAFF VIEWPOINT

Wer über die Cooley Peninsula von Carlingford nach Newry in Nordirland reist, kann einen Abstecher von 3 km unternehmen, um einen herrlichen Ausblick auf den Carlingford Lough zu genießen, der von zerklüfteten, bewaldeten Bergen, grünen Feldern und dem glitzernden Meer eingerahmt wird.

Der Flagstaff Viewpoint liegt kurz hinter der Grenze zum County Armagh. Man erreicht ihn, indem man von der Richtung Nordwesten führenden Küstenstraße (R173) den Schildern folgt und linker Hand in die Ferryhill Road abbiegt. Dann geht's nach rechts zum Parkplatz am Aussichtspunkt hinauf. Der schnellste Weg von hier nach Newry führt dieselbe Strecke wieder zurück auf die R173.

Die Cooley Peninsula ist wie gemacht fürs Fahrradfahren. **On Yer Bike** (☎ 087 648 7337; www.onyerbike.ie; Chapel Hill; 20 € pro Tag; ⌚ Mo–Fr 9–18.30, Sa & So bis 18 Uhr) liefert Leihräder zur Unterkunft oder zur Touristeninformation.

COUNTY CAVAN

73 185 EW. / 1932 KM²

Cavan ist ein Paradies für Ruderer, Angler, Wanderer, Radfahrer und Künstler. Im „Lake Country" gibt's angeblich stolze 365 Seen – für jeden Tag des Jahres einen. Zwischen den Seen erstreckt sich eine sanfte Landschaft aus Strömen, Sümpfen und Drumlins. Außerdem führen spektakuläre Wanderwege durch den Cuilcagh Mountain Park, wo der 300 km lange Shannon entspringt. Am besten genießt man den ruhigen ländlichen Charme des Countys vom Wasser aus, z. B. an den ruhigen Ufern des Shannon-Erne-Kanals.

Magh Sleacht, eine Hochebene in der Nähe des Grenzortes Ballyconnell, war noch im 5. Jh. ein bedeutendes Druidenzentrum, als der hl. Patrick begann die heidnischen Iren zum christlichen Glauben zu bekehren. Es gibt hier immer noch zahlreiche Gräber, aufrecht stehende Steine und Steinkreise aus jener Zeit zu sehen. Der gälische O'Reilly-Clan regierte bis ins 16. Jh., dann wurde er von den Engländern besiegt. Als Teil der Ulster Plantation wurde Cavan unter englischen und schottischen Siedlern aufgeteilt. Nach dem Unabhängigkeitskrieg 1922 wurden die Ulster-Grafschaften Cavan, Monaghan und Donegal dem Süden zugeteilt.

Aufgrund der zahlreichen Seen sind die Straßen des Countys schmal und kurvig und bilden ein verwobenes Netz. Beim Erkunden der Gegend sollte man sich Zeit lassen, denn nach jeder Biegung kann sich unverhofft ein toller Blick eröffnen!

Cavan (Stadt)

10 205 EW.

Das solide Städtchen beherbergt einige hübsche georgianische Häuser. Sehenswürdigkeiten gibt's kaum, dafür kann man sich hier mit Informationen und Vorräten versorgen.

Sehenswertes

Bell Tower HISTORISCHE STÄTTE

Von dem Franziskanerkloster aus dem 13. Jh., um das sich die Stadt entwickelt hat, ist heute lediglich noch ein alter Glockenturm zu sehen. Dieser steht auf dem Friedhof in der Abbey Street neben dem Grab des Rebellenführers Owen Roe O'Neill aus dem 17. Jh.

Schlafen & Essen

Farnham Estate HOTEL €€€

(049-437 7700; www.farnhamestate.ie; DZ 139–185 €;) Mittlerweile gehört das weitläufige Anwesen aus dem 16. Jh. in einem nebligen Wald zur Radisson-Gruppe. Das Serviceangebot umfasst ein Restaurant mit Gartenblick, einen Pool mit Innen- und Außenbecken, ein schickes Spa und einen Golfplatz. Luxuriöse Zimmer verbinden modernen Stil mit historischen Details und Ambiente. Die Unterkunft befindet sich 3 km westlich der Stadt an der R198.

Cavan Farmers Market MARKT €

(Town Hall St; Fr 10–14 Uhr) Auf dem Parkplatz in der Town Hall Street.

Chapter One CAFÉ €

(www.chapteronecafe.ie; Convent Bldg, Main St; Gerichte 6–8,50 €; Mo–Fr 8.30–18, Sa 9–18, So 11–18 Uhr;) Ein paar Treppen führen zu diesem Café, in dem sich mittags zahlreiche Einheimische belegte Bagels, Suppen, Nachos, Salate und spezielle Angebote wie Quesadillas schmecken lassen.

ANGELN

Cavans tolle Fischgründe locken jede Menge Angler an, insbesondere im Süden und Westen. Hauptsächlich werden Wildbestände geangelt, teils gibt's jedoch auch Edelfische (Seeforelle und Hecht). Fast alle Seen sind gut ausgeschildert und meistens werden auch die jeweils darin vorkommenden Fischarten angegeben.

Weitere Infos liefert www.fishinginireland.info. Die Website listet Angelgeschäfte, Anglerguides und Bootsverleihfirmen auf.

Darüber hinaus haben die Touristeninformationen Angelführer auf Lager.

Ausgehen

McMahons BAR

(79 Main St; Mo–Do 11.30–0.30, Fr 12.30–0.30, Sa 11–0.30, So 15–23 Uhr;) In der höhlenartigen Bar sorgen regelmäßig Livebands und DJs für Stimmung.

Praktische Informationen

Cavans **Touristeninformation** (049-433 1942; www.thisiscavan.ie; Farnham St; Mo–Fr 9.15–17 Uhr) befindet sich über der Bibliothek.

Anreise & Unterwegs vor Ort

Vom kleinen Busbahnhof verkehren täglich zehn Busse nach Dublin (17 €, 2 Std.) sowie vier nach Donegal-Stadt (21 €, 2 Std.). Darüber hinaus gibt's Verbindungen in zahlreiche kleinere Orte des Countys.

Lough Oughter & Killykeen Forest Park

Der **Lough Oughter**, der auf der Karte wie ein verspritzter Wasserfleck aussieht, wird nicht nur von vielen Anglern angesteuert, sondern ist auch ein Paradies für Naturfreunde und Wanderer. Man erreicht den See am besten über den **Killykeen Forest Park** (www.coillteoutdoors.ie; 9–21 Uhr) GRATIS, 12 km nordwestlich von Cavan. Dort führen mehrere Wanderwege zwischen 1,5 und 5,8 km Länge durch die Wälder und am Ufer entlang. Unterwegs entdeckt man vielleicht Hermeline, Dachse, Füchse, Grauhörnchen, Igel und viele Vögel.

Die meisten der niedrigen, zugewachsenen Inseln im See waren *crannógs* (künstlich angelegte und befestigte Inseln). Auf der bekanntesten befindet sich das **Clough Oughter Castle**, ein Rundturm aus dem 13. Jh. Bevor Cromwells Männer das Gebäude 1653 zerstörten, diente es als abgelegenes Gefängnis und später als Sitz des Rebellenführers Owen Roe O'Neill. Obwohl die Ruine unerreichbar im Wasser liegt, lohnt sich aufgrund der tollen Aussicht ein Spaziergang über die Waldpfade.

Butlersbridge

Wer von Cavan aus auf der N3 gen Norden fährt, erreicht nach 7 km das Dorf Butlersbridge am Fluss Annalee, das sich ideal für ein Picknick am Fluss eignet.

Alternativ kehrt man im **Derragarra Inn** (http://murphsbistro-derragarra-inn.com; Hauptgerichte 16,50–29 €; ⏲ Küche Mo–Fr 12–21, Sa bis 21.30, So 12.30–21 Uhr) ein. Dieses einladende efeubewachsene Pub mit viel Holz im Inneren hat einen Biergarten, aus dem man über den Fluss und auf die St. Aidan Church blickt. Das Essen ist überdurchschnittlich gut (mit Mozzarella gefülltes Hähnchen im Speckmantel, Lachs und Seehecht mit Wermutsoße) und am Wochenende wird Livemusik gespielt.

5,5 km westlich von Butlersbridge an der L1511 verleiht Sean im **Cavan Canoe Centre** (☎ 087 290 5752; http://cavancanoeing.com; Inishmore; Einzel-/Doppelkajak 20/30 € pro halber Tag, Kanus 30 €, Neoprenanzug 5 € pro halber Tag; ⏲ April–Okt., Reservierung erforderlich) Kanus sowie Einzel- und Doppelkajaks für Ausflüge in die umliegenden Gewässer und (sehr wichtige!) Neoprenanzüge.

Cloverhill

4 km nördlich von Butlersbridge stößt man an der N54 auf das nette kleine Örtchen Cloverhill, das vor allem für das preisgekrönte Restaurant in einem früheren Postamt aus dem Jahre 1884, das **Olde Post Inn** (☎ 047-55555; www.theoldepostinn.com; 5-Gänge-Abendmenü 63 €, 8-Gänge-Probiermenü 82 €, 4-Gänge-Mittagsmenü am So 35 €; ⏲ Mi–Sa 18.30–21.30, So 12.30–14.30 Uhr; ✎), bekannt ist. Hier bereitet der kreative lokale Koch Gearoid Lynch moderne Gerichte mit traditionellen Grundzutaten wie Seeteufel, Lachs, Ente und Lamm zu. Die sechs Gästezimmer im früheren Domizil des Postmeisters (EZ/DZ 65/100 €) sind luxuriös mit edlen Teppichen und Stoffen ausgestattet.

Belturbet

1407 EW.

Belturbet, ein traditionelles Dorf am Shannon-Erne-Kanal, 16 km nordwestlich von Cavan, zieht jede Menge Angler an. Zudem bietet es sich als Ausgangspunkt für eine Radtour entlang dem Kanal- und Flusssystem an.

Sehenswertes

Belturbet Railway Station
HISTORISCHES GEBÄUDE

(☎ 086 868 5375; Railway Rd; ⏲ April–Sept. Di & Sa 10–13.15 & 14–17.15, Do 14–17.15 & 18–20.30 Uhr) GRATIS Das wunderschön restaurierte Bahnhofsgebäude beherbergt ein Besucherzentrum, das sich der Geschichte des regionalen Eisenbahnverkehrs widmet. Der Bahnhof war zwischen 1885 und 1959 in Betrieb und dämmerte in den folgenden 40 Jahren vor sich hin. Weil die Öffnungszeiten variieren, ruft man am besten vorher an.

Schlafen

Church View Guesthouse
PENSION €€

(☎ 049-952 2358; www.churchviewguesthouse.com; 8 Church St; EZ/DZ/FZ 45/75/95 €; ᯤ) Belturbets gemütlichste Unterkunft ist diese kirschfarbene Pension mit sieben hellen komfortablen Zimmern samt Privatbädern. Dank ihres kühlen Lagerraums und der Nähe zu den Seen erfreut sie sich bei Anglern großer Beliebtheit. Im Voraus reservieren.

Ausgehen

Widow's Bar
PUB

(Main St; ⏲ Mo–Do 10.30–23.30, Fr bis 0.30, Sa bis 2, So 12.30–23 Uhr) Das urige Pub verfügt über einen einladenden Innenraum mit freigelegtem Backstein und einen großen überdachten Biergarten. Samstag- und sonntagabends wird traditionelle Musik gespielt.

Anreise & Unterwegs vor Ort

Bus Éireann verkehrt von hier nach Dublin (17 €, 2 Std., 10-mal tgl.) und Donegal-Stadt (20,50 €, 1½ Std., 10-mal tgl.). Die Busse halten vor dem Postamt.

Ballyjamesduff & Umgebung

2568 EW.

Einst war das verschlafene Marktstädtchen der Sitz des Earl of Fife, James Duff, einem der ersten Großgrundbesitzer. Sein Nachkomme Sir James Duff befehligte die englischen Truppen während der Zerschlagung der Rebellion im Jahre 1798.

Der nahe gelegene Lough Sheelin ist für seine Forellenbestände bekannt und lädt das ganze Jahr über zu einem Spaziergang ein.

Um die Gegend zu erkunden, benötigt man einen Mietwagen.

Sehenswertes

Cavan County Museum MUSEUM
(☎049-854 4070; www.cavanmuseum.ie; Virginia Rd; Erw./Kind 3/1,50 €; ⊙ganzjährig Di–Sa 10–17 Uhr, Juli–Sept. So 14–18 Uhr) Die eindrucksvolle Sammlung dieses Museums in einem früheren Kloster umfasst Trachten aus dem 18., 19. und 20. Jh. Auch die Relikte aus der Stein-, Bronze- und Eisenzeit sowie dem Mittelalter sollte man sich ansehen, darunter den keltischen Killycluggin-Stein, den dreigesichtigen Corleck-Kopf und das tausend Jahre alte Boot, das beim Lough Errill gefunden wurde. Außerdem gibt's umfangreiche Exponate zum irischen Sport. Draußen befindet sich die neue kinderfreundliche **WWI Trench Experience** mit Soundeffekten und Gräben samt Sandsäcken.

Schlafen

Ross Castle HISTORISCHES HOTEL €€
(☎086 824 2200; www.ross-castle.com; Mountnugent; DZ 120–130 €) Das Hotel liegt 9 km südlich von Ballyjamesduff. Cromwell zerstörte Teile der 1590 errichteten Burg, doch die Nugent-Familie ließ sie restaurieren. Ein Aufenthalt ist unvergesslich, aber nichts für Zartbesaitete: Je höher man den Turm hinaufsteigt, desto steiler und schmaler werden die Stufen, ein Gästezimmer hat kein Bad und angeblich spukt es hier. Vor der Anreise sollte man anrufen, um die Ankunftszeit zu bestätigen.

BALLY WIE?

In ganz Irland stößt man auf Ortsbezeichnungen, die mit „Bally" (oder Varianten wie „Ballyna" und „Ballina") beginnen. Die allgegenwärtige Vorsilbe geht auf den irischen Ausdruck „Baile na" zurück. Oft wird dieser fälschlicherweise als „Stadt" übersetzt, doch als die Namen entstanden, gab es in Irland nur sehr wenige Städte. Eine genauere Übersetzung ist „Ort von". Ballyjamesduff bedeutet also z. B. Ort von James Duff bzw. James Duffs Ort. Die irische Bezeichnung für Dublin ist Baile Átha Cliath (Ort an der Hürdenfurt). Ins Englische übertragen entspricht das in etwa „Ballycleeagh".

Weitere übliche Vorsilben für Ortsbezeichnungen sind „Carrick" (oder „Carrig"), was auf Irisch „Fels" bedeutet, und „Dun" vom irischen *dún* (Festung).

Östliches Cavan

Viele Siedlungen im Osten der Grafschaft wie das hübsche **Virginia** wurden im 17. Jh. als Herrensitze angelegt.

29 km nordöstlich von Virginia (2 km östlich von Kingscourt) erstreckt sich der 225 ha große **Dún an Rí Forest Park** (☎042-966 7320; www.coillteoutdoors.ie; Auto 5 €; ⊙Parkplatz April–Okt. 9–18 Uhr, Nov.–März bis 16.30 Uhr) mit markierten Waldwanderwegen (alle kürzer als 4 km), Picknickplätzen und einem Wunschbrunnen. Mit etwas Glück entdeckt man am Flussufer einen Nerz oder Fischotter. Auf dem Parkplatz kann man nur mit Münzgeld zahlen.

Am Rand des Waldes erhebt sich das **Cabra Castle** (☎042-966 7030; www.cabracastle.com; ES/DZ/Cottage ab 100/150/110 €; WLAN) aus dem 19. Jh., ein Luxushotel mit antikem Mobiliar. Die Zimmer befinden sich fast alle im Hofbereich, aber zum Angebot gehören auch ein paar Cottages für Selbstversorger. Die Lobby und ein paar Zimmer warten mit WLAN auf. Die Unterkunft liegt 30 km nordöstlich von Virginia (3 km östlich von Kingscourt) an der Straße nach Carrickmacross.

Nordwestliches Cavan

Vor der imposanten Kulisse des Cuilcagh Mountain erstrecken sich im abgelegenen Nordwesten wunderschöne Landschaften. Das öffentliche Verkehrssystem ist allerdings begrenzt, deswegen braucht man einen fahrbaren Untersatz.

Ballyconnell

1061 EW.

Dieses hübsche Dorf ist bei Anglern und Besuchern beliebt, die auf dem Shannon-Erne-Kanal unterwegs sind.

Aktivitäten

Jampa Ling Buddhist Centre BUDDHISTISCHES ZENTRUM
(☎049-952 3448; www.jampaling.org; Owendoon House, Bawnboy; Retreats & Workshops pro Aktivität

WANDERUNG: DER CAVAN WAY

Höhepunkt für viele Wanderer in der Region ist der 26 km lange **Cavan Way**, der durch die Cuilcagh Mountains führt und die Dörfer Blacklion sowie Dowra miteinander verbindet. Von Blacklion windet er sich Richtung Süden durch den Cavan Burren Park (S. 561) und die antike Begräbnistätte **Magh Sleacht** mit ihren zahlreichen prähistorischen Monumenten (Steinhaufen, Ringfestungen und Gräbern). Der Weg verläuft weiter zur Quelle des Shannon, Irlands längstem Fluss, und über die Straße nach Dowra, wo man den **Black Pigs Dyke** passiert. Einst trennte der alte Damm das Land in zwei Teile.

Ab Blacklion geht's zunächst durch die Berge, während man von Shannon Pot bis Dowra größtenteils auf Straßen unterwegs ist. Den höchsten Punkt der Wanderung markiert das Giant's Grave (260 m). Für die Tour benötigt man die Karte Ordinance Survey Nr. 26 und den Kartenführer *Cavan Way*. Beide bekommt man in Blacklion und Dowra. Detaillierte Infos zur Strecke (inklusive Karten als PDFs zum Herunterladen) erhält man unter www.thisiscavan.ie und www.irishtrails.ie. Die Wege sind manchmal matschig, deshalb sollte man Ersatzsocken mitnehmen.

In Blacklion kann man auch dem Ulster Way folgen oder in Dowra den Leitrim Way nehmen, der Manorhamilton und Drumshanbo verbindet.

25–45 €, B/EZ Selbstversorger 18/23 €, inkl. Verpflegung 32/39 €, inkl. Wochenend-Retreat 215 €) Hier erwartet Gäste ein spiritueller Aufenthalt. Der Name „Jampa Ling“ bedeutet „Ort der Unendlichen Liebevollen Freundlichkeit“. Zum Angebot gehören Kurse, Philosophie, Meditation, Yoga, sowie Heil- und Küchenkräuter zum Thema buddhistische Lehren. Die Verpflegung ist vegetarisch. Auch wer keinen Kurs belegt, kann in dem Zentrum übernachten, doch wenn diese stattfinden, ist es oft ausgebucht.

Schlafen

Slieve Russell Hotel LUXUSHOTEL €€

(☎ 049-952 6444; www.slieverussell.ie; Cranaghan; DZ ab 105–130 €, 3BZ 149–159 €;) Wer Luxus und Entspannung sucht, findet im Slieve Russell Hotel 3 km südöstlich der Stadt Marmorsäulen, Springbrunnen, Restaurants, Bars, einen 18-Loch- und einen Neun-Loch-Golfplatz. Hier kann man Unterricht bei Golfprofis nehmen. Die 222 Zimmer sind elegant eingerichtet, außerdem gibt's ein Spa, das mit Wellnessbehandlungen, einem Floatingbecken, einer Kräutersauna und einer Salzgrotte aufwartet.

Blacklion & Umgebung

174 EW.

Durch diese abgeschiedene Ecke der Grafschaft führt der Cavan Way. Das kleine Dorf Blacklion ist weniger als 50 m vom dem Fluss Belcoo entfernt. Dieser markiert die Grenze zum County Fermanagh in Nordirland.

Feinschmecker lockt das MacNean House & Restaurant (S. 562) vor Ort an.

Busse verkehren nur sporadisch, deswegen ist man auf einen eigenen fahrbaren Untersatz angewiesen.

Sehenswertes

Cuilcagh Mountain Park PARK

Die Grenze zwischen der Republik und Nordirland verläuft auf dem Kamm des Mount Cuilcagh, dem markanten Gipfel im gleichnamigen Park. Dies ist der erste grenzüberschreitende Geopark der Welt. Seine unteren Hänge bestehen aus geschützten Torfmooren, die oberen aus spektakulären Felswänden. Das Besucherzentrum und die größte Attraktion der Gegend, die Marble Arch Caves (S. 680), liegen von Blacklion aus kurz hinter der Grenze im County Fermanagh.

Auf der irischen Seite ist der megalithische Cavan Burren Park die neueste Attraktion.

★ **Cavan Burren Park** HISTORISCHE STÄTTE

(www.cavanburren.ie; Tullygobban Hill; Parkplatz 9–19 Uhr) GRATIS Nur 3 km südlich von Blacklion im Cuilcagh Mountain Park, durch den die Wanderroute Cavan Way (S. 561) verläuft, befindet sich diese surreale, in den 1870er-Jahren entdeckte megalithische Stätte. Bis in die 1950er wurde das Gelände landwirtschaftlich genutzt und erst 2014 zum Cavan Burren Park erklärt. Zu den Highlights zählen ein Fort auf einer Landzunge, das etwa aus dem Jahre 500 v. Chr. stammt, und das Keilgrab Giant's Grave von 2500 v. Chr. Es gibt einen Stand mit Infotafeln, ansonsten ist das hügelige bewaldete Gebiet unberührt und herrlich atmosphärisch.

Essen

★ MacNean House & Restaurant MODERN IRISCH €€

(☎ 071-985 3022; www.nevenmaguire.com; Main St; Menüs abends 72–87 €, mit zu den Gängen passenden Weinen 132 €, So Mittagessen 39 €, Kochkurse ab 160 €; ⏰ Mi–Sa 18–23, So 12.30–22 Uhr;) Neven Maguire, ein preisgekrönter Fernsehkoch, wuchs in diesem wunderschönen Dorfhaus auf und verwandelte es in ein Restaurant mit Kochschule, die beide zu den besten des Landes zählen. Wer in den Genuss von kreativen Kreationen wie Hühnchenconfit-Lollis mit Schaum von gut gereiftem Parmesan, Sherry-Essig-Aspik und Kürbisrisotto kommen möchte, muss Monate im Voraus reservieren. Für Übernachtungsgäste stehen wunderschöne Zimmer bereit (DZ 134–164 €).

COUNTY MONAGHAN

60 490 EW. / 1295 KM²

Monaghans friedliche, sanft an- und absteigende Landschaft ist von Seen und kleinen runden Hügeln geprägt, die an Bläschen auf schlecht verklebten Tapeten erinnern. Diese als Drumlins bezeichneten Höcker sind Ablagerungen geschmolzener Gletscher aus der letzten Eiszeit. Die Seen des Countys ziehen zahlreiche Angler an, aber ansonsten kommen nur wenige Besucher in die Gegend, die sich gerade deshalb für ruhige Streifzüge anbietet.

Im Gegensatz zum Rest der Region hat Monaghan von der Ulster Plantation nicht viel mitbekommen. Nach den Cromwell-Kriegen waren die lokalen Clanchefs allerdings gezwungen, ihr Land zu einem Bruchteil des tatsächlichen Werts zu verkaufen. Oft wurde es aber auch einfach von Cromwells Soldaten beschlagnahmt.

Im frühen 19. Jh. gewann die Herstellung von Spitzenhandarbeiten Bedeutung für die regionale Wirtschaft. Dies schuf Arbeitsplätze und ermöglichte Frauen ein Einkommen. Clones und Carrickmacross waren die Zentren dieser Industrie. In beiden Orten kann man die hübschen Handarbeiten bis heute bewundern.

Monaghan (Stadt)

6221 EW.

Monaghan mag die Hauptstadt des Countys sein, ist jedoch vom Tourismus völlig unberührt. Mit ihren eleganten Kalksteinbauten aus dem 18. und 19. Jh. laden die hübschen Straßen zu einem gemütlichen Spaziergang ein.

Sehenswertes & Aktivitäten

Auf dem Church Square steht ein massiger Obelisk: Das **Dawson Monument** (1857) erinnert an Colonel Dawsons bedauerlichen Tod im Krimkrieg. Die gotische St. Patrick's Church und das stattliche dorische **Gerichtsgebäude** (1829) wachen über das Denkmal. Am auffälligsten ist aber das **Rossmore Memorial** (1875) weiter westlich, ein viktorianischer Trinkbrunnen auf dem Diamond Square.

Außerdem gibt's in Monaghan auch mehrere Gebäude mit sanft abgerundeten Kanten, eine architektonische Besonderheit in Irland.

Monaghan County Museum MUSEUM

(www.monaghan.ie; 1–2 Hill St; ⏰ Mo–Fr 11–17, Sa 12–17 Uhr) GRATIS Als Highlight dieses ausgezeichneten Museums mit über 70 000 Ausstellungsobjekten, die von der Steinzeit bis in die Gegenwart reichen, gilt das **Cross of Clogher** – ein Altarkreuz aus Eichenholz, das in dekorative Bronzeplatten eingefasst ist. Zu den weiteren eindrucksvollen Funden gehören die beiden Kessel von Lisdrumturk und Altartate, mittelalterliche *crannóg*-Artefakte sowie furchterregende Schlagringe und Knüppel, die an die Nähe des Städtchens zu Nordirland erinnern.

Venture Sports ANGELN

(☎ 047-81495; 71 Glaslough St; ⏰ Mo–Sa 9–18 Uhr) Die Gegend bietet hervorragende Angelmöglichkeiten. Bei Venture Sports bekommt man Lizenzen und die nötige Ausrüstung sowie jede Menge Tipps.

Feste & Events

Harvest Blues Festival MUSIK

(www.harvestblues.ie) Erstklassiges dreitägiges Bluesfestival mit irischen und internationalen Musikern Anfang September.

Schlafen & Essen

Das Castle Leslie (S. 563) bietet atmosphärische Übernachtungsmöglichkeiten vor den Stadttoren.

Westenra Arms HOTEL €€

(☎ 047-74400; www.westenrahotel.com; The Diamond; EZ 59–79 €, DZ 99–129 €, 3BZ 130–160 €;) Im Stadtzentrum befindet sich ein auf-

ABSTECHER

CASTLE LESLIE

Das **Castle Leslie** (☎ 047-88100; www.castleleslie.com; Glaslough; DZ ab 170 €; 📶), 11 km nordöstlich von Monaghan (Stadt) an der R185, ist ein eindrucksvoller viktorianischer Gebäudekomplex. 1665 erwarb es die Familie Leslie, deren Wurzeln angeblich bis zum Hunnenkönig Attila reichen. Zum Serviceangebot des Hotels gehören ein viktorianisches Spa und ein Reitzentrum (ab 35 € pro Std.). Etwas zu essen bekommt man in der schicken **Snaffles Brasserie** oder in der gemütlichen **Conor's Bar**. In den gemeinschaftlich genutzten Bereichen gibt's WLAN-Empfang.

Jedes der 20 Zimmer im Haupthaus hat eine eigene Geschichte. Der Red Room, einst von W. B. Yeats bewohnt, ist mit dem ersten modernen Bad Irlands ausgestattet, und vom stattlichen neogotischen Himmelbett in Uncle Norman's Room wird behauptet, es schwebe gelegentlich frei im Raum. In der Hunting Lodge befinden sich weitere 30 Zimmer, deren Gestaltungsspektrum vom üppig-traditionellen bis zum eher minimalistisch-zeitgenössischen Stil reicht.

fälliges, riesiges Hotel aus Ziegelstein. Es beherbergt komfortable Zimmer (teils mit Himmelbetten), zu denen man per Aufzug gelangt, und gesellige öffentliche Bereiche, darunter ein Restaurant, eine Bar mit Livemusik, ein Nachtclub und die großartige Coicktailbar Shifty Mulhares (S. 563). Die Wände sind gut gedämpft, sodass man problemlos in Ruhe schlafen kann. Für Kinder gibt's Spielzeug und Malbücher.

Andy's Bar & Restaurant BISTRO €€
(☎ 047-82277; www.andysmonaghan.com; 12 Market St; Restaurant Hauptgerichte 14–29 €, Bar Hauptgerichte 8–14 €; ⏲ Restaurant 18–22 Fr & Sa, So 17–21.30, Bargerichte Di–Fr 16–22, Sa 14–22, So 13.30–21.30 Uhr) Die weißgetünchte viktorianische Bar samt altmodischem Restaurant ist eine familiengeführte Institution und erfreut sich bei Einheimischen schon lange großer Beliebtheit. Zu den Spezialitäten des Hauses gehören frittierte panierte Pilze mit Knoblauchmayonnaise, paniertes Hähnchenfilet mit Pilz-Zwiebel-Soße sowie traditionelle Fish 'n' Chips.

Ausgehen & Nachtleben

Shifty Mulhares COCKTAILBAR
(www.westenrahotel.com; The Diamond; ⏲ Fr–So 17–1 Uhr) Von der Straße muss man einige Treppenstufen hinabsteigen zu dieser Cocktailbar im Westenra Arms (S. 562). Sie ist auf geniale Art als Zuhause des fiktiven unerschrockenen Entdeckers Shifty Mulhares gestaltet, dafür sorgen Mitbringsel von seinen Reisen wie Vogelkäfige, Chesterfield-Sofas und Schallplatten aus den 1980er-Jahren. Wer möchte, kann sich sogar einen Cocktail auf Shiftys Himmelbett genehmigen.

McKenna's Bar PUB
(www.mckennasbar.net; 62 Dublin Rd; ⏲ Mo–Fr 19–24, Sa & So ab 15 Uhr; 📶) Das historische Pub ist in der ganzen Region für seine Jamsessions bekannt, vor allem für Blues. Sie finden in der Bar „The Brewery" im oberen Stock statt, einem stimmungsvollen Raum mit Tischen aus dunklen Holzfässern und freigelegtem Mauerwerk.

☆ Unterhaltung

Market House KULTURZENTRUM
(☎ 047-38162; www.monaghan.ie; Market St) In der restaurierten Markthalle aus dem 18. Jh. werden Ausstellungen und Konzerte veranstaltet und Theaterstücke aufgeführt.

ℹ Praktische Informationen

Touristeninformation (☎ 047-81122; www.monaghantourism.com; Market St; ⏲ Juni–Sept. Mo–Fr 10–17 Uhr) Im Market House.

ℹ Anreise & Unterwegs vor Ort

Vom Busbahnhof in der North Road gibt's u. a. tägliche Verbindungen nach Dublin (17 €, 2 Std., 8-mal tgl.) und Carrickmacross (13 €, 30 Min., 8-mal tgl.).

Rossmore Forest Park

Besucher des **Rossmore Forest Park** (www.coillteoutdoors.ie; Auto 5 €; ⏲ Parkplatz April–Okt. 9–18 Uhr, Nov.–März bis 16.30 Uhr) können sich hier die Überreste des Familiensitzes der Rossmores aus dem 19. Jh. ansehen, darunter eine Freitreppe, ein paar Stützpfeiler und ein Friedhof für Haustiere. Im Sommer wartet die Anlage mit farbenprächtigen

Rhododendren und Azaleen auf und lockt außerdem noch mit Waldwegen, schönen Picknickstellen sowie einer Reihe riesiger Mammutbäume, einer herrlichen Eibenallee und Grabstätten aus der Eisenzeit. Der Waldpark liegt etwa 3 km südwestlich von Monaghan an der Straße nach Newbliss (R189). Am Parkplatz kann man nur mit Münzgeld zahlen.

Clones & Umgebung

1517 EW.

Einst war Clones der Sitz eines bedeutenden Klosters aus dem 6. Jh., das später als Augustinerabtei genutzt wurde. Dementsprechend sind die wichtigsten Sehenswürdigkeiten des Ortes kirchlich.

Auf dem Diamond-Platz steht z. B. ein schön erhaltenes **Hochkreuz** mit Darstellungen biblischer Geschichten wie der von Daniel in der Löwengrube.

Interessant sind auch die Ruinen der vom hl. Tiernach begründeten **Abtei** und des 22 m hohen Rundturms aus dem frühen 9. Jh. auf dem südlich der Stadt gelegenen Friedhof. Ganz in der Nähe befindet sich ein **Sarkophag** mit verwitterten Tierkopfreliefs, der ebenfalls im 9. Jh. hergestellt wurde. Wahrscheinlich handelt es sich hierbei um Tiernachs Grab.

Bekanntheit erlangte Clones auch für seine handgearbeitete Spitze. Mehr darüber erfährt man in den **Ulster Canal Stores** (☎ 047-52125; www.cloneslace.com; Cara St; ⏱ Mo–Fr 10–17 Uhr).

Auf einem 240 ha großen Anwesen 5 km südlich der Ortschaft an der R212 Richtung Scotshouse liegt die großartige Landhausunterkunft **Hilton Park** (☎ 047-56007; www.hiltonpark.ie; EZ 125–155 €, DZ 170–270 €, Torhaus 495 € pro Woche; ⏱ April–Okt.). Das Gebäude ist seit 1734 im Besitz derselben Familie. Die sechs geräumigen lichtdurchfluteten Gästezimmer verfügen über antike Möbel, freistehende Badewannen und Himmel- oder Baldachinbetten. Im Preis inbegriffen ist ein *high tea* (eine Mahlzeit zwischen 17 und 19 Uhr) nach der Ankunft. Die erstklassigen Gerichte werden hauptsächlich aus Produkten des hauseigenen Gartens zubereitet (Abendessen 55 €, Di–Sa Reservierung erforderlich).

Bus Éireann verkehrt zwischen Clones und Monaghan (7 €, 25 Min., Mo–Sa 3-mal, Sa 1-mal). **Ulsterbus** (www.translink.co.uk) bietet eine Direktverbindung zwischen Clones und Belfast (20 €, 2¾ Std., 1-mal tgl.).

Carrickmacross & Umgebung

1973 EW.

Carrickmacross wurde zuerst von Engländern und Schotten besiedelt, die an der breiten Hauptstraße einige elegante georgianische Häuser mit wunderschönen farbenfrohen Fassaden hinterließen. Der Ort ist berühmt für seine feinen Spitzenarbeiten. Diese werden weltweit exportiert, seitdem die Produktion 1871 durch die Nonnen von St. Louis wiederbelebt wurde.

Für Angler ist das Städtchen ein großartiger Ausgangspunkt, da die Loughs Capragh, Spring, Monalty und Fea mit tollen Fischbeständen aufwarten.

Sehenswertes

Carrickmacross Lace Gallery MUSEUM

(☎ 042-966 4176; www.carrickmacrosslace.ie; Market Sq; ⏱ Mo & Sa 10–16, Di–Fr bis 17.30 Uhr) In den ehemaligen Viehhöfen der Stadt führt eine lokale Kooperative dieses winzige Museum. Besucher haben hier die Möglichkeit, bei der Herstellung von Spitze zuzusehen und hübsche Designs zu bestaunen. Die Schneider in Carrickmacross nehmen Auftragsarbeiten entgegen, darüber hinaus stehen kleine exquisite Stücke wie Kühlschrankmagneten, Lesezeichen und Ähnliches für nur rund 10 € zum Verkauf.

Anders als bei der Häkelware von Clones werden die Muster mit dickem Faden in engen Stichen auf Organzastoff aufgestickt, zusätzlich wird das Ganze mit verschiedenen Zierstichen versehen.

Die Spitzenmuster von Carrickmacross zierten die Ärmel des Hochzeitskleides von Prinzessin Diana und die Technik kam ebenfalls bei der Brautrobe von Kate Middleton zum Einsatz, die 2011 Prinz William ehelichte.

St. Joseph's Catholic Church KIRCHE

(O'Neill St; ⏱ 8–18 Uhr) Handwerkskunst ist auch in dieser Kirche zu bewundern. Zehn Fenster wurden von Harry Clarke, Irlands berühmtestem Buntglaskünstler, gestaltet. Die Öffnungszeiten variieren teilweise.

Schlafen & Essen

★ **Shirley Arms** HOTEL €€

(☎ 042-967 3100; www.shirleyarmshotel.ie; Main St; DZ ab 110 €, Bar/Restaurant Hauptgerichte 14–29 €; 📶) Hinter der warmen Steinfassade des zentral gelegenen Shirley Arms verbirgt sich ein großartiges familiengeführtes

Hotel. Weißes Leinen, Nussholzparkett und schicke Bäder sorgen für modernes Flair in den Zimmern. In der offenen Bar mit Lounge wird vor informeller Kulisse exzellente Kneipenkost serviert. Darüber hinaus gibt's ein elegantes **Restaurant**.

★ **Courthouse Restaurant** MODERN IRISCH €€
(www.courthouserestaurant.ie; 1 Monaghan St; Tapas 4,50–7 €, Hauptgerichte 17–25 €; ⌚ Mi–Fr 12.15–14.30 & 17.30–21.30, Sa 17–22, So 12.15–16 & 17–21 Uhr; 🖉) Küchenchef Conor Mee verarbeitet lokale saisonale Zutaten zu kreativen Kreationen wie täglich wechselnden irischen Tapas (z. B. Rote Bete mit Kohl-Walnuss-Pesto) und Hauptgerichten wie gegrilltem Seebrassen mit Queller, Garnelen und Zitronenbutter, gebratene Entenbrust mit Orangen-Karotten-Püree und geschmortes Wild mit Kartoffelgratin. Raue Steinwände, freigelegte Balken und flackernde Kerzen sorgen für ein romantisches Ambiente.

Ausgehen

Fiddlers Elbow PUB
(www.fiddlers.ie; Main St; ⌚ So–Do 11–24, Fr–So bis 2 Uhr) Die kleeblattgrüne Front des Fiddlers Elbow passt zu den farbenfrohen Fassaden in der Umgebung. Das Gebäude beherbergt eine Bar, ein Restaurant sowie einen Nachtclub (www.vanitynightclub.ie) im Obergeschoss. Hier geht's überall betriebsam und gesellig zu, und samstags spielen ab 21 Uhr Livebands.

Praktische Informationen

Carrickmacross hat keine Touristeninformation, aber eine gute Website (www.carrickmacross.ie).

An- & Weiterreise

Bus Éireann verkehrt von hier nach Dublin (17 €, 1½ Std., 8-mal tgl.).

Inniskeen

292 EW.

Im idyllischen kleinen Inniskeen (Inis Caoin), 10 km nordöstlich von Carrickmacross, wurde der Dichter Patrick Kavanagh (1904–1967) geboren.

Dessen umfangreiches Epos *The Great Hunger* (1942) räumte auf mit den früheren Klischees in der angloirischen Dichtung und entzauberte die arme irische Landbevölkerung als hungergeplagt, innerlich gebrochen und sexuell unbefriedigt. Der Text von Kavanaghs bekanntestem Gedicht *On Raglan Road* (1946) über eine unerfüllte Liebe passte auf das traditionelle irische Lied *The Dawning of the Day*, das schon von Van Morrison, Mark Knopfler, Billy Bragg und Sinead O'Connor sowie vielen anderen zum Besten gegeben wurde.

Das **Patrick Kavanagh Resource Centre** (☎ 042-937 8560; www.patrickkavanaghcountry.com; Erw./Kind 5/3 €; ⌚ ganzjährig Di–Fr 11–16.30 Uhr, Juni–Sept. So 15–17.30 Uhr) ist in der alten Kirche untergebracht, wo Kavanagh getauft wurde. Seine letzte Ruhe fand der Schriftsteller auf dem angrenzenden Friedhof. Besucher werden hier sicher von der Begeisterung der Mitarbeiter für sein Leben und Werk angesteckt. Zu den regelmäßigen Veranstaltungen im Literaturzentrum gehört auch das **Writers' Weekend** Ende Juli/Anfang August.

Informationen über **literarische Rundgänge** rund um das Dorf gibt's auf der Website des Zentrums. Zu den Sehenswürdigkeiten in Inniskeen und der malerischen Umgebung gelangt man zu Fuß oder mit einem fahrbaren Untersatz (insgesamt 5,6 km).

Der Ort liegt auf der Bus-Éireann-Route zwischen Dundalk (5,50 €, 15 Min.) und Carrickmacross (4,10 €, 20 Min.) und wird montags bis samstags viermal täglich bedient.

Belfast

280 900 EW. / 115 KM²

Inhalt ➡

Gut essen

- Mourne Seafood Bar (S. 589)
- OX (S. 588)
- Barking Dog (S. 590)
- Holohan's (S. 589)
- Saphyre (S. 590)

Toll ausgehen

- Crown Liquor Saloon (S. 591)
- Filthy Quarter (S. 591)
- Duke of York (S. 595)
- Love & Death Inc (S. 594)
- Eglantine (S. 596)

Auf nach Belfast

Belfast ist heute gewissermaßen eine ganz neue Stadt. Einst mit Beirut, Bagdad und Bosnien im Viererpack der gefährlichen „B"s genannt, die Traveller meiden sollten, hat sich in den letzten Jahren eine bemerkenswerte Wandlung vollzogen. Anstelle von Bomben und Straßenschlachten glänzt die schicke Partystadt inzwischen mit trendbewussten Einwohnern und Spitzenhotels.

Die alten Werften am Lagan weichen unverändert den luxuriösen Apartmenthäusern des Titanic Quarters. Dessen Herzstück, das atemberaubende, sternförmige Titanic Belfast Centre, dokumentiert den Bau des tragischen Schiffs und ist ein echter Touristenmagnet. In den letzten zehn Jahren sind immer mehr neue Touristenattraktionen entstanden – so wurde das alte Crumlin Road Gaol der Öffentlichkeit zugänglich gemacht, die SS Nomadic wurde geöffnet und das Kriegsschiff HMS Caroline aus dem Ersten Weltkrieg soll bis 2016 zu einem schwimmenden Museum umfunktioniert werden. Daneben hat Belfast zahlreiche wunderschön restaurierte viktorianische Bauwerke, eine glamouröse Ufermeile mit viel moderner Kunst, eine fantastische Gourmetszene und Pubs mit viel Musik zu bieten.

Reisezeit

- Besonders schön ist es hier im April, wenn in den Parks die Blumen aus dem Boden sprießen und beim Belfast Film Festival irische und internationale Filme gezeigt werden.
- Der August verspricht gutes Wetter für Wanderungen und Radtouren, in West-Belfast werden beim Féile An Phobail irische Musik- und Tanzfeste veranstaltet, außerdem gibt's Straßenfeste und eine Karneval-Parade.
- Ab Oktober kann es kühl werden, aber das Festival at Queen's, Großbritanniens größtes Kunstfest nach dem in Edinburgh, heizt Besuchern während der drei Wochen kräftig ein.

Highlights

1 In der neuen **Titanic-Belfast-Ausstellung** (S. 575) alles über den berühmtesten Ozeandampfer der Welt erfahren.

2 Im **Ulster Museum** (S. 577) prähistorische Schätze, eine ägyptische Mumie und Gold der gesunkenen Armada entdecken.

3 Im **Crown Liquor Saloon** (S. 569) einkehren, Belfasts schönstem viktorianischen Pub.

4 Eine **Taxitour** (S. 583) zu den aufrüttelnden politischen Wandmalereien in West-Belfast unternehmen.

5 Auf dem **Cave Hill** (S. 569) den wunderbaren Panoramablick über die Stadt genießen.

6 Zwischen Bauernhäusern, Schmieden und Mühlen im **Ulster Folk Museum** (S. 579) Geschichte atmen.

7 Mit dem Rad auf dem **Lagan Towpath** (S. 574) ins alte Leinenzentrum Lisburn fahren.

8 Das Palmenhaus mit der Vogelkäfigkuppel in den **Botanic Gardens** (S. 578) besuchen.

Geschichte

Belfasts Name leitet sich von dem Fluss Farset (irisch feirste, Sandbank oder sandige Furt) ab, der am Donegall Quay in den Lagan mündet und heute durch einen unterirdischen Kanal fließt. Der alte irische Name Béal Feirste bedeutet „Mündung des Farset".

1177 errichtete der Normannenherrscher John de Courcy hier eine Burg. Zusammen mit der kleinen Ansiedlung wurde sie bereits 20 Jahre später im Kampf wieder zerstört. Erst 1611 gab es einen nennenswerten Aufschwung, als Baron Arthur Chichester eine Festung im heutigen Stadtzentrum (nahe dem Castle Place und der Castle Street) bauen ließ. Diese wurde 1708 durch ein Feuer zerstört.

Die Ulster Plantation im frühen 17. Jh. zog die ersten englischen und schottischen Siedler an. Im späten 17. Jh. folgten französische Hugenotten, die in ihrer Heimat unterdrückt wurden und eine blühende Leinenindustrie begründeten. Nicht lange danach trafen weitere Engländer und Schotten ein und brachten Industriezweige wie Seilerei, Tabakverarbeitung, Schiffs- und Maschinenbau mit.

Wegen seines Schwerpunktes auf Textilindustrie und Werften war Belfast die einzige irische Stadt, die von der industriellen Revolution erfasst wurde. Nüchterne Reihenhäuser aus Ziegelsteinen wurden für Fabrik- und Werftarbeiter errichtet. Aus den 20 000 Einwohnern von 1800 waren zu Beginn des Ersten Weltkriegs bereits 400 000 geworden – damit hatte Belfast schon beinahe Dublin überholt.

Die Teilung Irlands 1920 bescherte dem Ort eine vollkommen neue Rolle als Hauptstadt des abgetrennten Nordens. Gleichzeitig endete das industrielle Wachstum, was sich aber erst nach dem Zweiten Weltkrieg in einem echten Niedergang äußerte. Mit dem offenen Ausbruch der Unruhen 1969 erlebte die Stadt ständig neue Wellen von Gewalt und Blutvergießen. Schreckliche Bilder von Bomben und Terror, Morden und brutal durchgreifender Staatsmacht prägten Belfasts Image in der restlichen Welt.

Das Karfreitagsabkommen aus dem Jahre 1998 diente als Grundlage für eine Aufteilung der Macht zwischen den divergierenden politischen Fraktionen in einer fortschrittlichen nordirischen Regionalversammlung (Northern Ireland Assembly) und ließ die Hoffnungen auf eine bessere Zukunft wieder wachsen. Ein historischer Meilenstein wurde am 8. Mai 2007 gelegt, als Reverend Ian Paisley, der hitzköpfige protestantische Prediger und Führer der Democratic Unionist Party, und Martin McGuinness, Abgeordneter von Sinn Féin sowie früherer IRA-Führer, in Stormont als Erster Minister bzw. Stellvertretender Erster Minister der neuen Regierung vereidigt wurden.

Seit 1998 profitiert Belfast von Investitionen, die besonders seitens der EU reichlich fließen. Große Teile des Stadtzentrums wurden (oder werden) saniert, der Tourismus zieht wirklich an. Die weltweite Finanzkrise hatte die Stadt schwer getroffen, doch jetzt erholt sich Belfast schnell wieder.

Sehenswertes

Stadtzentrum

★ City Hall HISTORISCHES GEBÄUDE
(Karte S. 570 f.; www.belfastcity.gov.uk; Donegall Sq; ⌚ geführte Touren Mo–Fr 11, 14 & 15, Sa 14 & 15 Uhr) GRATIS Belfasts Rathaus im klassischen Renaissance-Stil wurde 1906 in weißem Portlandstein errichtet. Zu den Höhepunkten der kostenlosen geführten Tour (45 Min.) gehören die aufwendige, prächtig mit italienischem Marmor und bunten Glasfenstern verzierte Eingangshalle und Rotunde. Besucher können sogar auf dem Thron des Amtsinhabers im Rathaussaal Platz nehmen. Ebenso interessant sind die eigenartigen Porträts einstiger Bürgermeister. Da jeder Lord Mayor seinen Maler selbst auswählen durfte, ist eine interessante Sammlung ganz unterschiedlicher Stilrichtungen entstanden.

Im 19. Jh. veränderte die Industrielle Revolution die ganze Stadt. Der wirtschaftliche Aufstieg spiegelt sich in der extravaganten City Hall wider, die mit Geldern aus Profiten der Gaswerke finanziert wurde.

Vor dem Gebäude befindet sich eine Statue der mürrisch dreinblickenden **Queen Victoria**. Die Bronzefiguren zu ihrer Seite stehen für die Textilindustrie und den Schiffbau und das Kind im Hintergrund für Bildung. In der nordöstlichen Ecke des Geländes sieht man eine Statue von **Sir Edward Harland**. Der aus Yorkshire stammende Schiffsbauingenieur gründete die Werft Harland & Wolff und regierte Belfast als Bürgermeister von 1885 bis 1886. Südlich davon erinnert ein **Denkmal an die Opfer der Titanic**.

Im **Bobbin Coffee Shop** (Karte S. 570 f.; Gerichte 4–6 £; ⌚ Mo–Fr 9.30–16.30, Sa 10–16 Uhr)

BELFAST IN…

… einem Tag

Der erste Tag beginnt mit einem Frühstück in einem der vielen Cafés in der Botanic Avenue, z. B. im Maggie May's (S. 590). Dann folgen ein Spaziergang ins Zentrum und eine kostenlose Führung durch die City Hall (S. 568). Mit einem der **schwarzen Taxis** (S. 583) geht's anschließend zu den Wandmalereien in West-Belfast und zum Mittagessen ins **Holohan's** (S. 589) an Bord der **Belfast Barge** (S. 575). Frisch gestärkt überquert man den Fluss und verbringt den restlichen Nachmittag in der **Titanic Belfast** Ausstellung (S. 575). Den Tag lässt man am besten beim Abendessen im **OX** (S. 588) ausklingen und geht danach noch im größten Biergarten der Stadt, dem **National Grande Café** (S. 595), etwas trinken.

… zwei Tagen

Am zweiten Tag besichtigt man zunächst die **Queen's University** (S. 577), bestaunt die faszinierenden Exponate im **Ulster Museum** (S. 577) und macht einen Spaziergang durch die **Botanic Gardens** (S. 578). Am Nachmittag steht eine Führung im historischen **Crumlin Road Gaol** (S. 576) oder ein Ausflug zum **Cave Hill** (S. 580) auf dem Programm. Fürs Abendessen ist die **Mourne Seafood Bar** (S. 589) zu empfehlen. Danach unternimmt man eine Kneipentour durch die traditionsreichen Pubs wie z. B. **Kelly's Cellars** (S. 594), das **Duke of York** (S. 595) und den **Crown Liquor Saloon** (S. 591).

in der südöstlichen Ecke des Stadtzenturms wird eine Fotoausstellung gezeigt. Hier hängen die Konterfeis berühmter Einwohner Belfasts, darunter der Fußballer George Best, der Musiker Van Morrison, Rundfunksprecherin Gloria Hunniford und Irlands Präsidentin Mary McAleese.

★ **Crown Liquor Saloon** HISTORISCHES GEBÄUDE
(Karte S. 570 f.; www.nationaltrust.org.uk; 46 Great Victoria St; ⌚ Mo–Mi 11.30–23, Do–Sa bis 24, So 12.30–22 Uhr) GRATIS Nur wenige historische Sehenswürdigkeiten können bei einem Glas Bier genossen werden, aber der vom National Trust betriebene Crown Liquor Saloon zählt dazu. Belfasts berühmteste Bar wurde von Patrick Flanagan im späten 19. Jh. eingerichtet und trumpft mit einem prächtigen viktorianischen Stil auf. Seinerzeit sollte sie die gut betuchte Klientel der damals noch privilegierten Bahnreisenden und des Grand Opera House gegenüber anlocken.

Farbenprächtige italienische Kacheln zieren die Fassade (1885) und ein Mosaik mit einer Krone schmückt den Boden vor dem Eingang. Angeblich soll der katholische Flanagan mit seiner protestantischen Frau heftig über die Namensgebung diskutiert haben. Die Dame setzte sich durch: Zu Ehren der britischen Monarchie wurde das Pub „Krone" genannt. Flanagan rächte sich jedoch auf raffinierte Weise an ihr, indem er eben diese Krone so platzierte, dass sie von den Gästen jeden Tag mit Füßen getreten wurde.

Die Inneneinrichtung (1898) überwältigt mit Buntglasfenstern, Marmor, Keramik, Spiegeln und Mahagoni. Für eine stimmungsvolle Beleuchtung sorgen Gaslampen. Außerdem gibt's eine lange, kunstvoll verzierte Theke und eine Reihe hölzerner Sitzecken. Letztere sind mit Metallplatten aus dem Krimkrieg ausgestattet, die zum Anzünden von Streichhölzern dienen. Früher konnte man mit Klingelknöpfen Nachschub an Getränken ordern, ohne extra aufstehen zu müssen – das geht heute aber leider nicht mehr.

Linen Hall Library BIBLIOTHEK
(Karte S. 570 f.; www.linenhall.com; 17 Donegall Sq N; ⌚ Mo–Fr 9.30–17.30, Sa bis 16 Uhr; 📶) GRATIS Die Linen Hall Library liegt gegenüber der City Hall. 1788 gegründet, sollte sie „den Geist fördern und den allgemeinen Wissensdurst anregen". Das Gebäude birgt etwa 260 000 Bücher, von denen mehr als die Hälfte Teil einer bedeutenden Sammlung irischer und regionaler Werke ist. In der politischen Abteilung gibt's so ziemlich alles, was seit 1966 über nordirische Politik geschrieben wurde. Zur Bücherei gehört auch ein kleines **Café** (Karte S. 570 f.; www.linenhall.com; Gerichte 3–7,50 £; ⌚ Mo–Fr 10–16, Sa bis 15.30 Uhr). Der Besuchereingang befindet sich in der Fountain Street, vom Haupteingang aus um die Ecke.

Die Bibliothek zog 100 Jahre später aus der White Linen Hall (beherbergt heute das Rathaus) in das derzeitige Gebäude um. Der erste Bibliothekar, Thomas Russell, war

Belfast Zentrum

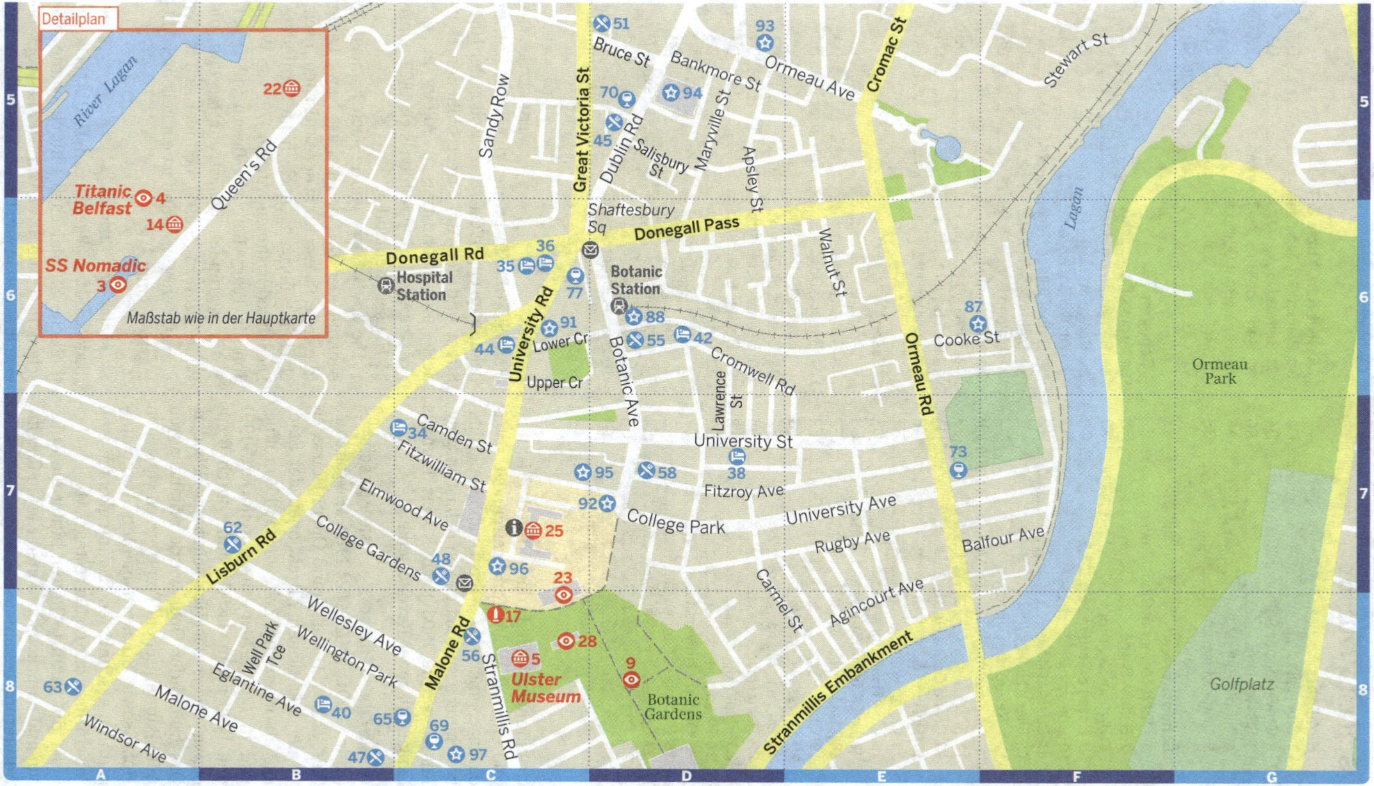

Detailplan
River Lagan
Queen's Rd
Titanic Belfast
SS Nomadic
Maßstab wie in der Hauptkarte
Sandy Row
Great Victoria St
Bruce St
Bankmore St
Ormeau Ave
Cromac St
Stewart St
Dublin Rd
Salisbury St
Maryville St
Apsley St
Shaftesbury Sq
Donegall Pass
Donegall Rd
Hospital Station
Botanic Station
Walnut St
Lagan
University Rd
Lower Cr
Upper Cr
Botanic Ave
Cromwell Rd
Lawrence St
Cooke St
Ormeau Rd
Ormeau Park
Camden St
Fitzwilliam St
University St
Fitzroy Ave
Elmwood Ave
College Park
University Ave
Rugby Ave
Balfour Ave
College Gardens
Lisburn Rd
Carmel St
Agincourt Ave
Wellesley Ave
Wellington Park
Well Park Tce
Eglantine Ave
Malone Ave
Windsor Ave
Malone Rd
Stranmillis Rd
Ulster Museum
Botanic Gardens
Stranmillis Embankment
Golfplatz

Belfast Zentrum

Gründungsmitglied der United Irishmen und eng mit Wolfe Tone befreundet – was daran erinnert, dass die Unabhängigkeitsbewegung ursprünglich von Belfast ausging. Russell wurde 1803 nach Robert Emmets fehlgeschlagener Revolte gehängt.

Grand Opera House HISTORISCHES GEBÄUDE
(Karte S. 570 f.; ☎ 028-9024 1919; www.goh.co.uk; Great Victoria St) Das Grand Opera House, eine der wichtigsten Attraktionen der Stadt aus viktorianischer Zeit, wurde 1895 eröffnet und in den 1970er-Jahren renoviert. 1991 und 1993 nahm das Gebäude durch Bombenanschläge der IRA schweren Schaden. Das Innere der Oper wurde originalgetreu mit viktorianischem Pomp, geschwungenen Holz- sowie Stuckornamenten, Vergoldungen und geschnitzten Elefantenköpfen zum Abschirmen der Logen restauriert.

Es gibt geführte Touren hinter die Kulissen und natürlich kann man Karten für eine Aufführung bekommen (S. 597).

Entries HISTORISCHE STÄTTE
(Karte S. 570 f.) Einst waren die als the Entries bekannten engen Gassen zwischen der High Street und der Ann Street blühende Handels- und Wohnstraßen. Allein in der **Pottinger's Entry** reihten sich 1822 ganze 34 Häuser aneinander.

Die **Joy's Entry** wurde nach Francis Joy benannt, der 1737 den Belfast News Letter (die erste Tageszeitung der Britischen Inseln erscheint übrigens noch heute) gründete. Die United Irishmen wurden 1791 von Wolfe Tone in Peggy Barclay's Tavern im **Crown Entry** gegründet. Belfast ältestes Pub, die White's Tavern (S. 594), befindet sich in der **Wine Cellar Entry** und ist ein beliebter Mittagstreffpunkt.

St. Malachy's Church KIRCHE
(Karte S. 570 f.; 24 Alfred St; ⏲ 8–17.30 Uhr) Die katholische St. Malachy's Church wurde zwischen 1841 und 1844 von Thomas Jackson errichtet und in den letzten zehn Jahren aus-

54 John Long's C4
55 Maggie May's D6
56 Maggie May's C8
57 McCracken's E3
58 Molly's Yard D7
59 Morning Star E3
Mourne Seafood Bar ..... (siehe 75)
60 OX F3
61 Potted Hen E2
62 Saphyre B7
63 Shu A8
St. George's Market Bar & Grill ..... (siehe 104)

Ausgehen & Nachtleben
64 Bittle's Bar E3
65 Botanic Inn C8
66 Box Nightclub G1
67 Café Vaudeville E3
Crown Liquor Saloon ..... (siehe 2)
68 Duke of York E2
69 Eglantine C8
70 Filthy Quarter D5
71 Garrick Bar E3
72 Harlem Café D4
73 Hatfield House E7
74 John Hewitt Bar & Restaurant E2
75 Kelly's Cellars D3
76 Kremlin D1
77 Lavery's C6
Linen Hall Library Coffee Shop ..... (siehe 16)
78 Love & Death Inc E3
79 Maverick D1
80 McHugh's Bar & Restaurant E2
81 Muriel's Café-Bar E3
82 National Grande Café E2
83 Northern Whig E2
84 Spaniard E2
85 Union Street D1
86 White's Tavern E3

Unterhaltung
87 An Droichead E6
88 Belfast Empire D6
89 Belfast Giants G2
90 Black Box E2
91 Crescent Arts Centre C6
Grand Opera House ..... (siehe 13)
92 Harty Room D7
93 Limelight D5
MAC ..... (siehe 18)
94 Movie House D5
Odyssey Arena ..... (siehe 89)
95 Queen's Film Theatre C7
96 Sir William Whitla Hall C7
97 Sonic Arts Research Centre C8
98 Storm Cinemas G1
99 Ulster Hall D4
100 Waterfront Hall F3

Shoppen
101 Castle Court Centre D2
102 Good Vibrations D2
103 Matchetts Music D3
104 St. George's Market F4
105 Steensons D4
106 Victoria Square E3
107 Wicker Man E2

giebig restauriert, sie sieht wie eine Burg aus der Tudorzeit aus, komplett mit Schießscharten und Türmchen. Das Fächergewölbe im Inneren ist eine Replik der Kapelle von Heinrich VII. in der Westminster Abbey. 1886 wurden hier die größten Kirchenglocken von Nordirland aufgehängt, doch schnell wieder entfernt, als die Whiskey-Destillen in der Nähe sich beschwerten, dass deren Klang die Produktion beeinflussen würde.

Cathedral Quarter

Das gentrifizierte Cathedral Quarter erstreckt sich nördlich des Stadtzentrums rund um die St. Anne's Cathedral und wird von der Donegall Street, der Waring Street, der Dunbar Street sowie der York Street eingegrenzt. In dem Künstlerviertel prägen restaurierte Lagerhäuser aus roten Ziegelsteinen, Gassen mit Kopfsteinpflaster, Ateliers, Designbüros, stilvolle Bars und Restaurants das Bild.

St. Anne's Cathedral KIRCHE

(Karte S. 570 f.; www.belfastcathedral.org; Donegall St; Eintritt nach Spende; Mo–Sa 8–18, So bis 16 Uhr) Mit dem Bau der Kirche im iberoromanischen Stil wurde bereits 1899 begonnen, aber wirklich fertig war die St. Anne's Cathedral erst 1981. Beim Betreten des Gebäudes fällt sogleich das Labyrinthmuster des schwarz-weißen Marmorbodens ins Auge. Während die schwarze Linie im Nichts endet, führt die weiße zur Errettung ins Paradies. Die zehn Säulen des Langschiffs weisen Reliefs mit verschiedenen Szenen aus dem Leben in Belfast auf. Sehenswert ist z. B. die Freimaurersäule im Zentrum auf der rechten (südlichen) Seite.

Im südlichen Seitenschiff befindet sich die Grabstätte des unionistischen Helden Sir Edward Carson (1854–1935). Das atemberaubende Mosaik *The Creation* in der Taufkapelle besteht aus ganzen 150 000 Buntglasstücken. Zusammen mit einem weiteren

Mosaik über dem Westportal wurde es in siebenjähriger Arbeit von den zwei Schwestern Gertrude und Margaret Martin geschaffen.

MAC GALERIE

(Metropolitan Arts Centre; Karte S. 570 f.; http://themaclive.com; 10 Exchange St W; ⌚10–19 Uhr; 📶) GRATIS In diesem Kunstzentrum mit drei Galerien werden ständig wechselnde hervorragende Kunst-, Fotografie- und Bildhauerei-Ausstellungen mit Werken irischer und internationaler Künstler präsentiert. Das optisch ansprechende Bauwerk mit Blick auf den neoklassizistischen St. Anne's Square beherbergt zudem einen Schriftstellerraum (auch Common Room genannt, für jeden zugänglich), ein Café und zwei Theater (S. 597).

Oh Yeah Music Centre MUSEUM

(Karte S. 570 f.; www.ohyeahbelfast.com; 15–21 Gordon St; ⌚Museum Mo–Fr 11–15, Sa 12–17 Uhr) GRATIS In dem von einer wohltätigen Organisation betriebenen und in einem ehemaligen Whiskey-Lagerhaus untergebrachten Oh Yeah Music Centre befinden sich einige Übungsräume für junge Musiker und ein Museum zur Musikgeschichte Nordirlands, das von volkstümlichen Liedern bis zu modernen Songs, beispielsweise von Snow Patrol, alles abdeckt. Zu den Ausstellungsstücken gehören Platten in Form eines Kleeblatts, Poster von historischen Auftritten, Eintrittskarten sowie Kleidungsstücke, die berühmte Bands auf der Bühne getragen und dann gespendet haben.

Laganside & Lanyon Place

Das ehrgeizige Laganside-Projekt (www.laganside.com) soll das Stadtzentrum beleben und sanieren, mehrere denkmalgeschützte Gebäude wurden restauriert und seit 1990 gibt's auch Neubauten. Darüber hinaus verteilen sich am Ufer 30 öffentliche Kunstwerke: Wer mehr darüber erfahren will, sollte im Belfast Welcome Center (S. 599) nach einer Broschüre zum **Laganside Art Trail** fragen.

Das höchste Gebäude der Stadt, das 28-stöckige **Obel** (Karte S. 570 f.), erhebt sich mit 233 Wohnungen weit über den Donegall Quay. Einige Blocks weiter südlich befindet sich das architektonisch beeindruckende Einkaufszentrum Victoria Square (S. 598), mit einer riesigen Glaskuppel und einer **Aussichtsplattform**.

Albert Memorial Clock Tower WAHRZEICHEN

(Karte S. 570 f.; Queen's Sq) Wie Pisa wartet auch Belfast mit einem schiefen Turm auf. Das Gebäude am Ende der High Street wurde 1867 zu Ehren von Königin Viktorias früh verstorbenem geliebtem Gemahl errichtet. Es neigt sich zwar nicht so weit wie sein berühmtes Gegenstück, doch eine deutliche Schräglage zur Südseite hin ist nicht zu bestreiten. Bei seiner Restaurierung wurden die Fundamente stabilisiert, außerdem erstrahlt das Mauerwerk aus Scrabo-Sandstein wieder in makellosem Weiß.

Lagan Weir WAHRZEICHEN

(Karte S. 570 f.) 1994 wurde das Stauwehr errichtet und hilft seitdem dabei, die Wasser-

SPAZIERGANG: LAGAN TOWPATH

Als Teil des Laganside-Sanierungsprojekts wurde auch der Treidelpfad am Westufer des Lagan ausgebessert. Wer will, kann dem gewundenen Flusslauf 20 km vom Stadtzentrum bis nach Lisburn entweder zu Fuß oder mit dem Fahrrad folgen.

Ein kürzerer Spaziergang auf dem Treidelpfad (10 km) beginnt an der **Shaw's Bridge** (Karte S. 582) am südlichen Rand Belfasts und führt zurück zum Stadtzentrum. Um zur Brücke zu kommen, nimmt man die Buslinie 8A oder 8B vom Donegall Square East, fährt zur Haltestelle direkt vor dem Malone-Kreisverkehr, wo die Malone Road in die Upper Malone Road übergeht, und biegt am Kreisverkehr links ab (dem Schild zum „Outer Ring A55" nach).

Nachdem man die Brücke erreicht hat, geht's nach links und auf dem Treidelpfad am linken Flussufer entlang – die Route ist mit roten „9"-Schildern markiert –, vorbei an einem restaurierten Schleusenwärterhäuschen und einem Café am Kanal bei Schleuse Nr. 3. Der schönste Teil der Strecke führt an den **Lagan Meadows** (Karte S. 582) vorbei – die bewaldete Flussschleife bietet sich für ein gemütliches Picknick an. Wenn man von dort noch ein Stückchen weitergeht, erreicht man das **Cutters Wharf** (S. 591), ebenfalls eine tolle Adresse für die Mittagspause oder ein erfrischendes Bier. Von dem Pub aus geht's zum **Lagan Weir** in Belfasts Stadtzentrum.

RMS TITANIC

Das wohl bekannteste Schiff aller Zeiten, die RMS *Titanic*, wurde im Auftrag der britischen Reederei White Star Line in der Belfaster Werft Harland & Wolff gebaut. Als sie 1909 auf Kiel gelegt wurde, war Belfast das Zentrum der Schiffbauindustrie und die *Titanic* wurde von White Star als der größte und luxuriöseste Ozeankreuzer der Welt angepriesen, der zudem als unsinkbar galt.

Am 31. Mai 1911 lief sie an Helling 3 von H&W vom Stapel und wurde knapp ein Jahr lang im nahe gelegenen Thompson Graving Dock eingerichtet, bevor sie am 2. April 1912 für ihre Jungfernfahrt auslief. Bei einem der schwersten Schiffsunglücke aller Zeiten kollidierte sie am 14. April 1912 mit einem Eisberg im Nordatlantik und sank in den frühen Morgenstunden des nächsten Tages. Von den 2228 Passagieren und Besatzungsmitgliedern überlebten nur 705 Menschen; in den Rettungsbooten war nur Platz für 1178 Personen.

Die Website Titanic Stories (www.the-titanic.com) liefert eine Vielzahl an Informationen zum Schiff und seinen Passagieren sowie eine Liste aller *Titanic*-Museen und Gedenkstätten in Irland und weltweit.

qualität des Lagan zu verbessern, so dass heute wieder Lachse, Aale und Meerforellen den Fluss aufwärts wandern. Über die **Fußgängerbrücke** gelangt man zum Titanic Quarter.

Gleich nördlich ragt der **Bigfish** (Karte S. 570 f.) (1999) auf, der riesige Keramiklachs steht für die Regenerierung des Lagan und besteht aus zahlreichen großen Kacheln, auf denen Bilder und Texte zur Stadtgeschichte zu sehen sind.

Belfast Barge MUSEUM

(Karte S. 570 f.; www.laganlegacy.com; Lanyon Quay; Erw./Kind 4/3 £; ⏲10–16 Uhr) In einer verankerten Barke auf dem Lagan erzählt dieses Museum Belfasts Seefahrts- und Industriegeschichte anhand alter Fotografien, Originalskizzen und -dokumenten, Schiffsmodellen und Ausstellungsstücken sowie Video- und Sprachaufzeichnungen von Interviews mit pensionierten Ingenieuren, Ausstattern und Werftarbeitern.

Custom House HISTORISCHES GEBÄUDE

(Karte S. 570 f.; Custom House Sq) Gegenüber dem westlichen Ende des Lagan Weir erhebt sich das elegante Custom House von Charles Lanyon im italienischen Stil, das zwischen 1854 und 1857 errichtet wurde. In dem hier untergebrachten Postamt arbeitete einst der Schriftsteller Anthony Trollope. Zum Flussufer hin sind auf dem Giebel Skulpturen von Britannia, Neptun und Merkur zu sehen. Das **Treppenportal** war Belfasts Gegenstück zur Londoner Speakers' Corner. Daran erinnert eine Bronzefigur, die zu einer unsichtbaren Menschenmenge spricht. Das Innere des Gebäudes ist für die Öffentlichkeit nicht zugänglich.

Titanic Quarter

Die ehemaligen Schiffsbauwerften – Entstehungsort der RMS *Titanic* – erstrecken sich am Ostufer des Flusses Lagan, überragt von zwei großen gelben Kränen mit den Spitznamen **Samson** und **Goliath**.

Teils Industriebrache, teils Großbaustelle und teils Hightech-Gewerbepark – gegenwärtig sind hier Sanierungs- und Restaurierungsmaßnahmen im Gange, die voraussichtlich 1 Mrd. £ kosten werden. Im Rahmen des Projekts, das den Namen Titanic Quarter (http://titanicquarter.com) trägt, will man die heruntergekommenen Docklands grundlegend entwickeln.

Eine Reihe von Infotafeln in der Queen's Road weisen auf besondere Sehenswürdigkeiten und interessante Bereiche hin. Das Herzstück des Viertels ist die sternförmige Silhouette von Titanic Belfast.

★ **Titanic Belfast** AUSSTELLUNG

(Karte S. 570 f.; www.titanicbelfast.com; Queen's Rd; Erw./Kind 15,50/7,25 £, Kombiticket mit Thompson Pump House & Graving Dock 19/9,25 £; ⏲April & Juni–Aug., 9–19 Uhr, Mai & Sept. 9–18 Uhr, Okt.–März 10–17 Uhr) Den vorderen Teil der Helling, auf dem die *Titanic* gebaut wurde, nimmt jetzt das auffällige, kantige Titanic-Belfast-Gebäude ein. In dem Multimediakomplex werden die Stadtgeschichte und der Bau des berühmtesten Ozeankreuzers der Welt beleuchtet.

Clever gestaltete Exponate, denen historische Fotos Leben einhauchen, Projektionen und Musik zeichnen Belfasts Aufstieg zur industriellen Powermaschine zu Beginn des 20. Jhs. nach. Anschließend wird man mit Hightechmitteln durch eine Nachbildung

NICHT VERSÄUMEN

CRUMLIN ROAD GAOL

Führungen durch das berühmt-berüchtigte **Crumlin Road Gaol** (Karte S. 582; ☎ 028-9074 1501; www.crumlinroadgaol.com; 53-55 Crumlin Rd; Tagesführung Erw./Kind 8,50/6,50 £, Abendführung 7,50/5,50 £; ⏲ 10–17.30, letzte Führung 16.30 Abendführung 18 Uhr) beginnen am Tunnel unter der Crumlin Road. Er wurde 1850 angelegt, um Gefangene vom Gerichtsgebäude auf der anderen Straßenseite ins Gefängnis zu bringen. Durch die hallenden Gänge und beengten Zellen des C-Flügels gelangt man in die wirklich gruselige Hinrichtungskammer. Eine Reservierung ist empfehlenswert. Fußgänger haben von der Crumlin Road Zugang zum Gefängnis. Wer mit dem Auto da ist, kann auf dem Parkplatz an der Nordseite der Cliftonpark Avenue parken.

Seit seiner Inbetriebnahme 1846 hat das Crumlin Road Goal eine Reihe schillernder Persönlichkeiten „beherbergt", darunter Éamon de Valera und Reverend Ian Paisley, die Frauenrechtlerin Dorothy Evans und Lenny Murphy, Anführer der Bande Shankill Butchers. „The Crum", so die geläufige Abkürzung, wurde von Charles Lanyon, dem Architekten der Queen's University und vieler anderer Wahrzeichen der Stadt, nach dem Vorbild des Londoner Pentonville-Gefängnisses entworfen. Zwischen 1854 und 1961 fanden hier 17 Hinrichtungen statt. Bis 1996 wurde es als Gefängnis genutzt.

Unbedingt im Kalender nachsehen, wann die vierstündige „Paranormal Tour"(35 £) läuft. Hoch atmosphärische Konzerte stehen ebenfalls regelmäßig auf dem Programm.

der städtischen Schiffswerften geführt – ein visuelles, auditives und sogar olfaktorisches Erlebnis! Besucher können jedes Detail über den Bauprozess der *Titanic* erforschen. Eine Computersimulation „fliegt" vom Kiel bis zur Brücke, zudem gibt's Nachbauten der Kabinen. Besonders anrührend sind die wenigen flimmernden Bilder des einzigen Filmmaterials, das die *Titanic* in fertiggestelltem Zustand zeigt.

Hinter dem Gebäude sind die gewaltigen Hellings zu sehen, auf denen die *Titanic* sowie ihr Schwesternschiff *Olympic* gebaut und vom Stapel gelassen wurden.

★ SS Nomadic — HISTORISCHE STÄTTE

(Karte S. 570 f.; www.nomadicbelfast.com; Hamilton Dock, Queen's Rd; Erw./Kind 7/5 £; ⏲ April–Sept. tgl. 10–17 Uhr, Okt.–März Di–So) Die SS Nomadic wurde 1911 in Belfast gebaut und ist das letzte Schiff der White Star Line. Früher beförderte das kleine Dampfschiff Passagiere mit Tickets für die erste oder zweite Klasse zwischen dem Hafen von Cherbourg und den Ozeandampfern, die zu groß für den französischen Hafen waren. Am 10. April 1912 brachte es 172 Menschen mit Erste-Klasse-Fahrkarten zur *Titanic*. Geführte Touren (Reservierung nicht möglich) laufen ab 10 Uhr alle 30 Min., bis eine Stunde vor Schluss. Wahlweise kann man sich das Schiff auch allein ansehen – unbedingt einen Blick in die Toiletten der ersten Klasse werfen!

Der Dampfer hat beide Weltkriege mitgemacht und diente dann in den 1980er und 90er Jahren als schwimmendes Restaurant in Paris. 2006 wurde das Schiff vor der Abwrackwerft gerettet und nach Belfast gebracht, wo es im Hamilton Graving Dock vor Anker liegt.

Thompson Pump House & Graving Dock — HISTORISCHE STÄTTE

(Karte S. 582; www.titanicsdock.com; Queen's Rd; Graving Dock Eintritt kostenlos, Pump House Erw./Kind 6/4 £, Kombi-Ticket mit Titanic Belfast 19/9,25 £; ⏲ Sa–Do 10–17, Fr 9.30–17 Uhr; 📶) Ganz am Ende der Queens Road stößt man auf das eindrucksvollste Monument aus der Zeit der großen Ozeandampfer: das riesige **Thompson Graving Dock**, in dem die *Titanic* ausgestattet wurde.

Daneben befindet sich das **Thompson Pump House** mit einer Ausstellung zum Schiffsbau in Belfast. Wer an **Geführten Touren** (samstags und sonntags, 14 Uhr) teilnimmt, bekommt ein Video mit Originalfilmaufnahmen von den Werften zu sehen und besucht das Pumpenhaus sowie das Trockendock.

Die enorme Größe des Docks vermittelt einen Eindruck davon, wie gewaltig das Schiff war, das hier gerade so hineingepasst hat. Von der dem Pumpenhaus gegenüberliegenden Seite des Docks erhaschen Interessierte einen Blick auf die **HMS Caroline**, den letzten britischen Kreuzer der Royal Navy aus dem Ersten Weltkrieg. Er wurde 1914 gebaut und soll bis 2016 in ein schwimmendes Museum umgebaut werden.

Paint Hall HISTORISCHES GEBÄUDE
(Karte S. 570 f.; Queen's Rd) Etwas nordöstlich von Titanic Belfast steht die riesige Paint Hall, wo früher Schiffskomponententeile unter kontrollierten Bedingungen gestrichen wurden. Heute ist die Halle das Zuhause der **Titanic Studios**, in denen unter anderem Produktionen wie *Game of Thrones* gefilmt werden (leider keine Führungen).

Odyssey Complex ORIENTIERUNGSPUNKT
(Karte S. 570 f.; www.theodyssey.co.uk; Sydenham Rd) Hinter diesem Namen verbirgt sich ein riesiges Sport- und Unterhaltungszentrum am östlichen Flussufer. Der zylinderförmige Komplex am Rande des Titanic Quarter beherbergt u. a. ein interaktives Wissenschaftszentrum (W5) und eine Sportarena (die Heimat der Eishockeymannschaft Belfast Giants (S. 598) mit 10 800 Sitzen (S. 598), ein Multiplexkino (S. 597) mit einer **IMAX**-Leinwand, Box Nightclub (S. 595) sowie Dutzende Restaurants, Cafés und Bars.

W5 WISSENSCHAFTSZENTRUM
(Karte S. 570 f.; www.w5online.co.uk; Odyssey Complex, 2 Queen's Quay; Erw./Kind 8,50/6,50 £; ⌚ Mo–Fr 10–17, Sa bis 18, So 12–18 Uhr, letzter Einlass 1 Std. vor Schließung) Das auch *whowhatwherewhenwhy* genannte W5 ist eine interaktive Wissenschaftsausstellung für Kinder jeden Alters mit mehr als 250 Ausstellungsstücken. Hier kann man z. B. eigene Melodien komponieren (indem man die „Luftharfe" mit einem Schläger aus Schaumgummi trifft), versuchen, einen Lügendetektor zu überlisten, Wolkenringe und Tornados erzeugen sowie eigene Roboter und Rennautos entwerfen und herstellen.

Süd-Belfast (Queen's Quarter)

Die Golden Mile – ein 1,5 km langer Abschnitt zwischen der Great Victoria Street und dem Shaftesbury Square – erstreckt sich von der Innenstadt bis zum Universitätsviertel, dem Queen's Quarter, und war früher der Mittelpunkt des Nachtlebens. Seit der Wiederbelebung des Stadtzentrums ist sie nicht mehr so gefragt, wartet aber immer noch mit jeder Menge guter Pubs und Lokalen auf.

Die Metrobusse 8A, 8B und 8C fahren vom Donegall Square East über den Bradbury Place und die University Road zur Queen's University.

★ **Ulster Museum** MUSEUM
(Karte S. 570 f.; www.nmni.com; Stranmillis Rd; Eintritt nach Spende; ⌚ Di–So 10–17 Uhr) In diesem modernen Museum kann man sich stundenlang aufhalten. Wer nur wenig Zeit hat, sollte sich nicht den **Armada Room** entgehen lassen, mit Artefakten aus dem 1588 versunkenen Wrack der spanischen Galeone Girona, den **Egyptian Room** mit der Prinzessin Takabuti, einer 2500 Jahre alten ägyptischen Mumie, die 1835 in Belfast ausgewickelt wurde; sowie die **Early Peoples Gallery** mit der Bannscheibe aus Bronze, einem herausragenden Beispiel keltischer Kunst aus der Eisenzeit.

Kostenlose geführte Touren (max. 10 Pers., keine Reservierung mögl.) laufen von Dienstag bis Freitag um 14.30 und sonntags um 13.30 Uhr. Nach einem kurzen Abriss des **Nordirlandkonflikts** im Erdgeschoss geht's weiter zum ersten Obergeschoss mit seiner **History Zone**, mit spektakulären Funden aus der Stein- und Bronzezeit, die einem Hintergrundinformationen zu den vielen archäologischen Ausgrabungsstätten in Nordirland vermitteln. Der **Malone Hoard**, 16 polierte neolithische Steinäxte, die nur wenige Kilometer vom Museum entfernt entdeckt wurden, gehört ebenfalls zu den Exponaten.

In der kinderfreundlichen, interaktiven **Nature Zone** im zweiten Stock dreht sich alles um geologische Zeiträume, Evolution und Naturkunde. Zu den Highlights zählt der **Schnappschuss eines uralten Meeresgrunds**, ein 200 Millionen Jahre altes versteinertes Stück Meeresboden mit fossilen Ammonitschalen und versteinertem Treibholz.

Die oberen Etagen sind **irischer und europäischer Kunst** gewidmet, etwa den Arbeiten des in Belfast geborenen Sir John Lavery (1856–1941). Sehenswert ist auch Edward McGuires 1974 angefertigtes Porträt des Dichters Seamus Heaney.

Queen's University HISTORISCHES GEBÄUDE
(Karte S. 570 f.; University Rd; geführte Touren 5 £) Nordirlands renommierteste Universität wurde 1845 von Queen Victoria gegründet. 1908 wurde das College zur Queen's University von Belfast ernannt, die heute aus über 250 Gebäuden besteht. Die Hochschule hat etwa 25 000 Studenten und ist auf Medizin, Jura und technische Fachbereiche spezialisiert. Direkt hinter dem Haupteingang lockt das kleine **Queen's Welcome Centre** (Karte S. 570 f.; www.queenseventus.com; University Rd; ⌚ Mo–Fr 8–18, Sa & So 11–16 Uhr) GRATIS mit Ausstellungen und Souvenirshop. **Geführte Touren** müssen im Voraus gebucht werden, man kann sich allerdings auch eine kostenlose Broschüre mit einer selbstgeführten Tour herunterladen.

Charles Lanyons errichtete das Queen's College 1849 im Tudorstil aus roten Ziegeln und honigfarbenem Sandstein. Es erinnert irgendwie an „Oxbridge" (die Unis von Oxford und Cambridge). Tatsächlich basiert der Entwurf des Mittelturms auf dem Founder's Tower im Magdalen College von Oxford aus dem 15. Jh.

Früher gab es drei Queen's Colleges; die beiden anderen (inzwischen umbenannten Häuser) befinden sich in Cork und Galway. Sie sollten eine weltliche Alternative zum anglikanischen Trinity College in Dublin bieten.

Botanic Gardens GÄRTEN

(Karte S. 570 f.; Stranmillis Rd; ⌚7.30– Sonnenuntergang) GRATIS Das Prunkstück von Belfasts grüner Oase ist Charles Lanyons elegantes zwischen 1839 und 1852 errichtetes **Palm House** (⌚April–Sept. 10–17 Uhr, Okt.–März bis 16 Uhr) GRATIS mit seiner beeindruckenden Vogelkäfigkuppel, einem Meisterstück aus Gusseisen und gekrümmtem Glas. Ganz in der Nähe ist das **Tropical Ravine** (⌚April–Sept. 10–17 Uhr, Okt.–März bis 16 Uhr) GRATIS von 1889, ein imposantes Gewächshaus aus roten Ziegeln, das von Gartenkurator Charles McKimm entworfen wurde. Im Inneren kann man von einem erhöhten Fußweg aus ein künstliches Tal bewundern, in dem tropische Farne, Orchideen, Lilien und Bananenstauden wachsen. Mitte 2016 wird es nach einer 3,8 Millionen £ teuren Restaurierung wiedereröffnet.

Direkt hinter dem Eingang des botanischen Gartens zu Stranmillis Road wacht eine Statue des in Belfast geborenen Sir William Thomson (1824–1907) – **Lord Kelvin** – einem der Mitbegründer der modernen Physik und Erfinder der Kelvin-Skala zur Temperaturmessung bis zum absoluten Nullpunkt bei Minus 273 °C (= 0 °K).

West Belfast

Nordwestlich des Donegall Square führt die Divis Street über den Westlink Motorway zur Falls Road und weiter nach West-Belfast. Obwohl das Viertel als Kampfschauplatz in den Jahrzehnten während des Nordirlandkonflikts schwer gebeutelt wurde, zählt es zu

BELFAST MIT KINDERN

Belfast ist ein fantastisches Ziel für eine Reise mit Kindern. Auf der Webseite des **Visit Belfast Welcome Centre** (S. 599) findet man alles über Events und Attraktionen für Familien in der „Family Fun"-Rubrik. Wer im März in der Stadt ist, sollte sich kulturelle und lehrreiche Events beim **Belfast Children's Festival** (www.youngatart.co.uk; ⌚Anfang/Mitte März) ansehen.

Favoriten für Kinder sind u.a. die folgenden:

W5 Wissenschaftszentrum zum Anfassen .

Belfast Zoo (S. 581) Unglaublich viele Tiere.

Cave Hill Country Park (S. 580) Mit Abenteuerspielplatz.

Ulster Museum Viele Ausstellungen und Events für Kinder jeden Alters.

Ulster Folk & Transport Museums (S. 579) Im Rahmen eines Tagesausflugs gut zu erreichen.

Pirates Adventure Golf (Karte S. 582; www.piratesadventuregolf.com; 111a Dundonald Rd, Dundonald Touring Caravan Park; Erw./Kind pro 18 Löcher 6/4,50 £; ⌚Mo–Do 11–21, Fr 11–22, Sa 10–22, So 10–21 Uhr) Wer draußen Spaß haben will, sollte es mit Minigolf beim Pirates Adventure Golf versuchen. Es gibt zwei landschaftlich gestaltete 18-Loch-Golfkurse – Blackbeard's Adventure und Captain's Challenge –, komplett mit Wasserfällen, Springbrunnen und einem riesigen Piratenschiff. Mit dem Bus 511 von der Laganside Bus Station zu erreichen (alle 30 Min., 30 Min.).

Aunt Sandra's Candy Factory (Karte S. 582; ☎028-9073 2868; www.auntsandras.com; 60 Castlereagh Rd; Führung 6 £; ⌚Führungen Sa 11, 13, 15.30, So 13 & 15.30 Uhr) Hier kann man bei einer geführten Tour durch die Manufaktur dabei zusehen, wie Aunt Sandra Fudge, Karamellbonbons, Schokolade, Toffee-Äpfel und andere traditionelle Leckereien herstellt (unbedingt im Voraus reservieren!), oder sich im **Shop** (⌚Mo–Sa 9–18, So 10–18 Uhr) umzusehen.

den größten Anziehungspunkten in Nordirland. Noch immer ist die jüngere Geschichte überall spürbar, trotzdem sind die Einwohner optimistisch und voller Hoffnung auf eine bessere Zukunft.

Als echtes Highlight gelten die kraftvollen **Wandmalereien** (S. 584), die sowohl den Nordirlandkonflikt als auch aktuelle politische Ereignisse darstellen.

West-Belfast entstand rund um die Flachsmühlen, die im späten 19. Jh. den Grundstein für den Wohlstand der Stadt legten. In den günstigen Wohnungen des Viertels lebten vor allem Arbeiter. Bereits zu viktorianischen Zeiten fand eine Trennung nach religiöser Überzeugung statt. Der Ausbruch des Nordirlandkonflikts verhärtete nach 1968 die religiöse Kluft. Seit 1970 trennt eine Mauer, die ausgerechnet „Peace Line" genannt wird, den loyalistisch-protestantischen Shankill-Bezirk (benannt nach dem irischen *sean chill,* was "alte Kirche" bedeutet) vom republikanisch-katholischen Falls-Bezirk.

Trotz ihres früheren Rufs ist die Gegend für heutige Besucher sicher. Wer sich das Viertel ansehen möchte, bucht am besten eine informative und unterhaltsame **Black Taxi Tour** (S. 583), aber es spricht nichts dagegen, die Umgebung auf eigene Faust zu erkunden, egal ob zu Fuß oder mit den schwarzen Sammeltaxis in der Falls Road und der Shankill Road. Alternativ nimmt man einen der Busse der Linien 10A bis 10F von der Queen Street zur Falls Road. Die Linien 11A bis 11D verkehren vom Wellington Place zur Shankill Road.

Im Visit Belfast Welcome Centre (S. 599) bekommt man kostenlose Broschüren mit Spazierrouten durch den Falls- und den Shankill-Bezirk.

Peace Line MAUER

(Karte S. 570 f.) Belfasts protestantische und katholische Wohngebiete werden kontroverserweise durch diese sechs Meter hohe Mauer aus Wellblech, Beton und Maschendrahtzaun getrennt. Das sichtbarste Zeichen der Teilung ist allein in West Belfast 6,5 km lang, insgesamt sind es sogar 34 km. Tagsüber sind ihre Stahltore normalerweise für bestimmte Zeit geöffnet.

Errichtet wurde die Peace Line 1969 als „zeitweilige Maßnahme". Sie hat inzwischen die Berliner Mauer überdauert, allerdings hat die Northern Ireland Executive versprochen, sie mit allgemeiner Zustimmung bis 2023 zu entfernen.

Cultúrlann McAdam Ó Fiaich KULTURZENTRUM

(Karte S. 582; www.culturlann.ie; 216 Falls Rd; Mo–Fr 9–21, Sa 9–18, So 11–16 Uhr;) GRATIS Das in einer ehemaligen presbyterianischen Kirche untergebrachte Zentrum für irische Sprache und Kultur ist der soziale Dreh- und Angelpunkt von West-Belfast. Der **Touristeninformationsschalter** (028-9096 4180; 216 Falls Rd; Mo–Fr 9–17.30, Sa 9.30–17.30, So 13–16 Uhr), hat einen **Laden** (www.culturlann.ie; 216 Falls Rd; Mo–Fr 9–17.30, Sa 9.30–17.30, So 13–16 Uhr) mit Büchern über Irland und die Sprache, Kunsthandwerk und CDs mit irischer Musik, es gibt ein gutes Cafélokal namens **Bia** (www.biabelfast.com; 216 Falls Rd; Hauptgerichte 8–22 £; Mo 9–18, Di–Sa 8–20, So 10–18 Uhr;), ein Kunstmuseum sowie ein Podium für Musik, Literatur und Theaterveranstaltungen.

Conway Mill KUNSTZENTRUM

(Karte S. 570 f.; www.conwaymill.org; 5-7 Conway St; Mo–Fr 10–17, Sa bis 14 Uhr) GRATIS Die restaurierte Flachsmühle aus dem 19. Jh. beherbergt 20 Künstlerateliers, eine Ausstellung zur Geschichte der Mühle, ein Bildungszentrum und Arbeitsräume für lokale Unternehmen. Außerdem befindet sich hier das **Eileen Hickey Irish Republican History Museum** (Di–Sa 10–14 Uhr) GRATIS mit Artefakten, Zeitungsartikeln, Fotos und Archivdokumenten rund um die Aktivitäten der Republikaner von 1798 bis zum Nordirlandkonflikt.

Sinn Féin Headquarters GEBÄUDE

(Karte S. 582; www.sinnfein.ie; 51 Falls Rd) Auf dem ziegelroten Hauptquartier der Sinn Féin prangt das berühmte Wandbild des lächelnden Bobby Sands, der während eines Hungerstreiks zum Abgeordneten für West Belfast gewählt wurde, nur wenige Wochen vor seinem Tod 1981. Der Text sind Sands' eigene Worte: „Unsere Rache wird das Lachen unserer Kinder sein."

Außerhalb des Zentrums

★ Ulster Folk & Transport Museen MUSEUM

(Karte S. 582; www.nmni.com; Cultra, Holywood; Erw./Kind 9/5,50 £, Kombi-Ticket für beide Museen 11/6 £; März–Sept. 10–17, Di–Fr 10–16 & Sa & So; Okt.–Feb. 11–16 Uhr)

Zwei Museen in einem und eines der besten in ganz Nordirland: das Ulster Folk Museum und das Ulster Transport Museum befinden sich auf beiden Seiten der A2 nach Bangor, etwa 14 km von Belfasts Stadtmitte in Richtung Nordosten und gleich nördlich von Holywood.

Busse nach Bangor halten ganz in der Nähe, außerdem erreicht man in nur zehn Gehminuten die Cultra Station, die Züge auf dem Weg zwischen dem Hauptbahnhof in Belfast und Bangor ansteuern.

➡ **Ulster Folk Museum**

In dem Volkskundemuseum können Besucher ein rekonstruiertes Dorf mit Bauernhäusern, Schmieden, Kirchen und Mühlen bestaunen und einen Eindruck vom irischen Leben in den vergangenen Jahrhunderten gewinnen. Stellvertretend für das Industriezeitalter wurden Reihenhäuser des 19. Jhs. mit roten Ziegelsteinen aus Belfast und Dromore hergebracht. Im Sommer führen Mitarbeiter in historischen Kostümen z. B. das Decken eines Reetdachs und das Pflügen vor.

➡ **Ulster Transport Museum**

Das Ulster Transport Museum präsentiert Dampflokomotiven, Waggons, Motorräder, Straßenbahnen, Busse und Autos. Am beliebtesten ist die Titanica Ausstellung: Zu den Exponaten gehören originale Entwurfzeichnungen für die *Titanic* und ihr Schwesterschiff, die *Olympic*. Als Highlight der Autosammlung gilt der Prototyp des **DeLorean DMC,** 1981 in Belfast aus rostfreiem Stahl hergestellt. Wirtschaftlich war der Wagen, der durch den Film *Zurück in die Zukunft* weltweit berühmt wurde, ein absolutes Desaster.

Stormont BEMERKENSWERTES GEBÄUDE

(Karte S. 582; www.niassembly.gov.uk; Upper Newtonards Rd; ⏲ Außenanlagen 7.30–Dämmerung) GRATIS Hinter der blendend weißen neoklassizistischen Fassade des Stormont-Komplexes wartet eines der berühmtesten Bauwerke der Stadt. Das nordirische Parlament erhebt sich imposant am Ende der sanft ansteigenden 1,5 km langen Straße.

Wochentags im Juli und August gibt's gelegentlich kostenlose geführte Touren. Ansonsten stehen die weitläufigen Außenanlagen das ganze Jahr über offen oder man sieht sich die Videotour auf der Website an.

40 Jahre lang – vom Bau 1932 bis zur Übernahme der kompletten Regierungsverantwortung 1972 – war dies der Sitz des nordirischen Parlaments. Am 8. Mai 2007 rückte Stormont wieder ins politische Bewusstsein, als die erbitterten Feinde Ian Paisley und Martin McGuinness hier freundlich lächelnd als First Minister und dessen Stellvertreter vereidigt wurden.

Vor Stormont grüßt provokant die Statue des Erzunionisten **Sir Edward Carson**. Das nahe gelegene Stormont Castle aus dem 19. Jh. dient ebenso wie Hillsborough im County Down als offizielle Residenz des Secretary of State for Northern Ireland (Staatsminister für Nordirland).

Vom Donegall Square West kommt man mit der Buslinie 20A dorthin.

Cave Hill Country Park PARK

(Karte S. 582; www.belfastcity.gov.uk; Antrim Rd; ⏲ 7.30–Dämmerung) GRATIS Vom Cave Hill (368 m) genießt man einen Blick über ganz Belfast, die Docks, Belfast Lough und die Mourne Mountains – an klaren Tagen ist sogar Schottland am fernen Horizont zu erkennen. Der Cave Hill Country Park erstreckt sich über die östlichen Abhänge. In der Grünanlage gibt's mehrere markierte Spazierwege und einen **Abenteuerspielplatz** für Kinder zwischen drei und 14 Jahren.

Die Busse 1A bis 1G fahren von der Royal Ave zum Belfast Castle oder zum Belfast Zoo.

Ursprünglich trug der Hügel den Namen Ben Madigan, nach Matudhain, einem Ulster-König aus dem 9. Jh. Das von Süden aus markante Profil wird von den Einheimischen seit 200 Jahren als „Napoleons Nose" bezeichnet. Angeblich gleicht es der kaiserlichen Nase, doch dafür muss man schon viel Fantasie haben. Auf dem Gipfel befinden sich die Reste des eisenzeitlichen **McArt's Fort**. 1795 blickten hier die United Irishmen, unter ihnen auch Wolfe Tone, auf die Stadt hinab und gelobten für die irische Unabhängigkeit zu kämpfen. Der Weg vom Zoo bzw. Parkhaus am Belfast Castle zum Gipfel führt an den Höhlen vorbei, die dem Hügel seinen heutigen Namen gaben.

Belfast Castle BURG

(Karte S. 582; www.belfastcity.gov.uk; Antrim Rd; ⏲ Di–Sa 9–22, So & Mo bis 17.30 Uhr; 📶) GRATIS 1870 wurde das Belfast Castle für den dritten Marquess of Donegall im schottischen Baronial-Stil errichtet, der durch Queen Victorias Balmoral Castle populär geworden war. Das pompöse Bauwerk mit vielen Türmchen beherrscht die südöstliche Flanke von Cave Hill und ist seit 1934 im Besitz der Stadt.

Im Obergeschoss präsentiert das **Cave Hill Visitor Centre** Exponate zu Folklore, Geschichte, Archäologie und Naturgeschichte des Parks. Unten befinden sich das **Cellar Restaurant** und ein kleiner **Geschenkeshop** (⏲ 10.30–16.30 Uhr). Die Busse 1A bis 1G fahren ab der Royal Avenue hierher.

Einer Legende nach soll es den Burgbewohnern nur gut gehen, wenn hier eine weiße Katze lebt. Damit wird wohl auf die Katzenporträts angespielt, die in den schönen Gartenanlagen in Form eines Mosaiks, Gemäldes, einer Skulptur und als Gartenmöbel auftauchen – man kann seine Kinder übrigens sehr gut damit beschäftigen, alle neun Porträts zu suchen.

Belfast Zoo ZOO
(Karte S. 582; www.belfastzoo.co.uk; Antrim Rd; Erw./Kind 11,50/6 £; ⌚ April–Sept., 10–19, letzter Einlass 17 Uhr; Okt.–März 10–16, letzter Einlass 14.30 Uhr) Die geräumigen Gehege dieses Zoos sind das Zuhause von 150 verschiedenen Arten und liegen in einem wunderschönen, leicht abschüssigen Areal. Besonders spannend sind die Becken der Seelöwen und Pinguine mit Unterwasserfenstern. Zu den selteneren hier präsentierten Tierarten gehören Malaienbären, Rote Pandas und Tamarine. Als die größten Publikumslieblinge aber gelten die schnuckeligen Erdmännchen, eine ganze Kolonie von Kattas und die Rothschildgiraffen. Busse 1A bis 1G fahren von der Royal Avenue aus hierher.

Hilden Brewery BRAUEREI
(☎ 028-9266 0800; www.hildenbrewery.com; Hilden House, Grand St, Lisburn; gef. Touren 6,50 £; ⌚ Gef. Touren n. Reservierung Di–Sa 11.30 & 18.30 Uhr) In der ältesten unabhängigen Brauerei Irlands (seit 1981) werden überragende Biere produziert, unter anderen das karamellig-malzige Twisted Hop, das samtige Titanic Quarter, Barney's Brew, ein Weizenbier mit Koriander und das goldene Belfast Blonde Pale Ale. Geführte Touren zeigen in 45 Minuten die Herstellung mitsamt einer Bierprobe. Die Bar und das Restaurant, der Tap Room (S. 591), sind hervorragend. Mitte August veranstaltet Hilden ein zweitägiges Bierfest.

Mit der Bahn von der Great Victoria Street Station zur Hilden Station, ab da sind es noch 300 m zu Fuß.

Irish Linen Centre & Lisburn Museum MUSEUM
(www.lisburnmuseum.com; Market Sq; ⌚ Mo–Sa 9–17 Uhr) GRATIS Belfasts südwestliche Randgebiete erstrecken sich bis nach Lisburn (Lios na gCearrbhach), 12 km südwestlich vom Zentrum, das ebenso wie Belfast dank seiner florierenden Leinenindustrie im 18. und 19. Jh. zu Wohlstand kam. Mehr darüber erfährt man in diesem hervorragenden Museum in einem Market House aus dem 17. Jh. Es gibt viele audiovisuelle und interaktive Exponate, so kann man z. B. den Angestellten an Jacquard-Webstühlen zuschauen und sich selbst im Flachsspinnen versuchen.

Im Erdgeschoss des Museums werden Exponate zur Kultur und historischen Entwicklung der Gegend gezeigt, oben zeichnet die prämierte Ausstellung „Flax to Fabric" (Vom Flachs zum Stoff) die spannende Geschichte der Leinenindustrie in Nordirland nach. Vor dem Ersten Weltkrieg war Ulster mit etwa 75 000 Beschäftigten die weltweit größte leinenproduzierende Region.

Züge fahren von Belfast Central und der Great Victoria Street Station aus hierher.

Aktivitäten

Belfast Cookery School KOCHKURS
(Karte S. 570 f.; ☎ 028-9023 4722; www.belfastcookeryschool.com; 53-54 Castle St; Kurse 35–75 £) Vom Umgang mit dem Messer bis zum Brotbacken, Dinner Partys und einer ganzen Reihe internationaler Küchen (indisch, italienisch, Thai, spanisch, marokkanisch …) behandeln die Kurse in der Belfast Cookery School, die zur Mourne Seafood Bar (S. 589) gehört, einfach alles. Besonders beliebt sind allerdings die Kurse über Hummer, Fisch und Meeresfrüchte – am besten lange im Voraus reservieren.

ROTE HAND VON ULSTER

Einer Legende zufolge soll der Anführer einer Armee – vielleicht waren es die O'Neills, vielleicht aber auch die O'Donnells – bei Erreichen der Küste seine Truppe angefeuert haben, indem er versprach, die Provinz Ulster solle demjenigen gehören, dessen rechte Hand als erste das Land berühre. Ein besonders gewiefter Bursche schnitt sich seine eigene Rechte ab, schleuderte sie ans Ufer und forderte das Gebiet für sich ein. Später übernahm der O'Neill-Clan die rote Hand in sein Wappen und mit den Jahren wurde sie schließlich zum Symbol der ganzen Provinz.

Die „Rote Hand von Ulster" begegnet einem vielerorts: als Teil der nordirischen Flagge und des Ulster-Wappens, über dem Eingang zur Linen Hall Library am Donegall Square sowie als rotes Blumenarrangement in der Gartenanlage des Mount Stewart House im County Down. Außerdem ist die Hand das Zeichen loyalistischer Terroristen auf vielen politischen Wandgemälden und als geballte rote Faust auch das Symbol der Ulster Freedom Fighters (UFF).

Rund um das Stadtzentrum

Rund um das Stadtzentrum

Highlights
1 Ulster Folk & Transport Museums D1

Sehenswertes
2 Belfast Castle B1
3 Belfast Zoo B1
4 Cave Hill B1
5 Cave Hill Country Park B1
6 Crumlin Road Gaol B2
7 Cultúrlann McAdam Ó Fiaich B3
8 Giant's Ring B4
9 Hilden Brewery and Tap Room A4
10 Lagan Meadows B4
11 Shaw's Bridge B4
12 Sinn Féin Headquarters B2
13 Stormont D2
14 Thompson Pump House & Graving Dock C2

Aktivitäten, Kurse & Touren
15 Aunt Sandra's Candy Factory C3
16 Holywood Golf Club D2
17 Pirates Adventure Golf D3

Schlafen
18 All Seasons B&B B3
19 Rayanne House D2

Essen
20 Acapulco C3
Bia .... (siehe 7)
21 Cutters Wharf B3
22 Fontana D1

Ausgehen & Nachtleben
23 Dirty Duck D1

Unterhaltung
24 Casement Park A3
25 King's Hall B3
26 Kingspan Stadium C3
27 Lyric Theatre B3
28 Windsor Park B3

Shoppen
Aunt Sandra's Candy Factory .... (siehe 15)
Belfast Castle Gift Shop .... (siehe 2)
Cultúrlann McAdam Ó Fiaich .... (siehe 7)

Holywood Golf Club GOLF
(Karte S. 582; ☎ 028-9042 3135; www.holywoodgolfclub.co.uk; Nuns Walk, Demesne Rd, Holywood; Green Fees Mo–Do 30 £, Sa & So 35 £) In den sanften Hügeln der Parkanlage dieses Par-69-Golfplatzes 11 km nordöstlich von Belfast spielt die Nummer 1 der Weltrangliste, Rory McIlroy. Die Aussicht über Belfast Lough und die Antrim Küste sind spektakulär. Wer Montag bis Freitag vor 9.30 Uhr abschlägt, zahlt für eine Runde mit 18 Spielbahnen nur 15 £. Aufgepasst: Freitag ist der Golfplatz ab 9.30 Uhr nur noch für Mitglieder zugänglich.

Geführte Touren

Im Visit Belfast Welcome Centre (S. 599) gibt's alle Einzelheiten zu organisierten Führungen und bespielte MP4-Player zum Ausleihen (9 £ für 24 Std.). **Belfast iTours** (http://belfastitours.com) bietet zehn Videotouren durch die Stadt an, die man auf sein Smartphone herunterladen kann.

Lagan Boat Company BOOTSTOUR
(Karte S. 570 f.; ☎ 028-9024 0124; www.laganboatcompany.com; Erw./Kind 10/8 £; ⏲ April–Okt. tgl. 12.30 & 14, Nov.–März Sa & So, April–Sept. plus 15.30 Uhr tgl.) Bei der exzellenten **Titanic Tour** der Lagan Boat Company erkundet man die Docklands flussabwärts unterhalb des Lagan Weir sowie das riesige Trockendock, wo die *Titanic* und die *Olympic* mit nur 23 cm Spielraum untergebracht waren. Das Ausflugsboot legt am Donegall Quay bei der *Bigfish*-Skulptur ab (S. 575).

Titanic Tours GEFÜHRTE TOUR
(☎ 07852 716655; www.titanictours-belfast.co.uk; Erw./Kind 30/15 £; ⏲ nach Absprache) Die Urenkelin eines Besatzungsmitglieds der *Titanic* leitet diese luxuriöse dreistündige Tour für zwei bis fünf Personen. Es werden mehrere Orte besucht, die mit dem Schiff in Zusammenhang stehen. Im Preis sind die Abholung und der Rücktransport von der bzw. zur Unterkunft enthalten.

Belfast Bike Tours GEFÜHRTE TOUR
(☎ 07812 114235; www.belfastbiketours.com; pro Pers. 15 £; ⏲ April–Aug Mo, Mi, Fr & Sa 10.30 & 14 Uhr, Sept.–März nur Sa) Von der Queen's University führen die 2½-stündigen Touren in einem schönen Bogen durch das Lagan Valley zum **Giant's Ring** (Karte S. 582; www.laganvalley.co.uk; Ballynahatty Rd; ⏲ 24 Std.) GRATIS (mit einem Dolmen, der auch als Druidenaltar bekannt ist, in der Mitte) und wieder zurück. Vorab buchen. Leihfahrräder für den Ausflug werden gestellt. Man kann auch Fahrräder für eigene Expeditionen ausleihen (pro Tag ab 15 £).

Wee Tram BUSTOUR
(☎ 07788 991267; www.theweetram.com; Erw./Kind pro 48 Std. 6/5 £; ⏲ April–Sept. tgl. 10–18 Uhr, Okt.–März Sa & So) Diese putzigen Straßenbahn-Repliken halten an sieben wichtigen Stätten im Titanic Quarter. Unterwegs gibt's dazu einen Videokommentar und ausziehbare Plastikdächer gegen den Regen. Tickets sind zwei Tage lang gültig.

Belfast City Sightseeing BUSTOUR
(Karte S. 570 f.; ☎ 028-9032 1321; http://belfastcitysightseeing.com; Erw./Kind 12,50/6 £; ⏲ 10–16 Uhr alle 15–30 Min.) Während der 1¼-stündigen Tour im offenen Bus werden folgende Sehenswürdigkeiten angesteuert: die City Hall, die Albert Clock, das Titanic Quarter, die Botanic Gardens, die Falls Road und Shankill in West-Belfast mit den Wandmalereien. Los geht's am Castle Place. Hop-on-Hop-off-Tickets sind zwei Tage lang gültig.

Taxitouren

Black-taxi-Touren durch West-Belfast mit seinen beeindruckenden Wandmalereien – von Einheimischen *„bombs and bullets"*-(Bomben-und-Kugel-) oder *„doom and gloom"*-(Untergangsstimmungs-)Touren genannt – werden mittlerweile von zahlreichen Taxiunternehmern angeboten. Qualität und Infogehalt variieren, doch generell ist dies eine gute Möglichkeit, Belfasts Attraktionen auf unterhaltsame und persönliche Art kennenzulernen. Die Fahrer holen einen überall im Stadtzentrum ab.

Paddy Campbell's Famous Black Cab Tours KULTURELLE TOUR
(☎ 07990 955227; www.belfastblackcabtours.co.uk; Tour für 1 bis 3 Pers. 30 £) Beliebte 1½-stündige Tour mit dem Black Cab.

Harpers Taxi Tours KULTURELLE TOUR
(☎ 07711 757178; www.harperstaxitours.com; ab 30 £) Touren zu Politik und Geschichte.

Official Black Taxi Tours KULTURELLE TOUR
(☎ 028-9064 2264; www.belfasttours.com; 1–2 Passagiere 25 £, ab 3+ 10 £ pro Pers.) Individuelle 1½-stündige Touren.

Game-of-Thrones-Touren

Wer mit dem Auto in Nordirland unterwegs ist, kann jede Menge Drehorte von *Game of Thrones* besuchen – Infos unter www.disco

DIE WANDMALEREIEN VON BELFAST

Belfasts Tradition der politisch motivierten Malereien an Hauswänden begann im Jahr 1908, als Unionisten aus Protest gegen die Home-Rule-Politik Konterfeis von King Billy (Wilhelm III., protestantischer Sieger der Schlacht am Boyne 1690 über den katholischen König Jakob II.) auf die Mauern malten. Durch den Nordirlandkonflikt wurde die Tradition in den späten 1970er-Jahren neu belebt. Die Bilder markierten nun Territorien, vermittelten politische Inhalte, verewigten historische Ereignisse und verherrlichten terroristische Aktivitäten. Mehrere Taxitouren (S. 609) klappern zahlreiche der älteren Wandmalereien ab. Die Fahrer/Guides liefern den Kontext dazu und erklären einem die verschiedenen Symbole.

Republikanische Wandmalereien

1981 behandelten die ersten republikanischen Malereien den Hungerstreik republikanischer Gefangener im Maze-Gefängnis, die forderten, als politische Gefangene anerkannt zu werden. Dutzende unterstützten die Streikenden. Später erweiterten die Republikaner die Bilder um politische Aussagen, irische Legenden und historische Ereignisse. Nach dem Karfreitagsabkommen von 1998 forderten die Maler eine Reform der Polizei und den Schutz der Nationalisten vor konfessionsbedingten Angriffen.

Geläufige Motive sind ein sich aus den Flammen erhebender Phoenix (gilt als Symbol für Irlands Wiedergeburt aus den Flammen des Osteraufstandes 1916), das Bild des Hungerstreikenden Bobby Sands sowie Figuren und Szenen der irischen Mythologie. Zu den bekanntesten Slogans gehören folgende: *„Free Ireland"*, *„Éirí Amach na Cásca 1916"* (Irisch für „Osteraufstand 1916") und *„Tiocfaidh Ár Lá"* („Unsere Zeit wird kommen").

Die Bilder der Republikaner findet man hauptsächlich in der Falls Road, der Beechmount Avenue, der Donegall Road, der Shaw's Road sowie im Ballymurphy-Bezirk in West-Belfast, in der New Lodge Road in Nord-Belfast und der Ormeau Road in Süd-Belfast.

Wandmalereien der Loyalisten

Während die Republikaner oft sehr künstlerisch und symbolreich arbeiteten, zeigten sich die Loyalisten gewöhnlich militaristischer und provokanter im Ton. Ihr Schlachtruf *„No Surrender"* („Niemals aufgeben") ist allgegenwärtig, begleitet von roten, blauen und

vernorthernireland.com/gameofthrones. Außerdem gibt's Tagestouren mit dem Bus ab Belfast.

McComb's Game of Thrones Tours BUSTOUR
(Karte S. 570 f.; ☎ 028-9031 5333; www.mccombscoaches.com; pro Pers. 35 £; ⌚ Mi, Do & Sa–Mo) Fahrer dieser *Game of Thrones* Tours haben zuvor auch Statisten und Ausrüstung transportiert. Zu den Drehorten gehören die Dark Hedges (z. B. Kingsroad/Königsweg), Cushendun (die Meereshöhle, in der Melisandre den Schatten gebiert), Ballintoy Harbour (Herrenhort) und Larrybane (wo der Schatten Renly tötet). Vor dem Belfast Youth Hostel geht's um 9.15 Uhr los. Es gibt auch Touren in den Süden.

Game of Thrones Tours BUSTOUR
(Karte S. 570 f.; ☎ 028-9568 0023; www.gameofthronestours.com; Erw./Kind 40/30 £; ⌚ Ostern–Sept. Mi–So, Okt.–Ostern kürzere Touren) Diese Ganztagestouren führen zu 11 legendären *Game of Thrones* Drehorten, wie z. B. zum Castle Ward Estate (Winterfell) und dem Tollymore Forest Park (wo die Starks eine tote Schattenwölfin und ihre Welpen finden), inklusive zwei Wanderungen von insgesamt 6,5 km. Los geht's um 9 Uhr ab 36 Chichester Street, vor dem Victoria Shopping Centre (bei Top Shop).

Feste & Events

Das Belfast City Council (www.belfastcity.gov.uk/events) organisiert das ganze Jahr über vielfältige Events, die von der Parade beim St. Patrick's Day bis zur Lord Mayor's Show reichen. Auf der Website und im Visit Belfast Welcome Centre (visit-belfast.com/whats-on) erfährt man die genauen Termine.

CityDance TANZ
(www.citydancebelfast.com) Kostenloses zweitägiges Tanz-Festival im Februar im Crescent Arts Centre (S. 597).

Féile an Earraigh MUSIK
(www.feilebelfast.com) Dieses viertägige Festival rund um traditionelle irische und kelti-

weißen Bordsteinen, paramilitärischen Abzeichen und King Billy, oft auf einem Schimmel sitzend dargestellt.

Darüber hinaus sieht man oftmals die Rote Hand von Ulster, manchmal als geballte Faust (Symbol der Ulster Freedom Fighters, UFF), sowie Reminiszenzen an den Ersten Weltkrieg, als 1916 an der Somme auch viele nordirische Soldaten fielen. Diese Demonstration nordirischer Loyalität gegenüber der britischen Krone ist als Gegengewicht zu den republikanischen Darstellungen des Osteraufstandes zu verstehen. Ein geläufiges Motto fragt: „*Quis Separabit?*" („Wer sollte uns teilen?"), der Spruch der Ulster Defence Association (UDA). Offensiver wird behauptet: „*We will maintain our faith and our nationality.*" („Wir behalten unseren Glauben und unsere Nationalität.").

Wandmalereien heute

In den letzten Jahren wurden die Wandgemälde heiß diskutiert. Manche sehen in ihnen eine hässliche Erinnerung an die von Gewalt geprägte Vergangenheit, andere einen lebendigen Ausdruck der Geschichte Nordirlands. Zweifellos üben die Bilder eine starke Anziehung auf Touristen aus, doch viele Einwohner möchten die aggressivsten militaristischen Motive durch populärere ersetzen, beispielsweise durch Berühmtheiten und Lokalmatadoren wie den Fußballspieler George Best, den Schriftsteller C. S. Lewis (*Narnia*) und den Golfspieler Rory McIlroy.

Immer wieder stößt man auch auf ausgefallene oder sogar lustige Darstellungen, wie die Frage an der Weggabelung am Ende der Balfour Avenue von der Ormeau Road weg: „*How can quantum gravity help explain the origin of the universe?*" („Wie kann die Quantenphysik den Ursprung des Universums erklären?") Sie war 2001 Teil einer Installation mit den zehn von Wissenschaftlern ausgewählten wichtigsten ungelösten Fragen der Physik. Vielleicht hat sie so lange überlebt, weil man darauf immer noch keine Antwort gefunden hat und das Bild zudem eine Parallele zum immer noch ungelösten Problem der irischen Teilung symbolisieren könnte.

Genaueres zu den Wandgemälden erklären das dreibändige Buch *Drawing Support* von Bill Rolston, *The Peoples' Gallery* der Bogside Artists und die Website der Mural Directory (www.cain.ulst.ac.uk/murals).

sche Musik zieht Künstler aus ganz Irland, Europa und Amerika an. Läuft im Februar oder März.

St. Patrick's Day KULTUR
(www.belfastcity.gov.uk/events) Zu Ehren von Irlands Nationalheiligem finden viele lokale Festivals und am 17. März eine große Parade durch das Stadtzentrum statt.

Belfast Film Festival FILM
(www.belfastfilmfestival.org) Im April werden elf Tage lang irische und internationale Filme gezeigt.

Festival of Fools STRASSENTHEATER
(http://foolsfestival.com) Hauptveranstaltungsorte des fünftägigen Straßenfests Anfang Mai sind das Cathedral Quarter und das Stadtzentrum. Im Juli und August geht der Spaß dann jeden Sonntagnachmittag weiter.

Belfast Marathon SPORT
(www.belfastcitymarathon.com) Läufer aus aller Welt kommen am ersten Montag im Mai zum Belfast Marathon in die Stadt. Amateure können sich auf einen Volks- und einen Spaßlauf freuen.

Cathedral Quarter Arts Festival KUNST
(www.thecathedralquarter.com) Anfang Mai gibt's im sowie rund um das Cathedral Quarter zehn Tage lang Theater, Musik, Lyrik, Straßenunterhaltung und Kunstausstellungen.

Belfast Book Festival LITERATUR
(www.belfastbookfestival.com) Eine bunte Woche Mitte Juni mit allem rund ums Buch, von Filmen über Lesungen bis zu Seminaren und Begegnungen mit den Autoren. Verschiedene Veranstaltungsorte in der gesamten Stadt.

Belfast Titanic Maritime Festival MARITIM
(http://visit-belfast.com/whats-on) Das dreitägige Fest Anfang Juli am Queen's Quay und am Clarendon Dock wartet mit Segelschiffen, Straßenkünstlern, viel leckerem Essen und Livemusik auf.

DIE PARADEN DES ORANIER-ORDENS

Der nordirische Feiertag am 12. Juli ist der Jahrestag des Siegs der Protestanten in der Schlacht am Boyne 1690. Zu diesem Anlass werden Freudenfeuer, Blaskapellen und Paraden der Oranierorden geboten. In Belfast findet der größte Umzug statt.

Leider waren die Straßenparaden schon häufig Anlass gewalttätiger Auseinandersetzungen, doch in den letzten Jahren wurde gemeinschaftlich darauf hingearbeitet, das Fest als familienfreundliches, kulturelles Ereignis zu bewerben. Es hat sogar einen neuen Namen bekommen: Orangefest.

Trotzdem finden nach wie vor viele Menschen, dass die Umzüge Unruhe stiften und Konfrontationen begünstigen. Da die Teilnehmer eine Menge Alkohol trinken, besteht tatsächlich die Gefahr, dass die Stimmung kippt. Besucher sollten auf der Hut sein und die Ratschläge der Einheimischen beachten, außerdem ist mit mehr Polizei zu rechnen, wenn die Lage eskaliert.

Belfast Pride SCHWUL

(www.belfastpride.com) Irlands größtes einwöchiges Fest für Schwule, Lesben, Bisexuelle und Transsexuelle findet Ende Juli/Anfang August statt. Höhepunkt ist eine riesige Parade durchs Stadtzentrum.

Féile An Phobail KULTUR

(www.feilebelfast.com) Das angeblich größte Bürgerfest des Landes versetzt West-Belfast Anfang August für zehn Tage in Aufregung. Zu den Attraktionen gehören eine Karnevalsparade, Straßenpartys, Theatervorführungen, Konzerte sowie historische Führungen durch die Innenstadt und auf den Milltown Cemetery. Anfang August.

Belfast Festival at Queen's KUNST

(www.belfastfestival.com) Das zweitgrößte Kunstfestival in Großbritannien wird im Oktober zwei Wochen lang rund um die Queen's University gefeiert.

Schlafen

Von einfachen Touristenherbergen bis zu exklusiven Boutique-Hotels bietet Belfast für jeden Besucher etwas. Zahlreiche Unterkünfte in unteren und mittleren Preislagen befinden sich südlich des Zentrums im Universitätsviertel rund um die grüne Botanic Avenue, die University Road und die Malone Road, nur etwa 20 Gehminuten von der City Hall entfernt.

Das Stadtzentrum beherbergt immer mehr Businesshotels wie das bemerkenswerte Boutique-Hotel The Mutual, das im Scottish-Mutual-Gebäude aus roten Sandstein mit den vielen Türmchen in 15-16 Donegal Square untergebracht ist.

Im Titanic Quarter, in dem schon ein neues Hotel der Premier-Inn-Kette steht, werden in den kommenden Jahren mehrere neue Hotels eröffnen, unter anderem ein Hotel im Titanic-Stil mit 84 Zimmern und öffentlichen Bereichen im **Harland & Wolff Drawing Offices** (Karte S. 570 f.; Queen's Rd), wo einst die Entwürfe für die Titanic gemacht wurden.

Am Wochenende, im Sommer und zu Zeiten beliebter Veranstaltungen bucht man sein Zimmer am besten vorab.

Stadtzentrum

★ **Ten Square** HOTEL ££

(Karte S. 570 f.; ☎028-9024 1001; www.tensquare.co.uk; 10 Donegall Sq S; DZ ab 95 £; WLAN) Seit seiner aufwendigen Feng-Shui-Renovierung begeistert das ehemalige Bankgebäude südlich der City Hall als exklusives, im Shanghai-Stil eingerichtetes Boutique-Hotel mit einem freundlichen, aufmerksamen Service. *Conde Nast Traveller* und sonstige Hochglanzmagazine geraten bei dem dunkel lackierten Holz und den niedrigen futonartigen Betten regelrecht in Verzückung. Hier haben schon illustre Gäste wie Bono und Brad Pitt übernachtet.

Fitzwilliam Hotel HOTEL £££

(Karte S. 570 f.; ☎028-9044 2080; www.fitzwilliamhotelbelfast.com; 1-3 Great Victoria St; DZ ab 110 £; @ WLAN) Mit seinen Designerstoffen und der dezenten Beleuchtung trifft das superzentral gelegene Hotel immer genau den richtigen Ton. In den Zimmern gibt's schöne Leinenbetttücher, flauschige Bademäntel und tolle Duschen. Das Personal ist sehr hilfsbereit.

Cathedral Quarter

Malmaison Hotel HOTEL ££

(Karte S. 570 f.; ☎0844 693 0650; www.malmaisonbelfast.com; 34-38 Victoria St; DZ/Suite ab 95/270 £; @ WLAN) Dieses Tophotel ist in zwei wunderschön renovierten Lagerhäusern im italienischen Stil untergebracht. Ursprünglich residierten dort in den 1850er-Jahren zwei rivalisierende Firmen. Gäste können in Luxus schwelgen, der von großen Betten und tiefen Ledersofas bis zu riesigen Bädern reicht. Die dekadente Einrichtung kommt in Schwarz-, Rot-, Schoko- und Cremetönen daher. Eine Rockstar-Suite hat sogar einen Snookertisch, der mit violettem Tuch bezogen ist.

Merchant Hotel HOTEL £££

(Karte S. 570 f.; ☎ 028-90234888; www.themerchanthotel.com; 16 Skipper St; DZ/Suite ab 189/270 £; @) Belfasts beeindruckendstes viktorianisches Gebäude, die ehemalige Zentrale der Ulster Bank, ist ein extravagantes Hotel mit einer fabelhaften Mischung aus zeitgemäßem Styling und altmodischer Eleganz. Die Zimmer sind individuell eingerichtet (einige haben Badewannen für zwei). Außerdem gibt's ein Fitnessstudio und einen Wellnessbereich mit einem Whirlpool für acht Personen auf dem Dach. Das dazugehörende Restaurant Great Room (S. 590) ist sagenhaft.

Süd Belfast

Mit den Buslinien 7A und 7B von der Howard Street erreicht man die Gegend rund um die Botanic Avenue, während die 8A bzw. 8B zur University Road und zur Malone Road fahren. Die 9A und die 9B steuern die Straßen rund um die Lisburn Road an. Beide Linien starten am Donegall Square East sowie an der Great Victoria Street schräg gegenüber dem Europa Bus Centre.

★ **Vagabonds** HOSTEL £

(Karte S. 570 f.; ☎ 028-9023 3017; www.vagabondsbelfast.com; 9 University Rd; B 13–16 £, 2BZ & DZ 40 £; @) Wer im Vagabonds, einem der besten Hostels der Stadt, unterkommt, darf sich auf bequeme Stockbetten, abschließbare Gepäckfächer, eigene Duschen, eine entspannte Atmosphäre sowie eine günstige Lage zur Queen's University und zum Stadtzentrum freuen. Die Unterkunft wird von erfahrenen Travellern geführt.

Arnie's Backpackers HOSTEL £

(Karte S. 570 f.; ☎ 028-9024 2867; http://arniesbackpackers.co.uk; 63 Fitzwilliam St; B 14–16 £, 2BZ & DZ 44 £; @) Die alteingesessene und altmodische Bleibe in einer ruhigen Reihenhausstraße im Universitätsviertel ist dank der Kamine und eines freundlichen Publikums ein einladender Ort.

Global Village Backpackers HOSTEL £

(Karte S. 570 f.; ☎ 028-9031 3533; http://globalvillagebelfast.com; 87 University St; B 14,50–16,50 £, DZ 44 £; @) Ein Hostel in einem Reihenhaus aus dem 19. Jh. in der Nähe der Queen's University mit Biergarten, Grill und Spielezimmer.

Belfast Youth Hostel HOSTEL £

(Karte S. 570 f.; ☎ 028-9031 5435; www.hini.org.uk; 22-32 Donegall Rd; B 11,50–14,50 £, 2BZ 30–42 £, DZ 38–42 £; @) Dieses große, helle HI(Hostelling International)-Hostel hat praktische Services wie Waschmaschinen, sichere Parkplätze vor Ort, eine 24 Std. besetzte Rezeption (weder verschlossene Türen noch Sperrstunde) sowie ein Café mit Frühstücksspezialitäten.

Tara Lodge B&B ££

(Karte S. 570 f.; ☎ 028-9059 0900; www.taralodge.com; 36 Cromwell Rd; EZ/DZ ab 79/89 £; @) In einer tollen Lage in einer ruhigen Seitenstraße nur ein paar Schritte vom Trubel der Botanic Avenue entfernt wirkt dieses B&B mit der schicken minimalistischen Inneneinrichtung und den zuvorkommenden und effizienten Angestellten sowie 24 freundlichen, hellen Zimmern fast wie ein Boutique-Hotel. Zu dem erstklassigen Frühstücksangebot zählt auch Porridge mit Bushmills-Whiskey.

All Seasons B&B B&B ££

(Karte S. 582; ☎ 028-9068 2814; www.allseasonsbelfast.com; 356 Lisburn Rd; EZ/DZ/FZ 35/50/55 £;) Obwohl sich die rote Backsteinvilla nicht im Zentrum befindet, überzeugt sie mit ihrer Lage in der hippen Lismore Road zwischen der Cranmore Avenue und den Cranmore Gardens, 150 m hinter der Polizeistation. Sie verfügt über helle, farbenfrohe Zimmer, moderne Bäder, einen geschmackvollen kleinen Frühstücksraum und einen bequemen Aufenthaltsraum.

Malone Lodge Hotel HOTEL ££

(Karte S. 570 f.; ☎ 028-9038 8000; www.malonelodgehotelbelfast.com; 60 Eglantine Ave; DZ/FZ/Apt. ab 89/109/120 £;) Das Herzstück einer baumbestandenen viktorianischen Reihenhausstraße mit großen, exklusiv ausgestatteten Zimmern in stilvoll dezentem Dekor (manche sind in einem separaten Gebäude untergebracht), gutem Essen sowie hilfsbereitem, freundlichen Personal. Für Selbstversorger stehen außerdem Fünfsterneapartments mit ein oder zwei Schlafzimmern zur Verfügung.

Benedicts HOTEL ££

(Karte S. 570 f.; ☎ 028-9059 1999; www.benedictshotel.co.uk; 7–21 Bradbury Pl; EZ/DZ ab 75/85 £; @ 📶) Modernes, stilvolles Hotel in der Mitte der Golden Mile, dem Zentrum des Nachtlebens in Süd-Belfast. Die Zimmer sind mit ägyptischer Baumwollbettwäsche und Federbetten ausgestattet und in der riesigen gotisch inspirierte Restaurant-Bar wird nicht nur das Frühstück serviert, sondern auch jede Nacht Livemusik gespielt. Achtung: Ruhe kehrt hier erst in den frühen Morgenstunden ein.

Außerhalb des Zentrums

★ **Rayanne House** GASTHAUS ££

(Karte S. 582; ☎ 028-9042 5859; www.rayannehouse.com; 60 Demesne Rd, Holywood; EZ/DZ/3BZ/FZ ab 80/120/140/145 £; 📶 👪) In diesem prunkvollen Herrenhaus von 1883 nur 100 m vom Holywood Golf Club (S. 583) entfernt gibt's exquisite Zimmer, einige davon mit Balkon und Aussicht auf den Belfast Lough. Eines ist dem Golfprofi Rory McIlroy gewidmet – und hat eine Duschvorhangstange aus gravierten Golfschlägern. Im Restaurant, das regelmäßig das letzte Neun-Gänge-Menü (69 £) der Titanic serviert, sind nicht nur Hotelgäste willkommen.

Essen

In den letzten Jahren hat sich die gastronomische Szene der Stadt durch eine wahre Flut von neuen Lokalen, die es mit Europas besten Restaurants aufnehmen können, völlig verändert.

Stadtzentrum

Nach 19 Uhr wird das Haupteinkaufsviertel nördlich des Donegall Square zu einem stillen Labyrinth von heruntergelassenen Gittern und verlassenen Straßen. Tagsüber können sich die vielen Pubs, Cafés und Restaurants dagegen kaum vor Kundschaft retten. In den Abendstunden ist südlich des Donegall Square bis zum Shaftesbury Square am meisten los.

John Long's FISH & CHIPS £

(Karte S. 570 f.; www.johnlongs.com; 39 Athol St; Fish & Chips 4–8 £; ⏲ Mo–Sa 13.30–18.30 Uhr) Schon seit 1914 versteckt sich diese wundervoll bodenständige Belfaster Institution in einem unauffälligen Gebäude aus roten Ziegeln neben einem Parkplatz. Die Fenster und Türen sind komplett vergittert, seit bei einem Bombenanschlag auf das benachbarte Hotel Europa hier sämtliche Scheiben explodiert sind. Drinnen werden klassisch Kabeljau und Pommes in Bratenfett frittiert, serviert wird das Ganze an Resopal-Sitznischen aus den 70ern. Nur Barzahlung.

St. George's Market Bar & Grill MODERN IRISCH £

(Karte S. 570 f.; ☎ 028-9024 0014; http://stgeorgesbargrill.com; Oxford St; Frühstück 4,50–7 £, Hauptgerichte mittags 8–10 £, abends 13–17 £; ⏲ Di 10–14.30, Mi & Do 10–14.30 & 17–21, Fr & Sa 9–14.30 & 17–22, So 10–16 Uhr) 🍃 In diesem Restaurant im Erdgeschoss des historischen St. George's Market (S. 598) kommen nur dort gekaufte Zutaten auf den Tisch. An Markttagen sind die besten Plätze auf dem Balkon mit Blick auf Stände und Kunden unten. Das warme Ulster-Frühstück hat viele Fans, aber Hauptgerichte wie das Irish Stew mit Lammrippchen an Perlgraupen sind ebenfalls hervorragend.

Archana INDISCH £

(Karte S. 570 f.; www.archana.co.uk; 53 Dublin Rd; Hauptgerichte mittags 3,50–9 £, abends 7–15 £; ⏲ 12–14 & 17–24 Uhr; 🌱) Stilvoller, aber unprätentiöser Laden auf zwei Etagen mit einer großen Auswahl vegetarischer Gerichte, viele davon mit selbstgemachtem *paneer* (Frischkäse). Wer richtig Hunger hat, bestellt am besten die *thali* (Platte mit drei Currys; mit/ohne Fleisch 15/12 £).

Morning Star KNEIPENKOST £

(Karte S. 570 f.; www.themorningstarbar.com; 17 Pottinger's Entry; Hauptgerichte 10–24 £; ⏲ Küche 12–21 Uhr; 📶) Das historische Pub wartet mit einem tollen All-you-can-eat-Mittagsbüfett (6 £; 12–16 Uhr) auf und ist berühmt für den Hausschlachter, der die Würstchen selbst macht.

★ **OX** IRISCH ££

(Karte S. 570 f.; ☎ 028-9031 4121; http://oxbelfast.com; 1 Oxford St; Hauptgerichte mittags 10 £, abends 19–25 £; ⏲ 12–14.30 & Di–Fr 1 8–21.30, Sa ab 13 Uhr) 🍃 Das Ox hat hohe Decken, die Wände bestehen aus cremefarben gestrichenen Ziegeln und das goldfarbene Holzinventar schafft ein Feeling wie im Theater, wobei die offene Küche hinten entsprechend als Bühne dient. Dort führen Köche aus der Michelin-Schule Regie. Das Ergebnis ist das so ziemlich exquisiteste (und dafür sehr preisgünstige) Essen in ganz Belfast. Das Restaurant wird von lokalen Betrieben beliefert und der Schwerpunkt liegt auf irischem Rindfleisch, nach ökologischen Maßstäben gefangenem Fisch und Meeresfrüchten sowie Obst und Gemüse der Saison.

★ Mourne Seafood Bar

FISCH & MEERESFRÜCHTE ££

(Karte S. 570 f.; ☎ 028-9024 8544; http://mourneseafood.com; 34-36 Bank St; Hauptgerichte 8–22 £; ⏲ Mo–Do 12–21.30, 12–16 & Fr & Sa 17–22.30, So 13–18 Uhr) In der immens beliebten Mourne Seafood Bar können sich die Gäste über eine relaxte Pub-Atmosphäre, rote Ziegelsteine, dunkles Holz und von der Decke baumelnde Öllampen freuen. Auf der Karte stehen Austern (au naturel oder à la Rockefeller), Jakobsmuscheln, Hummer und Langusten aus den eigenen Muschelbänken, ebenso wie leckerer Knurrhahn und Zackenbarsch. Abends unbedingt reservieren.

Die angeschlossene Belfast Cookery School (S. 581) veranstaltet eine Reihe unterschiedlichster Kochkurse. Eine Filiale (S. 618) ist in der Nähe der Dundrum Bay (County Down).

★ Holohan's

MODERN IRISCH ££

(Karte S. 570 f.; ☎ 028-9023 5973; Belfast Barge, Lanyon Quay; Hauptgerichte mittags 9,50–12,50 £, abends 13–22 £; ⏲ Mo & Di 12–16, Mi–Sa 12–15 & 15–23 Uhr) Das Restaurant an Bord der Belfast Barge (S. 575) kocht sensationell innovativ Meeresfrüchte und Fisch – frittierter Breitling mit einer Knoblauch-Kräuter-Aioli, gebratener Dorsch mit braunen Shrimps und Boxty Dumplings (irische Kartoffelpfannkuchen) – sowie Gerichte vom Festland wie Filet-Steak mit alten Gemüsesorten und Desserts wie warme Schokoladenmousse mit kandierten Walnüssen mit Baileys-Schokoladensoße. Dazu werden offene Weine aus aller Welt serviert.

Ginger

BISTRO ££

(Karte S. 570 f.; ☎ 028-9024 4421; www.gingerbistro.com; 7-8 Hope St; Hauptgerichte mittags 10–12,50 £, abends 16–23 £; ⏲ Mo 17–21, 12–15 & Di–Do 17–21.30, Fr & Sa 12–15 & 17–22 Uhr;) An diesem unscheinbaren Lokal läuft man leicht vorbei und verpasst damit einiges: Das gemütliche, lockere Bistro kredenzt nämlich Gerichte weitab des Üblichen. Der mit flammend rotem Haar gesegnete Besitzer und Koch (daher der Name) versteht sich auf seine Fertigkeiten. Aus erstklassigen irischen Zutaten zaubert er exquisite Gerichte wie mit Tee geräucherte Entenbrust an Ingwer-Süßkartoffelpürree.

McCracken's

KNEIPENKOST ££

(Karte S. 570 f.; ☎ 028-9032 6711; http://mccrackenscafebar.co.uk; 4 Joy's Entry; Hauptgerichte 7–17 £; ⏲ Mo–Mi Küche 12–20, Do & Fr bis 21, Sa bis 19, So bis 18 Uhr) Gut versteckt in Joy's Entry, einer alten, schmale Gasse liegt liegt das überraschend moderne McCracken's. Die Suche nach dem Loft mit unverputzten Backsteinwänden lohnt sich für die tollen Cocktails, die Livemusik und die DJs, vor allem aber wegen der Gastropub-Karte: die reicht von trocken gereiften Burgern aus irischem Rind, über Chowder mit geräucherten Meeresfrüchten bis zu Schellfisch mit Langustenschwänzen in einer Weißwein-Sahnesoße. Zu den Beilagen gehören dreimal frittierte Pommes oder Trüffel-Parmesan Pommes.

VAN MORRISON TRAIL

Fans von „Van the Man" können sich einen Stadtspaziergang herunterladen und 3,5 km durch Ost-Belfast gehen, das sonst weniger Aufmerksamkeit bekommt, vorbei an **The Hollow** (berühmt dank „Brown Eyed Girl"), **Cypress Avenue** und dem bescheidenen Haus in der **Hyndford Street** 125, wo er geboren wurde.

Morrison selbst hat diesen Stadtspaziergang 2014 in Zusammenarbeit mit einer regionalen Stadtratsinitiative, der Connswater Community Greenway (www.communitygreenway.co.uk/vanmorrisontrail) eingeweiht. Die kostenlose Karte zum Herunterladen verfügt auch über kurze Hörproben von Songs, die zu den acht Stopps des Spaziergangs passen.

Home

MODERN IRISCH ££

(Karte S. 570 f.; ☎ 028-9023 4946; www.homebelfast.co.uk; 22 Wellington Pl; Hauptgerichte mittags 5–12,50 £, abends 12,50–21,50 £; ⏲ Mo–Do 12–21.30, Fr & Sa 12–16 & 17–22, So 13–21, Laden Mo–Fr 8–15, Sa 10–15 Uhr;) Nachdem es als Pop-Up Restaurant die Herzen der Gourmets Belfasts gewonnen hat, ist Home jetzt immer unter derselben Adresse zu finden. Dort sorgt es weiterhin mit der kreativen Verwendung saisonaler Zutaten im Restaurant sowie dem angeschlossenen Feinkostladen im New York Deli Stil für große Begeisterung. Die Speisekarte trifft wirklich jeden Geschmack: vegetarisch, vegan, kalorienbewusst, glutenfrei, kalorienbewusst glutenfrei sowie Kinder und sogar Theaterbesucher.

James St. South

MODERN IRISCH ££

(Karte S. 570 f.; ☎ 028-9043 4310; www.jamesstreetsouth.co.uk; 21 James St S; 1-/2-/3-Gänge-Menü mittags 10/15,50/18,50 £, abends Hauptgerichte 18,50–25 £; ⏲ Mo–Sa 12–14.30 & 17.30–

22.30 Uhr) Das köstliche Essen wird in einem bestechend schönen Speisesaal mit einer großformatigen impressionistischen Landschaft des irischen Künstlers Clement McAleer serviert. Auf der Karte stehen z. B. Vorspeisen wie gegrillte Foie Gras mit eingelegtem Rhabarber, gefolgt von Hauptgerichten wie Wild mit Rübchen und Pilz-Cottage Pie. Das Personal ist entspannt und dabei extrem professionell. Im **Bar & Grill** (Karte S. 570 f.; ☎028-9560 0700; www.belfastbargrill.co.uk; 21 James St S; Hauptgerichte 10,50–23 £; ⏲12–22.30 Uhr), dem Schwesterrestaurant des James Street South herrscht eine entspanntere Atmosphäre, aber die Qualität des Essens ist gleich hoch.

Deanes Eipic FRANZÖSISCH, IRISCH £££
(Karte S. 570 f.; ☎028-9033 1134; www.michaeldeane.co.uk; 34-40 Howard St; 4-/5-/6-Gänge-Menü 40/50/60 £; ⏲Fr 12–14.45, Mi–Sa 17.30–21.45 Uhr) Nur die allerbesten irischen und britischen Erzeugnisse – Rind, Wild, Lamm, Meeresfrüchte und Fisch – werden im Flaggschiff von Michael Deanes Restaurantflotte für Gourmets zubereitet. Im gleichen Gebäude finden sich Deane's A-la-Carte-Restaurant **Love Fish** und der **Meatlocker**.

Cathedral Quarter

Great Room FRANZÖSISCH £££
(Karte S. 570 f.; ☎028-9023 4888; www.themerchanthotel.com; 16 Skipper St; Hauptgerichte 19,50–28,50 £; ⏲7–23 Uhr) Das große, elegante Restaurant des Merchant Hotels (S. 587) in der ehemaligen Schalterhalle der Ulster-Bank-Zentrale wartet mit vergoldetem Stuck, rotem Plüsch, Cherubinen aus weißem Marmor und einem gigantischen Kristallkronleuchter unter einer Glaskuppel auf. Die dekadenten, deliziösen Speisen passen perfekt zum Interieur (Gänseleberpastete, Trüffel usw.).

Süd Belfast

Maggie May's CAFÉ £
(Karte S. 570 f.; www.maggiemaysbelfastcafe.co.uk; 50 Botanic Ave; Hauptgerichte 4,50–14 £; ⏲Mo–Sa 8–23, So 9–23 Uhr) In dem klassischen kleinen Café mit gemütlichen Sitznischen und Wandgemälden des alten Belfast finden sich vor allem Studenten zum riesigen Katerfrühstück ein. Zu ihrem Glück gibt's den ganzen Tag French Toast (Arme Ritter) mit Ahornsirup und die anderen Frühstücksgerichte und mittags auch Suppen mit Sandwiches oder Lasagne. Alkoholische Getränke muss man selbst mitbringen.

In **Stranmillis** (Karte S. 570 f.; ☎028-9066 8515; www.maggiemaysbelfastcafe.co.uk; 2 Malone Rd; Hauptgerichte 4,50–14 £; ⏲Mo–Sa 8–23, So 9–23 Uhr) befindet sich eine neuere Filiale.

★ **Barking Dog** BISTRO ££
(Karte S. 570 f.; ☎028-9066 1885; www.barkingdogbelfast.com; 33-35 Malone Rd; Hauptgerichte 14–24 £, Tapas 1/5 £ Gerichte 3/12 £; ⏲Mo–Do 12–15 & 17.30–22, Fr & Sa bis 23, So 12–21 Uhr) Massives Hartholz, unverputzte Ziegelwände, Kerzenlicht und eine außergewöhnliche Einrichtung prägen die Atmosphäre dieses hübsch restaurierten Bauernhauses. Für Komfort und Genuss sorgt auch die Karte voll einfacher, aber sensationell guter Speisen wie dem Vorzeigeburger aus hauchzartem Rinderbeinfleisch, umwickelt mit karamellisierten Zwiebeln und dazu Sahnemeerrettich oder Süßkartoffel-Ravioli mit Karotten und Parmesan-Chips. Auch der Service ist erstklassig.

Molly's Yard IRISCH ££
(Karte S. 570 f.; ☎028-9032 2600; www.mollysyard.co.uk; 1 College Green Mews; Hauptgerichte Bistro 10 £, Restaurant 14–23 £; ⏲Bistro 12–17, Restaurant Mo–Sa 17–21 Uhr) Ein schrulliges Restaurant in einem ehemaligen viktorianischen Stall. Unten befindet sich eine gemütliche Bistro-Bar mit Tischen im Hof und oben lockt ein rustikaler, luftiger Speiseraum. Das Menü ändert sich je nach Saison und umfasst ein halbes Dutzend Vorspeisen sowie Hauptgerichte. Außerdem werden ein paar eigene Biere serviert, die in der Hilden Brewery gebraut werden (S. 581).

Shu FRANZÖSISCH, IRISCH ££
(Karte S. 570 f.; ☎028-9038 1655; www.shu-restaurant.com; 253 Lisburn Rd; Hauptgerichte 12–23 £, 2-Gänge mittags/abends Menüs 13,25/22,50 £; ⏲Mo–Sa 12–14.30 & 18–22 Uhr) Shu, der Pionier des Belfast Chic, gibt seit 2000 in der eleganten Lisburn Road den Ton an und räumt nach wie vor regelmäßig Preise ab. Auf der französisch inspirierten Karte stehen u. a. gebratener Heilbutt auf schwarzem Reis, Taube mit Grünkohl auf Selleriepüree und Gnocchi mit wildem Knoblauch an Trüffelbutter.

★ **Saphyre** MODERN IRISCH £££
(Karte S. 570 f.; ☎028-9068 8606; www.saphyrerestaurant.com; 135 Lisburn Rd; Hauptgerichte mittags 12–14 £, abends 23–27 £; ⏲Mo–Mi 10–15, Do–Sa bis 22.30 Uhr) Nicht nur die Lage des Saphyre in der Ulsterville Presbyterian Chur-

ch von 1924 hinter einem Design-Möbel-Showroom ist spektakulär, sondern auch die Küche, die einige der raffiniertesten Gerichte in ganz Belfast kredenzt: Gekühlte Erbsen-und-Minze-Suppe mit Strangford-Krabbe, Meerforelle mit Sauerampfer an violetten Kartoffeln, Rumpfstück vom Lamm mit Bries, sowie Rhabarber-Soufflé mit Ingwer-Joghurt – jedes Gericht ein Meisterwerk.

Außerhalb des Zentrums

★ Fontana MODERN IRISCH ££

(Karte S. 582; ☎ 028-9080 9908; www.restaurantfontana.com; 61 High St, Holywood; Hauptgerichte 13,50–27,50 £; ⌚ Di–Fr 12–14.30 & 17–22, Sa 6–22, So 11–15 Uhr) Eigentlich liegt das Fontana gut versteckt (im ersten Stock eines Hauses, das man von einem überdachten Durchgang aus erreicht), und doch mitten im dörflichen Holywood. Die moderne irische Küche ist großartig – wilder Steinbutt mit knusprigem Seetang, Risotto mit roter Beete und Fenchel, Huhn mit einer Glasur aus Ahornsirup und Kreuzkümmel an Pastinakengratin – alles mit Kräutern und Salatgemüsen aus dem eigenen Garten im Hof.

Tap Room MODERN IRISCH ££

(http://taproomhilden.com; Hilden House, Grand St, Lisburn; Hauptgerichte 14,50–20,50 £; ⌚ Küche Di–Sa 12–14.30 & 17.30–21, So 12–15; Uhr) Normalerweise besucht man eine Brauerei wegen des Bieres – und das in der Hilden Brewery (S. 581) ist definitiv eine Reise wert. Aber mit Gerichten wie Haddock in Teig aus Belfast Blonde mit Erbsenmus, Linguini mit Krabben und Garnelen, Maispoularde an Pastinaken-Gnocchi sowie Rinderschmorbraten an Kartoffelpüree mit Meerrettich lohnt auch das Bar-Restaurant selbst den Abstecher. Jeden Mittwoch ab 19 Uhr gibt's dazu traditionelle Musik.

Cutters Wharf GRILL ££

(Karte S. 582; www.cutterswharf.co.uk; 4 Lockview Rd, Stranmillis; Hauptgerichte 10–27 £; ⌚ Küche 12–21 Uhr;) Eines der wenigen Bar-Restaurants der Stadt, die unmittelbar am Fluss liegen. Auf der ausgedehnten Terrasse kann man einen Drink und Bargerichte unter freiem Himmel genießen und im schicken Restaurant oben Steak, Burger sowie Fisch- und Meeresfrüchtegerichte schlemmen.

Acapulco MEXIKANISCH ££

(Karte S. 582; ☎ 028-9029 6400; http://acapulco.ie; 255 Upper Newtownards Rd; Hauptgerichte 11–17 £; ⌚ Di–Do 12–15 & 17–21, Fr 12–15 & 17–22, Sa 12–22, So 17–21 Uhr;) Politiker und Parlamentsmitarbeiter kommen gern aus dem nahe gelegenen Stormont (S. 580) hierher, denn dieses sparsam und doch farbenfroh dekorierte Restaurant serviert authentische Burritos, Chimichanga, Flauta, Enchiladas, Fajita-Teller, Hühnchenspieße nach Yukatan-Art sowie andere mexikanische Klassiker in riesigen Portionen. Außerdem gibt's eine gute Speisekarte für die *niños* (Kinder). Es ist eines von mehreren ausgezeichneten Restaurants in der Upper Newtownards Road in Ballyhackamore.

Ausgehen & Nachtleben

Belfasts Kneipen sind lebhaft und friedlich und viele von ihnen kredenzen auch tolles Essen. Die traditionellen Pubs haben es mittlerweile schwer, sich gegen die wachsende Konkurrenz der Designerbars zu behaupten.

Obwohl sich die Lage gebessert hat, ist es mitunter noch immer schwierig, an den Türstehern vor Pubs und Clubs vorbeizukommen. Einige der schickeren Locations haben eine Kleiderordnung, das heißt im Klartext: keine Turnschuhe, keine Jeans, keine Baseballmützen, damit die Sicherheitskameras die Gesichter gut aufnehmen können, und definitiv keine Fußballfarben. Manche verbieten sogar ausdrücklich politische Tätowierungen.

Zentrum

★ Crown Liquor Saloon PUB

(Karte S. 570 f.; www.nicholsonspubs.co.uk; 46 Great Victoria St; ⌚ Mo–Mi 11.30–23, Do–Sa 11.30–24, So 12.30–22 Uhr) Trotz der sich hier massenhaft tummelnden Touristen (S. 569) sind mittags und am frühen Abend immer noch zahlreiche Einheimische in Belfasts berühmtester Bar.

★ Filthy Quarter BAR

(Karte S. 570 f.; www.thefilthyquarter.com; 45 Dublin Rd; ⌚ Mo–Sa 13–1, So bis 24 Uhr) Das Filthy Quarter besteht aus vier einzelnen, allesamt fantastischen Bars: **Filthy McNastys** im retro-traditionellen Stil mit viel Schnickschnack, wo täglich ab 22 Uhr regionale Musiker auftreten; der **Secret Garden** ist ein Biergarten auf zwei Etagen voller Lichterketten mit Behältern zum Kühlen der Getränke; in der **Gypsy Lounge** (Dienstag, Donnerstag, Freitag, Samstag und Sonntag nachts) hat der DJ sein Pult in einem Gypsy-Wagen; und die Cocktailbar **Filthy Chic** ist mit Kronleuchtern dekoriert.

CHRIS HILL/GETTY IMAGES ©

1. City Hall (S. 568)
Belfasts Rathaus im Renaissancestil kann man sich bei einer kostenlosen Führung genauer ansehen.

2. Palm House (S. 578)
Deses lichtdurchflutete Meisterstück aus Gusseisen und gekrümmtem Glas wartet in den Botanic Gardens.

3. Titanic Belfast (S. 575)
In dem rechteckigen Titanic-Belfast-Gebäude befindet sich ein Museum zu dem berühmten Ozeandampfer.

4. Belfast bei Nacht
Sonnenuntergang über dem River Lagan, der durch das Stadtzentrum fließt.

CHRIS HILL/GETTY IMAGES ©

BELFAST FÜR SCHWULE & LESBEN

Belfasts Schwulen- und Lesbenszene konzentriert sich auf das Cathedral Quarter. Über aktuelle Veranstaltungen kann man sich unter www.gaybelfast.net informieren.

Kremlin (Karte S. 570 f.; www.kremlin-belfast.com; 96 Donegall St; ⌚ Di, Do & So 22–2.30, Fr & Sa 21–3 Uhr) Mit seinem sowjetischen Kitsch zieht das Kremlin – Herz und Seele der nordirischen Homosexuellenszene – vor allem Schwule an. Eine Leninstatue weist Besuchern den Weg in die Tsar-Bar, die Pre-Club-Bar, von wo aus die Long Bar zum zentralen Clubbing-Bereich, dem „Roten Platz", führt. „Revolution" am Samstag gilt als Aushängeschild des Clubs; dann mischen DJs Dance, House, Pop und kommerzielle Musik.

Union Street (Karte S. 570 f.; www.unionstreetbar.com; 8–14 Union St; Mo–Do 12–1, Fr & Sa 12–1.30, So 1.30–13 Uhr; ᯤ) Die stilvolle moderne Bar im Retrolook wartet mit einer Einrichtung aus vielen unverputzten Ziegelsteinen und dunklem Holz auf (unbedingt die Belfast-Waschbecken auf der Toilette besichtigen!). Sie spricht mit ihrem allabendlichen Kabarett, Karaoke und gutem Essen sowohl homo- als auch heterosexuelle Gäste an. Sonntag wird Bingo gespielt.

Maverick (Karte S. 570 f.; 106-110 Donegall St; ⌚ Mo–Fr 17–1, Sa 14–1, So 14–24 Uhr) ist hauptsächlich wegen seinem Boombox Nightclub über der Hauptbar bekannt.

★ Love & Death Inc — COCKTAILBAR

(Karte S. 570 f.; www.facebook.com/loveanddeathincbelfast/; 10a Ann St; ⌚ Mo–Mi 12–1, Do–Sa 12–3, So 13–24 Uhr) Versteckt über einer Pizzeria liegt dieser Laden, in dem man sich fühlt wie auf einer Hausparty im Speakeasy-Stil. Die Bar sieht aus wie ein außergewöhnlich eingerichtetes Wohnzimmer, das Essen ist lateinamerikanisch-wild, die Cocktails sogar noch wilder und am Wochenende dient der Dachboden als Nachtclub.

Harlem Café — CAFÉ, BAR

(Karte S. 570 f.; http://harlembelfast.com; 34-36 Bedford St; ⌚ Mo–Do 8–23, Fr & Sa 8–1, So 9–19 Uhr; ᯤ) In diesem kornblumenblauen Haus mit einer eklektischen Kunstsammlung an den Wänden kann man es sich prima mit einem Kaffee gemütlich machen oder nach dem Stadtbummel ein Glas Wein trinken. Das Speisenangebot reicht von Frühstück über Brunch bis zu einem Abendessen vor dem Theaterbesuch. Freitag und Samstag gibt's Livemusik.

Garrick Bar — PUB

(Karte S. 570 f.; www.thegarrickbar.com; 29 Chichester St; ⌚ Mo–Sa 11.30–1, So 12.30–24 Uhr; ᯤ) Eine dunkle Holzvertäfelung, Fliesenböden, ein Barbereich mit Säulen und alte Öllampen aus Messing sorgen in dem 1870 eröffneten Pub für eine schöne traditionelle Atmosphäre. Die Gäste sitzen in gemütlichen Nischen mit lederbezogenen Bänken und ein echtes Kohlenfeuer erwärmt jeden Raum. Im vorderen Bereich wird mittwochs um 21.30 Uhr und freitags um 17 Uhr sowie sonntags um 18 Uhr traditionelle Livemusik gespielt.

White's Tavern — PUB

(Karte S. 570 f.; 1-4 Wine Cellar Entry; ⌚ Mo & Di 12–23, Mi–Sa bis 1, So bis 24 Uhr) Das White's wurde 1630 gebaut und 1790 erneuert und beansprucht aus diesem Grund den Titel der ältesten Taverne der Stadt für sich (im Gegensatz zu Pubs boten Tavernen sowohl Verköstigung als auch Unterkunft an). Während unten die traditionelle irische Bar mit Torffeuer und jeden Abend traditioneller Livemusik aufwartet, wirkt das mit alten Sesseln und Sofas eingerichtete Obergeschoss wie Omas Wohnzimmer. Am Wochenende sorgen DJs und Coverbands für Stimmung.

Kelly's Cellars — PUB

(Karte S. 570 f.; www.kellyscellars.com; 30-32 Bank St; ⌚ Mo–Sa 11.30–1, So 13–24 Uhr) Belfasts ältestes Pub wurde 1720 eröffnet und diente als Treffpunkt von Henry Joy McCracken sowie den United Irishmen, als diese 1798 ihren Aufstand planten. Die Kneipe wirkt ebenso wie einige Stammgäste etwas grobschlächtig, zieht aber ein bunt gemischtes Belfaster Publikum an und ist ein guter Tipp für Trad Sessions jeden Dienstag bis Donnerstag ab 20.30 Uhr und Samstags ab 16.30 Uhr.

Bittle's Bar — PUB

(Karte S. 570 f.; 103 Victoria St; ⌚ Mo–Do 10–23, Fr & Sa 12–1, So 12–18 Uhr) Stets gut besucht und sehr traditionell: Das Bittle's befindet sich in einem dreieckigen roten, mit vergoldeten Kleeblättern verzierten Backsteinbau aus dem 19. Jh. Im keilförmigen Inneren schmücken Gemälde berühmter irischer Literaten die Wände, die von einem einheimischen Künstler namens Joe O'Kane angefertigt wurden. Auf dem Ehrenplatz hängt ein großes Bild an der Rückwand: Darauf sind Yeats, Joyce, Behan, Beckett und Wilde zu sehen. Gezapft wird eine ausgezeichnete Auswahl an Craft-Beers.

Café Vaudeville BAR
(Karte S. 570 f.; www.cafevaudeville.com; 25-39 Arthur St; ⏲ Mo 11.30–18, Di bis 23, Mi & Do bis 24 Uhr, Fr & Sa bis 1 Uhr) Erst war das Gebäude die Hauptstelle eines historischen Kaufmanns, dann eine Bank, jetzt ist es eine Café im Stil der Pariser Belle Époque mit sich spektakulär windenden Treppen und hohen Jugendstil-Decken. Oben in der Champagner-Bar läuft Jazz, Swing und Big-Band-Musik. Das Essen bleibt ganz dem Pariser Stil treu und ist ebenfalls fabelhaft.

Cathedral Quarter

★ Duke of York PUB
(Karte S. 570 f.; www.dukeofyorkbelfast.com; 11 Commercial Ct; ⏲ Mo–Mi 11.30–23.30, Do & Fr bis 1, Sa bis 2, So 14–20 Uhr) Versteckt in einer unauffälligen Gasse mitten im ehemaligen Zeitungsviertel liegt das heimelige, traditionelle Duke. Einst trafen sich hier Drucker und Journalisten. Der Sinn-Féin-Führer Gerry Adams jobbte 1971 zu seinen Studienzeiten hinter dem Tresen. Wenn es warm wird, ist in der ganzen Gasse Straßenfest-Atmosphäre.

National Grande Café BAR
(Karte S. 570 f.; www.thenationalbelfast.com; 62 High St; ⏲ Mo–Mi 8.30–21, Do & Fr 8.30–1, Sa 9.30–1, So 9.30–24 Uhr) Wer hinter die silbergraue Fassade der ehemaligen National Bank von 1897 schaut und das postindustrielle Interieur durchquert, findet dort das Prunkstück des National: Belfasts größten Biergarten, mit regelmäßigen Barbecues und Livemusik. Den ganzen Tag lang wird europäisches Essen serviert und sonntags gibt's Frühstück bis 17.30 Uhr.

John Hewitt Bar & Restaurant PUB
(Karte S. 570 f.; www.thejohnhewitt.com; 51 Donegall St; ⏲ Mo–Fr 11.30–1, Sa 12–1, So 19–1 Uhr) Die nach dem Belfaster Dichter und Sozialisten benannte Kneipe gehört zu den wenigen Läden ohne Fernseher und Spielautomaten – hier hört man tagsüber nur das Murmeln der Gäste. Neben Guinness wird Craft-Beer aus der Lisburn's Hilden Brewery (S. 581) und County Tyrone's Red Hand Brewing Company ausgeschenkt. An den meisten Abenden finden hier ab etwa 21 Uhr Folk-, Jazz- und Bluegrass-Sessions statt.

Muriel's Cafe-Bar BAR
(Karte S. 570 f.; ☎ 028-9033 2445; 12-14 Church Lane; ⏲ Mo–Fr 11.30–1, Sa 11–1, So 11–24 Uhr) Lauschige und einladende kleine Bar mit einer Einrichtung im Retroschick, die aus alten Sofas und Sesseln, schweren Stoffen in Oliv- und Dunkelrottönen, Spiegeln mit goldenem Rahmen sowie einem gusseisernen Kamin besteht. Gin war das Lieblingsgetränk der früheren Besitzerin (es lohnt sich übrigens, danach zu fragen, wer Muriel eigentlich war), deshalb ist die Auswahl an exotischen Marken, mit denen man sein Tonic mischen kann, groß. Auch die Speisekarte überzeugt.

Spaniard BAR
(Karte S. 570 f.; www.thespaniardbar.com; 3 Skipper St) Die enge Bar hat sich auf Rum spezialisiert (25 Sorten) und ist so vollgestopft, als wäre sie einfach irgendwo in eine Wohnung gezwängt worden. Dennoch strahlt jedes einzelne der abgenutzten Sofas mehr Atmosphäre aus als so manch durchgestylte Hochglanzbar. Der Laden punktet mit einer freundlichen Bedienung, guten Tapas, einem bunt gemischten Publikum und die Musik ist nicht zu laut, um sich dabei zu unterhalten – was will man mehr?

McHugh's Bar & Restaurant PUB
(Karte S. 570 f.; www.mchughsbar.com; 29-31 Queen's Sq; ⏲ Mo–Sa 12–1, So 13–24 Uhr) Belfasts ältestes Gebäude steht schon seit 1711 und beherbergt heute ein wundervoll traditionelles Pub mit alten Sitzecken und Bänken aus Holz. Das hervorragende Guinness wird in Pint-Gläsern serviert, außerdem sind die klassisch-irischen Gerichte auch über jeden Zweifel erhaben.

Northern Whig BAR
(Karte S. 570 f.; 2-10 Bridge St; ⏲ Mo & Di 12–23, Mi–Sa bis 2, So 13–23 Uhr) Moderne, schicke Bar in einer ehemaligen georgianischen Druckerei. Ihr Innenraum wird dominiert von drei riesigen Statuen des sozialistischen Realismus, die Anfang der 1990er-Jahre aus Prag gerettet wurden. Nachmittags kann man sich in den bequemen Sofas und Sesseln herrlich entspannen. Freitags und samstags ab 17 Uhr, wenn das feierwütige Volk loslegt, wird es hier wesentlich lauter.

Titanic Quarter

Box Nightclub CLUB
(Karte S. 570 f.; www.boxnightclub.com; 2 Queen's Quay; ⏲ Di–Do & Sa 21–2 Uhr) Auf zwei Etagen

beherbergt der hypermoderne Nachtclub Box im Odyssey Complex (S. 577) sechs Bars und zwei neue VIP-Räume.

South Belfast

★ Eglantine PUB

(Karte S. 570 f.; http://eglantinebar.co.uk; 32 Malone Rd; ⏲Mo & Di 11.30–24 Uhr, Mi–So bis 1;) Das „Eg" ist eine lokale Institution und gilt als beste der vielen Studentenkneipen der Stadt. Hier gibt's gutes Bier und Essen und jeden Abend ein anderes Event: Montag ist Kinoclub, Dienstag ist Vinyl-Nacht, an anderen Tagen stehen DJs hinter dem Mischpult oder Bands treten auf. Bonus: Pac-Man-Spielautomat.

Botanic Inn PUB

(Karte S. 570 f.; www.thebotanicinn.com; 23-27 Malone Rd; ⏲Mo, Di, Do & Fr 11.30–1, Mi & Sa 11.30–2, So 12–24 Uhr;) Im „Bot" treffen sich Studenten zu wilden Partys und unter der Woche steigen jeden Tag Events: Folkmusik-Gigs am Montag, Quiz am Dienstag, mittwochs legt ein DJ auf, donnerstags läuft ein Mix aus Indie, Rock und Trad, am Freitag spielen Bands. Die Party geht auch am Wochenende weiter und sonntags werden Club-Songs aus fünf Jahrzehnten gespielt.

Lavery's BAR

(Karte S. 570 f.; www.laverysbelfast.com; 14 Bradbury Pl; ⏲Mo–Sa 11.30–1, So 12.30–24 Uhr) Schon seit 1918 wird das Lavery's von derselben Familie geführt. Auf mehreren brechend vollen Ebenen tummeln sich Trinkfreudige aller Altersgruppen, darunter Studenten, Touristen, Biker und Geschäftsleute. Zu den vier Bars gehören die **Public Bar** (montags und dienstags Live-Akustikmusik, mittwochs bis samstags Retro-Disco-Musik). In der künstlerischen **Back Bar** gibt eine Jukebox den Ton an und im neuen **Woodworkers** gibt es den Rotating Tap Room mit sechs rotierenden Zapfhähnen, aus denen regelmäßig ein anderes Craft-Beer ausgeschenkt wird.

Hatfield House PUB

(Karte S. 570 f.; www.hatfieldhousebelfast.com; 130 Ormeau Rd; ⏲Mo–Sa 11.30–1, So bis 24 Uhr) Die Ormeau Road ist immer mehr im Kommen und auch das dort gelegene Hatfield House ist ganz sicher keine Eintagsfliege – die Ausstattung aus Messing und Holz und die Stuckarbeiten stammen von Handwerkern, die auch an der Titanic gearbeitet haben. Akustik und Folk wird regelmäßig live gespielt, außerdem schaut man hier gern Sport, darunter Fußball und die GAA (Gaelic Athletics Association).

Außerhalb des Zentrums

Dirty Duck PUB

(Karte S. 582; http://thedirtyduckalehouse.co.uk; 3 Kinnegar Rd, Holywood; ⏲Mo–Mi 12–23, Do–Sa 12–1, So 12.30–23 Uhr) An einem sonnigen Nachmittag wird man kaum einen schöneren Biergarten mit Blick auf das Belfast Lough finden. Nur wenige Schritte von der Holywood Station entfernt gibt's gute Craft-Beers vom Fass, oft Livemusik und oben ein Restaurant mit Panoramablick.

☆ Unterhaltung

Aktuelle Infos zu Livemusik und Clubnächten bekommt man u. a. im Plattenladen Good Vibrations (S. 598) und im Oh Yeah Music Centre (S. 574).

Weitere Infos gibt's bei:

- Visit Belfast Welcome Centre (S. 599)
- Big List (www.thebiglist.co.uk)
- Culture Northern Ireland (www.culturenorthernireland.org)
- Belfast Music (www.belfastmusic.org)

Einige Pubs haben regelmäßig traditionelle Musiksessions im Programm, darunter das Botanic Inn, die Garrick Bar (S. 594), die White's Tavern (S. 594), und das Kelly's Cellars (S. 594).

Fans von Jazz und Blues schauen am besten im John Hewitt (S. 595) oder in der Black Box vorbei.

Rugby, Fußball, Gaelic Football und Hockey werden im Winter gespielt, Kricket und Hurling im Sommer.

Belfast Empire LIVEMUSIK

(Karte S. 570 f.; www.thebelfastempire.com; 42 Botanic Ave; Eintritt Live-Bands 5–20 £) Die umgebaute spätviktorianische Kirche bietet auf drei Etagen Unterhaltung und ist für ihre legendären Livekonzerte bekannt.

Limelight LIVEMUSIK

(Karte S. 570 f.; www.limelightbelfast.com; 17-19 Ormeau Ave) Eine Mischung aus Pub und Club und eine der ersten Adressen für Liverock und -indie.

Ulster Hall KONZERTHALLE

(Karte S. 570 f.; www.belfastcity.gov.uk; 34 Bedford St) Die 1862 errichtete Ulster Hall ist ein beliebter Veranstaltungsort für alle möglichen Events von Rockkonzerten über Orgelmusik zur Mittagszeit bis zu Boxkämpfen und Aufführungen des **Ulster Orchestra** (http://ulsterorchestra.com).

School of Music KLASSISCHE MUSIK
(www.music.qub.ac.uk) Jeden Donnerstag zur Mittagszeit veranstaltet die School of Music der Queen's University kostenlose Konzerte. Abendveranstaltungen finden im schönen **Harty Room** (Karte S. 570 f.; School of Music, University Sq) mit dem Hammerbalkengewölbe und am **Sonic Arts Research Centre** (Karte S. 570 f.; Cloreen Park) sowie gelegentlich auch in der geräumigeren **Sir William Whitla Hall** (Karte S. 570 f.; University Rd) statt. Das Programm *Current Events* kann auf der Website runtergeladen werden.

Waterfront Hall KONZERTHALLE
(Karte S. 570 f.; www.waterfront.co.uk; 2 Lanyon Pl) Mit ihren 2235 Plätzen ist die eindrucksvolle Waterfront Hall Belfasts größter Konzertsaal. Hier gastieren lokale, nationale und internationale Gäste und die Bandbreite reicht von beliebten Popstars bis zu Sinfonieorchestern.

Odyssey Arena KONZERTHALLE
(Karte S. 570 f.; www.odysseyarena.com; 2 Queen's Quay) Innerhalb des Odyssey Complex (S. 577) ist das der Veranstaltungsort für große Events wie Rock- und Popkonzerte sowie Bühnenshows. Außerdem ist es das Heimatstadion der Belfast Giants, der hiesigen Eishockeymannschaft (S. 598).

King's Hall KONZERTHALLE
(Karte S. 582; www.balmoral-park.co.uk; Lisburn Rd) In Nordirlands größtem Ausstellungs- und Konferenzzentrum finden Musikshows, Messen und Sportveranstaltungen statt. Man erreicht die King's Hall mit allen Bussen entlang der Lisburn Road oder nimmt einen Zug bis zur Balmoral Station, die auf der anderen Straßenseite ist.

Lyric Theatre THEATER
(Karte S. 582; www.lyrictheatre.co.uk; 55 Ridgeway St) Das 2011 eröffnete umwerfende moderne Theater wurde auf dem Grundriss des alten Lyric Theatre errichtet, in dem Hollywoodstar Liam Neeson zum ersten Mal auf der Bühne stand (heute ist er der Schirmherr).

MAC KUNSTZENTRUM
(Metropolitan Arts Centre; Karte S. 570 f.; http://themaclive.com; St Anne's Sq) Neuer Designbau im Cathedral Quarter mit zwei Theatern. Es gibt auch Stücke für Kinder.

Black Box KUNSTZENTRUM
(Karte S. 570 f.; www.blackboxbelfast.com; 18–22 Hill St) Die Black Box beschreibt sich selbst als Ort für „Livemusik, Theater, Literatur, Comedy, Film, Bildende Kunst, Live Art, Zirkus, Kabarett und alles, was dazwischen liegt". Sie befindet sich im Herzen des Cathedral Quarter.

NICHT VERSÄUMEN

IRISCHE KULTUR ERLEBEN

An Droichead (Karte S. 570 f.; www.androichead.com; 20 Cooke St, The Bridge; Tickets 5–15 £) ist ein Zentrum, das ganz der irischen Sprache und Musik gewidmet ist. Es bietet Irischkurse sowie Workshops in traditionellem Tanz und *ceilidh* an, richtet Kunstausstellungen aus und veranstaltet Konzerte. Neben bekannten Künstlern aus dem ganzen Land treten hier auch örtliche Nachwuchstalente auf.

Crescent Arts Centre KUNSTZENTRUM
(Karte S. 570 f.; www.crescentarts.org; 2-4 University Rd) Konzerte, Theateraufführungen, Workshops, Lesungen und Tanzkurse. Außerdem finden hier das Belfast Book Festival (S. 585) und das Tanzfestival CityDance (S. 584) statt.

Grand Opera House OPER
(Karte S. 570 f.; www.goh.co.uk; 2-4 Great Victoria St; ⏲ Mo–Fr Opernkasse 9.30–17.30, Sa bis 17 Uhr) Großartiger traditionsreicher Saal und ein Veranstaltungsort für Opern, Ballett, Musicals und Comedyshows. Die Theaterkasse liegt auf der anderen Straßenseite an der Ecke Howard Street.

Queen's Film Theatre KINO
(Karte S. 570 f.; www.queensfilmtheatre.com; 20 University Sq) Dieses Programmkino unweit der Universität hat zwei Säle und ist einer der Hauptveranstaltungsorte des Belfast Film Festival (S. 585).

Movie House KINO
(Karte S. 570 f.; www.moviehouse.co.uk; 14 Dublin Rd) Gut zu erreichendes Multiplexkino im Zentrum mit zehn Sälen.

Storm Cinemas KINO
(Karte S. 570 f.; www.odysseycinemas.co.uk; Odyssey Pavilion) Belfasts größtes Multiplexkino mit zwölf Sälen und Stadionsitzen gehört zum Odyssey Complex (S. 577).

Windsor Park FOOTBALL
(Karte S. 582; off Lisburn Rd) Einzelheiten über internationale Fußballspiele in diesem Stadion gibt's bei www.irishfa.com.

Casement Park GAELIC FOOTBALL
(Karte S. 582; www.antrimgaa.net; Andersonstown Rd) In dem Stadion in West-Belfast werden Gaelic-Football- und Hurlingspiele ausgetragen.

Belfast Giants EISHOCKEY
(Karte S. 570 f.; www.belfastgiants.com; 2 Queen's Quay) Das Eishockeyteam der Belfast Giants ist ein Publikumsmagnet in dieser Arena im Odyssey Complex (S. 577). Die Saison dauert von September bis März. Außerdem finden hier Hallensportarten wie Tennis und Leichtathletik statt.

Kingspan Stadium RUGBY
(Karte S. 582; www.ulsterrugby.com; 85 Ravenhill Park) In diesem frisch renovierten Stadion mit 18 000 Plätzen finden die Heimspiele von Ulster Rugby statt.

Shoppen

Wer typisch nordirische Waren kaufen möchte, sollte nach elegantem Belleek-Porzellan sowie alten und neuen irischen Leinenprodukten Ausschau halten. Die gängigen Warenhausketten und Kaufhäuser liegen in einem kompakten Einkaufsviertel nördlich der City Hall mit der **Royal Avenue** im Zentrum. Zu den größten Shopping Malls zählen das **Victoria Square** (Karte S. 570 f..; www.victoriasquare.com; zw. Ann St & Chichester St; ⌚ Mo & Di 9.30–18, Mi–Fr 9.30–21, Sa 9–18, So 13–18 Uhr) und das **Castle Court Centre** (Karte S. 570 f.; www.castlecourt-uk.com; Royal Ave; ⌚ Mo–Mi & Fr & Sa 9–18, Do 9–21, So 13–18 Uhr). Donnerstags haben die Geschäfte bis 20 oder 21 Uhr geöffnet.

Ebenfalls gut zum Shoppen ist die angesagte Lisburn Road (S. 598).

ABSTECHER

LISBURN ROAD

Belfasts schickste Einkaufsmeile ist die hippe Lisburn Road (www.thelisburnroad.com). Von der Eglantine Avenue bis zur Balmoral Avenue stehen rechts und links Fassaden aus roten Ziegelsteinen oder im (nachgemachten) Tudorstil. Hier, mitten in den wohlhabenden, baumbestandenen Vororten von Süd-Belfast, haben sich Modeboutiquen, Innenarchitekten, Kunstgalerien, Antiquitäten- und Feinkostläden, Cafés, Weinbars und feine Restaurants niedergelassen.

★ **St. George's Market** MARKT
(Karte S. 570 f.; www.belfastcity.gov.uk; Ecke Oxford & Mai Street; ⌚ Fr 6–14, Sa 9–15, So 10–16 Uhr) Irlands älteste kontinuierlich geöffnete Markthalle wurde 1896 errichtet. In dieser viktorianischen Schönheit gibt's freitags einen **Variety Market** (Blumen, Obst, Gemüse, Fleisch, Fisch, Haushaltswaren und Secondhand), samstags einen **City Food & Craft Market** (Essen und Kunsthandwerk) mit Essensständen und Livemusik sowie den **Sunday Market** (Essen, Antiquitäten und regionales Kunsthandwerk). Vom St George's Market Bar & Grill (S. 598) hat man das geschäftige Treiben gut im Blick.

Ein kostenloser Shuttlebus verbindet den Markt freitags und samstags zwischen 11 und 15 Uhr alle 20 Minuten mit Donegall Square and Adelaide Street.

Anfang Dezember gibt's außerdem einen zweitägigen Weihnachtsmarkt.

Wicker Man SCHMUCK, SOUVENIRS
(Karte S. 570 f.; www.thewickerman.co.uk; 44-46 High St; ⌚ Mo–Mi & Fr & Sa 9.30–18, Do 9.30–21, So 13.30–18 Uhr) Zusätzlich zu den Ausstellungen bietet das kreative Wicker Man eine ausgezeichnete, zeitgemäße Auswahl an irischem Kunsthandwerk, Geschenken, Silberschmuck, Glas und Strickwaren.

Steensons SCHMUCK
(Karte S. 570 f.; www.thesteensons.com; Bedford House, Bedford St; ⌚ Mo–Sa 10–17.30, Do bis 20 Uhr) In diesem Showroom in der Stadtmitte wird stilvoller, zeitgenössischer, handgemachter Schmuck aus Silber, Gold und Platin aus einer Werkstatt (S. 662) in Glenarm, County Antrim, verkauft. Steensons ist auch der Designer des Schmucks von *Game of Thrones*.

Matchetts Music MUSIK
(Karte S. 570 f.; www.matchettsmusic.com; 6 Wellington Pl; ⌚ Mo–Sa 9–17.30 Uhr) Bei Matchetts Music sind die Regale voll mit Akustikinstrumenten – von Gitarren und Mandolinen bis zu Flöten und *bodhráns* (mit Ziegenfell bespannte Rahmentrommeln) – sowie Noten und traditionellen Liederbüchern.

Good Vibrations MUSIK
(Karte S. 570 f.; 89-93 North St; ⌚ 8–18 Uhr) Der Besitzer des besten Plattenladens in Belfast ist Terry Hooley, ein Musikproduzent, der unter dem Label Good Vibrations 1978 *Teenage Kicks* von den Undertones herausbrachte. Hier kann man sich über Musikveranstaltungen informieren und Konzerttickets kaufen. Im Bigg Life Arts Centre, über dem Café Wah.

Praktische Informationen

GEFAHREN & ÄRGERNISSE

Selbst in den unruhigsten Zeiten des Nordirlandkonflikts war Belfast für Touristen nie wirklich gefährlich. Nach Einbruch der Dunkelheit meidet man aber am besten sogenannte *interface areas* in der Nähe der Friedenslinie im Westen der Stadt sowie in der Crumlin Road und in Short Strand (gleich östlich der Queen's Bridge). Im Zweifelsfall sollte man lieber vorher im Hotel bzw. Hostel nachfragen.

Regimekritische republikanische Gruppen verüben weiterhin gewalttätige Angriffe auf polizeiliche und militärische Ziele, die Unterstützung der breiten Öffentlichkeit ist aber gleich null. Sicherheitswarnungen haben in der Regel keine Auswirkung auf Besucher (außer dass Straßen gesperrt werden), dennoch sollte man sich der möglichen Gefahr bewusst sein. Auf Twitter kann man die Arbeit der Polizei in Nordirland (PSNI; @policeserviceni) verfolgen und sich bei einer Warnung direkt informieren lassen.

Die Sicherheitskräfte sind hier präsenter als in anderen Teilen Großbritanniens und Irlands, z. B. mit gepanzerten Polizeilandrovern und befestigten Polizeistationen. Vor vielen Pubs im Stadtzentrum stehen Türsteher.

Wer unbedingt Polizeistationen, Armeeposten oder andere militärische oder paramilitärische Einrichtungen fotografieren möchte, sollte sicherheitshalber zuvor eine Genehmigung einholen. In den protestantischen und katholischen Hochburgen in West-Belfast darf man Personen erst fotografieren, wenn sie dazu ihre Erlaubnis gegeben haben. Wird diese verweigert, ist das zu akzeptieren. Das Fotografieren von Wandgemälden stellt hingegen kein Problem dar.

GEPÄCKAUFBEWAHRUNG

Eine Nachwirkung der Nordirlandkrise: Aufgrund von Sicherheitsbedenken gibt's weder in den Flughäfen noch in den Bahnhöfen und Busbahnhöfen Gepäckaufbewahrungen. Tagsüber kann man seine Sachen aber in vielen Hotels und Herbergen abgeben. Auch das Visit Belfast Welcome Centre bietet diesen Service an (4,50 £ pro Gepäckstück, Bildausweis erforderlich).

NOTFÄLLE

Die nationale Notrufnummer (für Polizei, Feuerwehr und Rettungswagen) ist die ☎999.

Rape Crisis & Sexual Abuse Centre (☎028-9032 9002; 29 Donegall St; ⏰Mo–Fr 10–18 Uhr) Für Vergewaltigungsopfer.

Victim Support (☎9024 3133; www.victimsupportni.co.uk) Victim Support ist eine unabhängige gemeinnützige Organisation, die Gewaltopfern hilft.

INTERNETZUGANG

Belfast verfügt über ein flächendeckendes Netzwerk mit 104 kostenlosen WLAN-Hotspots bei Touristenattraktionen, Gemeinschafts- und Freizeitzentren sowie anderen öffentlichen Gebäuden. Nach „BelfastWiFi" suchen.

MEDIZINISCHE VERSORGUNG

Unfall- und Notfalldienste:

Mater Hospital (☎028-9074 1211; 45-51 Crumlin Rd) In der Nähe der Kreuzung von Antrim Road und Clifton Street.

Royal Victoria Hospital (☎028-9024 0503; 274 Grosvenor Rd) Westlich vom Stadtzentrum.

Ulster Hospital (☎028-9048 4511; Upper Newtownards Rd, Dundonald) Nahe Stormont.

POST

Hauptpost (Karte S. 570 f.; 12–16 Bridge St; ⏰Mo–Sa 9–17.30), Botanic Gardens (Karte S. 570 f., Ecke University Rd & College Gardens; ⏰Mo–Sa 8–21, So 10–18 Uhr); Shaftesbury Square (Karte S. 570 f., 1–5 Botanic Ave; ⏰Mo–Fr 9–17.30 Uhr)

TOURISTENINFORMATION

Visit Belfast Welcome Centre (Karte S. 570 f.; ☎028-9024 6609; http://visit-belfast.com; 8–9 Donegall Sq N; ⏰Juni–Sept., Mo–Sa 9–19, So 11–16 Uhr; Okt.–Mai Mo–Sa 9–17.30, So 11–16 Uhr 📶)Bietet Infos über Nordirland und bucht Unterkünfte in Irland sowie Großbritannien. Gepäckaufbewahrung (nicht über Nacht), Geldwechsel und Internetzugang.

Touristeninformationsschalter George Best Belfast City Airport (Karte S. 582; ☎028-9093 5372; George Best Belfast City Airport; ⏰Mo–Fr 7.30–19, Sa 7.30–16.30, So 11–18 Uhr) Belfast International Airport (☎028-9448 4677; Belfast International Airport; ⏰Mo–Fr 7.30–19, Sa 7.30–17.30, So 8–11 Uhr)

An- & Weiterreise

BUS

In den beiden Busbahnhöfen der Stadt gibt's **Infoschalter** (⏰Mo–Fr 7.45–18.30, Sa 8–18 Uhr), an denen man regionale Fahrpläne bekommt. Auch **Translink** (☎028-9066 6630; www.translink.co.uk) informiert über Abfahrtszeiten und Tarife.

National Express (☎08717 818 178; www.nationalexpress.com) Bietet täglich eine Verbindung zwischen Belfast und London (einfache Fahrt 37 £, 15½ Std.) inklusive der Überfahrt nach Cairnryan via Dumfries, Carlisle, Preston, Manchester und Birmingham an. Fahrkarten werden im Europa Bus Centre verkauft.

Scottish Citylink (☎0871 266 3333; www.citylink.co.uk) Drei Busverbindungen täglich von Glasgow nach Belfast (32 £, 6 Std.), mit der Cairnryan-Fähre.

Europa Bus Centre (Karte S. 570 f.; ☎ 028-9066 6630; Great Victoria St, Great Northern Mall) Der Hauptbusbahnhof liegt hinter dem Europa Hotel und neben der Great Victoria Station. Er ist über die Great Northern Mall neben dem Hotel zu erreichen. Hier starten Busse nach Derry, Dublin und zu weiteren Orten im westlichen und südlichen Nordirland.

Laganside Bus Centre (Karte S. 570 f.; ☎ 028-9066 6630; Oxford St) Der kleinere der beiden Busbahnhöfe in Belfast befindet sich in der Nähe des Flusses und bedient in erster Linie Ziele im County Antrim, im östlichen County Down und im östlichen County Tyrone.

FLUGZEUG

Belfast International Airport (BFS; ☎ 028-9448 4848; www.belfastairport.com) 30 km nordwestlich der Stadt landen Flieger aus Großbritannien und Europa; sowie aus Las Vegas, Orlando und New York in den USA.

George Best Belfast City Airport (BHD; Karte S. 582; ☎ 028-9093 9093;Airport Rd) Der Flughafen 6 km nordöstlich des Stadtzentrums wird vor allem von Großbritannien und Europa aus angesteuert.

SCHIFF/FÄHRE

Neben der Steam Pocket Company und der Stena Line legen noch weitere Autofähren nach Schottland und England in Larne an, 37 km nördlich von Belfast. Züge zu den Terminals in Larne Harbour fahren ab Great Victoria Street Station.

Steam Packet Company (Karte S. 582; ☎ 08722 992 992; www.steam-packet.com) Am Albert Quay 2 km nördlich des Stadtzentrums laufen die Autofähren der Steam Packet Company zwischen Belfast und Douglas auf der Isle of Man (2½ Std., 2–3-mal wöchentlich, nur April–Sept.) aus. Es gibt keine öffentlichen Busse oder Bahnen zum Fährterminal, ein Taxi kostet ca. 3 £.

Stena Line (Karte S. 582; ☎ 08447 707070; www.stenaline.co.uk) Die Autofähren der Stena Line zwischen Belfast und Liverpool (England, 8 Std.) sowie Cairnryan (Schottland 2¼ Std.) legen am Victoria Terminal 5 km nördlich des Stadtzentrums an. Dorthin gelangt man, indem man die M2 Richtung Norden nimmt und bei der Kreuzung 1 rechts abbiegt. Bus 96 fährt ab Upper Queen's Street (1,70 £, 20 Min., 9-mal tgl. montags bis freitags, dreimal samstags und sonntags). Ein Taxi kostet etwa 9 £.

ZUG

Translink (☎ 028-9066 6630; www.translink.co.uk) informiert über Bahntarife und Fahrpläne. Im **NIR Travel Shop** (☎ 028-9024 2420; Great Victoria St Station; ⌚ Mo–Fr 9–17, Sa 9–12.30 Uhr) kann man Zugtickets, Fähren und Ferienpauschalangebote buchen.

TRANSPORT AB BELFAST

Busse

ZIEL	PREIS	FAHRTDAUER (STD.)	HÄUFIGKEIT
Armagh	9,30 £	1¼	Mo–Fr stdl., Sa 6-mal tgl., So 4-mal
Ballycastle	12 £	3	Mo–Fr 3-mal tgl., Sa 2-mal
Bangor	3,80 £	¾	Mo–Sa alle 30 Min., So 8-mal
Derry	12 £	1¾	Mo–Sa alle 30 Min., So 13-mal
Downpatrick	6 £	1	Mo–Sa mind. stdl., So 6-mal
Dublin	15 £	2½	stdl.
Enniskillen	12 £	2¼	Mo–Sa stdl., So 3-mal
Newcastle	8 £	1¼	mind. stdl.

Züge

ZIEL	PREIS	FAHRTDAUER (STD.)	HÄUFIGKEIT
Bangor	5,50 £	½	Mo–Sa alle 20 min, So alle 30 Min.
Dublin	30 £	2¼	Mo–Sa 8-mal, So 5-mal
Larne Harbour	7,20 £	1	stdl.
Newry	11 £	¾	Mo–Sa 10-mal, So 5-mal
Portrush	12 £	1¾	stdl.

SPARTICKETS

Smartlink Travel Card

Wer häufig die Stadtbusse benutzen wird, sollte sich am Metro-Kiosk, im Visit Belfast Welcome Centre oder in der Europa bzw. Laganside Bus Station eine **Smartlink Travel Card** besorgen. Die Grundgebühr beträgt 1,50 £ plus 10,50 £ für zehn Fahrten und man kann die Karte immer wieder neu aufladen. Außerdem gibt's eine Wochenkarte, die zu unbegrenzten Fahrten berechtigt und mit 16 £ zu Buche schlägt. Beim Einsteigen legt man die Karte einfach auf den Fahrkartenautomaten, der automatisch ein Ticket druckt. .

Visitor Pass

Mit dem **Belfast Visitor Pass** (1/2/3 Tage 6,50/11/14,50 £) kann man die Busse und Züge in bzw. rund um die Stadt nutzen, außerdem gibt's Ermäßigungen bei Titanic Belfast und anderen Sehenswürdigkeiten. Das Ticket wird in Flughäfen, großen Bahnhöfen und Busbahnhöfen, am Metro-Kiosk auf dem Donegall Square und im **Visit Belfast Welcome Centre** verkauft.

Belfast Central Station (East Bridge St) Vom Bahnhof östlich des Stadtzentrums geht's nach Dublin und in viele nordirische Städte. Traveller, die an der Central Station ankommen, können ihr Ticket auch für eine einmalige Busfahrt in die Stadt nutzen.

Great Victoria Street Station (Great Victoria St, Great Northern Mall) Vom Bahnhof neben dem Europa Bus Centre bestehen Verbindungen nach Portadown, Lisburn, Bangor, Larne Harbour und Derry.

Unterwegs vor Ort

Belfast wartet mit einem erstklassigen öffentlichen Verkehrssystem auf. Busse verbinden beide Flughäfen mit den Bahn- und Busbahnhöfen.

AUTO & MOTORRAD

Es gibt viele der größeren Autovermietungen in Belfast:

Avis (www.avis.co.uk); City (☎ 0844 544 6036; 69–71 Great Victoria St); Belfast International Airport (☎ 0844 544 6012; Belfast International Airport); George Best Belfast City Airport (☎ 0844 544 6028; www.avis.co.uk; George Best Belfast City Airport)

Budget (www.budgetbelfast.co.uk) (☎ 028-9023 0700; 69-71 Great Victoria St) Belfast International Airport (☎ 028-9442 3332; Belfast International Airport) George Best Belfast City Airport (☎ 028-9045 1111; George Best Belfast City Airport)

Dooley Car Rentals(☎ 0800 282189; www.dooleycarrentals.com; Airport Rd, Belfast International Airport, Aldergrove) Die landesweit tätige Agentur gilt als äußerst zuverlässig sowie preiswert: Für einen Kleinwagen zahlt man etwa 200 £ pro Woche, mit der Option, über die Grenze zu fahren (117 £ zusätzlich bei Abgabe in der Republik, 150 €, wenn man es in der Republik abholt und in Nordirland abgibt.)

Europcar (www.europcar.co.uk) City (☎ 0871 384 3425; Belfast Central Station) Belfast International Airport (☎ 0871 384 3426; Belfast International Airport) George Best Belfast City Airport (☎ 0871 384 3425; George Best Belfast City Airport)

Hertz (www.hertz.co.uk) (☎ 028-9442 2533; Belfast International Airport) George Best Belfast City Airport (☎ 028-9442 2533; George Best Belfast City Airport)

BUS

Für Belfasts Busliniennetz ist das Unternehmen **Metro** (☎ 028-9066 6630; www.translink.co.uk) zuständig. Viele Stadtbusse starten von den verschiedenen Haltestellen rund um den Donegall Square, bei der City Hall und entlang der Queen Street. Im **Metro-Kiosk** (Karte S. 570 f.; ⏲ Mo–Fr 8–17.30 Uhr) an der Nordwestecke des Platzes erhält man kostenlose Übersichtskarten und kann Tickets kaufen.

Beim Busfahrer bekommt man je nach Strecke Tickets (inklusive Wechselgeld) für 1,50 bis 2,30 £ sowie **Metro Day Tickets** (3,90 £) für die unbegrenzte Busnutzung im Innenstadtbereich (Mo–Sa ganztägig). Mit günstigeren Tickets darf man montags bis samstags ab 10 Uhr sowie den ganzen Sonntag über fahren (3,40 £).

Inzwischen werden immer mehr Niederflurbusse eingesetzt, die auch Rollstuhlfahrern einen problemlosen Einstieg ermöglichen.

FAHRRAD

Die Route 9 des National Cycle Network verläuft mitten durch Belfast und führt über weite Strecken am westlichen Ufer des Lagan sowie an der Nordseite des Belfast Lough entlang.

Belfast Bike Tours (S. 583) verleiht Fahrräder.

Belfast Bikes (☎ 034-3357 1551; www.belfastbikes.co.uk; Registrierung für drei Tage 5 £, Fahrräder ab 30 min/1Std./2Std./4 Std.

kostenlos/50p/2,50/3,50 £; ⏲24Std.) Seit 2015 gibt es in Belfast Leihfahrräder, 300 Fahrräder an 30 Standorten in der Stadt, geplant sind weitere Standorte und mehr Räder. Registrieren kann man sich online oder an den Touchscreen-Terminals. Wenn das Fahrrad verloren, gestohlen oder beschädigt wird, wird die Kreditkarte mit 120 £ belastet.

ZUM/VOM FLUGHAFEN

Belfast International Airport Der Airport Express 300 fährt zwischen 7 und 20 Uhr alle zehn bis 15 Minuten, von 20 bis 23 Uhr alle 30 Minuten und während der Nacht stündlich zum Europa Bus Centre (einfach/hin & zurück 7,50/10,50 £, 30 Min.) Die Rückfahrkarte gilt einen Monat lang. Ein Taxi kostet etwa 30 £.

George Best Belfast City Airport Zwischen 6 und 22 Uhr startet der Airport Express 600 alle 15 bis 20 Minuten zum Europa Bus Centre (einfach/hin & zurück 2,50/3,80 £,von Montag bis Freitag alle 20 Min. 15 Min.). Das Rückfahrticket behält einen Monat seine Gültigkeit. Für ein Taxi ins Stadtzentrum muss man 10 £ zahlen.

TAXI

Fona Cab (☎028-9033 3333; www.fonacab.com)

Value Cabs (☎028-9080 9080; www.valuecabs.co.uk)

Counties Down & Armagh

Inhalt ➜

Gut essen

- McKee's Country Store & Restaurant (S. 610)
- Parson's Nose (S. 624)
- Brunel's (S. 617)
- Poacher's Pocket (S. 612)
- Moody Boar (S. 528)

Schön übernachten

- Old Inn (S. 606)
- Enniskeen Country House (S. 616)
- Narrow Water Castle Apartment (S. 622)
- Fortwilliam Country House (S. 624)
- Hutt Hostel (S. 616)

Auf nach Down & Armagh

Hinter Belfast breiten sich die Schätze der Grafschaft Down aus. Im Süden erstreckt sich der glitzernde Strangford Lough mit kleinen Inseln. An einem Ufer befinden sich das Castle Espie und das alte Kloster von Nendrum inmitten einer Wattlandschaft voller Vögel und am anderen liegt die malerische Halbinsel Ards. Die samtigen Hänge der Mourne Mountains fallen in der Nähe von Downpatrick und Lecale, den alten Lieblingsorten des irischen Nationalheiligen, zum Meer ab.

Armagh, Downs ländlicher Nachbar, wartet im Süden mit niedrigen Hügeln und im Norden mit üppigen Obstgärten und Erdbeerfeldern auf. Mittendrin versteckt sich Irlands reizvolle Kirchenhauptstadt Armagh. Wer im beschaulichen südlichen Hinterland eine Wanderung unternimmt, überquert vielleicht die Grenze zur Republik, ohne es zu merken.

Das fruchtbare Land und die geschützten Buchten beider Counties sorgen für eine große Vielfalt regionaler Zutaten, die in zahlreichen herausragenden Restaurants der ganzen Region zu leckeren Gerichten verarbeitet werden.

Reisezeit

- Im Mai stehen die Apfelbäume in den Obstgärten des Countys Armagh in voller Blüte. Das wird in der ersten Hälfte des Monats mit der Apple Blossom Fair gefeiert.
- Im Sommer ist das Wetter zum Wandern und Radfahren am besten und Ende Juni findet in den Mourne Mountains das International Walking Festival statt.
- Wer Vögel beobachten möchte, kann die Gegend sowohl im Frühjahr als auch im Herbst besuchen, wobei sich die Reise im Oktober besonders lohnt, weil nun Zehntausende Ringelgänse zum Überwintern ins Castle-Espie-Schutzgebiet am Strangford Lough kommen.

Highlights

1. Alten Schmugglerpfaden in den **Mourne Mountains** (S. 618) folgen.
2. Im eleganten **Hillsborough** (S. 623) die Burg besichtigen und erstklassiges Essen genießen.
3. Die prächtigen Säle und kunstvollen Gärten des **Mount Stewart House** (S. 609) bewundern.
4. Beim **Castle Espie** (S. 611) Gänse-, Enten- und Stelzvogelschwärme beobachten.
5. Den Golfschläger in Newcastles renommiertem **Royal County Down Golf Course** (S. 615) schwingen.
6. In **Downpatrick** (S. 612) auf den Spuren von Irlands Schutzheiligem wandeln.
7. Unschätzbar wertvolle Texte wie eine Erstausgabe von *Gullivers Reisen* in der **Armagh Public Library** (S. 625) bestaunen.
8. Das aus der TV-Serie *Game of Thrones* bekannte **Castle Ward Estate** (S. 615) am Ufer des Strangford Lough besuchen.
9. Mit dem Mountainbike die Hänge des wunderbaren **Kilbroney Forest Park** (S. 619) hinunterdüsen.

COUNTY DOWN

531 670 EW. / 2448 KM²

Bangor

55 000 EW.

Das viktorianische Seebad liegt an einem Küstenstreifen, der in der Gegend „Gold Coast“ genannt wird – wegen seiner wohlhabenden Einwohner, nicht wegen des Wetters. Als die Bahnlinie zwischen Belfast und Bangor im späten 19. Jh. gebaut wurde, erlebte die Stadt ihren ersten Aufschwung. Seit einigen Jahren erfreut sich Bangor als Wohnsitz von Pendlern nach Dublin erneut großer Beliebtheit.

Die Main Street und die High Street vereinen sich im Zentrum an der großen, mit Booten gefüllten Marina.

Sehenswertes & Aktivitäten

Der malerische **North Down Coastal Path** folgt vom Holywood-Bahnhof am Nordostrand Belfasts der Küste bis zur Marina in Bangor (15 km) und führt Richtung Osten weiter bis Orlock Point.

North Down Museum MUSEUM
(www.northdownmuseum.com; Castle Park Ave; ganzjährig Di–Sa 10–16.30, So 12–16.30 Uhr, Juli & Aug. Mo 10–16.30 Uhr) GRATIS In den umgebauten Ställen, Lagerräumen und der Wäscherei des Bangor Castle zeigt das Museum historische Schätze wie die *Raven Maps* (das einzige vollständige Portfolio von Karten aus der Ära der Plantagen in Irland), Ballycroghan-Schwerter aus der Bronzezeit, die etwa auf 500 v. Chr. zurückgehen, die Bangor Bell, eine Bronzehandglocke aus dem 9. Jh., und eine Sonnenuhr des schottischen Handwerksmeisters John Bonar aus dem 17. Jh.

Pickie Family Fun Park FREIZEITPARK
(http://pickiefunpark.com; Marine Gardens; Familienpass 10–35 £; Ostern–Mai & Sept. 9–19.30 Uhr, Juni–Aug. 9–21 Uhr, Okt.–Ostern Sa & So 9–16 Uhr;) Der altmodische Vergnügungspark am Meer ist für seine Schwanentretboote berühmt. Außerdem verfügt er über einen Abenteuerspielplatz, eine Gokartbahn, eine Minigolfanlage und einen Bummelzug, den Pickie Puffer. Im Familienpass sind verschiedene Fahrgeschäfte enthalten, Extratickets werden nicht verkauft.

Blue Aquarius BOOTSTOUREN
(07510 006000; www.bangorboat.com; Erw./Kind ab 6/3 £, Angeltouren Erw./Kind inkl. Ausrüstung und Köder 17/12 £; Abfahrt Juli & Aug. tgl. 14 Uhr, April–Juni & Sept. nur Sa & So) Die Bootsfahrten in der Bangor Bay starten am Ponton in der Marina neben dem Pickie Family Fun Park. Von Ende Juni bis August werden auch Angeltouren für Familien angeboten, die täglich um 9.30 und 19 Uhr am Eisenhower Pier (vom Land aus gesehen an der rechten Hafenseite) beginnen.

Schlafen

★ **Cairn Bay Lodge** B&B ££
(028-9146 7636; www.cairnbaylodge.com; 278 Seacliff Rd; EZ/DZ ab 50/85 £;) Mit der Holzvertäfelung in Lounge und Speisesaal verströmt die hübsche, inmitten schöner Gärten und am Meer gelegene Villa edwardianische Eleganz. Morgens wird hier ein fantastisches Gourmetfrühstück serviert. Die acht Zimmer (alle mit eigenem Bad und Toilettenartikeln aus Bioseetang, einige mit Blick aufs funkelnde Meer) verbinden traditionellen Charme mit modernem Stil. Schönheitsanwendungen sind ebenfalls erhältlich. Das B&B liegt 1 km östlich des Stadtzentrums mit Blick auf die Ballyholme Bay.

Clandeboye Lodge Hotel HOTEL ££
(028-9185 2500; www.clandeboyelodge.com; 10 Estate Rd, Clandeboye; EZ/DZ/FZ ab 95/122/197 £; @) Das Clandeboye hat etwas von einer modernen Backsteinkirche. Es bietet zwanglosen Luxus und lockt mit großen Zimmern, glänzenden Bädern samt Granitfliesen, flauschigen Bademänteln, Sekt und Schokolade, Kaminfeuer (im Winter) und einer Terrasse für Drinks (im Sommer). Die hauseigene Bar mit Restaurant, das **Coq & Bull**, serviert Geflügel und Rind vom Bauernhof sowie Meeresfrüchte aus der Region. Das Hotel verfügt über gepflegte Gärten und befindet sich am südwestlichen Stadtrand.

Ennislare House B&B ££
(028-9127 0858; http://ennislarehouse.com; 7-9 Princetown Rd; EZ/DZ 40/70 £;) Nur 300 m nördlich vom Bahnhof wartet dieses in einem ansprechenden viktorianischen Gebäude untergebrachte B&B mit hellen, großen, modisch eingerichteten Zimmern auf. Der Besitzer liest seinen Gästen quasi jeden Wunsch von den Augen ab.

Essen

Guillemont Kitchen CAFÉ £
(2 Seacliff Rd; Gerichte 4–6,50 £ –17 Uhr) Gegenüber von der Marina servieren die Angestellten des gemütlichen himmelblauen

ABSTECHER

CRAWFORDSBURN

3 km westlich von Bangor erstreckt sich an der B20 das idyllische Museumsdorf Crawfordsburn. Hier liegt das 1614 gegründete **Old Inn** (☎ 028-9185 3255; www.theoldinn.com; 15 Main St; DZ ab 100 £; 📶), das den Anspruch erhebt, Irlands ältestes Hotel zu sein. Das originale strohgedeckte Cottage (heute ist dort die Bar untergebracht, mit Holzfeuer und niedrigen Decken) wird von Bauten aus dem 18. Jh. flankiert. Die stimmungsvollen Zimmer warten mit kunstvollen Tapeten und Mahagoni auf. Im eichenholzgetäfelten **Lewis Restaurant** (☎ 028-9185 1300; www.theoldinn.com; 15 Main St; Hauptgerichte 13–25 £; ⏲ Mo–Sa 12–22, So bis 21.30 Uhr) kann man fantastisch speisen.

Einst diente der Gasthof als Raststation für Kutschen auf dem Weg von Belfast nach Donaghadee (ehemaliger Hauptfährhafen für Großbritannien). Hier stiegen viele Berühmtheiten ab, darunter der junge russische Zar Peter der Große, der berühmte Straßenräuber Dick Turpin, der ehemalige US-Präsident George Bush senior und eine lange Reihe Literaten von Swift über Tennyson, Thackeray, Dickens und Trollope bis C. S. Lewis.

Guillemont Kitchen guten Kaffee, ganztägig Frühstück, leichte Speisen wie Gourmetsandwiches und Suppen sowie hausgemachte Kuchen.

★ **Boat House** FRANZÖSISCH, IRISCH ££
(☎ 028-9146 9253; www.theboathouseni.co.uk; 1a Seacliff Rd; Hauptgerichte mittags 9,50–17 £, 3-Gänge-Abendmenü 33–35 £; ⏲ Mo–Sa 12.30–14.30 & 17.30–21.30, So 13–20 Uhr) 🍃 Im früheren Büro des Hafeneisters ist ein gemütliches Lokal aus Stein und Ziegeln mit Designereinrichtung untergebracht. Küchenchef und Mitbesitzer Joery Castel bereitet hier herzhafte lokale Meeresfrüchte, Lamm und Wild zu. Für ganze Tische werden auch Überraschungs-Degustationsmenüs mit fünf oder sieben Gängen (45/55 £ pro Person) angeboten.

Corin INTERNATIONAL ££
(☎ 028-9122 7295; http://corinrestaurant.co.uk; 119 High St; Hauptgerichte 12,50–23,50 £; ⏲ Do–Di 17–22, Fr & Sa 18–22, So 12–15 Uhr) Seit seiner Eröffnung im Jahr 2013 hat sich dieses elegante, minimalistische Restaurant rasch als eine der führenden kulinarischen Adressen der Stadt etabliert. Die kunstvoll präsentierten Gerichte reichen von geräucherter Roter Bete mit Ziegenkäsemousse und Balsamicogelee über Entenbrust mit Süßkartoffelgnocchi bis zu Meerbrasse mit Dill und Estragon-Kartoffelkuchen sowie Muschel-Chorizo-Soße.

Ausgehen

Hop House BAR
(http://krestaurant.wix.com/bangor; 44 High St; ⏲ Mo–Sa 11.30–1, So 12–24 Uhr) Lokale Craft Beers, Livemusik oder DJs, ein Quizabend am Donnerstag und regelmäßige Filmabende mit unbegrenztem Popcorn sorgen dafür, dass im zentral gelegenen Hop House stets reger Andrang herrscht. Auf der Karte der Bar und des K Restaurant im 1. Stock stehen tolle Burger.

Rabbit Rooms BAR
(www.therabbitrooms.com; 30-32 Quay St; ⏲ Mo–Sa 11.30–1, So 12.30–24 Uhr) Das mit Brettern verkleidete Pub in einem schwarzen Gebäude, auf das ein riesiges weißes Kaninchen gemalt ist, gleicht mit den zusammengewürfelten Möbeln, darunter alte Kinosessel aus rissigem Leder, und den in Teekannen servierten Cocktails einem kleinen Fantasieland. Von Montag bis Donnerstag und Samstag gibt's Livemusik.

Jenny Watts PUB
(www.jennywattsbar.com; 41 High St; ⏲ Mo–Do 11.30–23, Fr & Sa bis 24, So 12.30–22 Uhr) Bangors ältestes Pub (1780) mit Biergarten hinter dem Haus zieht ein bunt gemischtes Publikum an. Von Mittwoch bis Sonntag wird Livemusik geboten, sonntags z. B. Jazz und Blues zur Mittagszeit.

ℹ Praktische Informationen

Die **Touristeninformation** (☎ 028-9127 0069; http://orthdowntourism.com; 34 Quay St; ⏲ Mai–Aug. Mo, Di, Do & Fr 9.15–17, Mi & Sa 10–17 Uhr, Sept.–April Mo–Sa kürzer geöffnet & So geschl.) befindet sich in einem 1637 errichteten Turm, der als befestigte Zollstation diente.

ℹ An- & Weiterreise

Busbahnhof und Bahnhof liegen beide in der Abbey Street am oberen Ende der Main Street.

Die **Buslinien** 1 und 2 fahren vom Belfast Laganside BusCentre nach Bangor (3,80 £, 1 Std., stdl.), wo man in die Linie 3 nach Donaghadee (3 £, 25 Min., Mo–Sa stdl., So 4-mal) umsteigen kann.

Von der Great Victoria Station und der Central Station in Belfast verkehren regelmäßig **Züge** nach Bangor (5,40 £, 30 Min., Mo–Sa alle 20 Min, So stdl.).

Ards Peninsula

Die tief gelegene Ards Peninsula (An Aird) umschließt den Strangford Lough wie ein Finger, der gegen die Lecale Peninsula und die Portaferry Narrows tippt. Mit ihren ausgedehnten Weizen- und Gerstenfeldern gehört die Nordhälfte der Halbinsel zu den fruchtbarsten Regionen Irlands, während die Südhälfte eher von kleinen Äckern, weißen Cottages und gewundenen Straßen geprägt ist. An der Ostküste erstrecken sich schöne Sandstrände. Am besten erkundet man die Halbinsel mit dem eigenen Fahrzeug.

Donaghadee

6500 EW.

Donaghadee (Domhnach Daoi) war bis 1874 der wichtigste Fährhafen für Schottland, dann übernahm Larne diese Rolle. Heute wohnen in dem hübschen Hafenstädtchen vor allem Pendler, die in Belfast arbeiten.

Aktivitäten

MV The Brothers BOOTSTOUREN

(☎ 028-9188 3403; www.nelsonsboats.co.uk; 146 Killaughey Rd; Erw./Kind 7/3 £; ⏲ Abfahrt bei gutem Wetter Juli & Aug. tgl. 14 Uhr) Die MV *The Brothers* veranstaltet Bootstouren nach Copeland Island, das Anfang des 20. Jhs. den Meeresvögeln überlassen wurde, sowie Angeltrips auf dem Meer (Erw./Kind 17/12 £, Abfahrt Juli–Sept. 10 & 19 Uhr; die Zeiten sind auch abhängig von Ebbe und Flut); Ausrüstung und Köder werden gestellt.

Ganz Harte können, begleitet von einem historischen Rettungsboot, über den North Channel nach Schottland schwimmen.

Schlafen & Essen

Pier 36 B&B ££

(☎ 028-9188 4466; www.pier36.co.uk; 36 The Parade; EZ/DZ ab 50/79 £, Restaurant Hauptgerichte 10–18 £; ⏲ Restaurant 12–21 Uhr) Tolles Pub mit einigen komfortablen Pensionszimmern im Obergeschoss. Das Restaurant im hinteren Bereich hat rote Backsteinmauern, Terrakottafliesen und einen gelben Rayburn-Ofen, in dem Brot und Braten gebacken werden. Ausgeschenkt werden auch diverse Craft-Beers, darunter Hilden Brewery's Headless Dog, Eight Degrees Brewing's Howling Gale und Sunburnt.

Slice of Heaven CAFÉ £

(www.sliceofheavendessertcafe.com; 11 New St; Gerichte 3,50–7 £; ⏲ Mo–Sa 10–17, So 12–17 Uhr; 📶) Im aufwendig restaurierten früheren Gericht von Donaghadee gibt's heute tolle Sandwiches (z. B. mit Pute, Schinken und Cranberrysoße), Suppen, Bagels und Salate. Doch das Highlight sind die Desserts: Limonen- und Karamellkuchen, Beeren-Pavlova und hausgemachte Eiscreme wie Champagnersorbet.

Governor Rocks FISCH & MEERESFRÜCHTE ££

(☎ 028-9188 4817; www.thegovernorrocks.com; 27 The Parade; Hauptgerichte 10–17,50 £; ⏲ Mo–Sa 12–15 & 17.30–21.30, So 12–21.30 Uhr; 🍷👪) Die Fenster mit Blick auf den geschäftigen Hafen erstrecken sich über die ganze Länge dieses stilvollen Lokals. Je nach Fang des Tages stehen beispielsweise Hummersuppe, Seebarsch mit geräucherter Chilibutter oder Rotzunge mit Pilgermuscheln auf der Karte. Fleisch- und vegetarische Gerichte sind ebenfalls im Angebot. Während das Essen aus der Region stammt, kommen die Weine aus der ganzen Welt, von Chile bis Kalifornien.

An- & Weiterreise

Bus 3 fährt von/nach Bangor (3 £, 25 Min., Mo–Sa stdl., So 3-mal tgl.).

Portaferry

3300 EW.

Portaferry (Port an Pheire) liegt unter dem Windmill Hill, der von einem alten Windmühlenturm bewacht wird. Der saubere Ort ist rund um ein mittelalterliches Turmhaus entstanden, das über die **Narrows**, ein turbulentes Gewässer, zu seinem Pendant in Strangford blickt.

Sehenswertes & Aktivitäten

Am Ufer führen schöne Spazierwege 2,5 km nordwärts nach **Ballyhenry Island** (bei Ebbe zugänglich) und südlich zum 6 km entfernten Naturschutzgebiet beim **Ballyquintin Point**. Von beiden kann man wunderbar Vögel und Robben beobachten bzw. die herrliche Sicht auf die Mourne Mountains genießen.

Exploris AQUARIUM

(www.exploris.org.uk; Castle St; Erw./Kind 7,50/5 £; ⏲ April–Aug. Mo–Fr 10–18, Sa 11–18, So 12–18 Uhr, Sept.–Mai kürzer geöffnet) Das ausgezeichnete

GEZEITENENERGIE

Die Wikinger nannten die Narrows Strangfjörthr (mächtiger Fjord), da dort beim Gezeitenwechsel (4-mal tgl.) pro Minute 400 000 m^3 Wasser mit acht Knoten hindurchströmen. Einen guten Eindruck von der Gewalt der Strömung bekommt man, wenn man die Fähre bei Flut abdriften sieht.

2008 geriet Portaferry in die Schlagzeilen, als die SeaGen – die erste gewerbsmäßige Tideenergie-Turbine, gebaut in der Schiffswerft Harland & Wolff in Belfast – in den Narrows installiert wurde. Der Generator ist weithin sichtbar: Wie ein stämmiger, rot-schwarzer Leuchtturm hockt er südlich der Stadt im Kanal. Sein Funktionsbereich befindet sich unter Wasser, wo sich zwei gigantische Turbinenschaufeln in den Tideströmungen drehen und 18 bis 20 Stunden am Tag etwa 2 Megawatt Strom erzeugen.

Ganz in der Nähe hat das Meeresenergie-Unternehmen Minesto, Teil der Saab-Gruppe, einen Unterwasserdrachen namen Deep Green installiert. Dieser erzeugt aus langsamen Wellen Energie, die billiger als Strom aus fossilen Quellen oder Nuklearenergie ist.

Aquarium informiert über das Meeresleben im Strangford Lough und in der Irischen See. Im Streichelbecken dürfen Besucher Rochen, Seesterne, Seeanemonen und andere Meereslebewesen berühren. Zum Exploris gehört auch eine Robbenaufzuchtstation, in der verwaiste, kranke oder verletzte Tiere gepflegt werden, bis sie wieder fit für die Wildnis sind.

Portaferry Castle BURG
(Castle St; ⌚Ostern–Juni Mo–Sa 10–17, So 13–17 Uhr, Juli–Aug. Mo–Sa 10–17.30, So 12–17 Uhr) GRATIS Portoferrys Burg, ein kleines Turmhaus aus dem 16. Jh., befindet sich neben der Touristeninformation. Früher kontrollierte es zusammen mit dem Turmhaus in Strangford den Schiffsverkehr durch die Meerenge.

Schlafen & Essen

Adair's B&B B&B £
(☎028-4272 8412; 22 The Square; EZ/2BZ/FZ 23/46/92 £; 👪) Mrs. Adairs freundliche Pension befindet sich in einem unbeschilderten grauen Haus am Hauptplatz (es ist die Nr. 22). Sie verfügt über ein Einzelzimmer sowie ein Doppelzimmer und ein Familienzimmer für max. 4 Personen (die beiden Letzteren jeweils mit eigenem Bad).

Barholm HOSTEL, B&B £
(☎028-4272 9967; www.barholmportaferry.co.uk; 11 The Strand; B/EZ/DZ ab 14/26/50 £) Diese viktorianische Villa liegt gegenüber der Fähranlegestelle direkt am Wasser. Hier freuen sich die Gäste über Einrichtungen wie eine geräumige Küche, eine Waschküche und einen großen hellen Frühstücksraum, der auch als Teesalon dient. Weil das Barholm bei Gruppen sehr beliebt ist, muss man vorab buchen.

Portaferry Hotel HOTEL ££
(☎028-4272 8231; www.portaferryhotel.com; 10 The Strand; EZ/DZ/FZ ab /90/120 £, Hauptgerichte 10–20 £; @👪) Einige Reihenhäuser aus dem 18. Jh. wurden zu diesem netten Hotel in Bonbonrosa mit Zimmern im georgianischen Stil umgebaut. Die Räume mit Meerblick (10 £ extra) sind am schönsten. Im hauseigenen familienfreundlichen Restaurant werden internationale Gerichte serviert.

Ausgehen

Fiddler's Green PUB
(☎028-4272 8393; 10 Church St; ⌚10–23 Uhr) Das im knalligem Grün des irischen Kleeblatts gestrichene Fiddler's ist ein wunderbares Pub, um traditionelle Musik zu erleben: Paul und Jim McCarthy, deren Familie die Kneipe gehört, spielen schwungvoll Banjo, Mandoline, Akkordeon und natürlich Geige, und an den Wänden hängen Instrumente, die jeder benutzten darf. Oben befinden sich Gästezimmer (ab 39 £; mit Gemeinschaftsbad). Gutes Guiness und Harp gibt's auch.

Praktische Informationen

Touristeninformation (☎028-4272 9882; www.visitstrangfordlough.co.uk; Castle St; ⌚Ostern–Juni Mo–Sa 10–17, So 13–17 Uhr, Juli & Aug. Mo–Sa 10–17.30, So 12–17 Uhr) In einem restaurierten Stall unweit des Turmhauses.

An- & Weiterreise

Eine **Autofähre** (einfache Fahrt Auto & Fahrer 6,80 £, Autopassagiere & Fußgänger 1 £) zwischen Portaferry und Strangford verkehrt montags bis freitags von 7.40 bis 22.45 Uhr, samstags von 8.15 bis 23.15 Uhr und sonntags von 9.45 bis 22.45 Uhr, jeweils alle 30 Min. Die Überfahrt dauert etwa zehn Minuten.

Die **Busse** der Linien 9 und 10 fahren vom Busbahnhof Langside in Belfast nach Portaferry (7 £, 1½ Std., Mo–Sa 7-mal tgl., So 3-mal) via Newtownards, Mount Stewart und Greyabbey. In Newtownards (6 £, 1 Std.) starten weitere Busse. Achtung: Einige fahren über Carrowdore und halten nicht am Mount Stewart House und in Greyabbey.

Greyabbey

1000 EW.

Das Dorf 18 km nördlich von Portaferry ist wegen der herrlichen Ruinen der Grey Abbey interessant, erfreut sich aber auch wegen seiner Antiquitätengeschäfte großer Beliebtheit.

Sehenswertes

Grey Abbey KLOSTER

(Church Rd; ⏲ Ostern–Sept. Mi–Fr & So 10–17 Uhr, Okt.–Ostern nur So 12–16 Uhr) GRATIS Diese Zisterzienserabtei wurde 1193 von Affreca, Frau des Normannenfürsten John de Courcy (Erbauer des Carrickfergus Castle), gegründet. Damit wollte Affreca Gott dafür danken, dass er sie auf ihrer stürmischen Überfahrt von der Isle of Man beschützt hatte. Ein kleines Besucherzentrum dokumentiert das Leben der Zisterzienser in Bildern und auf Infotafeln.

Die **Kirche** der Abtei, Irlands erster gotischer Sakralbau, wurde bis ins 18. Jh. genutzt. An ihrer Ostseite befindet sich ein Grabmal mit einer Schnitzerei, die vermutlich Affreca darstellt. Das Bildnis im nördlichen Seitenschiff könnte ihren Mann zeigen. Ganz in der Nähe stößt man zudem auf das im 18. Jh. errichtete Rosemount House, dessen Rasenflächen mit schattigen Bäumen und hübschen Blumen zum Picknick einladen.

Essen

Hoops Coffee Shop CAFÉ £

(Hoops Courtyard, 7–9 Main St; Gerichte 4–8 £; ⏲ Mi–Sa 9.30–16.30, So bis 14.30 Uhr) In der traditionellen, weiß getünchten Teestube gibt's gefüllte Pfannkuchen, Arme Ritter mit Schinken und Ahornsirup, Backkartoffeln und tolle *cream teas* (Tee mit einer kleinen süßen Mahlzeit). Alles wird vor den Augen der Gäste zubereitet. Bei schönem Wetter kann man draußen im Hof unter knallroten Sonnenschirmen Platz nehmen.

Wildfowler Inn KNEIPENKOST ££

(☎ 028-4278 8234; www.wildfowlerinn.co.uk; 1 Main St; ⏲ Küche Mo–Do 12–14.45 & 17–20, Fr bis 21.15, Sa 12–21.15, So 12–20 Uhr) Der schöne ehemalige Postgasthof mit ockerfarbenen Wänden im französischen Stil und rustikaler Inneneinrichtung lädt zu einer ausgedehnten Pause ein. Zur Wahl steht Kneipenkost vom Feinsten, die von Garnelen- und Langusten-Sandwiches über gedämpfte Muscheln aus dem Strangford Lough in Schnittlauch-Sahnesoße, knusprigen Schweinebauch in Serrano-Schinken gewickelt mit Cider-Jus bis zu einer mit Zimt gewürzten Crème brûlée mit Mürbeteiggebäck reicht.

Shoppen

Im **Hoops Courtyard**, abseits der Main Street im Ortszentrum, gibt's 18 kleine Antiquitätenläden. Die Geschäftszeiten variieren, doch an Mittwoch-, Freitag- und Samstagnachmittagen haben alle geöffnet.

An- & Weiterreise

Die Buslinien 9 und 10 verbinden Greyabbey mit Newtownards (3 £, 15 Min., Mo–Sa mind. alle 2 Std., So 6-mal tgl.) und fahren weiter nach Portaferry (3,80 £, 30 Min.).

Mount Stewart

Mount Stewart House & Gardens HISTORISCHES GEBÄUDE

(www.nationaltrust.org.uk; Erw./Kind 8/4 £; ⏲ Haus April–Sept. 10–17 Uhr, Nov.–März Sa & So 12–15 Uhr, Gärten Ostern–Sept. 10–17 Uhr, Okt.–Ostern 10–16 Uhr) Das großartige Mount Stewart House aus dem 18. Jh. gilt als einer der prächtigsten Herrensitze Nordirlands und verfügt über eine sehr schöne Gartenanlage. Es wurde für den Marquis von Londonderry errichtet und ist üppig mit Stuckaturen, Marmorskulpturen sowie wertvollen Kunstwerken ausgestattet.

Das Anwesen befindet sich 3 km nordwestlich von Greyabbey und 8 km südöstlich von Newtownards an der A20. Am Eingangstor halten Busse, die von Belfast und Newtownards nach Portaferry fahren. Für Rollstuhlfahrer sind das Erdgeschoss und große Teile der Gärten zugänglich. Letzter Einlass ist eine Stunde vor Schließung.

Lady Mairi Vane-Tempest-Stewart (1920–2009), Tochter des siebten Marquis, stiftete Mount Stewart 1977 dem National Trust. Zu den Schätzen des Hauses gehören Stühle, auf denen beim Wiener Kongress 1815 die Abgeordneten saßen (die Stickereien wurden zwischen 1918 und 1922 hinzugefügt). Außerdem hängt hier das Porträt des Rennpferdes Hambletonian, *Hambletonian, Rubbing*

Down (1799–1800), von George Stubbs, eines der bedeutendsten irischen Gemälde.

Anfang des 20. Jhs. wurden die wunderschönen Gärten von Lady Edith, der Frau des siebten Marquis, zur Unterhaltung ihrer Kinder mit Skulpturen ausgestattet. Die Dodo-Terrasse vor dem Haus ist mit seltsamen Figuren aus Geschichte (Dinosaurier und Dodos) und Mythologie (Greife und Meerjungfrauen) sowie Riesenfröschen und Schnabeltieren bevölkert. Hoch über dem See thront der **Temple of the Winds** (März–Sept. So 14–17 Uhr) aus dem 18. Jh., ein Nachbau im klassischen griechischen Stil.

Newtownards & Umgebung

27 800 EW.

Im 17. Jh. entstand dieser Ort am ehemaligen Standort des Movilla-Klosters aus dem 6. Jh. Heute ist Newtownards (Baile Nua nah Arda) ein belebtes regionales Zentrum mit einigen interessanten Sehenswürdigkeiten in der Umgebung.

Sehenswertes

Scrabo Country Park PARK

Newtownards wird vom **Scrabo Hill**, 2 km südwestlich der Stadt überragt. Früher erstreckten sich hier ausgedehnte prähistorische Erdwälle, die für den Bau des 41 m hohen **Memorial Tower** abgetragen wurden. Das zu Ehren des dritten Marquis von Londonderry errichtete Gebäude ist meilenweit sichtbar. Seine Innenräume sind verfallen und nicht zugänglich, aber man kann den **Landschaftspark** ringsum besichtigen.

Der stillgelegte Sandsteinbruch in der Nähe lieferte das Material für viele berühmte Bauwerke, darunter der Albert Memoral Clock Tower in Belfast.

Somme Heritage Centre MUSEUM

(www.sommeassociation.com; 233 Bangor Rd; Erw./Kind 6/4,75 £; April–Juni & Sept. Mo–Do 10–16, Sa 11–16 Uhr, Juli & Aug. Mo–Sa 10–17 Uhr, Okt.–März Mo–Do 10–16 Uhr, 1. Sa des Monats 11–16 Uhr) Dieses auf düstere Weise faszinierende Museum veranschaulicht die Schrecken des Somme-Feldzugs von 1916 aus der Sicht der Soldaten der zehnten (irischen), 16. (irischen) und 30. (Ulster-)Division. Es versteht sich als Mahnmal für die Opfer des Krieges und zeigt Kurzfilme und Rekonstruktionen der Schützengräben sowie eine Fotoausstellung zur Suffragettenbewegung und zur Rolle der Frauen im Ersten Weltkrieg. Das Somme Heritage Centre liegt 3 km nördlich von Newtownards an der A21 Richtung Bangor. Bus 6 von Bangor nach Newtonards kommt am Eingang vorbei.

Ark Open Farm BAUERNHOF

(www.thearkopenfarm.co.uk; 296 Bangor Rd; Erw./Kind 6/5 £; April–Okt. Mo–Sa 10–18, So 12–18 Uhr, Nov.–März Mo–Sa 10–17, So 14–17 Uhr) Dank ihrer seltenen Schafarten und Rinder sowie des Federviehs, der Lamas und Esel ist die Ark Open Farm ein echter Familienmagnet. Hier darf man Lämmer, Ferkel und Entenküken streicheln und füttern.

Essen

★ **McKee's Country Store & Restaurant** IRISCH ££

(028-9182 1304; www.mckeesproduce.com; Strangford View, 28 Holywood Rd, Newtownards; Hauptgerichte 9–15 £; Restaurant Mo–Sa 9.30–17.30 Uhr, Geschäft ab 8.30 Uhr;) Auf einem bewirtschafteten 162 ha großen Bauernhof 5 km nordwestlich von Newtownards wartet dieses Feinschmeckerimperium mit einer Bäckerei, einer Fleischerei, einem Delikatessenladen sowie Bereichen für Obst, Gemüse und Molkereiprodukte auf. Alle Lebensmittel werden vor Ort produziert oder stammen aus der Region. Falls kein Picknickwetter ist, lohnt sich ein Besuch des Restaurants. Im Panorama-Speisesaal mit Blick auf die üppige Landschaft und den See dahinter stehen Gerichte wie Honigsenf-Schweinswürstchen zur Wahl.

Praktische Informationen

Die **Touristeninformation** (028-9182 6846; www.visitstrangfordlough.co.uk; 31 Regent St; Sept.–Juni Mo–Fr 9.15–17, Sa 9.30–17 Uhr, Juli & Aug. Mo–Sa 9–17.15 Uhr) befindet sich neben dem Busbahnhof.

An- & Weiterreise

Mit den Bussen 9 und 10 gelangt man nach Belfast (3,20 £, 20 Min, Mo–Sa alle 2 Std. o. öfter, So 6-mal tgl.) und Portaferry (6 £, 1 Std.).

Strangford Lough

Der Strangford Lough (Loch Cuan) ist fast völlig von Land umschlossen; nur eine 700 m breite Meerenge zwischen den Ortschaften Portaferry und Strangford, die Narrows, verbindet ihn mit der Irischen See. An seinem Westufer erheben sich zahlreiche bucklige Drumlins, halb versunkene eiszeitliche Geschiebelehminseln. An der Ostküste wurden die Hügel dagegen von der Kraft der Wellen aufgebrochen und zu flachen Gezeitenriffen abgetragen, *pladdies* genannt.

Im See leben große Kolonien von Kegelrobben, besonders an der Südspitze der Ards Peninsula. Zahlreiche Vogelarten bevölkern Meer und Watt. Austern aus dem Strangford Lough gelten als besondere Delikatesse, und in der Region gibt's einige wunderbare Restaurants und Unterkünfte. Am besten erkundet man die Gegend mit dem eigenen Fahrzeug.

Sehenswertes

Castle Espie Wildfowl & Wetlands Centre TIERSCHUTZGEBIET
(www.wwt.org.uk; Ballydrain Rd, Comber; Erw./Kind 7,30/3,60 £; April–Sept. Mo–Fr 10–17, Sa & So bis 17.30 Uhr, Okt.–März 10–16 Uhr) Das Tierschutzgebiet 2 km südöstlich von Comber abseits der Straße nach Downpatrick (A22) ist ein Rückzugsgebiet für gewaltige Schwärme von Gänsen, Enten und Schwänen. Es ist mit Beobachtungsständen gespickt und ein Paradies für angehende Naturforscher und Familien, die bei Vogelfütterungen zusehen und im Teich baden können.

Gute Besuchszeiten sind der Mai oder Juni, wenn es nur so von Gänse-, Enten- und Schwanenküken wimmelt, oder der Oktober, wenn 30 000 hellbäuchige Ringelgänse (75 % der weltweiten Population) in riesigen Schwärmen aus dem arktischen Kanada kommen.

Nendrum Monastic Site HISTORISCHE STÄTTE
(Lisbane; Stätte 24 Std., Besucherzentrum Juni–Sept. tgl. 10–17 Uhr, April–Mai Mi & Fr–So 10–17 Uhr, Okt.–März So 12–16 Uhr) GRATIS Die wundervoll auf einer Insel gelegene keltische Klostersiedlung Nendrum wurde im 5. Jh. unter Leitung des hl. Mochaoi (oder Mahee) erbaut. Ihre spärlichen Überreste lassen den ursprünglichen Grundriss noch deutlich erkennen. Fundamente von mehreren Kirchen, einem **Rundturm**, bienenkorbartigen Zellen und einem Mönchsfriedhof blieben erhalten. Die steinerne **Sonnenuhr** wurde unter Verwendung von Originalteilen rekonstruiert. Ein kleines **Besucherzentrum** klärt über den geschichtlichen Hintergrund auf.

Nendrum befindet sich 5 km südlich von Comber und ist über einen Damm und eine Brücke erreichbar. An Letzterer sollte man auf die Turmruine des **Mahee Castle** aus dem 15. Jh. achten.

Schlafen & Essen

★ **Dufferin Coaching Inn** B&B ££
(028-4482 1134; www.dufferincoachinginn.com; 35 High St, Killyleagh; EZ/DZ 65/75 £;) In der behaglichen Lounge dieses hübschen georgianischen Hauses war einst die örtliche Bank untergebracht. Das in der Ecke gelegene ehemalige Büro des Filialleiters beherbergt heute eine kleine Bibliothek. Die sechs stilvollen Zimmer sind gut ausgestattet und einige warten sogar mit Himmelbetten auf. Zum ausgezeichneten Frühstücksangebot gehören frisch gepresster Orangensaft, guter Kaffee und Rührei mit Räucherlachs.

Im kleinsten Doppelzimmer gibt's ein charmant hinter einem Vorhang verstecktes Bad.

Anna's House B&B B&B ££
(028-9754 1566; www.annashouse.com; 35 Lisbarnett Rd, Tullynagee, Lisbane; EZ/DZ/FZ ab 60/90/130 £;) Westlich von Lisbane wartet das Anna's, ein großes umweltfreundliches Landhaus, mit einem Glasanbau auf, von dem man auf einen See blickt. Jeder Gast wird herzlich empfangen, die Essenszutaten stammen fast vollständig aus biologischem Anbau und es wird selbst gebackenes Brot serviert. Beim Frühstück hat man die Qual der Wahl, es gibt z. B. Räucherhering, Lachsomelett und frischen Obstsalat.

Old Schoolhouse Inn B&B ££
(028-9754 1182; www.theoldschoolhouseinn.com; 100 Ballydrain Rd, Comber; EZ/DZ ab 50/70 £;) Südlich des Castle-Espie-Schutzgebiets stößt man an der Straße nach Nendrum auf das Old Schoolhouse mit sieben luxuriösen, modernen Zimmern, benannt nach ehemaligen US-Präsidenten. Der frühere Klassenraum beherbergt ein preisgekröntes **Restaurant** (Hauptgerichte 12–23 £; Küche Mo–Sa 12–22, So bis 20 Uhr), geleitet von Will Brown, der in London mit Starkoch Marco Pierre White zusammengearbeitet hat. Kräuter und Gemüse stammen aus dem eigenen Küchengarten.

Old Post Office Tearoom CAFÉ £
(www.oldpostofficelisbane.co.uk; 191 Killinchy Rd, Lisbane; Gerichte 3–7,50 £; Mo–Sa 9–17 Uhr;) Das strohgedeckte Cottage, in dem früher das Postamt untergebracht war, wurde liebevoll in eine hübsche Teestube mit Kunstgalerie verwandelt. Cremefarbener Putz sowie blanke Mauern und ein Holzofen sorgen für Gemütlichkeit. Der Kaffee und die hausgemachten Scones sind sehr lecker. Mittags gehören Lasagne, Quiches und wunderbare frische Salate zum Angebot.

★ **Poacher's Pocket** MODERN IRISCH ££
(☎028-9754 1589; www.poacherspocketlisbane.com; 181 Killinchy Rd, Comber; Hauptgerichte 11–23 £; ⌚Küche Mo–Fr 12–21, Sa & So 12–21 Uhr, Feinkostladen 9–21 Uhr) Eine kühne Modernisierung hat dieses Pub am Straßenrand in ein frisches, modernes Gourmetmekka verwandelt. Hier werden Gerichte wie Pastete aus Haselnuss-Mürbeteig mit edlem Hegarty's Cheddar und Zwiebeln, Muscheln aus Strangford mit Pommes frites sowie Makrele mit karamellisiertem Fenchel, Crème fraîche und Roter Bete kredenzt. Die Auswahl an regionalem Cider und Craft Beers ist fantastisch. Man bekommt die Getränke auch im angeschlossenen Feinkostgeschäft des Restaurants, dem Poacher's Pantry.

★ **Balloo House** MODERN IRISCH ££
(☎028-9754 1210; www.ballooinns.com; 1 Comber Rd, Killinchy; Hauptgerichte 10–23 £; ⌚Küche So & Mo 12–20.30, Di–Do bis 21, Fr & Sa bis 21.30 Uhr) Küchenchef Danny Millar ist regelmäßig in den BBC-Sendungen *Saturday Kitchen* und *Great British Menu* zu Gast. Er ist der Kopf hinter Leckereien wie der großartigen Wildknoblauch-Cremesuppe (serviert mit noch warmen hausgemachten Brotsorten und Oliven-Tapenade), Räucherlachs und Kartoffelpuffer mit farcierten Krebsen oder Schokoladentorte mit Salzkaramellsoße. In dem Lokal mit einem wärmenden schmiedeeisernen Ofen in der Mitte und einem Steinfußboden gibt's viele Nischen und Eckchen.

Dufferin Arms KNEIPENKOST ££
(www.dufferinarms.co.uk; 35 High St, Killyleagh; Hauptgerichte 9,50–15 £; ⌚Küche Mo–Do 12–20.30, Fr & Sa bis 22, So bis 19.30 Uhr) Mit handfester Kneipenkost lockt dieses gemütliche altmodische Pub – leicht zu erkennen an der leuchtend pinken Fassade. Etwas intimer geht's im von Kerzenlicht erhellten Restaurant zu. Freitags und samstags treten hier ab 21 Uhr Bands auf, zudem finden samstagnachmittags Folk- und Bluegrass-Sessions statt. Im Dufferin Arms spielen Szenen des 2013 für einen Oscar nominierten Films *Philomena* mit Dame Judi Dench.

Ausgehen & Nachtleben

Daft Eddy's PUB
(http://dafteddys.co.uk; Sketrick Island, Whiterock, Killinchy; ⌚Mo–Do 11.30–23.30; Fr & Sa 11.30–1, So 12–22.30 Uhr) Bei den Einheimischen erfreut sich das auf einer Insel gelegene Pub großer Beliebtheit. An sonnigen Tagen ist es hier besonders idyllisch. Von der Bar, der teilweise von einem Holzdach geschützten Terrasse und dem darunterliegenden Garten mit Tischen und Stühlen bietet sich ein toller Blick auf den Strangford Lough. Das Daft Eddy's befindet sich 4,5 km nördlich vom Balloo House – neben dem Restaurant abbiegen, der Whiterock Road folgen und dann nach links Richtung Damm fahren.

Downpatrick

10 300 EW.

Die Mission des hl. Patrick, überall in Irland das Christentum zu verbreiten, begann und endete in Downpatrick. Im nahe gelegenen Saul soll er den ersten Menschen zum Glauben bekehrt haben und in der Down Cathedral wurde er begraben. Am 17. März, dem St. Patrick's Day, wimmelt es in der Stadt nur so von Pilgern und Feierlustigen.

Doch es gab Downpatrick, heute das Verwaltungszentrum der Grafschaft, schon lange vor Ankunft des Heiligen. Patrick errichtete seine erste Kirche innerhalb der *dún* (Festung) von Rath Celtchair, einer noch heute sichtbaren Erhebung südwestlich der Kathedrale. Zunächst war die Stelle unter dem Namen Dún Pádraig (Patricks Festung) bekannt, der schließlich im 17. Jh. zu Downpatrick anglisiert wurde.

Sehenswertes

In der Einkaufsstraße der Stadt, der Mall, liegen hübsche Gebäude aus dem 18. Jh., darunter die 1733 erbaute **Soundwell School** und ein **Gerichtsgebäude** mit einem schön verzierten Giebel.

Downpatrick wurde als Endpunkt des **Patrick's Way** (www.patricksway.com) auserkoren. Der Pilgerwanderweg soll in Westport im County Mayo beginnen und zu verschiedenen mit dem hl. Patrick verbunden Stätten führen. Er befindet sich gegenwärtig in der Entwicklung. Alan Graham, ein lokaler Pilgerwanderer und Bergsteiger, arbeitet daran.

★ **Saint Patrick Centre** AUSSTELLUNG
(www.saintpatrickcentre.com; 53a Market St; Erw./Kind 6/3,50 £; ⌚ganzjährig Mo–Sa 9–17 Uhr, Juli–Aug. So 13–17 Uhr, St. Patrick's Day 9–19 Uhr) In diesem prächtigen Zentrum aus Glas und Holz veranschaulicht eine Multimediaausstellung namens **Ego Patricius** das Leben und Wirken des irischen Schutzheiligen. Audio- und Videopräsentationen erzählen Patricks Geschichte, oft in seinen eigenen Worten: An mehreren Stellen wird aus der lateinischen

Confessio zitiert, die um 450 entstanden ist und mit den Worten „Ego Patricius" („Ich bin Patrick") beginnt. Der Rundgang endet mit einem spektakulären Film, der die Zuschauer auf einen atemberaubenden Hubschrauberflug über Irland mitnimmt.

Down Cathedral KATHEDRALE

(www.downcathedral.org; The Mall; ⌚Mo–Sa 9.30–16, So 14–16 Uhr) GRATIS Einer Legende zufolge starb der hl. Patrick in Saul. Engel forderten seine Anhänger auf, den Leichnam auf einen von ungezähmten Ochsen gezogenen Karren zu legen. Wo die Tiere anhalten würden, sollte der Heilige beerdigt werden. Angeblich blieben sie bei einer Kirche auf dem Hügel von Down stehen, dem späteren Standort der zur Church of Ireland gehörenden Down Cathedral.

Im Kirchhof wurde 1900 ein Stein aus Mourne-Granit mit der Inschrift „Patrick" errichtet, der die traditionelle Stätte vom **Grab des Heiligen** markiert.

Das Gebäude ist ein Sammelsurium von Baustilen aus 1600 Jahren. Wikinger tilgten alle Spuren früherer Bauten, außerdem zerstörten 1316 schottische Plünderer die normannische Kathedrale und das dazugehörige Kloster. Aus den Überresten errichtete man im 15. Jh. eine neue Kirche, die 1512 fertiggestellt, aber bereits 1541 nach Auflösung der Klöster dem Erdboden gleichgemacht wurde. Das heutige Bauwerk stammt im Wesentlichen aus dem 18. und 19. Jh. Sein Inneres wurde in den 1980er-Jahren völlig neu gestaltet.

Vom Saint Patrick Centre aus kann man dem Pfad links vom Gebäude hügelaufwärts durch die Grünanlage folgen.

Down County Museum MUSEUM

(www.downcountymuseum.com; The Mall; ⌚Mo–Fr 10–17, Sa & So 13–17 Uhr) GRATIS Das restaurierte Stadtgefängnis aus dem 18. Jh. beherbergt heute das Down County Museum. In einem Zellenblock werden Modelle einstiger Gefangener und Infoschilder zu ihrem tristen Dasein gezeigt, zudem informieren Schautafeln über die Eroberung von Down durch die Normannen. Das größte Exponat befindet sich im Freien: Ein kurzer, ausgeschilderter Weg führt zum **Mound of Down**, einem tollen Beispiel für eine normannische Motte mit Schutzwall.

Schlafen & Essen

River Mill B&B ££

(☎028-4484 1988; www.river-mill.com; 43 Ballyclander Rd; DZ 70 £; 📶) 🌿 Die restaurierte Leinmühle aus dem 18. Jh. liegt 6 km südöstlich von Downpatrick unweit der Straße nach Ardglass auf dem Land. Hinter der traditionellen Steinfassade verbirgt sich ein minimalistisches, modernes Interieur, mit Lounges auf zwei Ebenen und zwei geräumigen Zimmern, Holzfußböden, weißen Wänden, einfachen Holzmöbeln sowie privaten Bädern.

Die Gastgeber Theresa und Aidan vermitteln verschiedene Massage- und Reiki-Anwendungen in dem alternativen Therapiezentrum nebenan.

Denvir's Hotel & Pub B&B ££

(☎028-4461 2012; www.denvirs.com; 14 English St; EZ/DZ 40/70 £; 📶) Das 1642 gebaute Denvir's soll der älteste erhaltene irische Postgasthof sein. Es beherbergt sechs eigenwillig gestaltete Zimmer mit geschliffenen Holzdielen, georgianischen Fenstern und historischen Kaminen. In der gemütlichen Bar und im rustikalen **Restaurant** (Hauptgerichte 7–18 £; ⌚Küche 12–20 Uhr) mit einer riesigen Feuerstelle aus dem 17. Jh. gibt's gutes Essen.

Praktische Informationen

Touristeninformation (☎028-4461 2233; www.downdc.gov.uk; 53a Market St; ⌚Juli & Aug. Mo–Sa 9.30–17, So 14–17 Uhr, Sept.–Juni Mo–Sa 10–17 Uhr) Im Saint Patrick Centre (S. 612).

An- & Weiterreise

Downpatricks Busbahnhof liegt direkt südlich vom Saint Patrick Centre (S. 612).

Busverbindungen:

Belfast Europa Bus Centre 6 £, 1 Std., Mo–Fr alle 30 Min., Sa stdl., So 6-mal tgl.

Castlewellan 4,40 £, 30 Min., Mo–Fr 7-mal tgl., Sa 6-mal, So 4-mal

Dundrum 3,50 £, 15 Min., Mo–Fr 7-mal tgl., Sa 6-mal, So 4-mal

Newcastle 3,80 £, 20 Min., Mo–Fr 7-mal tgl., Sa 6-mal, So 4-mal

Newry 9,30 £, 1¼ Std., Mo–Fr 7-mal tgl., Sa 6-mal, So 4-mal

Rund um Downpatrick

Einer beliebten Überlieferung nach soll der hl. Patrick von irischen Piraten aus Großbritannien entführt worden sein und sechs Jahre als Sklave Schafe gehütet haben (möglicherweise auf Slemish). In der Gefangenschaft wuchs sein Glaube und er betete täglich, bis ihm schließlich die Flucht zurück zu seiner Familie gelang.

Nach seiner theologischen Ausbildung kehrte Patrick nach Irland zurück, um dort das Christentum zu verbreiten. Angeblich ging er am Ufer des Strangford Lough in der Nähe von Saul nordöstlich von Downpatrick an Land. Seine erste Predigt hielt er in einem nahe gelegenen Stall. Nach 30 Jahren Missionstätigkeit zog er sich nach Saul zurück.

Saul

Bei seiner Ankunft 432 gewann Patrick hier seinen ersten Anhänger: Díchú, der örtliche Häuptling, schenkte dem Heiligen einen Schafstall (irisch *sabhal*, ausgesprochen „ßohl") für seine Predigten, der vermutlich westlich des Dorfes lag. Heute befindet sich an dieser Stelle der Nachbau einer **Kirche mit Rundturm** aus dem 10. Jh., der 1932 zum 1500. Jahrestag von Patricks Ankunft errichtet wurde.

Östlich der Ortschaft erhebt sich der kleine **Slieve Patrick** (120 m) mit einem Kreuzweg zur Hügelkuppe und einer 10 m hohen Statue des Heiligen, ebenfalls aus dem Jahre 1932. Am St. Patrick's Day strömen zahllose Pilger auf den Hügel.

Saul liegt 3 km nordöstlich von Downpatrick abseits der A2 Richtung Strangford.

Struell Wells

Diese Quellen, denen man heilende Kräfte zuschreibt, werden ebenfalls mit dem hl. Patrick in Verbindung gebracht. Es heißt, er habe hier als Bußübung fast eine ganze Nacht nackt und Psalmen singend in der **Drinking Well** verharrt. Während die Stätte selbst seit Jahrhunderten verehrt wird, sind die Gebäude erst nach 1600 entstanden. Die gut erhaltenen **Badehäuser** aus dem 17. Jh. sehen so aus, als würden sie eher krank als gesund machen.

Zwischen den Bauten und der verfallenen Kapelle liegt die **Eye Well**, deren Wasser angeblich Augenleiden heilen soll.

Die Quellen befinden sich in einem malerischen Tal 2 km östlich von Downpatrick. Man erreicht sie, indem man die B1 Richtung Ardglass nimmt und hinter dem Krankenhaus links abbiegt.

Lecale Peninsula

Östlich von Downpatrick wird die Lecale Peninsula im Norden, Süden und Osten vom offenen Meer und vom Strangford Lough isoliert, im Westen von den Feuchtgebieten der Flüsse Quoile und Blackstaff. Ihr irischer Name Leath Chathail (gesprochen ley-ke-*hel*) bedeutet „Land von Cathal" (ein Fürst im 8. Jh.). Die flache Halbinsel wartet mit fruchtbarem Ackerland, Fischerhäfen, Klippen und Sandstränden auf.

Zwischen Ardglass und Killough liegt im Süden der Halbinsel **Coney Island**, über die Van Morrison so eindringlich in seinem gleichnamigen Song spricht. Eigentlich ist das kleine Dorf am Meer gar keine Insel, allerdings gehört dazu eine kleine Halbinsel, die früher vielleicht einmal durch das Meer abgetrennt war. Der oscargekrönte Film *The Shore* (2011) wurde hier am Haus der Familie des Regisseurs Terry George gedreht.

Strangford

550 EW.

Das malerische Fischerdorf Strangford (Baile Loch Cuan) 16 km nordöstlich von Downpatrick wird vom Strangford Castle beherrscht, einem öffentlich nicht zugänglichen Turmhaus aus dem 16. Jh., dessen Gegenstück in Portaferry auf der anderen Seite der **Narrows** (S. 608) steht.

Sehenswertes & Aktivitäten

Am Ende der Castle Street führt ein Fußweg, der sogenannte **Squeeze Gut**, auf den Hügel hinter dem Ort, von dem man eine schöne Aussicht auf den See genießt. Anschließend geht's in einem Bogen über die baumbestandene Dufferin Avenue (1,5 km) nach Strangford zurück oder am Ufer entlang weiter bis zum Castle Ward Estate (4,5 km).

Strangford Sea Safari BOOTSTOUREN
(☎ 028-4372 3933; www.strangford-seasafari.com; Strangford Harbour; Erw./Kind ab 20/17 £) Bietet einige aufregende Schnellboottouren in die quirligen Gezeitenströme der Narrows, die u. a. Besuche des Gezeitenkraftwerks SeaGen, des Angus-Rock-Leuchtturms und bei den örtlichen Seehundkolonien umfassen.

Schlafen & Essen

Cuan B&B ££
(☎ 028-4488 1222; www.thecuan.com; The Square; EZ/DZ 65/95 £, mit Abendessen 80/126 £; Wi-Fi) Die graugrüne Fassade der Pension gleich um die Ecke zur Fähranlegestelle ist kaum zu übersehen. Peter und Caroline, die Inhaber, bereiten ihren Gästen einen herzlichen Empfang. Es gibt neun gepflegte, komfortable und gut ausgestattete Zimmer. Im stimmungsvollen,

holzvertäfelten **Restaurant** (Hauptgerichte 11,50–19,50 £, Fish'n'Chips 4–8 £; ⌚Restaurant Mo–Do 12–21, Fr & Sa 12–21.30, So 12–20.30 Uhr, Fish-'n'-Chips-Laden Do 16–20, Fr & Sa 12–20 Uhr; 👪) kommen Riesenportionen lokaler Meeresfrüchte sowie Lamm- und Rindfleischgerichte auf den Tisch. Im angeschlossenen Fish-'n'-Chips-Laden wird Essen zum Mitnehmen verkauft.

Pantry BISTRO ££

(☎028-4488 1180; http://thepantrystrangford.co.uk; 4 Kildare St; Hauptgerichte 12–21 £; ⌚Di–Do 10–17, Fr 10–21, Sa 9–21, So 10–18 Uhr) In Strangford liegt ein unscheinbares graues Haus mit blauer Tür, das unerwartet gehobenes Essen bietet: gedämpften Seebarsch mit Paprika- und Rote-Bete-Soße, auf französische Art zubereitete Lammkoteletts mit Tomaten- und Minzdressing sowie Panna cotta mit Kardamom und Erdbeerkompott. Im Sommer gibt's mindestens einmal wöchentlich Livemusik.

An- & Weiterreise

Eine **Autofähre** (einfach Auto & Fahrer 7 £, Autopassagiere & Fußgänger 1 £) zwischen Strangford und Portaferry verkehrt montags bis freitags zwischen 7.30 bis 22.30 Uhr, samstags zwischen 8 bis 23 Uhr und sonntags 9.30 und 22.30 Uhr, jeweils alle 30 Minuten. Die Fahrt dauert etwa 10 Min.

Bus 16E steuert Downpatrick (3,50 £, 25 Min., Mo–Fr 11-mal tgl, Sa 5-mal) an.

Castle Ward Estate

Das als Burg Winterfell in *Game of Thrones* berühmt gewordene **Castle Ward Estate** (www.nationaltrust.org.uk; Park Rd; Erw./Kind inkl. Führung durchs Haus 8/3,75 £; ⌚Haus Ostern–Okt. 12–17 Uhr, Gelände April–Okt. 10–20 Uhr, Okt.–März 10–16 Uhr), das in den 1760er-Jahren gebaut wurde, erfreut sich einer herrlichen Lage im Westen von Strangford mit Blick auf die Bucht. Zwischen 12 und 16 Uhr beginnen stündlich unterhaltsamen Führungen.

Auf dem Gelände befinden sich ein viktorianisches Wäschereimuseum, der Plantagenturm Old Castle Ward aus dem 16. Jh. und das Turmhaus Castle Audley aus dem 15. Jh. Zudem gibt's Wander- und Fahrradwege. Das **Clearsky Adventure Centre** (☎028-4372 3933; www.clearsky-adventure.com; Castle Ward Estate, Park Rd; ⌚Ostern–Sept. 10–18 Uhr, Okt.–März 10–16 Uhr) arrangiert Aktivitäten aller Art von Coasteering und Kanufahren bis zu Touren auf dem Strangford Lough.

Errichtet wurde das Castle Ward House für Lord und Lady Bangor (Bernard Ward und seine Frau Anne). Die architektonischen Vorstellungen der beiden waren so verschieden, dass dabei ein überaus exzentrischer Landsitz herauskam – und anschließend die Scheidung. Während Bernard einen neoklassizistischen Stil favorisierte (an der Fassade und dem Treppenaufgang zu erkennen), bevorzugte Anne eindeutig eine Variante der Neogotik (Rückseite des Gebäudes), die im unglaublichen Fächergewölbe ihres „gotischen" Boudoirs ihren Höhepunkt fand.

Newcastle

7500 EW.

Das verblichene viktorianische Seebad Newcastle (An Caisleán Nua), herrlich am Fuß der Mourne Mountains an einem 5 km langen goldgelben Sandstrand gelegen, hat ein millionenschweres Facelifting erhalten, inklusive einer 1 km langen Meerespromenade mit vielen modernen Skulpturen und einer eleganten Fußgängerbrücke über den Fluss Shimna.

Sehenswertes & Aktivitäten

Murlough National Nature Reserve TIERSCHUTZGEBIET

(Parken Mai–Sept. 4 £; ⌚24 St.) GRATIS Fußpfade und -stege führen durch grasbewachsene Dünen und bieten einen Blick auf die Mournes. Hier versammeln sich Seehunde und Kegelrobben.

Royal County Down Golf Course GOLF

(www.royalcountydown.org; 36 Golf Links Rd; Golfplatzgebühren Mai–Okt. 175–190 £, Nov.–April niedrigere Preise) Inmitten blühender Heide und Ginster erstreckt sich dieser berühmte Par-71-Links-Platz, der von Old Tom Morris entworfen wurde und zwei ehrfurchtgebietende 9-Loch-Runden beinhaltet. Für Besucher ist er montag-, dienstag- und donnerstagvormittags sowie sonntagnachmittags geöffnet. Ein Handicap ist nicht erforderlich, man muss aber einige Monate im Voraus buchen.

Granite Trail WANDERN

(www.walkni.com/walks/333/granite-trail) An der Straße gegenüber dem Hafen beginnt der 5 km lange Granite Trail, ein markierter Fußweg entlang einer ehemaligen Seilbahn, die früher Granitblöcke von den Mourne Mountains zum Hafen beförderte. Die 200 Höhenmeter zu überwinden lohnt sich auch wegen der schönen Aussicht.

WANDERUNG: SLIEVE DONARD

Der Slieve Donard, mit 853 m Nordirlands höchster Hügel, überragt Newcastle wie ein schlafender Riese. Man kann sich von verschiedenen Punkten in und um den Ort zum Gipfel aufmachen, allerdings ist der Aufstieg steil, deshalb sollte man sich unbedingt mit Wanderschuhen, Regenkleidung, Karte und Kompass ausrüsten.

An schönen Tagen reicht die Sicht bis zu den Hügeln von Donegal, den Wicklow Mountains, zur schottischen Küste, zur Isle of Man und sogar bis zu den Snowdonia Hills in Wales. Zwei *cairns* (Steinhaufen über Hügelgräbern) unweit des Gipfels wurden lange für Einsiedlerzellen des hl. Donard gehalten, der sich zur Zeit des frühen Christentums zum Beten hierher zurückgezogen haben soll.

Die kürzeste Route verläuft von Newcastle entlang des Flusses Glen auf den Slieve Donard. Am Parkplatz des Donard Park 1 km südlich der Bushaltestelle am Stadtrand geht's los. Zunächst biegt man am äußersten Ende des Parkplatzes rechts ab und passiert das Tor, danach wandert man mit dem Fluss zur Linken durch den Wald. Ein Kiesweg führt durch das Flusstal hinauf zum Sattel zwischen dem Slieve Donard und dem Slieve Commedagh. Hier biegt man links ab und folgt der Mourne Wall bis zum Gipfel. Zurück nimmt man denselben Weg (hin & zurück 9 km, mind. 3 Std.).

Rock Pool SCHWIMMEN
(South Promenade; Erw./Kind 2/2 £; ⏲ Juli & Aug. Mo–Fr 10–17, Sa 11–17.30, So 14–17 Uhr, wenn Wetter und Gezeiten es zulassen) Dieses nette Meerwasserschwimmbad aus dem Jahr 1933 liegt am Südende der Promenade.

Soak SPA
(☎ 028-4372 6002; www.soakseaweedbaths.co.uk; 5a South Promenade; 1 Std. ab 25 £; ⏲ Do–Mo 11.30–20 Uhr) Wenn es draußen zu kalt zum Schwimmen ist, bleibt einem immer noch ein heißes Algenbad im Soak. Handtücher und Bademäntel werden bereitgestellt.

Schlafen

Der nächste Campingplatz befindet sich im Tollymore Forest Park (S. 618).

★ **Hutt Hostel** HOSTEL £
(☎ 028-4372 2133; www.hutthostel.com; 30 Downs Rd; B/Apt. 22/100 £; 📶) In einem restaurierten viktorianischen Stadthaus, nur einen Steinwurf vom Strand entfernt, bietet das Hutt 40 Betten und tolle Einrichtungen wie einen geselligen Gemeinschaftsraum mit Kamin, ein Spielzimmer mit Billardtisch, eine Selbstversorgerküche, Waschmaschinen und einen Fahrradverleih (halber/ganzer Tag 15/20 £). Im Selbstversorger-Apartment „the Padd“ können bis zu sechs Personen übernachten.

★ **Enniskeen Country House** BOUTIQUE-HOTEL ££
(☎ 028-4372 2392; http://enniskeenhotel.co.uk; 98 Bryansford Rd; EZ/DZ/FZ ab 65/90/150 £, Restaurant Hauptgerichte 12–22 £; ⏲ Restaurant 12.30–20.30 Uhr; 📶 👪) 2 km westlich von Newcastle befindet sich dieses wunderbar altmodische, in einem steinernen Herrenhaus aus dem 19. Jh. untergebrachte Hotel. Die zwölf Zimmer sind mit Stilmöbeln eingerichtet und haben entweder Meer- oder Waldblick. Besonders schön ist das im Turm versteckte Zimmer 15. Das gehobene Oaks Restaurant verfügt über eine Terrasse und serviert traditionelle nordirische Gerichte. Zum Nachmittagstee gibt's handgerührte Butter und Honig aus einem örtlichen Bienenhaus.

Briers Country House B&B ££
(☎ 028-4372 4347; www.thebriers.co.uk; 39 Middle Tollymore Rd; EZ/DZ ab 60/85 £, Cottage 150 £) 5 km nordwestlich des Stadtzentrums stößt man auf ein friedvolles Bauernhaus mit Blick auf die Mournes, das an der Straße zwischen Newcastle und Bryansford ausgeschildert ist. Das üppige Frühstück wird auch als vegetarische Variante angeboten. Vom Speisesaal genießt man eine tolle Aussicht auf den Garten. Ein Cottage mit drei Schlafzimmern und Kochmöglichkeit ist ebenfalls vorhanden (Mindestaufenthalt 3 Nächte).

Beach House B&B ££
(☎ 028-4372 2345; http://beachhouse-newcastle.co.uk; 22 Downs Rd; EZ/DZ 50/90 £; 📶) Beim Frühstück in dem eleganten viktorianischen B&B mit drei Zimmern (zwei mit eigenem Bad) und einem Balkon für alle Gäste blickt man direkt auf das Meer.

Slieve Donard Resort & Spa HOTEL £££
(☎ 028-4372 1066; www.hastingshotels.com; Downs Rd; EZ/DZ ab 130/160 £; 📶 🏊) Der 1897 errichtete viktorianische Ziegelbau steht auf einem

2,5 ha großen Strandgrundstück und beherbergt ein luxuriöses Wellnessbad sowie mehrere Restaurants. Im angrenzenden Royal County Down Golf Course steigen die Golflegenden Tom Watson, Tiger Woods und Rory McIlroy ab, wenn sie in der Stadt sind.

Essen

Olive Bizarre CAFÉ £
(67 South Promenade; Gerichte 4–8 £; 9–17 Uhr;) In diesem coolen kleinen Café kommt man in den Genuss vegetarischer und veganer Speisen, darunter Suppen, Quiches, Backkartoffeln, Sandwiches und Tagesgerichte wie Bio-Falafelbällchen mit Tomatensoße und Hummus.

Niki's Kitchen Café CAFÉ £
(028-4372 6777; www.nikiskitchencafe.co.uk; 107 Central Promenade; Hauptgerichte 5–10 £; tgl. 8–17, Mi–So 17–21 Uhr;) Die vielen Gäste zeugen vom Erfolg des großen, luftigen Lokals, dessen Speisekarte auf gehobene Varianten der klassischen Caféküche setzt. Es gibt z.B. Fisch- und Meeresfrüchtesuppe und Fischkuchen mit grob gewürfelten Pommes frites, die als Beilage in einem kleinen Drahtkorb serviert werden. Zum Inventar gehören Hochstühle, eine Kinderkarte und Sofas, auf denen man es sich bei einem Kaffee gemütlich machen kann.

Strand Café & Bakery EISCREME £
(53-55 Central Promenade; Eiscreme ab 1,30 £; Mo–Fr 9–18, Sa & So bis 19.30 Uhr) Hier wird seit 1930 preisgekröntes Eis hergestellt, das man nicht verpassen sollte. Zu den klassischen Geschmacksrichtungen zählen Raspberry Ripple, Honey Comb sowie Schokolade und Orange.

★ **Brunel's** MODERN IRISCH ££
(028-4372 3951; www.brunelsrestaurant.co.uk; 9 Bryansford Rd; Hauptgerichte mittags 7–18 £, abends 15–22 £; Mi & Do 12.30–15 & 18–21.30, Fr & Sa bis 22, So 12–20 Uhr) Das im maritimen Stil gestaltete Restaurant im 1. Stock über der Anchor Bar sollte man im Auge behalten. Paul Cunningham, der talentierte Koch, ist immer auf der Suche nach guten Zutaten und besonderen Geschmackskombinationen und bringt wunderbare Gerichte hervor, z. B. in Pestwurz gebeizten Lachs mit Pulver aus schwarzen Oliven, in Butter pochierte Kaisergranaten mit Buttermilchschaum, Lamm von den Mourne Mountains mit Meerfenchel und mit Parmesan bedeckten Herzmuscheln sowie Wildknoblauch-, Erbsen- und Haselnuss-Risotto. Vorab reservieren.

Vanilla IRISCH ££
(028-4372 2268; www.vanillarestaurant.co.uk; 67 Main St; Hauptgerichte mittags 6–7 £, abends 17–22 £; Mo–Sa 12–15.30 & 17–21.30, So 12–21 Uhr;) Die Karte dieses cool gestylten Bistros wirbt ganz unverhohlen für irische Erzeugnisse: gegrillter Dorsch mit Lauch-Gnocchi, Entenbrust aus dem Cherry Valley mit Pastinaken-Flammkuchen und mit Buttermilch hergestellte Panna cotta mit Brombeergelee und Erdnussstreuseln.

Praktische Informationen

Überall an der Promenade gibt's kostenloses öffentliches WLAN.

Touristeninformation (028-4372 2222; newcastle.tic@downdc.gov.uk; 10–14 Central Promenade; Juli & Aug. Mo–Sa 9.30–19, So 13–19 Uhr, Sept.–Juni Mo–Sa 10–17, So 14–17 Uhr;) Gute Bücher und Karten über die Gegend sowie traditionelles und modernes Kunsthandwerk. Die Gepäckaufbewahrung kostet 2 £ pro Tag.

Anreise & Unterwegs vor Ort

Die Busse 20 und 20A fahren vom Europa Bus Centre in Belfast über Dundrum nach Newcastle (8 £, 1¼ Std., mind. stdl.).

Bus 240 folgt der Inlandroute von Newry über Hilltown nach Newcastle (7,50 £, 50 Min., Mo–Fr 7-mal tgl., Sa 6-mal, So 4-mal) und steuert anschließend Downpatrick an.

Dundrum & Umgebung

Die geschützte Dundrum Bay ist für ihre Austern und Muscheln berühmt.

Sehenswertes

Dundrum Castle BURG
(Ostern–Okt. Mi & Fr–So 10–17 Uhr) GRATIS Die 1177 im Auftrag von John de Courcy of Carrickfergus erbaute normannische Festung schaut über die Dundrum Bay.

Seaforde Gardens & Tropical Butterfly House GÄRTEN
(www.seafordegardens.com; Seaforde House, Seaforde; Gärten oder Schmetterlingshaus Erw./Kind 5/3,35 £, Gärten & Schmetterlingshaus 8,50/5 £; Ostern–Sept. Mo–Sa 10–17, So 13–18 Uhr, Rest des Jahres geschl.) Erwachsene sind von Seaforde ebenso sehr begeistert wie Kinder. Das Anwesen verfügt über einen ummauerten Garten aus dem 18. Jh. mit ornamentalen Blumenbeeten, einem Heckenlabyrinth, einem Turm mit Wendeltreppe und Aussichtsplattform sowie leuchtend blauen umherstolzie-

renden Pfauen. Im Schmetterlingshaus, das an den Regenwald erinnert, leben Hunderte umherschwirrender Schmetterlinge sowie Papageien. Am Eingang befindet sich ein einfaches, aber gemütliches Café. Das Landgut liegt 13 km nördlich von Newcastle (7 km nördlich von Dundrum) an der A2.

Essen

Mourne Seafood Bar FISCH & MEERESFRÜCHTE
(☎ 028-4375 1377; http://mourneseafood.com; 10 Main St; Hauptgerichte 11–21 £; ⌚ Do 17–22, Fr 12.30–15 & 17–22, Sa & So 12.30–21.30 Uhr) Dieses freundliche, zwanglose Restaurant in einem holzgetäfelten viktorianischen Haus ist mit Werken hiesiger Künstler geschmückt und serviert Austern auf fünf verschiedene Arten sowie Suppe aus Meeresfrüchten, Krabben, Langusten und täglich wechselnde Fischgerichte. Alle Zutaten stammen aus der Region (z. T. aus den hauseigenen Muschelzuchtanlagen). In der Saison ist donnerstags Hummertag. Zu der Filiale in Belfast (S. 59) gehört auch eine Kochschule.

An- & Weiterreise

Bus 240 verkehrt von Newcastle (2,70 £, 10 Min., Mo–Fr 7-mal tgl., Sa 6-mal, So 4-mal) nach Downpatrick (3,50 £, 15 Min.) und hält unterwegs in Dundrum.

Mourne Mountains

Wenn man von Belfast Richtung Süden nach Newcastle fährt, beherrscht das Granitmassiv der Mourne Mountains den Horizont. Dies ist eine der herrlichsten Ecken Nordirlands, eine atmosphärische Landschaft mit grauem Granit, gelbem Ginster und weiß getünchten Cottages. Die unteren Berghänge überzieht ein adrettes Netz von Mauern, deren Steine aus riesigen Granitblöcken stammen.

Bekanntheit erlangten die Hügel 1896 durch ein Lied des irischen Komponisten William Percy French. Dessen Refrain *Where the Mountains of Mourne sweep down to the sea* fängt die Verschmelzung von Meer, Himmel und Berghängen perfekt ein.

Geschichte

Der sichelförmige Streifen flachen Landes auf der Südseite der Bergkette ist auch als **Kingdom of Mourne** bekannt. Jahrhundertelang war er nur sehr schwer zugänglich (die Hauptroute verlief nördlich der Berge), deshalb entwickelte sich hier eine ganz eigene Landschaft und Kultur. Bis zum Bau der Küstenstraße im frühen 19. Jh. kam man nur zu Fuß oder über das Meer hierher.

Im 18. Jh. erwies sich der Schmuggel als einträgliches Geschäft. Nachts legten in der Gegend Boote an, die französische Spirituosen an Bord hatten. Lastpferde trugen die Fässer über die Hügel zur Straße und umgingen auf diese Weise die Zöllner in Newcastle. Der **Brandy Pad**, ein ehemaliger Schmugglerpfad von Bloody Bridge nach Tollymore, ist heute ein beliebter Wanderweg.

Sehenswertes

Die Mournes bieten einige der besten Möglichkeiten zum **Bergwandern** und **Klettern** im Norden. Karten werden in der Touristeninformation in Newcastle verkauft.

Tollymore Forest Park WALD
(Bryansford; Auto/Fußgänger 5/2 £; ⌚ 10 Uhr–Sonnenuntergang) Der landschaftlich schöne Waldpark 3 km westlich von Newcastle bietet reizvolle Wanderungen und Radtouren entlang des Flusses Shimna und über die nördlichen Hänge der Mourne Mountains. Zu den viktorianischen Spielereien vor Ort gehören die an eine Kirche erinnernde **Clanbrassil Barn** und verschiedene Grotten, Höhlen, Brücken und Trittsteine. Und ja, auch dieser Park war Schauplatz von *Game of Thrones*. Ein elektronischer Kiosk am Parkplatz informiert über Flora, Fauna und Geschichte des Gebiets. Es gibt außerdem einen **Campingplatz** (☎ 028-4372 2428; 176 Tullybranigan Rd; Zelt- & Wohnmobilstellplatz 11,50–16,50 £).

Castlewellan Forest Park WALD
(Main St, Castlewellan; Auto/Fußgänger 5 £/frei; ⌚ 10 Uhr–Sonnenuntergang) Im Castlewellan Forest Park kann man entspannte Spaziergänge auf dem Burggelände unternehmen. Hier befindet sich eines der größten Heckenlabyrinthe der Welt, das **Peace Maze** (Eintritt frei), und von März bis Oktober lädt der hübsche See zum **Forellenangeln** (Genehmigung für 3 Tage 9,50 £) ein. Infos über das erst kürzlich eingerichtete Netz aufregender **Mountainbikewege** findet man unter www.mountainbikeni.com. Im Life Adventure Centre bekommt man Leihräder.

Silent Valley Reservoir SEE
(Auto/Motorrad 4,50/2 £, zusätzlich pro Erw./Kind 1,60/0,60 £; ⌚ April–Sept. 10–8.30 Uhr, Okt.–März 10–16 Uhr) Mitten in den Mournes erstreckt sich das schöne Silent Valley Reservoir. Seit

1933 wird dort der Kilkeel aufgestaut, der Belfast und das County Down mit Wasser versorgt. Vor Ort gibt's reizvolle markierte Wanderwege, ein Café und eine interessante Ausstellung über den Dammbau.

Mourne Wall STEINMAUER
Die spektakuläre Trockensteinmauer verläuft über die Gipfel von 15 umliegenden Bergen, darunter der Slieve Donard, mit 853 m der höchste Hügel. Man kann den 2 m hohen, 1 m dicke und 35 km langen Mourne Wall komplett oder abschnittsweise folgen.

Gebaut wurde sie 1922, um Vieh aus dem Einzugsgebiet der Flüsse Kilkeel und Annalong fernzuhalten, doch aufgrund ungünstiger geologischer Verhältnisse konnte der Annalong nicht gestaut werden und wird deshalb durch einen 3,6 km langen Tunnel unter dem Slieve Binnian in das Silent Valley Reservoir geleitet.

Aktivitäten

Life Adventure Centre OUTDOORAKTIVITÄTEN
(☎ 028-4377 0714; www.onegreatadventure.com; Grange Courtyard, Castlewellan Forest Park) Wer gern Bergwanderungen unternimmt, klettert, Kanu fährt oder sonstige Outdooraktivitäten mag, sollte dieses Abenteuerzentrum im Castlewellan Forest Park ansteuern, das eintägige Kurse für Einzelpersonen, Paare und Familien (ab 76 £ pro Pers.) sowie schwierigere Sonntagnachmittagstouren im Programm hat. Darüber hinaus kann man hier Kanus (35/45 £ pro halber/ganzer Tag) und Mountainbikes (25/30 £) ausleihen.

Hotrock KLETTERN
(☎ 028-4372 2188; www.tollymore.com; Tollymore National Outdoor Centre; Erw./Kind 5/2,50 £; ⏲ Di–Do 10–22, Fr–Mo 10–17 Uhr) Kletterwand an der B180, 2 km westlich vom Eingangstor des Tollymore Forest Park. Spezielle Schuhe und Gurte sind für eine Leihgebühr von 3,50 £ zu haben. Der Eingang befindet sich an der B180 auf der Westseite des Tollymore Forest Park, unweit der Bryansford Road.

Mount Pleasant REITEN
(☎ 028-4377 8651; www.mountpleasantcentre.com; Bannonstown Rd, Castlewellan; pro 45 Min./1 Std./2 Std. 15/20/38 £; ⏲ nach Reservierung) Verschiedene geführte Touren in den Castlewellan Forest Park für Anfänger und Fortgeschrittene bietet dieser Reiter- und Ponyhof. Ausritte am Strand und Ponytrekking können ebenfalls arrangiert werden.

Feste & Events

Mourne International Walking Festival WANDERN
(www.mournewalking.co.uk) Das dreitägige Festival Ende Juni ist eine tolle Gelegenheit, um Bergwanderungen zu unternehmen. Teilweise ist der Transport im Ticketpreis enthalten.

Schlafen & Essen

Meelmore Lodge HOSTEL £
(☎ 028-4372 6657; http://meelmorelodge.com; 52 Trassey Rd, Bryansford; Zeltstellplatz pro Erw./Kind 10/6 £, B/2BZ/FZ 15/60/80 £) In der wunderbar entlegenen Meelmore Lodge am Nordhang der Mourne Mounains, 5 km westlich vom Dorf Bryansford, gibt's eine gemütliche Lounge und eine Küche, zwei Schlafsäle mit je vier Betten, einige private Zimmer, einen Zeltplatz und ein gutes Café. Man kann direkt vom Hostel aus in die Berge wandern.

Mourne Lodge HOSTEL £
(☎ 028-4176 5859; http://themournelodge.com; Bog Rd, Atticall; B/EZ/DZ/3BZ/4BZ ab 25/50/65/85/110 £; @ 📶) Dieser Zweckbau mit 31 Betten punktet mit hellen, einladenden, günstigen Zimmern. Neben einer Küche für Selbstverpfleger und einer Terrasse zum Grillen verfügt die Mourne Lodge über ein **Restaurant**, in dem Frühstück und Abendessen serviert werden (unbedingt vorher bestellen). Sie befindet sich im Dorf Atticall 6 km nördlich von Kilkeel, in der Nähe der B27 nach Hilltown und 3 km westlich des Eingangs zum Silent Valley.

An- & Weiterreise

Infos zu öffentlichen Verkehrsmitteln in der Hochsaison gibt's unter www.walkni.com.

Im Sommer macht der **Mourne Rambler** (Bus 405; www.translink.co.uk; Erw./Kind 7/3,50 £; ⏲ Mai–Aug. Di–So) fünfmal am Tag eine Rundtour mit 18 Zwischenstopps, z. B. im Tollymore Forest Park, in Castlewellan und im Silent Valley. Die Fahrt beginnt in Newcastle und führt um die Mournes herum.

Mournes Coast Road

Die Küstenstraße A2 zwischen Newcastle und Newry ist eine der reizvollsten Strecken in der Region.

Kilbroney Forest Park

1 km östlich von Rostrevor erstreckt sich der 16 km² große **Kilbroney Forest Park** (Shore Rd; ⏲ Juni–Aug. 9–22 Uhr, Sept.–Mai 9–17 Uhr) GRATIS. Vom Parkplatz am oberen Ende der

1

GARETH MCCORMACK/GETTY IMAGES ©

1. Schneewanderer, Mourne Mountains **2.** Mourne Mountains
3. Mandarinente, Castle Espie **4.** Wanderer an der Mourne Wall

3

PAUL LINDSAY/ALAMY STOCK PHOTO ©

Die Counties Down & Armagh: Wandern & Tierwelt

Der Strangford Lough und die Mourne Mountains sind ein beliebtes Wochenendausflugsziel für die Einwohner von Belfast. Die Küste und das raue Hochland beherbergen zahlreiche Tierarten, außerdem kann man hier anspruchsvolle Wanderungen unternehmen.

Mourne Mountains

Diese wohlgeformten Granitberge erstrecken sich in der Nähe des Ferienortes Newcastle bis zum Meer. Sie sind eines der besten Wander- und Kletterparadiese im Norden Irlands.

Castle Espie Wildfowl & Wetlands Centre

Das Wasservogel- & Feuchtgebietzentrum schützt nicht nur Auen, die Gänsen und Zugvögeln einen Lebensraum bieten, sondern hat auch eine eigene „Sammlung“ von Enten- und Gänsearten aus aller Welt.

Mourne Wall

Eine 35 km lange Mauer aus Granitstein (erb. 1904–1922) in den Mourne Mountains, die über 15 der höchsten Gipfel hinwegführt. Sie diente als Begrenzung des Wasserschutzgebietes mit dem Silent Valley Reservoir.

Strangford Lough

Vogelfreunde aufgepasst: Im Herbst trudeln Scharen von hellbäuchigen Ringelgänsen – 75 % der Population weltweit! – am Strangford Lough ein, wo etwa 30 000 Gänse überwintern.

Waldstraße führt ein Spazierweg (10 Min.) zum **Cloughmore Stone**, einem 30 t schweren Granitblock mit Inschriften aus viktorianischer Zeit. Der Park wartet mit einigen der besten bergab führenden **Mountainbikerouten** in ganz Nordirland auf. Leihräder und einen Transfer zum Ausgangspunkt bietet **East Coast Adventure** (☎ 028-4175 3535; www.eastcoastadventure.com; Fahrradverleih halber/ganzer Tag 17,50/30 £, Trailkarten 2 £, Transfer nach oben 5 £) am Ausgangspunkt des Weges.

Rostrevor

In erster Linie ist das hübsche viktorianische Seebad Rostrevor (Caislean Ruairi) für seine lebhaften Pubs bekannt. Viele haben Livemusik auf dem Programm, darunter das **Corner House** (1 Bridge St; Mo–Sa 12–24, So bis 20 Uhr) und das **Old Killowen Inn** (10 Bridge St; Mo–Sa 11.30–24, So bis 22 Uhr).

Jedes Jahr strömen Scharen von Folk-Musikern zum einwöchigen **Fiddler's Green International Festival** (www.fiddlersgreenfestival.co.uk; Ende Juli) ins Dorf.

Bus 39 fährt montags bis samstags mindestens stündlich und sonntags sechsmal nach Newry (3,50 £, 25 Min.).

Warrenpoint

7000 EW.

Die Schönheit der Küste bei Warrenpoint (An Pointe), einem viktorianischen Badeort am Carlingford Lough, leidet aufgrund des großen Industriehafens am westlichen Stadtrand. Dennoch sind die breiten Straßen, der Marktplatz und die renovierte Promonade angenehm und die Übernachtungs- sowie Einkehrmöglichkeiten besser als in Newry oder Rostrevor.

Sehenswertes

Narrow Water Castle BURG

GRATIS 2 km nordwestlich vom Stadtzentrum Warrenpoints befindet sich ein schönes elisabethanisches Turmhaus, das 1568 gebaut wurde, um die Mündung des Flusses Newry zu kontrollieren. Es ist für die Öffentlichkeit geschlossen, es sei denn, man übernachtet im Burgapartment.

Schlafen & Essen

★ **Narrow Water Castle Apartment** APARTMENT ££

(☎ 07784 730826; http://narrowwatercastle.co.uk; Apt. 2, Narrow Water Castle; DZ 95 £) Das erlesene Apartment im historischen Narrow Water Castle hat einen eigenen Eingang, zwei Schlafzimmer (eins mit eigenem Bad und beide mit ungarischen Daunenkissen sowie edler Bettwäsche), eine mit Antiquitäten eingerichtete Lounge samt Kamin, ein Hauptbad mit luxuriöser, frei stehender Wanne, eine vollständig ausgestattete Küche und Zugang zum Burggarten. Der Mindestaufenthalt beträgt drei Nächte.

Whistledown Hotel BOUTIQUE-HOTEL ££

(☎ 028-4175 4174; www.thewhistledownhotel.com; 6 Seaview; EZ/DZ/FZ 70/100/120 £;) Ein Hotel in herrlicher Lage am Wasser. Die 20 Zimmer sind mit kirschroten und pistazienfarbigem Samt ausgekleidet und verfügen über große Flachbildfernseher sowie Bäder mit farbenfrohen Designerfliesen.

★ **Restaurant 23** MODERN IRISCH ££

(☎ 028-4175 3222; www.restaurant23warrenpoint.com; 13 Seaview; Hauptgerichte 14–23,50 £; Mo–Sa 12.30–14.30 & 17.30–21.30, So 12–20 Uhr;) Dank der Kunstfertigkeit des Fernsehkochs Raymond McArdle wartet das innovative zweistöckige Restaurant im Balmoral Hotel an der Uferpromenade von Warrenpoint mit einem Michelin-Stern auf. McArdles frische und witzige Art, irische Produkte in Szene zu setzen, zeigt sich in Gerichten wie schwarze Trüffelsuppe mit Schinken und Guinnessmousse. Montags bis samstags wird mittags ein günstiges Zwei- bzw. Drei-Gänge-Menü für 13/15 £ angeboten.

An- & Weiterreise

Bus 39 bedient Newry (3 £, 20 Min., Mo–Sa mind. stdl., So 6-mal tgl.).

Newry

22 975 EW.

Lange Zeit war Newry eine Grenzstadt, die am Landweg von Dublin nach Ulster über den „Gap of the North", den Pass zwischen dem Slieve Gullion und den Carlingford Hills, wachte. Hauptstraße und Bahnschienen folgen der Route noch heute. Der Name des Ortes leitet sich von einer Eibe (An tIúr) ab, die der hl. Patrick gepflanzt haben soll.

Nach der Eröffnung des Newry Canal 1742, der eine Verbindung zum Fluss Bann bei Portadown herstellte, wurde die Stadt ein geschäftiger Handelshafen und exportierte Kohle, Leinen und Butter. Heute ist Newry ein geschäftiges Einkaufszentrum.

Sehenswertes

Newry & Mourne Museum MUSEUM
(www.bagenalscastle.com; Castle St; Mo–Sa 10–16.30, So 13.30–17 Uhr) GRATIS Das Museum im **Bagenal's Castle**, dem ältesten erhaltenen Gebäude der Stadt, zeigt Ausstellungen zum Newry Canal sowie zur Archäologie, Kultur und Folklore der Gegend. Die völlig unter neueren Gebäuden verschwundene und erst vor Kurzem wiederentdeckte Burg aus dem 16. Jh. wurde im Auftrag von Nicholas Bagenal, Großmarschall der englischen Armee in Irland, errichtet.

Schlafen

Marymount B&B ££
(028-3026 1099; www.marymount.freeservers.com; 15 Windsor Ave; EZ/DZ 35/60 £;) Zehn Gehminuten vom Ortszentrum entfernt stößt man auf diesen modernen Bungalow in ruhiger Lage an einem Hügel abseits der A1 nach Belfast. Das Marymount hat drei Gästezimmer im Landhausstil und einen hübschen Frühstücksraum, der sich zum Garten hin öffnet. Die Besitzer sind herzlich und überaus hilfsbereit.

Canal Court Hotel HOTEL £££
(028-3025 1234; www.canalcourthotel.com; 34 Merchants Quay; EZ/DZ ab 80/104 £; @) Obwohl das markante Hotel am Newy Canal mit 110 senfgelben Zimmern noch recht neu ist, verströmt es eine angenehm altmodische Atmosphäre. Dafür sorgen die Ledersofas in der weiten, holzvertäfelten Lobby, die niedrige Bar mit traditioneller Musik und toller Kneipenkost und die prächtige Treppe, die zum eleganten hauseigenen Restaurant führt. Zum Freizeitzentrum des Canal Court gehört ein 20-m-Pool. Die Mitarbeiter sind sehr entgegenkommend.

Essen & Ausgehen

Brass Monkey KNEIPENKOST ££
(028-3026 3176; 1-4 Sandy St; Hauptgerichte 6–19 £; Küche Mo–Sa 10–21, So 12–16 Uhr) Newrys beliebtestes Pub ist mit viel Messing, Ziegeln und Holzdekor ausgestattet und wartet mit Leckereien wie Lasagne, Burger, Fischgerichten, Meeresfrüchten und Steaks auf. Samstags und sonntags treten Musiker auf.

Bank BAR
(www.thebanknewry.com; 1-2 Trevor Hill; Mo–Do 12–23.30 Fr & Sa 9–1.30 Uhr) Die riesige Bar mit Nachtclub befindet sich in einem früheren Bankgebäude aus grauem Stein. Sie kombiniert einige Originalelemente des Gebäudes (darunter eine Buntglaskuppel) mit modernem Dekor wie fuchsienrotem Licht. Im überdachten südamerikanisch gestylten Biergarten gibt's eine Bühne für Livemusik (jeden Samstagabend) und riesige Tontöpfe. Gute Bistrospeisen.

Praktische Informationen

Die **Touristeninformation** (028-3031 3170; www.visitmournemountains.co.uk; Castle St; ganzjährig Sa 10–16 Uhr, Juli & Aug. Mo–Fr 9–18, So 13–17 Uhr, Sept.–Juni Mo–Fr 9–17, So 13–17 Uhr) ist gemeinsam mit dem Newry & Mourne Museum im Bagenal's Castle untergebracht.

An- & Weiterreise

BUS

Newrys Busbahnhof liegt gegenüber dem Canal Court Hotel an der Mall.

Von hier bestehen u. a. Verbindungen nach:

Armagh (6 £, 50 Min., Mo–Sa stdl., So 3-mal tgl.)
Belfast Europa Bus Centre (9,30 £, 1¼ Std., Mo–Sa mind. stdl., So 8-mal tgl.)
Hillsborough (7 £, 50 Min., Mo–Sa mind. stdl., So 8-mal tgl.)
Rostrevor (3,50 £, 25 Min., Mo–Sa mind. stdl., So 8-mal tgl.)
Warrenpoint (3 £, 20 Min., Mo–Sa mind. stdl., So 8-mal tgl.)

ZUG

Der Bahnhof liegt 2,5 km nordwestlich des Stadtzentrums an der A25. Bus 341 (für Bahnreisende ein kostenloser Service) pendelt abgestimmt auf Ankunft und Abfahrt der Züge zwischen Bahnhof und Busbahnhof.

Newry befindet sich an der Bahnstrecke von Dublin (20 £, 1¼ Std., 8-mal tgl.) nach Belfast (11 £, 45 Min., Mo–Sa 10-mal tgl., So 5-mal).

Im Zentrum des Countys Down

Südlich von Belfast erstreckt sich jede Menge Weideland. Lediglich das raue Moor von Slieve Croob südwestlich von Ballynahinch sorgt in der flachen Gegend für Abwechslung.

Hillsborough

3400 EW.

Der elegante kleine Ort 19 km südlich von Belfast wurde in den 1640er-Jahren von Colonel Arthur Hill, dem vierten Marquis von Downshire, gegründet. Hill ließ eine Festung errichten, um irische Aufständische zu unterwerfen. Rund um den Hauptplatz und entlang der Main Street reihen sich georgianische Bauten aneinander.

Am berühmtesten ist Hillsborough, weil das Hillsborough Castle als offizielle Residenz des Staatssekretärs für Nordirland dient. Es wird auch genutzt, um Staatsoberhäupter zu empfangen (darunter die ehemaligen US-Präsidenten George W. Bush und Bill Clinton). Außerdem bettet hier die Queen ihr gekröntes Haupt, wenn sie in der Gegend weilt.

Sehenswertes

Hillsborough Castle HISTORISCHES GEBÄUDE
(www.gov.uk/hillsborough-castle; Main St; Führungen Burg & Burggelände 12/8 £, nur Burg Erw./Kind 7/5 £, nur Burggelände 3,50 £; ⌚ Aug. tgl. 10.30–16 Uhr, Ostern–Juli & Sept. Sa & So 10.30–16 Uhr) Das weitläufige zweistöckige Herrenhaus ist die offizielle Residenz der britischen Monarchie in Nordirland. Es wurde 1797 im spätgeorgianischen Stil für Wills Hill, den ersten Marquis von Downshire, gebaut und in den 1830er- und 1840er-Jahren erheblich umgestaltet. Bei der Führung, die man im Voraus buchen sollte, besichtigt man den Empfangssaal, die Speisesäle und den Lady Grey Room, wo sich der britische Premierminister Tony Blair und US-Präsident George W. Bush 2003 über den Irak berieten.

Hillsborough Courthouse HISTORISCHES GEBÄUDE
(The Square; ⌚ ganzjährig Mo–Sa 9.30–17.30 Uhr, April–Sept. So 11–16 Uhr) GRATIS Von 1810 bis 1986 diente das schöne georgianische Haus am Markt, das 1765 errichtet wurde, als Gerichtsgebäude. Heute zeigt es Ausstellungen zur Arbeit des Gerichts.

St. Malachy's Parish Church KIRCHE
(www.hillsboroughparish.org; Main St; ⌚ 8.30–19 Uhr) GRATIS Dies ist eine der schönsten irischen Kirchen aus dem 18. Jh. Am Ende der Seitenschiffe befinden sich Zwillingstürme und auf der Westseite gibt's eine elegante Turmspitze. Eine Allee führt von der Arthur-Hill-Statue zu dem am Ende der Main Street gelegenen Gotteshaus.

Hillsborough Fort HISTORISCHES GEBÄUDE
(Main St; ⌚ Gelände Mo–Sa 10–16, So 11–16 Uhr) GRATIS Arthur Hill ließ das Hillborough Fort 1650 als Artilleriefestung errichten. Wilhelm III. von Oranien-Nassau übernachtete 1690 hier auf seinem Weg zur Boyne. 1758 wurde das Gebäude zu einem Turmhaus im neogotischen Stil umgebaut. Für Besucher ist nur das Gelände zugänglich.

Feste & Events

Oyster Festival KULINARISCH
(http://hillsboroughoysterfestival.com) Jedes Jahr Ende August oder Anfang September strömen 10 000 Menschen nach Hillsborough, wo das dreitägige Oyster Festival gefeiert wird – mit über 8000 Austern aus der Dundrum Bay! Zu diesem Anlass gibt's nicht nur Spezialitäten aus der Region, Getränke und viel Spaß, sondern auch einen internationalen Austern-Esswettbewerb. Den ungeschlagenen Rekord des Countys Down hält Colin Shirlow mit 233 Austern in nur drei Minuten.

Schlafen

★ **Fortwilliam Country House** B&B ££
(☎ 028-9268 2255; www.fortwilliamcountryhouse.com; 210 Ballynahinch Rd; EZ/DZ 50/70 £; 📶) Das Fortwilliam verfügt über vier luxuriös ausgestattete Zimmer, darunter ein eleganter viktorianischer Raum mit rosafarbenen Tapeten, einem riesigen Mahagonischrank und Gartenblick. Zum Frühstück werden frische Eier von hauseigenen Hühnern serviert und es duftet köstlich nach selbst gebackenem Weißbrot. Von Hillsborough aus nimmt man die B177 in Richtung Anahilt, das Hotel liegt nach 5,6 km auf der rechten Seite.

Essen & Ausgehen

Hillsboroughs Restaurants sind sehr beliebt. An den Wochenenden sollte man unbedingt vorher reservieren.

★ **Parson's Nose** MODERN IRISCH ££
(www.ballooinns.com; 48 Lisburn St; Hauptgerichte 11–22 £, 2-/3-Gänge-Menü 19/24 £; ⌚ Küche So–Do 12–21, Fr & Sa bis 22 Uhr) Das Erdgeschoss dieses schönen georgianischen Gebäudes ist wie ein gemütliches Pub gestaltet. Doch das kulinarische Geschehen spielt sich oben in der offenen Küche ab: Hier kreieren die Köche köstliche Gerichte wie Rote-Bete-Risotto aus regionalem Gemüse und Ziegenkäse-Crumble mit Käse von der Leggygowan Farm oder auf dem Holzkohlegrill gegarte Ribeye-Steaks mit einer Bushmill-Whiskey-Soße und Buttermilch-Zwiebelringen. Einige Tische bieten einen Blick auf den See des Hillsborough Castle.

Plough Inn BISTRO ££
(☎ 028-9268 2985; http://ploughgroup.com; 3 The Square; Hauptgerichte mittags 9–11 £, abends 11,50–25 £ ⌚ Mo–Do 12–14.30 & 17–21, Fr & Sa

bis 21.30, So 12–20 Uhr;) In dem gediegenen 1758 eröffneten Pub mit den dunklen Holzvertäfelungen, Nischen und Ecken werden ausgezeichnete Mittagsgerichte serviert. Oben im Restaurant steht Gourmetküche auf dem Programm. Unverputzte Wände, niedrige Decken und ein Kaminfeuer schaffen einen gemütlichen Rahmen für die Speisen, die von in Whiskey gebeiztem Lachs bis zu Hummer und Lammkarree reichen.

Hillside Bar & Restaurant PUB
(028-9268 9233; www.hillsidehillsborough.co.uk; 21 Main St; Mo–Mi 12–23.30, Do bis 23.45, Fr bis 0.30, Sa bis 0.45, So bis 23 Uhr) In der abschüssigen Main Street schenkt dieses behagliche Pub echtes Ale und im Winter Glühwein am Kamin aus. Oft finden spontan traditionelle Musiksessions statt und sonntags spielen abends Jazzmusiker. Hinter dem Haus befindet sich ein gepflasterter Biergarten. Das Essen ist ausgezeichnet – schließlich ist das hier Hillsborough.

Praktische Informationen

Die zentral gelegene **Touristeninformation** (028-9268 9717; www.visitlisburn.com; The Square; ganzjährig Mo–Sa 9.30–17.30 Uhr, April–Sept. So 11–16 Uhr) ist im georgianischen Gerichtsgebäude untergebracht.

An- & Weiterreise

Bus 238 fährt vom Europa Bus Centre in Belfast (3,80 £, 25 Min., Mo–Sa mindestens stdl., So 8-mal) nach Hillsborough und weiter nach Newry (7 £, 50 Min.).

COUNTY ARMAGH

174 790 EW. / 1326 KM²

Armagh (Stadt)

14 600 EW.

Seit dem 5. Jh. gilt das kleine Armagh (Ard Macha) als wichtiges religiöses Zentrum. Noch heute ist es Irlands kirchliche Hauptstadt und Sitz des anglikanischen sowie des römisch-katholischen Erzbischofs des Countys, die zugleich die höchsten Ämter im ganzen Land bekleiden. Die zwei Kathedralen – beide nach dem hl. Patrick benannt – stehen sich auf zwei Hügeln gegenüber.

Geschichte

Als der hl. Patrick in Irland mit der Verbreitung des Christentums begann, wählte er als Ausgangspunkt eine Stätte unweit des Emain Macha (Navan Fort), dem Zentrum des heidnischen Ulster. 445 errichtete er Irlands erste steinerne Kirche auf einer nahen Anhöhe (dort befindet sich heute die Kathedrale der Church of Ireland) und bestimmte später, dass Armagh den ersten Rang unter allen irischen Kirchen einnehmen sollte.

Im 8. Jh. gehörte der Ort bereits zu den berühmtesten europäischen Zentren der Geistlichkeit, der Gelehrsamkeit und des Kunsthandwerks. Er wurde in drei *trians* (Distrikte) mit englischen, schottischen und irischen Straßen eingeteilt. Doch sein Ruhm war auch sein Verderben: Wikinger plünderten die Stadt zwischen 831 und 1013 ganze zehn Mal!

Im 18. Jh. erlangte Armagh durch den Leinenhandel neuen Wohlstand. Während dieser Zeit entstanden hier eine Royal School, eine Sternwarte, eine renommierte öffentliche Bibliothek und einige schöne georgianische Bauten.

Sehenswertes

★ **Armagh Public Library** MUSEUM
(http://armaghpubliclibrary.arm.ac.uk; 43 Abbey St; Mo–Fr 10–13 & 14–16 Uhr) GRATIS Der wertvollste Besitz der Armagh Public Library, die 1771 von Erzbischof Robinson gegründet wurde, ist die Erstausgabe von *Gullivers Reisen*, die 1726 veröffentlicht und von Swift selbst kommentiert wurde. Zu den weiteren Kostbarkeiten gehören Sir Walter Raleighs *History of the World* aus dem Jahre 1614, die *Claims of the Innocents* (Gnadengesuche an Oliver Cromwell) sowie Stiche von Hogarth und anderen.

In der nahe gelegenen **Registry** (5 Vicar's Hill; Erw./Kind 2/1 £; Di–Sa 10–13 & 14–16 Uhr), einem Lager für Dokumente der Church of Ireland, kann man antike Münzen, frühe christliche Artefakte und weitere Kuriositäten bewundern.

★ **St. Patrick's Church of Ireland Cathedral** KATHEDRALE
(028-3752 3142; www.stpatricks-cathedral.org; Cathedral Close; Eintritt gegen Spende; April–Okt. 9–17 Uhr, Nov.–März 9–16 Uhr) Armaghs anglikanische Kathedrale befindet sich am einstigen Standort der originalen Steinkirche des hl. Patrick. Ihr Grundriss stammt aus dem 13. Jh., doch das Bauwerk selbst ist eine neogotische Rekonstruktion von 1834 bis 1840. Eine Steinplatte an der Außenmauer des nördlichen Querschiffs markiert das **Grab von Brian Ború**, einem Hochkönig,

Armagh (Stadt)

Armagh (Stadt)

Highlights
1 Armagh Public Library A3
2 St. Patrick's Church of Ireland Cathedral B3
3 St. Patrick's Roman Catholic Cathedral A1

Sehenswertes
4 Armagh County Museum D3
5 Armagh Courthouse C2
6 Armagh Gaol D4
7 Armagh Planetarium C1
8 Charlemont Place C2
9 Palace Demesne Public Park B5
10 The Mall C3
11 The Registry A3

Schlafen
12 Armagh City Hostel A3
13 Armagh City Hotel C5
14 Charlemont Arms Hotel B2

Essen
15 4 Vicars A3
16 1868 Restaurant & Wine Bar C2
17 Uluru Bar & Grill B3

Unterhaltung
18 Market Place Theatre & Arts Centre B3

der in der letzten großen Schlacht gegen die Wikinger 1014 bei Dublin fiel.

Für Führungen sollte man sich vorab anmelden (45 Min.; 3 £ pro Pers.).

In dem Gebäude sind die Überreste eines **keltischen Kreuzes** aus dem 11. Jh., das früher ganz in der Nähe stand, sowie das **Tandragee Idol**, eine merkwürdige Granitfigur aus der Eisenzeit, zu sehen. Im südlichen Seitenschiff stößt man auf ein **Denkmal für Erzbischof Richard Robinson** (1709–1794), der die Sternwarte und die öffentliche Bibliothek gründete.

★ St. Patrick's Roman Catholic Cathedral — KATHEDRALE

(www.armagharchdiocese.org; Cathedral Rd; Eintritt gegen Spende; ⌚ 8.30–19.30 Uhr) Riesige Zwillingstürme prägen das Bild, wenn man sich der römisch-katholischen Kathedrale der Stadt nähert, die von 1838 bis 1873 im neogotischen Stil errichtet wurde. Innen wirkt sie fast byzantinisch: Wände und Decke sind bis in den letzten Winkel von Mosaiken in leuchtenden Farben bedeckt. 1981 wurde der Altarraum modernisiert, der mit seinem markanten Tabernakel und Kruzifix nicht so recht zum sonstigen Interieur der Kirche passen will.

Armagh County Museum — MUSEUM

(☎ 028-3752 3070; www.nmni.com/acm; The Mall E; ⌚ Mo–Fr 10–17 Uhr, Sa 10–13 & 14–17 Uhr) GRATIS Unter den Exponaten des Stadtmuseums sind prähistorische Äxte, Fundstücke aus Mooren, Strohpuppen sowie Militäruniformen und -ausrüstungen. Nicht verpassen sollte man den gusseisernen Schädel, der früher den Galgen von Armagh zierte.

The Mall — PARK

Bis ins 18. Jh. diente die langgezogene Rasenfläche östlich des Stadtzentrums als Pferderennbahn und Arena für Hahnen- und Stierkämpfe. Dann entschied Erzbischof Robinson, dass solch vulgäres Treiben nicht zu einer Gelehrtenstadt passe. Als Ersatz ließ er einen eleganten georgianischen Park anlegen, der bis heute der schönste Teil von Armagh ist. Er wird von bemerkenswerten Gebäuden gesäumt, darunter das noch heute als Gericht dienende **Armagh Courthouse** (nicht für Besucher geöffnet) im Norden, das **Armagh Gaol** im Süden, das zur Zeit in ein Hotel umgebaut wird, und georgianische Terrassen wie **Charlemont Place**.

Armagh Planetarium — PLANETARIUM

(☎ 028-3752 3689; www.armaghplanet.com; College Hill; Ausstellungsgelände frei, Vorführungen Erw./Kind 6/5 £; ⌚ ganzjährig Mo–Sa 10–17 Uhr, Juli & Aug So 10–17 Uhr) Das Armagh Observatory wurde 1789 von Erzbischof Robinson gegründet. Bis heute ist es Irlands führendes astronomisches Forschungsinstitut. Das benachbarte Armagh Planetarium wendet sich hauptsächlich an Kinder und Jugendliche. Eine interaktive Ausstellung informiert über die Erforschung des Weltalls und das digitale Theater zeigt in spektakulären halbstündigen Shows Projektionen an der Kuppeldecke zu verschiedenen Themen (Reservierung erforderlich; Termine siehe Website).

Palace Demesne Public Park — PARK

(www.armagh.co.uk; 1 Greenpark; ⌚ Sonnenaufgang–22 Uhr) Der Palast und der 121 ha große Grundbesitz, der ihn umgibt, dienten von den 1770er- bis in die 1970er-Jahre als Wohnsitz des Erzbischofs der Church of Ireland. Ersterer wird heute vom Stadtrat genutzt und ist nicht öffentlich zugänglich, doch man kann die schöne Gartenanlage besichtigen. Ein Highlight ist der Garden of Senses (Garten der Sinne), fünf miteinander verbundene Bereiche, die alle fünf Sinne ansprechen. In den einstigen Ställen betreibt das Moody Boar ein tolles Bistro.

Feste & Events

Mit etwas Glück erleben Besucher ein traditionelles **road-bowling-Match** mit, bei dem die Teilnehmer auf wenig befahrenen Landstraßen kleine 800 g schwere Metallkugeln werfen. Gewinner ist derjenige, der es mit möglichst wenigen Würfen bis zur Ziellinie schafft. Mehr über die Wettbewerbe erfährt man unter www.irishroadbowling.ie.

Apple Blossom Fair — ESSEN

(www.armagh.co.uk) Anfang Mai wird im Loughgall Manor Estate, 10 km nordöstlich von Armagh, an einem Tag die Apple Blossom Fair gefeiert. Zu diesem Anlass gibt's Touren zu Obstgärten, einen Bauernmarkt, Kochvorführungen und Stände, die alle möglichen Produkte aus Äpfeln anbieten.

Schlafen

Armagh City Hostel — HOSTEL £

(☎ 028-3751 1800; www.hini.org.uk; 39 Abbey St; B/EZ/2BZ/FZ ab 19/31/42/48 £; ⌚ März–Mitte Sept., Gruppen nur Mitte Sept.–Mitte März; 📶) Der moderne Zweckbau nahe der Church of Ireland Cathedral ist schon fast so etwas wie ein Hotel. Es gibt sechs komfortable Zweibett-, zwei Familien- und zehn kleine Mehrbettzimmer (alle mit eigenem Bad und mit

Wasserkochern), eine gut ausgestattete Küche, eine Waschküche, eine Lounge und ein Lesezimmer.

Charlemont Arms Hotel HOTEL ££
(028-3752 2028; http://charlemontarmshotel.com; 57–65 Lower English St; EZ/DZ ab 49/79 £;) Das Hotel aus dem 19. Jh. wartet mit charmanten historischen Elementen auf, darunter ein eichenholzgetäfelter Speiseraum, viktorianische Kamine und ein Kellerrestaurant mit Steinfliesenboden. Im Kontrast dazu sind die Gästezimmer modern und stilvoll eingerichtet. Samstags erklingt in der Bar traditionelle irische Musik.

Armagh City Hotel BUSINESSHOTEL ££
(028-3751 8888; www.armaghcityhotel.com; 2 Friary Rd; EZ/DZ/FZ ab 75/89/109 £;) Was diesem riesigen, modernen Hotel mit 120 Zimmern an Atmosphäre fehlt, das macht es durch seine vielen Annehmlichkeiten wett: ein topmodernes Freizeitzentrum mit Fitnessraum, eine Dampfsauna und ein Pool, ein Schönheitssalon, ein Restaurant, eine Bar und ein Nachtclub. Die Executive-Zimmer haben Balkone mit Blick auf den Golfplatz.

Essen

4 Vicars MODERN IRISCH £
(028-3752 7772; http://4vicars.com; 4 Vicars Hill; Hauptgerichte mittags 6–10 £, abends 12–17 £; Mi–So 10–16, Fr & Sa 18.30–21 Uhr) Das in einem denkmalgeschützten georgianischen Gebäude untergebrachte schicke kleine Bistro verfügt über eine winzige, hübsche Terrasse. Es ist der perfekte Ort für ein Mittagessen (Kilkreel-Krabben auf hausgemachtem Brot oder Salat mit Ardsallagh-Ziegenkäse, Orange und Rote Bete). Eine besonders romantische Atmosphäre verströmen die drei lauschigen Räume abends am Wochenende; dann kann man hier Gerichte wie Ente mit Grünkohl, Backpflaumen und Kartoffelpuffern genießen.

★ **Moody Boar** MODERN IRISCH ££
(028-3752 9678; http://themoodyboar.com; Palace Stables, 1 Greenpark; Hauptgerichte mittags 8–12 £, abends 15,50–20 £; Di–Sa 10–21.30, So 12–20.30 Uhr;) In den früheren Pferdeställen im Palace Demesne Public Park bietet das Restaurant seinen Gästen als besondere Spezialität vegetarische und glutenfreie Speisen. Freitagnachmittags treten im zugehörigen Hof des Lokals Musiker auf. Koch Sean Farnan verwendet viele Zutaten aus dem bewaldeten Gelände sowie dem hauseigenen Kräuter- und Gemüsegarten.

Das Moody Boar ist mit vielen modernen (und verkäuflichen) Keramiken dekoriert, die von Seans Bruder Stephen Farnan angefertigt werden.

Uluru Bar & Grill BISTRO ££
(028-3751 8051; http://ulurubistro.com; 3-5 Market St; Frühstück 3,50–6 £, Hauptgerichte mittags 6–7,50 £, abends 10–20 £; Mo–Sa 9.30–21.30, So 12–21.30 Uhr) Das von Australiern geführte Uluru erfreut sich so großer Beliebtheit, dass es vor Kurzem an einen größeren Standort umgezogen ist. Mit seiner Küche und der Aborigine-Kunst an den Wänden bringt es etwas Flair vom anderen Ende der Welt nach Armagh. Auf der Karte stehen u. a. üppige *„bushranger's breakfasts"*, Bondi-Burger (mit geschmolzenem Brie-Käse und Schinken), marinierte Känguru-Medaillons vom Holzkohlegrill mit Süßkartoffel-Pommes sowie Steinofenpizzas, die z. B. mit würzigen Würstchen oder in Ahornsirup gebeiztem Lachs belegt sind.

Viele Kräuter und Gemüsesorten kommen aus dem eigenen Gewächshaus.

1868 Restaurant & Wine Bar MODERN IRISCH ££
(028-3751 5353; www.1868restaurant.com; 2 College Hill; Hauptgerichte mittags 8–14 £, abends 10,50–25 £; Di–Do 11–15 & 17–21, Fr & Sa bis 21.30, So 12–16.30 Uhr;) Im 1868 gebauten roten Ziegelbau des Probate & Customs House wird in stimmungsvollem Ambiente traditionelle irische Küche mit einer besonderen Note serviert. Unbedingt noch Platz für den Karamell-Apfelkuchen mit Butterscotch-Soße lassen! Es gibt auch eine Weinkellerbar, und bei schönem Wetter werden im Hof vor dem Haus Tische und Stühle aufgestellt.

Unterhaltung

Market Place Theatre & Arts Centre THEATER
(028-3752 1821; www.marketplacearmagh.com; Market St; Kasse Mo–Sa 9.30–16.30 Uhr, Footlights Bar & Bistro Do 17–23, Fr & Sa 17–1 Uhr, an Vorstellungstagen 18–24 Uhr) Das wichtigste Kulturzentrum des Countys beherbergt ein Theater mit 400 Plätzen, Ausstellungsräume und das **Footlights Bar & Bistro**, das an Samstagabenden Livemusik bietet.

Praktische Informationen

Die **Touristeninformation** (028-3752 1800; www.armagh.co.uk; 40 Upper English St;

⌚April–Sept. Mo–Sa 9–17.30, So 13–17.30 Uhr, Okt.–Mai Mo–Sa 9–17 Uhr) befindet sich im St.-Patrick's-Trian-Komplex.

ℹ An- & Weiterreise

Bus 251 fährt vom/zum Europa Bus Centre in Belfast (9,30 £, 1½ Std., Mo–Fr stdl., Sa 8-mal tgl., So 4-mal). Bus 40 bedient Newry (6 £, 50 Min., Mo–Sa stdl., So 3-mal tgl.).

Navan Fort

Hoch auf einem Drumlin erhebt sich Ulsters bedeutendste archäologische Stätte. Sie steht mit den Sagen von Cúchulainn in Verbindung und war die Hauptstadt von Ulster sowie Sitz der legendären Knights of the Red Branch. Die Ausstellung im großartigen **Navan Centre** (www.armagh.co.uk; 81 Killylea Rd, Armagh; Erw./Kind April–Sept. 6,20/4,10 £, Okt.–März 5,15/3,10 £; ⌚April–Sept. 10–18.30 Uhr, Okt.–März 10–16 Uhr, letzter Einlass 90 Min. vor Schließung, im Winter 1 Std. vorher) stellt das Fort in den historischen Kontext und zeigt einen seltenen Nachbau einer eisenzeitlichen Siedlung.

Das auf Irisch Emain Macha genannte Navan Fort war von etwa 1150 v. Chr. bis zur Verbreitung des Christentums ein bedeutender Ort. Auf Handelsbeziehungen mit Nordafrika deutet der Fund eines Berberaffenschädels hin.

Der größte kreisförmige **Erdwall** misst erstaunliche 240 m im Durchmesser und umschließt eine kleinere kreisförmige Struktur sowie einen eisenzeitlichen **Grabhügel**. Bis heute gibt die Kreisstruktur den Archäologen Rätsel auf. Vielleicht handelt es sich um eine Art Tempel, dessen Dach von konzentrischen Reihen hölzerner Pfosten getragen wurde und der innen mit einem riesigen Steinhaufen gefüllt war. Noch merkwürdiger ist, dass dieses Gebilde kurz nach seiner Errichtung um 95 v. Chr. in Brand gesteckt wurde – möglicherweise zu rituellen Zwecken.

Die Stätte liegt 3 km westlich von Armagh. Entweder geht man zu Fuß dorthin oder nimmt die Buslinie 73 (Mo–Fr bis zu 9-mal tgl.).

Lough Neagh

Der Lough Neagh (ausgesprochen „ney"), Großbritanniens und Irlands größter Süßwassersee (32 km lang und 16 km breit), ist mit seinen höchstens 9 m Tiefe relativ flach. Er bietet nicht nur Wasservögeln einen wichtigen Lebensraum, sondern auch der Irischen Maräne, einer ausschließlich in Irland vorkommenden Fischart, und der Forellenart Dollaghan, die man nur hier findet.

Weil der See über den Fluss Bann mit dem Meer verbunden ist, galt er schon in prähistorischen Zeiten als wichtige Wasserstraße. Noch heute befindet sich vor Ort die größte Aalfischerei Europas. Als wichtigste Ausgangspunkte für die Erkundung des Lough Neagh – mit der besten Aussicht – gelten das Dorf Antrim am Ostufer, Oxford Island im Süden sowie Ballyronan und Ardboe im Westen

Rund um den See führt der 180 km lange Radweg **Loughshore Trail**, er verläuft aber überwiegend auf ruhigen Landstraßen etwas abseits des Ufers.

ABSTECHER

OXFORD ISLAND

Im Oxford Island National Nature Reserve am Südrand des Lough Neagh werden verschiedene Biotope geschützt, darunter Waldgebiete, Blumenwiesen, Schilfzonen und flache Seeufer. Es gibt zahlreiche Wander- und Radwege sowie Infotafeln und Vogelbeobachtungsplätze.

Das Naturreservat liegt direkt nördlich von Lurgan und ist an Ausfahrt 10 der M1 ausgeschildert. Um es zu erreichen, benötigt man ein eigenes Fahrzeug.

Lough Neagh Discovery Centre (www.oxfordisland.com; Oxford Island, Lurgan; ⌚April–Sept. Mo–Fr 9–18, Sa & So 10–18 Uhr, Okt.–März bis 17 Uhr; 📶) Das Discovery Centre befindet sich in der Mitte eines von Wasservögeln bevölkerten Schilfteichs. Es verfügt über einen Infoschalter, ein Souvenirgeschäft, eine Galerie und ein tolles kleines Café mit Blick auf das Seeufer.

Lough Neagh Boat Trips (☎028-3832 7573; Erw./Kind 5/3 £; ⌚April–Okt. Sa & So 13.40–17 Uhr alle 30 Min.) Die halbstündigen Bootsfahrten auf dem See mit dem Kabinenkreuzer *Master McGra* (12 Plätze) starten in der Kinnego Marina.

Süd-Armagh

Im ländlichen, unerschütterlich republikanischen Süd-Armagh hat der Friedensprozess eine sichtbarere Wirkung gezeigt als irgendwo sonst in Nordirland.

Da die Republik nur wenige Kilometer entfernt liegt, war das Gebiet ein bevorzugter Schauplatz von Angriffen und Bombenanschlägen der IRA. Mehr als 30 Jahre patrouillierten britische Soldaten durch die Straßen der Dörfer und das Dröhnen der Hubschrauber gehörte zum Alltag. 2007 wurden im Rahmen des „Normalisierungsprozesses" der britischen Regierung das Militär abgezogen, die Wachttürme auf den Hügeln demontiert und die riesigen Kasernen in Bessbrook Mill und Crossmaglen geschlossen.

Heute ist Süd-Armagh eine friedliche, abgelegene Gegend und wie geschaffen für Wanderer und Radfahrer. Weitere Infos gibt's unter www.south-armagh.com.

Ring of Gullion

Der mystische **Ring of Gullion** (www.ringofgullion.org) ist tief im keltischen Sagenschatz verwurzelt, in dessen Mittelpunkt der Slieve Gullion (Sliabh gCuilinn) steht. Hier erhielt der Keltenkrieger Cúchulainn angeblich seinen Namen, nachdem er den *cú* (Hund) des Schmieds Culainn getötet hatte. Der „Ring" zieht sich als zerklüftete Hügelkette von Newry bis zum 15 km südwestlich gelegenen Forkhill und umschließt den Slieve Gullion. Seine konzentrische Struktur ist sehr ungewöhnlich.

Sehenswertes

Slieve Gullion Forest Park WALD

(8 Uhr–Sonnenuntergang) GRATIS Die 13 km lange Fahrt durch den reizvollen Slieve Gullion Forest Park bietet einen wunderbaren Ausblick auf die Berge. Vom Rastplatz am oberen Ende der Straße kann man zum Gipfel des Slieve Gullion (576 m), der höchsten Erhebung im County Armagh, wandern. Oben liegen zwei bronzezeitliche *cairns* (Steingräber) und ein kleiner See (Rundweg 1,5 km). Der Eingang zum Park befindet sich 10 km südwestlich von Newry an der B113 nach Forkhill.

Killevy Churches HISTORISCHE STÄTTE

(24 Std.) Die von Buchen umgebenen, verfallenen, miteinander verbundenen Killevy Churches befinden sich auf dem Gelände eines Nonnenklosters aus dem 5. Jh., das von der hl. Moninna gegründet wurde. Die östliche Kirche stammt aus dem 15. Jh. und teilt sich eine Giebelwand mit der westlichen Kirche aus dem 12. Jh. Möglicherweise ist das Westtor mit seinem massiven Türsturz und Granitpfosten noch 200 Jahre älter. Auf der Seite des Friedhofs führt ein Fußweg zu einem weißen Kreuz hinauf, das **Moninnas heilige Quelle** markiert.

Counties Londonderry & Antrim

Inhalt ➡

Gut essen

- Pyke 'n' Pommes (S. 641)
- Blackstone (S. 665)
- Harry's Shack (S. 647)
- Billy Andy's (S. 662)
- Green Man (S. 642)

Schön übernachten

- Beech Hill Country House (S. 641)
- Strandeen (S. 646)
- Downhill Beach House (S. 646)
- Kinbane Farmhouse (S. 656)
- Galgorm Resort (S. 665)

Auf nach Londonderry & Antrim

Nordirlands spektakuläre Nordküste ist ein Traum für Geologen. Hier hat der Ozean schwarzen Basalt und weiße Kreide freigeschwemmt, die einen Großteil des Untergrunds des Countys Antrim bilden, außerdem sind die Felsen zu einer atemberaubenden Szenerie aus Klippen, Höhlen, Säulen und Spitzen ausgeformt. Die einzigartigen Felsformationen der mystischen Landschaft, verfallene Burgen und bewaldete Täler machen die Region zur stimmungsvollen Kulisse von Serien wie *Game of Thrones*, das an mehreren Orten in der Gegend gefilmt wurde.

Im Westen liegt die Hauptattraktion des Countys Londonderry: die lebendige Stadt Derry. Irlands einzige von einer Stadtmauer umgebene Stadt liegt an einer breiten Schleife des Flusses Foyle und rühmt sich einer jahrhundertealten, oftmals turbulenten Geschichte. In den letzten Jahren hat Derry sich zur führenden Stadt in Sachen Kultur entwickelt, in der sich zahlreiche kreative Unternehmen, Kunst im öffentlichen Raum und eine pulsierende Gastronomie- und Ausgehszene angesiedelt haben. Außerdem ist Derry ein idealer Ausgangspunkt für einen Trip auf dem Wild Atlantic Way, Irlands Küstenstraße.

Reisezeit

- Für Wanderungen an der Causeway Coast ist der Mai am besten geeignet. Zu dieser Zeit umgeht man den sommerlichen Andrang am Giant's Causeway und kann das bunte Blumenmeer wunderbar zu Fuß erkunden.
- Wenn die Nistsaison der Meeresvögel im Juni und Juli ihren Höhepunkt erreicht, lohnt es sich besonders, das Kebble National Nature Reserve auf der herrlich abgelegenen Rathlin Island zu besuchen. Jetzt herrscht auch das beste Strandwetter.
- Am letzten Montag und Dienstag im August findet in Ballycastle die traditionelle Ould Lammas Fair statt, die das Ende des Sommers und den Beginn der Ernte einläutet.

Highlights

1 Entlang der einmaligen **Causeway Coast** (S. 652) von Carrick-a-Rede zum surrealen Giant's Causeway wandern.

2 Moderne Wandmalereien, fantastische Restaurants und mitreißende Musik in der historischen Stadt **Derry** (S. 634) entdecken.

3 Sich über die schmale, schwankende **Carrick-a-Rede Rope Bridge** (S. 653) hangeln.

4 Rund um **Portrush** (S. 648) auf den Wellen des Atlantiks surfen.

5 Seevögel und Seehunde auf der abgelegenen **Rathlin Island** (S. 658) beobachten.

6 Bei einer Führung durch die **Old Bushmills Distillery** (S. 649) den Geheimnissen der Whiskeyherstellung auf den Grund gehen.

7 Den einmaligen Küstenblick vom **Mussenden Temple** (S. 646) in Downhill genießen, einem der bekanntesten *Game-of-Thrones*-Drehorte in dieser Region.

8 140 steile Stufen hinabsteigen zu den Ruinen des **Kinbane Castle** (S. 653), die auf einer Landzunge liegen.

COUNTY LONDONDERRY

247 130 EW. / 2074 KM²

Derry

107 900 EW.

Nordirlands zweitgrößte Stadt ist ein pulsierendes Künstler- und Kulturmekka. Als sie zur City of Culture 2013 nominiert wurde, hat sich das Gesicht der Stadt Derry auf auffällige Weise verändert. Die neue Peace Bridge, der Ebrington Square sowie die neu gestalteten Gebiete des Hafenviertels und der Gegend rund um die Guildhall haben die prächtige Lage der Stadt am Fluss optimal ausgenutzt.

Derry ist geprägt durch eine bewegte Vergangenheit, die von seiner Belagerung bis zu den Kämpfen in der Bogside und zum Bloody Sunday reicht. Ein Spaziergang rund um die Stadtmauer aus dem 17. Jh., die die Stadt umgibt, ist ein Muss, ebenso ein Blick auf die erschütternden Wandmalereien und ein Besuch in den lebhaften Pubs.

Geschichte

Das wichtigste Ereignis in Derrys Geschichte war die Belagerung 1688 bis 1689, deren Nachwirkungen noch heute zu spüren sind. Jakob I. gewährte der Stadt 1613 eine königliche Charta und forderte die Handelsgilden auf, den Ort zu befestigen. Außerdem ließen sich in der Gegend von Coleraine (schon bald unter dem Namen County Londonderry) protestantische Siedler nieder.

Indessen bescherte Großbritannien die Glorreiche Revolution von 1688 nach Vertreibung des katholischen Königs Jakob II. Irland den Niederländer Wilhelm von Oranien. Derry war die einzige Garnison, die nicht von der königlichen Armee eingenommen wurde. So begannen im Dezember 1688 katholische Truppen unter dem Earl of Antrim vom östlichen Flussufer aus den Ort zu belagern. Die Ankömmlinge schickten Abgesandte, um Bedingungen für die Übergabe der Stadt auszuhandeln, bereiteten aber gleichzeitig mit Fähren über den Fluss einen Angriff vor. 13 Lehrjungen beobachteten dies, verriegelten die Stadttore und riefen: *„There'll be no surrender!“* („Wir werden niemals aufgeben!“)

Am 7. Dezember 1688 begann daraufhin die Belagerung von Derry. Ganze 105 Tage lang trotzten die protestantischen Einwohner Bombardierungen, Krankheiten und Hunger (die Versorgungslage der Angreifer war allerdings nicht viel besser). Schließlich kam ihnen ein Schiff zu Hilfe und durchbrach die Belagerungslinie, allerdings hatte zu diesem Zeitpunkt bereits die Hälfte der Einwohner ihr Leben gelassen. Im 20. Jh. machten die Protestanten von Ulster die Belagerung zum

DERRY ODER LONDONDERRY?

Derry/Londonderry – eine Stadt, zwei Namen. Nationalisten halten an Derry fest und Fanatiker verunstalten häufig auf Straßenschildern den „London“-Teil. Überzeugte Unionisten bestehen dagegen auf Londonderry – weiterhin der offizielle Name von Stadt und County. Doch ungeachtet ihrer politischen Überzeugung nennen viele Leute den Ort umgangssprachlich einfach Derry.

Ursprünglich hieß die Stadt nach dem heidnischen Helden Doíre Calgaigh (Eichenhain des Calgach). Im 10. Jh. wurde dies zu Doíre Colmcille (Eichenhain des Columba) christianisiert: zu Ehren des Heiligen, der hier im 6. Jh. die erste klösterliche Ansiedlung gegründet hatte.

Später kürzte und anglisierte man den Namen zu Derrie oder Derry. 1613 wurden Stadt und Grafschaft in Anerkennung der Rolle, die London bei der Kolonisierung des nordwestlichen Ulster mit protestantischen Siedlern gespielt hatte, in Londonderry umbenannt. Aus dem ursprünglichen County Coleraine und Teilen von Tyrone und Antrim wurde das neue County Londonderry gebildet. Im Gegensatz zur Stadt gab es nie ein County, das offiziell Derry hieß. Trotzdem bevorzugen Menschen mit nationalistischer Gesinnung, darunter das Gaelic-Football-Team der Grafschaft, den Namen County Derry.

Traditionell weisen die Straßenschilder in Nordirland nach Londonderry und die in der Republik Irland nach Derry (Doíre auf Irisch). Einige Werbebroschüren der Tourismusindustrie führen gleich alle Namen auf und bezeichnen das County sowie die Stadt als Derry-Londonderry-Doíre. Im Juli 2015 stimmten die Stadt Derry und der Strabane District Council dafür, den Namen der Stadt offiziell in Derry umzuändern, wogegen die Unionisten Widerspruch eingelegt haben. Das Ende ist noch offen.

Symbol ihres Widerstandes gegen die Herrschaft der katholischen Republik. *„No surrender!“* ist bis heute ihr Schlachtruf.

Im 19. Jh. war Derry einer der wichtigsten Auswandererhäfen in die USA. Daran erinnern die *Emigrants,* eine Skulpturengruppe von Eamonn O'Doherty, die eine Emigrantenfamilie am Derry Quay zeigt.

Während der Aufstände war Derry ein Brennpunkt, vor allem im Battle of the Bogside und am Bloody Sunday. Die Nominierung zur UK City of Culture im Jahr 2013 hat dazu beigetragen, Derry wieder neues Leben einzuhauchen.

Sehenswertes

Altstadt

Derry ist Irlands ältestes Beispiel für Stadtplanung. Als Vorbild diente wahrscheinlich die französische Renaissancestadt Vitry-le-François, die 1545 vom italienischen Ingenieur Hieronimo Marino entworfen worden war. Beide Orte haben das berühmte Schachbrettmuster eines römischen Militärlagers mit zwei rechtwinklig zueinander liegenden Hauptstraßen übernommen. Am Ende jeder Straße befindet sich eines der vier Stadttore.

★ Stadtmauer von Derry STADTMAUER
(www.derryswalls.com; ⌚ Sonnenaufgang–Sonnenuntergang) GRATIS Um sich einen ersten Eindruck von der baulichen Anordnung und Geschichte Derrys zu machen, spaziert man am besten einmal rund um die Stadtmauer. Die 1619 errichtete Begrenzung ist 8 m hoch, 9 m dick sowie 1,5 km lang und das einzige fast vollständig erhaltene Bauwerk dieser Art im ganzen Land. Im 18. und 19. Jh. wurden die vier ursprünglichen Tore (Shipquay, Ferryquay, Bishop's und Butcher's) erneuert, außerdem kamen drei weitere hinzu (New, Magazine und Castle).

Die Stadtmauer wurde im Auftrag der Honourable The Irish Society erbaut, einer 1613 von Jakob I. und den Londoner Gilden ins Leben gerufenen Organisation. Sie überwachte und finanzierte die Festung Derry sowie die Besiedlung des Umlands durch protestantische Siedler. Heute setzt das Unternehmen seinen Schwerpunkt auf karitative Tätigkeiten und ist noch immer Eigentümer der Mauer.

★ Tower Museum MUSEUM
(www.derrycity.gov.uk/museums; Union Hall Pl; Erw./Kind 4/2 £; ⌚ 10–18 Uhr) Zuerst begibt man sich am besten in den fünften Stock des preisgekrönten Museums im Nachbau eines Turmhauses aus dem 16. Jh. und genießt den wundervollen Ausblick. Danach geht's nach unten zur ausgezeichneten **Armada-Shipwreck-Ausstellung** und anschließend zur Ausstellung **Story of Derry.** Hier sind gut durchdachte Exponate und einige audiovisuelle Elemente von der Klostergründung durch den hl. Colmcille (Columba) im 6. Jh. bis zur Schlacht in der Bogside Ende der 1960er-Jahre zu sehen. Für den Museumsbesuch sollte man mindestens zwei Stunden einplanen.

★ St. Columb's Cathedral KIRCHE
(www.stcolumbscathedral.org; 17 London St; Eintritt über Spende; ⌚ Mo–Sa 9–17 Uhr) Aus dem gleichen graugrünen Schiefer wie die Stadtmauer wurde zwischen 1628 und 1633 die St. Columb's Cathedral erbaut. Sie war die erste nachreformatorische Kirche, die man in Großbritannien und Irland errichtet hatte, und ist heute Derrys ältestes Gebäude. In der **Vorhalle** (unter dem Kirchturm am Eingang von St. Columb's Court) sieht man noch den original erhaltenen Grundstein aus dem Jahre 1633, der die Fertigstellung des Gebäudes dokumentiert. Der kleinere Stein stammt aus dem ursprünglichen Bauwerk von 1164. In der Vorhalle befindet sich außerdem eine Kanonenkugel, die während der Belagerung von 1688 bis 1689 in den Kirchhof geschossen wurde. In ihrem Hohlraum waren die Kapitulationsbedingungen versteckt. Das benachbarte **Kapitelhaus** zeigt u. a. Gemälde, alte Fotos und vier gewaltige Schlösser, mit denen die Stadttore im 17. Jh. verriegelt wurden.

Centre for Contemporary Art KUNSTGALERIE
(http://cca-derry-londonderry.org; 10-12 Artillery St; ⌚ Di–Sa 12–18 Uhr) GRATIS Derrys Galerie für moderne Kunst bietet aufstrebenden nordirischen Talenten eine Plattform und zeigt Ausstellungen mit Werken der besten modernen Künstler aus der ganzen Welt.

Außerhalb der Stadtmauer

★ Guildhall HISTORISCHES GEBÄUDE
(☎ 028-7137 6510; www.derrycity.gov.uk/Guildhall; Guildhall Sq; ⌚ 10–17.30 Uhr) GRATIS Direkt außerhalb der Stadtmauer gegenüber dem Tower Museum befindet sich die neogotische Guildhall. Ursprünglich 1890 errichtet, baute man sie 1908 nach einem Brand neu auf. Besonders schön sind die Buntglasfenster, ein Geschenk der London Livery Compa-

Derry/Londonderry

0 — 500 m

Derry/Londonderry

Highlights
1 Stadtmauer ... B5
2 Guildhall ... B5
3 St. Columb's Cathedral ... B6
4 Tower Museum ... B5

Sehenswertes
5 Bloody Sunday Memorial ... A5
6 Centre for Contemporary Art ... B6
7 Ebrington Square ... D4
8 Free Derry Corner ... A5
9 Hands Across the Divide ... B7
10 Hunger Strikers' Memorial ... A5
11 Museum of Free Derry ... A5
12 Peace Bridge ... C4
13 People's Gallery Murals ... A5

Aktivitäten, Kurse & Touren
14 Bogside Artists Tours ... B5
15 City Tours ... B6
16 Tours 'n' Trails ... C6

Schlafen
17 Abbey B&B ... A4
18 Derry City Independent Hostel ... A4
19 Derry Palace Hostel ... A3
20 Merchant's House ... A3
21 Saddler's House ... A4

Essen
22 Café del Mondo ... B5
23 Custom House ... B4
24 Green Man ... B5
Primrose Café ... (siehe 15)
25 Pyke 'n' Pommes ... B1
26 Saffron ... B3

Ausgehen & Nachtleben
27 Badgers Bar ... B5
28 Peadar O'Donnell's ... B5
29 Sandino's Café-Bar ... C5
30 Sugar ... B5

Unterhaltung
31 Cultúrlann Uí Chanáin ... A4
32 Gweedore Bar ... B5
33 Magee College ... B1
34 Mason's Bar ... B5
35 Millennium Forum ... B5
36 Nerve Centre ... B5
37 Playhouse ... B6

Shoppen
An Cló Ceart ... (siehe 31)
38 Austins ... B5
39 Cool Discs Music ... C5
40 Cowley Cooper Gallery ... B6
41 Craft Village ... B5
42 Whatnot ... B6

nies, und der Uhrenturm, dem der Big Ben in London Modell stand. Die Guildhall beherbergt auch eine historische Ausstellung zur Plantation of Ulster und einen Touristeninformationsstand.

Als Sitz der alten Londonderry Corporation, die maßgeblich an der Diskriminierungspolitik gegen Katholiken bezüglich Wohnungs- und Arbeitsvergabe beteiligt war, wurde die Guildhall zum Hassobjekt der Nationalisten. 1972 bombardierte die IRA das Gebäude zweimal. Zwischen 2000 und 2004 tagte hier die Untersuchungskommission zum Bloody Sunday.

Peace Bridge
BRÜCKE

Geschmeidig und elegant überspannt die 2011 fertiggestellte, S-förmige Fußgänger- und Fahrradbrücke den River Foyle. In einem symbolischen Händedruck verbindet sie die Altstadt am Westufer mit dem Ebrington Square auf der Ostseite.

Ebrington Square
PLATZ

Im 19. Jh. erhob sich an diesem Standort noch ein Fort, das später als Stützpunkt der britischen Armee diente und im Jahr 2003 entmilitarisiert wurde. Der frühere Paradeplatz ist heute ein Veranstaltungsort und Ausstellungsgelände.

Hands Across the Divide
DENKMAL

Wer die Stadt über die Craigavon Bridge betritt, erblickt als Erstes dieses beeindruckende Denkmal. Die Bronzeskulptur zweier Männer, die sich aufeinander zubewegen, steht für den Geist der Versöhnung und für eine hoffnungsvolle Zukunft. Sie wurde 1992, 20 Jahre nach dem Bloody Sunday, enthüllt.

Bogside

Dieser Bezirk westlich der Altstadt entstand im 19. und frühen 20. Jh. als vornehmlich katholisches Arbeiterviertel. In den 1960er-Jahren waren die eng gedrängten kleinen Reihenhäuser zu einem Armengetto mit dramatisch hoher Erwerbslosigkeit verkommen. Nun wurde die Bogside mehr und mehr zu einem Zentrum der Bürgerrechtsbewegung und der nationalistischen Unzufriedenheit.

Im August 1969 entsandte die britische Regierung als Antwort auf den dreitägigen Straßenkampf der örtlichen Jugendlichen gegen die Royal Ulster Constabulary (RUC) – das sogenannte „Battle of the Bogside" – Truppen nach Nordirland. Daraufhin erklärten die 33 000 Einwohner der Bogside und der benachbarten Brandywell-Distrikte ihre Unabhängigkeit und verbarrikadierten die Straßen, um die Sicherheitskräfte fernzuhalten. Außerdem stellte die IRA freiwillige Straßenpatrouillen zur Verfügung. Für Polizisten und Armee war das „Freie Derry" also absolut tabu, doch im Januar 1972 wurde die Gegend um die Rossville Street zum tragischen Schauplatz (S. 640). Am 31. Juli 1972 setzte die Operation Motorman dem Treiben ein Ende; damals rückten Tausende britische Truppen und Panzerwagen nach Bogside vor und besetzten es.

Derzeit bewohnen rund 8000 Menschen das Gebiet. Im Rahmen einer großräumig angelegten Sanierung wurden alte Häuser und Wohnungen abgerissen und durch moderne ersetzt.

Free Derry Corner DENKMAL

(Kreuzung Fahan St & Rossville St) Alles, was von der alten Bogside übrig blieb, ist die Free Derry Corner, wo noch immer an der Seitenwand eines Hauses der berühmte Slogan *„You Are Now Entering Free Derry"* steht.

Hunger Strikers' Memorial DENKMAL

(Rossville St) Das H-förmige Hunger Strikers' Memorial liegt in der Nähe der Free Derry Corner.

Bloody Sunday Memorial DENKMAL

(Rossville St) Der schlichte Granitobelisk gedenkt der 14 Zivilisten, die am Bloody Sunday, dem 30. Januar 1972, von der britischen Armee erschossen wurden.

People's Gallery Murals WANDMALEREIEN

(Rossville St) Zwölf Wandmalereien zieren die Stirnseite der Häuser entlang der Rossville Street nahe der Free Derry Corner. Sie wurden von Tom Kelly, Will Kelly und Kevin Hasson geschaffen, die als „Bogside Artists" bekannt sind. Alle drei Männer haben den größten Teil ihres Lebens in diesem Viertel verbracht. Die Wandmalereien sind vom nördlichen Teil der Stadtmauer aus deutlich zu erkennen.

Die Bilder entstanden zumeist zwischen 1997 und 2001 und erinnern an die wichtigsten Vorfälle während des Nordirlandkonflikts, besonders an den Kampf in der Bogside, den Bloody Sunday, die Operation Motorman und den Hungerstreik 1981. Zu den eindruckvollsten Gemälden gehören die großen, einfarbigen Motive, die Zeitungsbildern ähneln. *Operation Motorman* zeigt einen britischen Soldaten, der eine Haustür mit einem Hammer einschlägt, und *Bloody Sunday* eine Gruppe Männer unter Führung des lokalen Priesters Father Daly, die Jackie Duddys Leiche (der erste Todesfall jenes Tages) wegtragen. *The Petrol Bomber* porträtiert einen Jungen mit Gasmaske und einer Benzinbombe in der Hand.

Das wohl ergreifendste Bild ist jedoch *Death of Innocence*: Darauf ist das lächelnde 14-jährige Schulmädchen Annette McGavigan, 100. Opfer des Nordirlandkonflikts, zu sehen, das vor den wüsten Trümmern eines ausgebombten Hauses steht; die Dachbalken oben rechts bilden ein Kruzifix. Annette starb im Gefecht zwischen der IRA und der britischen Armee am 6. September 1971 und ist ein Symbol für alle Kinder, die während der Unruhen ums Leben kamen. Auf der linken Seite des Gemäldes schwört ein mit dem Lauf nach unten deutendes, in der Mitte durchgebrochenes Gewehr der Gewalt ab, zudem macht ein Schmetterling Hoffnung auf einen Neuanfang.

Das letzte Wandgemälde der Serie ist das 2004 vollendete *Peace Mural*. Eine Taube (das Symbol für Frieden und Derrys Schutzpatron Columba) schwingt sich aus einer Vergangenheit voller Blut und Traurigkeit in eine optimistische, friedliche Zukunft auf.

Wer sich für die Motive interessiert, kann die Website der Künstler www.cain.ulst.ac.uk/bogsideartists besuchen und das Buch *The People's Gallery* (bekommt man auf der Internetseite) kaufen.

Museum of Free Derry MUSEUM

(www.museumoffreederry.org; 55-61 Glenfada Park; Erw./Kind 3/2 £; ganzjährig Mo–Fr 9.30–16.30 Uhr, auch Sa 13–16 Uhr, Juli–Sept. auch So 13–16 Uhr) Das Museum an der Rossville Street dokumentiert die Geschichte der Bogside, der Bürgerrechtsbewegung und der Ereignisse um den Bloody Sunday mit Fotos, Zeitungsreportagen, Berichten von Augenzeugen sowie ein paar Originalaufnahmen, die als Inspiration für die Wandgemälde der People's Gallery dienten.

Geführte Touren

Bogside Artists Tours SPAZIERGANG

(07514 052481; www.bogsideartists.com; 5 £ pro Pers.) Die Künstler selbst leiten einstündige Touren zu den berühmten Wandbildern. Sie können telefonisch oder über die Website im Voraus gebucht werden.

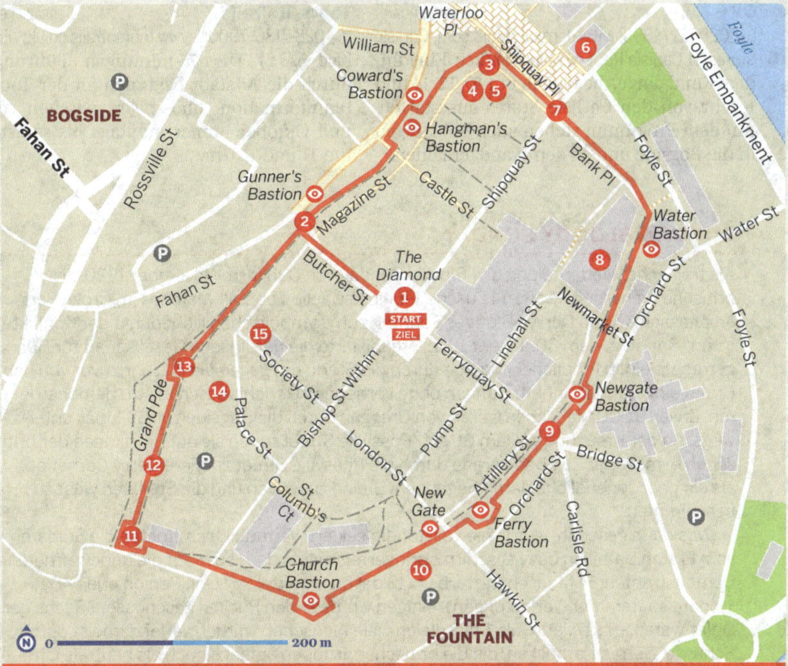

Stadtspaziergang Derrys Altstadt

START HAUPTPLATZ (DIAMOND)
ZIEL HAUPTPLATZ (DIAMOND)
LÄNGE 2 KM

Vom 1 **Kriegerdenkmal** auf dem Diamond (Hauptplatz) läuft man durch die Butcher Street, in der einst die Schlachter der Stadt ansässig waren, zum 2 **Butcher's Gate** und von dort die Treppen zur Stadtmauer hinauf.

Dann geht's hinab zum 3 **Magazine Gate**, benannt nach dem nahe gelegenen Pulvermagazin. Innerhalb der Mauer steht der moderne 4 **O'Doherty's Tower** mit dem 5 **Tower Museum** (S. 635), außerhalb erhebt sich die rot geziegelte, neogotische 6 **Guildhall** (S. 635).

Einst floss der Foyle vorbei an der nordöstlichen Mauer mit dem 7 **Shipquay Gate** in der Mitte. Die Mauer führt weiter nach Südwesten und steigt neben dem 8 **Millennium Forum** (S. 643) steil an zum 9 **Ferryquay Gate**, das die Lehrlinge zu Beginn der Belagerung von 1688 bis 1689 verbarrikadierten.

Von dem Mauerstück dahinter blickt man auf das 10 **Fountain-Wohnviertel**, die letzte nennenswerte protestantische Gemeinde am Westufer des Foyle. Auf dem runden Areal vor dem New Gate wird am Abend vor der jährlichen Parade der Apprentice Boys (Lehrlinge) am zweiten Samstag im August ein 10 Meter hohes Leuchtfeuer entzündet.

Nun geht's zur 11 **Double Bastion** an der Südwestecke der Mauer mit der „Roaring Meg", der berühmtesten während der Belagerung eingesetzten Kanone, und zur 12 **Grand Parade**, von der man einen tollen Blick auf die Wandgemälde genießt, die von den Bogside Artists gestaltet wurden.

Ein leerer Sockel auf der 13 **Royal Bastion** kennzeichnet den früheren Standort des Denkmals von Reverend George Walker, Stadtkommandant während der Belagerung. Das 27 m hohe Monument wurde 1973 von der IRA in die Luft gesprengt. Hinter der Royal Bastion ragt die 14 **Augustinerkapelle** der Church of Ireland auf, die 1872 am ehemaligen Standort eines vom hl. Colmcille im 6. Jh. gegründeten Klosters errichtet wurde. Ein Stück weiter stößt man auf die 15 **Apprentice Boys' Memorial Hall**, die mit einem Maschendrahtzaun vor Farbbomben geschützt wird.

City Tours SPAZIERGANG

(☎ 028-7127 1996; www.derrycitytours.com; Carlisle Stores, 11 Carlisle Rd; Erw./Kind 4 £/frei) Einstündige Rundgänge, die täglich um 10, 12, 14 und 16 Uhr von den Carlisle Stores aus starten. Auf dem Programm stehen auch Führungen in die Bogside und zu den Wandgemälden.

Tours 'n' Trails SPAZIERGANG

(☎ 028-7136 7000; www.toursntrails.co.uk; Erw./Kind 6/3 £) Die 75-minütigen Führungen durch die Altstadt beginnen an der Touristeninformation, und zwar zwischen April und Oktober immer montags bis samstags um 11 und 15 Uhr.

SUNDAY, BLOODY SUNDAY

Als tragische Wiederholung des Bloody Sunday von Dublin im November 1920, als britische Sicherheitskräfte 14 Zuschauer eines Gaelic-Football-Matches im Croke Park erschossen, wurde Derrys Blutiger Sonntag zum symbolischen Höhepunkt der Konflikte.

Am Sonntag, dem 30. Januar 1972, organisierte die nordirische Gesellschaft für Bürgerrechte einen friedlichen Marsch durch die Stadt, um gegen die im Jahr zuvor von den Briten eingeführten Inhaftierungen ohne vorherigen Gerichtsbeschluss zu demonstrieren. Etwa 15 000 Menschen waren von Creggan durch die Bogside zur Guildhall unterwegs. An der Kreuzung William Street/Rossville Street trafen sie auf Barrikaden der britischen Armee. Der Zug bog gerade durch die Rossville Street zur Free Derry Corner ab, als ein paar Jugendliche damit begannen, Steine zu werfen und die Soldaten wüst zu beschimpfen.

Was dann geschah, wurde nie vollständig geklärt. Vermutlich eröffneten die Soldaten vom Ersten Bataillon des Fallschirmspringerregiments das Feuer auf die unbewaffneten Demonstranten. 14 Menschen starben (13 davon unmittelbar; eine Person erlag 4 ½ Monate später ihren Verletzungen), einigen wurde in den Rücken geschossen. Sechs der Opfer waren erst 17 Jahre alt. Etwa gleich viele Menschen wurden verletzt, meist durch Schüsse. Derrys Katholiken, die die britischen Truppen anfangs noch als neutrale Ordnungshüter gegen protestantische Gewalt und Verfolgung begrüßt hatten, sahen sie nun als feindliche Besatzungsmacht. In der Folge erhielten die Reihen der Provisional Irish Republican Army (IRA) erheblichen Zulauf.

Die 1972 zur Untersuchung der Vorfälle eingesetzte **Widgery Commission** konnte die Schuldigen nicht ausfindig machen. Keiner der Soldaten, die auf Zivilisten geschossen hatten, oder irgendeiner der verantwortlichen Offiziere wurde belangt. Stattdessen verschwanden Akten, außerdem wurden Waffen zerstört.

Schließlich führte die brodelnde Unzufriedenheit der Öffentlichkeit zu intensiven Nachforschungen durch die **Bloody Sunday Inquiry** unter Leitung von Lord Saville. Von März 2000 bis Dezember 2004 verhörte die Kommission 900 Zeugen und nahm 2500 Aussagen auf. Das alles soll die britischen Steuerzahler 400 Mio. £ gekostet haben. Der Abschlussbericht (erhältlich unter www.official-documents.gov.uk) wurde im Juni 2010 veröffentlicht.

Lord Saville kam zu dem Schluss, dass „die Schüsse von Soldaten des Ersten Bataillons des Fallschirmspringerregiments am Bloody Sunday zum Tod von 13 Menschen und einer ähnlichen Zahl von Verletzten geführt hatten, von denen nicht einer eine tödliche Bedrohung oder die Gefahr einer ernsthaften Verletzung dargestellt hatte. Was am Bloody Sunday geschah, stärkte die Provisional IRA, verstärkte die nationalistischen Ressentiments und die Feindseligkeit gegenüber der Armee und verschärfte den gewaltsamen Konflikt in den folgenden Jahren. Der Bloody Sunday war eine Tragödie für die Hinterbliebenen und die Verwundeten und eine Katastrophe für die Menschen in Nordirland." Nach der Veröffentlichung des Berichts entschuldigte sich Premierminister David Cameron öffentlich im Namen der britischen Regierung und nannte die Tötungen „ungerechtfertigt und unvertretbar". Im Juli 2010 verkündete der Police Service of Northern Ireland (PSNI), dass er eine Mordermittlung zu den Todesfällen aufnehmen würde, die immer noch andauert.

Die Ereignisse des Bloody Sunday inspirierten die Rockband U2 zu ihrem politischsten Song: *Sunday Bloody Sunday* (1983). In der Bogside erinnern das Museum of Free Derry, die People's Gallery und das Bloody Sunday Memorial an den Tag.

Feste & Events

City of Derry Jazz Festival MUSIK
(www.cityofderryjazzfestival.com) Fünf Tage lang Jazz an diversen Veranstaltungsorten, z. B. am Ebrington Square; Ende April oder Anfang Mai.

Gasyard Wall Féile IRISCHE KULTUR
(www.facebook.com/gasyardwallfeile) Großes Kulturfestival im August mit Livemusik, Straßenkünstlern, Karneval, Theater und Veranstaltungen auf Irisch.

City of Derry Guitar Festival MUSIK
(www.cityofderryguitarfestival.com) Ende August finden auf dem Gelände des Magee College der University of Ulster drei Tage lang Aufführungen und Meisterklassen von Gitarrengrößen aller Stilrichtungen (Klassik, Akustik, Elektro, Flamenco, Bass) statt.

Halloween Carnival KARNEVAL
(www.derrycity.gov.uk/halloween; 27.–31. Okt.) Die Stadt putzt sich heraus für Irlands größtes Straßenfest mit Feuerwerk, einem Spukhaus, einem Gruselkabinett und vielem mehr.

Foyle Film Festival FILM
(www.foylefilmfestival.org) Das größte Filmfestival im Norden dauert eine Woche; Mitte November.

Schlafen

Derry Palace Hostel HOSTEL £
(028-7130 9051; www.paddyspalace.com; 1 Woodleigh Tce, Asylum Rd; B/2BZ ab £19/70; @) Das frisch renovierte, freundliche Hostel gehört zur irlandweit vertretenen Paddy's-Palace-Kette und wartet mit einer zentralen Lage, komfortablen Zimmern, einer tollen Partyatmosphäre sowie einem herrlich sonnigen Garten (und einem beheizten Patio) auf. Fahrräder und Musikinstrumente können kostenlos geliehen werden. Die Angestellten organisieren auch Kneipentouren mit traditioneller Musik.

Derry City Independent Hostel HOSTEL £
(028-7128 0542; www.derry-hostel.co.uk; 12 Princes St; B/DZ/3BZ 15/38/54 £; @) Erfahrene Backpacker leiten das kleine, freundliche Hostel in einem georgianischen Stadthaus. Es ist mit Reisesouvenirs aus aller Welt dekoriert und liegt einen kurzen Fußweg nordöstlich des Busbahnhofs.

★ **Merchant's House** B&B ££
(028-7126 9691; www.thesaddlershouse.com; 16 Queen St; EZ/DZ/3BZ/FZ ab 40/65/90/100 £; @) Dieses historische Stadthaus im georgianischen Stil ist eine Perle unter den B&Bs. Es besitzt elegante Wohn- und Esszimmer mit Marmorkaminen und antiken Möbeln. Die Zimmer sind mit Fernsehern, Wasserkochern und Bademänteln ausgestattet, wobei nur das Familienzimmer über ein eigenes Bad verfügt. Zum Frühstück steht hausgemachte Marmelade auf dem Tisch. Die Zimmerschlüssel bekommt man im Saddler's House.

Saddler's House B&B ££
(028-7126 9691; www.thesaddlershouse.com; 36 Great James St; EZ/DZ 55/60 £;) Fünf Minuten von der Stadtmauer entfernt bietet das nette B&B in einem reizenden viktorianischen Stadthaus sieben Räume mit Privatbädern. Das ausgezeichnete Frühstück wird in der Familienküche serviert.

Abbey B&B B&B ££
(028-7127 9000; www.abbeyaccommodation.com; 4 Abbey St; EZ/DZ/3BZ ab 50/64/90 £;) Hier überzeugen die einladende Atmosphäre und sechs geschmackvoll eingerichtete Zimmer. Die familiengeführte Unterkunft liegt nur etwas außerhalb der Stadtmauern am Rand der Bogside.

Arkle House B&B ££
(028-7127 1156; www.derryhotel.co.uk; 2 Coshquin Rd; EZ/DZ 55/65 £;) Ein prächtiges viktorianisches Haus 2 km nordwestlich des Stadtzentrums inmitten privater Gärten. Es verfügt über fünf große luxuriöse Schlafzimmer und eine private Küche, die von Gästen mitbenutzt werden darf.

★ **Beech Hill Country House** HISTORISCHES HOTEL £££
(028-7134 9279; www.beech-hill.com; 32 Ardmore Rd; EZ/DZ ab 99/129 £;) In einem malerischen Waldgebiet, 4,3 km südöstlich von Derry gelegen, versteckt sich dieses wunderbar atmosphärische, traditionsreiche Herrenhaus aus dem 18. Jh. inmitten eines prächtigen Gartens. Im Zweiten Weltkrieg diente es als US-Marinestützpunkt und auch der einstige US-Präsident Bill Clinton war hier mehrmals zu Gast. Alle 30 Zimmer sind in den Farben und mit Möbeln aus georgianischer Zeit gestaltet. Der Blick vom Restaurant auf den See ist traumhaft.

Essen

★ **Pyke 'n' Pommes** BURGER £
(hinter der Foyle Marina, neben der Baronet St; Gerichte 5–15 £; Di–Do 12–15, Fr & Sa bis 17 Uhr, Öffnungszeiten variieren;) Ein Schiffs-

container am Kai beherbergt Derrys besten Imbiss. Die Burger von Küchenchef Kevin Pykes – vorwiegend aus Biozutaten – gibt's in so beeindruckenden Varianten wie Notorious Pig (Pulled Pork, knackiger Krautsalat, Rote Beete und Crème fraîche), Cheeky Monkey (Seeteufel, warmes Püree aus Kartoffeln und geräucherten Äpfeln), Veganderry (Kichererbsen, Zitrone und Koriander) und Legenderry Burger (Wagyu-Rind, eingelegte Zwiebeln und Honig-Senf-Mayonnaise). Außerdem im Angebot: saisonale Köstlichkeiten wie Makrele und Austern.

★ Green Man DELIKATESSEN £

(Craft Village, Shipquay St; Mo–Sa 9.30–18 Uhr) Die erste Adresse für hausgemachte Leckereien von der Emerald Isle: mit Torf geräucherter Lachs aus dem Haven Smokehouse, Durrus Farmhouse Cheese, Eingemachtes und Chutneys von Filligans, Black and White Pudding aus Fermanagh, Honig aus Knochnarea, Guinness-Brot und süße Leckereien wie Eis von Glastry Farm Ice Cream und Melting Pot Irish Fudge.

Primrose Cafe CAFÉ £

(15 Carlisle Rd; Gerichte 5–8 £; Mo–Sa 8–17, So 11–16 Uhr) Das Primrose kredenzt toll zubereitete Klassiker von Pfannkuchen mit Ahornsirup bis zu Schweinefleischpasteten. Beim Sonntagsbrunch reicht die Palette von Eiern Benedict bis zum kompletten *Ulster fry*. Obwohl sich ein „geheimer" Hof hinterm Haus versteckt, ist es manchmal schwierig, freie Plätze zu finden.

★ Custom House MODERN-IRISCH ££

(028-7137 3366; http://customhouserestaurant.com; Custom House St, Queen's Quay; Mittagsgerichte 8–10 £, Abendessen 13–19 £; Mo–Sa 12–21.30, So bis 21 Uhr) Entweder kommt man nur auf ein Getränk an die mit Zinn, Kupfer und Walnussholz ausstaffierte Bar des Zollhauses aus dem Jahr 1876 oder man genießt die hervorragende Zackenbarsch-Tajine, Rinderlende mit geräuchertem Schinken, Steckrüben und Sellerieauflauf oder Rigatoni mit gerösteten roten Zwiebeln, Haselnüssen und Cashel-Blauschimmelkäse. Der Service ist exzellent.

Saffron INDISCH ££

(028-7126 0532; http://saffronderry.co.uk; 2 Claredon St; Hauptgerichte 9–14 £; So–Do 16.30–22.30, Fr bis 23.30, Sa bis 24 Uhr) Indische Restaurants in Irland sind in der Regel nicht besonders gut. Das Saffron mit seinen scharfen Currys und aromatischen Biryani-Gerichten (aus Basmati-Reis) mit Masala-Soße und seiner stylishen, ultramodernen Einrichtung ist die positive Ausnahme von dieser Regel. Auch tolle Cocktails wie Granatapfel-Martinis stehen auf der Karte.

Café del Mondo CAFÉ, IRISCH ££

(028-7136 6877; http://cafedelmondo.com; 29 Craft Village, Shipquay St; Mittagsgerichte 7–8 £, Abendessen 12–23 £; Di 10–18, Mi–Sa 10–24 Uhr) Gesunde hausgemachte Suppen, selber gebackenes Brot und warme Mittagsgerichte mit Biozutaten aus der Region stehen neben hervorragendem Fair-Trade-Kaffee zur Auswahl in diesem unkonventionellen Café. Die Multikulti-Speisekarte ändert sich jeden Monat (einen Monat gibt's thailändische, den nächsten mexikanische Küche) und bietet auch einige vegetarische Gerichte. Wer abends herkommen möchte, sollte im Voraus einen Tisch reservieren.

Ausgehen & Nachtleben

Derrys Kneipen sind freundlich und stimmungsvoll. Die meisten liegen in unmittelbarer Nähe zueinander.

★ Peadar O'Donnell's PUB

(www.peadars.com; 59-63 Waterloo St; Mo–Sa 11.30–1.30, So 12–0.30 Uhr) Hier sieht's aus wie in einem typischen irischen Pub/Lebensmittelladen mit Regalen voller Haushaltswaren, Krämerwaagen auf dem Ladentisch und allem möglichen Krimskrams, der jedem Museum gut zu Gesicht stehen würde. Jeden Abend finden Musik-Sessions statt, am Wochenende oft auch nachmittags. In der danebenliegenden **Gweedore Bar** (www.peadars.com; 61 Waterloo St; Mo–Sa 11.30–1.30, So 12–0.30 Uhr) treten allabendlich Rock-Bands auf, samstagabends gibt's im Obergeschoss eine Disco.

Badgers Bar PUB

(16-18 Orchard St; Mo–Sa 11.30–1, So 12–1 Uhr) Stilvolles viktorianisches Pub mit poliertem Messing und buntem Glas, holzvertäfelten Ecken und Nischen und einer Terrasse im Freien. Mittags landen hier viele Shopper, um sich mit der leckeren Pubkost zu stärken, abends geht's bei gedämpfter Atmosphäre entspannt zu.

Sandino's Cafe-Bar BAR

(www.sandinos.com; 1 Water St; Mo–Sa 11.30–1, So 12–0 Uhr) An den Wänden hängen Poster von Ché und die palästinensische Flagge, zudem wird in dem Café Fair-Trade-Kaffee und glutenfreies Bier serviert. Das Sandino's zeichnet sich durch eine lockere, liberale, in jedem Fall aber linke Atmosphäre aus. Donnerstags bis samstags legen DJs im Club Havana auf; sonntagnachmittags gibt's traditionelle irische Musik.

Sugar CLUB
(33 Shipquay St; ⌚ Mi–So 22.30–2 Uhr) Derrys angesagtester Club erstreckt sich über zwei Etagen über der Downey's Bar und hat die größte Dachterrasse der Stadt. DJs heizen den Gästen ein.

☆ Unterhaltung

Mason's Bar LIVEMUSIK
(10 Magazine St) Derry hat die Undertones hervorgebracht und bietet nach wie vor frische, wilde Livemusik. Das Line-up im Mason's ändert sich häufig, es stehen jedoch regelmäßig Studentenbands, neue und etablierte Bands sowie DJs, Karaoke und Comedy-Abende auf dem Programm.

Nerve Centre KULTURZENTRUM
(www.nerve-centre.org.uk; 7-8 Magazine St) Das Zentrum für Multimediakunst wurde 1990 eröffnet, um junge irische Musik- und Filmtalente zu fördern. Im Haus sind ein Performancebereich (hier wird an Wochenenden Livemusik gespielt), ein Theater, ein Programmkino, eine Bar und ein Café untergebracht.

Playhouse THEATER
(www.derryplayhouse.co.uk; 5-7 Artillery St; ⌚ Ticketschalter Mo–Fr 10.30–17, Sa 10–16 Uhr, außerdem 45 Minuten vor den Vorstellungen) Zum Programm des städtischen Kulturzentrums, das sich in einem wunderschönen restaurierten Schulgebäude mit einem preisgekrönten modernen Anbau befindet, gehören Konzerte, Tanzvorführungen und Theaterstücke mit einheimischen und internationalen Künstlern.

Cultúrlann Uí Chanáin KULTURZENTRUM
(www.culturlann-doire.ie; 37 Great James St) Das Kulturzentrum widmet sich der irischen Sprache und organisiert Veranstaltungen mit traditioneller irischer Musik, Poesie und Tanz. Im dazugehörigen Laden **An Cló Ceart** (⌚ Mo–Fr 9–17, Sa bis 16 Uhr) kann man sich mit Musik, Kunsthandwerk und Büchern in irischer Sprache eindecken.

Waterside Theatre THEATER
(www.watersidetheatre.com; Glendermott Rd) In dem ehemaligen Fabrikgebäude 500 m östlich des Flusses Foyle gibt's Theater, Tanz, Kabarett, Kindertheater und Livemusik.

Millennium Forum THEATER
(www.millenniumforum.co.uk; 98 Newmarket St) Irlands größte Theaterbühne lockt mit hochkarätigen Tanz-, Konzert-, Opern- und Musicalaufführungen.

Magee College THEATER
(www.culture.ulster.ac.uk; Northland Rd, Magee College, University of Ulster) Das ganze Jahr über finden im College diverse Kunstveranstaltungen, Klassikkonzerte und Theateraufführungen statt.

Shoppen

Craft Village KUNSTHANDWERK
(www.derrycraftvillage.com; abseits der Shipquay St; ⌚ variieren) In den netten Läden dieses Kunsthandwerksdorfes werden Kristall aus Derry, handgewebte Stoffe, Keramik und Schmuck angeboten. Zudem beherbergt der renovierte Hof das Café del Mondo und den tollen Delikatessenladen Green Man. Freitags findet von 12 bis 16 Uhr ein **Lebensmittelmarkt mit handgemachten Produkten** statt. Eingänge befinden sich in der Shipquay Street, der Magazine Street und beim Tower Museum.

Austins KAUFHAUS
(www.austinsstore.com; 2 The Diamond; ⌚ Mo–Sa 9.30–17.30, So 13–17 Uhr) Das älteste unabhängige Kaufhaus der Welt wurde 1830 eröffnet. Es wird von einer Kuppel mit Kupferdach gekrönt und ist eine gute Adresse für irisches Leinen. Versendet auch nach Übersee.

Cowley Cooper Gallery KUNST
(10-16 Pump St; ⌚ Di–Sa 10.30–17 Uhr) Die kommerzielle Galerie bietet zeitgenössischer irischer Kunst eine Plattform, verkauft Werke örtlicher Künstler und veranstaltet mehrmals jährlich Ausstellungen.

Cool Discs Music MUSIK
(www.cooldiscsmusic.com; 6 Lesley House, Foyle St; ⌚ Mo–Do 9–18, Fr 9–20, Sa 8.30–18 Uhr) Einer der besten unabhängigen Musikläden im Land mit einer großen Auswahl an alter und neuer irischer Musik und mit Konzert-Ticketverkauf.

Whatnot ANTIQUITÄTEN
(www.thewhatnot.co.uk; 22 Bishop St Within; ⌚ Di–Sa 10–17 Uhr) Interessanter kleiner Antiquitätenladen voller Schmuck, Militaria, Sammlerstücke und Krimskrams.

ℹ Praktische Informationen

Derry Tourist Information Centre (☎ 028-7126 7284; www.visitderry.com; 44 Foyle St; ⌚ Mo–Fr

9–17.30, Sa & So 10–17 Uhr; (📶) verkauft Bücher und Karten, hat eine Wechselstube und reserviert Unterkünfte.

An- & Weiterreise

BUS

Der **Busbahnhof** (☎ 028-7126 2261; Foyle St) liegt unmittelbar nordöstlich der Altstadt.

Städte in Nordirland werden von Translink (www.translink.co.uk) angesteuert, Ziele in der Republic von Bus Éireann (www.buseireann.ie).

Belfast Europa Bus Centre 12 £, 1¾ Std., Mo–Fr alle 30 Min., Sa & So stündl.

Coleraine 8 £, 1 Std., Mo–Fr 8-mal tgl., So 2-mal tgl. (samstags fahren keine Busse)

Donegal Town 12,60 £, 1½ Std., 6-mal tgl.

Galway 16,50 £, 5½ Std., 5-mal tgl.

Letterkenny 5,50 £, 40 Min., 10-mal tgl.

Limavady 5,20 £, 30 Min., Mo–Sa mindestens stündl., So 6-mal

Omagh 8 £, 1 Std., Mo–Sa stündl., So 6-mal

Sligo 16,80 £, 2½ Std., 8-mal tgl.

Airporter (☎ 028-7126 9996; http://airporter.co.uk; 1 Bay Rd, Culmore Rd; 📶) Fährt montags bis freitags stündlich (samstags und sonntags 6–7-mal tgl.) zum George Best Belfast City Airport (20 £, 2 Std.). Alle Linien fahren am Airporter-Büro ab, das 1,5 km nördlich vom Stadtzentrum neben dem Da Vinci's Hotel liegt.

FLUGZEUG

City of Derry Airport (☎ 028-7181 0784; www.cityofderryairport.com) Der Flughafen liegt 13 km östlich von Derry an der A2 Richtung Limavady. Von hier bestehen täglich Direktverbindungen zu den Flughäfen London Stansted, Liverpool und Glasgow International, in den Sommermonaten außerdem Verbindungen nach Spanien und Portugal.

ZUG

Derrys Bahnhof (in nordirischen Fahrplänen traditionell als Londonderry bezeichnet) befindet sich am Ostufer des Foyle und wird von einem kostenlosen Shuttlebus angesteuert, der am Busbahnhof abfährt.

Belfast 12 £, 2½ Std., Mo–Sa 9-mal tgl., So 6-mal

Coleraine 9,30 £, 45 Min., Mo–Sa 11-mal tgl., So 6-mal

Portrush 12 £, 1¼ Std., Mo–Sa 10-mal tgl., So 6-mal

Unterwegs vor Ort

Bus 234 hält am City of Derry Airport (3,50 £, 20 Min., Mo–Sa stündl. oder häufiger, So 6-mal). Ein Taxi kostet rund 15 £.

Von der Foyle Street außerhalb des Busbahnhofs verkehren viele Regionalbusse in Derrys Vororte und die nahe gelegenen Dörfer.

Die **Foyle-Valley-Radstrecke** verläuft durch Derry und führt am Westufer des Flusses entlang.

Derry Taxi Association (☎ 028-7126 0247; www.derrytaxis.ie)

Foyle Delta Cabs (☎ 028-7127 9999; www.foyletaxis.com)

Claudy Cycles (☎ 07133 8128; www.claudycycles.com; Fahrradverleih 8/12 £ für einen halben/ganzen Tag) Verleiht Fahrräder am Derry Tourist Information Centre.

Limavady & Umgebung

12 000 EW.

Jane Ross (1810–1879) wurde 1851 von einem Volkslied verzaubert, das ein blinder Fiedler unter ihrem Fenster in Limavady (Léim an Mhadaidh) spielte. Sie schrieb die Melodie auf, die erst als *O'Cahan's Lament,* später als *Londonderry Air* bekannt wurde und schließlich unter dem Namen **Danny Boy** die Welt eroberte. Wahrscheinlich ist es das berühmteste irische Lied überhaupt.

Viel zu besichtigen gibt es nicht in der hübschen kleinen Stadt, dennoch ist sie ein netter Zwischenstopp.

Sehenswertes & Aktivitäten

Ein **blaues Schild** an der Wand in der 51 Main Street gegenüber dem Alexander Arms erinnert an das Wohnhaus von Jane Ross.

Roe Valley Country Park PARK

(⏲ 9 Uhr–Sonnenuntergang) GRATIS Der reizende Park 3 km südlich von Limavady abseits der B192 wartet an beiden Seiten des Roe mit 5 km langen Uferwegen auf. Der Fluss ist als toller Angelgrund bekannt: Zwischen der dritten Maiwoche und dem 20. Oktober ist Lachssaison, die Forellensaison beginnt an Ostern und dauert ebenfalls bis zum 20. Oktober an. Informationen unter www.roeangling.com.

Die Gegend ist eng mit den O'Cahans verbunden, die das Tal bis zur Plantation beherrschten. Siedler erkannten im 17. Jh. die guten Anbaumöglichkeiten für Flachs im feuchten Flusstal und machten die Region zu einem bedeutenden Zentrum für die Leinenherstellung.

Feste & Events

Danny Boy Jazz and Blues Festival MUSIK

(www.dannyboyjazzandblues.com) Limavadys Danny Boy Jazz and Blues Festival findet Mitte Juni auf verschiedenen Bühnen in der ganzen Stadt statt.

Essen

Lime Tree IRISCH ££
(☎ 028-7776 4300; www.limetreerest.com; 60 Catherine St; Mittagsgerichte 8,50–14,50 £, Abendessen 14,50–22,50 £; ⏲ Di & Mi 17.30–20.30, Do 12–13.30 & 17.30–20.30, Fr 12–13.30 & 17.30–21, Sa 17.30–21 Uhr;) Das entspannte Lime Tree ist in Dunkelrot und Beige gehalten und wird dezent mit Teelichtern beleuchtet. Limavadys bestes Restaurant tischt hauptsächlich regionale Spezialitäten wie gebackenen Kabeljau mit einer Kruste aus Kartoffeln und geröstetem Knoblauch oder auch Kaninchenlende mit Estragon-Sahne-Soße und Filetsteak aus der preisgekrönten Metzgerei Hunter's auf.

Praktische Informationen

Die **Touristeninformation** (☎ 028-7776 0650; 24 Main St; ⏲ Mo–Mi & Sa 9.30–17, Do & Fr 9.30–21.30 Uhr) befindet sich im Roe Valley Arts Centre.

An- & Weiterreise

Bus 234 fährt nach Derry (5,20 £, Mo–Sa mindestens stündl., So 6-mal).

Unterwegs vor Ort

Roe Valley Cycles (☎ 028-7776 6406; www.roevalleycycles.co.uk; 35 Catherine St; Fahrrad pro Tag 10 £; ⏲ Mo–Sa 9–18 Uhr) vermietet Fahrräder, mit denen man das Roe Valley erkunden kann.

Magilligan Point

Die imposante dreieckige Landspitze, die fast komplett die Mündung des Lough Foyle verschließt, wird größtenteils von einem militärischen Schießübungsplatz eingenommen, außerdem befindet sich hier ein einst berüchtigtes Gefängnis. Einen Besuch lohnen der ausgedehnte **Magilligan Strand** im Westen und der 9 km lange **Benone Strand** im Nordosten. Letzterer eignet sich bestens zum Buggykiting und Strandsegeln. Am Magilligan Point bewacht ein **Martello-Turm** die Zufahrt zum Lough Foyle. Er wurde 1812 während der Napoleonischen Kriege zur Abwehr einer möglichen französischen Invasion errichtet.

Der **Benone Tourist Complex** (☎ 028-7775 0555; http://benoneni.com; 59 Benone Ave; Zeltplätze 21,50 £, Campinghütten 50 £; ⏲ Juli & Aug. 9–21 Uhr, April–Juni & Sept. 9 Uhr–Sonnenuntergang, Okt.–März 9–16 Uhr) neben dem Benone Strand bietet Parzellen für Zelte und Wohnwagen sowie schlichte Campinghütten für bis zu sechs Personen mit Heizgerät und Wasserkocher. Zum Komplex gehören ein beheizter Außenpool, ein Kinderbecken, ein Minigolfplatz und ein 9-Loch-Golfplatz.

Vom Magilligan Point bestehen Anbindungen mit der Lough Foyle Ferry nach Greencastle (County Donegal).

LOUGH FOYLE FERRY

Die **Lough Foyle Ferry** (☎ 07493 81901; www.foyleferry.com; einfach Auto /Erw./Kind 12/2,30/1 £) pendelt das ganze Jahr über zwischen dem Magilligan Point und Greencastle im County Donegal. Sie legt montags bis freitags stündlich ab 8 Uhr und samstags und sonntags stündlich ab 9 Uhr ab und braucht für die Fahrt zehn Minuten. In Greencastle geht's immer zur vollen Stunde los und in Magilligan um 15 nach. Zwischen Juni und August besteht die letzte Verbindung um 21.15 Uhr, im Mai um 20.15 Uhr, im April und September um 19.15 Uhr und von Oktober bis März um 18.15 Uhr.

Downhill

Besonders reizvoll an diesem Küstenabschnitt sind das weitläufige Anwesen Downhill Demesne und der darunter liegende Strand mit seiner kräftigen Brandung.

Von Downhill aus führt die landschaftlich reizvolle **Bishop's Road** durch eine Schlucht steil bergan und über Hügel nach Limavady. Vom **Gortmore-Picknickplatz** und den Klippen am **Binevenagh Lake** genießt man eine grandiose Aussicht über den Lough Foyle bis ins County Donegal und zu den Sperrin Mountains.

Sehenswertes & Aktivitäten

★ **Downhill Demesne** HISTORISCHE STÄTTE
(www.nationaltrust.org.uk; Erw./Kind 4,50/2,30 £; ⏲ Sonnenaufgang–Sonnenuntergang) 1774 ließ der Bischof von Derry (und vierte Earl of Bristol, Frederick Augustus Hervey) den prachtvollen Landsitz auf einem 160 Hektar großen Gelände erbauen. Das Haus brannte 1851 ab und wurde 1876 wiederaufgebaut, nach dem Zweiten Weltkrieg jedoch endgültig aufgegeben. Heute stehen die Ruinen etwas verloren auf den Klippen, darunter breiten sich schöne Gärten aus.

Den kreisrunden **Mussenden Temple** mit seinen Säulen und der Kuppel ließ der Bischof für seine Bibliothek (manche behaupten für seine Mätresse) errichten. Er ist ein Wahrzeichen der Serie *Game of Thrones*.

Man betritt das Gelände durch das Lion's Gate an der Küstenstraße oder durch das Bishop's Gate.

Das weiß getünchte **Hezlett House** (April–Sept. 10–17 Uhr) aus dem 17. Jh., eine der ältesten Strohdachhütten Irlands, befindet sich ebenfalls auf dem Gelände und beherbergt Ausstellungen zum irischen Landleben.

Long Line Surf School SURFEN
(☎07738 128507; http://longlinesurfschool.co.uk; Downhill Strand; ⏱Ostern–Sept 9.30–17 Uhr, sonst mit Termin) Long Line ist am Downhill Strand angesiedelt und vermietet Surfbretter (2 Std./Tag 15/25 £) und Bodyboards (10/15 £) inklusive Neoprenanzug. Außerdem werden 2½-stündige Gruppenkurse im Surfen (25 £) sowie in SUP (Stand-up-Paddleboarding; 30 £) angeboten.

Schlafen

★ **Downhill Beach House** HOSTEL ££
(☎028-7084 9077; http://downhillbeachhouse.com; 12 Mussenden Rd; B/DZ ab 19/46 £, FZ ab 46 £ zzgl. 5 £ pro Kind; @ 📶 👪) Das prächtig restaurierte Hostel in einem Gebäude aus dem späten 19. Jh. versteckt sich zwischen den Klippen. Es bietet komfortable Schlafsäle mit sechs Betten, Doppel- und Familienzimmer sowie einen großen Aufenthaltsraum mit einem offenen Kamin und Blick aufs Meer. Für Selbstversorger steht eine Küche zur Verfügung (es gibt jedoch keine Geschäfte in der Nähe, sodass man Vorräte mitbringen muss).

An- & Weiterreise

Bus 134 zwischen Limavady (4,40 £, 35 Min., Mo–Fr 9-mal tgl., Sa 6-mal) und Coleraine (2,70 £, 15 Min.) hält in Downhill, ebenso Bus 234 zwischen Derry (5,20 £, 35 Min., Mo–Fr halbstündlich, Sa stündl., So 7-mal) und Coleraine (2,70 £, 10 Min.).

Portstewart

7800 EW.

Schon zu viktorianischen Zeiten beschrieb der englische Schriftsteller William Thackeray Portstewart als „geruhsam und ordentlich". Seitdem versucht der Golf- und Badeort seine kultivierte und exklusive Atmosphäre zu bewahren und sich von dem nur 6 km östlich gelegenen, sehr viel lauteren Portrush abzuheben. Außerdem leben hier viele Studenten der University of Ulster von Coleraine.

Sehenswertes & Aktivitäten

Portstewarts **Promenade** wird von der schlossähnlichen Fassade eines dominikanischen Internats dominiert.

Der **Port Path** ist ein 10 km langer Küstenpfad, der zugleich Teil des Causeway Coast Way ist, und sich vom Strand zu den White Rocks 3 km östlich von Portrush erstreckt.

Portstewart Strand STRAND
Man erreicht den breiten, etwa 2,5 m langen Portstewart Strand entweder nach einem 20-minütigen Fußmarsch auf einem Küstenweg vom Zentrum aus oder mit dem Bus über die Strand Road. Auf dem festen Sand können bis zu 1000 Autos parken (ganzjährig geöffnet, Ostern–Okt. 5,00 £ pro Fahrzeug).

Portstewart Golf Club GOLF
(☎028-7083 2015; www.portstewartgc.co.uk; 117 Strand Rd; Greenfee unter der Woche/am Wochenende 110/130 £) Der renommierte Portstewart Golf Club, gegründet 1894, verfügt über drei Kurse: den Par 72 Strand, den Par 68 Riverside und den Par 64 Old Course. Der Club liegt auf der Westseite von Portstewart an der Straße zum Portstewart Strand.

Aquaholics TAUCHEN
(☎028-7083 2584; www.aquaholics.co.uk; 14 Portmore Rd; ⏱Tauchshop Mo–Sa 9–17.30 Uhr) Ein reges Unterwasserleben und Schiffswracks machen die Küste rund um Portstewart zu einem Paradies für Taucher. Aquaholics bietet PADI-zertifizierte Einführungskurse an (ab 80 £) sowie Kurse im offenen Meer (ab 479 £). Darüber hinaus stehen Tauchgänge (ab 46 £, mit Ausrüstung ab 54 £) an verschiedenen Stellen auf dem Programm, darunter die Skerries Cavern und die Wracks der HMS *Drake* und der RMS *Laurentic* der White Star Line. Halbtrockenanzüge und Trockentauchanzüge können geliehen werden.

Feste & Events

North West 200 Motorcycle Race SPORT
(www.northwest200.org) Irlands größtes Outdoor-Sportereignis findet auf einem Rundkurs zwischen Portrush, Portstewart und Coleraine statt. Dabei sind die Startlinien am östlichen Stadtrand von Portstewart auf

die Hauptstraße gemalt. Jedes Jahr lockt die Veranstaltung Mitte Mai bis zu 150 000 Schaulustige an. Wer sich eher nicht für diese Sportart interessiert, sucht also am besten das Weite.

Schlafen

Causeway Coast Independent Hostel HOSTEL £
(☎ 028-7083 3789; 4 Victoria Tce; B/EZ/2BZ ab 14/26/40 £;) Das nette Reihenhaus direkt nordöstlich des Hafens hat geräumige Vier-, Sechs- und Achtbettzimmer sowie ein Doppelzimmer und funktionstüchtige Duschen. Außerdem wartet es mit einer Gäste- sowie einer Waschküche und im Winter mit einem Kaminfeuer auf.

★ **Strandeen** B&B ££
(☎ 028-7083 3872; www.strandeen.com; 63 Strand Rd; DZ ab 90 £) Eher ein Boutique-Hotel als ein B&B, bietet das Strandeen sechs schöne Zimmer mit Holzläden in Grau- und Blautönen. Morgens wird ein üppiges Frühstück mit Bio- bzw. Freilandprodukten kredenzt (Sauerteig mit gebackenen Bananen, Zimt und Cashew-Creme, Buchweizenpfannkuchen mit durchwachsenem Speck). Gäste können Fahrräder mieten (15 £) und von der Terrasse den Blick aufs Meer genießen.

Cromore Halt Inn GASTHAUS ££
(☎ 028-7083 6888; www.cromorehalt.co.uk; 158 Station Rd; EZ/DZ 89/99 £;) 1 km östlich des Hafens, an der Ecke Station Road/Mill Road neben der Tankstelle, punktet das Cromore Halt Inn mit zwölf modernen, praktisch eingerichteten Zimmern im Motelstil, freundlichen, hilfsbereiten Angestellten und einem anständigen Restaurant.

Cul-Erg B&B B&B ££
(☎ 028-7083 6610; www.culerg.co.uk; 9 Hillside, Atlantic Circle; EZ/DZ/FZ ab 40/80/100 £;) Herzlich, einladend und schön ruhig geht's in diesem familiengeführten B&B in einer Sackgasse zu. Das moderne, blumengeschmückte Reihenhaus ist nur wenige Gehminuten von der Promenade entfernt. Von den hinteren Zimmern genießt man einen tollen Meerblick.

Essen & Ausgehen

Burger Club BURGER £
(☎ 028-7083 2302; www.burgerclubni.com; 81 The Promenade; Gerichte 5–13 £; ⏲ 12–22 Uhr;) Neben klassischen Burgern aus Rindfleisch (Scarface, Sweet Home Alabama, Cool Runnings) kann man sich hier auch den Silence-of-Lambs-Burger und den Mr.-Bean-Veggie-Burger, *pulled pork* (auseinandergezupftes Schweinefleisch) und Falafelwraps mit dicken oder dünnen Pommes frites und knusprigen Zwiebelringen schmecken lassen. Alle Zutaten stammen aus der Region, werden frisch verarbeitet und kunstvoll angerichtet.

Warke's Deli CAFÉ £
(www.warkesdeli.com; 1 The Promenade; Gerichte 3–8 £; ⏲ Ostern–Sept. 9–17.30 Uhr, Okt.–März Mo–Sa 9–17.30 Uhr;) Bei Warke's ist alles hausgemacht, darunter Suppen, Salate, Bruschetta und Risotto. Wer lieber am Strand picknicken will, bekommt hier auch Gerichte zum Mitnehmen. Das Eckgebäude (Ecke Portmore Road und Promenade) bietet Blick auf die Promenade, den Hafen und das Meer.

Morelli's CAFÉ £
(www.morellisofportstewart.co.uk; 53 The Promenade; Eis ab 1,65 £, Gerichte 3–9 £; ⏲ 9–23 Uhr, Küche bis 20 Uhr, im Winter kürzer geöffnet;) Das von italienischen Einwanderern gegründete Morelli's ist eine lokale Institution. Seit 1911 gibt's hier hausgemachtes Eis und Kaffeespezialitäten.

★ **Harry's Shack** BISTRO ££
(☎ 028-7083 1783; Portstewart Strand; Hauptgerichte 10–18 £; ⏲ Di–Sa 10.30–16 & 17–21, So 10.30–19 Uhr) Mitten am Strand gelegen beherbergt die Hütte im Besitz der Organisation für Denkmalpflege und Naturschutz eines der angesagtesten Restaurants Nordirlands (lange im Voraus reservieren!). Im Harry's werden Obst, Gemüse und Kräuter aus eigenem Bioanbau sowie Fleisch und Meeresfrüchte aus der Gegend zu einfachen, aber sensationellen Gerichten verarbeitet. Wie wär's mit in Buttermilch paniertem und in Salzwasser gekochtem Seelachs, Brioche-Burgern oder kleinen Bratfischen in einer Tüte aus Zeitungspapier? Getränke dürfen mitgebracht werden.

Anchor Bar PUB
(www.theanchorbar.co.uk; 87-89 The Promenade; Mo–Sa 11.30–1, So 12–24 Uhr) Unter Studenten der University of Ulster ist das Anchor – und sein anständiges Kneipenessen und tolles Guinness – hochgradig beliebt. Freitags und samstags treten Livebands auf. Zum Komplex gehören das Anchorage Bistro, der Nachtclub Aura und ein Hotel mit 20 Zimmern (Doppelzimmer ab 80 £).

An- & Weiterreise

Die Buslinien 140A und 140B verkehren zwischen Coleraine und Portstewart (2,70 £, 20 Min., Mo–Sa alle 20 Minuten, So 5-mal) und fahren dann weiter nach Portrush (2,30 £, 10 Minuten).

Während der Saison halten die Busse Antrim Coaster und Causeway Rambler (S. 649) vor Ort.

COUNTY ANTRIM

618 110 EW. / 3046 KM²

Portrush

POP 6300

Im Hochsommer platzt der Badeort Portrush (Port Rois) aus allen Nähten. Viele Attraktionen konzentrieren sich auf traditionelle Familienunterhaltung. Die Stadt ist eines der schönsten irischen Surferparadiese und wartet mit dem renommiertesten Golfclub des gesamten Nordens auf.

Sehenswertes & Aktivitäten

Rund um Ostern ist Portrush Gastgeber für den Wettkampf der Portrush Open Irish Surfing Association, das genaue Datum richtet sich nach der Wetterlage.

Curran Strand STRAND

Das Beste an Portrush ist dieser sandige, 3 km lange Strand östlich der Stadt, der sich bis zu den malerischen Kreideklippen der White Rocks erstreckt.

Troggs Surf Shop SURFEN

(☎ 028-7082 2335; www.troggs.com; 88 Main St; ⌚ 10–18 Uhr) Von April bis November verleiht der hilfsbereite Troggs Surf Shop Body- und Surfboards (7,50/10 £ pro Tag) sowie Neoprenanzüge (7 £ pro Tag), dazu gibt's Tipps und Beratung. Zwei Stunden Unterricht einschließlich Ausrüstung kosten etwa 25 £ pro Person.

Royal Portrush Golf Club GOLF

(☎ 028-7082 2311; www.royalportrushgolfclub.com; Dunluce; Greenfee unter der Woche/am Wochenende 160/180 £) Der Royal Portrush Golf Club liegt eindrucksvoll am östlichen Stadtrand am Atlantikufer, wurde 1888 gegründet und ist der einzige Golfclub des Landes, in dem die Open Championship ausgetragen wurde (1951). Die nächste wird 2019 hier stattfinden. Der Platz hat zwei Kurse: den Par 72 Dunluce mit dem White Rock (fünftes Grün) am Meeresufer und dem in einer Schlucht gelegenen Calamity (vierzehntes Grün) sowie den Par 70 Valley.

Schlafen

Portrush Holiday Hostel HOSTEL £

(☎ 028-7082 1288; www.portrushholidayhostel.com; 24 Princess St; B/DZ ab 15/34 £; 📶) Nur einen kurzen Fußweg von Strand und Hafen entfernt stößt man auf das beliebte, in einem viktorianischen Terrassenhaus untergebrachte Hostel. Die Angestellten der gemütlichen Bleibe sind freundlich und hilfsbereit. Es gibt eine Waschmaschine, einen Grillplatz und einen sicheren Abstellraum für Fahrräder.

Clarmont B&B ££

(☎ 028-7082 2397; www.clarmontguesthouse.com; 10 Landsdowne Cres; DZ ab 70 £; 📶 👪) Unser Favorit in Portrush. Das renovierte Clarmont punktet mit polierten Holzböden, alten Kaminen und einer Einrichtung aus viktorianischen sowie modernen Elementen. Nach einem der Erkerzimmer mit Meerblick und Spa fragen.

Royal Court Hotel HOTEL £££

(☎ 028-7082 2236; www.royalcourthotel.co.uk; 233 Ballybogey Rd; DZ/FZ ab 121/150 £; 📶 👪) 3,5 km östlich des Zentrums liegt das Top-Hotel von Portrush mit Blick auf den Strand und den Golfplatz Royal Portrush. Manche der 18 Zimmer verfügen über Balkone mit Meerblick und/oder Wellnessbereiche.

Essen

Arcadia CAFÉ £

(www.arcadiaportrush.co.uk; East Strand; Gerichte 3–6 £; ⌚ April–Sept. 9–18 Uhr, Okt.–März bis 17 Uhr) Im Erdgeschoss eines Jugendstilpavillons aus den 1920-er-Jahren, einem Wahrzeichen von Portrush, ist dieses luftige Strandcafé untergebracht. Hier kann man sich nach dem Surfen mit einem großen Frühstück, Bagels, Salaten oder Eis belohnen. In der kostenlosen Kunstgalerie im Obergeschoss werden auch Workshops und Kurse (Yoga, Zeichnen u. a.) angeboten.

55 Degrees North INTERNATIONAL ££

(☎ 028-7082 2811; www.55-north.com; 1 Causeway St; Hauptgerichte 10–19 £; ⌚ Mo–Fr 12.30–15 & 17–21, Sa 12–22, So 12–20.30 Uhr; 🖉 👪) Die bodentiefen Fenster des stylishen Restaurants bieten einen spektakulären Panoramablick auf den Strand und das Meer. Die Küche hat sich auf schnörkellose, einfache Gerichte spezialisiert. Das **Café North** mit Schankli-

SAISONALE BUSTOUR ENTLANG DER CAUSEWAY COAST

Während der Saison (in der Regel an Ostern, an den Feiertagswochenenden im Mai sowie im Juli und August) verkehrt der **Antrim Coaster** (Bus 252; www.translink.co.uk; Erw./Kind 9/4,50 £; ⌚ Ostern, Feiertagswochenenden im Mai & Juli–August; 📶) zwischen Coleraine und dem Busbahnhof in Larne zweimal in jede Richtung. Unterwegs hält er u. a. in Portstewart, Portrush, Bushmills, am Giant's Causeway, in Ballintoy, Ballycastle, Cushendun, Cushendall, Glenariff (Waterfoot), Glenarm und am Bahnhof im Stadtzentrum von Larne.

Der **Causeway Rambler** (Bus 402; www.translink.co.uk; Erw./Kind 6,50/3,25 £; ⌚ Ostern–Sept.) fährt während der Saison zwischen Coleraine und dem Parkplatz in Carrick-a-Rede via Portstewart, Portrush, Dunluce Castle, Bushmills, Giant's Causeway, Dunseverick Castle und Ballintoy. Im April und Mai verkehrt er 4-mal täglich, von Juni bis September 8-mal täglich.

zenz (Mittagsgerichte 6–8 £, Abendessen 10–14 £; ⌚ Ostern–Sept. Mo, Di & Sa 9–21, Mi–Fr bis 18 Uhr, Okt.–Ostern kürzere Öffnungszeiten) im Untergeschoss verfügt über eine zum Strand ausgerichtete Terrasse.

Ausgehen & Nachtleben

Kiwi Brew Bar BAR
(www.kiwisbrewbar.com; 47 Main St; ⌚ Mo–Fr 17–1, Sa & So 14–1 Uhr) Eine fröhliche Bar in neuseeländischer Hand. Ausgeschenkt werden u. a. das neuseeländische Craft-Beer Tui sowie seltene irische Marken wie Pokertree aus dem County Tyrone und Long Meadow Cider aus dem County Armagh. Auf den Fernsehschirmen läuft Surfen und natürlich Rugby. An den Wochenenden treten Live-Bands auf, sonntags gibt's u. a. Live-Bluesmusik. Nur Barzahlung möglich.

Kelly's Complex CLUB
(www.kellysportrush.co.uk; 1 Bushmills Rd; ⌚ Mi & Sa 21 Uhr–open end) Von außen wirkt das Gebäude flach und nicht gerade riesig, doch drinnen bietet Nordirlands angesagtester Club unmittelbar östlich der Stadt fünf Bars und drei Tanzebenen. 1996 eröffnet, hat er es in die Ränge der vom *DJ Magazine* ausgezeichneten 100 besten Clubs weltweit geschafft. **Lush!** gehört zu den besten Club-Nächten Irlands.

Anreise & Unterwegs vor Ort

Portrushs Busbahnhof liegt unweit des Dunluce Centre. Die Busse 140A und 140B verkehren zwischen Portrush und Portstewart (2,30 £, 10 Min., Mo–Sa alle 20 Min., sonntags 5-mal) und Coleraine (2,70 £, 20 Min.). In der Saison verkehren auch die Busse Antrim Coaster und Causeway Rambler.

Der Bahnhof befindet sich südlich vom Hafen. Hier starten Züge nach Coleraine (2,30 £, 12 Min., Mo–Sa stdl., So 10-mal), wo es Anschlüsse nach Belfast oder Derry gibt.

U. a. gibt es folgende Taxiunternehmen:

Andy Brown's (☎ 028-7082 2223; http://andybrowntaxis.co.uk)

North West Taxis (☎ 028-7082 4446; www.portrushtaxis.co.uk)

Dunluce Castle

Die Ruinen des **Dunluce Castle** (87 Dunluce Rd; Erw./Kind 5/3 £; ⌚ 10–16 Uhr, Einlass bis 30 Min. vor Schließung) thronen auf einem Basaltfelsen 5 km östlich von Portrush, auf dem Küstenweg braucht man zu Fuß eine Stunde. Eine schmale Brücke führt von dem auf dem Festland gelegenen Innenhof über eine atemberaubende Schlucht zum Hauptgebäude. Darunter windet sich ein Pfad vom Pförtnerhaus zur Mermaid's Cave im Basaltfelsen. Alle Busse entlang der Küste halten hier.

Im 16. und 17. Jh. diente die Burg als Sitz der Familie MacDonnell (ab 1620 Grafen von Antrim), die innerhalb der Ummauerung ein Gebäude im Renaissancestil errichten ließ. 1639 stürzte ein Teil der Burg mit der Küche ins Meer – samt sieben bedauernswerten Bediensteten und dem Abendessen.

Bushmills

1350 EW.

Bushmills war lange eine Art Mekka für Liebhaber irischer Whiskeysorten und ist außerdem ein praktischer Zwischenstopp für Wanderer an der Causeway Coast.

Sehenswertes & Aktivitäten

Old Bushmills Distillery DESTILLE
(☎ 028-2073 3218; www.bushmills.com; Distillery Rd; Führungen Erw./Kind 7,50/4 £; ⌚ März–Okt. Mo–Sa 9.15–17, So 12–17 Uhr, Nov.–Feb. Mo–Sa 10–

17, So 12–17 Uhr) Ihre Lizenz erhielt die älteste legal betriebene Brennerei der Welt 1608 von Jakob I. Der Whiskey wird mit irischer Gerste und Wasser aus dem St. Columb's Rill, einem Nebenfluss des Bush, gebrannt und in Eichenfässern gelagert. Beim Altern sinkt der Alkoholgehalt um bis zu 2 % pro Jahr – den durch Verdunstung verlorenen Anteil bezeichnet man recht blumig als *angels' share*. Beim Abfüllen verdünnt man den Whiskey auf eine Trinkstärke von 40 %. Nach der Führung gibt's eine Gratisprobe Whisky nach Wahl.

2015 wurde Bushmills vom Getränke-Riesen Diageo des mexikanischen Tequilaherstellers Jose Cuervo aufgekauft und befindet sich somit wieder in unabhängigem Besitz.

Giant's Causeway & Bushmills Railway HISTORISCHE EISENBAHN

(☎ 028-2073 2844; www.freewebs.com/giantscausewayrailway; Erw./Kind hin und zurück 5/3 £) Die Giant's Causeway & Bushmill's Railway nutzt die Trasse einer Straßenbahn, die im 19. Jh. Touristen von Bushmills bis zum 3 km entfernten Besucherzentrum am Giant's Causeway beförderte. Die Schmalspurbahn mit einer Diesel- und zwei Dampfloks stammt von einer privaten Linie am Ufer des Lough Neagh. Zwischen 11 und 17.30 Uhr (während der Saison) starten die Züge stündlich und halten jeweils zur vollen Stunde am Causeway sowie zur halben in Bushmills. Im Juli und August verkehren sie täglich, von Ostern bis Juni sowie im September und Oktober nur an Wochenenden.

Schlafen

Bushmills Hostel HOSTEL £

(☎ 028-2073 1222; www.hini.org.uk; 49 Main St; B/2BZ ab 19,50/41 £; ⏲ Juli & Aug 11.30–14.30 Uhr geschl., März–Juni, Sept. & Okt. 11.30–17 Uhr; @ ☜ 👪) Unweit des Diamond im Stadtzentrum liegt dieses moderne, zweckdienliche Hostel mit vorwiegend 4- bis 6-Bett-Zimmern. Zu den weiteren Einrichtungen gehören eine Gemeinschaftsküche, eine Waschküche und ein Fahrradschuppen. Von März bis Oktober ist das Haus täglich geöffnet, von November bis Februar nur freitag- und samstagabends (hier gelten Schlusszeiten). Vorher telefonisch anfragen, ob das Hotel besetzt ist.

Ballyness Caravan Park & B&B B&B ££

(☎ 028-2073 2393; www.ballynesscaravanpark.com; 40 Castlecatt Rd; Wohnwagenstellplatz 25 £; ⏲ Mitte März–Okt.; ☜) Der gut geführte Wohnwagen-Park (Zelte sind hier nicht willkommen) mit Waldgebieten, Naturteichen und geräumigen Parzellen liegt ca. 1 km vom Ortszentrum entfernt an der B66.

Bushmills Inn Hotel HOTEL £££

(☎ 028-2073 3000; www.bushmillsinn.com; 9 Dunluce Rd; DZ/Suite ab 178/278 £; @ ☜) Das Bushmills ist eine ehemalige Kutscherherberge mit Torffeuer, Gaslampen und einem runden Turm samt Geheimbibliothek. Der alte Teil des Hotels wurde in ein Restaurant verwandelt – die luxuriösen Unterkünfte befinden sich im benachbarten modernen Mill-House-Komplex.

Essen

French Rooms CAFÉ £

(☎ 028-2073 0033; http://thefrenchrooms.com; 45 Main St; Hauptgerichte Frühstück 4–7,50 £, Mittagsgerichte 6–13 £, Abendessen 13–19 £; ⏲ Mi & So 10–16, Do–Sa bis 21 Uhr) Das French Rooms vereint Haushaltswarenladen und Delikatessentheke. Besonders lecker schmecken die Frühstücksvarianten (Croque Monsieur und Croque Madame, Crêpes, Eier Benedikt, Haferbrei mit Apfel und Zimt), die an den kupferbeschlagenen Tischen serviert werden. Zum Mittag- und Abendessen stehen Gerichte wie Waldperlhuhn und Zackenbarsch nach Cajun-Art auf der Karte. Hinter dem Gebäude liegt ein reizvoller kleiner Garten.

★ **Bushmills Inn** IRISCH ££

(9 Dunluce Rd; Mittagsgerichte 10–15 £, Abendessen 12,50–23.50 £; ⏲ Mo–Sa 12–21.30, So 12.30–21 Uhr; ☜) In die alten Ställe des Bushmills Inn aus dem 17. Jh. ist dieses gemütliche kleine Restaurant samt Holz-Sitzecken und Kaminfeuer eingezogen. Mit frischen Zutaten aus Ulster werden Gerichte wie Zwiebel- und Guinnesssuppe, Wildlende und traditionelles Dalriada Cullen Skink (geräucherter Schellfisch in Sahne mit pochierten Eiern und Frühkartoffeln) gezaubert. Rechtzeitig reservieren.

Tartine IRISCH, FRANZÖSISCH ££

(☎ 028-2073 1044; www.distillersarms.com; 140 Main St; Hauptgerichte 11–22 £; ⏲ Mi–Sa 17–21, So 12–20.30 Uhr) Das Tartine ist in einer ehemaligen Kneipe untergebracht – mit Holzsimsen, freigelegtem Mauerwerk und einem lodernden Kaminfeuer. Irische Kunst ziert die Wände der drei miteinander verbundenen Speiseräume. In der Küche werden Gerichte aus irischen Zutaten mit französischer Note wie Krabben-Crème-brûlée, Schweinebraten mit Cassoulet und ofengebackener Reispudding mit Honig-Dattel-Kompott kreiert.

An- & Weiterreise

Bus 172 steuert Coleraine (2,70 £, 20 Min., Mo–Fr 8-mal tgl., Sa und So je 3-mal), den Giant's Causeway (2,30 £, 5 Min.) und Ballycastle (6,30 £, 45 Min.) an.

In der Saison fahren der Antrim Coaster und der Causeway Rambler sowie die Giant's Causeway & Bushmills Railway (S. 650).

Giant's Causeway

Schon beim ersten Anblick versteht jeder sofort, weshalb unsere Vorfahren dachten, dass der Giant's Causeway künstlichen Ursprungs sein müsste, denn die riesige, sanft zum Meer abfallende Fläche mit zahlreichen dicht gepackten sechseckigen Steinsäulen sieht wirklich aus wie von Riesenhand geschaffen.

Die spektakulären Formationen – gleichzeitig nordirischer Naturpark und Welterbestätte der UNESCO – gehören sicher zu den eindrucksvollsten Landschaften in ganz Irland, sind allerdings oft überlaufen. Unter der Woche oder außerhalb der Saison ist ein Besuch am eindrucksvollsten. Die schönsten Fotos gelingen im Frühjahr und im Herbst bei Sonnenaufgang.

Die Felsen selbst sind ohne Eintritt zugänglich, doch Besucher müssen für einen Parkplatz und die Giant's Causeway Visitor Experience zahlen; reine Parktickets gibt es nicht.

Sehenswertes & Aktivitäten

Vom Parkplatz führt ein kurzer Fußweg in zehn bis 15 Minuten über die Teerstraße (für Rollstühle geeignet) zum Giant's Causeway (auch ein Shuttlebus verkehrt auf der Strecke). Viel interessanter ist es aber, zu Fuß den Pfad auf den nordöstlichen Klippen zum 2 km entfernten Landzipfel **Chimney Tops** zu nehmen und dort einen atemberaubenden Blick auf die Steinsäulen und die westliche Küstenlinie mit Inishowen und Malin Head zu genießen.

Der Vorsprung mit spitzen Felsnadeln wurde 1588 von Schiffen der Spanischen Armada bombardiert, die ihn irrtümlich für das Dunluce Castle hielten. Direkt vor der Landspitze liegt das Wrack der spanischen Galeone *Girona*. Der Rückweg in Richtung Parkplatz verläuft etwa nach der Hälfte abwärts über die ausgeschilderten **Shepherd's Steps** und einen niedriger gelegenen Pfad zu den Steinsäulen (ganze Runde 1½ Std.).

Alternativ dazu kann man auch zuerst den Giant's Causeway besuchen und dann den Küstenpfad bis zum **Amphitheatre-Aussichtspunkt** in Port Reostan nehmen. Auf dem Weg kommt man an imposanten Felsenformationen wie der **Organ** (eine Reihe aufrechter Basaltsäulen, die an Orgelpfeifen erinnern) vorbei. Der steile Rückweg führt über die Shepherd's Steps.

Wer mag, wandert oben auf den Klippen gen Osten bis nach Dunseverick weiter.

Giant's Causeway Visitor Experience INFORMATIONSZENTRUM
(☎ 028-2073 1855; www.nationaltrust.org; Erw./Kind mit Parkplatz 9/4,50 £, ohne Parkplatz 7/3,25 £; ⏲ April–Sept. 9–19 Uhr, Feb., März & Okt. bis 18 Uhr, Nov.–Jan. bis 17 Uhr; 📶) 🍃 Das hervorragende umweltfreundliche Besucherzentrum, das in den Berg gebaut und mit hohen schwarzen Basaltplatten des Causeway verkleidet ist, beherbergt eine Ausstellung über die Geolo-

DIE ENTSTEHUNG DES CAUSEWAY

Der Sage nach türmte der irische Riese Finn McCool die Steine des Causeway auf, damit er das Meer überqueren und mit dem schottischen Riesen Benandonner kämpfen konnte. Benandonner folgte Finn quer über den Causeway, bekam es aber mit der Angst zu tun und floh kurzerhand zurück nach Schottland. Dabei ging der Causeway in die Brüche. Übrig blieben nur die beiden Enden: Giant's Causeway in Irland und die ähnlichen Felsformationen der Insel Staffa in Schottland.

Etwas nüchterner hört sich die wissenschaftliche Erklärung an. Die Formation des Causeway bildete sich vor 60 Mio. Jahren, als sich eine dicke Schicht Basaltlava über ein Kalkbett ergoss. Beim langsamen Abkühlen von außen nach innen zog sich die Lavamasse zusammen und es entstanden Schrumpfungsrisse in dem für Basalt typischen sechseckigen Muster – ähnlich wie Schlamm, der in einem verlandenden See austrocknet und polygone Rissgitter bildet. Diese Risse setzten sich weiter ins Innere fort, bis die Lava erkaltet und erstarrt war. Durch Erosion wurde der Basalt langsam abgetragen und einzelne Teile brachen an den Kontraktionsrissen ab, dabei kamen vorwiegend sechseckige Säulen zum Vorschein.

Spaziergang
Causeway Coast

START CARRICK-A-REDE
ZIEL GIANT'S CAUSEWAY
LÄNGE 16,5 KM

Dieser spektakuläre Abschnitt des Causeway Coast Way gehört zu den schönsten Küstenwegen Irlands. Aber Vorsicht: Ein Teil führt über einen schmalen, oft matschigen Weg entlang unumzäunter Klippen und birgt bei Nässe und/oder Wind Gefahren. Bei Überflutung ist der Weg an beiden Enden unpassierbar; im Vorfeld nach den Gezeiten erkundigen.

Nach der nervenaufreibenden 1 **Carrick-a-Rede Rope Bridge** (S. 653) folgt man dem Weg vom 2 **Parkplatz Larrybane** über die Klippen mit Blick auf die Sheep Island und dann Richtung Inland. An der 3 **Kirche von Ballintoy** geht's rechts hügelabwärts zum 4 **Hafen von Ballintoy**.

Der Weg führt vorbei an Seenadeln und Steinbögen, bis hinter einem Kalksteinfelsen die 2 km lange Sandbucht 5 **White Park Bay** liegt. Bei Ebbe ist der Weg am einfachsten, denn er besteht dann aus festem Sand. Ganz am Ende der Bucht klettert man am Fuß eines hoch aufragenden Kliffs (teils rutschige) 250 m nach 6 **Portbradden**.

Danach weicht der weiße Kalkstein schwarzem Basalt und man passiert einen natürlichen Tunnel in den Felsen, bevor eine Reihe felsiger Höhlen erreicht ist. Am winzigen 7 **Hafen von Dunseverick** bleibt man 200 m auf einer kleinen Straße, bevor rechts eine Treppe hinabführt. Der Weg führt nun entlang des grünen Uferlands um eine Landspitze herum und anschließend auf einem Steg über einen Wasserfall. So erreicht man das 8 **Dunseverick Castle**.

Ab hier führt der oftmals schmale Pfad auf den Klippen stets bergauf, vorbei an einer 9 **alten Lachsfischerei** (die kleine Hütte mit dem roten Dach an der unterhalb gelegenen Küste). Nahe Benbane Head wartet der höchste und nördlichste Punkt der Wanderung, eine Holzbank namens 10 **Hamilton's Seat** (nach dem Geistlichen und Hobbygeologen William Hamilton aus dem 18. Jh.). Hier kann man den sensationellen Rundumblick auf 100 m hohe Kliffe, Felssäulen und -nadeln Richtung Westen genießen, schließlich die (ausgeschilderten) 11 **Shepherd's Steps** rund 1 km vor der Giant's Causeway Visitor Experience zum 12 **Giant's Causeway** hinabführen.

gie der Region, einen Infoschalter, ein Restaurant und ein Geschäft. Wer zu Fuß, mit dem Fahrrad oder mit öffentlichen Verkehrsmitteln hierher gelangt, kommt günstiger davon; ein Audioguide ist im Eintrittspreis inbegriffen.

Schlafen & Essen

Causeway Hotel HOTEL ££
(☎028-9073 1210; www.giants-causeway-hotel.com; 40 Causeway Rd; EZ/DZ 79/99 £;) Das Hotel ist im Besitz der Organisation für Denkmalpflege und Naturschutz, liegt in unmittelbarer Nähe zum Giant's Causeway und verfügt über 28 Zimmer. Es ist eine tolle Basis, um die Küste morgens oder am späten Nachmittag ohne die Menschenmengen zu erkunden. Am besten fragt man nach einem der Zimmer am Westende mit eigenen Terrassen, von denen man den Sonnenuntergang über dem Meer beobachten kann. Gäste und Besucher des Restaurants (abends) parken kostenlos.

The Nook KNEIPENKOST £
(48 Causeway Rd; Hauptgerichte 9–12,25 £; Küche 11–19 Uhr) Das Nook liegt an der Abzweigung zum Giant's Causeway, in einem alten Schulhaus aus dem 18. Jh. Im gemütlichen Innenraum werden belegte Brote, Suppen, Eintöpfe, Irish Stew, Scampi, Fish'n'Chips etc. serviert. Man kann sich am offenen Kamin wärmen oder auf der Panoramaterrasse den Blick auf die Küste genießen. Gäste können den kostenlosen Parkplatz benutzen.

An- & Weiterreise

Während der Saison fahren der Antrim Coaster und der Causeway Rambler (S. 649) sowie die Giant's Causeway & Bushmills Railway (S. 650), außerdem hält Bus 172 von Ballycastle (4,40 £, 30 Min., Mo–Fr 8-mal tgl., Sa & So 3-mal tgl.) nach Coleraine (2,80 £, 25 Min.) und Bushmills (2,30 £, 5 Min.) das ganze Jahr über hier. Von Coleraine fahren Züge nach Belfast und Derry.

Unterwegs vor Ort

Vom Parkplatz des Giant's Causeway Visitor Experience führt ein leichter, 1 km langer Spaziergang zum Causeway. Ansonsten verkehren **Minibusse** (einfach/hin und zurück 1/2 £) alle 15 Minuten auf der Strecke. Die Busse sind rollstuhlgerecht.

Vom Giant's Causeway nach Ballycastle

Zwischen dem Giant's Causeway und Ballycastle erstreckt sich ein malerischer Küstenstreifen mit schwarzen Basaltklippen, weißen Kreidefelsen, Felseninseln, romantischen kleinen Häfen und breiten Sandstränden.

Sehenswertes & Aktivitäten

Die Hauptsehenswürdigkeiten sind mit dem Auto oder Bus erreichbar, der 16,5 km lange Abschnitt zwischen dem Parkplatz Carrick-a-Rede und dem Giant's Causeway lässt sich jedoch am schönsten zu Fuß (S. 652) erkunden – auf dem markierten **Causeway Coast Way** (www.walkni.com).

Rund 9,5 km östlich des Giant's Causeway liegt das winzige Dorf **Portbradden** mit einem halben Dutzend Häusern. Von hier sieht man schon die spektakuläre **White Park Bay** mit einem langen Sandstrand, die man über die nächste Abfahrt der A2 erreicht.

Weitere 3 km Richtung Osten erstreckt sich dann das schöne Dorf **Ballintoy** (Baile an Tuaighe) einen Hügel hinab zu einem malerischen Hafen, der den Fans der Serie *Game of Thrones* besser als Hafen der Stadt Herrenhort auf den Eiseninseln bekannt ist (andere Szenen wurden hier ebenfalls gedreht). Im restaurierten Kalkofen am Hafen wurde einst aus Kreide von den Klippen und Kohle aus Ballymoney Kalk gebrannt.

★ Carrick-a-Rede Rope Bridge BRÜCKE
(www.nationaltrust.org.uk; Ballintoy; Erw./Kind 5,90/3 £; April–Aug. 9.30–19.30 Uhr, Ende Feb.–Ende März & Sept.–Ende Okt. bis 18 Uhr, Ende Okt.–Ende Feb. bis 15.30 Uhr) Über dem tobenden Wasser überspannt die schwankende Konstruktion die 20 m von den Klippen bis zu der kleinen Insel Carrick-a-Rede. Die Carrick-a-Rede Rope Bridge ist zwar vollkommen sicher, für Menschen mit Höhenangst allerdings nicht zu empfehlen. Bei Sturm wird sie geschlossen. Von der Insel genießt man einen schönen Blick auf Rathlin Island und den Fair Head im Osten. Am Parkplatz gibt's ein kleines vom National Trust betriebenes Infozentrum und ein Café.

Auf Carrick-a-Rede wird seit Jahrhunderten Lachsfischerei betrieben. Die Fischer hängen ihre Netze an der Landspitze ins Wasser, wo die Lachse auf dem Weg zu ihren heimatlichen Flüssen entlangkommen. In jedem Frühjahr ziehen die Fischer die Seilbrücke wieder neu über den Abgrund.

Kinbane Castle BURG
(Whitepark Rd) GRATIS Auf einer Landzunge aus Kalkstein, die zwischen den Basaltklippen hervorragt und einen traumhaften Blick auf

GARETH MCCORMACK/GETTY IMAGES ©

1. Carrick-a-Rede Rope Bridge 2. Ballintoy-Strand, Causeway Coast 3. Giant's Causeway 4. Ballintoy Harbour, County Antrim

MARTIN MOOS/GETTY IMAGES ©

DESIGN PICS/THE IRISH IMAGE COLLECTION/GETTY IMAGES ©

Counties Londonderry & Antrim: Die Causeway Coast

Die Nordküste von Antrim zwischen Ballycastle bis Portrush wird Causeway Coast genannt und ist einer der schönsten Abschnitte des Landes!

Giant's Causeway

Dieses geologische Schmuckstück an der Antrim Coast besteht aus zahllosen sechseckigen Basaltsäulen. Die spektakuläre Gesteinsformation wurde von der UNESCO zur Welterbestätte ernannt und gilt als Hauptattraktion Nordirlands.

Causeway Coast

Neben einer traumhaften Landschaft punktet die Causeway Coast mit hübschen Dörfern wie Ballintoy und Portbradden, den Festungsruinen Dunluce und Dunseverick sowie der Gelegenheit, in der Old Bushmills Distillery irischen Whiskey zu kosten.

Carrick-a-Rede Rope Bridge

Früher wurde die berühmte Seilbrücke von einheimischen Lachsfischern genutzt, heute dient sie vor allem als Mutprobe für Besucher der Causeway Coast. Sie schaukelt 30 m über den Felsen und dem Meer.

Antrim Coast

Antrim ist bekannt für seine zerklüftete Küstenlandschaft, wartet aber auch mit ein paar tollen Stränden wie dem familienfreundlichen Sandstreifen von Ballycastle und der schwerer zu erreichenden, aber dafür umso friedlicheren White Park Bay auf.

Rathlin Island und Schottland bietet, ließ Colla MacDonnell (Sohn von Alexander MacDonnell, Lord of Islay and Kintyre, und Catherine, Tochter des Lord of Ardnamurchan) 1574 diese Burg erbauen. Nach einer Belagerung durch die Engländer wurde sie im Jahr 1555 neu errichtet und war bis ins 17. Jh. bewohnt. Vom Parkplatz führen 140 Treppenstufen zur Burg hinab.

Schlafen & Essen

Sheep Island View Hostel HOSTEL £
(☎ 028-2076 9391; www.sheepislandview.com; 42a Main St; B/DZ/3BZ/FZ 18/40/60/80 £; @ 📶) Ein hervorragendes eigenständiges Hostel mit Betten in einer Campingscheune und einfachen Zimmer mit eigenen Bädern. Es gibt eine Küche und Waschküche und der Dorfladen befindet sich in der Nähe. Das Hostel liegt an der Küstenstraße nahe der Abzweigung nach Ballintoy Harbour; direkt vor der Tür befindet sich eine Bushaltestelle. Toller Zwischenstopp für Wanderer, die zwischen Bushmills und Ballycastle unterwegs sind.

Whitepark Bay Hostel HOSTEL £
(☎ 028-2073 1745; www.hini.org.uk; 157 White Park Rd, Ballintoy; B/2BZ ab 18/42 £; ⏲ Mitte März–Okt.; 📶) Das neue, moderne Hostel am Westrand von White Park Bay hat viele Vierbett-, aber auch einige Doppelzimmer mit Fernsehern, die alle mit eigenen Bädern ausgestattet sind. Vom Aufenthaltsraum mit Kamin eröffnet sich eine schöne Aussicht. Bis zum Strand sind es nur wenige Gehminuten durch die Dünen.

★ **Kinbane Farmhouse** B&B ££
(☎ 028-2076 9947; www.kinbane.com; 85 Whitepark Rd; EZ/DZ 35/60 £; 📶) Der äußerst einladende, aktiv betriebene Bauernhof direkt beim Kinbane Castle bietet seinen Gästen drei mit Kiefernholz eingerichtete Zimmer (mit eigenen Bädern, in einem Fall außerhalb des Zimmers), ein Torffeuer und Ferngläser für gestochen scharfe Blicke auf Rathlin Island und das dahinter liegende Schottland.

Whitepark House B&B £££
(☎ 028-2073 1482; www.whiteparkhouse.com; 150 White Park Rd, Ballintoy; EZ/DZ 80/120 £; 📶) Ein hübsch restauriertes, gemütliches Haus aus dem 18. Jh. an der White Park Bay mit drei Zimmern (nach einem mit Meerblick fragen), alten Möbeln und einem Torffeuer. Das B&B ist mit asiatischen Kunstwerken – Reisemitbringseln der herzlichen Besitzer – dekoriert.

Roark's Kitchen CAFÉ £
(Ballintoy Harbour; Hauptgerichte 4–8 £; ⏲ Juni–Aug. 11–19 Uhr, Mai & Sept. nur Sa & So; sonst geschl.) In der netten kleinen Teestube am Kai von Ballintoy bekommt man verschiedene Teesorten, Kaffee, Eis, hausgemachten Apfel-, Kirsch- und Rhabarberkuchen und Mittagsgerichte wie Irish Stew oder Schinken-Hühnchen-Pie.

Red Door Cottage CAFÉ £
(☎ 028-2076 9048; 14a Harbour Rd, Ballintoy; Gerichte 3,75–9 £; ⏲ März–Sept. Mo–Fr 11–16, Sa & So 10–16 Uhr, Okt.–Dez. Sa & So 11–16 Uhr, Jan. & Feb. geschl.) Dieses kleine Cottage mit seiner knallroten Tür liegt 200 m abseits der Küstenstraße an der Nebenstraße nach Ballintoy. Hier ist alles hausgemacht: Suppen, sämige Fischsuppen, Burger, Irish Stew und Kuchen (u. a. Strawberry Shortcake). Bei Sonnenschein lässt man sich an den idyllischen Picknicktischen im Garten nieder, bei kühlem Wetter kann man sich drinnen am Torffeuer wärmen. Zu Ferienzeiten sollte man im Voraus reservieren.

An- & Weiterreise

Bus 172 verkehrt zwischen Ballycastle, Bushmills und Coleraine (Mo–Fr 8-mal tgl., Sa & So 3-mal,) und hält am Giant's Causeway, bei Ballintoy sowie vor Carrick-a-Rede. In der Saison verkehren Busse von Antrim Coaster und Causeway Rambler (S. 649) auf der Strecke.

Ballycastle

4000 EW.

Ballycastle (Baile an Chaisil), ein reizvoller Hafen- und Ferienort, liegt am östlichen Ende der Causeway Coast. Hier kann man einen entspannten Tag am Strand verbringen oder einen Ausflug mit der Fähre nach Rathlin Island unternehmen, ansonsten ist aber nicht viel los.

Sehenswertes & Aktivitäten

An der familienfreundlichen **Promenade** lockt ein riesiger Sandkasten mit Blick auf die Marina Kinder an. Eine Fußgängerbrücke führt über die Mündung des Flusses Glenshesk zu einem schönen **Strand**.

Marconi Memorial DENKMAL
Beim Parkplatz am Hafen stößt man auf das Marconi Memorial, eine Gedenktafel am Fuß einer Felsnadel zur Erinnerung an den Tag, an dem Guglielmo Marconis Helfer 1898

von Ballycastle aus per Funk Rathlin Island erreichten. Mit diesem Experiment wollten sie dem Unternehmen Lloyds in London Einsatzmöglichkeiten der drahtlosen Nachrichtenübertragung demonstrieren. Ihr Ziel war es, London oder Liverpool vorab über die sichere Ankunft ihrer Transatlantikschiffe zu informieren, sobald diese den Kanal nördlich von Rathlin passierten.

Feste & Events

Ould Lammas Fair KULTUR

Ballycastles Ould Lammas Fair wird bereits seit 1606 veranstaltet. Zu diesem Anlass fallen Tausende Besucher über die Marktstände her, um zwei Spezialitäten zu kosten: *yellowman*, ein hartes Toffee, und *dulse*, getrocknete essbare Algen. Am letzten Montag und Dienstag im August.

Schlafen

Ballycastle Backpackers HOSTEL £

(☎ 028-2076 3612; www.ballycastlebackpackers.net; 4 North St; B/2BZ ab 15/35 £, Hütte 80 £; @) Das kleine, gemütliche Terrassenhaus mit Blick auf den Hafen verfügt über ein Sechsbett- sowie ein Familien- und mehrere Doppelzimmer (auch mit getrennten Betten). Im Garten gibt's ein nettes Ferienhaus mit zwei Doppelzimmern und einem Privatbad (Mindestaufenthalt zwei Nächte).

Watertop Open Farm CAMPINGPLATZ £

(☎ 028-2076 2576; www.watertopfarm.co.uk; 188 Cushendall Rd; Zeltplatz für 2 Pers. 15 £, jede weitere Person 5 £, Wohnwagenstellplatz ab 24 £; Ostern–Okt.;) Kinderfreundliche Übernachtungsmöglichkeit auf einer echten Farm 10 km östlich von Ballycastle an der Straße nach Cushendun. Hier kann man auf Ponys reiten, Schafe scheren und den Hof besichtigen (11–17.30 Uhr; Erw./Kind pro Aktivität 3/2 £).

An Caislean Guesthouse PENSION ££

(☎ 028-2076 2845; www.ancaislean.co.uk; 42 Quay Rd; B/EZ/DZ/FZ ab 20/40/80/110 £;) Ursprünglich handelte es sich beim An Caislean um zwei eigenständige Gästehäuser, die nun durch einen überdachten Steg miteinander verbunden sind. Die Pension wartet mit einer luxuriösen Lounge, einem im Sommer geöffneten Teeladen und Restaurant und einer herzlichen, familiären Atmosphäre auf, außerdem sind die Zimmer geräumig und gemütlich (nur die Holzdielen knarren ganz schön). Vor allem punktet die Pension aber mit ihrer Lage – nur wenige Gehminuten vom Strand entfernt.

Essen

★ **Morton's Fish & Chips** FISH & CHIPS £

(The Harbour, Bayview Rd; Fisch 1,90–5,40 £, Pommes frites 1,20–2,40 £; Mo–Do 15–20, Fr & Sa 12–21, So 13–20 Uhr) Frischer kann man Fish'n'Chips nicht bekommen: Die Fischer laden ihren Tagesfang direkt neben dieser kleinen Bude am Hafen aus. Kabeljau, Schellfisch, Zackenbarsch, Muscheln, Scampi und weiteres Meeresgetier sowie Pommes aus hiesigen Kartoffeln locken im Sommer Besucher in Scharen an (vermutlich muss man Schlange stehen). Auch glutenfreie, in separatem Öl zubereitete Portionen sind erhältlich.

Thyme & Co CAFÉ £

(www.thymeandco.co.uk; 5 Quay Rd; Gerichte 3,50–7 £; Di–Fr 8.30–16.30, Sa 8.30–22, So 10–15.30 Uhr;) Üppige grüne Salate, Shepherd's Pie und Rührei mit Lachs gehören zu den hausgemachten Köstlichkeiten mit Zutaten aus der Region, die in diesem einladenden Café zu haben sind. Viele der Kuchen und Backwaren sind glutenfrei, dazu gibt's hervorragenden Kaffee. Samstagabends steht verschiedenes auf der Tageskarte, z. B. Pizza.

Cellar Restaurant IRISCH ££

(☎ 028-2076 3037; www.cellarballycastle.com; 11b The Diamond; Hauptgerichte 13–25 £; Juni–Aug. tgl. 12–22 Uhr, Sept.–Mai. So–Fr 17–21.30, Sa 12–22 Uhr) In dem urtümlichen kleinen Kellerlokal mit kuscheligen Sitznischen und einem großen Schieferkamin kann man wunderbar Ulster-Produkte wie gegrillte lokale Krebse, Lachs aus Carrick-a-Rede, irisches Rind und Lamm und Hummer von Rathlin Island kosten.

Ausgehen & Nachtleben

O'Connor's PUB

(http://oconnorsbar.ie; 5-7 Ann; 11.30–1 Uhr) In Ballycastles bester Musikkneipe – dem O'Connor's in unmittelbarer Nähe des Diamond – wird an allen Donnerstagabenden des Jahres traditionelle Musik gespielt. Von Ostern bis September gibt's Trad auch mittwochs, freitags Folk und Singalong, samstags Bands in der Bar sowie DJs im Biergarten und sonntags Jam-Sessions. Bis 21 Uhr wird außerdem durchgehend herzhafte Küche serviert.

Praktische Informationen

Ballycastle Visitor Centre (☎ 028-2076 2024; www.heartofthecausewaycoastandglens.com; 14 Bayview Rd; Juli & Aug. Mo–Fr 9.30–19, Sa

ABSTECHER

KINGSROAD

Die schattenspendenden, knorrigen und verschlungenen Buchen von **Dark Hedges** (Bregagh Rd, Ballymoney) – von der Familie Stuart im 18. Jh. als Zugang zu ihrem Anwesen gepflanzt – gehören zu den beliebtesten Fotomotiven Nordirlands, seit man sie in *Game of Thrones* gesehen hat. Ein Foto ohne Autos (und Menschenmengen) zu schießen ist nicht einfach. Man kann sich und den anderen Fans einen Gefallen tun, indem man an einem der beiden Enden der baumbestandenen Straße parkt und ein Stück zu Fuß geht. Die Dark Hedges liegen 14 km südwestlich von Ballycastle über die A44 und die Ballykenver Road.

Am stimmungsvollsten ist es hier bei Sonnenuntergang.

& So 10–17 Uhr, Sept.–Juni Mo–Fr 9.30–17, Sa 10–16 Uhr) An der Straße, die zur Fähre nach Rathlin Island führt.

An- & Weiterreise

Der Busbahnhof liegt an der Station Road direkt östlich vom Hauptplatz. Bus 217 verkehrt zwischen Ballycastle und Ballymena (6,70 £, 50 Min., Mo–Fr stündl., Sa 5-mal), von wo aus Anschlussmöglichkeiten Richtung Belfast bestehen.

Bus 172 fährt an der Küste entlang via Ballintoy, Giant's Causeway und Bushmills nach Coleraine (6,70 £, 1 Std., Mo–Fr 8-mal tgl., Sa & So 3-mal).

Während der Saison hält auch der Antrim Coaster (S. 649) vor Ort.

Kintyre Express (☎ 01586 555895; www.kintyreexpress.com) betreibt schnelle Passagierfähren zwischen Ballycastle und Campbeltown in Schottland (einfach/hin und zurück 35/60 £, 1½ Std., Mai–Sept. 1-mal tgl).

Ein weiterer einstündiger Fährservice verkehrt nach Port Ellen auf Islay in Schottland (einfach/hin und zurück 55/95 £, 1 Std., Juni–Aug. Fr–Mo 1-mal tgl.).

Rathlin Island

110 EW.

Rathlin Island liegt 6 km vor der Küste bei Ballycastle. Die zerklüftete, L-förmige Insel ist nur 6,5 km lang und 4 km breit. Hunderte Seehunde sind hier zu Hause und im Frühjahr und Sommer brüten Tausende Seevögel auf dem kleinen Eiland.

Robert the Bruce, ein schottischer Held, war der bedeutendste Besucher. 1306 versteckte er sich hier nach seiner Niederlage gegen den englischen König. Der Legende nach sah er einer Spinne dabei zu, wie sie ihr Netz unbeirrt immer wieder neu webte. Dies soll ihn in seinem Entschluss bestärkt haben, weiter gegen die Engländer zu kämpfen, die er schließlich bei Bannockburn tatsächlich besiegte. Die Höhle, in der er sich angeblich versteckt haben soll, befindet sich unterhalb des **East Lighthouse** am Nordostzipfel der Insel.

Sehenswertes & Aktivitäten

Rathlin ist bekannt für seine Küstenlandschaft sowie die Vogelwelt im **Kebble National Nature Reserve** am Westzipfel.

Wer keine Zeit hat, das Kebble-Schutzgebiet zu besuchen, sollte wenigstens vom Ballyconagan Nature Reserve des National Trust zum **Old Coastguard Lookout** spazieren. Von dort kann man auf die Felsklippen und hinüber zu den schottischen Inseln Islay und Jura schauen.

Rund um die Insel liegen etwa 40 Schiffswracks, darunter das der HMS *Drake* (zu der Aquaholics Tauchgänge anbietet; S. 646).

RSPB Rathlin Seabird Centre WILDSCHUTZGEBIET

(www.rspb.org.uk; ⌚ April–Aug. 10–16 Uhr) GRATIS Vom renovierten Leuchtturm Rathlin West Lighthouse aus bietet das Seevogel-Zentrum der Royal Society for the Protection of Birds (RSPB) einen atemberaubenden Ausblick auf die benachbarten Meeresklippen, wo dicht gedrängt Trottellummen, Dreizehenmöwen, Tordalken und Papageientaucher brüten. Ferngläser und Teleskope können kostenlos genutzt werden, außerdem gibt es ein Café und einen Souvenirladen.

Boathouse Visitor Centre BESUCHERZENTRUM

(☎ 07708 869605; www.rathlincommunity.org; ⌚ April–Sept. 9.30–12.30 & 13–17 Uhr) Südlich des Hafens informieren die Angestellten des kombinierten Besucherzentrums/Museums Touristen über die Geschichte, Kultur, Tier- und Pflanzenwelt sowie die Ökologie der Insel. Sie haben auch wertvolle Wandertipps auf Lager.

Paul Quinn SPAZIERGANG

(☎ 07745 566924; www.rathlinwalkingtours.com; ab 4 £ pro Pers.) Der bewanderte Fremdenführer Paul Quinn bietet interessante Trekkingtouren durch die Gegend an.

Schlafen & Essen

Auf der Insel gibt es eine Kneipe, einen Laden und eine Handvoll Unterkünfte und Restaurants (die oft nur während der Saison geöffnet haben). Unterkünfte unbedingt im Voraus reservieren.

Rathlin Island Hostel HOSTEL £
(☎ 028-2076 0070; B 18 £;) Nur fünf Gehminuten südlich des Hafens liegt das 2014 eröffnete Rathlin Island Hostel. Die fünf einfachen, aber hellen Zimmer bieten vier bis 12 Betten und können auch als Privatzimmer gebucht werden (67–200 £). Alle haben Gemeinschaftsbäder (eins davon barrierefrei). Gästen stehen eine Küche und eine Terrasse mit traumhaftem Blick auf den Ozean zur Verfügung. Nur Barzahlung.

Kinramer Camping Barn HOSTEL £
(☎ 028-2076 3948; Kinramer; B 12 £) Das schlichte Hostel auf einem Biobauernhof liegt 5 km (zu Fuß 1 Std.) westlich des Hafens. Gäste müssen ihre Verpflegung und ihr Bettzeug selbst mitbringen.

Coolnagrock B&B B&B ££
(☎ 028-2076 3983; Coolnagrock; EZ/DZ ab 35/70 £; Dez. geschl.;) Eine viel gelobte Pension im Osten der Insel mit Blick übers Meer nach Kintyre. Auf Nachfrage holt einen der Besitzer von der 15 Minuten entfernten Fähranlegestelle ab.

Emma's Chip Ahoy FISH & CHIPS £
(www.emmaschipahoy.com; The Harbour; Gerichte 3–5,60 £; Mai–Sept. 13–18 Uhr, Okt.–April Di, Fr & Sa 13–18 Uhr;) In einer kleinen Hütte am Hafen ist das Emma's untergebracht. Hier werden der Tagesfang und Krabbenburger zubereitet, dazu Double-Cheese-Burger und vegetarische Burger, in der Pfanne gebratene Makrelen, Scampi, Hähnchensticks und Würstchen im Teigmantel.

Ausgehen & Nachtleben

McCuaig's Bar PUB
(☎ 028-2076 0011; The Harbour; 11–24 Uhr;) Die einzige Kneipe auf Rathlin Island – inklusive Biergarten – überblickt den Hafen. Im Außenbereich laden Holztische zum idyllischen Picknick ein, im Inneren kann man sich historische Schwarz-weiß-Fotos der Insel anschauen und am Geldautomaten Bares holen.

Anreise & Unterwegs vor Ort

Abgesehen von den Inselbewohnern dürfen ansonsten nur Fahrer mit eingeschränkter Mobilität Autos mit auf die Insel nehmen, auf der kein Punkt mehr als 6 km (1½ Std. zu Fuß) von der Fähranlegestelle entfernt ist.

Rathlin Island Ferry (☎ 028-2076 9299; www.rathlinballycastleferry.com; Erw./Kind/Fahrrad hin und zurück 12/6/3,30 £) fährt täglich ab Ballycastle; unbedingt im Voraus reservieren. Von April bis September gibt's täglich bis zu zehn Überfahrten, die Hälfte davon per Speed-Katamaran (20 Min.), die andere Hälfte mit einer langsameren Autofähre (45 Min.). Im Winter ist das Angebot eingeschränkt.

Von April bis August betreibt **McGinn's** (☎ 028-2076 3451; Erw./Kind je 5/3 £) einen Shuttleservice zwischen der Fähre und dem Kebble Nature Reserve; wer an einen anderen Ort gefahren werden möchte, kann bei McGinn's anfragen.

Glens of Antrim

Der Nordosten Antrims ist eine Hochebene aus schwarzem Basalt über Lagen weißer Kreideplatten. An der Küste zwischen Cushendun und Glenarm haben sich während der Eiszeit einige malerische Gletschertäler einen Weg durch das Plateau gebahnt, die als Glens of Antrim bekannt sind.

Zwei markierte Wanderwege durchqueren die Region: Der **Ulster Way** verläuft dicht am Meer und passiert alle Küstendörfer, während der 32 km lange **Moyle Way** durch das Hinterland über das Hochplateau vom Glenariff Forest Park nach Ballycastle führt.

Torr Head Scenic Road

Wenige Kilometer östlich von Ballycastle biegt eine kleinere ausgeschilderte Panoramastraße von der A2 Richtung Norden nach Cushendun ab. Sie ist nichts für ängstliche Fahrer: Eng und in gefährlichen Kurven windet sie sich die steilen Abhänge über dem Meer entlang (keine Wohnwagen). Seitenstraßen führen zu den interessantesten Sehenswürdigkeiten. An klaren Tagen reicht die herrliche Aussicht übers Meer bis Schottland, vom Mull of Kintyre bis zu den Hügeln von Arran.

Die erste Abzweigung endet am Parkplatz des National Trust in Coolanlough, Ausgangspunkt für eine 5 Kilometer lange, ausgeschilderte Wanderung zum **Fair Head** und zurück. Die zweite fällt steil ab zur **Murlough Bay**. Vom Parkplatz am Ende der Straße geht's am Ufer weiter zu den Überresten einiger Bergarbeiterhäuschen (10 Min.). Einst wurden an den Klippen Kreide und Kohle abgebaut und in einem Kalkofen südlich des Parkplatzes zu ungelöschtem Kalk gebrannt.

Der dritte Weg führt an den Ruinen einiger Häuser der Küstenwache vorbei zur felsigen Landspitze von **Torr Head**. Oben thront die Station der Küstenwache aus dem 19. Jh., die in den 1920er-Jahren wieder aufgegeben wurde. Hier kommen sich Irland und Schottland am nächsten – der Mull of Kintyre liegt nämlich nur 19 km entfernt auf der anderen Seite des North Channel. Im späten Frühjahr und Sommer wird hier Lachsfischerei mit einem befestigten Netz betrieben. Das alte Eishaus neben der Zufahrtstraße benutzte man früher zum Lagern der Fische.

Cushendun

350 EW.

Das nette Küstendorf ist für seine einzigartigen Cottages im kornischen Stil bekannt, die inzwischen dem National Trust gehören. Sie wurden 1912 und 1925 auf Anordnung des Großgrundbesitzers Lord Cushendun vom Architekten Clough Williams-Ellis entworfen, der auch für den Bau von Portmeirion in Nordwales verantwortlich war.

Sehenswertes & Aktivitäten

Cushendun bietet einen **Sandstrand**, mehrere kurze **Küstenwege** (auf der Infotafel am Parkplatz markiert) sowie eindrucksvolle **Höhlen** in den überhängenden Klippen südlich des Dorfes, in denen Dreharbeiten zu *Game of Thrones* stattfanden. Wer sie sehen will, muss dem Pfad folgen, der um die Feriensiedlung südlich der Flussmündung verläuft.

6 km nördlich des Dorfes an der A2 nach Ballycastle stößt man auf den **Loughareema**, auch als Vanishing Lake (Verschwindender See) bekannt. Drei Rinnsale fließen hinein, aber keines kommt heraus. Nach heftigen Regengüssen dehnt sich der See zu imposanter Größe (400 m lang, 6 m tief) aus, doch nach und nach versickert das Wasser durch Spalten im Kalkstein und zurück bleibt nur ein trockenes Bett.

Schlafen & Essen

Die Küche in Mary McBride's Pub hat unregelmäßige Öffnungszeiten. Wer sichergehen will, dass er ein Abendessen bekommt, muss sich nach Cushendall aufmachen.

★ **Villa Farmhouse** B&B ££
(☎ 028-2176 1252; www.thevillafarmhouse.com; 185 Torr Rd; EZ/DZ ab 35/60 £; 📶) Dieses bezaubernde weiß getünchte Bauernhaus schmiegt sich an einen Berghang, 1 km nördlich von Cushendun. Es lockt mit einem tollen Ausblick über das Meer und der warmen Atmosphäre eines Familienwohnhauses, das mit den Fotos der Kinder und Enkel geschmückt ist. Der Besitzer, ein erstklassiger Koch, serviert das wohl beste Rührei in ganz Nordirland, deshalb gehört das Frühstück zu einem der Highlights eines Aufenthalts hier.

Cloneymore House B&B ££
(☎ 028-2176 1443; ann.cloneymore@btinternet.com; 103 Knocknacarry Rd; EZ/DZ 50/60 £; 📶♿) 500 m südwestlich von Cushendun bietet das traditionelle, familienfreundliche B&B an der B92 drei perfekt ausgestattete, geräumige Zimmer, die nach irischen und schottischen Inseln benannt sind: „Aran" ist am größten. Es gibt eine Rampe für Rollstühle und einen Treppenlift, außerdem sind die Räume für Besucher mit eingeschränkter Mobilität geeignet.

Ausgehen

Randal's PUB
(10 Strand View Park; ⏲ 11.30–23.30 Uhr) Neben der Brücke hat sich in alten Zimmern des ehemaligen Cushendun Hotels das Randal's angesiedelt. Im Ausschank sind nur zwei Biere – Guinness und Harp –, dafür aber eine große Auswahl an Whiskeys. An sonnigen Tagen sitzt man am schönsten an der Straße mit Blick auf den River Dun.

An- & Weiterreise

Bus 150 fährt von Ballymena (6,70 £, 1 Std., Mo–Fr 6-mal tgl., Sa 4-mal) über den Glenariff Forest Park (6,20 £, 40 Min.) nach Cushendun sowie nach Cushendall (6,30 £, 50 Min.).

Innerhalb der Saison hält auch der Antrim Coaster (S. 649) vor Ort.

Cushendall

1250 EW.

Der Strand ist klein und kiesig, dennoch ist Cushendall ein häufig von Verkehrsstaus heimgesuchtes Ferienörtchen am Fuß des Glenballyeamon.

Sehenswertes

Curfew Tower HISTORISCHES GEBÄUDE
Im Zentrum erhebt sich der ungewöhnliche, 1817 errichtete Curfew Tower aus rotem Sandstein. Er imitiert einen Bau, den der Landbesitzer in China gesehen hatte. Ursprünglich diente der Turm als Gefängnis für „Müßiggänger" und „Aufrührer".

Layd Old Church RUINEN
Vom Parkplatz am Strand (den Schildern zum Golfclub folgen) führt ein Küstenweg 1 km nach Norden zu den malerischen Ruinen der Layd Old Church. Dort blickt man auf die Insel Ailsa Craig, auch „Paddy's Milestone" genannt, und die schottische Küste. Vom frühen 14. Jh. bis 1790 wurde das von Franziskanern gegründete Gotteshaus als Gemeindekirche genutzt. Auf dem Friedhof befinden sich mehrere imposante Grabmäler der MacDonnells.

Schlafen & Essen

Village B&B B&B ££
(☎ 028-2177 2366; www.thevillagebandb.com; 18 Mill St; EZ/DZ/FZ ab 40/65/95 £;) Zentral gelegenes B&B mit drei makellosen Zimmern mit Privatbädern und Kaminen, das seine Gäste mit einem üppigen, herzhaften Frühstück (auch vegetarisch) verwöhnt.

Cullentra House B&B ££
(☎ 028-2177 1762; www.cullentrahouse.com; 16 Cloughs Rd; EZ/DZ ab 35/54 £;) Moderner Bungalow hoch über dem Ort mit einer tollen Sicht auf die Küste und drei bequemen, geräumigen Zimmern. Darüber hinaus wartet die nette Pension mit einem herzhaften Frühstück inklusive hausgemachtem Brot auf.

Harry's Restaurant BISTRO ££
(☎ 028-2177 2022; http://harryscushendall.com; 10 Mill St; Hauptgerichte mittags 8–13 £, abends 10–19 £; ⏲ Ostern–Sept. 12–22 Uhr, Okt.–Ostern bis 21 Uhr;) In dem gemütlichen Bistro gibt's von 12 bis 18 Uhr typische Pubküche. Abends locken Gerichte à la carte von Steak bis Hummer.

Ausgehen

McCollam's PUB
(Johnny Joe's; www.mccollamsbar.com; 23 Mill St; ⏲ 12–23.30 Uhr) Einheimische nennen die rhabarberfarbene Kneipe Johnny Joe's. Im lebendigsten Pub der Stadt wird freitags traditionelle Musik gespielt (ganzjährig), von Ostern bis September auch dienstags, samstags und sonntags. Im dazugehörigen Restaurant (Upstairs at Joe's oder nur Upstairs genannt) bekommt man Pubspezialitäten wie panierte Scampi und Steak-and-Guinness-Pie.

Praktische Informationen

Touristeninformation (☎ 028-2177 1180; 24 Mill St; ⏲ April–Sept. Mo–Sa 10–13 Uhr, Okt.–März Di–Sa 10–13 Uhr) Wird von der Glens of Antrim Historical Society betrieben.

An- & Weiterreise

Bus 150 verkehrt von Cushendall nach Cushendun (2,70 £, 40 Min., Mo–Fr 8-mal tgl., Sa 4-mal) und zum Glenariff Forest Park (3 £, 45 Min.).

Wird während der Saison auch vom Antrim Coaster (S. 649) angesteuert.

Glenariff

2 km südlich von Cushendall liegt das Dorf **Waterfoot** mit Antrims schönstem Sandstrand, der sich über 2 km erstreckt. Von hier verläuft die A43 (Ballymena Road) landeinwärts durch das malerische Glenariff. Der Schriftsteller Thackeray rief beim Anblick des Tals aus, dies sei eine „Schweiz im Miniaturformat". Vor Ort fragt man sich allerdings, ob er die echte Schweiz wohl jemals gesehen hat.

Sehenswertes & Aktivitäten

Glenariff Forest Park WALD
(www.nidirect.gov.uk; Auto/Motorrad/Fußgänger 5/2,50/2 £; ⏲ 10 Uhr–Sonnenuntergang) Der Glenariff Forest Park erstreckt sich am Ende des Glenariff Valley. Als Hauptattraktion gilt der 800 m vom Besucherzentrum entfernte **Essna-Larach Waterfall**. Er ist auch von der Laragh Lodge 600 m flussabwärts zu Fuß erreichbar. Wundervolle Wanderwege durchziehen den Park, darunter ein 10 km langer Rundweg. Ein Campingplatz ist in Planung.

Schlafen & Essen

Ballyeamon Barn HOSTEL £
(☎ 028-2175 8451; www.ballyeamonbarn.com; 127 Ballyeamon Rd; B 15 £;) Geführt wird dieses weiß getünchte Hostel für Wanderer von der professionellen Geschichtenerzählerin Liz Weir. Zum regelmäßigen Angebot gehören traditionelle irische Musik, Poesie, Tanz – und natürlich Geschichtenerzählen. Das Hostel liegt 8 km südwestlich von Cushendall an der B14 (1 km nördlich der Kreuzung mit der A43) in der Nähe des Moyle Way und rund 1,5 km Fußmarsch vom Haupteingang des Glenariff Forest Park entfernt.

Laragh Lodge KNEIPENKOST ££
(☎ 028-2175 8221; 120 Glen Rd; Hauptgerichte 8–12 £, So 4-Gänge-Mittagsmenü 18 £; ⏲ März–Okt. tgl. 11–21 Uhr, Nov.–Feb. Fr–So 11–21 Uhr) Die Laragh Lodge ist in einem viktorianischen Haus aus dem Jahre 1890 untergebracht und wurde kürzlich renoviert. Von den Dachsparren baumelt allerlei Krimskrams. Hier gibt's rustikale Pubkost wie Cottage Pie, Steak-

Sandwiches, Fish 'n' Chips sowie traditioneller Sonntagsbraten. Die Kneipe liegt an einer Abzweigung der A43, 3 km nordöstlich des Parkeingangs.

An- & Weiterreise

Den Glenariff Forest Park erreicht man von Cushendun (4,20 £, 20 Min., Mo–Fr 8-mal tgl., Sa 4-mal) und Ballymena (6,70 £, 30 Min.) aus mit dem Bus 150.

Während der Saison hält der Antrim Coaster (S. 649) in Waterfoot.

Glenarm

600 EW.

Das charmante Glenarm (Gleann Arma) ist das älteste Dorf in den Bergschluchten.

Sehenswertes & Aktivitäten

Ein Spaziergang führt südlich des Flusses von der Hauptstraße in den alten Ortskern mit seinen gepflegten georgianischen Häusern. Wo sich die Straße zur Altmore Street erweitert, liegt rechts das **Barbican Gate** (1682), der Eingang zur Grünanlage des Glenarm Castle.

Die Vennel Street geht's steil bergauf, dann nach dem letzten Haus nach links auf den Layde Path. Der Pfad führt zu einem **Aussichtspunkt** mit tollem Blick über Dorf und Küste.

Glenarm Castle & Walled Garden BURG

(www.glenarmcastle.com; Walled Garden Erw./Kind 5/2,50 £; Garten Mai–Sept. Mo–Sa 10–17, So 11–17 Uhr) Seit 1750 ist Glenarm Familiensitz der MacDonnells; der gegenwärtige 14. Earl of Antrim lebt verborgen hinter einer beeindruckenden Mauer im Glenarm Castle. Die Burg selbst ist nicht für Besucher zugänglich. Nur zum **Tulip Festival** (Tulpenfestival) am Feiertagswochenende im Mai sowie an zwei Tagen im Juli während der **Highland Games** öffnet sie ihre Tore. Den **von einer Mauer umgebenen Garten** kann man jedoch besichtigen.

Steensons KUNSTGALERIE

(www.thesteensons.com; Toberwine St; Mo–Sa 9–17 Uhr) Kunsthandwerkern bei der Arbeit zuschauen – das kann man bei Steensons. Die Werkstatt für Designerschmuck stellt die Geschmeide her, die in *Game of Thrones* getragen werden. (Der Schmuck aus der Serie ist urheberrechtlich geschützt, ähnliche Stücke stehen aber zum Verkauf.)

Praktische Informationen

Die **Touristeninformation** (028-2884 1087; www.glenarmtourism.org; 2 The Bridge; Mo–Fr 9.30–17, So 14–18 Uhr) liegt neben der Brücke an der Hauptstraße.

An- & Weiterreise

Während der Saison hält der Antrim Coaster (S. 649) im Ort.

Larne & Umgebung

17 600 EW.

Larne (Lutharna) ist ein bedeutender Hafen für Fähren von bzw. nach Schottland und damit einer der wichtigsten Grenzorte Nordirlands. Mit seinen Betonbrücken und riesigen Schornsteinen des Ballylumford-Kraftwerks gewinnt es allerdings keinen Schönheitspreis. Abgesehen von der recht nützlichen Touristeninformation besteht kein Grund, sich hier länger aufzuhalten.

Der Bahnhof Larne Harbor befindet sich im Fährterminal. Von dort ist das Stadtzentrum per Bus oder in 15 Gehminuten zu erreichen: Zunächst biegt man rechts in die Fleet Street ein, dann geht's nochmals nach rechts in die Curran Road und anschließend links in die Circular Road. Am großen Verkehrskreisel liegt der Hauptbahnhof Larne Town links, die Touristeninformation ist rechts und der Busbahnhof befindet sich geradeaus unter der Straßenbrücke.

Schlafen & Essen

★**Billy Andy's** IRISCH ££

(028-2827 0648; www.billyandys.com; 66 Browndod Rd, Gloe; Mittagsgerichte 9,50–10,50 £, Abendessen 12–21,50 £; Mi–Fr 17–20.30, Sa 12–21, So 12–19.30 Uhr) 7 km südwestlich von Larne liegt dieses Landpub aus dem 19. Jh. mit offenen Holz- und Torffeuern, niedrigen Decken und traditioneller Livemusik am Samstagnachmittag. Es ist auf jeden Fall einen Abstecher wert, allein wegen des gehobenen Kneipenessens: Auf der Speisekarte stehen Muscheln mit Blutwurst-Mousse, Wildfleisch mit Brombeerpüree, Lammhüfte mit Trüffel-Kartoffelpüree und Sticky-Toffee-Pudding mit Rum-Karamell. Im Voraus reservieren.

Die gemütlichen Doppel-/Familienzimmer im Obergeschoss kosten ab 60/75 £.

Praktische Informationen

Touristeninformation (028-2826 0088; www.midandeastantrim.gov.uk; Narrow Gauge

Rd; ⏲Juni–Sept. Mo–Fr 9–17, Sa 10–16, So 11–15 Uhr, Okt.–Mai Mo–Fr 9–17, Sa 10–16 Uhr) Umfangreiche Informationen über ganz Nordirland und eine Ausstellung zur lokalen Geschichte und Flora und Fauna.

An- & Weiterreise

Bus 156 fährt direkt nach Belfast (5,20 £, 1 Std., Mo–Sa stündl., So 3-mal). Larne ist auch Endstation des während der Saison fahrenden Antrim Coaster (S. 649).

P&O Ferries (www.poferries.com) verkehrt zwischen Larne und den schottischen Zielen Cairnyan und Troon.

Larne hat zwei **Bahnhöfe**, Larne Town und Larne Harbour. Von Ersterem starten Züge von Larne Town zur Belfast Central Station (7,20 £, 1 Std., Mo–Sa stündl., So alle 2 Std.). Die Verbindungen vom Hafenbahnhof sind auf die Ankunftszeiten der Fähren abgestimmt.

Carrickfergus

28 000 EW.

Auf dem Felsvorsprung von Carrickfergus (Carraig Fhearghais) thront Nordirlands beeindruckendste mittelalterliche Burganlage über der Zufahrt zum Belfast Lough nur 18 km nordöstlich von Belfast. Gegenüber, im historischen Ortskern, stehen interessante Häuser aus dem 18. Jh. und ein Teil der Stadtmauer aus dem 17. Jh.

Sehenswertes

Carrickfergus Castle BURG

(Marine Hwy; Erw./Kind 5/3 £; ⏲Ostern–Sept. 10–17 Uhr, Okt.–Ostern bis 16 Uhr) Gleich nach seiner Invasion in Ulster ließ John de Courcy 1777 den Hauptturm von Irlands einziger normannischer Burg, dem Carrickfergus Castle, errichten. Die massiven Mauern des äußeren Hofes wurden 1242 fertiggestellt und im 16. Jh. um Schießscharten aus rotem Ziegelwerk ergänzt. Im Turm ist ein **Museum** untergebracht. Überall verteilte lebensgroße Figuren lassen die Geschichte der Festung lebendig werden.

Von hier schweift der Blick zum Hafen, wo **Wilhelm von Oranien** am 14. Juni 1690 auf seinem Weg zur Schlacht am Boyne landete. Eine blaue Gedenktafel an der alten Hafenmauer markiert die Stelle, wo er an Land ging; seine Bronzestatue steht ganz in der Nähe am Strand.

Carrickfergus Museum MUSEUM

(11 Antrim St; ⏲April–Sept. Mo–Fr 10–18, Sa 10–16 Uhr, Okt.–März Mo–Fr 10–17, Sa 10–16 Uhr) GRATIS Hinter den Glasfronten des **Museum and Civic Centre** auf der Antrim Street befindet sich das Carrickfergus Museum mit Exponaten zur Stadtgeschichte und einem Café.

Andrew Jackson Centre HISTORISCHE STÄTTE

(2 Boneybefore; ⏲Mai–Okt. Do–Sa 11–15, So 13–16 Uhr mit Termin, Nov.–April Fr & So 11–15 Uhr) GRATIS Die Eltern des siebten US-Präsidenten Andrew Jackson verließen Carrickfergus (und somit auch Irland) im 18. Jh. Ihr Haus wurde 1860 abgerissen, doch 2 km nördlich des Carrickfergus Castle gibt's einen Nachbau des reetgedeckten Cottage. Die Ausstellung zeigt die Lebensumstände der Jacksons in Ulster und die Verbindungen dieser Region in die USA.

Nebenan liegt das **US Rangers Centre**. Es erinnert an die ersten US-Rangers, die im Zweiten Weltkrieg vor ihrem Einsatz auf dem europäischen Festland in Carrickfergus ausgebildet wurden.

Im Vorfeld an die Touristeninformation in Carrickfergus wenden, um einen Besuch zu organisieren.

Schlafen & Essen

Dobbin's Inn Hotel HOTEL ££

(☎028-9335 1905; www.dobbinsinn.co.uk; 6-8 High St; EZ/DZ/FZ ab 55/70/85 £; 📶 👪) Ein freundliches, zwangloses Hotel in der Altstadt mit 15 kleinen, gut ausgestatteten Zimmern samt knarrenden Bodendielen. Das Haus ist über 300 Jahre alt, was man an dem Versteck für verfolgte Katholiken und dem original erhaltenen Kamin aus dem 16. Jh. sehen kann.

Sozo CAFÉ ££

(☎028-9332 6060; www.eatsozo.com; 2 North St; Mittagsgerichte 7,50–14,50 £, Abendessen 12–18 £; ⏲Mo–Do 8–17.30, Fr & Sa bis 21.30 Uhr; 📶 👪) Das bei Einheimischen enorm beliebte Sozo ist ein unprätentiöses Café mit freundlichem Service und Hausmannskost wie Sandwiches und Salaten, Lasagne, Steaks und Grillrippchen. Das Sozo ist winzig – wer abends hier essen möchte, sollte deshalb am besten im Voraus reservieren.

Ausgehen

Ownies PUB

(http://owniesbarbistro.co.uk; 16-18 Joymount; ⏲So–Mi 10–23, Do–Sa bis 1 Uhr) Carrickfergus' traditionellste Bar ist das einstige Joymount Arms aus dem Jahr 1846. Für Gemütlichkeit im Ownies sorgen Kamine, außerdem gibt's einen Biergarten und ein Bistro im Obergeschoss mit Blick auf die Burg.

Windrose BAR

(☎ 028-9335 1164; www.thewindrose.co.uk; Rodgers Quay; ⏲ So–Do 10–0, Fr & Sa bis 1 Uhr) Die Speiseräume der modernen Bar mit Bistro erstrecken sich über zwei Etagen. Am reizvollsten genießt man seinen Drink auf der sonnigen holzgedeckten Terrasse mit Blick auf die Schiffsmasten im Yachthafen.

Praktische Informationen

Die **Touristeninformation** (☎ 028-9335 8049; www.carrickfergus.org/tourism; 11 Antrim St, Heritage Plaza; ganzjährig Mo–Fr 10–17, Sa 10–16 Uhr, April–Sept. Mo–Fr bis 18 Uhr;) ist im gleichen Gebäude wie das Museum and Civic Centre (S. 663) untergebracht.

An- & Weiterreise

Züge verkehren von Carrickfergus zur Belfast Central Station (4,30 £, 30 Min., Mo–Sa stündl., So alle 2 Std.).

Das Hinterland

Westlich der Hochmoorebene, dem Abschluss der Glens of Antrim, fallen die Hügel ab zum landwirtschaftlich geprägten Flachland rund um den Lough Neagh und zum weiten Tal des **Bann-Flusses**. Die Region wird kaum von Touristen besucht, weil diese lieber die Küstenstraße nehmen oder auf dem Weg von Belfast nach Derry ohne Zwischenstopp durchfahren, doch wer Zeit hat, findet auch hier ein paar interessante Orte.

Antrim (Stadt)

19 800 EW.

Antrim liegt am Fluss Sixmilewater ganz in der Nähe einer Bucht des Lough Neagh. Während des Aufstandes von 1798 tobte in der High Street eine Schlacht gegen die United Irishmen.

Sehenswertes & Aktivitäten

Bei der Touristeninformation gibt's eine kostenlose Broschüre für historische Rundgänge. Sie ist im wunderschön restaurierten **Old Courthouse** (1762), einem Meisterstück georgianischer Architektur, untergebracht.

Ein Fuß- und Radweg führt von den Castle Gardens am Fluss entlang Richtung Westen zum **Antrim Lough Shore Park**, wo sich der imposante Lough Neagh in voller Größe zeigt. Am Ufer gibt's Picknicktische und Wanderwege.

Antrim Castle Gardens GÄRTEN

(⏲ 9.30–19 Uhr oder Sonnenuntergang) GRATIS Zuerst passiert man das **Barbican Gate** (1818) und einige Überreste der alten Burgmauern. Durch die Unterführung geht's zu den **Antrim Castle Gardens**. Die Burg brannte vor vielen Jahren ab, doch der Park ist eines der wenigen noch erhaltenen Beispiele für Gartenkunst aus dem 17. Jh.

Rundturm HISTORISCHES GEBÄUDE

(Steeple Rd) Antrims Rundturm aus dem 10. Jh. steht am nordöstlichen Stadtrand, ist 28 m hoch und eines der schönsten Beispiele für irische Klostertürme. Der Turm selbst ist für die Öffentlichkeit geschlossen, die Stätte drumherum kann besucht werden.

Essen

Nanabelles CAFÉ £

(24b Railway St; Gerichte 1,80–3,50 £; ⏲ Mo–Sa 9.30–16.30 Uhr) Das Café mit 12 Sitzplätzen versteckt sich im hinteren Teil eines charmanten Geschenke- und Haushaltswarenladens. Der Tee wird in altem Porzellangeschirr serviert, dazu werden himmlische hausgemachte Scones, Kekse, Bananenbrot, Walnuss-Dattel-Brot und Kuchen wie Karotten-Schokoladen- oder Apfelkuchen gereicht.

Praktische Informationen

Die **Touristeninformation** (☎ 028-9442 8331; www.antrimandnewtownabbey.gov.uk; Market Sq; ⏲ Juli & Aug. Mo–Fr 9–17.30, Sa 10–15 Uhr, Mai–Juni & Sept. Mo–Mi 9–17, Do & Fr 9–17.30, Sa 10–13 Uhr, Okt.–April geschl.) liegt im Old Courthouse.

An- & Weiterreise

Die **Busse** 218 und 219 von Belfast nach Ballymena halten in Antrim (4,40 £, 40 Min., Mo–Fr stündl., Sa 7-mal).

Züge fahren von der Belfast Central Station nach Antrim (5,70 £, 30 Min., stündl.) und weiter nach Derry (12 £, 1¾ Std.).

Ballymena & Umgebung

29 467 EW.

Ballymena (An Baile Meánach) ist eine lebhafte Marktstadt mit guten Einkaufsmöglichkeiten. Hier kann man sich gut mit Vorräten eindecken, bevor es in die Landschaft hinausgeht. Sehenswürdigkeiten sind rar gesät, dafür gibt es in der Stadt und seiner Umgebung einige hervorragende Nachtquartiere, Lokale und Kneipen.

Schlafen & Essen

★Galgorm Resort & Spa HOTEL ££

(☎028-2588 1001; www.galgorm.com; 136 Fenaghy Rd, Galgorm; DZ/Hütte ab 145/90 £; @ 📶 👪) Rund 6 km westlich von Ballymena thront dieses renovierte Herrenhaus aus dem 19. Jh. am River Main. Es wurde umgebaut und erweitert und zählt nun zu den besten Landhotels in Irland. In den Hütten mit eigenen Bädern und Küchenzeile kommen zwei bis acht Personen unter. Vergnügen pur verspricht das grandiose Spa (Anwendungen ab 50 £), außerdem gibt es mehrere hervorragende Restaurants und Bars, u. a. in den ehemaligen Stallungen.

★Blackstone IRISCH ££

(☎028-2564 8566; www.blackstonebar.co.uk; 15-17 Hill St; Mittagsgerichte 8,50–15 £, Abendessen 10–20 £; ⏲Mo–Do 12–14.30 & 17–21, Fr & Sa 12–21, So 12–19.30 Uhr) Unmittelbar abseits der Hauptstraße von Ballymena liegt diese Kneipe mit einem hervorragenden Restaurant. Alle Brote und Beilagen werden vor Ort hergestellt, darunter das exquisite Erbsen-Minz-Püree, das zu frischem Fisch und hausgemachten Pommes frites serviert wird. Herausragend sind auch die saftigen Portavogie-Scampi, in der Pfanne gebratene Taube mit Roter Beete, Lebkuchen und Granatapfel-Dressing sowie das Lamm mit gebratenem Blumenkohl und Ziegenkäsebonbons.

Ausgehen

★Crosskeys Inn PUB

(40 Grange Rd, Toomebridge; Mo–Sa 11.30–1, So 12–23 Uhr) Irlands älteste reetgedeckte Kneipe aus dem Jahr 1654 mit winzigen Zimmern voller Antiquitäten, einem prasselnden Torffeuer, dem besten Guinness der Gegend und toller Stimmung ist ein absoluter Geheimtipp. Jeden Samstag gibt's traditionelle Live-Musik, mittwochs, freitags und sonntags wird spontan musiziert. Das Crosskeys liegt 13 km südwestlich von Ballymena.

SPAZIERGANG: SLEMISH

Der auffällige, zerklüftete Gipfel des Hügels Slemish (438 m) ist einer der vielen Orte in Nordirland, die man mit **St. Patrick** in Verbindung bringt. Er soll an den Hängen des Hügels Ziegen gehütet haben. Am St. Patrick's Day pilgern Tausende Menschen auf die Erhebung hinauf; an den übrigen Tagen des Jahres geht es ruhiger zu. Vom Gipfel wird man mit einem schönen Blick belohnt (hin und zurück benötigt man vom Parkplatz rund eine Stunde). Vorsicht: Bei feuchtem Wetter ist der steile Weg rutschig.

An- & Weiterreise

Bus 217 verkehrt zwischen Ballymena und Ballycastle (6,70 £, 50 Min., Mo–Fr stündl., Sa 5-mal). Die Busse 218 und 219 steuern das Europa Bus Centre (12 £, 40 Min., Mo–Sa stündl.) in Belfast an.

Züge pendeln zwischen Ballymena und der Belfast Central Station (8,30 £, 50 Min., stündl.), einige fahren von Ballymena weiter nach Derry (11,50 £, 1½ Std., alle 2 Std.).

Counties Fermanagh & Tyrone

Inhalt ➡

Gut essen

- Café Merlot (S. 671)
- Brewer's House (S. 684)
- Kitchen Restaurant (S. 683)
- Jolly Sandwich Bar (S. 671)
- Thatch Coffee Shop (S. 678)

Schön übernachten

- Westville Hotel (S. 671)
- Tullylagan Country House (S. 683)
- Mullaghmore House (S. 681)
- Lusty Beg Island (S. 677)
- Watermill Lodge (S. 675)

Auf nach Fermanagh & Tyrone

Eis und Wasser haben die noch immer ursprüngliche Landschaft von Fermanagh geformt. Raue Hügel erheben sich über halb im Wasser stehenden Drumlins (beim Rückzug von Gletschern entstandene runde Hügel) und glitzernden Schilfseen. Schon der Blick auf die Karte genügt, um festzustellen, dass die Grafschaft zu etwa einem Drittel von Wasser bedeckt ist. Einwohner witzeln gern darüber: Sechs Monate im Jahr lägen die Seen in Fermanagh, die anderen sechs Monate befände sich Fermanagh in den Seen. Dementsprechend gilt die Region als Paradies zum Boot- und Kajakfahren und zum Angeln. In der Umgebung gibt es viele gute Wanderwege.

Das County Tyrone leitet seinen Namen von Tír Eoghain (Land von Owen; ein legendärer Stammesfürst) ab. Es wird von der tweedartig gemusterten Moorlandschaft der Sperrin Mountains dominiert, an deren Südflanken prähistorische Stätten liegen. Besucher können in der hügeligen Heidelandschaft wandern und auch zahlreiche hervorragende kulturelle Sehenswürdigkeiten entdecken.

Reisezeit

- Im Mai beginnt die Periode der Eintagsfliegen und damit die beste Zeit zum Forellenfischen auf dem Lough Erne. Der Juni ist der ideale Monat für Bootstouren auf den Seen.
- Ideale Bedingungen für eine Wanderung in den Sperrin Mountains herrschen im Juli. Am Cairn Sunday, dem letzten Julisonntag, kann man an einer Massenwanderung zum Gipfel des Mullaghcarn oberhalb von Gortin teilnehmen.
- Den Abschied vom Sommer versüßt das jährliche Appalachian & Bluegrass Music Festival im Ulster American Folk Park.

COUNTY FERMANAGH

61 810 EW. / 1691 KM²

Enniskillen & Umgebung

13 800 EW.

Das attraktive Enniskillen (Inis Ceithleann, Ceithleanns Insel – nach einer legendären Kriegerin benannt) liegt inmitten des Wasserstraßennetzes, das den Upper und den Lower Lough Erne miteinander verbindet, und verfügt über eine lange, hügelige Hauptstraße. Seine schöne Lage, die zahlreichen Freizeitboote im Sommer und seine lebhaften Pubs sowie Restaurants machen es zu einem idealen Ausgangsort für Touren zum Upper und Lower Lough Erne, zum Florence Court und zu den Marble Arch Caves.

Oscar Wilde und Samuel Beckett wurden hier zwar beide nicht geboren, waren aber Schüler an der hiesigen Portora Royal School, Wilde von 1864 bis 1871 und Beckett von 1919 bis 1923. Dort lernte Beckett Französisch, jene Sprache, in der er später schrieb. Während der Unruhen erlangte die Stadt traurige Berühmtheit, denn am 11. November 1987, dem Poppy Day (Volkstrauertag), tötete eine IRA-Bombe elf Menschen während eines Gottesdienstes am Kriegerdenkmal.

Sehenswertes & Aktivitäten

★ **Enniskillen Castle** MUSEUM
(☎028-6632 5000; www.enniskillencastle.co.uk; Castle Barracks; Erw./Kind 4/3 £; ⏰ganzjährig Mo 14–17 & Di–Fr 10–17 Uhr, Mai–Sept. Sa 14–17 Uhr, Juli & Aug. So 14–17 Uhr) Noch heute bewacht die von Hugh Maguire, dem Anführer des mächtigen Maguire-Clans, im 16. Jh. errichtete Festung den westlichen Teil der Hauptinsel von Enniskillen. Über den vorbeifahrenden Kajütbooten erhebt sich das **Watergate** mit seinen beiden Türmen. Auf dem Burggelände zeigt das **Fermanagh County Museum** Ausstellungsstücke zur Geschichte, Archäologie, Geografie und Fauna der Region. Darüber hinaus kann man im Bergfried aus dem 15. Jh. die Sammlung des **Royal Inniskilling Fusiliers Regimental Museum** bestaunen, die aus Waffen, Uniformen und Orden, darunter acht Viktoriakreuze aus dem Ersten Weltkrieg, besteht. Sie ist jenem Regiment gewidmet, das hier 1689 aufgestellt wurde, um das Heer Wilhelms I. zu unterstützen. 2015 wurde es größtenteils restauriert.

St. Michael's Church KIRCHE
(☎028-6632 2075; www.saintmichaels-parish.com; 4 Darling St; ⏰8–17 Uhr) Die Kirche, die das Zentrum weit überragt, wurde erst 1875 als Ersatz für eine frühere Kirche erbaut, nachdem diese einstürzte. Die aufwendige künstlerische Gestaltung und Dekoration stammt von Charles Russell.

★ **Castle Coole** HISTORISCHES GEBÄUDE
(☎028-6632 2690; www.nationaltrust.org.uk; nahe der A4; Führung Haus Erw./Kind 5/2 £, Gelände 2,50/1,50 £; ⏰Haus Juli & Aug. tgl. 11–17 Uhr, Juni Fr–Mi, Mitte März–Mai & Sept. Sa, So & Feiertage 11–17 Uhr, Park März–Okt. 10–19 Uhr, Nov. –Feb. 10–16 Uhr) In dem 600 ha großen **Park** erstreckt sich ein See, auf dem die einzige Grauganskolonie im Vereinigten Königreich lebt und dort sogar überwintert. Zudem kann man sich einer Führung durch das **Herrenhaus** aus dem 18. Jh. anschließen.

Das Anwesen befindet sich 2,5 km südöstlich von Enniskillen. Wer von der Stadt zu Fuß herspazieren will, braucht etwa 30 Minuten. Im Ortszentrum biegt man bei den Dunnes Stores links auf die Tempo Road ab und folgt dann der Castlecoole Road.

Als Georg IV. Irland 1821 besuchte, ließ der zweite Earl of Belmore im Castle Coole extra ein Schlafzimmer für den König herrichten. Doch der bedeutende Gast tauchte gar nicht erst auf und verbrachte seine Zeit stattdessen mit seiner Geliebten. In dem mit roter Seide ausstaffierten Zimmer hängen Gemälde, die *A Rake's Progress* (die beleidigte Reaktion des Earl auf das Nichterscheinen des Königs) darstellen. Der Raum gilt als eines der Highlights der einstündigen Führung.

Das von James Wyatt entworfene palladianische Herrenhaus wurde zwischen 1789 und 1795 für Armar Lowry-Corry, den ersten Earl of Belmore, erbaut und ist vermutlich das beste Beispiel neoklassizistischer Architektur im Irland des späten 18. Jhs.

Es wird erzählt, die Earls of Belmore würden Castle Coole verlieren, sollten die Graugänse die Gegend jemals verlassen.

Sheelin Antique Irish Lace Shop LADEN
(☎028-6634 8052; www.antiqueirishlace.co.uk; an der A509, Bellanaleck; ⏰Mo–Sa 10–18 Uhr) In diesem Geschäft gibt's auch eine kleine Sammlung irischer Spitzen aus der Zeit zwischen 1850 und 1900. Vor und nach der Hungersnot war die Stoffproduktion ein bedeutender Industriezweig in der Region. Im County gab es vor dem Ersten Weltkrieg mindestens zehn Schulen, in denen man die Kunst der Spitzen-

Highlights

1 Steinfiguren auf **White Island** (S. 676) und **Boa Island** (S. 677) bestaunen.

2 In den **Marble Arch Caves** eine erstaunliche unterirdische Welt entdecken (S. 677).

3 Mit einem gemieteten Kanu oder Kajak die schilfgesäumte Wasserfläche des **Lough Erne** (S. 674) erkunden.

4 Einblicke in die historischen Verbindungen zwischen Irland und den USA im **Ulster American Folk Park** (S. 681) gewinnnen.

5 Sich im eleganten Landhaus **Castle Coole** (S. 667) ein Bild vom süßen Leben der irischen Adligen machen.

6 Die keltische Klostersiedlung auf **Devenish Island** (S. 675) erkunden und auf den uralten Rundturm steigen.

7 In der **Wellbrook Beetling Mill** (S. 682) das laute Gehämmer einer echten alten Flachsmühle erleben.

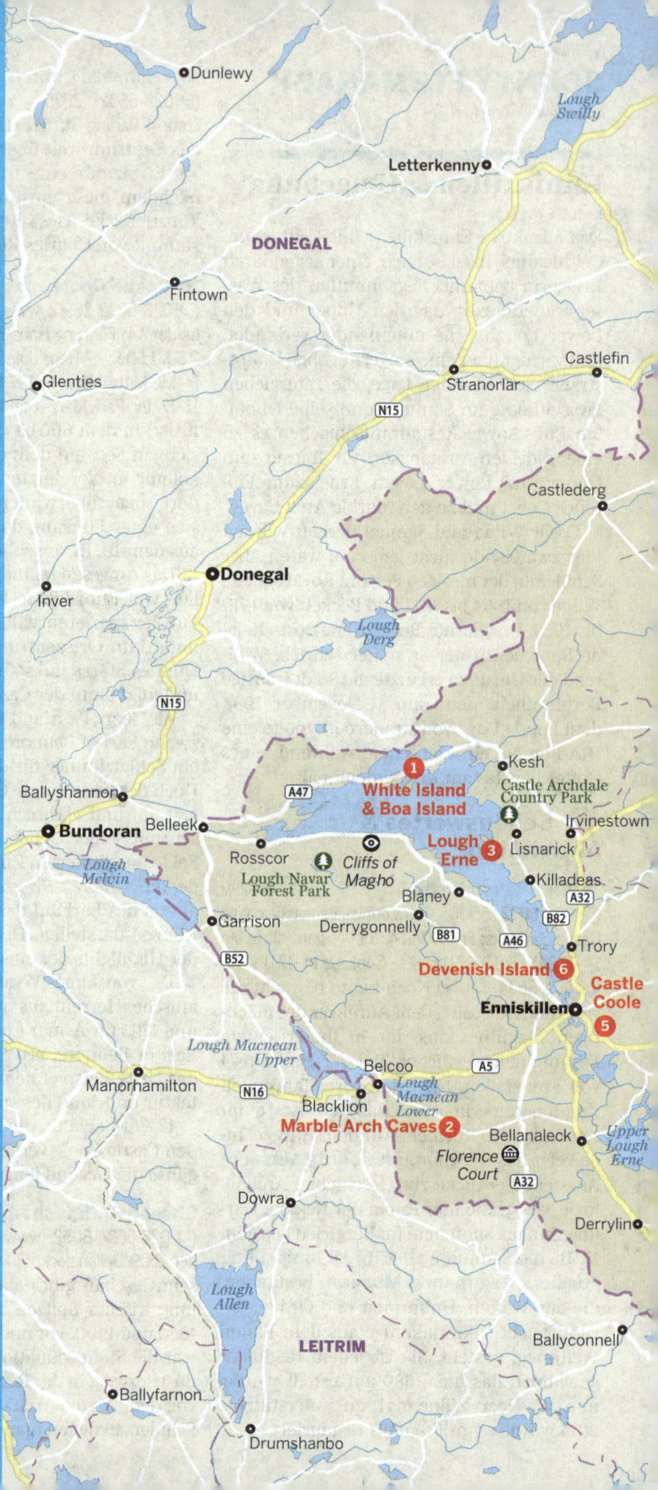

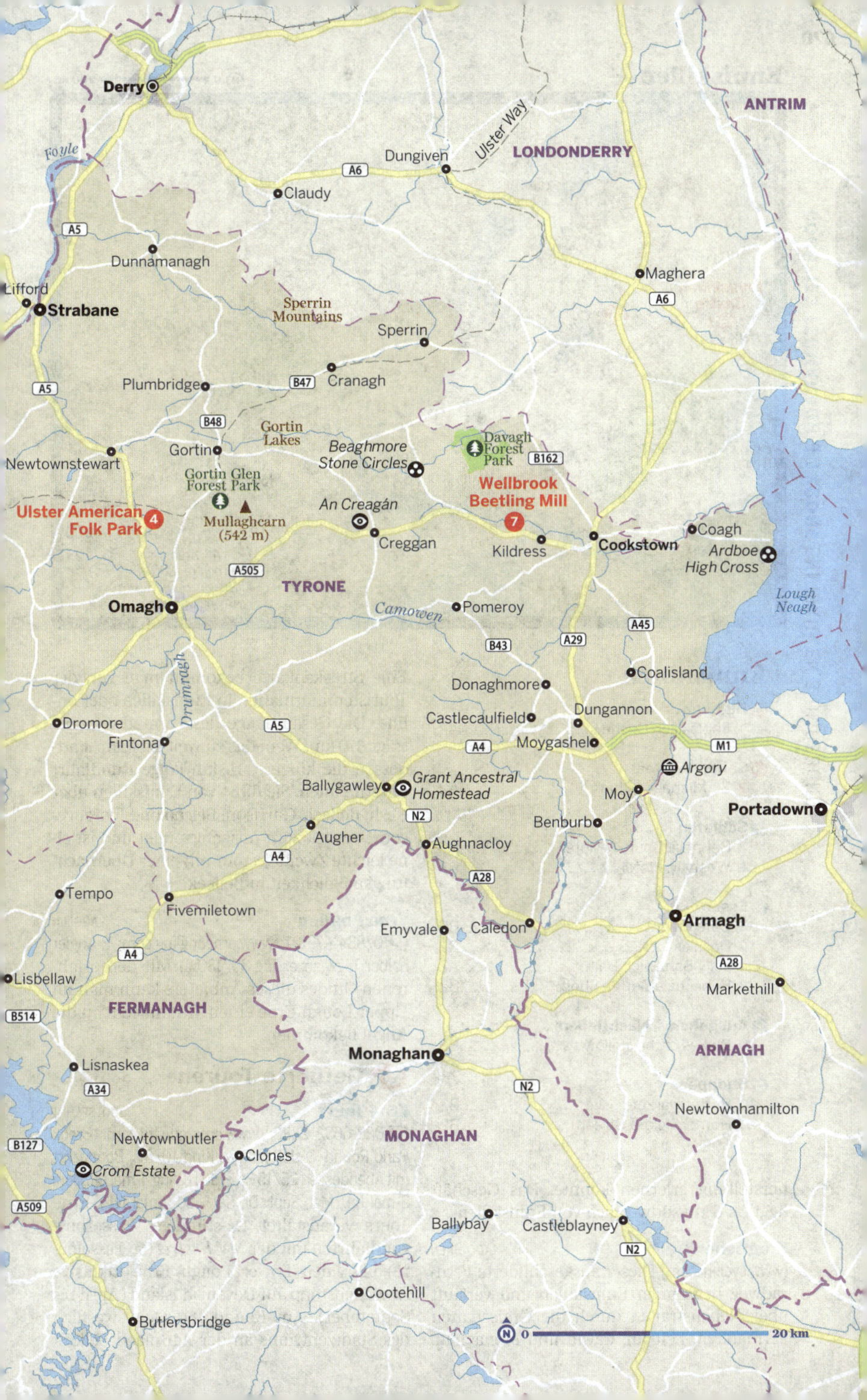

Derry
Foyle
Ulster Way
ANTRIM
LONDONDERRY
Dungiven
A6
Claudy
A5
Dunnamanagh
Maghera
Lifford
Strabane
Sperrin Mountains
A6
Sperrin
Cranagh
Plumbridge
B47
A5
B48
Gortin Lakes
Davagh Forest Park
Gortin
Beaghmore Stone Circles
B162
Newtownstewart
Gortin Glen Forest Park
Wellbrook Beetling Mill
7
Ulster American Folk Park
4
Mullaghcarn (542 m)
An Creagán
Creggan
Kildress
Cookstown
Coagh
Ardboe High Cross
A505
TYRONE
Lough Neagh
Omagh
Camowen
Pomeroy
A45
A29
B43
Coalisland
Drumragh
Donaghmore
Castlecaulfield
Dungannon
Dromore
A5
Fintona
A4
Moygashel
M1
Argory
Grant Ancestral Homestead
Ballygawley
Moy
Portadown
N2
Benburb
Augher
Aughnacloy
A4
A28
Tempo
Fivemiletown
Armagh
Emyvale
Caledon
A4
A28
Lisbellaw
Markethill
B514
FERMANAGH
Monaghan
ARMAGH
Lisnaskea
A34
N2
Newtownhamilton
MONAGHAN
Newtownbutler
B127
Clones
Crom Estate
A509
Ballybay
Castleblayney
N2
Cootehill
Butlersbridge
N
0
20 km

Enniskillen

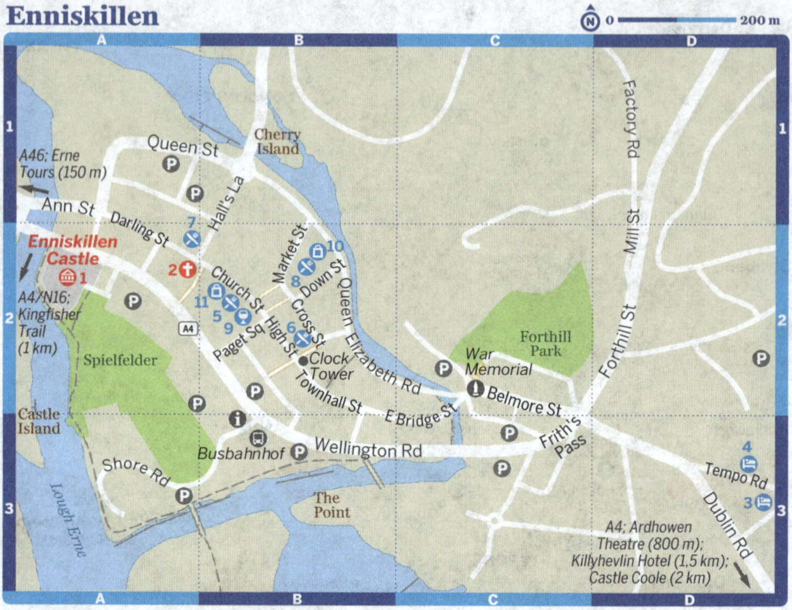

Enniskillen

Highlights
1 Enniskillen Castle ... A2

Sehenswertes
2 St. Michael's Church ... A2

Schlafen
3 Belmore Court & Motel ... D3
4 Westville Hotel ... D3

Essen
5 Café Merlot ... B2
6 Dollakis ... B2
7 Jolly Sandwich Bar ... A2
8 Rebecca's Coffee Shop ... B2

Ausgehen & Nachtleben
9 Blakes of the Hollow ... B2

Shoppen
10 Buttermarket ... B2
11 Home, Field & Stream ... B2

herstellung erlernen konnte. Das Geschäft liegt ca. 6 km südwestlich von Enniskillen.

Kingfisher Trail RADFAHREN
(www.cycleni.com) Dieser ausgeschilderte Fernradweg beginnt in Enniskillen und verläuft über Nebenstraßen durch die Grafschaften Fermanagh, Leitrim, Cavan und Monaghan. Eine Streckenkarte bekommt man von der Touristeninformation in Enniskillen oder online. Die Gesamtlänge des Fernradwegs beträgt 370 km. Wem das zu weit ist, kann stattdessen die kürzere, 115 km lange Rundfahrt unternehmen. Sie führt von Enniskillen über Kesh, Belleek, Garrison, Belcoo und Florencecourt zurück zum Ausgangspunkt und ist eine leichte Zweitagestour mit einer Übernachtungsmöglichkeit in Belleek.

Erne Angling ANGELN
(☎07884 472121; www.erneangling.com; 2 Angler halber Tag/ganzer Tag 80/130 £) Mit den erfahrenen Guides dieses Anbieters kann man im Upper Lough Erne einen Traumhecht an die Angel bekommen.

Geführte Touren

Erne Tours BOOTSFAHRT
(☎028-6632 2882; www.ernetoursltd.com; Brook Park, Round 'O' Jetty; Erw./Kind 10/6 £, Bootsfahrt mit Abendessen 25/15 £; ⏲ Juli & Aug 4-mal tgl., Juni 2-mal tgl., Mai, Sept. Di, Sa & So 2-mal tgl.) Erne Tours veranstaltet 1¾-stündige Wasserbusrundfahrten mit der MV *Kestrel* (56 Passagiere) über den Lower Lough Erne inklusive Zwischenstopp auf Devenish Island (April bis September). Am Round „O" Quay westlich des Stadtzentrums an der A46 nach Belleek

geht's los. Samstags kann man auch an der Abendtour (Mai bis September) teilnehmen, zu der ein Menü im Killyhevlin Hotel gehört. Die Abfahrt erfolgt am Anlegesteg des Hotels.

Schlafen

★ Westville Hotel HOTEL ££
(☎ 028-6632 0333; www.westvillehotel.co.uk; 14-20 Tempo Rd; EZ/DZ ab 65/70 £;) Mit Designerstoffen, coolen Farbkombinationen und gutem Essen bringt das Westville einen Hauch Vier-Sterne-Komfort in Enniskillens eher biedere Unterkunftsszene. Die Familiensuite (ab 155 €) mit zwei Zimmern für vier Personen bietet ein tolles Preis-Leistungs-Verhältnis.

Belmore Court & Motel HOTEL ££
(☎ 028-6632 6633; www.motel.co.uk; Tempo Rd; Zi. ab 65 £;) Eine zentral gelegene Bleibe mit mehreren original erhaltenen Terrassenhäusern und einem modernen Anbau. Das Belmore bietet stilvolle, große „Superior"-Zimmer in einem neuen Gebäude und Miniapartments für Familien mit kleinen Küchen im alten Teil. Einige der Zimmer im Motel-Stil bieten Platz für bis zu vier Personen.

Greenwood Lodge B&B ££
(☎ 028-6632 5636; www.greenwoodlodge.co.uk; 17 Killyvilly Ct, Tempo Rd; EZ/DZ ab 40/50 £) Das große moderne Haus liegt in einer ruhigen Straße 3 km nordöstlich der Stadt unweit der B80. Die drei gemütlichen Zimmer haben private Bäder. Zudem hat das B&B eine lässige Lounge und einen sicheren Abstellplatz für Fahrräder.

Killyhevlin Hotel HOTEL £££
(☎ 028-6632 3481; www.killyhevlin.com; nahe der A4, Killyhevlin; EZ/DZ ab 95/160 £;) Enniskillens beste Unterkunft liegt etwa 1,5 km südlich der Stadt in idyllischer Umgebung mit Aussicht auf den Upper Lough Erne. Viele der 70 eleganten Zimmer bieten einen fantastischen Ausblick auf die schöne Gartenlandschaft am See. Zum Hotel gehören ein nobles Spa und ein Gesundheitsclub.

Essen

★ Jolly Sandwich Bar CAFÉ £
(☎ 028-6632 2277; www.thejollysandwichbar.co.uk; 3 Darling St; Gerichte ab 4 £; ⏲ Mo–Fr 8–16, Sa 8.30–16 Uhr) Einfaches und fröhliches Café mit einer großen Auswahl an Sandwiches zum Vor-Ort-Verzehr oder zum Mitnehmen. Als Zutaten werden saisonale und lokale Produkte verwendet. Das Gebäck ist himmlisch.

Rebecca's Coffee Shop CAFÉ £
(☎ 028-6632 9376; Buttermarket; Snacks 2–5 €; ⏲ Mo–Sa 9–17.30 Uhr) In dem traditionellen Laden kommen gute Sandwiches, Salate, Scones und Gebäck auf den Tisch (im Sommer auch im Hof). Absolut beliebt ist der Cottage Pie.

★ Café Merlot BISTRO ££
(☎ 028-6632 2143; www.blakesofthehollow.com/cafe-merlot; 6 Church St; Hauptgerichte mittags 6–10 £, abends 13–17 £; ⏲ 12–14, 18–21 Uhr) Das schöne Café mit Ziegelsteingewölbedecke liegt unter dem Pub Blakes of the Hollow und hat französisches Flair. Neben den Gerichten mit Fleisch, Fisch und Meeresfrüchten auf der Speisekarte gibt's auch saisonale Küche und die wohl beste Weinkarte der Stadt.

Dollakis MEDITERRAN £££
(☎ 028-6634 2616; www.dollakis.com; 2 Cross St; Hauptgerichte mittags 7–11 £, abends 14–26 £; ⏲ Di–Sa 10–22 Uhr) Tagsüber werden in dem schicken kleinen Café Mittagsgerichte, Kuchen und Snacks serviert. Ab 18 Uhr verwandelt sich das Dollakis in ein gehobenens griechisches Mittelmeerrestaurant. Dann stehen auf der Karte klassische griechische Speisen und eine Auswahl kleiner Gerichte *(meze)* sowie saisonale Angebote.

Ausgehen & Nachtleben

★ Blakes of the Hollow PUB
(William Blake; ☎ 028-6632 2143; 6 Church St; ⏲ 12 Uhr–open end) Dieser viktorianische Pub zapft das beste Guinness in ganz Ulster. Seit der Eröffnung 1887 hat sich die Ausstattung kaum verändert: ein Marmortresen, vier große Sherryfässer, antike silberne Leuchter, ein offener Kamin und die alte Holzvertäfelung mit der Patina von einem Jahrhundert Zigarettenrauch. Freitags ab 21 Uhr werden die Gäste mit traditioneller Musik unterhalten.

Unterhaltung

Ardhowen Theatre THEATER
(☎ 028-6632 5440; www.ardhowentheatre.com; 97 Dublin Rd; ⏲ Kartenverkauf Mo–Fr 9.30–16.30 Uhr, vor der Aufführung bis 19 Uhr, Sa 11–13, 14–17 & 18–19 Uhr) Auf dem Programm des Ardhowen stehen Konzerte, professionelle und Laientheaterstücke sowie -musicals, Pantomimeshows und Filme. Außerdem hat es ein gutes Café. Das imposante Gebäude verfügt über eine auffällige Glasfassade und liegt 1 km südöstlich vom Stadtzentrum in der Nähe der A4 an einem See.

1

3

1. Lough Erne (S. 674)
Rund um den See gibt's mehr als genug Unterkünfte, von Campingplätzen bis hin zu Golf-Resorts.

2. Janus Stone (S. 677)
Die heidnische Figur mit zwei Gesichtern auf der Insel Boa ist etwa 2000 Jahre alt.

3. Castle Coole (S. 667)
Dieses Landhaus ist ein hervorragendes Beispiel für die neoklassizistische Architektur im Irland des späten 18. Jhs.

CHRIS HILL/GETTY IMAGES ©

CHRIS HILL/GETTY IMAGES ©

Shoppen

Buttermarket KUNSTHANDWERK
(Down St; Mo–Sa 9–17 Uhr) In den restaurierten Häusern am alten Marktplatz befindet sich eine große Vielfalt attraktiver Kunsthandwerksshops und -werkstätten. Dort gibt's Gemälde, Keramik, Schmuck und sogar Angelzubehör.

Home, Field & Stream ANGELZUBEHÖR
(028-6632 2114; www.hfs-online.com; 18-20 Church St; Mo–Sa 9–17.30 Uhr) Verkauft eine Vielzahl von Angelzubehör sowie Angellizenzen und Genehmigungen.

Praktische Informationen

Die sehr hilfreiche **Touristeninformation** (028-6632 3110; www.fermanaghlakelands.com; Wellington Rd; ganzjährig Mo–Fr 9–17.30, Sa 10–18, Ostern–Sept. So 11–17 Uhr;) in der Nähe des Busbahnhofs hat einen großen Parkplatz.

An- & Weiterreise

Die Hauptstraße zwischen den beiden Brücken wechselt ihren Namen insgesamt ein halbes Dutzend Mal. Genau im Stadtzentrum ragt der Uhrenturm auf. In der Wellington Road, die südlich parallel zur Hauptstraße verläuft, befinden sich der Busbahnhof, die Touristeninformation und Parkplätze. Während der Rushhour kommen Fußgänger meist schneller voran, denn an der westlichen Brücke sind Staus um diese Zeit fast sicher.

Der Busbahnhof liegt zentral. Busse von Ulsterbus und Bus Éireann fahren nach/von Belfast (12 £, 2¼ Std., Mo–Sa stündl. So 2-mal), Omagh (8 £, 1 Std., Mo–Sa 1-mal tägl.), Dublin (20 €, 2½ Std., 8-mal tägl.) sowie nach Donegal (15 €, 1 Std., Mo–Sa 4-mal, So 2-mal) und weiter nach Sligo (17 €, 1½ Std.).

ULSTER WAY

Der **Fernwanderweg** Ulster Way führt durch sechs nordirische Grafschaften und durch Donegal. Wer sich die gesamte 900 km lange Wanderstrecke vornehmen möchte, sollte dafür vier bis fünf Wochen einplanen. Der größte Teil der Route besteht jedoch nicht aus Trekkingpfaden, sondern aus Nebenstraßen. Daran übt der Northern Ireland Tourist Board (NITB) Kritik. Die Organisation will den Ulster Way „überarbeiten" und in verschiedene Anschnitte einteilen – nämlich in reizvolle Wege sowie in Verbindungsstrecken, die mit öffentlichen Verkehrsmitteln zurückgelegt werden können. Mehr Infos darüber findet man auf der **WalkNI-Webseite** (www.walkni.com).

Der **Cuilcagh Mountain Park** (www.cuilcaghmountainpark.com) und der **Causeway Coast Way** (www.causewaycoastway.com; S. 652) gehören zu den kurzen Abschnitten des Ulster Way, die sich für Tagesausflüge eignen.

Lough Erne

Der 80 km lange Lough Erne besteht aus zwei Teilen: dem Upper Lough südlich von Enniskillen und dem Lower Lough nördlich davon. Sie sind durch den Fluss Erne miteinander verbunden, der im County Cavan entspringt und westlich von Ballyshannon in die Donegal Bay mündet. Diese Gegend eignet sich hervorragend für eine Tour mit dem Auto, denn dann kann man ganz nach Lust und Laune picknicken oder sich mit Wassersport und anderen Aktivitäten vergnügen.

Aktivitäten

Die Touristeninformation von Enniskillen (S. 674) hilft beim Anmieten von Kanus und Booten und hat auch detaillierte Infos zum Thema Angeln.

In Enniskillen, Killadeas und im Castle Archdale Country Park findet man schnell **Vermieter für Boote**. Die Preise für ein Ruderboot mit Außenbordmotor liegen bei 10 bis 15 £ pro Stunde und 60/90 £ pro halben/ganzen Tag.

Der **Lough Erne Canoe Trail** (www.canoeni.com) bietet Kanufans auf einer 50 km langen Strecke über den See und den Fluss zwischen Belleek und Belturbet zahlreiche Attraktionen. Achtung: Auf dem offenen Wasser des Lower Lough können sich bei stärkerem Wind unvermittelt hohe Wellen bilden, deshalb sollten sich nur Erfahrene weiter hinauswagen. Anfänger und Familien sind in den geschützten Seitenarmen des Upper Lough besser aufgehoben.

Karten und Infos zum Download gibt es auf der Website.

Share Canoe Hire KANUFAHREN
(028-6772 2122; www.sharevillage.org; nahe der Newbridge Rd, Share Discovery Village; Kanuverleih 12/35 £ pro Std./Tag; Juni–Aug.) Vermietet Kajaks, Kanus und Ausrüstung.

Upper Lough Erne

Eigentlich ist der Upper Lough Erne weniger ein See als vielmehr ein Wasserlabyrinth mit mehr als 150 Inseln, Landzungen, Schilfbuchten und mäandernden Staugewässern. In der Gegend stößt man auf die unterschiedlichsten Vogelarten, darunter Schwärme von Singschwänen und Schellenten, die vor Ort überwintern. Im Frühjahr brüten hier Haubentaucher, außerdem lebt in einem 400 Jahre alten Eichenwäldchen auf der Insel Inishfendra südlich des Crom Estate Irlands größte Graureiherkolonie.

In der schlichten Hauptstadt **Lisnaskea** gibt's Geschäfte und Pubs.

Sehenswertes & Aktivitäten

Crom PARK

(☎ 028-6773 8118; www.nationaltrust.org.uk; Crom Rd, Newtownbutler; Erw./Kind 5/2 £; ⏲ Gelände Juni–Aug. 10–19 Uhr, Mitte März–Mai & Sept.–Nov. bis 18 Uhr; Besucherzentrum Ostern–Sept. tgl. 11–17 Uhr, Okt. nur Sa & So) Inmitten des größten natürlichen Waldes Nordirlands liegt das vom National Trust verwaltete wunderbare Crom Estate, in dem Baummarder, seltene Fledermäuse und zahlreiche Vogelarten hausen. Ein Spaziergang führt vom Besucherzentrum zur Ruine des alten **Crom Castle** mit seinem **ummauerten Garten**, dem stillgelegten Bowlingplatz und knorrigen Eiben. Außerdem beeindruckt der Ausblick zu einer kleinen Insel im von Schilf bestandenen See.

Das Schutzgebiet erstreckt sich am Ostufer des Upper Lough 5 km westlich von Newtownbutler.

Details zur Wildtierbeobachtung und anderen Aktivitäten findet man auf der Website. Man kann auch ein Ruder- (7,50 £/Std.) oder ein Motorboot (75 £/Tag) mieten.

Inishcruiser BOOTSFAHRT

(☎ 028-6772 2122; www.sharevillage.org/inishcruiser; nahe der Newbridge Rd, Share Discovery Village; Erw./Kind 10/6 £; ⏲ Ostern–Sept. So 10.30, Juli & Aug. auch 14 Uhr) Die 1½- bis zweistündigen Fahrten über den See starten 5 km südwestlich von Lisnaskea.

Schlafen & Essen

★ **Watermill Lodge** B&B ££

(☎ 028-6772 4369; www.watermillrestaurantfermanagh.com; Kilmore Quay, Lisnaskea; EZ/DZ ab 60/95 £) Dank der abgeschiedenen Lage am See kann man sich in den sieben luxuriösen Gästezimmern mit Seeblick wunderbar erholen. Zudem befindet sich direkt nebenan das noble strohgedeckte **Watermill Restaurant** (Abendessen mit 3 Gängen ab 26 £; ⏲ Mi–Fr 17–21.30, Sa 12–22, So 12–20 Uhr), das mit französisch beeinflusster saisonaler Küche aufwartet.

Kissin Crust CAFÉ £

(☎ 028-6772 2678; 152 Main St, Lisnaskea; Gerichte 3–7 £; ⏲ Mo–Sa 8.30–17 Uhr) Einheimische lieben dieses Café, das seine Gäste mit hausgemachtem Kuchen, Quiche und Scones verwöhnt. Mittags gehören frisch zubereitete Suppen, Sandwiches und ein warmes Tagesgericht zum Angebot, außerdem kann man hier auch prima für ein Picknick einkaufen. Sein Slogan lautet: „Zum Glück können sich die Menschen auch in der modernen Welt noch an Orten wie diesen erfreuen."

Unterwegs vor Ort

Die Linie 95 von Ulsterbus fährt von Enniskillen am Ostufer des Upper Lough Erne entlang nach Lisnaskea (4,30 £, 30 Min., Mo–Fr 6-mal tgl., Sa 5-mal, Juli & Aug. zusätzlich So 1-mal), während die 58 am Westufer entlang erst Derrylin (4 £, 40 Min., Mo–Fr 5-mal tgl., Sa 2-mal) und danach Belturbet im County Cavan ansteuert.

Lower Lough Erne

Im Gegensatz zum Upper Lough Erne hat der Lower Lough Erne eine relativ offene Wasserfläche. Seine 90 Inseln erstrecken sich vor allem am Südende. Zu frühchristlicher Zeit, als Landreisen noch beschwerlich waren, bildete der Lough Erne eine Station auf der Reiseroute zwischen Donegals Küste und Leitrim im Landesinneren. Am Ufer verteilen sich daher mehrere religiöse und historische Stätten. Außerdem war der See im Mittelalter Teil einer wichtigen Pilgerstrecke.

Unterwegs vor Ort

Ulsterbus fährt von Enniskillen an der Ostseite des Sees entlang über Irvinestown (Mo–Sa 3–5-mal) nach Pettigo. Unterwegs hält sie am Castle Archdale Country Park (35 Min.) und in Kesh (1 Std.). **Bus Eireann** fährt von Dublin nach Donegal und verbindet auch Enniskillen mit Belleek (8 £, 35 Min., 8-mal tgl.).

Devenish Island

Devenish Island (Daimh Inis – Ochseninsel) ist die größte von mehreren „heiligen Inseln" im Lough Erne. Hier befinden sich die

Überreste eines im 6. Jh. vom hl. Molaise gegründeten **Augustinerklosters**, darunter ein fast vollständig erhaltener **Rundturm** aus dem 12. Jh., die Ruinen der St. Molaise Church und der St. Mary's Abbey, ein ungewöhnliches Hochkreuz aus dem 15. Jh. sowie zahlreiche faszinierende alte Grabsteine. Tipp: Auf den Turm steigen und den Ausblick genießen!

Eine kleine **Fähre** (☎07702 052873; Trory Point Landing; Erw./Kind hin & zurück 3/2 £; ⊙Juli & Aug. tägl. zu variablen Zeiten, Mai–Juni weniger häufig) setzt auf die Insel über. Von Enniskillen aus erreicht man sie über die A32 nach Norden Richtung Irvinestown. Nach 5 km steht auf der linken Seite, direkt hinter einer Tankstelle und vor der Kreuzung der B82 und der A32, ein Wegweiser.

Ein Besuch von Devenish Island ist auch im Rahmen einer Bootstour mit Erne Tours (S. 670) ab Enniskillen möglich.

Castle Archdale Country Park

Dieser Park gehört zum Archdale Manor aus dem 18. Jh. und lockt mit einem schönen Spazier- bzw. Radweg, der durch den Wald und am Ufer entlangführt. Während des Zweiten Weltkriegs diente die Bucht mit ihren vielen Inseln als Basis der Catalina- Wasserflugzeuge.

Aktivitäten

Im Park werden Ponyreiten (15 £/Std.) sowie kürzere Ritte (10 £) für Anfänger angeboten. Außerdem kann man Boote mieten und Angelruten leihen.

Ultimate Watersports WASSERSPORT
(☎07808 736818; www.ultimatewatersports.co.uk; Castle Archdale County Park; Kajakverleih ab 13 £/ Std.; ⊙Juli & Aug. tgl. 10–18 Uhr, April–Juni & Sept.–Okt. Sa & So) An der Castle-Archdale-Marina und auf Lusty Beg Island erhält man bei Ultimate Watersports eine Leihausrüstung sowie eine Unterweisung in Wasserski, Wakeboarding, Jetskiing und Segeln im Dingi.

Schlafen

Castle Archdale Caravan Park CAMPINGPLATZ £
(☎028-6862 1333; www.castlearchdale.com; nahe der B82, Rossmore; Zeltstellplatz 10–30 £, Wohnwagenstellplatz 25–30 £; ⊙Ostern–Okt.; 👪) Ein Platz unter Bäumen im Park mit zahlreichen Dauerstellplätzen und guten Einrichtungen, darunter ein Geschäft, eine Waschküche, ein Spielplatz und ein Pub.

Praktische Informationen

Castle Archdale Country Park Visitor Centre
(☎028-6862 1588; nahe der B82, Rossmore; ⊙Park Ostern–Sept. 9–19 Uhr, Juli & Aug. bis 21 Uhr, Besucherzentrum Juni–Aug. tgl. 10–17 Uhr, Mai & Sept. Sa & So 13–17 Uhr) Im kleinen Museum des Besucherzentrums wird die Geschichte des Parks vermittelt.

An- & Weiterreise

Der Park liegt 16 km nordwestlich von Enniskillen in der Nähe von Lisnarick.

White Island

White Island in der Bucht nördlich des Castle Archdale Country Park gilt als schönste Klosterstätte des Lough Erne.

Sehenswertes

Church Ruins HISTORISCHE STÄTTE
(White Island) An der Ostspitze der Insel stößt man auf die Ruine einer **Kirche** (12. Jh.) mit einem herrlichen romanischen Tor an der Südseite. Innen lehnen acht **keltische Steinfiguren** an der Wand, die wie kleine Kopien der bekannten Statuen auf der Osterinsel aussehen und vermutlich aus dem 9. Jh. stammen. Ihre Anordnung ist jedoch neueren Datums. Die meisten Figuren wurden erst im 19. Jh. bei der Freilegung der Kirchenmauern entdeckt, weil die Maurer im Mittelalter sie einfach als Baumaterial genutzt hatten. Die linke Figur stellt eine **sheila-na-gig** (weibliche Figur mit vergrößerten Genitalien) dar. Aller Wahrscheinlichkeit nach geht sie auf die Entstehungszeit des Sakralbaus zurück, denn man kennt diese Abbildung auch aus anderen irischen Kirchen und Burgen. Ganz rechts in der Figurenreihe schaut den Besucher ein finster dreinblickendes Steingesicht ähnlich einer Totenmaske an. Dazwischen tummeln sich Statuen von Heiligen, Sängern oder Jesus. Alle acht Hauptfiguren in der Mitte wurden vom gleichen Künstler geschaffen. Sowohl das Alter als auch die Bedeutung der Figuren sind umstritten. Eine Theorie geht davon aus, dass die beiden mittleren, gleich hohen Paare früher als Säulen für eine Kanzel dienten und dass sie entweder Heilige oder Aspekte des Leben Christi repräsentieren.

An- & Weiterreise

Die **White Island Ferry** (☎028-6862 1892; abseits der B82, Castle Archdale Marina; 4 £ pro Pers.; ⊙Juli–Aug. tgl. 10.30–16.30, Ostern & Mai auch Sa & So, am besten vorher anrufen) setzt von der Anlegestelle im Castle Archdale Country Park zur Insel über. Tickets werden beim Castle Archdale Boat Hire verkauft. Die Überfahrt dauert 15 Minuten. Danach bleibt eine halbe Stunde, um die Umgebung zu erkunden.

Boa Island

Boa Island am Nordende des Lower Lough Erne ist auf beiden Seiten mit dem Festland verbunden, denn die A47 durchschneidet die Insel in ihrer ganzen Länge. Auf dem verwilderten, schaurigen, mit Moos, Sträuchern und Hecken bewachsenen Caldragh-Friedhof am Westende thront der berühmte **Janus Stone**, eine etwa 2000 Jahre alte heidnische Janusfigur mit zwei voneinander abgewendeten grotesken menschlichen Köpfen. Daneben steht die kleinere einäugige Gestalt des **Lusty Man**. Sie wurde von der Nachbarinsel Lusty More hergebracht. Ursprung und Bedeutung konnten bisher nicht geklärt werden.

Der Friedhof ist durch ein leicht zu übersehendes verrostetes Schild 1,5 km von der Westbrücke der Insel ausgeschildert.

Schlafen & Essen

★ **Lusty Beg Island** RESORT £££
(☎ 028-6863 3300; www.lustybegisland.com; Boa Island; EZ/DZ B&B ab 100/120 £, Hütten ab 175 £, Minimum 2 Nächte; ⏲ Restaurant 12.30–21 Uhr; @ ≋) Auf dieser Privatinsel, die man mit der Fähre von der Anlegestelle in der Mitte von Boa Island erreicht (zwischen 8.30 und 23 Uhr auf Anfrage; die Telefone am Dock benutzen), befinden sich mehrere Hütten und Chalets für Selbstversorger mit zwei bis sechs Betten sowie ein rustikales Motel mit 40 B&B-Zimmern. Wer sich sportlich betätigen möchte, kann auf dem Tennisplatz trainieren, Wanderungen auf dem Naturpfad unternehmen oder Kanu fahren.

Das urige **Restaurant** der Insel ist nicht nur für Hotelgäste und serviert eine große Auswahl beliebter Gerichte von Burgern über Steaks bis zu Fisch & Meeresfrüchten.

Finn Lough RESORT £££
(☎ 028-6838 0360; www.finnlough.com; 41 Letter Rd, nahe der B136; Zi. ab 125 £, Cottages ab 260 £; @ 👪) In dieser schicken Ferienanlage an der Küste des Festlands mit Blick auf Boa Island wartet ein breites Spektrum an Zimmern. Die drei Suiten im Hauptgebäude sind ganz in Weiß mit einigen Farbakzenten und die Cottages bieten Schlafplätze für sechs bis acht Personen, sind alle sehr groß und einige haben tollen Seeblick. Im **Café** wird tagsüber frische Küche aus lokalen Zutaten serviert.

Wassersport, Kajakfahren, Tennisspielen und Radfahren sind auf dem grünen Gelände der Anlage möglich.

Belleek

550 EW.

Belleeks (Beal Leice) Dorfstraße mit den farbenfrohen, blumengeschmückten Häusern zu beiden Seiten steigt von der Brücke aus an. Hier fließt der Erne aus dem Lower Lough Richtung Meer nach Ballyshannon. Die Straße dieses Örtchens, das direkt an der Grenze liegt, verläuft südlich der Brü-

ANGELN AM LOUGH ERNE

Fermanaghs Seen sind sowohl für das Angeln von Süßwasserfischen als auch für das Sportfischen bekannt. Im Lough Erne dauert die Forellensaison von Anfang März bis Ende September. Lachse können zwischen Juni und Ende September geangelt werden. In der zweiten Maiwoche beginnt die einmonatige Saison des Eintagsfliegenfischens.

Angler brauchen einen Angelschein und eine Genehmigung, die zusammen 9,50 £ für drei Tage kosten. Detaillierte Infos gibt's unter www.nidirect.gov.uk/angling. Darüber hinaus bekommt man in der Touristeninformation von Enniskillen einen kostenlosen Angelführer für Fermanagh und das südliche Tyrone mit ausführlichen Infos zu Seen, Flüssen, Fischarten, Saison sowie zu den Genehmigungen.

Angelscheine und Genehmigungen gibt's bei der **Touristeninformation Enniskillen** (S. 674), bei **Home, Field & Stream** (S. 674) und an der Marina im **Castle Archdale Country Park** (S. 676), wo auch Angelruten und alles mögliche Zubehör verliehen werden.

Das **Belleek Angling Centre** im **Thatch Coffee Shop** verkauft die passende Ausrüstung und vermietet Boote.

Bei **Erne Angling** (S. 670) kann man erfahrene Guides engagieren.

cke 200 m lang durch die Republik, bis sie sich wieder auf nordirischen Boden begibt. Kaum verwunderlich also, dass hier sowohl Britische Pfund als auch Euros als Zahlungsmittel akzeptiert werden.

Sehr hilfreich ist die ausführliche Broschüre *Town Trail*.

Schlafen

Fiddlestone Bar & B&B B&B £
(☎028-6865 8008; 15-17 Main St; EZ/DZ ab 40/70 £; ⊙Pub 12–23 Uhr; 📶) Das klassische Pub im Dorfzentrum hat sechs einfache Zimmer – genau das Richtige, wenn man den ganzen Tag unterwegs war und anschließend stundenlang unten im Pub traditionelle irische Livemusik gehört hat.

Essen & Ausgehen

★ **Thatch Coffee Shop** CAFÉ £
(☎028-6865 8181; 20 Main St; Hauptgerichte 4–8 £; ⊙Mo–Sa 9–17 Uhr) Wahrscheinlich ist dieses nette kleine reetgedeckte Cottage aus den letzten Tagen des 18. Jhs. Belleeks ältestes Gebäude. Heute bekommt man hier hervorragenden Kaffee, köstliche Suppen und Sandwiches sowie leckere hausgemachte Kuchen und Scones. Das Frühstück mit traditioneller irischer Livemusik ist klasse.

Black Cat Cove PUB
(☎028-6865 8942; 28 Main St; Hauptgerichte 7–10 €; ⊙Küche 12–21 Uhr) Mit antiken Möbeln, einem offenen Kamin und leckeren Kneipengerichten sorgt das familiengeführte Pub für Gemütlichkeit. Im Sommer gibt's an den meisten Abenden Livemusik, im Winter an Wochenenden.

HAUSBOOTFERIEN AUF DEM LOUGH ERNE

Auf dem Lough Erne kann man das Steuerrad auch mal selbst in die Hand nehmen. Dazu braucht man weder einschlägige Erfahrungen noch eine spezielle Qualifikation. Mehrere Anbieter in Fermanagh vermieten Kajütboote. Vor der Fahrt werden die Ausflügler in einem Crashkurs mit dem schwimmenden Untersatz und den Grundbegriffen der Navigation vertraut gemacht. Während der Hauptsaison zwischen Juli und August ist ein Hausboot mit zwei Kojen pro Woche ab etwa 900 £ (4 Kojen 1500 £, 8 Kojen 1900 £) zu haben. In der Nebensaison kann man etwa 75 % vom Preis abziehen.

Unter www.fermanaghlakelands.com gibt's detaillierte Infos zu Hausbootferien und Bootvermietern.

Shoppen

★ **Belleek Pottery Visitor Centre** KERAMIK
(☎028-6865 8501; www.belleekpottery.ie; 3 Main St; Führung Erw./Kind 4 £/frei–; ⊙Juli–Sept. Mo–Fr 9–18, Sa 10–18, So 12–17.30 Uhr, Okt. –Juni kürzere Öffnungszeiten, Jan. & Feb. Sa & So geschl.). Das imposante georgianische Gebäude gleich neben der Brücke beherbergt die weltberühmte Belleek Pottery. Die Porzellanmanufaktur wurde 1857 gegründet und sollte nach der Großen Hungersnot Arbeitsplätze in der Region schaffen. Seitdem wird dort feinstes Parian-Porzellan hergestellt, darunter die bekannten zierlichen Körbchen.

Dazu gehören ein kleines Museum, ein Ausstellungsraum und ein Café. **Führungen** werden unter der Woche von 9.30 bis 12.15 Uhr sowie von 13.45 bis 16 Uhr (freitags bis 15 Uhr) alle 30 Minuten angeboten, im Sommer auch am Wochenende.

Lough Navar Forest Park

Der kostenlose Waldpark der Forstbehörde liegt am Westende des Lower Lough Erne. Am Südufer erheben sich die **Cliffs of Magho**, eine 250 m hohe und 9 km lange Kalksteinfelswand.

Sehenswertes & Aktivitäten

Eine 11 km lange, **landschaftlich schöne Strecke** durch den Park führt zum **Aussichtspunkt Magho**. Das Panorama von den Klippen ist eines der schönsten in ganz Irland, besonders bei Sonnenuntergang: Dann blickt man über den schimmernden See und den Fluss bis zu den Blue Stack Mountains sowie zum funkelnden Meer an der Donegal Bay und zu den Slieve-League-Klippen.

An- & Weiterreise

Auf der Glennasheevar Road zwischen Garrison und Derrygonnelly, 20 km südöstlich von Belleek, befindet sich der Eingang zum Waldpark (die B52 in Richtung Garrison nehmen und nach 2,5 km links abbiegen). Er ist von 10 Uhr bis Sonnenuntergang geöffnet.

ABSEITS DER ÜBLICHEN PFADE

WANDERN: ÜBER DEN LEGNABROCKY TRAIL AUF DEN CUILCAGH MOUNTAIN

Der Cuilcagh (ausgesprochen *kall*-key) Mountain ist mit seinen 666 m die höchste Erhebung von Fermanagh und Cavan. Sein Gipfel liegt genau auf der Grenze zwischen Nordirland und der Republik.

Geologisch gesehen setzt sich der Berg wie eine Torte aus vielen Schichten zusammen. Die Basis besteht aus Kalkstein mit Höhlen im Inneren, die Seiten aus Schiefer und Sandstein sind mit Moorland bedeckt. Steile, zerklüftete Abhänge umrahmen das Hochplateau aus Grit. Das Gebiet gehört zu den Marble Arch Caves.

Zwischen Torfmoos, Wollgras und Heide versteckt sich klebriger Sonnentau, eine fleischfressende Pflanze. Die Felswände werfen das Krächzen der Rabenvögel und die Schreie der Wanderfalken zurück. Das Gipfelplateau wirkt wie aus einer anderen Welt. Hier brütet der Goldregenpfeifer und vor Ort gedeihen seltene Pflanzen wie der Alpenbärlapp.

Der **Rundweg** um den Gipfel ist 15 km lang, nimmt fünf bis sechs Stunden in Anspruch und beginnt auf dem ersten Abschnitt mit einer leichten Schotterpiste. Für die weiteren Etappen auf sumpfigem Grund entlang des Steilabhangs sind gute Schuhe unerlässlich. Als Startpunkt dient der Parkplatz des Cuilcagh Mountain Park 300 m westlich des Besucherzentrums der Marble Arch Caves (Planquadratangabe 121335; Karte: Ordnance Survey 1:50 000 *Discovery series map*, Blatt 26). Am Parkplatz liegt rechter Hand der **Monastir Schacht**, ein tiefer, von Kalksteinklippen umringter Einschnitt. Dort versickert der Fluss Aghinrawn auf seinem Weg ins unterirdische Flusssystem. Achtung: Die OS-Karte bezeichnet den Fluss fälschlicherweise als Owenbrean.

Nun klettert man mithilfe des Zauntritts neben dem Tor über die Mauer und folgt dem **Legnabrocky Trail**, einem gewundenen, gut gewarteten Pfad (seit 2015 hat sich die Situation hier erheblich verbessert), der über grüne Kalksteinfelder führt. Durch den Sumpf geht's weiter auf einem schwimmenden Bett aus Kies und Schilfmatten. Seitliche Abstecher auf den Holzplanken geben Einblicke in die Moorlandschaft. Nach 4,5 km zurückgelegter Gesamtstrecke endet der Kiesweg an einem Tor. Von hier aus folgt man mehreren Markierungen (Holzpfosten) über den federnden Moorboden (keinesfalls vom Pfad abweichen, da man in den tiefen Sumpfschichten leicht stecken bleibt), bis es steil bergauf zum Gipfel geht. Unterwegs genießt man eine tolle Aussicht nach Westen zu den Felsen des kleinen Lough Atona. Den letzten Kilometer übers Plateau muss man alleine bewältigen, da es ab dieser Stelle keine Markierungen mehr gibt. Am besten steuert man das deutlich sichtbare *cairn*, ein neolithisches Steingrab 100 m südlich des Gipfels, an. Bei schlechter Sicht benötigt man eine Karte und einen Kompass.

In der Nähe des *cairn* befinden sich zwei runde Fundamente prähistorischer Behausungen. An klaren Tagen reicht der Blick von den Blue Stack Mountains in Donegal bis zum Croagh Patrick und vom Atlantischen Ozean bis zur Irischen See. Man kommt wieder zum Parkplatz, indem man den gleichen Weg wieder zurückwandert.

Unter www.fermanaghlakelands.com/walking-A229 kann man **Karten** zu anderen Wanderungen in dieser Gegend **downloaden**.

Westlich des Lough Erne

Florence Court HISTORISCHES HERRENHAUS
(☎028-6634 8249; www.nationaltrust.org.uk; Swanlinbar Rd; Führung nur Haus Erw./Kind 4/2 £, Gelände 6/3 £; ⌚Haus Juli & Aug. tgl. 11–17 Uhr, Mai & Juni Mi–Mo, Sept. Sa–Do, April & Okt. Sa & So, Gelände März–Okt. 10–19 Uhr, Nov.–Feb. bis 16 Uhr) Das historische Herrenhaus erhebt sich auf einem schönen bewaldeten Grundstück am Fuße des Cuilcagh Mountain. Bei einer einstündigen **Führung** kann man seinen meisterhaften Stuck im Rokokostil und die antiken irischen Möbel bewundern. Zur **Außenanlage** gehören ein ummauerter Garten und eine legendenumwobene Eibe, die südöstlich des Hauses in der Nähe des Cottage Wood steht. Angeblich stammen sämtliche irischen Eiben von diesem einen Baum ab.

Florence Court liegt 12 km südwestlich von Enniskillen in der Nähe der A32. Vorsicht: Florence Court sollte man nicht mit dem nahe gelegenen Dorf Florencecourt verwechseln, das in einem Wort geschrieben wird.

Zweifellos lag für den ersten Earl of Belmore die entscheidende Antriebskraft für den späteren Bau des Castle Coole bei Enniskillen in der Konkurrenz zu seinem adeligen Nachbarn William Willoughby Cole, dem ersten Earl of Enniskillen. Dieser hatte in den 1770er-Jahren den Anbau der grandiosen palladianischen Flügel an das barocke Landhaus angeordnet.

1955 wurde das Haus durch einen Brand schwer beschädigt. Dank der sorgfältigen Restaurierung sieht man während der Führung kaum noch etwas von den Schäden. Die Stuckverzierungen an der Decke im Esszimmer sind original erhalten.

Marble Arch Caves HÖHLE

(☎ 028-6634 8855; www.marblearchcaves.net; 43 Marlbank Rd, Legnabrocky; Erw./Kind 9/6 £; ⏱ Juli & Aug. 10–17 Uhr, Ende März–Juni & Sept.–Okt. bis 16 Uhr; 📶) Auf einer Karstebene im Süden des Lower Lough Erne schufen immense Erosionskräfte, allen voran der Regen, ein Labyrinth aus Höhlen, unterirdischen Seen und Flüssen. Am gewaltigsten sind die Marble Arch Caves. Die beliebte Höhlenwanderung (1¼-Std.) erschließt spektakuläre Kammern und unterirdische Flussbetten. (Die letzte Tour startet zur oben angegebenen Zeit der Schließung).

Die Höhlen liegen 16 km südwestlich von Enniskillen und ca. 4 km westlich von Florence Court (jeweils 1 Std. Wanderung), die man über die A4 und die A32 erreicht. Im Sommer im Voraus reservieren.

Die Führung durch die Höhlen beginnt mit einer kurzen Bootstour auf dem torfigen, schaumigen unterirdischen Fluss Cladagh zum **Junction Jetty**. Hier treffen sich unter der Erde drei Flüsse. Von dieser Stelle geht's zu Fuß weiter an der Grand Gallery und der Pool Chamber vorbei. Ein künstlicher Tunnel verläuft zur **New Chamber**. Die Route folgt nun dem Fluss Owenbrean über den **Moses Walk**, einen hüfthoch im Fluss versunkenen Mauerweg, bis zur **Calcite Cradle**. Die „Kalksteinwiege" besticht durch ihre eindrucksvollen Tropfsteinformationen. Da der Andrang an den Höhlen groß ist, empfiehlt es sich, die Führung vorab zu buchen, erst recht bei Gruppen ab vier Personen.

In den 1990er-Jahren wurden sie überflutet. Ursache waren offensichtlich Steinbrucharbeiten in einem der Abbaugebiete an den Ausläufern des Cuilcagh Mountain, dessen Flüsse in den Höhlen verschwinden. Die Überflutung gab den Anstoß zur Gründung des **Cuilcagh Mountain Park**, dessen Ziel die Erhaltung der Moorlandschaft ist. 2001 wurde das Gebiet zum UNESCO-Geopark erklärt. Über seine Geologie und Ökologie kann man sich im Besucherzentrum informieren.

Die Marble Arch Caves sind nach einem natürlichen **Kalksteinbogen** über den Cladagh benannt, den man über einen ausgeschilderten Fußweg vom Besucherzentrum aus erreicht. Als Erster erforschte der französische Pionier der Speleologie Édouard Martel die Höhlen 1895.

Loughs Melvin & Macnean

Der Lough Melvin und der Lough Macnean liegen an der B52 zwischen Belcoo und Belleek und damit an der Grenze zur Republik Irland. Ersterer ist für seine guten Fischgründe (Lachse und Forellen) bekannt. In dem See leben zwei ungewöhnliche, nur hier vorkommende Forellenarten: der Sonaghan mit auffälligen schwarzen Flecken und der purpurrot gescheckte Gillaroo. Auch Bachforellen und Saiblinge sind in reicher Zahl vorhanden.

COUNTY TYRONE

177 990 EW. / 3263 KM²

Omagh

21 300 EW.

Omagh befindet sich an der Verbindung der Flüsse Camowen und Drumragh zum Strule. In der lebendigen Marktstadt gibt's ein paar historische georgianische Gebäude.

Gerade entsteht im Zentrum entlang des Flussufers ein neues Viertel. Dreh- und Angelpunkt ist eine 2015 eröffnete, 4,3 Millionen Pfund teure Fußgängerbrücke, deren innovatives Design Kontroversen hervorrief.

Sehenswertes

Memorial Obelisk GEDENKSTÄTTE

(www.omaghbombmemorial.com; Market St) Leider wird Omagh wohl noch lange mit jener Autobombe in Verbindung gebracht werden, die 1998 29 Menschen tötete und 200 verletzte. Der von der Real IRA gelegte Sprengsatz gilt als schlimmste Einzelaktion der 30 Jahre währenden Unruhen in Nordirland.

Ein beeindruckender 4,5 m hoher Obelisk aus Glas steht am Ort der Explosion. Er ist Teil eines Projekts, zu dem auch der **Gedenkgarten** an der Drumragh Ave 300 m nördlich am anderen Flussufer gehört.

Schlafen & Essen

★ Mullaghmore House B&B ££
(☎ 07710 539449; www.mullaghmorehouse.com; Old Mountfield Rd; EZ/DZ ab 45/80 £; 📶) Diese wunderschön restaurierte georgianische Villa bietet den Luxus eines Landhauses, und das zu relativ erschwinglichen Preisen. Eine Bibliothek mit Mahagonivertäfelung trägt einiges zum Flair bei und in den Zimmern (einige mit Gemeinschaftsbad) sorgen gusseiserne Kamine und antikes Mobiliar für eine elegante Note. Darüber hinaus veranstalten die Besitzer Kurse für Möbelrestauration und traditionelles Kunsthandwerk. Das Haus liegt 1,5 km nordöstlich des Stadtzentrums.

Philly's Phinest FAST FOOD £
(Bridge St; Hauptgerichte 4–6 £; ⏲ Mo–Sa 11–17 Uhr; 📶) Bei einheimischen Studenten erfreut sich der winzige Imbiss großer Beliebtheit, denn das Essen hier gehört zum besten der Stadt. Wir empfehlen das günstige, sättigende USA-Philly Cheese Steak (gebratenes Steak, Zwiebeln und Käse in einem weichen Brötchen).

Weir Cafe CAFÉ £
(Bridge St, Strule Arts Centre; Snacks ab 2 £; ⏲ Mo–Sa 10–16 Uhr; 📶 👪) Das Café in einem Kunstzentrum punktet mit leckerem Kaffee und Kuchen, bequemen Sofas, vielen Büchern und riesigen Panoramafenstern mit Blick auf den Fluss und die Brücke.

Bogan's Bar KNEIPENKOST £
(☎ 028-8224 2183; 26 Market St; Hauptgerichte ab 6 £; ⏲ 12 Uhr–open end) Zu dem sehr beliebten Pub gehört auch ein kleiner Biergarten auf einer Terrasse mit Flussblick. Hier gibt's regelmäßig Grillgerichte, tolle Burger, Comedy-Abende und vieles mehr.

Praktische Informationen

Omaghs Touristeninformation (☎ 028-8224 7831; www.visitomagh.co.uk; Bridge St, Strule Arts Centre; ⏲ Mo–Sa 10–17.30 Uhr; 📶) liegt im Kunstzentrum.

An- & Weiterreise

Omaghs Busbahnhof liegt in der Mountjoy Road nördlich des Stadtzentrums und ist über die Bridge Street zu erreichen.

Bus 273 von **Translink Goldline** (www.translink.co.uk) fährt von Belfast über Dungannon nach Omagh (12 £, 1¾ Std., Mo–Sa stündl., So 6-mal) und weiter nach Derry (8 £, 1¼ Std.). Bus 94 verkehrt nach Enniskillen (8 £, 1 Std., Mo–Fr 6- bis 7-mal, Sa 3-mal, So 1-mal).

Ulster American Folk Park

Im 18. und 19. Jh. verließen Tausende Iren (allein im 18. Jh. waren es 200 000) Ulster Richtung Amerika, um sich jenseits des Atlantiks ein neues Leben aufzubauen. Über ihre Geschichte berichtet **Ulster American Folk Park** (☎ 028-8224 3292; www.nmni.com/uafp; 2 Mellon Rd; Erw./Kind 9/5,50 £; ⏲ März–Sept. Di–So 10–17 Uhr, Okt.–Feb. Di–Fr 10–16, Sa & So 11–16 Uhr), eins der besten Museen des Landes. Es besteht aus einem weitläufigen Freilichtmuseum, das in die Bereiche Alte Welt und Neue Welt aufgeteilt ist und die Geschichte manchmal durch Reenactments wieder zum Leben erweckt.

Als Verbindung zwischen den beiden Teilen des Parks dient die Attrappe eines Auswandererschiffs. Originale Gebäude wurden aus verschiedenen Orten in der Region rekonstruiert, darunter eine Schmiede, das reetgedeckte Cottage eines Webers, ein presbyterianisches Gemeindehaus und eine Schule. Im „amerikanischen“ Bereich stehen ein originales steinernes Siedlerhaus aus dem 18. Jh. und eine Blockhütte, beide aus Pennsylvania, sowie viele weitere originalgetreue Gebäude.

Die **Exhibition Hall** dokumentiert die engen Beziehungen zwischen Ulster und den USA, denn die amerikanische Unabhängigkeitserklärung wurde auch von mehreren Männern aus Ulster unterzeichnet. Besucher können sogar einen echten Planwagen aus dem Wilden Westen bestaunen.

Guides und Handwerker in Kostümen erklären die Kunst des Spinnens, Webens und der Kerzenherstellung. Außerdem finden regelmäßig Veranstaltungen statt, z. B. werden Schlachten des amerikanischen Bürgerkriegs nachgespielt, im Mai gibt's ein Festival mit Schwerpunkt auf traditioneller irischer Musik, im Juli Feierlichkeiten zum amerikanischen Unabhängigkeitstag und Ende August/im September das Appalachian & Bluegrass Music Festival. Besucher sollten mindestens einen halben Tag für die Besichtigung einplanen.

Der Park liegt 8 km nordwestlich von Omagh an der A5. Letzter Einlass ist 1½ Stunden vor Schließung.

ABSEITS DER ÜBLICHEN PFADE

DAVAGH FOREST PARK TRAILS

Der entlegene Davagh Forest Park bietet einige der besten **Mountainbikerouten** des Landes. Die Bandbreite reicht von familienfreundlichen grünen und blauen Wegen entlang eines bewaldeten Flusses bis zu einer 16 km langen roten Strecke zum Gipfel des Beleevenamore Mountain über schwierige Felsplatten und steile Abhänge.

Beim **Wandern** haben Parkbesucher Gelegenheit, die Landschaft aus sanften Hügeln und weiten Wäldern zu genießen. Ein 3 km langer Rundweg führt durch den Wald und an dem rot gefärbten Bach vorbei.

Der Ausgangspunkt befindet sich an einer Nebenstraße 10 km nordwestlich von Cookstown und ist an der A505 von Cookstown nach Omagh auf Höhe Dunnamore ausgeschildert. Details siehe unter www.mountainbikeni.com.

Auf Anfrage hält der Translink-Goldline-Bus 273, der von Belfast nach Derry (Mo–Sa stdl., So 6-mal) fährt und auf dem Weg auch Omagh ansteuert, am Eingang.

Sperrin Mountains

Als 1609 Repräsentanten der Londoner Zünfte Ulster bereisten, setzte der Lord Deputy von Irland alles daran, dass sie die Sperrin Mountains nicht zu Gesicht bekamen. Er befürchtete, die Besucher würden beim Anblick dieser trostlosen, sumpfigen Hügel ihre Idee aufgeben, Siedler in das Gebiet zu schicken. An sonnigen Frühlingstagen, wenn sich die rostbraunen Sümpfe und der gelbe Stechginster gegen den strahlend blauen Himmel abheben, sind die Sperrins ideal zum Wandern – und das nicht zuletzt deshalb, weil die Gegend mit Tausenden von Menhiren und prähistorischen Gräbern übersät ist.

Unterwegs vor Ort

Die Ulsterbus-Linie 403, der *Sperrin Rambler*, verkehrt montags bis samstags zweimal täglich zwischen Omagh und Magherafelt.

Gortin

Das Dorf Gortin liegt 15 km nördlich von Omagh am Fuße des Mullaghcarn (542 m), der südlichsten Erhebung der Sperrins. Zwei Sendemasten auf der Kuppe verschandeln die Aussicht. Am **Cairn Sunday**, dem letzten Julisonntag, treffen sich Hunderte Wanderer, um nach altem Brauch gemeinsam den Hügel zu besteigen. Rund um Gortin laden Pfade zum Spazierengehen ein. Auf einer Panoramastraße gelangt man zu den **Gortin Lakes** und genießt unterwegs einen herrlichen Blick zum Hauptkamm der Sperrins im Norden.

Creggan

Das Museum- und Naturkundezentrum An Creagán (☎ 028-8076 1112; www.an-creagan.com; A505, Creggan; Fahrradverleih 7 £/½-Tag, Eintitt frei; ⏲ 11–17 Uhr) zeigt eine Ausstellung zur Ökologie der Moore und Archäologie der Region. Informative **Naturpfade** von 400 m bis zu 5,5 km Länge beginnen hier. Im Umkreis von 8 km verteilen sich 44 prähistorische Stätten, darunter die **Beaghmore Stone Circles**. Sie liegen etwa auf halbem Weg zwischen Omagh und Cookstown (20 km östlich von Omagh). Vor Ort gibt's außerdem ein einfaches **Café**.

Die alten Steinkreise sind nicht besonders groß (alle Steine sind niedriger als 1 m), doch das machen sie durch ihre Komplexität wieder wett. Einer der sieben Steinkreise ist mit kleineren Steinen gefüllt und erhielt deshalb den Spitznamen *dragon's teeth* (Drachenzähne). Außerdem gibt's in der Umgebung etwa ein Dutzend Steinreihen und *cairns* (Grabhügel). Die Stätten liegen etwa 8 km östlich von Creggan und 4 km nördlich der A505 (auf die Hinweisschilder achten).

Ost-Tyrone

Die Marktstädtchen Cookstown und Dungannon sind die größten Orte im östlichen Teil des Countys. Die wichtigsten Attraktionen findet man aber in der Umgebung.

Sehenswertes

★ **Wellbrook Beetling Mill** HISTORISCHES GEBÄUDE
(☎ 028-8674 8210; www.nationaltrust.org.uk; 20 Wellbrook Rd, Corkhill; Erw./Kind 5 £/frei; ⏲ Mitte März–Ende Sept. Sa, So & Feiertage 14–17 Uhr) Zum *beetling* (Schlagen), der letzten Stufe der traditionellen Leinenproduktion, gehört das Klopfen der Stoffbahnen mit Holzhämmern *(beetles)*. Auf diese Weise wird ein fei-

ner Glanz erzeugt. Diese Mühle aus dem 18. Jh. ist noch immer mit der originalen Mechanik ausgerüstet. Guides in historischen Kostümen entführen Besucher in alte Zeiten und demonstrieren lautstark den Herstellungsprozess. Die weißgetünchte Mühle liegt an einem schönen Abschnitt des Flusses Ballinderry 7 km westlich von Cookstown (die Abzweigung von der A505 Richtung Omagh nehmen).

Ardboe High Cross HISTORISCHE STÄTTE

(An der B73) In der aus dem 6. Jh. stammenden Klosterstätte hoch über Lough Neagh stehen einige der besterhaltenen und am schönsten verzierten keltischen Steinkreuze Irlands. Allein das Ardboe High Cross aus dem 10. Jh. ist stattliche 5,50 m hoch und mit 22 Reliefs verziert, die biblische Szenen zeigen. Ardboe ist ein charismatischer Ort 16 km östlich von Cookstown mit weitem Blick und einem Friedhof in der Nähe. Man fährt auf der B73 durch Coagh und folgt auf einer schmalen Landstraße den Hinweisschildern zum Ardboe High Cross.

Auf der Westseite des Kreuzes (zur Straße hin) sieht man Episoden aus dem Neuen Testament, darunter die Anbetung der Heiligen Drei Könige und Jesu Einzug in Jerusalem. Die stärker verwitterte Ostseite (Seeseite) stellt Szenen aus dem Alten Testament dar.

Argory HISTORISCHES GEBÄUDE

(☎028-8778 4753; www.nationaltrust.org.uk; 144 Derrycaw Rd; Gelände Erw./Kind 3/1,50 £, Führung Haus 5/2,30 £; ⏰März–Juni Do–So 12–17, Juli & Aug. tägl., Sept. Mi–So bis 16 Uhr; 👪) Das große Herrenhaus von 1824 hätte wie ein Fossil in Bernstein eingeschlossen gewesen sein können, so wenig hat sich hier seit Anfang des 20. Jhs. verändert. Auch heute hat es keinen Stromanschluss und Besucher können sich so fühlen wie in einem historischen Kostümdrama. So bietet es einen neuen Abenteuerspielplatz für Besucher, denen sein Reiz sonst vielleicht entgehen könnte.

Argory liegt an der Grenze zum County Armagh, etwa 5 km nordwestlich von Moy an der B106.

Grant Ancestral Homestead HISTORISCHES GEBÄUDE

(☎028-8555 7133; 45 Dergenagh Rd, Ballygawley; ⏰9–17 Uhr) GRATIS Ulysses Simpson Grant (1822–1885) führte die Unionisten im amerikanischen Bürgerkrieg zum Sieg und regierte das Land für zwei Amtsperioden von 1869 bis 1877 als 18. Präsident. Grants Großvater mütterlicherseits, John Simpson, war 1760 von Tyrone nach Pennsylvania ausgewandert. Seine Farm in Dergina wurde im Stil eines typischen nordirischen Kleinbauernhofs so restauriert, wie er wohl zu Zeiten von Grants Präsidentschaft ausgesehen hatte.

Das Gebäude liegt 20 km westlich von Dungannon und ist südlich der A4 ausgeschildert.

Schlafen & Essen

★Tullylagan Country House HOTEL ££

(☎028-8676 5100; www.tullylaganhotel.com; 40b Tullylagan Rd, Cookstown; Zi. 75–135 £, Hauptgerichte 11–18 £; ⏰Restaurant Mo–Sa 7–21, So bis 16 Uhr; 📶👪) Ein von herrlichen Gärten am Flussufer umgebenes Hotel mit der Atmosphäre eines viktorianischen Landsitzes. Die Sofas des eufeuumrankten Hauses haben schon reichlich Patina, die Zimmer verfügen über polierte Holzböden und Bäder mit Marmorlook; an den Wänden hängen goldgerahmte Spiegel. Das hervorragende **Kitchen Restaurant** des Hotels serviert Fisch, Wild- und Rindfleisch aus der Region. Das Hotel liegt 4 km südlich von Cookstown (direkt an der A29).

Grange Lodge B&B ££

(☎028-8778 4212; www.grangelodgecountryhouse.com; 7 Grange Rd, Dungannon; EZ/DZ ab 75/85 £, Abendmenü ab 40 £; ⏰Abendessen 19.30 Uhr, 48 Std. im Voraus reservieren; 📶) Die Pension mit fünf Zimmern liegt wie ein kleines Juwel inmitten eines 8 ha großen Geländes. Einzelne Bereiche des mit Antiquitäten möblierten Hauses stammen aus dem Jahre 1698, doch der größte Teil des Gebäudes ist georgianisch mit viktorianischen Anbauten. Die für ihre Kochkünste ausgezeichnete Besitzerin veranstaltet auch Kurse. Man erreicht die Grange Lodge, indem man dem Wegweiser von der A29 etwa 5 km südöstlich von Dungannon folgt.

Deli on the Green MODERN IRISCH £

(☎028-8775 1775; www.delionthegreen.com; 30 Linen Green, Moygashel; Hauptgerichte 6–10 £; ⏰Feinkostgeschäft Mo–Sa 8.30–17.30 Uhr, Bistro Mo–Do bis 15, Fr & Sa bis 18 Uhr) Nach der Shoppingtour im Linen Green kann man sich in diesem eleganten kleinen Feinkostgeschäft mit Bistro stärken. Frische lokale und saisonale Zutaten aus dem Laden sind ideal für ein großartiges Picknick. Im Bistro bekommt man kreative Sandwich-Variationen, Salate und warme Mahlzeiten.

★ **Brewer's House** MODERN IRISCH ££
(☎ 028-8776 1932; www.thebrewershouse.com; 73 Castlecaulfield Rd, Donaghmore; Hauptgerichte 10–24 £; ⊙ Küche 12–21 Uhr; 🚸) Das sehr beliebte (und preisgekrönte) alte Dorfpub 7 km nordwestlich von Dungannon serviert außergewöhnliche Küche – Fleisch, Fisch und Meeresfrüchte, Burger sowie Fish 'n' Chips werden kreativ zubereitet. Die Bier- und Weinkarten sind echte Highlights und es stehen auch draußen Tische.

Shoppen

Linen Green Designer Village EINKAUFSZENTRUM
(☎ 028-8775 3761; www.thelinengreen.co.uk; an der A29, Moygashel; ⊙ Mo–Sa 10–17 Uhr) Zu dem in der ehemaligen Moygashel Linen Mill untergebrachten stilvollen Komplex gehören Designershops und Outlets. Im **Besucherzentrum** kann man eine Ausstellung über die Geschichte der örtlichen Leinenindustrie besichtigen. Schnäppchenjäger werden auf der Suche nach Kleidung, Schuhen, Accessoires und anderen Leinenwaren sicher fündig. Es liegt südöstlich von Dungannon.

ℹ Praktische Informationen

Die Touristeninformation für das County Tyrone befindet sich im **Ranfurly House Arts & Visitor Centre** (☎ 028-8772 8600; www.dungannon.info; 26 Market Sq, Dungannon; ⊙ ganzjährig Mo–Sa 9–17 Uhr, April–Sept. 13–16 Uhr; 📶). Es zeigt eine Ausstellung zur Flucht der Earls von 1607. Hugh O'Neill und 90 weitere politische Oberhäupter Ulsters flohen damals aus dem Land und überließen Ulster der englischen Herrschaft.

Irland verstehen

Irland aktuell

Die Republik Irland hat es seit der Jahrhundertwende weit gebracht. Erst hat sie sich aus der Rezession herausgekämpft, dann ging es erneut abwärts, doch auch aus der Tristesse der Weltwirtschaftskrise ist Irland wieder aufgetaucht wie Phoenix aus der Asche. Das Land arbeitet fleißig daran, sich aus seiner konservativen Haut zu pellen, und fühlt sich immer wohler mit seiner liberaleren, multikulturellen Identität und seiner fortschrittlichen Rolle auf der Weltbühne.

Top-Bücher

Dubliners (James Joyce, 1914) Hervorragende, anrührende Kurzgeschichtensammlung.

Raum (Emma Donoghue, 2010) Roman über einen Jungen und seine Mutter, die gefangen gehalten werden. Erschütternd, aber wunderschön erzählt.

Ein verborgenes Leben (Sebastian Barry, 2008) Die Geschichte einer 100-jährigen Patientin einer Nervenklinik, die ihre Autobiografie schreibt, wurde 2015 von Jim Sheridan verfilmt.

Das Familientreffen (Anne Enright, 2007) Eindringliche Schilderung von Alkoholismus und häuslicher Gewalt in einer irischen Familie.

Top-Filme

Bloody Sunday (Paul Greengrass, 2002) Film über die Ereignisse in Derry 1972.

Die Toten (John Huston, 1987) Hustons letzter Film bringt James Joyces Roman auf die Leinwand. Donal McCann und Angelica Huston spielen hervorragend.

'71: Hinter feindlichen Linien (Yann Demange, 2014) Ein britischer Soldat wird bei einem Aufstand in Belfast 1971 von seiner Einheit getrennt.

What Richard Did (Lenny Abrahamson, 2012) Nach einer wahren Begebenheit aus dem Jahre 2000. Ein Jugendlicher aus gutem Haus attackiert einen Nebenbuhler, der dadurch stirbt.

Eine soziale Revolution

Am 22. Mai 2015 führte Irland als erste Nation die gleichgeschlechtliche Ehe per Volksentscheid ein. Das Ergebnis (62 % stimmten dafür) war insofern bemerkenswert, als noch bis 1993 homosexuelle Handlungen strafbar waren. Für die Befürworter der Homo-Ehe war es ein ganz besonderer Tag. In Dublin (dort stimmten sogar mehr als 70 % mit „Ja") wurde ausgelassen gefeiert. Endlich einmal machte Irland aus den richtigen Gründen internationale Schlagzeilen, so hieß es. Auch Hillary Clinton war begeistert und twitterte: „Gut gemacht, Irland!".

Beobachter waren sich einig darüber, dass das Ergebnis für weit mehr stand als die mehrheitlich positive Haltung gegenüber den Rechten von Lesben, Schwulen, Bisexuellen und Transsexuellen. Die katholischen Bischöfe, die lange Zeit in moralischen und gesellschaftlichen Angelegenheiten das letzte Wort hatten, waren zwar dezent und würdevoll gegen eine Legalisierung eingetreten. Doch ihr verhaltener Widerstand zeigte, dass die konservative Stimme der Kirche längst nicht mehr so laut und durchdringend ist – insbesondere die jungen Iren unter 30 Jahren erreicht sie nicht mehr so wie früher. Das Referendum schweißte eine große Zahl von Angehörigen der Generation Y zusammen, die zuvor chronisch apathisch geworden war angesichts eines politischen Systems, das für sie ausschließlich für Inkompetenz, Enttäuschung und schwere Zeiten stand. Doch heute können sich viele Iren darauf einigen, dass sich das Land im Wandel befindet und dass dies auch längst überfällig war.

Endlich wieder schwarze Zahlen

Die zweite gute Nachricht für die Republik Irland kam Ende 2013, als das strikte Sparprogramm, das ihr internationale Geldgeber 2010 im Austausch gegen einen 78 Milliarden Euro schweren Rettungsschirm auferlegt hatten, endlich beendet werden konnte. Der Preis für diesen Versuch, das Land vor dem Staatsbankrott zu retten, war für viele Iren unerträglich hoch. Insbesondere für diejenigen, die sich sowieso schon am Rande der Gesellschaft befunden hatten. Selbst wichtige Sozialleistungen wurden drastisch gekürzt oder gänzlich gestrichen, Gehälter fielen um durchschnittlich 15 % und eine Reihe neuer indirekter Steuern belastete zusätzlich die Haushalte, denen das Wasser sowieso schon bis zum Hals stand.

Doch seit 2015 scheint Irland über den Berg zu sein. Die Arbeitslosigkeit, die auf dem Höhepunkt der Rezession mehr als 15 % erreicht hatte, sank wieder auf unter 10 %. Regierungskritiker machten zwar die enorme Welle von Auswanderungen dafür verantwortlich, doch selbst diese gingen 2015 um 20 % zurück. Stattdessen kamen immer mehr Iren zurück in die Heimat – wahrscheinlich, weil Irland derzeit Europas am schnellsten wachsende Wirtschaft ist, mit einem Wachstum von mehr als 3,5 % (fast dreimal so viel wie das europäische Mittel).

Bestätigung oder Abrechnung

Natürlich beharrt die Regierung darauf, dass es allein ihr Verdienst ist, dass es mit Irland wieder bergauf geht. Für die Koalition aus der rechtsgerichteten Fine Gael und der links von der politischen Mitte angesiedelten Labour-Partei, die 2011 mit dem Versprechen an die Macht kam, die Verfehlungen der Finanzkrise wiedergutzumachen, hätte der Aufschwung nicht zu einem besseren Zeitpunkt kommen können. Die bevorstehende Wahl wird zeigen, ob die Bürgerschaft der Regierungskoalition abnimmt, dass diese das Sparprogramm „zum Wohle der Bevölkerung" durchgeboxt hat oder ob sie für jede Kürzung und jede zusätzliche Abgabe, die den Iren in den letzten fünf Jahren aufgebürdet wurden, abgestraft wird.

Sinn Féin, der politische Arm der IRA, scharrt derweil schon mit den Hufen. An seiner Spitze steht unverändert Gerry Adams, das alte „Schlachtross", doch die Partei hat sich von Grund auf verändert. In Nordirland koaliert sie mit ihren ärgsten Rivalen, den Demokratischen Unionisten, und in der Republik Irland ist Sinn Féin aktuellen Umfragen zufolge die beliebteste Partei dank ihrer reizvollen (manche sagen auch populistischen) Rhetorik, welche das Sparprogramm ablehnt. Das trifft bei der breiten Masse auf Zustimmung.

100 Jahre Osteraufstand

Wie die Wahl auch ausgehen wird, sie geht einher mit einem der wichtigsten Jubiläen seit Jahrzehnten: der Hundertjahrfeier des Osteraufstandes von 1916. Damals riefen republikanische Nationalisten die Republik Irland aus, bevor sie von britischen Truppen gefangen genommen und exekutiert wurden. Alle Parteien wollen diesen Anlass zum Stimmenfang nutzen, doch die Ideologie von Fine Gael als konservativer Partei, die gewalttätige Aufstände standhaft ablehnt, passt nicht wirklich ins Bild. Ganz anders da Sinn Féin; die Partei sieht sich selbst als Erbe der Helden von 1916.

BEVÖLKERUNG: **4,83 MIO. / 1,81 MIO. EW. (REPUBLIK/ NORDIRLAND)**

FLÄCHE: **84,421 KM² / 13,843 KM² (R/NI)**

INFLATIONSRATE: **-0,7 % / 0 % (R/NI)**

ARBEITSLOSIGKEIT: **9,8 % / 6,2 % (R/NI)**

Religiöse Gruppen
Republik Irland
(% der Bevölkerung)

Religiöse Gruppen
Nordirland
(% der Bevölkerung)

Einwohner pro km²

Geschichte

Von den vorkeltischen Völkern bis zu den Celtic Cubs war Irlands Geschichte eine Suche nach Identität, die vielleicht etwas zielgerichteter verlaufen wäre, wenn sich nicht so viele fremde Siedler – keltische Stämme, plündernde Wikinger, normannische Invasoren und die Engländer – für die kleine Insel interessiert hätten. Irlands spannungsreiches Verhältnis mit seinen nächsten Nachbarn prägte einen Großteil der letzten tausend Jahre und auch die irische Identität spiegelt sich darin. Was dabei herauskommt, hat allerdings wesentlich verschwommenere Konturen, als man erwarten würde.

Die wichtigsten Fakten zu den Kelten bietet die Website www.ibiblio.org/gaelic/celts.html.

Die Ureinwohner Irlands

Um Irland zu besiedeln, brauchten die verschiedenen keltischen Stämme 500 Jahre. Im 8. Jh. v. Chr. kamen die ersten Stämme und im 3. Jh. v. Chr. der letzte, bekannt als Gaels (Gälen, das bedeutete so viel wie „Fremder" oder „Ausländer"). Die Gälen unterteilten das Land in fünf Provinzen – Leinster, Meath, Connaught, Ulster und Munster (Meath wurde später ein Teil von Leinster) –, die wiederum in Territorien gegliedert waren und von hundert Unterkönigen sowie Stammesführern regiert wurden. Alle schworen dem Hochkönig mit Sitz in Tara, County Meath.

Die Kelten legten den Grundstein für das, was wir heute als „irische Kultur" bezeichnen. Sie schufen ein ausgeklügeltes Rechtssystem, die Brehon Laws, die bis ins frühe 17. Jh. gültig waren. Keltische Muster mit ihren verschnörkelten, ineinander verschlungenen Formen, zu sehen auf fast 2000 Jahre alten Artefakten, gelten als Inbegriff irischen Designs. Einige hervorragende Beispiele aus dem Schatz von Broighter können im Dubliner National Museum besichtigt werden. Ebenfalls sehenswert ist der Turoe Stone im County Galway.

Die Ankunft des Christentums

Zwar wird immer nur der hl. Patrick erwähnt, doch christianisiert wurde Irland zwischen dem 3. und 5. Jh. von zahlreichen Missionaren. Diese bekehrten die heidnischen Stämme, indem sie einheimische Rituale des Druidentums in die neuen christlichen Lehren einfließen ließen. So entstand ein interessanter „Hybrid", bekannt als keltisches oder Inselchristentum.

ZEITACHSE

10 000–8000 v. Chr.

Nach dem Ende der letzten Eiszeit kommen die ersten Menschen auf die Insel, indem sie eine Landbrücke von Schottland aus überqueren. Sie hinterlassen kaum archäologische Spuren.

4500 v. Chr.

Neolithische Siedler erreichen Irland auf dem Seeweg. Sie bringen Rinder, Schafe und Nutzpflanzen mit – die Anfänge einer auf Landwirtschaft basierenden Ökonomie.

700–300 v. Chr.

Die Bronzezeit geht, die Eisenzeit kommt und mit ihr die Kelten und deren Sprache. Sie dominieren das Land ein Jahrtausend lang kulturell und politisch. Zeugnisse ihrer Herrschaft sind allgegenwärtig.

Die christlichen Gelehrten Irlands genossen hohes Ansehen und studierten römische bzw. griechische Philosophie und Theologie in Klöstern, z. B. in den Orten Clonmacnoise im County Offaly, Glendalough im County Wicklow und Lismore im County Waterford. In diesem goldenen Zeitalter florierte die Kunst. Buchmalerei, Metallverarbeitung und Bildhauerei hatten auf der Insel der „Heiligen und Gelehrten" Hochkonjunktur. Aus dieser Epoche stammen Schätze wie das *Book of Kells*, reich verzierte Schmuckstücke und zahllose Steinkreuze mit gemeißelten Ornamenten.

Die schönsten Klöster

Cashel *County Tipperary*

Clonmacnoise *County Offaly*

Glendalough *County Wicklow*

Die Wikinger kommen!

Als Nächstes versuchten die Wikinger ihr Glück in Irland. Die ersten kamen 795 v. Chr. und plünderten die reichen Klöster. Um sich zu verteidigen errichteten die Mönche Rundtürme, die als Wachtposten und Zufluchtsort dienten, wenn wieder einmal eine Horde der räuberischen Krieger im Anmarsch war. Beispiele für diese Bauwerke finden sich noch im ganzen Land, wie etwa Glendalough, Kells und Steeple bei Antrim.

Obwohl sich die Mönche nach Kräften verteidigten, gewannen die Wikinger die Oberhand: Zum einen verfügten sie über bessere Waffen, zum anderen verbündeten sich Teile der einheimischen Bevölkerung mit den Brandschatzern im Austausch gegen Profit oder Schutz. Im 10. Jh. hatten sich die Nordmänner in Irland etabliert und Städte wie Wicklow, Wa-

DER HL. PATRICK

Überall auf der Welt wird am 17. März des Schutzheiligen von Irland gedacht. Zu diesem Anlass trinken Menschen jedweden ethnischen Hintergrunds Guinness und tragen grüne Kleidung. Hinter der Legende verbirgt sich ein realer Mensch mit einer großen Mission, denn der hl. Patrick (389–461) machte Irland mit dem Christentum bekannt.

Tatsächlich war der Nationalheilige gar kein Ire, sondern stammte aus dem heutigen Wales, das zur Zeit seiner Geburt noch von den Römern beherrscht wurde.

Patrick gelangte zunächst unfreiwillig auf die Insel: Im Alter von 16 Jahren wurde er von irischen Plünderern verschleppt. Auf der anderen Seite des Kanals musste er als Sklave arbeiten und fand während dieser Zeit den Weg zu Gott. Irgendwann konnte Patrick fliehen und kehrte nach Britannien zurück. Allerdings schwor er, sich die Bekehrung der Iren zum Christentum zur Lebensaufgabe zu machen. Einige Jahre später wurde er zum Bischof von Irland ernannt und überquerte den Kanal in dieser Funktion ein zweites Mal.

Als seinen Sitz erwählte er Armagh. An der Stelle, wo einst Patricks Kirche stand, erhebt sich heute die St. Patrick's Church of Ireland Cathedral. Innerhalb kurzer Zeit hatte der Bischof zahlreiche Bauern und Adelige bekehrt: Nach nur 30 Jahren waren die meisten Iren getauft und das Land in katholische Diözesen sowie Pfarrbezirke untergliedert. Darüber hinaus gründete Patrick zahlreiche Klöster, die jahrhundertelang als Zentren der Bildung und Gelehrsamkeit dienten.

431–432 n. Chr.
Papst Coelestin I. schickt Bischof Palladius nach Irland, um sich derer anzunehmen, die „bereits an Christus glauben". Ein Jahr darauf folgt ihm der hl. Patrick, um die Missionierung fortzuführen.

550–800
Blütezeit erster irischer Klöster. Bedeutende Gelehrte verbreiten ihr Wissen in ganz Europa und läuten das „Goldene Zeitalter" in Irland ein.

795–841
Die Wikinger plündern und vergewaltigen. Als ihre Zerstörungswut gesättigt ist, gründen sie im ganzen Land Siedlungen. Eine davon, Dublin, ist schon bald ein bedeutendes Wirtschaftszentrum.

1014
Am Karfreitag stehen sich in der Schlacht von Clontarf Anhänger des Hochkönigs Brian Ború und Krieger des Königs von Leinster, Máelmorda mac Murchada, gegenüber.

terford, Wexford sowie ihre Hauptstadt Dyfflin, das spätere Dublin, gegründet. 1014 siegte Brian Ború, König von Munster, in der Schlacht von Clontarf über die Wikinger, wurde dabei aber getötet. Ähnlich wie die Kelten vor ihnen, gaben die Wikinger ihre Plünderungszüge auf, wurden sesshaft und integrierten sich. Sie heirateten in die keltischen Stämme ein und bereicherten den irischen Genpool um Attribute wie rotes Haar und Sommersprossen.

The Course of Irish History von TW Moody und FX Martin ist ein umfangreiches Werk von zwei Professoren am Trinity College, die einen Großteil der irischen Geschichte anhand der Beschaffenheit des Landes und seiner Nähe zu England erklären.

Die Engländer fallen ein

Die 800-jährige Herrschaft der Engländer in Irland begann mit der normannischen Invasion von 1169. Eigentlich folgten die Briten eher einer Einladung, denn die Barone, angeführt von Richard Fitz Gilbert de Clare, dem Grafen von Pembroke (1130–1176; alias Strongbow), waren gebeten worden, dem König von Leinster bei einer territorialen Auseinandersetzung zu Hilfe zu kommen. Zwei Jahre später landete Heinrich II. von England mit einer großen Armee und einer Bulle des Papstes Adrian IV. in Irland, um die rebellischen christlichen Missionare zur Räson zu rufen.

Ungeachtet der königlichen Allmacht teilten die anglonormannischen Barone Irland unter sich auf und festigten in den folgenden 300 Jahren ihre feudalen Machtpositionen. Und noch einmal kamen die Auswirkungen einer Assimilation zum Tragen, denn die Anglonormannen und ihre Lehnsmannen wurden, wie es so schön heißt, *Hiberniores Hibernis ipsis* – irischer als die Iren selbst. Sie überzogen das Land mit Burgen, doch ihr eigentliches Erbe sind Städte wie das herrliche Kilkenny, das sich bis heute sein mittelalterliches Flair bewahrt hat. Zwar mochten die Anglonormannen dem englischen König die Treue geschworen haben, in Wirklichkeit waren sie aber nur sich selbst verpflichtet: Gegen Ende des 15. Jhs. beschränkte sich der direkte Einfluss der englischen Krone auf einen schmalen Gürtel rund um Dublin, der als Pale bekannt ist.

Der Ausspruch *beyond the Pale* (unzumutbar) wurde geprägt, als die Anglonormannen den Pale, das befestigte Siedlungsgebiet rund um Dublin, kontrollierten. Sie betrachteten das übrige Irland als unzivilisiert.

Irland & die Tudors

Als Heinrich VIII. sich wegen seiner Scheidung von Katharina von Aragon 1534 mit dem Papst überwarf und zum Oberhaupt der Kirche von England erhob, schrien die Anglonormannen Zeter und Mordio und einige griffen gar zu den Waffen gegen die Krone. Da Heinrich befürchtete, ein irischer Aufstand könne Spanien und Frankreich dienlich sein, ließ er die Männer niederschlagen, das Land der Rebellen konfiszieren und alle irischen Klöster schließen. Dann erklärte er sich selbst zum König von Irland.

Elisabeth I. (1533–1603) kam 1558 auf den Thron und hatte dieselbe kompromisslose Haltung Irland gegenüber wie ihr Vater. Ulster war ihr der größte Dorn im Auge, denn die Einwohner kämpften unter dem Kommando von Hugh O'Neill, Earl of Tyrone, verbissen gegen ihre Herrschaft an. 1603 wurden sie jedoch schließlich besiegt. O'Neill errang da-

1169

Mit MacMurroughs Hilfe nehmen die von Heinrich II. ausgesandten walisischen und normannischen Barone die Städte Waterford und Wexford ein: der Beginn der 800 Jahre währenden Herrschaft der Briten.

1171

Heinrich II. marschiert in Irland ein und zwingt die cambronormannischen Adeligen sowie einige gälisch-irische Könige dazu, ihn als höchsten Souverän anzuerkennen.

1350–1530

Anglonormannische Adelige etablieren von England unabhängige Machtzentren. In den folgenden zwei Jahrhunderten schwindet der Einfluss der englischen Krone. Zuletzt kontrolliert sie nur noch den Pale.

1366

Die englische Krone verbietet Ehen zwischen Anglonormannen und Iren, die irische Sprache und die Ausübung irischer Bräuche, damit sich die Anglonormannen nicht zu stark integrieren – allerdings erfolglos.

bei so etwas wie einen Pyrrhussieg, weil er erst dann kapitulierte, als er von Elisabeths Tod erfuhr. Gemeinsam mit den Grafen, die ihn unterstützten, verließ er Irland. Dieses Ereignis ging als „Flight of the Earls" in die Geschichte ein. Ulster überließen sie den Engländern und ihrer Politik der Plantations, bei der das Land der Geflohenen konfisziert und an Getreue der Krone neu verteilt wurde. Es kam zwar überall zu Enteignungen, doch nirgendwo waren sie so umfangreich wie in Ulster

Oliver Cromwell überfällt Irland

Als 1642 der Englische Bürgerkrieg ausbrach, stellten sich die irischen und anglonormannischen Katholiken hinter Karl I., also gegen die protestantischen Parlamentarier. Sie hofften, dass ein Sieg des Königs der katholischen Kirche in Irland zu neuer Macht verhelfen würde. Nachdem Oliver Cromwell und seine puritanischen Anhänger 1649 die Royalisten besiegt und Karl geköpft hatten, nahm Cromwell die untreuen Iren ins Visier. Seine neunmonatige Kampagne war brutal und erfolgreich (besonders schlimm traf es Drogheda); außerdem wurde noch mehr Land konfisziert. Cromwells berühmte Äußerung, die Iren sollten zur Hölle fahren oder nach Connaught, wirkt angesichts der Schönheit der Provinz merkwürdig, allerdings gab es dort kaum Ackerland. Auch die Rechte der Katholiken wurden noch mehr beschnitten.

Der Boyne & die Strafgesetze

Seinen nächsten großen Rückschlag erlebte das katholische Land 1690. Wieder hatten die Iren auf das falsche Pferd gesetzt; diesmal, indem sie Jakob II. unterstützten. Nach der Glorious Revolution hatte dieser als König abdanken und seine Krone dem holländischen Protestanten Wilhelm von Oranien (Wilhelm III.) überlassen müssen, der mit Jakobs Tochter Mary verheiratet war. Nachdem Jakob erfolglos 105 Tage lang Derry belagert hatte – aus dieser Zeit stammt der Ruf der Loyalisten *„No Surrender!"* („Niemals aufgeben!") –, stellte er sich im Juli Wilhelms Armeen am Ufer des Boyne im County Louth zur Schlacht und wurde vernichtend geschlagen.

1695 folgte dann der Erlass der Penal Laws (Strafgesetze). Ihnen zufolge durften Katholiken keinen Grund und Boden besitzen, ihnen blieb der Zugang zu einflussreichen Positionen verwehrt und es wurde alles verboten, was mit irischer Kultur, Musik oder Bildung zu tun hatte. So wollten die Protestanten den katholischen Glauben auslöschen. Viele Katholiken feierten die Messe nun im Verborgenen, einige wohlhabende Iren traten aber auch zum protestantischen Glauben über, um ihren Besitz zu sichern und ihre Berufe weiter ausüben zu können. Ländereien mussten an protestantische Siedler abgetreten werden. Von da an lebten die meisten Katholiken als Pächter unter katastrophalen Lebensbedingungen. Ende des 18. Jhs. waren nur noch ca. 5 % des Landes in katholischem Besitz!

A History of Ulster von Jonathan Bardon zeichnet die nordirische Geschichte nach.

In *Cromwell: An Honourable Enemy* vertritt Tom Reilly den Standpunkt, dass die Darstellung von Cromwells zerstörerischer Kampagne gegen Irland möglicherweise grob übertrieben ist. Mit seiner Meinung steht er ziemlich alleine da, doch er bietet mit diesem Buch mal eine andere Sichtweise (und ja, Reilly ist Ire).

1536–1541

Heinrich VIII. ordnet die Schließung der Klöster und die Enteignung von kirchlichem Eigentum an. 1541 lässt er sich vom irischen Parlament zum König von Irland erklären.

1585

Die Kartoffel aus Südamerika wird in Irland eingeführt, wo sie sich mit der Zeit zu einem der Hauptnahrungsmittel entwickelt.

1594

Hugh O'Neill, Earl von Tyrone, bestellt in England Blei für die Reparatur seines Schlossdachs, lässt daraus aber Munition schmieden. So löst er den Neunjährigen Krieg aus.

1601

Zwischen Elizabeths Truppen und den Rebellen unter Hugh O'Neill wird die Schlacht von Kinsale ausgetragen. O'Neill kapituliert und der irische Revolutionsgeist ist gebrochen.

Aufstand gegen die britische Herrschaft

Die bedeutendste Welle des Widerstandes gegen die von den Strafgesetzen verursachten Ungerechtigkeiten kam gegen Ende des 18. Jhs. aus einer unerwarteten Ecke. Einige liberale Protestanten, die den Ideen der Aufklärung anhingen und von der Französischen Revolution sowie den Unabhängigkeitskämpfen in den neu entstandenen USA inspiriert waren, begehrten offen gegen die britische Herrschaft auf.

Zu den bekanntesten Männern unter ihnen zählte Theobald Wolfe Tone (1763–1798), ein junger Anwalt aus Dublin. Er führte eine Gruppe an, die sich United Irishmen nannte und Reformen anstoßen sowie die Macht der Engländer in Irland einschränken wollte (protestantische Loyalisten gründeten daraufhin die Protestant Orange Society, später bekannt als Orange Order (Oranierorden), um sich für den möglichen Konflikt zu rüsten). Wolfe Tone ersuchte Frankreich um Hilfe für seinen Aufstand, aber die Franzosen scheiterten bei dem Versuch, 1796 eine Armee nach Irland zu entsenden. Die Organisation musste sich dem Vergeltungsschlag allein stellen und fand in der Schlacht von Vinegar Hill 1798 ihr blutiges Ende. Drei Jahre später versuchten die Briten, der Rebellion in Irland mit dem Act of Union ein Ende zu setzen, doch der nationalistische Geist war bereits erwacht.

In *For the Cause of Liberty: A Thousand Years of Ireland's Heroes* entwirft Terry Golway ein anschauliches Bild des irischen Nationalismus.

Die Hungersnot, O'Connell & Parnell

Das 19. Jh. war von wiederholten Versuchen geprägt, den Engländern ein Stück Eigenständigkeit abzuringen. Auf der einen Seite standen die radikalen Republikaner, die den Einsatz von Gewalt befürworteten, um eine weltliche, auf Gleichheit beruhende Republik zu gründen. Sie versuchten es 1848 und 1867, scheiterten aber. Auf der anderen Seite gab es den gemäßigten Flügel, der die Regierung durch gewaltfreie und gesetzeskonforme Aktionen zu Kompromissen zwingen wollte.

Der Große Befreier

Fast drei Jahrzehnte lang dominierte der aus Kerry stammende Daniel O'Connell (1775–1847) das Lager der Gemäßigten. Er setzte sich unermüdlich für die Sache der katholischen Emanzipation ein. 1828 wurde er ins Britische Parlament gewählt, doch da er Katholik war, konnte er sein Amt als Abgeordneter nicht antreten: Um einen möglichen Aufstand im Keim zu ersticken, sah sich die Regierung gezwungen, 1829 den Act of Catholic Emancipation zu erlassen, der wohlhabenden Katholiken das Wahlrecht einräumte und ihnen erlaubte, als Abgeordnete ins Parlament einzuziehen.

Ireland Since the Famine von F. S. L. Lyons ist ein Standardwerk für alle, die sich für die neuere irische Geschichte interessieren.

O'Connell kämpfte weiter für die irische Selbstbestimmung und wurde als einflussreicher Sprecher bekannt, nicht nur für Irland, sondern gegen jede Art von Ungerechtigkeit inklusive der Sklaverei: Der Anführer der Bewegung zur Abschaffung der Sklaverei, Frederick Douglass, zählte zu seinen größten Bewunderern (auf seinem Irlandbesuch 2011 betonte

1607

O'Neill und 90 weitere Anführer aus Ulster flüchten mit einem Segelboot nach Europa. Daraufhin übernehmen die Engländer das Ruder in Ulster und starten ihre Besiedlungspolitik.

1649–1653

Cromwell hinterlässt eine Spur der Verwüstung als Antwort auf die Unterstützung Karls I. durch die Iren im Bürgerkrieg. Unzählige Katholiken werden niedergemetzelt und 2 Mio. ha Land konfisziert.

1688–1690

Nach der Absetzung Jakobs II. liefern sich dessen Truppen einen Kampf mit Wilhelms protestantischer Armee, die siegreich aus der Schlacht am Boyne (12. Juli 1690) hervorgeht.

1695

Die Penal Laws untersagen Katholiken, Pferde zu besitzen, Andersgläubige zu heiraten und Grundstücke zu kaufen bzw. zu erben. Beim Kirchenbau darf ausschließlich Holz verwendet werden.

Präsident Obama nachdrücklich deren Freundschaft). Die Iren verehrten O'Connell, der als „the Liberator" („der Befreier") bekannt war, und strömten für seine Ansprachen zu Zehntausenden herbei. Seine Weigerung, das Gesetz zu übertreten, trieb O'Connell allerdings in den Ruin: Als die Regierung eine seiner Kundgebungen verbot, gab er klein bei, vorgeblich um Gewalt und Blutvergießen zu vermeiden. Irland befand sich jedoch mitten in der Großen Hungersnot und empfand O'Connells Unvermögen, sich gegen die Briten zur Wehr zu setzen, als Kapitulation. Schließlich kam er für eine Weile ins Gefängnis und starb 1847 als gebrochener Mann.

The Great Hunger von Cecil Woodham-Smith ist der Klassiker zum Thema Hungersnot (1845–1851).

Irlands ungekrönter König

Ein weiterer großer Staatsmann des 19. Jhs., Charles Stewart Parnell (1846–1891), war wie O'Connell ein einflussreicher Redner, doch sein Hauptaugenmerk richtete er auf die Landreform, besonders auf die Verringerung der Pacht und die Verbesserung der Arbeitsbedingungen (ab-

DIE GROSSE HUNGERSNOT

Insgesamt 3 Mio. Menschen starben infolge der Großen Hungersnot (1845–1851) oder sahen sich gezwungen, das Land zu verlassen. Das Ausmaß dieser Tragödie hätte sich in Grenzen halten können – wäre da nicht die Selbstsucht der Gutsherren gewesen. Die Kartoffel diente als Hauptnahrungsmittel der rasch wachsenden und verarmten Bevölkerung Irlands. Als die Ernte von Mehltau vernichtet wurde, schossen die Preise in die Höhe. Aufgrund der Penal Laws litten die Bauern bereits unter hohen Pachten und mussten nun noch zusätzliches Geld für ihr Essen aufbringen. So gerieten zahlreiche Pächter mit ihren Mietzahlungen in Rückstand. Von Seiten der Grundbesitzer gab es allerdings nur wenig bis gar kein Entgegenkommen. Viele Menschen mussten ihre Häuser verlassen und in Armenhäusern Zuflucht suchen, in denen schreckliche Bedingungen herrschten.

Ausgerechnet zu dieser Zeit gab es reiche Weizenernten und Milchprodukte en masse – das Land hätte genug Getreide gehabt, um die gesamte Bevölkerung zu ernähren, außerdem soll es damals mehr Vieh ins Ausland verkauft haben, als Menschen auf der Insel lebten. Doch weil Irland gezwungen wurde, seine landwirtschaftlichen Produkte nach Britannien oder Übersee zu exportieren, verhungerten Millionen Menschen.

Den Poor Laws (Armengesetze) zufolge waren Grundbesitzer für ihre zahlungsunfähigen Pächter verantwortlich, deshalb schoben sie die Bauern einfach ab, indem sie ihnen die Fahrt nach Amerika bezahlten. Viele gingen an Bord der berüchtigten *coffin ships* („Sargschiffe"), wenige verließen sie lebend. Darauf startete der britische Premierminister Sir Robert Peel gut gemeinte, aber völlig unzureichende Versuche, die Notleidenden zu entlasten. Immerhin gab es einige wenige Grundbesitzer, die sich nach Kräften um ihre Pächter bemühten.

Im Verlauf der nächsten 100 Jahre strömten die Menschen massenweise ins Ausland, vor allem in die USA, wodurch Irlands Bevölkerung stetig abnahm. Ein Großteil der Emigranten blickte noch lange mit Verbitterung auf diesen Teil der irischen Geschichte zurück.

1795

Mit Besorgnis nimmt eine Gruppe von Protestanten die Versuche der Society of United Irishmen zur Kenntnis, gleiche Rechte für Protestanten und Katholiken zu erwirken, und gründet den Oranierorden.

1798

Die Verfolgung und Ermordung potenzieller Rebellen zieht einen Aufstand nach sich, der von den United Irishmen unter Wolfe Tone angeführt wird. Tone wird festgenommen und begeht Selbstmord.

1801

Der Act of Union tritt in Kraft und vereint Irland und Britannien. Infolge einer Bestechungskampagne löst sich das irische Parlament auf. 100 Ex-Abgeordnete nehmen die Arbeit im Londoner Unterhaus auf.

1828–1829

Daniel O'Connell erringt einen Parlamentssitz, darf aufgrund seines Glaubens jedoch nicht als Abgeordneter tätig werden. Daraufhin wird ein Gesetz erlassen, das Katholiken mehr Rechte einräumt.

gekürzt als „Three Fs" bezeichnet: *fair rent, free sale and fixity of tenure,* fairer Pachtzins, freier Verkauf und feste Pachtverträge). Parnell unterstützte die Aktivitäten der Land League, die ihre Landsleute zum *boycotting* ermunterte (der Name geht auf den britischen Gutsverwalter Charles Boycott zurück): Lehnsherren und Gutsverwalter, die sich den Zielen der Land League entgegenstellten, wurden von den Iren wie Aussätzige behandelt. 1881 errangen die Einwohner mit der Durchsetzung des Land Act, der viele Forderungen der League erfüllte, einen wichtigen Sieg.

The Irish in America von Michael Coffey erzählt die Geschichte der Großen Hungersnot ab dem Punkt weiter, wo die meisten aufhören: die aufregenden Erfahrungen der irischen Immigranten in den USA

Darüber hinaus kämpfte Parnell für eine eingeschränkte Form der Selbstverwaltung. Doch trotz der Unterstützung durch den Vorsitzenden der Liberalen, William Gladstone, lehnte das Parlament die 1886 und 1892 vorgelegten Gesetzesentwürfe zur Home Rule einstimmig ab. Wie O'Connell vor ihm, erlebte Parnell eine dramatische Niederlage: 1890 wurde er in eine Scheidung verwickelt, die das puritanische Irland als Skandal empfand. Der „ungekrönte König von Irland" musste abdanken und starb weniger als ein Jahr später.

Das Aufflammen der Revolution

In der zweiten Hälfte des 20. Jhs. gewann Irlands Kampf für mehr Unabhängigkeit neuen Schwung. Die Radikalen, schon immer eine Randerscheinung der nationalistischen Bestrebungen Irlands, setzten sich neu in Szene, z. T. als Reaktion auf die sich zuspitzende Lage in Ulster. Massenproteste gegen jede Form der irischen Unabhängigkeit hatten zur Bildung der Ulster Volunteer Force (UVF) geführt, einer Bürgerwehr der Loyalisten mit 100 000 Mitgliedern. Sie schworen, sich jedem Versuch zu widersetzen, die Home Rule zu etablieren. Die Nationalisten reagierten mit der Gründung der Irish Volunteer Force (IVF); eine Kraftprobe schien unausweichlich.

1914 wurde die Home Rule schließlich bewilligt, doch wegen des Ausbruchs des Ersten Weltkriegs vorerst nicht umgesetzt. Für einen Großteil der Iren war diese Verschiebung enttäuschend, aber nicht unvernünftig, und die meisten Mitglieder der Freiwilligenarmee zogen in den Krieg.

Artikel zu sämtlichen Aspekten der irischen Geschichte gibt's auf dem historischen Blog der National Library unter www.nli.ie/blog.

Der Osteraufstand

Allerdings gab es auch Iren, die sich nicht zum Kriegsdienst meldeten. Zwei kleine Gruppen – einerseits Mitglieder der Irish Volunteers unter Pádraig Pearse, andererseits die Irish Citizens' Army unter James Connolly – starteten einen Überraschungsangriff. Eine Truppe von Volunteer-Anhängern rückte am Ostermontag 1916 in Dublin ein und besetzte eine Reihe von Schlüsselpositionen in der Stadt. Zum Hauptquartier wurde das General Post Office (Hauptpostamt) auf der O'Connell Street ernannt. Von dessen Stufen verkündete Pearse, dass Irland von nun an eine Republik sei und seine Mitstreiter die Übergangsregierung bilden würden. Doch schon nach wenigen Tagen mussten sich die Aufständischen den

1845–1851

Mehltau vernichtet die Kartoffelernte und eine Hungersnot bricht aus, aber die britische Regierung unternimmt nichts. 500 000 bis 1 Mio. Menschen verhungern und fast 2 Mio. Iren verlassen das Land.

1879–1882

Die Land League ist die treibende Kraft im „Krieg um Land": Zahlreiche Pächter widersetzen sich den Grundbesitzern und setzen den Land Act (1881) durch.

1884

Im Hayes Hotel in Thurles, County Tipperary, wird die Gaelic Athletic Association (GAA) gegründet. Ihr Ziel ist die Förderung gälischer Sportarten (wie Hurling und Gaelic Football) und Kultur.

1890er-Jahre

Die Gälische Renaissance, angeführt vom Dichter W. B. Yeats, fördert das Interesse an der irischen Sprache und Kultur, darunter Folklore, Sport, Musik und Kunst.

überlegenen britischen Streitkräften geschlagen geben. Bei der Bevölkerung fanden die Rebellen keinen Rückhalt: Auf ihrem Weg ins Gefängnis mussten sie sogar vor verärgerten Stadtbewohnern beschützt werden.

Wahrscheinlich wäre das Ganze schnell in Vergessenheit geraten, hätten die Engländer nicht den Fehler begangen, aus den Aufständischen Märtyrer zu machen. Sie verhängten 77-mal die Todesstrafe. 15 Männer wurden hingerichtet, unter ihnen der verwundete Connolly. Dies veränderte die Stimmung in der Bevölkerung grundlegend und brachte den Republikanern massenhafte Unterstützung.

Krieg mit Großbritannien

Nach Ende des Ersten Weltkriegs war die Home Rule nicht mehr genug: Sie räumte den Iren zu spät zu wenige Rechte ein. Bei den Wahlen 1918 gewannen die Republikaner mit Sinn Féin die große Mehrheit der Sitze. Die frisch gewählten Abgeordneten (viele waren 1916 am Osteraufstand beteiligt) erklärten Irland zu einer unabhängigen Nation und bildeten das erste Dáil Éireann (Irische Versammlung oder Unterhaus), als dessen Sitz das Dubliner Mansion House diente. Éamon de Valera (1882–1975) wurde als Regierungschef gewählt. Aus den Irish Volunteers ging die Irish Republican Army (IRA) hervor, und das Dáil räumte deren Mitgliedern das Recht ein, britische Truppen in Irland zu bekämpfen.

Wie es mit Kriegen so ist, nahm der Unabhängigkeitskampf ein recht klägliches Ende. Er dauerte 2½ Jahre und kostete offiziell 1200 Menschenleben. Es war ein brutaler Krieg, denn die IRA kämpfte mit Guerillataktiken gegen die Briten, in deren Reihen sich zahlreiche Kriegsveteranen – nach der Farbe ihrer Uniformen (Kaki wie bei der Armee und Schwarz wie bei der Polizei) Black and Tans genannt – befanden. Diese waren durch die Erlebnisse in den Schützengräben derart traumatisiert, dass ihre Gewaltbereitschaft kaum Grenzen kannte.

So etwas wie Freiheit

Dem Waffenstillstand im Juli 1921 folgten intensive Verhandlungen zwischen beiden Seiten. Der daraus resultierende Vertrag, der am 6. Dezember 1921 unterzeichnet wurde, schuf den Freien Staat Irland, bestehend aus 26 von 32 irischen Grafschaften. Die restlichen sechs Counties – alle in Ulster – blieben Teil des Vereinigten Königreichs. Doch der Vertrag war alles andere als perfekt: Er zementierte die geografische Teilung des Landes, was den Konflikt 50 Jahre später zum Explodieren bringen sollte, und spaltete die Nationalisten in solche, die den Vertrag für ein nötiges Sprungbrett in die volle Unabhängigkeit hielten, und solche, die ihn als Kapitulation vor den Briten und Verrat an den republikanischen Idealen verstanden. Diese Spaltung sollte den Verlauf der politischen Entwicklung Irlands praktisch das ganze restliche Jahrhundert über bestimmen.

Brendan O'Briens beliebtes Werk *Pocket History of the IRA* fasst die komplexe Geschichte der Gruppe auf nur rund 150 Seiten zusammen – eine gute Einführung in das Thema.

Neil Jordans Film *Michael Collins* mit Liam Neeson in der Hauptrolle erzählt vom Osteraufstand, der Gründung der Republik und der Ermordung des Revolutionärs.

1904

James Joyce' Roman *Ulysses* spielt komplett am 16. Juni dieses Jahres. Der Autor wählte dieses Datum, weil er an dem Tag zum ersten Mal mit seiner Frau Nora ausgegangen war.

1916

Osteraufstand: Eine Gruppe von Republikanern stürmt das General Post Office in Dublin und ruft die Irische Republik aus, muss sich aber kurz darauf den britischen Truppen geschlagen geben.

1919–1921

Im Januar 1919 beginnt der Irische Unabhängigkeitskrieg, auch bekannt als Black and Tan War, was sich auf die schwarzen und kakifarbenen Uniformen der paramilitärischen britischen Gruppe bezieht.

1921

1200 Menschen verlieren im Unabhängigkeitskrieg ihr Leben. Dem Waffenstillstand vom 11. Juli 1921 folgen Friedensgespräche. Am 6. Dezember unterzeichnet die irische Delegation den Angloirischen Vertrag.

Bürgerkrieg

Nach heftigen Debatten wurde der Vertrag ratifiziert. Die Wahl im Juni 1922 fiel zugunsten der Vertragsbefürworter aus. Daraufhin schlossen sich seine Gegner unter Führung von de Valera zusammen, der, obwohl Präsident des Dáil, nicht Mitglied des Teams gewesen war, das den Vertrag ausgehandelt hatte (dies machte ihn in den Augen seiner Kritiker und Gegner höchst anfechtbar, sollten die Verhandlungen scheitern). Zudem hatte sich de Valera gegen einige Bestimmungen des Vertrags ausgesprochen, etwa gegen den Treueschwur für den englischen König.

Nur zwei Wochen nach den Wahlen brach der Bürgerkrieg aus, in dem sich Menschen gegenüberstanden, die ein Jahr zuvor noch Seite an Seite gekämpft hatten. Besonders tragisch in diesem äußerst bitteren Konflikt war der Tod von Michael Collins (1890–1922), dem führenden Kopf der IRA-Kampagne im Unabhängigkeitskrieg und Verhandlungsführer des Angloirischen Vertrags. Er geriet in seinem Heimat-County Cork in einen Hinterhalt und wurde erschossen. Collins hatte die Bitterkeit, die der Vertrag hervorrufen würde, vorausgesehen. Bei der Unterzeichnung soll er gesagt haben: „Ich sage Ihnen, ich habe mein eigenes Todesurteil unterzeichnet."

Die Entstehung einer Republik

In seinem Roman *Troubles* (1970) beschreibt J. G. Farrell die Vorgeschichte des angloirischen Kriegs und seine Auswirkungen auf die Zivilbevölkerung auf bewegende, eindrucksvolle Weise.

Der Bürgerkrieg endete 1923 mit einem Sieg der Vertragsbefürworter, die den neuen Staat bis 1932 regierten. De Valera – geschlagen, aber nicht besiegt – gründete 1926 die neue Partei Fianna Fáil (Krieger von Irland), die bei den Wahlen von 1932 die Mehrheit errang und bis 1948 an der Macht bleiben sollte. 1937 verabschiedete er eine neue Verfassung, die ein Ende mit dem Treueeid auf die englische Krone machte, die besondere Bedeutung der katholischen Kirche unterstrich und den Anspruch auf die sechs Grafschaften in Nordirland betonte. 1948 verließ Irland offiziell den Commonwealth und wurde eine Republik. Doch wie die Ironie des Schicksals es wollte, war es die Partei Fine Gael, wie sich die Vertragsbefürworter nun nannten, die sie ausrufen sollte – Fianna Fáil hatte im selben Jahr überraschend die Wahlen verloren. Nach 800 Jahren erlangte Irland (zumindest ein wesentlicher Teil davon) endlich seine Unabhängigkeit.

Von Krisen geschüttelt und als Tiger wiedergeboren

Éamon de Valera, fraglos eine der wichtigsten irischen Persönlichkeiten, hatte einen immensen Beitrag zur Unabhängigkeit geleistet. Gegen Ende der 1950er-Jahre galten seine einst visionären Vorstellungen jedoch als verknöchert, festgefahren und mit der irischen Realität einer maroden Wirtschaft immer weniger in Einklang zu bringen. Horrende Arbeitslosenzahlen und Auswanderungswellen waren die offensichtlichsten

1921–1922
26 Counties werden unabhängig, die sechs größtenteils protestantischen Grafschaften von Ulster dürfen wählen, wohin sie gehören wollen. 1922 wird der irische Freistaat ausgerufen.

1922–1923
Vertragsgegner greifen unter Éamon de Valera zu den Waffen und bekämpfen ihre ehemaligen Kameraden, die von Michael Collins angeführt werden. Ein kurzer, brutaler Bürgerkrieg bricht aus, Collins wird erschossen.

1932
De Valeras Partei Fianna Fáil gewinnt die Mehrheit im Parlament und macht sich daran, die Beziehungen zwischen dem Freistaat und Britannien zu unterminieren.

1948
Die Fianna Fáil muss sich bei den Wahlen 1948 der Koalition aus Fine Gael und der republikanischen Clann an Poblachta geschlagen geben. Die neue Regierung erklärt den Freistaat Irland zur Republik.

Auswirkungen seiner unzulänglichen Politik. De Valeras Nachfolger als Taoiseach (Premierminister der Republik), Sean Lemass, begann seine Amtszeit 1959 mit den Worten „die Flut hebt alle Boote an". Dank seiner Maßnahmen hatte sich Mitte der 1960er-Jahre die Zahl der Emigranten halbiert, zudem florierte die Wirtschaft. Einen ähnlichen Wohlstand erreichte das Land 30 Jahre später zur Zeit des keltischen Tigers.

1870, nach dem Ende der Großen Hungersnot, hatten so viele Menschen das Land verlassen, dass mehr als ein Drittel der in Irland geborenen Iren im Ausland lebte.

Partner in Europa

1972 traten die Republik und Nordirland der Europäischen Wirtschaftsgemeinschaft (EWG) bei, was dem Land einen weiteren positiven Impuls bescherte – der gemeinsamen Agrarpolitik zum Dank, die Preise für landwirtschaftliche Produkte festlegte und eine bestimmte Abnahmequote garantierte. Dann kam die Ölkrise 1973, die Irland erneut in die Rezession und in eine weitere Auswanderungswelle stürzte. Ihren Höhepunkt erreichte die Emigration Mitte der 1980er-Jahre.

Vom keltischen Tiger …

Anfang der 1990er-Jahre trugen europäische Gelder zum Wirtschaftsaufschwung bei. Riesige Summen wurden in das Bildungswesen sowie in die Infrastruktur investiert, während die Politik der niedrigen Körperschaftssteuer gemeinsam mit attraktiven Fördergeldern Irland zu einem beliebten Standort für Hightechunternehmen machte, die sich auf dem europäischen Markt etablieren wollten. In weniger als einem Jahrzehnt mauserte sich das Land von einem der ärmsten Staaten Europas zu einem der reichsten. Die Arbeitslosenquote fiel von 18 auf 3,5 %, der Durchschnittslohn eines Industriearbeiters kletterte europaweit auf den ersten Rang und das rasante Wachstum des Bruttoinlandsprodukts machte das Land zum europäischen Erfolgsmodell, das in der ganzen Welt beneidet wurde. Zu dieser Zeit erhielt Irland den Namen „keltischer Tiger".

… zur in Not geratenen Katze

Ab 2002 trieb ein gigantischer Bauboom die irische Wirtschaft an, der jegliches Maß eines gesunden Wachstums sprengte. Der außer Kontrolle geratene internationale Derivatemarkt überflutete die irischen Banken mit billigem Geld, die es freizügig verliehen.

Es folgten die Pleite von Lehman Brothers und die Kreditkrise. Fast alle irischen Geldinstitute standen mit dem Rücken zur Wand, wurden aber in letzter Minute gerettet. Bevor Irland Atem holen konnte, hatten der Internationale Währungsfonds (IMF) und die Europäische Union die Zügel seiner mittelfristigen wirtschaftlichen Zukunft in die Hand genommen. Irland blickte erneut altbekannten Dämonen in die Augen: einer hohen Arbeitslosigkeit und Auswanderung, aber ein schmerzhaftes Sparprogramm brachte Ende 2014 die Wende.

1969

Protestmärsche der nordirischen Bürgerrechtsvereinigung werden von Loyalisten und der Polizei gestört. Es kommt zu Ausschreitungen und zur Schlacht in der Bogside – der Beginn des Nordirlandkonflikts.

1972

Die Republik und Nordirland treten der EWG bei. Am Blutsonntag sterben 13 Zivilisten durch die Hand britischer Truppen. Westminster entlässt das nordirische Parlament und übernimmt die Kontrolle.

1973–1974

Im Abkommen von Sunningdale wird ein neues nordirisches Parlament gegründet. Die Unionisten lehnen das Abkommen ab und legen durch einen Generalstreik die Provinz lahm – das Ende des Parlaments.

1981

Zehn republikanische Gefangene hungern sich zu Tode. Als Erster stirbt Bobby Sands, der kurz zuvor als Abgeordneter ins Parlament gewählt worden war. 100 000 Trauergäste wohnen seiner Beerdigung bei.

Im Norden sieht's (gar nicht so) düster aus

Seit dem 8. Mai 2007 wird Nordirland relativ harmonisch von einer eigenen Regierung geleitet, der momentan Premierminister Peter Robinson von der Democratic Unionist Party (DUP) und der stellvertretende Premierminister Martin McGuinness von Sinn Féin (SF) vorstehen. Selbst wer Irlands Politik in den letzten vier Jahrzehnten nur mit geringem Interesse verfolgt hat, weiß, dass die friedliche Zusammenarbeit eines loyalistischen Heißsporns wie Robinson – dessen Karriere auf seiner lautstark geäußerten Feindseligkeit gegenüber jeder Form von irischem Nationalismus fußt – mit einem ehemaligen IRA-Befehlshaber wie McGuinness im selben Kabinett als kleines politisches Wunder gilt.

Tatsächlich ist es das Ergebnis eines mühevollen Dialog- und Verhandlungsprozesses. Dieser bemühte sich, den Gordischen Knoten aus historischer Verbitterung, Misstrauen, Gewalt und tief sitzenden Vorurteilen zu lösen, der mit der Besiedlungspolitik im Irland des 16. Jhs. begonnen hatte.

Geteiltes Irland

Nach Abschluss des angloirischen Vertrags wurde am 22. Juni 1922 ein neues nordirisches Parlament gebildet und James Craig der erste Premierminister. Seine Ulster Unionist Party (UUP) lenkte die Geschicke des neuen Staates bis 1972. Die katholische Minderheit (40 % der Bevölkerung) hatte so gut wie keinen Einfluss und keine politische Stimme. Stattdessen begünstigte das Parlament die Unionisten mit wirtschaftlichen Fördermitteln, zog sie bei der Zuweisung von Wohnraum vor und manipulierte selbst die Einteilung der Wahlbezirke: In Derry etwa wurden diese so verändert, dass mit Sicherheit ein protestantischer Gemeinderat zustande kam, obwohl zwei Drittel der Stadtbevölkerung Katholiken waren! Die überwiegend protestantische nordirische Polizei, die Royal Ulster Constabulary (RUC), und ihre paramilitärische Einheit, die B-Specials, unterbanden jegliches Abweichlertum und gaben sich nicht die geringste Mühe, ihre Voreingenommenheit zu verbergen. Im Grunde herrschte in Nordirland ein Apartheidsystem.

Bücher zum Nordirlandkonflikt

- *Lost Lives* (David McKittrick)
- *Ten Men Dead* (David Beresford)
- *The Faithful Tribe: An Intimate Portrait of the Loyal Institutions* (Ruth Dudley Edwards)

We Shall Overcome

In den 1950er-Jahren mussten die Unionisten ihre erste Feuerprobe bestehen. Damals nahm die IRA ihre Grenzkampagne wieder auf, nachdem sie die Waffen längere Zeit hatte ruhen lassen. Doch die Unionisten wurden dieser Bedrohung schnell Herr und inhaftierten die Anführer der Initiative. Ein Jahrzehnt später sahen sie sich einem weitaus hartnäckigeren Gegner gegenüber, der 1967 gegründeten Bürgerrechtsbewegung, die stark von der US-amerikanischen Civil Rights Association beeinflusst war. Sie wollte dem himmelschreienden Sektierertum in Derry ein Ende bereiten. Im Oktober 1968 wurde ein hauptsächlich katholischer Protestmarsch in

1993

In der Downing Street Declaration erklärt Britannien, dass es „keine egoistischen, strategischen oder wirtschaftlichen Interessen" in Nordirland verfolgt.

Mitte der 1990er-Jahre

Die Körperschaftssteuer ist gering, die Regierung fährt einen Sparkurs, die EU leistet Transferzahlungen und Arbeitskräfte sind günstig. Irland wird eines der wohlhabendsten Länder Europas.

1994

Gerry Adams, Anführer von Sinn Féin , proklamiert am 31. August das „Ende der Gewalt" von Seiten der IRA. Im Oktober ziehen die vereinten loyalistischen paramilitärischen Gruppen nach.

1998

Nach Verhandlungen wird am 10. April das Karfreitagsabkommen geschlossen. Von nun an hat die neue nordirische Versammlung die vollständige gesetzgebende und ausführende Gewalt inne.

Derry von der RUC gewaltsam aufgelöst (Gerüchten zufolge hatte die IRA den Demonstranten ihren „Schutz" zugesagt). Auch wenn es damals noch keiner wusste – dies sollte der Beginn des Nordirlandkonflikts sein.

Im Januar 1969 organisierte eine weitere Bürgerrechtsbewegung namens People's Democracy einen Marsch von Belfast nach Derry. Kurz vor dem Ziel wurden die Teilnehmer von Protestanten angegriffen. Anfangs hielt sich die Polizei zurück, doch dann stürmte sie den vorwiegend katholischen Bezirk Bogside. Es folgten weitere Märsche, Proteste und gewaltsame Auseinandersetzungen. Viele Republikaner sind der Auffassung, die Polizei habe die Situation verschlimmert. Im August marschierten britische Truppen in Derry und Belfast ein, um Recht und Ordnung wiederherzustellen. Zunächst begrüßte man die Ankunft der Armee in einigen katholischen Vierteln, allerdings wurde schnell klar, dass sie nichts weiter als ein Instrument der protestantischen Majorität war. Der nun folgende Zulauf der IRA ist auf die übertriebene Gewaltbereitschaft der britischen Soldaten zurückzuführen. Insbesondere nach dem Bloody Sunday am 30. Januar 1972 rekrutierte die IRA zahlreiche neue Mitglieder – an diesem Tag starben in Derry 13 Zivilisten durch die Hand britischer Truppen.

Zahlreiche Filme thematisieren die Ereignisse zu Zeiten des Nordirlandkonflikts, darunter *Bloody Sunday* (2002), *Der Boxer* (1997; mit Daniel Day-Lewis) und *Im Namen des Vaters* (1994; ebenfalls mit Day-Lewis).

Der Nordirlandkonflikt

Nach dem Bloody Sunday erklärte die IRA Großbritannien mehr oder weniger den Krieg. Während die Gruppe weiterhin Anschläge in Nordirland verübte, ging sie nun auch dazu über, das britische Festland zu bombar-

VERBINDUNGEN NACH AMERIKA

Aktuell haben über 40 Mio. Amerikaner irische Vorfahren – ein Erbe mehrerer Emigrationswellen, die von Ereignissen wie der Großen Hungersnot der 1840er- und der Wirtschaftkrise der 1930er-Jahre ausgelöst wurden. Viele Berühmtheiten der amerikanischen Geschichte von Davy Crockett bis zu John Steinbeck und 18 von 44 US-Präsidenten sind irischer Abstammung. Dazu gehört auch Barack Obama, in dessen Familie mütterlicherseits ein Auswanderer namens Falmouth Kearney aus Moneygall, County Offaly, zu finden ist.

Hier eine Liste von Orten, die mit ehemaligen US-Präsidenten in Verbindung stehen oder sich den Erfahrungen irischer USA-Auswanderer widmen:

- **Andrew Jackson Centre** (S. 663), County Antrim
- **Dunbrody Famine Ship** (S. 176), County Wexford
- **Grant Ancestral Homestead** (S. 683), County Tyrone
- **Kennedy Homestead** (S. 176), County Wexford
- **Cobh, The Queenstown Story** (S. 234), County Cork
- **Ulster American Folk Park** (S. 681), County Tyrone

1998

Eine Bombe der „Real IRA" detoniert in Omagh. 29 Menschen sterben, 200 werden verletzt. Es ist der schlimmste Anschlag des Nordirlandkonflikts, aber ein Vergeltungsschlag kann vereitelt werden.

2005

Die IRA befiehlt ihren Einheiten nur noch dann aktiv zu werden, wenn es der „Entwicklung politischer und demokratischer Programme durch ausschließlich friedliche Methoden" zuträglich ist.

2007

Nach fünfjähriger Pause, in der Gespräche zwischen Unionisten und Republikanern im Sande verlaufen waren, nimmt die Northern Ireland Assembly ihre Arbeit wieder auf.

2008

Nach dem Zusammenbruch von Lehman Brothers ist das irische Bankensystem praktisch pleite. Als das Ausmaß der Krise bekannt wird, befindet sich Irland am Rand einer wirtschaftlichen Katastrophe.

A History of Ireland von Mike Cronin gibt auf nicht mal 300 Seiten einen gut lesbaren Überblick zur gesamten Geschichte Irlands, bietet aber nur selten Analysen der Zusammenhänge.

dieren und Unschuldige anzugreifen, was ihr den Abscheu von Bürgern und Parteien auf beiden Seiten der konfessionellen Grenze eintrug. Unterdessen starteten loyalistische Paramilitärs eine Mordserie auf Katholiken. Höhepunkt der Krise war der Hungerstreik republikanischer Gefangener im Norden 1981, die ihre Anerkennung als politische Häftlinge forderten. Zehn Inhaftierte hungerten sich zu Tode, darunter der Abgeordnete Bobby Sands.

Ein weiteres Problem stellten die zahlreichen Splittergruppen mit ihren unterschiedlichen Programmen dar. Die IRA zerfiel in „offizielle" und „vorläufige" Gruppierungen, die einen Nährboden für noch extremere republikanische Organisationen wie die Irish National Liberation Army (INLA) lieferten. Auf protestantischer Seite entstanden als Reaktion darauf zahllose loyalistische und paramilitärische Gruppen. Jeder Gewaltakt wurde wiederum mit Vergeltungsschlägen beantwortet.

Annäherung an den Frieden

Anfang der 1990er-Jahre war den Republikanern klar, dass der bewaffnete Kampf einer politischen Bankrotterklärung gleichkam. Die Gesellschaft in Nordirland hatte sich verändert – viele Ungerechtigkeiten, die den Konflikt in den späten 1960er-Jahren ausgelöst hatten, waren längst beseitigt, und die meisten Bürger wünschten sich verzweifelt ein Ende der feindlichen Auseinandersetzungen. Eine Reihe von Verhandlungen zwischen Unionisten, Nationalisten sowie der britischen und irischen Regierung – teilweise von George Mitchell, Bill Clintons Sonderbeauftragtem für Nordirland, vermittelt – ebneten schließlich den Weg zum historischen Karfreitagsabkommen von 1998.

Das Abkommen sah die Übertragung der Macht von Westminster, wo die Legislative seit 1972 angesiedelt war, auf eine neue nordirische Versammlung vor. Allerdings verlangsamten Machtgerangel, Meinungsverschiedenheiten, Sektierertum sowie ausgesprochene Halsstarrigkeit auf beiden Seiten den Arbeitsverlauf und das Parlament wurde viermal aufgehoben, zuletzt von Oktober 2002 bis Mai 2007.

Während dieser Zeit wurde der Ton in der nordirischen Politik schärfer, was zuletzt dazu führte, dass die moderatere UUP den Platz für die Democratic Unionist Party (DUP) unter Führung von Ian Paisley räumen musste. Auf der Seite der Nationalisten vollzog sich mit dem Auftreten des politischen Arms der IRA, Sinn Féin, ein ähnlicher Prozess. Angeführt wurde er von zwei Männern, Gerry Adams und Martin McGuinness.

Ein neues Nordirland

Sehr darauf erpicht, in keiner Weise klein beigeben zu müssen, hielten die DUP und Sinn Féin stur an ihrem jeweiligen Kurs fest. Hauptstreitpunkte waren die Entwaffnung der IRA und die Bildung einer neuen Polizei, wel-

2010
Irland bekommt vom Internationalen Währungsfonds und der EU ein 85 Mrd. Euro schweres Rettungspaket, das die Bankenkrise mildert, dem Land aber enge finanzielle Fesseln anlegt.

2011
Elizabeth II. besucht als erste britische Königin die Republik Irland. Der Besuch wird als überwältigendes Zeugnis der engen Verbindung zwischen beiden Ländern gepriesen.

2013
Irland schafft es als erstes Land, den von der Eurozone nach der Wirtschaftskrise 2008 geschaffenen Rettungsschirm wieder zu verlassen.

2015
Als weltweit erstes Land führt Irland die gesetzliche Gleichbehandlung von Ehen zwischen gleichgeschlechtlichen Partnern ein.

che die RUC ablösen sollte. Paisley und die Unionisten stellten immer höhere Forderungen an den Entwaffnungsprozess (sie verlangten Fotobeweise oder unionistische Augenzeugen) und strebten nicht weniger als eine offene sowie vollständige Auflösung der IRA an. Sinn Féin unterdessen lehnte es ab, der Polizeibehörde beizutreten, die die Aktivitäten des Police Service of Northern Ireland (PSNI) überwachte. Damit bekundete sie ihre nach wie vor fehlende Bereitschaft, mit den Sicherheitskräften zu kooperieren.

Schließlich jedoch legte die IRA alle Waffen nieder und Sinn Féin erklärte sich endlich zur Kooperation mit der Polizei bereit. Die DUP zeigte sich gegenüber ihren ehemaligen republikanischen Feinden nachgiebiger und beide Seiten nahmen die Regierungsgeschäfte in einer Provinz auf, deren dringende Bedürfnisse lange Zeit durch die Diktatur des Sektierertums vernachlässigt worden waren. Den Beweis, dass Nordirland zu einer gewissen Normalität zurückgefunden hatte, lieferten die Wahlen 2011, aus denen die DUP und Sinn Féin als stärkste Parteien hervorgingen, was ihnen das Mandat zur Weiterarbeit verlieh.

Alte Feindschaft lässt sich allerdings schwer beilegen. Der Mord an dem jungen PSNI-Beamten Ronan Kerr im April 2011 war eine bittere Erinnerung an die blutige Geschichte der Provinz. Doch selbst in dieser Tragödie konnte man erkennen, dass sich etwas Grundsätzliches verändert hatte: Kerr war katholisches Mitglied einer Polizeieinheit, die große Anstrengungen unternommen hatte, ihre traditionell pro-protestantische Ausrichtung abzulegen, außerdem wurde seine Ermordung von beiden Seiten gleichermaßen heftig verurteilt. Noch eindrucksvoller war, dass Premierminister Peter Robinson auf der Beerdigung erschien und damit erstmals eine katholische Totenmesse besuchte.

Die irische Lebensart

Die Iren haben zu Recht den Ruf, sehr umgänglich zu sein. Allerdings verbirgt sich hinter dem Bild des redegewandten Smalltalkmeisters ein tieferes, komplexeres Wesen voller Widersprüche. Diesen Gegensatz fasst ein Zitat treffend zusammen, das dem Dichter William Butler Yeats zugeschrieben wird: „Als Ire hatte er einen beißenden Sinn für Dramatisches, was ihn in kurzen Zeiten des Glücks aufrechterhielt."

Die irische Mentalität

Die Iren sind offen, warmherzig und unterhalten sich gern, egal ob mit Freunden oder Fremden. Außerdem gelten sie als humorvoll, verstricken sich aber auch mal in hitzige Debatten und überzeugen mit scharfsinnigen Argumenten. *Slagging* (sticheln) gilt hier als wahre Kunst. Mitunter mag das Gefrotzel zwar grob klingen, aber es entpuppt sich schnell als Basis der irischen Freundschaft. Es heißt, dass sich die Art und Enge einer solchen daran zeigt, wie sehr man mit sich scherzen lässt, statt nur inhaltsleere Komplimente zu machen.

Laut der Volkszählung 2011 ist die durchschnittliche Anzahl der Kinder pro Familie auf 1,38 gefallen – der niedrigste Wert in der irischen Geschichte.

Hinter der geschwätzigen Geselligkeit und zurückhaltenden Genügsamkeit verbirgt sich jedoch ein Geheimnis: Den Iren mangelt es schlicht und ergreifend an Selbstbewusstsein, weswegen sie Komplimenten oft argwöhnisch begegnen. In den letzten drei Jahrzehnten hat sich die irische Mentalität allerdings gewandelt.

Während die Iren früher falsche Bescheidenheit geradezu kultiviert haben, sind sie durch den zunehmenden Wohlstand und die damit wachsenden Ansprüche zu einem Volk geworden, das die Früchte seiner Leistungen und Erfolge ernten möchte. Hinter diesem Wandel stehen vor allem der Hunger und die Erwartungen der jüngeren Generationen. Doch auch viele ältere Iren, die sich immer zurückgehalten haben, um nicht anmaßend oder überheblich zu wirken, begrüßen diese Entwicklung aus vollem Herzen.

Die harten Zeiten der Wirtschaftskrise und die dadurch nötig gewordenen Finanzhilfen – die höchsten, die Irland in seiner Geschichte in Anspruch nehmen musste – lösten jedoch eine Kehrtwende aus. Viele machten den konstanten Überfluss einer extrem materialistischen Kultur für Irlands Sorgen verantwortlich – ein Minister erklärte kleinlaut im Fernsehen: „Wir alle haben gefeiert!".

Solche Schuldeingeständnisse sind Überbleibsel eines älteren, puritanischeren Landes, dem Armut und Anstrengung in den Genen liegt, doch das heutige Irland ist völlig anders. Die jüngere Generation, die mit den unbegrenzten Möglichkeiten des Wirtschaftsbooms aufwuchs, betrachtet die Sparpolitik trotz der harten letzten Jahre als temporäre Maßnahme und ist davon überzeugt, dass sich die Dinge wieder zum Besseren wenden werden.

Volksdroge Alkohol

Die Iren haben einen Hang zum Trinken und sind im internationalen Vergleich führend in Sachen Alkoholkonsum. Obwohl die verheerenden Folgen für die (vor allem junge) Gesellschaft immer deutlicher werden, besuchen die Einwohner nach wie vor sehr gerne Pubs. Man muss nur mal samstagabends durch irgendein Dorf spazieren, um das Ganze hautnah mitzuerleben.

Manch ein Experte sieht die zunehmende Trinkerei als Folge des ungewohnten finanziellen Wohlstands, aber Statistiken verdeutlichen, dass die Iren quasi schon immer einen ungesunden Hang zum „sich die Kante geben" hatten, auch wenn die Akzeptanz der öffentlichen Trunkenheit ein neueres Phänomen ist. Ältere ermahnen junge Generationen z. B. unaufhörlich, man habe *sie* nie in der Öffentlichkeit herumtorkeln sehen.

Lebensstil

Obwohl die Iren als notorische Nörgler gelten – sie meckern über ihre Arbeit, das Wetter, die Regierung und über die „bescheuerten Idioten" in den Dokusoaps –, würden sie mit der Pistole auf der Brust dann aber wohl doch zugeben, dass sie im besten Land der Welt leben. Klar, es liegt so manches im Argen, aber wo ist das denn anders?!

Das traditionelle Irland (Großfamilien mit einer engen Bindung an Kirche und Gemeinde) schwindet zusehends mit der rasanten Urbanisierung des Landes, die das einstige soziale Netz, das in Zeiten der Armut gut funktionierte, immer mehr zerstört. In diesem Punkt unterscheidet sich das moderne Irland nicht wirklich von anderen europäischen Staaten. Heute muss man schon auf Inseln oder in abgelegene Dörfer fahren, um noch die alten Gesellschaftsstrukturen zu erleben.

2014 lebten 37,8 % der Bevölkerung in ländlichen Gebieten.

Schwulenfreundliches Irland

Der positive Ausgang des Referendums über die gleichgeschlechtliche Ehe im Mai 2015 war nicht nur für die irische LGBT-Gemeinschaft ein Meilenstein, sondern für die gesamte Bewegung. Schließlich wurde in Irland als erstem Land der Welt die Homo-Ehe durch eine allgemeine Volksabstimmung eingeführt.

Das klare Ergebnis – 62,4 % – zeugte von einem grundlegenden Wandel der öffentlichen Akzeptanz von Homosexualität. Erst 1993 waren gleichgeschlechtliche Handlungen nach einer langen und oft einsamen Kampagne des Joyce-Schülers und Aktivisten für Schwulenrechte David Norris entkriminalisiert worden. Bis auf einen votierten alle Wahlkreise für die Gleichstellung und zeigten, dass sich nicht nur in Großstädten mit selbstbewusster LGBT-Gemeinde wie Dublin – die Dublin Pride zählt zu den größten und ausgelassensten Festen des Jahres – etwas geändert hatte.

Liam und Emma standen 2015 auf der Liste der beliebtesten Kindernamen ganz oben.

Bereits 2009 war der deutliche Wandel in der öffentlichen Meinung spürbar, als sich mit Donal Óg Cusack aus Cork der erste Hurling-Spieler der Gaelic Athletics Association (GAA) und der wohl prominenteste irische Sportler outete. Die größtenteils positive Reaktionen seiner Kollegen und Anhänger (aktuell ist er Präsident der Gaelic Players Association) zeugen davon, dass auch das traditionelle Irland Homosexualität mittlerweile akzeptiert. Allerdings bedeutet das nicht, dass die Bewohner eines kleinen Dorfes auf dem Land einen Pride-Umzug durch ihren Ort oder eine Schwulenbar auf der Hauptstraße begrüßen würden. Oftmals erwächst die neue Toleranz aus der älteren Überzeugung, dass im Privaten jeder tun kann, was er möchte – das gilt auch für die gleichgeschlechtliche Ehe. Dass Schwule und Lesben in größeren Städten mehr Akzeptanz finden, ist jedoch noch immer Teil der Lebensrealität.

Multikulturelle Einflüsse

Lange Zeit war Irland recht homogen, aber dann erforderten Tausende von Zuwanderern aus aller Welt (der Ausländeranteil liegt bei 17%) Toleranz und Integration. Im Großen und Ganzen hat das gut geklappt, doch wenn man an der Oberfläche kratzt, kommt schnell eine gewisse Fremdenfeindlichkeit zum Vorschein.

Die taumelnde Wirtschaft intensivierte diese Spannungen, und die Ansicht „irische Jobs den Iren" wird mit zunehmender Vehemenz und Autorität vertreten, wenn auch nur von einer kleinen Minderheit. Ungeachtet dessen nahm die Zahl der Einwanderer aus Osteuropa dramatisch ab, da diese sich in ihrer Heimat bessere Chancen ausrechnen.

Inzwischen gibt's in Irland mehr Polen als Briten, die zuvor den größten Anteil an Ausländern stellten.

Religion

Etwa 3,8 Mio (84,2 %) Einwohner der Irischen Republik sind Katholiken, 2,8 % Protestanten und 0,5 % Muslime. Der Rest setzt sich aus anderen Glaubensgemeinschaften und Atheisten zusammen. Im Norden leben 53 % Protestanten und 44 % Katholiken (3 % gehören anderen Religionsgemeinschaften oder gar keiner an). Viele irische Protestanten sind Mitglieder der Church of Ireland, einer Schwesterkirche der Church of England, sowie der presbyterianischen und der methodistischen Kirche.

Der Einfluss des Katholizismus aufdie kulturelle Identität ist zwar immer noch groß, trotzdem haben sich zahlreiche Iren (insbesondere der jüngeren Generation) von der Kirche distanziert, da ihre Lehren sich nicht mehr mit den großen sozialen Themen der heutigen Zeit wie Scheidung, Verhütung, Abtreibung, Homosexualität und eheähnlichen Gemeinschaften vereinbaren lassen. Wut und Empörung verursachten auch die Rolle der Kirche in dem Skandal um den Kindesmissbrauch von Priestern und ihre skrupellosen Versuche, die Verantwortung abzuwälzen. Vor allem ältere Gläubige fühlten sich verraten und stellten ihr lebenslängliches Engagement in ihren örtlichen Gemeinden in Frage.

Fernsehen & Radio

Es gibt in Irland vier terrestrische Fernsehsender. Drei werden von dem staatlichen Raidió Teilifís Éireann (RTE) betrieben, der vierte ist ein kommerzieller Privatsender. RTE bringt sehr gute Sportsendungen, Nachrichten und Berichte zu aktuellen Themen. Das seichte Programm des privaten Senders TV3 beinhaltet jede Menge drittklassige US-Serien gepaart mit stumpfsinnigem Reality-TV und Celebrity-Shows. Der irischsprachige Sender TG4 zeigt Filme und Theaterstücke, meist *as gaeilge* (auf Irisch mit englischen Untertiteln). Zusätzlich empfangen die meisten irischen Haushalte über Satellit oder Kabel die Hauptsender des englischen Fernsehens: BBC, ITV und Channel 4; in Nordirland sind sie die wichtigsten Sender.

Die Iren hören viel Radio – bis zu 85 % schalten es jeden Tag ein. Die Mehrheit ist RTE treu, Irlands führendem Anbieter mit drei Sendern: Radio 1 (88.2–90 FM; Nachrichten und Diskussionsbeiträge), Radio 2 (90.4–92.2 FM; Lifestyle und Musik) und Lyric FM (96–99 FM; klassische Musik). Dem Telekommunikationszaren Denis O'Brien gehören zahlreiche Radiostationen, darunter der Talksender Newstalk (106–108 FM; Nachrichten, Aktuelles und Lifestyle) und Today FM (100–102 FM; Musik, Gespräche und Nachrichten). Dann gibt's noch 25 lokale Sender, die regionale Themen und Geschmäcker bedienen, darunter das Radioprogramm des nordwestlichen Hochlandes, das in Donegal, Sligo, Tyrone und Fermanagh gehört wird. Mit 84 % Marktanteil handelt es sich um Europas erfolgreichsten lokalen Sender. In Nordirland hat die BBC das Monopol. Zusätzlich zu den vier Hauptsendern berichtet BBC Radio Ulster über Lokales.

Anfang der 1970er-Jahre besuchten 91 % der Iren den katholischen Gottesdienst, 2011 waren es nur noch 30 %.

Musik

Irlands literarisches Erbe mag Kritikern ein wissendes Nicken entlocken, doch es ist die Musik, die einem noch lange im Gedächtnis bleibt. Die Einwohner kreieren Lieder für jede Gelegenheit und jede Stimmung, egal ob für Feste oder für Beerdigungen. Hier entsteht die gleiche Popmusik wie anderswo auch, doch dank der traditionellen Formen ist Livemusik in Irland etwas ganz Besonderes.

Traditionelle Musik & Folk

Im Gegensatz zu zahlreichen anderen europäischen Ländern, wo traditionelle Musik vom Pop verdrängt wurde, ist die irische Musik (*traditional music* oder kurz *trad*) bis heute lebendig. Sie hat viele ihrer traditionellen Aspekte beibehalten und gleichzeitig andere Genres beeinflusst, vor allem den amerikanischen Country & Western – eine Fusion des Blues aus dem Mississippidelta und traditioneller irischer Lieder, die kombiniert mit anderen Einflüssen wie dem Gospel wiederum die Wurzel des Rock'n' Roll bildete.

Die Musik wurde nie niedergeschrieben, sondern von Künstler zu Künstler weitergegeben. Die regionalen „Stile" konnten sich nur deshalb entwickeln, weil die lokalen Künstler immer dem besten Musiker ihres Umfelds nacheiferten und ihn übertreffen wollten. Der blinde Wanderharfenist Turlough O'Carolan (1680–1738) komponierte über 200 Lieder und es lässt sich kaum erahnen, wie viele Variationen daraus entstanden. Genau darin liegt der Schlüssel zur Liebe für die traditionelle Musik und es erklärt, warum sie so unverwüstlich ist.

In den 1960ern versuchte der Komponist Seán Ó Riada (1931–1971) eine Art Struktur in die Musik zu bringen. Seine Ensemblegruppe Ceoltóirí Chualann war die erste Band, die ein größeres Publikum erreichte. Aus ihr wurden die Chieftains geboren, die wahrscheinlich wichtigste traditionelle Gruppe von allen. 1963 begannen sie, ihre Lieder aufzunehmen. Jedes ihrer fast 40 Alben ist hörenswert, aber mit der zehnteiligen Reihe *The Chieftains* kann man nichts falsch machen.

Die nächsten großen Erfolge erzielten in den 1960ern die Dubliners, eine eher volkstümliche als traditionelle Band. Sie machte Karriere mit

Veranstaltungsorte für traditionelle Musik

- *Hughes' Bar, Dublin*
- *Crane Bar, Galway*
- *De Barra's Folk Club, Clonakilty (Cork)*
- *MacDiarmada's, Doolin (Clare)*
- *Leo's Tavern, Crolly (Donegal)*

DAS A UND O DER TRADITIONELLEN MUSIK

Trotz gegenteiliger Annahme und obwohl sie ein nationales Symbol ist, spielt die Harfe in der traditionellen Musik keine große Rolle. Verbreiteter ist die mit Ziegenfell bespannte irische Rahmentrommel *bodhrán* (gesprochen: *bau*-roan), die allerdings nur ein kümmerliches Symbol abgäbe. Für einen weiteren typischen Klang sorgt der irische Dudelsack *(uillean pipe)*, der mit einem Blasebalg unter dem Ellbogen bespielt wird, aber in einem Pub wird man ihn wahrscheinlich eher selten hören. Die Geige erfreut sich nicht nur in Irland großer Beliebtheit, gehört aber zu den wichtigsten Instrumenten der irischen Musik, ebenso wie die *tin whistle* (Blechflöte), das Akkordeon und die Bouzouki (eine Variante der Mandoline). Irische Musik lässt sich in fünf Kategorien unterteilen: Jigs, Reels, Hornpipe, Polka und Slow Airs. Die alte Form des unbegleiteten Gesangs von traditionellen Balladen und Melodien wird *sean-nós* genannt.

derben Trinkliedern, die jedermann zum Mitsingen brachten. Weitere populäre Gruppen sind die Fureys (vier Brüder und der Gitarrist Davey Arthur) sowie die Wolfe Tones mit ihren leidenschaftlich vorgetragenen irischen Rebellensongs.

Seit den 1970ern versuchten zahlreiche Gruppen, traditionelle und progressivere Stilrichtungen zu mischen, mal mit mehr, mal mit weniger Erfolg. Die Bothy Band wurde 1975 gegründet und galt als eine Art traditionelle Superband: Der Bouzouki-Spieler Dónal Lunny, der irische Dudelsackspieler Paddy Keenan, der Flöten- und Pfeifenspieler Matt Molloy (der später Mitglied der Chieftains wurde), der Geiger Paddy Glackin und der Akkordeonspieler Tony MacMahon waren alle hervorragende Instrumentalisten, und ihre Aufnahmen sind heute noch so aufregend wie vor vier Jahrzehnten.

Musiker in Irland finden sich gern zu Gemeinschaftsprojekten zusammen. The Gloaming beispielsweise greift traditionelle Reelmelodien auf und gibt diesen einen modernen Sound. Das gleichnamige Debütalbum (2011) der Gruppe ist sensationell. Einer ihrer wichtigsten Musiker, der Geiger Caoimhín Ó Raghallaigh, ist zudem ein bemerkenswerter Solokünstler. Sein letztes Album *Laghdú* zeigt sein meisterliches Geigenspiel und sein hervorragendes Verständnis für Loops und elektronische Textur.

Rock-, Folk- und traditionelle Musik kombiniert die Band The Spook of the Thirteenth Lock, die seit 2008 eine Reihe von Alben herausgebracht hat. Ihr zweites Album heißt *The Brutal Here And Now* (2012).

Das Bühnenspektakel *Riverdance* machte irische Tänze sexy und zum weltweiten Phänomen. Vom musikalischen Wert sind Kenner des *trad*-Stils allerdings weniger überzeugt: Die Shows sind gut, aber die Musik ist schlecht.

Trad-Playlist

- *The Quiet Glen (Tommy Peoples)*
- *Paddy Keenan (Paddy Keenan)*
- *Compendium: The Best of Patrick Street (Various)*
- *The Chieftains 6: Bonaparte's Retreat (The Chieftains)*
- *Old Hag You Have Killed Me (The Bothy Band)*

Rock & Pop

Seit den 1960ern brachte das Land zahlreiche Rockgrößen hervor, darunter Van Morrison, Thin Lizzy, die keltische Rockband Horslips, die Punkrocker The Undertones, die Belfaster Band Stiff Little Fingers (SLF), Irlands Antwort auf The Clash, und The Boomtown Rats mit Frontmann Bob Geldof.

Sie alle erblassen jedoch im Vergleich zu U2. Die Gruppe fand 1976 im Norden Dublins zusammen und stieg bis Ende der 1980er zu einer der erfolgreichsten Rockbands der Welt auf. Nach 13 Studioalben, die sich über 150 Millionen Mal verkauften, und 22 Grammy Awards braucht sie niemandem mehr etwas zu beweisen. Nicht einmal ihr Fauxpas 2014, als Apple Kopien von U2s neuestem Album *Songs of Innocence* iTunes-Nutzern „schenkte" – egal ob diese wollten oder nicht –, konnte ihre Beliebtheit mindern. Ihre Tour iNNOCENCE + eXPERIENCE (mit typografischer Ode an Apple), die bis Ende 2015 dauerte, war ein riesiger Erfolg.

Von allen irischen Musikern, die U2 in den 1980ern und frühen 1990ern folgten, mussten die meisten mit der Last leben, als „die nächsten U2" bezeichnet zu werden. Mit ihrer Mischung aus Punk und Irish Folk brachten die Pogues neuen Schwung in die Szene, aber die wahre Attraktion waren die einfühlsamen Songtexte von Shane MacGowan, dessen Talent von seiner Alkoholsucht überschattet wurde. Dennoch gelang es ihm, den beliebtesten Song Irlands, das Weihnachtslied *A Fairytale of New York*, zu schreiben. Sinéad O'Connor brachte es mit ihrer tollen Stimme zu Erfolg – aber auch damit, dass sie sich wie das Gegenstück zu U2 verhielt. Egal was die Band machte, sie tat das Gegenteil. Die raue Emotion ihres *The Lion and the Cobra* (1987) macht es zu einem großartigen Musikalbum. My Bloody Valentine waren die Pioniere des Shoegazing-Rock der 1980er, der durch verzerrte Gitarrenklänge gekennzeichnet war: *Loveless* (1991) ist eines der besten irischen Alben aller Zeiten.

Die 1990er waren größtenteils von DJs, Dance-Musik und Boybands gekennzeichnet. Hinter den erfolgreichsten Bands Irlands (Boyzone und

Westlife) steht der Unterhaltungsmanager Louis Walsh, dessen musikalisches Feingefühl im Showband-Schmalz der 1960er zu versumpfen scheint. Im letzten Jahrzehnt hat Walsh, der später Juror der Sendung *X Factor* in Großbritannien wurde, Jedward von der Leine gelassen – eineiige Zwillinge, die keine Note singen konnten, aber sich mit ihren exzentrischen Eskapaden beliebt machten.

Die moderne Musikszene

Der Erfolg von Boyzone und Westlife ist jedoch nichts im Vergleich zu dem von One Direction, einem weiteren Produkt der Castingshow *The X Factor*. Eines der Mitglieder, Niall Horan, stammt aus Mullingar im County Westmeath. Aus diesem Grund haben irische Fans (Kids und Teenager) die Band zumindest als teilweise irisch anerkannt.

Da sie so erfolgreich sind, treten One Direction nur selten in Irland auf, und wenn, dann vorwiegend in den riesigen Stadien und nicht in den unzähligen kleinen bzw. mittelgroßen Clubs, die in fast jedem irischen Ort zu finden sind. Diese sind allen anderen irischen Künstlern vorbehalten, vom experimentellen Ex-DJ am Laptop bis hin zum Sänger und Songwriter an der Gitarre.

Hot Press (www.hotpress.com) ist eine vierzehntägige Zeitschrift, die Interviews mit lokalen und internationalen Künstlern sowie Veranstaltungsprogramme enthält.

Die Iren lieben ihre empfindsamen Seelen, und es herrscht kein Mangel an gefühlvollen Musikern. Zu den etabliertesten Künstlern zählen Damien Rice, der 2014 mit seinem neuen Album *My Favourite Faded Fantasy* aus der selbstgewählten Isolation trat, und der aus Belfast stammende Duke Special, dessen von Varietés inspirierte Auftritte ihm großartige Kritiken und viele Fans einbrachten. Sein neuestes Album heißt *Look Out Machines* (2015). Obwohl er heute größtenteils in New York lebt, ist Glen Hansard (berühmt geworden durch *Once*) immer noch sehr präsent in Irland und geht gelegentlich mit seiner alten Band The Frames auf Tour. Aber seit 2015 kann nicht einmal er mit dem aus Bray stammenden Musiker Hozier mithalten, der 2014 mit dem Hit *Take Me to Church* aus seinem Debutalbum *Hozier* weltbekannt wurde.

Seit die DJs Anfang 2000 ihren herausragenden Status unter den Musikfans verloren haben, sind die Rockbands wieder auf dem Siegeszug. Die erfolgreichste irische Rockband neben U2 ist Snow Patrol. Das nordirische Quintett plant, demnächst sein achtes Studioalbum herauszubringen. Sänger Gary Lightbody kehrte in seine Heimatstadt Belfast zurück, wo er in der blühenden Musikszene der Stadt eine Schlüsselrolle spielt und lokale Künstler fördert.

Irische Rockalben

- *The Joshua Tree* (U2)
- *The End of History* (Fionn Regan)
- *Loveless* (My Bloody Valentine)
- *Live & Dangerous* (Thin Lizzy)
- *I Do Not Want What I Haven't Got* (Sinéad O'Connor)

Auch das Dubliner Trio The Script füllt mit seinem melodischen Poprock die Stadien und verkauft Millionen von Platten (die letzte, *No Sound Without Silence*, erschien 2014). Die Musik der Band hat es in verschiedene TV-Sendungen geschafft, angefangen von *90210* bis hin zu *Made in Chelsea*. Zwar verkaufen die Villagers, angeführt von Conor O'Brien, bei Weitem nicht so viele Platten, erhalten für ihren charakteristischen Indie-Folk-Rock aber rundum positive Kritiken. Ihr drittes Album, *Darling Arithmetic*, kam 2015 raus. Wer Elektronik-Rock mag, sollte sich Jape anhören: Der hypnotische Sound ihres 2015 erschienenen Albums *This Chemical Sea* wurde sehr positiv aufgenommen.

Ein Phänomen für sich ist Enya, die erfolgreichste Solokünstlerin der irischen Geschichte und eine der berühmtesten Musikerinnen der Welt. Die aus Donegal stammende Komponistin und Instrumentalistin wuchs mit traditioneller irischer Musik auf, schuf jedoch Anfang der 1980er mit ihren Geschwistern in der Gruppe Clannad die keltische New-Age-Musik, die auf Synthesizern und schweren Loop-Effekten basierte. Später trat Enya als Solokünstlerin auf, und steht nach 75 Millionen verkauften Platten allein an der Spitze der New-Age-Musikszene, obwohl sie zuletzt sieben Jahre zwischen zwei Alben verstreichen ließ: Erst 2015 kam mit *Dark Sky Island* der Nachfolger zu *And Winter Came ...* von 2008 heraus.

Literatur

Von all den landestypischen und kulturellen Eigenarten ist es wohl ihre Art, zu sprechen und zu schreiben, die die Iren am stärksten auszeichnet. Ihre Liebe zur Sprache und die lange mündliche Tradition haben dem Land zu einem reichen Erbe weltberühmter Schriftsteller und Geschichtenerzähler verholfen. Dabei wurde den Einwohnern die Sprache ursprünglich von Eindringlingen aufgedrängt. Doch die Iren reagierten auf diese kulturelle Piraterie mit einer eigenen meisterhaften Mixtur: einem Englisch, angereichert und gewürzt mit charakteristisch irischen Rhythmen, Aussprachemustern und grammatischen Eigenheiten.

Am letzten Maiwochenende findet in Listowel (County Kerry) die Listowel Writers' Week statt, die zu den beliebtesten Literaturfestivals zählt – vor allem weil sie den Lesern die Möglichkeit bietet, ihre Lieblingsautoren persönlich zu erleben.

Der mythische Sagenkreis

Bevor es irgendeine Form moderner Literatur gab, entstand der Ulster-(Ulaid-)Zyklus, Irlands Version des homerischen Epos, der zwischen dem 8. und 12. Jh. nach mündlichen Überlieferungen niedergeschrieben wurde. Im Mittelpunkt steht die Sage *Táin Bó Cúailnge* (Rinderraub von Cooley). Sie erzählt vom Kampf zwischen Königin Medb von Connacht und Cú Chulainn, der wichtigsten Heldengestalt der irischen Mythologie. Bis heute taucht Cú Chulainn in den Werken irischer Schriftsteller auf, etwa bei Samuel Beckett oder Frank McCourt.

Moderne Literatur

Tausend Jahre später, ein paar Generationen nach Jonathan Swift (1667–1745) und seinem Meisterwerk *Gullivers Reisen*, brachte die irische Literatur Berühmtheiten wie den Dramatiker Oscar Wilde (1854–1900), *Dracula*-Autor Bram Stoker (1847–1912) – manch einer behauptet übrigens, dass der Name des Grafen auf das irische *droch fhola* (böses Blut) zurückgeht – und den bewunderten Literaturgiganten James Joyce (1882–1941) hervor.

Die meisten Werke schrieb Joyce, nachdem er seine Heimat verlassen und sich in Paris – damals *die* Experimentierstätte für Künstler schlechthin – niedergelassen hatte. Auch Samuel Beckett (1906–1989), der mit Sprache und Stil überaus ideenreich und gestaltungsfreudig umging, zog es in die französische Metropole. Beckett befasste sich vor allem mit fundamentalen Fragen über die menschliche Existenz und die Natur des Ichs. Sein bekanntestes Werk ist sicher *Warten auf Godot*, aber Literaturfans verehren noch viele weitere seiner Novellen und Theaterstücke.

DIE GÄLISCHE RENAISSANCE

Während die Home Rule (autonome Selbstverwaltung) debattiert und aufgeschoben wurde, fand in Irlands Kunst- und Literaturszene so etwas wie eine Revolution statt. Der Dichter William Butler Yeats (S. 451; 1865–1939) und seine Entourage (darunter Lady Gregory, Douglas Hyde, John Millington Synge und George Russell) engagierten sich für ein Revival der angloirischen Literatur. Sie gruben alte keltische Sagen wieder aus und schrieben mit frischer Begeisterung über das romantische Irland der legendären Schlachten und Kriegsköniginnen. Ihre Werke zeichneten eine attraktivere Version der Geschichte eines Landes, das jahrhundertelang unter Invasionen und Entbehrungen gelitten hatte.

LITERARISCHE ERFOLGE

➔ **Die Asche meiner Mutter** (1996) Dieses wunderbare Buch brachte Frank McCourt den Pulitzer-Preis ein. Seine autobiografische Geschichte berichtet schonungslos von der Kindheit des jungen McCourt im verarmten Limerick während der Weltwirtschaftskrise in den 1930er-Jahren.

➔ **Unter Frauen** (1990) John McGaherns schlichtes, knappes Prosastück erzählt vom Leben einer westirischen Familie nach dem Ende des Unabhängigkeitskriegs.

➔ **Im Dunkeln lesen** (1996) Seamus Deane, ausgezeichnet mit dem Guardian Fiction Prize, schildert den Kampf eines Jungen, der sich während der Belfaster Unruhen auf die Spuren seiner Vergangenheit begibt.

➔ **Die See** (2005; 2013 verfilmt) In diesem Roman, für den John Banville den Booker Prize gewann, verarbeitet er in einer Art fesselnder Meditiation die Themen Sterblichkeit, Tod, Trauer, Erinnerungen und Kindheit.

➔ **Manche, sagt man, sind verdammt** (1969) James Plunketts Erzählung, die als Meisterstück der irischen Literatur im 20. Jh. gilt, spielt zur Zeit des Dublin Lockout.

➔ **Der Schlächterbursche** (1992) Patrick McCabes brillant-gruselige Tragikomödie erzählt von einem Waisenjungen aus Monaghan, der dem Wahnsinn verfällt. Der Roman wurde erfolgreich von Neil Jordan verfilmt.

Im 20. Jh. schafften Dutzende irischer Autoren den Durchbruch, darunter der Dramatiker und Romanautor Brendan Behan (1923–1964). In seinen besten Werken wie *Borstal Boy, Der Spaßvogel* und *Die Geisel* verwob Behan Tragisches mit Witz und Episoden aus seinem eigenen exzessiven Leben, dem seine Alkoholsucht ein frühes Ende bereitete.

Der aus Belfast stammende C. S. Lewis (1898–1963) starb ein Jahr vor Brendan Behan. Sein bekanntestes Werk sind die *Chroniken von Narnia,* eine Reihe allegorischer Kindergeschichten, von denen bisher drei verfilmt wurden. Darüber hinaus gibt's einige Schriftsteller aus dem Norden, die sich dem Nordirlandkonflikt gewidmet haben. Dazu gehört Bernard McLavertys *Cal* (ebenfalls verfilmt) und sein jüngeres Werk *Die Schule der Anatomie,* zwei gleichermaßen hervorragende Romane.

Gegenwartsliteratur

Klar, den Großen ist man noch immer treu, doch wenn man den gemeinen Iren nach seinem Lieblingsautoren aus der Heimat fragt, wird er höchstwahrscheinlich einen nennen, der noch lebt, beispielsweise den 1958 geborenen Roddy Doyle, dessen unglaublich erfolgreiches Barrytown-Quartett – *Die Commitments, The Snapper, Fish & Chips* und *Paddy Clarke Ha Ha Ha* – komplett verfilmt wurde. Doyles jüngstes Buch, *The Guts* (2013) brachte die Rückkehr von Jimmy Rabbitte, dem Helden von *Die Commitments:* älter, weiser und gegen eine Krankheit kämpfend.

Sebastian Barry (*1955) war bisher zweimal für den Booker Prize nominiert: für sein Werk *A Long Way,* ein Drama im Ersten Weltkrieg, und 2008 für das wunderbare *Ein verborgenes Leben* über die hundertjährige Insassin einer psychiatrischen Anstalt namens Roseanne, die beschließt, ihre Autobiografie zu schreiben. In seinem neuesten Roman *The Temporary Gentleman* (2014) erzählt er die Geschichte von Roseannes Schwager Jack McNulty, einem ehemaligen Offizier der britschen Armee, der im Zweiten Weltkrieg nach Afrika geschickt wird und aufgrund von persönlicher und professioneller Schuld nicht wieder nach Irland zurückkehren kann.

Anne Enright, Jahrgang 1962, erhielt 2007 den Booker Prize für *Das Familientreffen,* eine Geschichte über Alkoholismus und Missbrauch, die den Nerv der Zeit trifft. Die Autorin selbst beschrieb dieses Werk als „intellektuelles Pendant zur Hollywoodschnulze". In ihrem letzten Roman *The Green Road* (2015) befasst sie sich wieder mit den düsteren Abgründen des irischen Familienlebens. Ein weiterer Booker-Preisträger ist das literarische Schwergewicht John Banville (*1945), dem die Auszeichnung für seinen Roman *Die See* (2005) verliehen wurde. Empfehlenswert sind außerdem *Das Buch der Beweise* (1989) und sein meisterhafter Schlüsselroman *Der Unberührbare* (1997), der in groben Zügen auf dem Leben des Kunsthistorikers und Geheimagenten Anthony Blunt basiert. Banvilles literarisches Alter Ego ist Benjamin Black, der Autor einer Serie von sieben knallharten Krimi-Thrillern, die in den 1950er-Jahren spielen und alle den pschychopathischen Pathologen Quirke als Hauptfigur haben. Als letztes erschien *Even the Dead* (2015).

Einer der erfolgreichsten irischen Schriftsteller ist Eoin Colfer, Autor der *Artemis-Fowl*-Reihe. Die acht Fantasyromane schildern die Abenteuer von Artemis Fowl II, der sich vom kriminellen Antihelden zum Retter der Elfen wandelt.

Eine weitere literarische Größe ist der aus Wexford stammende Colm Tóibín (*1955), Autor von neun Romanen, darunter *Brooklyn* (2009; 2015 mit Saoirse Ronan verfilmt). Sein aktuelles Werk ist *Nora Webster* (2014), eine ausdrucksstarke Studie des Witwendaseins.

Nach ihrem preisgekrönten Roman *Room* (2010) brachte Emma Donoghue (*1969) *Frog Music* (2014) heraus, das auf einer wahren Begebenheit aus dem späten 19. Jh. beruht –Jenny Bonnet, eine junge Frau, die Männerkleidung trug, wurde in San Francisco auf offener Straße erschossen. John Boyne (*1971) verdankt seinen Ruhm dem Holocaust-Roman *Der Junge im gestreiften Pyjama* (2006; 2008 verfilmt) und behandelt in seinem jüngsten Buch *Die Geschichte der Einsamkeit* (2014) den Kindesmissbrauch in der Katholischen Kirche.

Colum McCann (*1965) verließ Irland 1986 und zog nach New York, wo er für seinen sechsten Roman *Die große Welt* (2009), den er nach dem 11. September geschrieben hat, gleich zwei Preise bekam: den National Book Award (Fiction) und den International IMPAC Dublin Literary Award. Sein nächstes Werk *Transatlantik* (2013) verbindet drei verschiedenene Themen miteinander: den ersten Nonstopflug über den Atlantik von Jack Alcock und Arthur Brown, den Besuch des Abolitionisten Frederick Douglass in Irland im Jahr 1845 und die Geschichte der Befriedung Nordirlands in den 1990er-Jahren.

Für Autoren aus Nordirland sind die politischen Unruhen eine vielfältige und gewichtige Inspirationsquelle. Die Romanfiguren des in Derry geborenen Sean O'Reilly (*1969) sind zwar von der Spaltung des Landes

DER CLUB DER LEBENDEN DICHTER

Als größter moderner Schriftsteller Irlands gilt der in Derry geborene Nobelpreisträger Seamus Heaney (1939–2013). Seine große menschliche Wärme und sein trockener Humor ziehen sich durch jedes seiner atmosphärisch dichten Werke. Heaney war zweifellos Yeats' Nachfolger und einer der wichtigsten modernen Lyriker in englischer Sprache. Nachdem er 1995 den Nobelpreis gewann, verglich er den darauffolgenden Rummel mit der Aufmerksamkeit, die jemand bekommt, der seiner Mutter gegenüber das Wort „Sex" in den Mund nimmt. *Opened Ground – Poems 1966–1996* (1998) ist unser persönliches Lieblingsbuch.

Einer der zuverlässigsten Chronisten, die vom Wandel in der Hauptstadt der Republik berichten, ist der Dubliner Paul Durcan (*1944). 1990 wurde ihm der angesehene Whitbread Prize for Poetry für sein Werk *„Daddy, Daddy"* verliehen. Durcan gilt als humorvoller, bezaubernder, gefühlvoller und zugleich wilder Schriftsteller. Der aus Kerry stammende Dichter und Dramatiker Brendan Kennelly (*1936), eine Berühmtheit in Dublin, lehrt am Trinity College und verfasst eine ganz eigene Art von Gedichten, die sich durch Verspieltheit und historische sowie intellektuelle Einflüsse auszeichnen. Die überaus produktive und bewunderte Autorin Eavan Boland (*1944), die vor allem für ihre Dichtkunst bekannt ist, kombiniert Politik mit Feminismus. *In a Time of Violence* (1994) und *The Lost Land* (1998) sind zwei ihrer bekanntesten Gedichtbände.

befreit, haben aber irreparable Schäden davongetragen: Sein neuestes Buch *Watermark* (2005) handelt von einer jungen Frau in einer namenlosen irischen Stadt, zwischen Begehren und Vernunft hin- und hergerissen ist. Eoin McNamee (*1961) hat eine Reihe über den Nordirlandkonflikt geschrieben, die am Beispiel individueller Lebensgeschichten die Auswirkungen von Religion und Geschichte verdeutlicht. Sein Roman *Blau ist die Nacht* (2014) ist der Abschluss einer Trilogie, zu der auch *The Blue Tango* (2001) und *Orchid Blue* (2010) gehören. Paul Murrays (*1975) zweiter Roman *Skippy stirbt* (2010) über eine Gruppe von Schülern aus priviligierten Verhältnissen an einer Mittelschule wurde sehr gut besprochen (und soll von Neil Jordan verfilmt werden), aber sein Nachfolgewerk *The Mark and the Void* (2015), das vor dem Hintergrund der Finanzkrise spielt, kam wesentlich schlechter davon. Mehr Lob wiederum erntete Shane Hegarty (*1976) für sein Debüt *Darkmouth – der Legendenjäger* (2015). Der Jugendroman spielt in der fiktionalen irischen Stadt Darkmouth, wo der junge Finn seine Erfahrungen mit Mädchen und fliegenden Monstern macht.

Gegenwartsliteratur

Brooklyn (Colm Tóibín)

The Thrill of It All (Joseph O'Connor)

Skippy stirbt (Paul Murray)

The Green Road (Anne Enright)

The Gamal (Ciarán Collins)

Frauenromane

Autoren hassen das Etikett und die Garde der Verleger sieht darauf herab, doch Frauenromane *(chick lit)* sind ein Riesengeschäft und nur wenige beherrschen das Genre so gut wie die Irinnen. An vorderster Front behauptet sich Maeve Binchy (1940–2012), die mit ihrer Stilsicherheit in puncto Verkaufszahlen selbst die bekanntesten Literaturgiganten hinter sich ließ. Ihr letzter Roman war *A Week in Winter* (2012). Auch Marian Keyes (*1963) kann eine ganze Reihe von Beststellern vorweisen, darunter ihr jüngstes Buch *The Woman Who Stole My Life* (2014). Sie ist eine großartige Erzählerin mit der seltenen Gabe, schwierige Themen wie Alkoholismus und Depressionen anzugehen – Probleme, unter denen sie selbst gelitten hat und mit denen sie bewundernswert ehrlich umgeht. Die frühere Kummerkastentante Cathy Kelly fabriziert fleißig jedes Jahr einen neuen Roman; einer der neusten ist *It Started With Paris* (2014). Ein junger Mann macht unter dem Eiffelturm einen Heiratsantrag und dann beginnen die Probleme …

Natur & Umwelt

An irischer Literatur, Musik und Kunst wird immer wieder deutlich, wie sehr sich die Landschaft der Insel – die sich 486 km von Nord nach Süd und nur 275 km von Ost nach West erstreckt – auf das Gemüt der Einwohner auswirkt. Vor allem Auswanderer geben überall zum Besten, wie sehr sie sich nach der Heimat sehnen. Für viele Traveller gehört das satte Grün der sanften Hügel und die gewaltige Kulisse zerklüfteter Küsten untrennbar zum Reiseerlebnis dazu.

1821 wurde in einem Moor in Galway die Leiche eines Mannes aus der Eisenzeit gefunden. Mantel, Schuhe und Bart waren noch erhalten.

Klippen & Felsen

Gewaltige Felsformationen wie der Burren im County Clare bilden zwar keine gute Lebensgrundlage für Gras, aber selbst hier sprießen mancherorts genügend Pflanzen, damit sich Schafe und Ziegen satt fressen können. Ansonsten ist das weite Land vor allem grau und karg. Ganz in der Nähe erheben sich wie abgeschnitten in der tosenden Brandung die dramatischen Cliffs of Moher. Genauso unverhofft stößt man im County Antrim auf die außergewöhnlichen sechseckigen Steinsäulen des Giant's Causeway und im County Donegal auf die schroffen Slieve-League-Felsen, Europas höchste Meeresklippen. Sanddünen schaffen einen Übergang zu weitaus sanfteren Abschnitten. Zudem erstrecken sich vor der gesamten Küste zahlreiche kleinere Inseln. Viele ragen als karge Felsen mit einzigartigen Ökosystemen aus dem Wasser, darunter Skellig Michael, ein atemberaubend zerklüftetes Eiland vor Kerry.

Die ländlichen Farmen an der Westküste sehen oft schroff aus, was hauptsächlich damit zusammenhängt, dass hier das Felsgestein so nahe an der Oberfläche liegt. Große Gesteinsteile wurden abgetragen, um fruchtbare Erde zu schaffen. Aus ihnen errichtete man Wälle, um kleine Landteile abzugrenzen. Auf den Aran Islands kann man ein ganzes Labyrinth solcher Mauern bewundern.

In *Reading the Irish Landscape* von Frank Mitchell und Michael Ryan erfährt man mehr über Irlands Geologie, Archäologie, Städtewachstum, Landwirtschaft und Aufforstung.

Berge & Wälder

Im Westen, der bergigsten Region des Landes, erheben sich zahlreiche Klippen und Hügel. Die imposantesten Gipfel liegen im Südwesten, darunter auch der höchste Berg des Landes, der Carrantoohil (1040 m) in den Macgillycuddy's Reeks im County Kerry.

Iren beklagen sich oft über den Verlust ihrer Forste. Ein Großteil der Bäume wurde bereits unter Elisabeth I. von den Engländern abgeholzt, die damit Schiffe für die Royal Navy bauten. Inzwischen ist kaum noch etwas von den einst so üppigen Eichenwäldern übrig. Heute sind die Bäume oftmals das Produkt des jüngsten Wiederaufforstungsprogramms. Anstelle der Wälder eröffnet sich dem Besucher ein Anblick von grünen Wiesen und Feldern, unterteilt durch Hecken und Steinwälle. Diese werden zum Ackerbau und als Weideland für Rinder und Schafe genutzt.

Pflanzen

Obwohl es in Irland kaum Wälder gibt, ist die Zahl hiesiger Pflanzenarten größer als in vielen anderen Ländern Europas, was u. a. mit dem vergleichsweise späten Aufkommen der Landwirtschaft zusammenhängt.

Überreste des ursprünglichen Eichenwaldes findet man im Killarney National Park und im südlichen Wicklow bei Shillelagh. Weiter verbreitet sind Kiefernschonungen. Hecken, die zur Unterteilung von Feldern und als Markierung von Landgrenzen gepflanzt werden, bestehen zum großen Teil aus einheimischen Arten, die früher zuhauf in den Eichenwäldern wuchsen – ein faszinierendes Beispiel für die Fähigkeit der Natur, sich anzupassen und erneut durchzusetzen. Im Burren, County Clare, gedeiht eine erstaunlich bunte Mischung aus mediterranen, alpinen und arktischen Pflanzen.

Informationen über Parks, Gärten, Denkmäler und Binnenwasserstraßen findet man unter www.heritageireland.ie.

Irlands Moore haben ihre ganz eigene Fauna, die an feuchte, säurehaltige, nährstoffarme Bedingungen gewöhnt ist. Ihr Fortbestand wird jedoch durch den Abbau der Sumpfgebiete als Energiequelle bedroht. Neben Rosmarin, Wollgras, Riedgras (dessen hauchdünner Halm eine Höhe von bis zu 30 cm erreicht) sowie verschiedenen Arten von Heidekraut und Flechten gehört das Torfmoos zu den häufigsten Moorpflanzen. Sogar fleischfressende Pflanzen gedeihen hier, darunter der Sonnentau, der mit seinen klebrigen Tentakeln Insekten fängt, oder die Wasserschläuche, deren winzige Fangblasen sich blitzschnell öffnen und mit dem Beutetier in der Falle wieder zuschnappen.

Tiere

Abgesehen von Fuchs und Dachs, die auf Menschen scheu reagieren und sich deswegen eher rar machen, kann man viele wild lebende Säugetiere Irlands in die Kategorie Kleintiere einteilen, darunter Kaninchen, Igel und Spitzmäuse. Wanderer entdecken häufiger irische Feldhasen bzw. sehen sie blitzschnell davonhoppeln. Rotwild streift in manchen abgelegenen Gebieten umher, vor allem in den Wicklow Mountains oder im Killarney National Park, wo auch die größte Herde des Landes zu finden ist.

Der illustrierte Führer *The Animals of Ireland* von Gordon D'Arcy bietet eine praktische und günstige Einführung in Irlands vielfältige Tierwelt.

Im Meer und in anderen Gewässern tummeln sich weitere Säugetiere, z. B. der in Europa mittlerweile selten gewordene Otter. Robben hausen an Flüssen oder an der Küste, ebenso wie Delfine, die dem warmen Golfstromwasser bis nach Irland folgen. Manche sind das ganze Jahr über zu sehen, besonders in Buchten und Zuflüssen vor der irischen Westküste.

Vögel

Viele Traveller kommen extra zur Vogelbeobachtung nach Irland. Dank ihrer Lage ganz im Westen Europas ist die Insel ein idealer Zwischenstopp für Zugvögel, die von Nordamerika und der Arktis gen Süden fliegen. Im Herbst werden die südlichen Grafschaften kurzfristig zur Heimat amerikanischer Watvögel (darunter Strandläufer und Regenpfeifer) sowie Grasmücken. Zugvögel aus Afrika wie Sturmtaucher, Sturmvögel und Alkenvögel bevölkern ab dem Frühling die südwestlichen Counties.

Den seltenen Wachtelkönig, der von Afrika ausgehend über Irland zieht, entdeckt man in den westlichen Grafschaften, in Donegal und rund um die Shannon Callows sowie auf Inseln wie Inishbofin in Galway. Im Spätfrühling und im Frühsommer verwandeln sich die schroffen Küstenstreifen, darunter vor allem Klippengegenden und Inseln, in ein

DAS MOOR

Einst bestand Irland zu einem Fünftel aus Moorland, das eher whiskeyfarben als grün aussieht. Der Braunton stammt von Pflanzen wie Heidekraut und Torfmoos, die unberührte Sumpfgebiete überdecken. Mitunter stoßen Besucher im County Kildare unverhofft auf eines der Moore im Bog of Allen oder entdecken in den westlichen Grafschaften Sümpfe: Fast die gesamte Mayoküste ist ein einziger Morast und auch in Donegal erstrecken sich riesige Moore.

In *Irish Birds* beschreibt David Cabot Vögel und ihre Lebensräume sowie die besten Orte zur Vogelbeobachtung.

wahres Paradies für brütende Meeresvögel wie Tölpel, Dreizehenmöwen, Schwarzschnabel-Sturmtaucher, Eissturmvögel, Kormorane und Reiher. Papageientaucher, die mit ihrem frackartigen Gefieder aussehen wie Pinguine, nisten in großen Kolonien auf Klippenfelsen.

Seen und tief gelegene Moorgebiete ziehen zahlreiche Wasser- und Watvögel aus der Arktis und Nordeuropa an, etwa Singschwäne, Kiebitze, Weißwangengänse, Blässgänse und Goldregenpfeifer. Im Wexford Wildfowl Reserve lebt die Hälfte der weltweiten Population an Blässgänsen und auch die Zwergseeschwalbe nistet dort von den Dünen geschützt am Strand. Im Winter kann man außerdem Krickenten, Rotschenkel und Brachvögel beobachten. Viele Vögel ziehen von April bis Mai und von September bis Oktober vorbei.

Der Wanderfalkenbestand konnte sich gut erholen und lässt sich beim Nisten auf den Klippen in Wicklow und auch anderorts beobachten. 2001 wurden 46 Steinadlerjunge aus Schottland im Glenveagh National Park, County Donegal, ausgesetzt. Das Projekt litt allerdings unter widrigem Wetter und traurigerweise auch durch Unbekannte, die die Vögel vergifteten und auf sie schossen. 2013 konnte man jedoch zwei Nester und eine Handvoll Küken retten. Seit Kurzem werden hier außerdem wieder Seeadler angesiedelt und 2014 hat das Pärchen Saoirse and Caimin sogar ein Küken gezeugt – den ersten in Irland geborenen Seeadler seit 110 Jahren. Weitere Infos (und Live-Bilder) siehe unter www.goldeneagle.ie.

Umweltprobleme

Irland gehört sicher nicht zu den größten Umweltsündern der Welt, aber mit dem neuen Wirtschaftsboom gingen mehr Industrie und ein erhöhtes Konsumverhalten einher, was zu mehr Abfall und Verschmutzung führte. Diese Mengen sind seit Anfang der 1990er-Jahre deutlich gestiegen. Die Bevölkerungsdichte des Landes ist eine der niedrigsten Europas, doch die Einwohnerzahl wächst stetig. In den letzten 20 Jahren sind im Einzugsbereich der Großstädte jede Menge Neubaugebiete entstanden; die größten von ihnen erstrecken sich natürlich rund um Dublin, vor allem im Pendlergürtel der Grafschaften Meath und Kildare. Der Zusammenbruch der Immobilienblase 2008 hat diese Entwicklung zum größten Teil beendet – die Doppelhausreihen bleiben trotzdem. Weil immer mehr Einheimische ein eigenes Auto haben oder fliegen, wird Irland zunehmend abhängiger von nicht-erneuerbaren Energiequellen.

Mittlerweile wächst die Sorge um die Umwelt, und so ergreift die Regierung nun erste Maßnahmen, um den Schäden der florierenden Wirtschaft entgegenzuwirken. Seit 2007 ist die **Sustainable Energy Authority of Ireland** (SEAI; www.seai.ie) damit beauftragt, die Entwicklung

FRACKING

Die irische Regierung beschäftigt sich im Moment mit der Frage, ob sie im Nordwesten des Landes – dem sogenannten Northwest Ireland Carboniferous Basin, das sich über Teile der Counties Leitrim, Roscommon, Sligo, Cavan, Donegal und Fermanagh erstreckt – Hydraulic Fracturing oder Fracking im Schiefergestein zulassen soll. Nach Schätzungen der australischen Firma Tamboran könnte man dadurch allein in Fermanagh 2,2 Billion Kubikfuß (gut 62,3 Milliarden cm^3) Schiefergas gewinnen, womit der Strombedarf Nordirlands für annähernd 50 Jahre gedeckt werden könnte. Ende 2014 verbot der Northern Ireland Executive jedoch weitere Bohrungen, weil man dadurch Luftverschmutzung und die Vergiftung unterirdischer Wasserreserven befürchtete. Tamboran legte 2015 Berufung gegen die Berufung ein und die irische Regierung beauftragte die Umweltschutzbehörde (Environmental Protection Agency; EPA) mit einer Untersuchung. Ihr Bericht soll 2016 fertig werden.

NATURSCHUTZGEBIETE

In der Republik gibt's 66 staatliche und zehn privat betriebene Nationale Naturschutzgebiete (National Nature Reserves, kurz NNR), Gebiete mit besonderer Pflanzen-, Tier- oder Gesteinswelt. Sie werden vom **National Parks & Wildlife Service** (www.npws.ie) verwaltet. Nordirland hat mehr als 45 NNRs, die dem dortigen Umweltministerium entweder gehören oder von ihm gepachtet werden, darunter der Giant's Causeway und Glenariff in Antrim sowie der North Strangford Lough, County Down. Mehr darüber erfährt man bei der **Northern Ireland Environment Agency** (www.ni-environment.gov.uk).

von erneuerbaren Energien (Solar, Wind, Wasserkraft, Geothermie und Biomasse) zu unterstützen bzw. zu fördern. Bisher haben die Maßnahmen allerdings noch nicht allzu viel gebracht: 2013 konnten 7,8 % des Energiebedarfs (Wärme, Strom und Verkehr) durch erneuerbare Energien geliefert werden.

Die EU-Richtlinie für die Förderung der erneuerbaren Energien hat Irland dazu verdonnert, diesen Prozentsatz bis 2020 auf 16 % anzuheben, was wohl nicht zu schaffen sein wird: Das Land hat infolge der Wirtschaftskrise gar nicht die finanziellen Mittel, um so viele neue Windkraftanlagen zu errichten oder Sonnenkollektoren herzustellen.

In der Praxis waren mehrere Recyclingprogramme sehr erfolgreich, besonders das „Plastax" – eine Steuer von 0,24 €, die auf alle Plastiktüten im Einzelhandel erhoben wurde, worauf sich deren Benutzung um unglaubliche 90 % verringerte!

Obwohl diese Projekte durchaus positive Signale setzen, ist Irland noch lange kein Vorreiter in der Umweltbewegung. Umfragen lassen sogar vermuten, dass sich die Einwohner weniger um Ökothemen scheren als die Bürger der meisten anderen europäischen Staaten. Darüber hinaus ist das Land meilenweit von den Bestimmungen des Kyoto-Protokolls zur Senkung der Emissionswerte entfernt. Die Regierung macht für die Umwelt nicht viel mehr als EU-Abstimmungen zu ratifizieren. Diese verfolgen zugegebenermaßen recht hochgesteckte Ziele, was die Senkung der Luftverschmutzung und eine genauere Überwachung der Wasserqualität betrifft.

Irlands Nationalparks

- *Burren*
- *Connemara*
- *Glenveagh*
- *Killarney*
- *Wicklow Mountains*
- *Ballycroy*

Nachhaltiger Tourismus

Weil die jährliche Zahl an Reisenden die der Iren bei Weitem übersteigt (ca. 1,5 zu 1), haben Besucher großen Einfluss auf das Geschehen. In dieser Hinsicht gilt der Tourismus als möglicher positiver Faktor, denn das Geld umweltbewusster Traveller könnte die ökologischen Aspekte der Wirtschaft in Schwung bringen. Zwar befindet sich der Ökotourismus noch in den Kinderschuhen, doch EcoTourism Ireland soll die Einhaltung der Standards für Ökoreisen durch Irland überwachen und Anbieter unterstützen, die den Vorgaben entsprechen. Die steigende Popularität von Outdoor-Aktivitäten schafft wirtschaftliche Anreize, die Sauberkeit von Irlands Küsten und Binnengewässern zu erhalten. Je mehr die Gebiete allerdings aktiv genutzt werden, desto schädlichere Auswirkungen könnte dies zur Folge haben – jedenfalls wenn niemand aufpasst.

Dank des äußerst effizienten Busnetzes kann man das Auto ruhig mal stehen lassen. Überhaupt ist das Land für Fahrrad- und Wanderreisen wie geschaffen. Viele Hotels, Pensionen und Hostels werben mit ihrem Sinn für Umweltbelange, und auch in Restaurants wird oft mit Biozutaten gekocht. Touristen haben es in Irland also wirklich nicht schwer, sich umweltfreundlich zu verhalten.

Sport

Für viele Iren ist Sport eine Art Religion. Einige glauben an Erlösung durch gute Werke wie Joggen, Radfahren oder Mannschaftsport. Alle anderen geben sich dagegen mit der Rolle als Zuschauer zufrieden, insbesondere von der Couch oder dem Pubhocker aus. Von dort begleiten sie die wechselhaften Geschicke ihrer Lieblingsmannschaften mit großer Hoffnung oder lautstark geäußerter Verzweiflung.

Die Hauptstadt eines jeden Counties hat ein Stadion, in dem Gaelic Football und Hurling-Spiele ausgetragen werden. Die Saison der Liga und der Meisterschaft dauern meist von Februar bis Ende September und Tickets sind nicht schwer zu kriegen (außer bei den ganz großen Spielen, die meist in Dublins Croke Park stattfinden); mehr Infos unter www.gaa.ie.

Gaelic Football & Hurling

Gälische Sportarten sind wie ein Spiegel der irischen Seele. Sie gehören zum Leben und nehmen einen besonderen Platz in der Kultur ein. Ihr Wiederaufleben gegen Ende des 19. Jhs. ging einher mit dem damaligen Revival des Gälischen und dem Weg in die Unabhängigkeit. Herz des Ganzen ist die 1884 gegründete **Gaelic Athletic Association** (GAA; www.gaa.ie), die nach wie vor für die Pflege des Amateursports verantwortlich zeichnet. Dass die gälischen Sportarten in Zeiten der Globalisierung und der allgemeinen Kommerzialisierung noch immer zu den absoluten Lieblingen der Einheimischen gehören, ist geradezu herzerwärmend.

Sowohl gälischer Fußball als auch Hurling sind schnelle, aufregende Spiele und deshalb nichts für Leute mit schwachen Nerven. Gekämpft wird meist hart und aggressiv. Beide Sportarten finden auf County-Ebene statt, Meisterschaften werden erst regional, dann überregional ausgetragen. Natürlich träumt jeder Vereinsspieler davon, seine Grafschaft vertreten zu dürfen, um vielleicht im September im Croke Park in Dublin beim Meisterschaftsendspiel, dem All-Ireland Final, dabei zu sein.

Fußball

Fußball hat in Irland jede Menge Anhänger. Die meisten sind Fans von Manchester United, Liverpool oder den beiden Clubs aus Glasgow (Rangers und Celtic); dagegen interessieren sich weit weniger Leute für die mittelmäßigen Profis und Amateure der irischen **National League** (www.fai.ie) und der nordirischen **Irish League** (www.irishfa.com). Mit der millionenschweren Premier League in England können irische Teams nicht mithalten, und zu allem Übel werben die Engländer auch noch sämtliche Talente ab. Zu den irischen Spielern im Ausland gehören u. a. John O'Shea (Manchester United), Robbie Keane (Spurs), Aiden McGeady (Celtic) und Stephen Ireland (Manchester City).

Auf internationaler Ebene haben die Republik und Nordirland getrennte Fußballteams, die aber Schwierigkeiten haben, sich für inter-

DU SAGST SOCCER, ICH SAGE FOOTBALL

Um Fußball von Gaelic Football zu unterscheiden, wird Ersteres oft *soccer* genannt – besonders in gälischen Hochburgen, wo der Begriff gleichzeitig Verachtung gegenüber den so genannten „Garnisonssportarten" ausdrückt. Irische Fans des Association Football (so die offizielle Bezeichnung) bleiben bei *football* und Gaelic Football oder – in Dublin – bei *gah* für die Abkürzung GAA (Gaelic Athletic Association).

SPIELREGELN

Sowohl beim Gaelic Football als auch beim Hurling gibt's zwei Teams mit je 15 Spielern. Ziel ist es, den Ball durch eine Art Rugbytor zu schießen: ein Netz zwischen zwei hohen, senkrechten Pfosten und einer waagerechten Latte, bewacht von einem Torwart. Für ein Tor (unterhalb der Latte) bekommt man drei Punkte; geht der Ball über die Latte, aber durch die beiden Pfosten, gibt's einen Punkt. Angezeigt werden die Punkte folgendermaßen: 1–12, d. h. in diesem Fall ein Tor (3 Punkte) plus 12 Punkte, was zusammen 15 Punkte ergibt.

Gaelic Football wird mit einem runden Ball gespielt, den man kicken oder auch mit der Hand weitergeben darf. Hurling ist der weitaus elegantere Sport. Dabei benutzt man einen flachen Schläger *(camán)*, mit dem man den kleinen Lederball *(slíothar)* schlägt oder trägt. Eine Ballabgabe per Hand ist ebenfalls erlaubt. Beide Spiele dauern 70 schweißtreibende Minuten.

nationale Wettbewerbe zu qualifizieren und Welten entfernt von ihren Glanzzeiten sind: Für das nordirische Team waren das die 1980er und für die Republik die Jahre 1988 bis 2002.

Um nicht mit der beliebteren English Premier League konkurrieren zu müssen, deren Saison von Mitte August bis Mitte Mai dauert, hat die League of Ireland als einzige europäische Liga ihre Saison auf den Zeitraum von April bis November verlegt. Nordirlands Irish League folgt weiter dem üblichen britischen Terminkalender für den Winter.

Rugby

Obwohl Rugby eher ein Sport der irischen Mittelschicht ist, herrscht bei den jährlichen Six Nations Championships im Februar und März überall im Land Hochstimmung, denn das Nationalteam besteht aus Spielern aus dem Norden sowie dem Süden und wird daher sowohl von Nationalisten als auch von Unionisten angefeuert. Aus diesem Grund spielt man bei internationalen Spielen nicht mehr die irische Nationalhymne, sondern das völlig harmlose Lied *Ireland's Call*, das speziell für diesen Anlass komponiert wurde. In den letzten Jahren war Irland sehr erfolgreich und gewann 2015 zum zweiten Mal in Folge die Six-Nations-Meisterschaft. 2014 gewannen auch die irischen Frauen bei den Six Nations, womit Irland zum ersten Mal ein Double schaffte.

Auf der Provinzebene sind Leinster und Munster die größten Namen und auch bei europäischen Pokalwettbewerben sehr erfolgreich – Leinster hat den European Rugby Champions Cup (ehemals Heineken Cup) drei Mal gewonnen und Munster zwei Mal. Als Nächstes folgt Ulster mit einem Sieg.

Viele Grafschaften sind nur in der einen gälischen Sportart gut, in der anderen nicht. Kilkenny, Waterford, Clare und Tipperary überzeugen im Hurling, während Kerry, Meath, Mayo und alle neun Ulster-Counties besser Gaelic Football spielen. Cork, Galway, Offaly, Wexford und Dublin können jedoch in beiden Sportarten mithalten.

Golf

Schottland mag die Heimat des Golfsports sein, doch in Irland verbringt er seinen Urlaub. Die hiesigen Plätze können durchaus mit den besten der Welt mithalten.

Bei über 400 davon, darunter zahlreiche in Parklandschaften und im Landesinneren, haben Golfer die Qual der Wahl. Ein Besuch der großartigen Resorteinrichtungen im amerikanischen Stil, die in den vergangenen Jahrzehnten gebaut wurden und die mit makellosen rasenartigen Fairways, weißen Sandbunkern und strategisch platzierten Wasserhindernissen aufwarten, lohnt auf jeden Fall.

Das Herz des irischen Golfsports schlägt jedoch am Meer: Praktisch an der gesamten Küste reihen sich spektakulär gelegene Links aneinander.

Zum Schluss noch ein Wort über die irischen Golfer. Wenn man mal von den Snobs und den sehr auf Einhaltung der Etikette bedachten Spielern mit hohen Handicaps absieht, sind die echten irischen Spieler die Männer und Frauen, die ihre Schuhe auf dem Parkplatz wechseln und es kaum erwarten können, zum ersten Abschlag zu kommen. Sie kennen alle sicheren Bereiche, in die man den Ball schlagen kann, und betrachten es als ihre Pflicht, dieses Insiderwissen zu teilen. Wenn jemand allein ankommt und vorher noch ein wenig übt, sind sie es, die eine gemeinsame Runde vorschlagen, weil sie es für falsch halten, allein zu spielen. Der irische Golfer ist freundlich und locker. Ihm ist stets klar, dass man beim Golf niemals gewinnt und dass die schlechte Runde heute nicht viel bedeutet, denn morgen kann alles schon wieder anders sein. Außerdem weiß er, dass sich eine Runde über 19 Löcher erstreckt, denn welchen Sinn hätte ein Golfspiel schon, wenn man nicht hinterher bei einem Drink gemeinsam darüber lachen könnte?

Pferde- & Windhundrennen

Die Leidenschaft fürs Pferderennen wird Iren in die Wiege gelegt. Sie gehen damit unbefangener und weniger versnobt um als die Engländer. Wer Spaß daran hat, kann sich jeden Tag in eines der vielen Wettbüros setzen und Rennen aus England und Irland verfolgen. Allerdings scheint bei den Wetten niemals Geld den Besitzer zu wechseln, denn jeder irische Spieler beteuert, dass er seine Einsätze am Ende wieder rausbekommt.

Darüber hinaus genießen die Iren einen exzellenten Ruf als Züchter von Pferden für Rennen oder andere Sportarten wie Springreiten. Letzteres ist ebenfalls äußerst populär, zieht allerdings ein etwas blasierteres Publikum als die Pferderennen an. Zu den großen Turnieren gehören das Irish Grand National (Fairyhouse, April), das Irish Derby (im Curragh, Juni) und das Irish Leger (im Curragh, Sept.). Weitere Auskünfte erteilt **Horse Racing Ireland** (www.hri.ie).

Einst traditionell das Vergnügen des „armen Mannes", haben Windhundrennen in den vergangenen Jahren an Prestige gewonnen und sich teilweise zu Massenveranstaltungen gemausert. Sie sind eine günstigere und leichter zugängliche Alternative zu Pferderennen. Es gibt in Irland rund 20 Strecken, die vom **Irish Greyhound Board** (www.igb.ie) betreut werden.

Das Buch des irischen Akademikers Dr. Fintan Lane, *Long Bullets: A History of Road Bowling in Ireland,* verfolgt die Geschichte dieser Sportart bis ins 17. Jh. zurück.

Road-Bowling

Ziel des *road-bowling* (Boßeln) ist es, eine gusseiserne, ca. 800 g schwere Kugel 1 bis 2 km möglichst schnell, kontrolliert und akkurat eine verkehrsarme Straße entlangzubefördern. Wer die wenigsten Würfe benötigt, gewinnt. Üblicherweise schließen die Teilnehmer während des Spiels Wetten ab.

Der Ball wird als *bowl* (Kugel) oder *bullet* (Geschoss) bezeichnet. Ein *shot* (Schuss) ist ein Wurf, ein *kitter-paw* ein werfender Linkshänder. Hört man jemanden über seinen *butt* sprechen, ist die Abwurflinie auf der Straße gemeint. *Breaking butt* bedeutet, dass jemand die Zielmarkierung vor dem Wurf überschritten hat. *Faugh an Bheallach* ist ein traditioneller irischer Schlachtruf und heißt, man solle aus dem Weg gehen. Ein *sop* ist ein Grasbüschel, das platziert wird, wo die Kugel erstmals auf den Boden auftreffen soll, und ein Spiel wird *score* genannt.

Besonders beliebt ist *road bowling* in Cork (dort gibt's 200 Clubs) und in Armagh. Die Wettkämpfe ziehen zahlreiche Zuschauer an und finden das ganze Jahr über statt. Mittlerweile ist die Sportart in vielen Ländern populär, u. a. in Deutschland, wo vor allem die Ostfriesen boßeln. Inzwischen wird sogar eine Weltmeisterschaft ausgetragen (siehe unter www.irishroadbowling.ie). In Irland kontrolliert die Irish Road Bowling Association den Sport.

ALLGEMEINE INFORMATIONEN...720

VERKEHRSMITTEL & -WEGE...........727

SPRACHE..........734

Allgemeine Informationen

Arbeiten in Irland

EU-Bürger können ohne Einschränkungen in der Republik und in Nordirland arbeiten.

Die vom Staat finanzierte Organisation **Work in Ireland** (☎01-878 3156; www.workinireland.ie; 15–17 Eden Quay; ⏲Mo–Fr 9–20, Sa & So 11–17 Uhr) in Dublin ist sehr nützlich, denn dort wird einem für etwa 45 € pro Jahr beim Einrichten eines Bankkontos, dem Erstellen eines Lebenslaufs, der Terminabsprache für Vorstellungsgespräche und der Unterkunftssuche geholfen. Auch Sprachkurse werden vermittelt, und es gibt Ermäßigungen bei Fahrten sowie bei Anrufen.

Botschaften & Konsulate

Auf der Website des **irischen Außenministeriums** (www.dfa.ie) findet man eine Liste der irischen Botschaften und diplomatischen Vertretungen im Ausland.

Deutschland Botschaft (☎269 3011; www.dublin.diplo.de; 31 Trimleston Ave, Booterstown, Blackrock, County Dublin); Konsulat (☎028-9024 4113; 22 Great Victoria St, Chamber of Commerce House, Belfast)

Österreich Botschaft (☎269 4577; www.bmeia.gv.at/botschaft/dublin.html; 93 Ailesbury Rd, Dublin 4)

Schweiz Botschaft (☎218 6382; www.eda.admin.ch/dublin; 6 Ailesbury Rd, Ballsbridge, Dublin 4)

Essen

Cafés und Restaurants sind nach Preisen sortiert, beginnend mit den günstigsten Lokalen. Innerhalb der Preiskategorien haben die Autoren sie nach persönlichen Vorlieben aufgelistet.

Feiertage & Ferien

Gesetzliche Feiertage sorgen meist für Chaos auf den Straßen, weil dann besonders viele Leute unterwegs sind. Zu diesen Terminen sollte man seine Unterkunft besser weit im Voraus buchen.

Gesetzliche Feiertage in der Republik und in Nordirland:

Neujahr 1. Januar

St. Patrick's Day 17. März

Ostern (Karfreitag bis Ostermontag) März/April

Maifeiertag Erster Montag im Mai

Weihnachten 25. Dezember

St. Stephen's Day (Zweiter Weihnachtsfeiertag) 26. Dezember

Wenn St. Patrick's Day oder St. Stephen's Day aufs Wochenende fallen, werden sie am darauffolgenden Montag gefeiert. In der Republik hat an Karfreitag fast alles zu, obwohl er kein offizieller Feiertag ist, während in Nordirland viele Geschäfte öffnen, dafür aber am darauffolgenden Dienstag geschlossen bleiben.

Nordirland

Spring Bank Holiday Letzter Montag im Mai

Orangeman's Day 12. Juli

August Holiday Letzter Montag im August

Republik Irland

June Holiday Erster Montag im Juni

August Holiday Erster Montag im August

October Holiday Letzter Montag im Oktober

Fotos

→ Die Tage können ziemlich düster sein, daher sollte man auch lichtempfindlichere Filme mit ISO 400 dabeihaben.

RESTAURANTPREISE

KATEGORIE	REPUBLIK	NORDIRLAND
günstig (€/£)	<12 €	<12 £
mittelteuer (€€/££)	12-25 €	12-20 £
teuer (€€€/£££)	>25 €	>20 £

- In Nordirland sollte man sich eine Genehmigung besorgen, bevor man Polizeireviere, Armeeposten oder andere militärische Einrichtungen fotografiert.
- In den protestantischen und katholischen Hochburgen von Belfast sollte man keine Personen ohne Erlaubnis knipsen und muss ein „Nein" akzeptieren.

Frauen unterwegs

Frauen können problemlos durch Irland reisen. Verhütungsmittel bekommt man inzwischen sehr viel leichter als früher. Wer die Pille nimmt, sollte dennoch einen ausreichenden Vorrat mitbringen.

Rape Crisis Network Ireland (☎091-563 676; www.rcni.ie) In der Republik. Online gibt's eine App.

Nexus NI (☎028-9032 6803; Belfast; www.nexusni.org; ⏲Mo & Do 8.30–20, Di & Mi 8.30–18, Fr 9–16 Uhr) Bietet psychologische Beratung für Opfer von sexuellem Missbrauch sowie sexueller Nötigung und Übergriffe an. Es gibt Büros in Belfast, Derry, Portadown und Enniskillen.

Freiwilligenarbeit

Das Angebot ist begrenzt, es gibt jedoch ein paar Projekte, bei denen man sich engagieren kann. Entsprechende Informationen, z. B. über Bewerbungen und Anlaufstellen, gibt's unter www.volunteeringireland.ie.

Geld

In der Republik zahlt man mit dem Euro (€) und in den sechs Ulster-Counties mit dem nordirischen Pfund (£). Auch wenn Letzteres eigentlich in ganz Großbritannien gesetzliches Zahlungsmittel ist, wird es außerhalb Nordirlands oft nicht akzeptiert und muss in britischen Banken umgetauscht werden.

Geldautomaten

Geldautomaten findet man abgesehen von sehr kleinen Ortschaften fast überall. Vorsicht vor manipulierten Automaten: Das Ausspähen von Daten auf der Bankkarte, das sogenannte *skimming*, greift immer mehr um sich.

Kredit- & Debitkarten

Kredit- und Debitkarten von Visa und MasterCard sind weit verbreitet. American Express wird nur von größeren Ketten akzeptiert und mit Diners bzw. JCB kann man nur sehr selten bezahlen. Kleinere Geschäfte wie Pubs und einige B&Bs bevorzugen Debitkarten und erheben eine Gebühr bei Zahlungen mit Kreditkarte, einige wenige aktzeptieren sogar nur Bargeld.

Steuern & Erstattungen

In Irland wird eine Mehrwertsteuer (VAT) in Höhe von 21 % auf viele Luxusgüter erhoben, ausgenommen Bücher, Kinderschuhe und Secondhandkleidung. Nicht-EU-Bürger, die gekaufte Waren innerhalb von drei Monaten ausführen, bekommen die Steuer erstattet.

Bei einem Betrag von mehr als 250 € auf einem Voucher muss dieser vom Zoll in der Ankunftshalle in Dublin oder Shannon abgestempelt werden, bevor die Erstattung erfolgen kann.

In Nordirland erhält man in den Läden zusätzlich ein Formular, das man am Zoll abgeben muss. Nachdem das Formular dort abgezeichnet wurde, geht es zurück an den jeweiligen Ladeninhaber, der seinen Kunden dann einen Scheck nach Hause schickt.

Trinkgeld

Wenn das Essen oder der Service nicht zufriedenstellend waren, ist man nicht verpflichtet, Trinkgeld zu geben. Das gilt selbst dann, wenn auf die Rechnung automatisch eine Servicegebühr aufgeschlagen wird.

Hotels Nur für Hotelpagen, die Gästen ihr Gepäck abnehmen; 1 €/1 £ pro Gepäckstück.

Pubs Nur wenn man am Tisch bedient wird; 1 €/1 £ pro Getränkerunde.

Restaurants 10 % für einen guten Service, bis zu 15 % in gehobenen Lokalen

Taxis 10 % oder aufrunden.

Toilettenpersonal 0,50 €/0,50 £

Gesundheit

Für Irlandreisen sind keine Impfungen vorgeschrieben. Die medizinische Versorgung ist gut und schnell verfügbar. Bei kleinen Wehwehchen geben Apotheker nützliche Ratschläge und verkaufen rezeptfreie Medikamente. Auch bei größeren Beschwerden können sie bezüglich der weiteren Vorgehensweise helfen.

Seit 2004 gilt die Europäische Krankenversicherungskarte (EHIC) in allen EU-Staaten sowie weiteren Ländern (u. a. der Schweiz), seit 2006 ist sie in Deutschland bei gesetzlich Versicherten in die übliche Versicherungskarte integriert. Sie garantiert bei Notfällen medizinische Versorgung in der gesamten EU, der Rücktransport ins Heimatland ist jedoch nicht abgedeckt.

In den Notaufnahmen staatlicher Krankenhäuser Nordirlands wird jeder, unabhängig von seiner Nationalität, kostenlos behandelt.

Internetzugang

Für Laptops, Tablets oder Smartphones gibt's in den meisten Hotels, B&Bs, Hostels, Bars und Restaurants WLAN-Zugang, meistens umsonst (ganz selten verlangen Hotels eine Gebühr).

Internetcafés befinden sich zunehmend auf dem Rückzug. die wenigen verbleibenden verlangen bis zu 6 €/5 £ pro Stunde.

Karten

Die Michelin-Karte im Maßstab 1:400 000 (Nr. 923) wartet mit klaren Markierungen und Zusatzangaben zu besonders schönen Straßenstrecken auf. Empfehlenswert sind auch die vier Pläne (Norden, Süden, Osten und Westen) der Ordnance-Survey-Holiday-Serie im Maßstab 1:250 000.

Die Karten von Ordnance Survey Discovery decken das ganze Land in 89 Versionen im Maßstab 1:50 000 ab, es gibt sie auch in digitaler Form.

Alle werden von **Ordnance Survey Ireland** (www.osi.ie) und in vielen Buchhandlungen verkauft.

Collins bringt ebenfalls eine Reihe von Karten für Irland heraus, die im Buchhandel erhältlich sind.

Kinder

Familien, die auf der Grünen Insel unterwegs sind, sollten Folgendes beachten:

- Ab 21 Uhr (Mai–Sept. ab 22 Uhr) dürfen sich in Pubs keine Kinder mehr aufhalten.
- Kindersitze (ca. 50 €/35 £ pro Woche) sind für Kiddies zwischen neun Monaten und vier Jahren vorgeschrieben.
- Wickelräume gibt's ausschließlich in größeren Städten, und selbst dort nur in Einkaufszentren.

Klima

Belfast

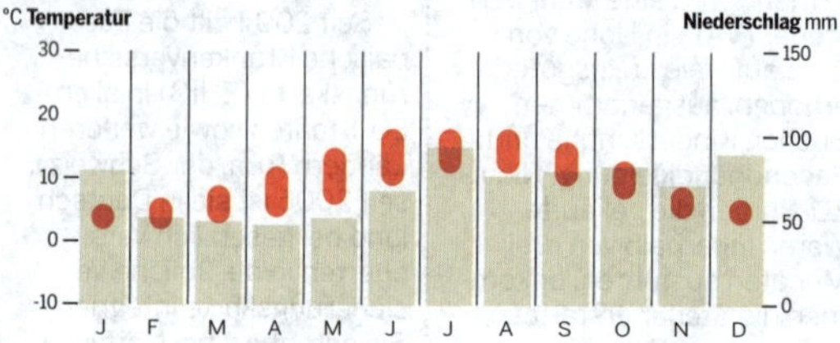

Dublin

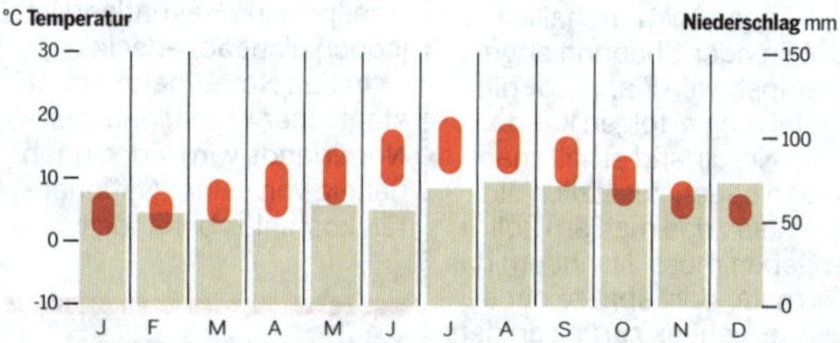

Galway

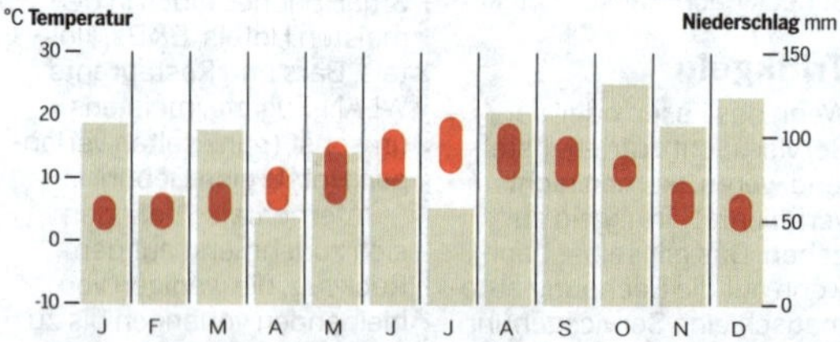

Infos im Internet

Allgemeine Informationen gibt's auch bei www.lonelyplanet.com/family-travel und www.reisen-mit-kindern.info.

Öffnungszeiten

In der Republik und in Nordirland gelten in etwa die gleichen Öffnungszeiten.

Banken Mo–Fr 10–16 Uhr (Do bis 17 Uhr)

Büros Mo–Fr 9–17 Uhr

Geschäfte Mo–Sa 9–17.30 oder 18 Uhr (Do und teilweise auch Fr bis 20 Uhr); in größeren Städten So 12–18 Uhr. Läden in ländlicheren Gebieten schließen mittags sowie einen Tag in der Woche.

Postämter Nordirland Mo–Fr 9–17.30, Sa 9–12.30 Uhr; Republik Mo–Fr 9–18, Sa 9–13 Uhr. Kleinere Postämter schließen oft über Mittag sowie an einem Tag in der Woche.

Pubs Nordirland Mo–Sa 11.30–23, So 12.30–22 Uhr. Pubs mit einer extra Lizenz haben Mo–Sa bis 1, So bis 24 Uhr geöffnet; Republik Mo–Do 10.30–23.30, Fr & Sa 10.30–0.30, So 12–23 Uhr (plus 30 Min. zum „Austrinken"). Pubs mit Bar öffnen Do–Sa bis 2.30 Uhr; an Weihnachten und Karfreitag sind alle Kneipen geschlossen.

Restaurants 12–22.30 Uhr in Dublin, bis 21 Uhr draußen (man sollte spätestens um 20 Uhr einen Tisch haben). Viele Lokale haben einen Tag in der Woche zu.

Sehenswürdigkeiten Einige Sehenswürdigkeiten sind nur von Ostern bis einschließlich September oder Oktober geöffnet.

Touristeninformationen Mo–Fr 9–17, Sa 9–13 Uhr. Die meisten Tourismusbüros haben im Sommer längere Öffnungszeiten. Von Oktober bis April verkürzen sich diese Zeiten, außerdem schließen manche an einigen Tagen oder sogar komplett.

Rechtsfragen

Illegale Drogen sind weit verbreitet, besonders in Clubs. Der Besitz von Marihuana führt zu Geldstrafen oder einer Verwarnung, härtere Drogen ziehen schwerwiegendere Konsequenzen nach sich. Trunkenheit in der Öffentlichkeit ist zwar illegal, kommt aber häufig vor – solange es keinen Ärger gibt, drückt die Polizei normalerweise ein Auge zu.

Rechtsbeistand geben z. B. die beiden nachfolgend genannten Einrichtungen:

Legal Aid Board (☎066-947 1000; www.legalaidboard.ie) Verfügt über ein Netzwerk örtlicher Rechtsberatungen.

Legal Services Agency Northern Ireland (☎028-9076 3000; www.dojni.gov.uk/legalservices) Ist in Nordirland für die gesetzliche Rechtsbeihilfe verantwortlich, kann aber keine juristische Beratung erteilen.

Reisen mit Behinderung

Alle neuen Gebäude sind rollstuhlgerecht ausgestattet, außerdem verfügen viele Hotels über Aufzüge, Rampen und andere Einrichtungen. Andere Unterkünfte, darunter vor allem B&Bs, sind weniger gut ausgerüstet. Fáilte Ireland und das NITB bringen Führer heraus, in denen geeignete Unterkünfte für Behinderte hervorgehoben sind.

In Großstädten sind zwar zahlreiche geräumige Niederflurbusse unterwegs, in den kleineren Städten oder auf dem Land darf man diesen Service allerdings nicht erwarten.

Wer vorab um Hilfe bittet, wird am Bahnhof von einem Angestellten der irischen Bahngesellschaft Iarnród Éireann zum Zug begleitet (jedenfalls theoretisch). Neuere Züge sind mit Hilfssystemen für Leute mit Seh- oder Hörbehinderungen ausgestattet.

Antworten auf zahlreiche weitere Fragen rund um das Thema Reisen mit Behinderung bekommt man beim **Citizens' Information Board** (☎0761 079 000; www.citizensinformationboard.ie) in der Republik Irland und bei **Disability Action** (☎028-9066 1252; www.disabilityaction.org) in Nordirland.

Schwule & Lesben

Irland ist recht tolerant gegenüber Schwulen und Lesben. Größere Städte wie Dublin, Galway, Cork, Belfast und Derry haben etablierte Schwulenszenen. In kleineren Orten und ländlichen Gegenden trifft man jedoch immer noch auf homophobe Menschen. Online kann man sich hier informieren:

Gaire (www.gaire.com) Mit einem Forum und zahlreichen Informationen für Schwule.

Gay & Lesbian Youth Northern Ireland (www.cara-friend.org.uk/projects/glyni) Freiwilligenorganisation, die sich um Beratungen, Informationen, Gesundheitsfragen und Begegnungsräume für Schwule kümmert.

Gay Men's Health Project (☎01-660 2189; http://hse.ie/go/GMHS) Ratschläge zum Thema Gesundheit.

National Lesbian & Gay Federation (NLGF; ☎01-671 9076; http://nxf.ie) Veröffentlicht die monatlich erscheinenden *Gay Community News* (http://theoutmost.com).

Northern Ireland Gay Rights Association (Nigra; ☎9066 5257; http://nigra.org.uk)

Outhouse (☎01-873 4932; www.outhouse.ie; 105 Capel St, Dublin) Tolles Zentrum für Schwule, Lesben und Bisexuelle, in dem man sich zu Veranstaltungen informieren, das schwarze Brett checken und Leute treffen kann. Veröffentlicht auch die irischen *Pink Pages*, mit interessanten Angeboten für Schwule, die man auch auf der Website nachlesen kann.

The Outmost (www.theoutmost.com) Die hervorragende Website berichtet und kommentiert aktuelle Nachrichten aus den Bereichen Politik, Unterhaltung und Mode.

Sicherheit

Irland ist sicherer als viele andere europäische Länder, trotzdem sollte man die normalen Vorsichtsmaßnahmen beachten.

Auch im Norden muss man sich keine übertriebenen Sorgen machen, obwohl es Gegenden gibt, vor allem in Belfast, wo der Konfessionskonflikt nach wie vor recht stark zu spüren ist. Deswegen sollte man nicht gerade um den 12. Juli herum nach Nordirland reisen, wenn die Märsche des Oranierordens stattfinden. Selbst viele Nordiren verlassen an diesen Tagen das Land, weil es dann nicht selten zu Ausschreitungen kommt.

Strom

230 V/50 Hz

Telefon

Ortsvorwahlen haben immer drei Ziffern und beginnen mit einer 0, z. B. ☎021 für Cork, ☎091 für Galway und ☎061 für Limerick. Einzige Ausnahme ist Dublin mit einer zweistelligen Vorwahl (☎01). Bei Anrufen aus dem Mobilfunknetz muss die Vorwahl

PRAKTISCH & KONKRET

Währung Republik Irland: Euro (€); Nordirland: Pfund Sterling (£).

Zeitungen *Irish Independent* (www.independent.ie), *Irish Times* (www.irishtimes.com), *Irish Examiner* (www.examiner.ie), *Belfast Telegraph* (www.belfasttelegraph.co.uk).

Radio RTE Radio 1 (88-90 MHz), Today FM (100–103 MHz), Newstalk 106-108 (106-108 MHz), BBC Ulster (92–95 MHz; nur in Nordirland).

Maße & Gewichte metrisches System, außer bei alkoholischen Getränken, die in *pints* gemessen werden.

gewählt werden, bei Anrufen aus dem Festnetz innerhalb des jeweiligen Vorwahlbereichs nicht.

In Nordirland gilt für alle Festnetznummern die Vorwahl ☎028. Sie muss aber nur bei Anrufen aus dem Handynetz oder außerhalb Nordirlands gewählt werden. Für Anrufe aus der Republik nach Nordirland wählt man ☎048 statt ☎028. Die internationale Vorwahl lässt man weg.

Weitere Vorwahlen:

➡ ☎1550 oder ☎1580 – gebührenpflichtige Nummern

➡ ☎1890 oder ☎1850 – Ortstarif bzw. geteilte Kosten zwischen Anbieter und Anrufer

➡ ☎0818 – Ortstarif für Anrufe in der Republik

➡ ☎1800 – kostenlose Anrufe

Außerhalb der Republik sind kostenlose oder preisgünstige Vorwahlen nicht gültig. Einige Tipps:

➡ Abends nach 18 Uhr und an den Wochenenden kosten Gespräche weniger.

➡ Wer eine funktionierende Telefonzelle findet, zahlt in der Republik für ein etwa dreiminütiges Ortsgespräch rund 0,30 € (ca. 0,60 € auf ein Mobiltelefon). In Nordirland kosten Ortsgespräche ca. 40 p bzw. 60 p, wenn man eine Mobilfunknummer anruft. Abweichungen sind möglich.

➡ Prepaidkarten werden in Zeitungsläden und Postämtern verkauft; mit ihnen kann man an allen Kartentelefonen Inlands- sowie Auslandsgespräche führen.

Auskunft

Es gibt verschiedene Anbieter für Telefonauskünfte.

➡ In der Republik wählt man ☎11811 und ☎11850, für internationale Anfragen ☎11818.

➡ Im Norden hat man die Auswahl zwischen ☎118 118, ☎118 192, ☎118 500 und ☎118 811.

➡ Aus dem Festnetz kostet der Service mindestens 1 €/1 £ und aus dem Mobilnetz bis zu 2 €/2 £.

Auslandsgespräche

Um von Irland ins Ausland zu telefonieren wählt man 00, die Landesvorwahl (49 für Deutschland, 43 für Österreich, 41 für die Schweiz), die Ortsvorwahl (ohne 0) und die jeweilige Nummer. Die internationale Telefonvorwahl für Irland ist 353 und die für Nordirland 44.

Mobiltelefon

➡ Vor der Reise prüfen, ob das eigene Handy durch ein SIM-Lock gesperrt ist.

➡ Bei den großen Anbietern bekommt man einfache Prepaidhandys ab etwa 40 €, bei denen meist ein Guthaben von 10 € inbegriffen ist.

➡ Prepaid SIM-Karten gibt's auch, allerdings muss man überprüfen, ob das jeweilige Mobiltelefon mit dem lokalen Anbieter kompatibel ist.

Touristeninformation

Touristeninformationen und -schalter findet man in allen größeren Städten der Republik und in Nordirland. Viele vermitteln Zimmer und buchen Ausflüge, wechseln Geld und verkaufen Karten sowie Bücher. Häufig liegt hier auch kostenloses Infomaterial aus.

In der Republik ist **Fáilte Ireland** (☎Republic 1850 230 330, the UK 0800 039 7000; www.discoverireland.ie) für Urlauber zuständig und in Nordirland das **Northern Irish Tourist Board** (NITB; ☎Hauptgeschäftsstelle 028-9023 1221; www.discovernorthernireland.com). Außerhalb des Landes agieren Fáilte Ireland und das NITB gemeinsam unter dem Namen **Tourism Ireland** (www.tourismireland.com).

Die Adressen der Touristeninformationen in Dublin, Cork, Donegal, Galway, Mullingar, Sligo und anderen Orten stehen in den jeweiligen Kapiteln.

Unterkunft

Die Unterkünfte reichen von rustikal und einfach bis zu teuer und opulent. Rückgrat des irischen Gastgewerbes sind die allgegenwärtigen B&Bs. In letzter Zeit machen ihnen aber zunehmend Mittelklassehotels und Gästehäuser Konkurrenz. Neben Expedia, Booking.com, Trivago und anderen Preisvergleichsportalen gibt's auch einige Websites speziell für Irland, darunter:

www.daft.ie Anzeigen für Ferien- und Mietwohnungen.

www.elegant.ie Burgen, Altbauten und Anwesen für Selbstversorger.

www.familyhomes.ie Liste privat geführter Pensionen und Ferienhäuser.

www.imagineireland.com Vermietet moderne Cottages auf der ganzen Insel, auch in Nordirland.

www.irishlandmark.com Eine gemeinnützige Denkmalschutzgruppe, die Ferienhäuser von historischer oder kultureller Bedeutung vermietet, darunter

Burgen, Wohntürme, Leuchttürme, Schulen und Torhäuser.

www.imagineireland.com Moderne Mietcottages in der Republik und in Nordirland.

www.stayinireland.com Liste mit Pensionen und Ferienhäusern.

B&Bs & Gästehäuser

Bed and breakfasts sind kleine Familienbetriebe mit weniger als fünf Zimmern in Bauern- oder Landhäusern. Sie unterscheiden sich sehr voneinander, bieten aber fast immer Privatbäder und kosten etwa 35 bis 40 € (25 bis 30 £) pro Person bzw. Nacht. In luxuriösen Pensionen können die Preise bei 55 € (40 £) oder mehr liegen. Außerhalb der Saison (in der Regel von Oktober bis März) sowie unter der Woche sinken sie in der Regel.

Gästehäuser ähneln luxuriöseren B&Bs, sind jedoch größer und so etwas wie irische Boutique-Hotels. Meist haben sie ein besseres Serviceangebot und verfügen manchmal auch über ein Restaurant.

Was man sonst noch wissen muss:

- Das Serviceangebot in B&Bs reicht je nach dem, welchen Betrag man bereit ist zu zahlen, von einfach (Bett, Bad, Teekessel, TV) bis zu luxuriös (Whirlpool, Regenwaldduschen). WLAN ist Standard und die meisten haben auch Parkplätze (zur Sicherheit nachfragen).
- Fast alle Pensionen akzeptieren Kreditkarten, auf dem Land sollte man aber besser bei der Buchung nachfragen.

UNTERKUNFT ONLINE BUCHEN

Weitere Hotelbeschreibungen von Lonely Planet Autoren gibt's unter lonelyplanet.com/hotels/ireland. Dort findet man unabhängige Kritiken und Empfehlungen zu den besten Unterkünften und kann man gleich online buchen.

- Eine Vorabreservierung ist ratsam, besonders in der Hochsaison (Juni–Sept.).
- Einige abgelegenere B&Bs und Gästehäuser haben nicht das ganze Jahr geöffnet, sondern oft nur von Ostern bis September.
- Ist ein B&B belegt, empfiehlt der Betreiber manchmal eine Unterkunft in der Gegend; eventuell handelt es sich dabei um ein Privathaus, das gelegentlich Gäste aufnimmt und nicht offiziell beworben wird.
- Um die Preise niedrig zu halten, ist bei einigen B&Bs das Frühstück optional.

Campingplätze & Kanäle

Campingplätze sind in Irland weniger üblich als im Rest von Europa. Einige Hostels haben Zeltplätze auf ihrem Grundstück und erlauben die Mitbenutzung der sanitären Einrichtungen im Haus; dadurch sind sie angenehmer als die großen Anlagen. Auf den kommerziellen Plätzen zahlt man für ein Zelt und zwei Personen 12 bis 20 € (7–12 £). Die angegebenen Preise gelten – soweit nicht anders angegeben – für zwei Personen. Für einen Wohnwagenstellplatz werden zwischen 15 und 25 € (11–15 £) verlangt. Zahlreiche Campinganlagen sind nur von Ostern bis Ende September oder Oktober geöffnet.

Als Alternative zum normalen Wohnmobil gibt's auch von Pferden gezogene Wagen, mit denen man durch die Landschaft zuckeln kann. In der Hochsaison kostet ein solcher Wagen etwa 800 € pro Woche. Unter www.discoverireland.ie findet man eine Liste von Betreibern, eine weitere gute Quelle ist www.irishhorsedrawn-caravans.com.

Einen ruhigen, erholsamen Blick auf die Landschaft bieten Kanalfahrten mit einer Barkasse. Fáilte Ireland kann einem Verleihstellen nennen.

Oder aber man mietet ein Hausboot und schippert damit über Irlands Wasserstraßen. Hausboote für den Shannon-Erne-Kanal gibt's z. B. bei **Emerald Star** (☎071-962 0234; www.emerald-star.ie).

Ferienwohnungen & -häuser

Unterkünfte für Selbstversorger werden oft wochenweise vermietet, meist handelt es sich um Apartments, Ferienhäuser oder Cottages. Preise variieren je nach Region und Saison. **Fáilte Ireland** (☎Re-

STANDARDPREISE FÜR HOTELS?

So etwas gibt's nicht. Die Preise unterscheiden sich je nach Nachfrage und Buchungsart (online, telefonisch oder direkt vor Ort). Während sie in B&Bs recht beständig sind, schwanken sie in fast jeder anderen Unterkunft je nach Monat, Tag, Veranstaltungsprogramm und dem Verhandlungsgeschick der Gäste. In diesem Band gelten für Unterkünfte folgende Preiskategorien (Berechnungsgrundlage ist ein Doppelzimmer mit Bad in der Hochsaison):

KATEGORIE	REPUBLIK	NORDIRLAND
günstig (€/£)	<80 €	<50 £
mittelteuer (€€/££)	80–180 €	50–120 £
teuer (€€€/£££)	>180 €	>120 £

publik 1850 230 330, GB 0800 039 7000; www.discoverireland.ie) veröffentlicht einen Führer mit registrierten Wohnungen und Häusern. Weitere Infos liefert die Website.

Hostels

Die angegebenen Preise gelten für Personen über 18 Jahren. In der Hauptsaison kostet ein Bett im Schlafsaal meist zwischen 10 und 25 € (7–18 £). Viele Hostels verfügen auch über Familien- und Doppelzimmer.

Zu den wichtigsten Jugendherbergsverbänden gehören:

An Óige (www.anoige.ie) Der irische Herbergsverband gehört zu Hostelling International (HI), und unterhält 26 Hostels in der Republik.

HINI (www.hini.org.uk) HI-Mitglied mit fünf Herbergen in Nordirland.

Independent Holiday Hostels of Ireland (IHH; www.hostels-ireland.com) 55 von der Tourismusbehörde empfohlene Hostels in ganz Irland.

Independent Hostel Owners of Ireland (IHO; www.independenthostelsireland.com) Unabhängiger Verband.

Hotels

Vom örtlichen Pub bis zur mittelalterlichen Burg gibt's so gut wie alles. Meist bekommt man bessere Preise, wenn man über die Website des Hotels bucht oder direkt verhandelt (vor allem in der Nebensaison). Die zunehmende Zahl farbloser Mittelklasseketten (viele von Iren geführt) sind eine große Konkurrenz zu den traditionellen B&Bs oder Gästehäusern. Sie bieten wahrscheinlich nicht denselben persönlichen Service, aber ihre Zimmer sind sauber und die Ausstattung recht gut (WLAN kostet manchmal extra).

Wohnungstausch

Ein Wohnungstausch kann eine gute Möglichkeit sein, das Land zu bereisen und sich trotzdem zu Hause zu fühlen. In Irland gibt's mehrere Agenturen, die gegen Jahresgebühr einen internationalen Wohnungstausch vermitteln. Als Mitglied erhält man Zugang zu einer Website sowie ein Buch mit Beschreibungen, Fotos und Infos über die Besitzer bzw. deren Häuser. Danach muss jeder seine eigenen Absprachen treffen. Manchmal darf man sogar das Auto der Inhaber benutzen.

Homelink International House Exchange (www.homelink.ie) Wohnungstausch-Service, der schon seit 60 Jahren im Geschäft ist.

Intervac International Holiday Service (www.intervac-homeexchange.com) Erfahrener Anbieter, der weltweit in über 45 Ländern vertreten ist.

Versicherung

Eine Reiseversicherung, die Diebstahl, Verlust und die medizinische Versorgung einschließt, ist sicher eine gute Investition.

Die in der EU gültige Europäische Krankenversicherungskarte deckt fast alle medizinischen Behandlungen ab. In anderen Bereichen können Zusatzversicherungen abgeschlossen werden.

Weltweit gültige Reiseversicherungen gibt's unter www.lonelyplanet.com/travel-insurance. Sie lässt sich jederzeit abschließen, verlängern und natürlich in Anspruch nehmen – auch unterwegs.

Wer mit einem Auto auf öffentlichen Straßen umherreisen möchte, sollte das Fahrzeug versichern. Kommt man mit dem eigenen Wagen nach Irland, sollte man vorher nachprüfen, ob die Autoversicherung auch Fahrten in diesem Land abdeckt.

Visa

EU-Bürger und Schweizer können ohne Visum in die Republik und nach Nordirland einreisen und hier ohne Einschränkungen wohnen, arbeiten sowie studieren. Es ist nur ein gültiger Personalausweis oder Pass erforderlich.

Zeit

Im Winter gilt in Irland die Greenwich Mean Time (GMT), also die Westeuropäische Zeit. Im Sommer werden die Uhren eine Stunde vorgestellt. Wenn es in Berlin, Bern und Wien 12 Uhr ist, ist es in Dublin 11 Uhr.

Zollbestimmungen

Sowohl in der Republik als auch in Nordirland wird zwischen zollfrei in Nicht-EU-Ländern und bereits versteuerten in einem anderen EU-Land erworbenen Waren unterschieden. Im Prinzip gibt's keine Obergrenzen für den Transport von Waren innerhalb der EU, allerdings teilt der Zoll die Mitbringsel in Produkte für den persönlichen und für den gewerblichen Gebrauch ein. Dabei gelten folgende Regeln:

Aus EU-Ländern Für den persönlichen Gebrauch gelten u. a. folgende Obergrenzen: 3200 Zigaretten (oder 400 Cigarillos, 200 Zigarren oder 3 kg Tabak) und entweder 10 l Spirituosen, 20 l mit Alkohol angereicherter Wein wie Sherry oder Port, 60 l Schaumwein, 90 l Wein oder 110 l Bier.

Aus Nicht-EU-Ländern Zollfrei dürfen aus Nicht-EU-Ländern 200 Zigaretten, 2 l Getränke mit bis zu 15 Vol.-% und 1 l mit mehr als 15 Vol.-% Alkoholgehalt sowie 60 ml Parfüm und 250 ml Eau de Toilette eingeführt werden.

Hunde & Katzen

Die Mitnahme von Hunden und Katzen in die Republik und nach Nordirland unterliegt sehr strengen Quarantäne-Vorschriften. Es gilt das EU Pet Travel Scheme: Das Tier muss einen Mikrochip haben, außerdem muss es sechs Monate vor der Einreise einer Tollwutimpfung und einem Bluttest unterzogen werden. Weitere Informationen gibt's beim **Department of Agriculture, Food & Rural Development** (☎01-607 2000; www.agriculture.gov.ie) in Dublin.

Verkehrsmittel & -wege

AN- & WEITER-REISE

Einreise

Fast alle Irlandbesucher reisen über Dublin ins Land, der Rest wählt Shannon oder Belfast als Ankunftsort.

- Die große Mehrheit der Fluggesellschaften steuert die Hauptstadt an.
- In Dublin gibt's zwei Häfen, die als wichtigste Umschlagplätze für den Seehandel mit Großbritannien dienen. Fähren aus Frankreich steuern die südlichen Häfen von Rosslare und Cork an.
- Dublin ist auch der Hauptverkehrsknotenpunkt des irischen Bahnverkehrs. Flüge, Touren und Zugtickets können online unter www.lonelyplanet.com/bookings gebucht werden.

Flugzeug

Flughäfen

Die wichtigsten Flughäfen:

Cork Airport (ORK; www.corkairport.com) Wird von Aer Lingus und Ryanair bedient.

Dublin Airport (DUB; www.dublinairport.com) Irlands größter internationaler Flughafen hat Direktverbindungen nach Großbritannien, aufs europäische Festland, nach Nordamerika und in den Nahen Osten im Angebot.

Shannon Airport (SNN; www.shannonairport.com) Ein paar Direktflüge nach Großbritannien, aufs europäische Festland und nach Nordamerika.

Belfast International Airport (BFS; www.belfastairport.com) Direktflüge nach Großbritannien, aufs europäische Festland und nach Nordamerika.

Auf dem Landweg

Eurolines (www.eurolines.com) bietet täglich einen Bus- und Fährservice von der Victoria Station in London bis zum Busáras-Busbahnhof in Dublin an.

Übers Meer

Die wichtigsten Fährrouten zwischen Irland, Großbritannien und dem europäischen Festland:

- Belfast–Liverpool (England; 8 Std.)
- Belfast–Cairnryan (Schottland; 1¾ Std.)
- Cork–Roscoff (Frankreich; 14 Std.; nur April–Okt.)
- Dublin–Liverpool (England; schnelle/langsame Verbindung 4/8½ Std.)
- Dublin & Dun Laoghaire–Holyhead (Wales; schnelle/langsame Verbindung 2 Std./3½ Std.)
- Larne–Cairnryan (Schottland; 2 Std.)
- Larne–Troon (Schottland; 2 Std.; nur März–Okt.)
- Larne–Fleetwood (England; 6 Std.)
- Rosslare–Cherbourg/Roscoff (Frankreich; 18/20½ Std.)
- Rosslare–Fishguard & Pembroke (Wales; 3½ Std.)

Die Konkurrenz durch Billigflieger zwingt Fährunternehmen dazu, Rabatte und flexible Preise anzubieten.

Die nützliche Website www.ferrybooker.com listet alle Anbieter und Fährrouten nach Irland auf.

Einige Hauptanbieter:

Brittany Ferries (www.brittanyferries.com) Cork–Roscoff; April–Okt.

Irish Ferries (www.irishferries.com) Fähren von Dublin nach Holyhead (ganzjährig; bis zu 4-mal tgl.) und von Frankreich nach Rosslare (3-mal wöchentlich).

P&O Ferries (www.poferries.com) Ganzjährig tägliche Verbindungen von Dublin nach Liverpool und von Larne nach Cairnryan. Die Verbindung Larne–Troon besteht nur von März bis Oktober.

Stena Line (www.stenaline.com) Fährt täglich von Holyhead zum Dublin Port, von

> **FAHRPREISE**
>
> Wenn nicht anders angegeben, beziehen sich die in diesem Buch genannten Fahrtkosten auf ein einfaches Ticket für einen erwachsenen Reisenden.

Fahrrouten

Belfast nach Liverpool und Cairnryan und von Rosslare nach Fishguard.

UNTERWEGS VOR ORT

Die große Frage, die sich beim Irlandbesuch stellt, ist folgende: Möchte man das Land mit eigenem Wagen oder öffentlichen Verkehrsmitteln erkunden? Mit den eigenen vier Rädern kann man die Zeit am besten nutzen und gelangt auch zu abgeschiedenen Orten. Normalerweise ist es gar nicht so schwer, sehr günstige Mietpreise zu erhaschen (10 € pro Tag sind nicht ungewöhnlich) und wenn man zu zweit oder mit noch mehr Leuten umherreist und sich die Wagenmiete sowie den Sprit teilt, kostet der Leihwagen gegebenenfalls weniger als die Fernbustickets.

Das Busnetz wird vom Staat und von privaten Anbietern bedient. Es ist umfassend und in der Regel preisgünstig, auch wenn es oft langsam vorangeht und viele interessante Sehenswürdigkeiten außerhalb der Ortschaften nicht angesteuert werden. Züge sind schneller, bieten jedoch einen limitierteren Service und steuern zudem nur große Städte an. Zu Hauptverkehrszeiten herrscht sowohl in Bussen als auch in Bahnen reger Andrang. Wer einen Sitzplatz möchte, sollte reservieren.

KLIMAWANDEL & REISEN

Fast jede Art der motorisierten Fortbewegung erzeugt CO_2 (die Hauptursache von globaler Erwärmung), doch Flugzeuge sind mit Abstand die schlimmsten Klimakiller – nicht nur wegen der großen Entfernungen und der entsprechend großen CO_2-Mengen, sondern auch weil sie diese Treibhausgase direkt in hohen Schichten der Atmosphäre freisetzen. Auf vielen Websites wie www.atmosfair.de kann man mit speziellen „CO_2-Rechnern" ermitteln, wie das persönliche Emissionskonto nach einer Reise aussieht, und mit einer Spende für Umweltprojekte eine Art Wiedergutmachung leisten. Auch Lonely Planet spendet Gelder, wenn Mitarbeiter und Autoren auf Reisen gehen.

Auto & Motorrad

Mit dem Auto oder Motorrad ist man besonders flexibel und unabhängig. Das Straßennetz ist gut ausgebaut und die vielen Autobahnen und Schnellstraßen tragen dazu bei, dass die Fahrtzeiten immer kürzer werden. Zahlreiche Nebenstrecken sind allerdings sehr schmal und mitunter richtiggehend gefährlich.

Mietwagen

Ein Auto in Irland zu mieten ist vergleichsweise günstig. Wer sich vorab kümmert, bekommt einen Kleinwagen mit unbegrenzten Kilometern schon ab 10 oder 20 € pro Tag. Am besten vergleicht man mehrere Anbieter und nutzt auch Vergleichsportale im Internet (diese haben häufig spezielle Angebote, die auf den Buchungswebsites nicht angezeigt werden).

Weitere Tipps:

- Fast alle Fahrzeuge haben Schaltgetriebe; Automatik-Autos sind zwar verfügbar, jedoch um einiges teurer.
- Wer von der Republik aus in den Norden fährt, sollte vorher prüfen, ob die Versicherung auch für Reisen dorthin gilt.
- Die meisten Autovermietungen verlangen ein Mindestalter von 23 Jahren; außerdem muss der Fahrer seinen Führerschein schon seit mindestens einem Jahr haben.

Parken

In allen größeren Städten gibt's gut ausgeschilderte, überdachte und offene Kurzparkzonen.

- Um an einer Straße zu parken, benötigt man oft einen Parkschein oder eine Parkscheibe; Letztere wird gewöhnlich von den Autovermietungen gestellt. Die Tarife reichen von 1,50 bis zu 5 € pro Stunde; für den ganzen Tag zahlt man 24 €.
- Gelbe Linien (einfache oder doppelte) am Straßenrand zeigen Parkverbotszonen an. Die doppelte gelbe Linie signalisiert ein grundsätzliches Parkverbot. Man sollte immer auf die Schilder achten, die darüber Auskunft geben, wann geparkt werden darf und wann nicht.

Straßen & Verkehrsregeln

Irland ist eines der wenigen Länder, in denen die angegebenen Geschwindigkeitsbegrenzungen oft weit über dem liegen, was tatsächlich machbar ist!

- Motorways, zu erkennen an einem M und einer Nummer auf blauem Grund, sind moderne Autobahnen; die Gegenspuren sind abgetrennt.
- Die Nationalstraßen (N und eine Nummer auf grünem Grund bzw. A und eine Nummer in Nordirland) sind normalerweise gut konzipiert und zweispurig.
- Nebenstraßen (R plus Nummer in der Republik, B plus Nummer in Nordirland) können *sehr* eng und kurvig sein.
- Auf vielen Autobahnen wird eine Maut fällig, die an einer Zahlstelle/einem Automaten entrichtet werden muss. Auf der M50 zahlt man die sogenannte eToll zwischen den Anschlussstellen 6 und 7 online unter www.eflow.ie.
- Richtzeichen fehlen häufig.
- Ein Navi bzw. Smartphone mit GPS-Navigation kann sich als ausgesprochen nützlich erweisen.
- EU-Führerscheine werden wie irische Führerscheine behandelt.
- Führerscheine von Nicht-EU-Bürgern sind ab dem Tag der Einreise bis zu zwölf Monate lang gültig.
- Wer sein eigenes Auto aus dem europäischen Ausland einführt, benötigt eine Haftpflichtversicherung.

Grundregeln im Verkehr:

- Links fahren, rechts überholen.

AUTOMOBILCLUBS

Die beiden wichtigsten Automobilclubs:

Automobile Association (AA; ☎Pannendienst Nordirland 00 800 8877 6655, Republik 1800 66 77 88; www.theaa.ie)

Royal Automobile Club (RAC; ☎Pannendienst Nordirland 0333 200 0999, Republik 0800 015 6000; www.rac.ie)

ENTFERNUNGEN (KM)

	Athlone	Belfast	Cork	Derry	Donegal	Dublin	Galway	Kilkenny	Killarney	Limerick	Rosslare Harbour	Shannon Airport	Sligo	Waterford
Belfast	242													
Cork	219	424												
Derry	209	117	428											
Donegal	183	180	402	69										
Dublin	127	167	256	237	233									
Galway	93	306	209	272	204	212								
Kilkenny	116	284	148	335	309	129	172							
Killarney	232	436	87	441	407	304	193	198						
Limerick	363	323	105	328	287	202	98	113	111					
Rosslare Harbour	201	330	208	397	391	153	274	98	275	211				
Shannon Airport	133	346	128	351	282	218	93	135	135	25	234			
Sligo	117	206	336	135	66	214	138	245	343	227	325	218		
Waterford	164	333	126	383	357	163	220	48	193	129	82	152	293	
Wexford	184	309	187	378	372	135	253	80	254	190	19	213	307	61

- Fahrer und alle Mitfahrer müssen den Sicherheitsgurt anlegen.
- Kinder unter zwölf Jahren dürfen nicht vorne sitzen.
- Bei der Einfahrt in einen Kreisverkehr hat Vorfahrt, wer von rechts kommt.
- In der Republik sind Geschwindigkeitsbegrenzungen und Entfernungen in Kilometern angegeben, in Nordirland häufig in Meilen (1 Meile = 1,6 km).

Es gelten folgende Geschwindigkeitsbegrenzungen:

Republik 120 km/h auf Autobahnen, 100 km/h auf Nationalstraßen, 80 km/h auf Landstraßen und 50 km/h in Ortschaften (oder gemäß den Schildern).

Nordirland 70 mph (112 km/h) auf Autobahnen, 60 mph (96 km/h) auf Landstraßen, 30 mph (48 km/h) in geschlossenen Ortschaften.

Gegen Alkoholsünder am Steuer geht man hart vor. In der Republik gilt eine Promillegrenze von 0,5 und in Nordirland von 0,35.

Bus

Private Anbieter (sie werden an den relevanten Stellen im Buch genannt) konkurrieren häufig sehr erfolgreich mit Bus Éireann und verkehren auch dort, wo die staatlichen Busse nur selten oder gar nicht hinfahren.

Die Entfernungen sind nicht sehr groß und nur wenige Fahrten dauern länger als fünf Stunden. Buchungen für Bus Éireann sind online möglich, man kann allerdings keine Plätze für bestimmte Strecken reservieren. Auf vielen Routen findet ein dynamisches Preismodell Verwendung: Je früher man bucht, desto günstiger sind die Tickets.

Wissen sollte man Folgendes:

- Busrouten und die Häufigkeit der Verbindungen werden in der Republik schrittweise weniger.
- Die App „National Journey Planner" von Transport for Ireland ist eine sehr praktische Planungshilfe für Bus- und Zugreisen.

Die wichtigsten Busunternehmen in Irland:

Bus Éireann (☎01-836 6111; www.buseireann.ie) Das wichtigste Busunternehmen der Republik.

Translink (☎028-9066 6630; www.translink.co.uk) Das wichtigste Busunternehmen Nordirlands; dazu gehören Ulsterbus und Goldline.

Fahrrad

Aufgrund der überschaubaren Größe und der malerischen Landschaft eignet sich Irland perfekt für Radtouren, allerdings sollte man das unbeständige Wetter, die vielen sehr schmalen Straßen und Raser nicht auf die leichte Schulter nehmen. Radrouten wie der 42 km lange Great Western Greenway in County Mayo sind dagegen ein echtes Vergnügen. Ein Tipp für Radler, die Ausflüge im

KOMBITICKETS FÜR BUS/ZUG & FÄHRE

Man kann Bus-, Fähr- und Zugtickets von allen größeren britischen Städten zu den meisten irischen Orten kombinieren, was vielleicht nicht so bequem ist wie ein Billigflug, aber weniger CO_2 hinterlässt. Die Fahrt von London nach Dublin dauert mit dem Bus rund zwölf Stunden, acht mit dem Zug. Von London nach Belfast ist man mit dem Bus 13 bis 16 Stunden unterwegs. Tickets für beide Routen kosten 30 £ (einfache Strecke). **Eurolines** (www.eurolines.com) bietet kombinierte Bus- und Fährtickets, **Virgin Trains** (www.virgintrains.co.uk) hat u. a. die Route London–Dublin im Angebot. SailRail (Fähre plus Zug) ist eine weitere Kombi-Option.

Westen unternehmen wollen: Wegen der dort vorherrschenden Winde ist es einfacher, von Süden nach Norden zu fahren.

Wenn genug Platz vorhanden ist, dürfen Räder in Bussen transportiert werden. In Zügen muss man Folgendes beachten:

- In Intercityzügen zahlt man bis zu 10 € pro Rad.
- Man sollte im Voraus reservieren (www.irishrail.ie), da pro Zug nur zwei Räder zulässig sind.

Folgende Anbieter organisieren Radtouren in Irland:

Go Ireland (☎066-976 2094; www.govisitireland.com) Touren mit Guide oder auf eigene Faust.

Irish Cycling Safaris (☎01-260 0749; www.cyclingsafaris.com) Bietet eine Vielzahl von Ausflügen in ganz Irland an.

Lismore Cycling Holidays (☎087-935 6610; www.cyclingholidays.ie) Ist auf den Südosten des Landes spezialisiert.

Flugzeug

Im übersichtlich großen Irland sind Inlandsflüge eigentlich überflüssig, aber es bestehen Verbindungen zwischen Dublin und Belfast, Cork, Derry, Donegal, Galway, Kerry, Shannon und Sligo. Diese sind hauptsächlich gedacht als Anschlüsse für Passagiere auf internationalen Flügen. Großer Beliebtheit erfreuen sich auch die Verbindungen zwischen dem irischen Festland und den Aran Islands.

Geführte Touren

Im Rahmen geführter Touren lassen sich die Hauptattraktionen des Landes in relativ kurzer Zeit erkunden. Buchen kann man sie in Reisebüros und Touristeninformationen oder direkt beim Veranstalter. Einige der renommiertesten Anbieter:

Bus Éireann (☎01-836 6111; www.buseireann.ie) Tagestrips ab Dublin und Cork zu beliebten Attraktionen.

CIE Tours International (www.cietours.ie) Mehrtägige Busreisen durch die Republik und Nordirland.

Paddywagon Tours (☎01-823 0822; www.paddywagontours.com) Aktivtouren durch ganz Irland.

Railtours Ireland (☎01-856 0045; www.railtoursireland.com) Für passionierte Bahnfahrer.

Taxi Tours Ireland (☎085-276 5991; www.taxitoursireland.ie) Ein- bis 14-tägige maßgeschneiderte Ausflüge mit dem eigenen Fahrzeug und Fahrer.

Grenzübergänge

Die Grenzübergänge zwischen Nordirland und der Republik Irland sind nicht mehr als solche zu erkennen. Es gibt auch keinerlei Grenzkontrollen.

Nahverkehr

Dublin, Belfast und viele andere größere Städte verfügen über ein gut ausgebautes Busverkehrsnetz.

- Der Dublin Area Rapid Transport (DART) verkehrt entlang der Küste. Die beiden Strecken des neuen Straßenbahnsystems Luas erfreuen sich großer Beliebtheit.
- Für Taxifahrten muss man ziemlich tief in die Tasche greifen: Tagsüber/nachts beträgt die Grundgebühr 3,60/4 €, nach den ersten 500 m kommen dann 1,10/1,40 € pro Kilometer dazu.
- Uber verkehrt in Dublin und wird sich voraussichtlich weiter ausbreiten.

Schiff/Fähre

Es bestehen Schiffsverbindungen zu allen Inseln vor der Küste.

Darüber hinaus gibt's einen regen Fährverkehr auf Flüssen, Buchten und Seen, wodurch viele Routen abgekürzt werden können – praktisch, vor allem für Radfahrer.

Fahrten auf dem 258 km langen Shannon-Erne-Kanal und auf den zahlreichen Seen sind sehr beliebt. Infos zu Bootstouren findet man in den jeweiligen Kapiteln dieses Reiseführers.

Trampen

Trampen wird in Irland immer unpopulärer. Anhalter sollten sich immer darüber im Klaren sein, dass sie ein kleines, aber dennoch ernst zu nehmendes Risiko eingehen. Wir raten Travellern davon ab. Auf Autobahnen ist das Trampen übrigens verboten.

Zug

In Anbetracht der überschaubaren Größe Irlands können Züge eine schnelle Trans-

Zugstrecken

portmöglichkeit darstellen. Wenn man frühzeitig Tickets besorgt, sind die Preise vergleichbar mit denen der Busunternehmen.

➡ Viele der schönsten Gegenden der Republik, darunter lange Abschnitte des Wild Atlantic Way, sind nicht mit dem Zug erreichbar.

➡ Die meisten Eisenbahnrouten fächern von Dublin aus. Zwischen den Routen hin und her zu wechseln ist mitunter umständlich, was das Reisen mit dem Zug verkomplizieren kann.

➡ In Belfast starten vier Strecken; eine davon ist mit dem Schienennetz der Republik Irland verbunden

BUS- & BAHNPÄSSE

Nur wenige Bus- und Bahnpässe sowie Kombipässe lohnen sich:

Irish Explorer Innerhalb von 15 aufeinanderfolgenden Tagen darf man an fünf Tagen unbegrenzt mit Irish Rail fahren (Erw./Kind 160/80 €).

Open Road Pass Drei Reisetage innerhalb von sechs aufeinanderfolgenden Tagen (60 €) mit Bus Éireann; ein zusätzlicher Tag kostet 16,50 €.

Sunday Day Tracker Sonntagsticket. Einen Tag lang unbegrenzt Translink-Busse und -züge in Nordirland nutzen (Erw./Kind 9/4,50 £).

Trekker Four Day An vier aufeinanderfolgenden Tagen unbegrenzt mit Irish Rail (110 €) fahren.

Mit dem Ein-Land-Pass von Eurail für Irland spart man kein Geld, egal in welcher Ausführung man ihn kauft.

(via Newry geht's nach Dublin).

➡ Eine „echte" 1. Klasse gibt's nur auf den Strecken Dublin–Cork und Dublin–Belfast. In sämtlichen anderen Zügen sind die Sitze der 1. Klasse genauso groß wie in der 2., auch wenn manchmal von einer „Premier Class" die Rede ist – allerdings ist das bloß Augenwischerei.

Irish Rail (Iarnród Éireann; ☎1850 366 222; www.irishrail.ie) Diese Bahngesellschaft betreibt die Züge in der Republik Irland.

Translink NI Railways (☎028-9066 6630; www.translink.co.uk) Betreibt die Züge in Nordirland.

Sprache

Englisch

Englisch ist die am weitesten verbreitete Sprache der Welt. Selbst wenn man sie nie gelernt hat, kennt man z. B. durch Musik oder Anglizismen in Technik und Werbung ein paar Wörter. Sich einige Brocken mehr anzueignen, um beim Smalltalk zu glänzen, ist nicht schwer. Im Folgenden einige wichtige Begriffe und Wendungen:

GRUNDLAGEN

Wer einen Fremden nach etwas fragt oder ihn um etwas bittet, sollte die Frage bzw. Bitte höflich einleiten („Excuse me, …").

Guten Tag.	*Hello.*
Hallo.	*Hi.*
Auf Wiedersehen.	*Goodbye.*
Bis später.	*See you later.*
Tschüss.	*Bye.*
Wie geht's Ihnen/dir?	*How are you?*
Danke, gut.	*Thanks, fine.*
Und Ihnen/dir?	*... and you?*
Wie heißen Sie/ heißt du?	*What's your name?*
Ich heiße ...	*My name is ...*
Ja.	*Yes.*
Nein.	*No.*
Bitte.	*Please.*
(Vielen) Dank.	*Thank you (very much).*
Bitteschön.	*You're welcome.*
Entschuldigung	*Excuse me/Sorry.*
Sprechen Sie Englisch?	*Do you speak English?*
Ich verstehe (nicht).	*I (don't) understand.*

NOCH MEHR ENGLISCH/ IRISCH?

Wer sich intensiver mit der Sprache beschäftigen möchte, legt sich am besten den praktischen *Sprachführer Englisch* von Lonely Planet zu. Empfehlenswert ist auch das Buch *Irish Language & Culture*, ebenfalls von Lonely Planet. Letzteres erhält man unter **shop.lonelyplanet.com**.

Könnten Sie ...?
Could you ...?

- **bitte langsamer sprechen**
  please *speak more slowly*
- **das bitte wiederholen**
  repeat that, please
- **das bitte aufschreiben**
  write it down, please

ESSEN & TRINKEN

Was können Sie empfehlen?
What would you recommend?

Welche Zutaten sind in dem Gericht?
What's in that dish?

Ich bin Vegetarier/Vegetarierin.
I'm a vegetarian.

Ich esse kein ...	*I don't eat ...*
Prost!	*Cheers!*
Das war köstlich.	*That was delicious.*
Die Rechnung bitte.	*Please bring the bill.*

Ich würde gern einen Tisch für ... reservieren.
I'd like to reserve a table for ...

(acht) Uhr	*(eight) o'clock*
(zwei) Personen	*(two) people*

Grundwortschatz

Abendessen	*dinner*
Delikatessen	*delicatessen*

Essen	*food*
Flasche	*bottle*
Frühstück	*breakfast*
Gabel	*fork*
Gericht	*plate*
Glas	*glass*
Hauptgericht	*main course*
Hochstuhl	*highchair*
kalt	*cold*
Kindergericht	*children's menu*
Lebensmittelladen	*grocery store*
Löffel	*spoon*
Markt	*market*
Messer	*knife*
mit/ohne	*with/without*
Mittagessen	*lunch*
örtliche Spezialität	*local speciality*
Speisekarte (auf Englisch)	*menu (in English)*
Teller	*dish*
Vorspeise	*appetiser*
warm	*hot*
Weinkarte	*wine list*

Fisch & Fleisch

Auster	*oyster*
Hühnchen	*chicken*
Kalb	*veal*
Krabbe	*crab*
Lamm	*lamb*
Rind	*beef*
Schnecke	*snail*
Schwein	*pork*
Tintenfisch	*squid*
Truthahn	*turkey*

Obst & Gemüse

Ananas	*pineapple*
Apfel	*apple*
Aprikose	*apricot*
Backpflaume	*prune*
Bohnen	*beans*
Erbsen	*peas*
Erdbeere	*strawberry*
Frühlingszwiebel	*shallot*
Gemüse	*vegetable*
Gurke	*cucumber*

Fragewörter

Warum?	*Why?*
Wann?	*When?*
Was?	*What?*
Wer?	*Who?*
Wie?	*How?*
Wo?	*Where?*

Kartoffel	*potato*
Kirsche	*cherry*
Kohl	*cabbage*
Kürbis	*pumpkin*
Mais	*corn*
(rote/grüne) Paprika	*(red/green) pepper*
Pfirsich	*peach*
Pflaume	*plum*
Pilz	*mushroom*
Rote Bete	*beetroot*
Salat	*lettuce*
Spargel	*asparagus*
Spinat	*spinach*
Tomate	*tomato*
Weintraube	*grape*
Zitrone	*lemon*

Weitere Begriffe

Brot	*bread*
Butter	*butter*
Ei	*egg*
Essig	*vinegar*
Honig	*honey*
Käse	*cheese*
Linsen	*lentils*
Marmelade	*jam*
Pasta/Nudeln	*pasta/noodles*
Pfeffer	*pepper*
Reis	*rice*
Salz	*salt*
Zucker	*sugar*

Getränke

Bier	*beer*
Kaffee	*coffee*
Milch	*milk*

Rotwein	*red wine*
(Orangen-)Saft	*(orange) juice*
Tee	*tea*
(Mineral-)Wasser	*(mineral) water*
Weißwein	*white wine*

NOTFALL

Hilfe!	*Help!*
Es ist ein Notfall!	*It's an emergency!*
Rufen Sie die Polizei!	*Call the police!*
Rufen Sie einen Arzt!	*Call a doctor!*
Rufen Sie einen Krankenwagen!	*Call an ambulance!*
Lassen Sie mich in Ruhe!	*Leave me alone!*
Gehen Sie weg!	*Go away!*
Ich habe mich verirrt.	*I'm lost.*
Es tut hier weh.	*It hurts here.*
Wo ist die Toilette?	*Where are the toilets?*
Ich habe Durchfall/ Fieber/Kopfschmerzen.	*I have diarrhoea/ fever/headache.*

Wo ist der/die/das nächste ...?	*Where's the nearest ...?*
Apotheke	*chemist*
Arzt	*doctor*
Krankenhaus	*hospital*
Zahnarzt	*dentist*

SATZMUSTER

Wo ist (der Eingang)?
Where's (the entry)?

Wo kann ich (eine Eintrittskarte kaufen)?
Where can I (buy a ticket)?

Wann fährt (der nächste Bus)?
When's (the next bus)?

Wie viel kostet (ein Zimmer)?
How much is (a room)?

Haben Sie (eine Landkarte)?
Do you have (a map)?

Gibt's (eine Toilette)?
Is there (a toilet)?

Ich möchte (ein Zimmer buchen).
I'd like (to book a room)

Kann ich (hereinkommen)?
Can I (enter)?

Könnten Sie (mir helfen)?
Could you please (help me)?

Muss ich (einen Platz reservieren)?
Do I have to (book a seat)?

Ich bin allergisch gegen ...	*I'm allergic to ...*
Antibiotika	*antibiotics*
Aspirin	*aspirin*
Penizillin	*penicillin*

SHOPPEN & SERVICE

Ich suche ...
I'm looking for ...

Wo ist der/die/das (nächste) ...?
Where's the (nearest) ...?

Wo kann ich ... kaufen?
Where can I buy ...?

Ich möchte ... kaufen.
I'd like to buy ...

Wie viel kostet das?
How much is this?

Das ist zu viel/teuer.
That's too much/expensive.

Können Sie den Preis senken?
Can you lower the price?

Haben Sie etwas Günstigeres?
Do you have something cheaper?

Ich schaue mich nur um.
I'm just looking.

Das gefällt mir nicht.
I don't like it.

Haben Sie noch andere?
Do you have any others?

Können Sie es mir zeigen?
Can I look at it?

Die Rechnung stimmt nicht.
There's a mistake in the bill.

Geldautomat	*ATM*
Internetcafé	*internet cafe*
Kreditkarte	*credit card*
Post	*post office*
Touristeninformation	*tourist office*

UHRZEIT & DATUM

Wie spät ist es?	*What time is it?*
Es ist (ein) Uhr.	*It's (one) o'clock.*
Zwanzig nach eins.	*Twenty past one.*
Halb zwei.	*Half past one.*
Viertel vor eins.	*Quarter to one.*

morgens/vormittags	*am*
nachmittags/abends	*pm*
jetzt	*now*
heute	*today*
heute Abend	*tonight*

morgen	*tomorrow*
gestern	*yesterday*
Morgen	*morning*
Nachmittag	*afternoon*
Abend	*evening*
Montag	*Monday*
Dienstag	*Tuesday*
Mittwoch	*Wednesday*
Donnerstag	*Thursday*
Freitag	*Friday*
Samstag	*Saturday*
Sonntag	*Sunday*
Januar	*January*
Februar	*February*
März	*March*
April	*April*
Mai	*May*
Juni	*June*
Juli	*July*
August	*August*
September	*September*
Oktober	*October*
November	*November*
Dezember	*December*

UNTERKUNFT

Wo ist ein/e ...?	*Where's a ...?*
Pension	*bed and breakfast*
Campingplatz	*camping ground*
Hotel	*hotel*
Jugendherberge	*youth hostel*
Privatzimmer	*room in a private home*

Wie viel kostet es pro ...?
How much is it per ...?

Nacht	*night*
Person	*person*

Kann ich es sehen?
May I see it?

Kann ich ein anderes Zimmer bekommen?
Can I get another room?

Es ist gut. Ich nehme es.
It's fine. I'll take it.

Ich reise jetzt ab.
I'm leaving now.

Haben Sie ein ...?	*Do you have a ...?*
Einzelzimmer	*single room*
Doppelzimmer	*double room*
Zweibettzimmer	*twin room*
mit (einer/einem) ...	with (a) ...
Bad	bathroom
Fenster	window
Klimaanlage	air-con

Schilder

Closed	Geschlossen
Entrance	Eingang
Exit	Ausgang
Information	Information
Men	Männer
Open	Offen
Prohibited	Verboten
Toilets	Toiletten
Women	Frauen

VERKEHRSMITTEL & -WEGE

Wann fährt der/die/das ... ab?
What time does the ... leave?

Boot	*boat*
Bus	*bus*
Flugzeug	*plane*
erster	*first*
letzter	*last*
nächster	*next*

Ich möchte nach ...
I want to go to ...

Hält er/sie/es in ...?
Does it stop at ...?

Wann fährt er ab/kommt er an?
At what time does it leave/arrive?

Können Sie mir sagen, wann wir in ... ankommen?
Can you tell me when we get to ...?

Ich möchte hier aussteigen.
I want to get off here.

Der/die/das ... ist gestrichen.
The ... is cancelled.

Der/die/das ... hat Verspätung.
The ... is delayed.

Ist dieser Platz frei?
Is this seat free?

Muss ich umsteigen?
Do I need to change the bus?

Sind Sie frei?
Are you free?

Was kostet es bis ...?
How much is it to ...?

Zahlen

1	*one*
2	*two*
3	*three*
4	*four*
5	*five*
6	*six*
7	*seven*
8	*eight*
9	*nine*
10	*ten*
20	*twenty*
30	*thirty*
40	*forty*
50	*fifty*
60	*sixty*
70	*seventy*
80	*eighty*
90	*ninety*
100	*one hundred*
1000	*one thousand*

Bitte bringen Sie mich zu (dieser Adresse).
Please take me to this address.

ein ... -Ticket	*a ... ticket*
1.-Klasse-	*1st-class*
2.-Klasse-	*2nd-class*
einfaches	*one-way*
Hin- und Rückfahr-	*return*

entfällt	*cancelled*
Fahrkartenschalter	*ticket office*
Fahrplan	*timetable*
Fensterplatz	*window seat*
Gangplatz	*aisle seat*
verspätet	*delayed*

Ich möchte ein/e/en ... mieten.
I'd like to hire a/an ...

Auto	*car*
Fahrrad	*bicycle*
Geländewagen	*4WD*
Motorrad	*motorbike*

Wie viel kostet es pro ...?
How much is it per ...?

Tag	*day*
Woche	*week*

Autogas	*LPG*
Benzin	*petrol*
bleifreies Benzin	*unleaded*
Diesel	*diesel*
Kindersitz	*child seat*
Mechaniker	*mechanic*
Sturzhelm	*helmet*
Tankstelle	*service station*

Wo ist eine Tankstelle?
Where's a petrol station?

Ist das die Straße nach ...?
Is this the road to ...?

(Wie lange) Kann ich hier parken?
(How long) Can I park here?

Wo muss ich bezahlen?
Where do I pay?

Ich brauche einen Mechaniker.
I need a mechanic.

Ich habe (in ...) eine Panne mit dem Auto.
The car has broken down (at ...)

Ich habe eine Reifenpanne.
I have a flat tyre.

Ich hatte einen Unfall.
I had an accident.

Das Auto/Motorrad springt nicht an.
The car/motorbike won't start.

Ich habe kein Benzin mehr.
I've run out of petrol.

Ich habe meine Autoschlüssel verloren.
I've lost my car keys.

WEGWEISER

Wo ist ...?
Where's (a bank)?

Wie kann ich da hinkommen?
How can I get there?

Könnten Sie mir bitte die Adresse aufschreiben?
Could you write the address, please?

Wie weit ist es?
How far is it?

Können Sie es mir (auf der Karte) zeigen?
Can you show me (on the map)?

an der Ecke	*at the corner*
dort	*there*
gegenüber	*opposite*
geradeaus	*straight ahead*
hier	*here*
hinter	*behind*
links	*left*
nahe	*near*

neben	*next to*
rechts	*right*
weit weg	*far away*
vor	*in front of*
Norden	*north*
Osten	*east*
Süden	*south*
Westen	*west*

Irisch (Gaeilge)

Irisch (Gaeilge) ist die offizielle Sprache des Landes. Seit 2003 müssen alle offiziellen Dokumente, Straßenschilder und Verlautbarungen entweder in Irisch oder sowohl in Irisch als auch in Englisch abgefasst sein. Trotz seines offiziellen Status wird Irisch nur in einigen Gegenden auf dem Land gesprochen, die als Gaeltacht-Gebiete bekannt sind. Zu den wichtigsten gehören Cork (Corcaigh), Donegal (Dún na nGall), Galway (Gaillimh), Kerry (Ciarraí) und Mayo (Maigh Eo).

Wer außerhalb dieser Regionen Leute danach fragt, ob Sie Irisch sprechen, wird in neun von zehn Fällen wohl ein *„ah, cupla focal"* (ein paar Wörter) als Antwort zu hören bekommen – und genauso ist es meist auch. In den Schulen wird die Sprache für die Sechs- bis 15-Jährigen zwar als Pflichtfach unterrichtet, allerdings bringen ihnen die Lehrer den Stoff auf eher fantasielose Weise nahe. Viele Erwachsene bedauern es heute sehr, dass sie so wenig von der alten Sprache ihres Landes verstehen. Vor Kurzem wurde jedoch endlich ein neuer Lehrplan für Irisch eingeführt, der die Stundenzahl reduziert, aber den Unterricht dafür unterhaltsamer und praktischer machen soll.

AUSSPRACHE

Es gibt lange (mit Akzent) und kurze Vokale (ohne Akzent), die entweder offen und breit (**a**, **á**, **o**, **ó**, **u**, **ú**) oder geschlossen (**e**, **é**, **i** und **í**) sind, was häufig den nachfolgenden Konsonanten beeinflusst. Abgesehen von einigen ungewöhnlichen Kombinationen wie **mh** und **bhf** (beide werden wie das englische w ausgesprochen) spricht man die Konsonanten wie im Englischen aus.

Die drei Hauptdialekte sind Connaught Irish (in Galway und im nördlichen Mayo), Munster Irish (in Cork, Kerry und Waterford) und Ulster Irish (in Donegal). Die im Folgenden angegebene (blaue) Lautsprache bezieht sich auf eine anglisierte Version des modernen Standardirisch, das im Grunde eine Mischung aus allen dreien ist: Wer die Wörter wie im Englischen ausspricht, wird keine Probleme haben, sich verständlich zu machen.

CUPLA FOCAL

Mit diesen Sätzen und Ausdrücken *os Gaeilge* (auf Irisch) kann man die Iren beeindrucken:

Tóg é gobogé.
Immer mit der Ruhe.
tohg ay gobogay

Ní féidir é!
Ausgeschlossen!
nee faydir ay

Ráiméis!
Quatsch!
rawmaysh

Go huafásach!
Das ist schrecklich!
guh hoofawsokh

Ní ólfaidh mé go brách arís!
Ich werde niemals wieder etwas trinken!
knee ohlhee mey gu brawkh ureeshch

Slainte!
Zum Wohl!/Prost!
slawncha

Táim go maith.
Es geht mir gut.
thawm go mah

Nollaig shona!
Frohe Weihnachten!
nuhlig hona

Cáisc shona!
Frohe Ostern!
kawshk hona

Go n-éirí an bóthar leat!
Gute Reise!
go nairee on bohhar lat

GRUNDLAGEN

Hallo.	*Dia duit.*	deea gwit
Hallo. (Antwort)	*Dia is Muire duit.*	deeas moyra gwit
Guten Morgen.	*Maidin mhaith.*	mawjin wah
Gute Nacht.	*Oíche mhaith.*	eekheh wah
Auf Wiedersehen.		
(wenn man geht)	*Slán leat.*	slawn lyat
(wenn man bleibt)	*Slán agat.*	slawn agut
Ja.	*Tá.*	taw
So ist es.	*Sea.*	sheh
Nein.	*Níl.*	neel
So ist es nicht.	*Ní hea.*	nee heh

(Vielen) Dank.
Go raibh (míle) maith agat. goh rev (meela) mah agut

Schilder

Fir	fear	Männer
Gardaí	gardee	Polizei
Leithreas	lehrass	Toilette
Mna	mnaw	Frauen
Oifig An Phoist	iffig ohn fwisht	Post-filiale

Entschuldigung.
Gabh mo leithscéal. gamoh lesh scale

Es tut mir leid.
Tá brón orm. taw brohn oruhm

Ich verstehe nicht.
Ní thuigim. nee higgim

Sprechen Sie/sprichst du Irisch?
An bhfuil Gaeilge agat? on wil gaylge oguht

Was ist dies?
Cad é seo? kod ay shoh

Was ist das das?
Cad é sin? kod ay shin

Ich möchte nach ...
Ba mhaith liom dul go dtí ... baw wah lohm dull go dee ...

Ich möchte ... kaufen.
Ba mhaith liom ... a cheannach. bah wah lohm ... a kyanukh

ein anderes/ ein weiteres	*ceann eile*	kyawn ella
nett	*go deas*	goh dyass

KONVERSATION

Willkommen.
Ceád míle fáilte. kade meela fawlcha
(wörtlich: 100 000 Willkommen)

Wie geht es dir/Ihnen?
Conas a tá tú? kunas aw taw too

..., bitte.
...más é do thoil é. ... maws ay do hall ay

Wie heißen Sie/heißt du?
Cad is ainm duit? kod is anim dwit

Ich heiße (Sean Frayne).
(Sean Frayne) is ainm dom. (shawn frain) is anim dohm

WOCHENTAGE

Montag	*Dé Luaín*	day loon
Dienstag	*Dé Máirt*	day maart
Mittwoch	*Dé Ceádaoin*	day kaydeen
Donnerstag	*Déardaoin*	daredeen
Freitag	*Dé hAoine*	day heeneh
Samstag	*Dé Sathairn*	day sahern
Sonntag	*Dé Domhnaigh*	day downick

ZAHLEN

1	*haon*	hayin
2	*dó*	doe
3	*trí*	tree
4	*ceathaír*	kahirr
5	*cúig*	kooig
6	*sé*	shay
7	*seacht*	shocked
8	*hocht*	hukt
9	*naoi*	nay
10	*deich*	jeh
11	*haon déag*	hayin jague
12	*dó dhéag*	doe yague
20	*fiche*	feekhe

GLOSSAR

12. Juli – der Tag, an dem der *Orange Order* (Oranierorden) seine Umzüge abhält, um den Sieg des protestantischen Königs Wilhelm III. über den katholischen König Jakob II. in der Schlacht am Boyne 1690 zu feiern

An Óige – wörtlich „die Jugend"; Republic of Ireland Youth Hostel Association (Jugendherbergsverband der Republik Irland)

Anglonormannen – Normannen, Engländer und Waliser, die im 12. Jh. in Irland einfielen

Apprentice Boys – eine loyalistische Organisation, die 1814 gegründet wurde, um jedes Jahr im August an die große Belagerung von Derry zu erinnern

ard – wörtlich „hoch"; irischer Ortsname

Ascendancy – bezieht sich auf protestantische Adlige, die von den Anglonormannen oder jenen Siedlern abstammen, die sich hier während der *Plantation* niederließen

bailey – Außenmauer einer Burg

bawn – befestigter Innenhof; von Mauern umgebenes Gelände um die Hauptgebäude einer Burg, das der Verteidigung diente und wo in unruhigen Zeiten auch Vieh gehalten wurde

Bienenkorbhütte – siehe *clochán*

Black & Tans – britische Rekruten der Royal Irish Constabulary kurz nach dem Ersten Weltkrieg, die vor allem wegen ihrer Brutalität berüchtigt waren

Blarney Stone – heiliger Stein im Blarney Castle, Grafschaft Cork, den man nach hinten gebeugt küssen muss, um so mit einer tollen Rhetorik beschenkt zu werden

bodhrán – in der Hand gehaltene und mit Ziegenleder bezogene Trommel

Bronzezeit – frühestes Zeitalter, in dem Metall verarbeitet wurde; in Irland zwischen 2500 und 300 v. Chr.; nach der Steinzeit und vor der *Eisenzeit*

B-Specials – nordirische Hilfspolizeitruppe, die 1971 aufgelöst wurde

bullaun – Stein mit einer Vertiefung, der wahrscheinlich als Mörser zum Zermahlen von Medizin oder Nahrungsmitteln diente; häufiges Fundstück in alten Klöstern

caher – ein ringförmiger, von Steinen eingeschlossener Bereich

cairn – aufgeschichtete Steine über einem prähistorischen Grab

cashel – steinerne *Ringfestung*; siehe auch *ráth*

céilidh – Treffen mit traditioneller Musik und Tanz, auch *ceili* genannt

Chor – Ostende einer Kirche, wo sich der Altar befindet; reserviert für die Geistlichen und den Chor

chipper – Slang für Fast-Food-Restaurants, die Fish 'n' Chips anbieten

cill – wörtlich „Kirche"; irischer Ortsname, auch *kill*

Claddagh-Ring – Ring mit einem gekrönten Herzen zwischen zwei Händen, der seit Mitte des 18. Jhs. in *Connaught* getragen wird; zeigen die Hände zum Herzen, ist der Träger in einer Beziehung oder verheiratet, zeigen sie zur Fingerspitze, ist er noch auf der Suche

clochán – kreisförmiges Gebäude aus Stein, das an einen altmodischen Bienenstock erinnert und in frühchristlicher Zeit errichtet wurde

Connaught – eine der vier alten Provinzen Irlands, bestehend aus den Grafschaften Galway, Leitrim, Mayo, Roscommon und Sligo; manchmal auch *Connacht* geschrieben; siehe auch *Leinster*, *Munster* und *Ulster*

craic – Unterhaltung, Klatsch, Spaß; auch *crack* geschrieben

crannóg – künstliche Insel in einem See, die gute Verteidigungsmöglichkeiten bot

currach – Ruderboot aus einem Weidenrutengerüst, überzogen mit geteertem Segeltuch; auch *cúrach* geschrieben

Dáil – Unterhaus des Parlaments der Republik Irland; siehe auch *Oireachtas* und *Seanad*

DART – Dublin Area Rapid Transport, ein Nahverkehrszug

demesne – Landbesitz rund um ein Haus oder eine Burg

diamond – Stadtplatz

Dolmen – Grabkammer oder Grab aus aufrecht stehenden Steinen mit einem quer liegenden Deckstein aus der Zeit um 2000 v. Chr.

Drumlin – von zurückweichenden Gletschern abgerundeter Hügel

Dúchas – Behörde, die für Parks, Monumente und Gärten der Republik zuständig ist; früher unter dem Namen Office of Public Works bekannt

dún – Festung, meist aus Stein

DUP – Democratic Unionist Party; 1971 von Ian Paisley gegründet; strikt gegen die Versöhnungspolitik der *UUP*

Éire – irischer Name der Republik Irland

Eisenzeit – Periode der Metallverarbeitung vom Ende der *Bronzezeit* etwa 300 v. Chr. (Ankunft der Kelten) bis zum Aufkommen des Christentums um das 5. Jh. n. Chr.

Esker – mit Sand und Kies ausgefüllte Schmelzwasserrinne

Fáilte Ireland – „Willkommensausschuss"; Irische Tourismuszentrale

Fianna – mythische Kriegertruppe, die in vielen Erzählungen über das alte Irland eine Rolle spielt

Fianna Fáil – wörtlich „Krieger Irlands"; eine wichtige politische Partei in der Republik, entstanden aus einer *Sinn-Féin*-Gruppierung, die den 1921 abgeschlossenen Vertrag mit Großbritannien ablehnte

Fine Gael – wörtlich „Stamm der Gälen"; eine wichtige politische Partei in der Republik; sie entstand aus einer *Sinn-Féin*-Gruppierung, die den 1921 mit Großbritannien abgeschlossenen Vertrag befürwortete und die erste Regierung des unabhängigen Irlands stellte

fir – Männer (Singular: *fear*); Schild an Herrentoiletten; siehe auch *leithreas* und *mná*

fleadh – Festival

GAA – Gaelic Athletic Association (Irischer Sportverband); zuständig für Gaelic Football, *Hurling* und weitere irische Sportarten

Gaeltacht – bezeichnet Gebiete in Irland, in denen vorwiegend Irisch gesprochen wird

gallóglí – Söldner des 14. und 15. Jhs., zu *gallowglasses* anglisiert

garda – Polizei der Republik Irland (Plural: *gardaí*)

ghillie – Angel- oder Jagdführer, manchmal auch *ghilly* geschrieben

gort – wörtlich „Feld"; irischer Ortsname

HINI – Hostelling International of Northern Ireland (Nordirischer Jugendherbergsverband)

Hunger, the – umgangssprachlich für die Große Hungersnot von 1845 bis 1851

Hurling – irische hockeyähnliche Sportart

Iarnród Éireann – Republic of Ireland Railways (Eisenbahnen der Republik Irland)

INLA – Irish National Liberation Association (Irische Nationale Befreiungsarmee); 1975 als Splittergruppe der IRA entstanden, hält seit 1998 Waffenstillstand

IRA – Irish Republican Army (Irisch-Republikanische Armee); die größte paramilitärische Organisation der Republik wurde vor 80 Jahren gegründet, um für ein geeintes Irland zu kämpfen; 1969 teilte sich die IRA in die Official IRA und die Provisional IRA; die Official IRA ist nicht mehr aktiv und die PIRA wurde zur IRA

jarvey – Fahrer eines *jaunting car*

jaunting car – traditionelle Kutsche in Killarney

Kelten – kriegerische Stämme in der *Eisenzeit*, die um 300 v. Chr. nach Irland kamen und das Land in den nächsten 1000 Jahren beherrschten

Keltischer Tiger – scherzhafte Bezeichnung für die irische Wirtschaft in den Boomjahren von 1990 bis 2002

Leinster – eine der vier alten Provinzen Irlands mit den Grafschaften Carlow, Dublin, Kildare, Kilkenny, Laois, Longford, Louth, Meath, Offaly, West Meath, Wexford und Wicklow; siehe auch *Connaught, Munster* und *Ulster*

leithreas – Toiletten; siehe auch *mná* und *fir*

leprechaun – boshafter Kobold oder Naturgeist aus der irischen Folklore

lough – See, lange schmale Bucht oder Meeresarm

Loyalist – Person (meist handelt es sich um nordirische Protestanten), die der Ansicht ist, dass Nordirland mit Großbritannien verbunden bleiben muss

Luas – Niederflurstraßenbahnsystem in Dublin; Irisch für „Geschwindigkeit"

marching season – die Zeit von Ostern bis in den Sommer hinein, in der die Paraden des *Orange Order* stattfinden; sie erinnern an den Sieg des protestantischen Königs Wilhelm III. von Oranien über den Katholiken Jakob II. in der Schlacht am Boyne am 12. Juli 1690 sowie an die Vereinigung mit Großbritannien

Mesolithikum – Mittelsteinzeit (etwa von 8000–4000 v. Chr.); zu dieser Zeit ließen sich die ersten Siedler in Irland nieder; siehe auch *Neolithikum*

mná – Damen; Schriftzug an Toiletten; siehe auch *fir* und *leithreas*

Motte – frühe normannische Befestigung: ein abgeflachter Hügel mit einem Bergfried auf dem Gipfel; wird die Anlage von einer Mauer eingefasst, bezeichnet man das Ganze als *motte-and-bailey fort*; Anfang des 13. Jhs. enstanden in Irland viele solcher Befestigungen

Munster – eine der vier alten Provinzen Irlands mit den Grafschaften Clare, Cork, Kerry, Limerick, Tipperary und Waterford; siehe auch *Connaught, Leinster* und *Ulster*

Nationalismus – Glaube an ein wiedervereinigtes Irland

Nationalist – Anhänger der Wiedervereinigung Irlands

Neolithikum – Jungsteinzeit (zwischen 4000 und 2500 v. Chr.); in dieser Zeit wurden die Menschen in Irland sesshaft; danach folgte die *Bronzezeit*; siehe auch *Mesolithikum*

NIR – Northern Ireland Railways (Eisenbahnen in Nordirland)

NITB – Northern Ireland Tourist Board (Nordirische Tourismusbehörde)

NNR – National Nature Reserves (Nationale Naturschutzgebiete)

North, the – die politische Einheit Nordirland, nicht der geografische Norden der Insel

NUI – National University of Ireland (Nationale Universität von Irland) mit Fakultäten in Dublin, Cork, Galway und Limerick

Ogham Stone – Stein mit eingeritzten Kerben: Ogham ist die älteste Schrift in Irland und bestand aus einer Vielzahl von Kerben

Oireachtas – Parlament der Republik Irland, bestehend aus dem *Dáil* (Unterhaus) und dem *Seanad* (Oberhaus)

Orange Order – der 1795 gegründete Oranierorden ist die größte protestantische Organisation in Nordirland mit bis zu 100 000 Mitgliedern; der Name erinnert an den Sieg König Wilhelms von Oranien in der Schlacht am Boyne

óstán – Hotel

palladianisch – Architekturstil, den Andrea Palladio (1508–1580) in Anlehnung an die altrömische Architektur entwickelt hat

Paramilitärs – bewaffnete illegale Organisationen, entweder *Loyalisten* oder *Republikaner*, denen man den Einsatz von Gewalt und Verbrechen zum Erreichen politischer sowie wirtschaftlicher Ziele vorwirft

partition – Teilung Irlands 1921

passage grave – keltisches Grab mit einer Kammer, die durch einen engen Gang zu erreichen ist; meist in einem Hügel

Penal Laws – Strafgesetze des 18. Jhs., die Katholiken u. a. den Kauf von Land sowie die Aufnahme eines öffentlichen Amtes verboten

Plantation – Siedlung protestantischer Einwanderer (auch *Planters* genannt) im 17. Jh.

poitín – illegal gebrannter Whiskey; auch *poteen*

provisionals – Provisional IRA; wurde nach dem Bruch mit der offiziellen *IRA* gegründet; eine vielschichtige Gruppierung mit einem Namen, der von der provisorischen Regierung 1916 inspiriert wurde; stärkste Kraft bei der Bekämpfung der britischen Armee im Norden; auch als *„provos"* bekannt

PSNI – Police Service of Northern Ireland (Nordirische Polizei)

ráth – *Ringfestung* mit Erdwällen rund um eine hölzerne Palisade; siehe auch *cashel*

Real IRA – Splittergruppe der *IRA*, die das Karfreitagsabkommen ablehnt und sich damit gegen *Sinn Féin* stellt; verantwortlich für den Bombenanschlag in Omagh 1998, bei dem 29 Menschen starben; trotz eines später geschlossenen Waffenstillstands gilt sie als verantwortlich für Bombenattentate und andere Gewaltverbrechen in Großbritannien

Republic of Ireland – die Republik Irland besteht aus den 26 Grafschaften im Süden

Republikaner – Befürworter eines vereinigten Landes

Republikanismus – Glaube an ein vereinigtes Irland, manchmal als militanter Nationalismus

Ringfestung – von Wällen und Gräben umgebene ringförmige Siedlung, die von der Bronzezeit bis ins Mittelalter genutzt wurde, vor allem in frühchristlicher Zeit

RTE – Radio Telifís Éireann; nationaler Rundfunksender der Republik mit zwei Fernseh- und vier Hörfunkstationen

RUC – Royal Ulster Constabulary; früherer Name des Police Service of Northern Ireland *(PSNI*, Nordirische Polizei)

Seanad – Oberhaus des Parlaments der Republik Irland; siehe auch *Oireachtas* und *Dáil*

shamrock – dreiblättriges Kleeblatt, mit dem der hl. Patrick die Dreieinigkeit erklärt haben soll

shebeen – vom irischen *síbín*; illegale Kneipe mit Alkoholausschank

sheela-na-gig – wörtlich „Sheila mit den großen Brüsten"; weibliche Figur mit übertrieben dargestellten Geschlechtsmerkmalen, die an manchen Kirchen- oder Burgwänden in Stein gehauen wurde; Erklärungen dafür reichen von Warnungen männlicher Kleriker vor den Gefahren des Geschlechtsverkehrs bis zu Darstellungen keltischer Kriegsgöttinnen

Sinn Féin – wörtlich „Wir Selbst"; eine republikanische Partei, deren Ziel ein vereinigtes Irland ist; wird als politischer Flügel der *IRA* betrachtet, betont aber stets, dass beide Organisationen völlig unabhängig voneinander seien

slí – Wanderweg

snug – Nebenzimmer in einem Pub, in dem nur Getränke serviert werden

Souterrain – unterirdischer Raum, oft in *Ringfestungen* bzw. *Wallanlagen*; diente wahrscheinlich als Versteck bzw. Fluchtweg und Lagerraum

South, the – Republik Irland

standing stone – aufrechter, in den Boden gepflanzter Stein aus verschiedenen Zeiten und in Irland weit verbreitet; manchmal Kennzeichen für ein Grab

Taoiseach – Premierminister der Republik Irland

teampall – Kirche

trá – Strand

Treaty – angloirischer Vertrag von 1921, der Irland teilte und dem Süden relative Unabhängigkeit verlieh; Ursache für den Bürgerkrieg 1922–23

Trikolore – die grün-weiß-orangefarbene irische Flagge, symbolisiert die Hoffnung auf eine Einigung des „grünen" katholischen Südens mit dem „orangefarbenen" protestantischen Norden

turlough – ein kleiner See, der in trockenen Sommern oft komplett austrocknet; vom irischen Wort *turlach* abgeleitet

UDA – Ulster Defence Association; Irlands größte paramilitärische *Loyalistengruppe*; hält seit 1994 einen Waffenstillstand

uillean pipes – irische Dudelsäcke mit einem Blasebalg, der unter dem Arm befestigt wird; *uillean* ist das irische Wort für „Ellenbogen"

Ulster – eine der vier alten Provinzen Irlands; manchmal bezeichnet man damit die sechs Grafschaften Nordirlands, obwohl Ulster auch noch die Counties Cavan, Moanghan und Donegal (alle in der Republik) umfasst; siehe auch *Connaught*, *Leinster* und *Munster*

Unionist – Person, die Nordirlands Verbindung mit Großbritannien aufrechterhalten will

United Irishmen – 1791 gegründete Organisation, die die britische Macht in Irland einschränken möchte; sie zeichnete für eine Reihe erfolgloser Aufstände und Unruhen verantwortlich

UUP – Ulster Unionist Party; die größte *Unionistenpartei* in Nordirland und stärkste Macht im nordirischen Parlament; sie wurde 1905 gegründet und zwischen 1910 und 1921 von Edward Carson geführt; zwischen 1921 und 1972 war sie die einzige unionistische Organisation, wird heute jedoch von der *DUP* bedroht

UVF – Ulster Volunteer Force; eine illegale paramilitärische *Loyalistenorganisation* in Nordirland

Volunteers – Ableger des *IRB*, der als *IRA* bekannt wurde

Wallanlage – ein mit Wällen und Gräben befestigter Hügel, der zumeist aus der *Eisenzeit* stammt

Hinter den Kulissen

WIR FREUEN UNS ÜBER EIN FEEDBACK

Post von Travellern zu bekommen ist für uns ungemein hilfreich – Kritik und Anregungen halten uns auf dem Laufenden und helfen, unsere Bücher zu verbessern. Unser reiseerfahrenes Team liest alle Zuschriften genau durch, um herauszufinden, was an unseren Reiseführern gut und was schlecht ist. Wir können solche Post zwar nicht individuell beantworten, aber jedes Feedback wird garantiert schnurstracks an die jeweiligen Autoren weitergeleitet, rechtzeitig vor der nächsten Nachauflage.

Wer Ideen, Erfahrungen und Korrekturhinweise zum Reiseführer mitteilen möchte, hat die Möglichkeit dazu auf **www.lonelyplanet.com/contact/guidebook_feedback/new**. Anmerkungen speziell zur deutschen Ausgabe erreichen uns über **www.lonelyplanet.de/kontakt**.

Hinweis: Da wir Beiträge möglicherweise in Lonely Planet Produkten (Reiseführer, Websites, digitale Medien) veröffentlichen, ggf. auch in gekürzter Form, bitten wir um Mitteilung, falls ein Kommentar nicht veröffentlicht oder ein Name nicht genannt werden soll. Wer Näheres über unsere Datenschutzpolitik wissen will, erfährt das unter www.lonelyplanet.com/privacy.

UNSERE LESER

Wir danken unseren Lesern, die mit der letzten Ausgabe unterwegs waren und hilfreiche Hinweise, Tipps und interessante Geschichten beigetragen haben:

A Andrzej Januszewski, Annelise Bak **C** Chris Keegan, Colin Saunderson, Courtney Shucker **D** Denis O'Sullivan **J** Jack Clancy, Jacob Harris, Jane Barrett, Joe O'Brien, John Devitt, Joyce Taylor, Juliette Tirard-Collet **K** Karen Boss, Katrin Riegelnegg **L** Laura Teece, Lavin Graviss, Luc Tétreault **M** Marguerite Harber, Marilyn Helterline, Martin Coyle, Mic Porter, Michael Kischner, Michelle Coen, Miranda Keating **O** Orla Dolan **P** Paul Grayhurst **R** Robyn Spurdle, Ruth Yanor **S** Sam Dieterle, Samantha Corrigan **W** Wayne Harber

DANK DER AUTOREN

Fionn Davenport

Ich danke meinem Redakteur bei Lonely Planet und allen, die an dem Reiseführer mitgearbeitet haben. Ein großes Dankeschön an Laura, die beste Unterstützung, die sich ein Lonely Planet Autor wünschen kann.

Damian Harper

Vielen Dank an Declan in Limerick, Gerard Madden, das Empfangspersonal am Rockwell College, Anthony Sheehy, Mike im Hunt Museum, Steve Whitfield, Stevie Winder, Ann in Galway, den unbekannten Bauern, der mir den Weg nach Knockgraffon Motte gezeigt hat, und all die wundervollen Menschen, die ich unterwegs getroffen habe und dank denen selbst an den nassesten Tagen in Irland die Sonne geschienen hat. Außerdem danke ich wie immer Daisy, Tim and Emma.

Catherine Le Nevez

Sláinte zuallererst an Julian und an all die Einheimischen, die anderen Reisenden und die Tourismusmitarbeiter, die ich in Irland getroffen habe und die mich mit Erkenntnissen, Informationen und viel tollem *craic* versorgt haben. Ich danke ganz besonders Victoria Moore von Translink, Gerry, Tricia, Inez und ihrer Familie im County Antrim sowie Laura, Peter und allen anderen in Belfast. Ein großes Dankeschön auch an den verantwortlichen Redakteur James Smart, Neil Wilson für seine Tipps zu Nordirland und alle bei Lonely Planet. Wie immer *merci encore* an meine Eltern, meinen Bruder, meine *belle-sœur* und meinen *neveu*.

Ryan Ver Berkmoes

Wie eine Unterhaltung in einem irischen Pub könnte diese Liste von Menschen, die mir bei diesem Buch geholfen haben, endlos lang werden ... Ein paar möchte ich aber nennen: Charley Adley war wie immer ein guter Freund und eine Muse, Angela Cullen hat mich mit allen Aspekten von Donegal bekannt gemacht und mir den obskuren Autor Mike Hunt nähergebracht; und vielen Dank an Alexis, meine große Pflaume im Big Apple.

Neil Wilson

Danke an die freundlichen und hilfsbereiten Mitarbeiter in den Touristeninformationen von Cork, Waterford, Wexford, Kilkenny und Killarney; an Sean von Glengarriff sowie an Moira und Hillary von Fleming's White Bridge in Killarney; an Cathal und Damian von Lough Hyne; und, wie immer, an Carol Downie. Außerdem danke ich James und dem Redaktionsteam von Lonely Planet.

QUELLENANGABEN

Klimakartendaten von Peel MC, Finlayson BL & McMahon TA (2007) 'Updated World Map of the Köppen-Geiger Climate Classification', *Hydrology and Earth System Sciences*, 11, 1633–44.

Illustrationen auf S. 68–69, S. 146–147 von Javier Zarracina; S. 330–331 von Michael Weldon.

Umschlagfoto: Carrick-a-Rede Rope Bridge, Causeway Coast Chris Hill/Alamy.

DIESES BUCH

Dies ist die 6. deutsche Auflage von *Irland*, basierend auf der mittlerweile 12. englischen Ausgabe von *Ireland*. Sie wurde verfasst von Fionn Davenport, Damian Harper, Catherine Le Nevez, Ryan Ver Berkmoes und Neil Wilson sowie von folgenden Personen produziert:

Verantwortlicher Redakteur James Smart **Leitende Redakteure** Kate Chapman, Bruce Evans **Regionaler Chefkartograf** Mark Griffiths **Layoutdesign** Wendy Wright **Redaktionsassistenz** Carolyn Bain, Imogen Bannister, Bridget Blair, Kate Evans, Sam Forge, Helen Koehne, Kellie Langdon, Rosie Nicholson, Erin Richards **Kartografieassistenz** Rachel Imeson **Layoutdesignassistenz** Virginia Moreno **Umschlagrecherche** Naomi Parker **Dank an** Gemma Graham, Andi Jones, Elizabeth Jones, Kate Kiely, Claire Naylor, Karyn Noble, Alison Ridgway, Kathryn Rowan, Vicky Smith, Lauren Wellicome, Tracy Whitmey

Register

Kartenverweise **000**
Fotoverweise **000**

C

Kartenverweise **000**
Fotoverweise **000**

Kartenverweise **000**
Fotoverweise **000**

N

Kartenverweise **000**
Fotoverweise **000**

S

T

U

Kartenverweise **000**
Fotoverweise **000**

Kartenlegende

Sehenswertes

- Strand
- Vogelschutzgebiet
- Buddhistisch
- Burg/Festung
- Christlich
- Konfuzianisch
- Hinduistisch
- Islamisch
- Jainistisch
- Jüdisch
- Denkmal
- Museum/Galerie/ Historisches Gebäude
- Ruine
- Sento/Onsen
- Shintoistisch
- Sikhistisch
- Taoistisch
- Weingut/Weinberg
- Zoo/Tierschutzgebiet
- Andere Sehenswürdigkeit

Aktivitäten, Kurse & Touren

- Bodysurfen
- Tauchen
- Kanu-/Kajakfahren
- Kurs/Tour
- Skifahren
- Schnorcheln
- Surfen
- Schwimmen/Pool
- Wandern
- Windsurfen
- Andere Aktivität

Schlafen

- Hotel/Pension
- Campingplatz

Essen

- Restaurant

Ausgehen & Nachtleben

- Bar/Kneipe/Club
- Café

Unterhaltung

- Theater/Kino/Oper

Shoppen

- Geschäft/Einkaufszentrum

Praktisches

- Bank
- Botschaft/Konsulat
- Krankenhaus/Arzt
- Internet
- Polizei
- Post
- Telefon
- Toilette
- Touristeninformation
- Noch mehr Praktisches

Landschaften

- Strand
- Hütte/Unterstand
- Leuchtturm
- Aussichtspunkt
- Berg/Vulkan
- Oase
- Park
- Pass
- Rastplatz
- Wasserfall

Städte

- Hauptstadt
- Landeshauptstadt
- Stadt/Großstadt
- Ort/Dorf

Transport

- Flughafen
- Grenzübergang
- Bus
- Seilbahn/Standseilbahn
- Fahrradweg
- Fähre
- Metro/MRT-Bahnhof
- Einschienenbahn
- Parkplatz
- Tankstelle
- Skytrain-/S-Bahn-Station
- Taxi
- T-bane-/Tunnelbane-Station
- Bahnhof/Eisenbahn
- Straßenbahn
- Tube Station
- U-Bahn-Station
- Anderes Verkehrsmittel

Hinweis: Nicht alle Symbole kommen in den Karten dieses Reiseführers vor.

Verkehrswege

- Mautstraße
- Autobahn
- Hauptstraße
- Landstraße
- Verbindungsstraße
- Sonstige Straße
- Unbefestigte Straße
- Straße im Bau
- Platz/Fußgängerzone
- Stufen
- Tunnel
- Fußgängerbrücke
- Spaziergang/Wanderung
- Wanderung mit Abstecher
- Pfad/Wanderweg

Grenzen

- Staatsgrenze
- Bundesstaaten-/Provinzgrenze
- Umstrittene Grenze
- Regionale Grenze/Vorortgrenze
- Meeresschutzgebiet
- Klippen
- Mauer

Gewässer

- Fluss/Bach
- Periodischer Fluss
- Kanal
- Gewässer
- Trocken-/Salz-/ Periodischer See
- Riff

Gebietsformen

- Flughafen/Start- & Landebahn
- Strand/Wüste
- Christlicher Friedhof
- Sonstiger Friedhof
- Gletscher
- Watt
- Park/Wald
- Sehenswertes Gebäude
- Sportanlage
- Sumpf/Mangroven

UNSERE AUTOREN

Fionn Davenport

Dublin; Counties Wicklow & Kildare Fionn ist in Irland geboren und aufgewachsen und schreibt seit fast zwei Jahrenzehnten über sein Heimatland, das immer noch Überraschungen für ihn bereithält. Von seiner Heimat Dublin aus sucht er im ganzen Land nach den besten neuen Attraktionen und Unternehmungen, Restaurants, Cafés und Hotels. Irgendjemand muss es ja machen, und Fionn ist gerne dieser Jemand. Seine Arbeit erscheint außerdem im Reiseteil der *Irish Times*. In diesem Buch hat er auch die Kapitel „Willkommen in Irland“, „Irlands Top 21“, „Gut zu wissen“, „Irland für Einsteiger“, „Was gibt's Neues“, „Wie wär's mit ...“ „Monat für Monat“, „Reiserouten“, „Essen & Trinken“, „Der Wild Atlantic Way“, „Irland im Überblick“ und „Irland verstehen“ verfasst.

Damian Harper

Counties Limerick & Tipperary; County Clare; County Galway Schon seit fast zwanzig Jahren schreibt Damian für Lonely Planet. Sein erster Besuch in Irland war als Buchhändler bei Waterstones erstem internationalen Ableger in der Dawson Street. Seine zwei Uni-Abschlüsse hat Damien schon zur Mitarbeit an einer ganzen Reihe von Lonely Planet Titeln genutzt, von *London* bis *Shanghai*, *Vietnam* und *England*, und diesmal ist er voller Elan losgezogen, um die wunderschöne Westküste Irlands zu erforschen. Außerdem hat er das Kapitel „Allgemeine Informationen“ verfasst.

Catherine Le Nevez

Counties Meath, Louth, Cavan & Monaghan; Belfast; Counties Down & Armagh; Counties Londonderry & Antrim Catherine entdeckte ihre Reiselust schon im Alter von vier Jahren bei einem Roadtrip durch Europa. Seither war sie wann immer es ging unterwegs. Sie schrieb sowohl ihre Doktorarbeit in Creative Arts in Writing als auch ihren Master in Professional Writing und ihre Abschlussarbeit in Editing and Publishing im Ausland. Catherine hat irische und bretonische Vorfahren (und liebt Guinness!). Es gibt keine Region auf der Grünen Insel, wo sie sich nicht auskennt. Für Lonely Planet hat sie einen Großteil der Counties bereist, u. a. in vielen früheren Ausgaben dieses Bandes.

Ryan Ver Berkmoes

Counties Mayo & Sligo; County Donegal; Die Midlands; Counties Fermanagh & Tyrone Ryan hat sämtliche Höhepunkte in den von ihm bereisten Counties abgeklappert. 1985 war er zum ersten Mal in Galway. Seine Erinnerung von damals führt ihn an einen grauen Ort, wo die Einwohner gern durchs matschige Watt stapfen und das als Spaßhaben verstehen. Wie sich die Zeiten ändern! Ob er nun einsame Dorfpubs besucht oder in verblichenen Erinnerungen schwelgt – Ryan schwärmt einfach für dieses Land, in dem sein Vorname die Menschen zum Lächeln bringt und sein Nachname für Stirnrunzeln sorgt. Das Kapitel „Verkehrsmittel & -wege“ stammt ebenfalls von ihm. Mehr über Ryan erfährt man unter ryanverberkmoes.com und bei Twitter (@ryanvb).

Neil Wilson

Counties Wexford, Waterford, Carlow & Kilkenny; County Cork; County Kerry Das erste Mal besuchte Neil Irland 1990 auf einem Segelausflug nach Kinsale. Seitdem hat er den größten Teil der Republik und ganz Nordirland bereist, häufig im Rahmen seiner Recherchen für Lonely Planet. Für diese Auflage durfte er über die MacGillicuddy's Reeks wandern, zum Gipfel des Priest's Leap radeln und viel zu viel Bauernkäse in Westcork essen (hmmm, Gubbeen ...). Neil lebt in Schottland und hat als hauptberuflicher Reiseautor an über 70 Reiseführern für verschiedene Verlage mitgearbeitet. Für dieses Buch hat Neil auch das Kapitel „Outdooraktivitäten“ verfasst.

DIE LONELY PLANET STORY

Ein uraltes Auto, ein paar Dollar in den Hosentaschen und Abenteuerlust, mehr brauchten Tony und Maureen Wheeler nicht, als sie 1972 zu der Reise ihres Lebens aufbrachen. Diese führte sie quer durch Europa und Asien bis nach Australien. Nach mehreren Monaten kehrten sie zurück – pleite, aber glücklich –, setzten sich an ihren Küchentisch und verfassten ihren ersten Reiseführer *Across Asia on the Cheap*. Binnen einer Woche verkauften sie 1500 Bücher und Lonely Planet war geboren. Heute unterhält der Verlag Büros in Franklin, London, Melbourne, Oakland, Peking und Delhi mit über 600 Mitarbeitern und Autoren. Wir alle teilen Tonys Überzeugung, dass ein guter Reiseführer drei Dinge tun sollte: informieren, bilden und unterhalten.

MUCKROSS

Lonely Planet Publications,
Locked Bag 1, Footscray,
Melbourne, Victoria 3011,
Australia

Verlag der deutschen Ausgabe:
MAIRDUMONT, Marco-Polo-Straße 1, 73760 Ostfildern,
www.mairdumont.com, lonelyplanet@mairdumont.com

Chefredakteurin deutsche Ausgabe: Birgit Borowski

Redaktion: Thomas Grimpe, Meike Etmann, Claudia Fahlbusch; Verlagsbüro Wais & Partner, Stuttgart
Mitarbeit: Nadine Beck
Übersetzung der 6. Auflage: Julie Bacher, Anne Cappel, Cora Hartwig, Britt Maaß, Claudia Riefert, Petra Sparrer, Katja Weber
(An früheren Auflagen haben zusätzlich mitgewirkt: Matthias Eickhoff, Christiane Gsänger,
Ulrike Jamin-Mehl, Jutta König, Dieter Krumbach, Monika Krumbach, Claudia Mark,
Thomas Pago, Marion Pausch, Christiane Radünz, Jutta Ressel, Margit Sander, Beatrix Thunich,
Karin Weidlich, Simone Wiemken)
Technischer Support: Primustype, Notzingen

Irland
6. deutsche Auflage Juli 2016,
übersetzt von *Ireland 12th edition*, März 2016
Lonely Planet Publications Pty
Deutsche Ausgabe © Lonely Planet Publications Pty, Juli 2016
Fotos © wie angegeben 2016

Printed in Poland

FSC
www.fsc.org
MIX
Papier aus verantwortungsvollen Quellen
FSC® C018236